Friedrich Bangert
Bad Oldesloe: Geschichte der Stadt

SEVERUS

Bangert, Friedrich: Bad Oldesloe: Geschichte der Stadt
Hamburg, SEVERUS Verlag 2014
Nachdruck der Originalausgabe von 1925

ISBN: 978-3-86347-778-3
Druck: SEVERUS Verlag, Hamburg, 2014

Der SEVERUS Verlag ist ein Imprint der Diplomica Verlag GmbH.

Bibliografische Information der Deutschen Nationalbibliothek:
Die Deutsche Nationalbibliothek verzeichnet diese Publikation in der Deutschen Nationalbibliografie; detaillierte bibliografische Daten sind im Internet über http://dnb.d-nb.de abrufbar.

© **SEVERUS Verlag**
http://www.severus-verlag.de, Hamburg 2014
Printed in Germany
Alle Rechte vorbehalten.

Der SEVERUS Verlag übernimmt keine juristische Verantwortung oder irgendeine Haftung für evtl. fehlerhafte Angaben und deren Folgen.

SEVERUS

Vorgeschichte.

I. Die Eiszeit.
Die ältere Eiszeit. Eine Tertiärglacialzeit. Die jüngste Eiszeit.

Der Grund und Boden, auf dem Oldesloe steht, ist alter Gletscherschutt, den in grauer Vorzeit, als Nordeuropa mit einem gewaltigen Gletscher bedeckt war, wie jetzt noch die Insel Grönland, die Eismassen bei ihrer langsamen Fortbewegung von der Höhe der skandinavischen Gebirge bis zu dem abschmelzenden Rande in der norddeutschen Tiefebene von ihrer Unterlage losgerissen, mit fortgeschoben und nach ihrem Abschmelzen hier zurückgelassen haben. Die verschiedenen Bestandteile des Bodens lassen ihre Herkunft noch erkennen. Die Granittrümmer, und zwar die abgeschliffenen und ihrer scharfen Ecken und Kanten beraubten großen Blöcke sowohl wie das feine Zerreibsel entstammen dem Urgebirge der skandinavischen Halbinsel. Die Feuersteine mit den Versteinerungen von Seeigeln, Muscheln und Belemniten waren einst in den aus Meeresschlamm entstandenen Kreideschichten eingeschlossen, die noch an mehreren Stellen zwischen unserer Gegend und der skandinavischen Halbinsel anstehen. Die nicht versteinerten Muscheln, Gehäuse von Seeschnecken und Bruchstücke von Korallen und Algen weisen auf unmittelbare Herkunft vom Meeresboden hin. Die Schuttdecke, die Grundmoräne des ehemaligen Gletschers, hat unter Oldesloe eine große Mächtigkeit. Während im benachbarten Segeberg ihre Unterlage im Kalkberge zutage tritt, hatten in Oldesloe bis zum Jahre 1902 die tiefsten Bohrungen, welche bis zu 145 m in den Boden hinabgedrungen waren, diese Unterlage nicht erreicht[1]). Dann aber wurden in den folgenden Jahren jenseit des Bahnhofs einige Bohrungen vorgenommen, bei denen man das Tertiär, die Unterlage des Moränenschuttes, schon bei einer viel geringeren Tiefe erreichte, 1903 bei der Bohrung der Möbelfabrik von Kayser und Wex bereits bei einer Tiefe von 58,5 m, 1908 im ersten Tiefbrunnen der Wasserleitung bei einer Tiefe von 84 m, im zweiten Tiefbrunnen bei 59 m und 1910 im Diakonissenheim bei 57,8 m. Das Tertiär reicht also dort viel höher hinauf

---
[1]) Der Untergrund von Oldesloe nebst einer kurzen Darstellung der Geschichte der ehemaligen Saline. Von Prof. Dr. P. Friedrich in Lübeck. Mit 2 Tafeln. Aus den Mitteilungen der Geographischen Gesellschaft in Lübeck. Heft 16, 1902. Lübeck, Lübcke und Nöhring. — Über neue Bohrungen in der Umgegend von Oldesloe. Von demselben ebenda, Heft 22, 1908. Prof. Dr. Paul Friedrich, Die Grundwasserverhältnisse der Stadt Lübeck und ihrer Umgebung. Lübeck, 1917. Gebr. Borchers.

als unter der Stadt, woraus hervorgeht, daß schon in der der Eiszeit vorangegangenen Braunkohlenzeit unter der heutigen Stadt ein Tal vorhanden gewesen sein muß.

Das Gletschergeschiebe bildet keine in sich gleichartige Mischung, sondern wasserhaltige Sand- und Geröllschichten verschiedener Art wechseln mit undurchlässigen Lehm- und Mergelschichten ab, was darauf schließen läßt, daß die Gletscherverhältnisse nicht immer gleich geblieben sind, sondern daß die Eismassen bald abgeschmolzen, bald wieder vorgetreten sind, wobei durch die aus- und anschlemmende Tätigkeit des Gletscherwassers bald Schichten von gröberem, bald von feinerem Zerreibsel abgelagert wurden.

In einer Tiefe, die zwischen 15 und 48 m unter der Oberfläche schwankt, ist bei vielen in Oldesloe vorgenommenen Brunnenbohrungen eine Sand- und eine Tonschicht mit zahlreichen Tier- und Pflanzenresten noch lebender Arten erbohrt worden, woraus hervorgeht, daß einmal zwischen zwei Vergletscherungen eine so lange Zeit verstrich, daß sich die Erdoberfläche mit Grün bekleiden und ein reiches Pflanzen- und Tierleben entstehen lassen konnte. Die nachgewiesenen Tier- und Pflanzenarten lassen außerdem erkennen, daß sich damals von einem über Fahrenkrug gehenden Verbindungsarm zwischen Nord- und Ostsee eine schmale flache Bucht mit nur schwach brackigem Wasser südwärts bis nach Oldesloe abzweigte, deren Ufer mit Eichen, Birken, Erlen, Haselnußsträuchern, Linden, Fichten und Kiefern, aber noch nicht mit Buchen bestanden waren.[1])

Dieses warme Leben wurde dann wieder unter Eismassen begraben, die die obere Schuttschicht unseres Bodens hierher geschoben haben. Die letzte Vergletscherung aber erreichte bei weitem nicht die Ausdehnung der früheren, sondern endete schon wenige Kilometer südlich und westlich von Oldesloe, wo ihre Endmoräne in der Kette von Kieshügeln und Steinpackungen zu erkennen ist, die von der Steinburg bei Mollhagen durch die Gemarkungen von Sprenge, Lütjensee, Hoisdorf, Groß-Hansdorf, Ahrensburg, Hoisbüttel, Delingsdorf, Bargteheide, Elmenhorst, Sulfeld, Tönningstedt, Vinzier, Tralau und Bebensee zieht[2]).

II. Die Steinzeit.

Die ältere Steinzeit. Siedelungen der jüngeren Steinzeit. Steinzeitliche Gräber.

Während der Norden Deutschlands noch unter einer Hunderte von Metern dicken Eisschicht begraben lag, lebten bereits in der deutschen Mittelgebirgslandschaft zwischen dem nordeuropäischen Gletscher und der Gletscherkappe, welche die Alpen und ihr Vorland bedeckte, die Menschen der älteren Steinzeit in Gemeinschaft und im Kampf mit

---

[1]) Friedrich, a. a. O. S. 38.
[2]) Der Verlauf der nördlichen und südlichen Hauptmoräne in der weiteren Umgebung Lübecks. Von Dr. Rudolf Struck. Aus den Mitteilungen der Geographischen Gesellschaft in Lübeck. Heft 16, 1902. Lübeck, Lübcke und Nöhring.

jetzt zum Teil ausgestorbenen Tieren wie dem Mammut. In den Zeiten des wachsenden Abschmelzens und Wiedervordringens des Gletschereises haben sich in den interglacialen Zeiträumen auch Menschen vorübergehend in hiesiger Gegend aufgehalten. Das bezeugt u. a. ein fast zu Stein gewordenes, an seinem unteren Ende von Menschenhand ringsherum eingekerbtes Bruchstück eines Renntiergeweihes, das vor einigen Jahren beim Abtragen eines Kiesberges bei Schlutup etwa 5 Meter unter der Oberfläche gefunden worden ist und sich im Besitz des Museums am Dom zu Lübeck befindet.

Nach dem Abschmelzen der letzten Vergletscherung entwickelte sich auf unserm Boden wieder ein reiches Pflanzen= und Tierleben. Das letztere wies einige Arten auf, die seitdem ausgestorben oder aus der Gegend verschwunden sind, wie Riesenhirsche und Elche. Eine gewaltige Stange von dem Geweih eines Riesenhirsches wurde in einer Mergelkuhle zwischen Oldesloe und Pölitz gefunden und eine prächtige Elchschaufel beim Ausroden des letzten Pölitzer Waldes, des ehemaligen Pölitzer Zuschlags. Beide Stücke wurden von dem Besitzer Herrn Heinrich Stoffers der Oberrealschule geschenkt.

Nun konnte endlich der Mensch sich dauernd in unserer Gegend niederlassen. Die älteste Spur von dem dauernden Aufenthalte von Menschen dahier ist höchst wahrscheinlich ein mit Feuersteingeräten untermischter Haufe von Muschelschalen und anderen Speiseabfällen, der am linken Traveufer unterhalb der Mündung der Wökenitz da, wo das hohe Gelände ohne Wiesenvorland unmittelbar an den Fluß herantritt, von meinem ehemaligen Schüler Max Suck entdeckt worden ist. Er war darauf aufmerksam geworden durch den Umstand, daß dort die Maulwürfe immer weißes Erdreich aufwarfen. Solche Abfallhaufen, die in Dänemark, wo sie zuerst wissenschaftlich untersucht und bestimmt worden sind, Kökkenmöddinger (Küchenabfallhaufen) genannt werden, finden sich vielerwärts an der Ostseeküste und in ihrer Nähe und sind offenbar bei den Wohn= und Speiseplätzen von Menschen entstanden, die vorzugsweise von Fischen und Muscheln lebten. Die Äcker in der Nähe des Abfallhaufens sind mit zahlreichen einfachen Feuersteinwerkzeugen wie Messern, Sägen, Bohrern, Schabern und mit Feuersteinkernen, von denen diese Geräte abgespalten sind, bedeckt oder waren es vielmehr, da seit dem Bekanntwerden dort viel aufgelesen worden ist. Es konnte dort kaum ein Stein aufgehoben werden, der nicht Spuren von Bearbeitung zeigte. Ein von Ernst Albert in Lübeck hergestelltes Präparat eines Durchschnitts des Abfallhaufens befindet sich im Lübecker Sankt=Annen=Museum. Ein zweites von Herrn Albert hergestelltes Präparat habe ich für die Altertumssammlung der Oberrealschule erworben.

Ein gleicher Reichtum von Steingeräten findet sich noch an mehreren Stellen des Stadtfeldes, nämlich auf den Äckern des rechten Traveufers vom Baierskamp bis zum Brennermoor, wo einige meiner ehemaligen Schüler auch einen Herdplatz in der Nähe der am Rande des Moores zutage tretenden Salzquelle entdeckt haben, und auf den sich an der Rümpeler Scheide zwischen der Beste und dem Poltermoor inselartig erhebenden Hügeln Lusbarg und Schiphorst. Andere ähnlich gelegene Stellen sind wahrscheinlich ebenfalls zur Steinzeit besiedelt gewesen; da aber ihre Besiedelung auch nach der Steinzeit zum Teil bis in die Gegenwart angedauert hat, läßt sich das nicht mehr mit Sicherheit nachweisen.

Unter den auf der Oldesloer Feldmark und im übrigen Kirchspiel gefundenen Steingeräten befinden sich viele, die durch ihre Feinheit und Schönheit auffallen: geschliffene Beile und Meißel sowie fein gedengelte Lanzenspitzen und Dolche aus Feuerstein, Granitäxte mit und ohne Stielloch, mit einer oder mit zwei Schneiden, durchbohrte scheiben= oder kugelförmige Steine verschiedener Größe, von denen die schwereren als Webstuhlgewichte, die mittleren als Spinnwirtel und die kleinsten als Schmuckperlen gedient haben werden. Auch hat man bei dem Ausbau des Glinder Weges am Hohenkamp eine aus zwei Granitsteinen bestehende Handmühle zutage gefördert, die von Herrn Stadtrat Relling der Oberrealschule geschenkt worden ist. Eine bei Höltenklinken gefundene Handmühle aus Granit wurde von dem Gutsbesitzer Dr. Lutteroth im Jahre 1859 dem Kieler Altertumsmuseum überwiesen. Die feine Politur und die elegante Form vieler dieser Steingeräte zeigen, daß ihre Verfertiger nicht bloß große manuelle Geschicklichkeit, sondern auch hohen Schönheitssinn besaßen, sich also schon auf einer verhältnismäßig hohen Stufe menschlicher Entwicklung befunden haben.

Was den Ort ihrer Siedelungen anbetrifft, so haben sich die Kökenmöddingleute offenbar deshalb so dicht am Flusse angesiedelt, weil ihnen der Fluß den wesentlichsten Teil ihrer Nahrung bot. Die Siedler am Brennermoor genossen außerdem noch den Vorteil der Salzquelle, die ihnen die Würze zu ihrer Speise lieferte, und sie sowohl wie die Siedler auf dem Lusbarg und der Schiphorst den der insularen Lage zwischen Fluß und Moor, die ihnen ermöglichte, sich ihrer Feinde, insbesondere der Wölfe und Bären, leichter zu erwehren. Aus diesem Grunde sind auch wohl der Baierskamp und der ihm gegenüber liegende Fresenburger Wallberg, auf dem außer Bodenfunden späteren Ursprungs auch ein Bruchstück einer Lanzenspitze aus Feuerstein gefunden worden ist, von den Steinzeitleuten besiedelt worden, sowie der Hügel zwischen Trave und Moor bei der Nütschauer Brücke, auf dem zur Karolingerzeit eine Grenzbefestigung angelegt wurde, wo ich aber bei Gelegenheit der Nachgrabungen mit Herrn Geheimrat Schuchhardt an der Innenseite des Burgwalls auch Steingeräte gefunden habe. Dasselbe gilt wahrscheinlich auch von der auf drei Seiten von Flußläufen geschützten Kirchbergshalbinsel mit der Hauptsalzquelle, wo der Pastoratsgarten Steinzeitfunde geliefert hat.

Die Leichen wurden zur Steinzeit in Grabkammern beigesetzt, deren Wände aus großen Granitfindlingen errichtet wurden, und eine Decke von ebensolchen Findlingen erhielten. Eine derartige, allerdings zusammengesunkene Steinkammer, ein sogenanntes Riesenbett, befindet sich im Forstorte Neuerhau bei Reinfeld. Andere sind noch in der Umgegend von Lübeck erhalten. In der Oldesloer Gemarkung

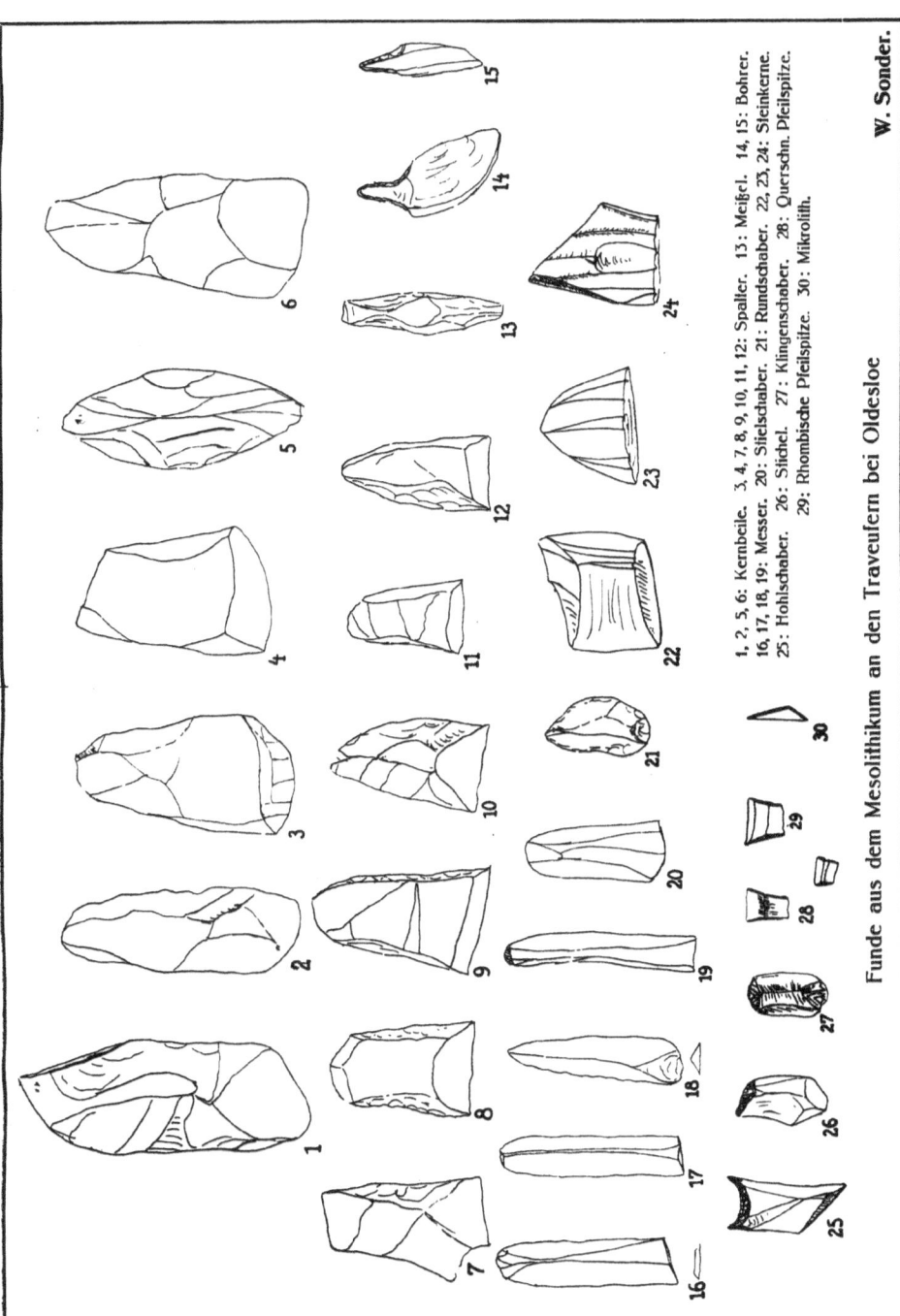

Funde aus dem Mesolithikum an den Traveufern bei Oldesloe   W. Sonder.

1, 2, 5, 6: Kernbeile. 3, 4, 7, 8, 9, 10, 11, 12: Spaller. 13: Meißel. 14, 15: Bohrer. 16, 17, 18, 19: Messer. 20: Stielschaber. 21: Rundschaber. 22, 23, 24: Steinkerne. 25: Hohlschaber. 26: Stichel. 27: Klingenschaber. 28: Querschn. Pfeilspitze. 29: Rhombische Pfeilspitze. 30: Mikrolith.

werden keine mehr gefunden, doch zeigt der Flurname „Resenbedde", der noch an dem hochgelegenen Teile des Stadtfeldes zwischen dem Möhlenbecker Redder und der ehemaligen Rennbahn haftet, daß es auch hier solche gegeben hat. Der Wert der Steine und des Bodens, auf dem sie lagen, wird die Ursache ihrer Beseitigung gewesen sein.

III. Die Bronzezeit. ca. 1500 bis 500 v. Chr.
Oldesloer Bronzefunde. Bronzezeitliche Gräber.

Den Steinzeitleuten war das Metall noch ganz unbekannt. Als aber um 1500 v. Chr. G. hier im Norden das Kupfer bekannt wurde und die Bevölkerung bald lernte, durch Beimischung von Zinn die härtere Bronze daraus herzustellen, wurden Werkzeuge und Waffen, die bis dahin mühselig aus Stein verfertigt worden waren, nunmehr aus Bronze gegossen, und durch mannigfach verzierte Schmuckgegenstände und Hausgeräte aus Bronze, die teils aus den südlichen Kulturländern eingeführt, teils hier im Lande angefertigt wurden, erhielt das Leben mehr Reichtum und Schönheit.

Bronzefunde sind auf verschiedenen Stellen der Oldesloer Feldmark gemacht worden. Zwei von ihnen sind sogenannte Depotfunde gewesen. Im Jahre 1826 wurden nach einem Berichte des Bürgermeisters von Colditz an die Königliche Kommission zur Aufbewahrung von Altertümern in Kopenhagen vom 28. Oktober 1826 mit Scherben von einem Aschenkrug auf einem Torfmoor eine Viertelstunde von Oldesloe eine Speerspitze, 2 Hohlcelte, 4 Sicheln, 6 Schmuckfibeln, 1 Halskragen, 18 Halsringe verschiedener Gestalt und Größe und 23 Armspangen gefunden. Alle 55 Stücke bestanden aus einer tombakähnlichen Metallkomposition und waren zierlich gearbeitet und auffallend leicht von Gewicht, so daß das Ganze nur 8 Pfund wog. Der Bürgermeister bot der Kommission den Fund unter Anschluß von Zeichnungen der Hauptstücke gegen eine billige Entschädigung des Grundeigentümers und Finders an. Die Antwort verzögerte sich aber, und als endlich durch Schreiben vom 8. Dezember Sekretär Thomsen den Bürgermeister aufforderte, die Sachen mit der Post nach Kopenhagen zu schicken, konnte dieser nur berichten, daß der Eigentümer den Fund mittlerweile an den Kammerherrn und Oberlandwegeinspektor von Warnstedt verkauft habe. Von diesem Sammler scheint dann die Königliche Kommission einige Stücke erworben zu haben; denn im Kopenhagener Nationalmuseum befinden sich aus diesem Funde zwei Halsgeschmeide, ein schlichter Halsring, zwei Fibeln und drei Armspangen. Mit der Sammlung des Herrn von Warnstedt kamen die meisten übrigen Stücke an das Altertumsmuseum in Kiel, nämlich der Halskragen, 13 Armspangen, 2 Fibeln, 2 Sicheln, 1 Hohlcelt und die Speerspitze. In der Kieler Sammlung werden dem Funde auch zwei Buckel zugezählt, doch müssen die anderer Herkunft sein, da der Bürgermeister von Colditz solche nicht erwähnt. Wo der andere Hohlcelt, die beiden anderen Sicheln, die zwei fehlenden Fibeln, die dreizehn fehlenden Halsringe und die sieben fehlenden Armspangen geblieben sind, ist nicht festzustellen. Der Entwurf, der vom Bürgermeister von Colditz der Kopenhagener Kommission überreichten Zeichnungen befindet sich bei der Korrespondenz im hiesigen Stadtarchiv (Aktenbündel XVI 19).

Aus einem in den 90er Jahren des vorigen Jahrhunderts in einem Moor bei Oldesloe gemachten Funde befinden sich im Hamburger Museum für Völkerkunde zwei Hängeschalen von Bronze und ein glockenförmiger Buckel. Im Kieler Museum sind sie durch Nachbildungen vertreten. Wer diese Bronzealtertümer gefunden und nach Hamburg verkauft hat und wo sie gefunden worden sind, habe ich trotz eifrigsten Nachforschungen leider nicht feststellen können.

Die Beerdigung der Leichen in Grabkammern wurde auch in der Bronzezeit zunächst noch beibehalten, doch kam allmählich die Sitte auf, über der Kammer einen Erdhügel aufzuwerfen und in demselben auch die Nachfahren zu beerdigen und dabei den Hügel immer mehr zu erhöhen. Zur Sicherung des Erdaufwurfes wurde der Fuß des Hügels mit einem Kranz von Granitblöcken umgeben. Schon in der Steinzeit kamen einzelne Leichenverbrennungen vor. Doch griff die Sitte der Verbrennung der Leichen erst seit etwa 1000 v. Chr. weiter um sich und wurde im 8. Jahrhundert v. Chr. allgemein. Die Brandreste wurden nun in Urnen gesammelt und in den Grabhügeln der Vorfahren beigesetzt oder gesondert mit Steinen umgeben und mit einem Erdaufwurf bedeckt. Allmählich schwand auch der Erdaufwurf, und die Urnen wurden nur mit einer Steinsicherung in das Erdreich versenkt. An die Stelle der eindrucksvollen Grabhügel, der sogenannten Hünengräber, trat der Urnenfriedhof. Hünengräber sind in der Nähe von Oldesloe noch in großer Zahl erhalten. Ich nenne nur den Runden Berg bei Rethwischhof, den Gravenberg bei Sühlen und die zahlreichen Grabhügel in den Gemarkungen von Bebensee, Neversdorf, Grabau und Tönningstedt. Andere sind unter den Pflug genommen und mehr oder weniger eingeebnet, so die Hünengräber auf der Koppel Köppenberg bei Fresenburg und zwei Gräber neben dem Hünengrab Runder Berg bei Rethwischhof. Auf der Oldesloer Flur sind die Hünengräber ganz verschwunden. Doch ist hier vor einigen Jahren ein bronzezeitlicher Urnenfriedhof entdeckt worden. Auf der Koppel Resenbedde des Landbürgers Meyer wurde im Jahre 1910 die beim Pflügen hinderliche Steinpackung eines Grabes beseitigt und dabei neben Bronzesachen auch Steingeräte gefunden, die der Leiche beigegeben worden waren. Die Fundgegenstände, darunter ein schöner Bronzehalsring, befinden sich in der Sammlung meines ehemaligen Schülers Wilhelm Wolf, der sich auch um die Erforschung unserer steinzeitlichen Siedelungen verdient gemacht hat. Auf derselben Koppel befinden sich auch noch mehrere solcher Steinpackungen in geringer Tiefe unter der Oberfläche. Die Stätte war also einst ein bronzezeitlicher Begräbnisplatz, und da der Name der Flur das ehemalige Vorhandensein eines steinzeitlichen Riesenbettes anzeigt, muß angenommen werden, daß der Begräbnisplatz der Steinzeit in der Bronzezeit weiter benutzt worden ist. Daß in dem bronzezeitlichen Grabe auch noch Steingeräte gefunden wurden, zeigt, daß auch nach dem Aufkommen der teuren Bronze die noch vorhandenen Steingeräte neben dieser noch weiter gebraucht wurden. Am längsten geschah das wohl bei den altüberlieferten Riten des Totenkultus.

IV. Die Eisenzeit bis zum Aufhören der Bestattung auf Urnenfriedhöfen, ca. 500 v. Chr. bis 500 n. Chr.

Geräte aus Bronze und Eisen. Eisenzeitliche Urnenfriedhöfe. Die drei Perioden der älteren Eisenzeit. Das Zusammentreffen zweier Kulturen in der Gegend von Oldesloe. Inguäonen und Irminonen. Sachsen und Sueben.

Etwa 1000 Jahre nach Einführung der Bronze wurde in der hiesigen Gegend auch das Eisen bekannt. In der jüngeren Bronzezeit trat es zuerst nur als kostbares Metall auf, das nur zum Verzieren von Bronzegegenständen und zur Herstellung von Kleinmechanik an ihnen verwandt wurde. Dann wurden solche größere Teile von Geräten, bei denen das härtere Metall bessere Dienste leistete als die weiche Bronze, z. B. Klingen und Schwertern von Dolchen[1]), aus Eisen hergestellt, während die Griffe nach wie vor aus Bronze verfertigt wurden, und schließlich trat das Eisen bei allen Werkzeugen des täglichen Gebrauchs ganz an die Stelle der Bronze, und diese wurde als das nunmehr kostbare Metall nur noch zu Schmuck- und Prunkgegenständen verwandt. Dieser Gang läßt sich nach den aus den Urnenfriedhöfen der Eisenzeit zutage geförderten Fundstücken genau verfolgen.

Ob der Oldesloer Urnenfriedhof auf der Flur Resenbedde noch in die Eisenzeit hineinreicht, oder nicht, ist bis jetzt noch nicht festgestellt worden, da die wissenschaftliche Untersuchung desselben noch aussteht. Wissenschaftlich untersuchte eisenzeitliche Urnenfriedhöfe finden sich aber noch in der Nähe von Oldesloe bei Schwissel, Pölitz, Todendorf und Hammoor. Auch an manchen anderen Punkten der Umgegend sind gelegentlich Urnen gefunden worden, und es ist daher anzunehmen, daß in unserer Gegend noch weitere Urnenfriedhöfe der Entdeckung und Untersuchung harren. Bei den älteren Begräbnissen wurden die Urnen noch sorgfältig in Steine verpackt und mit Steinen bedeckt. Allmählich wurde die Steinverpackung weniger sorgfältig und hörte zuletzt ganz auf, so daß die Urnen schließlich ohne jegliche Umhüllung von Steinen in das flache Erdreich gesetzt wurden. Wie die Art der Bestattung so ändern sich auch die Urnen mit der Zeit, nehmen andere Formen und Verzierungen an, und ebenso die Gegenstände, die den Toten mit auf den Scheiterhaufen gegeben und nach der Verbrennung mit der Asche und den Knochenresten in der Urne beigesetzt wurden, wie Gewandnadeln, Gürtelschnallen und -haken, Kopf- und Halsschmuck, Rasiermesser, Pfrieme und dergleichen.

---

[1]) Ein bei Rethwischhof gefundener Dolch mit Eisenklinge und Bronzegriff aus der sogenannten Hallstadtzeit, der der Sammlung der hiesigen Oberrealschule angehörte, ist leider vor einigen Jahren bei Gelegenheit einer Altertumsausstellung abhanden gekommen.

Die Urnenfriedhöfe sind bis ins 6. Jahrhundert n. Chr. in Gebrauch geblieben, so daß die Eisenzeit der Urnenfriedhöfe etwa ein Jahrtausend umfaßt. Nach den an den Funden zu erkennenden fremden Einflüssen ist in ihr eine vorrömische, eine römische und eine nachrömische Periode zu unterscheiden. Aber nicht bloß ein zeitliches Aufeinanderfolgen, sondern auch ein örtliches Nebeneinanderbestehen verschiedener Kulturen ist in ihnen zu erkennen, und es ergibt sich aus ihrer Beobachtung die Tatsache, daß sich in der Gegend von Oldesloe zwei verschiedene Kulturen berührten. Die eine, die Kultur des westlichen Holsteins, erhält ihre Anregung vom Westen, vom Hinterlande der Nordsee und vom Rheine her, die andere, die Kultur des östlichen Holsteins, weist elbeaufwärts über die Donauländer nach der Balkanhalbinsel, von wo sie Ausstrahlungen der griechischen Kultur in sich aufgenommen hat. Dieser Befund wird durch die alten Historiker und Geographen, die zuerst das Licht der Geschichte auf unsere Gegend fallen lassen, bestätigt. Die Träger der beiden Kulturen sind die taciteischen Volksverbände der Inguäonen und Irminonen, der Inguäonen im Hinterlande der Nordsee und der Irminonen in dem der Ostsee. In der Mitte des zweiten Jahrhunderts n. Chr. G. wurden von dem Ägypter Ptolemäus zuerst die beiden sich hier berührenden Teilvölker deutlich genannt, die Sachsen im westlichen Holstein und die Farodinen im Hinterlande der Ostsee von der Schwentine *(Chalusos)* bis zur Warnow *(Suebos)*. Die Farodinen waren Verwandte der in der Gegend von Lüneburg und Bardowick im alten Bardengau und im gegenüber liegenden Mecklenburg und Lauenburg wohnenden Langobarden und bildeten mit ihnen eine engere Volksgemeinschaft. Ihre Grenzen lassen sich an der Verbreitung einer mit Mäandern verzierten Urne erkennen, deren Mäander mit einem gezahnten Rädchen hergestellt sind[1]). Im Westen reicht ihr Vorkommen bis in unsere Gegend, genau bis an die Linie Pinneberg—Segeberg—Malente, im Osten bis an die Warnow[2]), und nach Südosten erstreckt es sich über das Gebiet der Semnonen und Ermunduren bis zu den Markomannen im nördlichen Böhmen, umfaßt also das Gebiet derjenigen deutschen Stämme, die mit den gemeinsamen Namen Sueben benannt wurden. Der von Ptolemäus überlieferte Name Farodinen findet sich bei späteren Schriftstellern nicht mehr und ist wahrscheinlich eine ältere, der ersten deutschen Lautverschiebung noch nicht unterworfene Ableitung von dem Namen des als Langobarden und Hadubar-

---

[1]) Die von dem Pölitzer Urnenfelde stammende Rädchenmäanderurne befindet sich in der Altertumssammlung der Oberrealschule und ist ein Geschenk meines ehemaligen Schülers Wolfgang Sonder, dessen Vater, Herr Apotheker Dr. Sonder, eine große Sammlung von Urnen aus der Umgegend von Oldesloe zusammengebracht hat.

[2]) Alfred Plattke, Ursprung und Verbreitung der Angeln und Sachsen. In: Die Urnenfriedhöfe in Niedersachsen. Band III, Heft 1. Hildesheim und Leipzig 1921. Hierdurch wird außer Zweifel gesetzt, daß unter dem Suebos des Ptolemäus die Warnow zu verstehen ist. Daß der ptolemäische *Chalusos* die Schwentine ist, habe ich bereits in meiner Programmarbeit von 1893 „Die Sachsengrenze im Gebiete der Trave" dargetan.

den bezeichneten Bardenvolkes.[1]) Später werden die holsteinischen Sueben nur Sueben (angelsächsisch *Swaefe*) oder Nordschwaben genannt. Nachdem die Franken Thüringen und seine Nebenländer im Jahr 531 unterworfen hatten, gerieten auch die Nordschwaben in ein Abhängigkeitsverhältnis zu dem Merowingerreiche, dem sie sich aber bald durch Auswanderung entzogen. Als nämlich die Langobarden, die ihre Sitze im Bardengau schon im zweiten Jahrhundert verlassen hatten, mit ihren im Norden zurückgebliebenen Stammesgenossen aber in Beziehung geblieben waren, im Jahre 568 unter ihrem Könige Alboin in Italien einfielen, schlossen sich ihnen auch die Nordschwaben an, ihre schöne Heimat menschenleer zurücklassend. Auch aus dem westlichen Holstein, von wo aus die Sachsen fast ganz Nordwestdeutschland ihrer Herrschaft unterworfen hatten, war seit Jahrhunderten die Jungmannschaft auf Eroberung und Seeraub ausgegangen, und als etwa vom Jahre 449 an die Besitzergreifung Britanniens immer neue Nachschübe erforderte, mußte sich die alte Heimat mehr und mehr leeren. So verödeten die Landstriche auf beiden Seiten der Trave und der Beste, der Wald überwucherte manche verlassene Siedelung, und die Urnenfriedhöfe, auf denen Sachsen und Sueben Jahrhunderte lang die Asche ihrer Toten beigesetzt hatten, gerieten in Vergessenheit.

V. Die Wendenzeit. 595 bis 1139.

Einrücken der Wenden in Wagrien. Die Abodriten im Dienste der Franken. Verstärkung der fränkischen Macht in Nordalbingien. Bestimmung der Grenze durch Karl den Großen. Befestigungen an der Grenze. Die Grenzbesatzung. Die Abodriten werden Feinde der Franken. Anläufe zur Zurückdrängung der Wenden. Eroberungen der Wenden westlich von der Grenze. Wirtschaftshöfe hinter der Front. Poetische Verherrlichung der Grenzkämpfe? Zurückdrängung der Wenden unter Otto I. Grenzbefestigungen der Ottonischen Zeit. Die sächsischen Gauvölker. Die wendischen Gauvölker. Eroberung von Wagrien durch die Holsten und Stormer.

Als in der großen Völkerwanderung die Ostgermanen des Weichsel- und Odergebietes, die Goten, Vandalen, Burgunden und Rugier sowie die Hauptmasse der suebischen Völker des Elbegebietes nach Süden abgezogen waren, zogen aus den weiten Ebenen des Ostens Siedler, die sich selbst Slaven nannten, bei den Deutschen aber Wenden hießen, in die verlassenen Sitze ein. Auch in die von den Nordschwaben aufgegebene Landschaft rückten sie vor. Zunächst zwar standen ihnen noch die vom Frankenreiche abhängigen suebischen Warnen *(Varini, Warni)*, deren Wohnsitze sich an der Warnow entlang bis zur Ostsee ausgedehnt zu haben scheinen, im Wege. Als aber im Jahre 595 der Frankenkönig Childebert die sich empörenden Warnen fast gänzlich aufgerieben hatte,[2]) konnten sich die Wenden

---
[1]) Dieser Name kommt dann also auf allen drei Stufen der deutschen Lautverschiebung vor: 1. Farodeinoi. 2. [Bar(o)dini], Langobardi, Headhobeardan. 3. Lamparten, der mittelhochdeutsche Name der Lombardei, und die heutigen Familiennamen Lamparter und Lampart.

[2]) Fredegar c. 15.

weiter nach Westen vorschieben. Die Reste der Warnen scheinen sie im äußersten Nordwesten des nunmehr von ihnen besetzten Gebietes in sich aufgenommen zu haben, da die hier wohnenden Wenden wohl nach ihnen später *Wari, Waari* und *Wagri* genannt wurden.

Der gemeinsame Name aller in die alten Stammsitze der Lango= barden und ihrer Verwandten eingerückten Slaven war Abodriten (Obodriten). So nur werden sie von den Geschichtsschreibern der Zeit Karls des Großen genannt. Bei der Unterwerfung der Sachsen waren sie unter ihrem Herzog Thrasico[1]) den Franken behilflich und wurden deshalb im Jahre 804 von dem Kaiser durch die Übertragung der Sitze der in das Innere seines Reiches abgeführten nordelbischen Sachsen belohnt. Die heutige Polenpolitik der Franzosen ist also nur eine Wiederholung der Politik des Sachsenschlächters Karl. Als aber im Jahre 808 der Dänenkönig Godofrid in das Abodritenland einfiel, den Herzog Thrasico vertrieb, den Herzog Godelaib am Galgen ster= ben ließ und sich die beiden von ihnen beherrschten Teile des Landes tributpflichtig machte, hielt es der Kaiser für nötig, seine eigene Macht in das überelbische Sachsen vorzuschieben. Er übertrug das Land dem Grafen Egbert, ließ an der Stör im Jahre 810 den festen Platz Eses= feld, das heutige Itzehoe, als Standort für eine fränkische Besatzung bauen, bestimmte genau die Grenze des überelbischen Sachsens von der Elbe bis zur Ostsee *(limitem Saxoniae quae trans Albiam est)*, setzte Militärkommandanten zu ihrer Bewachung ein *(praefectos Saxonici limitis)* und ließ für deren Truppen Befestigungen aus Erde und Holz an verschiedenen Punkten der Grenze errichten. Die Grenze lief nach der uns von Adam von Bremen überlieferten Beschreibung von der Elbe zur oberen Delvenau und von dort über Hornbek, die Billequelle, die Steinburg, Eichede und Barkhorst zur Süderbeste und dann an Beste, Trave, Tensfelder Au und Schwentine entlang zur Ostsee[2]). Von den an ihr für kleinere Truppenabteilungen angelegten befestigten Lagern sind noch drei als der Karolingerzeit angehörig deutlich erkennbar, die Nütschauer „Schanze", der Koberger (Sirksfel= der) Wallberg und der Bollberg im Lehstener Moor. Durch die festen Erdbrücken, die beim Ausheben der Wallgräben vor den Toren der Ringwälle stehen gelassen worden sind, geben sie sich als Anlagen jener Zeit zu erkennen.

Man hat bezweifelt, daß die von Adam von Bremen Karl dem Großen zugeschriebene Grenzbestimmung wirklich der Zeit Karls des Großen entstammt, und ihren Ursprung erst in die Zeit Ottos I. ver= legen wollen[3]). Schon der Umstand, daß die fränkischen Annalen, wenn auch erst zum Jahre 819, *praefectos Saxonici limitis* erwähnen,

---

[1]) Der Name hat sich als Familienname in der Form Dräseke erhalten.

[2]) Genaueres darüber in meiner Programmarbeit „Die Sachsengrenze im Ge= biete der Trave", Oldesloe 1893 und meiner Abhandlung „Die Spuren der Franken am nordelbingischen *Limes Saxoniæ*" in der Zeitschrift des Historischen Vereins für Niedersachsen. Jahrg. 1904.

[3]) Die nordelbische Politik der Karolinger. Von Christian Reuter in Lübeck. Zeitschrift der Gesellschaft für Schleswig-Holsteinische Geschichte. Band 39 S. 225—233.

hätte die Vertreter dieser Ansicht bedenklich machen müssen. Nachgrabungen an der Limesstrecke, zu denen ich durch meine Arbeit „Spuren der Franken am nordelbischen Limes Saxoniae" anzuregen suchte und die dann von Herrn Geheimrat Prof. Dr. Schuchhardt ausgeführt wurden,[1]) haben nun das Vorhandensein eines befestigten karolingischen Limes unwiderleglich erwiesen.

Die drei als karolingisch erkannten Ringwälle sind höchst wahrscheinlich nicht die einzigen karolingischen Befestigungen am Limes gewesen. Bei dem Ausheben der Fundamente für das neue Oberrealschulgebäude wurde an der Westseite des Gebäudes, an der sich ein tiefer Graben hinzog, ein Stück eines mit Eichenstämmen verstärkten und am Fluß mit aneinander gelegten Granitblöcken befestigten Erdwalles entdeckt, der der Rest einer karolingischen Limesbefestigung gewesen sein könnte. Auch in anderen sicher als karolingisch bezeugten Erdburgen sind zur Verstärkung der Wälle Baumstämme in das Erdreich eingebettet worden. Da an dieser Stelle der Sankt-Jürgenshof angelegt wurde und nach dessen Verfall eine Niederlassung der Mährischen Brüder, hat sich nur die spärliche Spur der alten Befestigung erhalten können. Andere karolingische Burgplätze mögen in mittelalterliche Herrensitze umgewandelt sein und dadurch die Spuren ihrer ursprünglichen Anlage verloren haben. Vermutet könnte dies z. B. werden von dem dicht an der Grenzlinie gelegenen Höltenklinken und dem ihr ebenfalls nahen ehemaligen Herrenhofe Lasbek. Auch von den beiden festungsartig zwischen Fluß und Moor emporragenden Hügeln an der Trave oberhalb von Oldesloe, die wir schon als steinzeitliche Siedelungsplätze angesprochen haben, dem Baierskamp und dem Fresenburger Wallberg, kann nicht mehr festgestellt werden, ob sie als Limesbefestigungen in Betracht kommen, da sie durch ihre spätere Besiedelung sowie durch Fortifikationsarbeiten im Jahre 1688 zu starke Veränderungen erfahren haben.

Zu Wächtern der Grenze wurden höchst wahrscheinlich Abodriten eingesetzt, die ja Freunde und Verbündete der Franken waren. Die Front richtete sich zwar nach Osten, aber nicht gegen die Abodriten, sondern gegen die gemeinsamen Feinde der Franken und Abodriten, die Dänen und Wilzen. Nachgrabungen in den genannten Limesbefestigungen haben denn auch nur Spuren von wendischer Besatzung ergeben.

Die Verhältnisse änderten sich aber bald. Noch vor der Vollendung von Esesfeld war der Abodritenherzog Thrasico von Leuten des Dänenkönigs Godofrid ermordet worden. Seitdem regierte Sclaomir (Slavomir) als König über das ganze Abodritenland. Es ist möglich, daß schon die Zurücknahme des nordelbischen Sachsenlandes das bisher gute Verhältnis zwischen Franken und Abodriten getrübt hatte. Als aber die Franken Sclaomir zwingen wollten, das Reich mit Thrasicos Sohne Cnadrag zu teilen, lehnte er sich gegen sie auf, verbündete

---

[1]) Ausgrabungen am Limes *Saxoniæ*. Von L. Schuchhardt. Zeitschrift des Vereins für Lübeckische Geschichte und Altertumskunde. Band XV, Heft 1. Lübeck 1910.

sich mit den Dänen und überfiel in Gemeinschaft mit ihnen im Jahre 817 die neue Frankenfeste Esesfeld. Damit begannen die Raubzüge der Wenden in das nordelbische Sachsen, die, wenn auch öfter der Friede für kurze Zeit hergestellt wurde, bis zur Vernichtung der Wenden im östlichen Holstein nicht wieder aufhörten. Die von den Wenden besetzten Limesbefestigungen kehrten von nun an ihre Front gegen Westen und wurden im Laufe der Zeit noch durch neue Anlagen ergänzt. Daß Sclaomir der Westgrenze seines Reiches ganz besondere Aufmerksamkeit schenkte, scheint auch aus anderem hervorzugehen. An der Limeslinie liegen auf wendischer Seite die beiden Dörfer Schlamersdorf und das Dorf Eichede, das früher Slamersekede hieß, in der Adamschen Beschreibung des Limes aber noch Wisbircon genannt wird. Auch führt ein Bach bei Eichede, der eine Strecke die Grenze gebildet haben dürfte, noch den Namen Schlamersbek. Sind diese Örtlichkeiten nach dem Könige Sclaomir und nicht nach einem anderen Schlamer genannt, dann muß der König gerade an der Grenze eine Reihe von Gütern besessen haben, die zum Unterhalt seiner Grenzmannschaft dienen konnten.

Aber auch die Franken hatten jetzt alle Ursache, dem Grenzschutz eine höhere Aufmerksamkeit zu schenken. Im Jahre 819 wurde Sclaomir gefangen genommen und nach Aachen gebracht und das Abodritenreich Thrasicos Sohne Cnadrag übertragen. Da aber auch der anfing, sich gegen die Franken aufzulehnen, suchten diese die Grenzbefestigungen wieder in sichere Hand zu bekommen. Die fränkischen Annalen berichten, daß im Jahre 822 die Sachsen auf Befehl des Kaisers Ludwig eine Burg jenseit der Elbe in dem Delbende genannten Orte nach Vertreibung der Slaven besetzt und gegen Einfälle von deren Seite weiter ausgebaut haben. Schuchhardt meint, daß dies die Ertheneburg an der Elbe unterhalb Lauenburgs gewesen sein müsse. Diese liegt aber von der Örtlichkeit Delbende zu weit entfernt. Delbende kann doch nur entweder der Wald Delbende, die *silva Delvunder* der Grenzbeschreibung sein, durch welche sich die Grenze von der Mescenreiza zum Fluß Delvunda, der Delvenau, zog, oder dieser Fluß selbst. Ich glaube daher, daß wir auf den Bollberg im Lehstener Moore schließen müssen. Da er zwei Ringwälle hat, wäre anzunehmen, daß die Sachsen nach der Besetzung zu größerer Befestigung den Außenwall errichtet haben. Es blieb aber nur bei einzelnen Anläufen. Der zielbewußte Wille und das Organisationstalent des großen Kaisers fehlten, und so konnten sich die Wenden nicht nur im Besitz der meisten Grenzplätze behaupten, sondern auch noch große Strecken Landes auf der sächsischen Seite der Grenze besiedeln, nämlich das ganze Gebiet zwischen Delvenau und Bille, das sie Sadelbende, das Land jenseits der Delbende, nannten, und einen mehr oder weniger breiten Streifen von der Beste bis zum Kieler Hafen. Nur auf der Strecke von der Süderbeste bis zur oberen Bille entstanden keine wendischen Siedelungen auf der sächsischen Seite des Limes. Hier müssen also die Sachsen im Besitz von Grenzfesten wie Höltenklinken, Lasbek und Steinburg, dem Liudwinstein der Grenzbeschreibung, sowie der hinter ihnen liegenden Wirtschaftshöfe Tremsbüttel und Trittau geblieben sein.

Für einen von Karl dem Großen für den Unterhalt der Grenz=
mannschaft eingerichteten Wirtschaftshof halte ich auch Tralau. Es gab einen *fiscus dominicus Treola*, für dessen Einrichtung der Kaiser ums Jahr 810 Vorschriften getroffen hat, die uns noch erhalten sind. Die Zeit paßt genau für die Einrichtung eines Reichshofes am *Limes Saxoniae*. Hat der Kaiser den Limes mit Truppen besetzt, so hat er jedenfalls auch auf dieselbe Weise wie in anderen Teilen seines Reiches für ihre Verpflegung Sorge getragen. Solange nicht ein anderer Ort als fiscus dominicus Treola nachgewiesen ist, sehe ich daher keinen Grund, daran zu zweifeln, daß dieser Reichshof unser Tralau war. Ausführliches hierüber in meinen „Spuren der Franken."

Die Namen der drei stormarischen Wirtschaftshöfe hinter der Front zeigen eine merkwürdige Zusammengehörigkeit, als wenn sie einem altsächsichen Heldenliede entnommen wären: *Trita, Tremets=
botel endi Treola, thia berhta burh*. Aber das ist gewiß nur Zufall; denn von den Kämpfen der Stormer und Wenden meldet kein Lied, kein Heldenbuch. Nur die Bemerkung zu Agrimeswidil in Adams Limesbeschreibung *Ubi et Burwido fecit duellum contra campinonem Slavorum, interfecitque eum: et lapis in eodem loco positus est in memoriam* könnte als Nachhall einer poetischen Verherrlichung die=
ses Grenzkampfes empfunden werden.

Erfolgreiche Anstrengungen, das von den Wenden besetzte Reichsgebiet wiederzuerobern, wurden erst unter Otto I. gemacht. Ihm gelang es wenigstens auf der Südstrecke im Polabenlande die alte Reichsgrenze wiederherzustellen[1]). In dieser Zeit neuer Kämpfe wur=
den ohne Zweifel die zahlreichen Burgen und Warten am Limes an=
gelegt, die Geheimrat Schuchhardt der Ottonischen Zeit zuschreibt: Die Bürgermeisterinsel bei Oldesloe, die beiden Fredberge bei Pölitz,[2]) der Blocksberg in Rümpel, die Insel am Westrande von Eichede,[3]) der Schloßberg in Linauer Oberteich, die Burg Linau, die beiden Silken=
burgen im Forste Silkendorf bei Koberg, von denen die noch mit Wasser umgebene Cäcilieninsel genannt wird,[4]) und die Burgen bei Borstorf, Schretstaken und Lanken. Da die meisten dieser Befesti=
gungen an der dem Reiche zugekehrten Seite von ehemaligen sla=
vischen Siedelungen liegen, ist anzunehmen, daß sie nicht von Sach=
sen, sondern von Slaven errichtet wurden. Die meisten dieser An=
lagen bieten sich jetzt dem Auge als kleine mit einem kreisrunden Graben umgebene Hügel dar. Einige wie der Schloßberg im Linauer Oberteiche und die Burg bei Schretstaken sind von zwei konzentri=
schen Wassergräben umgeben, die durch einen Wall getrennt sind.

---

[1]) Hasse, Reg. u. Urk. I 45.
[2]) Einer von ihnen ist vor einigen Jahren eingeebnet worden.
[3]) Vor einigen Jahren ist der Graben leider auch zugeschüttet und der Hügel eingeebnet worden.
[4]) Man hat offenbar Silken, den Genitiv des Personennamens Silico, irrtümlich für die mundartliche Wiedergabe des Diminutivs Cäcilchen = Sielken gehalten.

Die Gräben sind noch meistens mit Wasser gefüllt. Wo auf den Hügeln nachgegraben ist, haben sich Pfostenlöcher gezeigt, die den Grundriß der auf ihnen vorhanden gewesenen Holztürme, in einem Falle auch den Grundriß einer ehemaligen hölzernen Wallmauer erkennen lassen. Nachgrabungen auf dem noch vorhandenen Pölitzer Fredberge haben ergeben, daß auf ihm einst ein steinerner Bergfried stand. Die Gräben unterscheiden sich von den Burggräben des vorhergehenden Jahrhunderts dadurch, daß sie ohne Aussparung einer festen Erdbrücke einen geschlossenen Ring bilden. Der Zugang zu den Inselfesten ist also durch wahrscheinlich bewegliche Brücken oder durch Kähne bewerkstelligt worden. Eigentümlich ist, daß diese kleinen Burgen mehrfach paarweise auftreten wie die Fredberge bei Pölitz und die beiden Silkenburgen, oder sich in zwei deutlich getrennte Teile gliedern wie „de lütte Barg" und der Burgwall im Rebbenbruch bei Borstorf. Offenbar war der eine Teil dazu bestimmt, als Refugium für die Besatzung des anderen zu dienen, und erfüllte also denselben Zweck wie in den späteren mittelalterlichen Burgen der Bergfried. Die Burg Linau, die noch im späteren Mittelalter als Sitz der Scharfenberge eine Rolle spielte, besteht sogar aus drei von Wasser umgebenen kreisrunden Burghügeln, von denen der mittlere noch ein Stück eines steinernen Bergfrieds aufweist.

Da Karl der Große im Jahre 804 einen Teil der nordelbingschen Sachsen in das Innere seines Reiches versetzt hatte, muß er, als er das Land den Abodriten wieder abnahm, nicht nur eine fränkische Besatzung nach Itzehoe gelegt, sondern auch neue sächsische Ansiedler hingeschickt haben. Wir finden hier später als Gauvölker die Dietmarschen in Dietmars Gau, die Holtsaten und die Stormer *(Sturmarii)*. Woher mögen die gekommen sein? Um Verden an der Aller, wo einst Karl nach Abhaltung eines sogenannten Kriegsgerichts 4500 wehrhafte Sachsen hatte abschlachten lassen, wohnten die *Sturmi*, und an sie schlossen sich nach Norden die *Waldsati* an. Diesen beiden Gauvölkern mögen die Neusiedler entnommen sein, die sich in ihrer neuen Heimat mit geringer Veränderung ihrer bisherigen Namen Stormer und Holtsaten (Holsten) nannten.[1]

Auch die Abodriten sonderten sich in mehrere Gauvölker. Die Wenden unserer Gegend werden in einer Landesbeschreibung aus der Zeit zwischen 866 und 890 noch Nordabodriten, mit hochdeutscher Lautgebung *Nortabtrezi* genannt[2]. Später aber finden sich für sie nur noch die Namen *Wari, Waari, Waigri, Wagiri* und *Wagri*. Südlich von ihnen wohnten an der Elbe *(po Labe)* hauptsächlich im heutigen Lauenburg die Polaben. Nur die Wenden des westlichen Mecklenburgs behielten den Namen Obodriten bei. Bei Oldesloe berührten sich Stormer und Wagrer, aber nicht mehr an der alten Sachsengrenze, sondern 7 bis 9 Kilometer westlich von ihr.

---

[1] Dem Gedanken hat schon Michelsen in seiner Kirchengeschichte I 23 Anm. 8. Ausdruck gegeben.

[2] *Bocek, Cod. dipl. Moraviæ* 1836, 4. I, 67.

Mehr als 300 Jahre lang sind Stormarn und das Holstenland von den sich immer wiederholenden Einfällen der Wenden heimgesucht worden; aber nicht minder litt Wagrien und besonders sein Grenz= gebiet unter den Vergeltungszügen der Holsten und Stormer. Raub, Mord und Totschlag hüben und drüben, bis im Winter von 1138 auf 1139 zu einer Zeit, als in ganz Sachsen Bürgerkrieg tobte zwischen Heinrich dem Stolzen und Albrecht dem Bären, der von Albrecht in Nordalbingien als Graf eingesetzte Heinrich von Badewide mit einem aus Stormern und Holsten bestehenden Heere in Wagrien einfiel, den Wenden eine große Niederlage beibrachte und das ganze Land ver= heerte. Was von den Wagerwenden noch am Leben geblieben war, wurde dann im folgenden Sommer von den auf eigene Faust ohne Heinrichs Führung in Wagrien einfallenden Holsten zum Teil tot= geschlagen. So war denn nun das schöne Land wieder in eine dünn bevölkerte Einöde verwandelt worden und stand neuer Besiedelung offen.

VI. Die Neubesiedelung durch Deutsche.

Aufforderung Adolfs II. zur Kolonisation. Einzug der Kolonisten. Ansiedelung der noch übrigen Wenden. Bauart der slavischen Dörfer. Slavische Ortsnamen. Vorslavische deutsche Orte. Oldesloe. Der Name. Einfluß der Bodengestalt. Oldesloe ein Grenzort. Tralau. Sühlen. Sülfeld. Bargteheide. Schlamersdorf. Wakendorf. Blumen= dorf. Schulenburg. Ehlersdorf. Sehmsdorf. Schrapendorf. Never= staven. Benstaven. Seefeld. Schadehorn. Rosendal. Kneden. Vosbergen. Lasbek. Krummbek. Nachslavische Orte. Wighersrode. Rohlfshagen. Schmachthagen. Mollhagen. Rikenhagen. Glinde.

Als Graf Adolf II. aus dem Hause Schauenburg, der während des Bürgerkrieges als Anhänger Heinrichs des Stolzen von Albrecht dem Bären aus seinem Lande vertrieben worden war, wieder in den Besitz von Holstein und Stormarn gelangt war und nun auch mit Wagrien belehnt wurde, ließ er es sich angelegen sein, das verödete Land mit Deutschen zu kolonisieren. Er forderte nicht nur seine Holsten und Stormer auf, sich hier niederzulassen, sondern schickte auch Boten nach Flandern, Holland, Utrecht, Westfalen und Friesland, um zur Besiedelung Wagriens einzuladen, und nach kurzer Zeit war das ehe= malige Wendenland eine blühende deutsche Kolonie. Die Holsten und Stormer besetzten zunächst das Land bis an den karolingischen Limes, das ja noch rechtlich zu Sachsen gehörte, besiedelten aber auch noch Orte östlich von Beste, Trave und Tensfelder Au, wie die Namen des Dorfes Holstendorf bei Eutin und des wieder untergegangenen Dorfes Stormurfeld bei Reinfeld erkennen lassen. Der Name Fresen= burg, früher Vreseneburg, d. i. Fresena Burg, erinnert an die Nieder= lassung von Friesen daselbst, die hauptsächlich die Gegend von Süsel besiedelten. Die meisten der heute noch vorhandenen Dörfer in der Umgegend von Oldesloe, sowie der später in Güter verwandelten oder bei der Schaffung von Großgütern niedergelegten Dörfer waren bei der Kolonisation des Landes durch Deutsche schon vorhanden. Die Deutschen setzten sich einfach in die bisherigen Besitzungen der Wenden hinein.

Wo noch erhebliche Reste von Wenden in den Dörfern zurückgeblieben waren, wurden sie in den Gemeindewald verwiesen, wo sie sich durch Rodung neue Wohnplätze und neues Ackerland schaffen mußten. So entstand neben Oldesloe ein Wentorp am Bökenkampe, westlich von Groten Redewisch, dem heutigen Retwischdorf, ein Lütteken Redewisch, dessen Lage in der Nähe der Blunkschen Stelle noch die Flurnamen Altedorf und Oldörp andeuten, östlich von Rümpel, damals Groten Rümpnig genannt, an der Pölitzer Scheide ein Lütteken Rümpnig, dessen Lage noch an den Flurnamen Ohlen Dörp und Ohlen Wehr zu erkennen ist.

Diese neuen slavischen Dörfer gingen später wieder ein, die alten aber sind, soweit sie nicht auch eingegangen oder in Güter verwandelt sind, größtenteils noch heute an ihrer Bauart als ehemalige slavische Dörfer zu erkennen. Das slavische Gemeindeleben und insbesondere wohl der slavische Kultus erforderten in der Mitte jedes Dorfes einen großen Platz mit einem Teiche. Daraus ergaben sich zwei Haupttypen slavischer Dorfanlagen je nach dem, ob die Landstraße an dem Dorfe vorbei oder durch dasselbe hindurch führte. Im ersteren Falle entstand der slavische Rundling, in dem sich die Hofstellen kreis- oder hufeisenförmig um den Platz, dem sie ihre Giebel zukehrten, aneinanderreihten und nur einen Eingang an der Straße offen ließen, im zweiten das slavische Straßendorf mit zwei Ausgängen. Pölitz, Rümpel und Schlamersdorf zeigen den ersten Typus, Retwischdorf, Wakendorf und Havighorst den zweiten. Allerdings ist der ursprüngliche slavische Dorfplan im Laufe der Zeit stark verwischt. Auf dem großen Dorfplatze wurden die Schule, das Spritzenhaus, in Eichede auch die Kirche, errichtet, und wenn ein Bauernhaus in dem Kreise abbrannte, wurde es häufig nicht wieder an der alten Stelle, sondern außerhalb des geschlossenen Dorfes wieder aufgebaut. Dadurch hat besonders Pölitz seit einigen Jahrzehnten seinen Charakter als slavischer Rundling fast ganz eingebüßt. In Rümpel ist er schon durch die Wiederangliederung der Stellen von Klein-Rümpel beeinträchtigt worden. Es ist merkwürdig, daß die Nachkommen der deutschen Ansiedler sich jahrhundertelang der fremden Einrichtung gefügt haben und daß erst in neuerer Zeit der altgermanische Trieb zu zerstreuter Ansiedelung auch in den ehemals slavischen Dörfern mehr und mehr zum Durchbruch gekommen ist. Aber es liegt dem Deutschen nicht, sein Deutschtum ohne Not zur Geltung zu bringen.

Diese Anpassungsfähigkeit der Deutschen, die zugleich ein Mangel an Nationalstolz ist, zeigt sich auch in der Erhaltung eines großen Teils der slavischen Ortsnamen. Es sind dies im Westen von Oldesloe Neritz (aus *na rece* über dem Flusse), Grabau (vormals *Grabowe* Hainbuchenort, von *grab* Hainbuche), Nütschau (vormals *Nutzekowe* vom slavischen Personennamen *Nutzek*), Wolkenwehe (entstellt aus *Wolkowe* Wolfsort, von *wolk* Wolf), im Osten Poggensee (umgedeutet und entstellt aus *Pokensee*, d. i. *po kense*, nach dem Gesetz der hiesigen Lautentwicklung entstanden aus *po kanitze* am Habichtswald, von *kanja*, wie im Lausitzer Wendisch noch der Weih heißt¹), Meddewade (*Medwoda* Süßwasser), Pölitz und Pöhls (etwa Feldheim, von *pole* Feld). Der Name Rümpel, früher Rümpnig, ist höchst wahrscheinlich ebenfalls slavisch, doch ist es mir nicht gelungen, ihn zu deuten. Es ist gebildet wie *Birznig*, der ehemalige slavische Name von Barkhorst. Dieses Dorf ist das einzige des Kirchspiels, das den ihm von den Slaven gegebenen Namen wieder durch den deutschen ersetzt hat, wenigstens ist nicht bekannt, daß noch andere jetzt deutsch benannte Orte des Kirchspiels früher slavische Namen geführt haben. Unter den Flußnamen des Kirchspiels sind slavisch Wökeniz (von polabisch *wokum*, russisch *okun* Barsch), Barnitz und Bisnitz, während Trave, Beste und Knedenbach ihre uralten Namen (früher *Travena*, *Bistena* und *Knegena*, wahrscheinlich Holzfluß, Bastfluß, und Knaggenfluß) beibehalten haben. Die Wökenitz nennt das Meßtischblatt unter Anlehnung an Poggensee irrtümlich Poggenbek. Unter den Flurnamen des Kirchspiels scheint mir nur noch Rögen slavischer Abstammung zu sein (von *rogu* Horn), mit welchem Namen geradeso wie mit Horn vorspringende Ecken der Gemarkungen bezeichnet werden.

So haben wir denn beinahe 800 Jahre nach dem Wiedereinzug der Deutschen in altes deutsches Land noch eine große Zahl der Namen bewahrt, welche das Slavenvolk während seines 400jährigen Aufenthaltes im deutschen Lande deutschen Örtlichkeiten gegeben hatte, wogegen jetzt das Polenvolk unmittelbar nach der Besitzergreifung deutscher Gebiete die dortigen deutschen Namen mit Stumpf und Stiel ausrottet. Und dabei sind die von uns so sorgsam gehegten slavischen Namen nicht einmal nur solche von Orten, die einst wirklich von Slaven bewohnt gewesen sind. Die beiden Barnitz im benachbarten Kirchspiel Klein-Wesenberg z. B. tragen slavische Namen, obgleich sie erst lange nach dem Beginn der Kolonialzeit entstanden sind. Graf Adolf III. nämlich schenkte im Jahre 1200 der Johannis-Kapelle in Lübeck zur Anlage eines Dorfes einen Urwald an der Trave, der noch unter dem deutschen Namen Bercla, d. h. Birkwald, bekannt war. Die Wenden hatten sich den Namen mundgerecht gemacht, indem sie das deutsche Grundwort Birke durch das entsprechende slavische Wort *birza (beriza)* ersetzten. In dem Walde wurden gleich zwei Dörfer angelegt und mit dem Namen des ausgerodeten Waldes benannt. Aber so groß war schon damals die unglückliche Vorliebe der Deutschen für das Fremde, daß für die Neusiedelung nicht der deutsche Name des Waldes, sondern seine slavische Entstellung gebraucht wurde. Nur einmal, im Jahre 1238, finden wir die neue Anlage *Barclae*

---

¹) Derselbe Habichtswald hat demnach zwei Dörfern den Namen gegeben, außer Poggensee nämlich auch dem benachbarten Havighorst. In der lübischen Enklave Nusse im Lauenburgischen gibt es ein Poggensee, früher auch Pokensee geheißen, ohne einen See in seiner Nähe und unweit davon ebenfalls ein Havekost, früher Havighorst genannt.

genannt, 1233 aber *Berizla*, 1263 *Berslawe*, zwischen 1329 und 1335 *Bertislau* und schließlich Bernitz und Barnitz[1]).

Die Orte, welche vor der Einwanderung der Slaven vorhanden waren, sind von diesen wohl nicht alle umbenannt worden, und wenn sie es sein sollten, so haben wenigstens viele von ihnen ihre deutschen Namen neben den wieder vergessenen slavischen behalten, was ja in der Nähe der Grenze leicht geschehen konnte. In erster Linie ist hier Oldesloe selbst zu nennen, dessen alter Name *Adesla* oder *Odeslo*, entstanden aus älterm *Audislauh*, das altertümlichste Gepräge von allen Ortsnamen der Umgegend hat. Aus den Bodenfunden ergibt sich ja auch, daß der Ort seit dem Einzug von Menschen in die Gegend besiedelt gewesen ist. Der zweite Teil des Namens bedeutet Wald, Wäldchen. Insbesondere wurden so die Haine genannt, welche religiösen Zwecken dienten. Der erste Teil ist der Genitiv des altsächsichen Wortes *od*, das im konkreten Sinne Besitz, besonders Grundbesitz, im abstrakten Sinne Wohlstand, Glück bedeutet. Der Name könnte also als Glückswald aufgefaßt werden. In der alten Zeit aber war die Verwendung abstrakter Begriffe bei der Ortsnamengebung, wie sie bei der Entstehung der Namen Glückstadt und Glücksburg gewirkt hat, nicht üblich. Wenn in alter Zeit ein Ort „Wald des Od" genannt wurde, dann muß Od eine Person gewesen sein. Nun gibt es zwar viele Personennamen, in denen Od als erster Teil der Zusammensetzung verwandt wird wie Odhere, Odfrid, Odmar und für alle diese Namen die Koseform Odo, hochdeutsch Otto; aber ein Personenname Od ist bis jetzt urkundlich nicht festgestellt worden, und wenn Oldesloe nach einem Odo benannt worden wäre, hätte es Odenlo heißen müssen. Wohl aber findet sich ein Od in der altnordischen Mythologie. In der Snorra Edda Gylfaginning 10 heißt so[2]) der Sohn der Nött (Nacht) und des Naglfari. Wir dürfen daher annehmen, daß einst in Oldesloe ein mythisches Wesen namens Od verehrt worden ist und im Namen des Orts seinen Namen hinterlassen hat. Heidnischer Wald- und Quellenkultus und Verehrung von Götzen haben ja in Wagrien, wie Helmold bezeugt, noch bis in die Kolonistenzeit bestanden.

Daß Oldesloe eine uralte Siedelung sein muß, ergibt sich auch aus der Gestalt der Landschaft. Sobald die Gegend eine Bevölkerung hatte, die untereinander in Verkehr trat, mußte an der Mündung der Beste in die Trave ein bewohnter Ort, und zwar der Hauptort der Landschaft um das südliche Traveknie entstehen. Durch die Täler der Trave und der Beste wird die Plateaulandschaft in drei Keile zerschnitten, deren steile Ränder einander an der Mündung der Beste

---

[1]) U. B. d. Bist. L. I 20, 74, 79, 160, 609. In den ältesten Urkunden wird der Name nicht für den Wald, sondern für das den Wald durchfließende Flüßchen gebraucht. Es verhielt sich mit diesem Namen wie mit dem Namen *Knegena*, das sowohl den Wald Kneden wie das Dorf Kneden und den Knedenbach bezeichnete. *Bercla (Berizla)* war ursprünglich kein Fluß-, sondern ein Waldname.

[2]) In altnordischer Form *Audhr*, welches Wort auch im Altnordischen zugleich Besitz, Reichtum und Glück bedeutet.

Eine ausführliche Erörterung des Namens gibt meine Abhandlung „Od und Oda" in der Zeitschrift für Schleswig-Holsteinische Geschichte, Jahrgang 1890, S. 213.

sehr nahe kommen, während sie fast überall sonst durch breite, schwer passierbare Wiesenmoore in den Talsohlen getrennt sind. Der Verkehr zwischen den keilförmigen Flußhalbinseln konnte daher am leichtesten über die Spitzen an der Bestemündung bewerkstelligt werden, und so mußte sich hier ein Brückenort bilden, von dem Wege in jeder der drei Landschaftsabschnitte ausstrahlten und der damit der Verkehrs- und Handelsmittelpunkt der Gegend wurde.

Man könnte nun fragen, ob dieser Ort vor der Wendenzeit eine sächsische oder eine suebische Siedelung gewesen ist. Der Name kann uns darüber nichts sagen, da die Namenzusammensetzungen mit *Od* (Aud) sowohl bei den Sachsen wie bei den Langobarden beliebt waren. So entspricht zum Beispiel dem sächsischen Odhere, nach dem Odheringen, das heutige Öring, genannt ist, auf langobardischer Seite der Königsname Authari. Wahrscheinlich sind in Oldesloe Händler aus beiden Völkern miteinander in Verkehr getreten, und beide Völker können hier Niederlassungen gehabt haben. Auch mag in wechselvollen Grenzkämpfen bald das eine, bald das andere Volk hier die Herrschaft ausgeübt haben.

Dasselbe alte Grundwort wie Oldesloe zeigt der Name von Tralau, der noch im Jahre 1197 Traloe geschrieben wurde. Erst nach jenem Jahre ist er durch Angleichung an die slavischen Namen der benachbarten Dörfer *Grabowe, Wolkowe* und *Nutzekowe* zu *Tralowe* entstellt worden. Auch wenn es nicht als erwiesen gelten könnte, daß Tralau der karolingische Reichshof *Treola* war, so ist sein Name doch auf alle Fälle deutsch und mit *Treola* identisch. Auch in anderen deutschen Ortsnamen tritt *tra* für *triu, treo* ein. *Traloe* bedeutet also wie *Treola* Holzwald und war wohl ursprünglich die deutsche Bezeichnung des Waldes, der in Adams Limesbeschreibung lateinisch *Travena silva* genannt wird.

Auch Sühlen reicht in die vorslavische Zeit zurück. Unsere heidnischen Vorfahren stellten als Volksheiligtümer an verschiedenen Stellen Säulen auf wie die von Karl dem Großen zerstörte Irmensäule in der Nähe der Lippequellen. Manche Orte tragen noch heute davon ihren Namen, z. B. das Dorf Irmenseul bei Alfeld. Solchen Säulen wird auch Sühlen seinen Namen verdanken, vielleicht auch Sülfeld.

Altsächsischen Ursprungs ist auch der Name unseres Nachbarkirchdorfs Bargteheide, dessen älteste bekannten Formen *Berchtehele* und *Berchteheile* sind. Der Name ist ein Anruf an die Gottheit, altsächsisch *Berchta, hele!* oder *heile!* d. h. Strahlende (Glänzende, Helle), heile! Er entspricht also dem in Österreich mehrfach vorkommenden Ortsnamen Mariahilf. Es muß aber dahingestellt bleiben, ob die Jungfrau Maria mit Berchta angeredet wurde, oder ob der Anruf einer heidnischen Göttin galt[1]).

---

[1]) Als der Name nicht mehr verstanden wurde, haben Kanzlisten den Namen durch Einsetzung eines d an Stelle des l verunstaltet. Aber man ist ihnen nur amtlich gefolgt. In Oldesloe wurde der Name im 18. Jahrhundert noch Bargteheil geschrieben, und die Ortsbevölkerung spricht noch heute Bartheel und Bartheil. Höchstens wird das durch Mißdeutung an die Stelle des l gesetzte d in den Namen mit herein genommen und Barthedel oder Bartheidel gesprochen.

Doch bleiben wir bei unserm Kirchspiel. Wie Schlamersdorf und Wakendorf, von denen sich das erstere durch seinen Namen und seine Bauart, das zweite durch seine Bauart allein als schon zur Wendenzeit vorhanden zu erkennen geben, so können auch die übrigen Ortschaften, deren Namen das Grundwort dorf und als Bestimmungswort einen Personennamen haben, schon zur Wendenzeit existiert und also ihren Ursprung in der älteren deutschen Zeit gehabt haben. Es sind Blumendorf (vormals *Blomendorp*), Schulendorf (vormals *Sculendorp*, jetzt Schulenburg), *Elersdorp* (niedergelegt zur Bildung des Großgutes Rethwisch), Sehmsdorf (vormals *Sewensdorp*, d. i. Segewinsdorf) und *Scropendorp*[1]) (untergegangen, doch ist der Name noch erhalten im Namen des zu Poggensee gehörigen Waldes Schrapendorf zwischen Schadehorn und Steinfeld). Blomo, Sculo, Edelhere (*Adalhar*), Segewin, Scropo und Waco hießen die Führer der *turba*, die das betreffende Dorf gründete. Es waren bardisch-suebische Edelinge, wenn die Ansiedelung vor der Wendenzeit, aber sächsische Kolonistenführer, wenn sie nach ihr geschah. Waco war der Name eines langobardischen Königs, kam aber auch, wie das Dorf Wakendorf im Kirchspiel Henstedt zeigt, auf der sächsischen Seite der Grenze vor. Die Namen Blohm, Schulle und Ehlers sind noch heutige Familiennamen.

Den Namen auf Dorf schließen sich die auf Staven an, nämlich Neverstaven und Benstaven, früher *Neverstowe* und *Bennestowe* genannt. Äußerlich waren diese Namen den slavischen *Grabowe*, *Wolkowe* und *Nutzekowe* ähnlich, und doch haben wir es hier mit rein deutschen Namen zu tun. Jellinghaus erwähnt zwar in seiner Ausgabe von Förstemanns Namenbuch auf eine briefliche Mitteilung von G. Hey hin ein altwendisches Wort *stowa* Hütte. Aber dieses Wort ist sicher das niederdeutsche Stove, heizbare Stube, und durch die Slaven nur entlehnt. In jener alten Zeit, als die Wohnhütte nur aus einer Stube bestand, konnte der Bedeutungswandel leicht geschehen. Übrigens verzeichnet das Handwörterbuch des Oberlausitzer Wendischen von Curt Bose ein Wort *stwa* mit der Bedeutung Stube, also ohne den Bedeutungswandel. *Neverstowe* war also ursprünglich die Hütte oder heizbare Stube eines Never, *Bennestowe*, wohl richtiger *Bennenstowe*, die Hütte oder Stube eines Benno. Der Personenname Never oder Gnever (*Hnefhere*) findet sich auch in den Namen der Dörfer Neversdorf, Kreis Segeberg, und Gneversdorf bei Travemünde und kommt in der Form Never noch heute als Familienname vor. Häufiger findet sich als Familienname der erste Teil allein in den Formen Neeff, Neff, Neve, Näve und Näveke. Hnaef war der Name eines Helden der Finnepisode des angelsächsischen Beowulfliedes. Auch der Name des Gründers von Benstaven ist in den Formen Benn,

---

[1]) Lünig, *Spic. eccl.*, druckt dafür *Stumpendorp*, doch hat er den Namen wie so viele andere höchst wahrscheinlich verlesen. Wer sich viel mit mittelalterlichen Urkunden beschäftigt hat, weiß, wie leicht für *cro*, wenn nur noch die Grundstriche deutlich zu sehen sind, *tu* gelesen werden kann. Auf der Wüstung Schrapendorf entstand später das dann auch wieder untergegangene Dorf *Wöstefeld*.

Behn, Behnke, Behncke und anderen Variationen noch sehr verbreitet[1]). Auch die Dörfer oder ehemaligen Dörfer, die nach Wäldern und Flüssen oder nach der Beschaffenheit des Ortes benannt sind, können wie Tralau, Havighorst, Barkhorst und Rethwischdorf schon lange vor der Einwanderung der Kolonisten bestanden haben und in die älteste Zeit hinaufreichen. Es sind außer den genannten Seefeld, Schadehorn (d. i. Schattenecke), *Rosendal*, ein untergegangenes Dorf bei Schadehorn, Knegene, ein ins Oldesloer Stadtfeld aufgenommenes Dorf am Kneden, *Vosbarghen*, ein untergegangenes Dorf, dessen Lage ich nicht habe bestimmen können[2]), Lasbek und Krummbek. Ein Anhalt für die Gründungszeit ist bei ihnen nicht gegeben. Doch kann Lasbek seinen Namen nur einer Zeit verdanken, in der die Lachse noch in die Süderbeste hinaufstiegen und diese zu einem Lachsbach machten, einer Zeit also, in der Schleusen und Mühlenwerke den Lachsen das Hinaufsteigen noch nicht erschwerten oder unmöglich machten.

Als Neusiedelungen nach der Wendenzeit lassen sich mit Sicherheit solche Ortschaften erkennen, deren Namen darauf hindeuten, daß ihr Land durch Rodung dem Walde abgerungen wurde. Das sind besonders die Dörfer, deren Namen die Grundwörter Rode und Hagen zeigen. Als die Kolonisten ins Land kamen, erstreckte sich ein zusammenhängender Wald, von dem jetzt nur noch die schmalen Streifen der Rethwischer und Rohlfshagener Wälder übrig sind, durch den ganzen Süden und Südosten des späteren Kirchspiels Oldesloe bis in das Oldesloer Stadtfeld, wo er mit der Glindhorst und dem Ritzenwalde endigte, und bis dicht an das Dorf Rümpel, wie noch die Flurnamen Wenkenrah (d. i. Wenkenrode), Tankenrah, Vullenrah, Hogenrah und Mekenrah erkennen lassen. In diesem Walde siedelten zunächst, wie wir bereits gesehen haben, die Rethwischer und Rümpeler Kolonisten ihre Wenden an. Dann wurde eine Rodung zwischen den beiden Wendendörfern Lütteken Redewisch und Lütteken Rümpnig vorgenommen und auf ihr das Dorf Wighersrode angelegt. Wigher wird der Generalunternehmer oder der erste Ansiedler geheißen haben. Das neue Dorf Wighersrode umfaßte denjenigen Teil der heutigen Gemeinde Rethwischfeld, der an die Gemarkungen von Pölitz, Rümpel und Oldesloe grenzt. Außer dem Gesamtnamen Wighersrode lassen auch einzelne Flurnamen wie Radeland, Glindhorst, Behnkenrade und Neues Feld erkennen, daß die Feldmark auf ehemaligem Waldboden angelegt ist. Als dann bei zunehmender Bevölkerung noch weiteres Bedürfnis nach Land entstand, wurden auf Wald-

---

[1] Als Kuriosum muß hier vermerkt werden, daß das Wandsbeker Landratsamt vor einer Reihe von Jahren die Schreibung Benstaben angeordnet hat. Die Gemeinde hat gegen die Verballhornung ihres Ortsnamens protestiert, aber vergebens. Sie reiht sich den übrigen Namensentstellungen, die Holstein seinen Schreibern verdankt, würdig an.

[2] Es könnte zwischen Schulenburg und Pölitz gelegen haben, wo im Jahre 1442 (U. B. d. St. L. VIII 57) ein Flurname Oldendorp erwähnt wird. Das würde zu der Reihenfolge der Aufzählung von 1314 passen: *dhre dhorp in dhem Kerspelde to Odeslo: Nuttekow, Blomendhorpe vnde Vosberghen*. U. S. II 31.

rodungen die sogenannten Hagendörfer angelegt, deren Ackerflur zum Schutz gegen das Wild eingehegt wurde, woher der Name. In dem großen Walde entstanden so die beiden Dörfer Rohlfshagen (*Roleveshagen*) und Schmachthagen und weiter nach Süden Mollhagen (früher *Mulenhagen*). Rolf und Muhl (auch Moll) sind noch heutige Familiennamen. Schmachthagen erhielt seinen Namen höchst wahrscheinlich durch die Unzufriedenheit der Ansiedler mit den ihnen zugemessenen Anteilen und bildete einen Gegensatz zu dem benachbarten Rikenhagen im Steinhorstschen, dem heutigen Boden. Die Feldmark der Hagendörfer war im Anfang nur klein und wurde erst nach und nach durch weitere Rodungen vergrößert. Eine Flurkarte von Mollhagen aus der zweiten Hälfte des 18. Jahrhunderts z. B. zeigt nur eine kleine von einem großen Waldkranz umgebene Ackerflur. Der Wald wurde zum größten Teil erst nach der Aufteilung gegen Ende des 18. Jahrhunderts ausgerodet.

Ein anderer großer Wald erstreckte sich vom Oldesloer und Blumendorfer Feld um Wolkenwehe herum bis in die Nähe von Nütschau. In diesem wurde das wieder verschwundene Dorf Emekenhagen wahrscheinlich in der Gegend des heutigen Vinzier und das ehemalige Dorf Glinde (Glint), angelegt. Durch seinen Namen, der Einzäunung bedeutet, gibt sich auch Glinde als Hagendorf zu erkennen.

Die weitere Entwickelung der Besiedelung gehört der urkundlich beglaubigten Geschichte an.

VII. Die Einführung des Christentums.
Einfall Niclots in Wagrien. Missionstätigkeit Vicelins.

Mit den deutschen Kolonisten hielt auch das Christentum hier seinen Einzug. Im Jahre 1147 hatte das neue deutsche Land erst noch eine empfindliche Heimsuchung zu ertragen. Als bei Gelegenheit des zweiten Kreuzzuges nach dem heiligen Lande von einigen deutschen Fürsten auch ein Kreuzzug gegen die heidnischen Slaven in Mecklenburg und Pommern geplant wurde, kam der Obodritenfürst Niclot diesen Kreuzfahrern zuvor, fiel mit einem Heere in Wagrien ein und verheerte das Land bis an den karolingischen Limes, aber nicht über diese Grenze nach Westen hinaus. Es ging deshalb allgemein das Gerede, Holsten hätten aus Haß gegen die fremden Kolonisten, die der Graf in das von ihm erworbene Land gerufen habe, die Obodriten zu diesem Einfall angestiftet. Seitdem aber blieb das Land von den Wenden verschont.

Schon Kaiser Otto I. war bestrebt gewesen, durch Gründung des Bistums Oldenburg (slavisch Stargard) das Christentum in Wagrien einzuführen. Aber es konnte hier trotz der Begünstigung durch einige wendische Fürsten in jenen unruhigen Zeiten nicht recht Wurzel fassen. Erst als der glaubensstarke Vicelin im Jahre 1126 nach Nordalbingien kam und anfänglich von Neumünster, dann nach der Eroberung des Landes von dem Kloster Cuzalin=Högersdorf aus eine eifrige Missionstätigkeit in Wagrien entfaltete, breitete sich das Christentum im Lande aus. Seiner Missionstätigkeit konnte Vicelin durch Gründung zahlreicher Kirchen im Wagerlande die Krone aufsetzen, nachdem er am 25. September 1149 zum Bischof von Oldenburg gemacht worden war. Mit der Gründung seiner Kirche trat nun Oldesloe in das Licht seiner Geschichte.

Das christliche Mittelalter.
Von der Gründung der Kirche bis zur Einführung der Reformation, ca. 1150—1525.

I. Die Gründung der Kirche.
Die Gründungszeit. Der Gründungsort. Das Kirchengebäude. Das Kirchspiel.

Propst Sido von Neumünster, ein Schüler Vicelins, schrieb um das Jahr 1195 in einem noch erhaltenen Briefe an den Priester Gozwin zu Haseldorf, daß Vicelin in eigener Person die Kirchen zu Segeberg, Högersdorf, Lübeck, Bornhöved und Oldesloe geweiht und für einige andere vor seinem Tode die Baustellen bestimmt habe[1]), und in den einige Jahre vorher in Neumünster verfaßten Versen über das Leben Vicelins von einem unbekannten Verfasser wird dem Vicelin die Gründung der Kirchen in Oldenburg, Sarau, Plön, Bornhöved, Bosau, Schlamersdorf, Süsel, Wensin und Oldesloe zugeschrieben[2]). Danach ist an der Gründung der Oldesloer Kirche durch Vicelin nicht zu zweifeln. Da Vicelin am 12. Dezember 1154 starb, fällt ihre Einweihung in die Zeit vom 25. September 1149 bis zum 12. Dezember 1154. Da der Bischof aber nach Helmold I 75 die letzten 2½ Jahre seines Lebens gelähmt war und in diesem Zustande schwerlich noch Einweihungsreisen machen konnte, ist die Weihung der Oldesloer Kirche mit größter Wahrscheinlichkeit vor Mitte Juni 1152 anzusetzen. Urkundlich erwähnt wird die Oldesloer Kirche oder vielmehr das Oldesloer Kirchspiel zuerst in zwei Urkunden aus dem Jahre 1164, die bei Aufzählung der Schenkungen an das Lübecker Domkapitel auch den halben Zehnten des ganzen Kirchspiels Oldesloe[3]) anführen. Dieselbe Schenkung nennt eine Urkunde vom Jahre 1163 ohne Erwähnung des Kirchspiels medietatem totius decime in tadeslo[4]). Diese letztere Urkunde, die wie die beiden andern in Oldenburg im Freistaat aufbewahrt wird, ist das älteste erhaltene Schriftstück, in dem der Name unserer Stadt vorkommt.

---

[1]) *In propria persona Segheberghe, Haghersiorpe, Lubeke, Burnhavede, Adesla ecclesias dedicavit et ceteris aliquibus toca ad construendas ante decessum suum destinavit.*

[2]) *Ecclesiis positis accrevit turba fidelis:*
Aldenburg, Sarou, Plunen, Burnhavede, Bosou,
Cum Zlameresthorpe, Suslen, Wendsina, Tadesla.

Tadesla erklärt sich durch das Zusammenwachsen der Präposition *to* mit dem Namen *Adesla*. Ebenso entstand Todesfelde aus *to* Odesfelde.

[3]) *Medietatem decime tocius parochie in Todeslo,* — *medietatem decime parochie in Tadeslo.* Urkundenbuch des Bistums Lübeck I 5 und 6.

[4]) U. d. B. L. I 4.

Vicelin ließ die Kirche auf dem Hügel errichten, an dessen Fuße in der Sohle des Bestetales die Salzquelle zutage tritt. Diese Wahl des Ortes hatte ohne Zweifel ihren tiefen Grund. Es ist bekannt, daß die christlichen Missionare, um den heidnischen Kultus gründlich zu vernichten und zugleich alte Gewohnheiten der Bevölkerung in den Dienst des Christentums zu stellen, die Kirchen gern auf heidnischen Kultusstätten errichteten. Nun berichtet Helmold I 45, daß zu der Zeit, als Vicelin seine Tätigkeit in Nordalbingien begann, selbst die Bewohner des südlichen Grenzgebietes, die schon den Namen Christen führten, noch ganz dem heidnischen Wald- und Quellenkultus ergeben waren[1], so daß der Apostel mit der Zerstörung der heidnischen Heiligtümer beginnen mußte[2]. Es ist daher anzunehmen, daß auch der heidnische Kultus, den der Name unserer Stadt zur Voraussetzung hat und dem ohne Zweifel auf dem Hügel über dem Salzquell gefrönt wurde, zur Zeit Vicelins in Odes Lo noch lebendig war und erst durch die Gründung der Kirche sein Ende fand.

Das von Vicelin errichtete Kirchengebäude ist lange verschwunden. Während in unserer Nachbarstadt Segeberg und in anderen Orten Wagriens die Vicelinskirchen, wenn auch vielfach verändert, bis zum heutigen Tage erhalten sind, hat Oldesloe seine Pfarrkirche mehrere Male erneuern müssen. Die romanische Vicelinskirche war schon zur Reformationszeit höchst wahrscheinlich nicht mehr vorhanden, sondern hatte einer mit kleinen Türmchen gezierten wahrscheinlich gotischen Kirche Platz gemacht[3]. Der Bau Vicelins wird bei der Einäscherung Oldesloes durch den Herzog Erich V. von Sachsen-Lauenburg im Jahre 1415 zugrunde gegangen sein. Zum Schutzpatron der Kirche hatte Vicelin den heiligen Petrus gewählt, den streitbaren Heiligen, unter dessen Schutz man mit Vorliebe Kirchen stellte, die auf der Stätte eines heidnischen Kultus errichtet wurden, und das Bild dieses Heiligen ist dann auch in das Stadtwappen aufgenommen worden. Für die neue Kirche aber wurden beide Apostelfürsten Petrus und Paulus als Schutzheilige angenommen. Noch im Jahre 1396 heißt die Oldesloer Kirche *ecclesia parrochialis sancti Petri*, im Jahre 1483 aber *kerke sante Peters unde sante Pawels*. Diese Peter-Pauls-Kirche brannte im Jahre 1537 infolge eines Blitzschlages ab[4], und ihre Nachfolgerin mußte nach nur zweihundertjährigem Bestehen im Jahre 1757 wegen Baufälligkeit abgetragen werden. Die jetzige Kirche ist in den Jahren von 1757 bis 1764 gebaut worden[5].

---

[1] *Nam lucorum et fontium celerarumque supersticionum multiplex error apud eos habetur.*
[2] *lucos et omnes ritus sacrilegos destruens.*
[3] Kerkswarenbok, Eintragung vom Jahre 1524.
[4] *Anno (15)37 im Pinxten, do brande de kerke af to Oldeslo vam wedder.* Lappenberg, Hamburgische Chroniken, S. 130.
[5] In einem Aufsatze „Die alte Kirche zu Oldesloe und die Wagrische Baukunst" (Beiträge und Mitteilungen des Vereins für schleswig-holsteinische Kirchengeschichte, Band 7, S. 129—141) vertritt Geheimrat Professor Dr. Haupt die Ansicht, daß die im Jahre 1557 abgerissene Kirche, von der er einen Riß aus dem Staatsarchiv veröffentlicht, die wahrscheinlich von dem flandrischen Baumeister Volchart erbaute Vicelinskirche

Der Kirche wurde in dem damals sehr schwach bevölkerten Lande ein großes Gebiet als Kirchspiel zugewiesen. Es reichte anfangs von den Grenzen der Kirchspiele Segeberg und Leezen im Norden und Nordwesten bis zur Polabengrenze im Süden und Südosten und war im Westen von der Norder- und Süderbeste begrenzt, die Wagrien von Stormarn und damit das Bistum Oldenburg-Lübeck von dem Bistum Hamburg-Bremen trennten. Im Osten erhielt es auf dem linken Traveufer in der Cnegena, dem heutigen Knedenbache, und der oberen Bisnitz, welche eine kurze Strecke die Gemarkungen von Havighorst und Rehorst voneinander trennt, eine feste Grenze gegen die bald entstehende Abtei Reinfeld[1]) und auf dem rechten Traveufer in dem dem ehemaligen Dorfe Kraul gegenüber mündenden Bache, der die Grenze zwischen Benstaven und Klein-Barnitz bildet, eine solche gegen das Kirchspiel Klein-Wesenberg[2]). Im Süden und Südosten erhielt das Kirchspiel eine heute noch nachweisbare Grenze erst mit der Einrichtung der beiden Kirchspiele Eichede und Schöneborn. Das Kirchspiel Eichede (vormals Slamersekede und Slamerseke), das zwischen 1276 und 1286 entstanden ist[3]), dehnte sich nach Oldesloe hin ursprünglich bloß bis zur Slamersbek, einem Zufluß der Süderbeste, aus. Noch im Jahre 1426 gehörte Lasbek nach Oldesloe, Rohlfshagen sogar noch im 18. Jahrhundert. Das Kirchspiel Schöneborn (Sconeborne, Sconenborne) entstand etwa um dieselbe Zeit wie Eichede. Im Jahre 1310 war es vorhanden[4].) Es umfaßte im Jahre 1426 außer dem Kirchdorf Schöneborn selbst die Dörfer Rikenhagen, Wulmenau, Westerau und Wendischen-Tralau. Im Jahre 1590 war das Kirchdorf schon wieder eine Wüstung. Es lag in der Gemarkung des heutigen Dorfes Schürensöhlen, dessen Name nur eine Vergröberung von Schöneborn zu sein scheint. Ein schieres Sol ist ein reines Wasserloch, also dasselbe wie ein schöner Brunnen. Auf der „Kirchenkoppel" bei dem „Schönen Born" in der Gemarkung von Schürensöhlen sind die Grundlagen des Kirchturms noch heute zu erkennen. An das verschwundene Dorf Rikenhagen erinnert heute noch der Rikenhagener Teich bei Groß-Boden. Nach dem Eingehen des Kirchspiels Schöneborn kam Wendischen-Tralau, auf dessen Gemarkung heute Tralauerholz steht, und der Rethwischer Teil von Rikenhagen, das heutige Klein-Boden, an das Kirchspiel Oldesloe. An der Westgrenze des Kirchspiels trat dadurch eine Veränderung ein, daß Grabau vom Kirchspiel Oldesloe getrennt und nach Sülfeld eingepfarrt wurde, während das ursprünglich zum Kirchspiel Bargteheide gehörende Höltenklinken dem Kirchspiel Oldesloe zugewiesen wurde.

---

gewesen sei, da ihm vorangegangene Zerstörungen der Kirche nicht bekannt waren. Auf sie aufmerksam gemacht, meint er in einem Briefe an den Verfasser, daß die Brände das Mauerwerk im wesentlichen unzerstört gelassen hätten und daß sich seine Annahme daher sehr wohl mit der Annahme verschiedener Zerstörungen durch Feuer vereinigen lasse.
    [1]) Hasse, Regesten und Urkunden, I 163, 164 und 165.
    [2]) Urkundenbuch des Bistums Lübeck, I 20, 21, 74 und 79.
    [3]) U. d. B. L I 253 und Seite 294.
    [4]) Hasse III 217.

II. Der Streit um das Oldesloer Salzwerk. 1151.
Forderung Heinrichs des Löwen. Ablehnung durch den Grafen Adolf. Gewalttat Heinrichs. Verhängnisvolle Wirkung des historischen Berichts. Herkunft des Oldesloer Salzwassers.

Als Graf Adolf II. in Besitz von Wagrien gelangt war, ließ er sich nicht nur die Wiederbesiedelung des Landes, sondern auch das Aufblühen von Handel und Gewerbe in ihnen angelegen sein. Davon zeugt die Neugründung der Stadt Lübeck und die Inbetriebsetzung des Salzwerks in Oldesloe. Beide Unternehmungen gediehen bald so, daß sie den Neid des jungen Herzogs Heinrich erregten, dem Bürger von Bardowiek einflüsterten, daß der Lübecker Handel ihrer Stadt großen Abbruch täte, da viele ihrer Bürger wegen des Lübecker Marktes nach Lübeck verzögen, und Bürger von Lüneburg, daß das Lüneburger Salzwerk zugrunde gerichtet würde durch das, welches der Graf seit kurzem in Oldesloe habe[1]), und der Herzog verlangte von dem Grafen als Schadenersatz die Hälfte der Stadt Lübeck und des Oldesloer Salzwerks, da er sonst im Interesse seines väterlichen Erbes den Lübecker Handel verbieten müsse. Als aber der Graf Bedenken trug, das Verlangen des Herzogs zu erfüllen, verbot dieser den Handel in Lübeck bis auf den Kauf und Verkauf von Nahrungsmitteln und ließ die Oldesloer Salzquellen verschütten[2]).

Dieser Bericht Helmolds ist für Oldesloe wahrhaft verhängnisvoll geworden, da man aus ihm gefolgert hat, daß hier einst Salzquellen vorhanden gewesen sein müßten, die denen zu Lüneburg gleichkamen oder sie gar übertrafen. Da die Oldesloer Salzquellen nach der Wiederaufrichtung des Salzwerks nur einen mäßigen Betrieb ermöglichten und nur geringen Ertrag abwarfen, hat man jahrhundertelang mit großen Geldopfern versucht, die vermeintlich reichen, von Heinrich dem Löwen verstopften Salzquellen wiederzufinden, bis endlich die Bohrungen der letzten Jahrzehnte dargetan haben, daß es reiche, den Lüneburger Quellen nur annähernd vergleichbare Salzquellen in Oldesloe nie gegeben haben kann. Die Lüneburger haben seinerzeit den Wert des Oldesloer Salzwerks übertrieben, um sich mit Hilfe ihres Herzogs eine lästige Konkurrenz vom Halse zu schaffen.

Das Oldesloer Salzwasser ruht nicht wie das Lüneburger auf Steinsalzlagern, die ihm bei zunehmender Tiefe größeren Gehalt geben müßten, sondern es fließt von den Segeberger Steinsalzlagern seitlich zu. Durch undurchlässigen Geschiebemergel ist es getrennt von einem süßen Oberwasser, dem früher durch Flachbrunnen das in den Haushaltungen nötige Wasser entnommen wurde, und von einem süßen Grundwasser, das in artesischen Brunnen über die Oberfläche empor-

---

[1]) *Una ergo dierum allocutus est dux comitem Adolfum dicens: Perlatum est ad nos iam pridem, quod civitas nostra Bardewick magnam diminutionem civium patiatur propter Lubicense forum, eo quod mercatores omnes eo commigrent. Idem conqueruntur hii qui sunt Luneburg, quod sulcia nostra devorata sit propter sulciam, quam cepistis habere Thodeslo.* Helmold I 76.

[2]) *Sed et fontes salis qui erant Thodeslo ipso tempore obturari fecit.* Helmold, ebenda.

steigt und neuerdings vom Ritzen her die Oldesloer Wasserleitung speist. Solange man von diesem süßen Grundwasser nichts wußte, konnte man hoffen, durch Tiefbohrungen Sandschichten mit Salzwasser von stärkerem Gehalt zu treffen. Als aber im Jahre 1846 der damalige Salineninspektor Kammerrat Kabell die mächtige Geschiebemergelablagerung unter den salzwasserhaltigen Sandschichten durchstoßen hatte und bei einer Tiefe von 125 m in eine Sandschicht eingedrungen war, die Süßwasser enthielt, das mit Gewalt emporstieg und aus den Rohren herausfloß, da fing die Erkenntnis an zu dämmern, daß man sich bisher einer großen Täuschung hingegeben hatte, und der schöne Traum zerrann. Der alte Quellengott hat sich als ein echter heidnischer Gott erwiesen gegen alle, die ihm vertraut haben. Gar mancher hat den Oldesloer Salzquellen sein ganzes Vermögen geopfert, ohne auch nur die Zinsen herauswirtschaften zu können, und der Stadt hat das Salzwerk ihren schönsten Schmuck, den Kranz der sie umgebenden Wälder, geraubt. Als nach dem Aufhören der Dänenherrschaft der Betrieb endlich eingestellt wurde, waren die Wälder von den Talrändern der Trave, der Beste und der Barnitz bereits alle von den gierigen Feuern unter den Siedepfannen gefressen worden. Trotzdem ist auch heute in Oldesloe das Vertrauen auf den Quellengott noch nicht verschwunden. Von der Heilkraft der Salzquellen erhofft es jetzt sein Glück. Möchte diese Hoffnung sich nicht auch als trügerisch erweisen!

III. Oldesloe wird eine Stadt.
Oldesloe ein Dorf 1157. Oldesloe eine Stadt 1183. Ausbau des Dorfes zur Stadt.

Nachdem Graf Adolf II. dem wiederholten Verlangen seines Lehnsherrn, ihm Lübeck abzutreten, im Jahre 1157 schließlich nachgegeben hatte, stattete Heinrich der Löwe die Stadt mit neuen Rechten aus. Die Urkunde über diese Bewidmung Lübecks ist nicht erhalten; das Wesentliche aus ihr aber ist in die Bewidmungsurkunde Kaiser Friedrichs I. vom Jahre 1188 und in die Bestätigungsurkunden des Dänenkönigs Waldemars II. vom Jahre 1204 und Kaiser Friedrichs II. vom Jahre 1226 aufgenommen worden, und so wie die beiden letzten Urkunden die Lübeck verliehenen Vorrechte und Freiheiten nach der Urkunde Friedrichs I. wörtlich wiederholen, wird auch diese die Verleihungen Heinrichs des Löwen möglichst wortgetreu beibehalten haben. In den drei Urkunden von 1188, 1204 und 1226 wird nun der Stadt Lübeck das Wald-, Wiese- und Weiderecht auf beiden Seiten der Trave bis zum *Dorfe* Oldesloe und das Fischrecht vom genannten *Dorfe* Oldesloe bis zum Meere mit einigen Einschränkungen bestätigt[1]).

---

[1]) *A ciuitate sursum usque ad uillam odislo, ita, quod in utraque parte fluuii traueno ad duo miliaria usum habeant nemoris, tam in lignis, quam in pratis et pascuis, excepto nemore, quod est assignatum cenobio beate Marie. Insuper licebi ipsis ciuibus et eorum piscatoribus piscari per omnia a supradicta uilla odislo usque in mare preter septa comitis adolfi sicut tempore ducis heinrici facere consueuerunt.* Urk. der Stadt Lübeck I 7.

Wenn die Bestätigungsurkunden einen selbständigen Wortlaut hätten, würde daraus hervorgehen, daß Oldesloe noch im Jahre 1226 als Dorf (*villa*) galt. Da sie aber nur den Wortlaut der Urkunde Heinrichs des Löwen wiederholen, dürfen wir daraus schließen, daß Oldesloe noch im Jahre 1157 ein Dorf war. Das wird auch durch anderes bestätigt. Als nach der Absetzung Heinrichs des Löwen das östliche Sachsen mit Lauenburg an Bernhard von Anhalt gefallen war, versuchte der neue Herzog in einem Streite mit Graf Adolf III. im Jahre 1183 diesem das Gebiet bei Ratkau und die *Stadt* Oldesloe zu entreißen, mußte ihm aber beim Friedensschluß beides lassen. Arnold, der Fortsetzer von Helmolds Slavenchronik, berichtet darüber III 4 mit folgenden Worten: *Adolfo siquidem comiti omnem terram que Ratekowe attinere dicitur, quam dux Henricus prius habuerat, et T o d e s l o c i v i t a t e m adimere conatus est.* Der Friede wurde geschlossen *ea conditione ut Adolphus comes ... terram que Radecowe attinet cum c i v i t a t e T o d e s l o, quam Bernardus dux requirebat, libere optineret.* (Arnold III 7.) Auch berichtet Arnold, daß Graf Adolf in seinem Streite mit Lübeck über den Travemünder Zoll einige in seinen *Städten* Oldesloe und Hamburg Handel treibende Lübecker Bürger festgenommen und ihre Waren als Pfand für den Zoll beschlagnahmt habe[1]). Da Arnold zur Zeit jener Ereignisse lebte und sein Geschichtswerk in Lübeck verfaßte, wo er wahrscheinlich der erste Abt des Johannisklosters war, ist an der Richtigkeit der von ihm für Oldesloe gebrauchten Bezeichnung Stadt (*civitas*) kaum zu zweifeln. Oldesloe war also noch ein Dorf, als Heinrich der Löwe die Stadt Lübeck im Jahre 1157 mit Vorrechten austattete, aber bereits eine Stadt, als Herzog Bernhard von Anhalt im Jahre 1183 dem Grafen Adolf III. Oldesloe zu entreißen suchte. Zwischen den Jahren 1157 und 1183 muß also die Verleihung der Stadtrechte an Oldesloe erfolgt sein. Es wurde bisher angenommen (v. Schröder und Biernatzki, Topographie II 255), daß Oldesloe im Jahre 1238 das Lübsche Recht erhalten habe. Ich habe aber nirgends eine urkundliche Bestätigung dieser Annahme gefunden und glaube daher, daß Oldesloe gleich bei seiner Erhebung zur Stadt dasselbe Stadtrecht wie das kurz vorher gegründete Lübeck erhalten hat. Zweifellos ist das indes nicht, da *civitas* auch „Gemeinde" bedeutete und Oldesloe nicht *oppidum* heißt; die Erhebung von Orten zu Städten mit lübschem Rechte fällt sonst erst in die Zeit nach der Dänenherrschaft.

Über die Entwickelung Oldesloes aus einem Dorfe zu einer Stadt fehlen jedwede Nachrichten. Aber wir können sie uns aus der Natur der Örtlichkeit vorstellen. Wir haben gesehen, daß Oldesloe durch seine Lage vor allen anderen Orten der Umgegend bevorzugt ist und daß sich hier, sobald die Bewohner der Umgegend miteinander in Verkehr traten, ein wenn auch noch so kleiner Handelsplatz entwickeln mußte. Der älteste Kern der zukünftigen Stadt ist ohne Zwei-

---

[1]) *Preterea etiam quosdam ex eis in civitatibus suis T h o d e s l o e t H a m m e n b u r c h negotiantes prepediendo detinuit et bona eorum quasi pro thelonei pignore sibi usurpavit.* Arnold III 20.

fel die Spitze der Halbinsel zwischen Trave und Beste, auf der sich über dem Salzquell die Kirche erhebt. Die Hude war der Markt und Hafenplatz dieses kleinen Gemeinwesens. Die Besttorstraße vermittelte über die Besttorbrücke und die Mühlenbrücke den Verkehr mit den beiden andern Flußhalbinseln und die Kirchstraße den Verkehr mit dem Binnenlande der eigenen. Zu der Zeit, als Beste und Trave die Grenze des Frankenreiches bildeten, gehörte dieser Ort zu Sachsen und war wahrscheinlich auch mit Sachsen besiedelt. Aber schon damals mag sich gegenüber im innersten Winkel des Traveknies auch eine wendische Ansiedelung mit einem großen Platz in der Mitte, dem heutigen Marktplatz, gebildet haben, die dann später mit der Siedelung zwischen Beste und Trave zu einer Gemeinde vereinigt wurde. Mit Mauern ist Oldesloe, nachdem es eine Stadt geworden war, wahrscheinlich nie umgeben worden. Ihm genügte die Sicherung durch Wasser. Durch einen künstlichen Durchstich, der früher Mühlengraben hieß, wurde der Stadtteil im Travekni in eine Insel verwandelt und die Siedelung da, wo sie die Insel nicht ausfüllte, durch eine Einhegung geschützt, die der an ihr entlang ziehenden Straße den Namen Hagenstraße gegeben hat. Die Brücken über die Trave und den Mühlengraben an den beiden Enden der Hagenstraße und die Brücke über die Beste wurden durch steinerne Tore befestigt.

Daß so der Gang der Entwickelung gewesen sein mag, scheint auch durch den Verlauf der Wege, die einst aus dem sächsichen Oldesloe über Wolkenwehe, Grabau und Blumendorf nach Westen in das sächsische Hinterland führten, bestätigt zu werden. Nach der Eröffnung des Hamburger Tores wurden sie von der neuen Hamburger Straße, mit der sie scharfe Winkel bilden, aufgenommen und die Strecken vom Kirchberg bis zur Hamburger Straße später durch die Ausdehnung des Salinengeländes beseitigt. Aber noch heute zeigen die drei Straßen nicht die Richtung auf das Hamburger Tor, sondern auf den Kirchberg, mit dem sie erst neuerdings durch Anlegung der Königsstraße und der Kleinen und Großen Salinenstraße wieder in Verbindung gebracht worden sind.

IV. Die gräfliche Vogtei.

Die Vögte Herren von Oldesloe. Vogt Markward von Tralau Herr von Oldeslo. Bruno von Tralau mit den Schauenburgern zerfallen. Markward behauptet sich im Besitz von Oldesloe. Weitere Herren von Tralau Vögte von Oldesloe. Neuerwerbungen der Familie bei Oldesloe. Herren von Tralau als Prälaten. Abstieg der Familie. Johann von Hummelsbüttel Vogt von Oldesloe. Henneke Hummelsbüttel. Aufhören der Vogtei. Das Vogtding.

Während sich Lübeck aus einer gräflichen und dann herzoglichen Stadt in kurzer Zeit zu einer freien Reichsstadt entwickelte, blieb Oldesloe fest in der Hand der Grafen, die ihre Herrschaft in der Stadt durch Vögte ausüben ließen. Nach heutigen Begriffen wäre der Vogt (*advocatus*) der Träger der Staatsgewalt in Oldesloe und zugleich der Verwalter der hiesigen gräflichen Güter gewesen. Nach mittelalterlicher

Auffassung aber wurde er durch die Belehnung mit diesem Amt und diesen Gütern an Stelle des Grafen selbst Herr von Oldesloe.

In den ersten Jahrzehnten nach dem Auftauchen von Oldesloe in der Geschichte vernehmen wir noch nichts von einem Oldesloer Vogt. Vielleicht hat es damals einen solchen noch nicht gegeben. Im Jahre 1189 verfügte wenigstens Graf Adolf III. noch unmittelbar über seine Oldesloer Güter, indem er dem Kloster Reinfeld einen Hof in Oldesloe (*curiam in Odeslo*) schenkte, falls die bei Hasse I 165 abgedruckte Stiftungsurkunde echt ist. Ein *advocatus de Odesloe* wird zuerst 1228 genannt[1]). Er heißt Markward und ist ein Herr von Tralau, erscheint aber als *Marquardus de Odeslo* bereits im Jahre 1212[2]). Sein Bruder Heinrich von Tralau bekleidete am Hofe des Grafen Albrecht in Hamburg das Hofamt eines Mundschenken (*pincerna*). Zusammen genannt werden beide Brüder in zahlreichen Urkunden der Jahre 1200 bis 1232.

Als Markward von Tralau zuerst als Herr von Oldesloe auftrat, stand unser Land unter dänischer Oberherrschaft. Auf das Betreiben unzufriedener holsteinischer Adligen hatte im Jahre 1201 Herzog Waldemar von Schleswig den Grafen Adolf III. in Hamburg gefangen genommen und ihn gezwungen, das Land zu meiden, hatte dann nach Besteigung des dänischen Thrones ganz Nordalbingien und Mecklenburg unter seine Botmäßigkeit gebracht und seinen Neffen Albrecht von Orlamünde als Grafen in Nordalbingien eingesetzt. Mit seinem Bruder, dem Mundschenken Heinrich von Tralau, sehen wir auch Markward von Oldesloe im Gefolge dieses Usurpators. Arnold von Lübeck erzählt in seiner Slavenchronik VI 13, daß sich ein Bruno von Tralau infolge einer ihm vom Grafen Adolf III. auferlegten Geldstrafe im Jahre 1201 den beim Herzog Waldemar in Jütland lebenden Parteigängern des Overboden Markrad angeschlossen habe, der einst als Anhänger des geächteten Heinrich des Löwen aus dem Lande vertrieben worden war. Ein *Hartwicus de Traloe* und die beiden Brüder *Heinrich* und *Marquardus de Tralowe* erscheinen in den letzten Regierungsjahren Adolfs III. noch als Zeugen in seinem Gefolge; aber weder sie noch ihre Nachfolger kommen irgendwo als Besitzer von Tralau vor. Das legt die Vermutung nahe, daß die genannten Herren von Tralau ihren Stammsitz bereits verloren hatten und gezwungen waren, als Ministerialen in den Dienst eines Fürsten einzutreten.

Zur Belohnung für seine der neuen Landesherrschaft geleisteten Dienste jedenfalls belehnte Albrecht von Orlamünde den Markward von Tralau mit dem gräflichen Grundbesitz in Oldesloe. Als durch Besiegung und Gefangennahme Albrechts bei Mölln im Jahre 1225 und die Besiegung Waldemars des Siegers bei Bornhöved im Jahre 1227 Adolf IV. die väterliche Grafschaft wiedererlangt hatte, wußte sich Markward in dem Oldesloer Besitz zu behaupten, sei es, daß er zu der Rückkehr des Schauenburgers beigetragen hatte oder daß dieser sich scheute, den einflußreichen Tralauer zu vergrämen.

---
[1]) U. B. der Stadt Lübeck I 64.
[2]) Hamb. Urk. I 387.

Mehrere Generationen hindurch sind Markwards Nachkommen Vögte von Oldesloe geblieben. Ein Heinrich und ein Hermann von Tralau, die in einer Urkunde von 1242 über Bosau und Thürk verfügen¹), werden 1256 *advocati de Tralowe²*) genannt und der eine von ihnen heißt 1245 *Heinricus, advocatus de Todeslo³)*. Ein *Harduicus de Odeslo* erscheint 1266⁴). Im Jahre 1306 wird er *Hartwicus antiquus advocatus*⁵*)*, und 1313 als noch Lebender *Hartwicus quondam advocatus*⁶) genannt. Er war in der Vogtei abgelöst worden von *Hermanus de Tralowe, dictus de Wigersrode*, der in zahlreichen Urkunden zwischen 1288 und 1338 erscheint und vom Grafen Adolf V. im Jahre 1294 *noster aduocatus Hermannus de Wiersrode* genannt wird⁷). Er besaß den herrschaftlichen Hof vor dem Besttore. Einen *Dominus Hinricus de Odeslo* treffen wir in Aufzeichnungen aus den Jahren 1329 bis 1335⁸). Er ist höchstwahrscheinlich identisch mit dem Ritter Heinrich von Tralau, der den Beinamen der Stolze führte und die herrschaftlichen Höfe vor dem Hamburger und vor dem Lübecker Tore innehatte. Als Vogt finden wir ihn nicht mehr bezeichnet.

Ihren Oldesloer Besitz haben die Herren von Tralau im 13. Jahrhundert durch Erwerbung der benachbarten Dörfer Kneden, Wighersrode, Elersdorf, Groß- und Klein-Rethwisch und Blumendorf erweitert und das Dorf Kneden ihren Höfen im Stadtfelde angegliedert. Der in Wighersrode wohnende Zweig hat sich nach diesem Wohnsitze genannt. Jüngere Söhne der Familie treffen wir als Domherren in Hamburg und Lübeck, und Johannes von Tralau war von 1258 bis 1276 Bischof von Lübeck.

Im 14. Jahrhundert beginnt der Glanz des Geschlechtes zu verblassen, sei es durch eigene Schuld von Mitgliedern, deren Charakter durch Namen wie Heinrich der Stolze und Markward Stokeled (d. i. Leidschürer, Unheilstifter, von *stoken* stochern und *led* Leid)⁹) angedeutet wird, oder infolge der Zersplitterung des Familienbesitzes unter zu viele Teilhaber. *Markward Stokeled* beginnt mit dem Verkauf des Grundbesitzes. Im Jahre 1311 kauft nach Beurkundung des damaligen Vogtes Hermann von Wigersrode und seiner Söhne Albrecht und Heinrich Bruder Lüder von Bocholt, ein Verwandter der Herren von Wigersrode, für das Kloster Reinfeld von Markward und seiner Frau Alheyde und ihren Erben die Wiese an der Mündung des Knedenbaches in die Trave und die anliegenden Äcker für 30 Mark Pfennige¹⁰), und im Jahre 1323 verkaufen derselbe Ritter Markward

---

¹) U. B. des Bist. Lübeck I 83.
²) Hasse II 117.
³) Hasse I 657.
⁴) Hasse II 343.
⁵) Hasse III 121.
⁶) Hasse III 264.
⁷) Hasse II 850.
⁸) U. B. des Bist. Lübeck 609.
⁹) In den Urkunden genannt zwischen 1262 und 1323. Man vergleiche mit Stokeled die heutigen Familiennamen Makeleid und Mackeprank.
¹⁰) Urk. S. II S. 576.

von Tralau und seine Söhne Markward, Hartwig und Hermann unter Vorbehalt des Rückkaufes binnen 6 Jahren für 38 Mark lübischer Pfennige dem Lübecker Bürger Bertold von Yddeste die Wiesen Sweperode und Koghenwisch und alle ihre Wiesen am Kneden, sowohl an der Trave wie am Knedenbache, und den Acker über Heidenriks Wiese, sowie vier Stücke Land im Elernbrok an der Trave, Grundstücke also, die wie die des vorigen Verkaufs offenbar alle zu dem in Stadtfeld einverleibten Dorf Kneden gehört haben[1]). Der Rückkauf hat nicht stattgefunden; denn im Jahre 1368 vermachte Wyba, die Witwe Bertolds von Yddeste, diese Grundstücke zu einer Seelenmessenstiftung dem Aegidien-Kaland in Lübeck[2]). Dem Beispiele Stokeleds folgen der Vogt Hermann und Heinrich der Stolze. Um das Jahr 1338 verkauft der Ritter Hermann von Tralau, anders geheißen von Wighersode, einen Hof vor dem Besttore und der Ritter Heinrich von Tralau, anders geheißen der Stolze, einen Hof vor dem Hamburger Tore, dessen Äcker meistenteils vor dem Mühlengrabentore liegen, an den Grafen Johann den Milden[3]). Schließlich verkauft ein Heinrich von Tralau in Oldesloe einen Hof auf dem Pipenbrink vor dem Mühlengrabentore, der 30 Mark sichere Einkünfte hatte, für 300 Mark an die Brüder Johann und Hartwig von Hummelsbüttel[4]). Ob der letztgenannte Herr von Tralau in Oldesloe Heinrich der Stolze war, ist nicht mit Sicherheit festzustellen. Seine Frau Beke (*Vor Beke, uxor Hinrici Tralowe*) vermachte der Kirche einen Hopfengarten zu einer Memorienstiftung[5]). Seitdem treffen wir Herren von Tralau nur noch auf ihren Besitzungen in der Nachbarschaft. Aber auch dort scheinen sie aus Geldverlegenheiten nicht herausgekommen zu sein. Im Jahre 1396 nimmt Volrad von Tralau zu Blumendorf von Johann von Hummelsbüttel eine Hypothek von 300 Mark auf zu 6²/₃ vom Hundert oder verkauft ihm vielmehr, wie man sich damals ausdrückte, auf dem Dorf Blumendorf eine Rente von 20 Mark für 300 Mark[6]). Im Jahre 1402 verkaufen die beiden Besitzer von Rethwisch Henneke und Otto Tralow die Bäume ihrer Waldungen an Lübecker Geldgeber[7]) und im Jahre 1415 Henneke Tralow Bäume aus seinen Hölzungen bei Wigersrode[8]). Auch der Grundbesitz wurde immer mehr veräußert. Im Jahre 1421 sehen wir 7 Stellen des Dorfes Elersdorf im Besitz des Lübecker Bürgers Tydemann Tzarrentin[9]) und Rethwisch im Besitz von Schele Detlef von Buchwald[10]). Bald darauf ist das Ge-

---

[1]) U. B. d. Stadt Lüb. IV 20.
[2]) U. B. d. St. L. IV 615.
[3]) Originalurkunde des Stadtarchivs Nr. 4, gedruckt Urk. S. IV 72 u. U. B. d. St. L. IV 615. Der Graf verpfändete dann einen dieser Höfe wieder an Johann von Hummelsbüttel den Älteren. Pauls, Reg. u. Urk. IV 240. Vgl. auch U. S. II 170 Anm.
[4]) Das älteste Oldesloer Kirchenbuch (Kerkherenbok), VI 2.
[5]) Kerkherenbok S. 30.
[6]) U. S. II 445.
[7]) U. B. d. St. L. V 38.
[8]) U. B. d. St. L. V 524.
[9]) U. B. d. St. L. VI 336.
[10]) U. B. d. St. L. VI 375.

schlecht erloschen. Die letzten Herren von Tralau, von denen wir erfahren, die Brüder Hermann und Joachim, stiften im Jahre 1422, wahrscheinlich als kinderlose Leute, eine Vikarie in der Oldesloer Kirche[1]). Zuletzt genannt wird dieser Hermann von Wyersrode als Besitzer von Elersdorf, Wyersrode und beider Rethwisch in dem Zehntenverzeichnisse des Bischofs Johann Schele von 1426.

Von Hermann von Wigersrode, dem letzten Vogt aus dem Hause Tralau, von dem wir Kunde haben, ging die Vogtei auf Johann von Hummelsbüttel über. In einer Urkunde von 1342 nennt er sich: *Wy Johann Hummersbüttel de oldere, voghet des edelen mannes grauen Johannes von Holzsten*[2]). Er war ein reicher und mächtiger Herr. Als Besitzer der Burgen Stegen und Wohldorf beherrschte er den Handelsweg von Oldesloe zur oberen Alster und wurde dadurch nicht nur den Hamburgern und Lübeckern, sondern auch seinem Herrn, dem Grafen, recht unbequem in den Fehden desselben mit einem Teil der Ritterschaft[3]). In dem Friedensvertrage, den Johann von Hummelsbüttel im Jahre 1346 mit dem Grafen Johann zu Plön abschloß, verpflichtete er sich, dem Grafen die Stadt Oldesloe, die in den Händen des Johann Meynersdorp war, für 1100 Mark zu lösen oder, wenn er das nicht vermöchte, dem Grafen eine Rente von 110 Mark in guten Hypotheken außerhalb Stormarns in Holstein zu verschaffen, ferner den ihm verpfändeten Oldesloer Hof herauszugeben und den Oldesloer Zoll, der der Stadt Lübeck für 800 Mark verpfändet war, dem Grafen zurückzukaufen[4]). Aber zur Erfüllung dieses Vertrages ist es wohl nicht gekommen, da sich 1347 die Grafen schon wieder mit Hamburg gegen Johann von Hummelsbüttel und seine Söhne, Hermann von Tralau und seine Brüder, Detlef von Sühlen und seine Söhne und andere Ritter zur Zerstörung der Burgen, Stegen und Wohldorf verbündeten[5]). Der Einfluß Johanns von Hummelsbüttel und seiner Söhne Johann und Hartwig erstreckte sich aber auch über die engere Heimat hinaus. Unter dem Könige Waldemar Atterdag hatten sie ihre Hand auch in den dänischen Händeln. Halb Laaland mit der Stadt Nakskov war ihnen zeitweilig verpfändet, und von dort stammten höchst wahrscheinlich die großen Geldsummen, die wir sie bei Lübecker Kaufleuten anlegen sehen[6]). Johann von Hummelsbüttel der Jüngere, gewöhnlich Henneke Hummelsbüttel genannt, war in seinen jüngeren Jahren als „Raubritter" gefürchtet. Der Stadt Oldesloe haben sich er und sein Bruder Hartwig als Wohltäter erwiesen, indem sie den Hof vor dem Lübecker Tore, den sie von Heinrich von Tralau gekauft hatten, im Jahre 1365 dem Sankt-Jürgen-Hospital schenkten. Daß auch Henneke Vogt gewesen, wird nirgends erwähnt, doch könnte als Anzeichen davon gelten, daß er einen Brief des Oldesloer Bürgers

---

[1]) Lünig, *Spic. eccl.* 139.
[2]) U. B. d. St. L. II 735.
[3]) U. S. II 170.
[4]) Pauls IV 240.
[5]) *ib.* 294. U. S. II 170.
[6]) U. S. II 191. U. B. d. St. L. III 530, 550.

Heyno Molner an den Rat von Lübeck durch Anhängung seines Siegels beglaubigt[1]).

Im Jahre 1396 stiftete ein Johann von Hummelsbüttel eine Vikarie an der Oldesloer Kirche, doch war der Stifter schwerlich noch der alte Henneke, sondern ein Hummelsbüttel der folgenden Generation[2]).

Schon im Jahre 1375 scheint es einen Vogt von Oldesloe nicht mehr gegeben zu haben. In diesem Jahre nämlich verpfändete Graf Adolf VII. das Land Stormarn, das Schloß Trittau und die Stadt Oldesloe dem Rat von Lübeck für 4000 Mark Pfennige und 900 Mark, die die Lübecker für die Fehmarner an Johann von Hummelsbüttel zu zahlen übernommen hatten. In der Urkunde darüber wird wiederholt ein Vogt von Trittau erwähnt, nicht aber ein Vogt von Oldesloe[3]). Im Jahre 1415 war Oldesloe im Pfandbesitz des Ritters Harding Stake[4]). Nachrichten darüber, ob er auch Vogt von Oldesloe war, haben sich nicht erhalten. Nach 1415 hat die Oldesloer Vogtei sicher nicht mehr bestanden. Die Höfe waren verpfändet, das Recht ihrer Einlösung bereits 1394 der Stadt übertragen und die Hofgebäude dann bei der Zerstörung der Stadt durch Herzog Erich von Sachsen-Lauenburg höchstwahrscheinlich in Flammen aufgegangen. Sie wurden nie wieder aufgebaut. Oldesloe wurde der Vogtei Segeberg zugeteilt. Statt eines Vogtes amtierten nun in der Stadt ein landesherrlicher Amtmann und Richter. Aus dem 15. Jahrhundert ist uns jedoch nur einer dieser Beamten urkundlich bezeugt. Er nennt sich in einer Urkunde von 1467: *Ik Wigherd van Ekeren, amptman unde richter to Odeslo, van weghene mynes gnedighen heren des konninghes*[5]). Wahrscheinlich war er ein Sohn des Oldesloer Bürgermeisters Lodewig van Ekeren.

Über die Amtsführung der Vögte und darüber, wie sich der gräfliche Vogt und der Rat der Stadt in die obrigkeitlichen Funktionen geteilt haben, sind Nachrichten nicht erhalten. Das Oldesloer Vogtding aber, von dem später die Rede sein wird, eine allgemeine Bürgerversammlung, die bis zum Jahre 1849 in Oldesloe alle Vierteljahr abgehalten wurde und durch welche die Bürgerschaft eine gewisse Kontrolle über den Magistrat ausübte, ist ursprünglich offenbar eine Einrichtung der gräflichen Vogtei gewesen. Auch der bischöfliche Vogt in Eutin hatte dort nach einer Urkunde aus dem Jahre 1222 dreimal im Jahre eine allgemeine Versammlung abgehalten[6]).

---

[1]) U. B. v. St. L. IV 740.
[2]) U. S. II 445.
[3]) U B. d. St. L. IV 257.
[4]) U. B. d. St. L. VII 605.
[5]) U. B. d. St. L. XI 256.
[6]) *Ter in anno tantum ratione aduocatie generale ibi placitum habiturus.* U. B. d. Bist. L. I 43.

V. Die herrschaftlichen Höfe.

Aufenthalt von Landesherren in Oldesloe. Lage der Höfe. Der Hof auf dem Pipenbrink. Verpfändung der beiden anderen Höfe. Verkauf von Oldesloer Ländereien durch Heinrich, Bischof von Osnabrück.

Die Vögte hatten ihren Hauptsitz höchstwahrscheinlich auf einem der herrschaftlichen Höfe oder auch auf der Burg, solange es eine solche in Oldesloe gab. Aber auch der Landesherr hielt sich zuweilen hier auf. Es haben Urkunden aus Oldesloe datiert Graf Adolf IV. im Jahre 1228[1]). Graf Johann 1322[2]). Graf Adolf VII. 1385[3]). Graf Gerhard VI. und Klaus 1392[4]) und Graf Gerhard VI allein 1397[5]). Nach 1415 scheint kein Landesherr mehr längeren Aufenthalt hier genommen zu haben.

Der Graf besaß ursprünglich, wie wir bereits gesehen haben, drei Höfe bei Oldesloe, vor jedem der drei Tore einen, und zwar dicht vor den Toren. Ihre genaue Lage läßt sich nicht mehr mit Sicherheit nachweisen, sondern nur mit einiger Wahrscheinlichkeit vermuten. In dem Zehntregister von 1420 sind nicht mit angeführt vor dem Hamburger Tore die Ländereien am rechten Traveufer vom Kirchberg bis zum Brennermoor, vor dem Besttore das ganze Gebiet von der Beste bis in die Nähe der Glindhorst, das den jetzigen Kurpark, den Sülzberg, die Bergstraße, den Bahnhof, Lehmberg, Papierberg, Schmiedeberg und Weihkamp umfaßt, vor dem Lübecker Tore das Gelände am linken Traveufer vom Tor bis zur Wökenitz und zum Königsteiche. Was die Lage der Hofgebäude anbetrifft, so haben wir nur einen Anhalt für den Hof vor dem Lübecker Tore, der auf dem Pipenbrink gestanden hat. So muß früher die Anhöhe westlich vom heutigen Pferdemarkt geheißen haben, die später wegen des hier abgehaltenen Vogelschießens Papagoyenberg genannt wurde. Die Gärten, die sich von hier nach der Trave hinunterziehen, gehörten noch im 17. Jahrhundert dem Sankt-Jürgens-Hospitale, dem im Jahre 1365 der ganze Hof auf dem Pipenbrinke geschenkt worden war.

Die beiden vom Grafen Johann dem Milden zurückgekauften Höfe vor dem Hamburger Tore und dem Besttore wurden vom Grafen Adolf VII. im Jahre 1380 wieder für 600 Mark Pfennige an die Lübecker Bürger Erduanus Mankemoes und Peter von Hereke, die aus ihren Einkünften eine Vikarie an der Marienkirche in Lübeck stifteten, verpfändet *cum omnibus iudiciis supremis et infimis, scilicet manus et colli, et iudiciis intermediis.*[6]) Im Jahre 1394 gestatteten Herzog Gerhard von Schleswig und die Grafen Nikolaus und Albert von Holstein dem Rate von Oldesloe, die beiden Höfe für 850 Mark Pfennige einzulösen, und behielten sich nur das Recht der Fischerei auf den Teichen

---

[1]) Hasse I 466.
[2]) U. S. II 46.
[3]) U. B. d. St. L. IV 460.
[4]) U. S. II 290.
[5]) U. S. VI 28.
[6]) U. B. d. St. L. IV 379.

der Höfe vor für den Fall, daß sie selbst nach Oldesloe kämen¹). Im nächsten Jahre erklärte sich der Rat den Pfandbesitzern gegenüber bereit, für die Einlösung der beiden Höfe und einiger anliegenden Grundstücke 900 Mark lübischer Pfennige zu zahlen, ließ die Pfänder aber einstweilen noch in ihren Händen.²) Auch im Jahre 1451 waren sie noch nicht eingelöst, da sich in diesem Jahre der Rat verpflichtete, die Zinsen des Kapitals von 900 Mark im Betrage von 54 Mark jährlich zu zahlen und zwar 36 Mark an die von Peter von Hereke gestiftete Vikarie an der Marienkirche und 18 Mark an die Vorsteher der Leichnamsbrüderschaft zur Burg in Lübeck. In der darüber ausgestellten Urkunde³) werden die Pfandgüter zwei ehemalige Höfe genannt *(wandages twe houe wesende)*. Sie wurden also nicht mehr als geschlossene Güter bewirtschaftet, sondern die Grundstücke waren an Landwirtschaft treibende Einwohner verpachtet. Sie bildeten aber nicht zwei, sondern drei Komplexe *(tres partes duarum curiarum⁴)*, da der Hof vor dem Hamburger Tore seine meisten Äcker vor dem Mühlengrabentore hatte. Dieser Teil des ehemaligen Hofes Heinrichs des Stolzen von Tralau müßte also auch ein zusammenhängendes Ganzes gewesen sein. Da sich aber ein zehntfreier Komplex außer dem bereits genannten vor dem Lübecker Tore nicht findet und aus späteren Akten hervorgeht, daß mit dem Hofe auf dem Pipenbrink nicht der zusammenhängende Komplex, sondern ein Streubesitz an das St. Jürgenshospital gelangt war, muß der zusammenhängende Teil der Hofländereien vor dem Lübecker Tore mit Ausnahme der Gärten vor 1365 von dem dortigen Hofe getrennt und dem vor dem Hamburger Tore zugelegt worden sein. Die dem Hofe auf dem Pipenbrink verbliebenen Ländereien waren also kein ehemaliges Grafenland, sondern hauptsächlich ehemals Tralauischer Grundbesitz in der Gemarkung des verschwundenen Dorfes Kneden. Auch der Knedenwald ist erst mit den ehemaligen Tralauischen Höfen an die Stadt gekommen. Über die Einlösung der beiden verpfändeten Höfe enthält das Stadtarchiv keine Nachricht.

Auch ein nicht im Lande regierendes Mitglied der gräflichen Familie sehen wir im Besitz von Oldesloer Ländereien. Im Jahre 1410 verkaufte Graf Heinrich, Bischof von Osnabrück, dem Ludeke Duderstadt zu Oldesloe und seiner Hausfrau Wobbeke für 190 Mark wiederkäuflich die Äcker, die früher Frau Gesche Konninges zur Leibzucht hatte im Weichbilde zu Oldesloe, auch die Wiese Gropencroch, ½ Hufe Landes auf dem Felde zu Blumendorf, die Schore mit dem Steinkamp und die Vulenwisk⁵).

---

¹) Originalurkunde des Oldesloer Stadtarchivs Nr. 4.
²) U. B. d. St. L. IV 622.
³) Originalurkunde des Stadtarchivs Nr. 8, gedruckt U. S. IV 88 und U. B. d. St. L. IX 64.
⁴) U. B. d. St. L. IV 379.
⁵) Originalurkunde des Stadtarchivs Nr. 27, gedruckt Lünig, *Spic. eccl.* II S. 415.

VI. Die gräfliche Burg.

Schlacht bei Oldesloe 13. Nov. 1247. Erbauung der Burg. Ihre Lage. Der Burggraben. Das Baumaterial. Verletzung der Bestimmungen des Lübecker Freibriefs. Die Lübecker beschließen die Zerstörung der Burg.

An der Stelle, wo Oldesloe nicht durch Wasser geschützt war, machte sich mit der Zeit eine besondere Befestigung nötig. In dem Bruderkriege der Söhne Waldemars II. von Dänemark standen die Grafen Johann und Gerhard, die Söhne Adolfs IV., auf Seiten ihres Schwagers, des Herzogs Abel von Schleswig, während Graf Gunzelin von Schwerin für König Erich Plogpennig kämpfte. Mit seinen Mecklenburgern drang Gunzelin in Holstein ein und schlug die Holsteiner bei Oldesloe am Bricciustage (13. November) 1247[1] worauf er höchstwahrscheinlich die Stadt besetzte und nach damaligen Gepflogenheiten behandelte. Das gab dem Grafen Johann, dem die Verteidigung von Oldesloe obgelegen hatte, Veranlassung, nach dem Abzuge der Mecklenburger die Stadt durch Anlage einer bescheidenen Burg an der am meisten gefährdeten Stelle zu befestigen.[2]

Die neue Burg wurde an der Stelle erbaut, wo jetzt das zweite Pfarrhaus (Diakonat) und das Hamburger Kinderpflegeheim stehen. In dem Garten an der Trave neben dem Diakonatgarten wurden, wie Sothmann in den Provinzial=Berichten vom Jahre 1821, S. 13 berichtet, „im Sommer 1818 noch einige Grundlagen von Felsenwänden ausgegraben und zu einer Treppe in dem Garten wieder aufgelegt." Auch wurde damals die Vertiefung zwischen dem Diakonat und dem im Jahre 1886 abgetragenen Glockenberge noch Burggraben genannt. Bei der Ausschachtung der Kellerräume des neuen Diakonats wurden einige außerordentlich große Backsteine von doppelter Länge, Breite und Dicke der jetzigen gefunden. Danach läßt sich annehmen, daß die Grundmauer der Burg aus Granit, die Aufbauten aber aus Backsteinen vom sogenannten Klosterformat hergestellt waren. Ein Bild oder eine Beschreibung der Burg ist nicht erhalten.

Die Errichtung einer Burg in Oldesloe war nun aber, mochte sie noch so bescheiden sein, nach den verbrieften Rechten der Stadt Lübeck nicht zulässig, da Kaiser Friedrich II. dieser Stadt in dem Freibrief von 1226[3]) zugesichert hatte, daß niemand jemals eine Burg an der Trave oder innerhalb eines Raumes von zwei Meilen auf beiden Seiten des Flusses bauen sollte. Wenn auch angeführt werden könnte, daß die Grafen von Holstein ihre Zustimmung zu dem Freibriefe nicht gegeben hatten und sich darum auch an die Bestimmmungen desselben nicht zu halten brauchten, so war es doch den Lübeckern nicht zu verdenken, wenn sie auf ihrem Scheine bestanden, da sie mit Recht fürchten mußten, daß Befestigungen an der Handelsstraße zwischen Lübeck und Hamburg Straßenräubern als Deckung dienen

---
[1]) *Annal. Stad. M. G. SS.* XVI 271.
[2]) *Annal. Stad.* XVI 272.
[3]) U. B. d. St. L. 1 35.

möchten. Die sofortige Beseitigung der Oldesloer Burg aber scheint nicht in ihrem Interesse gelegen zu haben, da sie die Hilfe ihres Erbauers, des Grafen Johann, und seines Bruders, des Grafen Gerhard, gegen die besonders von Mecklenburg her ausgeübten Räubereien in Anspruch nehmen mußten. Im Jahre 1247 hatten die beiden Grafen die Schirmvogtei über Lübeck übernommen.[1]) Auch als im Jahre 1261 zwischen dem Grafen Johann und den Lübeckern Feindschaft ausgebrochen war und die Lübecker infolgedessen dem Herzog Albert von Braunschweig, der in ihrem Interesse dann Holstein verheerte[2]), die Schirmvogtei übertragen hatten, ist noch nicht von der Beseitigung der Oldesloer Burg die Rede, vielleicht weil sie den Lübeckern auch damals noch Schutz gegen die Gefährdung der Handelsstraße von Lauenburg und Mecklenburg her bieten konnte. Erst im Jahre 1306 faßten sie die Zerstörung der Oldesloer Burg ernstlich ins Auge. Als sie in diesem Jahre wegen Aufnahme und Unterstützung einiger verbannter holsteinischer Adeligen mit den Grafen in Fehde gerieten, schlossen sie mit den Hamburgern ein Bündnis auf 10 Jahre zur Zerstörung aller Befestigungen an der Handelsstraße von Travemünde nach Lübeck und von Lübeck über Oldesloe nach Hamburg[3]). Im nächsten Jahre müssen sich die Grafen selbst verpflichten, die Burg zu zerstören und nicht wieder aufzubauen[4]). Im Jahre 1310 aber stand sie immer noch, da in diesem Jahre Herzog Erich I. von Sachsen-Lauenburg den Lübeckern versprach, ihnen zur Zerstörung der Befestigungen in Oldesloe, Dassow und Travemünde behilflich zu sein[5]). Im Jahre 1331 war die Stadt noch so gut verwahrt, daß sie in der Fehde zwischen den Grafen Johann dem Milden und Gerhard dem Großen eine sechstägige Belagerung durch den Grafen Gerhard aushalten konnte[6]). Nachrichten darüber, wann die Burg tatsächlich zerstört worden ist, haben sich nicht erhalten. Vielleicht ist es erst geschehen, als im Jahre 1415 Herzog Erich V. von Sachsen-Lauenburg die Stadt Oldesloe einäscherte. In dem Rentenverzeichnis von 1483 werden der Kirche gehörige Grundstücke *oppe der borch* und *Bauen deme borchgrauen* genannt, in den Rentenverzeichnissen aus dem 14. Jahrhundert aber noch nicht. Von den verschiedenen Versuchen, die Burg zu zerstören, stammen wahrscheinlich die schweren Granitkugeln, Wurfgeschosse der damaligen Zeit, die an verschiedenen Stellen auf der Südseite der Stadt z. B. in der Beste und in der Königstraße gefunden worden sind.

---

[1]) U. B. d. St. L. I 123.
[2]) Detmar. Chronik 311.
[3]) U. B. d. St. L. II 207. Detmar-Chr. III 436: „In sunte Nicolaus avende (1306), do de dach uthghink, den se hadden nomen under sik, do treckeden se ut Lübek to Odeslo, dat warde vestent, dat men de land dar uth mochte verdinghen unde verheren. Also scuden do vele schaden an beidet siden."
[4]) U. B. d. B. L. II 217.
[5]) U. B. d. St. L. II 259.
[6]) Detmar-Chronik III 570.

VII. Die Stadtobrigkeit.

Rad unde meynheyd. Zusammensetzung des Rats. Älteste Überlieferung der Namen der Ratsmitglieder. Weitere Bürgermeister und Ratmänner. Beteiligung von Oldesloer Bürgern an der Knochenhauerverschwörung in Lübeck. Weitere Ratsmitglieder. Beteiligung des Rats an den Landtagen und am Vierstädtegericht. Eintragungen in das Stadtbuch.

Aus dem 12. und 13. Jahrhundert sind Nachrichten über das Oldesloer Stadtwesen nicht auf uns gekommen. Erst aus dem 14. Jahrhundert fangen die Quellen an zu fließen, aus einer Zeit, als die gräfliche Vogtei schon aufgehört oder ihre Bedeutung verloren hatte. Die Verantwortung für die Stadt trugen *de rad unde de meynheyd.* Dem Rate lag die Verwaltung und die Gerichtsbarkeit ob, und er vertrat zugleich die Stadt nach außen. Solange die Grafen oder ihre Vögte einen großen Grundbesitz mit eigener Jurisdiktion im Stadtgebiete besaßen, war das Verwaltungs= und Jurisdiktionsgebiet des Rates nur klein, vergrößerte sich aber bedeutend, als der größte Teil des ehemals gräflichen Gebietes in den Besitz, wenn auch noch nicht gleich in das Eigentum der Stadt übergegangen war.

Der Rat bestand aus fünf Bürgern, von denen zwei Bürgermeister *(proconsules, magistri civium),* die übrigen Ratmänner *(consules)* genannt wurden. Das älteste uns erhaltene Ratsschreiben ist eine im Reichsarchiv in Kopenhagen aufbewahrte Pergamenturkunde von 1345[1]), in welcher der Rat der Frau Floria, Witwe des Heinrich von Crummesse, bezeugt, daß sie die ihr zuständige Herrlichkeit und Gerichtsbarkeit in den Gütern des Hufners Groterjahn in Neritz und der Mühle und des Müllers daselbst[2]) dem Kloster Reinfeld verkauft habe. In dieser mit dem Siegel der Stadt versehenen Urkunde werden sämtliche Ratsmitglieder mit Namen genannt in folgender Reihenfolge: *Thidericus Penesticus, Johannes Pritbeke, Hinricus de Nertze, Marquardus de Tzulen, Johannes Kron.* Danach müssen damals Dietrich Penesticus und Johannes Pritbeke Bürgermeister, Heinrich von Neritz, Markward von Sühlen und Johannes Kron Ratmänner gewesen sein. Hinter dem lateinisch aussehenden *Penesticus* verbirgt sich wohl das niederdeutsche *Pennestik* Punkt, eigentlich Federstrich. Eines Pritbeken in Oldesloe wird in dem Testament des Knappen Lange Beyenvlet von 1350 gedacht. Ihm sollen aus Beyenvlets Nachlaß 10 Mark zukommen.[3]) Die Familie kam 1329 auch in Dithmarschen vor.[4]) Ob Heinrich von Neritz und Markward von Sühlen Mitglieder von Adelsfamilien dieses Namens gewesen sind, die sich in Oldesloe niedergelassen und das Oldesloer Bürgerrecht erworben haben, oder von Neritz und Sühlen nach Oldesloe übergesiedelte Bauern, läßt sich aus

---
[1]) Gedruckt U. S. II 105 und Pauls, Reg. u. Urk. IV 199.
[2]) *Omnem libertatem et iurisdictionem pertinentem ad ipsam in bonis Grote Johannis villani in Nertze et successorum eius, ac molendini et molendinarii in eadem villa.*
[3]) U. B. D. St. L. II 984.
[4]) Hasse III 781.

den Namen allein nicht feststellen. Es zogen öfter Adelige in die Stadt, schlossen sich den ratsfähigen Bürgerfamilien an und bildeten mit ihnen ein städtisches Patriziat. Eine Adelsfamilie von Neritz ist aber nicht nachgewiesen. Ein Adelsgeschlecht von Sühlen (geschrieben *Sulen, Szulen, Zulen, Tzulen, Zule, Szule, Tzule, Zvle, Shulen, Sule, Czule, Zwle*) hat es gegeben. Es blühte damals in zahlreichen Linien besonders in Lauenburg und Mecklenburg. Mehrere Markward von Sühlen z. B. waren im 13. und 14. Jahrhundert Herren auf Steinhorst. Andererseits führten aber auch viele bürgerliche Familien vor ihren Namen die Präposition von *(de,* van) ursprünglich nur zur Bezeichnung ihrer Herkunft. So gab es in Lübeck einen Bernsteindreher Nicolaus von Tzülen,[1]) und eine Bürgerfamilie, die sich *de Todeslo, de Odeslo* und *Odeslo* nannte. Mit Namen von Dörfern unseres Kirchspiels benannte Familien gibt und gab es in Oldesloe und Umgegend eine große Anzahl. Ich nenne nur Poggensee, Rosendal, Tralau, Wakendorf, Wirsrott und Wilsrott. Solange unsere beiden Ratsherren von Neritz und von Sühlen nicht anderweitig gekennzeichnet werden, bleibt ihre Zugehörigkeit zum Adel zweifelhaft.

Im Jahre 1394 werden als Vertreter von Bürgermeistern und ganzem Rat in der S. 40 erwähnten Originalurkunde des Stadtarchivs Nr. 4 genannt: *Hinrik Eylerdes, Coord Schuver und Ludeke Munter*, 1395 in einer Eintragung des Lübecker Niederstadtbuches[2]) *nomine tocius consulatus in Odeslo: Ludeke Munter, proconsul, Thidemannus Drossate und Kerstorffer Bekker, consules*, und 1396 in der in Kopenhagen aufbewahrten Stiftungsurkunde der Hummelsbüttelschen Vikarie[3]) *nomine et pro parte proconsulum et consulum opidi Odeslo: Hermannus Scroder et Christoforus Becker, consules opidi Odeslo*. Hinrich Eylerdes, Ludeke Munter und Diedrich Drossate gehörten wahrscheinlich schon 1386 dem Rate an, da sie in diesem Jahre den Lübeckern gemeinschaftlich Bürgschaft leisten für die Urfehde des Oldesloer Bürgers Nicolaus Guldenvoet, der sich wie auch viele Holsteiner vom Adel 1384 an der sogenannten Knochenhauerverschwörung in Lübeck beteiligt hatte[4]). Auch Ludeke Munter hatte sich damals des Landfriedensbruches schuldig gemacht[5]). Nach den Aufzeichnungen des Kirchherrn Hermann Dusekop schenkte *Ludolfus Munter, ciuis in Odeslo*, der Kirche zu einer Memorienstiftung einen Hopfengarten oberhalb der Salinen, den vorher ein gewisser Hebbenichte gehabt hatte[6]).

In der Urkunde über die Neuaufrichtung der Kapelle zum heiligen Grabe von 1427[7]) werden als Vertreter der Stadt genannt: *Hinricus*

---
[1]) U. B. d. St. L. IV 657, 674.
[2]) *ib.* IV 622.
[3]) U. S. II 445.
[4]) U. B. d. St. L. IV 468 Anm. Diese auf der Lübecker Trese aufbewahrte Urkunde zeigt die Siegel der vier Oldesloer Bürger mit eingedruckten Hausmarken.
[5]) U. B. D. St. L. IV 460.
[6]) K. H. B. 31[4] ff.
[7]) Lünig, *Spic. eccl.* II 170.

Holsten, Radeke Stenborch, Proconsules, Lodewicus de Eckeren, Christianus Becker, Consules. Hinricus Holsten,[1]) *magister civium in Odeslo*, erscheint außerdem als Mitbesitzer von Salzpfannen auf der Oldesloer Saline in Urkunden von 1426 und 1429[2]). Wybe, die Witwe des Bürgermeisters Rateke Stenborch, schenkte nach einer Eintragung des Kirchherrn Ono von Buchwald zu ihrem und ihres Gatten Gedächtnis der Kirche einen Kohlgarten vor dem Hamburger Tore bei Wentbrughes Garten.[3]) Im Jahre 1439 war nach der Urkunde des Stadtarchivs Nr. 7 Lodewig van Eckeren Bürgermeister, während er 1427 noch Ratmann war.

In der Urkunde des Stadtarchivs Nr. 9 von 1454 erscheinen als Bürgermeister Marquard Cloet und Cord Melse. Im Jahre 1490 wird des Markward Cloet als eines Verstorbenen gedacht[4]). Nach den seitdem leider verlorengegangenen Aufzeichnungen des Adam Friedrich Petzold[5]) hat Herr Johannes Suck außerdem als Bürgermeister notiert Hartwig Steenberg 1456 und Marquard Vertze. Beide Namen sind aber offenbar verlesen. Ein Hartwig Stenborch, vielleicht der Sohn des Bürgermeisters Radeke Stenborch, ist durch Oldesloer Akten bezeugt, wenn auch nicht als Bürgermeister. Sein Bruder Symon war Vikar an der Domkirche in Lübeck und seine beiden Söhne Otto und Symon Vikare an der Kirche in Oldesloe. Für Vertze ist wohl Nertze zu lesen. Markward Nertze war höchst wahrscheinlich ein Nachkomme des Ratmannes *Hinricus de Nertze* von 1345.

Eine große Anzahl von Namen Oldesloer Ratsmitglieder sind erhalten durch die im Kieler Stadtarchiv aufbewahrten Protokolle des Vierstädtegerichts. Gegen Ende des Mittelalters wurde nämlich der Oldesloer Rat sowohl zur Landesgesetzgebung wie zur Landesgerichtsbarkeit herangezogen. Im Jahre 1474 lud König Christian I. die Oldesloer Stadtvertretung auf den 12. September zum Landtage nach Gottorp ein[6]), und im Jahre 1496 wurde die Stadt Oldesloe mit den Städten Kiel, Rendsburg und Itzehoe zur Bildung des sogenannten Vierstädtegerichts, einer Berufungsinstanz für die mit lübschem Rechte bedachten Städte des Landes, herangezogen. Seitdem nannte sie sich stolz Königliche Vierstadt Oldesloe. Zu den im Jahre 1497 beginnenden Sitzungen des Vierstädtegerichts entsandte die Stadt in der Regel einen Bürgermeister und einen Ratmann. Ich gebe die Reihe zunächst nur bis 1524:

1497 Hans Richardes, Bürgermeister, Hildebrant van dem Horne, Ratmann. 1498 dieselben. 1499 Hans Richardes, Bürgermeister, Philippus Kogger, R. 2. Sitzung Hildebrant vamme Horne, Jürgen Houwschilt, Ratmänner. 1500 Hans Richardes, B., Philippus Kogger, R. 1501 Hans Richardes, B., Harder Garper, R. 1502 dieselben. 1503 Hildebrant vamme Horne, B., Marquard Houschilt, R. 1504 Hans

---
[1]) Irrtümlich Kolsten gedruckt.
[2]) U. B. d. St. L. VI 725, VII 326.
[3]) K. H. B. 34[13] ff.
[4]) K. S. B. 129[6] f.
[5]) *Fragmenta Historiae Oldesloensis collecta ab Adamo Friderico Pezoldo, Oldesloa-Holsato. Oldesloae. 1755.* 4 Hefte.
[6]) Originalurkunde des Stadtarchivs Nr. 15.

Richardes, B., Harder Garper, R. 1505 Hildebrandt vamme Horne, B., Hans Wessel, R., 2. Sitzung Hildebrandt vamme Horne, B., Marquardt Houwschilt, R. 1506 Hildebranth vamme Horne, B., Philippus Coch, R. 1507 Hildebranth vamme Horne, B., Hans Wessel, R. 1508 Hildebrandt vamme Horne, B., Philippus Koggen, R. 1509 Hildebrant vamme Horne, B., Harder Garber, R. 1510 Hildebrant vamme Horne, B., Heynemann Wynbrugge, R. 1511 Heyneman Wynbrugge, Hartoch Garparder, Ratmänner. 1512 Hans Wynbrugge, Hartoch Garparder. 2. Sitzung Hans Wessel, Hinrick Lubbeken, Ratmänner. 1513 Hans Wessel, Hinrick Lubbeken, Ratmänner. 1514 Hans Wessel, Heyne Wynbrugge, R. 1515 Hans Grube, Hinrich Lübbeke, R. 1517 Heyne Wynbrugge, Bürgermeister, Dirick van Buxtehude. 1518 Hans Grube, Dirick van Buxtehude, Ratmänner. 1519 Heyne Wynbrugge, B., Hinr..., R. Im Jahre 1520 ist die für die Namen leer gelassene Stelle nicht ausgefüllt. 1521 steht hinter Oldeslow bloß: twe Ratlüde. 1522 Hans van Wynbrukk, B., Merten Molr, R. 1524 Merten Molr, B., Hinrik..., R. Der Protokollführer hat die Namen offenbar nach dem Gehör zum Teil ungenau eingetragen. Philippus Kogger, Philippus Coch und Philippus Koggen scheinen dieselbe Person zu bezeichnen, desgleichen Harder Garper, Harder Garber und Hartoch Garparder sowie auch Heynemann Wynbrugge, Hans Wynbrugge, Heyne Wynbrugge und Hans van Wynbruck.

Wichtige Verhandlungen von Bürgern untereinander und mit Fremden, inbesondere Übertragungen von Immobilien und Fesststellung von Renten, geschahen vor dem Rate und wurden von diesem in das Stadtbuch *(liber civitatis, stadbok, vses wikbeldes bok)* eingetragen. Die den Beteiligten im Namen des Rats ausgestellten Urkunden wurden je nach

1392

Die beiden
ältesten
Stadtsiegel

1440

ihrer Wichtigkeit mit dem großen oder dem kleinen Stadtsiegel versehen, mit dem großen z. B. die Urkunde über die Hummelbüttelsche Schenkung des Hofes auf dem Pipenbrink an das St.=Jürgens=Hospital[1]).

[1]) *magno sigillo ciuitatis odeslo sigillatum.* K. H. B. 32[21].

VIII. Die Bürgerschaft.

Die Bürgerschaft als Ganzes. Der Vollbürger. Das Haus der Vollbürger. Das Haus anderer Einwohner. Schoß und Wacht. Das unaufgeteilte Gemeindeland. Handel und Industrie treibende Bürger. Handwerker. Oldesloer Echtezeugnis. Der älteste überlieferte Oldesloer Familienname. Oldesloer Familiennamen des 14. Jahrhunderts. Oldesloer Familiennamen des 15. Jahrhunderts.

De Meynheyd, die Gesamtheit der nicht im Rate sitzenden Bürger, wurde nicht nur durch den Rat vertreten, sondern konnte auch selbständig ihre Meinung kundgeben, was aus Wendungen hervorgeht wie *Wy borgermestere vnde radmanne vnde gantze meynheyd to Odeslo bekennen.* Zu Worte kam die Bürgerschaft offenbar auf den schon erwähnten Quartalsvogtdingen, von denen sich aus dem Mittelalter leider keine Nachrichten erhalten haben.

Als Vollbürger galten diejenigen, welche Anteil an der städtischen Flur hatten und ihren Anteil bewirtschafteten. Ihr Besitztum nannte man ein Erbe *(hereditas, erve).* Manchmal verstand man unter dem Erbe nur den Landbesitz und nannte dann das ganze Besitztum *erve unde hus.* Das Hausgrundstück allein hieß *stede (hußstede, hoffstede),* der Hausplatz, manchmal auch der Hofraum *wort* oder *wurt (area).* Das Haus der Vollbürger war das städtischen Verhältnissen angepaßte sächsische Langhaus, das seinen hohen Giebel mit der Einfahrt der Straße zukehrte und jetzt bis auf wenige aus Oldesloe verschwunden ist. In einigen Fällen waren schon im Mittelalter Scheunen und Ställe von den Wohnungen getrennt.[1]) Ein solches Vollbürgerhaus wurde als Haus, *domus,* manchmal als *magna domus* bezeichnet. Die anderen Wohnungen hießen Buden, Katen oder kleine Häuser *(boden, coten, parvae domus).* Von dem Grundbesitz war der Stadt Schoß *(schot)* zu bezahlen, auch hatten die Bürger die Pflicht, den Wachtdienst auszuüben, wovon sie sich aber mit Geld freikaufen konnten; daher die Redensart *Schott edder wacht g e v e n.*[2]) Die Vollbürger hatten Anteil an dem noch unaufgeteilten Gemeindeland, *menelant* oder *der borger gemene* genannt[2]).

Man darf nun nicht meinen, daß alle Vollbürger nur Landwirte gewesen seien. Einige trieben Handel und beschäftigten sich mit größeren industriellen Unternehmungen, z. B. die Bürgermeister Heinrich Holste und Ludwig von Ekeren und der von Lübeck nach Oldesloe verzogene Hans Springhorn. Sie bildeten mit den in der Stadt ansässigen Adeligen den vornehmsten Teil der Bürgerschaft. Andere vereinigten den Beruf des Landwirts mit dem eines Handwerkers. So ist z. B. von einem Korn einfahrenden Büdelmaker (Beutelmacher, Täschner) die Rede[3]). Auch geht es aus Aufzeichnungen hervor wie *in Arnd Amendoppes, des Scroders, erve vnde husße.*[4]) Ein *Scroder* (Schröder,

---

[1]) *Horreum Hartwici Koldenmorghens, stabulum Heynonis Tammen, stabulum Göden* K. H. B. 31[14], 21[15 19].
[2]) Originalurkunde des Stadtarchivs Nr. 17.
[3]) K. H. B. 79[11].
[4]) K. S. B. S. 23[4].

Schrader) war ein Schneider. Auf solche Bürger bezieht sich das Sprichwort: Handwerk hat einen goldenen Boden. Die Landwirtschaft lieferte ihnen die Nahrung und zum Teil auch die Kleidung, das Handwerk aber die goldene Unterlage zur Bestreitung sonstiger Lebensbedürfnisse, das bare Geld.

Über die Organisation des Handwerks kann erst bei der Geschichte der späteren Jahrhunderte gehandelt werden, da Oldesloer Zunftakten aus dem Mittelalter nicht erhalten sind. Doch können wir einen Einblick in Zunftverhältnisse gewinnen durch ein in Lübeck aufbewahrtes Schreiben des Oldesloer Rats an den Vorstand der Pantoffelmacherzunft in Lübeck vom 23. Juli 1455, welches, da es kulturhistorisch sehr interessant ist, hier ganz abgedruckt werden mag.

Vor allen ghuden erbaren cristenluden. de dessen breff zeen, horen edder lesen vnde besunderghen vor jwer groten loueliken beschedenheyden, ersamen borgemesteren vnde ratmannen der stadt Lubec, vnde den bezworen erwerdighen olderluden vnde menen ghildebroderen des werkes vnde amptes der patinenmaker darsulues, besunderghen ghunstighen vründen, bekenne wy borgemester vnde ratmanne der stad Odeslo nach loefflikem grute apenbare tughende in desme uzen breue, dat in uzer iegenwordicheit gekomen sind de erwerdighen lovenvasten manne tughes, also Hartwich Stenborch vnde Henneke Ryke, uze medebeseten borgher, de mit eren vtghestreckeden armen vnde mid opgeholden vingheren stanedes eedes in den hilghen zworen strenghelicken vnde nugafftigen vor uns warghemaket vnde tughet hebben, dat Goteke Spackmoller, wiser desses breues, is echte vnde rechte geboren an enem rechten vulkomen eebedde vnde van echten vryen vnberuchteden bedderuen Dudeschen luden, syme vader Goteken Spackmolre, syner muder Abelken zeliger dachtnisse, de in vnsme karspel vormalen to hope louet vnde tosamende gheuen sint nach cristliker wise, vortruwet nach deme vorlope der hilghen kerken, dede ok vnderlank geleuet hebben vnde gereghered alze vnberuchtede zeker bedderue lude bette an dat leste eres leuendes, ock van desme suluen Gotken Spackmolre ne anders ghehoret hebben, wen dat to der ere vnde reddelicheyt behoret, also dat he nugafftig vnde rethdanich is, ghilde, werke vnde ampte to besittende, wor he kumpt, wente he nicht Wendesch, schepers, pipers, lynnenweuers, mollers sone edder eghen is, dat em van der bort weghen werke ampte ghilde mach hindern to bisittende. Worumme, leuen heren vnde gantzen ghuden vrunde, bidde wy jwe ersamheyt leeflicken mid gantzer andacht, gy willen vmme vzes vordenstes dem erbenomeden Gotken Spackmolre vorderen vnde darto behulpen wesen dat he moghe werden en vulkomen medebroder jwes werkes vnde amptes, alze he mid jw dat patinenmaker werk mote mede ouen vnde hebben jwe vrygheyde to brukende, dat wy alle weghe entegen jw vnde de jwen gerne willichliken wedder an liken offte groteren zaken vorschulden, wor wy konen vnde moghen. In tuchenisse desser vorscreuen dinghe hebbe wy vzer stad secret henghet laten vor dessen breff. Screuen to Odeslo, in den

*jaren Cristi veerteynhundert an dem viffvndevefftighen in sunte Ap=
pollinaris daghe des hilghen martelers.*[1])

Zunächst ist es sehr herzerfreuend, daß die Handwerker auf un=
verfälschtes deutsches Volkstum hielten. Nur ein Sohn deutscher
Eltern, der kein wendisches Blut in seinen Adern hatte, wurde der
Ehre gewürdigt, in die Zunft der Holzschuh= und Pantoffelmacher ein=
zutreten. Auch mußte er ehelich geboren sein. Wer da vermeinen
sollte, daß das eine harte und ungerechtfertigte Beschränkung ge=
wesen sei, der studiere die neueren Forschungen über diesen Gegen=
stand, durch die festgestellt worden ist, daß die Unehelichgeborenen
in ihrer Mehrzahl sowohl körperlich wie geistig minderwertig zu sein
pflegen. Man darf es daher keiner Körperschaft, die auf sich hält, ver=
denken, wenn sie sich von solchem Nachwuchs freihalten will. Der
Zunftgenosse mußte ferner ein freier Mann, niemandes Eigen, sein.
Durch diese strenge Forderung erreichten es die Handwerker, daß sie
ihr Haupt ebenso stolz wie der Adel und die patrizischen Geschlechter
erheben und sich an Würde den Besten gleichfühlen konnten. Aber
eine solche Würde legt auch Pflichten auf. Deshalb wurde von jedem
Zunftgenossen gefordert, daß er sich eines streng ehrbaren Lebens=
wandels befleißigte, und die Nachkommenschaft von Leuten, deren
Beruf die Ehrbarkeit auszuschließen schien, von der Zunft fernge=
halten. Einen *piper*, worunter nicht nur ein Pfeifer, sondern ein Spiel=
mann überhaupt zu verstehen ist, hielt man nicht für ehrbar, weil er
dadurch, daß er der Belustigung anderer diente, nach der Ansicht der
Zeit seine eigene Würde hingab, und die Schäfer, Leineweber und
Müller nicht, weil man annahm, daß ihnen die Grundsätze ihres Be=
rufes gestatteten, von dem ihnen anvertrauten fremden Gute, den
Schafen, dem Garn und dem Korn, unberechtigterweise einen Teil für
sich zu entwenden.

Zu der Zeit, als Namen von Oldesloer Bürgern zuerst in Urkun=
den auftauchen, waren schon feste Familiennamen angenommen wor=
den. Der älteste in Urkunden nachweisbare lautet in lateinischer Form
ante valuam, in deutscher „vor deme Dore". Die Bürger *Wicbertus*
und *Lambertus ante valuam* sind im Jahre 1299 mit dem Ritter *Mar=
quardus de Tralowe* in der Oldesloer Kirche gegenwärtig bei der Aus=
weisung der Lübecker Predigermönche durch den Kirchherrn Johan=
nes[2]). Auch eröffnet im ältesten Memorienverzeichnis der Oldes=
loer Kirche ein *Gode ante valuam* die Reihe der Oldesloer Stifter, die
der Stifterinnen aber Wyndele vor deme Dore. Derselbe Name er=
scheint noch früher in Lüneburger Urkunden. Ein *Joh. ante Valvam*
war 1262 Mitglied des Lüneburger Rats. Vielleicht ist die Oldesloer
Familie aus Lüneburg eingewandert, um das Oldesloer Salzwerk zu
betreiben oder die Interessen der Lüneburger Saline hier wahrzuneh=
men. Jedenfalls war sie eine der vornehmsten Oldesloer Bürger=
familien in der Zeit um 1300. Einen Ratsherrn *Otto ante Valvam* gab
es 1334 in Rendsburg.

---
[1]) U. B. d. St. L. IX 251.
[2]) U. B. d. Bist. L. 360.

In den Urkunden des 14. Jahrhunderts tauchen außer den bisher schon genannten noch folgende Namen von Oldesloer Einwohnern auf: Becheim, Blomendorp, Buk, Carpentarius, Dregher, Duse, Ghermann, Göde vppe der Hude (vpper Hude)[1], Hutesuelt, Jungheswagher, Kolemake, Koldenmorghen, Kopperbinder, Kylemann, Middelmake, Nannenson, Pape, Pek, Pepercorn, Pistor, Procken, Rybernes, Schöne, Schyltknecht, Tamme, Tule, Tymmermann, Visbeke, Vischer, Wacker, Wuluekop, Wytingh. Aus Urkunden des 15. Jahrhunderts kommen hinzu: Bagge, de Becker[2], Benne, Bolte, Both, Bowe, Boysenborch, Brandes, Bruker, Bulle (Bille), Bugard, Bunser, Dalhoff, Eggerdes, Engelke, Fock, Formann, Gatsike, Genser, Gerber, Gerdes, Glinder, Gotke, Grote, van deme Hagen[1], Hanne, Hartiges, Hartmann, van der Heide[1], Hekedes (Heket), Herder, van Hervorde, Heymer, Hildebrand, Holländer, Höppener, Hoved, Jappe, Johans, Klint, Klocke, Klot, Knabjohann, Koll, Koler (Kolre), Korte, Koval, Krochmann, Kuldervoß, Küsel, Langehartig, Las, Lemmeke und de Lemmeke[2], Lowe, Meyneke, Michaelsdon, Millern, Molre, Mustine, Nulle, Nyeman, Offe, Olvessen, Palmedach, Pasenow, Rackquerdes (Racquerdes), Rodewald, de Sagher[2], Schade, Scheneberg, Schiphere, Sedeler (Zedeler), Sewer, Semann, Smed, Stadorp, Stamer, Stapeloue, Stenhorst, Stenwald, Stoffers, Stote, Struck, Suichtebeker, Swisel, Sygher, Styper, Tancke, Telder, Tiges, Tode, Tornemann, Tymme, Valdike, Vetel, Vicke, Voß, Wagener, Wantscher, Warborch, Weyhekop, Weland, Wentboger, Wentkrogh, Werner, Westfall, Wiggherd, Wokendorp, Wulff, Wytte. Unter diesen Namen ist nur ein einziger slavischer Personenname, der aus der Wendenzeit herrühren könnte, nämlich Koval = Schmied. Mustin und Swisel (Schwissel) sind ohne Zweifel auch slavisch, bezeichnen aber den Herkunftsort.

IX. Städtische Einrichtungen.

Der Markt. Die Fleischbank. Der Ratskeller. Das Schlachthaus. Die Hude. Die städtische Schleuse. Die städtische Mühle. Oldesloer Münzen. Das Oldesloer Bierbrauen. Die Gildekämpe. Die Badestuben in der Stavenstrate.

Von den städtischen Einrichtungen des Mittelalters erfahren wir nur wenig. Auch waren damals wichtige Gebiete, für die heute die bürgerliche Gemeinde zu sorgen hat, wie das Schulwesen und die Kranken- und Armenpflege der Kirche überlassen. Sogar des für das verkehrsreiche Oldesloe wichtigen Gasthausbetriebs nahm sich die Kirche an. Nur über einige Handel, Verkehr und Vergnügen betreffende Einrichtungen hat sich etwas ermitteln lassen.

Der Markt ist von jeher für Oldesloe wohl die wichtigste Einrichtung gewesen. Graf Adolf VII. sichert in einer Urkunde des Stadt-

---

[1] Heute kommen die mit Präposition und Artikel zusammengesetzten Familiennamen wie vor dem Dore, upper Hude, van dem Hagen, van der Heide hier nur in geringer Zahl vor. An ihre Stelle sind meistens Zusammensetzungen mit Mann getreten: Dormann, Hudemann, Hagemann, Heitmann.

[2] Familiennamen mit dem Artikel, die in den Niederlanden sehr gebräuchlich sind, traten hier nur vereinzelt auf und haben den Artikel bald verloren.

archivs von 1371, die von seinem Kanzler, dem Oldesloer Kirchherrn Hermann Dusekop, erbeten und geschrieben worden ist[1]), für bestimmte Markttage den Besuchern freies Geleit zu, nämlich für einen achttägigen Jahrmarkt, der mit dem Vesperläuten am Johannisabend im Mittsommer beginnen sollte, und für einen jeden Sonnabend abzuhaltenden Wochenmarkt. Von dem ersteren heißt es: *Dessen vorbenomden vryen iarmarked mach en yewelik minsche suken mit korne, mit wande, mit Cramerye, mit Spesserye, mit perden, mit queke*[2]) *vnde mit allerleye kopenschop Binnen useme leyde*[3])*, velich*[4]) *to vnde velich af for al de ghene de dor usen willen doen vnde laten willen. Vortmer welk minsche dessen vryen iarmarked socht dor kopenschap willen, de schal gheleydet wesen binnen der Stadt to Odeslo achte daghe al vmme, de wile dat desse vorscreuenne vrye marked wared. Id en sy dat de minsche syn leyde verbreke.* Ähnliches wird über den Wochenmarkt bestimmt.

Auf dem Markte befand sich an der Langen Straße ein abgegrenzter Verkaufsraum für den Fleischverkauf, der *vleschschrange*, und in einem der Häuser des Marktplatzes, wahrscheinlich im Rathause, der Ratsweinkeller. Im Jahre 1515 wurde von König Christian II. mit den Privilegien der Stadt *in specie* das des Ratskellers bestätigt, nämlich *dat sze eynen gemeynen Rades effte Stadskeller hebben vnde holden mogenn, dar inne wynn, Eimcks beer, Hamborger ber vnnde andere gedrenncke schennken vnde tappenn schollen vnde mogen, dar vnns vnde der Herschopp to Segebarghe Tollenn vnnde andere vnnsze richticheyt dar vonn to donnde gelyck vnnde szo vele, alse de anderen kroghe darsuluest touorn gedaen vnde gheghenen hebben*[5]). Auch besaß die Stadt ein Schlachthaus, Kuterhaus genannt[6]).

Auf dem kleinen Platz unterhalb der Kirche, der noch den Namen Hude führt, errichtete der Rat um 1374 ein Backsteinhaus, das wahrscheinlich als Speicher dienen sollte, und eine Vorrichtung zum Anlegen der Fährschiffe, nach welcher der Platz genannt ist[7]). Da der Bauplatz von Alheydis, der Witwe eines Kurt vppe der Hude, der Kirche geschenkt worden war, so beanspruchte die Kirche mindestens die Hälfte der Einkünfte aus diesen städtischen Einrichtungen, erhielt aber nur eine Rente von einer Mark, und das auch nur zeitweilig, nicht beständig. Das Haus könnte das spätere Lübische, jetzige Blaue Haus, sein, das dem Brande von 1798 entgangen ist. Wahrscheinlich aber ist nach der Zerstörung von 1415 das erste Gebäude durch ein neues ersetzt worden. Es wird besonders erwähnt, daß dieses städtische Ge-

---

[1]) Originalurkunde Nr. 2, gedruckt im Jahresbericht der höheren Knabenschule von 1879.
[2]) Vieh, eigentlich lebende Habe.
[3]) Geleit.
[4]) sicher.
[5]) Stadtarchiv Nr. 21, gedruckt *Dipl. hist. Dan.* Nr. 5876. *Corpus Consl. Reg. Holsat.* III 1153.
[6]) *Domus macelli proprie Kuterhus.* Stiftungsurkunde der St. Erasmi-Vikarie von 1426 bei Lünig, *Spic. eccl.* II 415.
[7]) K. H. B. 29, 1 und 2.

bäude auf der Hude ein Backsteinbau war, weil die Häuser der Stadt in der Regel aus Fachwerk bestanden.

Eine andere städtische Anlage war ein Damm mit einer Schleuse, die diejenigen Schiffe benutzen mußten, welche über Oldesloe noch traveaufwärts fahren wollten. Diese Einrichtung befand sich höchst wahrscheinlich bei der Lohmühle, und unter dem von der Stadt zu unterhaltenden Damme ist gewiß der dortige Staudamm zu verstehen. Im Jahre 1464 beschwerte sich der Rat von Lübeck bei dem Rate von Oldesloe darüber, daß dieser von den Schiffen einen bisher nicht üblichen Zoll erheben lasse. Der Oldesloer Rat antwortete, daß er eine Gebühr von 4 Pfennigen bloß von den Schiffen erhebe, welche die Schleuse an dem Damm benutzen, den die Stadt zu unterhalten habe, erklärte sich aber auf ein neues Schreiben der Lübecker bereit, die Erhebung einstweilen einzustellen und die Sache der Entscheidung des Landesherrn zu unterbreiten[1]). Daß die Lübecker freie Fahrt auf der Trave nicht nur bis Oldesloe, sondern noch darüber hinaus bis zu der „Wermersmolen" beanspruchten, geht schon aus einer Beschwerde aus den 70er Jahren des 14. Jahrhunderts hervor, in der es heißt: „dat de Trave gansliken vry is op vnde dale wente to der Wermersmolen"[2]). Die Mühle lag bei Segeberg und könnte die Mönchsmühle oder die Herrenmühle gewesen sein. (Wenemers molen apud castrum Segeberg[3]).

Die städtische Mühle bei dem Damm und der Schleuse, die spätere Lohmühle, habe ich in mittelalterlichen Urkunden nicht erwähnt gefunden. Sie war aber sicher schon vorhanden, da ja der am Lübecker Tor vorbeifließende Travearm nach ihr Mühlengraben genannt wurde und da im Jahre 1461 der Rat von Oldesloe dem Lübecker Bürger Hinrik Kik wegen Verletzung der Oldesloer Mühlengerechtigkeit eine Partie Roggen wegnehmen ließ[4]). Wenn es sich um Verletzung der Rechte der herrschaftlichen Mühle am Fuße des Kirchberges gehandelt hätte, hätte sich der Rat nicht darum zu kümmern brauchen. Es hat also wohl jede der beiden Gemeinden, aus denen Oldesloe entstanden ist, ursprünglich ihre besondere Mühle gehabt.

Die Stadt hatte auch das Münzrecht und ließ eigene Münzen prägen, von denen noch einige in öffentlichen und Privatsammlungen erhalten sind. In Chr. Langes Sammlung schleswig-holsteinischer Münzen und Medaillen, deren Beschreibung und Abbildungen der Besitzer selbst veröffentlicht hat, Berlin 1908, befinden sich ein Oldesloer Witte, ein Oldesloer Pfennig und ein Oldesloer Hohlpfennig. Der Witte (1 Witte = $^1/_3$ Schilling) mißt 20 Millimeter im Durchmesser und zeigt auf der einen Seite in einem Perlenkranze das Brustbild eines Heiligen, der in der Rechten ein Nesselblatt hält, und die Umschrift CIVITAS HOLTZACIE, auf der anderen im Perlenkranze ein Kreuz, in dessen Mitte sich das Nesselblatt befindet und die Umschrift

---

[1]) U. B. d. St. L. X 528 und 531.
[2]) ib. IV 345.
[3]) U. S. II 93 und 856.
[4]) U. B. d. St. L. X 22.

MONETA ODESLO. Der Pfennig (1 Pfennig = ¼ Witte) hat einen Durchmesser von 13 Millimeter und zeigt auf der Vorderseite im Perlenkranz das Nesselblatt und die Umschrift CIVITAS HOLTZACI, auf der Rückseite im Perlenkranz ein Kreuz und die Inschrift MONETA ODESLO. Der Hohlpfennig (einseitig beprägte Münze aus dünnem Blech, auch Blaffert genannt, (lat. *bracteatus*) mißt 15 Millimeter im Durchmesser und zeigt ein Tor mit drei Zinnen, darin einen Kopf, das Ganze umgeben von einem gestrahlten Rande. Dieser Hohlpfennig wird von Münzkennern Oldesloe zugeschrieben, obgleich eine Inschrift fehlt. Lange gibt dann noch die Abbildung und Beschreibung von einem etwas größeren Oldesloer Blaffert, der sich in der Sammlung von E. Bahrfeldt befindet. Derselbe zeigt einen Menschenkopf in einem Tore, welches von einem mit drei Zinnen gekrönten Turme überragt und von zwei schlanken Türmen flankiert wird. Der Rand ist gestrahlt. Ob Oldesloe eine eigene Prägeanstalt hatte oder die Münzen auswärts prägen ließ, hat nicht ermittelt werden können, da die Urkunden weder eine Münze noch einen Münzmeister in Oldesloe erwähnen. Die Vorfahren des Bürgermeisters Münter könnten Oldesloer Münzmeister gewesen sein.

Da aus der Erwähnung zahlreicher Hopfengärten im Kirchenbuch und anderen Urkunden hervorgeht, daß im Mittelalter in Oldesloe starker Hopfenbau getrieben wurde, ist anzunehmen, daß hier bereits im Mittelalter das Brauwesen in Blüte stand. Aus späteren Akten erfahren wir denn auch, daß bis zum Ende des 16. Jahrhunderts die Bierbrauerei die vornehmste Nahrungsquelle der Bürgerschaft gewesen ist.

Dem heiteren Lebensgenusse war man im Mittelalter nicht abhold. Die Stadt besaß zwei Festplätze, auf denen die Gilden ihre Feste feierten, einen Gildekamp vor dem Lübecker Tore und einen Gildekamp vor dem Besttore. Der Gildekamp vor dem Lübecker Tore, der heutige Pferdemarkt, der damals eine Weide war wie heute der Spielplatz im Bürgerpark, diente hauptsächlich der Papagoyengilde zur Abhaltung ihres Schützenfestes, das im heutigen Kindervogelschießen seine Fortsetzung gefunden hat. Der Vogel, nach dem geschossen wurde, der Papagoy, wurde, nachdem der Hof auf dem Pipenbrink verschwunden war, auf der Anhöhe aufgestellt, wo dieser gestanden hatte. Sie wurde danach Papagoyenberg genannt und der am Brink, dem Rande der Anhöhe, entlangführende Weg Papagoyenweg. Die Namen wurden noch im vorigen Jahrhundert gebraucht. Der Gildekamp vor dem Besttore lag ebenfalls in der Nähe des Tores und ist heute mit Häusern bebaut. Außerdem gab es aber noch einen dritten Festplatz, die heutige Musikantenkoppel, die, ehe sie das Dienstland der Stadtmusikanten wurde, Torneyerskamp hieß. Auf ihr scheinen also einst Turniere stattgefunden zu haben. Als Wiese an oder im Walde Glindhorst zwischen den Herrenhöfen von Oldesloe und Wiegersrode war sie als Turnierplatz ohne Zweifel günstig gelegen. An den in Oldesloe abgehaltenen Hansatagen und Landfriedenskongressen, zu denen sich Hansaherren und Fürsten mit zahlreicher Ritterschaft hier einfanden, mag sich auf dieser Waldwiese ein besonders buntes Leben entfaltet haben.

Zu den Vergnügungseinrichtungen gehörte im Mittelalter auch das öffentliche Badewesen. Es gab in Oldesloe eine Straße, die mit Bade=stuben besetzt war und darum Stavenstraße hieß. Es war höchst wahrscheinlich diejenige Straße, welche zunächst der Mühlenbrücke in das Heilige=Geist=Viertel hineinführt. Auf ihrer linken Seite erhob sich das Gasthaus zum heiligen Geist, und auf ihrer rechten Seite standen die Badestubenhäuser, die mit ihrer Rückseite an die Trave stießen, aus der sie bequem mit dem nötigen Badewasser ver=sorgt werden konnten. An die Benutzung der Sole zum Baden wurde wohl damals noch nicht gedacht. Nachrichten über den Betrieb der Badestuben in Oldesloe haben sich leider aus dem Mittelalter nicht erhalten. Daß das Baden ein allgemeines Volksvergnügen war und daß der Besuch der Badestuben etwa dem heutigen Wirtshausbesuch entsprach, geht, wie wir sehen werden, aus der Rolle der hiesigen Schuhmacherzunft hervor, nach der gewisse Gelder, die heute ver=kneipt zu werden pflegen, damals „verbadet" wurden.

X. Gewerbliche Betriebe auf herrschaftlichem Boden innerhalb des Stadtgebietes.

Das Salzwerk im Besitz des Lübecker Johannisklosters. Im Besitz der Landesherrschaft zum Amte Trittau gehörig. Lübecker Bürger als Besitzer von Salzpfannen. Bürgermeister Holste als Teilhaber. Die Besitzer verpflichten sich zur Verbesserung des Salzwerkes. Ver-pfändung von Salzpfannen. Verkauf einer Salzpfanne. Beanstandung von Oldesloer Salz im Handel. Untersuchung durch den Lübecker Rat. Zustand der Siedehäuser. Abermalige Beanstandung von Oldesloer Salz. Travensalz. Baisalz. Aussage des Schiffers Levekinck. Ehrenerklärung für den Ratsherrn Lipperode. Annahme eines Pfannenschmieds. Versuch zur Verbesserung der Sole durch Tiefer-senkung des Salzbrunnens. Vertrag über die Anlage eines neuen Salzbrunnens. Abnahme des Salzwerks. Beilegung eines Zwistes zwischen Sülfherren. Übertragung, Einlösung und Neuverpfändung von Salzgütern. Einrichtung des Salzwerks. Jurisdiction über das Salzwerk. Gemeinsame Verwaltung. Das Salzwerk eine lübeckische Enklave. Schädigung der Stadt. Vorteile für Stadt und Land. Die Beste-Insel Kammer. Verleihung an eine Lübecker Gesellschaft. Übertragung des Kupfermühlengrundstückes auf Matthias Müling.

1. Das Salzwerk.

Das Oldesloer Salzwerk, dessen Ausbeutung Graf Adolf II. gleich nach der Erwerbung Wagriens begonnen hatte und das dann von Hein=rich dem Löwen zerstört worden war, sehen wir gegen Ende des 12. Jahrhunderts im Besitz des St. Johannisklosters in Lübeck[1]). Dann erfahren wir lange Zeit nichts von ihm. Nur daß es um 1374 noch vor=handen war, sehen wir aus dem Memorienverzeichnis des Oldesloer Kirchherrn Hermann Dusekop, das mehrere Hopfengärten *supra sa=*

---

[1]) Hasse I, 211.

linam erwähnt. Erst vom Jahre 1423 an fließen die Nachrichten über das Salzwerk wieder reichlicher. In diesem Jahre nämlich verpflichtete sich Ehler Ratlowe, daß er sich, obwohl ihm das Amt Trittau von Herzog Adolf und seinem Bruder verpfändet sei, dennoch der Sülze in Oldesloe in 6 Jahren nicht annehmen wolle. Das Salzwerk muß also damals wieder im Besitz der Landesherrschaft gewesen sein und nach Aufhören der Vogtei in Oldesloe dem Amt Trittau zugeteilt worden sein.

Im Jahre 1425 ließ Johannes Springhorn in das Lübecker Niederstadtbuch eintragen, daß er zwei offene Briefe von dem Grafen Adolf habe über drei Salzpfannen in und über dem Oldesloer Salzwerk mit drei Katenstellen und anderem Zubehör derselben (*super tribus sartaginibus salinariis in et sub salina Odeslo cum tribus kotsteden et aliis earum appertinenciis*), daß aber ihm nur die Hälfte derselben und die andere Hälfte Goswin Offermann gehöre[1]. Sowohl Springhorn wie Offermann waren Lübecker Bürger[2])

Im Jahre 1426 erklärten Hinrik Holste, Bürgermeister in Oldesloe, und die Brüder Johannes und Lüdeke van der Heyden, Lübecker Bürger, vor dem Lübecker Niederstadtbuche, daß sie gemeinschaftlich zwei Salzpfannen in und unter der Saline Oldesloe haben, daß die Brüder van der Heyden das, was für die Saline hergegeben haben, vorweg erheben sollen ohne Widerspruch des Hinrik Holste oder seiner Erben, daß, wenn die Brüder van der Heyden Salzgut von der Bai kommen lassen, es auf Gewinn und Schaden aller drei sein solle und daß Hinrik Holste seine sämtlichen beweglichen und unbeweglichen Güter, insbesondere seine fahrende Habe, den Brüdern dafür verpfändet habe[3]. Die beiden Lübecker Bürger trieben also auch Handel mit Salz aus der Bai von Bourgneuf an der Loiremündung. Die Beteiligung daran konnte für den Oldesloer Bürgermeister, der dafür sein ganzes Vermögen verpfänden mußte, unter Umständen recht gefährlich werden. Deshalb wohl zog er sich bald aus diesem Geschäfte zurück, indem er im Jahre 1429 seinen Anteil an den beiden Salzpfannen den Brüdern van der Heyden verkaufte[4]).

Im Jahre 1430 sehen wir wieder andere Besitzer am Salzwerk beteiligt. In diesem Jahre verpflichten sich die vier Lübecker Bürger Johannes Hovemann, Hans Ghervor, Syverd Vickinghusen und Bertold von Lüne gegen die Herzöge Adolf und Gerhard, die Saline bei Oldesloe (*de sulten by Odeslo*) nicht zu verärgern oder zu verderben mit bösem Willen oder Vorsatz, sondern sie zu bessern und nutzsamer zu machen, damit die Herrschaft und sie selbst den erhofften Nutzen und Gewinn davon haben mögen, und sie auch gegen den Willen der Herrschaft niemandem zu verkaufen, der sie zu Verderben oder Verärgerung bringen möchte[5]. Danach scheint es, daß die Konkurrenz auch

---

[1] U. B. d. St. L. VI 678.
[2] *ib.* VI 323 und 435.
[3] U. B. d. St. L. VI 725.
[4] *ib.* VII 326.
[5] *ib.* VII 410.

damals noch wie zu den Zeiten Heinrichs des Löwen bestrebt gewesen ist, das Oldesloer Salzwerk zu unterdrücken.

Im folgenden Jahre verpfändete Bertold von Lüne seine drei Salz≈ pfannen in und unter dem Salzwerk zu Oldesloe, von denen zwei früher Johannes Springhorn und eine Hinrik Holste gehabt haben, mit allen Eisengeräten, Häusern, Holzungen und Holzvorräten, Rechten, Frei≈ heiten und allem sonstigen Zubehör für eine Schuld von 1900 Mark an den Lübecker Bürger Kerstian Hake[1]), und im Jahre 1434 verkaufte er Kersten Hake und dessen Frau Telsike, seiner Schwester, die letztere Pfanne, die dem Salzbrunnen zunächst lag, mit Haus, Katen und Zu≈ behör an Feld für 800 Mark. Der Kauf wurde abgeschlossen vor dem Lübecker Ratmann Johann Hovemann und dem Lübecker Bürger Hans Gerwer als vor „*richteren der sulten vnde erer inwoneren to Odeslo*[2]). Es war aber kein Volleigen, sondern nur ein Lehen, das so durch Kauf übertragen wurde, da der Herrschaft davon ein jährlicher Zins zu geben war. Er betrug zur Zeit König Christians I. von jeder Pfanne jährlich eine Last Salz im Werte von 20 bis 24 Mark und 3 Mark für einen Raum zur Aufbewahrung des Holzes[3]). Ein solches Pfannenlehen hieß *ene panne herschupp* oder *herschuppes*[4]).

Das von Kersten Hake hergestellte Salz gab zu einem Briefwechsel zwischen dem Rate von Danzig und dem Rate von Lübeck Veran≈ lassung. Der Rat von Danzig schrieb, daß einige Danziger Bürger in den dortigen Lübecker Speichern Salz gekauft und als Lüneburger Salz empfangen hätten, das nicht als solches gelten könne. Auf ihre Be≈ schwerde wäre der Kaufmann, der es verkauft habe, vorgeladen wor≈ den und hätte erklärt, es wäre ihm von dem Lübecker Kaufmann Hans Vrome, der mit Kersten Hake in der Fischstraße wohne, als Oldesloer Salz gesandt worden. Der Rat befände aber, daß das Salz schwarz sei und auch nicht als Oldesloer Salz angenommen werden könne, auch sei die Tonne am Boden mit einer unkenntlichen Brandmarke gezeich≈ net. Einen Span mit der aufgebrannten Salzmarke schickte er mit.

Darauf antwortete am 11. März 1434 der Rat von Lübeck, er habe die Bürger Kersten Hake und Bertold von Lüne, die eigene Salzpfannen auf der Saline zu Oldesloe hätten und Salz zu sieden pflegten, vor≈ geladen. Sie hätten das Salzeisen, mit dem der Tonne das Zeichen aufgebrannt wäre, mitgebracht. Dasselbe sei alt und die Spitzen und Ecken des Nesselblattes seien abgebrannt, so daß die unkenntliche Marke auf dem Span mit dem Eisen übereinstimme. Es seien aber nun neue Eisen angefertigt worden, die kenntlicher seien. Daß das Salz schwarz sei, erklärten Karsten und Bertold dadurch, daß ihre Salz≈ katen neu und undicht seien, so daß, wenn der Wind wehe, der Ruß in die Pfannen fiele. Davon käme es, daß das Salz zu Zeiten wohl grauer würde als anderes Salz, das bei stillem Wetter gesotten würde. Doch wollten sie das gern bessern, denn sie erkennten ihren eigenen Vorteil

---

[1]) U. B. d. St. L. VII 450.
[2]) *ib.* VIII 213.
[3]) U. S. IV 183.
[4]) U. B. d. St. L. VIII 603.

darin. Der Lübecker Rat ersuchte schließlich den Rat von Danzig, die 19 zurückgehaltenen Tonnen Salz verkaufen zu lassen, da das beanstandete Salz in der Tat Oldesloer Salz sei[1]).

Hieraus geht hervor, daß die Salztonnen schon lange vor jener Zeit mit dem gräflichen Nesselblatt gezeichnet worden sind, daß das Salzwerk also schon lange wieder gräflich gewesen sein muß. Die Neuheit der Siedehütten im Jahre 1434 läßt annehmen, daß bei der Zerstörung der Stadt im Jahre 1415 auch die Saline abgebrannt ist. Zu ihrer Wiederherstellung hat dann die Landesherrschaft wahrscheinlich die Hilfe von Lübecker Bürgern in Anspruch genommen. Es muß auffallen, daß gerade die Neuheit der Siedehäuser als Grund für ihre Undichtigkeit angeführt wird. Man betrachtete es also als selbstverständlich, daß der Ruß dafür sorgen müsse, alle Fugen dichtzumachen.

Unter solchen Umständen war es nicht zu verwundern, daß Oldesloer Salz öfter beanstandet wurde. Im Jahre 1440 schrieb der Rat von Lübeck an den Rat von Elbing, einige Lübecker Ratsherren und Bürger, die Selbstherren und Regenten auf der Saline zu Oldesloe seien *(radescumpane vnde borgere, de suluesheren vnde regenten syn up der sulten to Odeszlo)*, hätten sich darüber beschwert, daß die Elbinger das zu Oldesloe gesottene Salz nicht als *„rechtferdig copmansgut"* gelten lassen wollten, und ersuchte, dem Salze, das in Lübeck und anderswo als richtiges Salz gebraucht werde, die Schmach nicht anzutun und eine oder zwei Tonnen davon mit Angabe der Fehler einzuschicken, damit die *„sulteheren"* etwaige Mängel abstellen könnten[2]). Darauf antworteten die in Elbing versammelten Ratssendboten der preußischen Städte, daß in Elbing und Danzig Salz angehalten worden sei, das in Traventonnen verpackt und als Travensalz verkauft sei, das sie aber nicht als solches anerkennen könnten und darum für falsch erklärt hätten. Sie seien dazu genötigt gewesen, um dem überhand nehmenden Betruge zu steuern. Damit sich der Lübecker Rat selbst von der Minderwertigkeit des Salzes überzeugen könne, seien sie überein gekommen, sobald man wieder segeln könne, je eine Tonne des mangelhaften Salzes von Elbing und von Danzig nach Lübeck zu senden[3]).

Als „Travensalz" wurde also nicht alles Salz, das von dem Travehafen Lübeck aus verschifft wurde, insbesondere nicht das zu Oldesloe an der Trave selbst erzeugte Salz, sondern offenbar nur das über Lübeck in den Handel kommende Lüneburger Salz bezeichnet. Daneben trieben die Lübecker, wie wir gesehen haben, noch Handel mit Salz aus den Salzgärten an der Bai von Bourgneuf, das als „Baisalz" bezeichnet wurde und das *„de Baghesche vlote*[4])*"* dort holte.

In betreff des in Danzig verkauften Oldesloer Salzes erklärte Dyderyk Leuekinck vom 4. Juli 1440 vor dem Lübecker Rate unter seinem Eide, daß er im vergangenen Herbste von dem Ratsherrn Hinrik Lipperode beauftragt wäre, eine Last Oldesloer Salz, die dieser mit einem

---
[1]) U. B. d. St. L. VII 565.
[2]) *ib.* VII 823.
[3]) *ib.* VII 827.
[4]) *ib.* VII 96.

Schiffe aus Oldesloe erhalten habe, nach Riga zu schiffen. Wegen bösen Wetters wäre er damit aber nur bis Danzig gekommen und dort eingefroren und habe dann dort das Salz einfach als Salz verkauft, ohne ihm einen Namen zu geben oder gar zu sagen, daß es Lüneburger Salz sei. Herrn Hinrik Lipperode treffe also wegen des Salzes keine Schuld[1]). Daraufhin gaben am 16. April des folgenden Jahres die in Lübeck versammelten Abgeordneten der Hansestädte dem Hinrik Lipperode eine Ehrenerklärung hinsichtlich des von ihm nach Danzig verschifften Salzes[2]).

Da in diesem Falle gar nicht gesagt wird, was man an dem in Elbing und Danzig angehaltenen Oldesloer Salze auszusetzen hatte, ist es nicht unmöglich, daß die Beanstandung auf Betreiben von Interessenten des Lüneburger Salzwerks geschehen ist, ohne daß dem Oldesloer Salze erhebliche Mängel vorgeworfen werden konnten. Daß die Inhaber der Oldesloer Saline mittlerweile auf Verbesserung der Einrichtungen derselben bedacht gewesen waren, geht aus folgenden Nachrichten hervor.

Im Jahre 1435 nahmen der Ratsherr Johann Hovemann, die Vormünder der Kinder des Siverd Vickinghusen und Hans Gerver und Bertold van Lüne einen gewissen Hermann Sacharien als Pfannenschmied an. Sie stellten ihm ein Haus auf der Saline zur Verfügung, worin er wohnen und neue Pfannen machen könne. Grund- und Randplatten *(blade vnde borde)* sollten ihm geliefert werden, Nägel und Haspen sollte er selbst dazutun und an einer großen, neuen Pfanne 9 Mark, an einer halb so großen kleinen 4¼ Mark verdienen. Auch sollte er jedem die alten Pfannen ausbessern und dafür soviel mal 4 Schilling erhalten, als er 100 Nägel verbrauche. Außerdem sollte er einen Jahreslohn von 10 rheinischen Gulden erhalten, und wenn auf der Saline mehr als 10 große Salzpfannen eingerichtet würden, sollte er soviel Gulden mehr bekommen, als der Pfannen mehr seien als 10. Wenn er mit Schmieden außerdem noch etwas verdienen könne, sollte ihm dies gegönnt werden[3]).

Im Jahre 1437 schlossen die Herren Johann Hovemann, Hans Gerwer, Engelbrecht Vigkinghusen, Hinrik Lipperode als Vertreter der Kinder des Siverd Vigkinghusen, Kersten Hake und Arnd van Lüne zugleich im Namen der anderen „Sültemeister" zu Oldesloe einen Vertrag mit Nicolaus Verneheim aus Prag, daß er den Salzbrunnen *(den sulten sod)* an derselben Stelle 14 Fuß tiefer senke. Die Senkung soll geschehen auf ihre Kosten, und er soll allein für seine Person arbeiten und regieren. Dafür soll er erhalten Kost und 40 Mark lübisch. Wenn es ihm gelänge, die Sole um ein Viertel stärker zu machen, wollen sie ihm außer den 40 Mark noch 100 Mark geben, würde sie ein halb Viertel besser, 50 Mark und so weiter nach der Zahl der Grade. Wenn er durch die Gewalt des aufsteigenden Wassers gehindert würde, die Arbeit zu Ende zu führen, solle sie ihm bezahlt werden nach Verhältnis

---
[1]) U. B. d. St. L. VII 834.
[2]) *ib.* VIII 16.
[3]) U. B. d. St. L. VII 650.

der Tiefe. Aber an dem Lohn für die Verbesserung der Sole solle ihm nichts gekürzt werden[1]).

Das ist der erste bekannt gewordene Versuch, den Gehalt der Sole zu verbessern. Wir wissen jetzt, daß alle solche Versuche erfolglos bleiben mußten und daß das auf sie verwandte Geld weggeworfen war. Trotzdem wurden sie bis zur Mitte des vorigen Jahrhunderts mit bewunderungswürdiger Zähigkeit wiederholt. Dem ersten Versuche folgte bald ein neuer.

Im Jahre 1445 schloß Hans Pokerantz aus Großensalze bei Magdeburg einen Vertrag mit Herrn Johann Hovemann, Wolter Biskop[2]), Arnd van Lüne, Hans Brunes und Hans Hosen, *„borgeren to Lubeke vnde sulffheren der sulte to Odeslo"*, über die Herstellung eines neuen Salzbrunnens. Hans Pokerantz will den Brunnen selbviert bauen auf seine und seiner Genossen Kosten, und wenn er fertig ist, soll er zur Hälfte den genannten *„suluesheren"*, zur andern Hälfte Pokerantz und seinen Gesellschaftern gehören[3]). Der Vertrag scheint aber nicht zur Ausführung gekommen zu sein, da im nächsten Jahre von den Sülfherren eine Frist festgesetzt wurde, bis zu der der Vertrag entweder ausgeführt oder erloschen sein sollte[4]), und später von Hans Pokerantz nicht mehr die Rede ist.

Um diese Zeit scheint der Ertrag des Salzwerkes abgenommen zu haben, da verschiedene aus seinen Einnahmen zu entrichtende Zahlungen nicht geleistet wurden. So beschwerte sich im Jahre 1449 die Klosterjungfrau Rixa Vickinghusen in Zarrentin bei dem Rate zu Lübeck über die Testamentsvollstrecker des verstorbenen Sivert Vickinghusen, der ihr eine Rente von jährlich 10 Mark aus drei Pfannen Herschup auf der Saline zu Oldesloe vermacht hat, daß sie schon neun Jahre die Rente nicht erhalten habe. Da die Vormünder antworteten, sie könnten ihr kein Geld geben, stellte ihr der Rat anheim, sich an die drei Pfannen „Herschup" und ihr Zubehör zu halten[5]).

Im Jahre 1452 wurde ein Zwist zwischen Hildebrand und Arnd Vickinghusen einerseits und Hinrik Lipperode andrerseits dadurch beigelegt, daß Hildebrand Vickinghusen dem Hinrik Lipperode eine Pfanne „herschuppes" auf der Saline zu Oldesloe mit allem Zubehör überließ und sich verpflichtete, sich bei dem Herrn von Holstein dafür zu verwenden, daß er den rückständigen Zins auf eine möglichst geringe Summe ermäßigte, sowie dafür, daß die durch Nichtzahlung der Rente der Saline verloren gegangenen Hölzungen freigemacht und wieder gefordert werden könnten[6]). Dadurch erklärt es sich auch, daß der Preis eines Pfannengutes, der sich im Jahre 1434 auf 800 Mark belief, im Jahre 1460 nur 168 Mark betrug. Für diese Summe verpfändete

---

[1]) U. B. d. St. L. VII 741.
[2]) Wolter Biskop hatte Ermegart, die Witwe des Kersten Hake, geheiratet und dann von deren Vormündern die ehemals von Kersten Hake besessene Salzpfanne käuflich erworben. *ib.* VIII 213.
[3]) U. B. d. St. L. VIII 318.
[4]) *ib.* VIII 363.
[5]) *ib.* VIII 603.
[6]) *ib.* IX 103.

nämlich damals Arnd van Lüne eine Pfanne „herschop" auf der Saline zu Oldesloe an Hans Busse, der sie dafür behalten soll, wenn sie Arnd van Lüne nicht binnen zwei Jahren einlöst[1]).

Im Jahre 1463 überließ König Christian I. zum Dank für geleistete Dienste dem Lübecker Bürger Heyne Boltze ein Haus in Oldesloe, das ihm von dem Lübecker Bürger Hinrik Greueken angestorben war, zum Salzsieden auf 20 Jahre abgabenfrei und dem Lübecker Bürger Hans Bruns zwei Pfannen auf der Saline zu Oldesloe ebenfalls abgabenfrei auf 10 Jahre[2]). In seinem Testamente vermachte der Goldschmied Hans Bruns seine sämtlichen Oldesloer Einkünfte, auch die aus seinen Salzpfannen, dem von ihm erbauten Gasthause zum heiligen Geiste[3]). Alle drei Pfannen konnte der König für 450 Mark wieder einlösen[4]). Nach der Landesteilungsakte von 1490 übernahm König Johann die Einlösung[5]). Das herrschaftliche Einkommen aus den übrigen Pfannen, die „sultehure", verpfändete König Christian I. im Jahre 1470 nebst anderen Einkünften aus Oldesloe der Stadt Oldesloe als Deckung für eine der Stadt auferlegte Zahlung an das Kapitel in Hamburg[6]).

Im Vergleich zu der Lüneburger Saline, in der im Jahre 1458 die Zahl der „Pannenherscup" 216 betrug, war die Oldesloer Saline mit einer Zahl von höchstens 10 Salzpfannen recht unbedeutend, kann aber doch kein kleiner Betrieb gewesen sein. Jede Siedepfanne war wie in Lüneburg in einem besonderen Hause untergebracht und wahrscheinlich wegen der Wasserzuleitung tief in die Erde *(in et sub salina)* eingesenkt[7]). Als Zubehör einer Pfanne werden genannt 1434 Haus, Kate und Feld, 1452 Haus, Kate, Brücken, Rad und Hölzungen, 1460 Katen, Häuser und Pfannen, daneben in der Regel auch noch Rechte, Freiheiten und sonstiges Zubehör. Zu jeder Pfanne gehörten also mehrere Häuser, mindestens wohl ein Siedehaus mit Holzraum und ein anderes, das als Arbeiterwohnung dienen mochte. In einer Aufzeichnung von 1470 werden die beiden Arten von Häusern „koten vnde boden" genannt. Aus der Erwähnung von Brücken kann geschlossen werden, daß die Salinengebäude auf beiden Seiten der Beste lagen. Die Sole wurde mit Hilfe eines Rades gehoben. Ob Brücken und Rad zu einer Pfanne gehörten oder gemeinschaftlicher Besitz waren, läßt sich aus den Quellen nicht erkennen. Die Holzteile lagen ohne Zweifel in den Waldungen, die damals noch die Ufer der Trave und der Beste bedeckten, im „Hilgenholt" unterhalb der Stadt, im Ritzenwalde und der Schipphorst oberhalb derselben. Da aus diesen Waldungen das Brennholz auf dem billigen und bequemen Wasserwege zu den Siedehäusern gebracht werden konnte, sind sie dem Salzwerk

---

[1]) U. B. d. St. L. IX 909.
[2]) U. S. IV 332 u. 333.
[3]) Zeitschr. XV 212.
[4]) U. S. IV 183.
[5]) Christiani N. F. I. 156 u. 514.
[6]) U. S. IV 437.
[7]) Vergl. Luise Zenker, Zur volkswirtschaftlichen Bedeutung der Lüneburger Saline. Forschungen zur Geschichte Niedersachsens I. Heft 2. Hannover und Leipzig 1906. S. 9 ff.

wahrscheinlich zuerst zum Opfer gefallen. Die vom Wasser etwas entferntere Glindhorst kam erst später an die Reihe. In dem Rentenverzeichnisse der Kirchengeschworenen von 1483 wird ein Holzhafen *(holthude)* des damaligen Salzgutsbesitzers Hans Boltze erwähnt.

Da die Salineninhaber mit den Siedehäusern und ihrem Zubehör auch die Gerichtsbarkeit darüber erwarben, waren sie auf dem Salzwerk unumschränkte Herren und nannten sich deshalb nicht nur „*sulteheren*", Salinenherren, sondern auch Selbstherren *(suluesheren, sulfheren)*, Selbstmeister *(sulfmeistere)* und Regenten.[1] Ob die Gerichtsbarkeit von jedem Sülfmeister auf seinem Anteil ausgeübt wurde oder für das ganze Salzwerk einem Ausschusse der Sülfherren übertragen war, läßt sich nicht genau erkennen. Wahrscheinlich war das letztere der Fall; denn im Jahre 1434 werden ja Johann Hovemann und Hans Gerwer Richter der Saline zu Oldesloe und ihrer Einwohner genannt. Eine gemeinschaftliche Verwaltung mußte jedenfalls bestehen, da doch der Hauptbrunnen und sein Betrieb gemeinschaftlich war und jeder Pfannenbesitzer die Verpflichtung übernehmen mußte, *alle vnkost to entrichtende, de dar na antale ener pannen vp kumpt van der sulte wegen*[2]).

Nachdem der Oldesloer Bürgermeister Hinrik Holste seinen Anteil an der Saline an die Brüder van der Heyden verkauft hatte, war das Salzwerk ganz in den Händen von Lübeckern und bildete in der Oldesloer Gemarkung eine lübeckische Enklave, die ganz wie lübeckisches Stadtgebiet behandelt wurde. Nicht in das Oldesloer Stadtbuch wurden die das Salzwerk betreffenden Verträge eingetragen, sondern in das Niederstadtbuch von Lübeck, welchem Umstande wir es verdanken, daß uns so zahlreiche Nachrichten über die Saline aus dem 15. Jahrhundert erhalten sind.

Auch wirtschaftlich suchten die Lübecker Herren die Salineneinwohner von der Stadt Oldesloe zu trennen. Im *Registrum Christiani I* wird geklagt, daß die Boltzen auf der Saline Butter, Brot, Licht, Hering und andere Ware feil halten „*to vordarff unde nadele unser stad to Odeslo dar suluest*"[3]).

Aber Stadt und Kirchspiel hatten durch den Betrieb der Saline durch kapitalkräftige Lübecker Bürger doch auch ihre Vorteile. So richtete im Jahre 1456 Hans Bruns die durch Vernachlässigung, Brand und andern Schaden zugrunde gegangene Heilige-Geist-Stiftung wieder auf[4]). Andere „Sülteheren" kauften sich in der Stadt an oder wurden gar Oldesloer Bürger wie Hans Springhorn, der noch 1422 Lübecker Bürger war, 1439 aber „*borger to Odeslo*" genannt wird.[5])

---

[1]) Sogar bei Holzkäufen aus den Waldungen der adeligen Herren des Kirchspiels bedangen sich die Lübecker die Gerichtsbarkeit über die Arbeitsleute aus. So urkundet Henneke Tralowe zu Wigersrode im Jahre 1415 über einen Holzverkauf: *Scheget ok, dat God vorbede, dat sick de arbeydeslude wunden edder dot slogen, dat scholen de erbenomeden heren van Lubeke richten, vnde ik nicht.* U. B. d. St. L. V 524.
[2]) *ib.* VIII 213.
[3]) U. S. IV. 183.
[4]) Urkunde des Stadtarchivs Nr. 10, gedruckt im Oldesloer Programm von 1880.
[5]) Stadtarchiv Nr. 7.

Der Oldesloer Bürger Robbekinus van der Heide, der im Jahre 1428 dem Johanniskloster in Lübeck für eine Schuld von 54 Mark seine Äcker auf dem Reperkamp nebst seinen Wiesen, Wäldern und andern Grundstücken in der Oldesloer Feldmark verpfändete,[1]) scheint ein Verwandter der Sulfherren Johannes und Lüdeke van der Heyde, die Lübecker Bürger blieben, gewesen zu sein. An den Salinenherren und anderen Lübeckern fanden die adeligen Herren der Umgegend immer zahlungsfähige Abnehmer für den Holzreichtum ihrer Wälder. [2])

2. Die herrschaftliche Kornmühle.

Wahrscheinlich sind die beiden Oldesloer Mühlen schon im frühesten Mittelalter vorhanden gewesen. Vgl. S. 56. Erwähnt finden wir eine Mühle in Oldesloe aber erst in einer Aufzeichnung aus dem Jahre 1361, nach der Hermann von Wickede, Ratmann zu Lübeck, in einer Oldesloer Mühle ein Kapital von etwa 33 Mark stehen hat.[3]) Es geht aus dieser Aufzeichnung aber nicht hervor, ob die städtische oder die fiskalische Mühle gemeint ist. Eine herrschaftliche Mühle wird bestimmt erst 1375 genannt, als Graf Adolf VII. dem Rate von Lübeck für eine Schuld von 4000 Mark das Land Stormarn mit der Stadt Oldesloe und insbesondere auch die Mühle daselbst mit allem Zubehör verpfändete.[4]) Als im Jahre 1443 Adolf VIII. der Stadt Oldesloe auflegte, die Zinsen eines von ihm in Lübeck aufgenommenen Kapitals aus verschiedenen herrschaftlichen Einkünften zu bezahlen, gehörte zu diesen Einkünften auch das Geld *van der molen to Odeslo*. Doch sollte sich die Stadt *mit der molen buwete, ift des to donde wurde, nicht bekummeren*[5]). In den Jahren 1454 und 1469 wurde diese Verpflichtung aufs neue beurkundet.[6]) Im Jahre 1470 verpfändete wieder König Christian I. die Mühle nebst anderen Einkünften aus Oldesloe an Hinrik van Alevelde und Diderik Blome.[7]) Doch wurde sie immer wieder eingelöst und blieb eine herrschaftliche zum Amt Trittau gehörende Enklave im Stadtgebiet bis zum Jahre 1866. Die Stadt hatte die Verpflichtung, durch den Staudamm bei ihrer Mühle an der Obertrave zugleich für die herrschaftliche Mühle zu sorgen, brauchte aber Stauwasser zum Durchschleusen von Schiffen nicht unentgeltlich abzugeben.[8])

3. Die Kupfermühle.

Die von der Beste umflossene Insel, auf der zuletzt eine Papierfabrik stand und deren Überreste noch stehen, gehörte einst zu der Leibzucht einer Frau Gheze Koninges, wurde dann im Jahre 1410

---

[1]) U. B. d. St. L. VII 262.
[2]) *ib.* VIII 51, 57 u. 640.
[3]) *in villa Tensevelde et Berchleheyle centum marcas, item in molendino in Odeslo terciam partem et circa.* U. B. d. St. L. IV 77.
[4]) *ib.* IV. 257.
[5]) U. S. IV 78.
[6]) U. B. d. St. L. IX 174. U. S. IV 56.
[7]) U. S. IV 125.
[8]) *Wy nicht plegende sin, water to stouwende vnde geuende, men vnsen gnedigen heren to siner molen.* U. B. d. St. L. X 531.

von dem Grafen Heinrich, Bischof von Osnabrück, an einen gewissen Lüdeke Duderstadt verkauft und im Jahre 1426 von dem Lübecker Domherrn Albert Gutgemak mitverwandt zu der Stiftung der Erasmi= Vikarie in der Oldesloer Kirche. Sie hieß „de Kamere" und war da= mals noch ein Acker; *agrum proprie de Kameren nuncupatum in valle Besten situatum retro circumseptam pascuam sancti Georgii* nennt sie die Stiftungsurkunde[1]). In dem Zehntregister von 1420 wird nun *de Camere* hinter dem eingezäunten *Caluerhoff* von St. Jürgen unter den zehntpflichtigen Ländereien aufgezählt, kann also ursprünglich nicht fiskalisch gewesen sein. Später aber muß die Landesherrschaft sie erworben haben; denn im Jahre 1475 verlieh König Christian I. *dat werder de Kamer geheten mit der olden sluse unde wes darto hort van wisschen unde van ackeren* an Hinrik Hogelken, Plonyes van der Schuer, Wilhelm vame Sande und Bartolt Warenboke, *dat se dar eyne smelthutten unde koppermolen op buwen,* gegen eine jährliche Abgabe von 10 Mark lübisch unter der Bedingung, daß eine etwaige Weiter= gabe nur an Lübecker Bürger stattfinden solle[2]). Auch die genannten Gesellschafter werden alle vier Lübecker Bürger gewesen sein. Wil= helm vame Sande wird als solcher genannt U. B. d. St. L. XI 279 und 314, Bertold Warenboke ebenda 39, 279, 501 und 600. Die alte Schleuse rührte vermutlich von dem im Jahre 1448 begonnenen Versuche zur Herstellung eines Alster=Beste=Kanals her, und für diese Anlage mag die Landesherrschaft das Grundstück erworben haben.

Im Jahre 1515 wurden von König Christian II. die Beste von der Trave aufwärts, soweit sie der Herrschaft gehörte, sowie das Grund= stück, welches nunmehr *de koppermollen* genannt wird, und die Gul= denstücke mit ihrem Zubehör an Acker, Wiesen und Weiden seinem getreuen Diener und nunmehrigen Lübecker Bürger Matties Muling wegen mannigfaltiger getreuer Dienste[3]) als abgabenfreies Erblehn übertragen, damit er dort Kupfermühlen, Sägemühlen, Hütten und andere Gebäude zur Bearbeitung von Eisen und Kupfer errichte. Dazu werden ihm als besondere Freiheiten und Begnadigungen verliehen die Gerichtsbarkeit über die Einwohner der Mühlen und Hütten mit dem Recht, selbst Gesetze zu geben und etwaige Geldstrafen für sich zu be= halten, das Recht, Einwohner der Hüttenwerke und Bauern der Um= gegend, die gegen Oldesloer Bürger Notwehr geübt hätten und dann auf das Gebiet der Hüttenwerke entkommen wären, nur dem königs= lichen Gerichte zu stellen, das Recht, Eisen, Kupfer und andere Waren zollfrei ein= und auszuführen, Freiheit von Schoß und Bede, Freiheit von Kriegsdienst und anderen Kriegslasten, das Recht auf dem Fabrik= gebiete zu backen, zu brauen und Wein, Einbecker Bier, Hamburger Bier und andere fremde Biere und was sonst gebraucht wird, seinen Leuten zu zapfen und zapfen zu lassen, Freiheit von Accise und andern

---

[1]) Lünig, *Spic. eccl.* II. 415.
[2]) U. S. IV 273.
[3]) In einem der Siegeslieder der Ditmarscher auf die Schlacht bei Hemmingstedt erscheint Mathias Mulingk als Diener oder Lieferant des Herzogs Friedrich. Jahrbücher IX, Seite 113, Strophe 13 und 14.

Belastungen, Handelsfreiheit, Freiheit von Schoß, Wachtdienst und anderen Leistungen für diejenigen seiner Leute, die in Oldesloe wohnen, das Recht, irgendein ihm bequemes Landhaus zu erwerben und frei zu genießen, und schließlich das Recht, alle diese Privilegien auf Gesellschafter, die er etwa zum besseren Betrieb der Werke annehmen könnte, und auf Käufer zu übertragen[1]). So war also eine zweite Lübecker Enklave im Oldesloer Stadtgebiete entstanden, auf die der Rat von Oldesloe nicht nur keinen Einfluß hatte, sondern die sogar noch Einwohner der Stadt seinem Einfluß entzog und von ihren Bürgerpflichten entband.

4. Die Ziegeleien.

Als an Stelle der Strohdächer und der Fachwerkhäuser mit Lehmwänden mehr und mehr die Ziegelbedachung und der Backsteinbau aufkamen, machte sich auch immer mehr die Anlage von Ziegeleien nötig. Nun hatte es in Oldesloe von altersher eine Ziegelei auf herrschaftlichem Boden gegeben. Da sie aber verfallen war, gestattete Herzog Adolf im Jahre 1439 dem Bürgermeister Lodewigh van Eckeren und dem Oldesloer Bürger und ehemaligen Sulteherrn Hans Sprinkhorn den Bau eines Ziegelhauses *„vppe de stede, da id eer vor Odeslo heft ghebuwet wesen,"* unter gewisser Freiheit von Abgaben auf 10 Jahre. Nach Ablauf dieser 10 Jahre war dem Rate von Oldesloe das Recht der Einlösung des Ziegelhauses vorbehalten[2]). Im Jahre 1449 sehen wir Hans Springhorn für Brennholz, das er von dem Werkmeister der Jakobi=Kirche gekauft hat, seinen ganzen Grundbesitz in der Stadt Oldesloe und außerhalb derselben mit sämtlicher fahrenden Habe verpfänden.[3]) Wahrscheinlich brauchte er viel Brennholz für die Ziegelöfen. Im Jahre 1470 verpfändete König Christian I. *des tegelhuses hure* dem Rat zu Oldesloe[4]). König Johann gestattete im Jahre 1502 der Stadt Oldesloe, da sie in Vorzeiten oft niedergebrannt, die Anlage eines Ziegelhofes auf ihrer Feldmark und das Graben von Ziegelerde in dem königlichen Lehm daselbst.[5]) Die Ziegeleien haben unterhalb der Stadt auf beiden Seiten der Trave gelegen, wo noch die Flurnamen „auf der Ziegelei" und *„up den Tegelhof"* an sie erinnern.

5. Der herrschaftliche Krug.

Am Oldesloer Gastwirtschaftsbetrieb waren sowohl die Stadt wie die Kirche und die Landesherrschaft beteiligt. Den Ratsweinkeller haben wir schon erwähnt. Das Gasthaus zum heiligen Geist wird unter den kirchlichen Einrichtungen erörtert werden. Unter den fiskalischen

---

[1]) Der mit dem Siegel des Königs versehene Pergament-Lehnbrief, der auf der Rückseite die Aufschrift trägt *„Konning Christierns briff vff die Kuffermühle bey Oldeschlo"* befindet sich im Besitz der jetzigen Eigentümer des Papierfabrikgrundstücks. Eine Abschrift davon ist Nr. 22 des hiesigen Stadtarchivs.
[2]) Urkunde des Stadtarchivs Nr. 7.
[3]) U. B. d. St. L. VIII 624.
[4]) U. S. IV 437.
[5]) Urkunde des Stadtarchivs Nr. 20, gedruckt im *Corpus Const.* III, 1152.

Geldern, die nach Urkunden von 1443 und 1469[1]) der Rat von Oldesloe in einer Kiste ansammeln soll, wird auch die Krugheuer *(Krochure)* genannt. Nachrichten über den Krug selbst sind aus dem Mittelalter nicht erhalten, und es ist daher auch nicht festzustellen, wo er gestanden hat. Vielleicht war es der Krahn oder ein Wirtshaus bei der Mühle. Wie die Mühle so wurde im Jahre 1470 auch die Hälfte der Krugpacht an Hinrik van Alevelde und Diderik Blome verpfändet.[2])

XI. Die Geistlichkeit.
Zahl und Arten der Geistlichen.

In der ersten Zeit nach der Gründung der Kirche mag e i n Priester bei der zunächst noch schwachen Bevölkerung des Kirchspiels zur geistlichen Versorgung der Kirchspielseingesessenen ausgereicht haben. Als aber die Bevölkerung wuchs und zugleich mit der Ausgestaltung des kirchlichen Lebens größere Anforderungen an die Geistlichen gestellt wurden, konnte einer allein das große Kirchspiel nicht mehr genügend versorgen, und so machte sich die Einsetzung von Hilfsgeistlichen oder Vikaren nötig. Während eine Urkunde vom Jahre 1163 nur einen *sacerdos* in Oldesloe erwähnt,[3]) einen Priester schlechthin, gibt es im Jahre 1255 daselbst schon einen *plebanus*, einen Leutpriester[4]), wie man den Hauptgeistlichen zum Unterschiede von seinen Gehilfen nannte, und im Jahre 1299 wird neben dem Plebanus auch sein Gehilfe, der *capellanus blebani*[5]), genannt, der den Titel *capellanus* deshalb führte, weil er mit der Besorgung des Gottesdienstes in einer der Kapellen des Kirchspiels betraut war. Als sich die Zahl der Hilfsgeistlichen mehrte, wurde der Hauptgeistliche auch *rector ecclesiae*, niederdeutsch *kerkhere*, Kirchherr, genannt und der erste seiner Gehilfen oder Vikare *vicerector* oder *viceplebanus*. Zur Zeit Hermann Dusekops um 1374 war die Zahl der Geistlichen an der Kirche schon recht groß, da Messen gestiftet wurden, bei denen 6 Geistliche tätig sein sollten, und sie wurde noch immer vermehrt. Allein in den Jahren von 1422 bis 1427 wurden drei neue Vikariate in Oldesloe gestiftet. Diese Vermehrung aber entsprach sicher weniger dem inneren Bedürfnis der Kirche als vielmehr dem Wunsche des Adels und der wohlhabenden Bürgerschaft, ihre jüngeren Söhne mit kirchlichen Pfründen zu versorgen. Die akademischen Berufe, welche heute so viele junge Leute aus diesen Ständen aufnehmen, waren damals erst im Entstehen begriffen. Von der großen Anzahl der Oldesloer Geistlichen aus der vorreformatorischen Zeit sind nur folgende Namen auf uns gekommen:

---

[1]) U. S. IV 56 und 78.
[2]) *ib.* IV 125.
[3]) U. B. d. Bist. L. I 5.
[4]) *ib.* I 118.
[5]) U. B. d. Bist. L. I 360.

1. Kirchherrn.

W., *plebanus de odeslo*, erscheint als Zeuge in einer Urkunde vom 6. Februar 1255.[1])

Johannes, *hujus loci plebanus*, wies im Jahre 1299 auf Anordnung des Bischofs Burchard von Lübeck die Dominicaner und Franciscaner aus der Oldesloer Kirche.[2])

Hinricus war *rector ecclesiae in Odeslo*, als 1341 der Ackerzehnte des Dorfes Fresenburg wieder von den Lübecker Domherren in Anspruch genommen wurde.[3])

Hermann Dusekop stammte wahrscheinlich aus Mölln, wo 1305 ein Ratsherr Dusekop und 1324 ein Bürger Hermann Dusekop, der 1340 auch Ratsherr war, vielleicht der Vater unseres Kirchherrn, lebte. Als *kerkhere to Odeslo vnde scriver Greuen alues to holsten vnde to stormeren* verschaffte er der Stadt Oldesloe im Jahre 1371 vom Grafen Adolf VII. das Privilegium, in der Johanniszeit einen achttägigen Jahrmarkt und an jedem Sonnabend einen Wochenmarkt abzuhalten. Als Kanzler *(scriver, notarius)* diente er auch dem Herzog Erich von Sachsen-Lauenburg, in welcher Eigenschaft er im Jahre 1394 zuletzt genannt wird. Nach einer Notiz in den Sankt-Jürgens-Akten hat er noch 1420 der Oldesloer Kirche vorgestanden.[4])

Heinrich Reineke war 1423 Vicerektor in Oldesloe, erhielt im Jahre 1422 das von den Brüdern Hermann und Joachim von Tralau gestiftete Vikariat, das er selbst mit Renten aus Klein-Rümpel und Menzendorf ausstatten half, und war 1427 *rector ecclesiae* in Oldesloe.[5])

Ono van Bockwolde wird als Kirchherr zuerst in einer Urkunde von 1456 genannt und starb am 21. Juni 1476, nachdem er „*desser kerken odeslo hadde lange tijd kerkhere gewesen vnde wol regerede*[6]).

Henning van Bockwolde, ein Sohn Hinrichs van Bockwolde zu Oldenburg, war 1485 Vikar in Travemünde, 1526 Kirchherr in Oldesloe. Im Jahre 1542 wird seiner als eines Verstorbenen gedacht.[7])

2. Vikare.

Hermannus war im Jahre 1299 Kapellan des Kirchherrn Johannes.[8])

Lubbertus de Oldenborch, *capellanus ecclesie in Odeslo*, übernahm es 1341, von der Kanzel herab der Gemeinde mitzuteilen, daß der Fresenburger Ackerzehnte den Lübecker Domherren gehöre[9]).

---

[1]) U. B. d. Bist. L. I 118.
[2]) U. B. d. Bist. L. I 360.
[3]) Pauls, Reg. u. Urk. IV 32.
[4]) Hasse III 98, 537, 1063. U. B. d. St. L. IV 256, 306, 340, 377, 484, 519, 603, 613. Urkunde des Stadtarchivs Nr. 5, gedruckt im Oldesloer Programm von 1878.
[5]) U. B. d. St. L. V 447. Lünig, *Spic. eccl.* II 139, 152.
[6]) Oldesloer Programm von 1880 und 1889. K. H. B. VII. K. S. B. I.
[7]) U. S. III 96. K. H. B. S. 80. K. S. B. XII.
[8]) U. B. d. Bist. L. 360.
[9]) Pauls, Reg. u. Urk. IV 32.

G h e r o l d u s d e S a b o w, *presbyter*, schenkte der Kirche einen Garten vor dem Hamburger Tore (vor 1371).[1])
G e r h a r d u s H o k e r, Vicerektor, stiftete das Oldesloer Kirch=herrnbuch (vor 1371).[2])
J o h a n n e s G a m a l, *presbyter et dispensator curie et capelle sancti spiritus in Odeslo,* ließ in Gemeinschaft mit dem Kirchherrn Hermann Dusekop die Wirtschaftsgebäude des Pfarrhofes neu erbauen (nach 1374).[3])
D i e t r i c h S c h a r m b e k e stiftete im Jahre 1427 in Gemein=schaft mit Johannes Stubbe eine Pfründe an der Kapelle zum heiligen Grabe. Er wohnte am Kirchhof.[4])
J o h a n n e s S t u b b e wurde 1427 erster Nutznießer der von ihm und Dietrich Scharmbeke gestifteten Pfründe an der Kapelle zum heiligen Grabe und führte die Amtsbezeichnung *rector capellae*.
J o h a n n e s S t e n v e l d, *perpetuus vicarius sine cura in parro=chiali ecclesia de Odeslo,* wurde von Herzog Adolf als Patron zum Pastor in Garding präsentiert und vom Papste am 19. Mai 1436 be=stätigt. Am 6. Juli 1443 wurde ihm vom Papste noch eine *perpetua vicaria sine cura ad altare s. Crucis in collegiata ecclesia b. Marie Ham=burgensis* übertragen. Über seinen Geburtsmakel — er war ein Priester=kind — wurde hinweggesehen *(non obstantibus defectu natalium, quem patitur de presbitero genitus et soluta).* Er legte seine Pfründe als Kirchherr in Garding vor 1472 nieder und starb bald darauf.[5])
O t t o S t e n b o r c h, ein Sohn des Oldesloer Bürgermeisters Hartwig Stenborch, war 1454 Vikar an der Kapelle zum heiligen Grabe und wohnte in einem eigenen neuen Hause am Kirchhof Sankt Peter und Paul. Er wurde Vollstrecker des Testamentes seines Oheims Symon Stenborch, der im Jahre 1454 als Vikar an der Domkirche zu Lübeck starb.[6])
H i n r i c h G r o t e wurde erster Nutznießer der Sankt=Antonius=Vikarie und starb 1473.
S y m o n S t e n b o r c h, Bruder von Otto Stenborch. Beide Brü=der erscheinen als Zeugen in einer Urkunde von 1481. Im Jahre 1489 wurde eine Glocke der Oldesloer Kirche, wie ihre Inschrift sagt, *„mit hulpe vnde giften der Stenborgher"* gegossen. Im Jahre 1493 übergaben die Brüder den Kirchengeschworenen die von ihrem Oheim Symon Stenborch zur Unterhaltung einer ewigen Lampe in der Oldesloer Kirche gestiftete Rente.[7])
N i c o l a u s K l ü w e r erscheint ebenfalls als Zeuge in der Ur=kunde des Kirchenarchivs von 1481.
N i c o l a u s G e i s m e r (od. Gorsmer) wohnte 1483 *oppe der borch*[8]).

---

[1]) K. H. B. IV.
[2]) *ib.* I.
[3]) *ib.* VI 3.
[4]) Lünig, *Spic. eccl.* II 170.
[5]) *Acta Pontificum Danica* Nr. 1762, 1864, 2473, 2585 und 2543.
[6]) U. d. Stadtarchivs Nr. 9. K. S. B. IV.
[7]) Schenkungsurkunde im Kirchenarchiv. K. S. B. IV.
[8]) K. S. B. II S. 5, Z. 19 f.

XII. Das Kirchenvermögen.

Das Pfarrgut. Der Oldesloer Ackerzehnte. Die Zehnten im übrigen Kirchspiel. Der Grafenzehnte. Der Streit um den Fresenburger Ackerzehnten. Der Bischofszehnte um 1426. Verwirrung im Zehntewesen. Memorienstiftungen. Stiftung einer Vikarie durch Johann von Hummelsbüttel. Stiftung einer Vikarie durch die Brüder Hermann und Joachim von Tralau. Stiftung der Erasmus-Vikarie. Stiftung der Antonius-Vikarie. Die Kirchengeräte. Die Verwaltung des Kirchenvermögens.

Das wesentlichste Stück der Kirchenausstattung bildete das Pfarrgut mit der Wohnung für den Geistlichen, dem Wirtschaftshof und den zugehörigen Gärten, Äckern und Wiesen. Der Pfarrhof wurde, weil er die erste Ausstattung bildete, mit der jede Kirche bewidmet war, allgemein lateinisch *dos*, niederdeutsch Wedeme, hochdeutsch Wittum genannt. Die Oldesloer Wedeme bestand aus Wohnhaus, Scheune und Stallung und hatte einen Eingang von der Besttorstraße durch die Wedemporte.

Zum Unterhalt des Geistlichen diente außer den Pfarrländereien der Ackerzehnte von der Oldesloer Feldmark, der auf den Äckern selbst vor dem Einfahren der Frucht eingesammelt werden mußte. Ein Verzeichnis der zehntpflichtigen Ländereien aus dem Jahre 1420 befindet sich in dem noch vorhandenen Kirchherrnbuche[1]). Der Kirchenzehnte aus dem übrigen Kirchspiel fiel dem Lübecker Bischof und dem Domkapitel zu. Im Jahre 1150 übertrug nämlich Graf Adolf II. dem Bischof Vicelin zum Unterhalt der Kirchen die Hälfte der Zehnten in ganz Wagrien. Von dem ihm danach im Kirchspiel Oldesloe zustehenden Zehnten überwies sodann Bischof Gerold die Hälfte dem Domkapitel abgesehen von dem bereits dem Oldesloer Geistlichen übertragenen Zehnten von Oldesloe selbst.[2]) Aus dem Zehnten des Domkapitels wurde dann wieder der Zehnte von einigen Dörfern an oder in der Nähe der Trave abgesondert für den Propst allein *ex parte dignitatis sue*. Im Jahre 1263 waren es die Dörfer Sehmsdorf, Benstaven, Kneden und Poggensee. Der Zehnte wurde als Ackerzehnte erhoben wie in Oldesloe, vielleicht wegen der Bequemlichkeit des Transports auf dem Wasser.[3]) Aus demselben Grunde wohl war auch der dem Domkapitel verbleibende Zehnte in Fresenburg ein Ackerzehnte. Dort hatte der Bischof dem Domkapitel den ganzen Kirchenzehnten zugewiesen, der für den Fall der Ablösung durch einen Kornzehnten auf 14 Drömt Hafer geschätzt wurde.[4]) In den übrigen Dörfern des Kirchspiels wurde der Zehnte in Korn erhoben. Um das Jahr 1330 berechnete Bischof Heinrich den

---

[1]) Herausgegeben von Dr. F. Bangert in den Schriften des Vereins für schleswig-holsteinsche Kirchengeschichte. II. Reihe, II. Band, 1. Heft. Kiel 1901.
[2]) *Medietatem decime tocius parrochie in Tadeslo salua tamen iusticia sacerdotis.* U. B. d. Bist. L. I 6. Vgl. *ib.* I 4 u. 5.
[3]) U. B. d. Bist. L. I 160, 161.
[4]) *In vreseneburg soluitur decima agraria, sed quando redimitur pro XIII auene mesis computatur. Episcopus quandoque habuit terciam partem huius decime, sed ipse reliquit capitulo totam.* U. B. d. Bist. L. I 160 S. 156. Über die Übertragung des bischöflichen Anteils wird berichtet *ib.* I 163 S. 172.

ihm zustehenden Zehnten aus dem Kirchspiel Oldesloe auf 76 Drömt Roggen.¹)

Es fragt sich nun, wie der Zehnte zu gleichen Teilen zwischen dem Grafen und der Kirche verteilt sein mag. Eine Halbierung des Zehntenertrags fand sicherlich nicht statt. Es müssen deshalb die Grundstücke eingeteilt worden sein in solche, die Kirchenzehnten, und solche, die Grafenzehnten zu entrichten hatten. Das scheint auch durch das Oldesloer Zehntregister von 1420 bestätigt zu werden, das die, die Kirchenzehnten gaben, von denen, welche keinen gaben, absondert. Die letzteren müssen dem Grafen zehntpflichtig gewesen sein. Um etwa zehntfreibleibende Neubrüche kann es sich nicht handeln, da auch die Rodungen der Zehntpflicht unterworfen wurden. So mußten z. B. den Kirchenzehnten geben der Radekamp am St. Jürgenswalde vor dem Hamburger Tor und die Äcker Sweperode, Goldsmedesrot, Hannenrot und Küselsrot beim Kneden. Die Grafen haben aber schwerlich den Ackerzehnten erheben lassen, sondern sich mit der Stadt über eine jährlich zu zahlende Geldsumme geeinigt. Nach späteren Urkunden betrug die dem Grafen jährlich zu leistende sogenannte „Stadtpflicht" 100 Mark. Dies wird der ursprüngliche Grafenzehnte gewesen sein. Ob die Stadt diesen Betrag nun auch bloß von den der Kirche nicht zehntpflichtigen Ländereien erhoben oder in Vergessenheit des Ursprungs alle Bürger dazu herangezogen hat, entzieht sich der Beobachtung.

Die ursprünglichen Verhältnisse änderten sich mit der Zeit. Dadurch, daß der Ackerzehnte des in das Oldesloer Stadtfeld aufgenommenen Dorfes Kneden dem Oldesloer Kirchherrn zufiel, wurde der Zehnte des Lübecker Dompropstes gekürzt. Dieser scheint dann als Entschädigung den den Domherren zustehenden Ackerzehnten von Fresenburg beansprucht zu haben. Der gräfliche Zehnte der Dörfer Fresenburg und Sehmsdorf war ihm bereits vom Grafen Adolf IV. als Entschädigung für einen Verlust in der Abtei Reinfeld zugewiesen worden.²) Die Domherren aber wehrten sich. Im Jahre 1341 ließen sie ausdrücklich feststellen, daß der Fresenburger Ackerzehnte ihnen gebühre, und ihn für sich durch die gebräuchlichen Rechtsformen in Anspruch nehmen. Am 15. August, dem Tage Mariä Himmelfahrt jenes Jahres, versammelten sich frühmorgens in der Oldesloer Kirche hinter dem Hochaltar Hermann Westerbecke, Propst von Sankt Anschar in Bremen und Domherr zu Lübeck, der Knappe Johannes Steen, Besitzer von Fresenburg und Seefeld, der Oldesloer Kirchherr Hinricus, der Oldesloer Kaplan Lübbert von Oldenburg, der Oldesloer Einwohner Peter Peperkorn, Johannes Steens Sachwalter, Syfridus de Libra, ein Lübecker Kleriker, und der kaiserliche Notar Arnold von Dozeborg, genannt Scriver. In Gegenwart dieser Zeugen erklärte Johannes Steen auf Ersuchen des Domherrn Westerbecke, daß der Fresenburger Ackerzehnte den Lübecker Domherren gehöre und daß er sie dazu zulassen wolle, und bat den Kaplan Lübbert von Olden-

---
¹) U. B. d. Bist. L. I 609.
²) ib. I 332.

burg, dies von der Kanzel bekannt zu machen. Nach dem Gottesdienste versammelten sie sich dann im Pfarrhause, wo Steen seinen Sachwalter Peperkorn beauftragte, den Domherrn Westerbeke in den Besitz des Ackerzehnten einzuführen. Nachdem noch der Kaplan mitgeteilt hatte, daß er der Bitte Steens selbst entsprochen und der versammelten Gemeinde von der Kanzel herab verkündet habe, daß Johannes Steen frei und offen anerkannt hätte, daß der genannte Zehnte den Lübecker Domherren gehöre und daß diese ihn jedes Jahr einsammeln und genießen könnten, begab sich der Domherr mit dem Sachwalter, dem Notar und einigen anderen Zeugen kurz vor Mittag nach Fresenburg und nahm dort im Namen des Kapitels von dem Zehnten Besitz, indem er im Vorbeigehen die in Hocken aufgestellten Garben zählte, jede zehnte berührte und durch einen Baumzweig kennzeichnete, wie es Sitte war. Der Notar verfaßte dann über sämtliche Verhandlungen einen genauen Bericht.[1]) Aber das Kapitel scheint mit seinem Anspruche nicht durchgedrungen zu sein. Im Jahre 1426 bezog der Dompropst nach dem von Lünig veröffentlichten Zehntenverzeichnisse des Bischofs Johann Schele den Ackerzehnten aus den Dörfern Fresenburg, Poggensee, Schrapendorf, Sehmsdorf, Meddewade und Benstaven. Für das verlorengegangene Dorf Kneden waren also nicht nur Fresenburg, sondern auch noch Schrapendorf und Meddewade zu seinem Anteil hinzugekommen.

Seinen ursprünglichen halben Zehnten bezog der Bischof damals nur noch aus den Dörfern Havighorst, Wakendorf und Sühlen, aus anderen Dörfern sehr verschiedene Maße von Roggen, Hafer und Gerste, die teils nach Hufen, teils nach Pflügen berechnet wurden, aus Rümpel und Emekenhagen auch Hühner und Flachs. Die Bauern der beiden Rethwisch und der Dörfer Elersdorf und Wyersrode gaben keinen Zehnten als Untertanen Hermanns von Wyersrode aus dem Hause Tralau, sollten aber geben, die von Rohlfshagen, Neritz und Glinde keinen, von Glinde allerdings nur zum Teil, als Untertanen der Herren von Crummesse, welche Vasallen der Kirche waren. Zwei Männer von Glinde waren Bauern des Ritters Bloc und gaben 4 Scheffel Gerste und 4 Scheffel Hafer. Von Tralau, Nütschau und Schlamersdorf wird in dem Verzeichnisse bemerkt, daß die Herren dieser Dörfer verpflichtet wären, den Bischof zu befriedigen, wenn die Bauern den Zehnten nicht entrichteten.

Dadurch daß die Bischöfe Teile ihres Zehnten Geistlichen ihrer Diöcese zuwiesen oder an adelige Herren zu Lehen gaben und daß auch die Grafen mit ihrem Zehnten Pfründen ausstatteten und Herren belehnten oder die Zehnten verpfändeten,[2]) wurden die Zehntverhältnisse des Kirchspiels allmählich recht verwickelt, ja, verworren, was zu mancherlei Streitigkeiten führte. So wurde z. B. im Jahre 1294

---

[1]) Pauls R. u. U. IV 32.
[2]) Graf Johann verpfändete z. B. mit Zustimmung seines Bruders Gerhard im Jahre 1249 dem Bischof Albert und dem Cantor Gerhard von Lübeck u. a. die Zehnten von Nütschau und Tralau. U. B. d. Bist. L. I 104. Vgl. auch unten den Zehntenverkauf und die Zehntenverpfändung durch zwei Herren von Elersdorf.

durch Vermittelung des Grafen Adolf zu Zarpen ein Vergleich geschlossen zwischen dem Bischof Burghard und den Lübecker Domherren auf der einen und dem gräflichen Burgmanne Hasso von Lasbek auf der anderen Seite, in dem sich Hasso von Lasbek verpflichtete, dem Bischofe den Lehnseid zu leisten für den Zehnten der beiden Dörfer Poggensee und Rosendal, wegen dessen er lange exkommuniziert gewesen war, und an Stelle des Zehnten der bischöflichen Kirche jährlich 5 Drömt Roggen zu liefern. Der Zehnte der beiden Hufen, die von dem Dorfe Poggensee abgetrennt und dem Dorfe Schadehorn zugelegt seien, solle nicht besonders entrichtet, sondern in dieser Leistung einbegriffen sein. Dagegen verpflichtete sich der Bischof, auf die früher fälligen Leistungen zu verzichten und den Ritter von Lasbek vom Kirchenbanne zu befreien.[1])

Durch Vermächtnisse gelangte der Oldesloer Kirchherr allmählich in den Genuß zahlreicher Renten. Als Gegenleistung mußte er die Verpflichtung übernehmen, das Gedächtnis der Stifter zu begehen oder begehen zu lassen entweder durch Erwähnung von der Kanzel *(de ambone, van deme Predicstol)* an allen Sonntagen und Festtagen oder durch Abhaltung feierlicher Vigilien und Messen durch eine größere Anzahl von Priestern und Schülern einmal oder zweimal im Jahre je nach der Höhe der Stiftung. Die Vermächtnisse bestanden gewöhnlich in Geldrenten, jährlichen Naturallieferungen oder Grundstücken, selten in Kapitalien.

In dem ältesten Verzeichnisse von Memorieneinkünften der Oldesloer Kirche werden 19 derartige Vermächtnisse aufgezählt, 13 aus der Stadt, 2 aus Schlamersdorf, je eins aus Sehmsdorf, Blumendorf, Wolkenwehe und Neritz. Es sind in 9 Fällen Geldrenten aus Häusern und Grundstücken, in 3 Fällen jährliche Naturallieferungen, in 6 Fällen geschenkte Gärten und in einem zwei geschenkte Ackerstücke. Von den Gärten hat der Kirchherr einen, der vor dem Besttore liegt, selbst in Benutzung genommen.

Dazu kamen während der Amtsführung des Kirchherrn Hermann Dusekop 16 neue Memorienstiftungen, über die Dusekop ausführlich berichtet. Über drei hat er auch die Notariatsinstrumente in das Kirchenbuch eintragen lassen. Sie stammen aus dem Jahre 1374. Diese Stiftungen sind in 7 Fällen Renten aus Häusern und Grundstücken, in 2 Fällen Kapitalien, für die der Kirchherr Gärten kauft, in 4 Fällen Gärten und in je einem eine Wiese, ein vergoldeter Kelch, für den die Kirchengeschworenen dem Kirchherrn eine Rente kaufen müssen, und der Neubau der Wirtschaftsgebäude des Pfarrhofes. Unter den Renten sind zwei von Hufen im Dorfe Tralau, eine von einer Hufe in Nütschau und die andern von städtischen Grundstücken zu zahlen. Der Kirchherr Ono von Buchwald verzeichnet dann noch zwei solcher Vermächtnisse, ein von einer Frau in Neritz geschenktes Kapital, für das der Kirchherr eine Rente kaufen soll, und einen Kohlgarten, den ein Oldesloer schenkt.

---

[1]) U. B. d. Bist. L. I 323. S. auch *ib.* S. 295 Anm. 4 und Hasse III 770.

Die geschenkten Renten sind nach dem heutigen Geldwert gering, da sie sich zwischen 4 Schilling und 2 Mark lübisch bewegen. Auch scheinen die geschenkten Kapitalien von je 5 Mark, die je eine Rente von 8 Schillingen, d. i. 10 vom Hundert, einbrachten, unbedeutend. Da aber 8 Schillinge den durchschnittlichen Mietwert eines Gartens darstellten, kann der Wert dieser Beträge doch nicht geringfügig gewesen sein.

Nach den Aufzeichnungen des Kerkswarenboks stiftete der im Jahre 1454 verstorbene Lübecker Vikar Symon Stenborch zur Unterhaltung einer ewigen Lampe außer Renten im Gesamtbetrage von 7 Mark, die den Kirchengeschworenen im Jahre 1493 überantwortet wurden, 10 Schilling Rente zu seinem und seines Bruders Hartig Gedächtnis, von denen 6 Schilling dem Kirchherrn und 4 dem Küster zukommen sollen. Schließlich vermachte nach der Schenkungsurkunde im Kirchenarchiv im Jahre 1481 der Junker Bertram Stake die Einkünfte von Ländereien im Dorfe Blumendorf von 9 Mark jährlich zu Seelenmessen für sich und zum Gedächtnis seiner Eltern zur Hälfte den Priestern und zur anderen Hälfte den Kirchengeschworenen.

Andere Renten wurden für die Schaffung neuer Pfarrstellen gestiftet. Über die Stiftung von vier Vikarien an der Oldesloer Pfarrkirche und einer an der Kapelle zum heiligen Grabe sind urkundliche Nachrichten erhalten. Die Zahl der Vikare aber ist in den letzten beiden Jahrhunderten des Mittelalters viel größer gewesen.

Nach der Stiftungsurkunde von 1396[1]) stiftete ein Johann von Hummelsbüttel in Gemeinschaft mit dem Rate von Oldesloe eine Rente von 20 Mark aus dem Dorfe Blumendorf, die für 300 Mark von Volrad von Tralau gekauft war, zu einer ewigen Vikarie an der Sankt=Peters= Kirche in Oldesloe und eine Rente von 24 Schillingen von Oldesloer Ländereien zur Ausstattung des Altars der Vikarie mit Buch, Kelch, Ornamenten und sonstigem Zubehör. Das Patronat soll in der Familie Hummelsbüttel bleiben und nach dem Aussterben derselben auf den Rat von Oldesloe übergehen. Welcher Johann von Hummelsbüttel der Stifter war, wird aus der Urkunde, in der zwei Johann von Hummelsbüttel genannt werden, nicht recht klar.

Im Jahre 1422 stifteten die beiden Brüder Hermann und Joachim von Tralau eine beständige Vikarie an einem Altar auf der Südseite der Kirche *sub vocabulo sanctorum Georgi et decem millium virginum et sanctarum Gertrudis et Barbarae virginum* mit einer Rente von 20 Mark aus 2 Hufen bei dem Dorfe Wigersrode und verschiedenen Äckern in der Oldesloer Feldmark, wozu der Vikar Henricus Reineke noch eine für 125 Mark gekaufte Rente von 10 Mark aus dem Dorfe Lütteken Rümpnige und zwei für 80 Mark gekaufte Renten von zusammen 6 Mark aus dem Dorfe Menzendorf im Bistum Ratzeburg hinzufügen will. Von diesen Einkünften sollen 2 Mark jährlich abgegeben werden, 1 Mark an den Oldesloer Kirchherrn und 1 Mark an den Vikar der Oldesloer Kirche, zum Gedächtnis der Stifter und ihrer Freunde

---

[1]) U. S. II 445.

und Eltern. Die Vikarie soll zunächst dem Mitstifter Heinrich Reineke übertragen werden, und der Oldesloer Kirchherr soll zu dessen Lebzeiten das Patronatsrecht haben. Nach Reinekes Tod aber soll es den beiden Brüdern Tralau und ihren Erben zufallen und nach deren Aussterben dem Lübecker Bischof.[1]

Im Jahre 1426 wurde die Erasmi=Vikarie gestiftet[2]. Der Lübecker Domherr Albert Gutghemak vermachte in seinem Testamente eine Summe von 200 Mark zur Gründung einer neuen Vikarie an der Oldesloer Kirche und ernannte den Senior Heinrich Gerwer und den Lübecker Domherrn Markward Schütte zu Testamentsvollstreckern. Nach dem Tode Gutghemaks erhoben die Testamentsvollstrecker die 200 Mark und kauften dafür die Äcker, Wiesen und Gärten bei Oldesloe, die einst Frau Gese (Gheze) Koninghes und nach ihr Lüdeke Duderstadt besessen hatten, sowie einige Ländereien, die Lüdeke Duderstadt dazu gekauft hatte, nebst einer Reihe anderer Oldesloer Äcker und Gärten und außerdem 11 Renten im Gesamtbetrage von 6½ Mark in Häusern der Stadt. Es waren etwa 30 Äcker von je 6 bis 12 Scheffel Hafersaat ohne die Wiesen und Gärten. Die 200 Mark wurden beim Ankauf überschritten. Da aber das Leibgedinge der Frau Gese Koninges seinerzeit für 150 Mark an Lüdeke Duderstadt verkauft worden war und dieser für die vom Grafen Heinrich dazugekauften Äcker und Wiesen nur 40 Mark gegeben hatte, braucht die Überschreitung der 200 Mark gar nicht sehr erheblich gewesen zu sein. Die Duderstadtschen Ländereien waren wiederkäuflich erstanden worden, also eigentlich nur verpfändet und einlösbar; von den anderen Äckern und Gärten aber wurde in der Stiftungsurkunde bemerkt, daß sie nicht zurückgekauft werden könnten. Nachdem die Testamentsvollstrecker diese Dotation zusammengekauft und die Einkünfte derselben mehrere Jahre zu ihrem und ihrer Erben Nutzen verwandt hatten, legten sie dem Bischof ein genaues Verzeichnis der erworbenen Güter und Renten vor mit der Bitte um Bestätigung der Vikarie *sub vocabulo Sancti Erasmi*. Der Bischof vollzog dieselbe am 12. September 1426 und bestimmte, daß das Patronat der Stiftung für drei Generationen bei den Testamentsvollstreckern und ihren Erben bleiben solle und zwar so, daß zuerst Heinrich Gerwer oder einer seiner Erben Patron sein solle und nach dessen Tode Markward Schütte oder einer seiner Erben. Nach Ablauf der Zeit oder im Falle früheren Aussterbens der Erben solle das Patronat dem bischöflichen Hausvogt in Eutin zufallen. Dem Bestätigungsakte wohnten u. a. als Zeugen bei Johannes, Bruno und Christian Schütte, Kanoniker an der Kollegiatskirche in Eutin. Welche Beziehungen Stifter und Testamentsvollstrecker zu Oldesloe hatten, geht aus der Stiftungsurkunde nicht direkt hervor; aber es ist wohl anzunehmen, daß sie alle drei aus Oldesloe stammten oder in Oldesloe nahe Verwandte hatten.

Die Sunte Antonius=Vikarie wurde im Jahre 1451 oder bald nachher gestiftet. In diesem Jahre nämlich starb der Lübecker Priester

---

[1] Lünig, *Spic. eccl.* II 139.
[2] Lünig, *Spic. eccl.* II 415.

Markward Kistemaker und hinterließ in seinem Testamente die „Lo­singe" des Schipherenkampes in der Oldesloer Gemarkung, den er im Jahre 1426 von einem Sohne des verstorbenen Oldesloer Bürgers Cordt Schiphere gekauft, dann aber einem Heine Sod, Werkmeister an der Peterskirche in Lübeck, versetzt hatte, der Oldesloer Kirche. Der Kirchherr Ono von Buchwald legte die Einkünfte dieses Kampes zu einer neuen Vikarie, Sunte Antonius-Vikarie genannt, und der Priester Hinrich Grote, der den Acker eingelöst hatte, genoß die Einkünfte bis an seinen Tod. Im Jahre 1476 löste Ono von Bockwolde den Brief auf den Schipherenkamp von den Verwandten des verstorbenen Prie­sters Hinrich Grote[1]). Auch Kistemaker scheint ein Oldesloer gewesen zu sein. Der Familienname Kistemaker *(cistificus)* kommt in späteren Akten als Name von Oldesloer Bürgern vor.

Im Jahre 1514 wird Claus von Brockdorff als Mitstifter einer Vikarie in Oldesloe erwähnt[2]).

Die Stiftung einer Pfründe an der Kapelle zum heiligen Grabe wird in dem Abschnitt über diese Kapelle erörtert werden.

Auch die Beschaffung der Kirchengeräte erfolgte zum größten Teil durch Vermächtnisse. Ein Verzeichnis der Kirchenkleinodien, das im Jahre 1489 von den Kirchengeschworenen aufgestellt worden ist und dann weiter fortgeführt wurde, nennt fast bei jedem neu hinzu­kommenen Gegenstande den Schenker. Dieses Inventar[3]), das kultur­geschichtlich wertvoll ist, da aus dem Mittelalter nur sehr wenige In­ventare einfacher Pfarrkirchen erhalten sind, gibt eine genaue Aus­kunft über den Reichtum der Kirche an silbernen Kelchen, Marien­bildern, Kreuzen, Monstranzen und Kußtafeln, an Büchern, die zum Teil mit Silber beschlagen und an ihr Pult festgekettet sind, an Kronen, Spangen, Ketten, Broschen, Rosenkränzen und Korallenschnüren mit goldenen und silbernen Ringen, mit denen die Marienbilder geschmückt waren, an kostbaren Kirchengewändern, Altarbehängen, bestickten seidenen Kissen und Kirchenfahnen, an Messing- und Zinngerät wie Leuchtern, Wein- und Ölkrügen, Weihkesseln, Weihrauchgefäßen und Schellen und verschafft uns einen Einblick in das Gepränge des Gottes­dienstes in der vorreformatorischen Zeit.

Wie und von wem das Kirchenvermögen in der ersten Zeit nach der Gründung der Kirche verwaltet worden ist, entzieht sich unserer Kenntnis. Zu der Zeit, aus der die ersten Nachrichten über seine Ver­waltung stammen, wurde der Teil des Kirchenvermögens, aus dem die Geistlichen ihre Einkünfte bezogen, von den Geistlichen selbst ver­waltet, der Teil aber, der zur Bestreitung der sächlichen Bedürfnisse diente, von einem Laienkollegium, dessen Mitglieder jährlich neu zu wählen waren und auf Lateinisch *provisores* oder *iurati ecclesiae*, auf Niederdeutsch *kerkswaren* genannt wurden.

---

[1]) Copie im *Arch. Canc. germ. Reg. Hafn. sub rubro* Nhawisinge van deme Schipheren Kampe, wo de ahn de *vicarien* tho Oldeslo gekamen is.
[2]) Zeitschr. XI 345.
[3]) K. S. B. III, auch gesondert veröffentlicht im Programm des Oldesloer Real­progymnasiums von 1890.

Der Verwaltung des Kirchenvermögens waren die beiden Pergamentbücher des Kirchenarchivs gewidmet, die sich aus dem Mittelalter noch erhalten haben, das um 1350 begonnene, in dem die Kirchherrn ihre Einkünfte verzeichnet haben, und das im Jahre 1482 angelegte, in dem die Kirchengeschworenen über ihre Tätigkeit berichten. Das letztere führt den Titel „Kerkswarenbock". Das ältere, welches keinen Titel trägt, könnte dementsprechend „Kerkherenbock" genannt werden. Diese beiden Bücher aber geben uns nicht Auskunft über die Verwaltung des gesamten Kirchenvermögens, da ja auch Nebenaltäre und Kapellen mit Pfründen ausgestattet waren, die von ihren Inhabern, den Vikaren und Kaplanen, verwaltet wurden.

In das Kirchherrnbuch ist ein Erlaß des Bischofs Bertram vom Jahre 1376 eingetragen, in dem ein Erlaß des Bischofs Heinrich aus dem Jahre 1319 erneuert wird, der Bestimmungen über die Teilung gewisser Kircheneinkünfte zwischen den Geistlichen und den Kirchengeschworenen trifft. Nach ihnen sollen die für Seelenmessen und Memorien gestifteten Vermächtnisse den Geistlichen allein zufallen. Von den anderen Legaten sowie von den Opfern und Beden sollen sie nur den dritten Teil beziehen und zwei Drittel zum Besten des Gotteshauses verwandt werden. Zu den Kirchenkasten sollen daher sowohl die Kirchherren oder ihre Vertreter wie die Kirchengeschworenen einen Schlüssel haben. Als der Kirche einmal zur Zeit des Kirchherrn Hermann Dusekop ein vergoldeter Kelch zu einer Memorie gestiftet wurde, waren die Geschworenen nach dieser Bestimmung gehalten, dem Kirchherrn dafür eine Rente von jährlich 4 Schillingen zu kaufen. Später aber wurde auch anders verfügt, z. B. als im Jahre 1481 Bertram Stake, der Besitzer von Blumendorf, zu Seelenmessen eine Rente von 9 Mark zur Hälfte den Priestern, zur anderen Hälfte den Kirchengeschworenen vermachte. Er konnte diese Anordnung wohl treffen, weil die Hälfte allein schon zur Stiftung der Messen genügt hätte.

Von den Kirchengeschworenen der vorreformatorischen Zeit sind folgende Namen auf uns gekommen: 1483 Hasse Knoke, Marqwart Horstmann (gestorben 1485), Hans Tiges, Michael Kordes. Sie legen ein neues Rentenverzeichnis an. 1489 Hans Tiges, Titke Kronke, Make Ascheberch, Hermen Danghmers. Sie stellen ein Inventar der Kirchengeräte auf. 1493 Marqward Hauweschilt, Herder Herborch, Hermen Dagmers, Hans Boyer. 1499 Herder Herborch, Hans Wessel. 1510 Hans Wessel.

Eine kirchliche Gemeindevertretung neben den Geschworenen tritt erst in der nachreformatorischen Zeit zutage.

XIII. Kirchliche Wohltätigkeitsanstalten.

1. Das Sankt=Jürgens=Hospital.

Das dem heiligen Georg geweihte Hospital wurde außerhalb der Stadt wahrscheinlich auf einer ehemaligen Limesbefestigung angelegt (s. oben S. 15), bestand aus einem Siechenhause, einem Wirtschaftshofe und einer Kapelle und war mit zahlreichen Ländereien ausge=

stattet. Die Kapelle krönte die Spitze des Hügels, auf dem jetzt die Villa Victoria steht, und war mit einem Friedhofe umgeben, dessen Leichen zum Teil bei der Anlage des Villengartens ausgegraben worden sind. Das Siechenhaus lag daneben auf der jetzt Mährischer Berg genannten Anhöhe, der Meierhof am Fuße der Anhöhe wahrscheinlich da, wo der Glinder Weg von der Hamburger Straße abzweigt. Zwischen beiden lag ein zum Siechenhaus gehöriger Garten. Westlich schloß sich das Sankt-Jürgensholz an, ein sich bis zum Mölenbecker Redder[1]) hinziehender Wald, an den noch die Namen Radekamp, Brottenkoppeln (d. i. die berodeten Koppeln), Bickbüschen und Windbüschen erinnern[2]).

Da die alten Befestigungen wahrscheinlich in herrschaftlichem Besitz blieben, ist anzunehmen, daß der Grund und Boden für die Sankt-Jürgens-Stiftung vom Grafen hergegeben worden ist. Die Äcker aber müssen zum Teil von Bürgern geschenkt worden sein, da in dem Zehntregister von 1420 unter den zehntpflichtigen Äckern auch solche des Sankt-Jürgens-Hospitals genannt werden. Über die Gründungszeit ist nichts bekannt, doch muß die Stiftung schon vor 1289 vorhanden gewesen sein, da der Lübecker Bürger Godeke von Swineborch in seinem vor diesem Jahre verfaßten Testamente dem Hospitale in Oldesloe 5 Mark und *Sancto spiritui Odeslo* 10 Mark, und im Jahre 1289 der Lübecker Bürger Nikolaus Vrowedhe dem Oldesloer Hospitale allein 2 Mark vermacht hat[3]).

Im Jahre 1365 schenkten die beiden Brüder Johann und Hartwig von Hummelsbüttel, wie S. 41 erwähnt ist, der Sankt-Jürgens-Stiftung einen Hof vor dem Lübecker Tore, den sie von Heinrich von Tralau gekauft hatten[4]). Der Kirchherr Hermann Dusekop berichtet darüber, der Hof vor dem Lübecker Tore liege auf dem Pipenbrinke, sei mit 300 Mark lübisch bezahlt und habe 30 Mark sichere Einkünfte, die beiden Brüder Hummelsbüttel hätten ihn dem Sankt-Jürgenshof zur Unterhaltung der daselbst eingekauften Aussätzigen geschenkt, der Rat der Stadt und der Hofmeister seien gehalten, jedem dort bepfründeten Aussätzigen jährlich einen grauen Rock, tägliche Darreichungen von Speise und Trank und zwei Paar gute Schuhe zu geben, die umherziehenden Aussätzigen freundlich aufzunehmen, gut zu behandeln, eine Nacht zu beherbergen und ihnen dieselben Darreichungen zu geben wie den übrigen; der Rat sei dazu verpflichtet nach dem mit dem

---
[1]) Das über die Höhe ziehende Mölenbecker Redder hat selbstverständlich seinen Namen nicht von einer Mölenbeke, sondern einem Mölenback, einem Mühlenhügel. Auch der Sülzberg hieß früher Sülteback, der Gänsekamp Goseback. Es muß also dort einst eine Windmühle gestanden haben. Die halbe Hufe, auf dem Felde vor Blumendorf, die in mittelalterlichen Akten erwähnt wird, mag das Mühlenland gewesen sein.
[2]) Nach der Abholzung blieben einzelne Strecken als Brombeer- und Himbeergestrüpp liegen, woher die früheren Flurnamen Bromberg für den heutigen Timmerberg und *vallis rubetum*, d. i. Bromdal für das obere Berkulental.
[3]) U. B. d. St. L. 1 530 und 531.
[4]) Eine Abschrift der verloren gegangenen lateinischen Schenkungsurkunde nebst einer niederdeutschen Übersetzung befindet sich im Stadtarchiv als Nr. 1, gedruckt im Programm von 1878.

großen Siegel der Stadt besiegelten offenen Briefe, den Henneke von Hummelsbüttel in Händen habe. Der Hofmeister des genannten Hofes sei gehalten, dem Kirchherrn jährlich zwei Scheffel Roggen zu geben, wofür der Kirchherr den dort befindlichen Aussätzigen, so oft es nötig sei, die Beichte hören und das Sakrament reichen solle. Die Gewohnheit habe er von seinem Vorgänger so gehalten vorgefunden und überlasse sie seinem Nachfolger, so zu halten[1]). In der Schenkungsurkunde selbst werden weder die Aussätzigen erwähnt noch die den Insassen des Hospitals zu gewährenden Leistungen.

Andere Nachrichten über das Sankt-Jürgens-Stift aus der vorreformatorischen Zeit sind spärlich. In dem ältesten Oldesloer Memorienverzeichnis wird eine zum Gedächtnis von Johannes Schacht und seiner Frau gestiftete Rente aus Poppen Erbe in Blumendorf erwähnt, die von der Kirche an Sankt Jürgen überlassen wurde. Aus dem ältesten Zehntregister erfahren wir, daß im Jahre 1420 der Provisor des St.-Jürgens-Hofes Arnd Glinder hieß und daß das Stift in der Nähe der Beste, wahrscheinlich im jetzigen Hellgrunde, einen Fischteich besaß, und aus ihm und der Stiftungsurkunde der Erasmus-Vikarie, daß es im Bestetale vor der Insel eine eingezäunte Viehweide für die Kälber hatte. Die Flurnamen Fulenstegen, d. i. Fohlenpferch, und Stothagen lassen darauf schließen, daß sich dem Kälberhof eingezäunte Weiden für die Fohlen und die Stuten anschlossen. Die Viehzucht des Meierhofes kann danach nicht unbedeutend gewesen sein.

Über den inneren Betrieb gibt uns einige Nachricht ein bei den St.-Jürgens-Rechnungen erhaltenes Doppelblatt vom Jahre 1467. Auf ihm legte der damalige Rechnungsführer des St.-Jürgens-Stifts Titke Stamer dem Rate Rechnung ab über das Jahr 1466. Den Siechen hat er 28 Schilling für Schuhe gegeben und ihnen für 3 Schilling einen Faden Holz gekauft. Er hat das Meierhaus, die Scheune, die *aven-schur*, worunter wohl das Backhaus zu verstehen ist, das Siechenhaus und die Kapelle von den Einkünften in Bau und Besserung erhalten. Reth zum Decken hat er u. a. vom Müller zu Poggensee gekauft. Dem Hofmeister Clawes Sedeler hat er 39 Schilling ersetzt, die dieser für 3 Fuder Latten und 200 Schof und an Deckerlohn ausgegeben hatte, ihm 24 Schilling für weitere 300 Schof gegeben und 6 Schilling dafür, daß er zwei Fuder Hänge aus dem Holze holte, ferner 12 Schilling für Lehm zu fahren, für Wasser zu fahren und dafür, daß er ihn in den Kneden fuhr. Das St.-Jürgens-Stift besaß nämlich auch einen Teil des Knedens, der wohl zu dem Hofe auf dem Pipenbrink gehört hatte und noch im 18. Jahrhundert St.-Jürgensholz genannt wurde. Für 4 Fuder Latten hat Titke Stamer 12 Schilling Waldmiete *(wolthur)*, 6 Schilling Hauerlohn, 20 Schilling Fuhrlohn und 1 Schilling Trägerlohn gezahlt. Das Tragen besorgten wohl meistens die Siechen, soweit sie dazu imstande waren. So zahlte er ihnen einmal 1 Schilling dafür, *dat se van den ceben bomen de delen in de kerken bringhen wolden*. Ob der Hofmeister den Sie-

---

[1]) K. H. B. VI 2.

chen täglich Speise und Trank lieferte, ist leider aus dieser Rechnung nicht ersichtlich.

In dem Rentenverzeichnis von 1483 werden nur ein *wech na sünte Jürgen*, eine *twite na sünte Jürgen* und ein *sünte Jürgen stich* erwähnt.

2. Die Heilige=Geist=Stiftung.

Die Heilige=Geist=Stiftung war eine mit einer Kapelle verbundene Herberge, die zur Aufnahme armer Reisender dienen sollte und bei dem Mangel an anderen Gasthäusern im Mittelalter auch wohl von begüterten Reisenden aufgesucht wurde. Sie lag auf der Stadtinsel in dem Häuserblock, der von der Mühlenstraße und den drei Abteilungen der Heiligen=Geist=Straße umschlossen wird, und mag auf der Stelle eines aus der Wendenzeit stammenden herrschaftlichen Hofes entstanden sein. Ihre Gründung ist in Dunkel gehüllt. Wir wissen aus dem oben erwähnten Testamente des Lübecker Bürgers Godeke von Swineborch nur, daß sie schon vor 1289 bestand. Zur Zeit Hermann Dusekops hatte sie eine Kapelle mit einem Priester, der zugleich als „Dispensator" wirkte. Aus dem Zehnregister von 1420 erfahren wir, daß sie zehntpflichtige Ländereien vor dem Hamburger und vor dem Lübecker Tore besaß und vor dem Lübecker Tore auch einen Fischteich, der wahrscheinlich im Lockwischengrunde lag. Ausführliche Nachrichten über sie gibt uns erst die im Stadtarchiv aufbewahrte Urkunde König Christians I. vom Jahre 1461, in der eine von Herzog Adolf in Gemeinschaft mit dem Bischof Arnold von Lübeck und dem Oldesloer Kirchherrn Ono von Bockwolde aufgestellte Urkunde vom Jahre 1456 bestätigt wird[1]). In dieser wird beurkundet, daß der Lübecker Bürger Hans Bruns die durch Brand und anderen Schaden in Verfall geratene Stiftung auf seine Kosten habe baulich herrichten und mit Ornaten, Betten und anderem Hausrat versehen lassen und daß, um sie vor abermaligem Verfall zu bewahren, fünf Vorsteher die Aufsicht darüber führen sollen, nämlich zwei Lübecker Bürger, zwei Oldesloer Bürger und der Oldesloer Kirchherr. Ihnen soll der „Gastmeister" alle Jahre in Oldesloe Rechenschaft ablegen. Wenn einer von den vier bürgerlichen Vorstehern stirbt, sollen die drei anderen mit dem Kirchherrn einen neuen wählen nach Gutdünken der Herrschaft, die sich die Oberaufsicht vorbehält. Hans Bruns soll, solange er lebt, Obmann sein. Den Vorstehern soll es zustehen, den Gastmeister zu wählen und, wenn nötig, zu entlassen. Die Vorsteher sollen zwei Rechnungsbücher führen, von denen eins in den Händen der beiden Lübecker Vorsteher, das andere im Gasthause zu Oldesloe bleiben soll, und sie bei der Rechnungsablage miteinander vergleichen und in Übereinstimmung halten. Zugleich wird die Stiftung einer „Brüderschaft des heiligen Geistes" genehmigt, deren Mitgliedern der Bischof Ablaß und Vergebung ihrer Sünden besorgen will. Auch sollen zwei Priester angestellt werden, um die Kapelle mit Gottesdienst zu besorgen. Den einen soll der Kirchherr von Oldesloe, den andern die Brüderschaft des

---

[1]) Originalurkunde des Stadtarchivs Nr. 10, gedruckt im Programm von 1880.

heiligen Geistes einsetzen. Das Gasthaus soll eine Bedetafel haben dürfen, und was darauf geopfert wird, soll zum Bau der Kapelle und des Gasthauses und zum Nutzen der Armen verwandt werden. Was mit Unrecht von der Stiftung abgekommen ist, sollen die Vorsteher wieder einmahnen.

Hans Bruns war Goldschmied und einer der Selbstherren und Regenten der Oldesloer Saline. Der lebhafte Handel, den Lübecker über Oldesloe hinaus trieben, und ihre industriellen Unternehmungen am Orte, die gewiß häufig die Anwesenheit von Lübeckern in Oldesloe erforderten, machen es begreiflich, daß gerade Lübecker Bürger am Bestehen des Gasthauses zum heiligen Geiste ein großes Interesse hatten und auf seine Erhaltung bedacht waren. Im Jahre 1464 erweiterte Hans Bruns seine Stiftung noch durch folgende Bestimmung in seinem Testamente: *Alle de guder unde rentte, welke ik binnen Oldesloe hebbe in der stadt und up der sulte darsuluest, wil ick dat de alle scholen komen to deme gasthuse des hilgen geistes, dat ik tor ere godes darsuluest hebbe gebuwet, den armen elenden, de dar inne herbergen to trost unde to selicheit myner selen*[1]).

Im Jahre 1472 vermachte der Lübecker Hermann Evinghausen dem Gasthause zum heiligen Geist in Oldesloe für drei Jahre alle Jahre 100 Ellen Leinewand für die Betten[1]), und im Jahre 1476 bestimmte der Lübecker Thomas Scharbouw in seinem Testamente[1]): *Item to Oldesloe in dat gasthus ghenomet de hilige geist geue ik 20 mark lübsch den armen wandernden luden und pilgrimen dat gedrenke mede to kopende.*

Flüchtig erwähnt wird die Heilige-Geist-Stiftung noch im Rentenverzeichnis von 1483 durch die Angabe, daß Henningh Baggen Erbe und Haus zwischen Eggerd Engelcke und des heiligen Geistes Hause liege.

3. Die Gottesbuden.

Die Gottesbuden werden zuerst erwähnt auf einem verstümmelten Pergamentblatt, das lange als Umschlag für Armenrechnungen gedient hat und im Oldesloer Programm von 1889 veröffentlicht worden ist. Auf seiner Außenseite steht die Jahreszahl 1373 und darunter: „*Desset bock behort den godes boden vnde is dat privile . . . dar vpp.*" An einer anderen Stelle desselben ist dann noch zu lesen: „*Item op dem sunte mychigel alsem schreff xxxj da entfanck ick peter Dalhoff de rekenschop van den godes boden so vorlede ick jjj marck vor koken vnde vj Schilling.*" Da Peter Dalhoff von 1533 bis 1551 Bürgermeister von Oldesloe war, muß diese Notiz aus dem Jahre 1531 stammen. Dalhoff wird damals Armenvorsteher gewesen sein. Im Jahre 1464 vermachte der Lübecker Bürger Hartig Schottelkorff den armen Leuten in den Gottesbuden zu Oldesloe 8 Schilling[1]).

Weitere Nachrichten sind aus älterer Zeit über die Gottesbuden nicht erhalten. Da die genannten erst neuerdings bekannt geworden sind, konnte Seestern-Pauly (Milde Stiftungen 283) noch vermuten, sie

---

[1]) Zeitschr. XII 212.

seien erst in der ersten Hälfte des 17. Jahrhunderts von Emerentia Rantzau erbaut worden.

Nach einem Berichte des Oldesloer Magistrats an das Oberkonsistorium in Glückstadt vom 7. September 1826 standen die Gottesbuden, die armen Leuten unentgeltlich als Wohnung angewiesen wurden, in der Schulstraße, der jetzigen Kirchhofstraße. Es waren zwei Gebäude, zwischen denen ein überbauter Durchgang zum Kirchhof führte, und sie wurden zuletzt von acht armen Leuten bewohnt. Wegen Baufälligkeit und zur Erweiterung des Kirchhofes wurden sie auf Verfügung der Segeberger Kirchenvisitatoren vom 6. Januar 1827 zum Abbruch öffentlich verkauft.

XIV. Kapellen, Heiligenhäuschen, Wegekreuze und Bildstöcke.

Kritik der Mejerschen Grundrisse von Oldesloe. Die Kapelle zum heiligen Grabe. Ihre Lage. Stiftung einer Pfründe an ihr. Änderung der Stiftungsbedingungen. Weitere Kapellenpriester. Die Kapelle in Tralau. Die Kapelle in Havighorst. Ein tragbarer Altar. Die Marienklause bei der Schule. Wegekreuze. Ein Bildstock.

Auf dem Mejerschen Plane von Oldesloe in Danckwerths Landesbeschreibung, der angeblich Oldesloe im Jahre 1382 darstellt, sind außer der Peter-Pauls-Kirche noch 7 Kirchen oder Kapellen verzeichnet: Sankt Maria-Magdalena auf der Stelle des jetzigen Bürgerparks, Sankt Clemens und Sankt Martinus auf der Stadtinsel, Sankt Vithus in der Gegend der jetzigen Lübecker Straße, Sankt Johannes an der heutigen oberen Bahnhofsstraße, Sankt Michaelis etwa an der Stelle der heutigen Kurparkallee und Sankt Jürgen an seinem richtigen Platze. Von allen diesen angeblichen 7 Kirchen ist nur die St. Jürgens-Kapelle urkundlich beglaubigt. Es wäre nicht unmöglich, daß Oldesloe, welches im Mittelalter verhältnismäßig bedeutender war als in späteren Jahrhunderten, im 14. Jahrhundert bei der großen Zahl seiner Priester außer der Hauptkirche wirklich noch 7 Kapellen besaß. Aber es muß doch auffallen und uns gegen die Richtigkeit dieses Planes mißtrauisch machen, daß 6 von ihnen auch seit der Zeit des Hermann Dusekop, in der doch die kirchlichen Nachrichten reich zu fließen beginnen, keinerlei Erwähnung finden und verschwunden sein sollten, ohne die geringste Spur zu hinterlassen. Das Mißtrauen wird noch durch vieles andere verstärkt. Daß das Flußnetz gänzlich verzeichnet ist, mag nicht viel ins Gewicht fallen — diesen Fehler teilt der Plan mit der Karte der Ämter Trittau, Reinbeck, Tremsbüttel und Steinhorst vom Jahre 1649, in deren Ecke er angebracht ist — und daß ein Gewirr von winkeligen Gassen und kleinen Plätzen nicht nur die Stadtinsel und die Halbinsel zwischen Beste und Trave bis über St. Jürgen hinaus, sondern auch das Gelände vor dem Besttore und das auf dem linken Traveufer östlich vom Lübecker Tore ausfüllt, könnte den Verhältnissen vor der Zerstörung der Stadt im Jahre 1415 entsprochen haben. Aber so, wie es gezeichnet ist, kann es auf keinen Fall richtig sein. Auf dem rechten Besteufer sind Straßen, die etwa der Brunnenstraße und dem Bleichergang entsprechen, auf einem Gebiete eingetragen, das einen Komplex von Pfarrländereien bildete, das den Namen „'s Papen Krog" führte, woraus nach der Reformation, als die Bezeichnung Pape für den Geistlichen in Verruf gekommen war, „'s Apen Krog" und schließlich „Sappenkrug" gemacht worden ist[1]). Auf der Südseite der Kirche führt eine Straße von der Besttorstraße über das Gebiet des Pfarrhofs nach Westen, wo sich für eine solche gar nicht genügend Raum befindet, während auf der Nordseite der Kirche, wo wirklich eine Straße von der Hude zur Burg hinaufführte, die heutige Kirchhof=straße, der Raum bis zur Trave freigelassen ist. Die Burg, auf dem Plane Schlot genannt, ist nördlich von St. Jürgen angesetzt, während sie dicht bei der Kirche lag. Am meisten aber spricht gegen die Zu=verlässigkeit des Planes, daß er, während er 6 Kapellen verzeichnet, die sonst nirgends erwähnt werden, von den drei wirklich beglaubigten zwei, die Heilige=Geist=Kapelle und die Kapelle zum heiligen Grabe, gar nicht andeutet. Wir müssen daher wohl annehmen, daß der Plan das Phantasieprodukt eines Zeichners ist, der von diesen Kapellen nichts wußte, und von den auf ihm verzeichneten Kapellen nur St. Jürgen als beglaubigt gelten lassen[2]). Auch auf dem einigermaßen rich=tigen „Grundriß der Stadt Oldesloh" von 1642, der sich ebenfalls bei Danckwerth findet, sind sonderbarerweise wieder 4 der Phantasie=kirchen des Grundrisses von 1382 eingetragen. Auch ist die damals längst verschwundene Burg als Oldeschloth vermerkt, was der damali=gen Annahme von der Entstehung des Namens Oldesloe entspricht. Das Fehlen der Heiligen=Geist=Kapelle und der Kapelle zum heiligen Grabe ist hier begründet, da sie 1642 längst verschwunden waren. Da zwei Kapellen schon oben mit den betreffenden Stiftungen erörtert worden sind, erübrigt nur noch, die Nachrichten über die Kapelle zum heiligen Grabe zusammenzustellen.

Die Kapelle zum heiligen Grabe hat oberhalb der Entenkule ge=standen etwa an der Stelle des heutigen Gemeindehauses. In einer Randbemerkung des Kirchenbuches wird eine der Kirche eine Rente von 24 Schilling einbringende Koppel *antkule* oder *koppel apud sanc=tum sepulcrum* genannt, womit nur die Pastorenkoppel Entenkule am Sehmsdorfer Wege gemeint sein kann. Im Zehntregister von 1420 ist zu lesen: *Buten deme besten dore vor deme hillighen graue ligghen ij stucke de geuen de x hocken*, und in einer Eintragung des Kerks=warenbuches vom Jahre 1499 wird ein Hopfengarten erwähnt, der *vor dem besten dore oppe de luchteren hand na dem hilgen graue* liegt. Über die Gründung der Kapelle ist nichts bekannt. Die Gründung einer Pfarrstelle an ihr geschah nach einer Urkunde des Bischofs Johan=

---

[1]) Die Namen finden sich in den Rechnungsbüchern des Kirchenarchivs. Ein Krog (in Dithmarschen Krug) ist ein durch Zaun, Wall oder Graben eingefriedigtes Stück Weide oder Saatland. In der Oldesloer Gemarkung haben wir noch den Tiedemanns Krog im Brenner Moor.

[2]) Vergl. auch v. Schröder und Biernatzki, Topographie II die Anmerkungen auf den Seiten 247 und 255.

nes Schele im Jahre 1427[1]). Die Priester Tidericus Schermbeke und Johannes Stubbe stifteten je 7 Mark Renten und der Rat von Oldesloe zunächst eine Rente von 6 Mark, die er mit den in der Kapelle dargebrachten Opfern gekauft hat, und verspricht, mit den künftigen Opfern noch eine Rente von 14 Mark zu kaufen und damit die jährlichen Einkünfte des zu berufenden Geistlichen, des *Capellae Rector*, auf 34 Mark zu bringen. Dieser soll wöchentlich drei Messen lesen oder durch einen anderen lesen lassen und dem Oldesloer Kirchherrn in allem gehorsam sein. Die in der Kapelle auf den Altar oder in den Stock gelegten Opfer an Geld und anderen Dingen sollen nicht dem *Rector Capellae* zufließen, sondern zunächst zum Kauf der Rente von 14 Mark und dann zur Unterhaltung der Kapelle in Bau und Ausstattung verwandt werden. Das Präsentationsrecht soll zwischen dem Oldesloer Kirchherrn und dem ersten Bürgermeister von Oldesloe einerseits und dem bischöflichen Hausvogt in Eutin andererseits wechseln in der Weise, daß Kirchherr und Bürgermeister zunächst Johannes Stubbe präsentieren und nach dessen Abgange der Hausvogt eine geeignete Persönlichkeit. Wenn sich Kirchherr und Bürgermeister nicht einigen können und zwei Personen präsentieren, soll der Bischof entscheiden.

Als sich nach einigen Jahrzehnten die Einkünfte der Stelle nicht unerheblich verschlechtert hatten und die Kapelle einzustürzen drohte, verzichtete im Jahre 1451 Bischof Arnold von Lübeck für seinen Hausvogt auf das Präsentationsrecht[2]) und übertrug es dem Kirchherrn und dem ersten Bürgermeister von Oldesloe allein in der Erwartung, dadurch ihr Interesse für die Erhaltung der Kapelle zu heben.

Im Jahre 1454 war Vikar an der Kapelle Otto Stenborch, der Sohn des Bürgermeisters Hartig Stenborch. In dem Rentenverzeichnis von 1483 wird eine Kapelle *Stenveldes kapelle* genannt. Sie war durch einen wüsten Platz getrennt von Hans Boltzen „holthude." Da der Holzladeplatz des Salzpfannenbesitzers Hans Boltze vermutlich in der Nähe des Krahns und der Weinhude lag, scheint unter Steinfelds Kapelle die Kapelle des heiligen Grabes verstanden werden zu müssen. Steinfeld war vielleicht der Name des damaligen Kapellenpriesters.

Außer in Oldesloe gab es im Kirchspiel noch Kapellen in Tralau und in Havighorst. Die Tralauer Kapelle wird zuerst erwähnt in dem Memorienverzeichnis Hermann Dusekops, wo berichtet wird, daß der Knappe Markward Schacht eine Rente von 2 Mark aus einer Hufe im Dorfe Tralau gestiftet habe, für die der Kirchherr jeden Monat durch seinen Kapellan oder einen anderen Priester eine Messe in der Tralauer Kapelle lesen lassen solle. Da die Kapelle aber nun verfallen sei, habe Markwards Bruder Detlev neuerdings bestimmt, daß der Kirchherr jährlich am Dionysiustage und am Tage nach Epiphanias das Gedächtnis seiner Eltern Johannes und Alheyd und seiner Brüder Greuink, Hermann und Otto Schacht mit Vigilien und Messen in der Pfarrkirche zu Oldesloe so lange begehen möge, bis die Bauern von

---
[1]) Lünig, *Spic. eccl.* II 170.
[2]) *ib.* II 214.

Tralau die Kapelle wieder hergestellt hätten. Da die Kapelle zur Zeit Dusekops verfallen war, muß sie schon lange vorher bestanden haben. Man hat sie erst um 1870 eingehen lassen. Ihr Altarbild ist dem Altar der Oldesloer Pfarrkirche eingefügt worden.

Von dem ehemaligen Vorhandensein einer Kapelle in Havighorst erfahren wir nur durch eine Aufzeichnung des Bischofs Heinrich von Lübeck aus den Jahren 1329—1335, in der mitgeteilt wird, daß die Reinfelder Mönche 7 Mark bezahlt hätten für die Besorgung des geweihten Friedhofs und Altars in Havighorst, daß sie aber für die Besorgung des geweihten Friedhofs in Steinfeld noch zu zahlen hätten.[1]) Havighorst gehörte schon damals dem Kloster Reinfeld.

Zur Darreichung des heiligen Abendmahls in Dörfern, die nicht mit einer Kapelle versehen waren, und für die Krankenkommunion bediente man sich eines tragbaren Altars in Gestalt eines kleinen geweihten Steines, auf den der Kelch gestellt werden konnte. Diesen Altar führten die Priester mit sich, wenn sie zur geistlichen Versorgung der Kirchspielseingesessenen die Dörfer besuchten, was in der Regel zu Pferde geschah. Im Inventar von 1489 wird er bezeichnet als „j altarsten, dar me mede oppe de dorper rijth."

Den zahlreichen Kirchen und Kapellen der Mejerschen Grundrisse von Oldesloe, die oben als Phantasieprodukte bezeichnet wurden, könnte etwas Wahres zugrunde liegen, wenn der Zeichner eine Vorlage benutzt hätte, auf der die Lage von Heiligenhäuschen, kleinen Klausen, in denen man Heiligenbilder aufstellte, vermerkt gewesen wäre. Aber die einzige derartige Klause, die urkundlich beglaubigt ist, steht auf den Grundrissen nicht verzeichnet, nämlich eine Marienklause bei der Schule. Nach dem Kerkswarenbock wurde im Jahre 1501 ein Rosenkranz aus Korallen=, Bernstein= und Silberperlen gestiftet auf das Marienbild in der Klause bei der Schule, *vnde schal dar ewich to blyuen."*

Es war im Mittelalter hier zu Lande gerade so wie heute noch im katholischen Süden Sitte, an Wegen Kreuze und Bildstöcke aufzustellen, die in vielen Fällen an einen Unfall oder ein anderes an der Stelle geschehenes bemerkenswertes Ereignis erinnern sollten. Ein solches Kreuz ist z. B. das Ansverus=Kreuz bei Ratzeburg, das an der Stelle errichtet worden ist, wo um 1066 der Mönch Ansverus von den heidnischen Polaben gesteinigt wurde. In unserm Kirchspiel haben sich derartige Kreuze selbst nicht erhalten, doch wird durch Erwähnungen und Flurnamen ihr ehemaliges Vorhandensein bezeugt. In dem Zehntregister von 1420 wird die jetzige Segeberger Straße der „wech to den dren crücen" genannt und vor dem Kneden ein Feld, „dat by brukers crüce beleghen is," erwähnt. Außerdem nennt das Landregister eine Koppel Heiligenkreuz. Die hoch gelegene Stelle der Segeberger Landstraße, wo der Weg nach dem Bökenkampe abzweigt, heißt auf der Flurkarte noch jetzt „Opn Krütz." Dort werden die drei Kreuze gestanden haben. Da es ihrer drei waren, ist anzunehmen, daß die Höhe als Kalvarienberg diente.

---

[1]) U. B. d. Bist. L. I 609.

Ein einen grauen Mönch darstellender Bildstock war höchstwahrscheinlich an der Stelle der alten Lübecker Heerstraße aufgestellt, an der noch der Flurname Grauenmönk haftet, der auf der Gemeindeflurkarte leider zu Graumünd entstellt ist. Ob der Flurname Hilgenkamp, den das sich östlich daran schließende Feld trägt, und der Name des ehemaligen Waldes Hilgenholt, dessen Lage südöstlich von Grauenmönk die dortigen Brottenkoppeln anzeigen, solchen Heiligenbildern oder altem heidnischen Kultus ihren Ursprung verdanken, muß dahingestellt bleiben.

XV. Die Friedhöfe.
Der Oldesloer Friedhof.

Ursprünglich wird der Friedhof um die Oldesloer Pfarrkirche der einzige Begräbnisplatz des Kirchspiels gewesen sein. Da er aber an sich schon klein ist und durch Häuser, die in ihn hineingebaut wurden, noch mehr eingeengt wurde, mußte sich mit der Zunahme der Bevölkerung die Anlage weiterer Begräbnisplätze nötig machen. Auch mußte die große Entfernung vieler Außengemeinden von der Pfarrkirche es in Anbetracht der damaligen schlechten Wege wünschenswert erscheinen lassen, bei den Dörfern selbst Friedhöfe anzulegen. Die Schulstraße, die jetzt Kirchhofstraße heißt, war im Mittelalter nicht bloß auf der Traveseite, sondern auch auf der Kirchhofseite bebaut. Wir haben schon gesehen, daß hier die Gottesbuden standen. In dem Memorienverzeichnisse Dusekops werden zwei *domus iuxta cymeterium* genannt. Der Priester Dietrich Schermbeke wohnte in *domo cimeterio contigua*, desgleichen der Vikar Otto Stenborch. Im Jahre 1545 verkauften die Kirchengeschworenen „dat verfallene huß negest pogwischen huß by deme kerkhaue, welcker de Erbar jochim brocktorp der kerken gegeuen hefft." Ein anderes Haus „am kerckhaffe bi pauwisch" wird 1564 erwähnt und um dieselbe Zeit ein von dem verstorbenen Johann Swin gekauftes Haus des Moriz Ranzau „belegen an dem kerckhaffe vp der luchteren hant, so man na dem kerckhoffe hennop geit." Im 15. Jahrhundert sehen wir also am Kirchhof Priesterhäuser, im 16. aber Häuser von Adeligen. Vielleicht hatten diese nach dem Eingehen der vielen Vikariate infolge der Reformation die Priesterhäuser als Absteigequartiere erworben.

Weitere Kirchhöfe wurden angelegt bei der Kapelle von St. Jürgen und den Kapellen in Tralau und Havighorst. Die Dörfer Benstaven, Pölitz und Lasbek scheinen Kirchhöfe ohne Kapellen gehabt zu haben. Von der Einweihung eines Kirchhofes in Benstaven berichtet eine Aufzeichnung des Bischofs Heinrich von Lübeck aus der Zeit von 1329 bis 1335,[1]) und von ehemaligen Friedhöfen in Pölitz und Lasbek zeugten der in beiden Dorfgemarkungen vorkommende Flurname „Kark-

---

[1]) *Dominus Rusche de wesenbarghe miles soluit nobis de procuratione cimiterii consecrati in Benstowen et Bertislau XXIX solidos et XXVI solidos.* U. B. d. Bist. L. 1 609.

hof". In Pölitz könnte der Name aber auch dem Urnenfriedhof sein Dasein verdanken, dessen ausgegrabenes Gebiet von der Karkhoff genannten Koppel nur durch die Straße nach Barkhorst getrennt ist.

XVI. Das Schulwesen.

In den Aufzeichnungen Hermann Dusekops wird dreimal erwähnt, daß bei gewissen Vigilien und Messen zum Gedächtnis Verstorbener der *rector scolarium* und der *custos ecclesiae* mit ihren Schülern mitzuwirken haben, der *rector scolarium* zweimal mit 8, einmal mit 12 Schülern, der *custos* immer nur mit einem seiner Schüler, daß der *rector scolarium* für sich und 8 Schüler jedesmal einen Schilling, für sich und 12 Schüler aber 18 Pfennig erhalten solle, und daß der *custos ecclesie*, wenn er Priester sei, wie die anderen Priester jedesmal sechs Pfennig, sonst aber nur vier Pfennig und sein Schüler stets zwei Pfennig bekommen sollen.

Die damalige Schule hatte also mindestens zwei Lehrer, den *rector scolarium*, der immer ein Priester war, und den *custos ecclesiae*, der auch Priester sein konnte, aber nicht zu sein brauchte. Wir sehen sie ganz im Dienste der Kirche stehen, und sie hatte wahrscheinlich nur den Zweck, Sänger und Chorknaben für den Kirchendienst heranzubilden. Ein Schulgebäude finden wir erst in der Eintragung in das Kerkswarenbock von 1501 erwähnt, es lag bereits damals in der Kirchhofstraße, die nach ihr lange Zeit Schulstraße geheißen hat.

Ob im Mittelalter auch schon auf dem Lande Schulen ins Leben gerufen worden sind, ist nicht festzustellen. Es mögen wohl in den mit Kapellen versehenen Dörfern die Küster der Kapellen ebenfalls Schüler für den Kapellendienst herangebildet haben, da sonst zu den Messen, die in diesen Kapellen zu lesen waren, Schüler von Oldesloe hätten mitgebracht werden müssen. Aber Nachrichten darüber sind nicht erhalten. Der Gedanke, Schulen ins Leben zu rufen, um die Kinder eine allgemeine Bildung oder auch nur nützliche Kenntnisse fürs Leben erwerben zu lassen, lag der damaligen Zeit noch fern.

XVII. Geistliche Brüderschaften.

Das Vereinswesen, das heute im öffentlichen Leben eine so große Rolle spielt, blühte schon im Mittelalter in zahlreichen Gilden und Brüderschaften verschiedener Art. Unter ihnen sind der vorreformatorischen Zeit die geistlichen Brüderschaften eigentümlich, die ihre Bestrebungen in den Dienst der Kirche stellten und unter ihrem Schutze Geselligkeit pflegten. Auch in Oldesloe hat es solche gegeben. Leider aber sind von keiner die Vereinsakten erhalten, die uns über ihre Mitglieder, ihre Zwecke und ihre Tätigkeit unterrichten könnten. Aus dürftigen Nachrichten erfahren wir nur, daß Herzog Adolf im Jahre 1456 die Erlaubnis zur Stiftung einer B r ü d e r s c h a f t d e s h e i l i g e n G e i s t e s gab (s. oben S. 82), um die Erhaltung des Gasthauses zum heiligen Geist zu fördern, und daß hier auch eine H e i l i g e = L e i c h n a m s = B r ü d e r s c h a f t bestand. Der letzteren wurde im Jahre 1454 in dem Testamente des Herrn Symon Stenborch eine **Rente zur Anschaffung** von **Lichtern** vermacht.[1]) Als die Brüderschaft in der Reformationszeit eingegangen war, wurde ihr Vermögen vom Rat der Kirche übergeben. Im Jahre 1533 war die Gesellschaft noch nicht aufgelöst, wenigstens war noch ein Vorstand derselben vorhanden; denn in einer Urkunde aus diesem Jahre heißt es: *Ock noch eine stede dar negest by, dar hefft hilgen lichams lehn jn der kerken to Odeslo viij schillinck rente, de ock schal van den luden, de der suluen stede vnd wes dar to belegen gebruken, den vorstenderen des hilgen lichams gegulden op bestemmede tydt vnd entrichtet werden.*[2]) Eine Eintragung in das Kerkswarenbock von 1564 aber lautet: *Noch heft ein Erbar Radt der kerken offer geffenn, dat vortiden des heilligen lichams broderschap plech to borrenn*[3]).

XVIII. Mönche in Oldesloe.

Grundbesitz des Klosters Reinfeld im Kirchspiel Oldesloe. Verweisung von Dominikanern und Franziskanern aus der Oldesloer Kirche. Gescheiterte Klostergründung in Oldesloe. Schlichtung eines Streites über die aufgegebenen Klostergrundstücke.

Das Cistercienser-Kloster Reinfeld soll seit seiner Gründung im Jahre 1189 einen Hof, eine *curia*, in Oldesloe besessen haben.[4]) Doch wird die Echtheit der Urkunde, die diese Nachricht enthält, angezweifelt. Nach Michelsens Kirchengeschichte III S. 150 besaß das Kloster Reinfeld allerdings noch nach der Reformation ein Haus in Oldesloe, das bei Aufhebung des Klosters dem Amte Segeberg zugeteilt wurde. In Oldesloer Urkunden habe ich keine Spur davon gefunden, es sei denn die Nachricht in der Urkunde Nr. 11 des Stadtarchivs, daß sich im Jahre 1463 der Forstbeamte des Klosters, der „*woltmester der monneke,*" der Auszahlung einer Summe von 30 Mark, die Lauenburger Bürger in Oldesloe zu fordern hatten, widersetzte, „*nach dem de monneke effte ere Amptlude an den degedingen nicht syn ghewesen.*" Sicher ist, daß das Kloster Reinfeld im Laufe der Zeit reichen Grundbesitz im Kirchspiel erworben hat, die Mühle in Nütschau 1343,[5]) eine Hufe und die Mühle in Neritz 1345[6]), 1330 besaß es das Dorf Havighorst, 1327[7]) Benstaven und Meddewade, 1426 die Dörfer Krumbek, Wolkenwehe und die Hälfte von Seefeld[8]). Wegen dieser Besitzungen des Klosters gehörte der Abt von Reinfeld noch nach der Reformation wie die Kirchspielsjunker der Oldesloer Kirchenvertretung an, und noch im Jahre 1564 sehen wir den Abt Jochimus persönlich in ihr

---

[1]) K. S. B. IV S. 24 Z. 26.
[2]) Urk. des Stadtarchivs Nr. 24.
[3]) K. S. B. XXVIII S. 64 Z. 6 ff.
[4]) Hasse I 165.
[5]) U. S. II 96.
[6]) *ib.* 105.
[7]) Hasse III 632.
[8]) Im Jahre 1327 hatte Graf Johann das Dorf Krumbeck vom Kloster schon einmal eingetauscht. Hasse III 607.

erscheinen. Eine geistliche Tätigkeit aber haben darum die Reinfelder Mönche im hiesigen Kirchspiel kaum entfaltet. Wohl aber versuchten das mehrmals Mitglieder der Bettelorden. Die beamtete Geistlichkeit sah derartige Angriffe in ihre Befugnisse natürlich nicht gern und suchte sie darum möglichst zu verhindern. Ihrem Widerstand ist es daher wohl zu verdanken, daß es in unserem Kirchspiel zu keiner dauernden Ordensniederlassung gekommen ist. Als im Jahre 1299 einige Predigermönche und Minoriten aus Lübeck in das hiesige Gotteshaus eindrangen, wurden sie, wie bereits S. 53 und 70 erwähnt, auf Anordnung des Bischofs Burchard vom Oldesloer *plebanus* Johannes hinausgewiesen. Derselbe Vorgang spielte sich um jene Zeit auch in den Kirchen von Segeberg, Mölln, Eutin, Gadebusch und Schwerin ab.[1]

Im Jahre 1469 hatten Franziskanermönche aus Celle[2] von König Christian I. die Erlaubnis erhalten, sich auf einem Berge vor Oldesloe anzubauen. Im folgenden Jahre bestimmte der Lübecker Bürger Lütke Lange in seinem Testamente: *Jtem hefft dat Closter to Oldesloe enen vortgang, so geue ik dar 100 mark to, hefft id nenen vortgank, so sal men id geuen in de er gades.*[3]) Die Gründung des Klosters sollte aber keinen Fortgang haben. Als sich die Mönche in der Stadt selbst hinter dem Rathause auf beiden Seiten der Trave ankauften und dort begannen, ein Kloster zu bauen, legte der Oldesloer Kirchherr dagegen beim Bischof Beschwerde ein, dieser verbot den Mönchen den Bau und tat sie in den Bann. Als aber trotzdem die Oldesloer Einwohner in der Klosterkirche Messe hörten, belegte er die Stadt mit dem Interdikt, und die Mönche wurden gezwungen, sie zu verlassen.[4]

Da die Stadt den Mönchen gewisse Vergünstigungen gewährt hatte, entstanden nach ihrem Abzuge wegen der Lasten und Rechte der Grundstücke, auf denen die Mönche den Klosterbau begonnen hatten, Streitigkeiten zwischen ihrem nunmehrigen Eigentümer Johann Stake, dem Besitzer von Fresenburg, und der Stadt, die im Jahre 1489 durch ein Schiedsgericht geschlichtet wurden. Am 2. Oktober dieses Jahres versammelten sich in dem Hause des Bürgers Hans Switzel zu Oldesloe der Bischof Albrecht von Lübeck und die „Gudemannen" Johann von Buchwald, Ritter und Amtmann zu Segeberg, Heinrich Ranzau, Hauptmann zur Steinburg, Claus Ratlau, Amtmann zu Trittau, Luder Heest zu Rethwisch und Detlef von Buchwald zu Borstel und schlichteten den Streit folgendermaßen: Johann Stake soll dem Rate zu Oldesloe jährlich zu Ostern 8 ß von der Hofstelle hinter dem Rathause und 4 ß von dem Baumgarten auf dem Kampe (dem heutigen Bürgerpark) geben, wie sie von altersher dem Rate davon entrichtet worden sind; die Zahlung der noch ausstehenden Rente der letzten Jahre aber soll ihm erlassen sein. Außerdem soll er die andere Hof-

---

[1] U. B. d. Bist. L. 1 360.
[2] „*fratres minores de observantia*". Krantz, Vand. L. XIII c. 3.
[3] Zeitschr. XII 212.
[4] v. Schröder und Biernatzki, Topographie II 255 f. Haupt, Bau- und Kunstdenkmäler II 537 f. Kuß, Bettelklöster 568. Fincke, Klöster 188. Jensen und Michelsen, Kirchengeschichte II 131.

stelle, auf der Frau Margarete Ranzau zu wohnen pflegte, behalten, wie Frau Margarete sie vordem besaß, quitt und frei.¹) Das Stück „Meneland" aber und die Freiheit, die dem Hofe zugelegt wurden, als die Mönche darauf bauen wollten, sollen der Rat und die „Meinheit" wieder haben, so wie das Land in Gegenwart des Herrn Bischofs und der „Gudemannen" abgesteckt wurde, und das Land soll zu ewigen Zeiten der Bürger „Gemene" bleiben unbebaut. Außerdem haben der Rat und die Bürger von Oldesloe vergönnt, daß Johann Stake von seinem Hause und Hofe, solange er lebt, weder Schoß noch Wacht geben und von aller „unplicht" (außerordentlichen Abgaben) und Bürgerschuld frei sein soll. Wer aber nach seinem Tode das Haus und den Hof besitzen will, soll davon leisten, was Bürgerrecht ist, es sei denn, daß er die Befreiung mit des Rates Bewilligung haben könnte.²)

XIX. Der Kirchspielsadel.

von Tralau. von Nütschau. von Fresenburg. von Schlamersdorf. von Sühlen. von Seefeld. von Poggensee. von Elersdorf. von Lasbek. von Hummelsbüttel. Wilstermann. Schacht. van dem Damme. Stake. von Brockdorff. Steen. von Ascheberg. Pogwisch. Walsdorp. von Buchwald. Ratlow. von Heest. von Wensin. von Segeberg. von Strahlendorf. von Rönnau. Ranzau. von Crumesse. Block. Kule. von Schack. von Hadeln. von Hagen. Platen. Einfluß des Rittertums.

1. Die bodenständigen Familien.

Unter dem Adel des Kirchspiels haben wir die alteingesessenen Adelsfamilien, die sich nach Orten im Kirchspiel genannt haben, von denen zu unterscheiden, die später zugezogen sind oder sich wenigstens an ihren Namen nicht als alteingesessene erkennen lassen. Unter den ersteren nimmt die Familie von Tralau, die sich auch von Odeslo und von Wigersrode genannt hat, den ersten Platz ein. Sie ist bereits in dem Abschnitt über die Vögte S. 38 bis 41 vorgeführt worden. (Siegel des Mittelalters, Heft VI S. 128 und 129.)

Eine Adelsfamilie von Nütschau ist in den bekannt gewordenen Urkunden nur durch eine Person vertreten, den Ritter *Heinricus de Nuzcekowe (Nutzekowe)*, der als Zeuge in zwei zu Segeberg ausgestellten Grafenurkunden von 1271 und 1274 genannt wird.³)

Zwei Herren von Fresenburg, *Her Otto van Vresenborch* und *Ni(colaus) de Vresenborch*, werden als Zeugen erwähnt in einer

---

¹) Wo diese andere Hofstelle lag, wird nicht gesagt; wahrscheinlich aber lag sie dicht neben der anderen. Da sie ein fertiges Wohnhaus hatte, wird es die Stelle gewesen sein, auf welcher die Mönche während des Klosterbaues einen provisorischen Klosterbetrieb eingerichtet hatten. Später waren beide Stellen zu einem Hofe vereinigt, den nach den Staken erst die Pogwisch auf Fresenburg und dann die Brockdorf auf Tralau besaßen.
²) Pergament-Urkunde des Stadtarchivs Nr. 17. Von den 6 angehängten Siegeln ist nur das des Bischofs erhalten. Es ist die erste in Oldesloe geschriebene Urkunde, in der die Schreibung „Oldeslo" mit l in der ersten Silbe auftaucht. Aber sie ist gewiß nicht von einem Oldesloer geschrieben worden.
³) B. U. d. St. L. I 327 und 352. Hasse II 427 und 478.

vom Grafen Johann in Oldesloe ausgestellten Urkunde vom Jahre 1322.[1]) Ob auch der *Hasseke Vresenborch,* für den eine Telse Papen um 1374 die Memorie in der Oldesloer Kirche stiftete, dem Adel angehörte, läßt sich aus dem Namen allein nicht feststellen.

Die Herren v o n S c h l a m e r s d o rʹf sind im hiesigen Kirchspiel nachweisbar von der Mitte des 13. bis ins 15. Jahrhundert. Die Reihe wird eröffnet durch einen Ritter *Eggo (Egge, Eghe, Ecko, Eceke) de Slamerstorp,* der zuerst im Jahre 1261 in einer Urkunde als Zeuge auftritt.[2]) Nach dem ältesten Memorienverzeichnis der Kirche wurde für den Ritter *Eghe* eine Memorie gestiftet durch jährliche Lieferung von 6 Scheffel Hafer aus der Schlamersdorfer Mühle und im Erbe eines *Götrik de Slamerstorpe* eine Memorie für *Hinricus Lasbeke* und dessen Frau. Die Familie war aber auch außerhalb des Kirchspiels begütert. Im Jahre 1262 verkauften die Brüder *Nicolaus, Hartwicus* und *Marquardus de Slamerstorp* den Zehnten von Hoisbüttel *(Hoyersbutle)* an den Hamburger Domherrn *Eggehardus*[3]) und im Jahre 1347 die Brüder *Hartwicus, Otto, Hermannus* und *Volradus de Schammerstorpe,* Knappen, das Dorf Bühnsdorf *(Buenstorp)* mit der ganzen dazu gehörigen Wüstenei *(Wösteny)* für 900 Mark Lübsch an Detlev von Wensyn.[4]) Herren von Schlamersdorf nahmen lebhaft teil an den Fehden des 13. und 14. Jahrhunderts. Wir sehen sie sowohl im Bunde der Ritter gegen die Grafen wie als Mannen der Grafen gegen Lübeck kämpfen. Als einst die Leute des Grafen Heinrich einen Lübecker Ratsdiener gefangen genommen hatten, ließ der Rat den Otto von Schlamersdorf und vier andere Mannen des Grafen nebst einem ihrer Knechte festnehmen. Erst nach einem Vergleiche des Grafen mit der Stadt im Juni 1347 wurden sie aus der Haft entlassen.[5]) Ein anderer Otto Schlamerstorp, Knappe, kommt noch 1413 als Zeuge vor.[6]) — Außerhalb des Kirchspiels blühte das Geschlecht noch weiter. 1406 bis 1421 war ein Johannes Slamerstorp Erzbischof von Bremen.[7]) (Siegel des Volrad von Schlamersdorf: Siegel des Mittelalters Heft 5 p. 125.)

Über die Familie v o n S ü h l e n sind schon S. 47 f. einige Nachrichten gegeben. Die ersten im 13. Jahrhundert auftauchenden Herren *de Zulen* und *de Zule* sind holsteinische Vasallen. Dann finden wir unter den lauenburgischen Vasallen und später auch unter den mecklenburgischen eine große Anzahl Herren dieses Namens in Steinhorst, *Petseke* (Marienwohld), Niendorf, Gudow, Walksfelde, Below, Borstorf, Göldenitz, Kamin, Nienkerken, Wotersen, Boizenburg, Röggelin, Marsow und Dömitz. Sie entfernen sich also immer weiter von dem Orte ihres Ursprungs. Zum Teil nennen sie sich nach ihren Gütern auch von Steinhorst, *van Borckstorp* und *de Borchardestorpe,* von

---

[1]) U. S. II 48; Hasse III 468.
[2]) Hasse II 223.
[3]) Hamb. U. B. I 664; Hasse II 246.
[4]) Pauls IV 266.
[5]) U. B. d. St. L. II 881.
[6]) *ib.* V 477.
[7]) Lappenberg. *Presb. Brem.* S. 33.

Kampe, von Gudow, *van der Nyenkerken*. (Siegel des M. A. Heft 6 p. 130, 131 und 134, Heft 7 p. 134 Nr. 26 und 27.)

Ein Marcus v o n S e e f e l d soll nach v. Schröder und Biernatzki im Jahre 1328 vorkommen. Ich habe den Namen nicht gefunden.

Ein Herr v o n P o g g e n s e e, *Dominus Harwicus de Phocgense, Hardwicus de Poggense* kommt als Bürge und Zeuge vor in Urkunden von 1253 und 1259.[1])

Ein *Herderus d e E l e r s t o r p e* wird als Zeuge genannt in einer Rendsburger Urkunde von 1334. Der Knappe Heinrich von Elersdorf *(Hinricus Elstorpe famulus)* verkaufte um dieselbe Zeit seinen Zehnten in Rethwisch an eine Ritterwitwe Gisela, die ihn dann an die Hamburger Bürger Nicolaus und Bernhard Grund verpfändete, und der Knappe Willeke von Elersdorf *(Willekinus Elstorp famulus)* verpfändete im Jahre 1335 denselben Hamburger Bürgern und ihrem Mitbürger Gerhard Westfal seinen kleinen und großen Zehnten in Rethwisch von 7 Ackerstücken mit der Hälfte des Landes für 16 Mark Hamburgischer Pfennige wiederkäuflich nach drei Jahren[2]).

Die Herren v o n L a s b e k lassen sich vom 13. bis ins 15. Jahrhundert verfolgen. Die Hauptlinie war begütert in Lasbek und Sprenge, Havighorst, Schadehorn, Rosendal und Poggensee. Die Mitglieder einer anderen Linie sind lauenburgische Vasallen und zeigen sich begütert in Wohldorf im Sachsenwalde, in Escheburg und in Billwärder. Für einen Hinricus Lasbeke und seine Frau ist vor 1374 eine Memorie in der Oldesloer Kirche gestiftet worden mit einer Rente im Erbe des Götrik von Schlamersdorf. Es war wahrscheinlich der Knappe *Henricus de Lasbeke,* der sich im Jahre 1329 mit mehreren anderen Edelleuten dem Hamburger Kapitel für 3 Mark Rente aus einer Hufe in Sprenge verbürgte, die der Ortsvorsteher von Sprenge *(magister ciuium in uilla sprenghe)* zu haben pflegte, im Jahre 1331 auf jeden Anspruch auf das Dorf Havighorst verzichtete, das im Jahr 1327 ein Herr von Rönnau dem Kloster Reinfeld verkauft hatte,[3]) und als Besitzer des Dorfes Schadehorn sich im Jahre 1345 mit dem Abt und dem Konvent des Klosters Reinfeld als nunmehrigen Besitzern von Havighorst über die Grenzen zwischen den beiden Dörfern einigt.[4]) Zwei Herren von Lasbek waren lübeckische Vögte, Hinrik Lasbeke, anders geheißen Kakebille, erwähnt 1390, 94 und 95, *Henning Lasbeke alias dictus Nipperney,* welcher sich als Reiterführer bei Gelegenheit des Oldesloer Friedenskongresses im Jahre 1389 auszeichnete (s. unten S. 110) und im Jahre 1410 starb. Der letztere muß ein unbestechlicher Herr gewesen sein, der nie ein Auge zudrückte, oder ein eifriger Herr, der nimmer ruhte; denn *nippen* bedeutet „ein Auge zudrücken" und „der Ruhe pflegen" und *ney* „nie." Kakebille aber scheint nichts weniger

---
[1]) U. B. d. St. L. I 200 und 244.
[2]) Hasse III 838, 878 und 881.
[3]) Hasse III 264, 682 und 770.
[4]) Pauls IV 212. Das Dorf Havikhorst, welches im Jahre 1387 der Knappe Henning Lasbek an Jakob Krumbeke verkaufte (U. S. III 19—22), ist das heutige Havekost im Kirchspiel Gleschendorf.

als ein Ehrentitel gewesen zu sein, da *kake* Kinnbacke und *bille* Hinterbacke bedeutet. Aber man ließ sich in jener Zeit solche Spitznamen mit Humor gefallen und hatte nichts dagegen, wenn sie auch in Urkunden, sogar in Kirchenbücher, eingetragen wurden. Ein um 1361 erwähnter Nicolaus von Lasbek wurde Kokis (Kochnis?) genannt. (Siegel zweier Volrad von Lasbeke: Siegel des Mittelalters Heft 5 p. 80 und Heft 6 p. 115, 122, 130.)

Die dem Kirchspiel entstammenden Adelsfamilien starben, soweit sie im Lande geblieben waren, sämtlich noch im Mittelalter aus.

2. Die zugezogenen Familien.

Die Herren v o n   H u m m e l s b ü t t e l zogen sich, nachdem sie sich ihres Oldesloer Besitzes entäußert hatten, auf ihre Güter an der oberen Alster und Norder-Beste zurück, blieben aber Patrone des St. Jürgens-Hospitals und der von ihnen gestifteten Vikarie. Dort sind sie zur Reformationszeit ausgestorben. Im Jahre 1517 überließ der Knappe Hartig Hummelsbüttel seinem Oheim Marquard von Buchwald das Gut Borstel erb- und eigentümlich für eine jährlich an ihn zu zahlende Rente von 10 rheinischen Gulden unter der weiteren Bedingung, daß er ihm alle drei oder vier Jahre ein Füllen gebe und ihn jeder Zeit bei sich freundlich aufnehme.[1]) Dieser Hartig Hummelsbüttel scheint der letzte seines Stammes gewesen zu sein.

Erbe eines Zweiges der Familie von Tralau wurde ein Heyneke W i l s t e r m a n n, Sohn der Frau Beke, der Gemahlin Heinrichs von Tralau, aus erster Ehe. Von ihm kaufte der Kirchherr Hermann Dusekop einen Garten oberhalb der Saline. Ein Knappe Heyno Wilstermann erscheint als Zeuge in Urkunden von 1359 und 1360.

Tralau sehen wir im 14. Jahrhundert im Besitz der Adelsfamilie S c h a c h t, die auch in Blumendorf begütert war. Zum Gedächtnis eines Johannes Schacht und seiner Frau wurde eine Rente von einer Mark gestiftet aus dem Erbe des Hufners Poppe in Blumendorf und dann von der Kirche an St. Jürgen überwiesen. Der Knappe Markward Schacht stiftete für eine Rente von 2 Mark aus dem Hause und Erbe des Clawes Weghener in Tralau eine Memorie für seine Eltern Johannes und Alheyd und seine Brüder Grevink, Hermann und Otto (s. oben S. 86). Den Otto Schacht nahmen einst die Knechte des Hamburger Rates auf seinem Hofe gefangen, banden ihn auf ein Pferd, das ihm angeblich am Tage zuvor der Oldesloer Bürger Heyno Molner geliehen hatte, und führten ihn mit sich fort. Heyno Molner wandte sich dann zur Wiedererlangung seines Pferdes um Vermittelung an den Rat zu Lübeck. Der Hamburger Rat aber ließ sich auf nichts ein, sondern antwortete den Lübeckern, wenn Heyno sein Pferd wem geliehen habe, dann möchte er es von dem wieder fordern und nicht von ihnen. Ihr Vogt und seine Kumpanen dürften das Pferd von Rechts wegen behal-

---

[1]) Mitteilung des Konferenzrats von Cossel auf Jersbek an den Bürgermeister Kanzleirat Noodt in Oldesloe vom Jahre 1791 nach Urkunden in seinem Besitz. *Akta* XXIV 4.

ten.[1]) Holsteinische Ritter namens Schacht erscheinen schon im 13. Jahrhundert, doch erfahren wir nicht, wo sie ansässig waren. Eine Familie Schacht, der Klein=Harrie bei Neumünster gehörte, nannte sich auch von Ho. Von den Schachts unseres Kirchspiels ist dieser Name nicht geführt worden. Die Familie blüht noch im Kirchspiel Oldesloe und seiner Nachbarschaft in zahlreichen Zweigen weiter, aber als bürgerliche Familie. Was sie veranlaßt hat, den Adel abzulegen, ist nicht bekannt[2]).

Ein Knappe Wolder v a n d e m D a m m e stiftete ebenfalls aus einer Hufe in Tralau, nämlich dem Erbe und Acker des Hynseke Nyebur, eine Rente von 8 ß zu seinem und seiner Frau Gedächtnis. Ob dieser Stifter aber ein Vorbesitzer oder ein Mitbesitzer der Schacht zu Tralau war, läßt sich nicht erkennen. Ein Knappe *Wolderus de Damme* schwört mit 18 Genossen dem Hamburger und dem Rostocker Rat Urfehde im Jahre 1339.[3])

Im 15. Jahrhundert war Tralau im Besitz der Staken, die auch Blumendorf, Wolkenwehe, Fresenburg, Seefeld, Pölitz, Schulendorp, Wesenberg und einen ansehnlichen Grundbesitz in Oldesloe erwarben. Um 1415 hatte ein Ritter Herding Stake Oldesloe in Pfandbesitz. Ihm verbrannten, als Herzog Erich von Sachsen=Lauenburg die Stadt einäscherte, 7 eigene Häuser.[4]) Im Jahre 1426 verkaufte er einige Teile von Seefeld an das Kloster Reinfeld. Er starb im Jahre 1435 und hinterließ 6 Söhne, Gerd, Otto, Vivian, Eventin, Bertram und Hartig. Diese teilten sich nach seinem Tode in das Erbe. Dazu gehörte eine verschlossene Kiste mit Wertsachen, die Harding der größeren Sicherheit wegen bei dem Lübecker Bürger Hans Berskamp deponiert hatte.[5]) Im Jahre 1441 verkaufte Eventin Stake den Lübecker Ratsherren Hinrich Lipperode und Johann Brutzkow 100 Faden Eichenbrennholz für 8 Schilling den Faden und verpflichtete sich, das Holz auf eigene Kosten auf die Hude unterhalb der Stadt zu liefern.[6]) Einige Wochen später verkauften die vier Brüder Otto, Vivian, Eventin und Bertram Stake für 270 Mark, 3 Tonnen Heringe und 150 Stockfische dem Rat von Lübeck ihre Waldungen bei Schulendorp auf 24 Jahre.[7]) Im Jahre 1441 löste Lene Staken, Witwe eines Hinrik Staken, für ihren Sohn Hinrik Hof und Gut Tralau wieder ein.[8]) In einer Urkunde von 1444 werden Herding und Hinrik Stake als Besitzer von Tralau genannt. Im Jahre 1446 verkaufte der Knappe Gerd Stake dem Werkmeister der Peterskirche in Lübeck für 24 Mark seine Hölzung Ottenbusch auf dem We=

---

[1]) U. B. d. St. L. IV 740 und 741.
[2]) Näheres über die Familie Schacht bietet die Schrift des *Dr. phil.* Franz Schacht: Die Familie Schacht, Frankfurt a. M. 1908. Verlag der Frankfurter Blätter für Familiengeschichte.
[3]) Hasse III 1031.
[4]) U. B. d. St. L. VII 605.
[5]) *ib.* VII 655.
[6]) *ib.* VIII 51.
[7]) *ib.* VIII 57.
[8]) U. S. IX 71.

senberger Felde[1]) und im nächsten Jahre in Gemeinschaft mit dem Knappen Luder Rumor dem Kloster Reinfeld den Hof zu Wesenberg, den er lange bewohnt hatte, für 375 Mark lübsch und ein halbes Leydener Laken im Werte von 22 Mark.[2]) Der Knappe Vivian Stake verkaufte im Jahre 1448 der Petri=Kirche in Lübeck eine jährliche Rente von 21 Mark aus seinen beiden halben Dörfern Fresenburg und Wolkenwehe für 300 Mark lübsch.[3]) Im Jahre 1451 bekannte Frau Margarete Stake, dem Werkmeister der Petri=Kirche 53 Mark 8 ß zu schulden.[4]) Vor Tale (Frau Adelheid), Witwe des Eventin Stake, verkaufte im Jahre 1455 den Vorstehern der Petri=Kirche in Lübeck ein Gehölz bei Fresenburg am Seefelder Steige und Wagenwege, das von dem Gozedyke bis zu dem Damm vor dem Holenwischesdyke reichte, auf 8 Jahre für 19 Mark.[5]) Eine andere Vor Tale Staken, die Witwe eines Detlev Stake, verkaufte im Jahre 1468 dem Lübecker Bürger Markward Schütte ihren Hof und ihr Dorf Pölitz für 1600 Mark unter Zustimmung ihrer Brüder Henneke und Tymme Meynerstorpe und der Vettern ihres verstorbenen Mannes Bertram Stake, Herrn Herding Sohn, Markward Stake, Sohn Hennekes zu Hadersleben, der Brüder Herding und Eler, Söhne des Eventin Stake, und der Brüder Johann und Detlev, der Söhne des Vivian Stake.[6]) [Markward Schütte verkaufte Pölitz dann 1472 an das Lübecker Heilige=Geist=Stift, in dessen Besitz es bis in die neueste Zeit geblieben ist.] Die Stiftung einer Memorie durch Bertram Stake zu Blumendorf im Jahre 1481 und der Rechtsstreit des Johann Stake zu Fresenburg mit dem Rate und der Bürgerschaft von Oldesloe, der im Jahre 1489 geschlichtet wurde, sind bereits S. 76, 79 und S. 91 und und 92 erwähnt worden.

Tralau kam von den Staken an die Familie **von Brockdorff**, die es bis ins 17. Jahrhundert besessen hat. Als Mitstifter einer Vikarie in der Oldesloer Kirche ist Claus von Brockdorff bereits S. 78 erwähnt worden.

Vor den Staken gehörten Fresenburg und Seefeld dem Knappen Johannes **Steen**. Über seine Bemühungen für die Lübecker Domherren zur Festhaltung des Fresenburger Ackerzehnten ist S. 72f. berichtet worden. Im Jahre 1343 überließ er von dem Dorfe Seefeld, das die Morgengabe seiner Frau Gisela (Ghysle) war und aus dem er zwei ewige Renten von 16 und 11¼ Mark an 3 Lübecker Bürger verkauft hatte, diesen für das empfangene Geld 7 Bauerstellen von zusammen 4¼ Hufen, die im ganzen 18¼ Mark einbrachten. Die Mühle und den See des verpfändeten Dorfes behielt er für sich. Ob er davon die noch fehlenden 9 Mark selbst bezahlte, wird in dem Kaufbriefe nicht erwähnt.[7])

---

[1]) U. B. d. St. L. VIII 333.
[2]) U. S. III 336.
[3]) U. B. d. St. L. VIII 547.
[4]) *ib.* IX 71.
[5]) *ib.* IX 71.
[6]) *ib.* XI 335.
[7]) Pauls IV 129.

In Seefeld war neben Herding Stake auch ein Klaus A s c h e b e r g begütert gewesen. Er verkaufte seinen Anteil 1431 an das Kloster Reinfeld.

Von den Staken kam Fresenburg an die P o g w i s c h, im Kerk=swarenbock Pawisk und Pauwisk geschrieben, desgleichen Schulen=dorp, das vor den Staken ein Henneke W a l s t o r p besessen hatte. Er hatte es 1472 an den Lübecker Gerdt van Lenten verkauft für 300 Mark lüb. Ein Hans Walsdorpp und ein Cordt Walsdorp waren Einwohner und Grundbesitzer in Oldesloe, wo der letztere ein Haus im Hagen besaß.

Daß ein Schele Detlev v o n B u c h w a l d Nachfolger der Herren von Tralau in Rethwisch wurde, haben wir S. 40 gesehen. Seine Söhne Volrad und Joachim verkauften im Jahre 1449 dem Rate zu Lübeck für 110 Mark und 2 Ellen Leydensches Tuch 200 beliebig aus=zuwählende Eichbäume *(teyn styghe ekene Korbome)* und gestatteten, dieselben durch die an der Trave liegenden Güter der Frau Margarete, der Witwe Schele Detlevs von Buchwald, (das Dorf Sehmsdorf) zu der dortigen Hude zu fahren. Auch erlaubten sie gegen Lieferung eines Mühlsteins die Durchfahrt des von den Staken gekauften Hol=zes von dem Schulendorfer Felde durch ihre Güter.[1]) Volrad von Buchwald besaß Rethwisch noch im Jahre 1457. Dann aber gehörte es dem Matthias R a t l o w, der die Rethwischer Güter, nämlich *„de hove unde dorpere Lutke Retwisch mit der molen, Grote Redwisch, Elerstorppe unde Wigersrade"* im Jahre 1479 für 4900 lübische Mark an die Vikare der Domkirche und der Peterskirche in Lübeck ver=kaufte.[2]) Diese überließen sie wieder an den Bischof von Ratzeburg, von dem sie dann Sievert v o n H e e s t erstand, der mit seinen vier Söhnen im Jahre 1500 in Ditmarschen fiel. Die Heesten hatten vorher Tremsbüttel besessen, das im Jahre 1476 ein Luder Heest an den Herzog Johann von Sachsen=Lauenburg verpfändete. Rethwisch blieb in ihrem Besitz bis in den Anfang des 17. Jahrhunderts.

Wir haben oben S. 93 gesehen, daß vier Brüder von Schlamers=dorf im Jahre 1347 das Dorf Bühnsdorf an einen Detlev v o n W e n =s i n verkauften. Dessen Oheim Otto von Wensin besaß das Dorf Sühlen *(villa Tzule sita in parrochia Odeslo)* und tauschte es um 1350 gegen das Dorf Golvitz seines Neffen Detlev aus, so daß dieser nun seine beiden Dörfer nahe beieinander hatte[3]). Sühlen war vor Otto schon längere Zeit im Besitz der Herren von Wensin gewesen. Ein Ritter Detlev von Wensin und sein Sohn, der Knappe Detlev, hatten im Jahre 1336 dem Hamburger Kapitel 14 Mark Rente aus ihrem Dorfe Sühlen für 140 Mark verkauft zur Dotierung einer von dem verstorbenen Ritter Johann von Wedel gestifteten Vikarie, und im Jahre 1338 hatte der Ritter Detlev von Wensin eine kleinere Präbende im Hamburger Dom gestiftet und mit 10 Mark Rente aus dem Dorfe

---
[1]) U. B. d. St. L. VIII 640.
[2]) U. S. III 381.
[3]) Pauls IV 451.

Sühlen ausgestattet[1]). Nach dem Eintausch von Sühlen versprach der bisherige Besitzer von Golvitz, die 10 Mark Rente aus Sühlen dem Hamburger Domkapitel weiter zu zahlen. Die Wensin verkauften Sühlen mit der Mühle 1358 an Thymmo von Segeberg, der 1363 zwei Drittel des Dorfes dem Lübeckischen Domkapitel und ein Drittel an Albert von Strahlendorf überließ.

Havighorst war im Anfang des 14. Jahrhunderts im Besitz der Herren v o n R ö n n a u. Der Ritter Otto von Rönnau geriet über die Grenzen des Dorfes in Streitigkeiten mit dem Kloster Reinfeld, die aber im Jahre 1313 gütlich beigelegt wurden. Sein Nachfolger Johann von Rönnau verkaufte Havighorst an das Kloster im Jahre 1329[2]).

In Rümpel saß im 14. Jahrhundert ein R a n t z a u. Im 15. Jahrhundert wohnte eine Frau Margarete Rantzau in Oldesloe[3]). Groß=Rümpel gehörte dann, sowie auch Rohlfshagen, Neritz und Glinde, letzeres nur zum Teil, im 14. Jahrhundert den Herren v o n C r u m m e s s e. Johann von Crummesse verkaufte Groß=Rümpel, Rohlfshagen und Neritz im Jahre 1402 den Grafen Gerhard, Albrecht und Heinrich von Holstein[4]). Zwei Hufen von Glinde besaß ein Ritter B l o c (s. S. 74). Nütschau gehörte im Jahre 1457 einem Clawes K u l e und 1500 einem Herrn v o n S c h a c k. Andere Adlige lernen wir nur als Einwohner und Grundbesitzer von Oldesloe kennen, so einige Herren v o n H a d e l n, oder als Stifter von Memorien in der Oldesloer Kirche von Lemmeke d e H a g h e n und Mette P l a t e n.

Die großen sogenannten adeligen Güter, von denen Oldesloe jetzt umgeben ist, waren im Mittelalter noch nicht vorhanden. Im ganzen Kirchspiel gab es nur Dörfer, in denen die Adeligen auf ihren Herren= hufen unter ihren Bauern lebten. Von dem öffentlichen und häuslichen Leben der hiesigen Adelsfamilien erfahren wir nur wenig. Das verfei= nerte Rittertum nach französischem Muster scheint hier keine tiefen Wurzeln geschlagen zu haben. Viele Adelige nahmen nicht einmal den Ritterschlag, sondern blieben Knappen bis in ihr hohes Alter. Daß aber die Ideenwelt des französischen Rittertums auch hierher gedrungen ist und daß die französischen Ritterromane auch hier Eingang gefunden und auf einzelne Personen Eindruck gemacht haben, wird durch einige Personennamen hiesiger Adeligen wahrscheinlich gemacht. Nach dem Helden des Romans Aliscans aus dem karolingischen Zyklus des Wil= helm von Orange hieß ein Stake Vivian wie nach Iwein, dem Ritter mit dem Löwen, aus dem bretonischen Sagenkreise von König Artus und seiner Tafelrunde eine ganze Reihe von holsteinischen Adeligen Iwen und Iwan. Auch die Vornamen von Eventin Stake und Floria von Crumesse scheinen französischen Ritterromanen entlehnt zu sein. Wahrscheinlich kamen diese Romane von den burgundischen Nieder= landen, mit denen die Hansa einen lebhaften Verkehr unterhielt, in niederländischer Sprache hierher. Wie die fremden Namen aber nicht

---
[1]) Hasse III 949 u. 974.
[2]) *ib.* III 264 u. 632.
[3]) K. H. B. VI S. 24 Sp. 1 Z. 20. Stadt-Arch. Nr. 17.
[4]) U. B. d. St. L. V 50.

allgemein Mode wurden und die alten deutschen und die biblischen Vornamen nicht in nennenswerter Weise verdrängten, so hat sicher auch die fremde Kultur die heimische Sitte des hiesigen Adels nur oberflächlich gestreift und den deutschen Kern nicht verändert.

XX. Die Bauern.
Ihr Verhältnis zu den Herren. Die Lehnsleistungen der Lansten. Die persönliche Freiheit der Lansten. Vom Gerichtswesen. Bauernnamen.

Die Inhaber der Bauernhufen, lateinisch *coloni* oder *villani*, niederdeutsch Lansten (aus Landsaten) genannt, standen von der Kolonialzeit her in einem Vasallenverhältnis zu den Nachfolgern der Herren, die ihre Vorfahren einst hierher geführt und hier angesiedelt hatten; aber man war noch weit davon entfernt, sie mit Hilfe des römischen Rechtes zu Leibeigenen herabzudrücken. Allerdings galten die Dorfherren als die Besitzer des Grund und Bodens und konnten ganze Dörfer oder einzelne Hufen derselben verkaufen, verpfänden oder vertauschen. Aber man ließ die Hufner auf ihren Stellen. Das Legen der Bauern, die Latifundienbildung, die das Verschwinden zahlreicher Dörfer zur Folge gehabt hat, war noch nicht in Übung. Die Bauernstellen wurden vom Standpunkte des Herren als Güter bezeichnet, von dem des Bauern aber als Erbe. Für die Benutzung der Stelle hatte der Lanste dem Herrn eine jährliche Pacht *(hure)* zu zahlen und meistens, aber nicht immer, auch Dienste zu leisten. Die Dienste konnten, wenn der Herr sie nicht zu beanspruchen brauchte, durch ein Dienstgeld ersetzt werden. Als im Jahre 1343 der Knappe Johann Steen einen Teil von Seefeld an drei Lübecker Bürger verkaufte, leisteten die Stelleninhaber nur eine Geldabgabe, die je nach der Größe und Qualität der Ländereien und vielleicht auch der Gebäude verschieden war. In dem niederdeutschen Kaufkontrakte heißt es: „*Van dessem vorbenomeden ghude buwet Radeke en veerdendal* (d. h. ¼ Hufe), *dar ghift he af ene mark penninge, Klawes Zsoffiensone dre verdendel, dar gift he af verdehalve mark penninge, Klawes Hinrikes eine halve hove, dar ghift he af dordehalve mark pennige, Willeken dre verdendel, dar ghift he af verdehalve mark penninge, Hinrik Brus dre verdendel, dar ghift he af dordehalve mark penninge, Timme Kluke dre veerdendel, dar ghift he af dre mark penninghe, unde Wulf Rennowe eine halve huve landes, dar ghift he af twe mark unde veer schillinghe Lubescher penninge.*" Die Abgaben waren sogenannte ewige Renten und scheinen im Laufe der Jahrhunderte nicht gesteigert worden zu sein. Als im Jahre 1481 der Knappe Bertram Stake die Einkünfte der drei „Güter", die er damals in Blumendorf hatte, der Oldesloer Kirche zu einer Memorie für seine Eltern vermachte, verzinsten die Inhaber derselben Hinrick Heitmann, Gotke Heyne und Bernd Reimers sie ihm „*mit hure vnde denstgelde alle jare mit Negen lubeschen mark penningen jarliker ewighen oppkominghe vnde Renthge*". Es wird zwar nicht gesagt, wie groß die drei Stellen waren; aber wenn sie im Durchschnitt nicht noch kleiner waren als die 7 Seefelder, ergibt sich aus der Vergleichung, daß die Abgaben in fast 1½ Jahrhunderten keine Steigerung erlitten hatten.

Wie und unter welchen Umständen ein Wechsel der Stellen= benutzer stattfinden konnte, läßt sich leider aus den spärlichen Er= wähnungen bäuerlicher Verhältnisse in den mittelalterlichen Urkunden nicht feststellen. Sicher aber waren die Lansten noch nicht an die Scholle gebunden, sondern noch persönlich frei. Es wandte sich wohl einmal ein adeliger Herr an die Lübecker mit der Bitte, ihm zur Wie= dererlangung eines in ihre Stadt geflohenen Lansten behilflich zu sein. Dann handelte es sich aber um einen solchen, der einen Dienstvertrag mit dem Herrn geschlossen und denselben gebrochen hatte[1]). Zur Wiedererlangung eines kontraktbrüchigen Dienstboten konnte man ja auch nach den Gesindeordnungen der jüngsten Zeit die Hilfe der Polizei in Anspruch nehmen[2]). Auch über das Gerichtswesen auf dem Lande schweigen sich die uns erhaltenen mittelalterlichen Urkunden aus. Aber aus späteren Bestimmungen läßt sich schließen, daß in Be= dürfnisfällen ein Ding gehegt wurde, in dem der adelige Herr den Vor= sitz führte und Bauern Beisitzer waren und daß von einem solchen Gericht unter Umständen auch Mitglieder adeliger Familien verurteilt wurden. In Dörfern, in denen kein adeliger Herr ansässig war, z. B. in den Klosterdörfern, mußte der Bauervogt, lateinisch *magister civium* genannt, an der Spitze stehen, und es mag daher wohl vorgekommen sein, daß Edelleute auch von rein bäuerlichen Gerichten verurteilt wurden. Diesem Zustande machte erst die Verordnung König Fried= richs I. vom Jahr 1524 ein Ende, in der bestimmt wurde, daß die Lan= sten kein Gericht und keine Gewalt über die Prälaten und Edelleute haben und sie auch nicht an ihrem eigenen Leibe und Gute verurteilen sollen, daß dagegen die Prälaten und die Ritterschaft Hals und Hand und das höchste Gericht über ihre Untersassen und Diener haben sollen ohne der Fürsten Einmischung oder Verhinderung durch sie selbst oder ihre Amtleute oder Befehlshaber. Dadurch erst wurde den Edelleuten die Macht gegeben, die Bauern zu Unfreien herabzudrücken.

Außer den oben angeführten werden noch folgende Bauern mit Namen genannt: Götrik in Schlamersdorf, Poppe und Clawes Heyne in Blumendorf, Nicolaus Stute in Nütschau, Hynseke Nyebur, Clawes Weghener und Hinrik Kron in Tralau, Hans Wedighe in Benstaven, Thomas Goden und Hans Voß in Sehmsdorf, Henneke Lasken in Schulendorp, Henneke Lynow und Lemmeke in Wighersrode (Wyg= herdesrode), Grote Johannes (Groterjan) in Neritz, Make Glinde=

---

[1]) So schrieb Detlev von Buchwald, Besitzer von Rethwisch an den Rat von Lübeck: *"Willet weten, dat my en lanste entfaren ys in nachtslapener tyt vnde an iuwe stat ghekomen, ghenomet Hinrik Vos, de sik mit synem wiue vor my vorwille= korde, van my nicht to varende, he en dede my, wes he my plichtich were, des he my doch nicht ghedan heft, alzo ik dat wohl bewisen mach. Hirvmme, erliken guden vrunde, bidde ik iw denstliken, dat gy my den erbenomeden lansten wedder senden an myn gut"*. U. B. d. St. L. VIII 761.

[2]) Aus Stellen wie *"Dominus Herdingus Stake, miles, et eius villanus seu rusticus dictus Hinricus Wigersrod, morans in villa Poltze"* (U. B. d. St. L. V 571) darf auf Leibeigenschaft nicht geschlossen werden.

mann und Kersten Tiges in Rümpel und Tymmeke Stenveld in Poggensee. Dazu kommen die Namen von zwei Bäuerinnen: Wendelke Rogenbukes in Neritz und Hilleke Viskers in Benstaven. Unter den 27 Familiennamen ist nur ein einziger, der auf wendische Abstammung gedeutet werden könnte, nämlich der Name des Seefelder Lansten Brus. Im oberlausitzer Wendisch gibt es ein Wort „Bruss", das Wetzstein bedeutet. Vielleicht ist der Name aber als Boruß, Preuß aufzufassen und könnte dann ursprünglich einen aus dem Ordenslande zurückgewanderten Deutschen bezeichnet haben. Jedenfalls sind die Reste wendischer Sprache unter den Personennamen verschwindend gering.

XXI. Der Handelsweg über Oldesloe.

Lübecks Einfluß auf Oldesloe. Der königliche Weg. Der Alster-Beste-Kanal. Die Landwege von Oldesloe nach Hamburg. Die wichtigsten Waren. Die Lade- und Lagerplätze.

Die Lebensgemeinschaft von Stadt und Kirchspiel Oldesloe wurde von Anfang an gestört durch den Einfluß Lübecks, der wohl in vieler Beziehung anregend wirkte, mehr aber noch hemmend, da er die selbständige Entwickelung Oldesloes niederhielt. Schon Heinrich der Löwe hat den Grund zu dem niederhaltenden Einfluß von Lübeck auf Oldesloe dadurch gelegt, daß er den Lübeckern die Trave zusprach bis Oldesloe mit Wald-, Wiesen- und Weiderecht auf beiden Seiten, und Kaiser Friedrich II. hat die Bevorzugung der Lübecker noch dadurch erweitert, daß er zu ihren Gunsten die Anlage irgendwelcher Befestigungen an der Trave verbot. Welchen Einfluß dieses Verbot auf die Befestigung von Oldesloe gehabt hat, haben wir bereits gesehen.

Als Herren der Trave beherrschen die Lübecker etwa ein Drittel des wichtigen Handelsweges zwischen Lübeck und Hamburg. Die Strecke von Oldesloe nach Hamburg war ursprünglich eine Reichsstraße und wurde noch 1347 *„de koninghlike wech"* genannt. Etwa auf der Hälfte der Strecke konnte der Wasserweg der Alster benutzt werden, und wir sehen die holsteinischen Grafen im Interesse der Hamburger ebenso für die Freihaltung der Alster sorgen wie Heinrich der Löwe und Friedrich II. im Interesse der Lübecker für die der Trave. In einem Vertrage von 1347 versprechen sie den Hamburgern: *„unde de Alstere schal eren vrien ghank hebben, unde nen user man schal de Alstere mer over diken, unde de koninghlike wech schal gan alse he vore ghan heft; unde ok en schal nen user man buwen uppe de Alstere, behalven eenen slichten berchvrede ungheplanket unde ane vorborch."* Wie an der Trave die Befestigungen von Oldesloe, so sollen an der Alster die von Stegen und Woldorf zerstört werden[1]).

Da die auf diesem Handelswege zwischen Lübeck und Hamburg beförderten Waren zweimal umgeladen werden mußten, in Oldesloe und in der Nähe von Stegen, so lag der Gedanke nahe, auch die Landstrecke durch einen Kanal in eine Wasserstraße zu verwandeln. Im

---

[1]) U. S. II 170.

Jahre 1448 kam denn auch ein Vertrag zur Anlage eines Alster=Beste= Kanals zwischen Hamburg und dem Herzog Adolf VIII. zustande. Es wurde auch mit dem Bau begonnen; aber vollendet wurde der Kanal erst mit Hilfe Lübecks in den Jahren 1525 bis 1529.

Für den durchgehenden Verkehr zwischen Lübeck und Hamburg hatte die Alster aber doch nur geringe Bedeutung. Für die meisten Waren scheinen doch nur Landwege benutzt worden zu sein. Einer derselben führte vom Besttore aus durch den Ritzenwald und den Rüm= peler Wald über Rümpel, Höltenklinken und Bockhorn bei Trems= büttel vorbei nach Bargteheide und von dort entweder über Delings= dorf oder über Timmerhorn nach Hamburg. Der Weg über Rümpel scheint dem Wege über Blumendorf und Neritz vorgezogen worden zu sein wegen der bedeutenden Steigungen dieser Strecke. An der Straße von Bargteheide nach Hamburg bildete die Burg Arnesfelde (Ahrens= felde) eine Bedrohung für die Sicherheit des Verkehrs, weshalb sich im Jahre 1306 Lübeck und Hamburg zu ihrer Zerstörung verbündeten[1]).

Auf welchem Landwege sie auch geführt werden mochten, Oldes= loe mußten alle Waren passieren, die von Westfalen, den Rheinlanden und den Niederlanden, von England und Frankreich über Hamburg nach Lübeck und die, welche von Rußland und den Ostseeländern über Lübeck und Hamburg nach den westlichen Ländern befördert werden sollten. Hier mußten sie in den breiten, flachen Travekoggen verstaut oder aus den Koggen auf die Frachtwagen verladen werden[2]). Die wichtigsten dieser Waren waren „want, was unde wark", Tuch aus Flandern und England und Wachs und Pelzwerk aus Rußland. Aber auch der Wein spielt unter den hier durchkommenden Waren eine große Rolle, hieß doch nach ihm der Lübecker Ladeplatz vor der Stadt oder ein Teil desselben Weinhude, und noch heute trägt diesen Namen ein Steig, der zu der Trave beim Gasthaus zum Krahn führt, dessen Name ebenfalls an die hier einst verrichtete Ladearbeit erinnert[3]). An die Weinhude schloß sich auf dem rechten Traveufer eine Lübecker Handelsherren gehörende Holzhude an. Die nur auf engen Raum be= schränkte Hude in der Stadt wird hauptsächlich dem Warenverkehr der Oldesloer gedient haben.

---

[1]) U. B. d. St. L. II 207.
[2]) Von der Richtung des Verkehrs zeugen gewisse Oldesloer Bodenfunde. Sowohl burgundische Münzen wie solche aus dem Ordenslande Preußen sind hier im Traveschlamm gefunden worden.
[3]) Auf Grund mundartlicher Eigentümlichkeiten, die ein und denselben Oldesloer Familiennamen bald Wynbrugge, bald Wentbrugge schreiben lassen, habe ich früher die Ansicht vertreten, daß Weinhude aus Wenthude entstellt sei und ursprünglich den Ladeplatz der Wenden bezeichnet habe im Gegensatz zu der Hude in der Stadt, dem Ladeplatz auf der sächsischen Seite des ehemaligen Grenzflusses. Seitdem habe ich mich davon überzeugt, daß der Weintransport auf dieser Handelsstraße früher tatsächlich sehr bedeutend gewesen ist. Auch den steilen der Sonne zugekehrten Abhang bei der Rohlfshagener Kupfermühle, der noch den Namen Weinberg führt, hatte ich als Wendberg gedeutet. Da aber im Mittelalter der Anbau des Weines auch in Holstein versucht worden ist, wird es wirklich ein Weinberg gewesen sein, wenn er auch nach seiner Lage auf der wendischen Seite des ehemaligen Limes Wendberg geheißen haben könnte.

XXII. Straßenraub, Fehden und Friedenskongresse.

Allgemeine Schilderung der Zeit. Oldesloer Rolle. Bündnis von Lübeck und Hamburg. Erneuerung des Bündnisses bei Oldesloe. Abermalige Übereinkunft in Oldesloe. Straßenraub in Oldesloe. Fehde der Grafen mit Lübeck. Räubereien auf der Trave. Totschlag von Räubern bei Tremsbüttel. Landfriedensschluß. Belagerung von Oldesloe. Landfriedensschlüsse. Fehde der Grafen Heinrich und Klaus mit Lübeck. Friedensverhandlungstage in Oldesloe. Haltung der Hummelsbüttel. Straßenraub und Totschlag bei Rümpel. Bluttat vor Oldesloe. Wergeldzahlungen. Waffenstillstands- und Friedensschlüsse. Verzögerte Friedensschlüsse. Weiterer Straßenraub. Neue Fehde mit den Scharfenbergen. Totschlag vor Oldesloe. Einsetzung eines Landfriedensgerichts in Oldesloe. Teilnahme von Oldesloern an der Knochenhauerverschwörung. Friedenskongresse in Oldesloe. Zerstörung von Oldesloe. Beschwerde des Herding Stake. Beschwerde des Detlev von Hadeln. Entgegnung des Herzogs Erich. Weitere Tagungen in Oldesloe. Abnahme des Straßenraubs. Vertrag von Oldesloe 1460. Die letzten Hansatage in Oldesloe. Durchzug der Garde durch Oldesloe. Dänische Truppen in Oldesloe.

In den unruhigen Zeiten des Mittelalters, als Kleinkriege zwischen den benachbarten Fürsten, in die sich auch Lübeck einmischte, an der Tagesordnung waren, als einzelne Adelige oder Gruppen von Adeligen Lübeck Fehde ansagten wegen irgendeines Unrechtes, das sie von ihm erlitten hatten oder erlitten zu haben glaubten, als sogar Parteistreitigkeiten in der Stadt selbst das umliegende Land mit in Aufruhr setzten und zur Parteinahme veranlaßten, waren die auf dem Handelswege über Oldesloe beförderten Waren beständig in Gefahr, von den jeweiligen Feinden der Besitzer weggenommen zu werden. Dieselben Fürsten und Herren wurden von Lübeck bald als Straßenräuber verschrieen, bald von ihm in Sold genommen, um als Schirmvögte die Güter seiner Bürger gegen andere Feinde zu schützen. Bürger klagen über Räubereien von adeligen Herren, diese darüber, daß Lübecker Knechte in ihre Gutshöfe eindringen und dort Raub und Totschlag begehen. Ehrliche Fehde und Wegelagerei, rechtmäßige Einziehung von Gütern und unverschleierter Raub lagen in jenen Zeiten so nahe beieinander, daß sie nicht immer unterschieden wurden und daß ein und dieselbe Handlung adeliger Herren je nach der Parteistellung der Berichtenden bald für das eine, bald für das andere ausgegeben wurde. Jedenfalls aber hatten die Lübecker viel weniger unter der Habsucht der Fürsten und Ritter zu leiden als diese unter dem Handelsgeiste jener. Hatten Lübecker doch gegen Ende des Mittelalters fast alle ehemals landesherrlichen Einkünfte aus Oldesloe, die wichtigsten gewerblichen Betriebe daher und einen erheblichen Teil der Besitzungen des umwohnenden Adels an sich gebracht.

In allen diesen Kämpfen um Mein und Dein spielte Oldesloe keine leitende, sondern mehr oder weniger eine leidende Rolle. Doch wurde ihm dadurch, daß hier zur Bekämpfung des Unwesens Verhandlungstage abgehalten wurden und daß es schließlich zum Sitze eines Landfriedensgerichtes gemacht wurde, ein gewisser Glanz verliehen.

Im Jahre 1241 schlossen die Städte Lübeck und Hamburg ein Bündnis zur Sicherung der Handelsstraße von der Mündung der Trave über Lübeck, Oldesloe und Hamburg bis zur Mündung der Elbe[1]), und es wurde nun scharf gegen die Straßenräuber vorgegangen. Nach einem Gerichtsprotokoll von 1243 befanden sich unter den Bestraften auch zwei Oldesloer Edelleute, falls nicht mit beiden Namen *Henricus* und *Hence de Tralowe* dieselbe Person bezeichnet wird[2]). Dieser Heinrich von Tralau ist höchst wahrscheinlich der Oldesloer Vogt dieses Namens, der 1245 genannte *Henricus aduocatus de Todeslo*.

Als dann Graf Günzel von Schwerin als Parteigänger des Königs Erich Plogpennig mit seinen Mecklenburgern Oldesloe überfallen hatte und zum Schutz gegen diese Feinde vom Grafen Johann I. die Oldesloer Burg erbaut worden war, fühlen die Lübecker und Hamburger das Bedürfnis, ihr Bündnis zum Schutz der Handelsstraße zu erneuern. Im Jahre 1255 trafen sich eine große Anzahl von Vertretern beider Städte bei Oldesloe und gelobten einander eidlich gegenseitige Hilfe[3]). Die Verhandlung fand nicht in der Stadt, sondern *apud Odeslo* statt, also entweder auf einem der tralauischen Höfe oder unter freiem Himmel. Bei der Wahl des Ortes der Zusammenkunft war vielleicht das Verhältnis der Würde beider Städte mitbestimmend. Da damals Hamburg viel weniger bedeutend war als Lübeck, geziemte es sich wohl, daß die Hamburger einen weiteren Weg zu der Versammlung zurücklegten, als ihre mächtigeren Bundesgenossen.

Das Bündnis war nur auf drei Jahre geschlossen worden. Als diese Zeit um war, wurde auf einer neuen Versammlung in Oldesloe abermals eine Übereinkunft der Abgeordneten beider Städte zum Schutze gegen Land- und Seeräuber geschlossen, und die gefaßten Beschlüsse wurden in der Oldesloer Kirche vor zahlreichen Zeugen vorgelesen[4]).

Straßenraub und Fehde aber hörten darum nicht auf. In einer in Trittau ausgestellten Urkunde aus der Zeit von 1250 bis 1300 versprechen die Brüder Hartwig und Otto Zabel und Make und Lambert Struß für sich und ihre Freunde einen von Peter und Paul bis Michaelis dauernden Waffenstillstand in einer Fehde, die die Lübecker mit ihnen führen wegen einiger ihnen in Oldesloe weggenommenen Güter[5]). Mitgelober sind die Brüder Hermann und Hartwig von Tralau. Hermann ist wahrscheinlich der zwischen 1286 und 1323 öfter genannte *Hermannus Longus de Tralowe*, sein Bruder Hartwig der Oldesloer Vogt dieses Namens, der sich auch *Harduicus de Odeslo* nannte.

Zur Zeit der Streitigkeiten, die im Anfang des 14. Jahrhunderts zwischen den holsteinischen Grafen Adolf V. und Johann II. einerseits und den Lübeckern andererseits wegen des zu Hamburg angelegten

---
[1]) U. B. d. St. L. 1 95.
[2]) *Proscripti sunt pro spolio . . . Henricus de Tralowe, — spoliavit . . . Hence de Tralowe.* Unter den Beraubten werden genannt: *Bernolfus de Todeslo, Barnerus de Todeslo, Johannes de Todeslo*, Mitglieder der aus Oldeslo stammenden Lübecker Bürgerfamilie *ib.* III 3.
[3]) *ib.* 1 219.
[4]) U. B. d. St. L. 1 248 und 249.
[5]) *occasione quorundam bonorum in Odisslo „receptorum", ib.* I 752.

Zolles ausbrachen und der Entscheidung des Römischen Königs unterworfen wurden[1]), blieben die Herren von Tralau und die anderen Ritter der Umgegend von Oldesloe in bestem Einvernehmen mit den Lübeckern. Als die Stadt Lübeck im Jahre 1303 die Herren von Plön dafür gewonnen hatte, ihr für eine Zeit von vier Jahren mit 100 Bewaffneten zu Hilfe zu kommen, bürgen Markward, Heinrich und Johann von Tralau, Johann von Schlamersdorf, Otto und Markward Schacht und viele andere holsteinische Ritter dafür, daß diese Hilfe auf Erfordern geleistet werde[2]). Lübeck gewann durch Geldgeschenke[3]) die Herzöge von Sachsen=Lauenburg zu einem Bündnis gegen die Grafen und schloß 1306 auch ein Bündnis mit Hamburg zur Zerstörung der Festen an der Handelstraße, u. a. auch der Burg von Oldesloe. Viele holsteinische Ritter traten dem Bündnis gegen ihre Landesherren bei. Auf seiten der lauenburgischen Herzöge sehen wir z. B. Hermann und Albert von Wygersrode[4]). Die Grafen schlossen dann 1307 einen Vergleich mit den Verbündeten bis zur völligen Erledigung ihrer Streitigkeiten durch den römischen König Albrecht I.[5]).

Solche Zeiten waren natürlich der Wegelagerei günstig. Der Lübecker Vogt Lütke Konrad *(Conradus Paruus)* berichtet in einer Aufzeichnung aus der Zeit von 1300 bis 1320 u. a., daß er zum Hofe Hermanns von Wighersrode geritten sei und den Räubern, welche auf der Trave geraubt hätten, die geraubten Schuhe und Tücher wieder abgenommen habe, daß zwei bei Tremsbüttel getötet worden seien, Beyenflet und sein Genosse, und daß er den Räubern auch 3 Pferde abgenommen, sich mit Hermann von Wighersrode aber noch nicht wieder vertragen habe[6]).

Es folgten dann einige ruhigere Jahre. Die Grafen von Holstein sicherten dem Handelsverkehre auf der Straße zwischen Lübeck und Hamburg im Jahre 1324 wieder ihren Schutz zu[7]) und schlossen im Jahre 1327 mit den Städten Lübeck und Hamburg einen Landfrieden, der im folgenden Jahre erneuert wurde[8]).

Als in den dänischen Wirren im Jahre 1331 Graf Johann III. für König Christoph Partei nahm gegen seinen Vetter Gerhard III., belagerte ihn dieser sechs Tage in Oldesloe, das er zum Sammelplatz des dänisch=holsteinischen Heeres bestimmt hatte[9]). Mit dem Siege Gerhards über König Christoph auf der Loheide wurde der Friede wieder hergestellt. Mit den Städten Lübeck und Hamburg schlossen die holsteinischen Grafen und die lauenburgischen Herzöge in den Jahren 1333 und 1334 einen Landfrieden auf je ein Jahr, und im Jahre 1338

---

[1]) U. B. d. St. L. II 152, 217, 227 und 281.
[2]) *ib.* II 163.
[3]) *ib.* II 190 und 191.
[4]) *ib.* II 205, 207, 209.
[5]) *ib.* II 217.
[6]) *ib.* II 401.
[7]) *ib.* II 452.
[8]) *ib.* II 480, 492.
[9]) Detmar-Chronik I S. 468.

wurde ein Landfriede „*twischen Danewerke, Swyne vnde Odere*" auf sechs Jahre geschlossen[1]).

Nach dem Tode Gerhards des Großen im Jahre 1340 aber geriet Lübeck in Streit mit dessen Söhnen Heinrich dem Eisernen und Klaus. Die Adeligen der Umgegend von Oldesloe nahmen Partei bald für bald gegen Lübeck, und dementsprechend blühte die Wegelagerei[2]). Von den Rostockern wurde sogar Graf Heinrich der Eiserne selbst derselben beschuldigt[3]). Im Jahre 1341 stellten die vier Herren von Scharfenberg den Lübeckern ihr Schloß Linau zur Verfügung zur Bekämpfung der Grafen Heinrich und Klaus[4]), urkundete Hamburg über das mit der Stadt Lübeck zur Bekämpfung derer von Krummendiek und ihrer Helfer geschlossene Bündnis[5]) und urkundeten vier Herren von Sühlen *(Tzüle)* über den zwischen ihnen und ihrem Anhange einerseits und der Stadt Lübeck andererseits geschlossenen Waffenstillstand[6]). Zur Schlichtung der Streitigkeiten fanden verschiedene Verhandlungen zwischen Fürsten und Bürgern in Oldesloe statt. Die Hamburger aber beklagten sich, daß Graf Nicolaus ihre Abgesandten in Oldesloe in einen Hinterhalt habe locken wollen, um sie gefangen zu nehmen[7]).

Am 17. Februar 1342 verpflichteten sich Johann und Henneke Hummelsbüttel mit anderen Rittern gegen die Stadt Lübeck für die Erfüllung der ihr vom Grafen Johann von Holstein gemachten Zusagen[8]). Am 3. Dezember desselben Jahres aber klagten die Lübecker in einer Beschwerde über die ihnen zugefügten Schädigungen: „*Vortmer claghe wi ouer den van dem Crummendike vnde Henneken Hummersbutlen den jungeren, de twischen Lubeke vnde Hamborch vp der menen strate roueden vse borghere vnde gheste ... Vortmer Luder vnde Ywan van deme Crummendike, Thideke Heest vnde Wlf van Hadelen de storteden Gherdes Witten gud, vses borghers, van dem waghene; do se nicht en vunden, dat em euene quam, do toghen se sine knechte de cledere vth vnde nemen eme also gud alse verdehalue mark lub. Dar na in korter thid rouede Ywan van dem Crummendike mit siner cumpanie van Arnd Ghiselers knechte enen waghen mit stale vnde mit drade also gud alse xxv lub mark, vnde roueden bi Rumplinge borghere vnde gheste, vnde sloghen erer dre dod, der weren twe borghere, vnde en gast. Alle desse stucke de sint gheschen binnen velicheit vnde binnen ener ghedeghedingeden sone van den van deme Crummendike, dar mit den roueren stund mit ener samenden hand Henneke Hummersbutle de junge*[9])".

---
[1]) U. B. d. St. L. II 563, 564, 593, 667.
[2]) *ib.* II 729, 732, 733, 734, 735.
[3]) *Comes Hinricus Hollsacie et Hartwicus Crummendiek spoliauerunt Wescelinum IX bouibus, ib. II 759.*
[4]) *ib.* II 729.
[5]) *ib.* II 732.
[6]) *ib.* II 735.
[7]) *ib.* IV 32 S. 33.
[8]) *ib.* II 735.
[9]) *ib.* II 758.

Im Jahre 1343 versprach der Knappe Lange Beyenvlete, der Stadt Lübeck während ihrer Fehde mit den Grafen Johann und Heinrich von Holstein sein Schloß Trittau offen zu halten und mit seiner ganzen Kumpanie beizustehen[1]), und im Jahre 1345 urkundete der Ritter Johann Meinersdorf über die Beilegung seines Streits mit der Stadt Lübeck in Anlaß der Verwundung zweier seiner Knechte, „*Volquen vnde Dethlef brodere, gheheten van Koetele, de ghewundet worden vor Odessloo van den knapen der stad to Lubeke*[2])".

Im Jahre 1346 verpflichteten sich die Grafen von Holstein und Stormarn, wegen Totschlags der Lübeckischen Bürger Lübbert von Warendorf und Gercke Pole ein Wergeld von 700 Mark Lüb. Pfennige zu zahlen[3]), und schlossen im folgenden Jahre einen Bund mit Hamburg gegen Johann Hummelsbüttel und seinen Anhang zur Zerstörung der Burgen Stegen und Wohldorf[4]). Im Jahre 1348 verpflichteten sich Johann und Hartwig Hummelsbüttel, Johann und Hartwig von Tralau und andere Ritter, als Wergeld für den von den Leuten der beiden Hummelsbüttel erschlagenen lübeckischen Bürger Peter von Münster dessen Neffen 80 Mark Lüb. Pfennige zu entrichten[5]). In demselben Jahre urkundeten der Knappe Heino Brockdorf über den zwischen der Stadt Lübeck und ihm und seinem Anhange geschlossenen Waffenstillstand[6]), die Knappen Markward von Sühlen, genannt von Steinhorst, und Lüdeke Scharfenberg über die Beilegung der zwischen ihnen und der Stadt Lübeck stattgehabten Fehden[7]) und im Jahre 1349 die holsteinischen Grafen und die lauenburgischen Herzöge über einen mit der Stadt Lübeck auf drei Jahre geschlossenen Landfrieden[8]).

Friede aber kehrte darum doch nicht im Lande ein. Insbesondere gaben sich die Scharfenberge noch nicht zufrieden, denen die Lübecker im Jahre 1349 den befestigten Hof Annendorp (oder Nannendorp), wahrscheinlich im heutigen Franzdorf, zerstört hatten[9]), ebensowenig die ihnen befreundeten Herren von Sühlen. Erst im Jahre 1353 urkunden Markward von Sühlen in Steinhorst und andere dieses Geschlechts über die namens der ganzen Familie mit dem Rate von Lübeck geschlossene vollständige Sühne[10]). Heyno von Scharfenberg aber schwor dem Rate von Lübeck erst 1366 Urfehde unter der Bürgschaft der übrigen Scharfenberge und des Make von Sühlen zu Steinhorst und versprach, sich fortan des Straßenraubes zu enthalten[11]). Die Herren von Hummelsbüttel und von Tralau und ihre Genossen blieben noch auf gespanntem Fuße mit den Lübeckern wegen ihres getöteten Freun=

---

[1]) U. B. d. St. L. II 776.
[2]) ib. II 844.
[3]) ib. II 847.
[4]) U. S. II 170.
[5]) U. B. d. St. L. II 904.
[6]) ib. II 905.
[7]) ib. II 906.
[8]) ib. II 924.
[9]) ib. III 109, 318.
[10]) ib. III 178
[11]) ib. III 558.

des Markward Strutz. Doch kam 1352 eine Sühne zustande[1]). Lüder von Borstel klagte noch 1353 gegen die Lübecker wegen eines räuberischen Überfalles auf Borstel durch Lübecker Knechte: *„Schiphorst vnde Stalbuc myt eren hulperen de villen in mines vaders hof to dem Borstele vnde nemen mynen vader vnde my wol dre hundert marck wert gudes vnde dreuen dat gut in to Zeghebarghe, vnde dar büten* (verteilten) *se den rof vnde dat gut vnde reden wedder in yvwe stat[2])".* Der Streit wurde durch den Bischof Bertram geschlichtet[3]). Siegfried von Buchwald schwor dem Rat von Lübeck Urfehde im Jahre 1360[4]) und Markward von Lasbek erst 1361[5]).

Um diese Zeit wurde die Straße zwischen Hamburg und Oldesloe durch mecklenburgische Vasallen unsicher gemacht[6]). Sogar die Bauern von Elmenhorst beteiligten sich am Straßenraub und wurden im Jahre 1365 wegen Beraubung eines dänischen Warenzuges vom Rat zu Rostock geächtet. Nun sorgte aber Johann von Hummelsbüttel für die Sicherheit der Straße und versprach in den Jahren 1370 und 1371, die Güter zwischen Lübeck und Hamburg sicher zu geleiten[7]).

Mit den Scharfenbergern brach die Fehde aufs neue aus. Henneke Scharpenberg klagt die Lübecker an, *„dat se bynnen enen velighen wissenden vrede, den ik myt en hebbe, my hebben mynen vader dot afgheslaghen vnde synen knecht, vnde hebben de suluen mynen vader vnde synen knecht verouet[8])".* Zu ihrer Verteidigung führten die Lübecker im Jahre 1373 u. a. an: *„Darna tho ener anderen tyd nam Henneke Scharpenberch, Ludekens broder, bynnen deme zuluen vrede vpper straten tho Hamborch lynewant alzo gud alze C vnde xxv mark. Dar na heelt Ludeke Scharpenberch zuluen vpper straten vor Odeslo, dar he vser borghere vere, de vd Odeslo ghinghen, wundede, dar syner kumpane een, gheheten Arnd Westfael, doet blef[9])."*

Im Jahre 1374 wurde von den Herzögen von Sachsen-Lauenburg, den holsteinischen Grafen und den Städten Lübeck und Hamburg ein neuer Landfrieden zunächst auf zwei Jahre geschlossen[10]), und im Jahre 1382 wurde in Oldesloe ein förmliches Landfriedensgericht eingesetzt. Es wurde u. a. bestimmt, *„dat men landvoghede sette, dat men volghe vnde den landvrede holde, alse he inne heft, vnde dat in yewelken kerkspele vire der besten bur sweren, dat se deme landvoghede schullen melden vnde openbaren, wes se konen vresschen, dat yegen den landvrede ghedan ward, vnde de landvoghede schullen to vire tiden in dem iare, alse achte daghe na Paschen, achte daghe na sente Johans daghe to middensomer, achte daghe na sente Michels daghe*

---
[1]) U. B. d. St. L. III 133.
[2]) ib. III 167.
[3]) ib. III 168—170, 307.
[4]) ib. III 367.
[5]) ib. III 406.
[6]) ib. III 378.
[7]) ib. III 744, IV 165.
[8]) ib. IV 184.
[9]) ib. IV 185.
[10]) ib. IV 219.

vnde achte daghe na Winachten to Odeslo to samene komen, dar den landvrede to rechtverdighende, vnde de landvoghede schullen dar openbaren, wes se vernomen hebben vnde wes en suluen witlik is, dat yeghen den landvrede ghescheen is[1]*.*"

Als im Jahre 1384 holsteinische Adelige und sogar Oldesloer Bürger an der sogenannten Knochenhauerverschwörung in Lübeck teilgenommen hatten, lud Graf Adolf VII. im Jahre 1385 den Rat von Lübeck ein, sich am Sonntage nach dem nächsten Michaelistage in Oldesloe einzufinden, wo er über seine von den Städten beschuldigten Vasallen Gericht halten wolle, und ersuchte zugleich um sicheres Geleit für dieselben. Unter denen, für die er freies Geleit erbat, befand sich Henneke Stake und der spätere Oldesloer Bürgermeister Ludeke Münter.[2]) Henneke von Tralau der jüngere hatte bereits im Jahre 1384 zehn Tage nach Entdeckung der Verschwörung Urfehde geschworen unter Bürgschaft Johanns von Hummelsbüttel, Volrads von Sühlen, Volrads von Tralau und Hennekes von Tralau des älteren.[3]) Der Oldesloer Bürger Nicolaus Guldenvoet schwor 1386 Urfehde unter Bürgschaft von drei anderen Bürgern. (S. oben S. 48).[4])

Nachdem im Jahre 1387 wieder eine Besprechung der Fürsten und Städte in Oldesloe stattgefunden hatte,[5]) wurde hier im Jahre 1389 in einer abermaligen feierlichen Versammlung der Landfriede auf drei Jahre erneuert.[6]) Während dieser Friedensversammlung, an der die Herzöge Erich III. und Erich IV. von Sachsen, Herzog Gerhard von Schleswig, die Grafen Claus und Adolf von Holstein und Graf Otto von Schauenburg mit ihrer Ritterschaft und Vertreter der Städte Lübeck und Hamburg teilnahmen, kamen viele Ritter und Knechte aus dem Lüneburgischen und aus der Priegnitz vor Oldesloe, plünderten hier und nahmen sogar den in der Stadt versammelten Herren ihre vor den Toren weidenden Pferde weg. Der lübeckische Reitervogt Henning von Lasbek, genannt Nipperney, verfolgte sie aber bis Mölln und nahm ihnen einen Teil der Beute wieder ab.[7]) Hohe Achtung scheinen danach die Herren Raubritter vor dem Friedenskongresse nicht gehabt zu haben.

Solche Versammlungen fanden dann in Oldesloe noch häufig statt. Im Jahre 1392 erließen hier Herzog Gerhard und Graf Klaus ein Gesetz wegen Bestrafung des Totschlags und Friedensbruchs.[8]) Erwähnt werden außerdem Tagungen zu Oldesloe im Jahre 1397 und in den ersten Jahren des folgenden Jahrhunderts. Im Jahre 1408 lud sogar Kaiser Ruprecht zu einem Tage in Oldesloe ein zur Schlichtung der

---

[1]) U. B. d. St. L. IV 402.
[2]) *ib.* IV 460.
[3]) *ib.* IV 440.
[4]) *ib.* IV 468 Anm.
[5]) *ib.* IV 483.
[6]) U. S. II 280.
[7]) Detmar-Chronik IV 907.
[8]) U. S. II 290.

Streitigkeiten zwischen dem alten und dem neuen Rat von Lübeck.[1]) Bei einer Erneuerung des Landfriedens auf drei Jahre durch Erich V., Herzog von Sachsen=Lauenburg, Heinrich IV., Herzog von Schleswig, Heinrich III., Grafen von Holstein, Adolf IX., Grafen von Schauen= burg, die verwitwete Herzogin Elisabeth von Schleswig, die verwit= wete Gräfin Anna von Holstein und die Räte der Städte Lübeck und Hamburg im Jahre 1414 wurde wiederum bestimmt: *„Vortmer schal men den lantvrede rechtferdigen to Odeslo."*[2])

Aber das beständige „Rechtfertigen" des Landfriedens innerhalb seiner Tore konnte den Landfriedensvorort selbst nicht vor dem schlimmsten Kriegsunheil bewahren. In dem lange tobenden Streite des dänischen Königs mit den holsteinischen Grafen um das Herzog= tum Schleswig nahm Herzog Erich V. von Sachsen=Lauenburg für den Dänenkönig Erich Partei, fiel im Jahre 1415 mit einem Heere in Hol= stein ein und zerstörte Oldesloe vollständig[3]). Schilderungen von der Einäscherung der Stadt sind leider nicht erhalten. Daß die Verwüstung und Plünderung aber sehr gründlich gewesen ist, geht aus den Klagen hervor, die zwei in Oldesloe begüterte Edelleute, Herding Stake und Detlev von Hadeln, im Jahre 1434, als die Friedensverhandlungen in Wordingborg im Gange waren, bei dem Rate von Lübeck gegen die lauenburgischen Herzöge einreichten. In der Klage des Ritters Her= ding Stake heißt es: *Dyt ys de schuldinghe vnde ansprake, de her Her= dinghe Stake heft to den Sasschen heren. Int erste, dat hertog Erik brande Odeslo, do tor tijt sin rechte pand wesende, vnentsecht vnde vnvor= wart, vnde her Herdingh sat myt dem vorscreuenen heren hertoghen Erike in sundergher groten vrundschap vnde handelinghe vnde wart em an syner rente, de he hadde in der erbenomeden stadt Odeslo, to schaden alse vp soshundert marke lubesch, vnde de ghennen de mit em dar wesende nemen deme suluen her Herdinghe erstbenomet an reden pennynghen vth ener kisten dre vndedruttich mark vnde hundert. Ok vorbrande em de sulue hertoghe Erik in der Stad Odeslo souen eghene huse, dar he em an der rente vnde husen schaden dede vp veerhundert mark lubesch.*[4]) Detlev von Hadeln schrieb: *„Dyt ys de tosprake, de yk Detlef van Hadelen deme hertogen von Sassen totoseggende hebbe. In dat erste dat he minen vader afgrypen let vte synen brode vnde wedder in syn brot vnde let ene pinegen, dar he af nam den dot, vnde nam em uppe de sulue tyt perde also gud alse XXXVI mark, item hun= dert lubesche gulden, de mynem vader vnde myner moder genomen worden, do he Odeslo verbrande. Ok XXVI vulwassen qwekes to der suluen tijt. Item myn broder Lemmeke vnde yk verloren harnsch also gud alze XXX lubesche Mark bynnen Odeslo, do yt vorbrande. Ok vorbrande he vns en hus also gut alze XL mark bynnen Odeslo. Item schadede he vns vppe de suluen tyt alse gut alse hundert mark an korne*

---
[1]) U. B. d. St. L. V 201, 202, 222, 225, 282, 668.
[2]) *ib.* V 496.
[3]) Lappenberg, Presb. Brem. S. 127.
[4]) U. B. d. St. L. VII 605.

vnde husgerade vnde an miner moder klederen vnde beddewande.[1]
Zu seiner Verteidigung führte Herzog Erich an: „*Wij worden in vortij=
den grofliken vnde swarliken mennigerleie wys beschedigt vthe Odeslo
vnde dar wedder in van den jennen, de men darsulwes husede vnde
hegede, darumme wy wedder vppe de sochten, vns so daner gewald to
erwerende, vnde meynen, wes wy eder de vnse dosulues so deden eder
gedan hebben, mogen wy mit gelike wol gedan hebben, vnde wes wy
darsulues to der tijd deden, hebben wy mit eren gedan*[2]). Wir sehen
also, daß sich der Fürst den Teufel um den eben erst beschworenen
Landfrieden kümmerte, wenn es ihm nicht paßte, und daß ihm der
Landfriedensbruch durchaus nicht unehrenhaft schien.

Nach dem Wiederaufbau von Oldesloe wurden dort noch Tagungen
abgehalten 1420, 1428, 1429 und 1450.[3]) Die von 1420, 1428 und 1450
scheinen nur Tagungen der Hansastädte gewesen zu sein. An der von
1429 aber nahm auch der Herzog von Schleswig teil.

Über Straßenraub wird in diesen Zeiten nicht mehr geklagt. Im
Jahre 1457 wurden zwar von Volrad von Buchwald, herzoglichem Amt=
mann zu Trittau, drei Faß Südwein und sechs Tonnen Seife weg=
genommen, die dem in Oldesloe begüterten Lübecker Bürger Heyne
Boltze gehörten; es geschah aber, weil der Fuhrmann auf verbotenem
Wege fuhr, und auf eine Beschwerde des Rats von Lübeck versprach
Adolf VIII., die Ware dem Eigentümer wieder zustellen zu lassen.[4])
Um eine bloße Beschlagnahme handelte es sich auch, als der Rat von
Oldesloe im Jahre 1461 dem Lübecker Bürger Hinrik Kik eine Partie
Roggen wegnehmen ließ wegen Verletzung der Oldesloer Mühlen=
gerechtigkeit.[5]) Sicher waren die Straßen freilich immer noch nicht;
denn wir sehen noch immer sorgfältige Vorkehrungen zum Schutze
der Warenzüge treffen.[6]) Wenn der Straßenraub weniger gefährlich
wurde, so war das gewiß dem immer besser ausgebildeten Geleitwesen
zu verdanken.

Als nach dem Ableben Adolfs VIII. die Landstände König Chri=
stian I. von Dänemark zum Herzoge von Schleswig und Holstein er=
koren hatten, erhob auch Graf Otto von Schauenburg=Pinneberg An=
spruch auf die Erbfolge. Dieser Erbstreit wurde durch einen Vergleich
geschlichtet, den die Vertreter der beiden Fürsten im Jahre 1460 zu
Oldesloe zustande brachten und in dem sich der König verpflichtete,
dem Grafen eine Abfindungssumme von 43 000 rheinischen Gulden zu
zahlen.[7] In den Jahren 1464 und 1468 fanden dann noch Tagungen
der Hansastädte in Oldesloe statt[8]), danach aber scheint Oldesloe seine
Bedeutung als Versammlungsort verloren zu haben.

---

[1]) U. B. d. St. L. VII 607.
[2]) *ib.* VII 606.
[3]) *ib.* VI 198, VII 151, 361, VIII 682, 697.
[4]) *ib.* IX 454.
[5]) *ib.* X 22.
[6]) Vgl. z. B. *ib.* XI 182.
[7]) Die Vertragsurkunde ist abgedruckt in den Nordalbingischen Studien III S. 84.
[8]) Zeitschr. I 223. U. B. d. St. L. XI 320.

Im Jahre 1470 berichtete König Christian I. der Stadt Oldesloe, daß sein Bruder Gerhard, den er zum Verweser ernannt habe, sich Übergriffe habe zuschulden kommen lassen, und befahl, falls es zu Streitigkeiten zwischen ihnen kommen sollte, Gerhard in keiner Weise Hilfe zu leisten.[1]) Oldesloe blieb glücklicherweise von diesen Händeln verschont.

In dem Kriege gegen die Ditmarschen im Jahre 1500 erlebte Oldesloe den Durchzug der von Clawes Krummendyk geführten Garde, die aus dem Lüneburgischen ihren Weg über Reinbek, Oldesloe und Segeberg nach Ditmarschen nahm.[2])

Unter den Kriegshändeln Lübecks litt Oldesloe noch einmal im Jahre 1508, als in dem dänisch=lübeckischen Kriege die dänischen Truppen Oldesloe drei Wochen besetzt hielten *cum magno detrimento*, wie Sebastian Bacmeister, der uns diese Nachricht nach einer handschriftlichen Lübecker Chronik überliefert, berichtet.[3])

XXIII. Die herrschaftlichen Steuern.

Fester Schoß und Bede. Verpfändungen des festen Schosses. Höhe der Beden. Ursprung des Zolls. Teilweise Verschenkung. Rückkauf von einem Eckbrecht von Wolfenbüttel. Zollbefreiungen. Veräußerungen des Zolls. Überlassung des Zolls an die Stadt Lübeck. Lübecker Abrechnungen. Lübecker Zöllner in Oldesloe. Beschwerde über einen neuen Zoll. Der Zoll wieder im Besitz der Landesherrschaft. Neue Verpfändung des Zolls. Der neue Zoll. Umgehung des Zolls. Das Geleitsgeld. Geleitsverträge. Verpfändung des Geleitsgeldes. Gleichstellung von Zoll und Geleitsgeld. Ertragshöhe des Geleitsgeldes.

1. Direkte Steuern.

Der Landesfürst bezog ursprünglich aus der Stadt wie vom Lande zweierlei direkte Steuern, eine regelmäßige feste, den ursprünglichen Grafenzehnten, und eine nur in Notfällen erbetene, die sogenannte Bede *(petitio* oder *precaria)*. Die erstere war in Oldesloe, wie wir bereits gesehen haben, auf 100 Mark festgesetzt worden und hieß *plicht*, auch *stadplicht*. Im Gegensatz zu ihr wurde die als freiwillige Abgabe angesehene Bede *unplicht* genannt.

Die feste jährliche Steuer wurde von den Landesherren häufig verpfändet oder ganz oder teilweise verkauft oder verschenkt. In Oldesloe wurde sie im Jahre 1375 von dem Grafen Adolf VII. mit allen seinen übrigen Oldesloer Einkünften dem Rate zu Lübeck verpfändet *(zunderliken de rente binnen der stad tu Odeslo, alze hundert mark gheldes in dem rade*[4])*.)* Im Jahre 1389 muß das Pfand aber schon wieder eingelöst gewesen sein, da derselbe Graf in diesem Jahre den Geistlichen

---
[1]) Urk. des Stadtarchivs Nr. 14.
[2]) Nach einem im Lüneburger Stadtarchiv befindlichen Briefe von Bürgermeister und Rat der Stadt Hamburg an Bürgermeister und Rat der Stadt Lüneburg, von dem sich unter Nr. 18 eine Abschrift im Oldesloer Stadtarchiv findet.
[3]) v. *Westphalen, Monumenta inedita* III Sp. 1102.
[4]) U. B. d. St. L. IV 257.

der Peterskirche in Lübeck auf die 100 Mark aus der Stadt Oldesloe eine Rente von 25 Mark für ein von ihnen empfangenes Kapital von 300 Mark anweist.[1]) Im Jahre 1434 verkaufte dann Herzog Adolf VIII. dem Johannisklostser in Lübeck für ein Kapital von 700 Mark noch eine Rente von 50 Mark „*in vnde vte vnser stad Odeslo van deme gelde, dat de rad vnde meynheyd vns vnde vnsen eruen to vnser herschop alle yar plichtig syn.*"[2]) Später müssen die Zinsen der beiden Anleihen von zusammen 1000 Mark, die nur 75 Mark betragen sollten, um 13 Mark erhöht sein; denn in der „*summarie*" des ganzen Pfandregisters der Lande Schleswig, Holstein und Stormarn aus den letzten Jahren des 15. Jahrhunderts heißt es: „*LXXXVIII Mark renthe sinth vorpandet den vicarien to sunte Peter unde den junckfrouwen to sunte Johans to Lubeke vor j m marck hovetstols van j c marck stadplicht, de de stad to Odeslo der herschop gift alle jar, so staen dar XII marck in den j c na, de kricht noch alle jar unse vaget to Segeberge.*"[3]) Im Jahre 1670 wurde das Kapital von 700 Mark nebst 21½ Jahr rückständigen Zinsen im Betrage von 950 Mark von Klaus von Ahlefeld dem Johanniskloster zurückbezahlt.[4]) Es muß ein erheblicher Zinsennachlaß stattgefunden haben, da schon die Rente von 50 Mark in 21½ Jahren den Betrag von 950 Mark bedeutend übersteigt.

Ein Beispiel der Verpfändung von Grafenzehnten auf dem Lande ist bereits S. 72 Anmerk. mitgeteilt worden.

Die Edelleute waren frei von regelmäßigen Steuern, da sie dem Landesherrn mit ihrem Leibe dienten, und sollten zu einer Bede nur herangezogen werden, wenn der Fürst eine Tochter ausstattete oder eine Hauptschlacht verloren hatte. Die Bede wurde 1422 festgesetzt auf 8 Schillinge von jeder Hufe in Stadt und Land.[5])

2. *Warensteuern.*

a) der Oldesloer Zoll. Oldesloe ist ohne Zweifel Zollstätte gewesen, als es noch Grenzort war, und der Zoll ist dann wie auch der Plöner Zoll als überlieferte Einrichtung bestehen geblieben, nachdem es den Charakter als Grenzort verloren hatte. Im Jahre 1175 schenkte Heinrich der Löwe den zehnten Teil des Oldesloer Zolles der Sankt-Johannis-Kapelle in Lübeck.[6]) Da der zehnte Teil auf 2 Mark geschätzt wurde, muß der ganze Zoll damals also etwa 20 Mark Silber jährlich betragen haben. Dem entspricht in Anbetracht des damaligen hohen Zinsfußes der Kaufpreis, den etwa 5 bis 6 Jahrzehnte später die Hamburger dafür bezahlten, als sie ihn von einem Eckbrecht von Wolfenbüttel für 200 lötige Mark Silber erwarben, um ihn dann

---

[1]) Urk. des Stadtarchivs Nr. 3, gedruckt im Oldesloer Programm von 1889.
[2]) Urk. des Stadtarchivs Nr. 6, gedruckt U. B. d. St. L. VII 619.
[3]) U. S. IV 183. In dem Teilungsvertrage bei Sejdelin S. 684 (U. S. IV. Vorwort S. X) ist die ganze Verschreibung irrtümlich auf das Johanniskloster bezogen worden.
[4]) Urk. des Stadtarchivs Nr. 90.
[5]) Privilegien der schlesw.-holst. Ritterschaft S. 3.
[6]) *Itemque thelonei in Odeslo decimatione quam ad duas marcas argenti estimamus.* U. B. d. Bist. L. I 11.

zwischen 1228 und 1239 dem Grafen Adolf IV. zu überlassen.[1]) In den Besitz derer von Wolfenbüttel könnte er schon durch Heinrich den Löwen gelangt sein, da ein älterer Ministeriale Eckbert von Wolfenbüttel zu den Getreuen des Löwen gehörte. Ihm übertrug der Herzog z. B. die Sorge für seine zurückbleibende Familie, als er im Jahre 1172 eine Pilgerfahrt nach dem heiligen Lande unternahm.[2]) Doch stand der jüngere Eckbert von Wolfenbüttel, dem die Hamburger den Zoll abkauften, auch mit Adolf IV. in Verbindung, mit dem er in einer Urkunde von 1234 genannt wird.[3])

Als Graf Adolf IV. durch Vermittlung der Hamburger in den Besitz des Oldesloer Zolles gelangt war, genoß die Stadt Hamburg durch kaiserliches Privileg von 1189,[4]) das im Jahre 1190 vom Grafen Adolf III. bestätigt worden war,[5]) Zollfreiheit durch ganz Holstein. Auch der Stadt Lübeck war von Kaiser Friedrich II. im Jahre 1226 Befreiung vom Oldesloer Zoll zugesichert,[6]) aber vom Grafen Adolf IV., der den Verlust der Stadt nicht leicht verschmerzen konnte und bald nach jener Zeit einen Versuch machte, sie wieder in seine Gewalt zu bekommen, noch nicht bestätigt worden.[7]) Zollfreiheit in ganz Holstein wurde den Lübeckern erst durch die Grafen Johann I. und Gerhard I. im Jahre 1247 verliehen,[8]) nachdem ihnen die Schirmvogtei über die Stadt übertragen worden war.[9]) Bis zu der Zeit mußten die Lübecker in Oldesloe Zoll bezahlen. Als Graf Adolf IV. auf Wunsch des Erzbischofs Gerhard von Bremen den Bürgern von Stade im Jahre 1238 gewisse Zollfreiheiten in Holstein gewährte, wurden sie ausdrücklich verpflichtet, in Oldesloe den Zoll so wie die Lübecker zu entrichten[10]). Bei der Bestätigung dieser Verleihung durch die Grafen Johann I. und Gerhard I. im Jahre 1251 wurde die angeführte Stelle beibehalten, obgleich die Lübecker mittlerweile vom Oldesloer Zoll befreit worden waren, doch sollte dadurch gewiß nicht auch den Stadern Zollfreiheit in Oldesloe gewährt werden. Aber später scheint sie doch daraus abgeleitet worden zu sein, da im Jahre 1458 auch Buxtehude meint, wie Bremen und Stade vom Oldesloer Zoll befreit zu sein[11]).

---

[1]) Zeitschr. V 356.
[2]) *Arnoldi Chron. Slav. I 1.*
[3]) Hasse I 515. Hasse meinte, der jüngere Eckbrecht von Wolfenbüttel müsse den Zoll infolge einer Forderung von dem Grafen in Pfandbesitz gehabt haben. Zeitschr. V 357.
[4]) Hasse I 161.
[5]) *ib.* I 166.
[6]) *Concedimus etiam Burgensibus supra dictis, ut a nullo eorum apud Odislo theloneum exigatur.* U. B. d. St. L. I 35.
[7]) U. B. d. St. L. I 35 Zeitschr. V 354.
[8]) *Primum est quod ius et liberfatem damus Ciuitati Lubicensi, vt omnes Lubicenses per Odeslo et vbique per dominium nostrum transeuntes a qualibet exactione et solutione thelonei perpetuis temporibus liberi maneant et immunes.* U. B. d. St. L. I 124.
[9]) *ib.* I 123.
[10]) *In Thodeslo thelonium dabunt sicut a ciuibus lubicensibus ibidem dari consueuit.* Hasse I 575. Hamb.. Urk. B. 563.
[11]) U. B. d. St. L. X 575.

Im Jahre 1263 wurden unter den Einkünften des Lübecker Kapitels jährlich 4 Mark aus dem Oldesloer Zoll verzeichnet,[1]) die zu einer von dem Grafen gestifteten Präbende gehörten, wie aus einer Aufzeichnung aus dem Jahre 1382 hervorgeht.[2]) Im Jahre 1314 verzichtete Graf Adolf VI. auf das, was er noch im Zoll auf der Trave hatte, zugunsten seiner Vettern Gerhard und Henneke.[3]) Dann war der Zoll an die Herren von Tralau verpfändet, von denen ihn Johann III. um 1338 zugleich mit den übrigen Oldesloer Besitzungen zurückkaufte. Aber schon im Jahre 1340 überließ er den ganzen Oldesloer Zoll wieder der Stadt Lübeck für 800 Mark Pfennige. Die Lübecker sollen ihn durch ihren Beauftragten erheben von allen Gütern, welche zur Zeit derer von Tralau und seitdem Zoll bezahlt haben, mit den Geldern, die „Sackpennige" und „Punderpennige" genannt werden, auch von Holz und allen anderen zollpflichtigen Sachen. Wenn die jährliche Zolleinnahme den Betrag von 80 Mark nicht erreicht, soll das Fehlende aus der Mehreinnahme folgender Jahre gedeckt werden. Was aber darüber hinaus eingenommen wird, soll dem Grafen als Anzahlung auf die Einlösung gutgeschrieben werden. Der Graf behält sich vor, den Zoll binnen zehn Jahren zurückzukaufen; wenn aber der Wiederkauf in der Zeit nicht erfolgt, sollen die Lübecker den Zoll mit allen Rechten und Freiheiten besitzen auf ewige Zeiten, wie ihn der Graf bisher besessen hat und die von Tralau vor ihm besessen haben. Den von den Lübeckern einzusetzenden Zöllner, der aus dem Zoll seine Spesen haben soll, will der Graf schützen wie einen der Seinigen. Auch verpflichtet sich der Graf, keinen neuen Zoll in Oldesloe einzurichten. Etwaige Zollstreitigkeiten sollen die Lübecker selbst nach lübischem Recht schlichten.[4])

Die Lübecker Kämmereibücher verzeichnen die Einnahmen vom Oldesloer Zoll von 1340 bis 1387.[5]) Nach 10 Jahren hatte der Graf nicht nur keinen Überschuß erlangt, der ihm als Hilfe für die Wiedereinlösung zustatten kommen konnte, sondern er blieb sogar den Lübeckern noch einen erheblichen Teil der auf jährlich 80 Mark festgesetzten Zinsen schuldig und mußte den Zoll deshalb den Lübeckern lassen. Im Jahre 1346 verpflichtete sich Johann Hummelsbüttel der Ältere, für den Grafen Johann u. a. den Oldesloer Zoll mit 800 Mark einzulösen,[6]) muß aber der Verpflichtung nicht nachgekommen sein.

Als im Jahre 1359 mit dem Zöllner Hinrik upper Hude abgerechnet wurde, blieb der Graf noch 50 Mark schuldig. Für seine Bemühungen bekam der Zöllner 1340 eine Vergütung von 3 Mark, von 1346 an 2½ Mark oder, wie es seit 1352 hieß, *4 aurati* zu 10 Schilling. Außerdem mußten 4 Mark jährlich an die gräfliche Präbende der Domkirche

---

[1]) U. B. d. Bist. L. I 160.
[2]) U. B. d. St. L. III 146 Anm.
[3]) U. S. II S. 32. Hasse III 293 und 1066.
[4]) U. B. d. St. L. II 695.
[5]) *ib.* III 146 Anm.
[6]) Pauls IV 240.

abgegeben werden. Im Jahre 1360 legt die Witwe des Hinrik upper Hude Rechenschaft ab, 1361 und 1362 heißt der Zöllner Nycolaus Peperkorn.

Zwischen 1370 und 1377 beschwerten sich die Lübecker Bürger darüber, daß Clawes Peperkorn einen neuen unrechten Zoll „auf der Trave" erhebe, der zuvor nie gewesen sei. Die „Holstenheren" hätten ihm wegen dieser Untat zuerst eine Geldstrafe von 50 Mark, und als er, um seinem Schaden nachzukommen, mit der Erhebung fortgefahren habe, eine solche von 350 Mark auferlegt. Um ihn instand zu setzen, diese Geldstrafe zu bezahlen, hätten sie ihm dann die Erhebung eines Holzzolles auf der Trave erlaubt, von dessen Ertrag seine Frau, die „Peperkornesche", nun jährlich 10 Mark bezahle. In dem Verleihungsbriefe sei aber nicht angegeben, von wem Peperkorn und seine Frau Zoll erheben sollten und wieviel, und so nähmen diese denn, was sie wollten, von jedem Prahm Eichenholz 8 Schilling, von dem Prahm Buchenholz 4 Schilling, von dem Prahm Föhrenholz 2 Schilling, vom Wagenrade 2 Pfennige, vom Achsenholze 1 Pfennig, vom Sacke Kohlen 1 Pfennig, von einer Umzugsfuhre *(alevore)* soviel sie wollten, so daß Lübecker Bürgern von ihnen wohl 200 Mark jährlich mit Unrecht abgenommen würden.[1]) Da sich ein Bescheid auf die Klage nicht vorfindet, läßt sich heute nicht mehr beurteilen, wieweit sie begründet war oder nicht. Daß nie ein Zoll „auf der Trave" bestanden habe, ist jedenfalls nicht richtig, da in dem Teilungsvertrage von 1314 ein solcher erwähnt wird. Wohl aber müssen die Lübecker seit 1247 davon befreit gewesen sein und 1340 nicht bloß den Landzoll, sondern auch einen etwaigen Zoll auf der Trave in Oldesloe in Besitz bekommen haben, da ihnen Graf Johann III. ausdrücklich den g a n z e n Oldesloer Zoll überließ. Der neue Zoll bestand jedenfalls zu Unrecht, da sich Graf Johann III. im Jahre 1340 verpflichtet hatte, keinen neuen Zoll in Oldesloe einzurichten.

Ein Oldesloer Zoll ist dann noch bis weit ins 15. Jahrhundert hinein in den Händen der Lübecker gewesen. Erwähnt wird ein solcher wieder in einer Übersicht über die Einnahmen der Stadt in den Jahren 1407 und 1408[2]) und in einer anderen von den Jahren 1421 bis 1430.[3]) Doch sind die Einnahmen gegen früher sehr vermindert. Sie betrugen 1421 nur 6 Mark, 1428 und 1429 je 9 Mark und 1430 gar nur 4 Mark 12 Schilling. Offenbar war damals nur noch ein geringer Teil des Zolles in den Händen der Lübecker. Nachrichten darüber, wie der Zoll wieder in den Besitz der Landesherrschaft gelangt ist, sind uns jedoch nicht erhalten. Ein Lübecker Zöllner in Oldesloe wird noch erwähnt 1459[4]) und nach 1484[5]) zu einer Zeit, als die Landesherrschaft längst wieder über den Oldesloer Zoll verfügt.

Im Jahre 1470 nahm König Christian I. eine Reihe von Kapitalien auf, deren Zinsen er durch den Oldesloer Zoll sicherstellte. Ihre

---

[1]) U. B. d. St. L. IV 345.
[2]) *ib.* V 184.
[3]) *ib.* VII 428.
[4]) *ib.* X 575.
[5]) U. S. IV 183.

Höhe zeigt, daß der Zoll damals recht ertragreich gewesen sein muß. Dem Lübecker Bürger Heyne Boltze verschrieb er am 5. Mai 1470 eine jährliche Rente von 80 Mark aus dem Zoll zu Oldesloe für ein Kapital von 500 Mark, das er selbst, und ein anderes Kapital von 500 Mark, das sein Bruder Gerhard Graf zu Oldenburg, von Boltze empfangen hatte.[1]) Graf Gerhard hatte jedoch am 2. Mai 1470 die Zinsen nicht auf den Oldesloer Zoll, sondern auf das in der „Pundkiste" anzusammelnde Geleitsgeld angewiesen.[2]) Es ist daher anzunehmen, daß auch in König Christians Verschreibung unter „Zoll" das Geleitsgeld zu verstehen ist.

Am 25. August 1470 verschrieb der König den Herren Werner und Friedrich von Bülow für ein Kapital von 600 Mark eine Rente von 60 Mark aus dem Oldesloer Zoll, die der Zöllner jährlich ausbezahlen soll zu der Zeit, wenn die Zollkiste geöffnet zu werden pflegt.[3]) Offenbar ist diese Anleihe nicht mehr so sicher gestellt wie die vorher genannte, da ihr Zinsfuß erheblich höher ist. Trotzdem verpfändete der König am 12. Oktober desselben Jahres den Herren Hinrik van Alefelde und Diderik Blome für ein Kapital von 14 000 Mark neben vielen anderen Einkünften auch den halben Zoll zu Oldesloe, so daß die vorher genannten Renten aus der anderen Hälfte allein gedeckt werden mußten,[4]) und wies im Monat November noch einmal eine Rente von 60 Mark auf den Oldesloer Zoll an für ein Kapital von 860 Mark, das er von dem Domkapitel zu Hamburg aufgenommen hatte. Für diese Rente aber ließ er die Stadt Oldesloe bürgen und bestimmte außerdem, daß der Zöllner dieses Geld vor allen anderen Renten auszahlen solle, woraus sich der mäßige Zinsfuß erklärt. Den Oldesloern gestattete er, zu ihrer Sicherstellung die über die Ausgaben hinausgehenden Einnahmen des Zolls, des Schosses, der Landheuer, der Salinenheuer, der Trägerheuer und der Ziegeleiheuer in Verwahrung zu nehmen, um sich daraus schadlos halten zu können, und gebot den Vögten und Amtleuten zu Segeberg, sich so lange um diese Einkünfte nicht zu kümmern, bis das Kapital zurückbezahlt sei[5]).

Mehr Lasten konnte offenbar der Zoll nicht tragen. Deshalb war der geldbedürftige König darauf bedacht, die Einnahmen des Zolles zu vermehren, und erwirkte zu dem Zwecke im Jahre 1474 die Genehmigung Kaiser Friedrichs III. zur Erhöhung des Zolles zu Rendsburg, Plön und Oldesloe.[6]) Aus diesem „neuen Zoll zu Oldesloe" wies er am 5. Dezember 1479 dem Bürgermeister Hinrik Murmester zu Hamburg eine jährliche Rente von 30 Mark an für ein Kapital von 456½ Mark[7]) und verpfändete dann am 17. Dezember 1479 alle noch übrigen Einnahmen aus diesem Zoll dem Bischof Albert zu Lübeck für ein Kapital von 5000 Mark, das dem Bischof jährlich mit 400 Mark ver=

---

[1]) U. B. d. St. L. IV 106.
[2]) ib. XI 568.
[3]) U. S. IV 107.
[4]) ib. IV 125.
[5]) ib. IV 135, 457.
[6]) Urk.-Buch zur Gesch. des Landes Dithmarschen XL. Staatsb. Magazin X S. 278
[7]) U. S. IV 172.

zinst werden sollte. Was über 400 Mark jährlich eingenommen würde, sollte vom Kapital abgeschrieben und nicht weiter verzinst werden.[1]) Im Jahre 1480 gestand er dem Bischof das Recht zu, seinen Gläubigern den Zoll wieder zu verpfänden.[2]) Bei der Landesteilung von 1490 fiel der ganze neue Zoll zu Oldesloe dem Segeberger Anteil zu.[3])

Auch von dem neuen Zoll waren die Städte Lübeck und Hamburg frei. Deshalb suchten, wie gegen Ende des 15. Jahrhunderts geklagt wurde, Kaufleute aus anderen Städten für ihre Güter dieselbe Zoll=freiheit in Oldesloe zu genießen, indem sie sie mit Gütern von Ham=burger oder Lübecker Bürgern und im Namen und unter dem Schutze jener Städte durch Oldesloe führen ließen, oder indem sie in einer der beiden Städte das Bürgerrecht erwarben, ohne dort anders als gast=weise Wohnung zu nehmen. Daraus, daß in Oldesloe noch immer in einem der Stadt Lübeck gehörigen Hause ein Lübecker Zöllner saß und Zoll von Waren erhob, die nach Lübeck bestimmt waren oder von dort seewärts verschifft werden sollten, entstanden der Herrschaft auch viele Verdrießlichkeiten, da sie durch die einseitige Wahrnehmung der Lübecker Interessen oft geschädigt wurde.[4]) Auch suchten manche Kaufleute der Zahlung des Zolles zu entgehen, indem sie die Fuhrleute veranlaßten, auf Umwegen die Oldesloer Zollstelle zu vermeiden. Den auf verbotenen Wegen ertappten Fuhrleuten wurden dann die Waren weggenommen. So wurden, wie bereits S. 112 erwähnt, im Jahre 1457 von dem herzoglichen Amtmann in Trittau 3 Fässer Südwein und 6 Tonnen Seife konfisziert, *darumme de vorman vnwondlyke strate vorsocht hefft.* In dem zwischen dem Könige und den Lübeckern im Jahre 1506 zu Segeberg geschlossenen Vergleich wurde bestimmt, daß die Lübecker und Hamburger statt des angefangenen neuen Weges den alten Weg über Oldesloe fahren sollten,[5]) und in dem am 13. August 1522 zu Bordesholm abgeschlossenen Vergleiche zwischen Herzog Fried=rich und König Christian II. heißt es u. a.: „die Landstraßen sollen über Segeberg, Trittow und Oldesloe wie von altersher gehen und von Kaufleuten und Fuhrleuten ungehindert gebraucht werden, bis zum vorbenannten Segebergischen Vergleichstage... Ebenso soll es mit dem vom Könige zu Oldesloe angeordneten Zolle bis auf den Tag der Segebergischen Versammlung und bei derselben gehalten werden."[6])

b) *Das Geleit zwischen Lübeck und Hamburg.* Welche Vorkehrungen ursprünglich von Reichswegen zur Sicherung der Reichsstraße von Oldesloe nach Hamburg getroffen worden waren, entzieht sich unserer Kenntnis. In den letzten Jahrhunderten des Mittelalters war die Sorge dafür den holsteinischen Grafen überlassen, welche die zwischen Lübeck und Hamburg verkehrenden Warenzüge durch bewaffnete Mannschaften begleiten ließen und dafür eine Ge=

---

[1]) U. S. IV 173.
[2]) *ib.* IV 384.
[3]) Christiani N. F. 1 S. 153.
[4]) U. S. IV 183.
[5]) Christiani N. F. 1 229.
[6]) *ib.* 1 328.

bühr bezogen, auf die sie als sichere Einnahme rechnen konnten. In den Erbverträgen wird daher des Geleitsgeldes öfter gedacht. Bei der Erbteilung von 1307 zwischen den Grafen Johann, Christoph und Adolf einerseits und ihren Oheimen Gerhard und Adolf andererseits erhielten die ersteren aus der Hinterlassenschaft ihres Oheims Adolf zu Segeberg u. a. *dimidietatem ducatus inter Odeslo et Hamborch*.[1]) Nach dem Vertrage von 1322 zwischen dem Grafen Johann III. von Holstein und Adolf von Holstein und Schauenburg behielt der erstere *dat del des Leydes twischen Lubeke vnde Hamborch*, das ihm Graf Adolf zum Pfande gesetzt hatte.[2]) In unruhigen Zeiten wurden, wie wir gesehen haben, zwischen den Fürsten und den Städten besondere Geleitsverträge abgeschlossen, in denen die ersteren die Verpflichtung übernahmen, alle Schäden, die die Warenzüge unter ihrem Geleit erleiden sollten, zu ersetzen. Solche Verträge wurden jedoch nur auf kurze Zeit geschlossen, da sonst das Risiko für die Fürsten zu groß gewesen wäre. In einem Vertrage vom 3. August 1340 erklärt Graf Johann III. den Städten Lübeck, Stralsund, Wismar, Campen, Stavoren, Harderwyk und allen anderen an der Zuidersee, daß er die vorher im Besitz der Herren von Tralau gewesene Stadt Oldesloe mit allem Zubehör gekauft habe zur Erhaltung des Friedens und zur Verteidigung des gemeinen Kaufmanns, und versprach, ihre Waren zwischen Lübeck und Hamburg sicher zu geleiten bis Ostern des nächsten Jahres und alle unter seinem Geleit eintretenden Schäden zu vergüten.[3]) Am 26. März 1341 wurde dann von den Grafen Johann III. und Heinrich II. von Holstein und Stormarn und Adolf von Holstein und Schauenburg ein neuer Vertrag mit den Städten Hamburg und Lübeck geschlossen, der bis Weihnachten desselben Jahres gelten sollte. Nach ihm sollten Geleitsgebühren (*leydepenninge*) bloß von *wand, was vnde werk* erhoben werden. Der Stabreim zeigt, daß die Nebeneinandernennung dieser drei Hauptwaren bereits in den ältesten Handelsbestimmungen Norddeutschlands üblich war. Andere Güter sowie reitende und gehende Leute und ledige Pferde sollen kostenlos sicher geleitet werden, doch wollen die Grafen nur zur Vergütung von Schaden an *wand, was* und *werk* verpflichtet sein, und zwar soll die Vergütung binnen 16 Wochen nach der Schädigung erfolgen. Geschehe das nicht, so wollen sich die Grafen mit einem Ritter so lange in Haft begeben, bis sie den Schaden ersetzt haben.[4]) Noch gegen Ende des 15. Jahrhunderts wurden *wasz, want* und *warck* zollamtlich anders als die übrigen Waren behandelt.[5]) Wenn der die Handelsstraße beherrschende Graf von Holstein den Städten feindlich gegenüberstand, schlossen diese auch mit adeligen Herren Verträge zur Geleitung der Waren zwischen Hamburg und Lübeck ab, z. B. am 27. November 1371 mit Johann Hummelsbüttel und Wulfhard Rixdorf, weil Adolf VII.

---

[1]) U. S. II 22. Hasse III 164.
[2]) *ib.* II 46. Hasse III 468.
[3]) U. B. d. St. L. II 712.
[4]) *ib.* II 721.
[5]) U. S. IV 183.

als Verbündeter des Königs von Dänemark Partei gegen die Städte ergriffen hatte.[1]) Zuweilen mögen gerade notorische Unruhestifter durch Zahlung von Geleitsgeldern zur Haltung des Landfriedens bewogen worden sein.

Auch das Geleitsgeld wurde wie der Zoll verpfändet. Im Jahre 1375 verpfändete Graf Adolf dem Rate von Lübeck das Land Stormarn u. a. auch „*mid dem leyd vp dar strate*"[2]). Im Jahre 1443 ließ Herzog Adolf die Stadt Oldesloe für ein Kapital von 3000 Mark, das er von einer Gesellschaft von Lübecker Bürgern aufgenommen hatte, und die Zahlung der Zinsen im Betrage von 180 Mark jährlich Bürgschaft leisten und überwies ihr dafür als Deckung neben anderen herrschaftlichen Einkünften aus Oldesloe alles Geld von dem ganzen Geleite. Die Überschüsse sollen an die Herrschaft abgeliefert werden. Die Amtleute in Trittau und Segeberg werden angewiesen, die Geleitsmannschaften zu stellen, aber sich um die Bezahlung dafür nicht zu kümmern[3]). In den Jahren 1454 und 1469 wurde die der Stadt auferlegte Verpflichtung aufs neue beurkundet.[4]) Wahrscheinlich ist auch die Urkunde von 1443 schon eine Wiederholung, da in dem Pfandregister U. S. IV 183 auf ein älteres Dokument „*Nemo princeps bonus et pacificus*" Bezug genommen wird und in der Urkunde von 1443 auf einen „*besegelden bref.*"

Aus dem Geleitsgelde mußten aber doch noch andere Gläubiger befriedigt werden. Im Jahre 1449 besaß eine Tochter des Henning Helmstede zu Lübeck *XXI mark renthe vor IIIIc mark lüb. in deme leydeghelde to Odeslo*[5]). Im Jahre 1470 wies König Christian I. dem Lübecker Bürger Heyne Boltze eine Rente von 40 Mark für ein Kapital von 500 Mark auf das Geleitsgeld an, das er in Oldesloe ansammeln ließ,[6]) und im Jahre 1473 dessen Sohn Hans Boltze ein Jahrgeld von 30 Mark, das schon der Vater als Geschäftsagent(*utnemer*) des Königs bezogen hatte[7]). Im Teilungsvertrag bei Sejdelin (U. S. IV. Vorwort S. X) heißt es: „*Item eyndusent marck hovetstoles ime sulven gheleyde dem Boltzen tho Lubeke vorscreven.*"

Als König Christian I. die Genehmigung Kaiser Friedrichs III. zur Erhöhung des Zolles in Holstein erbat, führte er als Grund an, daß die Beschirmung der Straßen einen größeren Aufwand als bisher erfordere, und erlangte die Genehmigung aus diesem Grunde. So war denn der neue Zoll eigentlich ein neues Geleitsgeld. Seitdem wurde auch das frühere Geleitsgeld öfter Zoll genannt und nicht selten mit dem alten Zoll verwechselt. Nach einer Nachricht aus den letzten Jahren des 15. Jahrhunderts soll es sich in guten Jahren auf 1000 rheinische Gulden und mehr belaufen haben: *Wenner de strate twischen Lubeke unde*

---

[1]) U. B. d. St. L. III 744 und IV 165.
[2]) *ib.* IV 257.
[3]) *ib.* VIII 184. U. S. IV 78.
[4]) U. B. d. St. L. IX 174. Urk. des Stadtarchivs Nr. 13, gedruckt U. S. IV 56.
[5]) *ib.* VIII 654.
[6]) U. S. IV 350.
[7]) *ib.* IV 318.

Hamborch seker unde velich is, so vorloept sik de olde tollen efte dat leidegelt, wenner id truweliken unde furstliken ghewart warth, baven dusend Rhinsche gulden summes meher summes myn.[1])

c) **Kleinere landesherrliche Einnahmen von dem Warenverkehr über Oldesloe.** Außer dem Zoll und dem Geleitsgelde fielen der Landesherrschaft auch noch kleinere Einnahmen aus dem Warenverkehr über Oldesloe zu: Sackgeld *(sackpenninge)*, Wiegegeld *(punderpennige, puntgelt, punttoll)* und Trägerlohn für die von der Landesherrschaft gestellten Träger *(dregerhure)*.[2]) Auch diese Einnahmen wurden zur Sicherstellung der Zinsen für die von der Landesherrschaft gemachten Anleihen verwandt. Das Pfundgeld mußte der Rat von Oldesloe seit dem Jahre 1443 mit dem Geleitsgelde, den Einnahmen aus der herrschaftlichen Mühle, der Krugmiete *(krochure)*, den Strafgeldern *(van deme broke)* und anderen herrschaftlichen Einkünften als Deckung für eine ihm vom Herzog Adolf auferlegte Bürgschaft in einer Kiste ansammeln, die danach Pfundkiste genannt wurde. Über die Verwaltung derselben werden in einer Urkunde von 1454 genaue Bestimmungen getroffen[3]). Neben der „puntkiste" gab es in Oldesloe eine „tolkiste", die der herrschaftliche Zöllner zu verwalten hatte[4]), die aber im Jahre 1470 mit den Einkünften des Zolles, des Schosses, der Landheuer, der Sulzeheuer, der Trägerheuer und der Ziegelhausheuer als Deckung für eine andere Bürgschaft ebenfalls der Stadt in Verwahrung gegeben wurde.[5])

Im Jahre 1470 wurde von König Christian I. an Hinrik van Alefelde und Diderik Blomen mit vielen anderen landesherrlichen Gütern ein *„hus by der kysten to Oldeslo"* verpfändet.[6]) Wahrscheinlich war dieses Haus die Amtswohnung des herrschaftlichen Zöllners. Der Kistenberg am Fußsteige nach Fresenburg könnte das Dienstland eines Kistenverwalters gewesen sein.

Auch die Zahlung des Oldesloer Pfundgeldes suchten die Kaufleute zu umgehen. Gegen Ende des 15. Jahrhunderts wurde geklagt: „*Item de voerlude de vorvaren darsuluest unsen punthtollen, unde wenner unse tolner de koplude der ghudere darumme anlangt, so seggen se, willen de faerlude den tollen vorfaren efte vorsumen, darumme willen se ere gud nicht vorbraken hebben*"[7]).

---

[1]) U. S. IV 183.
[2]) *ib.* IV. 56, 78, 437. U. B. d. St. L. II 695, IX 174.
[3]) U. B. d. St. L. IX 174.
[4]) U. S. IV 107.
[5]) *ib.* IV 437.
[6]) *ib.* IV 125.
[7]) *ib.* IV 183.

Das Reformationsjahrhundert.

*Vom Beginn der Reformation in Oldesloe
bis zum 30 jährigen Kriege
1525—1618.*

I. Die Kirche.

Die ersten protestantischen Prediger. Lob Oldesloes. Verhalten der Bürgerschaft. Beschwerde des Hans Bremer. Verkauf von Grundstücken der Erasmus-Vikarie. Die Bugenhagen-Sage. Der Mariendienst der Schustergesellen. Schenkungen der Schuhmachergesellen an die Kirche. Brand der Kirche. Kirchspielsversammlung auf dem Kirchhof. Versetzung des silbernen Marienbildes. Widerspruch gegen die Versetzung. Wiedereinlösung des Marienbildes. Bewilligung eines Kirchenschosses. Verkauf des Marienbildes. Abbruch und Verkauf der Kapellen zum heil. Geist und zum heil. Grabe. Schenkung. Anleihen. Verkauf von Begräbnissen in der Kirche. Absetzung von zwei Kirchengeschworenen. Umguß der Glocke. Glockenschoß. Anleihe. Die Kirchenrechnungsbücher. Neue Kirchensteuer. Bau eines Leichenhauses, einer Orgel und einer Taufe. Schwierigkeit der Geldeintreibung. Neubau des Pfarrhauses. Verkauf von Begräbnissen. Verpfändung und Weiterverkauf eines Begräbnisses. Das Totengeläut. Das Begräbnis der Schuhmachergesellen. Begräbnisgebühren. Das Schulgebäude. Die Lehrer.

1. Die Reformation.

Im Jahre 1525 stellte Friedrich I., König von Dänemark und Herzog von Schleswig und Holstein, ein Freund der Reformation, in Oldesloe P e t e r P e t e r s e n als evangelischen Prediger an. Diesem gesellte sich der aus Deventer in den Niederlanden vertriebene Prediger P e t e r C h r i s t i a n v o n F r i e m e r s h e i m zu. Beide verkündeten nun das reine Evangelium vom Reich Christi in Oldesloe und erteilten das Abendmahl in beiderlei Gestalt. Zahlreiche Lübecker, die in Oldesloe ihre Geschäfte betrieben, hörten hier die beiden Prediger und zogen viele andere Lübecker herbei, die dann hier gegen das Verbot des Lübecker Senates auch am Abendmahl teilnahmen und nicht ruhten, bis sie Peter Christian von Friemersheim im Jahre 1526 als Pastor für die Jacobikirche in Lübeck erlangten. Aber es gab noch harte Kämpfe, bis 1530 die Reformation in Lübeck gegen den Willen des Senats durchdrang. Unter den von Peter Petersen für das Evangelium gewonnenen Lübeckern befand sich Johann Walhof, Kapellan an der Marienkirche in Lübeck. Wegen Übertretung des Verbots, zum Gottesdienst nach Oldesloe zu reisen, wurde er seines Amtes entsetzt. Er flüchtete nach Kiel und kehrte erst 1529 in sein Amt zurück.[1]

---

[1] *Alardus de rebus Nordalb. Westphalen I 1882.* Nordalb. Stud. II S. 131, 133 Anm. 5. Michelsen, Schl.-H. Kirchengesch. III 20.

Daß Oldesloe mit der Einführung der Reformation den meisten anderen Städten des Landes voranging, hat ihm in der Folgezeit großes Lob eingetragen. So reimt ein Dichter, der der Stadt Oldenburg das langsame Fortschreiten der Reformation daselbst zum Vorwurf macht:

„Doch Oldenburg verstund dies neue Wunder nicht,
Die Faulheit und der Schlaf, die vielen Feyertäge
Gefielen ihm zu wohl. Ihr weiter Umkreis wieß
Ein durch den Müßiggang verdecktes Wildgehege,
Das sich mehr durch Gewalt als Wohltun zwingen ließ.
So mühsam Oldenburg zum Glaubens=Tempel schliche,
So munter hüpffete dagegen Oldesloh
Mit froher Lust hinzu. Ihr schwartzer Irrtum wieche,
Gleich bei dem ersten Schein, dem Evangelio."[1])

Es ist jedoch sehr fraglich, ob die frühe Einführung der Reformation dahier ein Verdienst der Oldesloer Bürgerschaft war. Nach den Quellen ist sie in erster Linie dem Könige zu verdanken, der wahrscheinlich als Patron einer der vielen Pfarrstellen der Stadt den evangelischen Prediger aus eigener Machtvollkommenheit berief. Wie sich die Bürgerschaft dazu verhielt, läßt sich leider nicht ermitteln, da Nachrichten über die Reformation in den hiesigen Akten gänzlich fehlen. Nur das läßt sich ersehen, daß die Bevölkerung die Einführung der neuen Lehre als willkommene Gelegenheit ergriff, um den harten Ackerzehnten abzuschaffen. Bei den Kirchenakten findet sich ein Erlaß König Friedrichs I. vom 25. März 1526, in dem es heißt, *„Dat de Erbar Vnsse leue, andechtige, getrwe Her Henningk van Bockwolden, kerkheren darsuluest tho Oldeslo, deyt vor vns berichten, we dat ohme in synen gewontlichen tegeden Vorkortinge vnd affbrocke gescheen schole, Worumme is vnse gnediges vnd gutligs Beger, hirmit Beuelhende, gy gnanten Her Henninge synen gewontlichen tegeden vnd andre Jarliche plichte vnd Boringe dhoen vnd volgen laten, ohme darinne neyne Hinderinge ader Vorkortinge tho donde, Sunder darby, we dat vse oldersher gewentlgh gewest, bliuen laten."* Aber die Oldesloer Bürger ließen in ihrem Bemühen, sich dem Zehnten zu entziehen, nicht nach, und der Magistrat scheint, wie eine an ihn gerichtete Klage des Pastors aus den siebziger Jahren des Jahrhunderts zeigt, der Abschaffung des Zehnten nicht genügend Widerstand entgegengesetzt zu haben, da sich in den Kirchenakten noch ein Mandat König Friedrichs II. vom Jahre 1579 befindet, in dem Bürgermeister und Rat von Oldesloe ernstlich ermahnt werden, den Zehnten bei der Kirche zu belassen. Von einem Versuch des Patrons der St.=Jürgens=Stiftung, dem Kirchherrn auch den Zehnten von den St.=Jürgens=Ländereien zu entziehen, wird weiter unten gehandelt werden.

---

[1]) Schultz, Das christliche und neubevölkerte Wagerland, 1737, Kunst Rede daselbst S. 66. Nordalb. Stud. II 149 Anm. 3.

2. Die Geistlichkeit.

Infolge der Reformation wurde die große Zahl der Oldesloer Geistlichen auf zwei vermindert, den Kirchherrn, der nun meistens Pastor, später auch Hauptpastor genannt wurde, und den Kapellan oder Diakonus. Welche Stellung der erste evangelische Prediger Peter Petersen gehabt hat, ist nicht zu ersehen, da er in Oldesloer Urkunden nirgends genannt wird. Überliefert sind uns in hiesigen Akten folgende Namen der protestantischen Geistlichen des Reformations=jahrhunderts.

1. Kirchherren.

Johann Schütte, zuerst genannt 1557, gestorben 1565.

Johann Hoyer, 1566—1614, war vorher Kapellan.

Nicolaus Nicolaj, seit 1614, auch vorher Kapellan. Er wurde 1623 pensioniert.

2. Kapellane.

Johann Hoyer bis 1566.

Nicolaus Nicolaj (Claij), genannt 1573.

Balthasar (Baltzer) Hoyer, seit 1614.

Baltzer Hoyer kam aus Segeberg und war vielleicht ein Sohn des Pastors Johann Hoyer. Er wurde zugleich mit dem zum Pastor auf=rückenden Nicolaus Nicolaj in sein Amt eingeführt. Die Kirchen=rechnung von 1614 enthält über die Einführung folgende Eintragungen: „Wie H. Nicolaus Nicolaj zum Pastoren und H. Baltzer Hoyer zum Kappelanen geordnet und eingesetzt, ist einem Jeden gewilliget zu ver=ehren 2 Reichsthaler in specie, thuen 9 Mark 4 Schillinge. Auf ein=settent d. Hern prediger ist vorzehret 4 Mark 2 Schillinge. Vor des Cappelans Hueßgeraet von Segebergh her tho fahren geven 1 Tunne schloyer = 2 Mark 12 Schillinge." (Schloyer nannte man das Oldesloer [Oldenschloyer] Bier.)

3. Verbleib des Vermögens der aufgelösten Vikariate und sonstigen Stiftungen.

Wir haben gesehen, daß die zahlreichen Vikarien, die Kapelle zum heiligen Grabe und die Heilige=Geist=Stiftung geradeso wie das erhalten gebliebene St.=Jürgensstift mit einem beträchtlichen Vermögen an Äckern, Gärten, Wiesen, Fischteichen und Hausrenten ausgestattet waren. Es drängt sich nun die Frage auf: Wo ist dieses Vermögen nach Abschaffung der Vikare und der Priester an den nicht mehr benutzten Kapellen geblieben? Die Akten können uns darauf keine Antwort geben, da sie verschwunden sind, und es liegt die Vermutung nahe, daß man sie absichtlich hat verschwinden lassen, um einen Schleier über die Säcularisation dieser Güter zu ziehen. Aber eine Urkunde ist doch noch erhalten, die uns mit ihren Anlagen einen Fingerzeig gibt, wie jene Kirchen= und Stiftungsgüter verweltlicht sein mögen.

Im Jahre 1538 beschwerte sich der Lübecker Bürger Hans Bremer bei Bürgermeister und Rat der Stadt Oldesloe wegen des Verkaufs von Ländereien, über die er ein Verfügungsrecht habe, und wegen der Rente für eine Wiese, die Christoffer von Velten, der „Hovetmann" von Oldesloe, ihm vorenthielte. Bremer erbot sich, die Privilegienbriefe einzusenden, und bat Bürgermeister und Rat, ihm zu seinem Rechte zu verhelfen. Er sandte dann die Kaufbriefe ein und der Magistrat behielt vidimierte Abschriften derselben bei den Akten zurück. (Stadtarchiv, Urk. Nr. 26 und 27.) Es sind die Urkunden über die schon mehrfach erwähnten Landverkäufe des Grafen Heinrich, Bischofs von Osnabrück, an den Lübecker Lüdeke Duderstadt. (S. 44, 67 und 77). Wir haben gesehen, daß diese Grundstücke des Lüdeke Duderstadt den Stiftern der Erasmus=Vikarie wiederkäuflich zur Ausstattung der neuen Pfründe überlassen worden waren. Es handelte sich also in Bremers Beschwerde um Grundstücke, die zu der nunmehr aufgehobenen Erasmus=Vikarie gehört hatten. Welchen Erfolg Bremer mit seiner Beschwerde gehabt hat, melden uns leider die Akten nicht, doch sehen wir, gegen wen sich die Beschwerde richtete. Christopher von Velten (Felten, Feld= hein) war Amtmann von Trittau und zugleich „Hovetmann" von Oldes= loe. Da Oldesloe zum Amte Segeberg und nicht zum Amte Trittau ge= hörte, muß von Velten entweder Oldesloe in Pfandbesitz gehabt haben oder vom Könige mit der Ausführung eines Spezialauftrags in Oldesloe betraut worden sein. Vielleicht war der Auftrag gerade die Auf= lösung der überflüssig gewordenen Pfründen und die Überführung ihres Vermögens in weltlichen Besitz. Wir werden sehen, daß von Velten auch den St.=Jürgenshof in den Besitz des Patrons desselben zu bringen gedachte. Was mit dem Erlös aus dem Verkauf der zahlreichen Grund= stücke geschehen ist, entzieht sich gänzlich unserer Kenntnis.

4. Die frommen Schustergesellen.

Es geht in Oldesloe die Sage, daß, als einst der Hamburger Refor= mator Bugenhagen in der Oldesloer Kirche habe predigen wollen, der Schülerchor bei diesem lutherischen Gottesdienste nicht habe singen wollen, und daß dann die Schustergesellen der Stadt einen lutherischen Gesang angestimmt und durchgeführt hätten. Dafür hätten sie einen Sitz im Chor hinter der Kanzel erhalten, und fortan habe jeder Schustergeselle, der sich des Sonntags nicht auf diesem Ehrenplatze ein= gefunden habe, einen Schilling Strafe erlegen müssen[1]). Es ist Tatsache, daß die Oldesloer Schuhmachergesellen bis in die neuere Zeit gewisse kirchliche Vorrechte genossen und daß sie dieselben ihren Verdiensten um die Kirche verdankten. Es läßt sich aber nicht nachweisen, daß sie die Reformation besonders unterstützt haben, auch nicht, daß D. Bugenhagen hier gepredigt hat, was aber immerhin der Fall gewesen sein mag.

In der Beliebung der Gesellen des Schuhmacheramtes zu Oldesloe vom 5. Mai 1523 zeigen sie einen regen kirchlichen Sinn, aber nichts

---

[1]) Die noch weiter ausgeschmückte Sage wurde zuerst in einem jetzt verlorenen Manuskripte von dem Landmesser Johann Eusebius Pezold aufgezeichnet offenbar nach mündlicher Tradition, da er den Reformator Buna nennt (nach Joh. Suck im Landboten). M. N. Sothmann gibt in seiner Aufzeichnung der Sage (Prov.-Ber. Jahrg. 1821) den richtigen Namen Bugenhagen.

weniger als Hinneigung zu der neuen Lehre; denn es wird in ihr u. a. bestimmt: Ein jeder Gesell soll geben zum Lobe des allmächtigen Gottes seiner gebenedeiten Mutter Maria alle Vierteljahr vier Pfennige Zeitgeld. Wenn ein Geselle Handgeld von seinem Meister empfängt, soll er die Hälfte Maria geben ... Wenn ein Geselle zum Mariendienste gefordert wird und ihn ablehnen wollte, soll er ein Pfund Wachs geben ... Die Obergesellen sollen an den vier Hauptfesten, an allen Marientagen, an den Tagen der 12 Apostel, am Allerseelentage und an anderen großen Festen ihre Lichte auf den Lichterbäumen anzünden bei sechs Pfennig Strafe, sooft sie es versäumen. Wenn es üblich ist, mit den Lichterbäumen vor der Prozession um den Kirchhof oder um die Stadt zu gehen, und die Obergesellen welche aus der Gesellenschaft auffordern und sie es versäumten, so sollen sie es mit sechs Pfennigen büßen usw.¹). Wenn somit die Schuhmachergesellen 5½ Jahre nach dem Hervortreten Luthers noch keine Vorliebe für seine Lehre bekundeten, so sind sie doch ohne Zweifel nach Durchführung der Reformation in Oldesloe der neuen Kirche ebenso zugetan gewesen wie der alten. Das beweisen die Geldzuwendungen, die sie der in Geldnot geratenen Kirche gemacht haben. Anno 1560, als das Kirchspiel die Glocke gießen ließ, haben die Schuhmachergesellen mit Wissen der Meister des Amts daselbst aus der Büchse 10 Mark lübisch zum Glockenguß gegeben und sich ausbedungen, daß jeder Geselle, der stirbt, dieser Gabe wegen frei Geläut haben soll in allen künftigen Zeiten²). Anno 1574, da man allerlei Notdurft der Kirchen baute, haben die Schuhmachergesellen wieder 10 Mark lübisch dazu gegeben mit Wissen der Meister des Amts, und die Kirchengeschworenen haben ihnen gelobt und zugesagt, daß sie ihr Gestühl in der Kirche, worin sie stehen, fortan behalten sollen³). Anno 1587 haben die Obergesellen für die Gesellenschaft der Schuhmacher zu der Orgel einen Reichstaler gegeben. Weitere Schenkungen schließen sich im folgenden Jahrhundert an.

5. Die Baunöte der Kirche.

Anno 1537, nach anderer Quelle 1539, brannte die Kirche infolge eines Blitzschlages ab⁴). Das Kirchspiel hatte nun seine liebe Not, das Geld zum Neubau aufzubringen, da auch die Wedeme mit der Wedemscheune und die Schule neu zu bauen waren. Ob diese Gebäude mit der Kirche abgebrannt waren oder wegen Baufälligkeit erneuert werden

---

¹) Übersetzt aus dem niederdeutschen Original. Urk. des Stadtarchivs Nr. 127. Die von Dr. Martin Schultze im Programm von 1881 abgedruckte Urkunde 1 ist eine entstellende Abschrift aus protestantischer Zeit.

²) K. S. B. S. 57. Urk. des Stadtarchivs Nr. 129 und 130. In letzteren sind auch die folgenden Angaben verzeichnet.

³) K. S. B. S. 69.

⁴) *Anno* 1537 im Pinxten do brande de kerke af to Oldeslo vam wedder. Lappenberg, Hamb. Chron. S. 130. Adam Friedrich Pezold, der Sohn des Rektors gleichen Namens, berichtete jedoch nach einer Lübecker Chronik: Anno 1539 hat der Donner in den Thurm zu Oldesloe geschlagen und ist der Thurm und die ganze Kirche davon abgebrannt. (Nach Joh. Suck.)

mußten, ist aus hiesigen Akten nicht ersichtlich, wird doch der Brand der Kirche selbst nicht einmal in ihnen erwähnt. Man konnte sich anfänglich über die Aufbringung der Kosten nicht einigen. Im Jahre 1539 am Sonntage vor Laurentii (den 3. August) hielten deshalb die Kirchengeschworenen Tewes Eggers, Hans Widenbrugge, Hans Borges und Hinrik Wilkens mit Vollmacht des Rates zu Oldesloe das Volk des Kirchspiels auf dem Kirchhofe an und trugen ihm vor, daß, da das Kirchspiel uneinig wäre und nicht einträchtig zum Bau geben wolle, die Not erfordern möchte, falls man die Kirche mit Bau fördern wolle, einige der Kleinodien zu versetzen und damit das Gotteshaus zu verbessern. Darauf wurden die Landwirte (Huslüde) Marquard Benne und Hinrik Wagener beauftragt, sich mit den übrigen Landleuten zu beraten, und nach ihrer Besprechung wurde vorgebracht, daß die Kirchengeschworenen, da das Kirchspiel noch so uneinig wäre, ermächtigt sein sollten, die Kleinodien zu versetzen und Geld darauf zu nehmen unter der Bedingung, daß sie dem Kirchspiel nicht entfremdet würden und wieder eingelöst werden könnten. Hierauf haben die Geschworenen der ehrbaren Frau Margarete Heest zu Rethwisch für 100 Mark ein silbernes Marienbild, einen Kelch und fünf vergoldete Oblatenteller verpfändet. Die 100 Mark sind ganz verausgabt für Dachziegel[1]).

Der Gedanke, das Marienbild zu veräußern, ging höchstwahrscheinlich von dem protestantischen Kirchherrn aus, der den Wunsch haben mochte, das Heiligenbild, das gewiß noch seine stillen Verehrer hatte, nach Abschaffung des Mariendienstes aus der Kirche los zu sein. Als im Jahre 1540 am Donnerstag nach Reminiscere das Kirchspiel zur Beratung versammelt war und von dem Silber gesprochen wurde, das der ehrbaren, tüchtigen Frau Margarete Heest zum Pfand gesetzt worden war, beantragte der ehrbare Henneke von Ahlefeld, Besitzer von Fresenburg, daß die Leute, die dem Kirchherrn zu dem Frevel die Stange gehalten hätten, das Pfand wieder einlösen sollten. Der Antrag wurde zur Beratnug gestellt, und dabei brachte Timme Nygeman vor, der Kirchherr hätte dem Kirchspiel gedient, Hennekes Leuten sowohl wie den andern Kirchspielleuten, so daß sie dem Kirchherrn keine Schuld geben könnten, und das Kirchspiel habe bewilligt, daß man einen Teil des Silbers versetzen solle. Darum könne man billigerweise den Leuten nicht beikommen, die dem Kirchherrn die Stange gehalten haben sollten. Das Kirchspiel habe Geld bei einigen Leuten ausstehen. Das möge man einnehmen und damit das versetzte Gut einlösen[2]). Das ist denn auch geschehen. Dadurch wurde der Kirchenbau natürlich wieder verzögert. Vollständig neu gedeckt wurde die Kirche nach einer Anleihe beim St.-Jürgens-Hospital und der Einziehung einer Hypothek erst im Jahre 1542. Die Arbeit wurde ausgeführt von den Dachdeckern Jost von Stade und Jachym Crummelynde. Sie erhielten für die Arbeit bei

---

[1]) K. S. B. X.
[2]) Ib. X.

eigener Kost 75 Mark, 2 Tonnen Bier, 2 Scheffel Roggen und 2 Käse[1]).

Damit war der Kirchenbau aber noch nicht vollendet, sondern erst begonnen. Der Brand hatte offenbar nur das Innere der Kirche und das Dach zerstört, die Außenmauern aber stehen lassen, und so wurde die Kirche durch Wiederherstellung des Daches zuerst nur notdürftig für den Gottesdienst hergerichtet. Selbst das Holzwerk im Innern der Kirche war nicht ganz vernichtet worden, da noch im Jahre 1588 ein Beichtstuhl vorhanden war. (Jakob bunyges gegeuen vor de Kulen tho muren by dem bychtstole" etc. heißt es in der Kirchenrechnung dieses Jahres.) Der weitere Ausbau und der Bau des Turmes stand noch bevor. Im Jahre 1554 am Kathrinentage beriefen die Kirchengeschworenen Hans Grote, Hinrick Krefftinck, Clawes Roggenbuck und Jochim Berchman die ehrbaren Junker des Kirchspiels samt den übrigen Kirchspielleuten zu einer Besprechung über den Bau der Kirche und des Glockenturmes. Gegenwärtig waren der ehrbare und ehrenfeste Clawes Wensyn, königlicher Amtmann zu Segeberg, Breida Rantzow, Besitzer von Rethwisch, Jochim Brocktorp, Besitzer von Tralau, und Bevollmächtigte der anderen Junker. Durch Breida Rantzow wurde dem Kirchspiel die Not des Kirchenbaues vorgetragen. Da sind die Junker mit den Kirchspielleuten eins geworden, daß vornehmlich die Junker mit ihren Leuten getreulich helfen wollen, damit der Bau angefangen werden kann, und daß jeder den bewilligten Kirchenschoß von einer Mark dazu geben soll, der ihn noch schuldig sei. Als sich dann die Geschworenen beklagten, daß sie wegen des Marienbildes, das in Lübeck wegen des Baus der Wedeme versetzt worden sei, viel Schreiberei gehabt hätten, beschlossen die ehrbaren Junker und ein ehrsamer Rat samt den gemeinen Kirchspielleuten, das Bild wieder einzulösen und dann zu verkaufen, damit die Kirche von den hohen Zinsen möge befreit werden, und daß man das Übrige zum Bau zu Hilfe nehmen möge. Ferner wurde beschlossen, die verfallenen Kapellen zum heiligen Grabe und zum heiligen Geiste abbrechen zu lassen und das, was man dafür bekommen könne, zum Bau zu Hilfe zu nehmen[2]). Die Heiligegeistkapelle wurde dann im folgenden Jahre von Marquart Smalfelt verkauft für 5 Mark und der Bauplatz derselben für 6 Mark[3]). Der Platz der Kapelle zum heiligen Grabe blieb der Kirche erhalten und wurde ein Garten des Kaplans.

Aber das waren nur Tropfen auf einen heißen Stein. Sehr willkommen war da eine Schenkung von 20 Mark, die Frau Margarete Brocktorp auf Tralau im Jahre 1555 zum Bau des Glockenturmes machte, nachdem sie der Kirche bereits im Jahre 1542 ein Kapital von 60 Mark zur Erleichterung der Baunöte hatte zukommen lassen[4]). In demselben Jahre 1555 schenkte ihr Sohn Joachim der Kirche sein damals

---

[1]) K. S. B. XIII.
[2]) ib. XVIII.
[3]) ib. XIX.
[4]) ib. XIV und XXII.

verfallenes Haus am Kirchhofe neben Pogwischen Haus. Aber weit kam man auch damit nicht, und so entschloß man sich dann zu einigen größeren Anleihen. Im Jahre 1556 borgte das Kirchspiel zum Bau des Glockenturmes von dem Ratmann und späteren Bürgermeister „Meister" Detleff Goede[1]) 100 Mark lübisch und von Bartholomäus von Ahlefeld auf Fresenburg, Hennekes Sohn, noch 100 Mark zum Bau der Kirche[2]).

Eine weitere Einnahmequelle erschloß sich dem Kirchspiel durch Verkauf von Begräbnissen in der Kirche. Der erste derartige Verkauf zwar fand Widerspruch und wurde rückgängig gemacht. Im Jahre 1555 nämlich, als der Bau des Glockenturmes angefangen war, gab Hans Schacht zu Blumendorf zum Bau 50 Mark lübisch unter der Bedingung, daß er, seine Frau und ihre Kinder ihr Begräbnis in der Kirche haben möchten, was ihm die Geschworenen zugesagt. Der ehrbare Junker Hans Rantzauw aber hat das Geld Hans Schacht wiedergegeben und der es noch zu seinen Lebzeiten empfangen[3]), sei es nun, daß die Junker überhaupt kein Begräbnis in der Kirche dulden oder gerade das der Familie des Hans Schacht nicht dort haben wollten. Vielleicht hing das zusammen mit dem Verlust des Adels durch die Familie Schacht, die bereits vor den Staken in Blumendorf gesessen hatte. Im Jahre 1557 hatte man gegen Begräbnisse in der Kirche nichts mehr einzuwenden. Für eine von Elsebe Blancken für den Kirchbau empfangene Summe von 20 Mark sagten ihr die Kirchengeschworenen für ihre Eltern, den langjährigen Bürgermeister Peter Dalhoff und seine Frau, das Begräbnis in der Kirche zu. Elsebe Blancken fügte dann noch einen Taler hinzu, damit auch ihr Kind in der Kirche begraben werde[4]). Als im folgenden Jahre die Kirchengeschworenen auch dem Hans Karel für 15 Mark, die sie von ihm zum Bau der Schule bekommen hatten, das Begräbnis in der Kirche zugestanden, erklärten oder entschuldigten sie ihr Entgegenkommen damit, daß Karel das Gotteshaus immer gern unterstützt und seine Gaben willig gegeben habe. In demselben Jahre wurde dann auch dem Meister Detlef Goede für eine zum Schulhausbau hergegebene Summe von 10 Mark das Begräbnis in der Kirche bewilligt[5]).

Mit der Verwaltung der damaligen Kirchengeschworenen scheint man jedoch nicht allgemein zufrieden gewesen zu sein. Im Jahre 1561 wurden zwei von ihnen, Hans Grote, der die Rechnung geführt hatte, und Klaß Roggenbuck in Anwesenheit des Bartholomäus von Ahlefeld auf Fresenburg, des Baltzer Penze von Nütschau, des ehrsamen Rates und der Bauervögte abgesetzt und zwei neue gewählt, Valentin Lich=

---

[1]) Der Titel Meister wurde damals vorzugsweise Leuten von akademischer Bildung, wirklichen Magistern, wie Rechtsgelehrten und Ärzten gegeben, aber auch Barbieren, die in kleinen Städten die Ärzte ersetzten. Goede, (Guedinck, Goedeke) war wohl Barbier wie auch der damalige Kirchengeschworene Meister Hans Grote.
[2]) K. S. B. XXIII.
[3]) ib. XIX.
[4]) ib. XXIV.
[5]) ib. XXV.

tenhahn[1]) und Karsten Stender. Als dieser Wechsel stattfand, blieb das Kirchspiel schuldig dem ehrbaren Bartholomäus von Ahlefeld 200 Mark lübisch und dem St.=Jürgens=Stifte 50 Mark neben anderer Läp= perschuld *(pluck=schult)* in dem Register von „lütke mester Hans", wie der Protokollführer seinen Vorgänger spöttisch oder ingrimmig statt „mester Hans Grote" nunmehr tituliert[2]). Es wurde ein neues Renten= register angelegt und eine Anleihe von 200 Mark bei den Kirchen= geschworenen von Segeberg gemacht, wovon 100 Mark Bartholomäus von Ahlefeld, der sein Geld gern wiederhaben wollte, zurückerstattet, die andern 100 Mark für den Bau der Wedemscheune und andere Be= dürfnisse der Kirche verausgabt wurden[3]).

Im Februar 1564 waren die ehrbaren und ehrenfesten Junker in Hermann Klaß' Haus versammelt mit dem ehrwürdigen Herrn Abt von Reinfeld, dem Vogt der Leute des verstorbenen Breida Rantzau zu Rethwisch (der breischen vogt to der Rewisch), den Junkern Bartholo= mäus von Ahlefeld und Balthasar Penz, dem Bürgermeister Kock und den Bauervögten des Kirchspiels und haben beschlossen, die Glocke in Lübeck zu zwei kleineren Glocken umgießen zu lassen und daß jeder Bürger und jeder Hausmann einen Taler Zulage dazu geben solle. Auch die Junker wolten ihre „Gutwilligkeit" dazu geben. Valentin Lichtenhahn und Lorenz Gerrez wurden beauftragt, die Glocke dem Glockengießer Mattis Boninck in die Wage zu liefern. Sie hat gewogen 16 Schiffspfund und 4 Lispfund[4]). Für jedes Schiffspfund zu vergießen sollen dem Glockengießer 18 Mark lübisch gegeben werden, und auf je 10 Schiffspfund soll ihm ein Schiffspfund entfallen. Für jedes Schiffs= pfund, das die beiden Glocken mehr wiegen würden, als ihm geliefert ist, soll er 80 Mark bekommen (iiij stige Mark). Von den beiden neuen Glocken wog die eine 7 Schiffspfund weniger ein Lispfund, die andere 10 Schiffspfund und 8 Lispfund, so daß dem Glockengießer für die Glocken und 2 Pfannen 436 Mark 9 Schilling und 4 Pfennige zu zahlen waren. Da die Glocken nicht ausgelöst werden konnten, wurde bei dem Abt Jochimus von Reinfeld eine Anleihe von 300 Mark auf= genommen, wofür der Rat, dem dafür die beiden Glocken zum Unter= pfande gesetzt wurden, Bürgschaft leistete[5]).

Im Jahre 1574 legten Valentin Lichtenhahn und Laurens Gerdes ihr Amt nieder, und es wurden zu Kirchengeschworenen neu gewählt

---

[1]) Valentin Lichtenhahn war wahrscheinlich einer der vier Hamburger, denen im Jahre 1556 von König Christian III. die Erlaubnis erteilt wurde, das Oldesloer Salzwerk wiederherzustellen und zu betreiben. Graf von Dernath nennt einen der vier Valentin Lichthave, doch scheint diese Schreibung des Namens auf Verlesen zu beruhen. Lichtenhahn zeichnete sich durch eine schöne, charaktervolle Handschrift aus, mit der er sich in der Folge als Protokoll- und Rechnungsführer und Schreiber der nötigen Briefe an die Kirchspielsjunker und die Behörden verdient machte. Er wurde später Stadt- sekretär und Ratskellermeister. In seinen letzten Jahren nannte man ihn nur noch „olle Hahn". Die Familie Hahn, die Oldesloe eine Reihe von Stadtvertretern lieferte, mag von ihm abstammen.
[2]) K. S. B. XXVII.
[3]) *ib.* XXVIII und XXIX.
[4]) 1 Schiffspfund = 20 Lispfund (liefländisches Pfund), 1 Lispfund = 14 Pfund.
[5]) K. S. B. XXX.

Ewert Rasche, Hans Schröder, Lukes Prus und Clawes Berchman. Anwesend waren bei der Wahl die Junker Balthasar Pentze, nunmehr wohnhaft in Oldesloe, Joachim Brocktorp von Tralau, die Brüder Keye und Benedictus von Ahlefeld von Fresenburg, Einwolt Heeste von Rethwisch und ein Hans Rantzouw, der Amtsschreiber Dirick Bruggemann samt anderen Vögten, Bürgermeister und Rat von Oldesloe und der ehrwürdige Herr Johann Hoier, Pastor. Ewert Rasche führte die Kirchenrechnung[1]). Mit dem von ihm angelegten sogenannten Register beginnt die noch erhaltene Reihe der Kirchenrechnungsbücher, die von jedem Jahre die Aufzählung der Einnahmen von Pachtgeldern und Zinsen, an Steuern (Bede und Klockenschott), und aus den Gebühren für Sterbegeläut, sowie etwaige Schenkungen und eine genaue Spezifizierung der Ausgaben enthalten.

Am Sonntage Lätare 1575 wurde auf dem Kirchhofe von den Junkern, dem Rat und den gesamten Kirchspielleuten beschlossen, daß man zum Kirchenbau noch geben solle von dem Hause 1 Mark, von der Bude 8 Schilling, von der Hufe 1 Mark und der Kate 8 Schilling. Das städtische Vollhaus entspricht also der Hufe auf dem Lande und die Bude der Kate[2]). Damit scheint man endlich die Baunöte überwunden zu haben, denn in demselben Jahre begannen schon wieder die Rentenkäufe, d. h. das Ausleihen von Geld durch die Kirche. Auch fanden sich Mittel für den Bau eines Leichenhauses, einer Orgel und einer neuen Taufe. Aber im Jahre 1603 mußte man schon wieder Anleihen machen von 100 Reichstaler und 100 Mark. Die Hauptarbeiten an den kirchlichen Gebäuden scheinen doch nicht gründlich genug ausgeführt worden zu sein. Im Jahre 1610 klagten Bürgermeister und Rat in einer Eingabe an König Christian IV., daß trotz der großen Baufälligkeit der Kirche und des Pastorenhauses, die der Reparatur dringend bedürften, die Landleute die pflichtschuldige Kontribution nicht leisten wollten, und baten, durch ein Pönalmandat die Hausleute der Beamten zu Segeberg, Trittau und Reinfeld, die der Lübecker und der Kirchspieljunker als Jochim Brocktorff zu Tralow, Anna von Alefelt zu Fresenburg und Schulendorf, Lüder Heisten zu Rethwisch sowie auch die Nütschauer und Klinkener und sonstige mitzugehörende Hausleute zu gebührlicher Kontribution ernstlich zu ermahnen und ihnen anzudrohen, daß in Verweigerung ihrer Gebühr ihre Toten vor dem Kirchhofe solange unbegraben bleiben sollten. Der König ermahnt sie infolgedessen, die gebührende Zulage unweigerlich zu entrichten oder aber die Ursachen, warum sie solches zu tun nicht schuldig seien, bei dem königlichen Landesgerichtsnotar für das bevorstehende Quartalgericht einzubringen[3]).

Im Jahre 1615 haben die Kirchengeschworenen auf Befehl des königlichen Amtmannes zu Segeberg Marquart Pentze das alte We-

---

[1]) K. S. B. XXXII. Register I.
[2]) ib. XXXIV.
[3]) Urk. des Kirchenarchivs Nr. 16.

demhaus abbrechen und ein neues errichten lassen. Das Geld dazu (500 Reichstaler) haben sie von Heinrich Heisten geborgt[1]).

6. Schenkungen.

Außer den zur Erleichterung der Baunot gemachten Zuwendungen erhielt die Kirche in dieser Zeit auch Schenkungen aus anderen, meistens persönlichen Gründen. Im Jahre 1563 schenkte Frau Katharina Rantzow geborene Heest zu Rethwisch nach dem Tode ihres Mannes Breida Rantzow der Kirche ein Kapital von 200 Mark und bestimmte, daß die Zinsen von 10 Mark jährlich dem Kirchherrn und seinen Nachfolgern zuteil werden sollten[2]).

Im Jahre 1573 stiftete Joachim Brockdorf zu Tralau dem Kirchherrn Herrn Johann Hoyer und seinen Nachfolgern eine jährliche Rente von 5 Mark, wovon er zwei Mark an den Kapellan z. Z. Herrn Nicolaij Claij abgeben sollte[3]).

Im Jahre 1578 wies der Junker Einwolt Heest zu Rethwisch der Kirche eine Rente von 10 Schilling zu aus einem von Herman Vedder bewohnten Hause vor dem Bestetore. Später besaß das Haus ein Abraham Klerke, dann Asmus Pauls, darauf Magnus Strugk und schließlich Jochim Commendor, Schuster.

Im Jahre 1580 beschloß die Hökergilde, der Kirche alljährlich zu Ostern 4 Pfund Wachs zu geben zu Lichtern für den hohen Altar[4]).

Im Jahre 1534 erhielt die Kirche durch Vermächtnis des ehrsamen Mannes Berent Noyte eine jährliche Rente von 40 Schilling, von denen 20 der Kirche zukommen und 20 unter Pastor, Kapellan und Schulmeister gleichmäßig verteilt werden sollten[5]).

Im Jahre 1605 schenkte Hans Schlüter, Bürger zu Oldesloe, der Kirche ein Kapital von 100 Mark lübisch wegen des Unheils seines Kindes[6]).

Im Jahre 1618 übergab der edle und ehrenfeste Dettleff Brocktorff, des seligen Friedrich Sohn, der etliche Jahre nach dem Tode der seligen Keye und Benedictus von Alefeld mit der Witwe Anna von Alefeld die Güter Fresenburg und Schulendorf verwaltet hatte, den Kirchengeschworenen aus christlichem Herzen zur Ehre Gottes und zu beständigem Gedächtnisse 300 Taler, den Taler zu 2 Mark 8 Schilling[7]).

7. Vom Begräbniswesen.

Wir haben gesehen, daß bereits in den Jahren 1557 und 1558 einigen angesehenen Leuten für Geldbeträge, die sie zum Bau der Kirche und

---

[1]) Register III.
[2]) Urk. des Kirch.-Arch. Nr. 4.
[3]) ib. Nr. 6.
[4]) ib. XL.
[5]) Urk. d. Kirch.-Arch. Nr. 9.
[6]) K. S. B. XL II.
[7]) Register III.

der Schule hergegeben hatten, Begräbnisse in der Kirche bewilligt wur=
den. Im Jahre 1578 wurde der Verkauf von Grabstätten in der Kirche
wieder aufgenommen. Die dafür bezahlten Preise schwanken zwischen
10 und 50 Mark lübisch, wohl nach der Größe der beanspruchten Stelle.
Im Jahre 1578 kaufte ein Begräbnis in der Kirche Hinrick Gerken, 1580
Bernth Turow für je 12 Mark. Als im Jahre 1584 Detleff Goeden, der
für sich bereits im Jahre 1558 ein Begräbnis in der Kirche erworben
hatte, starb, gab sein Sohn Hermann für das Begräbnis seines Vaters
und der Erben noch 10 Mark. Im Jahre 1592 erwarb Hinrich Eggers
eine Grabstätte in der Kirche für sich und seine Erben für 50 Mark,
im Jahre 1600 Hinrick Louwe ein Erbbegräbnis für 30 Mark. Diese
30 Mark wurden mit verwandt zu der neuen Taufe, die damals zu
bauen unternommen wurde. Im Jahre 1611 erwarb Johannes Hoppen=
stede, königlicher und fürstlicher Zöllner zu Oldesloe, für sich und
seine Erben eine Grabstätte zwischen dem Pfeiler von Alefelds Stuhl
und der südlichen Mauer für 35 Mark, 1616 Detleff Brocktorp eine
solche für den Bastardsohn seines Bruders hinter dem Fresenburger
Gestühl für 10 Mark lübisch, in demselben Jahre der Bürgermeister
Sweder Möller eine Begräbnisstätte hinter der Taufe, die ihm für 30
Mark gelassen wurde, „weil er sich beschweret vmb etzliche wellstücke
Holtes, so he tho der wedem gedhaen". Auch in dem im Jahre 1578 der
Kirche angebauten Leichenhause wurden Begräbnisstellen verkauft.
Vom Jahre 1616 z. B. meldet das Register III: „Joh. Lembke d. Karke
vor ein Stede zu einem Begrebnisse ihm Lieckhuse negstehn seeligen
Bartholdt Möllers begrebnisse gegeben 10 Mark".

Die so erworbenen Begräbnisse konnten verpfändet und weiter=
verkauft werden. Anno 1595 verpfändete Heyn Wiedenbrügge sein
Begräbnis vor der Taufe in der Kirche an Herrn Jochen Vischer und
seine Erben für 25 Mark. Weil aber gedachter Wiedenbrügge ver=
storben, haben seine nächsten Agnaten, nämlich Dirich von Campen
und Dirich Buxtehude das Begräbnis an Herrn Jochen Vischer und seine
Erben als Eigentum verkauft, also daß sie zu den obgemeldeten 25 Mark
noch 20 Mark lübisch empfangen haben und die Kirche 5 Mark. Dies
beurkundete am 21. Dezember 1621 der Bürgermeister Jürgen Gerkens.
Jochen Vischer scheint ein Geistlicher gewesen zu sein, da der Titel
Herr damals nur Adligen und Geistlichen gegeben wurde[1]).

Auch aus dem Totengeläut hatte die Kirche eine regelmäßige Ein=
nahme, über die seit 1574 genau Buch geführt wird. Ein einmaliges
Läuten von bestimmter Dauer, ein sogenannter Puls, kostete 8 Schilling.
Hier mögen nur einige Eintragungen aus den letzten Jahren dieser
Periode angeführt werden. Auf einer Seite des Registers von 1616
lesen wir: „F. Anna v. Alefeldt Ihrer Meyerschen thom Schulendorff
2 pulß luden laten = 1 Mark. Dettleff Brocktorp vor sines Broder
bastart soen 3 puls = 1 Mark 8 Schillinge. H. Nicolaus Stuer, graeue
aus Schweden, ist geludet 5 puls = 2 Mark 8 Schillinge". Bei dem Tode
von legitimen Mitgliedern der adeligen Familien des Kirchspiels wurde

---

[1]) K. S. B. XXXIX, XLI und XLIII, Urk. d. Kirch.-Arch. Nr. 14 u. 17. Register I.

ein großer Aufwand mit Sterbegeläut getrieben. So lautet z. B. eine Eintragung von 1613: „Dorothea Brocktorpes geludet 26 Pulß a 8 Schilling, thuet 13 Mark", eine von 1618: „Jasper Pentz, geludet 41 pulß", eine von 1620: „Der Edler und Ehrenuester Bendictus von Bockwolth sinem Kinde luden laeten 24 Pulß a 8 Schilling, thuet 12 Mark", und eine von 1621: „Jumffer Sophya v. Alefeldt ist geludet worden 29 Pulß = 14 Mark 8 Schilling".

Die Schuhmachergesellen, die sich, wie wir gesehen haben, im Jahre 1560 freies Sterbegeläut erworben haben, bestimmten in ihrer Beliebung von 1523 über das Begräbnis eines Gesellen, daß alle Gesellen in ihren besten Kleidern dem Toten zu Grabe folgen sollen, und daß diejenigen, die von dem Obergesellen zum Tragen bestimmt würden, das vollbringen sollen und daß jeder Geselle 2 Pfennige für den Altar opfern solle aus seinem eigenen Beutel bei 6 Pfennigen Strafe. Wenn der Tote Güter nachläßt, solle man sie schnellstens zu Gelde machen und ihn damit ehrlich begraben. Seien dieselben nicht genügend, so solle man soviel aus der Büchse nehmen und ihn damit zur Kuhle bringen um Gottes willen. Ebenso oder ähnlich wird es auch bei den übrigen Zünften gehalten worden sein.

Als Mindestgebühren erhielten, wie die Rechnungen des St.-Jürgens-Stiftes zeigen, für jedes Begräbnis der Totengräber 3 Schilling, der Pastor 8 Schilling, der Kaplan 1 Schilling, der Schulmeister mit seinen Schülern 8 Pfennige und die Leichenfrau (die Biddersche) 6 Pfennige.

8. Das Kirchengestühl.

Eine weitere Einnahme erwuchs der Kirche aus der Verpachtung von Kirchenstühlen. In der Kirche wurde eine feste Sitzordnung innegehalten. Wie die adligen Gutsbesitzer hatten ihre festen Plätze auch die Zünfte der Stadt und die Hausleute vom Lande, Männer und Frauen getrennt. Wir finden erwähnt ein Gestühl der Alefelds und der Brockdorfs und ein Gestühl, wo die Frauen der Junker stehen, ein Gestühl der Schmiede wie ein solches der Schuhmacher, ein Fresenburger Gestühl und ein Gestühl, wo die Sühlener Leute stehen. Einzelpersonen konnten aber auch für die Zeit ihres Lebens einen besonderen Stuhl oder einen Klappsitz kaufen. Nach ihrem Tode mußte wegen Erwerbung des Standes aufs neue mit den Kirchengeschworenen verhandelt werden. Von dieser Vergünstigung machten nicht nur besser gestellte Leute, sondern auch Leute geringeren Standes Gebrauch, z. B. 1617 Michel Kordeß, der bei Peter Oltzborch als Knecht gedient hatte. Die letzten Seiten des Kerkswarenbocks enthalten ausschließlich Protokolle über den Erwerb von Kirchenständen aus den Jahren 1609 bis 1631. Der Preis schwankt zwischen 1 Mark und 2½ Taler.

9. Die Schule.

Zu den kirchlichen Gebäuden gehörten nicht nur die Wedeme mit Scheune, Stallungen und Backhaus sowie die „Capellanie", sondern auch die Schule. Alle Ausgaben für das Schulgebäude wurden von der

Kirche bestritten, sogar eine Bettstelle für den Lehrer wurde auf Kosten der Kirche angeschafft. In der Schule befanden sich Dörnsen (heizbare Zimmer) und Kammern. Die große Dörnse wurde im Jahre 1576 mit einem Erker, einer sogenannten „Utlucht", versehen. Fenster in der Schule haben nach einer Eintragung von 1577 gestiftet Benedictus (von Alefeld), die Schiffer und das Kirchspiel. Für das Heizen des Schulzimmers hatten die Schüler zu sorgen und dazu wohl wie auch anderswo das Holz von zu Hause mitzubringen. Hin und wieder wurde ihnen von der Kirche ein Faden Holz gekauft (1612) oder einige Sack Kohlen (1616). Der Lehrer wurde von der Kirche angestellt und unter Umständen auch wieder abgesetzt. Letzteres geht z. B. aus folgenden drei Eintragungen hervor: 1611: „vp Unterredung wegen deß Schollmeisters die Hern mit den Predigers verzehrt 1 Mark". 1612: „Dem Schollmeister Ludolpho vor ein verndell Jaehr besoldung des Seyers, da er affgedancket 3 Mark." 1613: „Ludolphum vmb sein Elendiß ansuchen vorehret wegen der Kerken 8 ß." An Besoldung bezog der Lehrer von der Kirche nur eine Vergütung für das Aufziehen und Stellen der Uhr (des Seyers), anfänglich 3 Mark, dann 6 Mark und schließlich 12 Mark jährlich. Im Jahre 1592 wurde Lafrenz, dem Scholmester, auch eine Vergütung für das Glockenläuten gegeben. Doch war er dazu wohl nur aushilfsweise herangezogen worden, da es einen besonderen Glockenläuter gab (Klokkenluders Hus 1591). Außerdem erhielt der Lehrer, wie wir gesehen haben, eine Gebühr bei Begräbnissen und gewiß auch bei Hochzeiten und Taufen. Seine Haupteinnahme aber war wohl das Schulgeld, das er selbst einsammeln mußte. Ob ihm im 16. Jahrhundert auch schon die Stadt einen Zuschuß gab, läßt sich nicht ersehen. Die Lehrer wurden gewöhnlich nur bei ihren Vornamen genannt: Johannes 1574—1578, Lafrens (Lorens) 1592, Ahndres 1594, Baltzar 1598, Johannes 1609, Ludolphus 1609, 12 und 13, Philippus, doch erfährt man gelegentlich auch einmal den Familiennamen. Im Register von 1619 heißt es: „Jochim Lembke, weil er Schollmeister gewesen, ist ihm die Klocke fry gewert." Einer führte den Familiennamen Sachtelebend (1574), einen passenden Namen für einen Mann, der so überaus bescheiden auftreten mußte. Und doch waren die Lehrer häufig akademisch gebildete Leute. Andreas z. B. war Theologe und wurde Pastor (1594: Ahndres dem Scholemester gegeuen. dho he hyr wech quam, synem predyampte to hulpe 6 Mark 3 ß). Auch Baltzar war ein studierter Mann, da er „Herr" genannt wird. (H. Baltzar dem Scholmeister syn Besoldingh geuen vor den Seyer tho stellen von Michaelis vp Paschen 6 Mark). Der im Jahre 1616 eingeführte Peter Bowert war der erste Lehrer, der in den Kirchenrechnungsbüchern mit Tauf= und Familiennamen genannt wird: „Peter Bowert vor schoelmeister *introducirt*, ihm verehrt 1 Reichstaler = 2 Mark 8 ß". Da die Lehrer so häufig wechselten, ist wohl anzunehmen, daß es meistens junge Theologen waren, die das Lehramt als Durchgangsamt zum Pfarramt benutzten. Davon, daß hier zwei oder mehrere Lehrer nebeneinander tätig waren, findet sich in diesem Jahrhundert noch kein Anzeichen.

II. Der Streit um die Sankt-Jürgens-Güter.

Marquard von Buchwald übernimmt das Patronat der Stiftung und die Bewirtschaftung des St.-Jürgenshofes. Hofmeister Matthias Gladow. Der Hof auf dem Pipenbrink in Nutznießung der Bürger. Jasper v. Buchwald als Patron. Vertrag von 1545. Neuer Streit. Heinrich Rantzau vermittelt. Bestand des von der Stadt verwalteten St.-Jürgens-Gutes. Die Verwaltung durch die Stadt. Die Aufsicht des Patrons. Weitere Schritte zur Aneignung des Hofes. Verweigerung des Zehnten. Baltzer Pentze als Hofmeister. Schlichtung des Streits durch eine königliche Kommission. Prozeßkosten. Die acht Artikel Jaspers von Buchwald. Verhandlung auf dem St.-Jürgenshofe. Claus von Buchwald Patron. Streit wegen der St.-Jürgenshölzung. Klage des Claus v. Buchwald beim Landgericht. Umwandlung des St.-Jürgenshofes in einen Herrenhof. Gegenklage der Stadt. Zeugenvernehmung in Oldesloe. Streit um die Jurisdiktion von St. Jürgen. Eine Gefangennahme auf St. Jürgen. Protest des Magistrats. Vorläufige Entscheidung König Christians IV. Neues Verhör der Zeugen in Oldesloe. Aussage des Heine Berchstede. Eine neue Königliche Commission. Okularinspektion der St.-Jürgens-Güter. Das Urteil. Wiederherstellung der Kapelle und des Siechenhauses. Claus v. Buchwald widersetzt sich der Ausführung des Urteils. Claus v. Buchwald appelliert an das Reichskammergericht. Claus v. Buchwald widersetzt sich der landesherrlichen Interimsverfügung. Seine Leute werden gewaltsam vertrieben. Claus v. Buchwald protestiert dagegen. Nachrichten über den Prozeß aus den St.-Jürgens-Rechnungen. Ende des Prozesses. Rache der Besiegten.

Nach dem Aussterben der Hummelsbüttel, die seit der Schenkung von 1365 Patrone der St. Jürgens=Stiftung gewesen waren, erhob Marquard von Buchwald[1]) zu Borstel als nächster Verwandter und Erbnachfolger des ausgestorbenen Geschlechts Anspruch auf die Stiftung, und zwar war es ihm offenbar nicht darum zu tun, das Patronat über sie zu erlangen, sondern ihre Güter in seinen Besitz zu bringen, was zur Reformationszeit, in der so viele Kirchengüter eingezogen wurden, nicht aussichtslos schien. Der Amtmann Christoffer von Velthem, der damals Oldesloe und das Haus Trittau inne hatte, war ihm dabei behilflich. Er verschaffte ihm die Urkunden und Heberegister des Stiftes. Auch nahm Marquard von Buchwald einen vergoldeten Kelch an sich, den Herr Andreas Wokendorp[2]) den Hospitaliten zum Gebrauch beim Abendmahl gegeben hatte, und trat die Bewirtschaftung des St. Jürgens= hofes an.

Der Hofmeister, den er dort einsetzte, Matthias Gladow aus der Mark gebürtig, suchte die „Siechen" sowohl wie die Bürgerschaft bei guter Laune zu erhalten. Er lieferte den Insassen des Siechenhauses ihre tägliche süße Milch, auch saure Milch und Buttermilch, wenn er

---

[1]) Der letzte katholische Kirchherr Henning von Buchwald gehörte einem anderen Zweige der Buchwald an. Sein Erbe war ein Joachim von Buchwald, dem die Kirchengeschworenen im Jahre 1542 das kleine Haus auf der Wedeme und die Scheune, die Henning von Buchwald hatte erbauen lassen, abkaufen mußten. K. S. B. XII.

[2]) Wokendorp scheint der erste protestantische Kirchherr und Vorgänger von Jochem Schütte gewesen zu sein. Weitere Nachrichten über ihn finden sich jedoch nicht.

sie hatte, Bier, wenn er gebraut, und Brot, wenn er gebacken hatte, und jährlich ein fettes Schwein. Die Bürger durften ihre Schweine zur Mast in das St. Jürgensholz treiben, auch ihr sonstiges Vieh auf den Ländereien der Stiftung weiden lassen, und dafür, daß er sein Vieh mit dem Stadthirten auf die Stadtweide trieb, belohnte er nicht nur den Hirten, sondern gab dafür auch dem Rat jährlich eine Tonne Hamburger Bier.

Die Bürger hatten allen Grund, Marquard von Buchwald gewähren zu lassen, da sie selbst die Ländereien des ehemaligen Hofes auf dem Pipenbrink in Nutznießung hatten, ohne den paar armen Leuten, die im Siechenhause die Siechen markierten, mehr als ein Almosen von dem Ertrage abzugeben. Da der Aussatz aufgehört hatte, war der Zweck der Stiftung hinfällig geworden, und die Oldesloer konnten sie daher zu ihrem eigenen Nutzen verwenden, ohne dadurch ihr Gewissen besonders beschwert zu fühlen. Es waren in der Regel nur zwei, höchst selten einmal drei oder gar vier arme Leute, denen man gestattete, im Siechenhause zu wohnen. Davon, daß der Ertrag der beiden Höfe ausschließlich zur Unterhaltung und Pflege der Hospitaliten bestimmt war, hatten sie offenbar keine Ahnung; denn sie gingen nach altem Herkommen zweimal in der Woche, Sonntags und Donnerstags, mit Klappern auf den Bettel. In den Händen der Aussätzigen hatten die Klappern an die Ansteckungsgefahr erinnern sollen, dienten den „Siechen" nun aber zugleich als Bettelruf und Legimation. Nach der Zerstörung der Hofgebäude auf dem Pipenbrink waren die Ländereien an Bürger verpachtet zu so niedrigen Beträgen, daß sich die Pachtung in den Familien vererbte und bei Erbteilungen wie Eigentum behandelt wurde.

Wären nun sämtliche Ländereien des Hospitals in einer Hand oder in den Händen einer Partei gewesen, so wäre vielleicht damals der ganze Grundbesitz dem Hospital abhanden gekommen. Der Umstand aber, daß sich zwei Parteien, die einander den Vorteil nicht gönnten, in die Nutznießung teilten, hat dem Hospitale einen Teil seines ehemals reichen Besitzes erhalten.

Als nach Marquards Tode sein Sohn Jasper von Buchwald sich als unumschränkter Besitzer des St. Jürgenshofes gebärdete, brach der Streit in hellen Flammen aus, und König Christian III. sah sich genötigt, ihn im Jahre 1545 zu schlichten. Nach dem damals geschlossenen Vertrage[1]) soll Jasper von Buchwald alle zu St. Jürgen gehörigen Güter, die er in seinem Besitz hat und die sein Vater an sich genommen, wiederum zu der Armen Notdurft zur Verfügung stellen, und das Gleiche sollen Bürgermeister und Rat zu Oldesloe mit den den Armen zu St. Jürgen gehörigen Gütern, die bei ihnen sind, auch tun, auch sollen sie alle rückständigen Renten und Zinsen, die die Bürger noch zu erlegen haben, einfordern. Jasper von Buchwald und seine Erben sollen als Patrone der St. Jürgens-Stiftung anerkannt werden und einen Hofmeister auf dem St. Jürgenshofe einzusetzen haben, doch ohne Nachteil für die armen Leute. Auch soll Jasper von Buchwald, oder

---

[1]) Urk. des Stadtarchivs Nr. 30.

seine Erben, zwei Oldesloer Bürger zu Vorstehern nehmen. Diese sollen die Güter der Armen verwalten, sie an die Meistbietenden verpachten, den Armen davon „Handreichung" tun und jährlich Jasper von Buchwald oder seinen Erben darüber Rechnung ablegen. Wenn die Vorsteher ihre Pflichten gegen die Armen nicht erfüllen, soll Jasper von Buchwald sie abzusetzen und andere zu wählen haben. Wenn aber Jasper von Buchwald und seine Erben säumig sind, Vorsteher einzusetzen, soll der Rat von Oldesloe sich darum zu kümmern haben. Jasper von Buchwald soll und will die Vorsteher gegen jedermann vertreten und sein Recht nicht zur Beschwerung der Oldesloer Bürger oder zur Verkürzung der Armen gebrauchen. Solches haben beide Teile gutwillig beliebt und angenommen und festiglich zu halten zugesagt.

Es ist zu begreifen, daß beide Parteien einander nicht besonders heftig zur Erfüllung dieses Vertrages drängten. Die nächsten elf Jahre erhob Jasper von Buchwald noch nach den alten Hebelisten die Pachtgelder und Zinsen von den Oldesloer Bürgern, und es ist weder die Rede von einer Neuverpachtung an die Meistbietenden, noch von einer Rechnungsablage irgendwelcher Art. Der Rat von Oldesloe zog die rückständigen Pachtgelder und Renten von den Bürgern ein und bat im Jahre 1550 Jasper von Buchwald um Genehmigung zu der zinslichen Anlage dieser Gelder. Da Jasper die Auslieferung derselben verlangte und die Oldesloer nur darauf eingehen wollten, wenn ihnen die Ländereien gelassen würden, entbrannte der Streit aufs neue. Der Statthalter Heinrich Rantzau zu Segeberg mahnte im Jahre 1557 in einem freundschaftlichen Briefe seinen lieben Oheim und Schwager Jasper zum Nachgeben, und wohl infolge dieses Schreibens lieferte der Junker dann die Heberegister an den Bürgermeister Philippus Koke ab, so daß mit dem Jahr 1557 die Verwaltung dieser Güter durch zwei Oldesloer Bürger beginnen konnte. Die Herausgabe des St. Jürgenhofes an eine gemeinsame Verwaltung aber fand auch damals nicht statt.

Nach der von Jasper von Buchwald abgelieferten Hebeliste waren 26 Äcker, 9 Gärten, 3 Wiesen und 2 Teiche an 25 Bürger verpachtet für im ganzen 17 Mark 8 Schilling und 5 Pfennig, außerdem 126 Mark Kapital ausgeliehen an 4 einzelne Bürger und die Kirchengeschworenen für 7 Mark und 6 Schilling Rente. Die ganze Summe der Einkünfte aus den in den Händen von Bürgern befindlichen St. Jürgens-Gütern belief sich also auf 24 Mark 14 ß 5 ₰. Unter den Pächtern befanden sich Bürgermeister und Ratmänner und andere angesehene Mitglieder der damaligen Bürgerschaft. Die Grundstücke lagen zum größten Teile vor dem Lübecker Tore. Mit Namen werden genannt der dort gelegene Hüttegarten, den der Ratmann Hans Wiedenbrügge inne hatte, der Acker oberhalb der Schimmelkuhle, ein Acker „by dem Knegen", ein Teich vor dem Kneden, der Hilkenkamp, die Hilkenkoppel, der Hilkendyk, der Acker Grauer Mönch, ein Acker auf der Poggenbrede, zwei Äcker am Emeßberge und eine Koppel oberhalb des Sandes. Vor dem Hamburger Tore werden genannt eine Koppel bei St. Jürgen und die Wiesendämme oberhalb der Saline. Die letzteren Grundstücke scheinen von dem Haupthof abgetrennt zu sein. Aber auch wenn sie ursprünglich zu dem Hofe auf dem Pipenbrink gehört hätten, ginge doch aus der Aufstellung hervor, daß schon damals ein Teil der Einkünfte dieses Hofes abhanden gekommen war, da sich seine sicheren Einkünfte im Jahre 1420 — fünf Jahre nach der Zerstörung von Oldesloe — auf 30 Mark jährlich belaufen hatten.

Mit dem Jahre 1557 beginnt nun die Reihe der vollständig erhaltenen St. Jürgens=Rechnungsbücher, die uns einen klaren Einblick in die Verwaltung gewähren. Zunächst übernahmen die Verwaltung Bürgermeister Philipp Kock und Ratmann Hans Wiedenbrügge. Ob sie von Jasper von Buchwald zu Vorstehern ernannt worden waren, wird nirgends gesagt. Sie erhoben das Geld, taten den Insassen des Siechenhauses davon „Handreichung" und legten das Übrige zur Vermehrung der Einkünfte auf Rente. Die Handreichung bestand im ersten Jahre aus einer Ausgabe von 2 Mark, 4 ß und 10 ₰ für ein paar Schuhe, eine Lade mit 2 Schlössern, zwei Pfund Butter und einige Heringe, belief sich im zweiten Jahre, in dem das Siechenhaus neu gedeckt werden mußte, einschließlich der Kosten für Latten, Schächte, Schof und Fuhr= und Deckerlohn auf 4 Mark, 15 ß, 2 ₰ und stieg im dritten, in dem das Siechenhaus vier Insassen zählte, die alle neu eingekleidet werden mußten, einschließlich der Kosten einer neuen Tür für die Badestube auf 11 Mark und 1 ₰. Es konnte also in jedem Jahre ein erheblicher Betrag zinsbar ausgeliehen werden. Die Rechenschaft von den drei Jahren 1557, 58 und 59 erstattete Hans Wiedenbrügge dem Rate erst im Jahre 1560. Von einer Rechenschaftsablegung an Jasper von Buchwald ist keine Rede. In demselben Jahre wurden nicht von dem Junker Jasper, sondern vom Rate zu Vorstehern gewählt Bürgermeister Philipp Kock und Diderick von Campen, denen später Henninck Becker, Timme Roggenbuck, Herman Schacht und Arndt Bumann folgten. In der Verwaltung aber trat keine wesentliche Änderung ein. Außerordentliche Ausgaben entstanden nur, um das Siechenhaus in Bau und Besserung zu erhalten, und durch Krankheit und Tod von Hospitaliten. Wenn ein Insasse krank war und andere ihn pflegen mußten, so daß sie „ihre Notdurft nicht sammeln", d. h. nicht zum Bettel gehen konnten, wurden ihnen einige Schillinge zu verzehren gegeben, was sonst nur gelegentlich an hohen Festtagen geschah. Für die Darreichung des heiligen Abendmahles bekam der Kirchherr 1 ß. Die nicht verbrauchten Gelder wurden zuweilen von dem rechnungsführenden Vorsteher als Hypothek behalten, „in sein Haus genommen," wie der stehende Ausdruck lautete. Statt den übrig gebliebenen Betrag seinem Nachfolger zu übergeben, zahlte er also nur die Zinsen davon oder blieb sie schuldig. Die saumseligen Zahler machten die Rechnung oft recht unübersichtlich, und so mußte der Rechnungsführer zuweilen einen Gehilfen annehmen, der ihm half, sie zu entwirren. Unter den Ausgaben von 1564 lesen wir z. B.: „Noch VI ß deme schriuer vor schriuent vnd de rekenschop klar to makende."

Jasper von Buchwald scheint nun aber doch auf ordentliche Rechnungsablage gedrängt zu haben. Zunächst lud man ihn nur ein, die

Rechenschaft mitanzuhören. Von 1566 bis 1571 findet sich in den von Valentin Lichtenhahn hergestellten Rechnungsabschriften, nicht in den Originalen, ein Ausgabeposten von 3 Schilling „dem Boden geven, de na dem Borstel ginck vnde Junker Jasper den bref brochte, dat he doch mochte kamen vnde de Reckeninge mit anhören." 1569 und 70 „de Reckenschop entfangen." In der Rechnung von 1574 aber lautet ein Posten: „Item dem schriuer Valentin lichten Han geuen, dat he de Rechenschop afschref, de man dem Junker Jasper van Bockwolde sende, davor IIII ß." Zu diesem Entgegenkommen aber haben sich die Oldesloer Vertreter des St. Jürgensstifts erst nach kostspieligen Verhandlungen bequemt. Im Jahre 1567 reisten einige von ihnen wegen des Streits mit Jasper von Buchwald zum Landtage nach Schleswig und verzehrten dort auf Kosten von St. Jürgen 15 Mark, und im Jahre 1568 mußten sich Bürgermeister und Rat bei König Friedrich II. und den Herzögen Johann und Adolf gegen die Anschuldigungen Jaspers von Buchwald verteidigen, sie seien dem zwischen beiden Parteien aufgerichteten Vertrage, die armen Siechen von St. Jürgen vor Oldesloe betreffend, nicht nachgekommen.

Wenn Jasper von Buchwald die Oldesloer mit Recht beschuldigen konnte, dem Vertrage von 1545 nicht nachgekommen zu sein, so konnten diese ihm mit demselben Rechte den gleichen Vorwurf machen; denn er dachte nicht nur nicht daran, den St. Jürgenshof herauszugeben, sondern war ernstlich bemüht, ihn zu einem abgabenfreien adeligen Sattelhof zu verwandeln. Die Hofmeister, welche auf Matthias Gladow gefolgt waren, Heinrich Detlefs von der Barnitz, Hermann Lüning und Ties Wolgast mußten die Lieferungen an die Hospitaliten einstellen, und im Jahre 1565 entzog Junker Jasper sogar dem Oldesloer Kirchherrn den ihm gebührenden Zehnten von den Ländereien des St. Jürgenshofes, so daß im Jahre 1568 Abt Eberhard von Reinfeld, der Statthalter Heinrich Rantzau, Amtmann zu Segeberg, Bürgermeister und Rat zu Oldesloe, Bartholomäus von Ahlefeld zu Fresenburg, Joachim Brocktorp zu Tralau, Baltzer Pentze zu Nütschau, Einwolt Heiste zu Rethwisch, die Kirchengeschworenen und das ganze Kirchspiel zu Oldesloe in einer Eingabe an König Friedrich II. und die Herzöge Johann und Adolf darüber Klage führten. Jasper aber verfolgte sein Ziel unentwegt. Nach dem Abgange des Hofmeisters Wolgast setzte er seinen Oheim Baltzer Pentze, der im Jahre 1573 Nütschau an den Statthalter Heinrich Rantzau verkauft hatte und seit der Zeit in Oldesloe wohnte, als Hofmeister ein. Das Recht, ihr Vieh auf den Ländereien des Hofes zu weiden, sollte nun den Oldesloern nicht länger gestattet sein; auch suchte Jasper den Hof der Jurisdiktion der Stadt zu entziehen. Dadurch entbrannte der Zwist wieder zu solcher Heftigkeit, daß der König im Jahre 1579 zu seiner Schlichtung eine besondere Kommission nach Oldesloe sandte. Sie bestand aus dem Statthalter Heinrich Rantzau und den Amtleuten Peter Rantzau zu Flensburg und Josias von Qualen zu Steinburg und veranlaßte nach dem Verhör beider Parteien Jasper von Buchwald, seinen Anspruch auf den Zehnten aufzugeben und ihn der Kirche zu restituieren, und die von Oldesloe, ihre

Forderungen wegen der „Restantzien" fallen zu lassen. Auch will Jasper von Buchwald eine anhängig gemachte Injurienklage gegen den Oldesloer Bürger Peter Snüffer zurückziehen, nachdem dieser vor der Kommission die Worte, die er über Jaspers Vater Markwart geredet, revoziert und erklärt hat, was er geredet, habe er als alter Mann aus Unbesonnenheit so dahin geredet, und der Rat erklärt hat, er habe mit der Injuriensache gar nichts zu tun und sich derselben nicht teilhaftig gemacht. Ferner wurde vereinbart, daß Jasper von Buchwald den Hofmeister auf St. Jürgenshof nach dem königlichen Vertrag (von 1545) ferner zu setzen haben soll. Die Weide betreffend einigte man sich dahin, daß der Hofmeister Baltzer Pentze den Kamp in den Rodungen des St. Jürgens-Holzes einhegen und darauf allein seine eigenen Heerden halten soll, doch soll es ihm nicht gestattet sein, weitere Ländereien durch Gräben und Zäune abzuschließen und neue Wege anzulegen, und die von altersher vorhandenen Redder und Wege sollen frei sein wie zuvor. Im übrigen soll es ihm unbenommen sein, sein Vieh neben dem Oldesloer Vieh von dem Stadthirten weiden zu lassen und diesen dafür zu bezahlen. Beide Parteien erkannten den Vertrag von 1545 als zu Recht bestehend an, doch wollte damit keine von beiden auf die ihnen nach ihrer Meinung zustehende Jurisdiktion über den St. Jürgenshof verzichten.

Eine Entscheidung führten die Verhandlungen von 1579 also nicht herbei. In der Ausgabenrechnung des Jahres 1579 aber steht neben der üblichen kleinen Ausgabe für die Siechen im Betrage von 4 Mark 10 ß ein Posten von 315 Mark 2 ß als Anteil von St. Jürgen an allerlei Unkostung, die ausgegeben wurde in der Zeit, dieweil man mit dem ehrbaren und ehrenfesten Jasper von Buchwald gerechtet und in Zwist gestanden. Eine Spezialabrechnung darüber ist nicht vorhanden. Man gab also in diesem einen Jahr an Prozeßunkosten mehr Geld aus, als der ganze Hof auf dem Pipenbrink seinerzeit gekostet hatte. Nachdem man aber einmal soviel in die Sache hineingesteckt hatte, wurde mit immer größerer Erbitterung und steigenden Kosten weiter gekämpft.

Zunächst ließ Jasper von Buchwald durch einen tüchtigen Juristen die Mängel der bisherigen Verwaltung und Rechnungsführung zusammenstellen und 8 Artikel niederschreiben, nach denen er die Rechnung aufgestellt wissen wollte. Er rügte besonders, daß die übrig gebliebenen Gelder lange Zeit nicht ordentlich angelegt worden seien und daß die Äcker, Wiesen, Gärten und Teiche zu einer so niedrigen Pacht unter die Bürger verteilt seien, daß diese sie als Erbzinsgüter und nicht als Laßgüter ansähen und hernachmals für ihr Erb und Eigen besitzen und entziehen möchten. In den 8 Artikeln verlangt er Dinge, die heute für selbstverständliche Bedingungen jeder ordentlichen Buchführung gehalten werden. Bürgermeister und Rat aber sträubten sich mit Händen und Füßen dagegen, was Jasper von Buchwald dann notariell festlegen ließ. Auf seine Veranlassung erschienen am 27. Mai 1580 auf dem St. Jürgenshofe mit dem kaiserlichen Notar Daniel Pihell der Hamburger Stadtsekretär und Licentiat der Rechte Eberhard Twestreng als Vertreter Jaspers und der Bürgermeister Hermann Schacht im Namen des Rats von Oldesloe nebst den beiden Zeugen Berendt Giseke aus Hamburg und Michel Wolgast aus Grabau. Twestreng erklärte auf Geheiß Jaspers von Buchwald, es sei dem Rate bekannt, daß die Vorsteher von St. Jürgen jährlich zu Pfingsten Jasper von Buchwald von ihrer Verwaltung ordentliche Rechenschaft abzulegen hätten. Da nun die Zeit da sei, der Herr Bürgermeister auch vor wenigen Tagen Jasper von Buchwald gemeldet habe, der Rat wäre mit der Rechnung schon beschäftigt, so wäre im Namen Jaspers von Buchwald er, der Herr Licentiat, samt dem Herrn Notar da, um die Rechnung über Einnahmen und Ausgaben nach den Artikeln, die Jasper von Buchwald dem Rate habe zustellen lassen, anzuhören und aufzunehmen. Darauf antwortete der Herr Bürgermeister, es könnte die Rechenschaft jetzt nicht geschehen, denn es wären etliche vom Rat und der Stadtschreiber nicht zu Hause. Er bäte deshalb, Jasper von Buchwald möchte den Rat einen Tag oder fünf zuvor von seiner Forderung verständigen, dann wollten sie mit der Rechenschaft bereit sein. Als aber der Herr Licentiat fragte, ob denn auch die Rechnung nach den Artikeln, die Jasper von Buchwald dem Magistrat habe zustellen lassen, geschehen würde oder sollte, antwortete der Herr Bürgermeister, der Rat hätte die Artikel dem König zugeschickt, der König aber hätte dem Rate noch nicht auferlegt, Jasper von Buchwald andere Rechnung als bisher zu liefern. Darum könnten und würden sie vor Empfang des königlichen Befehls keine andere Rechnung ablegen. Darauf zeigte der Herr Licentiat an, daß Jasper von Buchwald nicht gewillt sei, eine andere Rechnung anzunehmen als eine solche nach den angezogenen Artikeln, da die bisherigen Rechnungen zu viele Mängel gezeigt hätten, und forderte im Namen Jaspers den Notar auf, die Erklärung, daß der Rat zu Oldesloe nach den Artikeln Jasper von Buchwald keine Rechnung ablegen wolle, zu protokollieren und zu beglaubigen.

Dieselbe Praxis befolgten Bürgermeister und Rat auch, als nach dem Tode Jaspers von Buchwald sein Sohn Claus, dem bei der Erbteilung das Patronat über die St. Jürgens-Stiftung zugefallen war, auf die im Vertrage von 1545 verlangte Versteigerung der Pachtländereien an die Meistbietenden drang. In einem Schreiben vom Jahre 1590 an Claus von Buchwald, damals in Neustadt ansässig, teilten Bürgermeister und Rat mit, daß etliche von den Ratsverwandten, auch zum Teil von denen, die die Ländereien in Gebrauch hätten, an andere Örter diesmal verreisten und nicht anzutreffen seien, und daß man deshalb die Versteigerung in solcher Eile nicht habe vornehmen können und um Aufschub bitten müsse.

Um diese Zeit entstand ein neuer Streit um die St. Jürgenshölzung, die Claus von Buchwald als zum Hofe gehörig für sich allein beanspruchte, während die Oldesloer das Recht zu haben glaubten, Bäume für den Bau ihrer Brücken darin zu fällen. Als sie dieses vermeintliche Recht wieder einmal ausgeübt hatten, bat er in einem Briefe vom Jahre 1595 von Borstel aus seinen Oheim Baltzer Pentz, der Sache nachzuforschen und ihm zu melden, wer von den „Zöllnern" es gewesen sei, da er den „Altenschloyern" solches Hauen mit nichten und keineswegs zugestehe. Im Jahre 1592 schrieb Johann von Buchwald, der Besitzer von Borstel, im Auftrage seines Bruders Claus in derselben Sache an Bürgermeister und Rat und forderte sie auf, das auf dem Gebiet seines Bruders gefällte Holz liegen zu lassen und das Hauen daselbst künftig zu unterlassen, da sonst sein Bruder andere Mittel und Wege in die Hand zu nehmen wissen würde, die ihnen vielleicht unerträglich sein möchten. Claus von Buchwald verklagte schließlich im Jahre 1595 Bürgermeister und Rat beim holsteinischen Landgericht und beantragte, sie wegen Veruntreuung öffentlicher Güter *in poenam peculatus* oder *Logis Juliae de Residuis zu condemnieren*. Gegen ihre Widerklage wegen Beleidigung verteidigte er sich mit der Behauptung, er habe nur *verba legum quae cum omnibus uno et eodem ore lequuntur* gebraucht, und die vom Bürgermeister und Rat unter Berufung auf die holsteinische Landgerichtsordnung eingewandte *Exceptionem fori declinatoriam ad impediendum litis ingressum* bat er aus stichhaltigen Gründen „*a limine Juditij*" zu repellieren." Die Zusammenstellung der Positionen seiner Anklage wegen betrügerischer Verwaltung der St. Jürgens-Güter schloß er mit der Behauptung, „daß davon in dem Lande zu Holstein und umliegenden Orten ein gemein Geschrei, Sage und Fama sei."

Wenn Claus von Buchwald nun auch erstlich bemüht war, die Erfüllung des Vertrages von 1545 seitens der Bürgerschaft zu erzwingen, so war er selbst doch keineswegs gewillt, dem Vertrage auch seinerseits nachzukommen. Er betrachtete wie sein Vater Jasper den St. Jürgenshof als ein ihm erb- und eigentümlich zugefallenes Besitztum und ließ, um dem Hofe auch äußerlich die Gestalt eines adeligen Gutes zu geben, an Stelle des alten Meierhauses „ein groß ansehnliches Hauß, eines adelichen Besitzes gleich," dort errichten, Kapelle und Armenhaus aber ließ er verfallen und durch dort nächtigende Zigeuner und anderes fahrende Volk erbärmlich verwüsten, so daß die Kapelle, wie Bürgermeister und Rat in einem Schreiben von 1599 klagten, mehr einem Pferde- oder Kuhstall denn einem Gotteshause glich, da in ihr Kanzel, Altar, Bänke, Bühnen, Estrich und Wände erbärmlich spoliiert und weggenommen wären. Auch ließ er den Kirchhof bepflügen.

Nachdem sich Bürgermeister und Rat gegen die Klage des Junkers Claus von Buchwald lange mit Ausflüchten und lahmen Entschuldigungen verteidigt und sich dadurch ins Unrecht gesetzt hatten, griffen sie endlich die Sache am richtigen Ende an und verklagten im Jahre 1605 Claus von Buchwald ihrerseits wegen Nichterfüllung des Vertrags von 1545. Dieser Weg sollte sie zum Siege führen.

Beide Parteien nahmen tüchtige Rechtsgelehrte zu Anwälten, und es wurde von beiden Seiten eifrig Beweismaterial zu Angriff und Verteidigung für den großen Entscheidungskampf herbeigetragen. Da die Stadt einige alte Männer als Zeugen stellen konnte, die aus eigener Erfahrung noch Auskunft geben konnten über die Verhältnisse zur Zeit Markwarts von Buchwald und des Hofmeisters Matthias Gladow, aber befürchten mußte, daß sie vor der Hauptverhandlung aus dem Leben schieden, so beantragte sie beim Könige eine besondere Vernehmung derselben *ad perpetuam rei memoriam* und bat, damit den Bürgermeister von Kiel Valentin Saum und den Kieler Ratmann Hans Schröder zu beauftragen. Der König ernannte sodann den holsteinischen Landgerichtsnotar Rudolf Faust und die Kieler Ratmänner Hans Schröder und Hans zur Westen zu Kommissaren mit dem Auftrage, die Vernehmung der Zeugen am 13. Februar 1606 auf dem Rathause zu Oldesloe vorzunehmen.

Die Zeugen waren der 82 Jahre alte ehemalige Oldesloer Bürgermeister Heine Berchstede, ein vielleicht 86 Jahre alter Insasse der Gottesbuden Claus Cuntze,[1] der in der Heiligengeistgasse wohnende etwa 70 Jahre alte Ratsdiener Ties Ties und der vor dem Hamburger Tore wohnende Carsten Crefting, dessen vollkommenes Denken seiner Angabe nach 62 Jahre zurückreichte. Den von den Klägern aufgestellten 21 Fragepunkten wurden von den Anwälten des Beklagten, die der Vernehmung beiwohnten, nämlich dem Lübecker Procurator und Notar Paul Pinnow und seinem Adjunkten, dem Notar Jodocus Delbrügk, 54 Fragepunkte gegenübergestellt. Die von ihnen beantragten einleitenden Fragen wie, ob der Zeuge ein Totschläger, Jungfrauenschänder, Ehebrecher, Notzuchtausüber, Dieb, Vollsäufer oder Zauberer sei, scheinen weniger darauf berechnet zu sein, die Glaubwürdigkeit des Zeugen festzustellen, als darauf, ihn zur Empörung und dadurch in Verwirrung zu bringen. Die vier Zeugen hielten sich aber tapfer und sagten unter ihrem Eid glaubwürdig aus, welche Lieferungen zur Zeit des Hofmeisters Matthias Gladow die Hospitaliten vom St.-Jürgenshofe erhalten hatten, und daß es regelmäßige Pflichtlieferungen gewesen seien und nicht gelegentliche freiwillige Geschenke des gutmütigen Hofmeisters, was die gegnerischen Anwälte glauben machen möchten, daß die Stadt öfter das sogenannte Fahrrecht (Gefahrrecht, Criminaljustiz) auf dem St. Jürgenshofe ausgeübt habe und daß sie das Recht gehabt habe, im St. Jürgensholze Bäume zu fällen, um ihre Brücken in Bau und Besserung zu halten, während der Hofmeister seinen Holzbedarf anderswo habe kaufen müssen. Die genau protokollierten Aussagen wurden mit den dazu gehörigen Dokumenten zu einem Akten-Rotulus zusammengefaßt und dem Gerichte übergeben.

Dem Patron Claus von Buchwald war es besonders widerwärtig, daß ihm die Jurisdiktion über den St. Jürgenshof bestritten wurde. Er beschloß deshalb, sie bei Gelegenheit auszuüben, um vollendete Tatsachen zu schaffen, und gab seinem Hofmeister entsprechende Anweisungen. Nun hatte der damalige Hofmeister Joachim Haldenschläger im Jahre 1608 einen Mann aus Hütten im Amte Trittau namens Joachim Arendts als Kuhhirten in Dienst genommen. Ein Einwohner von Hütten namens Sievert Stenbuck, wahrscheinlich der Glashüttenbesitzer dieses Namens, nach dem das Dorf noch heute Sievershütten heißt, hatte seit einiger Zeit viel Unglück erlitten, hegte den Verdacht,

---

[1] Er schätzte sein Alter auf 104 Jahre, wollte aber zur Zeit der ersten lübischen Fehde 14 Jahre alt gewesen sein. Damit kann nur die 1534 begonnene sogenannte Grafenfehde gemeint sein. Wenn er zur Zeit der Fehde von 1508 schon 14 Jahre alt gewesen wäre, hätte er bei der Vernehmung im Jahre 1606 ja 112 Jahre alt sein müssen.

daß der Kuhhirte es ihm angezaubert habe, und schickte zwei Leute aus Hütten, Johann und Timme Langemaken, nach dem St. Jürgenshofe, um ihn gefänglich einzuziehen. Die beiden fanden am 5. Juni den Kuhhirten in der Nähe von St. Jürgen auf dem Felde beim Vieh und bemächtigten sich seiner. Als das der Hofmeister Haldenschläger erfuhr, ging er mit einigen Leuten hinaus und ließ alle drei gefangen nehmen und auf dem Hofe in Gewahrsam setzen mit der Angabe, es sei ihm so von seinem Junker befohlen worden, auch solle er die Verstrickten nach Borstel schicken. Bürgermeister und Rat verboten ihm, die Gefangenen vom Hofe wegzuführen, und legten am 6. Juni auf dem Berge vor St. Jürgen durch die beiden Ratmänner Michael Harmens und Claus Westphal im Beisein des kaiserlichen Notars Johannes Hoppenstede und der Bürger Klaus Pottekowen und Johann Fischer als Zeugen gegen die Anmaßung einer dem Hofmeister und seinem Herrn nicht zustehenden Gerichtsbarkeit Protest ein. Darauf ließ am 7. Juni Johann von Buchwald zu Borstel im Namen seines Bruders durch seinen Diener Heinrich von Plön dem Magistrat ein Schreiben überreichen, in dem er ihn warnte, sich an der Gerechtigkeit seines Bruders zu vergreifen, und ersuchte, die Abführung der Gefangenen nicht zu hindern. Der Magistrat aber beharrte auf seinem Standpunkte, erklärte, daß die Verstrickten, falls sie von dort weggenommen würden, entlassen werden müßten, und gab dem Diener auf Verlangen diese Erklärung schriftlich mit. Dessen ungeachtet nahm dieser die Gefangenen mit nach Borstel. Auf die Klage des Magistrats befahl König Christian IV. in einem Erlaß aus Rendsburg vom 13. Juli 1608 den Junkern Claus und Johann von Buchwald, die Gefangenen sofort wieder nach dem St. Jürgenshofe zu schaffen und zu restituieren unbeschadet der späteren gerichtlichen Entscheidung über die strittige Jurisdiktion, und in einem Schreiben aus Hadersleben vom 17. August 1608 forderte Graf Rantzau Bürgermeister und Rat auf zu berichten, ob die Gefangenen alle zurückgebracht worden seien oder nicht und ob sie alle miteinander entlassen worden seien. Auf eine Anfrage des Sievert Steinbuck, wo er den gefangenen Hirten auf St. Jürgenshof vor Oldesloe ferner anklagen solle, da wegen der Jurisdiktion am selbigen Orte Claus von Buchwald und der Rat von Oldesloe miteinander streitig wären, bestimmte Herzog Johann Adolf als der Zeit Regierender in einem Erlaß datiert Gottorp, den 22. April 1609, daß er seine Anklage gegen den gefangenen Hirten der beschuldigten Zauberei halber bei Bürgermeister und Rat zu Oldesloe anbringen möge, doch solle damit der Entscheidung der Gerichte über die Jurisdiktion nicht vorgegriffen werden.

Die Eingriffe der Buchwalds in die Rechte der Stadt veranlaßten Bürgermeister und Rat, die Kenntnis ihrer vier alten Zeugen von der Handhabung ihres Rechts über Hals und Hand auf dem St. Jürgenshofe noch einmal ausführlich protokollieren zu lassen. Am 16. Juli 1608 nach dem alten julianischen Kalender morgens um Glocke sieben sind auf Requisition eines ehrbaren und wohlweisen Rats der Stadt Oldesloe oben auf dem Rathause in der Gerichtsstube daselbst der ehrbare und wohlweise Herr Heine Berchstede, ältester Bürgermeister, Ties Ties, Claus Kuntze und Carsten Krefting, Bürger, in des Notars Johannes Hoppenstede und der Zeugen Heinrich Becker und Hans Loch Gegenwart erschienen und im Namen und von wegen eines ehrbaren, wohlweisen Rats der Stadt Oldesloe vom Notar vernommen worden.

Und ist anfänglich und fürs erste der ehrbar wohlweise Herr Heine Berchstede, ältester Bürgermeister der Stadt Oldesloe, seines Alters vier und achtzig Jahre, eidlich abgehört worden, welcher *mediante juramento* freiwillig ausgeredet und bekannt, daß wegen der Königlichen Majestät zu Dänemark ein ehrbar wohlweiser Rat je und allewege von undenklichen Jahren hero das Halsgericht auf St. Georgens Hofe gehalten, wie ein solches noch ungefähr bei die siebenzig Jahre mit einem, so Johann Hülscher genannt, zu bezeugen. Dieser habe einen Knecht gehabt. Als derselbige von einem Handwerksknechte um Diebstahl wegen ein Paar Strümpfe sei beschuldigt worden, seien sie deswegen miteinander in Zank geraten, so daß der Beschuldiger endlich davon gelaufen. So sei des Hülscher Knecht ihm nachgeeilet und habe bei St. Jürgens Hof den Handwerksknecht angetroffen, denselbigen erhaschet und zur Erden niedergeschlagen, daß er ist liegen geblieben und daselbst bis in die Scheune auf Händen und Füßen gekrochen, auch hernache darauf am selben Tage Tods verfahren, worüber dann auch wegen hoher gedachter Königlichen Majestät der dazumalige Stadtarzt Bartoldt Zwißel nebst den anwesenden Gerichtsverwaltern Eggert Koeler und Hermann Schulte vor der Scheune auf St. Jürgens Hofe das Notrecht gehalten, der Tote auch darauf zu Oldesloe begraben worden, und sei deswegen weder von denen von Buchwald noch viel weniger von jemand anders dem Rate zu Oldesloe Einrede geschehen.

Fürs andere so wäre dem Herrn Bürgermeister wissentlich, daß sich ihrer zwo Personen in dem Hause eines Bürgers zu Oldesloe Michael Krause genannt, vor dem Bestentore wohnhaftig, miteinander gezanket und endlich zur Schlägerei geraten, daß einer davon verwundet. Der Täter aber sei entlaufen und habe auf St. Jürgens Hofe sich heimlich versteckt und verborgen. Wie nun die Klage an den königlichen Vogt und Richteherrn angebracht, haben sie in *continenti* dem Täter nacheilen lassen und denselbigen auf St. Jürgens Hofe in der Scheune angetroffen. Ist er daselbst weggenommen und haben ihn zu Oldesloe in die Fronerei bringen lassen, wofür der Täter dann auch sowohl der Königlichen Majestät als einem ehrbaren Rate Brüche hat geben müssen, welches sich ungefähr vor sechzig Jahren soll zugetragen haben.

Fürs dritte habe sich bei des Hofmeisters Ties Wolgast Zeiten ein gleicher Casus zugetragen, daß einer in Oldesloe wegen angerichteten Tumults und Schlagens halber verbrochen und auf St. Georgens Hofe sich verbergen wollen. Habe ihn der anwesende Stadtvogt mit Namen Valentin Buxtehude, Claus Martens und Henning Becker, beide Richteherren, mit ihren bei sich habenden Dienern auf St. Georgens

Hof nachgeeilet. Daselbst er ihnen entsprungen und also davon gekommen, und sei weder von den von Buchwald noch von jemand anders irgend eine Einsperrung geschehen noch viel weniger die von Oldesloe diesentwegen besprochen worden bis anno 79 auf gehaltenem Commissionstage, auf welchem Tage sie, die von 'Oldesloe, wegen der Königlichen Majestät die Hoheit und Gerechtigkeit über Hals und Hand, weil St. Jürgens Hof unter der Kgl. Majestät Jurisdiktion und der Stadt Oldesloe Botmäßigkeit belegen, sich reserviert und vorbehalten. Und obwohl der selige Jasper von Buchwald dazumal zuerst dagegen protestiert, so hätte doch ein ehrbarer Rat zu Oldesloe sich deswegen seiner zustehenden Gerechtigkeiten mit nichten begeben wollen, wie solches der anno 79 aufgerichtete Vertrag genugsam täte ausweisen.

Fürs vierte hat wohlgemeldeter Herr Bürgermeister referiert, daß ungefähr vor neun Jahren sich sollte zugetragen haben, daß zween Tatern, so unter der Linde an dem Hofe bei St. Jürgen vor Oldesloe gelegen, sich miteinander verunwilliget, daß der eine davon erschossen wurde. Da haben höchstgedachter Königlichen Majestät Stadtvogt Detlef Grabbe seliger und die verordneten Richtherren das Fahrrecht daselbst gehalten, und ist der Tote ohne jegliche Protestation auf dem Kirchhof zu Oldesloe begraben worden.

Fürs fünfte wäre dem Bürgermeister bewußt, daß noch vor wenig Jahren bei eines Hofmeisters Heinrich Snepels Zeiten ein heimlicher Winkelschneider auf St. Jürgens Hofe gearbeitet. Als nun das Amt der Schneider ein solches erfahren, haben sie altem Gebrauche nach wegen ihres Amtes Gerechtigkeit ihren Jüngsten dahin abgefertigt, daß er davon gelaufen, und wäre ihnen deshalber keine Einsage geschehen. Hat also der erste Zeuge damit beschlossen.

Die drei anderen Zeugen brachten nichts Neues vor, sondern bestätigten nur, soweit ihre Wissenschaft reichte, die Angaben des ersten.

Claus von Buchwald rührte sich nun auch, brachte aber erst nach langen Verhandlungen im Jahre 1610 einen für ihn günstigen Akten-Rotulus zusammen. Auf seinen Antrag wurden vom Könige die ehrwürdigen, ehrenfesten und hochgelehrten Herren Dr. jur. Ludwig Pincier, Domdechant zu Lübeck, und Dr. jur. Laurenz Müller, Syndicus des Domkapitels zu Ratzeburg, mit einer Commission *de transumendis documentis et oculari inspectione* beauftragt und ihnen der holsteinische Landgerichtsnotar Rudolf Faust adjungiert. Am 1. August 1610 waltete diese Kommission in Gegenwart von Claus von Buchwald sowie von Bürgermeister und Rat ihres Amtes. Dr. Pincier war wegen Erkrankung verhindert.

Nachdem am Vormittage die von Claus von Buchwald eingereichten Dokumente geprüft und verlesen worden waren, schritt die Kommission am Nachmittage zur Besichtigung der in den Händen von Bürgern befindlichen St. Jürgen zugehörigen Gärten und Äcker, wobei ihr die beiden Bürgermeister und die übrigen Ratspersonen folgendes berichteten:

1. daß der alte Heine Berchstede jetzt den dritten Garten vom Ende der Lohmühle her dieses Jahr durch einen Tausch an sich gebracht habe und gebe St. Jürgen 6 ß.

2. Den Kohlgarten zunächst dem Mühlengrabentore besitze jetzt Jasper Pentze; er sei erkauft, es wisse aber der Rat nicht, daß er jetzt Heuer gebe.

3. Marten Buck habe den nächsten an Heine Berchstedes Garten, gebe St. Jürgen 2 ß.

4. Den Garten gerade gegenüber der alten Scheune habe jetzt Berendt Turow, gebe 3 ß.

Noch auf derselben Seite der Stiege sind zwei Gärten gezeigt worden, von denen einen 5. Tewes Eggers, den anderen 6. Joachim Brüggen nachgelassene Tochter habe.

7. Joachim Crambehren Garten sind jetzt geteilt in zwei Gärten, von denen Hans Crambehr den einen und Jacob Rantzau den andern habe; wird von beiden gegeben 4 ß.

8. Der Garten neben Crambehren Garten, den jetzt Klaus Kröger hat, gibt 4 ß.

9. Der Grasgarten, welchen Bartoldt Buxtehude vormals gehabt, sei durch Claus Westphal geerbt und von ihm an Asmus Oesbahr verkauft worden.

10. Der Garten der Anneke Widenbrügge sei an den selbigen Silvester Francke verkauft worden, der ihn Heinrich Tideman wieder verkauft habe. Dieser hätte die Hälfte wieder Bartold Müller überlassen. Sie geben beide zusammen 8 ß.

Claus von Buchwald bemerkte hier, weil die Gärten so umgelegt, geteilt, verkauft und vertauscht würden, so sei zu besorgen, daß sie nicht mehr in ihren alten Grenzen und Endscheiden lägen, es müßte erwiesen sein, daß es noch die rechten Gärten und Äcker wären.

Es folgen die Äcker.

(Ohne Nummer.) Heinrich Harven habe jetzt Hermannus Kollers Koppel über dem Sande und habe sie geerbt.

1. Jürgen Gercken habe Land aus der Hilleken Koppel über dem Sande. Dafür gebe er zwei Mark. Er habe es von seinem Vater geerbt.

2. Hermannus Leidige hat sechs Blöcke, die Hans Stuke gehabt und der Pastor Herr Johan durch Kauf an sich gebracht hat.

3. Hein Berchstede habe den Acker und die Wiese, die sein Vater gehabt hat, der auch Hein Berchstede geheißen habe, gebe 28 ß.

4. Jachim Prigge habe Hermann Weidekamps Acker, der auf das Gitkensoll schießt, gebe 10 Witte, habe den Acker geerbt.

5. Hans Crambehr berichtete, er habe zwei Stücke, die sich bis an das Gitkensoll erstrecken, habe noch 2 Blöcke gehabt, die er seiner Schwester zur Aussteuer gegeben, sie seien aber jetzt an Tewes Eggers verkauft. Er habe 8½ ß für diesen ganzen Acker entrichtet.

6. Noch habe er einen Garten, dafür er St. Jürgen 4 ß entrichte.

7. Jasper Pentze habe die Hälfte von dem Campe Kakenkeller genannt; es sei mit zu seinem Hause erkauft.

8. Den Acker „die grauen Mönche" genannt habe Heine Berchstede geerbt, gebe den Armen 4 ß.

9. Heinrich Haruen hat 2 Stück Ackers auf dem Koepschacht, die er von seiner Mutter geerbt hat, gibt 3 ß.

10. Heinrich Harven, Jacob Bruns, Frau alte Lowsche und Claus Hartiges haben den Hilliken Kamp, den Claus Siverts gehabt hat, geben des Bürgermeisters Bericht nach 24 ß.

11. Hein Tidemann hat 2 Stück Landes, die auf den grauen Mönch schießen, geben 5 ß 4 ₰. Die hat Jachim Crambehr gehabt.

12. Noch bei dem hohlen Wege auf der Poggenbrede 3 Stücke nebst dem Acker auf dem Sande, gibt für beides 10 ß, habe es von seiner Frauen Vater, dem Pastoren Ehren Johann gekauft.

13. Gretke Krögersche hat 3 Stücke, die Hans Stadorf gehabt, soll sie geerbt haben und gibt 5 ß.

14. Heinrich Follers ein Stück auf der Poggenbrede, das Heinrich Lange gehabt hat, gibt 3 ß 6 ₰.

15. Hans Lemcke 4 Stücke auf der Poggenbrede, die Hans Stuke gehabt hat, gibt 4 ß.

16. Jürgen Gercken 4 Stücke, die Blasius der Zimmermann gehabt hat, gibt 4 ß.

17. Claus Westphale hat jetzt den Winkel in der Siekwisch, den Hans Stuke gehabt hat, gibt 2 ß, hat ihn geerbt.

18. Claus Westphale hat jetzt den Emerßberg, den Bartold Buxtehude gehabt hat, bei dem Steinfelder Steige, gibt 1½ Mark.

19. Den Grasgarten und das Wiesenstück habe er verkauft, berichtet aber, daß er nicht gewußt, daß von diesen beiden auch Heuer gegangen.

20. Detlef Göde und Hans Meyer haben den Emerßberg, den früher Heinrich Wegener gehabt hat, geben 18 ß und haben ihn eingelöst.

21. Claus Petkow hat 10 Scheffel Saat Ackers am Wege jenseits Brandeiken, die früher Heinrich Wegener gehabt hat.

22. Hans Anders hat die Koppel am Mühlengrabentore an der Twiete gelegen, die früher Johann Bockholdt gehabt hat, ist zum Teil zu Garten gemacht, gibt 30 ß.

Nach diesem ist auf der andern Seite der Stadt vor dem Hamburger Tore von dem Impetranten Claus von Buchwald die Koppel auf dem Orde gezeigt worden an Rauers Koppel, die Philippus Stange gehabt hat, und jetzt Johann Bulke besitzt.

Die armen Leute, die damals im Siechenhause waren, haben herausgesetzt und gezeigt einen großen kupfernen Kessel und 2 kleine Kessel, 2 Messingarmleuchter, einen zinnernen Kelch, einen Kesselhaken, haben auch berichtet, daß eine Braupfanne noch eingemauert im Siechenhause etwa 4 Tonnen haltend. Sonst sei an Hausgerät nichts mehr da vorhanden.

In des Hofmeisters Hause an einem Ständer ist der Kommission von Claus Buchwald ein großes, altes, schweres Halseisen gezeigt und dabei berichtet worden, daß sein Großvater es im alten Hause, das früher da gestanden, auch gehabt und bei vorfallender Gelegenheit zur Haft gebraucht hätte.

Mit dem Vorzeigen dieses letzten Gegenstandes wollte Claus von Buchwald offenbar beweisen, daß der St.=Jürgenshof von altersher seine eigene Jurisdiktion gehabt hat, was ihm aber dadurch schwerlich gelungen ist, der Beweis jedoch, daß die Verwaltung der in den Händen der Bürger befindlichen St.=Jürgens=Ländereien auf unverantwortlich nachlässige Weise geführt worden ist, dürfte nach dem Angeführten als erbracht gelten. Es muß auffallen, daß bei der Okularinspektion die meisten Wiesen, die Teiche und der Acker über der Schimmelkuhle, die 1557 noch dem Hospitale gehörten, nicht mit besichtigt worden sind. Sie sind den Herren vielleicht wegen der großen Entfernung aus Bequemlichkeit unterschlagen worden oder damals schon tatsächlich „alieniert" gewesen.

Nachdem von beiden Seiten das Beweismaterial so erschöpfend zusammengetragen worden war, hätte, so sollte man denken, das Urteil nun endlich gefällt werden können. Aber es währte noch beinahe vier Jahre unendlichen Hin= und Herschreibens, bis es so weit kam. Während dieser Zeit scheint sich Claus von Buchwald, nunmehr zu Bülk ansässig, weitere Übergriffe erlaubt zu haben; denn in einem Schreiben vom Kieler Landgericht vom 30. Juni 1613 wurde er nach der ablehnenden Antwort auf eine Supplikation ermahnt und verwarnt, seine vermeinte Gerechtigkeit nicht durch verbotene Repressalien oder Pfändung, sondern durch andere im Rechten zulässige Mittel und Wege in acht zu nehmen und zu vertreten.

In dem im Namen des Königs Christian IV. und des Herzogs Johann Adolf erlassenen Urteil, datiert Hadersleben, den 12. März 1614, wurde entschieden, daß Beklagtem nicht gebührt habe, sich des Eigentums und der freien Administration des streitigen Gutshofes zu St. Jürgen vor Oldesloe anzumaßen und denselben nach seinem Gefallen auszutun noch den Zins für sich zu erheben, sondern davon und allen *fructibus perceptis et percipiendis* Rechnung und Erstattung zu tun und sonst sich an der Gerechtigkeit des *juris patronatus,* wie ihm und seinen Vorfahren dieselbe Anno 1545 am Sonnabend nach Elisabeth in dem Vertrage ist vorbehalten, begnügen zu lassen und daher nachzugeben und zu gestatten, daß solcher Hof mit seinen Zubehörungen förderlichst den Armen zum Besten angerichtet und verwaltet, das Siechenhaus in vorigen und besseren Stand gebracht und so viele Personen, als von den Einkünften zu unterhalten, in dasselbe hineingenommen, denselben an süßer, dicker und Buttermilch[1]) nach Bedarf nebst dem articulierten Brot, Butter, Bier und Schweinen verabfolgt, auch nötige Fuhren von dem Hofmeister geleistet und die gebührlichen Zinsen und Einkünfte von dem Hofe zu besserer Unterhaltung der Armen angewendet werden, und der Hofmeister zu seinem Nutzen sich der St.=Jürgenshölzung zu entäußern und sich der Weide nicht weiter als solche in dem Ver=

---

[1]) Karnemilch steht in der Urkunde von Karne, Kerne = Butterfaß, eigentlich Buttermühle.

trage von 1579 ihm nachgegeben, anzumaßen befugt, wie auch ein Rat bei dem *exercitio jurisdictionis* daselbst zu lassen, bis Beklagter in diesem Punkt in petitorio ein anderes ausfindig gemacht.

Was die Widerklage anbetrifft, so ist der Rat verbunden, seinem Erbieten nach die restierenden Rechnungen und Gelder von allen St. Jürgen gehörenden Gütern, die sie unter sich haben, zu berechnen und die hinterstelligen Zinsen einzubringen und daneben auch die St. Jürgens-Güter und Ländereien zu specificiren und, wer dieselbe in Heuer und Miete hat, anzuzeigen, die Inhaber der Ländereien aber schuldig, so viel, wie die Meistbietenden dafür geben wollen, jährlich zu zahlen oder dieselben abzutreten, und die Vorsteher, davon wie auch von allen Einkünften der Güter Rechnung ihrer Verwaltung auf Pfingsten gegen Darreichung notdürftigen Essens und einer Kanne Bier vom Hofe abzulegen, und alle Teile, solchem nachzuleben. — Die Gerichtskosten werden kompensiert.

So hatte denn also die Stadt in der Hauptsache den Sieg davongetragen. Sie traf nun gleich Vorkehrungen, daß den armen Insassen des Siechenhauses wieder alles wie in früheren Zeiten geliefert wurde, und begann sofort mit der von den Einkünften des Hofes zu bestreitenden Wiederherstellung der Kapelle und des Siechenhauses. In der Grundmauer der Kapelle fand man beim Abbruch im Jahre 1764 einen Pergamentstreifen folgenden Inhalts: „Anno 1614, den .. April, ist diese Kapelle wiederum von einem ehrbaren Rat neu aufgebaut, welche damals von dem von Buchwald ganz verwüstet gewesen. Auch ist den Armen wiederum von dem Hofmeister alles ausgefolgt und gegeben worden, damit dieses alles zu Gottes Ehre und unserer Seligkeit gedeihen möge und unsere Nachkommen es lassen mögen, so lieb ihnen die Seligkeit ist. Amen. Sankt-Jürgens-Kirche. Clawes Westval, Detlef Göden, damals Vorsteher der Armen zu St. Jürgen und Ratmänner zu Oldesloe, denen Gott gnädig sei. Gebaut von Sankt Jürgens Gelde[1]).“ Am 14. Juni wurde in der Kapelle bereits wieder Gottesdienst gehalten, bei welcher Gelegenheit dem Herrn Pastoren, der die Predigt hielt, eine Kanne Wein zu 12 Schilling verehrt wurde.

Aber nun begann der Streit erst recht und fing an, dramatisch zu werden. Claus von Buchwald verbot dem Hofmeister Joachim Haldenschläger, dem Geheiß des Rates, den Armen Butter, Milch und Brot zu reichen, zu gehorchen, und trug ihm auf, auf die zum Bau bestellten Personen acht zu geben und ihre Namen zu erkundigen. Infolgedessen mahnten Bürgermeister und Rat in einem Schreiben vom 9. Mai 1614 den Junker, sich der Ausführung des königlichen Urteils nicht zu widersetzen, und luden ihn ein, zu Pfingsten auf dem St.-Jürgenshofe zu erscheinen, um von seiner Verwaltung des Hofes Rechenschaft abzulegen und zugleich ihre Abrechnung entgegenzunehmen. Falls er aber fortfahren sollte, die Ausführung zu hindern, würden sie die landes-

---

[1]) Urk. des Stadtarchivs Nr. 45. Das niederdeutsche Original ist abgedruckt im Oldesloer Programm von 1878.

fürstliche Obrigkeit um Hilfe angehen, und er habe sich dann die üblen Folgen, die das für ihn haben könnte, selbst zuzuschreiben.

Claus von Buchwald aber appellierte an das Reichskammergericht in Speier und erlangte eine kaiserliche Inhibition. Danach hätte alles zunächst beim alten bleiben müssen. Da dadurch aber die Armen gelitten und wieder hätten betteln gehen müssen, bestimmte die landesfürstliche Obrigkeit auf eine Eingabe von Bürgermeister und Rat, daß den Hospitaliten gleichwohl das, was ihnen gebühre, darzureichen sei. Der Hofmeister kam dieser Forderung nach und lieferte auch dem Urteil entsprechend das Pachtgeld an die Vorsteher statt wie bisher an den Junker ab. Da erschien Claus von Buchwald am 28. April 1615 mit Christoffer Rantzau von Grabau in Begleitung des Notars Ulrich Bötticher in Oldesloe und protestierte, nachdem er Bürgermeister und Rat zusammenberufen, gegen das Attentat des Magistrates auf seine Rechte *pendente lite in camera imperiali,* begab sich dann nach dem St.-Jürgenshofe, erklärte den Hofmeister Haldenschläger für abgesetzt und sich bereit, die Geräte, das gesäte Getreide und das vorhandene Vieh zum Schätzungswerte zu übernehmen, gab den Hof Christoffer Rantzau in Pacht und ließ einen Diener mit mehreren Knechten zurück. Als diese am folgenden Tage mit Pflügen begannen, wurden sie von etwa 100 Oldesloern daran gehindert und mit ihren Pflügen vom Felde vertrieben. Am nächsten Tage erschien ein Diener des Claus von Buchwald, Hans Kuntze, bei dem worthaltenden Bürgermeister Jacob Quinckart, um im Auftrage seines Herrn mündlich Beschwerde zu führen. Der Bürgermeister aber hörte ihn nicht an und ließ dem Junker sagen, wenn er etwas von ihm wollte, möge er es ihm schriftlich übergeben, auch fuhr ihm heraus, es täte ihm leid, daß er den Pflug seines Hermannus nicht in Stücke zerhauen und den dabei befindlichen Diener nicht habe ins Loch stecken lassen. Infolgedessen versammelte Claus von Buchwald am 1. Mai Christoffer Rantzau, Henning Pogwisch und Wulf von Buchwald mit dem Notar Johann Hoppenstede in der großen Stube des St. Jürgenshauses und gab abermals einen Protest zu Protokoll gegen das neue Attentat auf seine angeblichen Rechte als erblicher Besitzer des St.-Jürgenshofes.

Damit brechen die noch im hiesigen Stadtarchiv vorhandenen Akten über diesen Streit leider ab. Doch können wir auf seinen weiteren Verlauf aus den St.-Jürgens-Rechnungsbüchern Schlüsse ziehen. Haldenschläger blieb. Er selbst starb bald, doch wirtschaftete seine Frau Margarete als „Hofmeistersche" weiter, bis ihr Sohn Joachim im Jahre 1627 den Hof übernehmen konnte. Im Jahre 1616 war es noch nicht entschieden, an wen die von dem Hofmeister zu zahlende Heuer oder Pension abzuführen sei. Sie blieb nach Information und Bericht des Vorstehers Claus Westfahl beruhen und zu eines ehrbaren Rates Empfang bereit. In der Einnahmerechnung von 1617 aber findet sich zum ersten Male der Posten von 138 Mark 3 Schilling als „Margretha Haldenschlegers ihre Heure". Unter den Ausgaben dieses Jahres steht ein Posten von 42 Mark 4 Schilling, der „vermöge der Ordnung" an Frau Burmeister bezahlt ist, die dieses Jahr den Armen die

Victualien geliefert hat, beträgt wöchentlich an Brot, Milch und Butter 13 Schilling, macht in 52 Wochen also 42 Mark 4 Schilling. Vom nächsten Jahre an, in dem Frau Haldenschläger wieder die Lieferung an die Armen übernommen hat, wird ihr die Heuer um diesen Betrag gekürzt, d. h. es erscheinen stets 138 Mark 3 Schilling als Einnahme von ihr und 42 Mark 4 Schilling als Ausgabe an sie, und so bleibt es auch, nachdem der junge Joachim Haldenschläger die Verwaltung angetreten hatte.

Auch aus den Eintragungen von Anwaltsgebühren, Reisekosten und Botenlöhnen erfahren wir einiges von dem Gange des Prozesses. Den bisherigen Prozeß betreffend finden wir z. B. in der Rechnung des Jahres 1595, in dem Claus von Buchwald Bürgermeister und Rat verklagte, folgende Ausgabeposten:

„Wie die Citation wegen Clauß van Bockwolden anhero geschicket vndt zu Segeberg mit dem Herrn Stadthalter darumb gesprochen worden, daselbst mit Wagen und Pferden verzehrt 4 Mark 2 ß. Rudolpho Fausten *pro arrha* gegeben 2 Mark 1 ß. Zu Segeberg wegen der Vollmacht gewesen vndt verzehret 2 Mark 6 ß. Den 14. May Bartholdus[1]) nach Segeberg an Rudolphus geschicket, 2 Tage dar gelegen und verzehrt 1 Mark 4 ß. Zu Fuhrlohn gegeben 13 ß. Den 22. May Tewes Boveken Bottenlohn nach Segeberg 4 ß. Noch einen Botten nach Segeberg 4 ß. Rudolpho Fausten verlegten bottenlohn nach dem Kiell wiedergegeben 1 Mark — ß 6 ₰. Noch nach Segeberg einen botten gegeben 4 ß. Jürgen Brummer nach dem Kiel geschickt und gegeben 1 Mark. Für stilliegendt zur Zehrung geben 10 ß. Den 27. Julij aufm Quartalsgerichtage Arndt Buwmann und Berent Turow laut ihres Registers verzehret 22 Mark 14 ß. Vor 3 *Supplicationes* an die Königl. und Fürstl. Herren Räthe zum Kiell zustellen gegeben 3 Mark 1 ß 6 ₰. Dem Landt=*Notario*, daß er die *supplicationes* den Räthen binnen verschloßenen Thüren vberandtworttet gegeben 8 ß 3 ₰. Vor den gerichtlichen Bescheid gegeben 12 Mark 6 ß. Rudolpho Fausten, daß er vnß in der Sache diente, laut seiner quitung gegeben 51 Mark 9 ß."

Als im Jahre 1605 die Stadt Claus von Buchwald verklagt hatte, wurde unter den Ausgaben gebucht:

„Nachdem ein Erbar Rath vnd gantze Gemeine *Magistrum Stephanum* Jeger zu einem *Advocaten* in der Sankt Jürgens Sache angenommen vndt ihme *pro solario*, biß dieselbe vorm Landt Gerichte ausgeführt, 40 Thaler versprochen, alß hat er den 7. *Augusti* laut seiner Bestallung darauf empfangen 10 Thlr., thuet 20 Mark 10 ß. Hanß Lembken, der Schreiber, dieser Sache halber an ihn, den *Advocaten*, nach Lübeck gesandt, daselbst er 3 Tage verharren mußen vndt verzehret 1 Mark 6 ₰. Hanß Timme mit *Replica* nach dem Kiell abgefertigt, ihm auf die Hand gegeben 8 ß. Den 15. *xbris* Jürgen Brümmer mit etlichen *Acten* nach dem Kiell versandt, auf die Handt gegeben 10 ß."

---

[1]) Bürgermeister Bartholdus Möller.

Unter den Ausgaben des Jahres 1614 sind gebucht:

„Bürgermeister Jacob Quinckart auf den Landgerichtstag nach Hadersleben zur Zehrung empfangen 30 Thaler zu 37 ß, thuen 69 Mark 6 ß. Für das Urtheill in Sankt Jürgens Sache außgesprochen gegeben 50 Rthl. à 37 ß = 115 Mark 10 ß. Den 15. *Januarij* Henricus von Hatten 1 Rosennobell für 8 Mark 14 ß."

Zu den Verhandlungen mit dem Reichskammergericht in Speier nahm die Stadt den Kieler Rechtsanwalt Henricus von Hatten und versprach ihm 30 Reichstaler jährliche Vergütung. Dazu kamen noch erhebliche andere Kosten. Unter den Ausgaben des Jahres 1617 lesen wir z. B.:

„Bürgermeister Jacob Quinckart durch Hanß Metyn zugestelt von vorempfangenen Renten, so Er wegen seiner auermaeligen Reise wegen St. Jürgens Sache erfürdert 50 Mark. An Christian Schalle bezahlt, so er an einen Boten nach Speier verlegt 2 Mark 9 ß. Dem Botten von Lübeck geben 8 ß. Hinrich von Hatten bezahlt lauth seine vberschickte *designation* alse 2 Jahr *solarium* dem *Advocaten* zu Spier und sonsten Copey Lese und Schreibgeldt 22 Mark 8 ß. *Henrico* von Hatten sein *Solarium* 50 Mark."

Der letzte Posten steht dann auch in allen Ausgaberechnungen der folgenden Jahre, zuletzt 1625. Ob in diesem Jahre der Prozeß in Speyer zu Ende geführt oder infolge der Stürme des Dreißigjährigen Krieges abgebrochen wurde, steht dahin. Im Jahre vorher kam es wegen des nunmehr von Osewalt von Buchwald geführten Prozesses noch zu Reibereien zwischen Wulf von Buchwald auf Grabau und der Stadt, die in Tätlichkeiten gegen Oldesloer Bürger ausarteten. Bürgermeister und Rat und ganze gemeine Bürgerschaft von Oldesloe schickten deshalb am 2. September 1624 ein Memorial an den Königlichen Statthalter, in dem sie darüber Klage führten, daß drei von ihren Bürgern von den Leuten des Wulf von Buchwald mißhandelt worden seien: dem Töpfer Peter Petersen seien auf dem Gebiete des Henneke von Ahlefeld die Töpfe und Schalen zerschlagen, die er an die Hausleute auf den Dörfern verkaufen wollte, der Rademacher Pasche Langetimme sei beim Hohendamm und der alte harmlose Zimmermann Claus Ohembs bei Tralau verprügelt worden. Das macht den Eindruck eines Satyrspiels am Ende des Dramas. Von dem Prozeß findet sich in Oldesloer Akten weiter keine Spur.

III. Die staatlichen Verhältnisse des Kirchspiels.

Während das Kirchspiel Oldesloe in der ersten Zeit nach seiner Gründung nur einen einzigen Landesherrn hatte, wurde es im Laufe der Zeit durch Kauf und Verkauf von Dörfern und Einzelbesitz und durch fürstliche Teilungen gegen Ende des Mittelalters zu einem wahren Muster oder vielmehr abschreckenden Beispiel deutscher Kleinstaaterei, und in den folgenden Jahrhunderten schritt die Zersplitterung sogar noch weiter vor. Anfänglich war der ganze ländliche Grundbesitz um Oldesloe in den Händen gräflicher Vasallen mit Ausnahme des Hofes Frauenholz im *nemus beatae virginis Mariae*, der von Anfang an der Marienkirche in Lübeck gehört hat. Von adeligen Besitzern und Besitzerinnen wurden Dörfer des Kirchspiels an das Kloster Reinfeld, an einen Lübecker Bürger und an die Landesherrschaft verkauft, und die letzteren wurden dann wieder durch Landesteilung zwischen dem königlichen und dem herzoglich gottorpischen Hause verteilt, während die der Ritterschaft verbliebenen Gebiete unter die gemeinsame Herrschaft beider Häuser gestellt wurden.

Seit 1544 waren Oldesloe, Schlamersdorf, Sühlen und Wakendorf königlich, Rümpel, Rohlfshagen, Neritz und die Oldesloer Kornwassermühle herzoglich gottorpisch, Pölitz, Barkhorst und Frauenholz lübekkisch, standen aber unter zwei verschiedenen lübeckischen Behörden, dem Vorstande des Heiligengeiststiftes und dem der Marienkirche, und Havighorst, Benstaven und Meddewade gehörten noch dem Reinfelder Kloster. Unter der gemeinsamen Regierung standen Rethwisch, Fresenburg, Nütschau, Tralau, Blumendorf, Höltenklinken und Schulendorf nebst den zugehörigen Dörfern. Die reinfeldischen Dörfer des Kirchspiels fielen nach Einführung der Reformation in die Abtei Reinfeld und der damit verbundenen Beseitigung des geistlichen Regiments mit dem übrigen Klostergebiet an den Herzog Johann den Jüngeren von Holstein-Sonderburg, der im Jahre 1616 durch Kauf von Anna von Heest auch den Rethwischer Besitz dazu erwarb. An der gemeinschaftlichen Regierung der ritterschaftlichen Gebiete waren nur der König und der Herzog von Holstein-Gottorp beteiligt, nicht aber als sogenannter abgeteilter Herr auch der Herzog von Holstein-Sonderburg. Der königliche Anteil des Kirchspiels gehörte zum Amte Segeberg, der gottorpische zum Amte Trittau. Von dem der gemeinschaftlichen Regierung unterstellten ritterschaftlichen Gebiete waren um die Mitte des Jahrhunderts Fresenburg und Rethwisch mit Zubehör dem königlichen Amte Segeberg, Nütschau, Tralau und Klinken dem herzoglichen oder vielmehr, wie man damals sagte, dem fürstlichen Amte Trittau zugeteilt. Die Erwerbung von Schlamersdorf, Sühlen und Wakendorf durch den König und von Barkhorst durch das Lübecker Heiligengeiststift, sowie die Veränderungen, die gegen Ende des Mittelalters im Reinfelder Klosterbesitz eingetreten sind, lassen sich nach Zeit und Umständen noch nicht genau feststellen, da die betreffenden Urkunden noch nicht veröffentlicht worden sind. Mit dem Fortschreiten der Urkundensammlungen aber wird darüber höchst wahrscheinlich auch Klarheit geschaffen werden.

Die staatliche Zersplitterung war aber nicht nur groß um Oldesloe herum, sondern sogar im Oldesloer Stadtgebiete selbst. Neben der gottorpischen Kornwassermühle lag die königliche Saline, die zwar denselben Landesherrn hatte wie die Stadt, aber ebenso wenig wie die Mühle unter der Jurisdiktion des Oldesloer Magistrates stand, sondern ihre eigene Gerichtsbarkeit hatte. Weiter im Bestetale hinauf schloß sich die einem Lübecker Bürger gehörende Kupfermühle an, die eigentlich einen kleinen Freistaat in der Oldesloer Gemarkung bildete, da sie von jeglicher Verpflichtung gegen den Landesherrn, von Schatz und

Bede, von Zoll und Accise sowie von der Heerespflicht befreit war und das Recht der Gesetzgebung auf ihrem Gebiete und eigene Gerichtsbarkeit verliehen bekommen hatte.

Welche Schwierigkeiten aus der Vielstaatlichkeit des Kirchspiels der Kirche erwuchsen, wenn es galt, eine Kirchensteuer einzubringen, haben wir bereits oben gesehen. Noch größer wurden die Schwierigkeiten beim Einschreiten gegen Verbrecher, am allergrößten aber, wenn, wie es im 17. Jahrhundert geschah, Krieg zwischen dem Könige und dem Hause Gottorp ausbrach. Dann befand sich der Oldesloer nicht nur in Rümpel, sondern schon in der Oldesloer Kornmühle in Feindesland, in Rethwisch und Pölitz aber auf neutralem Boden. Man kann sich heute schwer vorstellen, zu welchen Unzuträglichkeiten ein solcher Zustand führte.

IV. Die Stadt.

Die Gerichtspersonen. Befugnisse des Stadtgerichts. Das königliche Recht der Bestätigung und Begnadigung. Oldesloer Sachen vor dem Vierstädtegericht. Eintreibung von Forderungen an Hausleute. Ansprüche von Adeligen. Streit mit den Pogwisch. Streit mit Joachim von Brockdorf. Die Zunftrolle der Schuhmacher von 1555. Ein Fall strafälliger Ungebühr im Amt der Schmiede. Rückgang des Bierexports. Gast soll mit Gast nicht in Oldesloe handeln. Auswärtige Gläubiger nehmen die Vermittelung des Bürgermeisters in Anspruch. Erneuerung des Wochenmarkts. Die Saline. Die Kupfermühle.

1. Bürgermeister und Rat.

a) Bürgermeister.

Marten Möller 1524, 1526, war 1522 noch Ratmann.

Hinrik Lübbeke (Lübke) 1525, 1531, wird 1513 und 1515 als Ratmann genannt.

Hans Köler (Käler, Koller, Kaler), 1532, war 1529 noch Ratmann.

Peter Dalhoff (Daelhoeff, Dawlhoff), 1533, 1551, war bereits 1526 Ratmann, bat nach 1550 den König, ihn wegen seiner schwachen Leibesbeschaffenheit aus seinem Amte zu entlassen. Seine Tochter Elsebe Blanken verschaffte ihm im Jahre noch zu seinen Lebzeiten eine Grabstelle in der Kirche.

Philips Buumann 1534.

Philippus Kagel (Kewel, Kugell, Koegele, Kuegell, Kochel), 1536, 1546, war 1532 noch Ratmann.

Philippus Köpke (Koepke, Kopke) 1544, 1556 } wohl dieselbe
Philipp Koke (Kock), 1537, 1564[1]). } Person.

Detlef Göde (Gödeke, Goede, Goedeke, Guedinck, Göden, Gaden), 1561, 1565. † 1568, war 1560 noch Ratmann. Er war wahrscheinlich Barbier, da er den Titel „Mester" führte.

Hermann Schacht 1566, 1595.

---

[1]) Ein Bürgermeister soll 1580 gestorben sein, da Lambertus Alardus als Kuriosum berichtet, daß im Monat Oktober dieses Jahres Bürgermeister von Hamburg, Rostock, Stade, Kiel, Oldesloe, Lübeck und Itzehoe an Brustkrankheit, der „spanischen Pip", einer Grippe, gestorben seien. Westphalen, *Monumenta inedita* I. Sp. 1929.

Heine Berchstede 1567, 1597, lebte noch 1607.
Arnt Bumann (Arnth Buwmann, Ahrend Baumann) 1595, 1608, war 1572 Ratmann.
Bartoldus Möller 1590, † 1612[1]).
Jacob Quinckart 1616, † 1619.

b) Ratmänner:

Peter Dalhoff 1526, 1530. In den Protokollen des Vierstädte=gerichts wird 1528 ein Ratmann Marten Daeloff und 1535 ein Bürger=meister Hinrich Dulhoeff genannt. Sie sind aber höchst warhrschein=lich mit Peter Dalhoff, der die Vornamen Peter Martin Hinrich gehabt haben wird, identisch.
Dirick van Buxtehude 1517, 1518, Dirick Buchstehude 1527. Frederick Buchstehude 1529.
Hans Kaler 1520, später Bürgermeister.
Philips Kochel 1532, später Bürgermeister.
Eggert Koeler 1533, 1542.
Hermenn Schulte 1535, 1539.
Hans Widenbrügge 1541, 1558.
Heynrick Barchmann 1544, 1550.
Claus Martens 1546, 1563.
Hans Bumann 1547.
Joachim Blanke.
Claus Becker 1557.
Detlef Goede sen. 1556, 1560, dann Bürgermeister.
Stoffer Möller 1563.
Claus Hitfeld.
Hein Bargstedt 1563, später Bürgermeister.
Hermann Schacht 1563, später Bürgermeister.
Timm Roggenbuck 1565, 1570.
Henningk Becker 1566.
Detlef Göde jun. 1567, 1573. † 1584.
Hein Louwe 1570.
Arnth Buwmann 1572, 1595, dann Bürgermeister.
Eggert Göde, Bruder des Detlef Göde jun.
Hans von Kampen 1573.
Berendt Turow 1595, 1606.
Valentin . . . . . 1606.
Martin Krabbe 1606.
Jacob Quinckart 1606, später Bürgermeister.

---

[1]) Die Familie Möller, aus der im 16. Jahrhundert die Bürgermeister Merten Möller und Bartoldus Möller hervorgingen, und die im folgenden Jahrhundert der Stadt noch drei Bürgermeister lieferte, war ohne Zweifel eine der angesehensten der Stadt. Da in ihr der Name Bartoldus häufig wiederkehrte, liegt die Vermutung nahe, daß der Bartholdus Möller, der im Jahre 1530 als Domdechant und Universitätsrektor in Rostock starb, nach Lucas Bacmeister seiner Zeit ein Mann von großem Ansehen und großer Gelehrsamkeit (Westphalen, *Monum. ined.* I. Sp. 1557), der Oldesloer Familie Möller angehörte und ein naher Verwandter des Bürgermeisters Merten Möller war.

Michael Harmens 1608.
Heinrich Gehrcken.
Claus Westphal 1608, † 1643.
Jürgen Geerken 1616, 1617, später Bürgermeister.

2. Das Gerichtswesen.

Die Gerichtsbarkeit in der Stadt wurde von einem königlichen Beamten, der nun wieder Vogt, königlicher Stadtvogt hieß, und zwei Ratsmitgliedern, die Richtherren genannt wurden, ausgeübt. Drei Stadtvögte dieses Jahrhunderts sind uns aus den Akten des St.=Jürgens= Prozesses bekannt geworden: Bertold Zwissel, Valentin Buxtehude und Detlef Grabbe. Da sie keine Ehrentitel führen, weder den Titel Meister noch den Titel Herr, sind sie offenbar keine gelehrten Juristen gewesen. Sie scheinen alle drei wie schon ihr Vorgänger Wigherd van Ekeren im 15. Jahrhundert (S. 42) Oldesloer Bürgerfamilien angehört zu haben. Einem Oldesloer Bürger Hans Switzel sind wir oben S. 54 begegnet. Die Familie stammte ohne Zweifel aus Schwissel (Zvizele) im Kreise Segeberg. Ein Dirick Buxtehude war Ratmann in Oldesloe, desgleichen ein Martin Krabbe, dessen Familienname wohl mit dem des Stadtvogts Detlef Grabbe identisch war. Das Verhältnis von Stadtvogt und Richtherren ist nicht recht klar. Ursprünglich war wohl der königliche Stadtvogt der Vorsitzende und die Verhandlung leitende Richter, und die Richtherren waren beisitzende Schöffen. Da ihnen aber der Stadtvogt weder an Bildung noch an Sachkenntnis überlegen sein mochte, wurden allmählich die Schöffen die eigentlichen Richter, und der königliche Stadtvogt sank zu einem entbehrlichen Beisitzer herab. Zu notariellen Akten und zu Verhandlungen mit den höheren Gerichten bediente man sich, wie wir gesehen haben, gelehrter Juristen aus Lübeck, Hamburg oder Kiel. Gegen Ende dieses Zeitraums war ein kaiserlicher Notar auch in Oldesloe ansässig, Johannes Hoppenstede aus Lüneburg. Er fungierte aber nur im Nebenamte als Notar. Im Hauptamte war er königlicher und fürstlicher Zöllner, wie er sich selbst in der Urkunde über den Kauf seines Begräbnisses nennt. Johannes Hoppenstede wohnte 1619 in dem Oldesloer Hause des Segeberger Amtmannes Markward Pentz.

Das Oldesloer Stadtgericht hatte nicht nur die niedrige und mittlere, sondern auch die höchste Gerichtsbarkeit, das Recht über Hals und Hand, wie der stehende Ausdruck lautete, konnte also das Abhacken von Köpfen und Händen beschließen und ausführen lassen und machte von diesem Rechte Gebrauch. Das Richtbeil des Oldesloer Henkers, des Frons, ist noch erhalten. Leider — oder sollen wir sagen Gott sei Dank? — sind die Akten der städtischen Centralverwaltung und die Gerichtsakten aus jener Zeit nicht erhalten. Aber die Kunde von einem ganz besonders schweren Fall einer Oldesloer Hinrichtung ist der Nachwelt überliefert worden durch Karsten Schröders Ditmarsische Chronik, in der es zum Jahre 1588 heißt: „In dem juli js to Oldeslo eine olde frowe mit eren manne geradebraket, de bekant, dat se mit weten dren mannes, da twe vorher gestorwen, hebbe vormordet

85 minschen". Wenn die alte Frau, die man hier aufs Rad geflochten, auch bekannt hat, 85 Menschen umgebracht zu haben, so ist damit nicht gesagt, daß sie es auch wirklich getan hat. Das 16. Jahrhundert war die Zeit der greulichsten Justizmorde. Jene Zeit wurde von dem Hexenwahn beherrscht, man glaubte an Zauberei, und der bloße Verdacht einer Person, daß eine andere ihr durch Zauberei Böses zugefügt habe, genügte, wie wir an dem Fall des Kuhhirten aus Sievershütten gesehen haben, diese hinter Schloß und Riegel zu bringen. Die Anwendung der Folter tat dann das übrige.

Von dem Könige wurde, wie es scheint, das Recht der Bestätigung und Begnadigung ausgeübt. Als im Jahre 1617 ein Hans Tidemann in Oldesloe einen Totschlag begangen hatte ohne eigentlichen oder absonderlichen Vorsatz des tödlichen Ausganges und eine fürstliche Witwe — vielleicht eine Dame der im Jahre zuvor in Rethwisch eingezogenen herzoglichen Familie — sich für ihn verwandte, schickte der Rat die Akten an den Amtmann Markward Pentz zu Segeberg, der dann antwortete, daß er vorhabe, die Akten dem Könige einzusenden, und nicht zweifle, daß Seine Majestät das nachgesuchte Geleit bewilligen werde. Sie möchten bis zur königlichen Ratifikation unbeschadet ihres Stadtrechts dem Tidemann freies und sicheres Geleit widerfahren lassen, auf daß immittelst der fürstlichen Frau gnädige Intercession stattfinde[1]).

Bei der seit 1496 eingerichteten Berufungsinstanz, dem Vierstädtegericht, wurden von Oldesloe aus fast nur Streitigkeiten vorgebracht, die hier nicht endgültig entschieden werden konnten, weil die Beteiligten Ratsmitglieder oder Adelige waren. Im Jahre 1534 klagte Hans Welders aus Hamburg gegen Jochim Möller aus Oldesloe „etlicher Erfschichtige haluen." Taleke, die Witwe des Hildebrand vam Horne, hat sich wiederverheiratet mit Jochim Möllers Bruder Martin Möller, der neun Wochen nach der Hochzeit starb. Darnach ist sie auch gestorben, ohne daß das Erbe ihrer Kinder von dem der Kinder Martin Möllers abgeschieden gewesen ist. Markwart Howschilt und Clawes vam Horne waren Vormünder der Kinder Hildebrands vam Horne im Jahre 1511 und sollen für sie das Gut damals von Martin Möller empfangen haben. Zeugen sind Heine Köler, Hans Stadorp und Hans Köler.

Dieser Streit spielte in den Ratsfamilien von Oldesloe. Hildebrand vam Horne und Martin Möller waren Bürgermeister gewesen. Die im Jahre 1511 verwitwete Frau vam Horne kann die neue Ehe mit Bürgermeister Möller frühestens im Jahre 1526 eingegangen sein. Hans Köler war ebenfalls Bürgermeister von Oldesloe. Ein Markwart Howschilt war Ratmann 1503 und 1505. Die gleichen Kreise sind beteiligt an einer im nächsten Jahre vorgebrachten Sache, einem Erbstreit zwischen Joachim Möller und Jasper Wordingeshusen, und 20 Jahre später in einem Vormundschaftsstreit wegen Jochim Möllers nachgelassener

---

[1]) Urk. des Stadtarchivs Nr. 46.

Witwe Talke, in dem Olrik Heide als Bevollmächtigter des Johann Pog=
wisch gegen die beiden Oldesloer Bürgermeister Klage führt.

Im Jahre 1557 appellierte Keige Rantzow, wahrscheinlich als Amt=
mann zu Trittau, für Paul Schacht zu Neritz, dem ein Faß mit Flachs,
das er bei Oldesloe in die Trave gefahren, von einem lübischen Schiffe
beschädigt worden war. Der Rat von Oldesloe hatte erkannt, daß Paul
Schacht den Schaden allein zu tragen habe. Das Vierstädtegericht aber
erkannte, daß sie ihn zu gleichen Teilen tragen sollen.

In demselben Jahre vertrat vor dem Vierstädtegericht der Bürger=
meister Philipp Koke die Forderung eines Schuhmachers zu Oldesloe
gegen Breida Rantzow zu Neuhaus.

Die nächste Oldesloer Sache, die dem Vierstädtegericht im Jahre
1563 vorgelegt wurde, war ein Bürgschaftsstreit zwischen Alexander
Kouwertt als Kläger und Vertreter seines Bürgen Lüthken einerseits
und den Beklagten Hans Kloke und Peter Schnüfer andererseits. Her=
mann Möller hat die Bürgen nach Kiel zum Inlager gemahnt, ehe die
Hauptrechenschaft der Sulte geschehen ist. Danach scheint es sich um
ein Salinengeschäft gehandelt zu haben. Alexander Kouwertt hatte
beim Bürgermeister Detlof Gäden die Hauptsumme von 146 Mark
und 3 Pfennig hinterlegt. Es wurde entschieden, daß die Bürgen zu
zahlen hätten und wiederum ihren Mann suchen möchten.

In demselben Jahre appellierte Hans von der Lippe als Kläger
wegen 200 Mark, die die Kinder des seligen Valentin Grabouw von dem
Ratmann und späteren Bürgermeister Hermann Schacht zu fordern
hatten. Mitvormund war der Abt von Reinfeld.

Im folgenden Jahre appellierte Hermann Möller gegen Hans von
der Lippe, der mit Unrecht Alexander Kouverden gedient hätte. Die
Bürgen des Hans von der Lippe wurden verurteilt. Als derselbe Her=
mann Möller, Bürger zu Lübeck, im nächsten Jahre wiederum gegen die
Bürgen des Hans von der Lippe appellierte, erboten sich die Sendboten
der Stadt Oldesloe, der Bürgermeister Detlef Gödeke und der Rat=
mann Timme Roggenbuck zur Vermittelung. Trotzdem nahm die
Sache noch die folgenden Jahre in Anspruch. Im Jahre 1568 appel=
lierte Bürgermeister Arnt Buwmann gegen Mester Detloff Gödeken
nachgelassene Erben und Ratmann Henning Becker in Sachen des
Hans von der Lippe.

Im Jahre 1569 legte Marten Strick gegen Joachim Hitfeld Be=
rufung ein wegen 83 Mark, die ins Stadtbuch eingetragen sind, und
gegen Bürgermeister Arnt Buwmann wegen einer von Hermann Lü=
ning gekauften Wiese, 1573 Bürgermeister Arnt Buwmann wider
Lammert Krefften, seinen Stiefvater, wegen eines von Hermann Lüning
gekauften Ackers. Die letzte Oldesloer Sache, die im 16. Jahrhundert
vor dem Vierstädtegericht verhandelt wurde, war 1573 eine Irrung zwi=
schen dem Ratsverwandten Detlef Göden jun. und seinem Bruder
Eggert wegen einer Wiese[1]).

---

[1]) Nach dem Protokollbuch des Vierstädtegerichts.

Wenn Oldesloer Bürger Forderungen an „Hausleute" (bäuerliche Landwirte) hatten, mochten es nun Einwohner von adeligen Gütern oder von königlichen oder fürstlichen Dörfern sein, so pfändeten sie ihnen, um zu ihrem Gelde zu kommen, zuweilen Pferde und Wagen bei ihren Fahrten zur Stadt. Das Landgericht zu Hadersleben gab aber auf eine Eingabe von Bürgermeister und Rat am 17. Februar 1592 die Entscheidung, daß sich die Bürger zur Eintreibung von Forderungen an Hausleute *in prima instantia* mit ihren Klagen an die Amtleute und Junker zu wenden hätten und erst wenn ihnen dort Recht verweigert sei, die Macht haben sollten, die Pferde und Wagen der Schuldner anzuhalten.

3. Streitigkeiten über Besitz von Adeligen in Oldesloe.

Wie die Buchwalds einen ihnen gar nicht gehörenden Hof in Oldesloe zu einem von der Stadt unabhängigen adeligen Gute machen wollten, so waren andere Edelleute bestrebt, ihre im Stadtgebiete gelegenen Besitzungen von städtischen Abgaben und Pflichten zu befreien und ihnen den Charakter adeliger Güter zu verschaffen. Diesem Streben mußte sich natürlich die Stadt mit allen Kräften widersetzen. Es gab, wie wir gesehen haben, im Weichbilde der Stadt schon drei Enklaven, die der Wirtschaft und der Jurisdiktion der Stadt entzogen waren. Wenn die Stadt ihre Gebiete weiter durchlöchern und die kapitalkräftigsten Einwohner ihrer bürgerlichen Lasten und Pflichten sich entledigen und aus dem Wirtschafts- und Rechtsgebiete der Stadt ausscheiden ließ, mußte ihr Wohlstand, der sowieso schon infolge der Veränderung der Welthandelswege abzunehmen begann, immer mehr sinken. Andererseits aber hatten Zwistigkeiten mit den Grundherren der Umgegend, die fast alle auch Häuser in Oldesloe hatten, auch ihr Bedenkliches. Das gute Einvernehmen von Stadt und Land war für den Wohlstand der Stadt nicht minder wichtig und vielleicht noch wichtiger als das Blühen des Transitverkehrs über Oldesloe, und es konnte daher leicht geschehen, daß ein Sieg der Stadt in den Irrungen zwischen Bürgerschaft und Landadel zu einem Pyrrhussiege wurde.

Der erste derartige Zwist entstand mit den Pogwischen, die 1525 Fresenburg an Henneke von Ahlefeld verkauft hatten, den Oldesloer Besitz aber, den sie einst von den Staken[1] mit Fresenburg übernommen hatten und dessen Verhältnis zur Stadt in dem Vertrage von 1489 geregelt worden war (S. 90 f.) behielten. Nachdem der ältere Hans Pogwisch im Jahre 1525 gestorben war, stellte sein Sohn Hans die Behauptung auf, der ihm verbliebene Oldesloer Hof, dem ja in dem Vertrage von 1489 gewisse Freiheiten zugestanden worden waren, sei ein

---

[1] Die Pogwische waren Verwandte der Staken. Ein Johann Pogwisch, ein Nachkomme jener Tale Stake, die im Jahre 1468 Pöliß an Markward Schütte verkauft hatte, erhob Anspruch auf Pöliß unter dem Vorwande, daß das Dorf nur versetzt gewesen sei und ihm daher gegen Rückerstattung des Pfandschillings zurückgegeben werden müsse, wurde aber, da er seine Behauptung nicht beweisen konnte, nach Schluß der Verhandlungen im Jahre 1568 abgewiesen. Archiv I 110 f.

Burglehn, und machte Anspruch auf die einem solchen zustehenden Freiheiten und Rechte. König Friedrich I. entschied durch einen Erlaß vom 7. November 1530 den dadurch entstandenen Streit mit der Stadt¹), worauf sich die Stadt im Jahre 1533 mit seinen Söhnen Johann, Clawes, Benedictus und Christopher Pogwisch über die Abgaben von dem ihnen von ihrem Vater hinterlassenen Hause und Hofe vertrug²).

Von den Pogwischen kam der Hof in Hagen hinter dem Rathause an Claus von Brockdorf, den Besitzer von Tralau, der in bestem Einvernehmen mit der Stadt blieb. Sein Sohn Joachim aber erneuerte den alten Streit. Der Statthalter Heinrich Rantzau, den wir bereits in dem Streit mit den Buchwalds als wohlwollenden Vermittler kennen gelernt haben, erhielt von König Friedrich II. den Auftrag, den Streit zu schlichten. Er erschien deshalb am 11. Dezember 1569 in Begleitung des Doktors beider Rechte Erasmus Kirstein in Oldesloe und brachte nach Anhörung beider Parteien und Besichtigung der Örtlichkeiten folgenden Vertrag zustande: Joachim Brockdorf soll das neue Haus samt dem jetzt versteinten und mit Grenzpfählen umgebenen Platz oder Vorhof, wie ihn sein seliger Vater besessen, ohne alle bürgerliche Dienstbarkeit für sich und seine Erben unverhindert vom Rate frei bewohnen und gebrauchen, jedoch soll der Rat die Macht haben, wenn Übeltäter sich dahin begeben, solche gefangen zu nehmen und abzuholen und, wie recht, zu strafen. Joachim Brockdorf und seine Erben aber sollen nicht die Macht haben, der gemeinen Stadt und Bürgerschaft zu Abbruch und Schmälerung ihrer Nahrung dort Brot zu backen oder Bier zu brauen oder Korn in der Stadt zu kaufen und zu verkaufen, außerhalb so viel wie er oder sie zu seiner oder ihrer Haushaltung bedürfen. Betreffs der Viehzucht wird vereinbart, daß nicht mehr als 6 Kühe und 10 Schweine, die gegen gebührliche Belohnung mit dem Stadthirten auf die Weide getrieben werden sollen, gehalten werden. Was darüber befunden wird, soll der Rat befugt sein, an sich zu nehmen und zu gemeinem Nutzen der Stadt zu verwenden. Den andern Garten aber, der an diese Stelle anstößt und den Joachim Brockdorf neulich gekauft hat, soll er dem Rat wieder abtreten, auch das Niederhaus, sofern er und seine Erben davon bürgerliche Pflicht tun zu lassen nicht willens, abbrechen und verplanken³).

Von weiteren Irrungen derart sind keine Akten erhalten. Es scheinen aber noch öfter welche vorgekommen zu sein, da im Jahre 1593 König Christian IV. der Stadt Oldesloe gebot, keine Edelleute daselbst Häuser kaufen zu lassen, ehe sie sich verpflichtet, die bürgerliche Schuld und Pflicht zu leisten, auch dem Edelmanne keine liegenden Grunde zu verkaufen, wenn sie nicht vorher dem Könige zum Kauf angeboten wären).

---

¹) Urk. des Stadtarchivs Nr. 29.
²) *ib.* Nr. 29.
³) *ib.* Nr. 36.
⁴) *ib.* Nr. 38.

4. Streit mit dem Adel wegen des Jagdrechts auf der Oldesloer Feldmark.

Die Ausübung der Jagd auf Oldesloer Gebiet durch Frau Anna von Ahlefeld zu Fresenburg gab Bürgermeister und Rat Veranlassung, im August 1612 in einem Schreiben an einen Junker festzustellen, daß außer Seiner Königlichen Majestät nur die Bürger das Recht haben, die Jagd auf dem Gebiete der Stadt auszuüben. Wenn schon bisweilen von Adeligen auf Oldesloer Gebiet gejagt sei, so sei das „aus nachbarlicher *Correspondents* und *connivendo*" geschehen. Es könne daher die Stadt nicht präjudicieren, und es sei zu hoffen, daß niemand ein *jus* daraus zu machen sich anmaßen werde. Die Fresenburger Jäger und Jägerinnen müssen es ziemlich arg getrieben haben, da sich der Rat beklagte, daß sie das liebe Getreide durch Reiten und Rennen „verpfedden" und die aus Gottes Gnaden hervorgebrachten Gewächse durchaus nicht schonen und also das nachbarliche Zusehen mißbrauchen. Er stellte in Aussicht, falls man sich des Jagens und Schießens auf dem Stadtgebiete nicht enthalte, die Sache an die hohe Obrigkeit gelangen zu lassen und die um Abhilfe zu bitten. In dem Entwurf eines Schreibens an die Obrigkeit wegen „der hochschädlichen adeligen Jagd auf dem Oldesloer Felde" beschwert er sich auch darüber, daß die vom Adel einem Bürger nicht gestatten, mit einem Rohr auf Oldesloer Gebiet als königlichem Grund und Boden zu gehen, und bittet, daß Seine Königliche Majestät allergnädigst geruhen und Befehl erteilen wollte, daß ordentliche Jagd- und Scheidepfähle wie im Segebergischen Amt und anderen Orten möchten gesetzt und der Stadt solche Freiheit beigelegt werden. Aus der Bitte um Jagd- und Scheidepfähle könnte geschlossen werden, daß die Fresenburger im Jagdeifer die Gemarkungsgrenze unwissentlich überschritten haben. Wir werden aber später sehen, daß die Besitzer der adeligen Güter der Umgegend von Oldesloe das Recht der Jagd in der Oldesloer Gemarkung ausdrücklich für sich in Anspruch nahmen, während sie es den Bürgern nicht gestatten wollten.

5. Das Zunftwesen.

Von den Oldesloer Zünften ist die Schuhmacherzunft am ersten und am meisten hervorgetreten. Mit der Beliebung der Schuhmachergesellen von 1523 und ihren Schenkungen haben wir uns schon im Zusammenhange mit der Kirche beschäftigt. Tun wir nun auch einen Blick in die Zunftrolle, deren älteste aus dem Mittelalter stammende Fassung leider verloren ist und die wir daher nur in der Form kennen, die ihr bei der Neubestätigung im Jahre 1555 gegeben worden ist.

Wer in die Zunft eintreten wollte, mußte erst der ganzen Zunft einen Schilling zum Verbaden geben. Davon machten sich also die Zunftgenossen ein paar fröhliche Stunden in den Badestuben der Stavenstraße, die zugleich Zechstuben waren. Dann erst durfte er sich zum ersten und zweiten Male melden. Nachdem er dann vor dem Rate seine eheliche Geburt hatte bezeugen lassen, mußte er der Zunft eine Tonne Bier oder 12 Schilling und einen Sack Kohlen geben und

1 Schilling dem ganzen Amte zum Verbaden so vielmal, als es nötig war, also einen Schilling jedem Meister. Den Sack Kohlen hatte er offenbar zum besseren Heizen des Bades zu liefern. Außerdem mußte der neue Meister 3 Mark für den Dienstbrief, 2 Mark für das Zunftessen, 3 Mark für die Zunftpfannen, 1 Mark Leuchtergeld, 14 Schilling Gildegeld und 4 Gulden für die Lohmühle bezahlen. Eines Meisters Sohn zahlte von den vier zuletzt genannten Zahlungen nur die Hälfte. Dieselbe Vergünstigung genoß der, welcher eines Meisters Tochter heiratete. Leute, die schon anderswo ein eigenes Geschäft gehabt hatten, sollten nicht aufgenommen werden, sondern nur solche, die vorher bei einem Meister mindestens ein Jahr in Arbeit gewesen waren. Eine Amtsschwester, der der Mann gestorben ist, durfte das Geschäft ein Jahr weiter führen. Meldete sich dann einer zur Aufnahme in die Zunft, der sie heiraten wollte, so sollte er dieselben Vergünstigungen haben wie ein Meistersohn oder eine Meistertochter. Wer von den Meistern zum Gildemeister (Innungsvorsteher) gewählt wird, hat die Pflicht, an der Krone der Schuhmacher an allen Festen zur Vesper und zur Messezeit die Lichter anzuzünden. So oft er das versäumt, hat er der Zunft 6 Pfg. zu zahlen. Wenn ein Meister einen Lehrjungen hat, so soll er dem Amte 18 Schillinge und einen Sack Kohlen für 1 Schilling geben, und wenn er das ausgibt, kann er ein paar Leute mit einladen. Dann soll der Lehrjunge in dem Amte ein unsträfliches, ehrliches Lied singen und der jüngste Meister auch. Wer es nicht tut, soll 6 Schilling zahlen. Ein Meister soll nicht mehr als zwei Gesellen halten, hat er einen Lehrjungen, nicht mehr als einen. Um das Leder in den Kalk und aus dem Kalke zu bringen, kann er einen zu Hilfe nehmen, solange das Leder gar ist und im Fette. Wer mehr annimmt, soll das der Zunft mit 10 Schillingen und 4 Pfennigen büßen. Wenn jemand Schuhe von einem Meister kaufen will und ihm eine Haut oder Häute zum Verkauf anbietet, dann soll ihn niemand anrufen, ihm die Häute zu verkaufen. Wenn einer wegen des Ankaufs von Häuten in Unterhandlung steht und von einem andern daran gehindert wird, dann soll dieser das dem Amt büßen mit 10 Schillingen und 4 Pfennigen. Wenn einer in die Zunft aufgenommen wird, soll er dem bisherigen jüngsten Meister eine Kanne Bier zutrinken in zwei Trunken, worauf ihm dieser Bescheid tun soll. Wer die Kanne nicht trinken will, hat das zu büßen mit 6 Schillingen. Doch hat jeder die Gunst, zwei Amtsschwestern Bier aus der Kanne zu schenken. Wenn der Jüngste sein Zunftessen gibt, kann er zwei ehrliche Leute mit einladen. Auch ist des Jüngsten Frau dem Amte ein Stubenbad schuldig. Wenn die Werkmeister (Ältereleute) und Gildebrüder des Amtes sich zu den vier Zeiten des Jahres zu der Morgensprache versammeln Schlag 12, soll derjenige, der die Zeit versäumte, es dem Amte büßen mit 6 Pfennigen ohne Gnade, der Werkmeister doppelt. Geschähe es, daß die Gildebrüder oder Amtsschwestern sich bei der Morgensprache oder wenn das Amt sonst versammelt ist, gegeneinander Unbilliges vornehmen mit Scheltworten oder wie das sonst geschehen möchte, soll der, welcher straffällig ge=

funden wird, es dem Amte mit 10 Schillingen und 4 Pfennigen büßen. Ist es ein Werkmeister oder eine Werkmeisterin, die zahlen doppelte Strafe. Amtsbrüder und Amtsschwestern, die sich gegen den Werkmeister oder die Werkmeisterin vergehen, zahlen auch doppelt. Geschähe es, daß, wenn das Amt eine Tonne Bier aufgesetzt hat, einer im Amte eine Unlust anrichtete, so soll er wieder eine Tonne Bier verwirkt haben. Wenn zu Petri wie üblich die Werkmeister neu gewählt werden, dann soll der jüngste Werkmeister dem Rate zuschwören, es nicht zu verschweigen, wenn etwas Unbilliges im Amte vorkäme, wovon der Rat Brüche zu bekommen hätte. Wenn eine Amtsschwester geboren hat, sollen die andern Amtsschwestern das Kindchen zur Taufe bringen, und wenn die Frau zur Kirche geht, sollen sie mit ihr gehen bei 6 Pfennigen Strafe. Wenn jemand aus dem Amte stirbt, es sei Mann, Frau oder Geselle, dann sollen diejenigen, die von den Werkmeistern aufgefordert werden, den Toten zu tragen, das vollbringen, und die Werkmeister und Gildebrüder und Amtsschwestern sollen dem Toten ehrlich zum Grabe folgen bei 6 Pfennigen Strafe, es hätte sich denn jemand zu entschuldigen. Auch soll jeder Amtsbruder und jede Amtsschwester einen Pfennig geben, den die Werkmeister armen Leuten darreichen sollen. Wenn einer von dem Amte dem andern außer der Zeit seinen Gesellen abspenstig machen wollte oder dem Gesellen mehr geben wollte als Küchenspeise und Kovent und mehr als 3 Pfennige von dem Paar Schuhe, so soll der das mit 10 Schilling und 4 Pfennigen büßen. Auch soll niemand an den vier Hauptfesten seine Waren und Schuhe auf sein Fenster setzen bei derselben Strafe. Wenn einer aus dem Amte ungebräuchliches Leder wie z. B. Pferdeleder verarbeitete, der soll nicht wert sein, zu der Zunft zu gehören. Geschähe es, daß in der Stadt jemand ertappt würde, der durch Überbieten dem Amte Leder entzieht, oder solches Leder verarbeitete, gegen den soll das Amt mit dem Willen der Herrschaft einschreiten, wie recht ist[1]).

Die Rolle regelt also sowohl das geschäftliche Verhalten wie das gesellschaftliche Leben der Zunftgenossen. Sie zeigt, daß die Schuhmacher zugleich Gerber waren, und ist sehr wichtig als einzige Quelle unserer Kenntnis von dem mittelalterlichen Badewesen unserer Stadt. Auch ist sie lehrreich in sozialer Beziehung. Die Festsetzung der Zahl der Gesellen auf zwei scheint uns eine ungebührliche Freiheitsbeschränkung zu sein, verhinderte aber das Aufkommen der fabrikmäßigen Großbetriebe, die zum Teil schuld sind an dem Elend der heutigen Zeit. Die Satzungen der übrigen Zünfte werden ähnlich gewesen sein. Einige der erwähnten Gebräuche haben sich bei allen Zünften bis ins vorige Jahrhundert erhalten.

Ein Fall von Ungebühr innerhalb einer Zunft, für die dem Rate Brüche gezahlt werden mußte, lernen wir durch eine Vertragszarte (Zarte = *charte*, Urkunde) vom Jahre 1596 kennen, durch die ein Streit zwischen dem Amt der Schmiede und Carsten Krefftings Tochter und Tochtermann Ulrich Meyer geschlichtet wurde. Die Schmiede sollen,

---

[1]) Urk. des Stadtarchivs Nr. 46, abgedruckt im Oldesloer Programm von 1881.

weil sie sich etliche Male an Carsten Krefftings Tochter „tho vel vor=
grepen", Brüche zahlen und gehalten sein, Ulrich Meyer und seine
Frau als ehrlichen Amtsbruder und ehrliche Amtsschwester in ihr Amt
aufzunehmen. Da aber Carsten Kreffting und Ulrich Meyer mit gröb=
lichen Injurien und Schelten etwas viel getan haben, sollen sie dafür
auch in des Herrn Strafe stehn[1]).

Wie die Zunft der Schneider gegen Winkelschneider vorging, d. h.
gegen Schneider, die nicht zur Zunft gehörten, haben wir S. 150 aus
der Zeugenaussage des Bürgermeisters Hein Berschstede kennen ge=
lernt. Von der Hökergilde erfahren wir aus diesem Zeitraum nur eine
Schenkung an die Kirche S. 135. Im Jahre 1610 wurde die älteste noch
erhaltene Brottaxe der Oldesloer Bäckerzunft aufgestellt[2]). Andere
Nachrichten über die Oldesloer Zünfte sind aus dieser Zeit nicht er=
halten.

6. Handel und Industrie.

Die vornehmste Nahrungsquelle der Oldesloer Bürger soll im
Mittelalter die Bierbrauerei gewesen sein. (Vgl. S. 57.) Noch gegen
Ende des 16. Jahrhunderts gab es nach Heinrich Rantzaus *Cimbricae
Chersonesi Descriptio (Westphalen, Monum. ined. 1 Sp. 23)* in Oldes=
loe 60 Bierbrauer und 250 Bürger. Es muß damals also nahezu jeder
vierte Bürger ein Bierbrauer gewesen sein. Wenn nun auch anzuneh=
men ist, daß diese 60 Bierbrauer nicht ausschließlich von der Bier=
brauerei lebten, sondern daß es zum größten Teile Landwirte, Händ=
ler und Handwerker waren, welche die Bierbrauerei als Nebengeschäft
betrieben, so setzt doch eine so große Zahl von Bierbrauern einen
sehr starken Bierexport voraus. Nun wurde aber im 16. Jahrhundert
darüber geklagt, daß das einst so blühende Brauwesen der Stadt mehr
und mehr zurückginge, weil auf den adeligen Gütern und den Dörfern,
die sonst ihr Bier von Oldesloe bezogen hätten, das Brauen immer
mehr in Aufnahme käme. Die Bürgerschaft hielt das für eine Ver=
letzung ihrer Privilegien und verlangte, daß das Bierbrauen den Bewoh=
nern der Umgegend von Oldesloe verboten würde, bekam aber vom
Landgericht unter dem 17. Februar 1598 den Bescheid, daß das Brau=

---

[1]) Urk. des Stadtarchivs Nr. 39.

[2]) Die Taxe wurde monatlich von den beiden Älterleuten der Bäcker mit einem
Ratsmitgliede nach dem Roggenpreis vereinbart. Das Quartheft, in das die Taxen von
Neujahr 1610 bis zum 25. Januar 1615 eingetragen sind, trägt die Aufschrift: „Der
Becker Boeck vonn alles watt Broeth wegen schall. Anno 1610 vp Neyar." Die erste
Eintragung lautet: „Anno 1610 vp Nyyar hebben dey Olderluede der Becker alß
Dyryck vann Kampenn vnnde Hanns Moyt Myr Jacob Quynckartt angesecht, datt de
schepel Roggenn gellt 22 Schilling tho luebeck, denn weytenn 22 Schilling; schal Eynn
Groffbroth wegen 2 Pfund, denn Stroump 32 loeth." Strump nannte man ein feineres,
wahrscheinlich strumpfförmiges Brot.

Das Heft ist noch dadurch interessant, daß ein verliebter Jüngling des 17. Jahrhunderts die leeren Stellen desselben zur Eintragung eines alphabetischen Verzeich-
nisses der Anfänge der ihm bekannten Liebeslieder der damaligen Modepoeten benutzt hat. Unter A finden sich z. B. folgende Gedichtanfänge: Ach, Amarillis, hast du
dem — Ach, Silvia, du Preis der Schafferinnen — Ach, Phillis, mein auserwählter
Schatz — Ach, Galathee, kannst du mich — und unter Z: Zerbrich, o trauriges Herz —
Zerspalte, o betrübtes Herz.

werk auf den Amtshäusern und Höfen nicht gehemmt werden könne, dieweil es von alterher also gehalten worden sei.

In anderer Beziehung hatten die Bemühungen der Oldesloer zur Fernhaltung der Konkurrenz Erfolg. Da sie sich durch den Handel von Fremden mit Fremden in ihrer Stadt beeinträchtigt fühlten, wandten sie sich beschwerdeführend an den König und erwirkten dadurch im Jahre 1561 einen Erlaß König Friedrichs II., durch den verboten wurde, daß in Oldesloe „Gast mit Gast kaufschlage"[1]).

Nach dem Abschluß von Handelsgeschäften mit Oldesloern hatten auswärtige Kaufleute zuweilen Schwierigkeiten mit der Erlangung der Bezahlung. Ein vorsichtiger Kaufmann erkundigte sich daher vorher nach den Vermögensverhältnissen des Kauflustigen. In solchen Fällen wurde sogar der Bürgermeister um Vermittelung angegangen. Im Jahre 1591 bat Hans Werkop in Lübeck den Bürgermeister Bartoldus Möller in Oldesloe, für ihn Guthaben einzutreiben von Henrick Brügge und den Frauen von Hans Rolves, Jasper Rolemann und Junge Jungweg[2]), und im Jahre 1608 erkundigte sich Berendt Sandmann im Auftrage seines Herrn Dettelef Krüwell in Hamburg bei Bürgermeister Bartold Möller nach den Vermögensverhältnissen von Michell Harmensen[3]).

Der jeden Sonnabend abzuhaltende Wochenmarkt war, wie es scheint, im Laufe der Zeit wieder eingeschlafen. Doch muß sich das Bedürfnis nach einem solchen Markte wieder geregt haben; denn im Jahre 1614 gestattete König Christian IV. der Stadt Oldesloe aufs neue, jeden Sonnabend oder, falls auf den Sonnabend ein Festtag falle, am vorhergehenden Tage einen Wochenmarkt abzuhalten[4]).

Über die beiden industriellen Betriebe bei Oldesloe, die Saline und die Kupfermühle, haben wir aus dem 16. Jahrhundert nur je eine dürftige Nachricht. Im Jahre 1556 erteilte König Christian III. vier Hamburger Bürgern, Ahrend Paulsen, Peter von Cöllen, Valentin Lichtenhane und Claus von Engelsen, die Erlaubnis, das Salzwerk wiederherzustellen und es 50 Jahre lang zu besitzen unter der einzigen Verpflichtung, daß sie jährlich eine Last Salz an den königlichen Hof ablieferten[5]). Aus einer Verhandlung des Vierstädtegerichts von 1563 scheint hervorzugehen, daß damals wieder Oldesloer an dem Betrieb der Saline beteiligt waren. Heinrich Rantzau gab sich als Amtmann von Segeberg große Mühe, die Saline wieder in Gang zu bringen[6]). Die Kupfermühle wurde im Jahre 1535 von Matthias Müling, der ohne Leibeserben starb, dem Heiligengeist=Hospital in Lübeck vermacht.

---

[1]) Urk. des Stadtarchivs Nr. 33.
[2]) *ib.* Nr. 23.
[3]) *ib.* Nr. 42.
[4]) *ib.* Nr. 44.
[5]) Friedrich, der Untergrund von Oldesloe, S. 5.
[6]) Adolf Jürgens, Zur schleswig-holsteinischen Handelsgeschichte des 16. und 17. Jahrhunderts. Berlin 1914. S. 38.

V. Der Adel.

Adelssitze. Industrielle Unternehmungen des Adels. Die Heeste zu Rethwisch. Die Pogwisch in Fresenburg und Oldesloe. Die Ahlefeld zu Fresenburg. Die Rantzau und Pentz in Nütschau. Die Pentz in Oldesloe. Die Brockdorf in Tralau. Die Swin in Klinken. Sivert Swin in Schwinköben. Die Rantzau in Klinken. Bedeutungsverhältnis der adeligen Güter. Die geistigen Interessen des Adels.

Adelssitze im Kirchspiel waren im Reformationsjahrhundert nur Rethwisch, Fresenburg, Nütschau, Tralau und Höltenklinken. Schulendorf gehörte demselben Besitzer wie Fresenburg, und Blumendorf scheint mit Klinken vereinigt gewesen zu sein. Der Hans Schacht zu Blumendorf, der sich im Jahre 1555 ein Begräbnis in der Oldesloer Kirche kaufen wollte, gehörte offenbar dem Adel nicht mehr an. Gegen Ende des Jahrhunderts warf sich der Adel des Kirchspiels mit Eifer auf die Industrie und gründete industrielle Unternehmungen, die mit der Landwirtschaft nichts zu tun hatten: Kupfermühlen, Messinghütten, Papiermühlen und Pulvermühlen.

Die Rethwischer Güter blieben das ganze 16. Jahrhundert und noch darüber hinaus im Besitz der Familie Heest. Nach Sievert Heest besaß sie ein Luder Heest und dann dessen Sohn Michael. In den Jahren 1539 und 1540 war Besitzerin von Rethwisch eine Frau Margarete Heest. Ihre Tochter Katharina heiratete Breida Rantzau, den Besitzer des Edelhofes Bollingstedt im Kreise Schleswig, der dann eine Reihe von Jahren als Herr auf Rethwisch waltete. Er starb im Jahre 1562 zu Bollingstedt und scheint ohne Sohn geblieben zu sein. Im Jahre 1570 ist Einwald Heest Besitzer von Rethwisch und Bollingstedt. Er betrieb auf seinem Gebiete eine Schmelzhütte, die bei Wirsrade lag, wahrscheinlich an der Mündung der Rethwischer Au in die Barnitz, wo später eine Walkmühle und zuletzt eine Ölmühle stand[1]). Er starb 1584 und ließ seine Frau Emerentia, eine geborene von Ahlefeld, als Besitzerin von Rethwisch zurück. Sie lebte noch 1599. Im Jahre 1579 werden in der Kirchenrechnung auch die Leute eines Benedictus Heest genannt, der also einen besonderen Hof, wohl eines der Rethwischer Vorwerke, bewirtschaftet haben muß. Im Jahre 1598 taucht ein Luder Heest auf. Er baute zu der Schmelzhütte auch eine Kupfermühle. In der Kirchenrechnung von 1605 wird ein Adam Schröder „vp Heesten nye mohlen kopperschmit" erwähnt. An die Kupfermühle erinnert in Rethwisch noch der Name Kupferteich, den die sich an den großen Teich anschließende Wiese westlich von der Landstraße trägt, und an das Messingwerk, die Schmelzhütte, der Name „Galmeibrücke", mit dem die Barnitzbrücke bei dem ehemaligen Messingwerk noch bezeichnet wird. Das Zinkerz Galmei brauchte man zur Herstellung von Messing. Im Jahre 1615 begegnen wir einem Heinrich Heest. Im Jahre

---

[1]) Als Werkmeister wirkte in der Schmelzhütte 1598 ein Andreas Franck, wahrscheinlich ein Vorfahr der Franck auf der Rohlfshagener Kupfermühle. Im Jahre 1603 besaß ein Franck einen Ziegelhof, von dem Ziegelsteine mit dem Boote zur Oldesloer Kirche gefahren wurden.

1616 aber verkaufte eine Frau Anna Heest Rethwisch an den Herzog Johann den Jüngeren von Holstein=Sonderburg. Sie selbst zog dann nach Oldesloe, wo sie 1617 als Pächterin eines Gartens genannt wird. Ihre Tochter Margareta Heesten wurde 1631 der Kirchenstuhl ihrer Mutter in der Oldesloer Kirche konfirmiert. Mit Annas Gatten scheint die Familie in männlicher Linie ausgestorben zu sein.

Die Familie Heest (Heist) hatte ein Erbbegräbnis in der Garve= kammer (Vestiarium, Ankleideraum) der Oldesloer Kirche. Als „Heisen Begräbnis" im 18. Jahrhundert verfallen war, sollte es öffentlich ver= steigert werden. Da sich aber bei der Licitation kein Käufer gefunden hatte, wurde es bei der Kirchenvisitation von 1748 dem Pastor Hamme= rich für 30 Reichstaler zugesprochen.

Die Fresenburger Güter besaß im Anfang des 16. Jahrhunderts ein Hans Pogwisch. Im Jahre 1505 verpfändete er sie an die Heiligengeist= kirche und andere geistliche Stiftungen in Lübeck, war aber im Jahre 1523 wieder Herr auf Fresenburg. In den Jahren 1506 und 1508 ge= statteten König Johann und Herzog Friedrich ihm und seinen Brüdern Wulf und Henning, das an den Herzog von Sachsen=Lauenburg ver= pfändete Gut Tremsbüttel einzulösen; es ist aber damals nicht zur Ein= lösung gekommen. Da Hans Pogwisch dem Könige 10 200 Mark schul= dete, trat er mit ihm in Unterhandlungen, um ihm das Gut Fresenburg zu verkaufen. Käufer wurde dann aber nicht der König, sondern Hen= neke von Ahlefeld, der es im Juli 1525 für 16 000 Mark erstand. Hans Pogwisch starb noch in demselben Jahre. Seine Söhne legten gegen den Verkauf Protest ein, aber ohne Erfolg. Ihr Vergleich mit dem Rate von Oldesloe über ihren Oldesloer Besitz ist bereits S. 164 erwähnt worden. Außer dem Hofe hinter dem Rathhause besaßen sie auch ein Haus am Kirchhofe.

Henneke von Ahlefeld war der Sohn eines Detlef von Ahlefeld, der in der Schlacht bei Hemmingstedt gefallen war, und heiratete die Witwe eines in derselben Schlacht gefallenen Claus von Hagen, die ihm so viel Geld zubrachte, daß er davon Fresenburg kaufen konnte. Sein Sohn Johann wurde 1530 von Kieler Bürgern wegen aus Übermut ver= übten Unfugs erschlagen. Die daraus entstandenen Befehdungen wur= den durch Vermittelung des Königs im Jahre 1540 durch einen Ver= gleich zwischen Johanns Bruder Bartholomäus und der Stadt Kiel be= endigt, nach welchem dem Bartholomäus von Ahlefeld Abbitte gelei= stet und 1000 Mark Entschädigung gezahlt werden sollte[1]). Als Besitzer von Fresenburg wird Bartholomäus von Ahlefeld zuerst im Jahre 1543 genannt. Er gewährte den aus Holland vertriebenen Mennoniten eine Freistätte, u. a. dem Stifter der Sekte Menno Simonis selbst, der 1559 in dem seitdem niedergelegten Dorfe Wüstenfelde bei Schadehorn starb. Auf dem sogenannten Mennostück der jetzigen Koppel Wüstenfelde ist ihm von der Mennonitengemeinde Deutschlands im Jahre 1902 ein Denkstein gesetzt und 1906 ein Kupferrelief darauf angebracht wor=

---

[1]) Jahrbücher für Landeskunde IX 460, X 119.

den[1]). Bartholomäus von Ahlefeldt starb im Jahre 1575 und hinterließ 3 Söhne: Benedikt, Kai und Johann, die einen Erbvergleich schlossen, nach dem Benedikt Fresenburg, Kai aber Schulendorf nebst einigen Gütern in Angeln und in der Karrharde erhielt. Benediktus von Ahlefeld wird als Besitzer von Fresenburg in den Oldesloer Kirchenbüchern zuletzt genannt im Jahre 1598, in dem er am 10. Dezember in Gemeinschaft mit den Junkern Jochim und Henneke Brockdorf und Luder Heest sowie dem Amtsverwalter von Segeberg Dietrich Brüggemann die hiesige Kirchenrechnung prüfte. Nach seinem Tode und dem seines Bruders Kai sehen wir die Witwe Anna von Ahlefeld im Besitz beider Güter Fresenburg und Schulendorf von 1612 bis 1617. Ein Detlef Brockdorff, Friedrichs Sohn, steht ihr in der Verwaltung der Güter bei. Im Jahre 1617 erscheint in den Kirchenrechnungen wieder Benedikts Sohn Henneke von Ahlefeld als Besitzer von Fresenburg. Er wurde im Jahre 1627 erstochen. Detlef von Brockdorf wurde zugleich mit seinem Bruder Hans von einem Markward von Ahlefeld erschossen.[2]) Ihr Bruder Balthasar besaß 1626 und noch 1631 den Meierhof Schmachthagen. In Fresenburg wurden eine Kupfermühle und eine Pulvermühle gegründet, wahrscheinlich an dem Bache an der Schlamersdorfer Scheide, der noch den Namen Pulverbek führt. Wann und wem die Gründung geschah, hat sich noch nicht feststellen lassen. Nach H. van der Smissen hat schon Bartholomäus von Ahlefeld eine Pulvermühle von einem Mennoniten an der Kiebitzreihe zwischen Alt-Fresenburg und Poggensee erbauen lassen.

Nütschau besaß um 1526 ein Heinrich Rantzau, von dem es Hans Pentz erwarb, der es 1530 und noch 1543 besaß. 1558 war Jasper Pentz Besitzer, 1561 Baltzer (Balthasar) Pentz, der es im Jahre 1573 an den gelehrten und reichen Statthalter Heinrich Rantzau, Amtmann zu Segeberg, verkaufte. Dieser ließ im Jahre 1577 das alte Herrenhaus von Nütschau abbrechen und ein neues errichten mit 3 Giebeln, welches im wesentlichen noch heute erhalten ist. Auf beiden Seiten des Einganges sind zwei Steine eingemauert mit folgenden Inschriften:

Ao DNI	Ao DNI
1577	1577
HINRICH	CHRISTINA
RANTZOW	VAN HALLE
Ao AETAT.	Ao AETAT.
53	. . R.

Heinrich Rantzau vergrößerte den Nütschauer Besitz durch Ankauf des Dorfes Sühlen. Am 9. Mai 1590 teilte er dem Hamburger Rate mit, daß er eine Messingmühle in Nütschau habe einrichten lassen.

---

[1]) Aktenstücke betreffend die Mennoniten in Oldesloe sind gedruckt in *Ny kirkehistoriske Samlinger* IV 648 ff. S. auch Dänische Bibliothek St. IX p. 322, ferner: Mennosteine und Mennolinde zu Fresenburg. Zur Erinnerung an den 18. September 1922 zusammengestellt von H. van der Smissen, Ältester der Gemeinde zu Hamburg und Altona.
[2]) Zeitschr. XI 351.

Wahrscheinlich war das die heutige Kornmühle und frühere Kupfermühle bei Sühlen. Er starb am 1. Januar 1599 und hinterließ das Gut seinem Sohne Breide, der 1618 starb.

Baltzer Pentz zog nach dem Verkauf von Nütschau nach Oldesloe, wo er ein eigenes Haus besaß und Ländereien sowohl von der Kirche wie vom St. Jürgensstift in Pacht nahm. Als Hofmeister des St. Jürgenshofes haben wir ihn bereits kennen gelernt. Er hatte drei Söhne, Jasper, Marquard und Hans, und mehrere Töchter. Hans Pentz wurde noch zu Lebzeiten des Vaters im Jahre 1590 in Kiel wegen wüster Ausschreitungen in einem Tumult von Kieler Bürgern tödlich verwundet und starb bald danach, worauf sein Bruder Jasper und Marquard als Ankläger gegen die Stadt Kiel auftraten[1]). Von 1597 an war Jasper Pentz Pächter der von seinem Vater inne gehabten Ländereien. Baltzer muß also 1596 oder 1597 gestorben sein. Jasper Pentz starb 1618. Er war Amtmann von Trittau und Reinbek. Lambertus Alardus, Stormarus, berichtet vom Jahre 1618 den Tod eines Caspar Pense, Amtmann von Trittau und Reinbeck, *Westphalen Mon. ined.* I Sp. 1958. Dieser Caspar war wohl identisch mit unserm Jasper. „Jasper" ist aus „Caspar" entstanden. Von 1619 an nehmen wieder ein Jasper und ein Marquard Pentz an den Pachtungen teil. Marquard war Amtmann zu Segeberg. Jasper erscheint als Pächter von St. Jürgens-Ländereien zuletzt 1626, Marquard als Pächter von Kirchenländereien zuletzt 1631. In diesem Jahre und noch 1634 wird auch ein Christian Pentze als Pächter von 3 Gärten genannt. Die Töchter des Baltzer Pentz, Emerenz und Agathe, waren Klosterjungfrauen im Kloster zu Itzehoe. Eine „Jungfer Margareta Pentz" starb 1628 in Oldesloe. Über die Gelder, die der letzte Jasper Pentz bei seinem Tode der Kirche schuldig geblieben war, stellte diese im Jahre 1634 seinem Sohne, dem damaligen Amtmann und Gouverneur zu Glückstadt Christian Pentz erbgesessen zu Niendorp eine Rechnung auf.

Tralau gehörte zur Reformationszeit einem Claus Brockdorf, der vorher in Oldesloe wohnte und als Mitstifter einer Vikarie an der Oldesloer Kirche bereits erwähnt worden ist. 1538 und auch noch 1543 war seine Witwe Margarete Besitzerin von Tralau. Ihre Schenkungen an die Kirche S. 135. Ihr folgte ihr Sohn Joachim, der ebenfalls freigiebig gegen die Kirche war, (s. S. 135 und 137). Im Jahre 1558 führte er einen Prozeß mit Jasper Pentz zu Nütschau wegen einer Mühle. Über seinen Streit mit der Stadt Oldesloe im Jahre 1569 wegen der zu seinem Oldesloer Hofe hinzugekauften Grundstücke ist S. 164 berichtet worden. Von seinen drei Söhnen Claus, Joachim und Henneke wurde Claus im Jahre 1567 zu Preetz in einem Wirtshause von Johann von Ahlefeld, dem Sohne des Bartholomäus, erstochen[2]). Das Gut Tralau

---

[1]) Eine ausführliche Darstellung der Ereignisse und des sich daraus entwickelnden Prozesses lieferte als Beitrag zur holsteinischen Sitten- und Rechtsgeschichte Rud. Brinkmann im Jahrbuch I S. 149 ff.
[2]) Zeitschr. XI 345.

erbten Joachim und Henneke gemeinschaftlich. Henneke Brockdorf wohnte 1593—1595 in Oldesloe. Joachim Brockdorf war in erster Ehe verheiratet mit Benedikta Reventlow, in zweiter mit Salome von Ahlefeld. Als Witwe wohnte diese 1624—1636 in Oldesloe wie auch die Witwe Hennekes 1626—1630. Im Jahre 1613 starb hier eine Dorothea Brockdorf, für die 26 Puls geläutet wurden. Es muß die Witwe des älteren Joachim, eine geborene Buchwald, also die Schwiegermutter der beiden oben genannten Witwen gewesen sein. In der Zeit der Industrialisierung der adeligen Güter ist wahrscheinlich auch die Tralauer Saline in Betrieb gesetzt worden. Nachrichten über sie finden sich aber erst aus späterer Zeit.

Klinken war im Beginn dieser Periode im Besitz der Adelsfamilie Swin. Sievert Swin verkaufte es um 1543 an Moritz Rantzau. Die Swins besaßen auch ein Haus in Oldesloe, das einst Jochen Swin, vielleicht Sieverts Vater, von der Familie Lau *(van den louen)* gekauft hatte. Auch dieses Haus ging in den Besitz von Moritz Rantzau über. Es lag am Kirchhof linker Hand, wenn man nach dem Kirchhofe hinaufging[1]). Im Jahre 1595 wird es „Barbran Rantzowen Hus vorme Kerkhaue" genannt. Nach dem Verkauf von Klinken zog sich Sievert Swin auf einen kleinen Hof bei Schulendorf zurück, der nach ihm Swinshave genannt wurde, das heutige Schwienköben, hatte sich aber von hier aus noch im Jahre 1544 vor königlich dänischen und hanseatischen Abgeordneten wegen einer Schiffsanhaltung auf dem an seiner früheren Besitzung vorbeiziehenden Alster=Beste=Kanal zu verantworten[2]).

Moritz Rantzau, der neue Besitzer von Klinken, war fürstlicher Amtmann zu Trittau und erregte als solcher viele Klagen durch seine willkürliche Bedrückung der Bauern. Wenn sie nicht taten, was er wollte, ließ er ihnen das Feuer ausgießen und bei hoher Strafe verbieten, es wieder anzuzünden. Eine besondere Last, die er ihnen auferlegte, war das sogenannte Ablager. Im Oktober und November 1556 z. B. zog er mit etwa 20 Pferden in die Dörfer, in einigen Dörfern blieb er eine Nacht, in andern Dörfern zwei oder drei Nächte und drängte die Leute für ihn und die Seinigen Hafer, Heu, Hamburger Bier, Schinken, Hühner, Schafe, Gewürz und was sie hätten herbeizuschaffen und zu bezahlen. Das betrachtete er als ein gutes Recht, das allen Amtleuten zustünde gewissermaßen als Teil der Besoldung. Zwei Bauern aus Sprenge, die in Gölm ein Wildschwein erlegt, ließ er gefänglich einziehen und legte dem einen eine Geldstrafe von 60 Mark, dem andern von 45 Mark auf. Ferner soll er die Bauern oft ohne irgendeine vorgefallene widerrechtliche Handlung mit beträchtlichen Summen geschatzt haben, z. B. die Dorfschaft Todendorf mit 180 Mark, den Müller zum Rodenbek mit 60 Mark. Dieser Müller soll außerdem ein Ohm Wein und einen Lachs haben geben müssen. Auch wurde Klage geführt, daß er sich zu seinem eigenen Nutzen Spann= und Handdienste leisten ließ. So mußten die

---

[1]) K. S. B. XVIII S. 64.
[2]) Oldekop, Topographie II, Stormarn S. 66.

Todendorfer Mauersteine von der Ziegelei in Trittau nach des Amtmanns Hof in Höltenklinken fahren. In allen Dörfern hatte jedes Hausgesinde zwei Pfund Garn für ihn zu spinnen. Auch beorderte der Amtmann Frauen und Mägde nach Trittau, die allda den Flachs braken und hecheln, schwingen, spinnen und winden mußten, ohne daß sie während der Arbeit Kost und Trank bekamen. Einen Schutz gegen derartige Bedrückungen scheint der geplagte Bauer an höherer Stelle nicht gefunden zu haben[1]).

Als Moritz Rantzau im Jahre 1578 gestorben war, erhob Joachim Brockdorf zu Tralau Anspruch auf sein Gut Höltenklinken, aber ohne Erfolg. Barbara Rantzau, die Witwe des Verstorbenen, blieb Besitzerin von Höltenklinken. Im Jahre 1587 war Kay Rantzau, wohl ihr Sohn, Besitzer des Gutes[2]). Aber im Jahre 1593 sehen wir sie wieder als Gutsherrin dort walten, obgleich sie noch Söhne hatte. Einen Sohn wollte sie z. B. nach 1606 zum Verbitter des Klosters Itzehoe wählen lassen, was ihr aber nicht gelang[3]). Sie scheint eine sehr energische und unternehmungslustige Frau gewesen zu sein. Mit einem wahren Feuereifer warf sie sich auf die Gründung von industriellen Unternehmungen. Bereits im Jahre 1586 gab es in Klinken einen Kupferhammer, der damals auf 6 Jahre verheuert wurde. Sie gründete noch zwei Kupferhämmer dazu, die sie selbst in Betrieb nahm. Die Hämmer leitete Isaak Soldener, ein Meister aus dem Stolbergischen, der auch einen Anteil am Ertrage der Hämmer besaß. Ferner ließ Frau Barbara 1594 von einem Oldesloer Zimmermann eine Papiermühle von zwei Geschirren errichten, um aus Haderlumpen Papier zu machen, und nahm eine zweite in Aussicht, gründete eine Messingmühle und schließlich auch eine Pulvermühle. Die mannigfaltigen Arbeiter, die sie beschäftigte, Messingbrenner, Brennerknechte, Messingschaber, Drahtzieher, Drahtschneider, Messingschläger, Kesselschläger, Kupfergarmacher, Kupferschläger, Eisenschmiede, Stangenschmiede, Papiermachermeister und Papiermacherknechte, Pulvermacher und Salpetersieder, machten ihr oft viel zu schaffen. Sie führte aber in ihren Betrieben ein strenges Regiment. In der Hüttenordnung, die sie im Jahre 1594 von Isaak Soldener hatte aufstellen lassen, wurde z. B. bestimmt, daß einem, der einen andern mit einem Brotmesser oder einer mörderischen Wehre blutrünstig beschädigen würde, die Faust, damit er gefrevelt, ohne alle Gnade abgeschlagen werden solle[4]). Auf ihre alten Tage wurde sie als Zeugin in

---

[1]) Jahrb. I 425 ff.
[2]) Haupt II 534.
[3]) Jahrb. V 17.
[4]) Diese Hüttenordnung ist abgedruckt in dem 2. Bande des Jahrbuches für die Landeskunde der Herzogtümer Schleswig, Holstein und Lauenburg S. 275 f. Genaue Einsicht in den Betrieb der Klinkener Werke gibt die von dem Hamburger Schulmann Mich. Richey 1727 hergestellte Abschrift des Rechnungsbuchs von „Jürgen Poorter, weiland Schreiber bei der wolgeb. Fr. Barbara Ranßowen zur Höltenklinken," die auf der Hamburger Kommerzbibliothek aufbewahrt wird. Nach ihr lieferte Adolf Jürgens einen ausführlichen Bericht in seinem Buche „Zur schleswig-holsteinischen Handelsgeschichte des 16. und 17. Jahrhunderts." Abhandlungen zur Verkehrs- und Seegeschichte im Auftrage des Hansischen Geschichtsvereins herausgegeben von Dietrich Schäfer. Band VIII. Berlin 1914.

einem Skandalprozeß verwickelt, an dem junge Damen ihrer Verwandtschaft als Klägerin, Beklagte und Zeugen beteiligt waren. In diesem Prozesse, der damals die holsteinische Gesellschaft jahrelang erregte und viele adelige Familien miteinander entzweite, handelte es sich um den guten Ruf einer zur Abtissin in Itzehoe gewählten Dame, Dorothea von Ahlefeld, die heimlich ein Kind geboren haben sollte und von den beiden Klosterjungfrauen Emerenz und Agathe Penz, den Töchtern des Junkers Baltzer Penz in Oldesloe, dessen offen beschuldigt wurde. Die Brüder Jasper und Marquard Penz nahmen sich ihrer wegen Beleidigung verklagten Schwestern in diesem Prozesse an, wie sie einst für ihren Bruder Hans eingetreten waren. Die Mutter des jungen Mannes, der als Vater in Betracht kam, Anna von Sehestedt, hatte sich nach dem Tode ihres Mannes Otto von Sehestedt auf Winsen nach Oldesloe zurückgezogen, wo sie 1608 starb. Bis zu ihrem Tode hatte sie ihre Aussage standhaft verweigert, um ihre Standesgenossen und ihr eigenes Blut nicht zu schänden. Vielleicht wohnte sie in dem Hause der Frau Barbara Rantzau „vorme Kerkhaue", da Frau Barbara eine geborene von Sehestedt war. In einem Briefe aus dieser Zeit redet Frau Anna von Sehestedt sie „Leue Barber Färke", d. h. „Liebe Cousine Barbara" an (Färke = Veddecke, Vettersche[1]).

Im Jahre 1574 war ein Junker Hans Rantzau beteiligt bei der Abnahme der Kirchenrechnung und bezahlte im Jahre 1582 für die Kirche ein Lispfund Blei mit 10 Schilling, und im Jahre 1576 wurde von Lichtenhahn für die Kirche ein Brief an einen Pawel Rantzouw geschrieben. Ob diese beiden Rantzau als Vertreter der beamteten Besitzer von Nütschau und Klinken wirkten oder selbständige Wirtschaften im Kirchspiel betrieben, ist bis jetzt noch nicht festzustellen gewesen. — Einer von ihnen könnte in Blumendorf gewirtschaftet haben.

Das Verhältnis der Bedeutung der adeligen Besitzungen des Kirchspiels läßt sich aus den Landregistern erkennen. Im Jahre 1543 hatten Bartholomäus von Ahlefeld zu Fresenburg und Breide Rantzau, Rat zu Rethwisch, je vier berittene Knechte zum Kriegsdienst zu stellen, letzterer außerdem noch drei als Besitzer von Bollingstedt, Jasper Pentz zu Nütschau, Sievert Swin zu Höltenklinken und Joachim Brockdorf zu Tralau aber nur je zwei. Um 1560 hatte sich das Verhältnis nur insofern verschoben, als Breida Rantzau zu Rethwisch und Bollingstedt nunmehr acht Berittene zu stellen hat[2]). In einem zwischen 1573 und 1575 angefertigten Verzeichnisse[3]), in dem die Zahl der Pflüge angegeben ist, die als Grundlage für die Besteuerung diente, sind Bartholomäus von Ahlefeld zu Fresenburg und der Statthalter Hinrich Rantzau zu Nüt-

---

[1]) Auch über diesen Prozeß hat Rud. Brinkmann als Beitrag zur Sittengeschichte der adeligen Klöster einen ausführlichen Bericht geliefert. Jahrb. V 1 ff.
[2]) Neues staatsbürgerliches Magazin III 69 ff.
[3]) Zeitschr. IV 185 ff. Da Bartholomäus von Ahlefeld, der 1575 starb, noch unter den Lebenden genannt wird, kann das Verzeichnis nicht erst im letzten Dezennium des 16. Jahrhunderts entstanden sein, wie die Herausgeber meinen, muß aber nach 1573 angefertigt sein, da in diesem Jahre der Statthalter Heinrich Rantzau Nütschau kaufte.

schau mit je 32 Pflügen angegeben, Rethwisch und Bollingstedt zusammen aber nur mit 34 und Jochim Brockdorf zu Tralau mit 16. Klinken ist in diesem Verzeichnis nicht erwähnt. Während das Verhältnis von Tralau und Fresenburg also dasselbe geblieben ist, hat sich Nütschau im Besitz des Statthalters durch den Ankauf von Sühlen verdoppelt, während die vereinigten Güter Rethwisch und Bollingstedt nach dem Tode Breide Rantzaus zurückgegangen sind. Jasper von Buchwald zu Borstel, der zugleich Jersbek, Stegen und Grabau besaß, steuerte von 90 Pflügen. Es ist schwer zu begreifen, daß er bei diesem Reichtum noch so erbittert für die Erlangung des St.-Jürgenshofes kämpfte.

In diesem Jahrhundert treten unter dem Adel des Kirchspiels zum ersten Male Männer mit höheren geistigen Interessen hervor, der Mennonitenbeschützer Bartholomäus von Ahlefeld und der humanistische Gelehrte Heinrich Rantzau. Die Mehrzahl ihrer Standesgenossen aber scheint sich einem wüsten Leben hingegeben zu haben, wie die zahlreichen Mordtaten in ihren Kreisen dartun, und hauptsächlich darauf bedacht gewesen zu sein, ihre großen Rechte noch zu erweitern und zu mißbrauchen. Die ihnen verliehene Macht, mit der sogar die Entscheidung über Leben und Tod ihrer Untertanen in ihre Hand gelegt worden war, machte manche von ihnen übermütig und zu ungerechten und grausamen Bedrückern der rechtlos gewordenen Bauern, die es nicht wagen konnten, sich ihrem Willen zu widersetzen.

VI. Die Landgemeinden.

Die Dörfer der Heeste. Die Fresenburger Dörfer. Die Nütschauer Dörfer. Tralau. Klinken. Rümpel und Rohlfshagen. Die Lage der Bauern.

Die Latifundienbildung war, soweit allein die Ausdehnung der Besitzungen der Adeligen in Betracht kommt, schon auf ihrer Höhe angelangt. Das Bauernlegen aber, die Verwandlung von Bauernland in Hofland, hatte erst begonnen, nahm nun aber, da sich jetzt die Bauern von den Herren, in deren Hand sie waren, alles mußten gefallen lassen, bald größeren Umfang an.

Von den fünf Dörfern, aus denen sich der Besitz der Heeste zusammensetzte, Lütteken Redewisch, Groten Redewisch, Elerstorp, Wighersrode und Sehmsdorf waren die vier letzteren noch als Dörfer vorhanden. Während aber die Herren von Tralau als Besitzer dieses Gebietes ihren Wohnsitz in Wighersrode aufgeschlagen und sich nach diesem Orte genannt hatten, wohnten die Heeste in Rethwisch und hatten wohl die Gemarkung von Lütteken Redewisch schon ganz oder zum größten Teil ihrem Hoflande einverleibt. Ein Lütteken Redewisch wird wenigstens im 16. Jahrhundert nicht mehr genannt, während Groten Redewisch als Dorf noch weiter besteht. In dem später verschwundenen Dorfe Wirsrade spendeten bei einer Sammlung zum Kirchenbau im Jahre 1603 4 Hufner, 5 Kätner und 4 Insten, in dem später gleichfalls verschwundenen Melsdorp, wie Elersdorf damals genannt wurde, bei derselben Sammlung nur 4 Kätner, bei einer Sammlung zwischen 1615 und 1620 aber 4 Hufner, 6 Kätner und 2 Insten. Die Gemarkung des ehemaligen Dorfes Wendischen=Tralau war im 16. Jahrhundert höchst wahrscheinlich ein unbewohnter Wald. Tralauerholz, Steensrade, Altenweide, Treuholz und Klein=Boden werden in den Kirchenregistern des 16. Jahrhunderts noch nicht erwähnt.

Im Fresenburger Herrschaftsgebiete war das ehemalige Dorf Schrapendorf *(Scrapendorp)*, jetzt ein Wald zwischen Poggensee und Havighorst, ganz verschwunden. Auf seiner Gemarkung stand das hauptsächlich von Mennoniten besiedelte und seitdem auch wieder verschwundene Wüstenfeld (Wöstefeld), dessen Name schon sagt, daß es auf einer Wüstung erbaut wurde. Fresenburg war als Dorf eingegangen und zu einem Gutshofe gemacht worden und vielleicht auch schon Schadehorn. Seefeld und Poggensee aber bestanden noch als Dörfer wie Wolkenwehe, Glinde und Blumendorf, deren Zugehörigkeit in diesem Jahrhundert noch dunkel ist. Die Gutshandwerker von Fresenburg und andere kleinere Leute, insbesondere Flüchtlinge, denen Bartholomäus von Ahlefeld eine Zuflucht gewährte, waren „up de Wökenitz" oder „in de Wökenisse" angesiedelt an der Stelle wohl, wo früher eine Mühle und noch die Armenkate steht. Auch das mit Fresenburg unter demselben Besitzer vereinigte Schulendorf hatte als Dorf aufgehört, führte aber noch seinen alten Namen. Schmachthagen wird in den Kirchenregistern meistens Smachthaue geschrieben, als wenn es nur ein Hof gewesen wäre wie Swinshave. Daß den Schmachthagener Hof von 1626 an ein Balthasar Brockdorf bewirtschaftete, ist bereits erwähnt worden.

Westlich von Oldesloe ist das Dorf Emekenhagen, das wahrscheinlich auf Nütschauer Gebiet lag, verschwunden. Auch Nütschau selbst hörte zur Zeit Heinrich Rantzaus auf, ein Dorf zu sein. Dafür entstand in der westlichen Ecke des Rantzauschen Besitzes das neue Dorf Vinzier. Im Kirchenregister vom Jahre 1591 taucht der Name Dettleffestorp auf, erscheint dann aber nicht wieder. Im Register von 1594 findet sich abermals ein neuer Dorfname „Fyndeweshyr," d. h. „Finden wir uns hier". 1602 und 1606 wird er hochdeutsch Fintunshyr und Fintvnshir geschrieben, und im Jahre 1612 hat er bereits seine jetzige sprachliche Form Fintzier und wird auch 1615 und 1616 so geschrieben. Der dem neuen Dorfe anfänglich gegebene Name Detlefsdorf ist also nicht zur Anerkennung gekommen. Statt dessen haben die Neusiedler einem Namen Geltung verschafft, in dem sie offenbar einer gewissen Unzufriedenheit darüber Ausdruck gaben, von der großen Heerstraße und aus der Nähe des neuen Schlosses weg in eine verborgene Ecke gleichsam versteckt worden zu sein. Der Name Vinzier kommt in Holstein und Mecklenburg noch mehrfach vor. — Das von dem Statthalter Heinrich Rantzau angekaufte Dorf Sühlen war zuletzt königlich gewesen.

Tralau hatte noch mehr Dorfcharakter als jetzt. Bei der Kirchensammlung von 1603 gaben dort 7 Hufner Beiträge, und zwischen 1615 und 1620 zahlten 6 Hufner, 3 Kätner und 1 Inste.

Auch in Klinken gab es im 16. Jahrhundert noch Hufner. Neben ihnen aber bildeten gegen Ende des Jahrhunderts die dortigen Fabrikarbeiter eine ansehnliche Dorfbevölkerung. Die Bauern fühlten sich damals durch ungerechte Fuhrlasten bedrückt, da Frau Barbara Rantzau sie zu Fuhren benutzte und in Verträgen gern die Fuhrlast übernahm, die sie nichts kostete.

Die beiden Dörfer Rümpel und Rohlfshagen sollen nach von Schröder und Biernatzki um 1533 Hofdienste nach Klinken haben leisten müssen. Daß diese beiden Dörfer damals der Familie Swin gehört hätten, ist aber nicht wahrscheinlich. Die Zeit ist wohl irrtümlich angegeben, und es sind die Hofdienste gemeint, zu denen der Amtmann Moritz Rantzau zwischen 1543 und 1578 die Amtsdörfer zwang. Klein-Rümpel ist im 16. Jahrhundert wieder verschwunden und im Hauptdorfe aufgegangen.

Die Lage der Bauern war durch die Verordnung König Friedrichs I. vom Jahre 1524, die den Gutsherren volle Gewalt über sie gab, außerordentlich verschlechtert worden, da sie seitdem der Willkür der Ritterschaft ohne höheren Schutz ausgesetzt waren. Aber nicht nur die unter der Patrimonialgerichtsbarkeit der Gutsherren stehenden Bauern hatten unter dieser Willkür zu leiden. Das über den Amtmann Moritz Rantzau Berichtete zeigte, daß die Bauern der Amtsdörfer unter einem ungerechten Amtmann nicht besser daran waren. Da Todesstrafen und grausame Leibesstrafen nicht nur angedroht, sondern auch ausgeführt wurden, schwebten die Untersassen in beständiger Lebensgefahr. Auch die Vorstände des geistlichen Stiftes machten von ihrem Rechte über Hand und Hals Gebrauch. So wurde z. B. in Pölitz im Jahre 1615 ein Pawell Bruen hingerichtet. Wie sich diese Verhältnisse auf dem Lande zu jener Zeit des allgemeinen Hexenwahns auswirkten, kann erst an Beispielen aus dem nächsten Jahrhundert gezeigt werden.

VII. Der Transithandel.

Der Alster-Beste-Kanal. Die Abnahme des Handelsverkehrs zwischen Hamburg und Lübeck.

Der zur Verbesserung des Handelsweges über Oldesloe schon lange geplante Alster-Beste-Kanal, dessen Bau bereits im Jahre 1448 begonnen worden war, aber damals an der Schwierigkeit der Gelände- und Wasserverhältnisse, vielleicht auch infolge der politischen Wirren nach dem Tode Adolfs VIII. gescheitert war, wurde nach der Thronbesteigung König Friedrichs I. zur Ausführung gebracht. Am 14. März 1525 kam zu Segeberg zwischen dem Könige und den Abgeordneten der Städte Hamburg und Lübeck ein Vertrag zustande, nach dem die beiden Städte die Baukosten zu gleichen Teilen übernahmen, der König aber versprach, die für das Unternehmen erforderlichen Landstrecken auf seine Kosten zu entfreien und herzugeben, außer wo das Land den Städten Lübeck und Hamburg bereits gehöre. Für den Bau des Kanals selbst gab der König 1200 Bäume außer denjenigen, welche auf der Stelle des zu grabenden Kanals stünden, und versprach von seinen Untertanen auf 8 Tage 500 Arbeiter zu stellen. Der Bau wurde dann sofort in Angriff genommen, erlitt aber im Jahre 1526 eine Verzögerung durch ein Inhibitorium, das der Herzog Magnus von Sachsen-Lauenburg beim Reichskammergericht erwirkte, weil er eine Verminderung seiner Zölle durch die Abnahme der Stecknitzfahrt fürchtete. Doch wurde der Einspruch beseitigt und der Kanalbau nun so rasch gefördert, daß Mitte November 1529 Hamburg die ersten auf dem „neuen Graben", wie man den Kanal nannte, von Lübeck ankommenden Schiffe begrüßen konnte. Die größten Schwierigkeiten mußten bei Sülfeld überwunden werden, wo es galt, durch eine sehr hohe Schleuse oder eine Reihe von Schleusen die Schiffe aus einem tiefliegenden von der Beste herkommenden Graben im jetzigen Pastoratsgarten auf das Niveau der das Nienwohlder Moor durchfließenden alten Alster zu heben. Zum regelmäßigen Betriebe einer so großen Schleusenanlage ist in der hochliegenden Gegend von Sülfeld gar nicht genug Wasser vorhanden, so daß die Waren häufig aus einem Besteboot in ein Alsterboot umgeladen werden mußten. Wegen zu hoher Stauungen bei Neritz, wo eine Kastenschleuse angelegt war, entstanden bald Streitigkeiten mit den Anliegern. Sievert Swin auf Klinken suchte durch Anhalten eines Schiffes sein Recht zu wahren, und im Jahre 1545 wurde gar der Schleusenmeister Carsten Schröder von einem Untertanen Jaspers von Buchwald auf Borstel erschlagen. Diese Übelstände sind wohl der Hauptgrund gewesen, daß man die Benutzung des Kanals für den Handelsverkehr zwischen Hamburg und Lübeck schon um die Mitte des 16. Jahrhunderts wieder aufgegeben hat.

Das Raubritterunwesen hatte aufgehört. Dafür wurde nun aber über Diebereien an Kaufmannsgütern zwischen Lübeck und Hamburg geklagt, und im Anfange des 17. Jahrhunderts schien die Sache so schlimm, daß im Jahre 1608 König Christian IV. und Herzog Johann Adolf dem Rate zu Oldesloe befahlen, wegen der vielfach von Fuhrleuten, die Waren zwischen Hamburg und Lübeck befördern, verübten Diebstähle, durch die der Zoll zu Oldesloe und Trittau verkürzt werde, strenge Aufsicht zu führen und jedes Vergehen gebührend zu ahnden[1]). Der Grund für die Verkürzung des Zolles aber lag wohl tiefer. Nicht wegen etwaiger Diebereien verminderte sich der Warenverkehr auf der alten von Oldesloer Fuhrleuten befahrenen Handelsstraße, Diebereien waren auf ihr wohl immer vorgekommen, sondern weil infolge der Entdeckung Amerikas und des Seewegs nach Indien der Welthandel zum Teil andere Wege eingeschlagen hatte und der Ostseehandel seine alte Bedeutung verlor. Die Wirkungen davon traten wohl erst damals empfindlich in die Erscheinung.

---

[1]) In den Jahren 1540 bis 1546 hatte sich der Zoll zu Oldesloe auf 900 Mark, der zu Trittau auf 600 Mark jährlich belaufen, „vnderwilen ock wol mehr effte weiniger." Staatsb. Mag. VI 248.

Das Kriegsjahrhundert.

Vom Anfang des 30jährigen Krieges bis zum Ende des nordischen Krieges in Holstein. 1618—1714.

I. Die Kriegsleiden.

Die Pest 1625. Gründung der Hökertotengilde. Pflichttreue des Totengräbers. Der kaiserliche Krieg. Friede zu Lübeck. Abmarsch der Kaiserlichen. Erlaß Wallensteins. Aufatmen der Erleichterung. Spuren der Verwüstung. Eine Räuberbande. Durchmärsche und Einquartierungen. Bewilligung eines Brückengeldes. Feldlager des Holsteinischen Heeres um Oldesloe. Der schwedische Krieg. Erlasse Torstensons. Brandschatzung durch die Schweden. Einrücken der Kaiserlichen unter Gallas. Plünderung von Oldesloe durch die Schweden. Schilderung der Leiden durch den Magistrat. Auszug aus der St. Jürgensrechnung. Zustand der Stadt nach dem Frieden von Brömsebro. Fortdauer der Einquartierungen nach dem Frieden von Münster und Osnabrück. Bemühungen um Herabsetzung des Matricularansatzes. Erfolg derselben. Dank der Stadt. Verpfändung und Verkauf von Grundstücken. Neuer Schwedenkrieg. Schreiben von Bürgermeister und Rat an den Pfalzgrafen Philipp. Antwort des Pfalzgrafen Philipp. Oldesloe schwedisches Hauptquartier. Der Polackenkrieg. Aushebung für ein stehendes Heer. Bemühungen des Magistrats um Erleichterung. Abermalige Herabsetzung der Pflugzahl. Aufrechterhaltung der Forderung von 24 ausgerüsteten Rekruten. Weiteres Flehen des Magistrats um Erlaß. Anregung anderer Städte zum gemeinschaftlichen Vorgehen. Der Magistrat setzt sein Wehklagen fort. Geringe Erleichterung. Neue Einquartierungen. Tötung eines Reiters durch den Besitzer von Blumendorf. Fortdauer der Einquartierungen. Befestigungsarbeiten bei Oldesloe. Bericht des Feldschers Dietz. Zug nach Ratzeburg. Bericht des Postmeisters Fischer. Oldesloe im nordischen Kriege. Zwei Feldlager bei Oldesloe. Zerstörung zweier Salzbrunnen. Matricularansatz von Oldesloe nur noch 20 Pflüge. Extrakosten. Das Stadtarchiv nach Lübeck gerettet.

Auf ein Jahrhundert des Friedens, in dem Oldesloe, von der kurzen Beunruhigung durch die Grafenfehde im Jahre 1534 und der Ansammlung von Kriegsvolk zur Unterwerfung der Ditmarschen im Jahre 1559 abgesehen, von der Kriegsgeißel verschont geblieben ist, folgte ein mit Kriegen angefülltes Jahrhundert, in dem unsere Stadt die Leiden des Krieges in so hohem Maße zu kosten bekam, daß sie ihrem Untergange nahe gebracht wurde.

In den ersten Jahren des Dreißigjährigen Krieges bekam Oldesloe nur die Fernwirkungen des Krieges, Teuerung und Pestilenz, zu spüren. Die Pest hielt im Jahre 1625 ihren Einzug in die Stadt, und das Sterben wurde so groß, daß die bisherigen Begräbniseinrichtungen versagten. Die Hökerzunft gründete deshalb am Himmelfahrtstage 1625 die noch bestehende Hökertotengilde, in deren Gründungsurkunde es heißt: „Weill Gott der Allmechtiger, der mit vnsern mannigfaltigen großen Sünden, sicherlich geführten Leben vnd gottlosen wesen so seher beleidiget und erzürnet, das diß landt nicht allein (Seine göttliche Barmhertzigkeit wolle es aus Väterliche liebe vnd gnaden auff seinen gottlichen beheglichen Willen endern) mit den Vhralten auff erzeigtem bößen leben angedrewten dreyen Hauptplagen, Nemblich Krieg, Teure Zeytt und Pestilentz heimbgesucht, sondern auch dieß Stettlein Vornemblich mit der abschewlichen seuche vnd scharffen Ruhete der pestilentz belegt vnd gestraffet, Weßfals dan das schregken Jedermenniglich so ghar angegangen, das der auff gottswillen mit solcher abschewlicher seuche begifftiget wird vnd dahin feltt, Keimandt auß Christlicher *Condolentz* der bestettigung zur erden sich angelegen sein laßen wolle, sondern vielmehr große abschew dafür tragen thuet, damit aber die Christliche liebe nicht gantz erkalten, sondern gleichwoll die behülffliche handt in diesem nötigen wergke einem Nachbarn bei dem andern geleistet vnd *praestirt*, Auch Gotts Zohrn auß solche erzeigende Unbarmhertzigkeit nicht weiter verursachet werden konte, Alß haben die sembtlichen Höckere und gildebrüdere sich vereiniget, verschrieben, *coniurirt* vnd verknüpffet dahin vnd dieser Gestalt, das, so ferne Gott der Allmechtiger seinen Vnerforschlichen raeth und willen einen ihres Mittelß an Manßpersohn, Imgleichen eines Jeden haußfrauwe, eines Jeden Kindt vnd Dienstgesinde in oder außerhalb dieser schwachen Zeitt durch den Zeitlichen tott abfürdern würde, das alsdan, da es ein alt leiche ist, achte persohnen, ein Mittelmeßig, vieher vnd ein Kleines, 2 personen zu grabe dragen, solch leiche auch in dem sterbhauße aufnehmen vnd Ihr Ambt des Dragents biß an die Kuhle verrichten vnd selbiges zuscharren helffen sollen." Der Totengräber hat nicht zu denen gehört, die bei den Bestattungen zur Erde versagt haben, und bekam deshalb, als das große Sterben nachgelassen hatte, von der Kirche eine Gratifikation. Im Kirchenregister findet sich der Eintrag: „Dat sick de Kulengreuer der Nohtorfftigen in der Peste hefft angenahmen, gegeben 1 Vaden Holts, kostet 2 Mark 8 Schilling."

Bald sollten aber die Oldesloer auch weitere Schrecken des Krieges kennen lernen. Nachdem König Christian IV. von Dänemark die Heere Tillys und Wallensteins zwei Jahre lang in Niedersachsen und Schlesien bekämpft hatte, beschloß Wallenstein, ihn in seinem eigenen Lande heimzusuchen. Unter seiner und Tillys Führung brach das kaiserliche Heer Anfang September 1627 in Holstein ein und besetzte in kurzer Zeit ganz Holstein, Schleswig und Jütland. Oldesloe war als Grenzstadt der Überschwemmung durch die Feinde zuerst ausgesetzt. Beim Herannahen der kaiserlichen Kriegsvölker flohen Bürgermeister und Rat mit fast der gesamten Bürgerschaft aus der Stadt und brachten sich in Sicherheit. Es blieb nur eine Anzahl Bürger zurück, um an den Toren der leeren Stadt Wache zu halten. Das machte sich Gesindel vom Lande zunutze, drang in die Stadt ein, durchsuchte, um zu mausen, die leeren Bürgerhäuser, soff sich darin voll und fing dann Händel mit der Wache an. Bei der Gelegenheit wurde ein Mann aus

Schlamersdorf namens Paul Neudorf von dem Oldesloer Bürgersohne Henrich Vollers am Mühlengrabentore tödlich verwundet[1]). Kurz danach zogen die Kroaten — Crabahten nennen sie Bürgermeister und Rat in einem späteren Bericht — in die Stadt ein. Zwei Jahre lang blieb nun Oldesloe in der Gewalt der Kaiserlichen und hatte während dieser Zeit viel zu leiden, wie aus folgender Bemerkung zu der St. Jürgens=Rechnung von 1630 zu ersehen ist: „Hierbey ist anfänglich zu wissen, daß Anno 1628, 1629 wegen des leidigen Kriegeswesens von den Kayserlichen Völkern Feindseligerweise *occupiret* vundt in *possession* erhalten wordenn, dahero viel vundt mannigerley Durchzüge, Einquartierungen, *exactiones* oder Schatzungen vundt Andere beschwehrungen bey diesem Städtlein Alttenschlo alß einem Frontierplatze *continue* vorgelauffen vundt fast Niemandt sein bleiben haben können, weder bey der Häur= noch Rentegeldern nichts hat können erhoben vundt eingenommen werden."

Nach dem Friedensschluß zu Lübeck im Jahre 1629 zogen die Kaiserlichen wieder ab, und Wallenstein drang darauf, daß der Abmarsch mit möglichst geringer Belästigung der Einwohner erfolgen sollte. Aus einem sich im hiesigen Stadtarchiv befindenden aus Güstrow datierten Erlaß vom 22. Juni 1629, in dem er den seinen Befehl übertretenden Offizieren und Mannschaften zu Roß und zu Fuß schwere Strafen androht, ersehen wir aber, daß die gequälte Bevölkerung doch noch viel durch die „*insolentien*" und „*exactionen*" der Truppen zu leiden hatte. Der Erlaß beginnt: „Wir Albrecht von Gottesgnaden Hertzog zue Friedtlandt vndt Sagan, Röm. Kay. May. *General* Obrister Feldthauptmann wie auch des Oceanischen vundt Baltischen Meeres *General* Geben allen vndt jeden, hohen vndt niedern, bevorauß denen an jetzt auß Wensüßell, Jüttlandt, Schleßwig vnd Holstein *marchirenden* theils noch stilliegenden Kayß. *Officiren* Wie auch denen samtlichen Kriegsvolk zu Roß vndt Fues hiermit zu vernemmen, das wir in glaubwürdige erfahrung gebracht, das bey theilß Regimenter vndt *Compagnien* die Offizier sich vnterstehen bey ihrem Auffbruch vndt in wehrender Marsch denen Unterthanen starck [zuzu]setzen, allerley *insolentien* zu ueruiben vndt mit [Hintan]setzung des gebüerenden *respects* vndt geho[rsams] des dießfals bescheenen Verbotts, dieselben mi[t vnuer]andtwortlichen *exactionen* zue betreiben" usw.[2])

Als die Truppen dann endlich abgezogen waren, ging ein Aufatmen der Erleichterung durch die Bevölkerung, das sogar in einer Eintragung der St. Jürgens=Rechnung seinen Ausdruck findet, welche lautet: „*Anno* 1630 auff Ostern hat Jochim Hallenschleger die betagte Hoffhäure St. Georgens Meyerhoffes von Ostern *Ao* 1629, da der liebe

---

[1]) Dem nach Stockholm entwichenen Vollers wurde im Jahre 1654 auf Antrag seiner Brüder und seines Schwagers vom Magistrat freies Geleit für seine Rückkehr zugesichert.

[2]) Das Schriftstück ist in der Mitte etwas verletzt, doch kann das Fehlende leicht ergänzt werden.

gewünschete Friede wieder getroffen worden vund die Kayserlichen Völker diese Lande Quitiret, entrichtet."

Aber der Lübecker Friede war nur ein Teilfriede. Der große Krieg war darum noch lange nicht zu Ende. Die Spuren der Verwüstung dieser ersten feindlichen Besetzung waren nicht so bald getilgt. So heißt es z. B. in der St. Jürgens-Rechnung von 1631: „Diß Jahr ist das Siechenhauß vnbesetzet geblieben vnd hat wüste gestanden, dahero auf die Armen keine *praebenden* Spendiret worden," und vom nächsten Jahre: „In diesem 1632. Jahre haben wegen deß Siechenhauses *ruin* noch keine Armen konnen vnterhalten werden, deßwegen auch keine Pfründen *erogiret* werden dörffen." Erst in der Rechnung von 1633 ist zu lesen: „In diesem 1633ten Jahre ist daß Siechenhauß wiederumb reparieret und folgendts mit Armen besetzet worden."

Von den abgezogenen Regimentern waren einzelne Soldaten im Lande zurückgeblieben und machten als Straßenräuber die Gegend zwischen Hamburg und Lübeck unsicher. Von einer siebenköpfigen Bande, deren Spezialität das Überfallen von Reisekutschen und Frachtwagen war, wurden zwei Genossen gefangen und in Oldesloe vors Gericht gebracht, Hans Klitsing aus Königsberg in Preußen, seines Handwerks ein Bäcker, nunmehr aber ins elfte Jahr ein Soldat, und Hans Alves, seines Handwerks ein Schuster aus Beverungen bei Höxter an der Weser. Nach dem noch vorhandenen Protokoll ihrer Vernehmung (Urgicht oder peinliche Aussage Hans Klitsing und Hans Alves *Anno* 1630, den 25. Oktober) begingen sie u. a. Überfälle auf der Hamburger Straße bei Klinken, in der Nähe von Tremsbüttel, bei Hoisbüttel, bei dem Saselbeke, bei Schöneberg, bei Mölln und beim Zollenspieker. Die Insassen der Kutschen und die Begleiter der Wagen wurden in der Regel totgeschossen oder erschlagen und die Beute bei Hehlern zu Geld gemacht, das sie sich teilten. Bemerkenswert ist ihr Anschlag auf eine Kutsche des Herzogs von Sachsen, der sie selb fünfte in der Heide bei Mölln auflauerten. In ihr fanden sie eine Lade mit Briefen und Silbergeschirr, 2 Zobelpelze und 55 Reichstaler bares Geld. Das Silbergeschirr, die Briefe und die Pelzmäntel brachten sie zu einem Altonaer Juden namens Jacob, der ihnen auf den Kopf 13 Reichstaler dafür gab. Die falschen Pässe, welche sie bei sich führten, hatte ihnen einer ihrer Spießgesellen namens Leviner geschrieben. Juden betätigten sich nicht nur als Hehler, sondern auch als Organisatoren von Räuberbanden.

Die feindlichen Truppen waren abgezogen. Dafür aber hatte Oldesloe nun an den Durchmärschen und Einquartierungen der eigenen Truppen, die an der Südgrenze des Landes zu dessen Verteidigung angesammelt wurden, noch Jahre lang mehr als andere Städte des Landes zu leiden. So wurde z. B. im Jahre 1637 der Rittmeister Brockdorf auf Anordnung des herzoglichen Amtmannes Hans von Bülow auf Tremsbüttel nach Oldesloe in Quartier gelegt, um die im Steinhorstschen stehenden kursächsischen und brandenburgischen Truppen zu beobachten. Dazu kam, daß die Wiederherstellung der verwüsteten Häuser und stark mitgenommenen Brücken andauernd große Summen erforderten, die um so schwerer zu beschaffen waren, als Handel und Wandel ruhten und die Bürger durch die in ihren warmen Stuben liegenden Soldaten am Betriebe ihres Handwerks gehindert wurden. Und nun sollten sie Kontributionen und allerlei Lieferungen für das Heer nach dem Matricularansatz von 100 Pflügen aufbringen, der den Verhältnissen von Oldesloe in früheren Zeiten eines blühenden Zustandes entsprochen hatte, jetzt aber für das durch den Krieg verarmte und heruntergekommene Städtchen viel zu hoch war. Bürgermeister und Rat wandten sich deshalb an den König und die königlichen Behörden mit der Bitte, die in der Landesmatrikel angesetzte Pflugzahl auf 60 oder 70 herabzusetzen, und ihre „erbärmlichen" Klagen über das Elend und die Verarmung der Stadt machten denn auch Eindruck. Auf königlichen Befehl erlaubte am 30. Mai 1638 der Segeberger Amtmann Casper von Buchwald der Stadt, wegen der ausgestandenen schweren Einquartierungen auf ein Jahr zur Unterhaltung der Brücken von den über dieselben fahrenden Last= und Frachtwagen je 2 Schilling lübsch einzufordern. Ehe es aber zu weiteren Erleichterungen kam, hatte die Stadt noch viele neue Lasten zu tragen.

Im Juli 1638 wurde das zur Verteidigung des Landes aufgestellte holsteinische Heer in einem großen Feldlager um Oldesloe herum versammelt und blieb hier 18 Wochen. Vom Gildekamp, dem heutigen Pferdemarkt, zog sich das Lager über Vollers Koppel an der jetzigen Lübecker Straße nach der dem Pastor zuständigen Ahntkule, von dort über die Koppeln in der jetzigen Bahnhofsgegend nach Soltenrien und dem Sülzberg, dann über die Koppeln an der Saline nach dem kleinen Berge bei der Övelgönne und dem Bramberge, an dem sich jetzt die Lorentzenstraße hinzieht, und von da nach dem Gänsekamp, um mit der Bürgermeisterkoppel, dem heutigen Bürgerpark, den Ring zu schließen. Die der Ernte entgegenreifenden Saaten wurden zertreten oder abgemäht und abgeweidet, und auch an Gebäuden wurde wieder großer Schaden angerichtet. Auf der königlichen Saline z. B. wurde nach dem von einigen Bürgern darüber aufgestellten Bericht alles Holzwerk an Dächern, Giebeln, Fenstern, Paneelen und Fußböden ruiniert und zerbrochen, das die Saline umhegende Plankenwerk mit Pfählen, Pforten und Türen abgebrochen und weggenommen, im Siedehause Dach, Wände und Fenster zertrümmert, alles Retschof abgerissen und verbrannt und Kufen, Tonnen und Salzkörbe mitgenommen, das Gebäude über dem Salzbrunnen niedergerissen und der Brunnen ganz verunreinigt. Wenn das während eines kurzen Sommerlagers von den eigenen Landeskindern geschah, kann man sich denken, wie die Feinde während einer mehrjährigen Besetzung hier gehaust haben. Die durch das Lager verursachten Schäden sollten vom Staate vergütet werden. Die von den Bürgern aufgestellten Schadenrechnungen befinden sich bei den Akten. Ob sie aber auch in der verlangten Höhe bezahlt worden sind, ist nicht zu ersehen.

Ehe sich die Oldesloer von den bisherigen Schädigungen hatten erholen können, wurden sie von einem neuen feindlichen Einfall heimgesucht. Der auf die Kriegserfolge der Schweden eifersüchtige König

Christian IV. brachte es fertig, beide sich in Deutschland bekämpfenden Parteien als Feinde ins Land zu ziehen, nach den Kaiserlichen auch die Schweden. Am 12. Dezember 1643 rückten die Schweden unter General Torstenson in Oldesloe ein. Von seinem Hauptquartier Rümpel aus ordnete der General an diesem Tage an, daß die beiden Reiterregimenter des Generalmajors Winterberg und des Obristen Johann Witkopf ihr Standquartier in Oldesloe, Plön, Ahrensbök und Reinfeld haben und aus diesen Orten sowohl die Rekruten wie die Verpflegung zu erhalten haben sollten. Durch einen Befehl aus dem Hauptquartier Kiel vom 17. Dezember fügte er noch die Orte des Bistums Eutin hinzu, und am 16. Januar 1644 befahl er vom Hauptquartier Hadersleben aus der Stadt Oldesloe zur Ausbesserung der Artillerie — *Attegleria* wird sie in dem Schreiben genannt — die Lieferung von zwei Lafetten zu den leichten 12pfündigen Stücken und Schlangen, 200 Stück Siele, gefütterte Bruststücke, Bugriemen und Bauchgurten, 200 Paar Wagensträngen, 5000 Klafter Bindeleinen zum Feuerwerk und 10 000 Zwecken. Die Sachen wären binnen vier Wochen zu verfertigen und an die Hand zu liefern[1]).

Nach dem Einrücken der schwedischen Truppen wurde der verarmten Stadt vom Obristen Wittkopf sofort eine schwere Brandschatzung von 9000 Reichstaler auferlegt, „davon die armen Bürger durch ihre nach Lübeck verkaufften *mobilien* 1000 Rthlr. herbeygeschafft, die übrigen 8000 Rthlr. aber gegen überauß schwehre bürgerliche *Caution* von gutherzigen Leutten daselbst zinßbahr aufgenommen worden ... Waß aber Nachgehents für mannigfaltige *Contributiones* so Monatlich, so Wöchentlich undt sonsten *extraordinarie* darauff erfolget, zumahlen die In- und Außmarche der Kriegenden Parteyen diese Stadt als einen *Frontier-Paß* (in waß Angst, Noth, Trübsahl, Elendt undt Beschwehrung der Armen Bürger ist allein dem Allwissenden Gott bekandt) vor allen anderen Städten jeder Zeit betroffen."

Nach den Schweden rückten die Kaiserlichen, die damaligen Verbündeten des Dänenkönigs, unter dem Grafen Gallas in Holstein ein und lagerten zehn Tage bei Oldesloe, „bey welcher zehntägigen *Campirung* alles Getreide auff dem Felde, in den Häusern, auch waß an Viehe und sonsten etwan noch übrig gewesen und nicht *salviret* werden können, vollents darauff gangen." Nach ihrem Abmarsch ließ die kaiserliche Armee nur eine geringe Besatzung in Oldesloe zurück. Die schwedischen Besatzungen der Schlösser Segeberg und Trittau überfielen sie sofort und plünderten dabei die Stadt Oldesloe gänzlich aus. Als die kaiserliche und die schwedische Armee dann im August 1644 aus Holstein wieder zurückmarschierten und 24 Stunden um Oldesloe, westlich der Trave die Schweden, östlich die Österreicher, gegeneinander im Felde standen und sich beschossen, flohen alle Einwohner, da niemand in der Stadt in Sicherheit war. Auch nach ihrer Rückkehr in die verwüstete Stadt waren ihre Leiden noch nicht zu Ende. Die Regi-

---

[1]) Alle drei Erlasse Torstensons befinden sich im Oldesloer Stadtarchiv, der erste in beglaubigter Abschrift, die anderen im Original.

menter des schwedischen Generals Wrangel wurden zur Blockade von Rendsburg „*retromandiret* . . .", welche Zeit über die *hinc inde* ab- undt zu *marchir*enden Trupen jedesmahl wie zuvor biß zu dem letzen Abzug ungeachtet der schwehren Monatlichen *Contribution* an den Obristen Wancken nach Trittow mit den abgenötigten *proviant*mitteln versehen werden müssen, undter welchen allen dem Obristen Bülow undt seinem Regiment nur bei einem Nachtlager die allergrößeste Beschwehrung undt *jnsolentien* nicht unbillig nachzuschreiben. Was der Bürgerschaft für unsäglicher Nachteil undt Schade zugefüget worden, Solches alles kann undt mag mit der Feder nicht erreichet noch der Gebühr nach außgeführet werden". So schreiben Bürgermeister und Rat später an den König.

Sehen wir, wie sich der schwedische Einfall in der St. Jürgensrechnung darstellt, da sich daraus auf das Schicksal der ganzen Stadt schließen läßt:

„*Anno* 1643 Alß die Schwedischen Völcker kurtz vor Weihnachten in Holstein Feindtseliger weise eingefallen, seint zur *Conservirung* der St. Jürgen-Gebewte undt Hoffes zu den Brandtschatz Geldern von der Stadt Lauth *Document* abgefordert undt außgezahlt worden 40 Rthlr. = 120 Mark.

Anno 1644 den St. Jürgens Armen, alß sie nach geschehener Plünderung der Stadt Oldenschloe sich neben der Bürgerschaft nach Lübeck *salvieren* müssen, daselbst 2 Scheffel Roggen gekauft, dafür zahlt 2 Mark 12 Schilling.

Noch etliche mahl an Gelde ihnen vorgestrecket 3 Mark 15 Schilling.

Noch dem Herrn Capellan Davidt Köpken zu Lübeck im *Exilio* vorgestrecket 3 Mark.

Anno 1645. Bey noch wehrendem Kriegswesen den Armen zu erkauffung ihrer Notthurfft in Lübeck vorgestrecket 6 Mark.

Den 16. Juny ihnen daselbst noch 2 Scheffel Roggen gekaufft und dafür bezahlet 2 Mark 14 Schilling.

Item dahmals einen Breitten Grünen Kese für Sie eingekaufft, so gewogen 32 Pfd. Dafür a 1 Schilling 6 Pfg. bezahlt = 3 Mark.

Nach dem Bohte zu tragen geben 2 Schilling.

Noch ihnen damahls an Gelde gethan 3 Mark 3 Schilling.

Den 26. 7bris den Armen noch an Gelde vorgestrecket 1 Mark.

Den 20. *Novembris* Nachdem die Schwedischen daß Landt quitiret gehabt, Heinrich Schneemann undt Wollgast die Fensterpöste und Thüren der Stuben im Siechenhause wieder zu machen Beiderseits gegeben 1 Mark 3 Schilling.

Jacob Schindeler, dem Pötger, den Kachelofen im Siechenhause wieder auszubessern 1 Mark.

Biß auff den 7. *Martij Ao* 1646, weill der Meyerhoff Ledig gestanden undt der Häusling nichtes einbringen können bezahlet lauth der Rechnung 29 Mark 2 Schilling."

Die hier angeführten Ausgaben für Tischler und Töpfer dienten nur zur notdürftigen Wiederbewohnbarmachung des Siechenhauses.

Es folgen lange Rechnungen über den vollständigen Wiederaufbau von Meierhof, Siechenhaus und Kapelle, die von den Schweden und den ihnen folgenden Kaiserlichen „alß die Kayserliche und Schwedische armeen In undt umb Oldenschloe *campiret* undt gestanden", ganz zerstört worden waren. Zur teilweisen Bestreitung der Baukosten mußte das St. Jürgensstift eine Anleihe von 400 Mark machen.

Als infolge des Friedensschlusses von Brömsebro zwischen Schweden und Dänemark die Schweden wie die Kaiserlichen das Land wieder verlassen hatten, war Oldesloe wenig mehr als ein Trümmerhaufe. „Über 80 der größesten und besten Häuser, worunter auch das Rathauß, waren eingerissen, *diruiret* undt *gantz inhabitabel* gemacht worden dergestalt, daß dieselben bey Menschengedencken schwehrlich *reedificiret* undt zu vorigem stande wieder gelangen können." 70 Häuser blieben leer und zugeschlossen stehen, viele davon verfielen ganz und wurden auf Abbruch verkauft.

Nach dem allgemeinen Friedensschlusse, der endlich im Jahre 1648 zu Münster und Osnabrück zustande gekommen war, kehrte in Oldesloe der Friede noch lange nicht ein. Martin Rasche, königlich „dänemärkischer" Agent in Hamburg schrieb an Bürgermeister und Rat von Oldesloe am 7. Januar 1649: „Denenselben wünsche ich zwar ein glückseehliges Friedensreiches neues Jahr *communicire* aber denenselben hiemit dienstwohlmeintlich, daß es mit den Teutschen Frieden noch *dilatorisch* aussiehet vndt inmittelß die Schwedischen *Armeen* in die 7 Reichskreyse sich verteilen . . . der Soldat aber zumahl unter General Königsmark, so die gerühmbte Hollsteinische *quartier* noch nicht genoßen, derselben heißhunger begierig ist." Bei der Zuweisung der für die Städte Oldesloe und Segeberg bestimmten schwedischen Truppen mahnte der König Friedrich III. durch Erlaß vom 15. Januar 1649, nicht wieder vor ihnen zu fliehen. „Befehlen Euch Bürgermeister und Raht aber hiemit gnedigsten Ernstes vnd wollen, daß Ihr hir Euch bei ewren Heußern vnaußgesetzet verbleibet vnd an keine frembde Ohrte begebet, auch Ewre Bürgerschaft allesambt dazu anhaltet, So lieb Euch sampt vnd sonderß sein wirt, den Verlust aller ewer Güter vnd vnßere höchste Ungnade zu vermeiden." Die herzuschießenden Auslagen für die schwedische Einquartierung sollen *ex communi* erstattet oder bei künftigen Leistungen für den Staat angerechnet werden. Im Jahre 1650 hatte die Stadt für die Verpflegung der Kompanien des Obristen Rauchhaupt und andere schwedische Einquartierung vom Staate noch die Summe von 2613 Reichtaler und 38 Schilling zu fordern.

Den nun ganz verarmten Oldesloern war es bei den Kosten, die sie für die Herstellung ihrer Häuser, die Wiedereinrichtung ihrer gewerblichen Betriebe und die Beschaffung des nötigen Viehes für die Wiederaufnahme der Landwirtschaft neben den Zinsen für die während des Krieges gemachten Anleihen aufzubringen hatten, unmöglich, auch die noch immer mehr anschwellenden öffentlichen Lasten nach dem bisherigen Matricularansatz von 100 Pflügen zu tragen. Und doch wurde das noch im Jahre 1648 von ihnen verlangt, als durch königliches Mandat vom 10. Februar 1648 die Stadt aufgefordert wurde, den König durch ein Donativ von 3 Reichstaler von jedem Pfluge zu unterstützen, und im nächsten Jahre, als ein allgemeines Aufgebot an die Städte erging, von je 4 Pflügen einen mit Wehr und Waffen ausgerüsteten Mann zur Besatzung der Festung Glückstadt zu stellen. Die Bitten um Milderung dieser Lasten hatten zunächst keinen Erfolg. Da wandten sich Bürgermeister und Rat in ihrer Not an die in Rethwisch residierende Herzogin Eleonore mit der Bitte, sie möge wegen der „gefährlichen drancksaligen Beschaffenheit" der Stadt ein gutes Wort für dieselbe bei dem Könige und der Königin einlegen, wandte sich ferner mit der Bitte um Unterstützung ihrer Sache an den königlichen geheimen Rat und Kammer=Secretarius Theodor Lenten unter der Zusicherung, „solche mühewaltungh mit schuldiger Dankbarkeit zu erkennen," und schickten ihre Kollegen Hermann Westphal und Hans Halbeke nach Kopenhagen, um dem Könige selbst die bedrängte Lage der Stadt vorzutragen. Das half. Der Stadt wurde nicht nur die Erhebung des bisher von jedem Frachtwagen erhobenen Brückengeldes zur Unterhaltung der Brücken weiter gestattet, sondern es wurde ihr auch durch den Statthalter Grafen Christian Rantzau am 10. November 1651 angekündigt, daß bei Revision der Landesmatrikel die Stadt von 100 auf 60 Pflüge gesetzt werden solle. Der Freude über diese frohe Botschaft und der Dankbarkeit gegen die Überbringer gaben Bürgermeister und Rat dadurch Ausdruck, daß sie am 21. November dem Herrn Grafen ein „geringes Essen Schmerlinge" schickten „mit unterthäniger demütiger Bitte, selbige, weil wegen deß hohen Gewässers keine mehr zu erlangen gewesen, in Gnaden anzunehmen." Zugleich übersandten sie dem Kammer*secretario* Lenten „ein geringes Honorarium."

Aber die Lage der Stadt blieb immer noch sehr schwierig. Da es mit der Zinszahlung haperte, verpfändete sie im Jahre 1653 den Lübecker Gläubigern für das geliehene Kapital von 1000 Reichstaler den Neuen Schwarzen Damm und die Braschenfuhlskoppel. Im Jahre 1654 veräußerten Bürgermeister und Rat sogar ebenfalls an Lübecker Geldgeber zwei Drittel der zum St. Jürgenshof gehörigen Koppel Hohenkamp, 24 Scheffel Hafersaat von 36.

Doch Oldesloe sollte nicht zur Erholung kommen. Als im Jahre 1656 König Karl X. von Schweden in einen Krieg mit Polen verwickelt war, hielt der Dänenkönig Friedrich III. die Zeit für gekommen, die Verluste des Friedens von Brömsebro durch einen glücklichen Krieg wieder einzubringen, und fiel im Juli 1657 in die schwedischen Lande ein. Auf die Nachricht davon ließ Karl X. seine polnischen Unternehmungen im Stich, zog in Eilmärschen herbei und unterwarf im August 1657 in wenigen Wochen ganz Holstein, Schleswig und Jütland. Oldesloe hatte wieder in erster Linie unter dem feindlichen Einfall zu leiden. „Darauff weiter erfolget, daß der hefftige kalte Winter von 57 auf 58 einfiel, vndt weil die Schwedische feintliche Wachten auf 3 bis 4 Posten des Nachts auff offentlicher Gassen halten müssen vndt aber kein Holtz herbey geschaffet, wurden die ledigen vndt vnbewohnten Heuser erbärmlich *ruiniret*, zerbrochen vndt gar liederlich ver=

brandt." Oldesloe blieb auch von Schweden besetzt, als sich König Friedrich III. nach dem Übergange der Schweden nach Fünen und Seeland im Februar 1658 zu dem Frieden von Roeskilde genötigt sah. Die Lasten, die Oldesloe in der kurzen Friedenszeit, die nach diesem Friedensschluß folgte, zu tragen hatte, waren so groß, daß sich Bürgermeister und Rat mit der Bitte um Erleichterung an den schwedischen General Philipp von Pfalz-Sulzbach wandten. Da der Briefwechsel uns genaue Kunde von dem damaligen Zustande der Stadt gibt, mögen die beiden im hiesigen Archiv vorhandenen Stücke desselben hier unverkürzt abgedruckt werden:

„Dem Durchlauchtigen, Hochgeborenen Fürsten vndt Herrn Philip, Pfalzgraff bei Rhein, in Beyern, zu Gülich, Cleve vndt Berg Herzog, Graff zu Velden, Sponheimb, der Marck, Ravenßburg vndt Mörß, Herr zu Rauhenstein p., der Königl. Maytt. zu Schweden *General Leuttenant* von der Cauallerey, auch Obrister dero Leib Regiment zu Roß.

Durchlauchtiger, Hochgeborener Fürst,
Gnädigster Herr!

Daß Ew. Fürstl. Gnaden wir zu diesem mahl Vnterthänigst *supplicando* behelligen müßen, Solcheß erfordert die eußerste vnvmbgängliche not. Dann wie woll der Herr Obrister Leuttenandt Weydenbach vnß berichtet, daß auf Ew. Fürstl. Gnaden Order er mit seiner *Squadron* Dragoner bey vnß in vnserm Städtlein noch etzliche Zeitt *substitiren* vndt verpfleget werden solle, So will jedoch darneben verlautten, daß auch der Herr Oberst von der Ost zu gleichmeßigem Intent mit mehr Reuterey seineß Regiments herein rücken vndt bey vnß quartier nehmen würde, gestalt dann eine Parthey derselben, so vorgestern angelanget, daß Quartier allbereit bey Vnß bezogen vndt sich die halbe Stadt zutheilen laßen. Aldieweil aber, gnedigster Fürst und Herr, dieser äußerst erschöpfeten vndt *depauperirten* wenigen Bürgerschaft vnmöglich fallen wil, eine solche schwere vndt vnerträgliche Last der *Hospitation* vndt Verpflegung außzustehen, zumahl eß mit vnserm armen Städtlein leider nunmehro zu solchen *extremiteten* gekommen vndt, wie der leidige augenschein *contestiret*, deromaßen zugerichtet ist, daß eß einen Stein erbarmen vndt seines gleichen im Lande nicht woll wird zu finden seyn, zumahl über 40 Häuser herunter gerißen, verwüstet vndt gantz *inhabitabel* gemacht worden, also, daß über 90 Häuser nicht wol mehr übrig vndt zu befinden seyn, worauß dan Ew. Fürstl. Gnaden die obangezogene Vnuermögenheit, eine so starke einlogierung vndt Verpflegung lenger zu *sustiniren*, gnedigst vermerken werden, zu geschweigen, welcher gestalt die arme vndt geringe Bürgerschafft schon zuvor mit so mannigfaltigen Einquartirungen, Durchzügen vndt nachtlagern, Inhalts vnserer schon vorhin bey Ew. Fürstl. Gnaden eingebrachten beschwerungß Puncten, *graviret* worden.

Diesem nach gelanget hiermit an Ew. Fürstl. Gnaden vnser ander mahligeß vnderthänigst demütiges vndt vmb Gotteß willen höchstflehentlicheß *Suppliciren* vndt bitten, Ew. Fürstl. Gnaden in erwegung vnserß jetzigen elenden vndt erbärmlichen Zustandeß gnädigst geruhen wollen, nachzugeben, daß wir ohne deß H. Obristen Leuttenants Weidenbachs *Squadron,* wen etwa dieselbe bey vnß bestehen bleiben solte, vnd es nicht zu endern, dagegen mit den vbrigen vndt mehreren Völckern vbersehen vndt verschonet werden mögen, damit also die Bürger dabey einiger linderung empfinden vndt die last desto beßer ertragen können.

Solches vmb Ew. Fürstl. Gnaden vnterthänigst zu verdienen seint wir willigst bereit, vndt der gütige vndt miltreiche Gott wirt es Deroselben hinwieder vmb reichlich vergelten.

Datum Oldeschlo Ew. Fürstl. Gnaden
d. 2. Aprilis Ao 1658. vnterthänige, demühtige vndt
bereitwillige Bürgermeister vndt
Raht des Städtleins Oldenschlo."

„Von Gottes Gnaden PHILIPPS Pfaltzgraff bey Rhein, in Beyern, zu Gülich, Cleve vd Berg Hertzog, Graff zu Veldentz, Sponheim, der Marckh, Ravensburg vnd Moerß, Herr zu Ravenstein p. der Königl. Mayst. zu *Schweden* bestellter *General* über die *Cavallerie* vd Obrister dero *Leibregiments* zu Roß.

Demnach Wir mit vielen Vmbständen berichtet worden, in was elendem vnd kläglichem Zustandt bey bißherigen Kriegs*troublen* das Städtlein Oldenßlohe durch die Tägliche Durchzüge, Nachtlager vnd Einquartierung, auch die abgestattete Brandschatz vd Monathliche Verpflegungs Gelder eingeführet vd gesetzet worden, auch noch bis *dato* die Einwohner daselbsten von denen dahin Verwiesenen vd *logirten Regimentern,* denen doch solches Städtlein bloß alleinig zum Standtquartier angewiesen worden, über die bereits abgestattete *Ordinarj Contribution* mit wochentlicher vd Monathlicher Geld*pressur* zu 6. 8. 10. vnd 12 Rttler beschatzet vnd sonsten mit Darreichung Speises vd Tranckes zu ihrem bevorstehenden *ruin* nicht wenig beschweret worden, Alß werden die daselbsthin Verwiesenen vd Einlogirte *Commendirende Officierer* Crafft dieses wohlgemeint erinnert vd ernstlich befehliget, weil Ihnen gedachtes Stättlein Oldenßlohe allein zum Standquartier gegeben worden, sich von *dato* an hinfüro solcher vngeziehmenden *exactionen* vnter was *praetext* es geschehen mögte, allerdings zu enthalten vd sich mit demjenigen, was zu ihrem Unterhalt von dem Land *assigniret,* beschlagen vd befrieden: wiedrigen falß aber gewärttig sein, da noch fernerhin Sie damit auf solche weiße verfahren würden, daß von Ihnen die Verantwortung dessen ohnfehlbarlich gefordert werde. Wonach dieselbe sich zu richten vd vor ihrem Vngemach zu hüten wissen werden.

Signatum Hamburg d. 7/17 aprils 1658.
Philipps Pfalzgraff."
L. S.[1])

---

[1]) Das gut erhaltene Siegel zeigt das große pfälzische Wappen mit der Umschrift: PHILIPPVS : D : G : COM : PAL : RHEN : DVX : BAVA . I . C . M : COM : V . S . M . R . E . M . D . I . R.

Ob infolge dieses Befehls der armen Stadt wirklich Erleichterung zuteil geworden ist, darüber schweigt die Geschichte. Auf keinen Fall scheint die Einquartierung vermindert, sondern eher vermehrt worden zu sein. Im Juli 1658 war Oldesloe das schwedische Hauptquartier und hatte nicht nur den Pfalzgrafen Philipp, sondern auch den Schwedenkönig Karl Gustav selbst mit seinem Hofstaate zu beherbergen[1]). Am 20. Juli 1658 brach der König von Oldesloe auf und begab sich mit seinem Hofstaat nach Wismar[2]), um bald darauf den Krieg wieder zu beginnen.

Nun kam aber der große Kurfürst Friedrich Wilhelm von Brandenburg vereinigt mit kaiserlichen und polnischen Truppen den Dänen zu Hülfe und vertrieb die Schweden aus Holstein. Auch in diesem „Polackenkriege", wie er in Holstein genannt wurde, hat Oldesloe sein gutes Teil an Durchzügen und Einquartierungen abbekommen. Im Juni 1659 wurde die Beherbergung und Verpflegung kurfürstlich brandenburgischer Völker als eine große Last empfunden.

In einem Schreiben vom 19. Mai 1660 schlug General-Feldmarschall von Eberstein dem Könige vor, Oldesloe zu besetzen und daselbst ein Magazin zu errichten und die Armeen im Amte Trittau aufzustellen, die Grenze der Fürstentümer in Defension zu setzen und die Orte Trittau, Reinbek und Steinhorst mit Besatzungen aus Reitern und Dragonern zu versehen[3]). Da aber am 5. Juni 1660 zu Kopenhagen zwischen Dänemark und Schweden Friede geschlossen wurde, so kam der Vorschlag nicht mehr zur Ausführung.

Die St. Jürgens-Rechnung bricht mit dem Jahre 1656 ab und wird erst mit dem Jahre 1660 wieder aufgenommen. In den drei Kriegsjahren scheint es demnach weder Einnahmen noch Ausgaben gegeben zu haben. Die ersten Ausgaben nach dem Kriege wurden wieder zur Herstellung neuer Türen und Fenster, zur Beschaffung eines neuen Kachelofens und eines neuen Zaunes um den Garten gemacht. In einem vorangehenden Berichte über ein zerstörtes Haus, in dem das St. Jürgensstift eine Hypothek hatte, heißt es: „wie auch *Anno 43. 44.* auch 56—59. von den Schwetschen schon Ebenmäßig mit großer *Contriebution*, Durchzug vndt Spollierung der Häußer, vndt unterschiedliche heruntergerießen vndt verbrandt worden, darunter auch das Buschmans Hauße bey Brocktorffen Hoffe belegen, durch den Oberstleudtnandt Rosenfelt vndt viel andere *Offescier* Ihr quartier auf den

---

[1]) Aus Oldesloe datierte Briefe des Pfalzgrafen vom 17. und vom 19. Juli 1658 an den dänischen Feldmarschall Ernst Albrecht von Eberstein und den schwedischen General-Major Daniel von Arendson sind veröffentlicht in den von Louis Ferdinand Freiherrn von Eberstein herausgegebenen Kriegsberichten des Königl. dänischen General-Feldmarschalls Ernst Albrecht von Eberstein, Berlin, G. Schenck. 1891. S. 41. und 53 f.

[2]) „Werde hirvff ehester antwort gewertig sein, daß jch nachmahls jhr maytt: davon nachricht geben könne, wiewolle jhr königl: maytt: gestern allbereits zu Oldenschloe auffgebrochen vnnd mit der hoeffstadt nacher Wißmar gangen." Aus einem Schreiben des schwedischen Generalmajors Hans Bötticher an Eberstein vom 21. Juli 1658. Ebenda S. 44.

[3]) Eberstein, Kriegsberichte, S. 297.

genohmten Brocktorffen Hoffe gehabt vndt Buschmans Haus gantz spolliert in abbrechgung der Breter undt Palsatten, feuerholtz und was sonsten sie auf den Hoff von nötten gehabt, abgeholt vndt gantz *Tottalliater* ruenierret ist geworden." Danach scheinen sich die Verbündeten und die eigenen Landestruppen in diesem Kriege zu Oldesloe keine Ausschreitungen haben zuschulden kommen lassen und die Verwüstungen allein auf das Konto der Schweden gesetzt werden zu müssen.

Nach Beendigung des Krieges wurden gleich wieder Aushebungen gemacht für ein stehendes Heer, und zwar suchte sich dabei der König, der die Macht des Adels zu brechen bestrebt war, in erster Linie auf die Städte zu stützen. Auf Befehl des Generalfeldmarschalls wurde die Stadt Oldesloe von dem General=Quartiermeister Joh. Wittemake durch Schreiben vom 17. Dezember 1660 aufgefordert, ohnfehlbar innerhalb 14 Tage *a dato* 24 junge, taugliche und wehrhafte Männer mit untadelhaftem Ober= und Untergewehr auszurüsten und zur Verfügung zu stellen. Sie sollen mit den Mannschaften, den sogenannten Ausschüssen, aus Segeberg, Heiligenhafen und Lütjenburg eine Leibkompanie unter des Herrn Obersten Befehl bilden. Die Stadt aber vermochte offenbar der Aufforderung in der kurzen Zeit nicht zu genügen und empfand die Unterhaltung der Mannschaft als eine schwere Last. Sie machte deshalb durch Eingaben und Deputierte Vorstellungen bei dem Statthalter Grafen Christian Rantzau zu Breitenburg. Doch mußte dieser sie mahnen, dem Befehle zu gehorchen. In einem Schreiben des Statthalters an Bürgermeister und Rat vom 6. Juni 1661 heißt es: „Demnach gegenwärtige gefährliche *Conjuncturen* eine *vigilance*, vor daß man, so weit tunlich, in *postur* sich halte, erfordern, alß ist im Näheren Ihrer Königl. Mt. hiermit ahn Euch der Befehlich, die ohnfehlbahre Verfügung zu thuen, daß der Ausschuß Eurer Stadt mit Ober= und Untergewehr fertig vnd in Bereitschafft stehe; damit derselbe zu aller Zeit vnd stunde auff des Königl. Herrn *General*=Feld=Marschall Eberstein *ordre* vnd erfodern ohnverweilt auffbrechen und wohin es nöhtig oder Se. *Excell. commendiren* wird, *marchieren* könne." Auf eine neue Eingabe schrieb Graf Rantzau ihnen am 15. Juni 1661, sie möchten nur die Mannschaft beisammen halten, doch solle dieselbe bis zur höchsten Not unabgefordert bleiben. Er möchte wünschen, daß sowohl sie wie alle übrigen königlichen Ämter und Städte von diesen und allen anderen *oneribus* befreit sein könnten, weil aber die jetzigen Läufte ein anderes erforderten, müsse man auch sich hierin finden. Ihr Ohrt sei übrigens nicht so beschaffen oder *tenable*, daß sie sich gegen eine *force* wehren konnten, und daß sie daher selbst ihre bewaffnete Mannschaft zu gebrauchen hätten. Durch ihre Klagen erreichte die Stadt beim Könige aber doch wenigstens, daß ihre inzwischen wieder auf 75 erhöhte Pflugzahl auf 55 herabgesetzt wurde.

Durch Schreiben vom 11. Juni 1663 teilte Oberst Wittemake der Stadt mit, daß die zur Leibkompagnie verordneten Ausschüsse der Städte jährlich ein= oder zweimal mit ihrem Gewehr gemustert werden, sonst aber den übrigen Landvölkern und den Ämtern gleich nicht aufgeboten werden sollen. Die nächste Musterung solle am 20. Juni in Oldesloe stattfinden. Sie möchten also für diesen Tag ihre 24 Mann mit vollem Ober- und Untergewehr versehen bereit halten.

Im nächsten Jahre mahnte sogar durch eigenhändiges Schreiben vom 4. Februar General-Feldmarschall von Eberstein selbst Bürgermeister und Rat von Oldesloe, zu der bevorstehenden Musterung im Monat März ihre Anzahl Mannschaft ohne einigen Verzug zur Hand zu bringen, mit gutem, tauglichem, gleichem Gewehr zu versehen und in Bereitschaft zu halten.

Hierauf berichteten Bürgermeister und Rat dem Herrn Feldmarschall, es habe sich herausgestellt, daß die von dem Obristen Wittemake zur Rolle gebrachten Bürgerkinder mehrenteils Handwerksgesellen seien, die sich ihres Handwerks wegen an andere Orte begeben hätten und nun nicht zur Stelle gebracht werden könnten. Es müßten nun armer Witwen Kinder, die ihren Müttern noch ein Stück Brot verdienen könnten, oder Bürger selbst dazu genommen werden. Dadurch würde aber ein merklicher Abgang in der Kontribution hiesiges Orts erfolgen und den andern die Last desto schwerer fallen, zumal dieses Städtlein, wie bekannt, in dem verderblichen Kriegswesen ganz ruiniert und mehr als der dritte Teil der Häuser öde und wüst geworden sei. Deswegen habe die Bürgerschaft sie ersucht, Sr. Exzellenz diese wahre Beschaffenheit vorzutragen mit der Bitte zu erwägen, ob nicht diesem Städtlein die hohe Gnade widerfahren und die geforderte Mannschaft erlassen werden möchte.

Während Oldesloe demütig flehte, pochten andere Städte auf ihr gutes Recht. Am 23. Februar 1664 schrieben Bürgermeister und Rat von Segeberg an Bürgermeister und Rat von Oldesloe, es hätten sich Bürgermeister und Rat von Wilster bei ihnen erkundigt, wie sie sich „in außmachung des auffgebottenen ausschusses zu *comportiren* gemeint," und sie hätten geantwortet, weil solches eine Steuerung und wider altes Herkommen sei, wodurch man sie von der Ritterschaft zu separieren suche, sintemal den Städten solches niemals angemutet worden, es sei denn der Roßdienst zugleich mit aufgeboten, würden sie sich mit ihren „*gravaminibus*" an den König wenden, und sie erachteten es für gut, wenn andere königliche Städte sich gleichfalls beschwerten.

Durch Schreiben vom 2. April 1664 fragten auch Bürgermeister und Rat von Heiligenhafen bei Bürgermeister und Rat von Oldesloe an, ob sie mit ihrem Contingent der königlichen Order stricte geleben oder dem Herkommen und wohlerlangten königlichen Privilegien gemäß damit so lange, bis der Ritterschaft Roßdienst aufgeboten, einhalten werden.

Oldesloe scheint sich aber mehr von wehleidigen Klagen versprochen zu haben. In einer Eingabe an den König wiesen Bürgermeister und Rat wieder darauf hin, daß mehr als der dritte Teil der Häuser öde und wüste stehe und daß bei den noch übrigen Bürgern ein sehr schlechter, elender und erbärmlicher Zustand herrsche und mehr und mehr von Tage zu Tage zunehme und daß nichts als erbärmliches Lamentieren, Winseln und Wehklagen gehört werde, und daß von den überaus großen und schweren Schulden, in welche das Städtlein *tempore belli* geraten sei, die Zinsen nicht mehr abgeführt werden könnten und daß daher das enervierte Städtlein die durch den geforderten Ausschuß entstehenden Kosten nicht mehr aufbringen könne.

Darauf verfügte dann König Friedrich III. durch Erlaß vom 27. Dezember 1664, daß die Stadt von der Erlegung der fünf Schillinge monatlich à Pflug zur Verpflegung der Offiziere bei dem Ausschuß gänzlich eximiert und befreit sein, jedoch gehalten sein solle, das ihr angedeutete Kontingent an Mannschaften auszuschreiben, dieselben zu enrollieren und zur Musterung, die der Capitain Hermann von Hatten im Amte Segeberg vornehmen solle, ehestens darzustellen. Dem General=Commissar Hinrich von der Wisch sei anbefohlen, sie wegen der Erlegung der fünf Schillinge à Pflug nicht weiter anzu= halten.

Inzwischen hatte Oldesloe von neuem durch Einquartierung zu leiden. Im Jahre 1664 wurde die Stadt zum Treffpunkt von Truppen bestimmt, die nach dem Stift Magdeburg marschieren sollten[1]), und war auch noch im folgenden Jahre von Truppen besetzt. Als am 7. Fe= bruar 1665 der Rittmeister Christian von Alefeld bei den damaligen Fastnachtszeiten von seinem Gute Blumendorf im Schlitten spazieren gefahren und bei der Rückkehr einige Wagen quer über die Gasse ge= zogen befunden, ist er mit einigen in Oldesloe einquartierten Reitern von der Kompanie des Oberstleutnants Gottfried Rauch, die er be= schuldigt, ihm die Wagen in den Weg gestellt zu haben, in Streit und Handgemenge geraten, und als nach Beendigung des Tumults zwei an dem Händel unbeteiligt gewesene Reiter von derselben Kompanie ohne Gewehr an dem Hause vorbeigingen, in dem sich Alefeld befand, hat dieser aus dem offenen Fenster einen der Reiter namens Jürgen Brunckhardt erschossen und sich dann davongemacht. So berichtete durch Schreiben vom 21. Februar 1665 General=Feldmarschall von Eberstein dem Könige, seiner Majestät anheimstellend, wie sie die Vindication und Ahndung dieses *homicidii* unter allergnädigster Ver= ordnung rechtens fürnehmen und ausüben zu lassen geruhen wer= den[2]). Bis zum 30. Mai 1665 aber scheint noch nichts in der Sache ge= schehen zu sein; denn an diesem Tage berichtete der General=Feld= marschall dem Könige, Oberstleutnant Rauch habe ihm gemeldet, daß Rittmeister Christian von Alefeld, der einen Reiter seiner Kompanie so erbärmlich ums Leben gebracht, selb viert und fünft im Quartier seiner Reiter zu Oldesloe zum öfteren herumreite, wodurch leichtlich noch größeres Unglück und Unheil zwischen ihm und den Reitern erwachsen könne. Er halte es deshalb für seine Schuldigkeit, der königlichen Majestät ferneren Bericht zu erstatten, derselben anheim= stellend, wie dieselbe es desfalls, damit weiteres Unglück verhütet

---

[1]) v. Eberstein, Kriegsberichte, S. 441.
[2]) v. Eberstein, Kriegsberichte, S. 469, Nr. 515.

werden möge, allergnädigst gehalten haben wollen[1]). Der König aber scheint Bedenken getragen zu haben, gegen einen der mächtigen Adeligen des Landes energisch vorzugehen. Weiteres verlautet über diese Angelegenheit nicht.

Auch im Jahre 1668 war Oldesloe noch mit Truppen belegt. In diesem Jahre klagten Bürgermeister und Rat in einem Schreiben an den Rat Conrad Biermann über „die kostbahre *Hospitation*, so nuhmer jns vierte Jahr gewehret, vndt also die arme Bürgerschafft deren *Liberirung* mit hochsehnlichem Verlangen erwartet". 1669 wurde gar geklagt, daß Oldesloe nunmehr ins siebente Jahr schwere Einquartierung zu ertragen habe und bis dato von den übrigen Ständen und Städten gar wenig Erstattung genossen habe.

Während der Raubkriege Ludwigs XIV. von Frankreich,. in denen der Dänenkönig Christian V. anfänglich ein Gegner, dann ein Verbündeter des Franzosenkönigs war, scheinen keine Feinde ins Land gekommen zu sein. Doch hatte Oldesloe auch während dieser Zeit einige Male unter Einquartierung, Feldlagern und Durchmärschen zu leiden. Im Jahre 1672 mußte die Stadt u. a. auf Befehl von Exzellenz Güldenlöwe für drei Kompanien der Örtzenschen Völker Bier, Hafer und Holz verschaffen und dafür 103 Mark 8 Schilling auslegen. Im Jahre 1674 hatte sie den Obristen Duncan mit seinem Stabe und 75 Reitern als Einquartierung, wodurch ihr für das Jahr eine Ausgabe von 1300 Reichstaler erwuchs. Im Sommer 1683 verursachte ein königliches Lager unter dem nunmehrigen Generalmajor Duncan der Stadt ziemliche Unruhe und Kosten.

Im Jahre 1688 wollte man, was schon 1666 der Große Kurfürst dem König geraten hatte, Oldesloe befestigen. Da die holsteinische Grenze zwischen Hamburg und Lübeck einem von Osten anrückenden Feinde offen stand, so griff man den Gedanken wieder auf, der um die Mitte des 13. Jahrhunderts zur Anlage der Oldesloer Burg geführt hatte. Es wurde eine große Menge von Arbeitern herbeigezogen und in einem besonderen Lager bei der Stadt untergebracht. Die Fortificationsarbeiten begann man an dem zwischen Trave und Moor gelegenen Baierskamp und dem ihn überragenden Hohenkamp, dessen Kuppe abgetragen wurde. Dabei wurde auch das letzte Drittel des Hohenkamps (12 Scheffel Hafersaat), das noch zum St.-Jürgenshof gehörte, diesem genommen. Aber man hat dann den Gedanken, Oldesloe zu befestigen, wieder fallen lassen, und zwar auf Betreiben von Hamburg und Lübeck und der benachbarten Fürsten, die darin offenbar eine Bedrohung sahen. Der Feldscher Meister Johann Dietz berichtet darüber in seiner Selbstbiographie: „Der König von Dänemark hatte damals dem Herzog von Holstein sein Land inne. Dadurch bekam er Streit und setzte sich in Kriegsverfassung. Unser Bataillon mußte heraus und nach Oldesloe, welches ein Paß nach Lübeck und

---

[1]) Ebenda, S. 469 Nr. 516.

Hamburg zwischen der Trave und Morast gelegen[1]). Weil es aber Berge um sich hat[2]), so ihm schädlich, mußten wohl sechstausend Mann daran arbeiten, die Berge abzukarren und eine Festung daraus zu machen. Das wollten Hamburg, Lübeck und andere, auch Lüneburg, Hannover nicht leiden. Weil die Sache in Güte durch Kommissarien nicht gehoben werden konnte, rückten zwölftausend Schweden und Lüneburgische gegen uns ins Feld. Da gab sich der König von Dänemark bei solchem Ernst und mußte ganz Holstein dem Fürsten restituieren und den Festungsbau in Oldesloe wieder nachlassen[3])".

Als im nächsten Jahre nach dem Erlöschen des Lauenburgischen Herzogshauses Herzog Georg Wilhelm von Lüneburg=Celle das Land Sachsen=Lauenburg in Besitz genommen hatte, versuchte König Christian V. von Dänemark, es ihm wieder zu entreißen. Im Jahre 1693 versammelte er ein Heer bei Oldesloe und marschierte auf Ratzeburg, das er beschoß und einäscherte. Aber seine Bemühungen hatten nicht den gewünschten Erfolg. Oldesloe hatte natürlich wieder unter der Kampierung zu leiden. Postmeister Tobias Fischer, dessen Vater vom Könige Friedrich III. mit dem St.=Jürgenshofe belehnt worden war, berechnete in einem Bericht vom Mai 1698 den Schaden, den ihm das Bau= und Arbeitslager verursacht hatte, abgesehen von dem Verlust des Geländes, auf 269 Reichstaler. Bei der Kampierung der Duncanschen Truppen will er auf besäten Ländereien, und zwar sowohl solchen des St.=Jürgenshofes als solchen, die er von Bürgern in Pacht gehabt hat, einen Schaden von 500 Reichtaler erlitten haben, und bei der Kampierung und dem Marsch auf Ratzeburg im Jahre 1693 ist ihm nach seiner Angabe die mit Buchweizen besäte kleine Koppel am Lehsahl gänzlich ruiniert und das auf seiner Koppel in Haufen stehende Heu weggenommen worden.

Der nordische Krieg, in dem Dänemark im Bunde mit Polen und Rußland gegen Schweden und das Haus Holstein=Gottorp kämpfte, brachte Oldesloe wieder viel Ungemach. Gleich im ersten Jahre desselben, 1700, rückte ein schwedisches Heer von Wismar her und über die Elbe vor Oldesloe und lagerte vom 6. Juli bis Ende August einem dänischen Heere gegenüber, das Segeberg besetzt hatte. Bei dieser Gelegenheit hatte Oldesloe durch Einquartierung, Requisitionen und Kontributionen wieder so zu leiden, daß viele Einwohner die Stadt

---

[1]) Die Lage zwischen Trave und Morast paßt nicht auf die eigentliche Stadt, sondern nur auf die damals im Bau begriffene Festung auf dem Baierskamp und das sich anschließende Arbeitslager, das etwa sechsmal so viele Bewohner als die eigentliche Stadt haben mußte, deren Einwohnerzahl bei einer Zahl von 140 bewohnten Häusern schwerlich auf mehr als 1000 anzusehen ist. Dieß hatte sein Quartier bei dem Barbier Rebent, wo die Hamburger Post wechselte, und speiste täglich mit den Fremden. Der Name Rebent, der in Oldesloer Akten nicht vorkommt, ist wohl entstellt aus Reebe, dem Namen des damaligen Oldesloer Postmeisters.

[2]) Auf der anderen Seite der Stadt wurden höchstwahrscheinlich an dem sogenannten Schanzenberge zwischen der Ratzeburger und der Selmsdorfer Straße Fortifikationsarbeiten vorgenommen.

[3]) Meister Johann Dieß, des Großen Kurfürsten Feldscher und Königlicher Hofbarbier, herausgegeben von Dr. Ernst Consentius. Ebenhausen bei München, Langewiesche-Brandt. S. 113.

verließen. Auch der Pastor Köpke flüchtete; die Kirchenbücher zeigen daher Lücken in den Tauf- und Totenregistern. Auf Befehl des Herzogs von Württemberg in dänischem Dienste wurden einem Oldesloer Bürger Wagen und Pferde angehalten und ins Lager gebracht. Auch zerstörten die mit den Schweden vereinigten Truppen des Herzogs Georg Wilhelm von Lüneburg-Celle im Interesse von Lüneburg den erst im Jahre zuvor angelegten neuen Salzbrunnen und alles dabei befindliche Baugeräte, und seinem Ahnherrn Heinrich dem Löwen nachahmend, ließ der Herzog den alten Brunnen am Fuße des Kirchbergs mit Steinen, Schutt und Leichen füllen.

Da Karl XII. mit einem schwedischen Heere in Seeland landete und zur Belagerung von Kopenhagen schritt, schloß König Friedrich IV. von Dänemark rasch am 18. August 1700 Frieden mit Karl XII. auf dem gottorpischen Schlosse Travendal, begann den Krieg aber aufs neue, als Karl XII. nach der unglücklichen Schlacht bei Pultawa 1709 Zuflucht bei den Türken gesucht hatte. Nun begannen für die arme Stadt die Einquartierungen, Requisitionen und Kontributionen aufs neue, und wenn sie sich auch mittlerweile bis auf 20 Pflüge herabpetitioniert hatte, so waren die ihr auferlegten Lasten immer noch zu groß. 1712 und 1713 brachten Oldesloe schweres Ungemach. Über Ostpreußen war nach Dänemark die Pest, die echte Beulenpest, eingeschleppt worden. Im September 1711 trat sie in Klinken auf und forderte dort bis Mitte November 30 Opfer; erst im Februar 1712 suchte sie die Stadt heim und wütete bis zum Juni. Von den 223 Toten des Jahres 1712 waren 149 aus der Stadt, etwa fünfmal soviel als in anderen Jahren, mindestens der achte Teil der Einwohner. Natürlich wurden Handel und Verkehr dadurch vollständig gelähmt. — Im Herbst 1712 sammelten sich die dänischen Truppen hier zum Einmarsch in Mecklenburg; sie erlagen dem schwedischen General Stenbock in der Schlacht bei Gadebusch am 20. Dezember, und den Fliehenden folgten die Schweden, die sich Anfang 1713 durch Südholstein zuerst gegen Altona wandten und es zum großen Teil verbrannten. Der schwedische Oberst von Bassewitz erpreßte bei diesem Durchmarsch von der Stadt Oldesloe 2372 Taler und 22 Schilling. Den Dänen zu Hilfe kamen Russen und Polen, und als Stenbock in Eiderstedt zur Ergebung gezwungen war, folgten wieder Durchmärsche der Hilfstruppen und gefangener Schweden bis in den Sommer 1713 und neue dänische Einquartierung.

Die der Stadt auferlegten Lasten waren so unerträglich hoch, daß sich Bürgermeister und Rat immer wieder in Eingaben an den König und die königlichen Behörden wandten mit der Bitte um Erleichterung. In einer Eingabe an den Etatsrat von Weyse vom 29. Juli 1714 hoben sie hervor, daß die Stadt beinahe drei ganze Jahre mit so schwerer Einquartierung belegt sei und fast zwei Jahre vor allen anderen Städten allein Postierung gehabt habe, und zählten dann die Extrakosten auf, die sie in dieser Zeit haben aufbringen müssen. Die von dem schwedischen Obristen Bassewitz erpreßte Brandschatzung hat die Stadt 2372 Reichstaler und 22 Schilling gekostet. An extraordinären Steuern und für Magazinkorn hat die Stadt seit 1709 ausgeben müssen 2311 Reichstaler 46 Schilling. Die Fouragierung der polnischen Artillerie hat an Korn und Gras Schaden getan für 570 Rtlr. 47 Schilling. Die Verpflegung des zur Postierung kommandierten Volks unter Rittmeister Jungblut im Februar 1713 hat die Bürgerschaft 197 Rtlr. 8 Schilling gekostet. Bei der eigenmächtigen Einquartierung der polnischen Truppen und ihren Märschen und den Märschen der Landestruppen ist, abgesehen von dem, was die vielen Boten und Fuhren gekostet, ein Schaden von 98 Rtlr. 30 Schilling geschehen. Die gefangenen schwedischen Offiziere und Gemeinen haben unbezahlt gelassen 130 Rtlr. 36 Schilling. Die vier Wachen haben an Feuerung und Licht von Michaelis 1713 bis Ende Januar 1714 genossen 55 Rtlr. 20 Schilling und die Herren Offiziere in derselben Zeit 279 Rtlr. 20 Schilling. Und nun fordere der Oberkriegskommissar Lohemann Restanten von 920 Rtlr., die schon verschiedene Jahre bei dem seligen Etatsrat von Nissen stehen geblieben, unter Androhung militärischer Exekution ein, obgleich schon Feuerung und Licht, die sie den hier in Garnison liegenden Offizieren und Wachen geben müßten, im Winter monatlich mehr als die ordinäre Kontribution und im Sommer über die Hälfte derselben ausmache. Sie baten nun, dieser armen Stadt behilflich zu sein, daß, wenn bei diesen Zeiten derselben die Kontribution auf einige Jahre nicht würde erlassen werden können, die Restanten allergnädigst möchten erlassen, die Einquartierung erleichtert und die Lieferung von Feuer und Licht ihnen abgenommen werden. Das ist die letzte im städtischen Archiv vorhandene Wehklage dieser langen Leidenszeit.

Das Stadtarchiv, das während des Kriegs nach Lübeck gerettet worden war, stand noch im September 1714 verpackt in Lübeck und durfte wegen der noch vorhandenen Unsicherheit an der äußersten Grenze noch nicht nach Oldesloe zurückgebracht werden.

II. Abnahme der bürgerlichen Nahrung.

Industrialisierung des flachen Landes. Vergeblicher Kampf der Bürgerschaft dagegen. Haltung des Adels. Erfolglosigkeit der königlichen Erlasse zu Gunsten der Bürger. Verbrauch des den Bürgern nötigen Holzes durch die Kupfer- und Messingmühlen. Memorial über die Abnahme der bürgerlichen Nahrung. Aufzählung der Handel- und Gewerbetreibenden auf dem Lande. Ablenkung des Transithandels. Abwanderung vieler Bürger.

Der Krieg war nicht die einzige Ursache der Verarmung der Stadt. Viel trug zu ihrer Verelendung noch die Veränderung der Bedingungen bei, auf denen der bisherige Wohlstand von Oldesloe beruht hatte. So lange Handel und Gewerbe einschließlich des Handwerks nur als städtische Nahrungsquellen galten und als solche geschützt wurden, hatte Oldesloe in seiner rein landwirtschaftlichen Umgegend einen sicheren Kundenkreis. Als aber mit der zunehmenden Industrialisierung des flachen Landes nicht nur die Bierbrauerei, sondern auch der Kornhandel, die Krämerei und die Handwerke auf dem Lande immer mehr in Aufnahme kamen, verloren die Bürger einen wesentlichen Teil ihrer Subsistenzmittel und hatten nur noch soweit ihr Auskommen, als ihnen Äcker zur eigenen Bewirtschaftung zur Verfügung standen. Die Stadt wurde gewissermaßen wieder zum Dorf, während die Industrie auf dem Lande zunahm. Die Bürger wehrten sich unter Berufung auf ihre Privilegien dagegen, daß ihnen auf diese Weise die „bürgerliche Nahrung" abgeschnitten würde, aber vergebens. Die Könige bestätigten ihnen zwar ihre alten Privilegien, aber dem damals übermächtigen Adel fiel es gar nicht ein, sich danach zu richten. Am 5. Oktober 1643 schrieb z. B. Kay von Buchwald auf Fresenburg an Bürgermeister und Rat von Oldesloe, er habe Macht, zu eigenem Bedarf Handwerker in sein Gut zu setzen, und wenn die Herren ihn etwa höheren Ortes verklagen wollten, so werde er die ausgewirkten Mandate wohl zu beantworten wissen. Die Oldesloer könnten sich nur beklagen, wenn seine Handwerker in Oldesloe arbeiten würden. Die Könige hatten entweder nicht die Macht oder nicht den Willen, den Adel zu gebührender Rücksichtnahme auf die Städte zu zwingen. Bürgermeister und Rat klagten deshalb wiederholt über die Erfolglosigkeit der zu ihren Gunsten erlassenen königlichen Verfügungen, so in einer Eingabe aus der Zeit nach 1648, in der es im Anschluß an eine Bitte um Erleichterung heißt: „Unndt Solches umb soviel mehr, daß die bürgerliche allgemeine Nahrung je länger je mehr abnimbt, die *Commertien* mit Bierbrawen, Kornkauffen, Höckereyen undt dergleichen vorhin ungebräuchlichen undt der Stadt allein beykommenden Handtierungen durch die negst angelegene fürstliche und adeliche Undersassen, Voigte, Verwalter undt theilß Haußleutte undt Insten auff den Hoeffen, Vorwercken undt Dorpffern, auch wohl durch solche Personen, die deß Landes *onera* nicht einst ertragen, nunmehro *introduciret* undt getrieben, hergegen aber von diesem Städtlein Oldeschlo gantz undt gahr zu deroselben gäntzlichen Untergang undt Verderb abwendig gemacht und in Ansehung solches auch vohr diesem niemahlß gebräuchlich gewesen, dennoch widerrechtlich entzogen werden, undt obwohl I. Königl. Mayst. christsehligsten Angedenckens wihr solches schoen hiebevor in Anno 1642 *mense Julio* unterthänigst geklaget, deßwegen auch ein außführliches Königliches *Rescriptum*, davon Copeyen hierbeygefüget, an Ihre Hochfürstliche Durchlaucht zu Gottorff erhalten, So ist jedoch solchen unnachbahrlichen Zunöttigungen und Eingriffen gahr nicht *remediret*, sondern dieselben vielmehr *Multipliciret* worden, undt werden auch die in der Nähe liegende Kupffer- undt Messingmühlen nunmehr derogestalt *ampliiret* undt vergrössert undt mit vielen Völckern besetzet, daß sie fast kleinen Vorstädten gleichen undt jährliches etliche Tausent Faden Holzes *consumieren* undt wegnehmen, wovon sonsten die Bürger ihre guthe Nahrung gehabt, jtzo aber dadurch merklich entzogen undt gleichsahmb vorm Thore undt vor der Nasen auffgekaufft wirdt, daß also die Stadt die Notthurfft an Holtze, dessen Mangel albereidt erscheinet, ins künfftige wollgahr benommen werden möchte."

Ausführlich werden die Verhältnisse dargelegt in einem Memoriale aus der Zeit um 1680, welches lautet:

Innerhalb 30 Jahren ist die bürgerliche Nahrung von dieser Stadt Oldeschlo durch deren Achtlosigkeit zuwieder den Hochköniglichen vndt Fürstlichen *Constitutionen* vndt Königlichen Privilegien laut Königlicher *rescripta* ab= vndt denen Fürstlichen Ämptern, adelichen Gütern, Königlichen und Lübischen Dörffern vndt umbliegenden Kupffermühlen bey=*practiciret* worden folgender Gestalt vndt zwar auff ½ bis 1½ Meil Weges:

Fürstliche Ämpter: Steinhorst: Zu Losenboden[1]), Stubben vndt Schipphorst ist vormahls allerwege das Bier auß Olden= schlo, nunmehr aber etzliche Jahr her auß der Lübischen Stadt Mölln geholet worden.

Trittow. Zum Eichede, Sprenge, Mollhagen, ebenfalls zu Rüm= pel wird viel Bier gebrauet.

Im Ampte Tremsbüttel alß zu Laßbeck, Hammohr, Delms= torff[2]), Hanstorf, Tremsbüttel, Barteheil, Fischbeck ist die Brauver= pachtung mit den Möllnischen so fest gehalten worden, daß auch sel= bige Unterthanen nicht allein kein Bier, sondern auch nicht einen Scheffel Maltz selbst zu brauwen holen dürffen. Wirt also die Baar= schaft nach Vhralten Gebrauch nicht den Königlichen, sondern viel= mehr den Lübischen alß fremden Unterthanen gegönnt vndt auß dem Lande geschaffet. Wie den auch Kornkauff, Hoeckerey vndt allerley Handtwerke in die Ämpter gebraucht werden.

Adeliche Güter: Gerichsbäck[3]) hat innerhalb 30 Jahren das Brauwen angefangen vndt darff kein Vnterthan nicht eine eintzige Tonne Bier auß Oldenschlo holen.

Borstel hat gleichfals solch Brauwen innerhalb 30 Jahren angefangen vndt ist vorhin nach Süllfeldt vndt Hoherdam ohnzehlig viel Bier aus Oldenschlo geholet worden, so wird auch zu Süllfeldt alß dem Kirchdorff öffentliche Hoeckerey vndt vnterschiedliche Handtwerker gebrauchet.

Klinken. Brauwet der Krüger bey dem Hamburger Postweg sein meistes Bier selber vndt hat der Müller vor 2 Jahren daselbst einen öffentlichen Kornkauff angefangen, wie denn jetzo der Müller vndt der *Pensionarius*[4]), so daselbst die Kupffermühle verwichenen Herbst geheuret, in Streit deßwegen leben, indem der *Pensionarius* nicht allein den Kornhandel, sondern auch offentliche Hoeckereyen angefan= gen, vndt müssen seine Arbeitsleute in der Bezahlung solche Wahren annehmen, welches an dem Ohrt bißher niemalen geschehen. Vndt beziehet sich schon der Hoherdammer Mühlenherr gleichfalls darauff, welcher aber bißher seine Leute allerwege mit bahrem Gelde be= zahlt hat.

---

[1]) Jetzt Groß-Boden.
[2]) Delingsdorf.
[3]) Jersbek.
[4]) Pächter.

Nützkau (¼ Meil) hat vor kurtzen Jahren nicht allein das Brauwen auff seinem Hoeffe in dessen Kruge im Guthe, sondern auch das Mältzen angefangen vndt wirt dahin nicht eine Tonne Bier auß Oldenschlo gehohlet.

Tralow (½ Meil) hat die neue Obrigkeit daselbst zwar noch nicht angefangen, dennoch brauwet sein Schmidt beim Hoeffe so viel er will vndt bey Oertzen Zeit es in die Stadt geschicket, auch bey dem Durchmarch Ao. 75 viel Bier verthan.

Blumendorff (½ Meil von Oldesloe), so vor 40 Jahren nur ein Dorff gewesen, nunmehr ein adeliges Guth vndt von einem Stadtjuncker aus Lübeck[1]) erkaufft worden. Derselbe brauwet nicht allein, sondern verkaufft das Korn vom Hoeffe bey Herrn von Spinten gleich einem Bürger vndt setzet allerley Handtwerker in dem kleinen Guthe.

Friesenburg (¼ Meil) brauwet zwar nicht auffm Hoeffe, dennoch seine Vnterthanen so viel, alß Sie außzapffen, vndt wirt also in dem Guthe gleichfals wenig Bier auß diese Stadt gebraucht. Auch sitzen alda unterschiedliche Handtwerker.

Schulendorff (1 Meil) enthelt sich solcher bürgerlichen Nahrung annoch zimblich.

Königliche Dörffer (auf 1 Meil von Oldeschlo). Nyendorff, Heiderfelde, Leetzen, Kükels, Neverstorff, Bevensee, Wakendorff, Schlamerstorff vndt andere gebrauchen das Brauwen, Kornkauff vndt Handlungen öffentlich, vndt wirdt keine Tonne Bier oder ein Scheffel Korn auß Oldenschlo geholet, auch gebrauchen sich allerley Handtwerker auff selbigen Dörffern.

Lübische Dörffer (½ Meil). Pöelß und Barckhorst. Das Dorff Dorff Pölß gebraucht sich öffentliche Hoeckereyen, Kornhandel, Bierbrauwen, Handtwerker vndt bürgerliche Nahrung vndt wirt das daselbst gebraute Bier nicht allein in den 2 Dörffern außgezapffet, sondern nach frembden umbliegenden Gebieten alß Schulendorff vndt anderen Ohrten bey Tonnen hingespendet vndt verführet.

Lübische Kupffermüle (nahe für der Stadt) gebraucht sich allerley Höeckereyen, imgleichen Brauwen vndt Kornhandel öffentlich.

Retwischer Kupffermühl (¼ Meil) hat auch vor ohngefehr 10 Jahren solche Handelung mit Höeckereyen vndt Kornhandel angefangen. Ingleichen die Süler Müle (1 Meil) unter Nützkau gehörig.

Über das alles so leiden vndt dulden wir solche gantz *praejudicir*liche Handlungen bey vnß in der Stadt, indem der hiesige fürstliche Kornmüller wieder altem Herkommen vndt Billigkeit nicht allein das Mattenkorn[2]), sondern auch ander frembdt Korn alhie auff die Mühle öffentlich verhandelt den Bürgern zum höchsten Schaden, vndt lasset

---

[1]) Der kaiserliche Resident Müller in Lübeck kaufte Blumendorf im Jahre 1670.
[2]) Matte nannte man das Maß Getreide, welches der Müller für das Mahlen erhielt.

er das Maltz in Segeberg bey ½ Lasten machen vndt hieher führen zu verhandeln.

NB. Vndt ist alle semptliche vorher erwehnte Nahrung, Handlung vndt Brauwen I. K. M. selbst wegen Zoll vndt *Licent* sehr *praejudicir*lich, indem meistentheils Wahren, insonderheit das Maltz, auff den adelichen Hoeffen zollfrey *passiret*, vndt wirt von den Bauern auff den Dorffern, vornemblich von dem Lübischen Dorff Pölß, hierin zimblicher Vnterschleiff gebraucht.

Wen den Oldenschloh vff 75 Pfluge in der Land*matricul* stehet, wiewohl I. K. M. dieselbe vor 5 Jahren auff 50 Pflüge auff 6 Jahre allergnedigst *reduciret*, so *contribuiren* alle auff eine vndt ½ Meile Weges nahe bey der Stadt umbliegende adelichen Güter nicht so viel alß diese Stadt, worauß das leichtlich abzunehmen, das die bürgerliche Nahrung allein die Stadt gebühret."

Alle Bemühungen von Bürgermeister und Rat, die Konkurrenz des freien Landes in Handel und Gewerbe zu beseitigen, blieben ohne Erfolg. Die Verhältnisse wurden nicht besser, sondern immer ungünstiger für Oldesloe, so daß man den Untergang der Stadt vor Augen zu sehen glaubte. In der S. 202 bereits erwähnten Eingabe an den Etatsrat von Weyse berichteten Bürgermeister und Rat noch 1714: „Obgleich Ihro Königl. Maytt. allergnädigst geordnet, daß auf der Geest umb denen Städten auff 3 Meilen keine Brauere, Krämere, Brandtweinbrenner und Handwerker auff dem Lande wohnen, sondern in den Städten sich begeben sollen, innerhalb zwey Meilen sich befinden an Brauern und Krügern ohne die adelichen Krüger, welche Bier von den Höfen nehmen müssen, 46, Brandtweinbrenner und Krämer 23, Handwerker als Becker 2, Schuster 36, Schmiede 34, Schneider 94, Rademacher 33, wie wir solches alles Ihro Königl. Maytt. allerunterthänigst vorgestellt haben, so ist woll unmöglich, daß die Stadt Oldesloe bestehen und es länger aushalten kan."

Eine weitere Schmälerung der bürgerlichen Nahrung trat durch die Ablenkung des Transithandels ein, durch den doch mindestens Schiffer, Fuhrleute und Wirte in Nahrung gesetzt worden waren. In einer Eingabe an den König von 1669 wurde darüber geklagt, daß die Trave von den Lübeckern geschlossen und aller Handel gelegt sei und daß wegen des neuen Zolls nun auch die Durchfuhr mit Frachtwagen nicht mehr über Oldesloe, sondern über Trittau gehe, wo die Fuhrleute dem gottorfischen Zöllner nur ein gewisses Trinkgeld zu geben brauchten, obgleich die Veränderung im Zoll- und Licentwesen für das ganze Land gemacht sei.

Die Kriegslasten und die Abschnürung der Nahrung hatte zur Folge, daß viele Bürger ihre Häuser im Stiche ließen und der Stadt den Rücken kehrten, wodurch dann wieder die Verzinsung und Abtragung der großen Schuldenlast, die die Stadt sich in den Kriegszeiten hatte aufladen müssen, für die Zurückbleibenden erschwert wurden.

III. Das Brauunwesen.
Die große Zahl der Bierbrauer. Übelstände und Folgen der Kleinbrauerei. Fremde Biere in Oldesloe. Neue Brauordnung.

Neben den Kriegsleiden und der Abnahme der bürgerlichen Nahrung war das damalige Brauwesen eine Ursache des Niederganges der Stadt. Obgleich die Oldesloer Bierbrauer ihre auswärtige Kundschaft fast ganz verloren hatten, gab es im Jahre 1678 noch 75 Bierbrauer in der Stadt, also trotz der starken Abnahme der Bevölkerung 15 mehr als gegen Ende des 16. Jahrhunderts[1]). Wenn man bedenkt, welcher Aufwand von Zeit, Lebenskraft und Geld dazu gehört, die Masse des von so vielen Brauern hergestellten Bieres zu vertilgen, so kann man sich vorstellen, daß mancher Oldesloer damals durch übermäßigen Biergenuß verlumpte. Aber darüber wurde nicht einmal geklagt. Die schlimmste Erscheinung des Brauunfuges war es nach der Meinung einsichtsvoller Bürger jener Zeit, daß gerade Leute, die schon in Vermögensverfall geraten waren oder so gut wie nichts besaßen, nicht einmal Häuser, die sich zum Bierbrauen eigneten, wie Tagelöhner und arme Witwen, das Bierbrauen anfingen, um sich dadurch aufzuhelfen, dabei aber auch das Letzte verloren. Die „handelsbegierigen" Lübecker Malzhändler lieferten ihnen Malz auf Kredit, ließen sich dafür Häuser und Ländereien verpfänden und nahmen die Pfänder an sich, wenn die Schuldner nicht bezahlen konnten. Dazu aber waren diese in der Regel nicht imstande. Es war üblich, daß die Brauer das von ihnen gebraute Bier auch selbst verzapften. Dadurch flossen ihnen die Einnahmen nur in kleinen Mengen zu, die leicht wieder für die Bedürfnisse des Haushaltes ausgegeben wurden. So bekamen sie die für das Malz zu zahlende Summe nie zusammen, und schließlich gehörte fast die Hälfte der Oldesloer Häuser und Ländereien Lübecker Händlern. Verständige, auf das Wohl der Stadt bedachte Männer drangen deshalb darauf, die Kleinbrauereien zu unterdrücken und den Brauern zu verbieten, das von ihnen gebraute Bier selbst zu verzapfen, mußten aber die Erfahrung machen, daß gegen Unverstand und Herkommen schwer anzukämpfen ist. Einige wenige kapitalkräftige Brauer hätten vielleicht das Oldesloer Brauwesen wieder zur alten Blüte gebracht und den alten Kundenkreis zurückerobert. Da die Händler aber schlechten Zahlern auch nur schlechte Ware lieferten, wurde durch das von den Kleinbrauern erzeugte minderwertige Bier der einst gute Ruf des Oldesloer Biers immer mehr geschädigt. Das Oldesloer Bier, das Schloyer genannt wurde, muß sich doch einst eines guten Rufes erfreut haben, sonst hätte die Brauerei hier diese Ausdehnung nicht gewinden können. Das von den Kleinbrauern erzeugte schlechte Bier hieß Kater, die Kleinbrauer daher Katerer oder

---

[1]) Nach einem zum Zweck der Einziehung des Weidegeldes aufgestellten Register gab es im Jahre 1698 in Oldesloe außer den weidegeldfreien Haushaltungen der Ratsmitglieder, der beiden Geistlichen und der beiden Lehrer 212 Haushaltungen, darunter 123 mit Viehhaltung. Von letzteren hatten 89 Großvieh (Kühe und Stiere), 34 nur Kleinvieh (Schafe, Ziegen und Schweine).

auch Kater, ihr Betrieb Katerei. Daneben wurde noch ein Dünnbier als Trank für die Kinder und das Gesinde hergestellt, der sogenannte Kovent, der in besonderen Koventkrügen verzapft wurde. Die Bierschenken, die nach den späteren Brauordnungen mit Ausschluß der übrigen Brauer den Bierzapf hatten, durften keinen Kovent tonnenweise eintragen lassen, sondern mußten, falls sie solchen für ihre Kinder und ihr Gesinde benötigten, ihn in den Koventkrügen kannenweise für Geld holen lassen.

Außer den in Oldesloe erzeugten Bieren wurden hier auch noch fremde Biere getrunken, Einbecker und Hamburger Bier, Lübecker Bleichbier und Seebier und Ratzeburger „Rummeldeus." Letzteres wurde ganz besonders geschätzt[1]). Um dem Oldesloer Brauwesen durch Erzeugung eines besseren Bieres aufzuhelfen, versuchte Marx Leke, ein Oldesloer Bürger, der es sich besonders angelegen sein ließ, Bürgermeister und Rat zum Erlaß einer vernünftigen Brauordnung zu bestimmen, in Oldesloe Lübecker Seebier herzustellen. Er kaufte in Lübeck bestes Malz und besten Hopfen und nahm einen Lübecker Brauknecht in seine Dienste, durch den er Seebier nach Lübecker Art brauen ließ. Doch scheint der Versuch nicht befriedigt zu haben. Wenigstens ist später davon nicht mehr die Rede.

Man sollte nun denken, daß die Oldesloer bestrebt gewesen wären, fremde Biere von ihrer Stadt, die selbst so viel Bier erzeugte, möglichst fernzuhalten. Dies war aber nicht der Fall. Im Jahre 1668 wurde in der Bürgerschaft zwar vorgeschlagen, das Lübecker Bleichbier und das Ratzeburger Rummeldeus abzuschaffen und nur noch Hamburger Bier und Lübecker Seebier zuzulassen. Als aber ums Jahr 1700 die Königliche Rentenkammer den Königlichen Zollverwalter in Oldesloe angewiesen hatte, von einem kleinen Faß Rummeldeus ebensoviel Zoll zu erheben wie von einem großen Faß Hamburger Bier, petitionierten Bürgermeister und Rat im Interesse der Bürger, die vormalen nicht wenig Nahrung mit Schenkung von Rummeldeus absonderlich im Sommer gewonnen hätten, den Zoll für eine Tonne Rummeldeus Schmalband, die halb soviel enthalte wie eine Tonne Hamburger Bier, wieder von 2 Mark auf 1 Mark herabzusetzen.

Oldesloe besaß damals kein gemeinschaftliches Brauhaus wie manche andere Städte, sondern jeder Brauer braute in seinem eigenen Hause. Doch waren die Braupfannen (Braukessel) gemeinschaftlich, und zwar besaß die Stadt deren zwei, die in einem bestimmten Turnus durch einen dazu angestellten Mann von Haus zu Haus gefahren wurden.

Marx Leke setzte mit den ihn unterstützenden Bürgern 1678 die Aufstellung einer neuen Brauordnung durch. Da aber Bürgermeister und Rat ihre Durchführung nicht mit vollem Ernst betrieben, blieben die alten Mißstände zunächst noch bestehen.

---

[1]) *„Oppidum Raceburgum .. tam ex salubritate coeli plane singulari quam etiam potissimum ex cerevisia quam ibi coquunt vulgo Rummoldois dicta .. famosissimum ac ubique notissimum"* schreibt Sebastian Bacmeister. *Westphalen, Mon. ined.* III Sp. 273.

IV. Verzettelung der St. Jürgens-Güter.

Die Mitschuld der Stadtverwaltung am Niedergange der Stadt. Die St. Jürgens-Geschäfte als Beispiel. Ablösung von St. Jürgens-Ländereien. Verkauf an Lübecker. Hingabe der Hilkenkoppel gegen Ausbesserung der Kapelle. Das Restantenunwesen. Verhalten der kirchlichen Aufsichtsbehörde. Belehnung des Ratmanns Fischer mit dem St. Jürgenshofe. Einschreiten der kirchlichen Aufsichtsbehörde gegen die Mißwirtschaft.

Nicht ohne Schuld am Niedergange der Stadt war die Stadtverwaltung. Doch lag das wohl weniger an der Unzulänglichkeit oder dem Mangel an gutem Willen der die Stadtverwaltung ausübenden Personen als an den Mängeln des Systems. Die Bürgermeister und Ratmänner des 17. Jahrhunderts waren sicher weder besser noch schlechter als die der voraufgehenden und nachfolgenden Jahrhunderte. Aber der hergebrachte Schlendrian im Rechnungswesen und die lange als selbstverständliches gutes Recht geltende Ausbeutung des Amtes zu eigenem Vorteil machten sich in der schwierigen Lage, in welche die Stadt geriet, der Bürgerschaft erst recht als Schäden bemerklich, und so kam es, daß man schließlich die regierenden Herren für das Unglück der Stadt verantwortlich machte und daß lange Streitigkeiten zwischen Bürgerschaft und Rat die Zerrüttung noch vermehrten. Durch das ganze Jahrhundert läßt sich die Art der Verwaltung nur in den St.-Jürgensakten verfolgen, da die der übrigen Verwaltungszweige zum großen Teile fehlen. Doch dürfen wir aus der Handhabung der St. Jürgensgeschäfte wohl auf die der anderen schließen.

Wir haben bei Verfolgung des St. Jürgens-Streites im 16. Jahrhundert gesehen, daß Bürgermeister und Rat niemals daran dachten, die übernommene Verpflichtung, die Ländereien des ehemaligen Hofes auf dem Pipenbrink an den Meistbietenden zu verpachten, ernstlich auszuführen, sondern daß sie und ihre guten Freunde diese Grundstücke zu dem niedrigen Pachtschilling von 1420 behielten und wie ihre eigenen Ländereien vererbten. Wie mit dem St. Jürgens-Gute ist sicherlich auch mit den Ländereien der ehemaligen Heiligengeist-Stiftung und den Grundstücken der ehemaligen tralauischen Höfe vor dem Hamburger und dem Beste-Tore verfahren worden, was sich wegen des Fehlens der Akten nur nicht mehr nachweisen läßt.

Solange die Herren von Buchwald als Patrone der St. Jürgens-Stiftung Rechenschaft über die in den Händen von Bürgern befindlichen St. Jürgens-Güter zu verlangen hatten, ließ der Magistrat wenigstens alle paar Jahre die St. Jürgens-Rechnung in Ordnung bringen. Wenn auch die Pachtgelder und Kapitalzinsen sehr unregelmäßig bezahlt wurden und die Rechnungsführer öfter die nicht ausgegebene Einnahme bei sich behielten und nur die Zinsen davon bezahlten oder wenigstens anschrieben, so wurden doch hin und wieder die Restanten zusammengestellt, so daß auch bei dieser ungenügenden Rechnungsführung nicht ganz in Vergessenheit geriet, welche von den von Bürgern bebauten Ländereien und verzinsten Kapitalien St. Jürgen gehörten und welche nicht. Als aber die Buchwalds, nachdem ihnen durch landesgerichtliche Entscheidung der Besitz des St. Jürgenshofes abgesprochen worden war, von ihren Rechten als Patrone der Stiftung keinen Gebrauch mehr machten und somit Bürgermeister und Rat das ganze St. Jürgens=Vermögen ohne Einspruch in ihrer Verwaltung hatten, schien bei ihnen das Gefühl der Verantwortlichkeit, das sie doch wenigstens den Armen gegenüber haben mußten, mehr und mehr zu schwinden. Während des sogenannten kaiserlichen Krieges in den Jahren 1628 und 1629 ruhte, wie wir gesehen haben, die Verwaltung ganz. Das Siechenhaus blieb noch mehrere Jahre nachher unbesetzt. Pacht= und Rentenzahlungen von seiten der Bürger unterblieben und wurden auch nachher nur ganz vereinzelt wieder aufgenommen. Jahrelang war die von dem Pächter Jochim Haldenschläger, dem Sohne des früheren Hofmeisters gleichen Namens, gezahlte Hofpacht fast die einzige Einnahme. Der Unterschied zwischen Pachtgeldern und Kapitalzinsen geriet in Vergessenheit zum Nachteil der Stiftung. Im Jahre 1633 zahlte z. B. der Ratsherr Berend Turow eine seit 1622 „versessene" jährliche Rente von 3 Schilling mit 2 Mark 4 Schilling ab und löste zugleich den „Hauptstuhl" mit 3 Mark aus. Dadurch aber brachte er einen St. Jürgens=Acker an sich, den er zu der billigen Pacht von 3 Schilling jährlich genossen hatte. Später bemerkte man den Irrtum und fügte zu der Eintragung hinzu: „NB. ist Ackerheur gewesen." Aber das St. Jürgensstift war den Acker los und hat auf diese Weise manchen anderen verloren.

Es war den Leuten schließlich gar nicht mehr bewußt, daß die Grundstücke, von denen sie eine kleine Rente an das St. Jürgensstift bezahlten oder schuldig blieben, nicht ihnen, sondern dem Stifte gehörten und daß die Rente das Pachtgeld darstellte. Sie verkauften diese Grundstücke sogar an Lübecker, die sie dann nach Ablösung der kleinen Rente als freies Eigentum behielten. So gingen in die Hände von Lübeckern über und dem Stift verloren 1662 der Hilkenkamp (Ablösungssumme 24 Mark) und eine Koppel bei der Saline (Ablösung 8 Mark), 1663 der Vetelskamp (Ablösung: 2 Mark). Als nach dem Tode des Bürgermeisters Thullenius dessen Besitz in Konkurs geriet, wurde ein von ihm innegehabter Garten des St. Jürgensstiftes frei, wurde aber nicht aufs neue verpachtet, sondern im Jahre 1661 für 350 Mark verkauft, einen Preis, der den Unterschied zwischen den Ablösungsbeträgen und dem damaligen wirklichen Wert recht in die Augen treten läßt. Der Kaufpreis wurde nicht, wie es sich gehört hätte, an das St. Jürgensstift abgeliefert, sondern von den Verkäufern eingestrichen, ohne daß sie von der Stiftungsverwaltung daran gehindert wurden. Der Magistrat war ja selbst mit bösem Beispiele vorangegangen, indem er, um den Stadt=finanzen aufzuhelfen, ein Stück von 24 Scheffel Hafersaat von der St. Jürgens=Koppel Hohenkamp ebenfalls an Lübecker verkauft hatte.

Die Ablösung der Hilkenkoppel, die von dem Hilkenkamp zu unterscheiden ist, kam wenigstens dem Stift zugute. Nach einer Eintragung von 1678 ließ der Kommissar Jürgen Gerkens, der Sohn und Enkel der beiden Bürgermeister gleichen Namens, seinem Namens=patron zu Ehren die im letzten Schweden= und Polackenkriege wieder verwüstete St. Jürgens-Kapelle wieder aufbauen mit einem Kostenaufwande von 100 Reichstaler. Dafür wurden mit Bewilligung eines ehrbaren Rats die 22 Mark in der Hilkenkoppel getilgt.

Im Jahre 1656 wurden einmal wieder die Restanten zusammengestellt von 25 säumigen Schuldnern, die zum Teil seit 39 Jahren nicht bezahlt hatten. Für die Zeit des kaiserlichen Krieges 1628 und 1629 und des schwedischen Krieges 1643 und 1644 wurden ihnen je zwei Jahre erlassen. Die Abbezahlung der so gekürzten Schulden wurde dann aber auch erst in den sechziger Jahren begonnen. In den Kriegsjahren 1657—1660 unterblieben Zahlungen und Buchführung wieder ganz.

Als kirchliche Stiftung unterstand die Verwaltung des St. Jürgens-Hospitals zwar den kirchlichen Aufsichtsbehörden. Doch scheinen die Herren Visitatoren die Verwaltung kaum kontrolliert zu haben, sondern nur bestrebt gewesen zu sein, ein gutes Einvernehmen mit Bürgermeister und Rat zu pflegen und aus den Einkünften der Stiftung etwas für kirchliche Zwecke herauszuschlagen. So ordnete im Jahre 1640 M. Vitus Barbarossa, Propst zu Itzehoe, an, daß dem Herrn Kaplan von der Kircheneinnahme jährlich 10 Reichstaler und dann von St. Georgen-Hebung jährlich auch zehn Reichstaler zur Augmentation seines jährlichen Salarii gegeben werden sollten, was dann auch geschah. Bei einer Kirchenvisitation im Jahre 1654 erhielt Bürgermeister Detlef Möller mit Bewilligung des Propstes Johann Hudemann aus der St. Jürgens-Hebung für seinen Sohn Bartholdus zur Fortsetzung von dessen *studii theologici* ein jährliches Stipendium von 20 Reichstaler auf 3 Jahre, und im Jahre 1662 wies derselbe Propst die Provisoren zu St. Jürgen an, dem Schulbedienten Heinrich Möller die ihm aus dem St. Jürgens-Gelde vermachten 10 Reichstaler jährlich von allen Kriegsjahren nachzuzahlen und fortan noch 10 Reichstaler jährlich hinzuzufügen.

Dem Bestreben der Herren Ratsverwandten, sich aus der St. Jürgens-Stiftung Vorteile zu verschaffen, kam sogar der König entgegen. Im Jahre 1668 übertrug König Friedrich III. dem Ratmann Tobias Fischer auf dessen Ansuchen den St. Jürgenshof mit allen Ländereien und Einkünften gegen die gewöhnliche jährliche Abgabe wegen der von Fischer während des Krieges aufgewandten Sorgfalt zur Konservation der Bürgerschaft und des darüber erlittenen Schadens. Von da an wurde von den Einkünften und Ausgaben des St. Jürgenshofes überhaupt keine Rechnung mehr abgelegt, und die Eintragung der von den Bürgern gezahlten Renten und Pachtgelder erst im Jahre 1675 wieder aufgenommen. Die Einnahmen waren aber jetzt auf wenig mehr als durchschnittlich 30 Mark jährlich zusammengeschmolzen, also auf den Betrag, den schon im Jahre 1420 bei weit höherem Geldwert[1] der Hof auf dem Pipenbrink einbrachte, während sie sich bei guter Verwal-

---

[1] Das Sinken des Geldwertes kann danach bemessen werden, daß der Hof auf dem Pipenbrink mit allem Zubehör im Jahre 1365 mit 300 Mark bezahlt worden war, während im Jahre 1661 ein einziger Garten desselben für 350 Mark verkauft wurde.

tung selbst ohne Pachterhöhung allein durch die verzinsbar angelegten Überschüsse mehrere Male hätten verdoppeln müssen.

Nun aber wurde endlich die kirchliche Aufsichtsbehörde auf die Mißwirtschaft aufmerksam. In einem Visitationsprotokoll vom Jahre 1695 äußerte sich der Propst M. Georg Henrich Burchardi in den schärfsten Ausdrücken über die nachlässige Administration und Inspektion sowohl des Siechenhauses zu St. Jürgen wie des Armenhauses in der Stadt, drang auf schleunige Remedur und ordnete u. a. an, „daß innerhalb 6 Wochen von eben diesem *dato* alle *restanten* dieser beyden Armen=Häußer, insonderheit womit Bürgermeister Wulff beyderley Armen von vielen Jahren her schuldig gewesen, alß auch was Tobias Fischer, ietziger *possessor* des St. Jürgenslandes, von 12 Jahren her und also in allem 156 Rthl. allein den Armen daselbsten schuldig ist, ohne alle Verzögerung und fernere *connivence* ernstlich eingetrieben werde." Aber es war bereits zu spät. Die Oldesloer Bürger ließen sich aus der lange geübten Gewohnheit des Renteversitzens nicht so leicht aufscheuchen, und der königliche Postmeister Tobias Fischer, der Sohn des Ratsherrn gleichen Namens und jetziger Inhaber des St. Jürgenhofes, sträubte sich nicht nur gegen die Bezahlung der Restanten, sondern stellte sogar eine Gegenrechnung auf, wonach er noch 444 Mark 4 Schilling von den Armen zu fordern gehabt hätte. Als im Jahre 1706 eine königliche Kommission nach Oldesloe geschickt wurde, um die Mißbräuche in der Stadtverwaltung abzustellen, waren die Restanten auf 1300 Mark angeschwollen, „davon anitzo wohl schwerlich mehr ein Schilling zu hoffen."

V. Bürgermeister und Rat.

Ausnutzung ihrer Stellung. Die Ratseinkünfte von 1653. Geschenke. Das Herrentum des Magistrats. Die Wahl der Ratsmitglieder. Protokoll einer Bürgermeisterwahl. Berufung der Ratsmitglieder durch den König. Verteilung der Geschäfte. Bedrohung des Senators Arps durch Claus von Ahlefeld.

Wenn bei der Verwaltung der St. Jürgens=Güter Bürgermeister und Rat nicht verhindert hatten, daß dem Stift ein großer Teil seines Besitzes abhanden kam und in die Hände von Bürgern überging, so hatten sie dabei doch in erster Linie für sich selbst gesorgt. Die Grundstücke wurden nicht, wie es ausdrücklich vorgeschrieben war, an die Meistbietenden verpachtet, weil dann auch Bürgermeister und Ratsherren die in ihren Händen befindlichen Äcker, Gärten und Wiesen nicht zu dem billigen Pachtschilling von 1420 hätten behalten können, und die säumigen Zahler wurden nicht zur Zahlung gedrängt, weil dann auch die regierenden Herren ungemahnt blieben. Und doch waren die Vorteile, welche Bürgermeister und Rat als Inhaber von städtischen und stiftischen Ländereien genossen, nicht die einzigen, die ihnen ihr Amt gewährte. Auch eine Reihe von Bareinnahmen floß ihnen jährlich zu, und außerdem genossen sie, ob mit Recht oder Unrecht sei dahingestellt, Freiheit von Kontributionen und Einquartierungen.

„Eines Ehrbaren Rathes Böringe vndt Rechnung auf *Petri Anno* 1653," die im ältesten noch vorhandenen Magistrats= und Bürgerbuch erhalten ist, zeigt uns zum erstenmal die Geldbezüge der Ratspersonen. Sie setzen sich zusammmen aus der jährlichen gewöhnlichen Böringe, die in diesem Jahre ohne die Restanten 65 Mark betrug, einem Betrage von 3 Mark für Teerbalgen, der halben Brüche¹) im Betrage von 45 Mark, 24 Mark vom Weinzapf²), 30 Mark von den Schlachtern als Entgelt für die ihnen gewährten Rechte³), dem „Zehnten Pfennig" von 3 nach aus= wärts fallenden Erbschaften⁴) im Betrage von 133 Mark 8 Schilling, einer Teichheuer⁵) von 9 Mark und einem Betrage von 100 Mark, den Hinrich Gercken von Lübeck einem ehrbaren Rat verehrt hatte. Davon gin= gen ab 39 Mark, die der Rat im vergangenen Jahre für die Stadt ausge= legt hatte und die nur den sechs ältesten Mitgliedern zukamen, 6 Mark für die Diener, 3 Mark für den Herrn Pastor als dreijährige Heuer von der Weinhude und 18 Mark als Anteil für ein neues Kommunionsgestühl beim Altar, das Bürgermeister und Rat in Gemeinschaft mit dem Obri= sten Jensen⁶) hatten erbauen lassen und in dem beim Abendmahl nur die Ratsverwandten und ihre Frauen und Obrist Jensen und seine Frau und sonst niemand stehen sollen. Es kamen also gleichmäßig zur Ver= teilung außer den 39 Mark für die 6 ältesten Ratsmitglieder 409 Mark 8 Schill. Da der Rat in diesem Jahre 8 Mitglieder zählte, erhielten also die 6 ältesten je 54 Mark 3⁷/₈ Schill. und die zwei jüngsten je 47 Mark 11⁷/₈ Schill., was für die damalige Zeit nicht zu verachtende Beträge waren. Die Anteile waren in den folgenden Jahren nicht immer so hoch, manchmal aber auch höher, da die Einnahmen vom 10ten Pfen= nig und von Geschenken schwankten. Geschenke pflegten einer Be= hörde nicht ohne Gegenleistung gemacht zu werden. Wodurch sie sich aber der Magistrat verdient hat, ist nirgends verzeichnet. Dagegen ent= halten die Akten zahlreiche Beläge dafür, daß der Magistrat selbst sich die Gunst von einflußreichen Beamten durch Geschenke zu verschaffen und zu erhalten gesucht hat. Einmal stellte er eine Sendung Neunaugen in Aussicht, sobald der Neunaugenfang begonnen habe, ein anderes Mal eine Tonne Rummeldeus, sobald man dieses Bieres wieder habhaft werden könne. Der „vielgeliebten Hausehre" des Oberstleutnants Abraham Weiß versprach er im Jahre 1660 12 Reichstaler für Küchen=

---

¹) Die andere Hälfte der eingegangenen Strafgelder war an den königlichen Amtmann in Segeberg abzuliefern.

²) Auf Grund der Privilegierung des Ratsweinkellers beanspruchte der Rat das Weinmonopol für Oldesloe. Wer hier sonst Wein ausschenken wollte, mußte dem Rat dafür eine Abgabe geben.

³) Nicht erwähnt sind die Zungen der in Oldesloe geschlachteten Ochsen, Kühe und Rinder, die nach alter Observanz dem Magistrat gratis geliefert werden mußten.

⁴) Das Recht, von den nach auswärts fallenden Erbschaften den zehnten Teil für sich einzuziehen, wurde dem Magistrat bestritten.

⁵) An Fischteichen im Stadtgebiete werden erwähnt der St.-Jürgensteich im Hellebrok, der Heiligengeistteich im Lockwischgrunde und ein Fischteich der Erasmus-Vikarie bei Wolkenwehe, wahrscheinlich die heutige Bullenwisch an der Wolkenweher Scheide. Ein weiterer Fischteich war der Königsteich am Kistenberge.

⁶) Einige Offiziere scheinen vom Kriege her in Oldesloe hängen geblieben zu sein. Im Jahre 1634 ließ hier ein Oberst Georg Volckmann ein Kind begraben. Im Jahre

gewürz. Auch ließ er einmal in Lübeck für 84 Taler eine silberne Kanne anfertigen, mit der im Jahre 1664 Geheimrat von Lenthe in Kopenhagen beschenkt wurde[1]), wahrscheinlich derselbe Herr, dem der Magistrat schon einmal im Jahre 1651 ein freiwilliges Honorarium gespendet hatte. Vgl. S. 193. Solange Bürgermeister und Rat solche Geschenke nur nach Erreichung ihrer Wünsche als Zeichen der Dankbarkeit spendeten, läßt sich nicht viel dagegen einwenden. Es wurde schließlich aber fast zur Regel, in Bittschriften an einzelne Beamte die Bereitwilligkeit, sich erkenntlich zu erzeigen, zu erkennen zu geben. Daß solche Andeutungen nicht als beleidigend zurückgewiesen wurden, zeigt, daß die damalige Beamtenschaft noch nicht zur pflichtmäßigen Unbestechlichkeit erzogen worden war, und die Vermutung läßt sich nicht von der Hand weisen, daß der Magistrat manche für ihn gewünschte Entscheidung in Sachen, wo das Recht nicht auf seiner Seite zu sein schien, solchen Beeinflussungen verdankte.

Die Magistratsmitglieder führten wie Adel und Geistlichkeit den Ehrentitel Herr und betrachteten sich als die von Gott eingesetzte Obrigkeit der Stadt, die Bürger aber als ihre Untertanen und verbaten es sich, ebenfalls noch als Bürger bezeichnet zu werden.

Die Wahl der Ratsherren erfolgte durch den Magistrat auf Lebenszeit. Die gemeinen Bürger hatten also darauf gar keinen Einfluß. Wie die Wahl eines Bürgermeisters vor sich ging, erfahren wir zuerst durch das Protokoll über die Wahl von Detlef Möller dem Älteren, welches lautet: „*Anno* 1659, den 4. Julij, ist der *Actus* der Bürgermeisterwahl mit Herrn Detleff Möller vorgenommen worden, wie folget: Nachdem der Bürgermeister Johannes Thullenius nach Absterben des Sel. Eltesten Bürgerm. H. Schweder Möllers, welcher Todesfall in unserm betrübten *exilio* in Lübeck ihm Jahre 1657, den .. Septemb. erfolget, welchem Sel. Herrn Bürgermeister *Ao. eodem* unser College H. Heinrich Quinckart alß Eltester Ratsverwandter daselbst in Lübeck eine gleichmeßige Nachfolge d. 19. Novemb. geleistet hat, dem *Collegio Senatus* bis dahero allein *praesidiert* vndt vorgestanden, vndt aber die Flamme des elenden vndt höchst betrübten Kriegswesens anstatt des verhofften lieben Friedens zwischen den beiden nordischen Königen Dennemark vndt Schweden *Anno* 1658 zu Ende des Monats Julij leider *de novo*

1636 trat er in die Pacht der Gärten und Äcker ein, die bis dahin der Gubernator Christian Penz innegehabt hatte. Im Jahre 1643 übernahm die Pachtung ein Oberst Jens, der am 14. August 1648 einen Schenkungsvermerk in dem Sammelbuche für den Kirchenbau mit seinem vollen Namen „Jens v. Hadersleff genannt Loienklau" unterzeichnete. Die Familie blieb mehrere Generationen in Oldesloe wohnen. Im Jahre 1666 beklagte sich ein Oberstleutnant Jens Löwenklau bei Bürgermeister und Rat, daß sein Nachbar, der Leutnant Heinrich Harder, sein Haus habe zu hoch bauen lassen, so daß ihm dadurch die beste Stube ganz verdunkelt und die Luft benommen werde. Dieser Oberstleutnant war im Jahre 1674 Oberst. Der Oberstleutnant Adam Ludwig von Löwenklau, Jensens Sohn, beschwerte sich im Jahre 1697 bei Bürgermeister und Rat über seinen Nachbar Hans Dittmer, der ihn nicht allein mit dem Austreiben seines Viehes belästige, sondern ihm auch eine Mistbrücke vor die Tür geworfen habe. Ein Capitain von Löwenklau starb hier 1712. Eine Anna Elisabeth Löwenklau wohnte hier noch 1724.

[1]) Eine Abbildung der Kanne befindet sich bei den Akten XVI 18.

lichterlohe zu brennen angefangen, worauf endlich erfolget, das dero Königl. Maytt. zu Dennemark vnsers Allergnedigsten Königs vndt Herren hoher Bundtsverwandten alß nemblich der Röm. Kayserl. Maytt., Ihr Königl. Maytt. in Polen vndt Sr. Churfürstl. Durchl. zu Brandenburg als *Generalissimi* alliirte vndt conjungirte starcke *Armeen Ao* 1658 d. 17. Septemb, & *seqq.* angefangen, in diese Fürstenthümber vndt Lande einzurücken vndt den Feindt dahin gezwungen, daß er nicht allein die Herzogthümber Schleswig vnd Hollstein, besondern auch gantz Jüdtlandt sambt den in demselben *incorporirten provintzen,* Insulen vndt Landtschafften, ausgenommen die neue Vestung Fried= richsör, hat quitiren vndt sich in Fühnen vndt Seelandt *retiriren,* wes= wegen dan die *alliirte armeen* in bemelten Landen die Winterquartier beziehen vndt darin bis hieher *subsistiren* müssen, worauff folgents allerhand Beschwehrungen, Drangsale vndt *molestien* der Einquar= tierungen, Verpflegungen vndt *Contributionen* halben dem Rathe vndt dessen *membris* leider zugewachsen, also das Selbige nicht allein nicht *cessiren,* besondern sich täglich heuffen vnd ie lenger ie beschwehr= licher fallen wollen, Also hatt endtlich das *Collegium Senatus* gutt be= funden dem *praesidirenden* Herrn Bürgermeister *Johanni Thullenio* einen *Collegam* zu *adjungiren* vndt an die Seite zu setzen, zu dessen Vollenziehung dann E. Ehrb. Rath am Montage *visitationis Mariae,* war der 4. July, sambt einem Ausschuß der Bürgerschaft des Morgens vmb 8 Vhr auff dem Rathhause zusammen kommen sindt vndt haben *praevia deliberatione* vnter sich *unanimiter* geschloßen, daß in künf= tigen Zeiten die Wahl eines Bürgermeisters, so offt sich eine *vacantz* zuträget, allemahl nach der Ordnung der *Session* geschehe vndt also der Elteste Rathscollege zum Jüngsten Bürgermeister solle erwehlet werden, welche des Rathes Meinung, alß sie der *praesidirende* Herr Bürgerm. Joh. Thullenius nach genommenem Abtritt dero auff dem Rathhause versammelten Bürgerschaft vorgetragen, vmb ihr *sentiment* darüber zu vernehmen, dieselbe Ihr also gefallen lassen vndt darneben gebeten, das es hierfür bei solchem einmühtigen *Concluso* allerdings möge bleiben vndt gelaßen werden, Worauff der Bürgermeister neben der Bürgerschaft in die Rathsstube wieder eingetretten, seine Stelle be= kleidet, der Bürger *resolution* dem Rathe eröffnet vndt *praemissis praemittendis* Herr Detleff Möller alß den eltesten Rathsverwandten in der Ordnung im Nahmen des *Collegij* vndt der Bürgerschaft zu einem Mittbürgermeister erwählet, *proclamiret* vnd eingesetzet, welcher dann nach allerseits ergangenen *acclamationen* vndt Glückwünschungen aus seiner Stelle vor den Tisch getreten vndt den gewöhnlichen Bürger= meistereydt stehendes Fußes vndt mit erhobenen Fingern in nachfol= gender Formula schwehrende abgelegt hatt." Folgt die Eidesformel.

Es muß der auf dem Rathause versammelten Bürgerschaft die Tragweite des Beschlusses, im Fall einer Vakanz künftig immer den dienstältesten Ratsverwandten zum Bürgermeister zu machen, gar nicht zum Bewußtsein gekommen sein; denn sie verzichtete durch ihre Zu= stimmung dazu auf den letzten ihr noch gebliebenen Einfluß auf die Bürgermeisterwahl.

Vom Ende des Jahrhunderts an wurde der Bürgermeister vom Könige berufen und seit dem Anfange des folgenden auf Vorschlag des Magistrats auch die Ratsverwandten. Der erste nachweislich vom Könige berufene Bürgermeister war Jakob Christian Egardi (1696), der erste Senator königlicher Berufung Henrich Lindelof (1707), der bereits 1697 vom Könige zum Stadtsekretär berufen worden war.

Die Ratsmitglieder teilten die Geschäfte unter sich und zogen für die wichtigeren Verwaltungszweige Bürger zur Hülfe herbei. So standen dem Brauwesen ein Brauherr und zwei Braubürger vor, dem Bauwesen ein Bauherr und zwei Baubürger. Ein besonderer Stadtkassierer war bis in die sechziger Jahre des 17. Jahrhunderts noch nicht vorhanden. Jedes Ratsmitglied verwaltete die Kasse seines Ressorts entweder selbst oder ließ sie durch eins der andern Kommissionsmitglieder verwalten. So hatte z. B. bei der Verrechnung der Ratsböringe von 1653 der eine Schenkungsgelder, der andere Schlachtergeld, ein dritter Brüche, ein vierter Weinzapfgelder und Teichheuer, ein fünfter Bürgerschatzung und Zehntenpfennigsgelder in Verwahrung, so daß, da die Gelder nicht zur Stelle gebracht und in einen Topf getan wurden, eine recht umständliche Abrechnerei nötig war. Von einer klaren Übersicht über die Einnahmen und Ausgaben der Stadt oder gar von einem regelrechten Haushaltungsplane konnte unter diesen Umständen keine Rede sein.

Bürgermeister:

Jürgen Gerckens der Ältere, Kirchengeschworener 1616 bis 1623, Ratmann 1616, Bürgermeister 1623, starb 1638.

Schweder Möller, Kirchengeschworener 1623—1638, Ratmann 1630, Bürgermeister 1638, erster Bürgermeister 1648, starb während der Besetzung von Oldesloe durch die Schweden im Jahre 1657 in Lübeck, wohin er sich mit vielen andern Oldesloern in Sicherheit gebracht hatte.

Johann Bele (Behlen) war im August 1642 in dem Hexenprozesse der Marie Faust mit dem Stadtschreiber Johannes Arps in Glückstadt und wohnte dort in Paul Elers Hause auf dem Dike.

Johannes Thullenius (Tolenius, Zölner), Ratmann 1634, machte im November 1635 im Auftrage der Stadt eine Reise zum Könige nach Odense auf Fünen, Oktober 1642 zweiter Bürgermeister, 1657 erster, starb 1659. Nach seinem Tode geriet sein Vermögen in Konkurs und seine Familie in Armut, so daß sie Unterstützung von St. Jürgen in Anspruch nehmen mußte. Aus der Rechnung von 1667: „Des Sehl. H. Bürgermeisters *Thullenij* Sohn ein paar Schue geben 1 Mark 6 Schilling."

Detlef Möller der Ältere, Kirchengeschworener 1638 bis 1662, Ratmann 1641, als solcher Richteherr 1642 und 1654, Bürgermeister 1659, starb 1669. Auch über Detlef Möllers Güter mußte nach seinem Tode der Konkurs eröffnet werden.

Hermann Westphal, Ratmann 1648, Bürgermeister 1663, starb 1677.

Jürgen Gerckens der Jüngere, Ratmann 1660, Bürgermeister 1670, zugleich Sekretarius seit 1673, erster Bürgermeister 1677, starb 1697.

Ludolf Conradi, Ratsherr 1674, Bürgermeister 1677, starb 1686.

Detlef Müller der Jüngere, Ratmann 1674, Bürgermeister 1686, starb 1691.

Johann Wulff, Ratmann 1682, Bürgermeister 1691, starb 1696.

Jacob Christian Egardi wurde 1696 vom Könige zum Bürgermeister berufen, dankte ab 1709.

Henricus Lindelof, vom Könige zum Secretarius berufen 1697, zum Senator 1707, zum Bürgermeister ernannt 1709, starb 1720. Er ordnete 1701 das Stadtarchiv.

Ratmänner:

Hermann Leidige † 1631.

Martin Paulsen 1625.

Asmus Osseborn.

Hinrich Schacht 1629, 1641.

Schweder Möller 1630, später Bürgermeister.

Claus Bauert 1631, 1645. Er streckte der Kirche im Jahre 1634 ein Kapital von 600 Mark vor gegen eine jährliche Rente von 36 Mark.

Johannes Thullenius 1634, später Bürgermeister.

Heinrich Quinckart 1634, † 1657. Er war wahrscheinlich Barbier und Chirurg. Im Jahre 1654 gab der wohlgeachtete und kunstreiche Chyrurgus Henrich Quinchart, Bürger zu Oldesloe, ein ärztliches Gutachten ab über eine in Leezen vorgefallene Körperverletzung. Auffällig ist nur, daß dieser Henrich Quinchart nicht Herr tituliert, sondern Bürger genannt wird.

Detlef Möller der Ältere 1641, später Bürgermeister.

Johannes Arps (Arpius) 1642, 1653, zugleich Stadtsekretär und öffentlicher kaiserlicher Notar. Als er im Jahre 1648 mit dem ersten Bürgermeister Schweder Möller zum Landtage nach Rendsburg fuhr, wurde er auf landfreier Straße an der Grenzscheide zwischen Wolkenwehe und Nütschau in einem tiefen Wege und Mühlenbache gewalttätigerweise von dem Besitzer von Nütschau Claus von Ahlefeld mit einem geladenen Rohr und aufgezogenem Hahn überfallen und unter Ausstoßung grober und ehrenrühriger Injurien mit Erschießen bedroht. Der Edelmann wurde aber von seiner Frau und dem Bürgermeister durch Schreien und Abmahnen an der Ausführung gehindert und mußte später auf Befehl des Königs für diesen Überfall eine Pön von 2000 Reichstaler erlegen. Was den Junker zu diesem Überfalle bewog, ist in den Akten nicht verzeichnet. Es ist aber wohl anzunehmen, daß er den Ratsherrn und Secretarius für ein ihm schuld gegebenes Unrecht strafen wollte. Claus von Ahlefeld erwies sich später recht hilfreich gegen die geplagten Bürger von Oldesloe und hat ihnen vielleicht auch damals helfen wollen und sich in jugendlichem Eifer nur in den Mitteln vergriffen.

Hermann Westphal 1648, später Bürgermeister.
Hans Halbeke 1648.
Samuel Hane 1652, Kirchengeschworener 1638—1662, Gerichtsverwalter 1654, † 1668.
Tobias Fischer 1652, erhielt 1668 den St. Jürgenshof als Lehn, war 1673 während der Suspension des Konsulats regierender Ratsverwandter. † 1679.
Christian Hinrich Küsel 1653, zugleich *Secretarius* und *Notarius publicus*, † 1673.
Jürgen Gerckens der Jüngere 1660, später Bürgermeister.
Johann König 1666, regierender Ratsverwandter in Gemeinschaft mit Tobias Fischer 1673, † 1674. Gegen ihn führten 1666—1668 die Travefahrer einen kostspieligen Prozeß wegen Beleidigung, weil er sie beim Niedergericht nicht als Achtmänner zulassen wollte. Auch spielte im Jahre 1667 ein häßlicher Injurienprozeß zwischen ihm und dem späteren Ratsverwandten Jacob Hane.
Daniel Fischer 1674, † 1679.
Ludolf Conradi 1674, später Bürgermeister.
Detlef Möller der Jüngere 1674, später Bürgermeister.
Johann Wulff 1682, später Bürgermeister.
Jürgen Helms der Ältere 1682, † 1695.
Jacob Hane 1684.
Peter Isenhagen (1690 wird über seinen Nachlaß verhandelt).
Valentin Rewalt (Rehwald) 1687, † 1696.
Jürgen Wolherr 1692, 1698, † 1701.
Peter Bauert 1697, † 1737.
Anton Freudemann 1698, 1707.
Henricus Lindelof 1707, später Bürgermeister.

Stadtsekretäre:

Einen besonderen Stadtsekretär hat es nicht immer gegeben. Das Amt war meistens mit dem eines Ratsverwandten oder eines Bürgermeisters verbunden. In diesem Jahrhundert bekleideten es:
Johannes Lembeken (Hans Lembke, Lempius) 1605, † 1630. Da er mit dem Titel Herr geehrt wird, muß er ein Mann von akademischer Bildung gewesen sein.
Johannes Arps 1631 bis 1653.
Christian Haube 1653—1654, 1656.
Christian Hinrich Küsel 1654—1673.
Jürgen Gerckens, Bürgermeister, 1673—1697.
Hinrich Lindelof, 1697—1720.

VI. Vogtding und Achtmänner.

Die Kontrolle über die Verwaltung des Magistrats wurde von der gesamten Bürgerschaft ausgeübt, die sich zu diesem Zwecke viermal im Jahre um Weihnachten, Ostern, Johannis und Michaelis im Rathause versammelte. Diese Quartalsversammlungen führten den Namen Vogtding (Vogtthing, Vogting). Dem landesherrlichen Vogte scheint es also ursprünglich obgelegen zu haben, sie zu berufen und zu leiten. Vgl. S. 42. Oldesloer Vogtdingsakten sind erhalten aus der Zeit von 1659 bis 1849, leider mit vielen oft langen Lücken. Die Magistratsmitglieder berichteten über ihre Geschäfte gewöhnlich nur mündlich, und so konnte die Kontrolle in diesen Versammlungen selbst nur eine sehr oberflächliche sein. Wenn es galt, eine Sache gründlich zu prüfen oder die Durchführung eines Beschlusses zu überwachen, wurde dazu in der Regel ein besonderer Ausschuß eingesetzt, dessen Mitglieder Achtmänner hießen, weil sie die Aufgabe hatten, die Acht auszuüben, nämlich auf die in Frage kommenden Dinge zu achten und gegebenenfalls ein Gutachten darüber abzugeben. Als z. B. auf dem Johannis-Vogtding von 1659 nach dem Bericht des Ratsherrn Hermann Westphal über die Verrichtung ihrer Kriegskommission in Segeberg beliebt wurde, behufs gerechter Verteilung der zu zahlenden Kriegskontribution die Schatzregister nach eines jeden Vermögen einzurichten und dabei weder Witwen noch Waisen, die Güter und Ländereien hätten, zu verschonen, wurden zur Überwachung der Durchführung dieses Beschlusses 16 Achtmänner deputiert, aus jedem der vier Quartiere vier. Meistens aber begnügte man sich mit acht Achtmännern, die dann später nur die 8 Männer genannt wurden. Das Zahlwort verdrängte das außer Übung kommende Substantiv Acht[1]).

Den Magistratsmitgliedern war natürlich eine so genaue Überwachung ihrer Geschäfte sehr unbequem. Als mit zunehmender Verelendung der Stadt die Bürgerschaft immer ernstlicher auf Abstellung der in die Stadtverwaltung eingeschlichenen Mißbräuche drang, entwickelte sich allmählich eine gereizte Stimmung zwischen Bürgerschaft und Magistrat, die zu heftigen Streitigkeiten und langwierigen und kostspieligen Prozessen führte.

VII. *Streitigkeiten zwischen Magistrat und Bürgerschaft.*

Beschwerde des Steffen Schütte. Stadtvogt Caspar Gabriel von Hogenstein. Hohenstein macht sich zum Führer der Opposition. Die Eingabe der Bürgerschaft nach Darstellung des Magistrats. Bericht des Magistrats über das weitere Verhalten der Bürgerschaft. Antwort des Magistrats. Ergänzungen zu dem Magistratsbericht. Der Magistrat verdächtigt den Charakter der Beschwerdeführer. Die Bürger schließen sich aufs neue zusammen. Mißerfolg in Glückstadt. Erfolg in Kopenhagen. Die Bevollmächtigten müssen sich in Arrest begeben. Die conföderierten Bürger kriechen zu Kreuze. Verfolgung Hohensteins durch den Magistrat. Mißglückte Verhaftung. Erfolgreiche Verteidigung. Tod des Stadtvogts. Marx Leke wird Vorkämpfer der Bürgerschaft. Beantragung eines besseren Rechnungswesens. Leke wird Stadtkassierer.

---

[1]) Auch in anderen Städten scheint 8 die übliche Zahl der Achtmänner gewesen zu sein, weil eben jede Stadt in vier Quartiere geteilt war. So berichtet Lambertus Alardus zum Jahre 1578 von Krempe: *Crempenses cives per contentionem adjunxerunt senatui 8 cives, censores publicorum redituum et aedificii publici coadjutores.* Westphalen, Monum. ined. I Sp. 1924.

Bemühungen des neuen Bürgermeisters Jürgen Gerckens. Eine neue Eingabe der Bürgerschaft bleibt erfolglos. Brüggemann mit der Aufsicht über Oldesloe beauftragt. Suspension der beiden Bürgermeister. Geringe Erfolge der Tätigkeit des Kommissars. Wahl von drei Ratsverwandten für einen. Neuer Unwille der Bürgerschaft. Zurückweisung der Achtmänner. Verdächtigung Marx Lekes. Verteidigungsschrift der Bürgerschaft. Königliches Mandat vom Mai 1676. Bevollmächtigung Lekes. Lekes Reformvorschläge. Eingreifen Brüggemanns. Renitenz des Magistrats. Gegner Lekes in der Bürgerschaft. Joachim Reich mit der Inspektion über Oldesloe betraut. Versöhnungs-Protokoll. Leke kämpft weiter. Prozeß in Glückstadt. Endliche Revision der Rechnungen. Lekes Ausgang. Schließlicher Erfolg von Lekes Bemühungen. Kontributionspflicht der Ratsmitglieder. Einrichtung des Deputierten-Kollegiums. Wahrung der Ratswürde. Neuer Streit. Neuer Vergleich. Zwist im Magistrat. Jürgen Wolherr und Andreas Potemke Führer der Bürgerschaft. Bürgermeister Gerckens Tod. Wolherr regierender Ratsverwandter. Seine Verdienste um die Stadt. Egardi Bürgermeister durch königliche Berufung. Neue Parteiung. Wolherrs Rache an Hans von Holms. Anklagen gegen Wolherr. Bedrängung Potemkes. Wolherrs und Potemkes Prozesse. Mutmaßlicher Ausgang der Prozesse.

Der erste, der den Mut fand, sich im Einvernehmen mit anderen Bürgern gegen die Willkür des Magistrats aufzulehnen, war der Travenfahrer Steffen Schütte. Er beschuldigte 1662 in einer Supplication an die königliche Regierung in Glückstadt Bürgermeister und Rat, einem königlichen Befehle nicht Folge geleistet zu haben, und wurde deshalb von ihnen in einen Prozeß verwickelt, von dessen Ausgang leider die Akten fehlen. Desto ausführlicher werden wir über die Kämpfe unterrichtet, welche die Bürgerschaft unter der Führung des königlichen Stadtvogts Hohenstein und des Bürgers Marx Leke gegen den Magistrat führten.

Nachdem in Oldesloe die Stelle eines königlichen Stadtvogts lange Zeit unbesetzt geblieben war, wurde durch königliches Dekret vom 7. März 1663 wieder ein solcher eingesetzt in der Person des Caspar Gabriel von Hogenstein, des Sohnes des Oldesloer Bürgers Hans Hohenstein. Der Name „von Hogenstein" wird ihm nur in der in Kopenhagen datierten und von König Friedrich eigenhändig unterschriebenen Bestallungsurkunde gegeben. In den Oldesloer Akten heißt er wie sein Vater bloß Hohenstein, Hogenstein oder Hagenstein[1]). Da der Magistrat nicht recht zu wissen schien, welche Stellung dem ihm beigegebenen neuen Beamten zukam, wandte er sich durch Schreiben vom 27. März 1663 an Bürgermeister und Rat von Wilster mit der Bitte um Auskunft über die Amtsbefugnisse ihres Stadtvogts. Der Magistrat von Wilster antwortete durch Schreiben vom 4. April 1663, daß ihr Stadtvogt in Wilster in Eid, Pflicht und Bestallung genommen werde, von der Gemeinde jährlich 20 Mark zu bekommen habe und daß es seines Amtes sei, zu Hochzeiten zu bitten, mit anderen bei Begräb=

---

[1]) Es war allem Anscheine nach eine Militärperson, der man durch die Bestallung eine Zivilversorgung geben wollte.

nissen und sonst die Glocken zu treten, auf Befehl des Herrn Bürgermeisters Arrest anzulegen und Auspfändungen vorzunehmen und beim Stadtgericht zwischen beiden Gerichtsherren sitzend das Gericht zu hegen und die Parteien „einzueschen" und zu citieren. In Wilster war also der Stadtvogt kein königlicher Beamter mehr und seine Würde zu der eines untergeordneten Stadtdieners, wie es heute etwa der Feldvogt ist, herabgesunken, und nur an seinem Platze bei Gericht war noch zu erkennen, daß er dort ursprünglich die Hauptperson gewesen war.

Auch der Oldesloer Magistrat schien nicht geneigt, dem neuen Stadtvogt größeren Einfluß einzuräumen. Caspar Gabriel von Hohenstein aber ließ sich nicht so leicht auf die Stufe des Wilsterer Stadtvogts hinabdrücken. Er „unterkühnte" sich nicht nur, wie sich der Magistrat in einem Berichte ausdrückte, „Parteisachen in Verhör zu nehmen," indem er Bürger, die in Erbschaftsangelegenheiten oder wegen Schuldforderungen prozessierten, selbständig vernahm, sondern lud auch die Bürgerschaft in seines Vaters Haus, um mit ihr städtische Angelegenheiten zu besprechen und eine Eingabe an den Magistrat vorzubereiten, in der demselben die Wünsche der Bürger dargelegt werden sollten. Bürgermeister und Rat forderten Hohenstein wiederholt vor und verboten ihm, heimlich ohne Vorwissen des Rats die Bürgerschaft zu convocieren. Der Stadtvogt aber ließ sich nicht einschüchtern, continuierte die Conventicula etliche Tage nach einander und führte bei solcher Zusammenrottung ihre Consilia wider Bürgermeister und Rat, bis ihre „Reformationsschrift" zu Papier gebracht worden war. Bereits am 24. April wurde sie von des Stadtvogts Vater Hans Hogenstein in Gemeinschaft mit vier andern Bürgern dem präsidierenden Bürgermeister Herrn Hermann Westphal übergeben mit dem Ersuchen um schleunige Resolution.

Die Eingabe der Bürgerschaft ist nicht mehr bei den Akten, sondern nur noch ein Bericht des Magistrats über dieselbe. Nach der Darstellung des Magistrats klagen die Bürger in ihrer Schrift darüber, daß sie schwere Kriegspressuren ausgestanden und daß darauf teuere Zeit gefolget sei, obwohl der Friede endlich erfolgt, sie gleichwohl vielen Schatzungen und militärischer Execution annoch unterworfen wären, dahero dasjenige, was sie noch übrig behalten hätten, nun auch herhalten müsse. Dabei würden aber von Bürgermeister und Rat viele ihrer Meinung nach unnötige Ausgaben und Reisen gemacht, woran ein Merkliches könnte gespart werden. Es läge ihnen doch vielmehr ob, ihren Bürgern besser vorzustehen, aber Condolenz, Trost und Hilfe wären bei ihnen seltsame Essen. Die notschwebende Zeit würde von ihnen gar nicht betrachtet, besonders sobald ein Gläubiger käme und keine bare Zahlung erfolgen könne, wären das Gastrecht und die Stadtbücher bereit, und wer nicht daran wolle, müsse zum Tore hinauslaufen. Die seit vielen Jahren eingebrachten bürgerlichen Achten würden gar nicht respektiert, z. B. die wegen Erhaltung des Travedammes, durch dessen Vernachlässigung die Stadt großen Schaden erleide. Die Accisegelder wären in vielen Jahren nicht eingekommen, gleichwohl aber aus der Stadtkasse in das königliche Amtsregister bezahlt worden. Der Rat wäre jetzt ganz kompletiert, dagegen aber die Stadt mit halber Bürgerschaft besetzt[1]). Auch wäre der Rat, absonderlich in diesen Kriegszeiten, von Contribution und allen anderen Auflagen befreit gewesen. Die Bürger wollten sie aber nicht frei halten und das nicht mehr dulden. Ferner hätten sich die Bürgermeister unternommen, die Schatzgelder von den 8 Männern einzuheben und solche wieder zu verwenden. Wenn aber Rechnung geschehen solle, hätten die Register nicht zusammen kommen und keine richtige Rechnung vorgebracht werden können. Sie hätten anfänglich zwar schriftliche Dispositionen gemacht, aber dieselben bald wieder an sich gezogen. Es sollten daher zwei beeidigte Bürger dazu genommen werden. Auch wollten die Bürger richtige Specification wegen der Stadtschulden haben und wissen, was Johann Möller in Kopenhagen verrichtet habe. Schließlich wiesen sie darauf hin, daß die königlichen Mandata wegen der Schatzung nach Pflugzahl gingen. Weil aber die Herren (vom Rat) und etliche (ihnen nahe stehende) Bürger das meiste Land hätten, werde sie auf die Häuser und Armut geschlagen. Es wäre aber ihre gänzliche und standhafte beharrliche Meinung, daß der Schatz nach dem Lande sollte angesetzt werden, und es sollten Bürgermeister und Rat auf angeregte Punkte ihre Meinung von sich geben.

Da keine Antwort erfolgt, seien nach dem weiteren Berichte des Magistrats am 11. Mai der Stadtvogt und 7 andere Bürger in das Haus des wortführenden Bürgermeisters gekommen und hätten auf Bescheid gedrungen. Der Bürgermeister habe ihnen in Gegenwart des Ratsherrn Jürgen Gerckens geantwortet, daß er eben beschäftigt sei, des Herrn Obristen Rauch Quartiermeister, der hier auf kostbare Execution läge, abzufertigen. Er wolle über die Sache in *pleno* referieren, und in wenigen Tagen solle Bescheid erfolgen. Zugleich habe er den Stadtvogt, der mit einem Degen voranging und für die Bürger das Wort führte, erinnert, sich wohl vorzusehen und sich in solche Händel, die ihn nicht concernierten, nicht einzumischen, worauf derselbe geantwortet habe, warum er das nicht tun solle; sie stünden alle für einen und einer für alle. Dann seien sie wieder in Harries Haus zu ihren Interessenten gegangen und hätten sich bei geöffneten Fenstern zu ihrem Gesöff wieder niedergesetzt und sich toll und voll gesoffen.

Am 14. Mai hätten die conföderierten Bürger abermal ihre Zusammenkunft gehabt und beschlossen, durch die ganze Stadt Geld einzusammeln, und dazu zwei Bürger deputiert. Diese hätten dann das Geld Haus bei Haus collektiert, alle, die es nicht gleich hätten geben wollen, mit starker Bedrohung forciert, und das alles *propria auctoritate* Bürgermeister und Rat zum Trotz.

---

[1]) In dieser Wiedergabe des Rats wird die eigentliche Meinung der Bürgerschaft vertuscht. In späteren Bürgerklagen aber wird deutlich gesagt, daß Bürgermeister und Rat Schwäger, Schwiegersöhne und Vettern in den Rat hineinzögen, um ihnen Freiheit von Kontribution und Einquartierung und andere Vermögensvorteile zu verschaffen, während doch eine geringere Zahl von Ratsmitgliedern zur Führung der Geschäfte genüge.

Am 15. Mai hätten Bürgermeister und Rat den Stadtvogt aus Nicolai Carii Hause, woselbst die conföderierten Bürger beieinander gewesen, zu sich fordern lassen und demselben des Herrn Amtmanns Befehl überreicht, worin *nomine Regiae Majestatis* dem Stadtvogt und den mit ihm interessierten Bürgern ernstlich anbefohlen worden, sich gegen Bürgermeister und Rat so zu bezeigen, daß nichts Unverantwortliches und Strafbares von ihnen vorgenommen würde. Darauf sei der Stadtvogt samt den conföderierten Bürgern in ziemlicher Anzahl in Nicolai Carii Haus zu andern Bürgern gegangen, die sich dann auch in großer Anzahl zusammen getan hätten. Wie darauf Bürgermeister und Rat durch den Stadtdiener einem Teile derselben hätten ansagen lassen, daß sie am selbigen Tage nachmittags um 1 Uhr in des präsidierenden Bürgermeisters Behausung kommen möchten, um Bescheid auf die übergebene Reformationsschrift zu vernehmen, seien einige zu dem Bürgermeister gekommen und hätten sich entschuldigt, daß sie sich zuerst nach Segeberg zu dem Herrn Amtmann verfügen müßten, und seien bald darauf in großer Furie mit dem Stadtvogt zum Tore hinausgeritten. Als am 16. Mai Bürgermeister und Rat einige Bürger, die mit den Conföderierten nichts zu schaffen hätten, in Herrn Bürgermeister Detlef Möllers Haus hätten fordern lassen, seien auch Hans Hagenstein und Consorten dahin gekommen, hätten Bürgermeister und Rat zu sprechen begehrt und daran erinnert, daß sie gestern zum Herrn Amtmann nach Segeberg hätten reisen müssen, so wollten sie denn jetzt den Bescheid entgegennehmen. Jasper Gößler habe im Namen der anderen Mitinteressenten angezeigt, daß sie Bürgermeister und Rat als ihre Obrigkeit anerkenneten, liebten und ehrten, und da sie pecciert hätten, hätten sie sie zu strafen, worauf ihnen die Beantwortung punktweise vorgelesen worden sei. Darauf seien die Bürger abgetreten und hätten durch Friedrich Koler anbringen lassen, daß sie Bürgermeister und Rat ersuchten, die gesamte Bürgerschaft nächsten Montag zu Rathause convocieren zu lassen, damit ihnen allen die Beantwortungspunkte vorgelesen werden und sie sich darüber vereinigen möchten.

In ihrer Antwort betonten Bürgermeister und Rat zunächst unter ausdrücklicher Reservierung aller competierenden rechtlichen Ahndung bei ihrer hohen landesfürstlichen Obrigkeit, daß keinem Bürger oder Untertanen gebühre, sich wider ihre von Gott und der hohen landesfürstlichen Obrigkeit ihnen vorgesetzte Obrigkeit zu opponieren, aufzulehnen und sich zu widersetzen, viel weniger zu gebieten, obzuherrschen und derselben gewisse *leges* vorzuschreiben, wie sie es nach ihrem Kopf haben wollen, sondern es sei dasselbe in göttlichen und weltlichen Rechten hochverboten und mit unnachbleiblichen Strafen schwer abgestraft worden. Wer sich wider die Obrigkeit setze, der widerstrebe Gottes Ordnung. Die aber widerstrebten, würden ein Urteil über sich empfangen, denn sie trüge das Schwert nicht umsonst. Bürgermeister und Rat hätten daher mit nicht geringer Bestürzung vernommen, daß ein Teil der Bürger sich erkühne, ihre Conventicula zu halten, sich wider sie zu opponieren, zu verbinden und in Gemein=

schaft mit dem Stadtvogt den wortführenden Bürgermeister strafbarer Weise zu überfallen, was rechtlich zu ahnden wider alle sowohl in *genere* als in *specie* sich Bürgermeister und Rat reserviere und *per expressum* vorbehalte.

Nach dieser Einleitung hätte sich der Magistrat die Beantwortung der einzelnen Klagepunkte eigentlich sparen können; denn sie zeigt doch, was auch die weiteren Verhandlungen bestätigen, daß die in der Macht befindlichen Herren gar nicht daran dachten, den Wünschen und Nöten der Bürger entgegenzukommen und sich mit ihnen ehrlich auseinanderzusetzen, sondern nur darauf bedacht waren, jedes Aufmucken im Keime zu ersticken und sich in der Macht zu erhalten. Die Beantwortung der einzelnen Punkte geschah auch nur zur Selbstverteidigung des Magistrats und zeigt, daß die Bürger wohl in einzelnen Nebendingen geirrt und sich auch im Ausdruck vergriffen haben mochten, im ganzen aber recht hatten. Hören wir nur, was in ihrem Bericht Bürgermeister und Rat über ihre Befreiung von der Kontribution vorbringen: „Daß aber diese Bürger von ihnen Contribution haben wollen und daß solches ihr ernster Wille und Meinung, lassen sie sich dasselbe von ihnen wider das Herkommen gar nicht aufbürden, tragen auch zu der hohen Obrigkeit die alleruntertänigste Confidenz, daß sie sie noch zu ihrem schweren Amt mit keiner Contribution belegen, sondern sie gleich den andern, ihren Nachbarn, davon eximieren werde."

Sonntag, den 17. Mai, wurde ein abermaliger Befehl des Herrn Amtmanns von der Kanzel proklamiert.

Der Bitte, die gesamte Bürgerschaft Montag, den 18. Mai, zur nochmaligen Verlesung der Antwort ins Rathaus einzuladen, wurde nicht willfahrt. Dagegen erschien nach dem Bericht des Magistrats an diesem Tage Herr Claus von Alefeld, der Besitzer von Nütschau, auf ein inständiges Ansuchen der Conföderierten und zeigte an, daß sie um Pardon bäten. Es ist kaum zu glauben, daß die ganze Opposition so schnell zu Kreuze gekrochen ist. Immerhin aber ist anzunehmen, daß das Drohen mit dem Richtschwert vielen Bürgern den Mut zu weiterem energischen Auftreten genommen hatte.

Der Magistrat berichtet dann weiter, daß am 20. Mai, dem großen Buß- und Bettage, nach der Hauptpredigt das königliche Mandat in der Kirche insinuiert worden sei und daß am Nachmittage desselben Tages der Stadtvogt wohlbezecht zu Pferde in die Stadt gekommen sei, in seines Vaters Hause beide Pistolen gelöst und greulich turniert, gescholten und geflucht habe, und daß am 22. des Stadtvogts Vater Hans Hagenstein in des wortführenden Bürgermeisters Haus vor Bürgermeister und Rat gefordert und gefragt worden sei, wie sein Sohn dazu gekommen sei, am heiligen Buß- und Bettage in seines Vaters Hause so greulich zu turnieren und die Pistolen zu lösen, worauf der Vater geantwortet habe, sein Sohn hätte nur die Pistolen entladen. Darauf sei der Vater weiter herausgefahren und habe die am Buß- und Bettage gehaltenen Predigten kritisiert.

Damit bricht der Bericht des Magistrats ab. Aus den vom Magistrat aufgestellten Fragepunkten über ein summarisches Verhör von 23 Bürgern erfahren wir noch, daß auf dem am 4. Mai abgehaltenen Ostervogtting die konföderierten Bürger sich auf dem Rathause angeblich haben vernehmen lassen, sie wollten eher keine Acht einbringen, es hätte sich denn zuvorderst Senatus auf ihre Punkte erklärt, und wenn jetzt jemand auf dem Rathause vorhanden sein sollte, welcher nicht mit ihnen einig wäre, so wollten sie den sofort vom Rathause hinunterwerfen, und ferner, daß die beiden kollektierenden Bürger, als die Gerichtsherren sie hätten zur Rede stellen wollen, nicht kompariert, sondern sich in Harries Haus retiriert hätten, wo sie Harrie in die Kammer verschlossen und weder den Stadtknechten noch den Gerichtsherren selbst hätte ausliefern wollen.

In zahlreichen Eingaben an die Behörden in Segeberg, Glückstadt und Kopenhagen berichtet der Magistrat in gehässigster Weise über den Stadtvogt und die eine bessere Stadtverwaltung erstrebenden Bürger und stellte sie als gefährliche Aufrührer und Leute, die der königlichen Majestät den Respekt versagten, dar. Worte, die Hagenstein in gerechtem Zorn über die gegen ihn erlangten und in der Kirche verkündeten Mandate ausgestoßen hatte wie: „Die Schelme, die Diebe, die Papen, die verfolgen mich, der Gelbkopf und der Schwarzkopf, der Teufel soll sie alle holen!" wurden im Verhöre festgestellt und mit notarieller Beglaubigung den Behörden eingesandt. Nachdem infolge dieser Anklagen bereits einige Bürger von den königlichen Behörden citiert worden waren, ermannte sich die Bürgerschaft, der anfänglich durch die Bedrohung mit dem Richtschwert der Schreck in die Glieder gefahren war, und tat sich im Bewußtsein ihres guten Rechtes zusammen, um die Sache auf gemeinsame Kosten und Gefahr durchzufechten. Durch Vollmacht vom 26. Juni 1663, die von 102 Bürgern unterzeichnet ist, und durch Vollmacht vom 6. Juli 1663, welche die Unterschrift von 136 Bürgern trägt, ernannten sie eine Anzahl Bürger zu ihren Anwälten. In der letzten Vollmacht hoben sie ausdrücklich hervor, daß die Bürgerschaft Einem Ehrbaren Rate einige Gravamina einzig und allein zu der Stadt Wohlfahrt und Aufnahme und zu keinem andern Zweck schriftlich übergeben habe, daß die Gravamina aber von dem Rat anders aufgenommen und ausgedeutet worden seien. Die am 24. April überreichte Eingabe sei keineswegs eine Reformationsschrift, wie sie vom Rate genannt werde, sondern allein auf eine in Güte gesuchte Konservation der Stadt gerichtet gewesen[1]).

Aber die Bürger hatten kein rechtes Glück mit ihrer gerechten Sache. Durch einen ziemlich ungnädigen Erlaß der Glückstädter Regierung vom 27. April 1664 wurden ihre Bevollmächtigten Hans Reers,

---

[1]) Die beiden Vollmachten, die bei den hiesigen Akten nicht im Original, sondern nur in Abschrift vorhanden sind, liefern die ersten annähernd vollständigen Bürgerverzeichnisse. Die erstere ist außerdem dadurch interessant, daß sie mit 35 Namen die Hausmarken zeigt. Wahrscheinlich waren das die Namen von solchen Bürgern, die ihren Namen nicht schreiben konnten. Bei einem Namen steht ausdrücklich vor der Hausmarke: „wil ick suluest nicht schrieuen kan".

Nicolaus Carius und Henrich Harry im Namen des Königs aufgefor=
dert, sich am 4. Mai in Glückstadt wieder einzufinden und bis auf
weitere Verordnung den angekündigten Arrest anzutreten, wenn sie
sich nicht innerhalb acht Tage mit Bürgermeister und Rat zu Oldes=
loe als ihrer vorgesetzten ordentlichen Obrigkeit verglichen. Die Ver=
mutung läßt sich nicht von der Hand weisen, daß die Proben von
Rummeldeus und Neunaugen, die Bürgermeister und Rat im November
1663 mit dem Versprechen von mehr nach Glückstadt sandten, dort
als kräftige Argumente gewirkt haben.

Ganz erfolglos scheinen die Bestrebungen der Bürger jedoch nicht
geblieben zu sein. In einem Schreiben an Claus von Alefeld auf
Nütschau klagten Bürgermeister und Rat darüber, daß die Bürger bei
Seiner Königlichen Majestät ein Mandat erschlichen hätten, nach dem
sie gleich den Bürgern Kontribution und der Stadt Onera mit abtragen
sollten[1]), während ihre Vorgänger doch seit undenklichen Jahren von
allen *oneribus* befreit gewesen und solches darum, weil bei dem Rat=
stuhl kein gewisses Salarium oder Hebung, sondern nur etwas von
Wiesengewächs, welches alles in allem mit dem, was sonsten der Rat
zu heben, jährlich einem jeden nicht 10, ja höchstens 12 Reichstaler
bringen könne, und dafür müßten sie täglich auf dem Rathause liegen
und sich um der Stadt Wohlfahrt bekümmern, und sie baten den Jun=
ker, da er beschlossen habe, nach Kopenhagen zu reisen, sich dort
ihrer Sache anzunehmen, und machten ihn besonders scharf auf den
Stadtvogt Hagenstein, der in Kopenhagen seine Sache selbst vertreten
hatte, mit dem Ersuchen, dafür einzutreten, daß er als böses Vorbild
für die Bürgerschaft von seinem Dienst entsetzt und *exemplariter* be=
straft werde.

Inzwischen wurden durch Verfügung der Glückstädter Regierung
vom 29. Juni 1664 die Bürgerbevollmächtigten Nicolaus Carius, Hen=
rich Harry, Jasper Goßler und Hans Reers, weil sie die erwirkten
dilationes nicht dazu benutzt hätten, Bürgermeister und Rat die schul=
dige Satisfaction zu geben, bei Androhung von 100 Reichstaler Strafe
ernstlich aufgefordert, sich innerhalb der nächsten 8 Tage nach Glück=
stadt zum Arrest in ihre vorige Herberge zu verfügen.

Nun wurden die Bürger mürbe. Eine von 98 Bürgern unter=
schriebene Vollmacht vom 26. August 1664 ermächtigt die in Glück=
stadt befindlichen Vertreter, auf einen gütlichen Vergleich einzugehen
dergestalt, daß sie wegen der in der dem Rat übergebenen Schrift
aus Einfalt gesetzten Wörter „wollen" und „sollen" und auch sonst um
christliche Verzeihung bitten und aus Liebe zum Frieden dem Rat
zur Ergänzung seiner Unkosten ein Gewisses bewilligen.

Darauf bekannten dann die Bevollmächtigten zu Glückstadt in
einer Urkunde vom 31. August 1664, daß sie und ihre Auftraggeber
Bürgermeister und Rat unrecht und zu viel getan und alles, was vor=
gegangen, aus Simplicität geschehen sei und weil sie und ihre Auftrag=

---

[1]) Nach einer späteren Vorstellung der Bürgerschaft war dieses Mandat an den
Amtmann Caspar von Buchwald in Segeberg gerichtet und vom 20. April 1664 datiert.

geber als schlichte Leute nicht verstanden hätten, daß es so übel ge=
deutet und aufgenommen werden könne, baten, daß Bürgermeister
und Rat ihnen solches christlich verzeihen wollen, versprachen, ihnen
als ihrer Obrigkeit künftig alle schuldige Ehre, Respekt und Gehor=
sam zu erweisen und dieselben hinfürder niemals wieder solcherge=
stalt zu beleidigen oder zu despektieren, und verpflichteten sich
für sich und ihre Auftraggeber bei Verpfändung ihrer Güter, die Un=
kosten, so hierdurch Bürgermeister und Rat verursacht worden, *salva
moderatione* ihnen zu refundieren. Zu gehorsamer Gelobung ihrer
getanen Erklärung reichten dann die Bevollmächtigten der Bürger=
schaft den anwesenden Deputierten des Rates Bürgermeister Detlef
Möller und Ratsverwandten Jürgen Gerckens in Gegenwart der König=
lichen Regierung die Hände, und damit war der „Vergleich" abge=
schlossen. Von einem Unrecht des Magistrats ist nicht die Rede.
Die Berechtigung der Beschwerde der Bürgerschaft scheint bei diesem
Prozeß in Glückstadt gar nicht ins Gewicht gefallen zu sein. Für die
Bürgerschaft bekam die Sache noch einen sehr üblen Nachgeschmack
durch die ihr auferlegten Prozeßkosten von über 2000 Mark lübsch,
für deren Bezahlung die Bevollmächtigten verantwortlich ge=
macht wurden. Die Verhandlungen über die Bezahlung zogen sich
bis zum Jahre 1668 hin. Da die Gelder von den Bürgern schwer zu er=
langen waren, wurden die Bevollmächtigten wiederholt aufgefordert
zu zahlen oder sich in Glückstadt zum Einlager zu stellen, und zuletzt
gar bedroht, in Oldesloe ins Gefängnis geworfen zu werden.

Der Stadtvogt Hohenstein hatte in Kopenhagen eine königliche
Resolution erwirkt, die für Bürgermeister und Rat nicht günstig ge=
wesen zu sein scheint. Ein dem Magistrat zu Diensten bereiter Ko=
penhagener Beamter schrieb diesem darüber am 17. September 1664,
daß sie auf stündliches weinerliches Flehen von Hohensteins Ehefrau
etwas scharf hätte abgefaßt werden müssen, doch stände es den viel=
geehrten Herren frei, ihren Gegenbericht dagegen einzusenden, und
sie könnten versichert sein, daß Hohenstein auf erfolgten rechtmäßigen
Bericht, da er der Verursacher und Anfänger des Tumults gewesen
sei, nicht allein seines Stadtvogtdienstes entsetzt, sondern auch sonst
exemplarisch abgestraft werden solle. Der Magistrat ließ sich das
nicht zweimal sagen und berichtete dem Könige, daß sie Hohenstein
wegen seines tumultuösen Lebens und seiner Insolentien hätten in=
haftieren, dann aber wieder hätten freigeben müssen auf ein könig=
liches Mandat, das durch einen falschen Bericht seines überbösen
Weibes, derengleichen die ganze Christenheit an Bosheit nicht be=
greift, erschlichen worden wäre. Er sei dann von dem Herrn Amt=
mann in seines Vaters Haus in Arrest gewiesen worden. Sobald er
aber gemerkt, daß einer von ihnen dieses armen Städtleins halber nach
Kopenhagen gereist sei, sei er aus dem Arrest entwichen und mit ihren
Ratsverwandten zugleich nach Kopenhagen gesegelt, von wo er nur
wieder zurückgekehrt sei, um hier seiner ruchlosen Art nach sich wie=
der mit Schelten, „Tornieren" und gefährlichem Schießen hören und
vernehmen zu lassen. Es ergehe nun an die königliche Majestät die

Bitte, daß der durch meineidige Exorbitanz gebrochene Arrest beibehalten werde, damit Bürgermeister und Rat vor ihm gesichert und das uralte Städtlein vor seinem gefährlichen Schießen außer besorglicher Gefahr seien.

Um diese Zeit ging, wie wir S. 215 gesehen haben, auch eine kostbare silberne Kanne als Geschenk an einen königlichen Beamten in Kopenhagen ab. Sie zeigte auf dem Deckel das Bild des Vogels Pelikan, des Sinnbildes aufopfernder Elternliebe. Ob wohl die Herren Stadtväter in der Sorge für ihre Stadtkinder das Geschenk wenigstens von ihrem Eigenem bezahlt haben?

In einer Eingabe an den König vom 13. Juni 1665 klagten Bürgermeister und Rat aufs neue über greuliche Scheltworte, die der Stadtvogt gegen sie ausgestoßen haben soll, und berichteten, daß sie ihn deshalb hätten zur Rede stellen und sich seiner Person *ex justo dolore* mit Hilfe der Stadtdiener hätten bemächtigen wollen. Er aber sei, ehe die Diener zur Stelle gewesen seien, in eines Töpfers Haus auf den Boden retiriert und habe von dort den Ratsverwandten Jürgen Gerckens im Beisein des wortführenden Bürgermeisters mehr als 20 neue ungebrannte Tassen auf den Kopf geworfen. Sie fragten nun an, was mit „diesem rumorschen, boshaften Menschen" bis zum Termine geschehen und wie er nach Glückstadt gebracht werden solle.

Der Stadtvogt wehrte sich aber weiter seiner Haut, und offenbar mit Erfolg. Bis zum Jahre 1670 reichten Bürgermeister und Rat immer neue Klageschriften gegen ihn ein, hielten es aber wohlweislich unter ihrer Würde, „sich mit diesem Calumnianten auf dasjenige, welches er als *Contumeliose* gesetzt, einzulassen", und verlangten immer wieder, daß er auf ihre Darstellung der Dinge hin exemplarisch bestraft werde, „weil solches Calumnieren in allen Rechten und Statuten bei Jahren ganz ausdrücklich verboten". Dann brechen die Akten ab. Das Endurteil ist in ihnen nicht mehr vorhanden. Vielleicht ist es gar nicht gefällt worden, weil Hagenstein inzwischen starb. In einem Schreiben des Magistrats vom 11. März 1672 wird seiner als eines neulich Verstorbenen gedacht.

Es ist sehr zu bedauern, daß wir über den letzten Oldesloer Stadtvogt und die von ihm eingeleitete Bewegung fast nur durch die stark gefärbte Darstellung des Magistrates unterrichtet werden. So viel aber läßt sich doch erkennen, daß Caspar Gabriel von Hogenstein — diesen Namen müssen wir ihm auf Grund des königlichen Bestallungsdekrets doch lassen — durchaus uneigennützig handelte und sich für eine gerechte Sache aufopferte.

Die Übelstände, welche den Unwillen der Bürgerschaft erregt und sie zu scharfem Auftreten gegen den Magistrat veranlaßt hatten, waren nicht beseitigt worden, sondern verschlimmerten sich immer mehr, und es konnte daher nicht ausbleiben, daß der Kampf der Bürgerschaft gegen die Mißwirtschaft des Magistrats aufs neue begann. An Stelle des von seiner eigenen Verteidigung in Anspruch genommenen Stadtvogts machte sich jetzt einer der letzten Bevollmächtigten der Bürgerschaft, ein vor dem Hamburger Tor wohnender Bürger namens

Marx Leke zu ihrem Vorkämpfer. Aber durch die Erfahrung gewitzigt, nahm er dem Magistrat in der Eingabe, die er am 5. März 1666 im Namen der Bürgerschaft an ihn richtete, durch die verbindliche, ja demütige Form von vornherein die Möglichkeit, sie wieder als eine ungebührliche Anmaßung und Auflehnung gegen die rechtmäßige Obrigkeit hinzustellen. Davon ausgehend, daß in dem verarmten Städtchen schon fast die Hälfte der Häuser leer stehe und dem Verfall entgegengehe und immer mehr Einwohner, denen die Lasten zu schwer seien, die Stadt verließen, um sich an anderen Orten niederzulassen, wodurch die Lasten für die Zurückbleibenden wiederum gesteigert würden, und daß sie im vergangenen Jahre, da die Gläubiger der Stadt nie rechtzeitig bezahlt worden wären, viele unnötige Kosten durch Wucherzinsen und Exekutionen gehabt hätten, teilte er mit, daß die Bürger alle der Meinung seien, durch ein besseres Rechnungswesen ließen sich derartige unnötige Kosten, die allerdings im vergangenen Jahre jedesmal notwendig gewesen seien, vermeiden, um Bürger, die fortziehen wollten, zu veranlassen, hierzubleiben, und Auswärtige nicht abzuschrecken, sich hier niederzulassen. Deshalb hätten etliche aus der Bürgerschaft eine Vereinbarung aufgerichtet, jedoch aus gar keinem bösen Vorsatz, sondern einzig und allein, einem ehrbaren Rat, den sie als ihre vorgesetzte Obrigkeit anerkennten, mit gebührendem Respekt und schuldigem Gehorsam zu begegnen und dabei ihres armen und hochbedrängten Städtleins Bestes zu beobachten, verhofften, E. E. Rat werde hieran kein Mißgefallen tragen, sondern ihnen vielmehr hierin behülflich und förderlich erscheinen, und hätten deshalb etliche wenige Punkte aufgesetzt, und weil sie ihrer einfältigen Meinung nach hierunter nichts anderes suchten, als was der Billigkeit gemäß sei, so zweifelten sie nicht, E. E. Rat werde sich hierin großgeneigt erzeigen und ihnen eine erhörende Antwort widerfahren lassen. Es folgt dann eine Reihe von Vorschlägen zur Verbesserung des Rechnungswesens und der Steuererhebung, u. a. wird eine Besichtigung des Stadtfeldes und der St.=Jürgens=Ländereien vorgeschlagen, um festzustellen, welches fremde und welches eigene Ländereien seien, und daß man von jedem Scheffel Hafersaat ein Gewisses geben möchte, um auf diese Weise auch die Fremden zu den städtischen Steuern heranzuziehen. Allerdings müßten, so deutet Leke schüchtern an, auch die Herren des Rats dem königlichen Mandat entsprechend sich belieben lassen, von ihren Ländereien dasselbe zu geben, das ein Bürger gibt.

In bezug auf das Rechnungswesen kamen Bürgermeister und Rat diesmal der Bürgerschaft entgegen und ließen es zu, daß Leke selbst für das Jahr 1666 das Amt eines Kassierers übernahm und die Register nach seinen Vorschlägen führte, aber die Kontribution zu zahlen, wie die Bürger, sträubten sie sich nach wie vor. Da sie aber einsahen, daß es so mit dem Schuldenmachen nicht weitergehen könne, erwarteten sie das Heil von der hohen Obrigkeit und erbaten im Jahre 1668 eine Spezial=Kommission, bestehend aus dem Herrn Regierungs= und Kanzleirat Conrad Waßmer und dem Herrn Amtsschreiber auf Sege=

berg Nicolaus Brüggemann, damit diese ein Expediens ausfindig mache, wodurch endlich diesem Städtlein am füglichsten könne geholfen werden. Als sich aber die Bürger in ihrer Hoffnung, E. E. Rat würde sich auf ihre oftmalige Ansuchung ihres vor Augen schwebenden Unterganges herzlich annehmen, betrogen sahen und bei ihm nach wie vor keinen rechten Ernst und Eifer verspürten, wandte sich im nächsten Jahre die „sämbtliche noch übrige wenige Bürgerschaft dieser nunmehro aller Nahrung entsetzten, in Schulden hochvertiefften undt im Grundt verderbten Stadt Oldeschlo" durch ihre Vertrauensleute unmittelbar an den König mit der Bitte, den Amtsschreiber zu Segeberg Herrn Nicolaus Brüggemann mit der Spezialaufsicht über Oldesloe zu betrauen und ihn anzuweisen, alle Monat wenigstens einmal zu ihnen zu kommen und ihnen mit Rat und Tat behilflich zu sein.

Als der bisherige Ratsverwandte Jürgen Gerckens, ein Mann von einer gewissen höheren Bildung, im Jahre 1670 zum Bürgermeister gewählt worden war, scheint er den ernsten Willen gehabt zu haben, der armen Stadt zu helfen. Von der Bürgerschaft wurde dankbar anerkannt, daß er den allezeit hilfsbereiten Herrn Claus von Alefeld auf Nütschau bewogen hatte, durch Hergabe von Geldern die Stadt aus Wucherhänden zu befreien, so daß sie nunmehr statt 6, 7, 8 und 11 Prozent Zinsen nur noch 5 zu zahlen brauchte, und daß er beim Könige durch sein fleißiges Schreiben die Reduktion der Pflugzahl auf 15 für 6 Jahre erlangt hatte, sowie die völlige Freigabe der Travebootfahrt für 12 Jahre. Auch machte er sich ernstlich daran, die Stadtverwaltung zu verbessern. Er entwarf ein *Speculum intimae restaurationis*, das gute Vorschläge enthielt und in dem er wieder dem Wunsche nach einer Ocularinspektion der Stadt durch eine Kommission Ausdruck gab. Da er aber bei seinen Kollegen mit seinen Vorschlägen nicht durchdringen konnte, wandte er sich im Jahre 1671 an Marx Leke und die übrigen Achtmänner mit einem Schreiben, in dem er die Übelstände und Mißbräuche des vorigen und jetzigen Regiments in 35 Punkten offen darlegte. Die Schilderung der bisherigen Verwaltung faßte er zusammen in den Sätzen: Der Eigennutz herrscht. Die Dummheit blüht. Das öffentliche Wohl wird vernachlässigt. Die Parteilichkeit ist an der Tagesordnung. Die Spitzbüberei erwacht. Die Gerechtigkeit schläft. Er drückte das auf seine Weise als Lateiner folgendermaßen aus: „*Proprium commodum dominiret. Imprudentia floriret. Publica negligiret. Partialitas grassieret. Rips Raps per fas et nefas vigitiret. Justitia sopiret.*" Aber er konnte in diesem Schreiben, durch das er sich die Feindschaft seiner Kollegen aufbürden mußte, das *proprium commodum* auch nicht außer acht lassen und begehrte für seine Vertretung der guten Sache einen jährlichen Lohn von 50 Reichstaler, „welche ein *Paedagogus* bei 1 oder 2 Knaben bey freyem Tisch verdienen kann". Daran lag es wohl hauptsächlich, daß sein Zusammengehen mit der Opposition sich wieder zerschlug. Gerckens befand sich übrigens, was zu seiner Entschuldigung dienen kann, in Geldnot und hatte schon einmal von der Bürgerschaft ein Darlehen von 100 Reichstaler empfangen.

Die Opposition blieb fest. Im Jahre 1671 erwirkte sie ein königliches Mandat gegen den Ratsverwandten Johann König, der sich geweigert hatte, die Kontribution zu bezahlen. Im März 1672 reichte sie abermals im Namen der gesamten Bürgerschaft eine von 29 Bürgern unterzeichnete Eingabe an den Magistrat ein, in der sie mit großer Vorsicht in der Form ihre Beschwerden und Wünsche in 10 Punkten zusammenfaßte. Der Magistrat aber beharrte auf seiem alten Standpunkte, erinnerte an das Schicksal der Eingabe von 1663 und lehnte sämtliche 10 Punkte als unbegründet ab.

Nun wandte sich die Bürgerschaft wieder an ihren bewährten Helfer Claus von Alefeld auf Nütschau, und dieser bestimmte den König, den Wünschen der Bürgerschaft entsprechend den Amtsverwalter Nicolaus Brüggemann auf Segeberg mit der Spezialaufsicht über Oldesloe zu beauftragen. Der Herr Amtsverwalter erschien dann auch in Oldesloe und traf allerlei gute Verfügungen, u. a. übertrug er das Rechnungswesen im Namen des Königs wieder dem Wortführer der Bürgerschaft Marx Leke unter Zusicherung eines gebührlichen Salariums und die besondere Aufsicht der Stadt dem Bürgermeister Gerckens, und in der Erwartung, daß es ihm gelingen werde, der Stadt zu einem besseren Zustande zu verhelfen, so daß sie künftig nicht mehr „Oldeschlo", sondern „Neuschlo" heißen möchte, wurden ihm die ihm geliehenen 100 Reichstaler von den Bürgern geschenkt und die darüber ausgestellte Obligation zurückgereicht.

Im Jahre 1673 wurden die beiden Bürgermeister Hermann Westphal und Jürgen Gerckens eine Zeitlang suspendiert und Tobias Fischer und Johann König zu regierenden Ratsverwandten ernannt. Über den besonderen Grund davon ist nichts überliefert.

Alles das hat aber nicht weitergeholfen, als daß, wie es in der weiter unten erörterten Eingabe der Bürgerschaft vom Jahre 1675 heißt, das Katzbalgen, Zanken und Streiten zu Rathause in öffentlicher Audienz innerhalb des Rates etwas minder geworden und daß das Cassawesen Anno 1673 einmal richtig gehalten worden ist. Im übrigen ist den Verordnungen der Commission, obgleich auf fast allen Vogtdingen darum ersucht worden ist, gar nicht nachgelebt worden. Die Ursache davon sah man in dem Umstande, daß Bürgermeister Gerckens im Jahre 1673 nach dem Tode Kusels Secretarius geworden war und nun nicht mehr zu den Bürgern hielt, sondern ihnen in allen Dingen entgegen war, und darin, daß ihm die Bürgerschaft das beantragte jährliche Salarium von 50 Reichstaler abgeschlagen hatte.

Um desto absoluter regieren zu können, einigte sich Gerckens mit seinen Kollegen im Jahre 1674 nach dem Tode des Ratsherrn König statt eines Nachfolgers drei aus ihrer nächsten Verwandtschaft in den Rat zu wählen. Da diese dadurch nach Meinung des Rates von Kontribution und Einquartierung befreit wurden, vermehrten sich dadurch wiederum die Lasten für die übrige Bürgerschaft, und die Einquartierung wurde nun um so drückender empfunden, als die drei Neugewählten die besten Häuser in der Stadt hatten, in denen Obristleutnants, Majore und Rittmeister zu logieren pflegten, welche nun bei armen Handwerkern untergebracht werden mußten. Über die Berufe der neuen Ratsverwandten berichtet Marx Leke: „Der älteste ist ein großer Ackersmann, der sein Vieh auf gemeiner Weide weidet; er ist ein Brauer und zuweilen auch ein Kornkäufer. Der andere und mittelste neue Ratsherr ist ein Barbierer, so seine Kunst sowohl als ein Bürger brauchet, auch ein Ackersmann und sein Vieh auf gegemeiner Weide gleichfalls weidet. Auch ist er ein Brauer. Der dritte und jüngste ist der prinzipalischste Herbergierer und Wirt in der Hamburger Herberge, auch ein Höker, Kornkäufer, Brauer, Weinzapfer, Barbierer, Chirurgus und Destillator, ein Ackersmann und hat sein Vieh des Sommers mit auf gemeiner Weide".

Durch diesen Schritt des Magistrats wurde natürlich der Unwille der Bürgerschaft aufs neue erregt, und er wurde noch gesteigert, als man erfuhr, daß im Jahre 1674 wieder 2000 Reichstaler neue Kontributionsschulden gemacht worden waren, während Marx Leke allein von Ostern bis Weihnachten des vorhergehenden Jahres 2500 Reichstaler abbezahlt hatte. Es war der Bürgerschaft nicht zu verdenken, daß sich ein böser Verdacht in ihr regte und daß sie deshalb auf dem Johannis-Vogtding von 1675 Bürgermeister und Rat einige das Kassenwesen betreffende Gravamina vorlegte. Da dieselben aber nicht beantwortet wurden, begaben sich am 23. Juli 8 Bürger unter Führung von Marx Leke zum Rathause, um Bürgermeister und Rat im Namen der ganzen Bürgerschaft um eine richtige Antwort zu bitten und um darzulegen, daß sie, da sie ihre Kontribution richtig bezahlt hätten, beanspruchen könnten, daß dieselbe auch richtig abgeführt werde, damit ihnen teuere Execution und andere Unkosten gespart würden. Die 8 Bürger wurden aber von Bürgermeister und Rat gar nicht angehört, angeblich, weil sie keine Vollmachten von der Bürgerschaft hätten, und mußten mit ziemlichem Schimpf abtreten. Nun wollte die Bürgerschaft beim Könige vorstellig werden. Da kamen ihr aber Bürgermeister und Rat zuvor und verklagten Marx Leke auf das allerheftigste bei der königlichen Regierung in Glückstadt, indem sie ihn wie einst den Stadtvogt Hohenstein als Unruhestifter und unmoralischen Menschen darstellten und u. a. berichteten, er veranlasse unerlaubte Convokationen und Conventikel, reiche ungeziemende Schriften ein und halte ungebührliche Vorträge, auch sei er auf öffentlichem Weihnachtsvogtding von der Bürgerschaft als Cassaverwalter abgesetzt worden, während er das Amt freiwillig niedergelegt hatte, weil ihm das versprochene Salarium nicht bewilligt wurde. Nun aber nahm sich die ganze Bürgerschaft ihres Wortführers energisch an, wies in einer ausführlichen Eingabe an die Regierung die Verleumdungen des Magistrats zurück und beteuerte, daß sie vom Rate nichts anderes begehrt habe als daß die von ihr erhobene Kontribution nicht für Lappalien verausgabt, sondern an die königliche Kasse abgeführt werde und daß, wenn Exekutionen nötig würden, die Kosten derselben nicht aus der gemeinen Kasse bezahlt, sondern von den säumigen Zahlern getragen würden. Der Magistrat suche sich der Kontrolle durch die Bürgerschaft möglichst zu entziehen. So habe er zwar 8 Achtmänner und 4 Kassierer erwählt, darunter Marx Leke selbst; aber es seien meistens Leute, denen die Stadtverhältnisse gar nicht bekannt seien, auch von geringem Vermögen und Ansehen, so daß sie gegen den Rat nichts zu sagen wagten, auch nicht fragen dürften, wofür das Bürgergeld verwandt werde, auch seien etliche von ihnen gar nicht imstande, ein richtiges Register zu führen, da sie im Rechnen und Schreiben nicht erfahren seien, und zwei hätten sich für den Krieg anwerben lassen und ihr Register und die Stadt verlassen, der eine als Marketender, der andere als Reuter. (NB. Es war das Jahr der Schlacht bei Fehrbellin.) Schließlich bevollmächtigten die Bürger Marx Leke, mit Hilfe eines Advokaten in Glückstadt seine und der Bürgerschaft Sache zu vertreten, und baten die Königliche Regierung, Bürgermeister und Rat zu befehlen, billige Gravamina zu erhören, Ehre und Stadtwohlfahrt liebenden Bürgern aber eine ehrliche und wohlverantwortliche christliche Zusammenkunft zu gestatten. Diese Eingabe wurde im Januar 1676 durch eine Supplik der Bürgerschaft an den König verstärkt, und es wurde dann auch im Mai ein königliches Mandat erzielt, in dem Bürgermeister und Rat u. a. aufgegeben wurde, die Stadtrechnungen von den Jahren 1674 und 1675 richtig abzulegen. Die gesamte Bürgerschaft bevollmächtigte nun Marx Leke, sämtliche Rechnungen zu prüfen, und verpflichtete sich ohne Ausnahme, sich ihm dankbar zu erzeigen und seine Mühe nicht umsonst zu begehren, sondern auch in allen Fällen für alle Verunglimpfungen, Schimpf und Schaden, so ihm diesertwegen begegnen möchte, seine Partei anzunehmen, dieselbe beständig zu halten und ihn allewege schadlos zu stellen.

Leke ging nun eifrig ans Werk und verfaßte u. a. einen Entwurf in 30 Punkten, worin dieser nahrlosen und halb ruinierten Stadt könnte geholfen werden, und der Rat mußte sich bequemen, ernstlich darauf einzugehen. Da Leke in Punkt 4 es für erforderlich gehalten hatte, daß sich die Stadt mit zwei Böten unter einem gewissenhaften Inspektor an der Travefahrt beteilige, um keine Verzögerung der Güterbeförderung eintreten zu lassen, bevollmächtigten Bürgermeister und Rat in Gemeinschaft mit der Bürgerschaft Marx Leke, eine Anleihe von 200 Reichstaler zur Beschaffung von zwei neuen Böten aufzunehmen. Die Vollmacht ist unterzeichnet von Bürgermeister Gerkens, 4 Ratmännern und 24 Bürgern. Aber schon am 13. Dezember 1676 hielt die Bürgerschaft durch Marx Leke bei dem königlichen Rat und Amtsverwalter Nicolaus Brüggemann in Itzehoe wieder darum an, ihr hilfreiche Hand zu leisten, daß dem im Mai erhaltenen königlichen Mandate in allem möge nachgelebet und das Cassawesen wieder auf den Fuß von Ostern bis Weihnachten 1672 möge gestellet werden, und der Herr Rat war denn auch bereits am 29. Dezember 1676 wieder als königlicher Kommissar in Oldesloe anwesend und verpflichtete am 2. Januar 1677 den Bürgermeister Gerckens aufs neue, sich der Wohlfahrt der Stadt mit allem Fleiß anzunehmen, wonach ihm die Stadtgevollmächtigten im Namen der ganzen Bürgerschaft, wenn er sich des aufgerichteten Contrakts gemäß bezeigen werde, ein jährliches Salarium von 100 Mark lübsch bewilligten.

Aber die an diese Verhandlung geknüpften Erwartungen gingen nicht in Erfüllung. Die von Leke schriftlich oder mündlich vorgebrachten Wünsche der Bürgerschaft wurden jetzt zwar von Bürgermeister und Rat entgegengenommen und nicht mehr als Äußerungen ungebührlicher Auflehnung gegen die Obrigkeit aufgefaßt, erregten aber immer noch die Empfindlichkeit der regierenden Herren und vermochten nicht, diese zu Taten anzuspornen. Da fast alles beim alten blieb, sah sich Leke veranlaßt, im Namen der Bürgerschaft immer wieder die Behörden und den König selbst mit Bitten zu bestürmen, der armen Stadt zu helfen, was dann Gegenberichte des Magistrats hervorrief, die Leke in ein übles Licht stellten und ihn bewogen, ausführliche Verteidigungsschriften einzusenden.

Es konnte nicht ausbleiben, daß sich Leke durch sein eifriges Streben, den Eigennutz hinter das gemeine Beste zurücktreten zu lassen, manche Leute zu Gegnern machte, so die kleinen Brauer durch sein Bemühen, die Mißbräuche im Brauwesen der Stadt abzuschaffen. Sie steckten sich hinter den Magistrat, der dann einen Leke verunglimpfenden Bericht abstattete, gegen den sich dieser wieder durch einen ausführlichen Gegenbericht wehren mußte. Als Stadtkassierer trat er manchem auf den Fuß durch sein unnachsichtiges Einziehen der Restanten. Die säumigen Zahler brachten es deshalb dahin, daß ihm der Zutritt zur Kasse verboten wurde. Auf seine Beschwerde aber wies Rat Brüggemann Bürgermeister und Rat sofort an, Marx Leke die Kasse wieder einzuräumen und ihn imperturbiert dabei zu lassen.

Als im Jahre 1682 der nunmehrige Regierungsrat Herr von Brüggemann versetzt wurde und Joachim Reich zum Amtsnachfolger erhielt, wandte sich Marx Leke als Kassierer der Stadt und Wortführer der Bürgerschaft sofort an den König mit der Bitte, die dem Rat Brüggemann am 20. August 1672 und am 18. Dezember 1677 erteilte Kommission auf dessen Nachfolger zu extendieren. Das geschah, und nun reichte Leke dem neuen königlichen Kommissar und Inspektor der Stadt im Namen der „unpartheylichen" Bürgerschaft einen ausführlichen orientierenden Bericht über die Verwaltung der Stadt in den letzten 10 Jahren ein, in dem er durch Daten und Zahlen nachwies, daß die Stadt durch Eigennutz und Nachlässigkeit noch mehr verarmt sei und ihrem gänzlichen Ruin entgegengehe. Seine Ausführungen richteten sich hauptsächlich gegen den Bürgermeister Gerckens, der einst versprochen hatte, aus Oldeschlo ein Neuschlo zu machen, es dann aber ärger getrieben hatte als seine Vorgänger. In seinem Eifer ließ sich Leke dazu hinreißen, ihn zu beschuldigen, seinen Eid gebrochen, Protokolle gefälscht und verlogene Berichte abgeschickt zu haben, und brachte dadurch leider seine fleißige Eingabe um ihre erhoffte Wirkung. Amtsverwalter Reich hielt sie für den Ausfluß einer Privatfehde zwischen Leke und Gerckens, und als er am 16. Dezember 1682 als Kommissar nach Oldesloe kam, betrachtete er es als seine erste Aufgabe, diesen Streit beizulegen. Um Leke einzuschüchtern und das gute Verhältnis zwischen ihm und der Bürger=

schaft zu erschüttern, setzten die Söhne, Schwäger, Oheime und sonstigen Anverwandten des Bürgermeisters in Gegenwart des königlichen Kommissars einen förmlichen Aufstand gegen ihn ins Werk, indem sie in großem Tumult und mit viel „Geplerr" u. a. behaupteten, daß er durch seine Anschläge der Stadt sehr geschadet und sie durch Beantragung unnötiger kostspieliger Kommissionen in große Unkosten gestürzt habe, und erreichten dadurch, daß nach längerer Verhandlung Leke aus „confundirtem Gemüte" sich folgendes Protokoll gefallen ließ:

„Es hat Marcus[1]) Leke sich erklärt und selbst gestanden, daß er dem Herrn Bürgermeister Gerckens zu viel getan und *contra reverentiam gehandelt*, indem er ihn beschuldigt, wie solcher nicht ehrlich bei der Stadt gehandelt, welche Worte ihm zu geschwind aus dem Mund gegangen wären, hätte sie aber nicht *animo injuriandi* gesprochen, reichte hierauf Herrn *Consuli* Gerckens die Hand mit Versprechen, daß er auf ihn weiter nichts, was das Regiment- oder Cassawesen betrifft, als was der Ehr und Redlichkeit gemäß, mehr zu sagen oder zu sprechen hätte, womit Herr *Consul* sich zufrieden gestellt und ihm alles christlich *condoniert*, auch *reciproce* auf Marcus Leeke nichts anders als Ehr, Lieb und Gutes zu sagen wüßte. Ist also dieser dissonierliche Privatstreit zu einer beliebigen Harmonie gebracht worden. Es sind auch anbei die weitläufigen Rechnungen hiermit cassiert und mortifiziert worden, und bleiben bloß die Jahresrechnungen zur Revision übrig."

Aber der tapfere Mann ließ sich durch diesen Mißerfolg nicht entmutigen. Die Bürger, die eine Zeitlang in ihrem Vertrauen auf ihn wankend geworden waren und auf dem Weihnachts-Vogtding sogar verlangt hatten, daß er die Kosten der Kommission aus eigener Tasche bezahle, erholten sich bald von ihrer Verblüffung und baten Leke aufs neue, als ihr Wortführer zum Wohle der Stadt weiter zu wirken. Gewissenhaft nahm er sich dann wieder des Kassenwesens an, obgleich ihm das versprochene Salarium vorenthalten wurde, und war unermüdlich im Anfertigen von Eingaben an den König und den königlichen Amtmann, um den Zweck der beantragten Kommission zu erreichen. Dabei faßte er sämtliche Gravamina der Stadt noch einmal in einen kurzen Extrakt von 64 Punkten zusammen.

Bürgermeister Gerckens und seine Parteigänger aber brachten es dahin, daß ihm das Kassenwesen wieder abgenommen und wieder vier Cassabürgern übertragen wurde. Desto eifriger betrieb nun Leke die Herbeiführung einer gründlichen Revision. Wegen des ihm zugefügten Unrechts verklagte er Bürgermeister und Rat bei dem königlichen Kanzleigericht in Glückstadt. Zu der Verhandlung zog Gerckens selbsiebenter nach Glückstadt auf einem mit sieben Pferden bespannten Frachtwagen, von denen drei unterwegs totgejagt oder

---

[1]) Damals meinte man, daß Marx aus Marcus gekürzt sei, während es eine Koseform von Markwart ist wie Friß von Friedrich und Heinz von Heinrich. Durch Unterdrückung des r wurde Max daraus. Die den Koseformen Heinen und Hein entsprechenden Formen Make und Mak haben hier von Anfang an kein r gehabt.

totgefuttert wurden. Leke dagegen erschien allein, wollte auch keinen Advokaten annehmen, sondern seine Sache vor Gericht selbst führen. Vom Gericht aber wurde ihm bei 10 Reichstaler Strafe auferlegt, einen Advokaten anzunehmen, und da er erst nach drei Tagen einen bekommen konnte, wurde ihm zuerkannt, die dreitägigen Liege- und Zehrungskosten für seine Gegner im Betrage von 50 Mark lübisch zu bezahlen, was dann nach der Rückkehr Bürgermeister und Rat triumphierend zur Aufhetzung der Bürgerschaft gegen Leke ausnutzten.

Da von dem Rat Joachim Reich wegen dessen Überhäufung mit Amtsgeschäften die Revision der seit dem Jahre 1672 nicht revidierten Stadtrechnungen und die Beachtung der Gravamina nicht zu erreichen gewesen war, hatte Leke in einer Eingabe vom 4. Oktober 1683 den König gebeten, den Obersachverwalter Johannes Crane in Glückstadt dazu zu committieren. Durch Beschluß vom 27. November 1683 aber beauftragte das Gericht den Rat Joachim Reich, im Namen des Königs die Revision sämtlicher Rechnungen, sowohl der von Gerckens und seinen Vertrauten wie der von Leke geführten, binnen 6 Wochen vorzunehmen. Hierauf petitionierten Bürgermeister und Rat, den Revisionstermin wegen angeblicher Erkrankung des Bürgermeisters Jürgen Gerckens noch um 6 Wochen weiter hinauszuschieben, dem Zwiespalt stiftenden Bürger aber, der in Oldesloe zwei Bürgerschaften und zwei Rathäuser statuiere, sein impulsives Maul zu stopfen und ihn anweisen zu lassen, sich aller Conventicula zu enthalten.

Bürgermeister und Rat glaubten nun offenbar, wieder Oberwasser zu haben. Daß ihnen Joachim Reich als Kommissar nicht gefährlich werden würde, schien ihnen nach der Erfahrung, die sie mit ihm gemacht hatten, sicher zu sein. Leke klagte dann in einer Eingabe an den König vom 30. Mai 1684, daß Bürgermeister und Rat den königlichen Commissionalbefehl bis dato gar nicht respektiert, noch viel weniger ihm nachgelebt hätten, und bat, die Stadt von solcher Kommission wieder zu befreien und die Abhilfe der städtischen Gravamina der Regierungskanzlei in Glückstadt zu übertragen. Darauf wurde neben dem Amtsverwalter Reich der Kanzler Geheimrat von Liliencron in Glückstadt zum Kommissar für Oldesloe ernannt und die Revision der Rechnungen von den beiden Kommissaren Mitte Dezember 1684 vorgenommen. Die vom Bürgermeister und Rat vorgelegten Rechnungen wurden als ungenügend zurückgewiesen, und es wurde Bürgermeister und Rat aufgegeben, sie in ebenso guter Form wie die von Leke eingereichten wieder vorzulegen. Leke wurde wieder zum Kassenführer ernannt und ihm aufgegeben, bei Neuaufstellung der noch restierenden Rechnungen mitzuwirken.

Aber Marx Leke sollte den Austrag der Sache, für die er mehr als zwei Jahrzehnte lang unermüdlich gekämpft und der er seine Gesundheit und einen beträchtlichen Teil seines Vermögens geopfert hatte, nicht mehr erleben. In den ersten Monaten des Jahres 1685 reichte er noch eine Reihe von sorgfältig ausgearbeiten Denkschriften über das Rechnungswesen der Stadt ein und am 1. und 6. April Vorschläge über die Wahl von Achtmännern oder Stadtverordneten aus jedem der vier Quartiere der Stadt. Dann wird seine Handschrift in den Akten nicht mehr gesehen. Wahrscheinlich ist er bald nach dem 6. April 1685 gestorben. Mit ihm verlor die Stadt einen Bürgerworthalter, der sowohl an Begabung wie an Charakter den Durchschnitt seiner Mitbürger weit überragte. Er und Bürgermeister Jürgen Gerkkens waren offenbar die hervorragendsten Oldesloer ihrer Zeit. Vereint zum Wohle des Ganzen strebend, hätten sie sicher die Stadt aus dem Elende, in dem sie sich damals befand, wieder emporziehen können. Als Vertreter verschiedener Prinzipien im Stadtregiment gegeneinander ankämpfend lähmten sie einander, so daß ihre Kräfte zum großen Teil unnütz vergeudet wurden.

Aber schließlich ist der wackere Leke doch Sieger geblieben, wenn er auch seinen Sieg nicht mehr erlebt hat. Auf Beschwerde sämtlicher Bürger und Einwohner der Stadt über Bürgermeister und Rat[1]), daß Bürgermeister und Rat an Land und Sand alles, was ihnen gelegen sei, an sich kaufen und daneben auch bürgerliche Gewerbe betreiben, aber zu der Kontribution und anderen Stadtlasten nichts beitragen, so daß die ganze Last allein der übrigen armen Bürgerschaft auflag, verordnete König Christian V. durch Erlaß vom 26. Juli 1686, daß zwar Bürgermeister und Rat als Entgelt für ihre Mühewaltung für ihre Wohnhäuser von Kontribution und Einquartierung frei seien und auch sonstige hergebrachte Immunitäten zu genießen haben sollen, für ihre Ländereien und bürgerlichen Gewerbe aber die Kontribution gleich den übrigen Bürgern zu zahlen haben sollen und daß sie gehalten sein sollen, sich wegen der restierenden Schatzungen durch Vermittelung des Geheimrats von Liliencron und des Amtsverwalters Reich in Güte mit der Bürgerschaft zu vergleichen. Der Vergleich kam am 26. Mai 1687 zustande. In ihm wurde als Zeitpunkt, von dem an Bürgermeister und Rat von ihren Ländereien und Gewerben kontribuieren sollen, der 26. Juli 1686, der Tag der königlichen Verordnung, festgesetzt. Unter hergebrachten Immunitäten von Bürgermeistern und Rat sollen freie Weide für ihr Groß- und Kleinvieh auf der allgemeinen Stadtweide, alle hergebrachten Intraden von der Stadt und alle verantwortlichen Accidentien und der freie Gebrauch der zu den Bürgermeister- und Ratsämtern gehörigen Ländereien und Wiesen verstanden werden. Ferner wurde beliebt, daß die gesamte Bürgerschaft aus den vier Quartieren der Stadt je zwei Männer wählen solle, welche dem Rat vorgestellt und von ihm in Eid und Pflicht genommen werden sollen, ohne Ansehn der Person das Beste der Stadt zu fördern, und daß zu diesen acht beeidigten Deputierten aus jedem Quartier noch zwei weitere gewählt werden sollen, mit welchem sich die beeidigten in besonders wichtigen Fällen beraten sollen, und wenn von den acht beeidigten einer stirbt oder sonstwie abgeht, sollen Bürgermeister und Rat aus den beiden Nachdeputierten seines Quartiers einen wieder wählen und beeidigen und von der gesamten Bürgerschaft des Quartiers einen

---

[1]) Es ist nicht zu ersehen, ob es sich um eine neue Beschwerde der Bürgerschaft oder um eine der zahlreichen von Marx Leke im Namen der Bürgerschaft eingereichten Eingaben handelt.

neuen Nachdeputierten wählen lassen. Mit den beeidigten acht Deputierten sollen Bürgermeister und Rat über Einnahmen und Ausgaben der Stadt getreulich beraten und darin ohne ihre Einwilligung nichts vornehmen, insbesondere sollen sie in Gemeinschaft mit ihnen eines jeden Vermögen taxieren und die Steuerbeträge festsetzen. Wegen der Kasse wurde beliebt, es beim Bisherigen zu belassen, nämlich daß einer vom Rat und einer von den acht Beeidigten nach Wahl ihrer Kollegen die Kassenführung ohne Salarium auf sich nehmen sollen. Zum Schluß wurden Bürgermeister und Rat ermahnt, die Bürgerschaft mit aller möglichen Gelindigkeit zu regieren, und die Bürgerschaft, Bürgermeistern und Rat als ihrer vorgesetzten Obrigkeit allen schuldigen Respekt und Gehorsam unweigerlich zu erweisen.

Hatte so der Magistrat sich zur Zahlung von Kontribution bequemen und auf unumschränkte Herrschaft endgültig verzichten müssen, so bestand er nunmehr um so hartnäckiger auf den Rechten, die ihm geblieben waren, und war vor allen Dingen bestrebt, seine Würde als vorgesetzte Obrigkeit zu wahren. Nach Einrichtung des Deputiertenkollegiums bat er den Kanzler Geheimrat von Liliencron u. a. um Auskunft darüber, ob die nunmehr kontribuierenden Ratsmitglieder wider Herkommen auch auf die bürgerlichen Schatzregister zu setzen seien oder ob nicht vielmehr die Worte „gleich anderen Bürgern" nur von der Kontributionszahlung und nicht von der Gleichheit des Respekts zu verstehen seien, ob den geschworenen Achtbürgern gezieme, daß sie eigenmächtig und ohne Vorwissen und Genehmigung des Magistrats einen Tisch mit fremden Stühlen und Polstern von Ratsdienern in den Sitzungsaal bringen und vor den Senatstisch stellen lassen und sich ohne allen Respekt dort niedersetzen, um nach ihrem Gutdünken Protokoll zu führen, oder ob nicht vielmehr den Achtbürgern obliege, sich in der Bürger- und Kassenstube zu versammeln, sich in der Audienzstube anmelden zu lassen und den Vortrag des Senats oder ihren eigenen Antrag in schuldigem Amtsrespekt stehend anzuhören oder anzubringen, ob die 8 oder 16 Bürger, so oft es ihnen gefällt, bei Tag und bei Nacht ihre „Haus-Conventus", daraus gewisse *Conventicula* entstehen, bei ziemlichem Gesöffe anstellen mögen, ob die Achtmänner Macht haben sollen, den Ratsdienern ohne Erlaubnis des Magistrats Aufträge zu erteilen, oder ob sie nicht vielmehr, wenn sie bei Bürgermeister und Rat etwas anzubringen haben, einen der Ihrigen an den wortführenden Bürgermeister senden und um Ratskonvokation ersuchen müssen.

Der Herr Geheimrat nahm die Sache ganz ernsthaft und antwortete in Gemeinschaft mit dem Amtsverwalter Reich am 21. Juni 1687, daß die Ratsmitglieder, da sie nun Kontribution zu zahlen hätten, auch in den bürgerlichen Schatzregistern mit eingeführt werden müßten, schloß sich aber im übrigen der Meinung des Magistrats an. Die damaligen Stadtdeputierten, die in Gegenwart des Magistrats stehen mußten und kein freies Versammlungsrecht hatten, waren also noch weit davon entfernt, die Rechte des späteren Stadtverordnetenkollegiums zu genießen.

Der Friede zwischen Magistrat und Bürgerschaft war nun geschlossen. Aber man muß nicht meinen, daß nun auch den Bedingungen derselben nachgelebt wurde. Im Jahre 1693 muß der Vice-Amtmann von Rheder aufs neue zwischen ihnen Frieden stiften. Die Bürgerschaft hatte sich beklagt, daß Bürgermeister und Rat dem Vertrage zuwider von ihren Ländereien und Gewerben nicht kontribuierten und daß sie ohne Vorwissen der Achtmänner Unkosten in Bausachen machten, und Bürgermeister und Rat hatten sich darüber beschwert, daß Achtmänner, wenn sie zum Rathause geladen waren, öfter ausblieben. In der von dem Vice-Amtmann von Rheder am 4. April 1693 abgehaltenen Verhandlung mit dem Magistrat und den Achtmännern wurde nun beliebt, daß jedes Ratsmitglied von seinem Gewerbe Kontribution zahlen oder das Gewerbe ganz niederlegen müsse, daß ein Ratsmitglied, das Unkosten ohne Genehmigung der Achtmänner mache, sie aus seinem eigenen Beutel bezahlen solle und daß jeder Achtmann, der ohne genügende Entschuldigung ausbliebe, Strafe zahlen solle. Die Frage der Kontribution von Ländereien wurde ausgesetzt, weil Bürgermeister und Rat auf Grund ihrer bedrängten Verhältnisse hiergegen einkommen wollten. Die Bestimmung des Vergleichs von 1687, daß die beiden mit der Kassenführung betrauten Bürger dieses Amt ohne Vergütung führen sollten, wurde dahin abgeändert, daß sie dafür ein jährliches Salarium von 10 Reichstaler beziehen sollten, da nicht alle Bürger tüchtig zu diesem Amte wären und die andern desto öfter an die Reihe kämen. Ferner wurde beschlossen, daß der Ratsverwandte Jürgen Wolherr, der Gatte der Stieftochter des verstorbenen Marx Leke, die noch in seinen Händen befindlichen Stadtangelegenheiten betreffenden Akten und Briefschaften seines Schwiegervaters mit einer genauen Spezifikation an Bürgermeister und Rat ausliefern solle. Wolherr hat sich lange gesträubt, dem Verlangen nachzukommen, muß sich aber schließlich gefügt haben, denn die Lekeschen Schriften befinden sich noch heute bei den Stadtakten und ermöglichen uns die genaue Kenntnis der Bürgerstreitigkeiten jener Zeit.

Bis jetzt war der Streit im wesentlichen ein Kampf zwischen dem Magistrat und der übrigen Bürgerschaft gewesen. Nun aber wurde der Zwist auch in den Magistrat hineingetragen. Jürgen Wolherr gefiel sich in der Rolle eines Volkstribunen wie sein Schwiegervater Leke und trat deshalb, als er zum Senator gewählt worden war, bald in scharfen Gegensatz zu den übrigen Ratsmitgliedern. Seinen Ratskollegen Valentin Rewalt, der wie er selbst Kassenführer gewesen war, beschuldigte er 1693, öffentliche Gelder für seine Privatzwecke verbraucht zu haben, und wurde von ihm mit gleicher Münze bezahlt. Auch nahm er den von Marx Leke gegen den Bürgermeister Jürgen Gerckens geführten Kampf wieder auf. Dabei scheint er den größten Teil der Bürgerschaft hinter sich gehabt zu haben. Unter seinen Anhängern zeichnet sich ein gewisser Andreas Potemke durch besonders forsches Vorgehen aus. Er und seine Genossen beschuldigten als Bevollmächtigte der gemeinen Bürgerschaft den Bürgermeister Gerckens

u. a., unrechtmäßigerweise Brückengeld einbehalten zu haben. Wie rührig von ihnen gearbeitet wurde, zeigen allein schon Potemkes Reiseliquidationen. Im April 1693 reiste er mit Wolherr und Hans von Helms nach Winsen zu dem Herrn Amtmann in der Stadt- und Kommissionssache, im Juni desselben Jahres mit Wolherr allein nach Glückstadt gegen Herrn Bürgermeister Gerckens der Stadt halben, im Oktober mit Jürgen Peper, dem Bruder von Wolherrs Schwiegersohn, nach Glückstadt gegen Herrn Bürgermeister Gerckens der Stadt halben und Im Januar 1664 allein nach Glückstadt als Bevollmächtigter der Stadt. Diese Reise machte er zu dem Zwecke, den Beweis wegen des Brückengeldes zu führen und das Zeugenverhör in Glückstadt zu leiten, damit desfalls keine Kommissarien nach Oldesloe kommen möchten. Im Juni 1694 erschien doch wieder eine königliche Kommission in Oldesloe bestehend aus Andreas Pauli von Liliencron und Propst Reventlow, vermochte aber einen dauernden Frieden in der Bürgerschaft nicht herbeizuführen.

Die Untersuchung wegen des Brückengeldes ging weiter. Mit ihr wurde nunmehr der Glückstädter Kanzleirat Breyer beauftragt, der auf den 4. Januar 1695 die von Potemke und Genossen als Zeugen vorgeschlagenen beiden Ratsverwandten Jürgen Helms und Valentin Rewalt und die Achtmänner Johann Ditmer, Marx Prahl, Johann von Ohlen und Johann Kruse zum Verhör nach Glückstadt einlud. Das Endurteil befindet sich nicht bei den Akten. Wahrscheinlich hat es Bürgermeister Gerckens gar nicht mehr erlebt. Er starb am 14. November 1697. Sein Kollege Bürgermeister Johann Wulff war ihm am 6. Dezember 1696 im Tode vorangegangen.

Während ihrer letzten Lebensjahre müssen die beiden Herren dienstunfähig gewesen sein, weil in ihnen Jürgen Wolherr eine Zeitlang das Stadtregiment führte. Er machte sich dadurch recht verdient um die Stadt. Wenigstens rühmten ihm seine Anhänger nach, daß sich die Stadt, seit er im Amte gewesen sei, ziemlich gebessert habe, daß unter seiner Regierung etwa 1000 Scheffel Land aus fremdem Besitz in den von Oldesloer Bürgern zurückgebracht worden seien, daß, seit er im Rate gewesen, von der Stadt keine neuen Schulden gemacht, dagegen unter seinem Regiment ein guter Teil der Stadtschulden abgetragen worden sei. Er hätte deshalb wohl erwarten können, zum Bürgermeister ernannt zu werden, nachdem die beiden bisherigen Bürgermeister dienstunfähig geworden waren. Er hatte jedoch seine Ratskollegen vor den Kopf gestoßen und sich durch seine unnachsichtliche Bekämpfung des herkömmlichen Schlendrians der Restantenwirtschaft sicher auch viele Bürger zu Gegnern gemacht. Darum hielt er es für klüger, den König um Ernennung eines neuen Bürgermeisters für die Stadt zu bitten, und so wurde denn bereits im August 1696 ein Herr von auswärts Jakob Christian Egardi durch königliche Berufung Bürgermeister von Oldesloe.

Wolherr wünschte den neuen Bürgermeister für sich und seine Partei zu gewinnen und riet ihm deshalb bei seiner Ankunft, mit den „Vornehmen", den Herren Kommissar Gercken, Oberstleutnant

Löwenklau und Pastor Köpke, die angeblich das Beste der Stadt nicht erstrebten, nicht in Verkehr zu treten, mußte es aber erleben, daß der Rat nicht befolgt wurde. So entstand denn bald ein gespanntes Verhältnis zwischen Wolherr und Egardi, das durch unkluge Schritte des letzteren bald zu einer heftigen Parteiung der ganzen Bürgerschaft erweitert wurde. Vielleicht scharf gemacht durch die Freunde des alten Bürgermeisters Gerckens lud Egardi eines Montags die gesamte Bürgerschaft auf das Rathaus und legte ihnen zwei Schriften vor, von denen die eine diejenigen, die es mit ihm, die andere diejenigen, die es mit Wolherr halten wollten, unterzeichnen sollten. Dadurch entstand unter den Bürgern ein großer Tumult. Viele, die, solange Wolherr das Regiment geführt hatte, nicht gegen ihn aufgetreten waren, schlugen sich sofort auf die Seite des neuen Bürgermeisters. U. a. trat Hans von Holms an den Ratstisch vor Wolherr hin und überhäufte ihn mit Vorwürfen und heftigen Schimpfreden. Wolherr bat den Bürgermeister wiederholt, ihn doch gegen diese Angriffe zu schützen, und verließ, als das nicht geschah, das Ratszimmer. Viele Bürger weigerten sich aber zu unterschreiben, obgleich Egardi das Rathaus hatte verriegeln lassen und den Stadtdiener Hans Thomsen auf einen Stuhl vor die Tür desselben gesetzt hatte. Diese Bürger ließ der Bürgermeister dann einzeln in seine Wohnung kommen und wußte sie mit Droh- und Schmeichelworten zu bestimmen, die ihnen vorgelegte Schrift zu unterschreiben. Sie sollen aber nicht einmal gewußt haben, was sie haben unterschreiben müssen.

Daß Wolherr den Abtrünnigen seiner bisherigen Anhänger grollte, ist nicht zu verwundern. An Hans von Holms rächte er sich dadurch, daß er ihn mit Hilfe seiner Freunde aus der Gilde weisen ließ.

Nun wurde nach denselben Methoden wie einst gegen den Stadtvogt Hohenstein und Marx Leke gegen Wolherr und seine Anhänger vorgegangen. Es wurden Anklageschriften an die königliche Regierung aufgesetzt, in denen Wolherr der Führer der übelgesinnten Bürger genannt und beschuldigt wurde, in seinem Hause und anderen Krügen heimliche Zusammenkünfte mit ihnen zu halten und sie zum Widerstande gegen Bürgermeister und Rat aufzustacheln. Aus seiner Amtsführung konstruierte man *crimina peculatus et „perjurii falsi"* und beantragte, ihn vom Amte nicht nur zu suspendieren, sondern gänzlich zu amovieren. Obgleich Wolherrs Anhänger berichteten, daß er keineswegs ein Aufrührer und Unruhestifter sei und sich immer redlich bemüht habe, das Wohl der Stadt zu fördern, so wurde doch von dem Obersachwalter Crane in Glückstadt ein fiskalischer Prozeß gegen ihn angestrengt. Dieser Prozeß mußte, wenn er zu Wolherrs Ungunsten ausfiel, allein schon wegen der durch die zahlreichen Zeugen verursachten Kosten den tapferen Mann gänzlich ruinieren. Man suchte ihm aber auch noch andere Zahlungen aufzuhalsen. Er wurde beschuldigt, durch viele unnötige Reisen der Stadt große Kosten verursacht zu haben und die Stadt dadurch geschädigt zu haben, daß er zwei seiner Häuser abgebrochen und auch andern Bürgern erlaubt habe, unbewohnte Häuser abzubrechen und die Materialien zu verkaufen, wodurch die Stadt einen Ausfall an Kontribution erlitten habe. Auch habe er einmal einen Verbrecher, der einen Mordversuch begangen und ihn eingestanden habe, nach dem Schwören der Urfehde auf Kosten der Stadt noch 14 Tage in Gewahrsam gehalten, statt ihn gleich aus der Stadt zu verweisen. Für dieses alles müsse er die Stadt schadlos halten. Diese Forderungen waren um so härter, als ihm seine von der Regierung als richtig anerkannten Auslagenrechnungen trotz wiederholter königlicher Mandate von der Stadt noch immer nicht bezahlt worden waren.

So wie Wohlherr wurde auch sein eifrigster Anhänger Potemke von Bürgermeister Egardi hart bedrängt, so daß sich Potemke bewogen sah, neben seinen Klagen um endliche Liquidation seiner Rechnungen eine Klage wegen Betriebsschädigung und Rechtsverweigerung gegen Egardi bei der Regierung einzureichen.

In Anbetracht der Macht und der großen Zahl ihrer Gegner waren die Aussichten Wolherrs und Potemkes auf günstigen Ausgang ihrer Prozesse gering. Potemke bat deshalb, ihm das Armenrecht zuzuerkennen, und Wolherr beantragte, zur Vermeidung der großen Kosten eines Prozesses behufs friedlicher Beilegung der entstandenen Zwistigkeiten eine Kommission nach Oldesloe zu senden. Der um seine Meinung befragte Magistrat ersuchte jedoch, dem Prozesse seinen Lauf zu lassen. Da aber die neben vielen andern Einwohnern Oldesloes als Zeugen geladenen beiden Geistlichen gebeten hatten, sie wegen Unabkömmlichkeit von der Zeugenschaft zu befreien, so stellte der Magistrat, da er auf sie nicht gern verzichten wollte, sich auch selbst für unabkömmlich erklären mußte, den Antrag, die Verhöre in Oldesloe statt in Glückstadt vorzunehmen.

Über den weiteren Verlauf und den Ausgang des Prozesses fehlen wieder alle Akten. Da aber Wolherrs Witwe Christina der Kommission von 1706 bei Einreichung ihrer zum Teil aus der Zeit ihres Stiefvaters Marx Leke stammenden Forderungen an die Stadt klagt, wie der Bürgermeister sie in so einen unschuldigen Prozeß gestürzt und erbärmlich um all das Ihrige gebracht, ja sogar ihres Mannes beraubt und ihn in das Grab gebracht und sie zu einer armen, betrübten und hochbedrängten Witfrau gemacht habe, was der Bürgermeister am jüngsten Tage vor Gott nicht werde verantworten können, so ist anzunehmen, daß der Prozeß für Wolherr einen unglücklichen Ausgang genommen hat. Egardi aber ist dieses Sieges nicht froh geworden, wie wir im nächsten Kapitel sehen werden.

VIII. Ordnung des Stadtwesens durch die königliche Kommission von 1706.

Einsetzung der Kommission. Beginn der Arbeit. Erledigung von Privatklagen. Gemarkungsstreit mit Steinfeld. Gemarkungsstreit mit Sehmsdorf. Streitigkeiten mit Lübeck. Das lübsche Haus mit Zubehör. Die Kupfermühle. Die Travefahrt. Zusatzvertrag. Säuberung der Trave von anderen Benutzern. Auseinandersetzung mit den gottorpischen Nachbarn. Streitigkeiten wegen der Oldesloer Korn-

mühle. Grenzstreitigkeiten mit Rümpel. Streit mit Fresenburg über die Befischung der Obertrave. Wiedereinrichtung des Johannismarkts. 10 jährige Lastenfreiheit neuer Häuser. Wiederherstellung der alten Handelsstraße über Oldesloe. Neue Brauordnung. Unordnung in der Stadtverwaltung. Übel administrierte Justiz. Willkürliche Erhebung von Strafgeldern. Mit Unrecht erhobene Prozeß- und Reisekosten. Mit Unrecht beanspruchte 10te Pfennigsgelder. Suspension des Bürgermeisters. Neuordnung des Magistrats. Ein Beispiel altgermanischen Gerichtsverfahrens. Verbesserung der Finanzen. Urbarmachung des Brennermoores. Empfehlung der Wiederinbetriebsetzung der Saline. Empfehlung der Ansiedelung von Réfugiés. Zunftmißbräuche. Freischuster Stricker. Mißbräuche in der Erhebung der kirchlichen Accidentien. Der schlechte Zustand der Kirche. Bericht über das St. Jürgensstift. Verurteilung von drei Bürgern zu Gefängnis. Verurteilung des Bürgermeisters zur Zahlung von Kommissionskosten. Neue Petition von Bürgern für Egardi. Wühlereien Egardis. Abdankung Egardis. Besetzung der vakanten Ratsstellen. Neue Unruhen.

Die Unordnung, die im Laufe des Jahrhunderts infolge von Willkür und Nachlässigkeit in der Stadtverwaltung eingerissen war, erreichte unter der Amtsführung des Bürgermeisters Egardi ihren Gipfel. Anfänglich war es Egardi wohl gelungen, einen ziemlich großen Anhang zu gewinnen. Bald aber wurde in allen Kreisen der Bevölkerung über ihn geklagt, und die Beschwerden über ihn häuften sich schließlich so, daß die Regierung energisch einschreiten mußte. Der erste Oldesloer Apotheker, Johannes Samuel Freygang, und vier andere Bürger unternahmen es, eine neue königliche Kommission zu erbitten, und durch Erlasse vom 8. Dezember 1705 und vom 26. Januar 1706 beauftragte der König den Geheimrat und Statthalter in den Herzogtümern Grafen Friedrich von Ahlefeld, Langeland und Rixingen und die beiden Justiz-, Kanzlei- und Regierungsräte Friedrich Ulrich von Söhlen[thal] und Jakob Johann von Wasmer mit der Ordnung der Oldesloer Angelegenheiten.

Die Kommission forderte zunächst zu ihrer Orientierung über gewisse Zweige der Stadtverwaltung auf bestimmte Fragen genaue Berichte und begab sich dann am 24. Februar 1706 nach Oldesloe. Hier beschied sie Bürgermeister und Rat, die Achtmänner und die gesamte Bürgerschaft zu sich, tat ihnen des Königs Willen kund und forderte alle auf, ihr etwaige Beschwerden oder Vorschläge einzureichen, insbesondere auch die Gravamina wider den Bürgermeister Egardi. Bürgermeister und Rat aber brachten nicht das geringste vor, so daß sich die Kommission genötigt sah, statt mit den öffentlichen Angelegenheiten zu beginnen, wie ihre Absicht gewesen war, zuerst die Privatklagen vorzunehmen, deren Zahl auf 80 angewachsen war. Viele von ihnen wurden durch Vergleich abgetan, viele andere zwar entschieden, aber ohne Publikation des Urteils, die mit Rücksicht auf Bürgermeister und Rat, welche zunächst noch die Geschäfte weiter führen mußten, bis zur völligen Erledigung der Kommission verschoben werden sollte.

Dann wandte sich die Kommission zur Schlichtung der Streitigkeiten der Stadt mit den nicht unter königlicher Landeshoheit stehenden Nachbarn. Ein der Oldesloer Gemarkung angehörender Acker von 12 Scheffel Saat nebst einer Wiese von 6 Fuder waren vor vielen Jahren durch Heirat an einen Einwohner des Holstein=Plönischen Dor= fes Steinfeld gekommen und der Acker dann durch spätere Eingriffe auf 24 Scheffel vergrößert worden, die Kontribution davon aber seit langem nicht an die Stadt bezahlt worden. Nach langwierigen Ver= handlungen mit dem Plönischen Amtmann von Rotenburg zu Reinfeld, der verwitweten Herzogin Elisabeth Sophia Maria, die in dieser An= gelegenheit selbst einige Briefe schrieb, und ihrem Hofrat von Rabbe, der deshalb dreimal nach Oldesloe kam, wurde ein Vergleich dahin ge= schlossen, daß für die rückständige Kontribution sofort der Betrag von 80 Reichstaler an die Stadt bezahlt werden und künftig der Besitzer für 42 Scheffel Saat kontribuieren solle.

Einen anderen Oldesloer Acker hatte ein Einwohner des Holstein= Rethwischischen Dorfes Sehmsdorf erheiratet und die Kontribution davon nicht bezahlt. Außerdem hatten die Sehmsdorfer ein ihrem Dorfe gegenüberliegendes und von der Traveströmung vom jenseitigen Ufer losgerissenes und zu einer Insel gemachtes Stück Wiesenland, das noch heute Eiland heißt, im Besitz genommen. Die Zugehörigkeit des Ackers zu der Oldesloer Gemarkung schien aber der Kommission zweifelhaft, konnte wenigstens aus dem Oldesloer Kontributions= und Restantenlisten nicht erwiesen werden, und da auch der Rethwischer Amtsverwalter ohne Anwesenheit seiner Herrschaft zu deren Un= gunsten nichts entscheiden konnte, so wurde die Streitsache auf eine Zeit verschoben, wo die herzogliche Herrschaft wieder im Lande wäre, dem Amtsverwalter aber geraten, der Herrschaft den Verkauf des strit= tigen Landes an einen Oldesloer Bürger zu empfehlen. Wegen der In= sel hatten Bürgermeister und Rat bereits 1701 an den Herzog geschrie= ben, aber ohne etwas auszurichten. Nun verhalf die Kommission der Stadt wieder zu ihrem Recht[1]).

Mit der Stadt Lübeck lag Oldesloe in Streit wegen der Kontri= bution für das Lübische Haus und die ihm zugelegte Dornrehmswiese, wegen der dem Lübecker Heiligengeiststift gehörenden Kupfermühle im Bestetale, deren Schleuse einzubrechen drohte, und wegen der Böterfahrten auf der Trave. Nach öfterem Hin= und Herschreiben entsandte der Lübecker Senat den Ratsherrn Adolf Matthäus Rodde und den Secretarius Daniel Müller zu mündlicher Verhandlung nach Oldesloe. Die Verhandlungen gestalteten sich recht schwierig, so daß die Lübecker Deputierten ihre Reise mehrere Male wiederholen muß= ten. Schließlich aber einigte man sich auf folgenden Vergleich:

Die seit langen Jahren restierende Kontribution von dem der Stadt Lübeck zustehenden Hause und den beiden dazu gehörigen Huden= stellen, die nach Angabe von Bürgermeister und Rat von Oldesloe auf mehr als 3110 Mark angeschwollen war, wurde auf 250 Reichstaler er= mäßigt, und es sollen künftig jährlich 5 Reichstaler Hudenheuer und

---

[1]) Außer diesem Eiland gab es noch mehrere andere Inseln oder Werder in der Trave, die der Magistrat verpachtete und erst im Jahre 1839 gegen einen jährlichen Kanon den Anliegern überließ, die sie dann allmählich landfest machten.

8 Reichstaler Kontribution an die Stadt Oldesloe gezahlt werden. Dafür sollen Haus und Huden künftig aber von allen anderen Lasten befreit sein, auch von Einquartierung, es sei denn, daß ein Armeekorps um Oldesloe stehe oder ein ganzes Bataillon als Besatzung in die Stadt gelegt werde. Auch sollen die Huden künftig von den Oldesloern nicht mit Mist oder anderem belegt oder sonstwie gebraucht werden. Die Dornrehmswiese soll dem Inhaber des Lübschen Hauses stets und ohne Erhöhung für 6 Reichstaler an den Ratsstuhl zu zahlende jährliche Heuer gelassen werden, solange die Heuer richtig bezahlt wird. Der Bewohner des Lübschen Hauses soll nur so lange abgabenfrei sein, als er keine andere bürgerliche Hantierung als Bootfahren betreibt, wofür er der Lübschen Böterzunft angehört. Wenn er einen anderen bürgerlichen Nahrungszweig treibt, soll er wie seine Nachbarn besteuert werden. Es soll ihm vergönnt sein, zwei Kühe auf die gemeine Bürgerweide zu treiben gegen ein Weidegeld von 2 Mark für jede. Auch soll ihm freistehen, für seines Hauses Notdurft einen Scheffelbrau zu tun, doch soll er das Bier an niemand, weder in noch außer dem Hause, verschenken dürfen.

Die Kupfermühle wird dem Heiligengeiststift mit den dazu gehörigen Äckern, Wiesen und Weiden als beständiges freies Erblehn restituiert und dabei die Freiheit concediert, das Mühlenvolk bei vorfallenden Scheltworten und trockenen Schlägen mäßig zu coerzieren *salva de caetero jurisdictione ordinaria civitatis Oldesloensis* gegen eine jährliche an die Stadt zu zahlende Recognition von 5 Reichstaler als unveränderlichen Kanon. Dagegen verpflichtete sich Lübeck, die Schleusen und das Grundwerk der Kupfermühle in gutem baulichen Zustande zu halten, daß der Travefahrt durch Einbruch derselben kein Schade geschähe. Auch sollen von Abgeordneten beider Städte die Grenzen zwischen der Kupfermühle und dem Oldesloer Felde besehen und gerichtet werden, und das Kupfermühlenland soll von den Oldesloern noch vor der Saatzeit im nächsten Herbst gänzlich geräumt werden. Wegen Stauung des Wassers auf der Kupfermühle sollen nach dem Maße der jetzigen alten Schütten gewisse Zeichen gesetzt und darüber das Wasser nicht gestaut werden. Auch soll niemand berechtigt sein, die Schütten eigenmächtig aufzuziehen, sondern, wenn für die Schiffahrt Wasser nötig ist, soll es auf der Mühle angesagt und dann sowohl den Oldesloern als auch den lübeckischen Bötern gegen Erlegung des Schleusengeldes von 1 Mark für die ganze und 8 Schilling für die halbe Stauung geholfen werden. Wenn die Stauung für mehr als ein Boot geschieht, soll zu dem Schleusengelde *pro rata* der Schiffszahl beigetragen werden. Damit die Fahrt von und nach der Kupfermühle keine Hinderung erleide, soll niemand befugt sein, Fischkörbe in oder Stege über das Wasser zwischen der Mühle und der Stadt zu legen.

Wegen der Travefahrt, über die ein Rechtsstreit beim Kammergericht schwebte, wurde ein Interimsvertrag geschlossen *salvo jure ac litis pendentia camerali*. Weil die Oldesloer Böter mit ihren Kähnen und Böten nicht unter der Holstenbrücke durchfahren können, sollen zur Erleichterung des Aus- und Einladens jenseits der Holstenbrücke von Lübeck geeignete Vorkehrungen getroffen werden, und was die Oldesloer künftig dafür zu erlegen haben werden, wird der Senat fordersamst eröffnen. Die zwischen Lübeck und Oldesloe zu fahrenden Kaufmannswaren sollen im Verhältnis von 4 zu 3 unter die Lübecker und Oldesloer Böter verteilt werden und die Abrechnung darüber nach Schiffspfunden und Lasten alle Monat erfolgen. Wenn sich bei monatlicher Abrechnung findet, daß die eine Partei mehr Lasten oder Schiffpfunde gefahren hat, als ihr nach dieser Proportion zukommen, so soll sie so lange still liegen, bis die andere ihre Zahl auch bekommen hat. Wenn bei der Abrechnung, die wegen der Oldesloer Fracht in Oldesloe und wegen der Lübecker Fracht zu Lübeck abgelegt werden soll, Differenzen entstehen, so sollen dieselben in Lübeck durch die dazu verordneten Herren der Wette [= des Senats] und in Oldesloe durch Bürgermeister und Rat untersucht und geschlichtet werden, und die lübeckischen Böter sollen in Oldesloe und die Oldesloer in Lübeck dem rechtlichen Befinden schuldigen Gehorsam leisten. Das nach den Kupfermühlen bestimmte und von dort nach Lübeck zurückgehende Frachtgut sowie das lübeckische Bäckerkorn bleibt für Auf- und Abfahrt den lübeckischen Bötern allein vorbehalten, dagegen bleibt den Oldesloer Bürgern frei, das, was sie zu ihrer Notdurft an Malz, Korn, Materialien und anderen Waren aus Lübeck holen, durch ihre Böte und Kähne abfahren zu lassen. Was aber an Korn und anderen Waren anderswohin als nach Oldesloe bestimmt sei, bleibt den Lübecker und Oldesloern nach obiger Proportion gemeinsam. Mit dem Holzfahren auf der Trave läßt man es bei der bisherigen Observanz, und es sollen beiderseits die Böter daran nicht teilnehmen. Kaufmannsgut soll nur in Böten und nicht in Kähnen oder anderen Fahrzeugen gefahren werden, damit bei der Abrechnung keine Konfusion entsteht. Was aber die Oldesloer zu ihrer Versorgung gebrauchen, steht ihnen frei auf Kähnen zu befördern. Auch bleibt es sowohl Lübeckern wie Oldesloern unbenommen, Passagiere mit Kähnen auf- und abzufahren. Wenn es vorkommen sollte, daß mehr Kaufmannsgut zu befördern sei, als die lübischen und Oldesloer Böter vor der Hand fahren können, sollen die lübeckischen Holzkäufer solches auf der Trave alter Gewohnheit nach fortzuschaffen berechtigt sein.

Dieser am 21. Mai 1706 abgeschlossene Vertrag wurde am 9. Juni 1706 durch einen Zusatzvertrag in einigen Punkten abgeändert. Da sich die Beförderung der Waren durch Oldesloer und Lübecker Böter im Verhältnis von 3 zu 4 nicht hatte ins Werk setzen lassen, wurde statt dessen beliebt, daß die Lübecker Böter alle von Lübeck nach Oldesloe zu befördernden Kaufmannsgüter, die Oldesloer aber alle flußabwärts gehenden bis an die Holstenbrücke zu fahren haben sollen. Dagegen soll die Dornrehmswiese nicht für eine jährliche Heuer von 6 Reichstaler, sondern gegen die von altersher gewöhnliche Recognition von 1 Mark 8 Schilling jährlich dem lübschen Hause wieder abgetreten werden. Der Ausfall von 5½ Reichstaler soll Bürgermeister und Rat jährlich aus der gemeinen Kasse erstattet werden.

Als die Kommission den Oldesloer Bötern den Interimsvertrag über die Travefahrt mitgeteilt und sie darauf aufmerksam gemacht hatte, daß sie nun in Gemeinschaft mit den Lübecker Bötern die Trave reinhalten könnten, die eine Zeitlang von fast allen anliegenden rethwisch-plönischen Dörfern mit Frachtkähnen befahren, unmäßig befischt und durch Setzung von Neunaugenbojen fast innavigabel gemacht worden war, betrachteten die Böter dies als einen Befehl und haben darauf am dritten Tage danach 6 Kähne und 19 Fischernetze, von denen einige die ganze Breite der Trave eingenommen hatten, aufgebracht. Der gerade wegen des Steinfelder Landes in Oldesloe anwesende plönische Hofrat Rabbe und der rethwisch-plönische Amtsverwalter beschwerten sich darüber und verlangten die Zurückgabe der Netze und Kähne um so mehr, als die Dörfer nicht vorher gewarnt worden seien. Es wurde ihnen geantwortet, daß der Streit über die Travefahrt allein zwischen dem Könige und der Stadt Lübeck beim Reichskammergericht anhängig gemacht sei, daß sie keinen Anteil daran genommen hätten und daher auch nicht von dem jetzigen Vergleich profitieren könnten, daß man jedoch wegen nicht geschehener Warnung die Kähne und Netze zurückgeben wolle, wenn der Rethwischer Amtsverwalter deswegen schriftlich einkommen und sich erbieten wolle, die Rethwischer Untertanen wegen des Fischens selbst zu bestrafen, und hinfür nicht gestatten wolle, daß Kähne gehalten würden, wo von altersher keine gewesen wären. Als der Amtsverwalter dies getan, hat man seine Supplik dem Stadtarchiv beigelegt und die Netze und Kähne zurückgegeben.

Sehr schwierig gestaltete sich die Schlichtung der Streitigkeiten der Stadt mit den mit dem Könige verfeindeten holstein-gottorpischen Nachbarn, da der herzogliche Amtmann in Trittau Graf von Dernath (der Natte), nur widerwillig auf die Schreiben der Kommission zu reagieren pflegte. Es handelte sich zunächst um die zum gottorpischen Amte Trittau gehörende Oldesloer Kornmühle. Die Oldesloer Bürger beklagten sich darüber, daß der Müller, der früher sein Mattenkorn nach Trittau abgeführt habe, es jetzt nicht nur selbst verkaufe, sondern auch mit aufgekauftem Korn zum Schaden der Oldesloer Kornhändler einen regelrechten Kornhandel betreibe, daß er die Stauzeichen an der Schleuse eigenmächtig höher gesetzt habe und die Obertrave nun oft so hoch staue, daß die Wiesen überschwemmt würden und großer Schaden an Heu geschehe, bloß damit er recht viel Wassergeld von den die Trave heraufkommenden Bötern erheben könne, wenn er ihnen bei niedrigem Wasserstande das Wasser entgegen schicke, daß er nicht allein die Bürger warten lasse, wenn herzogliche Bauern zur Mühle kämen, sondern ihnen auch das halbgemahlene Korn wieder in die Säcke schütte, wenn jene ihr Korn zur Mühle brächten, daß er die Bürger aber mit harten Strafen bedrohe, wenn sie sich einer Quernmühle für ihr eigenes Korn bedienten. Die Kommission riet in einem Bericht an den König, dem Müller den Kornhandel zu verbieten und ihm andeuten zu lassen, daß sein Korn, wenn es in der Jurisdiktion der Stadt gefunden würde, konfisziert werden solle, ferner, die rechten Stauzeichen wieder anzubringen und im Fall zu hoher Stauung dem Müller die Schleusen wider seinen Willen aufzureißen, wie es auf Anordnung des

Magistrats vordem öfter geschehen sei, und schließlich ihm anzudrohen, daß die Stadt auf ihre Kosten eine eigene Mühle bauen würde, wozu sie berechtigt sei, da sich nicht erweisen lasse, daß die Trittauer Mühle eine Zwangsmühle sei.

Weitere Schwierigkeiten boten die Grenzstreitigkeiten mit dem gottorpischen Dorfe Rümpel. Den Scheidegraben in dem mit Erlenbusch bewachsenen Moore hatten die Oldesloer verschiedene Male und zwar zuletzt vor 16 Jahren aufgegraben. Sie hatten dazu sowohl die gottorpischen Beamten wie die Einwohner des Dorfes eingeladen, um mit ihnen gemeinsam die Scheide zu richten. Doch waren diese niemals erschienen, sondern hatten jedesmal die aufgegrabenen Gräben wieder zugeworfen, um des Nachts, wenn das Vieh der Bürger von der der Grenze nahen Weide nach Hause getrieben war, auf schmalen, mit Busch belegten Wegen ihre Pferde hinüberzutreiben und die Oldesloer Weide abgrasen zu lassen. Da die Oldesloer auf diese Weise an ihrer Weide Schaden litten und auch gehindert wurden, aus ihrem Teile des Moores durch Ausroden der Erlenbüsche eine schöne Wiese zu machen, ordnete die Kommission an, auf dem unstreitigen Oldesloer Felde eine Kate zu bauen und einen Mann hineinzusetzen, dem zu seinem Unterhalte ein Stück Buschland zum Ausroden zu geben sei und der die Aufgabe haben solle, das übergetretene Vieh zu pfänden und nach der Stadt zu treiben. Von jedem Stück soll ihm 1 Schilling und der Stadt 4 Schilling erlegt werden. So entstand die noch vorhandene Katenstelle auf dem Lusberg an der Rümpeler Scheide.

Wegen aller dieser Sachen hatte die Kommission durch den Magistrat dem Grafen von Dernath in Trittau schreiben lassen, und der Graf hatte auch versprochen, demnächst einen Termin zu gemeinschaftlicher Ordnung dieser Angelegenheiten anzusetzen, hat aber sein Versprechen während der Anwesenheit der Kommission in Oldesloe nicht ausgeführt.

Mit den übrigen angrenzenden Nachbarn hatte die Stadt keinen Streit, außer daß sich die Bürger über seine Exzellenz den Geheimrat von Lenten als Besitzer von Fresenburg beschwerten, daß er ihnen nicht gestatten wolle, wie es auch seine Vorbesitzer, die Herren Detlef und Otto von Ahlefeld nicht hatten zugeben wollen, die Obertrave zu befischen, sogar da nicht, wo das Stadtfeld den Fluß auf beiden Seiten einschließt, noch viel weniger aber, wo ihr Land nur auf einer Seite das Ufer bildet. Wenn nun auch die Kommission nicht einsah, wie ihnen unter solchen Umständen das Fischen daselbst mit Recht verwehrt werden könne, so hielt sie sich doch, da Seine Exzellenz das Recht zu haben meinten, nicht für ermächtigt, die Sache zu untersuchen[1]).

---

[1]) Ebensowenig wurde den ungerechtfertigten Ansprüchen des Adels in bezug auf die Jagd entgegengetreten. Wir haben bereits gesehen, daß der Adel den Bürgern auch die Ausübung der Jagd auf dem Stadtfelde nicht zugestand, für sich aber die Jagdfreiheit auf Oldesloer Gebiet in Anspruch nahm. Wenn sich die Bürger durch den Anspruch des Adels auch nicht abhalten ließen, auf ihrem eigenen Grund und Boden zu jagen, so hatten sie doch dulden müssen, daß adelige Jagdgesellschaften sogar zur Sommerzeit ihre Felder durchstreiften und ihre Saaten verwüsteten. Auf wiederholte Klagen des Magistrats war von König Christian V. durch Erlaß vom 19. Februar 1681

Zur Verbesserung des inneren Zustandes der Stadt wurde der Kommission von den Bürgern u. a. vorgeschlagen, daß der ihnen im Jahre 1371 von dem Grafen Adolf gestattete achttägige Johannismarkt wiederhergestellt werden möchte, jedoch mit Ausschluß der Handwerker von den Dörfern wie in anderen holsteinischen Städten, daß diejenigen, welche neue Häuser erbauen würden, 10 Jahre lang von allen bürgerlichen Lasten befreit bleiben möchten, und daß die zwischen Hamburg und Lübeck fahrenden Fracht- und Postwagen, die jetzt ihren Weg durch das Amt Trittau nähmen, wieder wie in früheren Zeiten über Oldesloe gehen möchten. Die beiden ersten Vorschläge wurden von der Kommission dem Könige zur Genehmigung unterbreitet und die gewährten Freiheiten nach Eintreffen der Genehmigung durch die Zeitungen bekannt gemacht, und der Wiederherstellung der alten Handelsstraße über Oldesloe nahm sich die Kommission um so eifriger an, als dadurch nicht nur viele Oldesloer Bürger in Nahrung gesetzt wurden, sondern auch der königliche Zoll in Oldesloe eine Verbesserung erfahren würde. Daß die Fuhrleute nicht mehr ihren Weg über Oldesloe nahmen, lag an dem schlechten Zustande der Wege, und die lange, durch die Oldesloer Feldmark führende Strecke war ganz besonders schlecht. Die Kommission veranlaßte die Stadt, die Verbesserung der Wege ernstlich in Angriff zu nehmen, hoffte, daß sich auch die Plöner Herrschaft und das Lübecker Domkapitel (wegen der Strecke durch Hamberge und Hansfelde, die zum Bistum Lübeck gehörten) leicht zur Verbesserung ihrer Strecken bewegen lassen würden, und bat den König, zu genehmigen, daß deshalb an die plönische Regentin geschrieben und der königliche Etatsrat und Vizeamtmann von Rheder als Großvogt des Domkapitels veranlaßt werde, zur Wegebesserung hilfreiche Hand zu leisten. Die größte Schwierigkeit bestand darin, die holstein-gottorpischen Beamten zu bewegen, die Verbesserung einer Strecke im Dorfe Neritz zu bewerkstelligen, die so grundlos war, daß die Neritzer Bauern nicht einmal ihr Vieh über sie zum Dorfe hinaustreiben konnten. Es war ihnen verboten worden, die Strecke selbst zu verbessern, um die Fuhrleute zu zwingen, ihren Weg alten Abmachungen und Verordnungen zuwider über das Amt

---

dem Adel das Jagen auf Oldesloer Gebiet zur Sommerzeit zwar verboten, die von dem Adel beanspruchte Jagdfreiheit auf diesem Gebiete aber ausdrücklich anerkannt worden. In dem Erlaß heißt es: „Demnach uns der Magistrat zu Oldesloe alleruntertänigst klagend vortragen lassen, welchergestalt die Angrenzenden vom Adel ihnen bei Sommerzeiten durch ihr öfteres Jagen großen unleidlichen Schaden zufügen, indem ihre Jäger und Schützen mit Pferden und Hunden das besäte Feld bis zur Ernte dermaßen ungescheut durchreiten und durchlaufen, daß dadurch selbes dem Wege gleich gemacht und das wachsende Korn ganz zernichtet und verderbet werde, mit alleruntertänigster Bitte, Wir geruheten, solche unzulässigen Excesse mittelst Publicierung unseres offenen Patents ernstlich zu inhibieren. Wann wir denn solchem billigmäßigen Ansuchen allergnädigst stattgegeben als mandieren und befehlen wir hiermit und in Kraft dieses allergnädigst und ernstlich, daß hinfüro die um unsere Stadt Oldesloe Herumwohnenden von Adel und andere ohne Unterschied, wer sie sein mögen, von dem ersten Martio an bis zur vollzogenen Ernte sich des Jagens in bemeldeter unserer Stadt Feldmark nicht weiter unterfangen, sondern bei Verlust ihrer Jagdfreiheit, auch Erstattung alles verursachten Schadens, sich dessen in itzt berührter Zeit allerdings enthalten sollen.

Trittau und die dortigen Zollstätten zu nehmen, und sie mußten heim≈
lich Steine in den Morast schütten, um ihn einigermaßen passierbar zu
machen. Die Kommission stellte dem Könige anheim, unter An≈
drohung der Konfiskation der Güter auf Abstellung des Unfugs zu be≈
stehen, richtete aber auch selbst wegen Verbesserung der Wege ein
Schreiben an den Grafen von Dernath, auf welches erst nach 8 Wochen
eine Antwort einlief, in der er die Verbesserung zusagte. Da sie sich
nach den bisherigen Erfahrungen davon trotzdem keinen Erfolg ver≈
sprach, verhandelte sie zugleich mit dem Besitzer von Höltenklinken,
einem Procurator aus Hamburg, daß er die durch sein Gut führende
Wegestrecke gegen Erhebung eines Wegegeldes so ausbessern lassen
möge, daß die Fracht≈ und Postwagen ihren Weg über Höltenklinken
statt über Neritz nehmen könnten. Der Gutsherr ging nach Ver≈
handlung mit den daran interessierten Umwohnern, die sich zur Hilfe≈
leistung bereit fanden, darauf ein. — Sodann trat die Kommission noch
durch Mittelspersonen in Verhandlungen mit dem Postmeister in
Hamburg, um ihn zu bewegen, die Post wieder über Oldesloe nach
Lübeck gehen zu lassen. Die Verhandlungen verzögerten sich, weil
der Postmeister im Reiche verreist war. Da er aber früher nicht
gestatten wollte, daß Oldesloer Fuhrleute, die Reisende nach Ham≈
burg gebracht hatten, solche auch von dort wieder mit zurücknähmen,
und noch ganz vor kurzem ein Oldesloer Fuhrmann sich beklagt hatte,
daß ihm in Hamburg von Leuten des dortigen Postmeisters die Pferde
ausgespannt worden und nicht eher wieder zurückgegeben worden
seien, bis er die schon aufgenommenen Reisenden wieder abgesetzt
habe, empfahl die Kommission dem Könige, wegen dieser Sache, die
keineswegs zu dulden sei, einstweilen zu connivieren, bis der Post≈
meister zugesagt habe, die Post nach Lübeck wieder den direkten Weg
über Oldesloe nehmen zu lassen und die Reisenden, die von Hamburg
nach Oldesloe wollten, nicht zu zwingen, einen Weg von 13 Meilen
statt von 6 Meilen zu fahren.

Schon lange war der Wunsch rege, die Oldesloer Bierbrauerei
wieder zu ihrer alten Blüte zu bringen. Einsichtige Männer hatten
Vorschläge zu ihrer Verbesserung gemacht, damit aber gegen den ein≈
gerissenen Schlendrian nicht durchdringen können. Nun nahm sich
die Kommission der Sache an und suchte durch eine neue Brauord≈
nung, die im wesentlichen eine Erneuerung der Lekeschen Brauord≈
nung von 1678 war, eine Besserung herbeizuführen.

Aber die besten Anordnungen mußten die beabsichtigte Wirkung
verfehlen, solange sich nicht die Stadtverwaltung selbst ihre ehrliche
Befolgung ernstlich angelegen sein ließ. Über die in der Stadtverwal≈
tung vorgefundene Unordnung berichtete die Kommission an den Kö≈
nig: „In den gemeinen Stadtsachen und deren Rechnungen haben wir
fast eine unglaubliche Unordnung und Confusion gefunden. Unter
den 8 Männern befanden sich 5 Personen, so weder schreiben noch
lesen konnten. Ihr Officium bestand bloß und allein darin, daß sie
ihre Mitbürger taxierten und zur Kontribution ansetzten. Zu allen
übrigen gemeiner Stadt angehenden Sachen als Aufnahme des Cas≈

sierers und Stadtrechnungen, Unterhaltung der Stadtgebäude, Verbesserung der Stadtrevenüen und Ländereien wurden sie nicht gezogen und ward auch von Bürgermeister und Rat wenig daran gedacht. Ein Cassierer wäre zwar da, allein der Bürgermeister hub ein, was ihm wohlgefiel, schickte nachgehends ein Zettelchen, daß er so viel, sonder zu melden wofür, erhoben, welches der Cassierer seiner Rechnung beilegte. Daher denn in *specie* diese Unrichtigkeit in den Rechnungen entstanden usw." Durch ein Urteil über etwa 30 Privatklagen, die von der Kommission erledigt wurden, wurde der Bürgermeister condemniert, wegen protrahierter, verweigerter und übel administrierter Justiz etwa 1500 Mark zu restituieren. Verschiedene Sachen wurden durch einen gütlichen Vergleich erledigt, und um den Verlust, den beiderseits Parteien durch den Vergleich empfanden, einigermaßen zu mäßigen, mußten Bürgermeister und Rat aus ihrem eigenen Beutel etwas zuschießen.

Die Strafgelder (Brüchen) hatte der Bürgermeister meistens allein und privatim angesetzt, gewöhnlich ohne die Parteien darüber zu vernehmen, auch ohne ein Brücheregister zu führen, und die beiden Ratsherren hatten dennoch des Bürgermeisters Vorschrift unterschrieben und gewohntermaßen bei dem Wort der ewigen Wahrheit attestiert, daß nicht mehr Brüche gefallen. Da aber nichts protokolliert worden war, konnte die Kommission nicht feststellen, wieviel etwa vom Bürgermeister zuviel erhoben worden war.

Aus den Stadtrechnungen ging hervor, daß der Stadt ein Betrag von etwa 150 Mark für Prozeßkosten und Reisen mit Unrecht in Anrechnung gebracht war und von Bürgermeister und Rat zurückgegeben werden mußte, da die Prozesse nicht die Stadt, sondern den Bürgermeister persönlich angingen oder unnötig gewesen waren und von ihm ohne Rücksprache mit Achtmännern und Bürgerschaft zum Schaden der Stadt geführt worden waren.

Um solche Unordnungen möglichst zu verhindern, erließ die Kommission etwa 70 Verordnungen, durch die sie u. a. anordnete, daß außer den Achtbürgern auch Cassierer, Braumeister, Braubürger, Ratsdiener, Bierträger und Holzwärter zu vereidigen seien und daß die Strafgelder künftig zur Hälfte dem Könige, zur Hälfte der Stadt zufallen und Bürgermeister und Rat für den Ausfall dieser Accidentien durch ein Pauschale von 50 Mark aus der Stadtkasse entschädigt werden sollten.

Die Kommission stellte ferner fest, daß der sogenannte 10te Pfennig, die Erhebung des zehnten Teiles des nach auswärts gehenden Erbguts, bisher von Bürgermeister und Rat zu Unrecht für sich selbst in Anspruch genommen worden war, daß er vielmehr der Stadt zukäme, und wies Bürgermeister und Rat an, das, was sie ungebührlich genossen hätten, der Stadt zu restituieren.

Wegen seiner zahlreichen Verfehlungen wurde sodann Bürgermeister Egardi durch die Kommission zunächst vom Amte suspendiert, und es wurde dem Könige anheimgestellt, ihn entweder abzusetzen oder anderweitig zu bestrafen. Zugleich teilte die Kommission dem

Könige mit, daß wohl die Hälfte der Bürgerschaft dem Bürgermeister sehr zugetan sei und vor Publikation des Urteils, seine Absetzung befürchtend, eine von etlichen 60 Bürgern unterschriebene Supplik zur Abwendung derselben und nach publiziertem Urteil eine gleiche um Aufhebung der Suspension bei der Kommission eingereicht hätte, welche Gunst der Bürgermeister nach Aussage der Gegner durch unrechtmäßige Protegierung, Nachsehung und Gestattung des heimlichen Bierbrauens und durch geringen Anschlag der Kontribution erworben haben solle. In Anbetracht dessen riet die Kommission, den Bürgermeister auf keinen Fall in seinem Amte zu belassen in der Form, wie er es bisher mit zwei Ratsherren allein geführt, sondern den Rat wieder aus 5 Personen bestehen zu lassen, einem Bürgermeister, drei Ratsherren und einem Secretarius, wie der Graf vorschlug, oder zwei Bürgermeistern, von denen der zweite, aber niemals der erste, zugleich die Sekretariatsgeschäfte führen müsse, und drei Ratsherren, wie die beiden Justizräte meinten. Die Herren von Söhlenthal und von Wasmer begründeten ihre Ansicht damit, daß in Anbetracht des elenden Zustandes der Stadt, in der kaum 12 reputierliche und vernünftige Bürger zusammenzubringen seien, nach dem zuerst votierenden Bürgermeister durchaus als zweiter ein Mann von einigen Studien sein Votum abgeben müsse, damit die nachsitzenden einfältigen Ratspersonen aus zwei Ansichten wählen könnten und dem Bürgermeister nicht blindlings folgten oder sich nicht, wenn sie anderer Meinung wären als er, doch von ihm beschwatzen oder einschüchtern ließen. Dieselbe Wirkung glaubten die Herren Justizräte erzielen zu können mit einem Bürgermeister und vier Ratsherren, wenn nur der Sekretär immer der erste Ratsherr wäre, und sie schlugen dem Könige vor, dem derzeitigen Sekretarius, der ein gar guter und fleißiger Mann sei, das Archiv in gute Ordnung gebracht habe und Proben von sich gegeben, daß er des Bürgermeisters Verfahren nicht billige, noch weniger selbst mit ihm in trübem Wasser fischen wolle, das Votum nach dem Bürgermeister zu übertragen. Auf diesen Vorschlag wurde dann Lindeloff zunächst zum votierenden Sekretär und im nächsten Jahre zum Ratsherrn befördert.

Unter den zahlreichen Klagen gegen Bürgermeister Egardi ist besonders bemerkenswert eine Gruppe, die ein auf altgermanischem Volksglauben beruhendes Gerichtsverfahren bezeugt. Man glaubte früher nämlich, daß die Leiche eines Ermordeten zu bluten anfinge oder sonst ein Zeichen von sich gäbe, wenn der Mörder an sie heranträte. Die Wunde Siegfrieds blutete aufs neue, als Hagen zu dem von ihm erschlagenen Helden trat. In der Trave war die Leiche eines neugeborenen Kindes gefunden worden, und Bürgermeister Egardi wollte nun im Vertrauen auf den alten Volksglauben versuchen, durch das Zeugnis der Leiche selbst die Mutter und mutmaßliche Kindesmörderin zu entdecken. Zu dem Zwecke bestellte er die erwachsenen Bürgertöchter und Dienstmägde der Stadt aufs Rathaus, zwang sie, die erstarrte Kindesleiche zu berühren und dabei eine gewisse Imprecation auszusprechen. In diesem Verfahren sahen viele Eltern und Dienstherrschaften eine Beleidigung und Beschimpfung der unbescholtenen Jungfrauen, verklagten den Bürgermeister und verlangten Sühne für die Beleidigung ihrer Töchter und Schutzbefohlenen. Die Kommission mißbilligte das Verfahren des Bürgermeisters und verurteilte ihn dazu, den Beleidigten durch Abbitte Satisfaction zu geben. Unter den Klägern befanden sich Kommissar Jürgen Gercken, Pastor Theodor Köpke, Diaconus Zacharias Rebe und Frau Obristleutnant von Louwenclau wegen ihrer Mägde, Johann Dittmar, Catharina Göschen und Nikel Nonnenkamp wegen ihrer Töchter.

Um den Finanzen der Stadt, die durch Wiedererlangung entzogener Kontributionen, Zurückgabe von Geldern durch Bürgermeister und Rat und Eintreibung von Restanten schon etwas gebessert worden waren, weiter aufzuhelfen, drang die Kommission darauf, von dem überaus großen städtischen Gemeinlande für etwa 500 Mark zu verpachten. Auch nahm sie eine neue Ordnung für die Viehhaltung in Aussicht und riet, das unbebaute Land durch Ausroden des Buschwerks und Ziehen von Gräben in gute Äcker und Wiesen zu verwandeln. In Gemeinschaft mit Herrn von Warendorf, dem Besitzer von Blumendorf, der den Klagen von Bürgermeister und Rat zufolge ohne ihr Vorwissen die zwischen beiden Feldmarken stehenden Scheidebäume hatte niederhauen und wegfahren und den Scheidegraben in das Gebiet der Stadt und die Ländereien der Bürger hatte erweitern lassen, unternahm die Kommission die Regulierung der Wolkenweher Grenze und die Ziehung des Scheidegrabens nebst zahlreichen Nebengräben und hoffte dadurch aus dem bisher unbrauchbaren Brennermoor eine fruchtbare Wiese von etwa 100 Fuder Heu zu machen. Bürgermeister und Rat sowie den Achtmännern schärfte sie ein, mit andern verwilderten Wiesen und Mooren in den folgenden Jahren ähnlich zu verfahren.

Um die genaue Befolgung der getroffenen Anordnungen und die Fortsetzung der begonnenen Meliorationen zu sichern, bat die Kommission den König, ihr noch einige Jahre die Aufsicht über die Stadt zu lassen. Insbesondere sei dies auch nötig, weil die Parteigänger des suspendierten Bürgermeisters sich noch sehr unruhig bezeigten, seine Wiedereinsetzung vom Könige erbitten wollten und öffentlich drohten, im Weigerungsfalle den 5 Bürgern, welche die Kommission veranlaßt hätten, die Köpfe einzuschlagen. Die Kommissare beantragten deshalb auch, ihm die Macht beizulegen, daß man, falls es einige unruhige Köpfe gelüsten sollte, ihre Bosheit auszuführen, nicht allein *fiscaliter* gegen sie vorzugehen, sondern auch *manu militari* ihrem Frevel steuern könne.

Zu weiterer Aufhelfung der Stadt empfahl die Kommission dem Könige die Wiederinbetriebsetzung der damals still liegenden Saline und berichtete dem Könige, daß sich bereits einige von ihnen mit anderen zusammengetan hätten, welche sich mehr zur Bezeugung ihres Eifers für den König und die Verbesserung seiner Revenüen, die Hebung der Stadt Oldesloe, den Nutzen des ganzen Landes und die Schädigung der (feindlichen) Nachbarn als aus Hoffnung auf einen großen Vorteil gegen Abgabe der zehnten Tonne Salz nach Ablauf der Freijahre dazu erböten.

Ferner schlug sie, um der Stadt aufzuhelfen, dem Könige unter Einreichung eines genau ausgearbeiteten Planes die Einrichtung einer Kolonie von französischen Flüchtlingen nach dem Muster der im Brandenburgischen gegründeten vor und kam damit auf einen Gedanken zurück, dem schon Marx Leke Ausdruck gegeben hatte, als er anregte, die leeren Häuser von Oldesloe mit Dissidenten und Juden zu besetzen.

Dem Vorschlage der Oldesloer, im Interesse der städtischen Zunftgenossen die Niederlassung von Handwerkern auf 1½ Meile um die Stadt herum zu verbieten, konnte die Kommission bei der damaligen Verfassung der Umgegend nicht beitreten. Die Justizräte aber machten dafür dem Könige einen anderen Vorschlag, um den notleidenden Handwerkern emporzuhelfen. Sie berichteten, daß die Mißbräuche der Ämter, insbesondere das in ihnen übliche Saufen und Fressen, zum großen Teil schuld daran seien, wenn oft ein Meister zeit seines Lebens nicht auf einen grünen Zweig komme. Die Kosten der sogenannten Amtsköste, die ein junger Meister bei seiner Aufnahme in die Zunft geben müsse, beliefen sich in der Regel auf 250 bis 300 Mark und schwächten ihn oft so, daß er sich nie aus der dadurch gemachten Schuldenlast retten, noch sich gutes Gerät und gute Materialien für sein Handwerk anschaffen könne, sondern zeitlebens ein Bettler bleiben müsse. Sie rieten nun dem Könige, solche Mißbräuche abzuschaffen und u. a. zu verbieten, daß einem jungen Meister bei seiner Aufnahme mehr als 6 bis 10 Reichstaler für die Amtskasse abgenommen würden. Auch wandte sich die Kommission gegen das sogenannte Amtsschelten, durch welches einem redlichen Meister oft sein Handwerk von der Zunft gänzlich gelegt würde, ohne daß durch ein obrigkeitliches Urteil dagegen eingeschritten werden könne.

Als Beispiel eines anderen Zunftunfuges berichtete die Kommission dem Könige den Fall des Freischusters Christian Friedrich Strikker. Derselbe, hatte, nachdem er sich in Oldesloe niedergelassen hatte, um Aufnahme in die Schusterzunft nachgesucht, war aber nicht aufgenommen worden. Er hatte sich dann an den König gewandt und von ihm ein Freischuster-Privilegium mit dem Recht, Lehrlinge zu halten, erwirkt. Die Zunft aber wollte seine Lehrlinge weder aus- noch einschreiben. Da versuchte nun Stricker, durch Vermittelung der Kommission Aufnahme in die Zunft zu erlangen, und erbot sich zu einem Eintrittsgeld von 100 Mark oder mehr, wenn es verlangt würde. Die Zunft aber weigerte sich, sowohl ihn aufzunehmen wie die Ursache ihrer Weigerung zu nennen, und erklärte der Kommission, Stricker habe sich an den König gewandt, das mißgönnten sie ihm nicht, dabei müsse es aber bleiben, ins Amt könnten sie ihn nicht aufnehmen.

Da sich einige Bürger über Mißbräuche in der Erhebung der Accidentien durch die Geistlichen und über den schlechten Zustand der Kirche beschwert hatten, sah sich die Kommission genötigt, sich auch dieser Dinge anzunehmen. Es war geklagt worden, daß die Taufen wegen des beanspruchten Taufgeldes zuweilen aufgehalten würden, so daß die Kinder ungetauft darüber hinwegstürben, und daß von einer unverehelichten Mutter statt der sonst üblichen 3 Reichstaler, einen für die Kirche und zwei für die beiden Geistlichen, deren 5 verlangt würden. Der zur Verantwortung gezogene Hauptpastor leugnete, daß deshalb je ein Kind ungetauft gestorben sei, gab aber zu, daß man öfter mit Verweigerung der Taufe gedroht habe, da sich der Bürgermeister weigere, ihnen zu ihren gebührlichen Accidentien zu verhelfen. Daß von den Huren 5 Reichstaler gefordert würden, rühre daher, daß diese auch 2 Reichstaler wegen der Kirchenbuße zu zahlen hätten, die zugleich mit dem Taufgelde erhoben würden. Als ihm vorgestellt worden war, „daß es gar *scandaleux* zu seyn schiene, mit den geistlichen Gaben dergestalt gleichsahm zu *marchandiren*", versicherte er, daß solches nimmermehr geschehen solle, bat aber, daß Bürgermeister und Rat angewiesen werden möchten, ihnen bei Eintreibung der gewöhnlichen Accidentien und bei Anhaltung der Übertreter zur Kirchenbuße behilflich zu sein, was dann der Kommission zu zwei weiteren Verordnungen, der 76. und 77., Anlaß gab.

Der schlechte Zustand der Kirche, so berichtete die Kommission, rühre zum Teil daher, daß die Unterhaltungskosten schwer einzutreiben seien, weil ein großer Teil der Eingepfarrten unter fremder Jurisdiktion stünde, zum Teil von der schlechten Aufsicht und Verwaltung. Der den Kirchhof umgebende Plankenzaun sei zur Instandhaltung unter die Eingepfarrten verteilt, liege aber wegen übler Aufsicht ganz darnieder, so daß Schweine und anderes Vieh auf dem Kirchhof weideten zum großen Ärgernis der Bürgerschaft. Der Turm sei wegen Baufälligkeit abgetragen, so daß der eine Giebel der Kirche offen stünde und nur mit Brettern notdürftig verwahrt sei. Der von den gesammelten Geldern begonnene Neubau des Turmes, der bis auf 16 bis 18 Fuß Höhe vorgeschritten sei, verfalle wieder, da das Geld welches man zum Teil zu anderen Zwecken verwandt habe, z. B. zur Bezahlung unnötiger Visitationskosten[1]), erschöpft sei. Dabei beklagten sich die Gottorfischen, die mit der Zahlung der für den Turmbau angesetzten Schatzung noch sehr im Rückstande wären, sowie die Plönischen, daß sie in der Kirche keinen Raum oder nicht genügend Raum hätten, und bäten, daß man ihnen eine Stelle in der Kirche anweisen möchte, wo sie sich eine Empore, einen sogenannten Hangelstuhl, errichten könnten. Die Kommission riet den Könige, den Kirchspielseingesessenen unter Androhung der Exekution die regelmäßige Zahlung der festgesetzten Schatzungen ernstlich zu befehlen und den Amtmann zu Segeberg, Herrn von Lenten, anzuweisen, im Weigerungsfalle die Exekution zu verhängen, den Gottorfischen und Plönischen aber, um ihnen jeden Vorwand zu nehmen, zu gestatten, zu ihrer größeren Bequemlichkeit einen Hangelstuhl in der Kirche aufzubauen, wo ihnen der Platz von dem königlichen Amtmann angewiesen würde, und die Kommission hoffte, daß alle ihren Schoß willig zahlen

---

[1]) Siehe nächste Seite.

Wie berechtigt diese Ausstellung war, ist aus den Kirchenrechnungen leicht zu ersehen. Als Beispiel mögen die Kostenrechnungen der Introduzierung eines Geistlichen und einer Kirchenvisitation aus dem Jahre 1684 dienen.

Auszug aus der Kirchenrechnung von 1684:

„An den Herren Pastoren bezahlet, so bey der *introduccion* ist ausgegeben laut rechnung	57	Mark	11	Schilling
„vor Ocksen vndt Kalbfleisch	13	„	8	„
„vor 3 Kalkünsche Höner	8	„		
„vor Brodt nach des H. Pastoren Haußße	2	„	8	„
„vor wein vndt wein Essig, so allhier geholet laut quitung	4	„	1	„
„vor eine Tonne Rummeldöes mit der Liecent	9	„		
„nach des H. Pastoren Hause zu Tragen geben			3	„
„an die Frau Burgemeisterin bezahlet, so ihr *Excelentz* mit bey sich habenen Leute von Sonnabent bies Sontage abent verzehret haben	9	„		
„ihr *Exclentz* vndt den H. Probsten vor die *introducion* bezahlet	42	„		
„Dem Herren Probst geben, so er auß geleget hat vor Brieffport vndt sonstene andere Vnkosten	4	„		
„Dem Fuhrman, so dem H. Probsten wieder weck geführet hat	9	„		
„Vor dem Furman bezahlet, so er in daß wierts Hause verzehret hat	7	„	10	„

Auszug aus der Kirchenrechnung von 1685:

„In vorige Jahr bey gehaltene Kirchen *Visitacion* ist vorvnkostet:

„Vor 32 Pfd. Ocksenfleisch à Pfd. 2 Schilling	4	Mark		
„vor 16 Pfd. Kalbfleisch à Pfd. 2½ Schilling ist	2	„	8	Schilling
„vor ein Lam vndt ¼, darvor bezahlet	3	„		
„vor Krebs	1	„	4	„
„noch an dem H. Pastoren bezahlet laut Rech.	26	„	9	„
„vor wein laut rechnung	6	„	7	„
„vor Rummeldeus	5	„	4	„
„die Küchinne geben, so die Frauw Pastorsche gehollfen			10	„
„Ihr *Exclentz* dem H. Ambtsmans gebüer	12	„		
„Dem H. Raht Reichen	12	„		
„Dem H. Probst	12	„		
„des H. Probsten seinen Fuhrman	3	„		
„Vor Habern vndt Heuw	6	„		
„Dem Schreiber Drienckgeldt	2	„		

Späterer Zusatz: „Noch ist *Anno 86* hiervor eine rechnung bezahlt mit 54 Mark 0 Schilling 6 Pfennig an den H. Pastoren."

Aber nicht nur bei besonders feierlichen Gelegenheiten, sondern jedes Mal, wenn einige Leute in Kirchenangelegenheiten zusammenkamen, wurde auf Kosten der Kirche gezecht. Die Kirchenrechnung von 1630 enthält z. B. folgende Eintragungen: „Michel Sehedörff benebenst seiner Hußfruwen, So Gottes Ehren Vorehret haben 300 Mark, zu aller Dankbarkeit auf der Wedeme vortrunken 4 Mark 2 ß". „In dren unterschiedlichen Dagen der Kirchen beste zusahmen gewesen, darby vertrunken 4 Mark 4 ß". Ähnliche Eintragungen kehren immer wieder. Sogar wenn sich die Geschworenen aufmachten, um Gelder für die Kirche einzukassieren, wurde mehrere Male eingekehrt und ein Teil der Einnahmen vertrunken, was aber gewissenhaft gebucht wurde.

würden, wenn nur vom Könige zugleich befohlen würde, ihnen Kennt=
nis davon zu geben und Rechenschaft darüber abzustatten, wie ihr
Geld verwandt würde.

Über das St.=Jürgensstift stattete die Kommission dem Könige
einen ausführlichen Bericht ab und riet ihm, die ungebührliche und
die Armen schädigende Auslegung des dem Ratmann Tobias Fischer
erteilten und seinen Erben erneuerten Privilegiums, die nur bei der
„*malversation* und *négligence*" von Bürgermeister und Rat möglich
gewesen, wenn sie auch vielleicht *bona fide* erfolgt sei, vom verwi=
chenen 1. Mai an aufhören zu lassen und bis dahin nur Rechnung über
die gewöhnliche Abgabe von jährlich 138 Mark 3 Schilling von
dem derzeitigen Inhaber des St.=Jürgenshofes zu fordern, künftig aber
dem Urteil von 1614 gemäß das Armenhaus wieder mit Armen zu be=
setzen, das Land an den Meistbietenden zu verpachten, die ganze
Pacht nebst allen fälligen Renten nach Abzug der dem Diakonat und
dem Rektordienste zugelegten 80 Mark den Armen auszuteilen
und über alles jährlich von Bürgermeister und Rat Rechnung auf=
nehmen zu lassen, dagegen dem Hofmeister für seine Mühewaltung
an Verheuerung der Ländereien, Erhebung der Zinsen, Distribution
der Präbenden, Aufsicht über die Armen und Führung der jährlichen
Rechnung etwa den zehnten oder sechsten Pfennig aller Einkünfte als
Gehalt zu bewilligen.

Damit endigte die Kommission ihre Arbeit in Oldesloe für das
Jahr 1706. Eine Reihe von Sachen hatte unerledigt bleiben und spä=
terer Entscheidung vorbehalten werden müssen. Dazu kamen im
Laufe des Jahres noch neue an die Kommission gerichtete Beschwerden
hinzu. Das Urteil über eine Reihe von Klagen des Secretarius, der
Achtmänner und anderer Bürger der Stadt gegen Bürgermeister Egardi
und andere ihrer Mitbürger und von Gegenklagen dieser gegen jene
wurde am 4. Juni 1707 publiziert. Wegen verübter Gewalt und aus=
gestoßener Drohungen gegen Sekretär und Achtbürger wurden drei
Bürger zu dreitägigem Gefängnis bei Wasser und Brot verurteilt und
zwei von ihnen in das Gefängnis auf dem Hamburger Tor, einer in den
sogenannten Bullenstall des Rathauses eingesperrt. Bürgermeister
Egardi, der ursprünglich mehr als die Hälfte der Kommissionskosten
hatte bezahlen sollen, wurde nach richterlicher Ermäßigung zur Zah=
lung des dritten Teils derselben verurteilt. Wegen Wiedererstattung
der Wolherrschen Prozeßkosten durch den Bürgermeister war das
Zeugenverhör zwar erledigt, die Entscheidung jedoch noch ausgesetzt,
doch sollte die rechtliche Verfügung darüber binnen kurzem er=
gehen.

Einige Wochen vor Eintreffen dieses Urteils war eine von 101
Bürgern unterschriebene Petition abgeschickt worden, in der gebeten
wurde, den Bürgermeister wieder in sein Amt einzusetzen und die=
jenigen, welche die Kommission erbeten hätten, die Unkosten bezahlen
zu lassen, sie aber, die an den Unruhen nicht beteiligt gewesen
wären und die Kommission nicht verlangt hätten, samt dem Bürger=
meister damit zu verschonen. Wie sehr die Unterzeichner dieser Ein=

gabe berechtigt sein mochten, sich als ruhige, an den Unruhen nicht beteiligte Leute darzustellen, geht daraus hervor, daß die drei wegen verübter Gewalt zu Gefängnis verurteilten Bürger zu den Unterzeichnern gehörten.

Die Kommission hatte dem Sekretarius Lindeloff gestattet, zur Verschönerung und Vergrößerung des Marktplatzes den damaligen Holzstall auf dem Markte abzubrechen und vorn nach der Gasse zu wieder hinzusetzen und dergestalt zu vergrößern, daß des Herrn Sekretarius Kühe hineingestellt werden könnten, damit nicht allein die Unreinlichkeit, die damals aus dem geheuerten und an einer Seite zum Stall aptierten Hause herfloß, vom Markte wegkäme, als auch, weil die Stadt wohl schuldig wäre, dem Herrn Sekretarius wegen vieler ihr bei der Kommission ohne irgendwelches Entgelt erwiesenen treuen Dienste diese Bequemlichkeit zu errichten. Gegen Erbauung dieser „Scheune" erhob sich aber großer Widerstand bei einem Teile der Bürgerschaft. Als der Bürgermeister eine Zeitlang fortgewesen war, hatte zwar Ruhe in der Stadt geherrscht. Nach seiner Rückkehr aber war des Zusammenlaufens und des Drohens kein Ende, woraus erhellt, wo die Ursache der Aufregung zu suchen war. Aber diese Wühlereien nützten Egardi nichts. Nachdem er im Oktober 1709 noch einmal den vergeblichen Versuch gemacht hatte, sich gegen eine neue Beschwerde des Apothekers Freygang zu verteidigen, seine Unschuld zu erweisen und sich in seinem Amte zu behaupten, mußte er am 13. November 1709 auf seine Charge verzichten. Zu seinem Nachfolger wurde der Sekretär und Ratsherr Lindeloff vom Könige berufen. In einem Gratulationsschreiben vom 14. November rieten die Justizräte und Kommissare von Söhlenthal und von Wasmer dem neuen Bürgermeister, den gewesenen Bürgermeister Egardi, bevor er von Oldesloe fortziehe, Kaution stellen zu lassen zur Sicherung dessen, was bei der demnächst vorzunehmenden Liquidation von der Kommission rechtlich werde erkannt werden.

Nun sollten auch die beiden noch vakanten Ratsherrnstellen wieder besetzt werden. Herr von Söhlenthal schrieb im Oktober 1710 dem neuen Bürgermeister, daß er, da Apotheker Freygang sich wohl aus gewissen Gründen[1]) keine Hoffnung machen könne, von Sr. Exz. von Lente admittiert zu werden, die von ihm genannten zwei Subjekte Jürgen Helms und Marx Prahl oder andere tüchtige dazu in Vorschlag bringen und mit Konsens der vorbemeldeten Exzellenz in die vakanten Stellen setzen möchte. Im Februar 1711 aber wandten sich die Achtmänner noch einmal an Herrn von Lente mit der Bitte, die beiden vakanten Stellen wieder zu besetzen. Doch wurde Marx Prahl erst am 12. Juli 1714 zum Ratmann ernannt, Jürgen Helms, wie es scheint, noch später. Bis dahin aber war immer noch keine Beruhigung in der Stadt

---

[1]) Hier wird wohl auf das Unzuchtverbrechen gegen ein junges Mädchen angespielt, wegen dessen Freygang im nächsten Jahre vom Konsistorium zu Segeberg zur Kirchenbuße, zur Alimentation des Kindes und zur Zahlung von 150 Mark an das Mädchen für die Defloration ungeachtet etwaiger Brüche verurteilt wurde. Da er sich der Kirchenbuße zu entziehen suchte, wurde er im Jahre 1714 gefänglich eingezogen.

eingetreten. Neue Unruhen brachen im Jahre 1713 aus, infolge deren die Justizräte von Söhlenthal und von Wasmer den Achtmännern den Bescheid gaben, daß Bürgermeister und Rat sie in ihrem Amte mit Nachdruck zu schützen, und falls sie jemand mit Worten oder Werken bei Einforderung der Kontribution oder Bequartierung der Bürgerschaft angriffe, auf bloße Anzeige *ex officio* ohne der Kläger Kosten gegen die, über die sie sich beklagen möchten, vorzugehen und die Übertreter nach Befinden mit schwerer Ahndung, auch gefänglicher Haft und Leibesstrafe, zum Gehorsam zu weisen hätten. Im Jahre 1715 mußten die 34 Bürger, welche die Unruhen von 1713 verursacht hatten, dem gefällten Urteile gemäß je 3 Mark zur Bezahlung der glückstädtischen Unkosten erlegen. Trotzdem sehen wir noch im Jahre 1720, dem letzen Lebensjahre des Bürgermeisters Lindeloff, wieder Bürger im Streit gegen den Bürgermeister und die Ratsverwandten Bauert und Prahl. Doch wurden durch die Entscheidung des Glückstädter Gerichts Bürgermeister und Ratsherren von der gegen sie angestellten Klage absolviert und dem Bürgermeister das Recht vorbehalten, gegen den „Schriftsteller" der Kläger wegen der wider ihn gebrauchten harten Ausdrücke vorzugehen; die Kläger aber, Jochen Godejohann und Genossen, wurden angewiesen, sich hinfüro bescheidentlicher gegen den Magistrat aufzuführen und keinen Anlaß zu dergleichen unnötigen Prozessen und der gemeinen Stadt zur Last fallenden Kosten zu geben.

IX. Vom Gerichtswesen.

Gerichtsverfassung. Hexenprozeß der Gretje Dwenger. Ausforschung der angeblich verhexten Elsebe Pöls. Peinliches Verhör der Gretje Dwenger. Befragung in der Güte. Gelinde Folterung. Scharfe Folterung. „Freiwilliges" Geständnis. Befragung von Zeugen. Aussage des Hans Bohling. Aussage der Anna Bonaßen. Aussage der Gretje Timbken. Aussage des Eggert Kunße. Aussage der Sline Wolgast. Aussage der Frau Hartig. Aussage der Garderuth Fieneken. Aussage der Gretje Sturx. Aussage der Gretje Wormers. Aussage des Hans Kordes. Aussage des Marten Rike. Aussage der Frau Brandes. Schlußindicium des Gerichts. Verhör der Angeklagten über die 12 Beschuldigungen. Befragung der juristischen Fakultät in Rostock. Gutachten der Fakultät. Selbstverteidigung des Magistrats. Weitere Anfragen bei der Fakultät. Antwort der Fakultät. Nochmaliges Verhör der Gretje Dwenger. Abbruch der Akten. Hexenprozeß der Kathrine Faust. Ihre Verfolgung als Hexe in Neustadt. Ihre Bezichtigung durch eine Wahrsagerin in Oldesloe. Ihre Anklage durch Lafrenß Döring. Verhandlung vor dem Niedergericht. Urteil des Niedergerichts. Erste Verhandlung vor dem Obergericht. Zweite Verhandlung vor dem Obergericht. Die Zeugen. Aussage der Angeklagten. Aussage der Trine Henneke. Aussage der Wibke Andresen. Aussage des Jochim Schleger. Aussage des Jacob Ties. Aussage des Lafrenß Döring. Gerichtsbescheid. Gegenschrift des Verteidigers. Folterung der Angeklagten. Ihre Freisprechung. Gegenklage. Verhandlung vor dem Niedergericht. Verhandlung vor dem Obergericht. Äußerung des Verteidigers. Äußerung des Fiskals. Gerichtsbescheid. Einforderung der Akten durch königliches Mandat. Widerwillige Auslieferung der Akten. Maria Faust beantragt Revision der Akten. Weitere Renitenz des Magistrats. Abbruch der Akten. Hexenprozeß der Anna Heitmann. Vorgeschichte. Anklage. Erkundigung bei Hans von Buchwald. Anfrage in Rostock. Mündliche Verhandlung. Die Fragen. Verhör. Folterung. Abbruch der Akten. Frau Katharine Helms wird von Frau Magdalene von Buchwald der Zauberei bezichtigt. Ihr Mann Marx Helms verklagt Frau von Buchwald wegen Beleidigung. Hinrichtungen. Wahrung des Jurisdiktionsrechtes. Hinrichtungszeit. Das Bahrgericht. Eine Anleihe. Verpfändung von zwei Grundstücken. Besitzergreifung der Grundpfänder. Verpflichtung zum Einlager im Fall der Nichtbezahlung. Teilnahme am Vierstädtegericht.

Das Oldesloer Stadtgericht zerfiel in zwei Instanzen, das Niedergericht und das Obergericht, an das von ersterem appelliert werden konnte. Richter am Niedergericht waren Bürger, die nicht Mitglieder des Magistrats zu sein brauchten. Am Obergericht aber amtierten ursprünglich unter dem Vorsitz des königlichen Stadtvogts, dann eines der beiden Bürgermeister zwei Ratmänner als Gerichtsherren. Die Stelle des königlichen Stadtvogts war längere Zeit nicht besetzt, und ihre Bedeutung geriet dadurch in Vergessenheit. In einem Protokoll von 1636 über das Zeugenverhör betreffend den Totschlag des Paul Niedorf aus Schlamersdorf durch den Oldesloer Bürgerssohn Heinrich Vollers (vgl. S. 187) nennt sich der Verhandlungsleiter noch Stadtvogt und Gerichtsverwalter. Aus der Zeit des Stadtvogts Caspar Gabriel von Hohenstein sind Gerichtsakten leider nicht erhalten. Bei besonderen Gelegenheiten erschien im Obergericht ein königlicher Beamter, der als *Fiscalis* bezeichnet wurde. Er war der öffentliche Ankläger, entsprach also dem heutigen Staatsanwalt. Bei den Akten befindet sich noch ein undatiertes Ritual für die Hegung und Haltung eines freien, offenen Straßenrechts an der Leiche eines Ermordeten, in dem der Gerichtsvogt als Verhandlungsleiter, der Fiscal als öffentlicher Ankläger, der Fron mit entblößtem Schwerte, der den Mörder zum Erscheinen aufzufordern, zu „eschen", hat, und der Defensor redend auftreten. Das Niedergericht kam im 17. Jahrhundert außer Übung. Im Jahre 1706 antworteten Bürgermeister und Rat auf eine Anfrage der Kommission, daß das Niedergericht wegen Mangels einer genügenden Zahl geeigneter Persönlichkeiten hätte aufgegeben werden müssen.

Unter den im 17. Jahrhundert vom Oldesloer Stadtgericht verhandelten Strafprozessen sind einige H e x e n p r o z e s s e bemerkenswert, deren Akten sich zum Teil erhalten haben.

I. G r e t j e D w e n g e r , die Frau des Kuhhirten Marx Dwenger, wurde von dem Schuster Paul Pöhls, dessen Frau Elsebe oder Lisabeth linksseitig gelähmt und bettlägerig war, im Jahre 1636 angeklagt, ihr dieses Leiden angezaubert zu haben. Die Sache wurde zunächst von dem Niedergericht untersucht, von dem auch ein vorläufiges Urteil

gefällt wurde. Da aber Marx Dwenger die für die Appellation zugestandene Frist hatte verstreichen lassen, dauerte es längere Zeit, bis
auf Drängen des Ehepaares Pöhls der Prozeß vom Obergericht wieder
aufgenommen werden konnte. Die Akten des Niedergerichts sind
leider nicht mehr vorhanden. Am 7. Februar 1639 schickte Elsebe
Pöhls die verwitwete Leneke Schnack zu dem präsidierenden Bürgermeister Georg Gerckens und ließ ihn durch sie an ihre langwierige
Schwachheit und ihren erbärmlichen Schaden und daran, wem sie dies
schuld gäbe, nochmals erinnern. Daraufhin wurden am 8. Februar die
beiden Bürger Jochim Becker und Christoffer Fischer von dem Bürgermeister gerichtshalber zu der Elsebe Pöhls gesandt mit dem Auftrage,
ihre gründliche Meinung und was sie mit der Abschickung habe bezwecken wollen, zu vernehmen.

Nachdem die beiden Bürger den gerichtlichen Auftrag ausgeführt
hatten, berichteten sie, daß sie der Elsebe Pöhls am Krankenbette
den Willen des Gerichts kundgetan und sie gemahnt hätten, ihr Kreuz
und Elend in christlicher Geduld nur allein dem lieben Gott zu befehlen und dessen gnädige Hilfe zu seiner Zeit zu erwarten, unterdessen sich aber wohl vorzusehen und zu bedenken, daß sie zu Beschwerung ihres Gewissens niemand aus bloßer Präsumption ohne genügsame erhebliche Ursache in bösen Verdacht und Argwohn führen
möchte. Da habe sie ganz unverhohlen, bei guter Vernunft und vollkommenem Verstande angefangen zu reden: Sie wäre vor ungefähr
vier Jahren bei ihrer Mödder (Mutterschwester) Anke Wulffes im
Hagen gewesen. Als sie aber hätte wieder nach Hause gehen wollen,
da wäre ihr unterwegs vor Franz Zieglers Türe Marx Dwengers Weib
Gretje begegnet, und obwohl sie derselben hätte aus dem Wege gehen
wollen, hätte die Gretje Dwengers es doch so einzurichten gewußt,
daß sie ihr auf der linken Seite stillschweigend an den Leib gerannt
und gedrungen sei. In der Nacht darauf wäre sie krank geworden und
hätte in der linken Lende und dem linken Arm solche Wehtage und
Reißen empfunden, wie noch in dieser Stunde, und obwohl sie in Hamburg und anderswo gute Leute und bewährte Ärzte zu Rate gezogen,
sei doch bisher keine Hilfe zu erlangen gewesen, dagegen hätte sie
hören müssen, ihr sei nicht anders zu helfen, als daß der, welcher es
ihr angetan, ihr auch wieder davon helfen müsse. Sie hätte dann
Gretje Dwengers zu sich in ihr Haus kommen lassen, und da hätte
diese gesagt, solange sie an ihres Mannes Seite lebte, wäre ihr nicht
zu helfen. Daher bezichtige sie niemand anders ihres hochbeschwerlichen Jammers und Elends als einzig und allein des Marx Dwengers
Weib Gretjen, und dabei wollte sie beständiglich verharren und Gott
und dem Gerichte alles befehlen.

Hierauf wurde Gretje Dwenger gefänglich eingezogen und in
den Tagen vom 19. bis zum 23. Juli in der Fronerei peinlich verhört.
Über die in der Zwischenzeit erfolgten Untersuchungen fehlen die
Akten. Doch berichten Bürgermeister und Rat darüber in einem
später zu erwähnenden Schreiben vom 26. September 1639. Am
19. Juli wurde Gretje Dwenger in Gegenwart der Herren des Gerichts

und der altem Herkommen nach als Zeugen zugezogenen Bürger Hans von Ahlen und Samuel Hane auf Paul Pöhls' peinliche Anklage und ihres bösen Gerüchtes und allgemein kundbaren Verdachts halber zunächst zum Anfange „in der Güte" befragt, worauf sie das, wessen sie beschuldigt, „in *totum* negiert und ins Leugnen gesetzet, also daß sie keiner Zauberei noch auch an Paul Pöhlsen Frauen Krankheit schuldig wäre." Sie könne nur einem Beest, wenn es sich verfangen habe oder sonst krank sei, durch „Raten" helfen und die Wrangel (Beklemmung) stechen. (Sie konnte also einem Stück Vieh, das sich an grünem Klee verfressen hatte, durch einen Stich die angesammelten Gase entweichen lassen und ihm dadurch Erleichterung verschaffen). Dabei gebrauchte sie folgende Formel: „Der Herr Jesus Christ ist worden gehangen, und dit Beest is worden gefangen, und so wahr, als Jesus Christ ist worden gehangen bös, so wahrlich werde dit Beest gefangen lös. Im Namen Gottes des Vaters, des Sohnes und des heiligen Geistes. Amen."

Am 22. Juli wurde Gretje Dwenger dann „*leviter* mit einer scharfen Frage beleget," also gelinde gefoltert. Sie beharrte aber „in ihrem halsstarrigen Sinn," so daß nichts weiter extorquiert werden konnte denn nur allein, daß sie Wrangel stechen und das Verfangen der Beeste „raten" könne, welche Kunst ihr Mann Marx Dwenger auch wüßte und oft angewandt hätte.

Am 23. Juli wurde die Folterung wiederholt, und als man sie nach Anwendung einer Extratortur auf ihr Bitten niedergelegt, bekannte und gestand sie „freiwillig" alles, was man wollte, nämlich:

1. daß sie des Anklägers Paul Pöhlsen Frau im Vorbeigehen dazumal an den Leib gerannt, und was sie das Mal getan, hätte sie in tausend Teufels Namen verrichtet.

2. Ursache sei gewesen, daß des Paul Pöhlsen Frau den Mann gekriegt hätte, den sie nicht hätte haben sollen.

3. Auch hätte sie Kasbern (Kirschen), so sie hinter dem Hause in ihrem Garten gehabt, von ihr begehrt, sie hätte sie ihr aber nicht geben wollen.

4. Ihr Teufel hieße Hinrich, werde aber auch Hans genannt.

5. Als sie nun gefragt wurde, in welcher Gestalt sie ihn bekommen, antwortete sie, wie andere Leute. Er wäre zu ihr ins Feld gekommen am Seefelder Steige, wo man nach der Kiwitzburg[1]) ginge, das erste Mal in schwarzem, das andere Mal in blauem Kleide mit einem weißen Hute.

6. Auf die Frage, ob sie wohl bei des Paul Pöhlsen Frau auch noch andere Mittel angewandt habe, als ihr an den Leib zu rennen, antwortete sie, sie und ihr Teufel hätten selbe angeblasen. Davon sei sie krank geworden.

7. Ferner gefragt, ob sie ihr denn nicht von solcher hochbeschwerlichen Krankheit helfen und Rat schaffen könne, antwortete sie, nein, sie könne ihr nunmehr nicht helfen, denn es sei zu lange her.

---

[1]) Ehemaliger Ausbau zwischen Fresenburg und Poggensee.

8. Außerdem befragt, sagte sie „freiwillig" aus und bekannte, daß sie zwei ihrer eigenen Kinder umgebracht, da sie viel geweint hätten und nicht hätten warten können noch wollen.

Da man für dieses Mal keine weiteren Geständnisse aus der Angeklagten hatte herauspressen können, ließ ein ehrbarer Rat, obgleich er überzeugt war, daß die Schuld der Angeklagten fast sonnenklar demonstriert sei, *per processum inquisitorium* eine Reihe von Leuten befragen, die Anzeichen davon glaubten angeben zu können, daß die Angeklagte eine Hexe sei, und beschloß, dann die Protokolle der juristischen Fakultät einer Universität zuzuschicken mit der Anfrage, was nun mit der Angeklagten zu geschehen habe. Nun ergoß sich über die arme Frau eine Flut von Altweiberklatsch, der gewissenhaft protokolliert wurde.

1. Der Bürger Hans Bohling berichtete, daß vor drei Jahren seine Magd Trine mit dem Sohne des Kuhhirten Gretje Dwenger in Streit geraten sei und ihn geschlagen habe, was seine Mutter gesehen habe. Darauf sei die Magd in beiden Beinen krank geworden, er aber, Bohling, sei zu dem Richter gegangen, habe die Gretje Dwenger citieren lassen, ihr ins Gesicht gesagt, daß sie seiner Magd die Krankheit angetan habe, und sie aufgefordert, sie nun auch wieder gesund zu machen. Gretje habe jedoch nichts gestehen wollen und sei stillschweigend davon gegangen, ohne den Versuch zu machen, sich von dem Verdacht zu reinigen. Seiner Magd aber habe eine Frau in Lübeck, von der sie sich hätte wollen kurieren lassen, gesagt, daß ihr die Krankheit von bösen Leuten angetan sei.

2. Die Wehmutter Witwe Anna Bonaßen berichtete, vor etwa sechs Jahren habe die Gretje Dwenger von ihr ein Brot geliehen. Nach drei Wochen habe deren Tochter eins wieder gebracht, das zweimal so groß gewesen wäre. Dieses habe sie nicht nehmen wollen. Das Kind aber sei fortgelaufen und habe es liegen lassen. Darauf habe ihre Tochter es zerschnitten und dem Schweine zu fressen gegeben. Dieses sei aber gleich nachher ganz dick geworden und erbärmlich anzusehen gewesen, so daß es ihre Tochter, um den Jammer nicht mehr zu sehen, habe in die Trave werfen und wegtreiben lassen. Später habe die Dwenger ein totes Kind zur Welt gebracht und sie deshalb eines Versehens beschuldigt. Bald darauf habe sie große Schmerzen in beide Beine bekommen und sei hinkend geworden. Als sie dagegen Rat gesucht habe, habe man ihr gesagt, es sei ihr von bösen Leuten angetan. So hinke sie denn noch und müsse wohl bis in ihr Grab hinken.

3. Gretje Timbken, Jürgen Timbkens Frau, berichtete, daß, als einmal ihre Sau in den Dwengerschen Kohlhof gelaufen sei, Gretje Dwenger ihr ein Bein entzweigeschlagen habe. Als nach acht Tagen Junker Ivo Brockdorf, dem die Fünfhäuser genannten Buden zustehen, ihr die Wohnung gekündigt habe, habe die Dwengersche den Verdacht bekommen, daß sie das verursacht habe. Desselben Mittags sei ihre Sau auf offener Straße vor ihrer Tür krank geworden, umgefallen und dann tot geblieben. Die Nachbarn aber, die das mitangesehen

hätten, hätten es ihr im Beisein ihres Mannes ins Gesicht gesagt, daß sie es dem Schweine angetan habe. Als aber Junker Ivo von Brockdorf desselben Abends auf seinem Hofe Tralau angekommen sei, sei eines von den Kutschpferden rasend geworden und nach etlichen Stunden umgefallen und gestorben.

4. Der Bürger Eggert Kuntze erzählte, daß, als vor etwa zwei Jahren seine Kinder sich auf der Straße mit den Dwengerschen Kindern geschlagen hätten, hätte die Dwengersche, als er hinzugekommen, mit einem Stocke gewinket und gedroht. In derselben Nacht um zwölf Uhr wäre sein Sohn heftig krank geworden. Als dann der Casus mit des Jürgen Timbken Sau sich zugetragen habe und viele Leute den erbärmlichen Handel mit angesehen hätten, hätte er zu der in ihrer Tür stehenden Dwengerschen gesagt: „Siehe, das Schwein liegt da, und du hast mir gestern gedroht, und mein Sohn liegt auch da. Wird es in drei Tagen nicht besser werden, will ich etwas anderes mit dir anfangen, und solle es mich auch all mein Gut kosten." Die Dwengersche habe dazu ganz still geschwiegen, am dritten Tage aber sei es mit seinem Sohne besser geworden.

5. Des Bürgers Peter Wolgasts Frau Stine erzählte, wie sie vor vier Jahren Bier ausgezapft, hätte die Gretje Dwenger von ihr für 9 Mark Bier geborgt, das Geld hätte sie aber nur nach vielem Mahnen und Drohen von ihr bezahlt bekommen. Ein halbes Jahr darnach wäre sie sehr krank geworden wie auch ihr 1½ Jahr altes Kind. Während ihr Kind noch krank gewesen sei, wäre ein fremdes Weib, Lisebeth geheißen, zur Herberge in Matz Urbachs Haus gekommen, welche sich habe vernehmen lassen, daß sie kurieren könne. Sie habe dieselbe in ihr Haus zu dem kranken Kinde gefordert. Dort habe das Weib von ihr ein Kraut Adermonia[1]) verlangt und drei Ösel[2]) von drei Wachslichtern abgeschnitten, die auf dem Altar gestanden und über die Gottes Segen gesprochen sei. Da sie das nicht habe beschaffen können noch wollen, habe das Weib gesagt, daß sie auch dem Kinde schwerlich helfen könne, denn es wäre ihm von einer Zauberschen allzu hart angetan, und die Sachen, die sie dazu gebraucht hätte, wären in fließendes Wasser geworfen worden. Es wäre dem Kinde an einem Sonntagmorgen in der Wiege beigebracht, während sie, die Mutter, Wasser eingeholt habe. Auch wäre dieselbe, so es getan, ihr für Bier 9 Mark schuldig gewesen und hätte, als sie das Geld bezahlt und im Weggehen über den Rinnstein getreten sei, ihr mit den vordersten zwei Fingern gedroht und gesagt, das soll dir gedacht werden. Als einmal die Dwengersche vor ihrer Tür auf der Gasse vorüber gegangen sei, habe das Weib Liesebeth mit Fingern auf sie gezeigt und gesagt, die wäre es, die das Kind bezaubert habe. Sie hätte ihren Teufel in den Hacken sitzen, und sobald die Jahreszeit geendigt, würde das Kind an der Krankheit sterben, was auch geschehen sei.

6. Die Frau des Bürgers Clawes Hartig, die mit dem Weibe Liesebeth bei dem kranken Kinde gewesen ist, bestätigte die Aussage der

---

[1]) Gemeint ist wohl Agrimonia, Odermennig.
[2]) Lichtschnuppen.

Stine Wolgast und fügte hinzu, das Weib Liesebeth habe auch gesagt, die Dwenger würde in fünf Jahren nicht gebrannt werden, und Gott der Herr möchte den Mann trösten, der sie setzen ließe. Das wäre nun diese Pfingsten gerade fünf Jahre. Die Herren würden genug mit ihr zu kriegen, denn sie trüge ihren Geist unter den Hacken. Die müßten ihr unten aufgeklawet[1]) werden, sonst würde sie nichts bekennen. Als die Dwengersche einmal Schweine ausgetrieben habe, habe das Weib Liesebeth mit Fingern auf sie gezeigt und gesagt, die wäre eine rechte Hexe. Ja, mehr noch. Dem Hans Schele täte sie es an, daß er einen entleiben müsse, was leider acht Tage danach auch geschehen sei. Der Büttel aber würde selben nicht recht richten.

7. Garderuth Fieneken, die Magd des Bürgers Matthias Bartels, berichtete, daß die Frau Dwenger zu Pfingsten vor zwei Jahren einmal in ihres Herren Haus gekomen sei, wie sie die Mittagsmahlzeit gehalten hätten, und ihr ein Stücklein Brot, das sie vor sich liegen gehabt, weggenommen habe. Sie aber habe ihr es geschwind aus der Hand gerissen und dem Hunde gegeben. Darauf sei die Dwenger stillschweigend weggegangen. Sobald sie aber weggegangen sei, wäre sie, die Magd, heftig erkrankt. Sobald ihre Frau das gesehen, hätte sie die andere Magd Anna Feddern zu der Dwengerschen geschickt und sie um Rat fragen lassen und ihr dafür einen Grapen voll Hirsegrütze versprochen. Die Dwenger aber habe ihr entbieten lassen, es würde mit der kranken Magd wohl bald wieder gut werden, was denn auch geschehen wäre.

8. Gretje Sturx berichtete, daß die Dwenger ihren Sohn einst einen Dieb gescholten habe und ihm mit einem Peitschenstocke nachgelaufen sei, um ihn zu schlagen. Als acht oder neun Wochen darauf ihr Sohn, der bei Hinrich Köler diene, für seinen Herren Hafer aus des Nachbars Hause eingetragen und dabei die Dwengerschen Schweine mit den Füßen von sich gestoßen habe, habe er auf ebener Erde sein Bein zweimal gebrochen. Als sie und ihr Sohn dies öffentlich der Dwenger schuld gegeben und sie eine Zaubersche gescholten hätten, hätte sie geantwortet, so viel Gutes wäre ihr nicht beschert, daß sie die Kunst wüßte.

9. Gretje Wormers, die Frau des Bürgers Jürgen Wormers, gab zu Protokoll, als ihr Mann vor etwa fünf Jahren einmal mit Christoph Fischers Pferd und Wagen, bei dem er damals gedient hätte, von Hamburg gekommen sei, habe ihn Gretje Dwenger um 4 Schilling gemahnt, die er auch zu bezahlen versprochen habe. Als er dann wieder einmal von Hamburg gekommen und beim Fahren nach dem Krahn an ihrer Tür vorbeigekommen sei, in der sie stillschweigend gestanden, habe er plötzlich auf der rechten Seite einen starken Schlag verspürt, daß er ganz lahm und bettlägerig geworden sei und die Sprache verloren habe. Auch sei es ihm wie eine Maus vom rechten Zehen an der Lende hinauf bis in die Gurgel gekrochen, wo sie in der Kuhle am Halskragen es wie eine richtige Maus hätte fühlen können. Als die Krankheit immer heftiger geworden sei, hätte Garderuth Fischer, weil

---

[1]) Mit den Nägeln aufgekratzt.

sie die Krankheit bösen Leuten zugemessen, von ungefähr gefragt, ob ihr Mann auch jemand etwas schuldig sei, und als sie gehört, daß er, Marx Dwenger mit 4 Schilling verhaftet sei, hätte sie ihr die 4 Schilling sofort gegeben, die sie dann an demselben Sonnabendabend der Dwenger übergeben habe mit den Worten: „Hier hast du deine 4 Schilling, welche dir mein Mann schuldig gewesen. Das vergebe dir Gott, daß du mir solches nicht angesagt. Nun liegt mein Mann da und ist in den Tod krank." Darauf habe die Dwenger mit lachendem Munde geantwortet: „O du Törin, gehe du nur wieder nach Hause. Dein Mann wird wohl wieder gesund und morgen was zu essen von dir fordern." Auch habe sie ihr den Rat gegeben, sie solle Teufelsdreck nehmen und etliche andere Sachen mehr, die sie vergessen habe, und ihren Mann damit räuchern und ihm auch etwas davon eingeben. Sie habe das alles vom Krautkramer dahier geholt und nach Vorschrift gebraucht. Darauf sei ihr Mann, der bis dahin des großen Wütens und Tobens halber von etlichen Bürgern im Bett hätte niedergehalten werden müssen, in einen tiefen Schlaf verfallen und habe von Glocke 12 Nachts bis den folgenden Sonntagmorgen, da die Leute in die Hochpredigt gehen, geschlafen. Sowie er erwacht sei, habe er zu reden angefangen und Essen gefordert, das ihm auch gegeben worden sei, und er wäre desselben Tages frisch und gesund geworden und hätte mit Hinrich Brun und Hinrich Gercken, die in der vorigen Nacht seiner hätten warten helfen, einen guten Rausch getrunken.

10. Hans Kordes sagte unverhohlen, daß er einmal im Streit der Dwengerschen mit einem Zaunpfahl ein Loch in den Kopf geschlagen habe. Als sie wieder aufgekommen sei, hätte sie seine beiden Töchter Änne und Trinken mit einem Haselstocke geschlagen und dabei gesagt: „Töw, dar schall di de Krankheit vor holen." Nach drei Wochen wären seine Kinder alle drei krank geworden und innerhalb 6 Tagen alle drei gestorben. Die Schuld an ihrem Tode schiebe er der Dwenger zu.

11. Der Bürger Marten Rike berichtete, daß er im vergangenen Sommer dem Marx Dwenger ein Fuder Korn eingefahren habe, wofür ihm dieser 12 Schilling hätte geben wollen, die er ihm aber geschenkt habe. Als ihn dann Dwenger gebeten habe, ihm noch ein Fuder einzuholen, hätte er es abgeschlagen, worauf Dwengers Weib gesagt: „Nun, das kann nicht schaden." Zwei Stunden darnach sei sein bestes Pferd heftig krank geworden. Andern Tags hätte er Marx Dwenger holen lassen, der dem Pferde die Lungenader geschlagen und gesagt habe, das Pferd käme wohl wieder zurecht. Es wäre aber am dritten Tage tot geblieben, und der Büttelknecht, durch den er es habe holen lassen, hätte nichts Ungesundes an ihm finden können.

12. Jochim Brandes Frau aus Mecklenburg berichtete, daß sie vor zwei Jahren aus Not dem Ehepaare Dwenger zwei Kühe verkauft, aber da sie die volle Bezahlung nicht habe bekommen können, mit Bewilligung des Richters eine Kuh wieder an sich genommen habe. Darüber seien sie in Streit geraten, und die Dwenger habe geredet, das solle ihnen eine saure Kuh werden, und ihren Mann mehrere Male vor die Brust gestoßen. Davon sei er, nachdem er die Milch von der Kuh

genossen, so angst und bange geworden, daß er noch jetzt in allen Gliedern große Pein empfinde und fürchte, irrsinnig zu werden. Sie hätte zwar Rat gesucht, doch hätte das wenig geholfen, nachdem sie berichtet, daß es von bösen Leuten herrühre.

Dem Protokoll über diese Aussagen fügt das Gericht, das in ihnen *indicia multum urgentia* erblickte, noch ein Schlußindicium eigener Beobachtung mit Berufung auf gelehrte Hexenkundige hinzu mit den Worten: „Obwohl dergleichen mehr *jndicia* vorhanden, welche man vffzunehmen vohr überflüssig erachtet, hat man doch *pro judicio finali* vnd zuhm beschluß dies eine daneben zu setzen nicht vorbey gehn wollen, nemblich, dieweil *Berlich: part.* 4 *Concl.* 4 n. 60 *statuiret, quod evidens quoque et permanens factum inde praesumatur, si sagae flere et lachrymari non possint*, auch zu dem Ende *Chirlandum, Bodin:* vnd *Hödelmannum* allegiret, daher die Frage, was von solchem *judicio* zu halten, vnd wie weit darauff zu fueßen. Sintemalen bei diesem Weibe gleichmeßige *Circumstantiae* sich befinden, vnd ob sie woll das Weinen *simuliret*, dennoch gantz keine Tränen an ihr verspühret werden können, wie solches zuhm öfteren mit Fleiß *observiret* worden."

Nachdem das Gericht die Sammlung der *Indicia* abgeschlossen hatte, wurde Angeklagte Gretje Dwenger am 6. September in der Fronerei über obige 12 Beschuldigungen verhört. Sie machte jedoch keinerlei Geständnis. Zu 3 bemerkte sie, die Sau hätte ein toller Hund gebissen gehabt, sie wäre daran nicht schuldig, zu 8, dem Jungen wäre ein Futtersack mit Futter auf den Kopf gefallen, davon wäre der Schade entstanden, zu 10, die Kinder wären an den Pocken gestorben, und zu 12, Brandes hätte im vergangenen Jahre am Blutgange laboriert, daher seine Krankheit.

Wenn auch Bürgermeister und Rat von der Schuld der Gretje Dwenger überzeugt schienen, so getrauten sie sich doch nicht, sie zum Feuertode zu verurteilen, sie sandten vielmehr die Akten an die juristische Fakultät der Universität Rostock mit der Bitte, ein rechtmäßiges Urteil abzufassen und ihnen mitzuteilen.

Die Fakultät antwortete am 21. September, daß auf Paul Pölsen bloßes Anklagen sofort mit scharfer Frage und anderweit repetierter Tortur wider die Gretje Dwenger zu verfahren sich nicht gebührt hätte, daß erst eine förmliche Anklage hätte aufgestellt werden müssen und gewisse Artikel, über die die Angeklagte ihre Aussage hätte machen müssen, daß sie mit den Zeugen hätte konfrontiert werden müssen und daß erst, wenn das alles geschehen und richtig beschrieben worden sei, weiter hätte ergehen können, was recht ist[1]).

Gegen den in diesem Urteil enthaltenen Vorwurf verteidigten sich Bürgermeister und Rat in einem Schreiben an die Fakultät vom 26. September, in welchem sie mitteilen, daß die Sache schon vor drittehalb Jahren bei dem Niedergericht anhängig gemacht worden sei und da-

---

[1]) Der Gerichtsbote, welcher sich vier Tage in Rostock aufhalten mußte, hatte der Fakultät im Namen der Stadt Oldesloe 5½ Reichstaler *pro studio et labore* zu entrichten.

selbst nach üblichem Stil und hergebrachter Observanz von den Parteien mittelst Klage und Antwort, Rede und Gegenrede, geführter Zeugenkundschaft und anderer rechtlichen Requisiten gebührlich ventiliert und endlich auf ergangenes Interlokut dem Herkommen nach an den Rat *per viam appellationis* ordentlich devolviert sei. Weiter berichteten sie dann, wie es gekommen, daß sich die Sache bis zur Wiederaufnahme durch das Obergericht solange hingezogen, und bewiesen durch eine Anlage, daß Paul Pöhls die offerierte Satisfaction vermöge des 12. Artikels der peinlichen Halsgerichtsordnung *Caroli Quinti* wirklich bestellt hat. Nachdem dann die Akten der ersten Instanz repetiert und alles mit Fleiß erwogen worden sei, auch im Prozeß andere adminiculierende Indicien, welche nach gemeinem Schluß der Rechtsgelehrten zu peinlicher Frage für *sufficient* erachtet werden, mit angezogen und nach Gebühr beigebracht worden seien, ist man dann bewogen worden, auf des Anklägers schließliches Suchen die gefängliche Haft und folgends die Tortur zu decretieren und zu verhängen. Man habe die Fakultät nicht mit den Vorakten ermüden und beschweren wollen und habe nur das Protokoll über den bei der Tortur ergangenen Actum eingeschickt, weil bei Bürgermeister und Rat ein Zweifel darüber entstanden sei, ob wegen Widerrufs des Geständnisses die Wiederholung der Tortur gegen die Angeklagte stattfinden dürfe. Sie fragten nun bei der Fakultät an, ob wegen der geschehenen Revocation die Tortur anderwärts statthaben dürfe und was rechtlicher Ordnung nach weiter vorzunehmen sich gebühren wolle, wenn die Angeklagte bei ihrem Leugnen verharren sollte, und ob das von der Angeklagten freiwillig gestandene Raten des Viehes unter Anwendung der in den Akten angeführten Formel wegen Mißbrauchs des göttlichen Namens dem abergläubischen Segnen und Böten zu vergleichen und gleichzuachten sei und ob deshalb die beigefügte königliche Verordnung von 1624 darauf anzuwenden sei oder was sonst hierin allenfalls Recht sei.

Hierauf antwortete die Fakultät am 11. Oktober 1639, daß, wenn die Formierung bestimmter Artikel, der Konfrontation und allem, was sich sonst noch gebühre, Genüge geschehen und die Angeklagte dann doch noch bei ihrer Revocation verbleiben sollte, so möchte sie zu mehrer Erkundigung der Wahrheit anderweit auf beregte Artikel mit mäßiger Tortur rechtlicher Ordnung nach befragt werden. Wenn sie aber auch dann bei ihrem Leugnen bleiben sollte, so könne sie mit der Strafe der Zauberei nicht belegt werden. Sollte die Dwenger wegen Ratens des verfangenen Viehes bei ihrem Geständnis verbleiben, so sei solches Raten wegen des Mißbrauchs des göttlichen Namens dem abergläubischen Segnen und Böten zu vergleichen und die übersandte Verordnung von 1624 darauf anzuwenden.

Darauf wurde Gretje Dwenger am 31. Oktober 1639 in Gegenwart der Herren des Gerichts, der als Zeugen zugezogenen Bürger Hermann Hesse und Zacharias Leke sowie des Klägers und seiner Bürgen im Rathause über 15 vom Gericht aufgestellte Artikel befragt. Die Angeklagte beteuerte allen Beschuldigungen gegenüber ihre Unschuld, sagte, daß sie ihre Aussage nach der Tortur nur aus Pein gemacht und

gab nur zu, daß sie beim Raten des verfangenen Viehs stets die von ihr bereits angeführte Formel gebraucht habe und daß ihr Mann gleichfalls diese Kunst ausübe.
Damit brechen die Oldesloer Akten über diesen Hexenprozeß ab. Wahrscheinlich ist er an einem anderen Orte fortgesetzt worden.

II. K a t h r i n e F a u s t, eine Witwe aus Neustadt in Mecklenburg, die in Oldesloe als Leineweberin ihr Leben fristete, war in Neustadt von einer Frau Rappe (der Rappischen), die daselbst als Hexe verbrannt wurde, auf die Frage nach Genossinnen als Zauberin bezeichnet worden. In einem hohen Turm eingekerkert, war sie an demselben Tage entkommen, von einem Bauern aber wieder eingebracht worden. Diese Flucht, die man übernatürlicher Hilfe zuschrieb, weil sich im Turme kein Tau befunden, sondern nur ein Haufe alten verrotteten Garns, das sie unmöglich hätte tragen können, hatte den gegen sie gehegten Verdacht der Zauberei verstärkt. Sie war sodann gefoltert worden, doch war die Tortur infolge der Ankunft des Herzogs Friedrich von Württemberg unterbrochen und dann, da es zur Fortsetzung an dem Tage zu spät war, abgebrochen worden. „Zwar hat ihr der Scharfrichter einen Ruck gegeben, den sie verschwiegen ausgehalten," schrieb in Vertretung des gestorbenen Amtsschreibers der Küchenmeister Friedrich Thesandt am 5. November 1640 aus Schwerin dem Magistrat von Oldesloe, „wenn aber Ihre Fürstliche Gnaden nicht dazu gekommen wären, sollten ihr den Abend die Künste wohl abgefragt sein." Da die Kriegsgreuel über Neustadt hereinbrachen, so daß kein Mensch in der Stadt bleiben konnte, hatte an eine Fortsetzung der Prozedur nicht gedacht werden können, und so war Kathrine Faust auf freien Fuß gelangt, ohne daß ein Urteil gesprochen worden war.

Sie ließ sich darauf in Oldesloe nieder, wo sie Wand an Wand mit einem Ehepaar Döring wohnte. Eine Person, die in den Akten als Wickerweib[1]), Sevenlöpersche und Christallenkikersche[2]) bezeichnet wird und in der wir wohl das Weib Liesebeth erkennen dürfen, das auch in den anderen Oldesloer Hexenprozessen eine verhängnisvolle Rolle spielte, veranlaßte nun Frau Döring zu dem Glauben, Kathrine Faust habe ihren Mann Lafrentz Döring verzaubert, so daß sich Frau Döring dazu hinreißen ließ, die Faust zu schelten und zu schlagen. Frau Faust verklagte deshalb Frau Döring und verursachte dadurch einen neuen Hexenprozeß gegen sich.

Lafrentz (Lorenz) Döring nämlich klagte nun Katharine Faust wegen Zauberei an. Er ließ sich durch den Anwalt (Procurator) Hans Halbek vertreten, der 1648 dem Oldesloer Rate angehörte. Am 2. September 1640 nahm der Prozeß vor dem Niedergericht seinen Anfang. Halbek überreichte eine schriftliche Anklage. Die Angeklagte verneinte nach der Verlesung derselben alle gegen sie vorgebrachten Beschuldigungen, gestand aber, daß sie zu Neustadt im Fürstentum Mecklenburg beargwohnter Zauberei halber gefänglich eingezogen und torquiert

---
[1]) Wahrsagerin.
[2]) Sie ließ zum Zweck des Wahrsagens ein Sieb umlaufen oder weissagte aus einer Kristallkugel oder einem gläsernen Prisma.

worden sei, und wie Anklägers Frau im Kindbette gelegen und mit einer Krankheit befallen gewesen sei, hätte sie wohl einen Dillenbusch geholt, denselben aber nicht in ihr Bett, sondern in des kleinen Kindes Wiege gesteckt, was keine Zauberei sei, forderte, daß des Anklägers Frau ihr für die zugefügten Stöße und Schläge Abtrag tun solle, und bat zum Schluß, sie von der angestellten Anklage zu absolvieren.

Im Namen der Urteilfinder verkündete dann Berendt Bestkow (Betzow), daß die Angeklagte aus allen Umständen und daraus, daß sie ihrer eigenen Aussage nach einmal schon eingezogen und mit scharfer Frage beleget worden wäre, des schändlichen Lasters der Zauberei wohl schuldig zu befinden sei und derohalben peinlich wider sie verfahren werden sollte, daß jedoch des Anklägers Hausfrau angehalten werden solle, für die Schläge abzuwetten, und verwies damit die Sache zur Entscheidung ans Obergericht.

Am 8. September wurden die Verhandlungen vor dem Obergerichte begonnen. Hans Halbek wiederholte im Namen seines Klienten die Anklage. Der Anwalt und Verteidiger der Angeklagten, dessen Name nicht genannt wird, widersprach aber allem und führte im besonderen aus, daß von dem Ankläger nur Geschwätz und nichts Beweisliches vorgebracht sei und daß er sich um so weniger darauf einlassen wolle, als die Last des Beweises dem Ankläger obläge. Hierauf gaben Bürgermeister und Rat den Bescheid, daß der Ankläger schuldig sein solle, einen genugsamen Beweis zu führen und am nächsten Gerichtstage beizubringen.

Am 10. September legte der Anwalt des Klägers die verlangte Beweisschrift vor und bat, daß die darin angeführten Zeugen konfrontiert, vereidigt und verhört werden möchten und daß auch die Aussage seines kranken Clienten von den Herren Gerichtsverwaltern aufgenommen und dem Protokoll beigefügt werden möchte. Der Verteidiger ließ alles geschehen, behielt sich aber vor, seine Einwendungen gegen die Personen und Aussagen der Zeugen dem Gerichte *post publicationem attestationum* zu übergeben.

Als Zeugen waren von dem Angeklagten angegeben worden seine Magd Trine Henneke, seine Nachbarin Wibke Andresen, ein bei ihm einquartierter Soldat Jochim Schleger und der Stadtdiener Jacob Ties. Das Verhör sollte sich auf acht Indizien erstrecken, deren Wortlaut sich leider nicht mehr bei den Akten findet, und zwar sollte sich die Angeklagte zu allen 8 Punkten äußern, Trine Henneke zu 1 und 5, Wibke Andresen zu 3, Jochim Schleger zu 4 und Jakob Ties zu 8.

Die Angeklagte Kathrine Faust verneint alle acht ihr zur Last gelegten Beschuldigungen. Zu der zweiten bemerkt sie, sie hätte wohl zu Döring gesagt, daß sie wünschen möchte, ihr Tochtermann möchte mit ihrer Tochter Maria so friedlich leben wie Lafrentz Döring mit seiner Frau, aber nichts anderes. Gegen die dritte wehrte sie sich mit einem hochbeteuerlichen Eidschwur und behauptete nunmehr, sie wüßte gar nichts von einem Dillenbusch. Der Verneinung der fünften fügte sie hinzu, sie hätte mit der Magd nur gesprochen, weil dieselbe zwischen ihr und ihrer Herrschaft etwas Widerliches geredet habe. Sie hätte ihr daher gedroht, daß sie dafür wohl noch eine Ohrfeige bekommen dürfte. Zu 4 bemerkt sie, sie hätte solches zu dem Soldaten geredet, welcher sie mit Worten übel angefahren hätte.

Die Zeugin Trine Henneke bejaht den ersten Punkt und sagt, sie hättes solches auf Geheiß ihrer Herrin getan. Darauf hätte die Faustische ihr geantwortet: „Ja, was können falsche Leute nicht reden!" Ihre Herrin habe sie bewogen, solches zu reden, weil viele gute Leute gesagt hätten, sie, die Döringsche, sollte sich der Faustischen und ihrer Conversation entschlagen, denn sie wäre eine Zauberin und deshalb schon in Haft gewesen. Was die Magd eigentlich geredet hat, erfahren wir aus den Akten nicht. Auch das fünfte Indicium bejaht die Zeugin und führt aus, ihre Herrin habe der Frau Faust ein Stück Garn geliehen gehabt. Als sie, Zeugin, einst vor ihrem Fenster vorübergegangen sei, habe Frau Faust sie angerufen, ihr ein Stück Garn gereicht mit der Bitte, das ihrer Herrin wieder zu bringen, und ihr bei der Gelegenheit gesagt, sie sollte noch eine „blödige Schnute" dafür bekommen, daß sie die Katze vor ihre Tür geworfen habe. Auf diese Drohung sei sie in der folgenden Nacht am Halse sehr krank geworden, dann sei es ihr in die Beine gezogen, und sie habe drei Tage lang darin ein solches Reißen und Spleißen verspürt, daß sie weder Rast noch Ruhe hätte haben können. Wie nun ihr Herr Lafrentz Döring deshalb mit der Faustischen gezankt habe, habe sie, Zeugin, weil nur eine gelehmte Wand zwischen der Döringschen und der Faustischen Wohnung sei, gehört, daß er ihr gesagt habe: „Du alte Hexe und Zaubersche, willst du mir nun meine Magd lahm machen?", und daß er ihr gedroht habe, er wolle sie so weiß wie eine Wire (Draht) brennen lassen, worauf die Faustische die Tür vor ihm zugestoßen habe. Nach solchem Keifen wäre es mit ihr besser geworden, nach 5 oder 6 Tagen aber wäre ihr Herr erkrankt und läge noch darnieder.

Die zweite Zeugin Wibke Andresen sagt nach ihrer Vereidigung aus, als sie einmal die Frau Döring in ihrem Kindel- und Krankenbette besucht habe, habe Frau Döring zu ihr gesagt: „Sieh, da hat die alte Faustesche mir einen Dillenbusch hingehangen. Nun wird es mit mir besser." Den Dillenbusch habe sie mit ihren leiblichen Augen im Bette hangen sehen. Auch hätte die Döringsche die Faustsche wegen ihrer Krankheit in großem Verdacht gehalten.

Der dritte Zeuge Jochim Schleger zeuget unter Eid, als er eines Sonntagmorgens in seinem Quartier im Döringschen Hause auf dem Bette gelegen und mit einer kleinen Katze gespielt habe, sei die Katze von ihm auf die Diele gesprungen und habe daselbst so heftig „gerauwet und geschrauwet," daß sie nach zwei Stunden gestorben sei. Darauf habe er des Abends wegen bösen Verdachts die tote Katze der Faustischen vor die Türe geworfen. Als sie das des Morgens gewahr geworden, habe sie nachgefragt, wer das getan habe, und darüber heftig gezürnt und geflucht. Als am folgenden Tage Zeuge auf dem Felde gearbeitet habe, sei er daselbst heftig krank geworden und hätte bis in den dritten Tag gelegen. Als er ihr solches dann vorgehalten und ihr gedroht habe, wenn sie ihn noch einmal krank werden lasse, wolle er ihr mit dem Degen durch den Hals stoßen, habe sie ihn einen Schabbe≠ hals gescholten und sei dann weggegangen.

Der vierte und letzte Zeuge Jacob Ties sagt nach seiner Vereidi≠ gung aus, als er die Faustesche auf empfangenen Befehl zum Gefäng≠ nis gebracht, habe er sie sagen hören, unser Herrgott hätte den Döring gestraft und seine Frau bekomme auch noch einmal ein schiefes Maul.

Der krank zu Bett liegende Lafrenz Döring wurde in Gegenwart der Herren des Gerichts in seiner Wohnung über den zweiten und sechsten Punkt befragt. Zu Punkt zwei sagte er aus, daß die alte Fau≠ stesche oft und unvermutet morgens zu ihm gekommen, das Kind un≠ genötigt zu sich genommen und auf dem Arme getragen habe, daß er ihr auch oft, um sich ihr nicht zuwider zu machen, Branntwein spendiert habe, daß sie ihn nicht ein≠, sondern manchmal wegen ihrer Tochter Maria vorgeredet habe, und daß er daher und weil sie wegen Hexerei beschrieen sei, große Scheu vor ihr gehabt habe. Den sechsten Punkt bestätigte er ganz und fügte hinzu, wenn sie die Pforte nicht vor ihm zugemacht hätte, läge er nicht so elend da. Seiner Magd Krankheit verhalte sich so wie angegeben. Nachdem sie verlassen habe, sei er am 5. oder 6. Tage im Rücken und im Kreuze und danach in den Bei≠ nen krank geworden. Er hätte kein Kopfweh, sein Herz wäre gesund. Er äße zwar nicht viel, tränke aber desto mehr. Des Abends von 9 bis des Morgens um 5 Uhr hätte er die schlimmsten Anfälle, des Tags aber ziemliche Geduld. Die Ursache seiner Krankheit wäre niemand anders als die Faustesche. Darauf wolle er leben und sterben.

Darauf gaben Bürgermeister und Rat den Bescheid, daß der Gegenanwalt den gegen die Personen und die Aussagen der Zeugen angemeldeten Einspruch sowie den gerühmten Gegenbeweis aus Neu≠ stadt binnen 14 Tagen schriftlich einreichen solle und daß die Sache bis dahin auszusetzen sei.

In seinen *exceptiones contra personas et dicta testium* legte der Anwalt der Angeklagten dann dar, daß die Zeugenaussagen nur von müßigen Leuten gehaltenes unnützes Weibergeschwätz seien und nach keinen Rechten etwas beweisen könnten, vornehmlich nicht in pein≠ lichen Sachen, bei denen es sich um eines Menschen Leib und Leben, Ehre und guten Namen handele, und wies nach, daß auch die Personen der Zeugen den nach dem bestehenden Recht zu stellenden Anforde≠ rungen nicht entsprächen. Trotz dieser geschickten Verteidigung wur≠ den Bürgermeister und Rat in ihrer vorgefaßten Meinung nicht irre gemacht und beschlossen, die Faust mit der „scharfen Frage" zu be≠ legen. Bei der Tortur wurde die Angeklagte ohnmächtig — sie verfiel, wie es in dem Protokoll heißt, nach Art solcher verdächtigen Perso≠ nen[1]) gleichsam in einen tiefen Schlaf —, so daß auch bei einem zwei≠ ten und dritten Anspannen der Folter kein Geständnis von ihr erpreßt werden konnte. Bürgermeister und Rat müßten sie nun freisprechen,

---

[1]) In dem Entwurf einer späteren Eingabe an den König, in der sich Bürgermeister und Rat gegen den Vorwurf, allzu scharf und barbarisch gegen Katharina Faust ver- fahren zu sein, verteidigen, stand ursprünglich „nach Art aller Hexen", was dann zu „nach Art solcher Leute" gemildert worden ist.

verwiesen sie aber einem Antrage des klägerischen Anwalts entsprechend gegen Leistung einer Urfehde aus der Stadt.

Nun aber wurde der Spieß umgedreht. Am 18. Januar 1641 erschien Maria Faust im Namen ihrer Mutter Katharina vor dem Niedergericht und reichte eine Gegenklage gegen Lafrenz Döring und dessen Bürgen ein. Der als Richter amtierende Achtmann Johann Fischer erkannte dem Antrage des Prokurators Hans Halbek entsprechend, daß es bei dem Urteil eines ehrbaren Rats sein Bewenden haben müsse, worauf Maria Faust *stante pede et viva voce* davon ans Obergericht appellierte.

Die Verhandlung vor dem Obergericht fand am 25. Januar 1641 statt. Nach Verlesung der von Maria Faust im Namen ihrer Mutter eingereichten Klage führte Hans Halbek zur Verteidigung Dörings und seiner Bürgen aus, daß nach dem 61. Artikel der peinlichen Halsgerichtsordnung Karls des Fünften diejenigen, welche solchen Argwohn und Verdacht erregen, die zu peinlicher Frage Ursache geben, aber doch nicht zum Geständnis ihrer Missetat gebracht werden können, Richtern und Anklagern keinen Vorwurf aus der Anwendung der Folter machen können. Die Faust sei aber auf *urgentia et manifesta indicia* hin gepeinigt worden und habe sich gerade dadurch als experimentierte Hexe erwiesen, da sie bei der Tortur das Maul gehalten habe. Er bat schließlich, seine Klienten von der seines Erachtens widerrechtlichen Klage zu absolvieren.

Der für die angeklagte Behörde einschreitende Fiskal äußerte seinen Unwillen darüber, daß in der Klage dem Gericht verleumderischer und beleidigender Weise vorgeworfen werde, bei der Tortur das Maß überschritten zu haben und barbarisch, tyrannisch und unchristlich vorgegangen zu sein, legte im Namen seiner Herren Klienten Einspruch ein gegen solche Beleidigungen, behielt sich gegen die freventlichen, schmähsüchtigen und leichtfertigen Injurianten, Konzipienten und wer sonst Anteil daran haben möge, alle competierenden juris *remedia et beneficia* vor und bat, da es ihm obliege, solche unverantwortlichen Verleumdungen *licita via juris* zu ahnden, seine Protestation und Reservation *ad notam* zu nehmen und ihm von allem Abschrift zu erteilen.

Am 15. Februar 1641 gaben dann Bürgermeister und Rat auf ferneres Implorieren und Anhalten der Maria Faust den endlichen Bescheid, daß die Parteien nach der Landgerichtsordnung mit Satzschriften von 3 zu 3 Wochen gegeneinander schriftlich verfahren sollen, daß sodann die ergangenen Akten erster und anderer Instanz rotuliert und einer juristischen Fakultät zur Entscheidung zugeschickt werden sollen.

Am 29. März 1641 erschien Hans Halbek vor einem Ehrbaren Rate, bat, die Verschickung der Akten zu beschleunigen, und legte ausführlich dar, warum er sich eines freisprechenden Urteils für seine Klienten für versichert halte, worauf der mündliche Bescheid erging, daß den Gegenklägern noch eine weitere Frist gestattet werden solle, falls sie aber nicht gebührlich einkommen würden, solle die Sache als geschlossen angesehen werden und die Verschickung erfolgen.

Am 29. Oktober 1641 erschien Hans Halbek wieder im Rathause. Nachdem ihm die eingeschickte Widerlegungsschrift vorgelesen worden war, widersprach er ihr in allen Punkten und bat, mit dem Hinweis, daß seit der Einreichung der letzten Schrift bisher 6 Monate und etliche Wochen verflossen seien, sie zu verwerfen und den Akten nicht beizufügen, diese aber nunmehr zu verschicken. Es wurde demgemäß erkannt, und da sich von den Gegenklägern, die übrigens, wie aus späteren Akten hervorgeht, nicht zitiert waren, keiner sehen ließ, wurde nunmehr nach dem Bescheid vom 15. Februar verfahren.

Über dieses Verfahren beschwerte sich die Faust in einer Eingabe *de dato* Lübeck, den 20. Januar 1642 beim Könige mit dem Erfolge, daß dem Rate zu Oldesloe durch Mandat *de dato* Glückstadt, den 13. Februar 1642 auferlegt wurde, die Akten der königlichen Kanzlei einzusenden, aber auf keine Universität oder sonst zu verschicken. Diesem Befehle kam jedoch der Rat nicht nach, wahrscheinlich, weil die Akten schon an die Juristenfakultät in Greifswald abgegangen waren.

Als Maria Faust am 6. März 1642 zufällig an des Bürgermeisters Haus vorbeiging, rief sie der Bürgermeister Schweder Möller herein und teilte ihr in Gegenwart des Richters Detlef Möller mit, daß die verschickten Akten wieder zurückgekommen seien und daß am 14. März die Publikation des eingeholten Urteils stattfinden solle, wozu sie sich einstellen möge. Maria Faust aber legte in Gemeinschaft mit ihrem Bruder Heinrich durch eine Eingabe *de dato* Hamburg, den 10. März 1642 gegen die widerrechtliche Verschickung der Akten und die beabsichtigte Publikation des angeblichen Urteils feierlichst Protest ein.

Durch königliche Mandate wurde darauf wiederholt die Herausgabe der Akten verlangt, aber zunächst ohne Erfolg. Erst als der König durch Erlaß aus Glückstadt vom 8. Juli 1642 Bürgermeister und Rat eine Strafe von 200 Reichstaler androhte, erfolgte widerwillig die Auslieferung. In einer Eingabe aus Glückstadt vom 25. August 1642 klagte Maria Faust, sie habe das vierte am 8. Juli von Glückstadt erlassene Mandat wegen Herausgabe der Akten am 9. Juli in Glückstadt dem daselbst in Paul Elers Hause auf dem Dike wohnenden Oldesloer Bürgermeister Johann Belen im Beisein zweier Männer einhändigen wollen, derselbe habe es ihr auch abgenommen, dann aber ihr nachgeworfen mit den Worten: „Daß dich der Teufel damit wegführe. Du solltest es mir zu Oldesloe bringen, ich wollte dich alsdann anderes sehen lassen." Sie habe das gleich in der königlichen Kanzlei berichtet und sei dann in der Befürchtung, der Bürgermeister möchte den königlichen Befehl liegen lassen und seine Einhändigung leugnen, mit dem Kanzleidiener Andresen wieder zu ihm gegangen, sei aber von Bürgermeister Behlen und dem Stadtschreiber Johannes Arps, sowie sie die Überreichung des königlichen Mandats erwähnt habe, mit groben Schmähungen und Injurien angefahren und Hexe und Zauberin gescholten worden. Auch habe der Stadtschreiber Arps, wenn er ihr danach auf der Straße begegnet sei, sie wiederholt mit ehrverletzenden Schmähworten angegriffen und sie zu schlagen gedroht, was mit Recht zu ahnden sie sich ausdrücklich vorbehalte. Da sie nun vernommen, daß die Oldesloer inmittelst die Akten nebst einer Supplikation eingesandt hätten, bäte sie, ihr von der Supplik Abschrift zu erteilen und den Sekretarius Herrn Philipp Julius Bornemann zu beauftragen, daß er ihren in Glückstadt anwesenden Advokaten in seinem Beisein die Akten revidieren, mit den Manual=Akten vergleichen und ersehen lassen möge, ob sie komplet oder unvollständig, verstümmelt oder verfälscht seien.

Die Bitte wurde ihr durch Bescheid vom 31. August 1642 gewährt. Da aber auch Bürgermeister und Rat von Oldesloe anhalten ließen, bei der Kollation der Akten vertreten zu sein, so wurden durch Dekret vom 25. August 1643 beide Parteien eingeladen, sich dazu am 6. September in der königlichen Kanzlei in Glückstadt einzufinden.

Zu dem Termine aber scheint die Partei Faust nicht erschienen zu sein; denn Maria Faust und ihr Anwalt Friedrich Volckmar wurden durch Schreiben aus Glückstadt vom 9. September 1643 benachrichtigt, daß die Akten vom Sekretarius in der Kanzlei verglichen, designiert und numeriert werden sollen und daß dem Advokaten der Klägerin eine Abschrift der Designation erteilt werden solle, aus der er ersehen könne, was er davon wünsche, um es sich dann mit Genehmigung des Königs kommen zu lassen.

Durch Mandat aus Glückstadt vom 13. Oktober 1643 beauftragte sodann König Christian IV. den Gubernements=Sekretarius und die Amtsschreiber zu Steinburg Jacob Steinmann, Jacob Stollius und Erasmus Platen, aus den mitübersandten Akten dasjenige, was die Oldesloer *ad acta* gebracht, der Supplikantin Maria Faust in Abschrift mitzuteilen.

Bürgermeister und Rat aber scheinen sich weiter renitent verhalten zu haben. Noch am 13. April 1647 übersandten die Geschwister Heinrich und Maria Faust der Kommission Abschrift von acht Aktenstücken, die der Magistrat ihrer Angabe nach nicht mit eingeschickt hat, und baten zugleich, sieben andere Aktenstücke, die er gleichfalls zurückgehalten habe, vom Magistrate einzufordern. Durch Verfügung vom 6. Mai 1647 wurde der Magistrat von der Kommission zur Kompletierung der Akten angehalten und entschuldigt sich bei derselben durch Eingabe vom 5. Juli 1647.

Damit brechen die Akten ab. Auch über den Ausgang des Faustschen Hexenprozesses lassen uns also die hiesigen Akten im Stich. Sie genügen aber vollauf, um das Verhalten des Magistrats als Gerichtsbehörde zu beleuchten.

III. Noch unvollständiger als die Akten der beiden bisher erörterten Hexenprozesse sind die eines dritten. Doch zeigen uns gerade diese den damals hier herrschenden Hexenwahn in seiner ganzen Gräßlichkeit.

A n n a (Anne, Anke) H e i t m a n n, die Witwe eines Vogts von einem der umliegenden Güter, wahrscheinlich von Fresenburg, lebte im Jahre 1642 fast neunzigjährig in Oldesloe bei ihrer Tochter Anna Kröger und deren Mann, dem Bürger Lucas Kröger. Vor vielen Jahren war ihre Schwester Barber Stricker in der Nähe von Oldesloe als Hexe verbrannt worden und vor zwei Jahren in Klinken unter der Gerichtsbarkeit des damaligen Gutsherrn von Blumendorf und Klinken Hans von Buchwald auch ihre Tochter Tale Schacht. Sie selbst war vor etwa 30 Jahren von einem Bauern in Glinde namens Cyriacus (Ciliaques) Oldenburg, dessen Pferde nach Einbruch in ein Saatfeld der Heitmann „abgefallen" waren, bei der Gutsherrschaft von Fresenburg angeklagt worden, seinen Pferden das Übel angehext zu haben, so daß sie sich für einige Zeit habe aus dem Staube machen müssen. Aber Anna von Ahlefeld, die damalige Besitzerin von Fresenburg, hatte, als die Heitmann nach etwa 4 Wochen wieder erschienen war, der Anklage keine Folge gegeben, angeblich, weil die Heitmann sich mit ihr wohlgestanden. Vor 20 bis 30 Jahren war Anna Heitmann von zwei angeblichen Hexen, der Telseke Bloker und einer Frau Hamdorf, die in der Nachbarschaft den Feuertod hatten erleiden müssen, unter der Folter auf die Frage nach Genossinnen als Hexe bezeichnet worden und neuerdings wieder von mehreren unter der Gerichtsbarkeit des Hans von Buchwald als Hexen verbrannten Frauen, einer Frau Grimm, einer Trineke Potyes und einer Trineke Laatschen. Um den Folgen dieser Verdächtigungen zu entgehen, soll sie vom Lande zu ihrer Tochter in die Stadt gezogen sein. Aber der einmal ihr angehängte böse Ruf zog mit ihr und wurde ihr nun in der Stadt zum Verderben.

Der Oldesloer Bürger und Stadtdiener Berendt Bröker verklagte sie beim Stadtgericht wegen Zauberei auf Grund folgender Indizien, die dem Gerichte unter Beobachtung der Vorschriften der peinlichen Halsgerichtsordnung Karls V. nach einer Vorverhandlung eingereicht wurden: Als Ankläger vor einiger Zeit seinen ältesten nunmehr achtjährigen Sohn Hermann zu Frau Anna Kröger geschickt habe, um ihr das Geld für eine Tonne Bier einzuhändigen, da habe ihn deren alte Mutter Frau Heitmann bei seiner Heimkehr wieder ins Haus zurückgerufen, fest beim Arm gefaßt und genötigt, einen Apfel aufzuessen. Davon sei dem Knaben sehr übel geworden, und er habe den Apfel durch Erbrechen wieder von sich geben wollen, aber nicht können. Noch an demselben Tage habe ihn dann eine schreckliche Krankheit befallen, indem sein Leib wie der eines Besessenen in die Höhe gesprungen sei, so daß er mit Gewalt hätte niedergehalten werden müssen. Sobald man ihn auf sein Begehren einen Trunk gereicht, hätten die Zuckungen aufgehört. Diese Krankheit habe mehrere Wochen gedauert, und der Knabe sei noch nicht ganz davon genesen. Vornehme Ärzte und andere Leute, die Ankläger zu Rate gezogen habe, hätten unverhohlen ausgesagt, die Krankheit wäre dem Knaben von bösen Leuten angetan und unheilbar. Ein fremdes Weib in der Nachbarschaft habe ungefragt umständlich berichtet, Frau Heitmann hätte dem Knaben Quecksilber und andere böse Dinge eingegeben. Daher hätte er solches Unglück. Das Weib habe versprochen, wenn man Geld zum Einkauf etlicher Mittel gäbe, das Übel zu heilen, wäre aber nicht wiedergekommen. Die Heitmann sei in der ganzen Nachbarschaft wegen Zauberei in Verruf, ihre eigene Tochter Tale Schacht sei vor zwei Jahren als Hexe verbrannt worden, und andere Hexen hätten vor vielen und auch noch neulichen Jahren, auch noch vor drei Wochen, die Heitmann als Hexe öffentlich angegeben und bis in den Tod bei ihrem Bekenntnis beharrt. Der Knabe habe ihr bei der Konfrontation in Gegenwart des Richters ins Gesicht gesagt, daß sie ihm den Apfel beigebracht, und Ankläger habe sie auf diese Anklage seines Sohnes angesprochen und ihr ihre Schandtat vorgehalten, sie aber habe solches verschluckt und ihren Ruf gar nicht verteidigt.

Auf diese Anklage hin erkundigte sich der Magistrat bei Hans von Buchwald nach den Aussagen der von ihm gerichteten Hexen über Anna Heitmann, worauf Hans von Buchwald am 21. Juli 1642 antwortete, die Grimmsche habe bekannt, sie habe in Gemeinschaft mit der alten Vögtschen Anke Heitmann, Tale Schachts Mutter, von der sie hierzu verführt sei, den seligen Herrn Pastor zu Oldesloe umgebracht, und die Heitmannsche habe ihm etwas vor den Altar gegossen. Ferner habe die Grimmsche bekannt, daß Tale Schacht die Zauberei von ihrer eigenen Mutter Anke Heitmann gelernt habe. Ingleichen habe Trineke Potyes und Trineke Laatschen auch bekannt, daß sie Zauberei könne. Was die zu Fresenburg hingerichteten Hexen anbetreffe, so deucht Hans von Buchwald gewiß, daß sie auch auf die Heitmann bekannt hätten. Wenn Ein Ehrbarer Rat Gewißheit darüber haben wolle, werde er dieselbe zu Fresenburg erlangen können, da die Urgicht (das Aussageprotokoll) daselbst noch vorhanden sein werde.

Ob der Magistrat auch in Fresenburg angefragt hat, geht aus den Akten nicht hervor. Wohl aber legt er, durch die Erfahrungen im Prozeß der Katharina Faust gewitzigt, der juristischen Fakultät in Rostock mit Bericht vom 5. August 1642 die Frage vor, ob auf Grund der Vorverhandlung und der eingereichten Indizien gegen die fast neunzigjährige und am Stocke gehende Frau Heitmann die Tortur möge angewandt werden. In seinem Berichte erwähnt er, daß die Angeklagte, als ihr die vom Kläger eingereichten Indizien von den Gerichtsverwaltern artikelweise vorgehalten worden seien, alles abgeleugnet und im übrigen geantwortet habe, man könne den Leuten viel nachsagen, es müsse aber auch bewiesen werden. Was ihre Tochter Tale anlange, so ließe sie solche Prozeduren zu des Richters Verantwortung stehen und müßte es Gott befehlen. Der Bericht wurde der Fakultät am 15. August vorgelegt; die am 17. August erteilte Antwort ist aber leider nicht bei den Akten.

Am 12. September wurde gegen die Angeklagte im Rathause das mündliche Hauptverfahren eröffnet. Unter den 23 Fragen, die an sie und die sechs Zeugen gerichtet wurden, lautete Nr. 5, ob es nicht wahr sei, daß in dem einen Loche (des dem Knaben zum Essen aufgezwungenen Apfels) Quecksilber gesteckt, in dem anderen aber das Abschabsel von des Untieres, des leidigen Teufels, rechter Klaue eingetan gewesen, Nr. 13, ob nicht wahr, daß solcher Apfel auf des Knaben Mutter selbst zugerichtet und gemeint gewesen, Nr. 18, ob nicht ferner wahr, daß 14 Tage zuvor, ehe der Knabe mit solchem Unglück befallen, der Angeklagten Tochter Anna Kröger seine Mutter zu sich in ihr Haus gefordert und um 2 Tonnen Bier gemahnt habe und daß die (Angeklagte), als sie wieder habe weggehen wollen, ihrer Tochter anbefohlen habe, der Frau des Anklägers für ihre alte Mutter, ihre Gevatterin, einen Grapen voll Grütze mitzugeben, und Nr. 19, ob nicht wahr, daß Angeklagte Anklägers Hausfrau, wenn sie solche Grütze gebraucht und zusammen aufgegessen hätten, dadurch dermaßen bezaubert hätte, daß es ihnen wunderlich getagt und übel würde bekommen sein.

Das Narrengeschwätz wurde also immer weiter zu einem Netz ausgesponnen, in dem sich das arme Weib verfangen sollte. Bei dem Verhör beharrte aber die Heitmann standhaft bei ihrer ersten Aussage, und die Zeugen konnten weiter nichts Gravierendes aussagen als das, was ihnen das Weib Lisabeth von der Schuld der Heitmann an der Krankheit des Knaben gesagt hatte. Nach dem Verhör legte die Angeklagte Verwahrung ein gegen die Personen und Aussagen der Zeugen. Der eine Zeuge sei der Bruder der Frau des Anklägers, ein anderer auch ihr Verwandter, und die übrigen seien als Interessenten des Weibes Lisabeth verdächtig. Der Ankläger aber wies den Einwand als unzulässig zurück, weil die Angeklagte die Zeugen bei der ersten summarischen Aussage zugelassen habe, und bat, nunmehr zur Tortur zu schreiten. Das Gericht aber beschloß, die Akten anderweit an ein Kollegium von Rechtsgelehrten zu schicken und dann nach dessen Entscheid zu verfahren.

Dieses Kollegium muß die Tortur gebilligt haben; denn am 11. und 12. Oktober 1642 wurde sie in der Fronerei dahier vorgenommen. Anwesend waren Herr Bürgermeister Johannes Thullenius, als Gerichtsverwalter die Herren Heinrich Quinckert und Detlef Müller und als Zeugen Samuel Hane, Hermann Hesse und Steffen Fischer. Aber weder durch die mäßige Folter am 11. noch durch die schärfere am 12. Oktober ließ sich ein Geständnis aus der Heitmann herauspressen. Doch war zu notieren, „daß in *ipso actu torturae* etzliche unterschiedliche *indicia*" . . . Mit diesen Worten bricht das Protokoll leider ab. Aber wir wissen schon, was von solchen Indizien zu halten ist. War doch das Schweigen der Faust auf der Folter gerade als Beweis dafür angeführt worden, daß sie eine „experimentierte" Hexe sei.

Unter solchen Umständen war damals keine Frau davor sicher, einmal als Hexe angeklagt, gefoltert und verbrannt zu werden. Und zwar herrschte der Hexenwahn nicht nur in den Kreisen, die auch heute noch nicht ganz davon befreit sind, sondern in allen Ständen. Vornehme Frauen machten sich zu Angeberinnen von vermeintlichen Hexen ebenso wie ungebildete Weiber.

IV. In einer Eingabe an den König und den Herzog klagte Marx Helms als Rechtsvertreter seiner Frau Katharine und seiner Söhne Paul und Heinrich, daß des wohledlen Hans von Buchwald zu Klinken und Blumendorf adelige Hausehre Frau Magdalene aus Haß und Groll wider die seinigen sich habe gelüsten lassen, seine Frau öffentlich der Zauberei zu beschuldigen dergestalt, da sie seiner Frau Bruder Hermann Schacht (vielleicht den Mann der in Klinken verbrannten Tale Schacht) zu dem Zwecke habe zu sich fordern lassen und ihm anbefohlen habe, ihr solches alles anzumelden, was er denn auch verrichtet habe, und bat, da seine Frau, die sich nie in ihrem Leben eine unehrenhafte Tat habe zuschulden kommen lassen, solchen Schimpf nicht auf sich sitzen lassen könne, Frau von Buchwald vor das nächste Landgericht zu zitieren, um dort seine Injurienklage zu vernehmen, ihre etwaigen Einwendungen dagegen zu machen und endlich des rechtmäßigen Spruches in der Sache gewärtig zu sein. Damit aber seine Frau vor solcher unerfindlichen Beimessung künftig sicher sein und seiner Familie ehrlicher Leumund und Name bis zum gerichtlichen Austrag der Sache ungetrübt bleiben möge, bat er zugleich, der Frau von Buchwald bei Strafe von 2000 Reichstaler einzuschärfen, sich solcher Reden zu enthalten, wenn sie aber dazu befugt zu sein glaube, ihre Beschuldigungen in rechter Form und am rechten Orte anzubringen. Ob sich auch aus dieser Sache ein Hexenprozeß entwickelt hat, ist aus den hiesigen Akten nicht zu ersehen.

Hinrichtungsprotokolle sind im Oldesloer Stadtarchiv nicht erhalten, und so bleiben uns die grausigsten Vorkommnisse jener Zeit mit einem wohltuenden Schleier bedeckt. Hinrichtungen aber waren damals keine Seltenheit weder in der Stadt noch auf dem Lande. Das Menschenleben stand in jenem Kriegsjahrhundert niedrig im Wert. Sogar Gutsherrinnen fällten Todesurteile und ließen sie vollstrecken. Im Jahre 1632 ließ die Witwe Anna Dorothea von Buchwald geborene Rantzau, die Besitzerin von Borstel, einen Mörder hinrichten, der beim Heidkrug in ihrem Gutsbezirk die Frau und das Kind eines ihrer Untertanen ermordet hatte, und erbat sich zur Ausführung der Exekution von Bürgermeister und Rat zu Oldesloe den Stadtfron mit dem Versprechen, ihn in sicheren Schutz zu nehmen und in der Stadt wieder frei und unbeschädigt abzuliefern.
Eifersüchtig war der Magistrat stets auf die Wahrung seines Jurisdiktionsrechts bedacht. Als der Mörder vom Heidkrug, der in Lübeck ertappt war, durch Oldesloe nach Borstel geführt werden sollte, ließ sich der Magistrat von Anna Dorothea von Buchwald durch einen Revers bescheinigen, daß dadurch das Jurisdiktionsrecht der Stadt nicht präjudiziert werden solle.
In Nebendingen war man bei den Hinrichtungen oft sehr gewissenhaft. So fragte im Dezember 1632 der Magistrat von Oldeloe bei Christian Haube in Lübeck an, ob auch in der Adventszeit eine demnächst zu vollziehende Hinrichtung vorgenommen werden dürfe, und Haube antwortete, wenn die Mörderin bei gesundem Verstande sei und die Herren die Sache genügend untersucht hätten, dürfe die Exekution ohne Zweifel am nächsten Montag vollstreckt werden.
Wenn nach einer Mordtat der Täter entflohen oder unbekannt geblieben war, wurde nach einem Bericht des Magistrats vom Jahre 1634 altem Herkommen gemäß das das Not- und Fahrrecht handhabende Bahrgericht gehegt und der Entleibte vor dem Gerichtshalter

niedergesetzt. Alsdann wurde der Täter von dem Stadtfron dreimal mit lauter Stimme aufgefordert, vor dem Bahrgerichte zu erscheinen, und wenn sich darauf weder der Täter noch ein Verteidiger einstellte, wurde der Täter für friedlos erklärt und zu der verwirkten Strafe der Totschläger verurteilt. Wenn aber nach dem dreimaligen Aufruf ein Verteidiger auftrat und zur Ausführung seiner Verteidigung um eine halbe oder ganze sächsische Frist ersuchte und die Frist, ohne um Verlängerung nachzusuchen, verstreichen ließ, wurde die Verurteilung ohne weitere Zitation ausgesprochen.

Aus dem Gebiete der Zivilgerichtsbarkeit sei hier nur eine Sache erwähnt, die ein grelles Licht auf die Finanzverwaltung der Stadt wirft und altertümliche Formen der Besitznahme eines Grundpfandes und der Sicherstellung der Erfüllung eines Versprechens in Übung zeigt. Wir haben bereits gesehen, daß die Stadt in den Zeiten großer Not oft Anleihen machte, mit der Zinsenzahlung und der Rückzahlung des Kapitals aber meistens so im Rückstande blieb, daß sie neue Kapitalien zu einem höheren Zinsfuße aufnehmen und so immer tiefer in Schulden geraten und Exekutionen über sich ergehen lassen mußte.

Im Jahre 1643 nahm sie zur „Abführung der schwedischen Brandschatzung" vom Bürgermeister Heinrich Wadenhoff in Lübeck eine Anleihe von 1000 Reichstaler auf und stellte 1645 und 1650 darüber neue Obligationen aus. Im Jahre 1653 verpfändeten Bürgermeister und Rat den Lübecker Bürgern Daniel Fischer, Johann Witten, Casten Suthoff und Berthold Bauwert für die 1000 Reichstaler die Neue Schwarzen=Dammes=Koppel und die Braschenpfuhls=Koppel. Aber 41 Jahre später war die Schuld immer noch nicht abgetragen. Die beiden königlichen Kommissare Geheimrat und Kanzler zu Glückstadt Baron von Liliencron und Konferenzrat und Propst zu Preetz Detlef Rantzau übernahmen es, wegen jener Schuld von 1000 Reichtaler zwischen der Stadt und den Lübecker Gläubigern zu vermitteln. Im April des folgenden Jahres wurde Bürgermeister Winkler in Segeberg von der Regierung in Glückstadt beauftragt, die Gläubiger Johann Koch und Bartold Bauert in ihr Unterpfand zu immittieren, und berichtete dann im Mai, daß er die Schuldner zu Oldesloe *in curia* gemahnt habe, dann von dem Bürger Hinrich Görres nach der Kuhkoppel vor dem Bestentor und dem Bürger Marx Wilken nach dem Braschenpfuhl vor dem Hamburger Tore nahe bei Rümpel geführt worden sei und in Gegenwart des Bürgermeisters Creutz zu Segeberg und des kaiserlichen Notares Peter Lorenz Meißner durch Ausstechen eines Erdklumpens die beiden Koppeln für Koch und Bauert in Besitz genommen habe. Im September 1695 wurden die Expensen der Gäubiger Koch und Bauert von der Regierung in Glückstadt auf 60 Reichtaler moderiert, und die Stadt Oldesloe wurde angehalten, diesen Betrag *sub poena executionis* binnen 6 Wochen zu zahlen. Im Oktober 1695 mahnte Bürgermeister Creutz von Segeberg in einer unter dem Vorsitze von Jürgen Wolherr abgehaltenen Sitzung im Namen der Gläubiger Johann Koch und Bartold Bauert um Zahlung der Kuhkoppel= und Braschenpfuhlzinsen und der entstandenen Kosten. Die Achtbürger Andreas Potemke, Mat=

thias Godejohann, Matthias Pistolsky, Hermann Hormann und Hermann Kistenmacher erklärten aber, daß diese Gelder nicht in der Stadt Nutzen verwandt wären, worauf Creutz die Stadt für Entstehung neuen Schadens und neuer Kosten verantwortlich machte. Im Dezember 1695 forderte die Regierung in Glückstadt Bürgermeister und Rat zu Oldesloe auf, die Heurer der Pfandkoppeln, nämlich Bürgermeister Wulf, Jürgen Helms und Jürgen Wolherr anzuhalten, bei 20 Reichstaler Strafe die fälligen Zinsen und Kosten innerhalb 14 Tagen zu zahlen. Am 16. April 1696 bestätigten sämtliche Bürger von Oldesloe mit Berufung auf die Obligationen von 1645 und 1650 den nunmehrigen Gläubigern Johann Koch und Bartold Bauert die Schuld von 1000 Reichstaler und ihre Sicherstellung durch die Verpfändung der Kuhkoppel und des ganzen Braschenpfuhls und verpflichteten sich zum Einlager im Fall der Nichtbezahlung. Die Erklärung ist unterzeichnet von den beiden Bürgermeistern Georg Gerckens und Johann Wulf und 22 Bürgern. Im April 1696 quittierten schließlich Johann Koch und Bartol Bauwerd dem Königlichen Regierungsrat und Vizeamtmann zu Segeberg Raimund Peter von Rheder über den Empfang der 1000 Reichstaler und gaben ihm anheim, die Summe von den Oldesloer Bürgern zu erheben. Ob und wie der Herr Regierungsrat wieder zu seinem Gelde gekommen ist, wird in den Akten nicht verraten. Im Jahre 1709 hatte er es noch nicht zurückerhalten; denn am 9. Oktober dieses Jahres richteten Bürgermeister und Rat ein Dankschreiben an Raimund Peter von Rheder, Königlich dänischen Etats-, Kanzlei- und Regierungsrat, Amtmann zu Segeberg und Großvogt des hohen Stiftes zu Lübeck dafür, daß sie das Kapital von 1000 Reichstaler, obwohl zu 5 Prozent, noch behalten dürfen.

Von der Teilnahme der Stadt Oldesloe am Vierstädtegerichte sind im Oldesloer Stadtarchiv nur wenige Akten erhalten. Im Jahre 1646 erhoben die Erben des verstorbenen Bürgermeisters Claus Harder in Rendsburg Klage gegen den dortigen Ratsverwandten Bastian Goldschmidt wegen Beleidigung. Da die übrigen Ratsmitglieder in dem dadurch entstehenden Injurienprozeß als Zeugen auftreten mußten, konnten sie nicht zugleich Richter sein. Der König beauftragte deshalb Bürgermeister und Rat der beiden Städte Itzehoe und Oldesloe, je einen aus ihrer Mitte als Richter für diesen Prozeß zu deputieren. Der Magistrat von Itzehoe entsandte darauf den Ratsverwandten Johann Woldenberg und der von Oldesloe den Bürgermeister Johannes Tullenius. Über den Prozeß selbst sind Akten im Stadtarchiv nicht enthalten.

Im Jahre 1671 hatte ein Proviantschreiber in Rendsburg nach Empfang des Endurteils in einem bei dem dortigen Stadtgerichte anhängig gemachten Injurienprozesse gegen einen Rendsburger Bürger zwar *stante pede* an das Gericht der holsteinischen deputierten Städte appelliert, dann aber vom Könige ein Avocatorium erbeten und erhalten, daß die Sache von der Königlichen Regierung in Glückstadt solle ventiliert und erkannt werden. Darin erblickten Bürgermeister und Rat der Stadt Rendsburg eine Verletzung nicht nur des Privilegiums der holsteinischen Städte, sondern auch der Landgerichtsordnung und fragten nun bei Bürgermeister und Rat von Oldesloe an, ob sie sich der Supplik um Cassierung des erteilten Avocatoriums anschließen und zu den Unkosten ihr Kontingent mit entrichten wollten. Was der hiesige Magistrat darauf getan hat, ist leider aus den Akten nicht zu ersehen.

X. Der Scharfrichter.

Hans Nyemann. Jacob Niemann. Carsten Rentzhausen. Verweigerung des Begräbnisses in der Kirche. Wahrung seiner Amtswürde. Der Magistrat verklagt Rentzhausen wegen Ungehorsams. Lorenz Rentzhausen. Hans Jacob Stoff. Martin Sebastian Kirchner. Herkunft des Stoffs. Die Fronerei. Scharfrichtertaxe.

Der erste Oldesloer Scharfrichter oder Fron, dessen Name überliefert ist, war Meister Hans Nyemann, der laut Kirchenregister III im Jahre 1621 starb. Sein Nachfolger Meister Jacob Niemann starb bereits 1623. Ausführliche Nachrichten aber geben uns die Akten erst von Carsten Rentzhausen. Durch Erlaß vom 26. Februar 1655 gestattete ihm König Friedrich III., neben seinem Dienste als Scharfrichter die Heilung unoffener Schäden in heiler Haut wie Arm- und Beinbrüche, Knochenquetschungen und dergleichen zu betreiben, befahl ihm aber, sich der Kur und Verbindung aller offenen Wunden gänzlich zu enthalten. Dem Publikum sollte es freistehen, sich sowohl durch ihn wie durch die Barbiere des Ortes von unoffenen Schäden heilen zu lassen. Durch Erlaß vom 29. November desselben Jahres gestand ihm der König dann das Recht zu, seinen Scharfrichterdienst im Falle seines Todes oder seines freiwilligen Rücktritts an einen seiner Söhne, falls dieser dazu geschickt sei, zu vererben, und übertrug ihm, nachdem der bisherige Segeberger Scharfrichter Tobias Wentzel wegen Unvermögens von seinem Dienste freiwillig zurückgetreten war, auch den Scharfrichterdienst nebst der Abdeckerei in Stadt und Amt Segeberg ebenfalls mit dem Rechte der Vererbung. König Christian V. bestätigte ihm diese Vergünstigungen durch Erlaß vom 16. Juli 1670, dehnte zugleich seinen Dienstbezirk auf die Städte und Kirchspiele Lütjenburg, Heiligenhafen, Bramstedt, Kaltenkirchen und Bornhöved aus und gestand ihm auch zu, offene Wunden zu verbinden und zu heilen, soweit sie von Quetschungen der Glieder herrührten.

Durch die Erweiterung seines Dienst- und Geschäftsbereichs mußte sich auch Rentzhausens Wohlstand mehren, und als wohlhabender Mann bekam er den Wunsch, auch wie andere ansehnliche Leute in der Kirche begraben zu werden. Er kaufte sich eine Begräbnisstätte in der Kirche, erregte dadurch aber, da der Scharfrichter für ehrlos galt und eine Gemeinschaft mit ihm ehrlos machte, den Unwillen der übrigen Besitzer von Kirchenbegräbnissen, und diese setzten beim Magistrat durch, daß ihm bei 20 Reichstaler Strafe die Benutzung der Grabstelle verboten wurde. Hierüber beschwerte sich Rentzhausen beim königlichen Amtmann zu Segeberg, worauf Herr Brüggemann dem Magistrat am 11. November 1670 schrieb, das Verbot sei zwar seine und des Herrn General-Superintendenten Sache gewesen, doch wolle er das für diesesmal dahingestellt sein lassen, der Magistrat aber möge dafür sorgen, daß die für die Grabstelle erlegten Gelder innerhalb acht Tagen zurückbezahlt würden. Der General=Superintendent und er wollten dann bei ihrer nächsten Ankunft in Oldesloe dem Rentzhausen eine geeignete Stelle zuweisen.

Hatte er so auf seinen Wunsch, zwischen den andern Bürgern begraben zu werden, verzichten müssen, so war er um so mehr darauf bedacht, die ihm zustehende Amtswürde zu wahren und seine Scharfrichterrechte nicht schmälern zu lassen. So weigerte er sich z. B., Häscherdienste zu leisten. Als im Jahre 1682 der Mörder vom Heidkrug durch das Oldesloer Stadtgebiet transportiert werden sollte und der Magistrat Rentzhausen aufforderte, mit Hand anzulegen, schlug er es ab. Der Magistrat legte ihm deshalb eine Strafe von 100 Mark auf und verklagte ihn, als er sie auf wiederholte Mahnung nicht erlegte, wegen Ungehorsams bei der Regierung in Glückstadt. Diese mahnte Rentzhausen ernstlich zum Gehorsam, bestätigte die ihm auferlegte Strafe und wies ihn an, falls die drei in Bürgergehorsam stehenden Bürger und „Bandreißer" Gerdt Ketelhake, Peter Rehr und Jürgen Heynemann sich beharrlich weigern sollten, den Gefangenen durch das Oldesloer Gebiet zu geleiten, sie auf Begehren des Magistrats dazu anzutreiben, und falls sie etwa zu gebührender Strafe zu ziehen seien, dabei zu assistieren[1]), schloß aber mit dem Zugeständnis: „Da dennoch Du wegen obiger *dictirten poen graviret* zu sein vermeinest, solstu innerhalb 8 Tagen der negsten Deine rechtliche Notthurfft zu unserer Regierungs=Cantzley anhero einsenden." Rentzhausen machte von dieser Erlaubnis Gebrauch, wies in seiner Verteidigungsschrift darauf hin, daß weder in Dänemark noch in den holsteinischen königlichen Städten die Scharfrichter zu Häscherdiensten verpflichtet seien und daß man solche auch von seinem Vorgänger nie verlangt habe. In Lübeck zwar würden die Scharfrichter zu solchen Diensten herangezogen, erhielten dafür aber auch eine besondere Besoldung, während ihm die Stadt Oldesloe nur freie Wohnung in der Büttelei gewähre, und bat, ihm deshalb die ihm auferlegte Strafe zu erlassen. Die Regierung lud darauf beide Parteien zu einer mündlichen Verhandlung vor das Kanzleigericht. Bei der Verhandlung ließ sich der Magistrat durch den Ratsverwandten Johann Wulff vertreten, Carsten Rentzhausen durch seinen Sohn Adrian, der sein Nachfolger in Segeberg geworden war, und es wurde vom Gericht für Recht erklärt, daß zwar Rentzhausen mit der zugemuteten Hilfeleistung beim Angreifen der Delinquenten vor anderen in den holsteinischen Städten befindlichen Fronen nicht zu belegen, sondern damit zu verschonen sei, im übrigen aber dem Magistrat gebührenden

---

[1]) Seine Mitwirkung bestand darin, die Gefangenen zu schließen, falls dies angeordnet wurde, sei es, daß sie im Kerker an die Kette gelegt oder am Kak, dem Schandpfahl, dem Publikum zur beschimpfenden Schau ausgestellt werden sollten. Auch zur Ausführung anderer beschimpfender Strafen am Kak war der Scharfrichter heranzuziehen. So beantragte Marx Leke einst in seinem Eifer für die Aufrechterhaltung der Brauordnung, die Braugeräte der gegen die Brauordnung verstoßenden Bürger vom Fron am Kak verbrennen zu lassen.

Gehorsam erweisen solle, und weil er dem zuwider gehandelt habe, mit 10 Reichstaler Poen, worauf die vom Magistrat angesetzten 100 Mark ermäßigt würden, zu belegen sei, auch zur Tragung der Unkosten dieses Termins mit Vorbehalt einer Ermäßigung zu verurteilen sei. Die vom Magistrat eingereichte Ausgabenrechnung wurde später vom Gericht auf 93 Mark 12 Schilling ermäßigt, die Rentzhausen innerhalb 14 Tagen nach Zustellung des Beschlusses bei Strafe der Exekution bezahlen soll. Am Tage nach dem Erlaß bedankte sich ein gewisser Johann Boye Hinrichs in Glückstadt beim Bürgermeister von Oldesloe für die übersandte „*Diskretion*" mit dem Bemerken, er werde nicht ermangeln, des ganzen Rats Gesundheit darin zu trinken. Ein Ehrbarer Rat hatte also wieder „*geschmiert*" wie üblich, und daß er den Dankesbrief bei den Akten aufbewahrt hat, zeigt, daß er sich damit keines Unrechts bewußt war.

Nach dem Tode Carsten Rentzhausens wurde sein Sohn Lorenz durch königlichen Erlaß vom 8. Februar 1689 als Scharfrichter von Oldesloe bestätigt mit dem Hinzufügen, daß ihm nach seinem Tode einer seiner dazu fähigen Söhne oder Tochtermänner succedieren möge.

Als Meister Lorenz Rentzhausen das Zeitliche gesegnet hatte, heiratete Meister Hans Jacob Stoff, aus Bergedorf gebürtig, dessen hinterlassene Witwe und wurde dann durch Bestallung vom 21. März 1698 zum Stadtfron und Scharfrichter von Oldesloe eingesetzt. Von ihm an hat sich der Oldesloer Scharfrichterdienst und was davon übrig geblieben ist, die Abdeckerei, in der Familie Stoff vererbt bis in die Neuzeit. Da Johann Jacob Stoff nach dem Ableben seiner ersten Frau, der Witwe seines Vorgängers Rentzhausen, dessen Tochter heiratete und diese sich nach Stoffs 1712 erfolgtem Tode mit dem Unteroffizier Martin Sebastian Kirchner aus Wernigerode ehelich verband, der dann während der Minderjährigkeit von Stoffs Söhnen aus erster Ehe nach Ablegung eines Examens als Scharfrichter von Oldesloe bestätigt wurde, gestalteten sich die Erwerbsverhältnisse etwas verwickelt. Doch gelang es Stoffs ältestem Sohne aus erster Ehe sich durch einen Prozeß das Oldesloer Scharfrichteramt zu erkämpfen. Sein Stiefvater Kirchner wurde dann Scharfrichter zu Rethwisch. Die Stoffs entstammen einer alten Scharfrichterfamilie der Mark Brandenburg. Johann Jacobs Urgroßvater Jacob war Scharfrichter in Mittenwalde, sein Großvater Johann erst Scharfrichter in Frankfurt a. d. Oder, dann auch in Mittenwalde, sein Vater Jacob Scharfrichter in Bergedorf und der ältere Bruder seines Vaters Johann wieder Scharfrichter in Mittenwalde. Alle Stoffs, die im 18. Jahrhundert in Oldesloe Scharfrichter waren, führten den Namen Johann Jacob.

Die Dienstwohnung des Scharfrichters, die sogenannte Fronerei oder Büttelei, befand sich mitten in der Stadt am Markte neben dem Rathause. Vor derselben stand der Pranger oder Kak. Auf dem Grundstücke des heutigen Kinolokals stieß man bei einer Kellerausschachtung auf Massen von Pferdeknochen, die sicher von der einst hier betriebenen Abdeckerei herrührten. Es ist nur zu verwundern, daß man früher von den Knochen keinen besseren Gebrauch zu machen wußte als sie zu vergraben. Durch den üblen Geruch der Abdeckerei fühlten sich die Anwohner oft sehr belästigt, und es wurde deshalb ernstlich eine Verlegung der Fronerei aus der Stadt hinaus geplant. Die Verlegung an das Baierskamper Moor kam aber erst nach dem großen Brande von 1798 zur Ausführung.

Die Bezahlung der Scharfrichter erfolgte nach folgendem festen Tarif, „wornach die Scharfrichter für jede Sorte ihrer hierunter gezeichneten Execution und Verrichtungen sollen bezahlt werden. Nemlich:

Für ein Kopff mit den Schwerdt abzuhauen	10 Rthlr.
Für ein Kopff mit ein Beil abzuhauen	8 „
Für ein Handt oder Finger abzuhauen	4 „
Für ein Kopff auf den Pfahl zu setzen	2 „
Für eine Hand am Pfahl zu nageln	2 „
Für einen zu Hencken	10 „
Für einen wieder aus den Galgen zu nehmen	4 „
Für einen gantzen Cörper auffs rad zu legen, den Pfahl niederzugraben und aufzusetzen	7 „
Für einen die Arm und Bein entzwey zu schlagen und auffs rad zu legen	14 „
Für einen Cörper in der Erden zu graben	3 „
Für einen todten Cörper aus der Stadt oder Dorff zu fahren	2 „
Für einen zu vierteln und auffs rad zu legen	12 „
Für jeden Zwick mit glühenden Zangen	2 „
Für ein Brandtzeichen zu geben	4 „
Für einen auszustäupen	3 „
Für einen aus der Stadt zu peitschen	7 „
Für einen aus der Stadt oder Ampt zu verweißen	4 „
Für einen Cörper zu verbrennen	10 „
Für Pasquillen oder ander Schrifften zu verbrennen	3 „
Für Nahmens am Galgen zu schlagen	2 „

Die Instrumenten und Gerätschafft als Schwerdt, Beil, Zangen, Stangen, Brandt-Eißen, Bindtlienen, Hamer, Bohrer, Sag, Escher und Kleinigkeiten schafft der Scharff-Richter von den jährlichen Lohn, so er in den Städten und Dörffern zu genießen hat."

XI. Ein Streik der Stadtdiener.

Beschwerde der Stadtdiener beim Kanzler. Dekret des Kanzlers. Weigerung der Bürger. Arbeitseinstellung der Stadtdiener. Die Folgen. Wiederanstellung von zwei Stadtdienern.

Die Stadt unterhielt vier Stadtdiener, denen es oblag, neben den nötigen Botengängen, die von der Obrigkeit angeordneten Pfändungen und Verhaftungen[1]) vorzunehmen und im Brauwesen der Stadt

---
[1]) Doch hatten sie mit der Schließung eines Delinquenten nichts zu tun; die hatte der Scharfrichterknecht vorzunehmen.

als Bierspünder und Bierträger gegen eine besondere von den Interessenten zu zahlende Vergütung mitzuwirken. Durch eine Eingabe vom 21. Mai 1687 erhoben die damaligen Stadtdiener Greyer Anger, Johann Köster, Johann Stolbereider und Peter Götgens bei dem Kanzler Geheimrat von Lilienkron Klage darüber, daß die Bürger sich weigerten, ihnen die bisher wöchentlich empfangenen 10 Schilling weiter zu verabreichen, und baten, da sie sonst Hungers sterben müßten, doch die Bürgerschaft zu bereden, ihnen die 10 Schilling wöchentlich wieder zukommen zu lassen, worauf Seine Exzellenz am 26. Mai dekretierte: „Es bleibt wegen der 10 Schilling bei dem Vorigen, ohne daß die Bürger sich vorbehalten, ihr Bier selbst, von woher sie wollen, tragen zu lassen." Die Bürger aber blieben trotz dieses Dekrets bei ihrer Weigerung, so daß die Stadtdiener schließlich ihren Dienst niederlegten. In einer Eingabe an den König vom 18. September 1693 schrieb der Magistrat: „Ew. Königl. Maytt. geruhen allergnädigst zu vernehmen, was am jüngsten Mittwochen vor ein Aufruhr, Ohngehorsam und Widersetzlichkeit durch zwei Bürger als Hans von Helms und Johann von Ohlen wider Bürgermeister und Rat allhier verübt worden, indem die hiesigen Stadtdiener ihre Dienste abgesagt, bevor ihnen ihr gebührendes Lohn, so ihnen von den schuldigen Bürgern eine geraume Zeit als ihr Salarium vorenthalten, bezahlt worden," und berichtete weiter, Bürgermeister und Rat seien, da sie nicht ohne Stadtdiener sein könnten, weil sie sonst Verordnungen selbst oder durch ihre Kinder und ihr Gesinde bestellen lassen müßten, genötigt gewesen, die Execution über die Bürger zu verhängen, welche den Dienern Lohn schuldig seien. Darauf seien Johann von Ohlen und Hans von Helms in die Häuser jener Bürger gelaufen und hätten sie abgemahnt, den Dienstlohn zu erlegen. Johann von Ohlen hätte den Executionszettel zerrissen und den Executor verhindert, ein Pfand zu nehmen, und Hans von Helms sei zu dem wortführenden Bürgermeister ins Haus gelaufen und habe aus vollem Halse gerufen, er handele als Schelm gegen die Stadt, und als dann der Senat zusammenberufen worden sei, habe er in dessen Angesicht abermal gerufen, der Rat handele nicht redlich gegen die Stadt. Er wäre nicht ermächtigt, über eine Laus oder Fliege die Execution ohne ihn zu befehlen. Nun hätten sie den Aufrührer einkerkern lassen müssen, hätten es aber nicht vermocht, da es an Stadtdienern fehlte, und bäten deshalb den König, den Viceamtmann zu Segeberg Kanzleirat Reinhold von Rehden zu beauftragen, diese aufrührerische Sache unverweilt in Verhör zu nehmen und *exemplariter* zu bestrafen.

Im folgenden Jahre aber war die Stadt immer noch ohne Stadtdiener, und als nach einem abermaligen Exzeß zweier Bürger, des Christian Koch und des Jürgen Wilhelm Hagemann, die Verbrecher in Ermangelung von Stadtdienern wieder nicht hatten zu gebührender Strafe gezogen werden können, befahl die glückstädtische Regierung dem Magistrat, wieder zwei Stadtdiener anzustellen und gehörig zu besolden und dann gegen die Verbrecher wegen des Exzesses soweit Rechtens zu verfahren.

XII. Die Zünfte.

Gemeinsame Ordnung der vier ältesten Zünfte. Die Kapitelsitzungen. Eine Schäferstochter als Schustersfrau. Aufnahmeverweigerung wegen vorehelichen Konkubinats. Fortführung des Geschäfts durch die Witwen. Bestrafung wegen zu großen Gewichts des Brotes. Der Los- oder Kuchenbäcker. Böhnhasenjagden der Schneider. Versuchte Ausschließung vom Amt. Die Schrae der Zimmerzunft. Bestimmungen über die Erbauung eines Galgens. Ein Freimeister des Zimmerhandwerks. Amtsordnung der Schlachter. Die Zunftrolle der Leineweber.

Es gab im 17. Jahrhundert 7 regelrechte Handwerkerzünfte in Oldesloe, nämlich die sogenannten Ämter der Bäcker, der Schmiede, der Schneider, der Schuster, der Zimmerleute, der Schlachter und der Leineweber und daneben noch die nicht handwerksmäßigen Gilden der Höker, der Brauer und der Böter oder Travefahrer. Den vier ältesten Ämtern, denen der Bäcker, der Schmiede, der Schneider und der Schuster, war im Jahre 1618 von König Christian IV. eine gemeinsame Zunftordnung erteilt und im Jahre 1636 dahin extendiert worden, daß auf eine Meile Weges von Oldesloe ab keine Handwerker außer auf jedem Adelssitze von jedem Amt einer sich häuslich niederlassen und sein Handwerk treiben möge. Diese Extension wurde mit der Zunftordnung im Jahre 1650 von König Friedrich III., 1670 von Christian V. und 1700 von Friedrich IV. approbiert und bestätigt; wie wenig sich aber die Gutsherren darum kümmerten, haben wir S. 204 f. gesehen. Wie konnte man auch erwarten, daß, während Bürgermeister und Rat königliche Mandate außer acht ließen und die Bürger weder den Verordnungen des Königs noch denen des Magistrats gewissenhaft nachlebten, die Junker allein solche Verfügungen strikte befolgten?

Die vier privilegierten Ämter hielten oft gemeinschaftliche Sitzungen, sogenannte Kapitel, und wurden deshalb auch Kapitelämter genannt. In einer in einem solchen Kapitel entworfenen Beschwerde an den Magistrat beklagten sich die Schneider über verschiedene „Bönhasen", die in der Umgegend ihr Wesen trieben und denen sogar Bürger Arbeit zukommen ließen und dadurch den zünftigen Meistern die Nahrung entzögen, die Schmiede über die Krämer, die des Sonntags vor dem Kirchhofe Nägel feil hielten und sie dadurch um den kleinen täglichen Pfennig brächten, mit dem sie rechnen müßten, die Schuster über gewisse Verstöße gegen die alte Ordnung von 1426 im Handel mit Häuten und Lohe und die Bäcker über die Böter, die häufig Brot von Lübeck mitbrachten und hier verkauften.

Während sich die Zunftgenossen oft obrigkeitlichen Verordnungen gegenüber, die ihnen nicht paßten, renitent verhielten, bestanden sie selbst auf strengster Befolgung ihrer eigenen alten Satzungen und Gebräuche. Im Jahre 1651 mußten sich Bürgermeister und Rat auf Veranlassung eines Zwistes in der Schusterzunft sogar an die juristische Fakultät zu Rostock mit der Frage wenden, ob eine Schustersfrau, die eines Schäfers Tochter sei, in dem Amt der Schuster bei ihren

Zusammenkünften als Amtsschwester zuzulassen und zu dulden sei. Der Oldesloer Bürger und Schuster Tewes Gudejohann, eines Meisters Sohn, hatte nämlich, nachdem er sich in die Zunft hatte aufnehmen alssen, die Tochter eines Schäfers aus der Nachbarschaft geheiratet. Obwohl nun deren Eltern unbescholtene Biederleute waren und sie selbst unbefleckter ehelicher Geburt, so meinten die Alterleute und das Amt der Schuster doch, daß sie nicht verbunden seien, ihres Amtsbruders eheliche Hausfrau, weil sie die Tochter eines Schäfers sei, in ihren Convent und ihre Gilde aufzunehmen und von ihren Frauen als Mitschwester respektieren zu lassen, und beriefen sich auf die alte Observanz, kraft welcher keine Schäferskinder in *collegia opificum* zu admittieren seien (vgl. oben S. 52 und 53). Tewes Gudejohann stellte dem u. a. entgegen, daß doch seiner Hochzeit die Amtsbrüder zum Teil beigewohnt und daß die angezogene Gewohnheit als irrationabel nicht mehr *in usu* sondern durch allgemeine Reichskonstitution abgeschafft und aufgehoben sei, vornehmlich durch Kaiser Karls V. und der Reichsstände pragmatische Sanction vom Jahre 1548 *sub tit.* „Von Handwerkssöhnen und Gesellen". Die Fakultät wurde nun um rechtliche Information gebeten. Ihre Antwort ist jedoch nicht mehr bei den Akten.

Jobst Hildebrandt, ein Kleinschmiedsgeselle, war bei einer Kleinschmiedswitwe in Arbeit getreten, hatte sich mit ihr kirchlich verlobt und sie dann geheiratet. Da aber noch während der Verlobungszeit ein Kind zur Welt gekommen, wollten ihn die Schmiede, um ihr Amt reinzuhalten, nicht als Meister in die Zunft aufnehmen, obgleich er Kirchenbuße geleistet und sich erboten hatte, statt Ableistung der üblichen Strafe ein großes Uhrwerk für die Kirche herzustellen. Er appellierte an die vier Ämter, die auf seine Kosten auch mehrere Male zusammenkamen, stieß aber auch hier auf hartnäckigen Widerstand, insbesondere bei den Schustern. Sie hielten ihn 13 Jahre hin, von 1676 bis 1689. Als er im Jahre 1689 erfuhr, daß ein junger Kleinschmiedsgeselle, der das Amt viel später als er „geeschet" hatte, in die Zunft aufgenommen werden sollte, protestierte er dagegen und wandte sich nach Erschöpfung des Instanzenganges in Oldeloe mit einem Schreiben des Magistrats, in dem ihm das beste Leumundszeugnis ausgestellt wurde, direkt an den König, worauf an den Magistrat der Befehl erging, der Schmiedezunft aufzuerlegen, den Hildebrandt aufzunehmen bei willkürlicher Strafe im Falle des Nichtgehorchens. Der Magistrat befahl deshalb dem Ältermann der Schmiedezunft Johann Dithmer bei 20 Reichstaler Pön, die Aufnahme des Jobst Hildebrandt innerhalb acht Tage zu bewirken· Hiergegen legten die Älterleute der Schmiede, der Bäcker und der Schuster beim Könige Verwahrung ein, worauf dieser bei 100 Reichstaler Strafe befahl, die Aufnahme des Jobst Hildebrandt in die Zunft sofort zu vollziehen.

Die Schmiede hatten dem Hildebrandt wenigstens gestattet, während der 13 Jahre das Geschäft seiner Frau als Geselle fortzuführen. Die Schuster aber erlaubten einer Schusterswitwe nur, das Geschäft ein Jahr lang nach dem Tode ihres Mannes mit Gesellen weiter zu betreiben. Als im Jahre 1695 die Schusterswitwe Margarete Harring über ein Jahr hinaus durch ihren Gesellen das Geschäft ihres verstorbenen Mannes fortführen ließ, pfändete ihr die Zunft die Handwerksgerätschaften und bedrohte den Gesellen mit Strafe, und erst durch wiederholte auf das Supplicieren der Witwe erlassene Mandate des Königs konnte die Zunft bewogen werden, die Gerätschaften zurückzugeben und die Bestrafung des Gesellen zu unterlassen.

Die Bäcker hielten streng auf Innehaltung der Brottaxe. Es kam ihnen aber offenbar weniger darauf an, das Publikum vor Benachteiligung durch zu geringes Gewicht zu schützen, als vielmehr sich selbst vor unlauterem Wettbewerb durch zu hohes Gewicht. Fälle von Bestrafung von Bäckern wegen zu niedrigen Gewichtes des Brotes finden sich nicht in den Akten, wohl aber ein solcher wegen Übergewichtes. Im Jahre 1692 beschwerte sich das Bäckeramt beim Stadtgericht über den jungen Meister Roleff Knop, weil er die Dreilingsstücke Weißbrot, um seinen Amtsbrüdern die Nahrung abzuspannen, vier bis fünf Lot über die gewöhnliche Taxe zu groß gebacken habe und sich deshalb vom Amte nicht wolle strafen lassen, worauf die Gerichtsherren Rehwaldt und Wollherr verfügten, daß er sich nach der gewöhnlichen Taxe zu richten habe bei 10 Reichstaler Strafe im Falle des Ungehorsams.

Zu der Bäckerzunft gehörten nur die sogenannten Fastbäcker, die festes Brot buken. Neben ihnen gab es in Oldesloe auch einen Los- oder Kuchenbäcker, der nur loses, d. h. lockeres Gebäck, sogenanntes Weizen-Losbrot, herstellen durfte, nämlich Butterkringel, Weizenzwieback und Weizenkleiebrot. Weil er nicht zur Zunft gehörte, wurde der Losbäcker auch Freibäcker genannt. Nun hatte sich aber der Losbäcker Anton Halliger, der im Jahre 1634 das Privilegium als Freibäcker erhalten hatte, im Jahre 1652 unterstanden, auch Fastbrot zu backen, nämlich Strümpfe, Roggendütgen oder Zweischillingsbrot und sogar Hausbackenbrot, und solches erst heimlich in seinem Hause, dann aber auch öffentlich und täglich auf der „Neuen Brücke", die auch Kirchenbrücke genannt wurde, der heutigen Mühlenbrücke, feil zu halten und zu verkaufen. Da sich dadurch die Fastbäcker geschädigt fühlten, verklagte das Amt den Anton Halliger erst beim Magistrat und dann beim Könige, worauf demselben von der Obrigkeit die Überschreitung seines Privilegiums streng verboten wurde.

Das Freibäckerprivilegium wurde im Jahre 1661 dem Otto Wollherr verliehen und, nachdem derselbe nach Hamburg verzogen, 1670 auf seinen Bruder Jürgen Wollherr, den späteren Ratsherrn, extendiert, nach dessen Absterben im Jahre 1701 auf dessen Witwe Christina und ihren ältesten Sohn Johann Ernst und nach dessen Tode 1718 auf seinen jüngeren Bruder Ludolf Hinrich Wollherr.

Die Oldesloer Amtsschneider beschwerten sich im Jahre 1654 bei Bürgermeister und Rat über die auf dem Walle betriebene „Böhnhaserey." Dort wohnten nämlich einige Schneider, die sich bei Tag und Nacht in die Stadt schlichen und dort Arbeit holten und dadurch die zünftigen Meister in ihrer Nahrung schädigten. Bürgermeister und

Rat sagten dem Amte ihren Schutz zu und ermächtigten die Oldesloer Schneider, die Bönhasen bis zur Grenze des Stadtgebietes zu verfolgen und ihnen die Arbeit abzunehmen. Auch bestimmten sie, daß jedesmal, wenn Bönhasen zu jagen seien, dem Amte zur Verhütung aller Ungelegenheit ein oder zwei Stadtdiener zugeordnet werden sollen. Wenn einem Bönhasen Zeug oder verfertigte Kleider, die Bürgern und ihren Frauen und Kindern gehörten, abgejagt würden, sollten sich solche Bürger wegen der Rückgabe mit dem Amte zu vergleichen haben. Wäre es aber ein fertiges Kleid, so sollten die Bürger dem Amte den ganzen Lohn, wofür es dem Bönhasen verdingt war, zu bezahlen schuldig sein, und dem Amte sollte es freistehen, das Kleid so lange zu behalten, bis der Schneiderlohn bezahlt sei. Würde aber ein Amtsbruder selbst mit einem Bönhasen Gemeinschaft haben und ihm arbeiten helfen, so solle ihn das Amt nach ihrer Amtsrolle strafen, und er solle dazu ein ganzes Jahr des Amtes verlustig sein. Sollte ein Mitglied der vier Ämter oder auch ein anderer Bürger dabei betroffen werden, daß er bei den Schneidern auf dem Walle arbeiten läßt, der solle es allemal ohne die Amtsstrafe dem Rate mit einer Tonne Hamburger Bier oder dem Werte davon büßen, im Wiederholungsfalle aber solle das Zeug oder das Kleid dem Amte verfallen sein und keine Rückgabe stattfinden.

So nahmen die Amtsschneider zwar die Hilfe des Magistrats gegen andere in Anspruch, doch fiel es ihnen selbst in ihrem Amtsstolz gar nicht ein, sich auch ihrerseits den Anordnungen des Magistrats zu fügen. Als sie einen Schneider namens Peter Krahmer, der von auswärts zugezogen war, gegen Erlegung des Eintrittsgeldes von 42 Mark in die Zunft aufgenommen hatten, aber nachträglich wieder ausschlossen, weil angeblich sein Geburtsschein und sein Lehrbrief nicht in Ordnung seien, wandte sich dieser, nachdem er sich vergebens beim Magistrat beschwert hatte, im Jahre 1695 an den König und berichtete in seiner Eingabe u. a.: „Ob ich nun woll bey Bürgermeister und Raht geklaget, mich bey meinem Ehrlichen Geburts= und Lehrbrief zu *mainteniren*, So habe doch zur Antwort von Herrn Bürgermeister Wulff im Nahmen des Rahts, weil nur 2 gesunde Persohnen anietzo den gantzen Raht alhir *praesentieren* und die übrigen Herren Kranck sindt, zur Antwort erhalten, daß der Raht gerne die Sache in Glückstadt geendiget sehe, weil doch das Schneiderampt Ihnen alhier nicht gehorchen würde." Der König befahl dann dem Amte bei 100 Reichstaler Pön, den Krahmer nach wie vor als Meister und Amtsbruder im Amt zu lassen und in keinerlei Weise zu beeinträchtigen, wenn sie aber etwas gegen ihn zu haben meinten, solches ordentlich am gehörigen Orte anzubringen.

Der Zimmerzunft gehörten nicht nur Oldesloer Bürger an, sondern auch die Zimmermeister der Umgegend von Oldesloe. Ihre aus 30 Artikeln bestehende Schrae oder Amtsordnung wurde im Jahre 1667 von Bürgermeister und Rat konfirmiert, 1669 vom König Friedrich III., 1671 von König Christian V. und 1700 von König Friedrich IV. Kulturgeschichtlich interessant ist der 28. Artikel, der von der

Erbauung eines Galgens handelt. Damit keiner dem andern einen Vorwurf aus der Beteiligung an entehrender Henkerarbeit machen könne, mußten alle Meister und Gesellen der Zunft mit Hand anlegen. Es wurde deshalb folgendes bestimmt:

„Wenn ein Gericht oder Justiz soll erbauet werden, so soll derselbe Meister, der daß mahl in der Obrigkeit, Gebieth in Arbeit stehet oder letzmahl gearbeitet hat, daß Handwerk auf den Krug fordern laßen. Alß dan sollen diejenigen, die dieser Handwerks Gewohnheit unterworffen sein, sie sein in der Stadt oder auf dem Lande, dieses Handwerks redlich sein, alhie in Oldeschloe auf dem Krug erscheinen und daselbst erwarten von dem Meister, so das Handwerk hat fordern laßen, was sie tun sollen, und darauff auß Befehl der Obrigkeit, die es wollen bauen laßen, von dem Kruge biß an den Orth, da es soll gemachet werden, sich verfügen, jedoch das kein Meister noch Gesell einige Hieb daran thun soll, ehe undt bevor Eß ihnen von derselben Obrigkeit in *Specie* anbefohlen worden. Wan solches geschehen, sollen Meister undt Gesellen daran anfangen undt wegen Richt und Gerechtigkeit daßselbe vollends verfertigen."

Obgleich diese Bestimmungen gegen den Artikel 215 der peinlichen Halsgerichtsordnung Kaiser Karls V. verstießen war die Schrae sowohl vom Magistrat wie vom Könige gebilligt und bestätigt worden.

Als im Jahre 1680 kein Zimmermeister mehr in Oldesloe ansässig war, so daß sich die Oldesloer im Bedürfnisfalle auswärtiger Zimmerer bedienen mußten, erteilte König Christian V. dem gelernten Zimmermann Schweder Hormann zu Oldesloe auf dessen Bitte das Privilegium eines Freimeisters des Zimmerhandwerks mit der Ermächtigung, Gesellen zu halten und Lehrjungen anzunehmen.

Die Schlachter hatten schon lange vor dem Eintreten der Kriegstrubel eine Amtsordnung. Ein gewisser Jürgen Strauß aber hatte dieselbe, als er sich Anno 1644 bei der Schweden feindlichem Einbruch in Holstein in königlich dänische Kriegsdienste begeben, mit nach Laaland genommen, und die Amtsbrüder hatten sie nach dem Absterben des Jürgen Strauß nicht wieder erlangen können. Da infolge dessen allerlei Unordnung in der Zunft einriß, wurde im Jahre 1659 auf Ersuchen der Amtsbrüder von Bürgermeister und Rat eine neue aus 11 Artikeln bestehende Amtsordnung aufgestellt. Nach dem ersten Artikel derselben soll die Zunft nur aus 4 Schlachtern bestehen und über diese Zahl hinaus kein Schlachter in Oldesloe zugelassen werden. Nach Artikel 9 sind die Schlachter, weil das Amt von altersher eine freie Verlehnung des Rats gewesen, der Observanz nach schuldig, dem Rate und Gericht bei allen Hinrichtungen, so oft es die Notdurft erfordert und ihnen solches angemeldet wird, als verlehnte Leute an die Hand zu gehen und ihre Schuldigkeit bei Vermeidung willkürlicher Strafe samt und sonders zu erweisen. Für die ihnen gewährten Konzessionen und Gerechtigkeiten sollen die Schlachter hierfür nach Artikel 10 jährlich auf Petri dem Ehrbaren Rate 32 Mark lübisch, die beiden Mark, welche sie auf die Kielsche Reise zum Vierstädtegericht von altersher den Herren Deputierten des Rates zur kalten Küche zu geben schuldig, mit eingerechnet, neben gewöhnlicher Abgift der Zungen, so oft ein Ochse, ein Rind oder eine Kuh geschlachtet wird, zu erlegen schuldig sein.

Die aus 25 Artikeln bestehende Zunftrolle der Leinweber wurde von Bürgermeistern und Rat im Jahre 1655 aufgestellt und in der Folgezeit wiederholt confirmiert.

Über gewisse Mißbräuche im Zunftwesen vergleiche man auch Seite 255.

XIII. Die Kirche.

Injurienprozeß des Marx Leke gegen Pastor Johannes Fischer. Gespanntes Verhältnis zwischen Pastor Theodor Köpke und Bürgermeister Egardi. Bemühungen um die Zollfreiheit der Geistlichen. Aufbringung der Unterhaltungskosten der Kirche. Schenkungen. Neue Orgel. Neue Glocken. Altar des Henning Heidrieder. Brand des Diakonats. Schenkung einer Messingkrone. Supplication an den König. Verkauf von Kirchengestühl. Schenkung einer Schuldforderung. Kollekte von 1648. Tätigkeitsbericht zweier Kirchenrechnungsführer. Kollekten von 1664 und 1687. Kirchspielswagen. Verurteilung zu einem Beitrag an die Kirche wegen Beleidigung. Reklamation anderweitig vergebener Erbbegräbnisstellen. Zurückforderung der Kirche abhanden gekommener Grundstücke. Rente der Geistlichen aus dem späteren Bürgermeistergarten. Bezahlung der Kirchendiener. Die Organisten. Schenkung einer silbernen Kanne. Gestühl. Offiziersfahnen in der Kirche. Pflugsteuer. Gestühl. Schenkung eines Gartens. Beihilfe zum Kirchenbau. Maienschmuck.

Wie im Reformationsjahrhundert wurde auch in diesem Kriegsjahrhundert nach dem Abgange eines Pastors in der Regel der derzeitige Kaplan oder Diakonus zum Pastor befördert, wie folgende Liste zeigt:

Pastoren:

Nicolaus Nicolai, seit 1614, vorher Kaplan, wurde 1623 pensioniert.

Balthasar Hoyer † 1641.

Hinrich Wulff, seit 1642, † 1644.

Hinrich Spiecker † 1659.

David Köpke. Sein noch in der Kirche hängendes Bild trägt die Unterschrift „Bildnis Seel. Herrn David Köpken weyland 29 Jahr Treufleißigen Pastoris dieser Gemeine wie auch des Segebergischen Consistorii Assessoris, ist Anno 1614 gebohren und Anno 1671 gestorben. Alt geworden 57½ Jahr, dessen Seele Gott gnädig sei."

Johannis Fischer 1672—1683. Seine Witwe lebte noch 1698 in Oldesloe.

Theodorus Köpke 1684—1721, Sohn David Köpkes. Auch sein Bild ist noch in der Kirche erhalten. Es trägt die gleiche Unterschrift wie das seines Vaters, nur mit anderen Zahlen: 50 Jahre Pastor dieser Gemeinde, geb. 1647, gest. 1721. Alter 74 Jahre.

Diakonen:

Balthasar Hoyer 1614—1623.
Daniel Fischer † 1623.
Johannes Wagener 1623 bis 1630, wurde in ein auswärtiges Pfarramt berufen.
Hinrich Wulff 1630—1642. Er kam von Lütjenburg.
David Köpke 1642—1659[1]).
Hinrich Rüdiger, Schwiegersohn des Pastors Wulff, introduziert 1659, † 1666.
Johann Fischer 1666—1672.
Theodor Köpke 1672—1684.
Christian Riedemann 1684, geht ab mit Ehren.
Zacharias Rebe, seit 1684, † 1708.
Peter Fischer, seit 1709, † 1734.

Nur von wenigen der in dieser Liste genannten Geistlichen sind außer den obigen Angaben noch weitere Nachrichten auf uns gekommen.

Pastor Johannes Fischer geriet im Jahre 1677 in einen üblen Streit mit dem Volkstribunen Marx Leke. Wie wir gesehen haben, setzte es Leke im Interesse der Stadt durch, daß alle Stadtländereien ohne Unterschied der Kontribution unterworfen wurden. Nun hatte Pastor Fischer einige Ländereien des Stadtfeldes von Fremden, die bisher ihre Kontribution richtig abgetragen hatten, gekauft, sich zur Zahlung der Kontribution aber wie auch andere nicht angegeben. Leke stellte als Stadtkassierer auf Veranlassung des Magistrats die Säumigen auf einem Zettel zusammen und übergab ihn dem Magistrat mit dem Anhalten, die noch rückständigen Landbesitzer vorzufordern, damit die Unordnung in Richtigkeit gebracht werde. Die Zettel übergab der Magistrat dann einem Stadtdiener mit dem Befehl, die darauf benannten Bürger unter Androhung einer namhaften Strafe zu mahnen, ihre Ländereien auch zu Buche bringen zu lassen, zu dem Herrn Pastor aber nicht zu gehen, weil der Herr Bürgermeister selbst mit ihm sprechen wolle. Als dann der Stadtdiener gerade den bei der Kirche arbeitenden Kulengräber, der auch unangemeldete Ländereien im Besitz hatte, mahnte, kam zufällig Herr Pastor Fischer darauf zu, und als er seinen Namen auf dem Zettel sah, fühlte er sich dadurch höchst beleidigt und schrieb nicht nur sofort einen Beschwerdebrief an den Magistrat, sondern beschimpfte Leke auch in der nächsten Sonntagspredigt, indem er ihn, wie Leke berichtet, vor der ganzen Gemeinde einen ungeschliffenen, groben Ochsen schalt. Um diese Beschimpfung nicht auf sich sitzen zu lassen und um zugleich durch die Widerspenstigkeit des Pastors die Eintreibung der Kontribution nicht ins Stokken geraten zu lassen, wandte sich Leke beschwerdeführend an das Konsistorium in Segeberg und an das Kanzleigericht in Glückstadt mit

---

[1]) Vielleicht schon 1658, denn am 21. Januar 1659 schrieb die in Rethwisch residierende Herzogin Eleonore an den Magistrat, daß sie wegen Wiederbesetzung des erledigten Diakonats geneigt sei, am Sonntag *Septuagesimæ* die Probepredigt anzuhören.

der Bitte, den Pastor zur Zahlung der Kontribution anzuhalten und ihm bei 200 Reichstaler Strafe zu verbieten, ihn in der Predigt zu beschimpfen. Der Herr Pastor erhielt eine Verwarnung unter Androhung einer Strafe von 50 Reichstaler, ließ sich aber trotzdem wieder hinreißen, auf Veranlassung einer von Leke im Ratskeller getanen Äußerung in einer Sonntagspredigt zu sagen, neulich habe sich ein grober Esel gerühmt, er hätte den Lehrern und Predigern das Maul gestopft. Der Prozeß ging daher weiter und fand erst im Jahre 1680 einen für Johann Fischer unrühmlichen Abschluß.

Pastor Theodor Köpke, den wir bereits in Kapitel VIII dieses Abschnittes unter den Anklägern des Bürgermeisters Egardi gefunden haben, war in ein gespanntes Verhältnis zu Egardi geraten, weil er ihm die Hand seiner Tochter verweigert hatte, wofür sich Egardi durch allerlei Schikanen zu rächen suchte, wie Verweigerung polizeilicher Hilfe zur Aufrechterhaltung der Kirchenzucht, Entziehung oder Vorenthaltung von Einkünften und Erschwerung der Beschaffung des Abendmahlweins. Aber den sich über Recht und Billigkeit hinwegsetzenden Bürgermeister erreichte ja bald, wie wir gesehen haben, die gerechte Strafe.

Pastor Theodor Köpke und Diakonus Zacharias Rebe suchten im Jahre 1706 in Gemeinschaft mit einigen Predigern der Umgegend von Oldesloe Zollfreiheit für die Geistlichen zu erwerben, hatten mit ihren Bemühungen aber keinen Erfolg.

Die Schwierigkeiten, unter denen die Kirche auch in diesem Jahrhundert zu leiden hatte, sind schon an verschiedenen Stellen berührt und ausführlich Seite 255 ff. erörtert worden. Da die Unterhaltungskosten der Kirche durch die regelmäßigen Einnahmen nicht gedeckt werden konnten, war die Kirche zum Teil auf freiwillige Gaben angewiesen. Diese flossen denn auch in erfreulicher Weise, allerdings oft nur unter Nachhilfe einer systematischen Bettelei.

Da die Kirche wieder mit Baunöten zu kämpfen hatte, schenkte im Jahre 1623 Berent Schacht aus Blumendorf zum Bau 300 Mark und im Jahre 1630 ein gewisser Michel Sehedörff nebst seiner Frau ebenfalls 300 Mark.

Im Jahre 1624 erhielt die Kirche eine neue Orgel, 1627 neue Glokken und 1634 einen neuen Altar. Der Altar war ein Kunstwerk des schleswig-holsteinischen Holzschnitzers Henning Heidrieder. Heidrieder hatte sich in Oldesloe niedergelassen. Nach der Kirchenrechnung von 1633 bezahlte ein Meister Henning Bildenschneider den Bürgerglockenschoß mit 1 Mark. Auch starb ihm hier 1633 ein Kind, für das er 6 Puls läuten ließ und mit 1 Mark 8 Schilling bezahlte. Leider wird der Bildschnitzer in den Kirchenrechnungen nie mit seinem Familiennamen genannt und später nicht einmal mit seinem Taufnamen, und es läßt sich deshalb nicht sagen, ob der Bildschnitzer, der noch in den Jahren 1639 und 1643 für die Kirche arbeitete, ebenfalls Meister Henning Heidrieder war. Die beiden Eintragungen lauten 1639: „Wy de Dope is wider repareret, hatt der Bildenschnider davor gekregen 30 Rtl. Dar tho de Borger vth den Sünften gelecht 19 Rtl., de Kirche dar tho gelegt

11 Rtl." 1643: „Dem Bildenschnider für das Holz zu dem Neuen Sonne=
wiser tho maken gegewen 1 Mark 7 Schilling." Die Quittung über die für
den Altar erhaltene Bezahlung im Betrage von 862 Mark aber hat der
Künstler mit seinem vollen Namen unterzeichnet. Da sich über
die Bezahlung des Altars nichts in den Kirchenrechnungen findet,
müssen die Kosten ganz aus freiwilligen Beiträgen aufgebracht worden
sein. Nicht unerwähnt darf bleiben, daß auch die Schustergesellen
wieder ihr Scherflein (2 Thaler) dazu lieferten[1]). Die Bezahlung für die
Glocken verzögerte sich bis zum Jahre 1639, in welchem von den
Kirchengeschworenen Detlef Möller und Paul Wessel der seit zwölf
Jahren geschuldete Betrag von 331 Mark 3 Schilling an die Vormünder
der Kinder des verstorbenen Hans Nüßel in Hamburg ausbezahlt
wurde, der die Glocken nach dem Vertrage vom 9. Juli 1626 umgegossen
hatte.

Neue Geldschwierigkeiten entstanden nämlich durch den Brand
der „Cappelaney". Zur Bestreitung ihres Wiederaufbaus wurde eine
Steuer von 2 Mark für jeden Pflug beschlossen. Daneben aber wurde
auch Privathilfe in Anspruch genommen, wie z. B. folgende Eintra=
gung in die Kirchenrechnung von 1634 zeigt: „Vnseren Stadtschreiber
für eine Supplication an die Fürstl. Witwe zu Husum vmb gnedige
Hülffe unser abgebrandte Cappelanes Wohnung gebeten, aber weinig
erlanget, dafür 1 Mark 4 Schilling."

Im Jahre 1637 schenkte Daniel Fischer, Bürger in Lübeck, der
Kirche eine achtarmige Messingkrone und stiftete 1639 ein Kapital
von 200 Mark, angelegt in zwei Äckern und einer Wiese gegen eine
Rente von 10 Mark, zur Unterhaltung der 8 Wachslichter von je
1 Pfund[2]).

Im Jahre 1640 wurde einmal wieder der König angebettelt („Bey
der *Supplication* an J. K. M. nach Flenßburg wegen Zulage des Kirchen=
gebewtes mittgegeben 15 Mark"), der infolgedessen kraft seines Patro=
natsrechtes und seiner landesfürstlichen Gewalt befahl, die zur Wieder=
herstellung der Kirche beschlossene Kontribution nun endlich einzu=
bringen.

Einige Einnahmen erzielte die Kirche aus dem Verkauf von
Kirchengestühl oder den Raum dafür. Im Jahre 1641 erwarb das Amt
der Schneider ein Kirchengestühl für 30 Mark, 1642 Junker Ivo Brock=
dorf einen Raum zu einem Gestühl hinter der Orgel für 90 Mark.
1643 ließ Hans von Buchwald ein Gestühl in der Kirche bauen, und
1647 kaufte Frau Magdalena von Buchwald ein Gestühl und ein Be=
gräbnis für 200 Mark.

---

[1]) Über den Heidriederschen Altar der Oldesloer Kirche berichtet Johannes Bier=
naßki in der Festgabe für Prof. Dr. Richard Haupt, Kiel 1922, S. 197—201. Das fernere
Schicksal des Altars wird weiter unten erörtert werden.

[2]) Nach einer anderen Quelle wurden von einem Oldesloer Einwohner Daniel
Fischer, vielleicht dem Ratsherrn dieses Namens, und einem Unbekannten Legate ge=
stiftet zur Unterhaltung der großen und der kleinen Kirchenkrone, und zwar sind 1 Mark
12 Schilling Rente für die große, 3 Mark für die kleine bestimmt. Das erste Legat scheint
demnach zum Ankauf der Lichter für das ganze Jahr nicht ausgereicht zu haben.

In demselben Jahre verehrte Hans Lembke, Brauer zu Rethwisch, der Kirche eine Forderung an den Bürger Benedix Franck von 111 Mark.

Im Jahre 1648 wurde eine freiwillige Kollekte zum Bau und zur Ausbesserung der in dem großen Sturm des 14. Februar übel zugerichteten Kirche und des Turmes eingesammelt, womit man die Baukosten bestritt und noch übrig behielt. Die Summe aller Ausgaben war 548 Mark 7 Schilling. Das Sammelbuch dazu, ein in schwarzes Leder gebundener und mit Goldschnitt versehener Band, ist noch vorhanden. Das Buch war lange im Besitz des Gastwirts Johs. Petersen, wurde von ihm für 300 Mark an den Regierungsrat a. D. Dr. Curtius in Nütschau verkauft und von diesem im Jahre 1918 dem Kirchenarchiv wieder zugeführt. Das Buch beginnt mit einer von dem Schreibmeister Hinrich Möller in Zierfraktur geschriebenen und von dem königlichen Landrat und Amtmann zu Segeberg Jasper von Buchwald, zu Pronsdorf erbgesessen, konfirmierten Erklärung über den Zweck des Buches. Dann folgen die Eintragungen der größeren Schenkungen. Von König Friedrich III. wurden 30 Taler geschenkt, von der Herzogin Eleonora zu Rethwisch und ihrem Bruder Herzog Joachim Ernst 200 Taler, von dem Obersten Jens von Haderßleff genannt Loienklou 100 Mark, von Claus von Ahlefeld auf Nütschau 100 Taler. Der Herr Oberst Jens Löwenklau, der über die Verwendung öffentlicher Gelder Erfahrungen gemacht haben mochte, bedang sich aus, das Geld zum Besten der Kirche selbst zu verwenden, und ließ sich einen zu bessernden Ort anweisen. Er hat dann die ganze Kirche inwendig weißen und auch einen neuen Boden über etliche Bürgerstühle legen lassen. Dadurch wurden die 100 Mark aber nicht nur aufgebraucht, sondern er mußte auch noch 140 Mark dazu legen, so daß er für die inwendige Renovierung 80 Taler bezahlte. Pastor Spieker gönnte ihm dafür einen neuen Aufgang durch die Mauer zu seinem Kirchenstuhl. In der Stadt wurden außerdem im Jahre 1648 gezeichnet 650 Mark. Auch die Schuhknechte gaben wieder einen Beitrag von 12 Mark aus ihrer Lade. Von den Zeichnungen aus der Stadt, die zwischen 4 Schilling und 50 Mark schwankten, waren bis zum Tode des Pastors Spieker aber erst 338 Mark 4 Schilling eingegangen, so daß noch 311 Mark 12 Schilling Restanten blieben. Der Kirchenjurat Samuel Hane bemerkte in seiner Abrechnung über die Restanten: „Dieselben haben zwar gute Leute aus gutem Willen zugesagt, haben es aber nicht ausgeben wollen mit Vorwande, der selige Pastor Spyker habe an den Pfeiler mahlen lassen, daß Ihre Fürstliche Hoheit von Rethwisch und er, der Pastor, solches allein machen lassen, etzliche seien gar über ihre Zusage weggestorben." Eine genaue Abrechnung ist nicht vorhanden und auch wohl nie vorhanden gewesen. Die 30 Taler vom Könige hat der Ratsverwandte Detleff Möller eingenommen und für Segeberger Kalk ausgegeben. Die 100 Taler von Claus von Ahlefeld hat Bürgermeister Schweder Möller empfangen und will Rechnung darüber ablegen. Die von ihm und seinem Kollegen gezeichneten Beträge sind nach Hanes Angabe von ihnen selbst für ein Leichenhaus verwandt worden. Die 200 Taler von den Rethwischer Herrschaften hat Pastor Spieker ange=

nommen. Vielleicht sind sie mit dem von ihm gezeichneten Betrage von ihm selbst für einen bestimmten Teil der Reparatur, der mit der Pfeilerinschrift gemeint war, verausgabt worden. An den Rechnungsführer Hane hat Spieker 174 Mark abgeführt. Im Jahre 1652 wurden nach Ausweis des Sammelbuches noch 7½ Taler gezeichnet, wovon Hane aber nur 15 Mark empfangen hat. Unter den Ausgabeposten für das Sammeln sind die beiden folgenden recht bezeichnend: „Gabriel Kannengießer zu der Kopenhagenschen Reise wegen der Kirchen gegeben 13 Mark 8 Schilling. Noch daß er 7 Tage stille gelegen 7 Mark. Noch so der Herr Secretarius bekommen 12 Mark. Ist zusammen 32 Mark 8 Schilling." „Da wir alle sämtlich umgiengen nach diesem Gelde in Herrn Herrmann Westphalen und Harmen Hessen Hause verunkostet 3 Mark 9 Schilling."

Ein Bericht des Kirchengeschworenen Samuel Hane über seine und seines Kollegen Detlef Möller Tätigkeit als Kirchenrechnungsführer in den Jahren 1638 bis 1662 zeigt, daß auch in der übrigen Verwaltung des Kirchenvermögens ein großer Schlendrian herrschte. Mehrere Male haben sie Rechnung abgelegt und um Entlastung gebeten, solche aber nie erlangen können, und als sie bei ihrem Abgange die Restanten zusammenstellten, ergab sich eine Fehlsumme von 777 Reichstaler, 9 Schilling und 6 Pfennig, die aber zum Teil uneintreibbar war, weil Häuser, auf denen Renten ruhten, mittlerweile niedergebrannt oder verfallen waren und ein Garten zum Wege gemacht worden war oder gezeichnete Gelder zum Teil bereits von den Zeichnern selbst verausgabt waren wie die Quoten der beiden Bürgermeister Schweder Möller und Johannes Thullenius und der beiden Ratsverwandten Heinrich Quinckart und Tobias Fischer, die dafür das Leichenhaus hatten wiederherstellen lassen. Die Rente von einem Garten einer Frau Pöttkow fiel aus, weil Frau Pöttkow diesen Garten der Schule geschenkt hatte.

Die Ausbesserung der Kirche und des Turmes war, obgleich durch die Kollekte von 1648 Gelder reichlich eingegangen waren, offenbar nicht planmäßig und gründlich genug ausgeführt worden, da in den Jahren 1664 und 1687 abermals Kollekten für den Turmbau stattfanden. Die Sammelbücher derselben sind nicht mehr erhalten. Von 1664 ist nur noch die Supplikation des Pastors David Köpke und der Juraten Hinrich Wißner und Jasper Gußler an den König um Gestattung einer Kollekte für den Turmbau vorhanden. Im Jahre 1681 berichteten Bürgermeister und Rat dem Könige, daß der außerhalb der Stadt fundierte Kirchturm in einen solchen „*ruinirlichen* und niederfalligen Zustand" geraten sei, daß man stündlich den plötzlichen Niederfall des uralten Turmes vor Augen zu sehen befahren müsse. Das darin vorhandene Uhrwerk und die Glocken seien Alters halber so beschaffen, daß wegen ihrer Untauglich- und Unrichtigkeit den Einwohnern und den Durchreisenden damit nicht gedient würde, sondern großer Schaden erwachse. Daher sei es allgemeiner Wunsch, daß auf dem Rathause, das mitten in der Stadt gelegen sei, ein Turm mit Uhr und Glocken erbauet werden möchte, und Bürgermeister und Rat knüpf=

ten daran die Bitte, der König möge der Stadt zu diesem Zweck eine Brüche von 150 Reichstaler schenken, die ein gewesener schwedischer Leutnant in Oldesloe wegen Konkubinats mit seiner Maitresse verwirkt habe. König Christian V. schenkte dann der Stadt auch diese ihm zukommende Brüche, aber nicht für einen Rathausturm. sondern für den Kirchturm.

Auch bei der Kirchenkollekte von 1687 wurde der König wieder angebettelt: „*Anno* 1687ten Jahresrechnung ist versehen worden, daß bewilliget ist, daß 2 Persohn nach Itzeho zu ihr Königlich Maist. reisen vmb eine *Collecten* vndt einschreibung ins Buch zu vnserem Thurm, ist verzehret worden 11 Mark 8 Schilling." Von Kopenhagen aus wurden 1689 der Kirche zur Reparierung des Turmes 255 Taler geschenkt.

Bei Gelegenheit einer Kirchenvisitation durch Propst Johann Hudemann im Jahre 1663 wurde beschlossen, zur Erleichterung des Dienstes der beiden Prediger einen Kirchspielswagen anzuschaffen und zur Bestreitung der Kosten von jedem Hause 6 Schilling zu erheben.

Im Jahre 1674 wurde Oberst Jens von Löwenklau wegen gröblicher Beleidigung des Ratsverwandten Detlef Möller und des Kirchengeschworenen Hinrich Willroth vom Kanzleigericht in Glückstadt dazu verurteilt, der Kirche 100 Reichstaler zu ihrer Wiederherstellung zu bezahlen.

Im Jahre 1686 beschwerte sich Hans Friedrich Korff auf Nütschau bei dem Kanzler Baron von Liliencron, daß der Ratsverwandte und Kirchengeschworene Detlef Möller zu Oldesloe den zu seinem Gute gehörigen Eigenuntertanen aus Sühlen verschiedene Erbbegräbnisstellen auf dem Kirchhofe zu Oldesloe weggenommen und an andere vergeben habe, und bat, die Rückgabe zu veranlassen. Bei der jüngsten Kirchenvisitation hätten der Herr Generalsuperintendent und der Herr Propst die Wegnahme auch für unrecht erklärt. Auf dem Kirchenkonvent von 1687 wurde aber der Bescheid erteilt, daß die von den Untertanen des Herrn Rittmeisters Korff beanspruchten Begräbnisse so lange im Besitz der Helmschen Erben bleiben sollten, bis von den anderen ein anderes erwiesen sei.

Im Jahre 1701 forderte Propst Burchardus aus Segeberg für die Kirche die zwischen Kneden und Trave gelegene Wiese zurück, die im Jahre 1374 ein gewisser Gerhard Tule der Kirche vermacht hatte (K H B. S. 24), und einen Garten, den der selige Jürgen Helms in Besitz gehabt und den einst Pastor Johann Hoyer Hans Klapmeier überlassen hatte, mit welchem Erfolg, ist aus den Akten nicht zu ersehen.

Im Jahre 1710 kaufte Bürgermeister Henricus Lindeloff von dem Organisten Peter Hinrich Struve, dem Schwiegersohn des Organisten Wilhelm von Eitzen, ein am Wasserwege auf dem Kampe gelegenes und bis zur Trave reichendes Gartenstück des ehemaligen Brockdorfischen Hofes für 100 Mark und verpflichtete sich, dieses Kapital, das einst der verstorbene Joachim Brockdorf zu Tralau den Herren Kirchenbedienten vermacht habe, den Herren Pastoren und Diakonen mit

5 Mark jährlich zu verzinsen. (Frau Dorothea Lindeloff verkaufte den Garten Brockdorfer Hof genannt wieder im Jahre 1723.)

Die Geistlichen bezogen keinerlei festes Gehalt, sondern waren allein auf den Ertrag ihrer Dienstländereien, den Zehnten und die Accidentien angewiesen. Dagegen war für den niederen Kirchendienst eine Reihe von Personalausgaben zu leisten. Der Rektor bekam alle Jahre 8 Mark, wofür er die Oblaten anschaffen und die Laken auf dem Altar reinhalten mußte, der deutsche Schulmeister jährlich 14 Mark, wofür er die Uhr abzuwarten hatte, der Organist 30 Mark und der Musikant, der wohl zur Verschönerung der hohen Feste mit herangezogen wurde, jährlich 6 Mark, der Kulengräber 20 Mark, der Bälgetreter, auch Calcant genannt, für das Bälgetreten 6 Mark und ebensoviel für das Läuten der „Bingelglocke," der Uhrmacher für das Instandhalten der Uhr 9 Mark, die beiden Kirchenrechnungsführer je einen Rosennobel von 6 Mark und der Küster für die Aufsicht über die Kirche und die Kirchenhäuser 12 Mark.

Nach der Erbauung der neuen Orgel hatte die Kirche eine Zeitlang einen besonderen Organisten[1]).

In der Zeit der schweren Not aber bis über die Mitte des Jahrhunderts hinaus versahen Rektor und Schreibmeister zugleich die Kirchenämter des Kantors und des Organisten. Dann aber wurde wieder ein eigener Organist berufen. Marx Leke klagt in einer seiner Beschwerdeschriften, daß der Rat den Organisten, einen mit Ratsherren verschwägerten jungen Menschen aus Boitzenburg, zum Stadtkassierer gemacht habe, nennt aber nicht seinen Namen. Wahrscheinlich war es Wilhelm von Eitzen, den wir 1684 als Organisten vorfinden. Leider läßt sich die Zeit seiner Berufung nicht feststellen, da das Kirchenrechnungsbuch von den Jahren 1652 bis 1683 fehlt. Wilhelm (Wilke) von Eitzen bewohnte ein der Kirche gehöriges Haus, von dem er jährlich 6 Schilling Rente zahlte. Er kaufte „den Platz, so am Kampe belegen, mit den also genannten bawfälligen Viefhusen oder 5 Budenstedten nebst dem Garten und 18 Scheffel sodiges Land nahe bei der Stadt bei der Schule sammt allen Pertinenzien und zubehöre in und außerhalb der Stadt Oldeschlo nach dem *Anno* 1636 den 17. August darüber aufgerichteten Kaufbrief zwischen Detlef Rantzau, Ritter und Amtmann auf Steinburg, und Iwen Brockdorff auf Tralau erbgesessen." Wann Wilhelm von Eitzen in den Kaufvertrag von 1636 eingetreten ist, läßt sich wieder nicht feststellen, da das Datum nicht angegeben ist. Daß sein Schwiegersohn Peter Hinrich Struve das erstgenannte Grundstück 1710 an Bürgermeister Lindeloff verkaufte, haben wir bereits gesehen. Es war ohne Zweifel der später sogenannte Bürgermeistergarten mit der Bürgermeisterinsel. Im Jahre 1702 zitierte der Magistrat den Organisten Wilhelm von Eitzen wegen eines Libells vor das Stadtgericht, wurde aber auf von Eitzens Beschwerde durch die Glückstadter Regierung dahin belehrt, daß das *forum competens* des

---

[1]) Kirchenrechnung von 1630: Des Orgelisten siner frawen geben arbeides Lohn 1 Mark 8 Schilling. 1631: Dem Orgelisten tho bestedigung sines Amts geben 6 Mark. 1632: Der Orgelistken tho behuff ihres Zeuges weg tho vören gegeuen 3 Mark.

Organisten das Segeberger Konsistorium sei. Als von Eitzen bald darauf starb, übernahm Rektor Grellius den Organistendienst und versah ihn bis zu seinem Tode im Jahre 1706. Danach wurde Peter Hinrich Struve als Organist angenommen.

Im Jahre 1684 schenkte Frau Sophia von Plessen, einem Wunsche ihres in demselben Jahre verstorbenen Gemahls, des Oberstwachtmeisters Siegfried von Plessen auf Schulenburg, entsprechend, der Kirche eine 3 Pfund schwere, inwendig vergoldete silberne Kanne für den Altar.

Wolff Ratlauw, Erbherr auf Klinken, kaufte 1684 einen Platz in der Kirche zu einem Gestühl für seine Leute für 36 Mark.

Als im Jahre 1684 Oberst Jens von Löwenklau gestorben war, wurde seine Fahne in der Kirche aufgesteckt und dafür der Betrag von 36 Mark erhoben, im nächsten Jahre für das Aufhängen der Fahne des seligen Herrn Wiensheimer 30 Mark.

Im Jahre 1691 wurde vom Könige befohlen, die längst beschlossene Pflugsteuer von 3 Reichstaler pro Pflug für den Turmbau nun endlich zu erheben.

Herr von Wahrendorff auf Blumendorf ließ sich 1697 einen Kirchenstuhl bauen und gab der Kirche 150 Mark für den Platz.

In demselben Jahre schenkte Rittmeister Korff auf Nütschau der Kirche einen Kohlhof, der dann für 24 Mark verkauft wurde, und 1703 der Kommandör Jüdicker, der damals auf der Saline einen Brunnenbau leitete, als Beihilfe zur Wiederherstellung der durch einen schrecklichen Sturm ruinierten Kirche den Betrag von 60 Mark.

Eine schöne Sitte war es im 17. Jahrhundert, an den vier sommerlichen Festen Himmelfahrt, Pfingsten, Johannis und Trinitatis die Kirche mit Maien zu schmücken, die in der Regel aus der Rümpeler Waldung angefahren wurden, die damals noch vom Dorfe bis zur Rethwischer Scheide reichte.

XIV. Milde Stiftungen.

Zu den aus dem Mittelalter stammenden milden Stiftungen, dem St.-Jürgensstift, dem Heiligengeisthospital und den Gottesbuden, kamen in diesem Jahrhundert großer Verelendung eine Reihe neuer hinzu.

1. Die Emerentia-Rantzau-Stiftung.

Frau Emerentia Rantzau aus dem Hause Borstel, die Frau eines Christopher Rantzau (zu Nütschau?) schenkte im Jahre 1634 den Armen der Stadt Oldesloe die Zinsen von einem unablöslich bei der Stadt Lübeck belegten Kapitale von 500 Reichstaler, die jährlich am Emerentientage, dem 23. Januar, verteilt werden.

2. Das Fischersche Legat.

Der am 18. Dezember 1652 verstorbene Lübecker Kaufmann Daniel Fischer, der bereits im Jahre 1637 der Kirche eine Messingkrone geschenkt hatte, stiftete zum Besten der Oldesloer Armen ein Kapital von 100 Reichstaler, wovon die eine Hälfte (150 Mark) in zwei

Stücken Ackers auf dem Solten Rien, die andere in dem Ellhorn genannten Stücke Landes bei dem Sührenkroge am Rethwischer Wege belegt wurde. Die ersteren beiden Stücke nahm der Oldesloer Bürger und Schuster Johann Fischer in ewige Pacht und verpflichtete sich für sich und seine Erben, die Heuer im Betrage von 9 Mark jährlich am Todestage des Stifters den Älterleuten der Schuster zu bezahlen. An demselben Tage sollen die Inhaber des Ackers Ellhorn, Jasper Kruse und Jürgen Helms, jährlich 9 Mark zur Verteilung an die Armen erlegen. Wenn sie säumig gefunden werden, sollen die Älterleute der Schuster die Macht haben, das Land an andere zu veräußern. Bei der Verteilung der 18 Mark sollen in erster Linie notleidende Angehörige, Freunde und Blutsverwandte berücksichtigt werden. So ist das Legat namentlich eine Stiftung für Schuster und Schusterwitwen geworden.

3. Das Büchersche Predigerwitwenhaus.

Im Jahre 1655 vermachten der „Materialist" und ehemalige Einwohner von Oldesloe Sixtus Bücher und seine Frau Christina ihr vor dem Besttore gelegenes Wohnhaus der Kirche als Wohnsitz für die hinterbliebene Witwe des Pastors oder des Kaplans.

4. Das Lützausche Predigerwitwenhaus
in der Langenstraße wurde von einem Tönnies Lützau zwischen 1655 und 1671 gestiftet.

5. Die Rethwischer Armenbude.

Die in Rethwisch residierende Herzogin Eleonore, die im Jahre 1669 starb, stiftete an der Kirchstraße gegenüber den Gottesbuden ein Armenhaus zunächst für die Rethwischer Armen, überließ es dann aber der Stadt.

6. Aus dem 17. Jahrhundert stammt wahrscheinlich auch **das Bauertsche Schullegat**. Joachim Bauert, Besitzer des Lübschen Krahns in Oldesloe, vermachte eine Koppel von 20 Scheffel Hafersaat und bestimmte den jährlichen Heuerertrag derselben für den freien Unterricht armer Kinder. Die Wahl der Kinder sollte dem jedesmaligen Krahnherrn zustehen. (Nach Wegfall des Schulgelds wurde die Heuer der Koppel je zur Hälfte dem Rektor und dem Kantor zugewiesen.)

XV. Die Schule.

Paisens Selbstbiographie. Brief Paisens an Samuel Hahn. Paisens Cassation. Einkünfte des Rektors. Hinrich Möller.

Die Schule machte im 17. Jahrhundert einen großen Fortschritt, da nunmehr zwei Lehrer an ihr wirkten, der lateinische Schulmeister, bald auch Rektor genannt, meist ein junger Theologe, und der deutsche Schulmeister, der auch Schreib- und Rechenmeister, zuweilen auch Unterschulmeister genannt wurde. Zeitweilig war sogar ein dritter Lehrer vorhanden. Vielleicht wurde der mit dem Titel Unterschulmeister beehrt.

Lateinische Schulmeister oder Rektoren:
Johann Kunze 1628—1649. Er legte sein Amt nieder.
Matthias Paisen 1650—1659. Er wurde wegen Invalidität abgesetzt.
Christoph Hering resignierte 1661.
Joachim Schulz 1661—1666.
Johann Kemler 1666—1677. Er erhielt einen Ruf nach auswärts.
Albert Christian Wilhelmi 1677 bis (†) 1684.
Justus Christian Dornstrauch (1684 bis † 1702. Ein Sohn von ihm genoß 1721—1725 ein Stipendium aus den St.=Jürgens= Geldern).
Franziskus Hinrich Grellius 1702 bis † 1706.
Wilhelm Klaubart (Klauwert) 1707 bis † 1712.
Christian Tanke 1712 bis † 1726.

Deutsche Schulmeister oder Schreib= und Rechenmeister:
Joachim Lembke † 1619.
Johannes . . . . . † 1629[1]).
Johannes . . . . . 1629, 1630; 1631—1638[2]).
Friedrich . . . . . 1639[3]).
Johannes . . . . . 1640—1642[4]).
Georg Büttner. Er resignierte 1641.
Henricus Wulff, ein aus der Mark Brandenburg vertriebener Pastor[5]), † 1642.
Hinrich Möller 1642—1673. Er übernahm mit dem übrigen Kirchendienste auch das „Orgelschlagen". Im Jahre 1673 trat er wegen Erblindung in den Ruhestand.
Johannes N . . . 1647[6]).
Georg Faber 1649[7]).
Diedrich Hinrich Brusmann 1678.
Wilhelm Pomarius 1687—1729.

---

[1]) Vor Johannes dem Scholmeister sin Sarck geben 4 Mark 1 Schilling 6 Pfennig. (Kirchenrechnung von 1629.)

[2]) H. Johannes dem Scholmeister vor den Seiger zu stellen 6 Mark. (Mich. 1629.) Dem H. Johannes dem Scholmeister auff Ostern sein Solarium geben 6 Mark. Desgl. Mich. (1630). Da dieser Johannes Herr genannt wird, muß er ein Mann von akademischer Bildung gewesen sein. Von 1631 bis 1638 fehlt die Bezeichnung Herr. Vielleicht haben wir es hier mit zwei verschiedenen Personen zu tun.

[3]) Hermann Strodtmann für Wandt bezahlt, so der Schuelmeister Friedrich zu einem Kleide bekommen 30 Mk. (St. Jürgens-Rechnung von 1639). Dem Unter-Schuelmeister zu einer Beystewer seines geringen *Salarij* 30 Mk. (Ebenda).

[4]) Johanni dem Schulmeister etc. (Kirchenrechnung 1640—1642).

[5]) Dem exulierenden Pastoren von der Schuelen Ehren Henricus Wulff auß der Marck Brandenburg seine Besoldung wegen St. Jürgen vergnüget 30 Mark (St.-Jürgens-Rechnung von 1641—42). Des gewesenen Schuelmeisters als exulierenden Pastoris Herrn Henrich Wulffs, so zu Oldeschlo in seinem *exilio* in großer Armuth gestorben, nachgelassenen Witwen und Kindern einen Faden Ellerholz gereichet, dafür bezahlet 3 Mark. (Ebenda).

[6]) Dem Schulemeister Johanni N. bei antritt seines Dienstes gekauft 1 vadem Holß (Kirchenrechnung von 1647).

[7]) Dem Schulemeister Georg Faber, weil ihm die Herren so viel zugesagt 15 Mark. (Ebenda 1649).

Von den Lebensumständen dieser Männer ist uns wenig überliefert worden. Nur von dem Rektor und Kantor Matthias oder Matz Paisen erfahren wir Ausführlicheres durch die von ihm hinterlassene Selbstbiographie in lateinischer Sprache, die er nebst lateinischen Gedichten und zahlreichen kleinen Geschichten — ebenfalls in lateinischer Sprache — auf die seinem Exemplare des Saxo Grammaticus vorn und hinten eingehefteten leeren Blätter geschrieben hat. (Das von Paisen besessene Exemplar des Saxo Grammaticus, aus dem Dr. W. Leverkus die Selbstbiographie und einige Geschichten im vierten Bande der Jahrbücher für die Landeskunde der Herzogtümer Schleswig-Holstein und Lauenburg veröffentlicht hat, befand sich in der Großherzoglichen Privatbibliothek in Oldenburg und ist mit ihr wahrscheinlich in das Schöningsche Antiquariat in Osnabrück gelangt.)

Paisen wurde am 13. April 1622 zu Husum geboren und entstammte einer alten nordfriesischen Familie, die den Reichsapfel im Wappen führte, aber noch keinen festen Familiennamen hatte. Sein Vater hieß Pai Matzen, sein Großvater Matz Paisen, sein Urgroßvater Pai Ingwarsen usw. Nachdem sein Vater 1623 gestorben war und seine Mutter bald wieder geheiratet hatte, verbrachte er eine an Krankheiten reiche, freudlose Jugend. Schon während seines Studiums, das er in Königsberg abschloß, und nach demselben war er Hauslehrer an verschiedenen Orten, bis er Anfang November 1649 zum Schulrektor und Kantor in Oldesloe gewählt und am 8. Januar 1650 in sein Amt eingeführt wurde. Im Jahre 1654 heiratete er Hanna Langemak. Die Ehe blieb kinderlos, verlief aber durchaus friedlich. Was er hier in seinem Amte zu ertragen gehabt hat, faßt er zusammen in dem Stoßseufzer: *Multa in officio pertuli, quae Deus novit.* Todkrank seinem Ende entgegensehend, schloß er die Selbstbiographie ab am 29. Juni 1659. Welcher Art seine hiesigen Leiden waren, mag folgender Brief zeigen, den er kurz vor seinem Tode an den ihm befreundeten Ratsverwandten Samuel Hahn schrieb:

„Wolweiser, Hochgeehrter Herr: Weilen meine Krankheit sehr zunimpt und ich (vielleicht) wieder nach Lübeck muß (oder der Doctorn Einer hieher auff meine unkosten), bitte ich, meine verdiente gelder, wie der Herr im Nahmen des Rhats zugesaget, mir zu zahlen. Von Anno 1656 restiert mir 4 Rhlr. und 1 Mark. (Kömbt von S. Jürgen. das gezahlte hat H. B. Schweder Seliger mit einem Ochsen, so mir verkauffet, ausgerichtet[1])). Von Anno 1657, 1658, 1659 auf Johann *Baptistae* fällig 20 Reichstaler jedes Jahr, davon der Stadt 40 Mark, S. Jürgen 20 Mark jährlich mir auszurichten zukommen. Ist in allem, was mir von der Stadt zukömbt und von S. Jürgen in dreien Jahren und zuvor, wie auch dieses 1659 von S. Johannis bis Michaelis etc. Vier und 70 Rhlr 1 Mark oder 223 Mark. (Hierher gehörete die Bemahlung des gantzen

---

[1]) Da der Rektor von S. Jürgen jährlich 20 Mark erhielt, muß der Ochse, den ihm der verstorbene Bürgermeister Schweder Möller verkauft hat, mit 7 Mark angerechnet worden sein. Die in Klammern gesetzten Stellen sind dem Briefe am Rande hinzugefügt.

Schuelhauses an sich, die mir über 5 Rhlr gekostet, wozu der Herr von der Kirchen geleget 4 Mark.) Hierüber restieren mir noch 2½ Rhlr von der Kirche, dann mir vom Jahr 3 Mark E. Wolw. gegeben. Wann mir aber die Noth dieser Stadt wolbekandt, auch Einem jeden Christl. Hertzen meine saure Dienste in diesen trüben Zeiten nicht können verborgen sein; zu dem daß ich in so langwieriger Krankheit mein Geld und erworbenes verzehren müssen, und zu Lübeck den *Medicis* über 16 Rhlr schuldig, und 8 Rhlr meinem Wirth daselbst Klauß Buck *etc.* wird ja in Betrachtung von E. Wolw. und Einem Ehrenvesten Rhat genommen werden: Also bitte ich nur, wie ich wol 100 Mahl zuvor von H. Bürgerm. *Thullenis*, nunmehr selig verstorbenen, und E. W. Rhat gebethen habe, und bis dato mit Worten aufgehalten bin, daß mir eines Jahres *Salarium* oder zwei hergeschossen werde; meine schulden zu bezahlen und die gesundheit im elenden leben ein wenig zu befördern. Solches können sie mir armen gebrechlichen Menschen ja nicht versagen.

Was sonsten die *cassation* anlanget, muß ich damit zufrieden sein, aber die Ursachen, wie ich auch im vorigen Schreiben gedacht, auch ins H. *Pastoris* behausung bekennet, nimmer erkenne, sondern billigst alle mit einander verwerffe. (Dieser Punkt ist verbessert durch den H. *Pastoren* im Vertrag mit meinem Collegen.) Von meinen zugesagten *alimentationibus* bis auf Ostern ist annoch wenig gehalten worden, sondern vermercke gantz und gar in allem, daß weder meine elende Person oder vorige Dienste beobachtet, sondern mein Verderben gesuchet werde. Wer nun dieses Wesens wieder meinen kläglichen Zustand anfenger und fortsetzer sei, weiß ich nicht, Gott weiß es und wird es suchen und finden; (dieses wolle der Herr nicht als stachlicht aufnehmen, sondern meiner einfalt oder verwirrung des gemüts in diesem bösen Zustande zuschreiben.) Hoffe nicht, daß E. Wolw. noch ein gantzer Ehrenvester Rhat mit der Bürgerschaft auf vorgangene art, die ich nicht annehme, ohne *contentirung* und mit *reputation*, solle oder könne billigen. Was überdem die *gravamina* mit meinem *Collegen* von Opfergeld, schuel- und Holtzgeld, *accidentien* von hochzeiten, leichen etc. anlanget, da laß ich den H. *Pastor*, meinen hochgeehrten lieben Beichtvater, für sorgen; was der setzet und ordenet und mir gönnet, mit selbigem muß ich zufrieden sein. (Dieser Punkt ist geschlichtet und halte mich an H. *Pastor*.) Wil auf dismahl nicht weitläuffiger sein, sondern bitte umb schriftl. *resignation* meines beruffs abermahlen, alles des Herrn Probsts ankunft, damit ein Ehrw. Rhat wenig zu thun hat, wenn ich in zwei Punkten oder dreien befriediget werde, vorbehaltend. Eilend.

Oldenschlo, *Anno* 1659, den 2. *November*, mit Bitte, meine elende Person E. Ehrnv. Rhat und *Collegen*, dem heiligen Ministerio und der Bürgerschaft zu *commendiren*.

E. Großacht. Wolweißh.
Diener
Matthias Paisen.

P.S.

Ich sollte zwar den Brieff anders geschmeltzet haben, aber mein verzweifelter Zustand in Zeitlichem leidet es nicht. Der inhalt ist
1. Nothwendige und verdiente Hülfe.
2. schriftliche und *reputirliche cassation*.
3. Mein *Salarium* in 3½ Jahren *etc.*

N.B. Herr Westphal gab so feine mittel für mir zu helfen in der ergsten Kriegszeit, und wie sie sollten ins werck gerichtet werden. Umstoßet solche die ankunft des verstorbenen Bürgerm. *Th.* Dafern es E. Wolw. gefällt, will ich von abend auff etliche worte nach E. Hause hinhumpeln.

Dem Wol Ehrnvesten, Großachtbahren, Wolweisen Herrn Herrn *Samueli* Hahnen, des Rhats zu Oldenschlo und Kirchgeschworenen, meinem Hochgeehrten H. und Freunde."

In jenen grausamen Zeiten mußten die Lehrer also nicht nur um den ihnen oft jahrelang vorenthaltenen kargen Lohn in den demütigsten Ausdrücken betteln, sondern auch noch gewärtig sein, daß sie im Fall der Invalidität einfach abgesetzt und mit ihrer Familie ins Elend gestoßen wurden.

Matz Paisen scheint seine Absetzung tatsächlich noch erlebt zu haben; denn in der St.-Jürgensrechnung von 1660—1661 finden sich die beiden Ausgabeposten: „Mattias Paisen, dem Lateinischen Schuelmeister sein nachstehendes *Salarium* von 3 Jahren bezahlt 60 Mark." „Joachimo Schultzen, dem Lateinischen Schuelmeister, sein *Salarium* geben 20 Mark."

Auf welche Einkünfte der Rektor Anspruch hatte, zeigt folgende „Specification der Intraden, so bey dem Rectoratdienst allhie in Oldenschloe gehören:

```
Stehende Gelder von der Stadt jährlich  . . . 40 Mark Lübsch.
Item von St. Jürgen . . . . . . . . . . . 20    „
Michaelisopfer, so theilß in der Stadt, theilß
  auffn Lande colligirt wird, belaufft sich plus
  minus zu  . . . . . . . . . . . . . . 40    „
Accidentien bey den Hochzeiten:
  Für eine jede proclamation . . . . . —  „   3 ß
  Für eine Bürgers Copulation . . . . . 1  „   8 ß
  Für eine Haußmanns Copulation . . . —  „  12 ß
Accidencien bey den Leichen:
  In der Stadt:
    Für Ein Altes Leich . . . . . . . . 1  „   8 ß
    Für ein Kindt oder Junges leich hinzusingen
      ohne Psalm vor der Tür . . . . . —  „  12 ß
      mit einem Psalmen vor der Thür . 1  „
    Andere Leute  . . . . . . . . . . —  „   8 ß
```

Vom Lande:
Für Ein Altes Leich . . . . — Mark 6 ß
Für Ein Kindt . . . . — „ 4 ß
Das Inspringelgelt stet in eines jeden
Discretion und vermögen.
Für Einen jeden Knaben, so mit *privatim* jn=
formieret wirtt alle *quartall* . . . . . . 1 „ 8 ß
Sonsten . . . . , . — „ 12 ß
Holzgeldt von Einem Jeden des Jahres . . . — „ 8 ß 6 ₰
Daß *Gregorij* Fest in der Statt, So durch die
Knaben *celebriret* wirtt, hat auch seine In=
traden, davon der Schreib= und Rechen=
Meister bekombt . . . . , . 2 „ und 2 Eßen
Accidentien in der Kirchen
Wen die Knaben Ein Neues Wachslicht
anstecken . . . . , ` . — „ 4 ß
Für die beiden Kronen anzustecken . . . 1 „ 4 ß
Für die Ablaten, Auch für die Laken und Leuch=
ter Auff dem Altar zu reinigen Jehrlich . . 8 „

*Christianus Heinricus Cuselius, Secretarius
Oldenschloensis, In fidem premissorum
m. p. scripsit.*

Obbemelte *Specification* ist nach fleißiger *revidierung* von jetzigem Rahtstuhl in allen *puncten* hierdurch *confirmiret* worden.

Oldenslo, den 8. 7bris 1683.

Georg Gerckens p. t. curiae Oldensl. Secret. jussu Senat. subscripsit m. p."

Auch Paisens Kollege, der deutsche Schulmeister Hinrich Möller, hatte mit dem Magistrat um seinen wohlverdienten Lohn zu ringen. Seine zahlreichen de= und wehmütigen Petitionen werfen ein grelles Licht auf das damalige Elend der Stadt und zeigen zugleich die Unzu= länglichkeit der damals in der Stadt regierenden Personen, geht doch aus denselben u. a. hervor, daß ein verstorbener Bürgermeister Hin= rich Möllers Bezüge von St. Jürgen erhoben, aber nicht an ihn abge= führt hatte. Als mildernder Umstand kann geltend gemacht werden, daß auch der Bürgermeister, über dessen Vermögen nach seinem Tode der Konkurs eröffnet wurde, in Not war und wohl nicht die Absicht hatte, das Geld dauernd zu unterschlagen.

In seinen jüngeren Jahren machte sich Möller eines Sittlichkeits= vergehens schuldig[1]), das dem Propst in Itzehoe angezeigt wurde. Ob eine Bestrafung erfolgte, ist aus den Akten nicht zu ersehen.

Über den Betrieb der Schule sind aus jener Zeit Nachrichten nicht erhalten.

---

[1]) „Hinrich Möller, der teutsche Schulmeister alhie, welcher eines Pastoren Wittwe geschwängert, läßt taufen sein Hurkindt nahmens Caterina." 1647.

XVI. Die Gesundheitspflege.

Die Gesundheitspflege lag in diesem Jahrhundert in Oldesloe sehr im argen. Das ehemalige reich mit Mitteln ausgestattete Siechenhaus St. Jürgen war, wie wir gesehen haben, seinem ursprünglichen Zwecke ganz entfremdet worden. Ärzte waren in Oldesloe noch nicht vorhanden. Im Jahre 1628 wird zwar „ein Doktor in dem Lübschen Hause" erwähnt. Da aber sein Name nicht genannt wird, ist wohl anzunehmen, daß es ein Fremder war, der sich nur vorübergehend hier aufhielt. Die Heilkunst wurde von den Barbieren und dem Scharfrichter ausgeübt, die dazu vom Könige privilegiert waren und den Titel „Meister" führten. Im Jahre 1639 gab es in Oldesloe wohl einen Drogisten, einen sogenannten „Krautkramer", bei dem man „Teufelsdreck" und andere damals gebräuchliche Medikamente kaufen konnte; einen richtigen Apotheker bekam die Stadt aber erst gegen Ende des 17. Jahrhunderts in Johann Samuel Freygang. Unter diesen Umständen forderten die häufigen Kriegsepidemien immer zahlreiche Opfer, so daß viele Häuser ganz ausstarben und leer stehen blieben, bis sie verfielen.

XVII. Die Saline.

Verpachtung. Hemmung durch den Vertrag des Königs mit Lüneburg. Vergebliche Brunnenarbeiten Hausmanns. Kostspielige Verbesserungsversuche einer Gesellschaft. Anlage des Königsbrunnens. Mißerfolg Jüdichers.

Wir haben Seite 189 gesehen, welchen Schaden die Saline bei der Lagerung des holsteinischen Heeres um Oldesloe im Jahre 1638 erlitten hat. Bald darauf wurde sie von neuem verpachtet; der Betrieb aber konnte nicht aufblühen, weil die Lüneburger es durch ein Anerbieten von jährlich 100 Tonnen Salz beim König Christian IV. durchsetzten, daß er den Pächtern verbot, mehr als 60 Last Salz herzustellen. Caspar Dankwerth berichtet in seiner „Newen Landesbeschreibung" vom Jahre 1652 über die Saline: „Zu unsern Zeiten hat sich einer gefunden, der da vermeynet gehabt, die Sültze zu Oldeschlo wieder in Schwang zu bringen, aber vergeblich und umbsonst, wiewol es nach der Zeit ein wenig damit wieder angegangen, gestalt noch heut zu Tage daselbsten Saltz, nicht zwar in menge, gesotten wird."

Im Jahre 1669 übernahm der Amtsverwalter Hausmann die Saline und verwendete große Summen zu neuen Brunnenarbeiten. Der alte Hauptbrunnen wurde wieder gereinigt. 50 Mann arbeiteten Tag und Nacht, 4 große Eimer förderten den Boden, 4 Pumpen waren unablässig in Tätigkeit. Als man nach vier Wochen die Tiefe von 37 Fuß erreicht hatte, brachen plötzlich so große Mengen von Triebsand empor, daß die Arbeiter sich nur mit Mühe retten konnten und der Brunnen in kurzer Zeit fast ganz versandete. Darauf hob man um den Brunnen herum auf einer Quadratfläche von 100 Fuß Seitenlänge den Boden aus. Bei 10 Fuß Tiefe entdeckte man nicht weit vom alten Brunnen einen zweiten kleineren, mit Bohlen ausgesetzten Brunnen, der von einem aus mächtigen glasierten Backsteinen (jeder 22 Pfund schwer) aufgebauten Mauerschacht umgeben war. Die Schwierigkeiten nahmen zu und, obgleich man die Ratschläge erfahrener Ingenieure aus Amsterdam, Lübeck, Hamburg und Magdeburg befolgt hatte, mußte man schließlich die ganze Arbeit als ergebnislos einstellen.

Im Jahre 1680 befand sich das Werk in den Händen einer Gesellschaft, die aus dem Rat Brügmann, dem Kommissar Gerkens und den Gebrüdern Husfeld bestand. Obgleich sie 30 000 Reichstaler zur Verbesserung der Saline, in erster Linie zu Brunnenbauten, verausgabt hatten, wurde durch sie trotzdem der Betrieb nicht vergrößert.

Im Jahre 1699 ließ der König an einer vom alten Brunnen etwa 250 Schritte entfernten Stelle vor dem Bestetor südöstlich von der Beste nahe der späteren Badeanstalt einen neuen Brunnen, den Königsbrunnen, anlegen[1]). Obgleich 40 Soldaten täglich daran arbeiteten, einen viereckigen aus vierkantigen Holzbalken bestehenden Brunnenschacht abzusenken, hatte man nach 5 Wochen erst eine Tiefe von 8 Fuß erreicht. Die Arbeiten wurden dann durch den Krieg unterbrochen. S. S. 202. Erst 1703 wurden sie unter Leitung des im Wasserbau erfahrenen königlichen Equipagenmeisters Jüdicher wieder aufgenommen. Dieser befürchtete, daß ein Balkenbrunnen in der Tiefe niemals den Druck des Triebsandes aushalten könne, und entschloß sich daher durch einen runden Mauerschacht, den er *Fortuna rotunda* nannte, die tiefe Ursprungsstätte der Sole zu erreichen. Zunächst fertigte Jüdicher mit vier Meistern der benachbarten Rohlfshagener Kupferhütte in einem unter freiem Himmel befindlichen Schmiedefeuer einen 1700 Pfund schweren eisernen Ring von 30 Fuß Umfang an; auf diesen wurde ein Rahmen von Eichenholz und darauf ein Mauerzylinder von eigens zu diesem Zwecke gebrannten Steinen aufgesetzt. Die Fortuna rotunda wurde bis zu 127 Fuß Tiefe versenkt. Der Erfolg entsprach nicht den Hoffnungen. Der Triebsand füllte den Brunnen bald bis zu 20 Fuß unter Flur, und die anfangs 2½ prozentige Sohle wurde schwächer. Der Bau hatte die kolossale Summe von 10 000 Taler verschlungen. Der Mißmut über die Erfolglosigkeit des Unternehmens kommt in dem letzten Bericht Jüdichers an die dänische Rentkammer vom 17. November 1704 mehrfach zum Ausdruck. Da heißt es u. a.: „So kommt mir jetzo der Salzbrunnen als ein gestrandetes und verunglücktes Schiff vor, welches in dem Stande, worin es jetzo stehet, so verantwortlich und wohl er auch aufgebauet und vollführt sein mag, zu nichts anderem dient, als ein Wahrzeichen für künftige Zeiten abzugeben. Und da ich, der in dieser Affaire des Salzbrunnens gebrauchet worden bin, ebenso wenig als ein Subalterner eines gestrandeten Schiffes, ehe absolviret werden kann, bevor alles untersuchet worden, so stelle ich hiermit alles Ew. Exc. Gutbefinden anheim, in der untertänigsten Hoffnung, dieselben werden als *aequissimi Censores* Ihrer Königl Majestät die Sachen solchergestalt vorstellen, daß ich zu meiner Befreyung diejenige allergnädigste Versicherung

---

[1]) Der Brunnen lag dicht bei der heutigen Schwefelquelle und ist bis 1865 benutzt worden. Vgl. Ztschr. Bd. 48 (1918) mit Abbild. S. 84—91.

erhalte, welche mein Gemüt in seine vorige Assiette und Ruhe versetzen können[1]).

Die mißliche Lage, in der sich die Saline im Anfang des 18. Jahrhunderts befand, verstanden die Lüneburger von neuem auszunutzen. Sie boten 1711 dem Könige für die Gewährung des Alleinhandels mit ihrem Salz jährlich 3000 Taler und einen Vorschuß von 30 000 Taler. Der Vertrag wurde am 12. August 1712 abgeschlossen.

XVIII. Das Landgebiet.

Allgemeine Entwickelung. Der Rethwischer Güterkomplex. Fresenburg. Nütschau. Tralau. Blumendorf. Höltenklinken. Schulenburg. Die königlichen Dörfer. Der plönische Anteil am Kirchspiel. Die gottorpischen Dörfer. Die lübischen Dörfer.

Das Niederlegen von Dörfern und ihre Verwandlung in Hofland, mit dem schon im vorhergehenden Jahrhundert der Anfang gemacht worden war, schritt weiter vor. Die Gutsherren gewannen ihren Landesherren gegenüber, wohl infolge des Kondominats und der zahlreichen Kriege, an Selbständigkeit und verwandelten die bisherige Hörigkeit ihrer Bauern nun in völlige Leibeigenschaft. Doch blieben Adelige nicht mehr ausschließlich Besitzer der Güter. Nach der Mitte des Jahrhunderts tauchen auch bürgerliche Namen unter den Besitzern auf. Die Güter behielten jedoch die Vorrechte des Adels und wurden fortan adelige Güter genannt, auch wenn sie in bürgerlichen Händen waren.

Der Rethwischer Güterkomplex blieb nach seinem Verkauf an den Herzog Johann den Jüngeren von Holstein-Sonderburg durch Anna von Heest im Jahre 1616 das ganze Jahrhundert hindurch im Besitz des Herzogshauses, das nun auch die Dörfer Melsdorf und Wirsrade niederlegte und in Hofland verwandelte. Wirsrade wird zur herzoglichen Zeit in den Oldesloer Kirchenrechnungsbüchern überhaupt nicht mehr erwähnt, sondern 1619 nur noch die Einzelsiedelung Benekenroeth in der ehemaligen Wirsrader Gemarkung. „Mehlsdörpff" erscheint zuletzt 1630. Dafür tauchen aber bald andere Namen von Siedelungen im Rethwischer Gebiete auf, Losen Buden 1640 (1693 Boden), Treuholtz 1685, war aber vielleicht schon in den fehlenden Registern der vorhergehenden Jahre genannt worden, Tralauerholz und „Steinsrade" erst 1739. Nach der Niederlegung der beiden Dörfer Melsdorf und Wirsrade wurde den beiden Oldesloer Geistlichen als Entschädigung für die ihnen entgehenden Revenüen und Accidentien jährlich der Betrag von 9 Tlr. 16 Schilling von der Herrschaft ausbezahlt. Als von 1715 an diese Abgabe verweigert worden war, beschwerten sich die Geistlichen bei Gelegenheit der Kirchenvisitation von 1717 darüber, worauf der hochfürstliche Secretär Meisner angab, es seien seit der Niederlegung der beiden Dörfer so viele Katen, Viertelhufner- und Halbhufnerstellen anderwärts im Amte angebaut, daß dadurch der Ausfall reichlich kompensiert werden könne.

---

[1]) Friedrich, der Untergrund von Oldesloe S. 5 und 6, 11 und 12.

Mit Johanns Sohne Joachim Ernst, der das Gut im Jahre 1662 erbte, wurde Rethwisch ein Teil des Herzogtums Holstein=Plön. Herzog Joachim Ernst überließ Rethwisch seiner Schwester Eleonore, die hier ein großes Schloß aus Fachwerk erbauen ließ, das aber bald wieder verfiel. Nach ihrem Tode im Jahre 1669 fiel Rethwisch an Herzog Joachim Ernst zurück, und als dieser im Jahre 1671 starb, erbte es sein dritter Sohn Ernst der Jüngere mit den ehemals reinfeldischen Dör= fern Meddewade, Benstaven, Klein=Wesenberg und Klein=Schenken= berg. Herzog Ernst machte aus diesem Besitz ein besonderes Herzog= tum, das Herzogtum Holstein=Rethwisch, und nahm seinen Wohnsitz in Rethwisch. Hier ließ er den verfallenden Fachwerkbau niederrei= ßen und ein neues massives Schloß aufführen, das 1699 vollendet wurde. Er trat zum katholischen Glauben über und starb im Jahre 1700, worauf sein Sohn Johann Adolf Ernst Ferdinand Karl das Erbe antrat.

Fresenburg war in den ersten Jahrzehnten des 17. Jahrhunderts noch im Besitz der Ahlefelds. Als Henneke von Ahlefeld im Jahre 1627 erstochen worden war, verkaufte seine Witwe Anna Fresenburg und Blumendorf an Hans von Buchwald zu Schadehorn, der 1637 auch noch Höltenklinken von Barbara Rantzau erwarb. Auf Fresenburg saß 1638 Benedix von Buchwald, dessen Gemahlin Anna, eine Tochter des Henneke Brockdorf auf Tralau, in diesem Jahre von einem Baum erschlagen wurde, 1641 Kay von Buchwald, der in einen Streit mit der Stadt geriet, weil er Handwerker in seinem Gute ansiedelte (s. S. 204). Unter ihm kam das Gut zum Konkurs und wurde nebst dem Meier= hof Schadehorn 1651 von Johann von der Decken gekauft, der es noch 1654 besaß. Dann war es wieder im Besitz eines Detlef von Ahlefeld (1665, 1669) und eines Otto von Ahlefeld (1687), der 1694 starb. Im Jahre 1696 besaß es Johann Hugo von Lente, Geheimer Staats= und Landrat, Amtmann zu Segeberg und Kanzler in den Fürstentümern Schleswig und Holstein, Erbherr auf Fresenburg und Sarlhusen, der noch 1707 als Besitzer genannt wird. Er geriet wie auch seine beiden Vorgänger in Streit mit der Stadt wegen Befischung der Obertrave (vgl. S. 249).

Bei dem Einbruch der Kaiserlichen in Holstein im Jahre 1627 brachten sich die Mennoniten, deren Großeltern einst Bartholomäus von Ahlefeld Zufluchtstätten in Wüstenfelde und an der Wöckenitz gewährt hatte, nach Hamburg und Lübeck in Sicherheit und schlossen sich den dort entstandenen Mennonitengemeinden an. Kay von Buch= wald siedelte nun andere Handwerker in den verlassenen Wohnstätten an, und so bestanden die Siedelungen Wüstenfelde und Wöckenitz zu= nächst noch fort. „Woystenfelde" wird in den Kirchenregistern noch 1651 genannt, „Wöckeniß" und die Ansiedelung „Kiwitzburg" in der Nähe von Poggensee noch im 18. Jahrhundert.

Nütschau gehörte im Jahre 1628 dem Statthalter Gerhard Rantzau, 1630 Franz Rantzau, Hansens Sohn, 1634 höchstwahrscheinlich einem Christopher Rantzau, dessen Frau die Emerentia=Rantzau=Stiftung machte. 1646 kam es von der Familie Rantzau an Klaus von Ahlefeld, den wir als hilfsbereiten Gönner der Oldesloer Bürgerschaft kennengelernt haben, unter dem aber im Jahre 1667 auch ein Hexenprozeß in Nütschau stattfand. 1686 besaß Nütschau ein Rittmeister Korf, der 1698 starb, 1711 H. F. Korf.

Tralau blieb noch in den ersten Jahrzehnten des Jahrhunderts bei der Familie Brockdorf. Joachims Sohn Iven Brockdorf wird seit 1623 als Besitzer genannt, als Mitbesitzer Henneke Brockdorf 1638. Iven Brockdorf verkaufte das Gut 1647 an Heinrich Rantzau und zog nach Oldesloe, wo er noch 1660 lebte. Im Jahre 1664 war Tralau im Besitz eines Gerhard von Effern. In einem Schreiben vom 12. Oktober 1664, welches beginnt: „Wir, Gerhardt, Graff von Effern, Herr zu Diesternich, Callin, Gleen, Calsenbruch und Tralow," bat er den Oldesloer Magistrat um Auslieferung seines entlaufenen Hauslehrers Joachimus Witting. Der Magistrat liefert ihn an des Grafen Leutnant aus, nachdem er ihn durch den Stadtdiener mit Stößen und Schlägen aus der Schule, wohin er geflüchtet war, hatte abholen lassen. Die Glückstädter Regierung schritt auf Wittings Beschwerde gegen den Magistrat mit scharfen Pönalmandaten ein, leider fehlt aber wieder in den Akten die Entscheidung dieses sonderbaren Vindicationsprozesses.

Im Jahre 1668 war Detlef Rantzau Besitzer von Tralau. Er starb 1698. Die Vormünder seines Sohnes Melchior Siegfried, nämlich Christian August von Berckentin, hochfürstlich holsteinischer Geheimrat und Erbherr zu Lütkenhof und Preetzen, und Christian von Rantzau, Erbherr zu Ahrensburg und Emckendorf, verkauften im Jahre 1702 das Gut mit der Saline an Johann Paul von Kosboht. Kosboht steckte viel Geld in die Saline, verlor dabei sein Vermögen aber ebenso wie die verschiedenen Besitzer und Pächter der Oldesloer Saline, so daß er sich schließlich genötigt sah, das Gut wieder zu verkaufen. Er verkaufte es mit Neverstaven, aber ohne die Saline im Jahre 1711 an Thomas von Groten, königlich dänischen Kammerherrn, Etatsrat und Stiftsamtmann zu Laaland und Falster, Erbherr auf Wrestedt und Fachenfeld, für 30000 Taler *Species* oder 33900 Reichstaler in Kronen. Pächter des Gutes war seit 1710 Kay Friedrich von Schack. Das Gut hatte damals 13 Schläge, jeder zu 8 Drömt oder 32 Tonnen Oldesloer Maßes. Da der Kaufpreis zur Befriedigung der Gläubiger bei weitem nicht ausreichte, verkaufte von Kosboht an Herrn von Grote auch noch ein Viertel der Saline für 6000 Taler Kronen und nahm von ihm außerdem noch 3302 Tlr. 36 Schilling, die zur Bezahlung der Forderungen des Juden Bendix Goldschmidt und einiger Executionsgebühren verwandt wurden, als Hypothek auf die übrigen drei Viertel der Saline auf. Für den vereinbarten Kaufpreis von 39900 Taler Kronen übernahm Herr von Grote die Bezahlung des Kaufgeldrestes von 1702 an Geheimrat von Berckenthin, den Vormund des jüngeren Herrn von Rantzau, und die Rückzahlung gewisser von Herrn von Kosboht in den Jahren 1703 bis 1709 aufgenommenen Kapitalien nebst Zinsen an Rittmeister Johann von der Wisch, Pauli in Lübeck, Geheimrat Lenthe, Geheimrätin Gädtken, Mützenbecher in Hamburg, Geheimrat Görtz und einen gewissen Thießen. Alle übrigen Gläubiger wurden auf den Rest der Saline

verwiesen, die im nächsten Jahre verauktioniert werden sollte. Haupt=
interessent an derselben war der gottorfische Minister von Görtz.
Unter den Kaufbedingungen sei noch erwähnt, daß der Käufer keinen
Anspruch auf die Person und das Gut der Gutsinsassen Margreth
Ständer und Cathrina Schöttler haben solle, weil Verkäufer ihnen die
Libertät gegeben. Freilassung von Sklaven wie im alten Rom! Herr
von Kosboht wohnte auch noch nach dem Jahre 1712 auf der Saline
und leitete ihren Betrieb, sei es, daß aus der in Aussicht genommenen
Auktion nichts geworden war, oder daß die Gläubiger ihn als Betriebs=
leiter auf der Saline gelassen hatten.

Blumendorf, das bisher noch ein Dorf war, wurde von dem Hexen=
Verfolger Hans von Buchwald (S. 278) mit Hinzuziehung des größten
Teiles des bisherigen Dorfes Glinde in ein Gut verwandelt. Im Jahre
1649 gehörten Blumendorf und Höltenklinken einer Helene von Buch=
wald, und waren 1651 im Besitz von Asmus Ratlow, dem Klinken auch
noch 1666 gehörte. Blumendorf veräußerte er an Christian von Ahle=
feld, den wir bereits als Verüber von Ausschreitungen in Oldesloe ken=
nen gelernt haben (S. 199). Schon im Jahre 1653 hatte ihn der Magi=
strat aus der Stadt verwiesen, wofür er sich durch allerlei Gewalt=
tätigkeiten an Kindern und Bürgern aus Oldesloe rächte, die er in
Gemeinschaft mit seinem Stiefbruder Detlef von Buchwald verübte.
Im Jahre 1666 wandte sich seine Frau Lisebette Margeritte geb. von
Mollen an den Magistrat von Oldesloe mit der Bitte, doch Christine,
ihres Liebsten Maitresse, nicht in der Stadt zu dulden. Bürgermeister
und Rat würden dadurch ihr und ihrer ganzen Freundschaft eine son=
derliche *faveur* erweisen. 1663 und 1668 wurden dem Christian von
Ahlefeld von jener Maitresse in Oldesloe Töchter geboren. — Im Jahre
1670 war ein Herr Müller, kaiserlicher Resident in Lübeck, Besitzer von
Blumendorf und 1686 J. O. von Warendorf, der 1711 starb.

Höltenklinken blieb bis gegen Ende des Jahrhunderts im Besitz der
Familie von Ratlow. 1684 besaß es der Rittmeister Wolf Ratlouw, der
1694 starb, dann seine Witwe Emerentia, die 1697 das Zeitliche segnete.
Im Jahre 1699 gehörte es Detlef Reventlow und 1706 einem Hambur=
ger Procurator.

Das ehemalige Dorf Schulendorf, das als Gut bald Schulenburg
genannt wurde, kam 1641 an Siegfried von Plessen und 1690 an einen
Rittmeister Brockdorf. Im Jahre 1642 wurde Leutnant Siegfried von
Plessen auf Schulendorf von einer Kieler Kommission nach Oldesloe
zitiert in einer Streitsache mit dem Herzog Joachim Ernst von Hol=
stein=Plön über einen versperrten Kirchenweg. Als Zeugen wurden ge=
laden Hans Brumm aus Schmachthagen, Hans Mein aus Krumbek,
Franz Möller, Bauervogt zu Pölitz, Hans und Franz Zegeler aus Schu=
lendorf, Jürgen Mein, Bauervogt zu Barkhorst. Später geriet Siegfried
von Plessen in einen Streit mit dem Rate zu Lübeck wegen der Grenz=
scheiden zwischen Schulendorf und Pölitz. Der Streit wurde im Jahre
1648 durch einen Vergleich geschlichtet.

Wie die königliche Stadt Oldesloe so hatten auch die königlichen
Dörfer oft unter der Rücksichtslosigkeit und dem Übermut der be=

nachbarten Adeligen zu leiden. So beschwerten sich Schlamersdorf und Wakendorf einmal beim Könige, daß Hans Adolf von Buchwald zu Borstel, Johann von der Deken zu Fresenburg, Klaus von Ahlefeld zu Nütschau und Heinrich Rantzau zu Tralau die durch ihre Güter führenden Heerstraßen versperrten. Diesmal aber griff der König durch und befahl den Junkern durch Mandat vom 20. März 1654 bei 200 Reichstaler Pön, die versperrten Heerstraßen ungesäumt wieder zu eröffnen und so zu verbessern, daß die reisenden Leute ohne Aufenthalt fortkommen und die Waren zur Beförderung des gemeinen *commercij* fortgebracht werden könnten. Nach 1671 wurden Schlamersdorf und Wakendorf vom Könige an das herzoglich plönische Haus abgetreten und dem neuen Amte Travental zugewiesen als Teil der Entschädigung für den Verzicht auf die Erbfolge in Oldenburg und Delmenhorst. Das plönische Havighorst blieb beim Amte Reinfeld.

Im Jahre 1709 starb der Schlamersdorfer „Schulmeister" Johann von der Heyde. Wegen seiner Armut wurde für ihn nur der halbe Glockenschoß erhoben.

Über die herzoglich gottorpischen Dörfer Rümpel und Neritz sind bereits S. 249 und 250 Nachrichten gegeben. Auch das gottorpische Rohlfshagen gehörte mit der dortigen Kupferhütte noch zum Kirchspiel Oldesloe.

Von den lübischen Dörfern Pölitz und Barkhorst ist in diesem Zeitabschnitt nichts Bemerkenswertes zu melden.

Das Jahrhundert des landesfürstlichen und gutsherrlichen Absolutismus.

Vom Ende des Nordischen Krieges in Holstein bis zum großen Brande von Oldesloe und zur Aufhebung der Leibeigenschaften der Bauern 1714—1798 (1805).

I. Personalien.

1. Die Bürgermeister.

Von Jacob Christian Egardi an hatte Oldesloe immer nur **einen** Bürgermeister, der vom Könige berufen wurde. Von Lindelof an waren die Bürgermeister des 18. Jahrhunderts sämtlich auch Stadtsekretäre. Unter den folgenden Mitteilungen sind die wörtlich angeführten Angaben des Magistrats- und Bürgerbuches durch Anführungszeichen kenntlich gemacht.

„**Johann Gabriel Tatter**[1]) ist von Ihro Königl. Maytt. zum *Consulat* allhier in Oldesloe *vociret* worden d. 26. *Nov.* 1720." † d. 2. Januar 1726. Er kam infolge eines Auflaufes ums Leben, hauptsächlich durch Gewalttätigkeiten von zwei Brüdern Stoff. Nähere Einzelheiten darüber fehlen.

„**Carl Christian Kirchhoff** ist von Ihro Königl. *Mays.* zum *Consulatt* und *Secretariat* alhier in Oldesloe *vociret* worden d. 2. *Febr.* 1726." Er war geboren am 3. Januar 1699. Vor seiner Berufung zum Bürgermeister war er Zollverwalter wie sein Vater und blieb es auch als Bürgermeister. Sein Vater, der königliche Kommissar und der Zollverwalter Wilhelm Kirchhoff zu Oldesloe, kaufte im Jahre 1704 ein Haus von Schweder Hormann für 190 Taler, † 1722. Während seiner Amtsführung als Bürgermeister wurde Karl Christian Kirchhoff als Kriegsrat und später als Justizrat charakterisiert.

„*Anno* 1762 den 13ten *Julii producierte* **Friedrich Christian Kirchhoff** die ihm allerhuldreichst erteilte Königl. Bestallungen *datirt Friedensburg* d. 13. *Nov. Ao* 1761, mittelst welche derselbe mich adjungiret worden, dergestalt daß er nach meinem Tode als Bürgermeister und Stadt-*Secretaire succediren* soll, beede Bestallungen sind mit dem *producto* bezeichnet worden."

„*Aó* 1767 den 7. *Marty* haben Se. Hochwohlgebohren H. Justice Rath Kirchhoff das Zeitliche mit dem Ewigen verwechselt, welcher hier als Bürger-Meister und Stadt-*Secretarius* viele Jahre gestanden, dem sodann sein Sohn H. Frid. Christ. Kirchhoff gefolgt ist, welcher aber *in an.* 1769 *resigniret* hat."

Von 1768 bis 1770 verwaltete Kammerrat **Stemann** aus Traventhal interimistisch das Bürgermeisteramt. Warum der jüngere Kirchhoff zurücktrat oder beiseite geschoben wurde, geht aus den Akten nicht hervor.

---

[1]) Der Name wird auch Tater und Tarter geschrieben.

„*Anno* 1770, den 25. *Febr.* geschah an Stelle des bisherigen Bürgermeisters und Stadt-*Secretarii Friederich Christian Kirchhoff*, welcher unterm 13. Julii 1762 seinem Herrn Vater *cum spe succedendi adjungiret* gewesen, die *solenne Incroducirung* des zum Bürgermeister und Stadt-*Secretaire* allergnädigst verordnete Bürgermeisters und Stadt-*Secretarii* Herrn Canzleyraths *C h r i s t i a n   A u g u s t   N o o d t*, nachdem derselbe seine beede hierüber erhaltenen Bestallungen bey versamleten Magistrats-*Collegio* vorgewiesen und dieselben mit dem *producto* bezeichnet worden. — Die 2 Bestallungen sind *sub dato Christiansburg*, den 4. *December* 1769 allerhöchst unterzeichnet und der *Introductionsbefehl* Sr. Hochfürstl. Durchl. des Herrn Landgrafen und Stadthalters *Prinzen Carl* zu Hessen ist an mich den Allerhöchst verordneten Stadt-*Commissarium* dieser Stadt *d. d. Gottorff*, den 1. *Febr.* 1770 ausgefertigt. *vide acta. H. H. Stemann.*" Wie Bürgermeister Karl Christian Kirchhoff bekleidete auch Noodt das Amt eines Zollverwalters. „Am 22. May 1801 ward der bisherige verdiente Bürgermeister und Stadtsecr. Canzleyrath *Noodt* auf sein Ansuchen in Gnaden *dimittirt* und dem geschickten Amts*secretaire* Herrn *Petersen* die Interimsverwaltung aufgetragen."

2. Die Ratsverwandten.

Das dem Bürgermeister zur Seite stehende Ratskollegium zählte drei ordentliche Ratsherren, die an der Ratsbörung teilnahmen, und einen „supernumerairen", der nur Befreiung von Kontribution für Haus und freie Weide für sein Vieh genoß, aber auf keine Geldbezüge Anspruch hatte. Vom Jahre 1714 an wurden die Ratsherren nicht mehr von dem Magistrat, sondern von dem Könige ernannt. Wenn ein Ratsherr starb, rückten die ihm im Dienstalter nachstehenden Ratsverwandten auf, so daß, falls nicht mehrere Ratsherrn kurz nach einander starben, immer nur die Stelle des supernumerairen Ratsverwandten frei wurde. Bürger, die sich für das Amt für geeignet hielten, bewarben sich um die frei gewordene Stelle, und der König traf dann die Wahl nach Anhörung eines Gutachtens des Bürgermeisters. Als Befähigungsnachweis wurde gefordert, daß der Bewerber bereits andere öffentliche Ämter in der Stadt wie das eines Kirchengeschworenen, eines Armenvorstehers, eines Stadtkassierers, insbesondere aber das eines deputierten Achtbürgers mit Erfolg bekleidet hatte. Eigentlich sollten die Ratsverwandten nur aus der Zahl der Deputierten hervorgehen. Es folgen nun die Namen der Ratsverwandten in der Reihenfolge, wie sie vom Könige ernannt wurden.

M a r c u s P r a h l, ernannt den 12. Juli 1714, † 30. Mai 1719.

J ü r g e n H e l m s, 1714, † 1718.

J a c o b P i s t o l s k y, 25. Jan. 1719, † 9. Nov. 1739, war Kirchenjurat.

T o b i a s F i s c h e r, 3. Nov. 1719, † 1733.

D a v i d G l ö d e, 10. 11. 1719, † 1721.

J o c h i m C a r i u s, Barbier, 29. 10. 1723, † 14. 5. 1759.

Siade Meinerts, 22. 3. 1735, † 11. 8. 1763. Er war im Jahre 1746 St. Jürgens=Vorsteher.

Johann Däbler, 3. 1. 1738, † 12. 5. 1755, war Kirchenjurat seit 1732.

Rupertus Bartscherer, Apotheker, 10. 5. 1740, † 26. 6. 1752.

Jacob Bauert, Amtsbarbier, 15. 9. 1752, † 21. 4. 1753. Kirchenjurat seit 1740.

Johann Friedrich Bauert, Amtsbarbier, 16. 10. 1753, † 27. 6. 1793.

Beide Bauert waren Älterleute der Barbierzunft.

Johann Ernst Pöhls, Amtsbarbier, 11. 11. 1735, † 20. 4. 1762.

Cay Friedrich Nickelsen, Krämer und Inhaber des Ratsweinkellers, 22. 4. 1760, † 29. 8. 1778. Er war vor seiner Berufung in dem Rat sieben Jahre Deputierter und sechs Jahre Stadtkassierer.

Jürgen Heuermann, 20. 7. 1762, † 29. 8. 1778. Er war vorher 15 Jahre Armenvorsteher und dann 15 Jahre Kirchenjurat. Im Jahre 1764 war er Gerichtsverwalter.

Christian August Lorenzen, Apotheker, 25. 4. 1770, † 12. 3. 1795.

Nicolaus Arps, Amtschirurg, 29. 1. 1779, † 8. 5. 1806. Er war lange Zeit Kirchengeschworener und deputierter Bürger.

Ehrenfried Hermann Hormann, Amtschirurg, 31. 10. 1786, † 1. 11. 1797. Er war 11 Jahre Kirchenjurat und 3 Jahre Deputierter. Im Jahre 1765 wurde er Vorsteher der St. Jürgens=Stiftung.

Asmus Friedrich Nickelsen, Krämer und Inhaber des Ratsweinkellers. Er war etliche Jahre deputierter Achtmann und danach Vorsteher des St. Jürgens=Hospitals. 12. 2. 1795, † 15. 3. 1796.

Lorenz Christian Nicolaus Hartung, 13. 2. 1798, † 14. 11. 1801.

Jürgen Hinrich Röper, 13. 2. 1798, † 14. 8. 1809. Hartung wurde gleich zum dritten Ratsherrn ernannt und Röper zum Extraordinarius. Ihr Konkurrent, der Apotheker Friedrich August Lorenzen, wurde damals noch nicht für geeignet gehalten, weil er weder Deputierter gewesen war, noch ein anderes Stadtamt bekleidet hatte. Eine von 94 Bürgern unterzeichnete Eingabe zu seinen Gunsten an den damaligen Statthalter den Landgrafen Karl von Hessen blieb ohne den gewünschten Erfolg.

3. Die Hauptpastoren.

Johann Hermann Schrader, 1722—1728. Er war allgemein beliebt und wurde als Propst nach Lügumkloster berufen.

Matthias Ehrenfried Hammerich, 1728—1750. Er machte sich sehr verhaßt, insbesondere, weil er den Zehnten von allen Oldesloer Ländereien beanspruchte und mit Gewalt einzog. Nach einem Berichte des Kirchenjuraten Johannsen vom Jahre 1808 fand er seinen Tod bei chemischen Experimenten, beim Suchen nach dem *lapis philosophorum*. Seine älteste Tochter Benigna Dorothea soll eine sehr gelehrte Person gewesen sein und sieben Sprachen beherrscht haben.

Sie wurde aber durch einen Magister, in den sie sich verliebte, ins Unglück gestürzt. Seine dritte Tochter Ehrenfriedina Matthäea heiratete nach des Vaters Tode den Oldesloer Katecheten Samuel Reimers, der 1757 Prediger auf der Hittler Schanze wurde und bald darauf starb. Seine Witwe zog nach Oldesloe und erhielt 1765 eine Pension von 100 Mark aus der St.=Jürgens=Stiftung. Johannsen betrachtet das Unglück der Töchter Hammerichs als Strafe für die Habgier des Vaters.

Samuel Helmich, 1751—1757 und 1767—1780. Er wurde geboren den 31. März 1717 zu Pritzwalk, heiratete 1745 Christine Marie Stilcken verwitwete Lehr aus Magdeburg, war bis 1751 Pastor in Süderau, wurde 1757 von Oldesloe als Schloß= und Garnisons=Pastor nach Glückstadt berufen, zum Konsistorialrat ernannt, 1767 zum zweitenmal Hauptpastor in Oldesloe, † 8. 4. 1780.

Jacob Kall, 1757—1766. Er wurde geboren den 9. 8. 1704 zu Flensburg, wurde Pastor in Friedrichstadt, dann Hauptpastor in Oldesloe. † 24. 8. 1766.

Johannes Hojer 1781—1783, geboren am 10. 11. 1728 zu Cartum im Amte Tondern, heiratete am 24. 4. 1765 Cornelia Elisabeth Hensler aus Preetz, wurde Pastor in Süderau, introduciert in Oldesloe am 8. 4. 1781, † 2. 9. 1783.

Johann Leonhard Callisen aus Preetz 1784—1793, Pastor in Zarpen von 1774 bis 1784, introduciert in Oldesloe im Oktober 1784, wurde 1793 General=Superintendent in Holstein.

Heinrich Wolff, Dr., geb. 15. 11. 1733 in Krummendieck im Stifte Bremen, wurde 1762 Diakonus in Wesselburen, 1776 Hauptpastor daselbst, introduciert in Oldesloe am 10. Februar 1793, verunglückte in der Beste 15. 8. 1801. Er war zweimal verheiratet; der ersten Ehe entsprangen 6, der zweiten 13 Kinder.

4. Die Diakonen.

Hinrich Bernhard Pfenninger 1735—1736, war vorher Informator bei den vom Könige unterhaltenen Kindern. † 1736. Nach seinem Tode mußte über sein Vermögen der Konkurs eröffnet werden.

Otto Riese, gebürtig aus Sonderburg, eingeführt 1736, war vorher Hospitalprediger bei den königlich dänischen Truppen am Rhein.

Georg Quapner Nov. 1739—1762.

Nathan Gottlob Bussäus, 1762, 1775 emeritiert wegen Nervenkrankheit.

Johann Christian König, 1775, wurde 1778 Diaconus in Kiel.

Sievert Johann Johnsen, 1778, wurde 1788 nach Siek versetzt.

Hans Carl Callisen aus Preetz, 1788, wurde 1794 Pastor in Neumünster.

Magister Detlef Johann Wilhelm Olshausen, introduziert am 11. 5. 1794, verheiratet mit Ida Gabriele Friederike Hojer, wurde 1798 Pastor zu Hohenfelde.

5. Der Katechet.

Durch königliche Verfügung vom 2. Dezember 1737 wurden die Kirchenvisitatoren angewiesen, Schritte zur Berufung eines Katecheten zu tun. Die Vertreter der Eingepfarten sträubten sich der Kosten wegen lange gegen die Anstellung eines dritten Geistlichen, schließlich aber wurde ihnen ein solcher doch aufgenötigt in der Person des Samuel Reimers, der von Johannis 1741 bis Johannis 1757 das Katechetenamt in Oldesloe bekleidete. Als Gehalt bezog er auf Vorschlag des Propstes Ottens die Zinsen eines im Gute Fresenburg investierten Kirchenkapitals von 2000 Reichstaler halb Courant und halb Kronen (309 Mark 6 Schill. jährlich) und der 350 Mark, die von dem Legat der Anna Blöcker noch vorhanden waren und von denen 200 Mark zu 4 %, 150 Mark zu 5 % ausstanden (15 Mark 8 Schilling jährlich), im ganzen also 324 Mark 14 Schilling. Der Katechet hatte u. a. die Landschulen zu besuchen und erhielt für seine Fahrten auf die Dörfer Transportgelder. Nach dem Tode ihres Mannes hatte die Witwe noch restierende Transportgelder zu fordern. Nach Reimers' Abgange ist kein weiterer Katechet berufen worden.

6. Die Rektoren.

Theodor Friedrich Dornstrauch, Sohn des Rektors Justus Christian Dornstrauch, Rektor seit 1726, † 1729.
Johann Michael Spindler, 1729, † 1733.
Johann Conrad Gebauer wurde, nachdem ihm Konferenzrat von Hannecken die Betätigung als Kantor zugesagt, vom Magistrat als Rektor in Aussicht genommen und mit Schreiben vom 24. September 1733 dem Propst Ottens in Segeberg zum Examen überwiesen, bestand dasselbe aber nicht, so daß ihm der Propst das *testimonium idoneitatis* versagen mußte. Bereits am 24. November desselben Jahres wurde dann dem Propst Adam Friedrich Pezold (Petzold) präsentiert. Dieser hatte am vorhergehenden Sonntag in Oldesloe gepredigt, und sowohl seine Predigt wie die während seines Aufenthaltes in der Stadt gezeigte Conduite hatten befriedigt. Im Examen legte er „sattsame Proben seiner Tätigkeit" ab und wurde deshalb als Rektor angenommen. Pezold kam aus dem Brandenburgischen. Er heiratete hier eine Tochter des Königlichen Landmessers Johann Barner (Berner), der nach quittierten Kriegsdiensten im Jahre 1706 von der damals in Oldesloe tätigen Kommission in Eid und Pflicht genommen worden war. († 1732). Ein Sohn Pezolds, der Adam Friedrich hieß wie sein Vater, verfaßte die leider verlorengegangenen *Fragmenta Historiae Oldesloensis*, aus denen Johannes Suck mehrere Stücke veröffentlicht hat. Ein anderer Sohn Johann Eusebius wurde Landmesser wie sein Großvater Barner und führte im Auftrage der Stadt die Aufteilung des Oldesloer Gemeindelandes aus. Auch er hat ein noch von

Joh. Suck benutztes Manuskript mit Nachrichten über Oldesloe hinterlassen. Ein dritter Sohn, Johann Andreas Friedrich, wurde Organist. Rektor Adam Friedrich Petzold starb im Februar 1759.
Hinrich Hinrichsen, 1760, † 1765.
Johann Wilhelm Lensch 1765—1796. Er wurde geboren in Seeth bei Süderstapel, wo sein Vater Hans Lensch Schulhalter war, studierte in Halle, war viele Jahre Hauslehrer bei Dr. Hudemann in Hennstedt in Norderditmarschen, wurde Schullehrer zu Koldenbüttel in Eiderstedt und 1765 Rektor und Kantor in Oldesloe. Er lebte in kinderloser Ehe mit Anna Margaretha geb. Lütjens, die am 16. Januar 1793 starb, worauf er in seinem Testamente sein ganzes Vermögen im Betrage von mehr als 12 000 Mark der Stadt Oldesloe zu frommen Zwecken vermachte. Er starb am 4. März 1796 und wurde in der Kirche begraben. Zwischen Schule und Kirche, den Stätten seiner Wirksamkeit, wurde ihm 1842 ein einfaches eisernes Denkmal gesetzt. Lensch war ein sehr geschickter und treuer Lehrer. Aus entfernten Gegenden des Landes wurden Kinder zur Erziehung zu ihm gesandt, u. a. auch ein Enkel des oben erwähnten Dr. Hudemann, der Mitbegründer der Rendsburger Karlshütte war. Über seinen Charakter schreibt Pastor Dr. Heinrich Wolff in den Provinzial-Berichten von 1797 Heft 6 S. 135 ff.: „Mit gründlichen gelehrten Kenntnissen verband er den uneigennützigsten Eifer, von den frühesten Morgenstunden bis Abend spät, nach den jedesmaligen Bedürfnissen seiner Schule seinen Unterricht einzurichten. Katechisieren war sein liebstes Geschäft. Aus jedem Worte leuchtete sein für die christliche Religion glühendes Herz hervor. Davon zeugten auch seine in Dithmarschen und auch hier gehaltenen Predigten, welche er in der Handschrift hinterließ. Neben den alten Sprachen gab er auch im Französischen, in der Musik, im Zeichnen, im Schreiben und Rechnen etc. Unterricht. In der Mechanik und der Orgelbaukunst war er so erfahren, daß er verschiedene Orgeln, die wohl in einer kleinen Kirche gebraucht werden konnten, zum Verkauf fertig machte. Man fand noch eine bei seinem Tode vor. Er pflegte oft die großen Veränderungen, die hier an den Häusern, in der Kleidung usw. seit seiner ersten Ankunft gemacht waren, zum Beweise des vermehrten Wohlstandes herzuerzählen. Die ersten Hausuhren brachte er aus Kellinghusen hierher. Der Sparsamkeit war er nicht allein selbst sehr ergeben, sondern er pflegte sie auch seinen Schülern oft mit seinem Beispiele in Sachen, welche sie täglich gebrauchten, samt ihren sichtbaren Vorteilen zu empfehlen. Seinen festen Gang, sein scharfes Gesicht und seine zierliche Hand behielt er bis zu seinem hohen Alter. — In seinem Nachlasse, in welchem sich sehr viele geschriebene Sachen befanden, war kein einziges Stück Papier, wenn es auch Dinge von geringem Werte betraf, das nicht auf den Ruhm der Kalligraphie Anspruch hätte machen können. Man urteile daraus auf die Probeschriften, welche eigentlich zu diesem Zwecke von ihm gemacht wurden."

Hinrich Wilder aus Burg auf Fehmarn, eingeführt am 4. 10. 1796, wurde 1801 als Prediger nach Burg berufen.

7. *Die Schreibmeister.*
Johann Jürgen Krasch 1729—1731.
Johann Friedrich Bähr 1731, † 1761.
Jochim Friedrich Bähr 1761, resigniert 1773.
Johann Gotthilf Mehring 1773, Kantor seit 1796, † 1814.

8. *Die Organisten.*
Johann Friedrich Paulsen 1733, 1756.
Johann Andreas Friedrich Pezold, Sohn des Rektors A. F. Pezold, 1763, † 1795.
Karl Heinrich Ewers aus Deutschnienhof b. Kiel, 31. 8. 1796. Er war der erste als dritter Lehrer an der Schule angestellte Organist. † 3. 11. 1801.

Auch vor 1796 erteilten die Organisten Unterricht, aber nicht an der Schule, sondern auf eigene Hand. Am 3. Juni 1740 berichtet Propst Ottens in Segeberg dem Könige, daß sowohl der vorige Organist Schule gehalten als dieser Schule hält und Kinder informiert.

II. *Kompetenzkonflikt zwischen dem Magistrat und dem Segeberger Konsistorium.*

Begünstigung des königlichen Absolutismus durch die Bürgerschaft. Beschränkung des Patronatsrechts und der Jurisdiktion des Magistrats. Ein Streit um Kirchengestühl. Prügelei in der Kirche. Jurisdiktionsbedenken. Ein angeblicher Kirchenraub. Beschwerden des Magistrats. Äußerung des Konsistoriums. Gegenbericht des Magistrats. Entscheidung der Regierung. Neues Justizreglement.

Es muß auffallen, daß auf seiten des Magistrats und der Bürgerschaft keine Regung des Widerstandes gegen die Beschränkung ihrer Rechte durch das absolute Königtum zu bemerken ist. Es scheint sogar, als sei diese Änderung im Stadtregiment vom Bürgertum herbeigewünscht oder wenigstens willkommen geheißen worden, wurde doch, wie wir gesehen haben, bei den geringsten bürgerlichen Zwistigkeiten die Entscheidung des Königs angerufen, zur Steuer von Unordnungen immer eine königliche Kommission erbeten. Erst Bürgermeister Kirchhoff sehen wir sich gegen die zunehmende Bevormundung durch die königlichen Behörden sträuben.

Als gleich nach seinem Amtsantritt ein Nachfolger für den verstorbenen Rektor und Kantor Tancke bestellt werden mußte und Kirchhoff die Berufung auf dieselbe Weise einleitete, die im Jahre 1712 bei der Anstellung Tanckes befolgt worden war, schrieb der Etatsrat und Amtmann Hannecken zu Segeberg dem Magistrat, aus des Bürgermeisters Kirchhoff Schreiben gehe hervor, daß der Magistrat sich des Juris Patronatus über die Schule zu Oldesloe und die Besetzung der vakanten Lehrerstellen anzumaßen für berechtigt halte, er möge sich aber wohl vorsehen, und wenn früher etwa Eingriffe in das Königliche Patronatsrecht geschehen seien, sich deren künftig enthalten. Die Bestallung des Studenten der Theologie Friedrich Dornstrauch erfolgte dann in der Weise, daß ihn der König als Patron der Kirche zum Kantor bestellte und der Magistrat, „weil das Rectorat der Stadt=Schulen jeder Zeit mit solchem Kirchendienste besseren Auskommens halber verknüpfet gewesen," zum Rektor der Stadtschule. Es wurde also der Stadt einstweilen noch das Patronat über die Schule zugestanden. Der eigentliche Berufende aber wurde von nun an der König, der auch durch seine kirchlichen Organe die Aufsicht über die Schule ausübte und dem Magistrat nur noch ein Mitaufsichtsrecht einräumte. Als eine weitere Beschränkung seiner Rechte empfand der Magistrat, daß sich die Bewerber um ein Schulamt hinfür vom Propste examineren lassen mußten. Für den Rektor wollten Bürgermeister und Rat diese Forderung wohl gelten lassen. Aber in bezug auf den Schreibmeister und den Organisten glaubten sie selbst beurteilen zu können, ob ein solcher für das Amt geeignet sei oder nicht.

Die Lockerung der bisherigen Allmacht des Magistrats den Lehrern gegenüber machte diese etwas freier und selbstbewußter. Wenn man sich erinnert, auf welche erbärmlich de= und wehmütige Weise einst ein Matz Paisen und Hinrich Möller vor den Allgewaltigen des Magistrats gewinselt hatten, so gemahnt es fast an moderne Zeiten, wenn man liest, daß im Oktober 1738 der Rektor Pezold dem Bürgermeister Kirchhoff, als ihn dieser durch den Polizeidiener an das Heizen der Schule mahnte, sagen ließ, er wisse selbst, was er zu tun habe, auch wie weit sich des Herrn Bürgermeisters Jurisdiktion über ihn erstrecke, und daß er dann beim Propste in Segeberg Hilfe gegen die vermeintliche Anmaßung des Bürgermeisters suchte. Diese Veränderung mußte den Magistrat natürlich kränken. Dazu kam, daß dem Magistrat auch die Jurisdiktion über alle geistlichen Personen nicht nur, sondern über alle Kirchendiener, soweit er sie bisher ausgeübt hatte, sowie die Jurisdiktion in Streitigkeiten über Kirchenstühle und Begräbnisse abgesprochen und den kirchlichen Behörden zugewiesen wurde. Das hatte manche üble Folgen, und nicht ohne eine gewisse Schadenfreude berichtet darüber Bürgermeister Kirchhoff. Bei der im Jahre 1732 hier gehaltenen Kirchenvisitation hielten einige Bauern aus Havighorst an, daß ihnen eine Stelle angewiesen werden möchte, worauf sie einen Kirchenstand bauen könnten. Es wurde infolge dessen den Herren Pastoren und den Kirchengeschworenen aufgetragen, diesen Leuten eine Stelle anzuweisen. Das geschah, und es wurde ihnen ein Platz feierlich übergeben. Als die Havighorster den Stuhl fertig hatten, fand sich hier ein Trupp Nütschauer Bauern ein. Bürgermeister Kirchhoff sah, daß sie sämtlich frische Prügel von Hagedorn in den Händen hatten und konnte daher ihre Absicht leicht erraten. Er ließ deshalb einige zu sich rufen und fragte sie, was sie mit den großen Prügeln anzufangen gedächten. Sie sagten ohne Scheu, sie wollten die Havighorster aus dem neuen Stuhl herausjagen und hätten auch ihren Verwalter bei sich. Der Bürgermeister antwortete den Bauern, daß, wofern sie sich regen würden, etliche von ihnen versichert sein könnten, daß sie in 14 Tagen ihre Häuser nicht wieder sehen sollten, und sagte ihrem Verwalter, daß er auf solchen Fall zuerst nach dem Gefängnis würde wandern müssen, und damit das Vorhaben der Bauern desto gewisser gehemmt werden und der Ernst der Absicht desto mehr in die Augen fallen möchte, stellte er gleich Wache beim Stuhle auf. Der Besitzer von Nütschau Herr von Brömbsen wandte sich hierauf klagend an den Herrn Amtmann und den Herrn Propst, worauf zuerst der Herr Pastor und die Kirchengeschworenen einen Verweis erhielten und mit einem großen Prozeß von dem Herrn Amtmann bedroht wurden und dann die Order erging, daß die Kirchengeschworenen den Stuhl wieder wegbrechen lassen mußten. Hierauf wurde die Stelle proklamiert und diejenigen, welche Anspruch darauf zu haben meinten, vor das Konsistorium zitiert. Es meldete sich aber so wenig der Herr von Nütschau wie jemand anders, daher alsdann die Havighorster die Erlaubnis erhielten, die Stelle zum andern Male zu bebauen.

Der Herr Bürgermeister bemerkt dazu: „Wäre das *Proclama* vor der geschehenen Anweisung ergangen und hätte man sich dann dem Herrn von Nütschau nicht gefällig bezeigen wollen, dürfte unseres alleruntertänigsten Dafürhaltens alle diese Weitläufigkeit zu vermeiden, auch wenigstens die Hälfte der Unkosten zu ersparen gewesen sein. Es hätte aber diese Sache noch artiger werden mögen, wenn der fürstlich plönische Beamte sich der Wegbrechung des Stuhles widersetzt oder die auf den ersten Bau verwandten Kosten in rechtem Ernst wieder gefordert hätte."

Bei anderen Gelegenheiten kam es tatsächlich zu Prügeleien in der Kirche. In den Jahren 1708 und 1709 war in der Kirche ein großes Gestühl auf Kosten der Kirche gebaut und die Stände darauf nachher durchs Los verteilt worden[1]. Von den ihr selbst durch das Los zugefallenen Ständen verkaufte die Kirche sogleich 10 Stände an Herrn von Lente auf Fresenburg für je einen Reichstaler. Bis zum Jahre 1732 blieben die Inhaber der Stände im ruhigen Besitz derselben; bei der Kirchenvisitation dieses Jahres aber wurde von ihnen verlangt, jeden Stand mit einem Reichstaler zu bezahlen. Als sie sich weigerten und darauf hinwiesen, daß ihnen bei der Zuweisung keine solche Bedingung auferlegt sei, daß sie ja den Stuhl auf gemeine Kosten hätten bauen lassen und sich folglich in gerechter Possession befänden, wurde dessen ungeachtet verordnet, daß die Stände von neuem verkauft oder verheuert und die übrigbleibenden mit spitzen Latten vernagelt werden sollten. Hiergegen legten die bisherigen Besitzer feierlich Protest ein. Doch wurde darauf keine Rücksicht genommen. Als einige der Fresenburger Stände an plönische Bauern verkauft und *ex auctoritate* verschlossen worden waren, ließ Herr von Buchwald, der damalige Besitzer von Fresenburg, das Schloß sogleich wieder wegbrechen, „um sich bey seiner *possession* zu *mainteniren*." Nun mußten die Geschwo-

---

[1] Nach einer Spezifikation der durchs Los eingeteilten Kirchengestühle auf dem neu erbauten hohen Stuhl vom 3. Februar 1711 erhielt Blumendorf 6 Stände, Rethwisch 18, Fresenburg 14, Hochfürstlich Gottorf 9, Tralau 6, Schulenburg 6, Lübeck 13, das Hochfürstlich plönische Amt Traventhal (für Wakendorf und Schlamersdorf) 11, Nütschau 6 und die Kirche 45 Stände. Das plönische Amt Reinfeld, dem doch für Havighorst auch einige Plätze hätten zugewiesen werden müssen, sowie Klinken und die Stadt Oldesloe gingen leer aus.

renen die nach diesem Gestühl führenden Kirchentüren zuhalten, weil niemand hinein sollte, der nicht einen Stand gekauft hätte. Als nun Bürgermeister Kirchhoff an eben dem Sonntag in die Kirche eintreten wollte, hörte er oben einige Bauern murmeln, und auf die Frage, was ihnen fehle, antworteten sie: „Herr Bürgermeister, da haben sie uns die Tür zugemacht. Der Pastor schmält, wenn wir nicht in die Kirche kommen. Nun sind wir einen so weiten Weg, bei zwei Meilen, gegangen, und man macht uns die Türe zu. Wenn sie uns nicht in der Kirche haben wollen, können wir wohl zu Hause bleiben." Sie baten zugleich um die Erlaubnis, die Tür aufzubrechen, und drohten den in der Kirche Befindlichen gewaltig. Doch gelang es dem Bürgermeister, sie zu beschwichtigen, indem er ihnen Gelegenheit verschaffte, dem Gottesdienste stehend beizuwohnen. Am folgenden Sonntag war Bürgermeister Kirchhoff wegen einer Unpäßlichkeit nicht in der Kirche. Es kam aber kurz nach Beginn des Gottesdienstes ein Bote nach dem andern zu ihm, durch welche der Pastor ihm melden ließ, es wäre ein schrecklicher Lärm in der Kirche; die Bauern prügelten sich mit Stöcken und es wäre einer von dem hohen Gestühl heruntergeworfen worden. Der Bürgermeister machte so geschwind, als ihm möglich war, Anstalt zur Stillung des Tumults. Es wurde auch einer der Bauern arretiert, aber just der unrechte, und mußte daher wieder entlassen werden. Der Bürgermeister glaubt, „dergleichen Veranstaltungen nicht justifizieren und verantworten zu können, um so viel weniger, da es eine ausgemachte Sache ist, daß ein jeder in seiner einmal erlangten *possession* so lange geschützt werden muß, bis er mit Recht überwunden und durch ein rechtskräftiges Urteil deren entsetzet worden," und meint, es erhelle aus diesen Vorkommnissen, daß es notwendig sei, dergleichen Sachen, besonders bei hiesiger melierten Jurisdiktion und da lauter fremde Untertanen hier zur Kirche gehören, der Jurisdiktion des Orts zu unterstellen, wo die Kirche liegt, wofern nicht allerlei Unordnungen daraus entstehen sollen.

Solche Unordnungen ereigneten sich aber noch öfter. Als einmal die Rethwischer Bauern einen Tumult in der Kirche verursacht hatten, entstand die Frage, ob diese plönischen Untertanen *immediate* vom Konsistorium in Segeberg vor sein Forum zitiert werden dürften, oder ob sie auf dem Umwege über die plönischen Behörden zur Bestrafung gebracht werden müßten. Am meisten drängten jedoch die Unstimmigkeiten zwischen Magistrat und Konsistorium zur Entscheidung.

Der Magistrat bestellte jährlich zwei Bürger dazu, des Sonntags in der Kirche mit dem Klingelbeutel zu sammeln. Nun hatte im Jahre 1739 einer von ihnen wegen Leibesschwachheit einen anderen gedungen, die Sammlung für ihn zu verrichten, und dieser war dann in den Verdacht geraten, sich Geld aus dem Klingelbeutel angeeignet zu haben. Als im November dieses Jahres Amtmann und Propst zur Kirchenvisitation in Oldesloe erschienen, fragten sie in Gegenwart des Bürgermeisters, ob hier ein Kirchenpfahl und ein Schließer vorhanden sei, und erklärten dann, daß es sich um die Bestrafung des wegen Kirchenraubs verdächtigen Bürgers handele. Dadurch fühlte sich der Bürgermeister gekränkt, der der Ansicht war, daß diese Kriminalsache, wenn es eine wäre, vor das Stadtgericht gehöre, da ja doch der Bürger, welcher vertretungsweise den Klingelbeutel herumgereicht hätte, kein Kirchendiener sei. Auch kam es bei dieser Gelegenheit zu erregten Auseinandersetzungen über die Distribuierung der Armengelder, und der Propst verlangte, daß die Armenvorsteher ihre Rechnungen vor ihm abzulegen hätten. Danach mußten Bürgermeister und Rat eine Klärung herbeiführen.

Den Stein brachten die Kinder des des Kirchenraubs verdächtigten Oldesloer Bürgers ins Rollen. In einer gemeinschaftlichen Eingabe an den König vom 7. Dezember 1739 stellten sie dar, daß sie alle in Schimpf und Unglück gestürzt werden möchten, wenn der Bürgermeister eine Untersuchung gegen ihren Vater anstelle, als wenn die Beschuldigung begründet wäre, und baten, den Bürgermeister anzuweisen, die gerichtliche Aufnahme der Sache zu unterlassen. Die Eingabe wurde dem Magistrat zur Äußerung übersandt, der dann am 14. Januar 1740 berichtete, er habe die Untersuchung der Sache noch unterlassen müssen, weil sie vom Konferenzrat von Rantzau und dem Propst Ottens bereits eingeleitet sei, wovon der Erfolg erst abgewartet werden müsse. Überhaupt stimmten die Meinungen in *puncto jurisdictionis* nicht allemal überein, und wenn man sich dieserwegen auf eine Unterredung einlasse und seine Gründe *pro et contra* beibringe, käme gar selten etwas dabei heraus, ja, ein unschuldiges Wort könne leicht eine konträre Wirkung haben und zu Feindschaft und anderen verdrießlichen Folgen Anlaß geben. So sei bei der letzten Kirchenvisitation sowohl über die Klingelbeutelsache wie über die einige Male in der Kirche vorgekommenen Schlägereien und die Distribuierung der Armengelder geredet worden, es sei aber nur beim Diskurs geblieben und alles gelassen, wie es vorher gewesen sei. Der Magistrat sei weit davon entfernt, sich etwas anzumaßen oder Autorität, Honneur und Sporteln zu suchen, sondern trachte hauptsächlich danach, eine feste Richtung seines Verhaltens zu haben, der er ohne Widerspruch folgen könne.

Auf königlichen Befehl vom 15. Februar 1740 berichtete dann der Magistrat am 17. März 1740, „wasmaßen das Segebergische Consistorium und dessen Direktoren seit einigen Jahren sich der Cognition in fast allen Begebenheiten anzumaßen berechtigt zu sein halten, welche nur unter dem geringsten Schein zur geistlichen Jurisdiktion gezählet werden mögen," und zählt von den Sachen, bei welchen gedachtes Konsistorium sich eine außerordentliche Autorität oder Sporteln zueignen wolle, auf:

1. Der Herr Propst prätendiere, der Magistrat solle ihm bei Bestellung eines neuen Schreibmeisters die zu erwählende Person vorher *ad examinandum* präsentieren, auch von ihm beeidigen lassen.

2. Dasselbe bei Bestellung eines neuen Organisten.

3. Obgleich der Magistrat nach den im Archiv befindlichen Akten seit Jahrhunderten die Schule in Gemeinschaft mit dem Hauptpastor beaufsichtigt habe, zeige sich nunmehr (z. B. an dem Verhalten des Rektors Pezold, worüber ausführlich berichtet wird), wie man auch bei dieser

Sache das Konsistorium oder vielmehr den Herrn Propsten als das Oberhaupt, den Magistrat aber nur als subalternen Bedienten considieriere.

4. Als es sich vor einigen Jahren dazu angelassen habe, als wenn des seligen Diakonus Fischers Witwe sich wieder verehelichen wollte, haben ihr der Herr Amtmann und der Herr Propst ein Kuratorium auf einen hiesigen Bürger erteilt, als aber Fischers Nachfolger Fenniger nach Verlauf eines Jahres auch Todes verblichen sei, habe der Herr Propst mit dessen durch gar viele Schulden beschwerten Büchern und Kleidern nichts zu tun haben wollen und dem Magistrat, der sich gescheut habe, Hand anzulegen in der Befürchtung, das möchte als ein Eingriff in die geistliche Jurisdiktion angesehen werden, auferlegt, die Sache anzugreifen und dazu mit der Beerdigung des Körpers den Anfang zu machen.

5. Obgleich die Irrungen über strittige Kirchenstühle und Begräbnisse bisher als weltliche Dinge betrachtet worden seien, wie denn noch im Jahre 1725 Bürgermeister Tatter auf Ansuchen der Kirchengeschworenen und im Einverständnis mit dem damaligen Propst Haberkorn ein Proclama über das Eigentum an einem Begräbnis erlassen und die Sache decidiert und zum Schluß gebracht habe, lasse der jetzige Propst bei Intimierung eines zu haltenden Consistorii alle diejenigen mit zitieren, welche wegen Kirchenstühle und Begräbnisse Klage führen wollen. Wie die Handhabung dieser Dinge durch das Konsistorium gewirkt hat, wird durch ausführliche Berichte über die Kirchenkrawalle von 1732 dargelegt. Auch weist der Magistrat darauf hin, daß beim Stadtgericht anhängige Prozesse, in denen das Eigentum an Kirchenstühlen und Begräbnissen eine Rolle spiele, infolge des Anspruchs des Konsistoriums sehr verteuert, in die Länge gezogen und unter Umständen gar nicht zum Schluß gebracht werden können.

6. Die Einmischung des Konsistoriums in die bereits erwähnte Klingelbeutelsache.

7. Wegen der direkten Insinuation der Zitationen hat sich der Magistrat bisher auch beschwert gefühlt auf Grund einer früheren königlichen Resolution. Da aber nach einem neueren beim Konsistorium eingelaufenen königlichen Erlaß solche Insinuation sogar in fürstlich plönischer Jurisdiktion ohne *Subsidiales* geschehen soll, läßt er diese Beschwerde fallen.

8. Der Propst beanspruche, daß die Armenrechnungen vor ihm abzulegen seien.

Dieser Bericht wurde dem Segeberger Konsistorium zur Äußerung zugesandt, und nun schwollen die Akten lawinenartig an. Amtmann und Propst legten den Bericht durch den Konsistorialboten sämtlichen Beisitzern des Konsistoriums vor, nämlich den Pastoren Niemann zu Lütjenburg, Hartung zu Leezen, Woltersdorf zu Großenbrode, Burchardi zu Heiligenhafen, Huwald zu Bornhöved, Hammerich zu Oldesloe, Bredefeld zu Wandsbek, Masius zu Pronsdorf und Mossarosch zu Bramstedt nebst 12 auf den Bericht bezüglichen Fragen und Anmerkungen dazu und der Aufforderung, diese Fragen schriftlich zu beantworten. Nachdem alle neun zum Teil sehr weitschweifigen und gelehrten Berichte, die durchweg der Meinung der Konsistorialdirektoren beipflichteten, eingegangen waren, wurden sie nebst zahlreichen Aktenauszügen des Propstes und einem zehn Folioseiten umfassenden Bericht des Rektors Pezold über die Einmischung des Bürgermeisters in das Heizen der Stadtschule mit Bericht vom 3. Juni 1740 von dem Amtmann Grafen Hans von Rantzau und dem Propst Ludwig Ottens von Bramstedt aus, wo der Graf wohnte, dem Könige eingesandt. Dem dicken Aktenbündel fügte dann der Propst noch eine 28 Folioseiten umfassende Verteidigungschrift hinzu, in der er die gegen seine Person gerichteten Angriffe des Magistrats abzuwehren sucht und sich besonders gegen die Unterstellung verteidigt, es sei ihm um Erlangung von Gebühren und Sporteln zu tun gewesen.

Dieser ganze Aktenwust wurde dann von der Königlichen Regierung in Glückstadt mit Verfügung vom 23. Juni 1740 dem unglücklichen Magistrat zur Äußerung zugesandt. Derselbe bemerkt dann auch in seinem Gegenbericht vom 21. Juli 1740: „Wenn wir der Methode der Herren *Visitatoren* folgen und uns von allen Magistraten über die *sub quaestione* seienden Punkte eine Information erbitten und anbei alle bei hiesigem Archiv vorhandenen alten Papiere extrahieren wollten, möchten wir gegenwärtige unsere alleruntertänigste Relation sowohl mit noch einer größeren Anzahl Beilagen zu zieren als selbige ziemlich zu erweitern nicht unvermögend sein." Er macht es aber gnädig und faßt sich verhältnismäßig kurz.

Es würde zu weit führen, den Gründen *pro* und *contra* im einzelnen nachzugehen. Für unsere Geschichte mag es genügen, gezeigt zu haben, um was und wie gestritten wurde.

Am 18. Juli 1741 erging im Namen des Königs die Entscheidung durch die Glückstädter Regierung. Sie kam in Kleinigkeiten dem Magistrat entgegen. So gestand sie dem Bürgermeister das Recht zu, sich um das Heizen der Schule zu bekümmern, doch müsse es in gehöriger Form und nicht so wie vorgefallen geschehen. Im großen und ganzen aber billigte sie den Standpunkt des Konsistoriums.

Infolge dieses hiermit beendigten heftigen Konflikts ließ der König zur Abstellung der in das Justizwesen des Amtes Segeberg eingeschlichenen Mängel ein geistliche und die weltliche Gerichtsverfassung des Amtes betreffendes Reglement entwerfen und dem Oldesloer Magistrat durch Verfügung vom 20. Juni 1742 zugehen mit dem Befehl, das, was er etwa dagegen einzuwenden habe, binnen 14 Tagen einzuberichten. Der Magistrat reichte seine Einwendungen unterm 9. Juli 1742 ein; aber es verlautet nicht, daß dadurch irgendeine Änderung des Reglements herbeigeführt wurde.

III. Ein Brudermord.

Bericht eines Augenzeugen. Das Urteil. Spätere Nachrichten.

Zu Pfingsten 1726 erschoß der junge Scharfrichter Johann Jakob Stoff seinen jüngeren Bruder Christian Hinrich im Streit. Ein Augenzeuge, der Dragoner Hans Jakob Möller aus Oldesloe, stellte vor dem vom Oldesloer Magistrat angerufenen Kriegsgerichte in Schleswig am 13. Juli 1726 den Hergang folgendermaßen dar: Am ersten Pfingsttage gegen Abend habe Christian Hinrich Stoff mit einigen anderen jüngeren Leuten im Kruge des Wirtes Hofmann Kegel gespielt und sie hätten auf das meiste Holz jedesmal 1 Schilling gehalten. Als zuletzt aber keiner mehr habe mithalten wollen, sei er böse geworden und schimpfend weggegangen. Unterwegs habe er seinen Bruder, den Scharfrichter, vor Claus Bilckers Tür mit dessen Tochter im Gespräch angetroffen und habe ihn zur Rede gestellt. Was sie aber gesprochen hätten, habe Zeuge nicht gehört. Wohl aber habe er gehört, daß der Scharfrichter gesagt habe: „Magd, sticke ein Licht an, de schwere Not schall em regeren, makt he mi *molest* in minem Huse." Der jüngere Bruder sei dann dem älteren bis zu dessen Tür gefolgt und habe gesagt: „Komm herut, du Rackerhund, mit dinem Racker, de schwere Not schall di regeren," worauf der andere repliziert: „Ziehe mein Camisol aus und gehe zum Hause hinaus. Du hast hier nichts mehr zu tun, du hast das deinige gekriegt." Der Jüngere habe aber geantwortet: „Für dich nicht, du Rackerhund," sei in das Haus gelaufen, habe einen Degen geholt, eine an der Tür stehende Linde halb abgehauen und ein Fenster halb eingeschlagen und habe sich dann zu den umstehenden Leuten gewandt und gesagt: „Mein Bruder wollte mir diesen Morgen keinen Duppelschilling leihen, ich wollte ihn nicht versaufen, sondern Puder dafür kaufen und in die Kirche gehen. Andern kann er 2 Mark leihen und mir keinen Duppelschilling, und dennoch ist er mir schuldig." Gleich darauf habe er sich wieder umgekehrt und auf seinen Bruder eingehauen, wie oft, könne Zeuge nicht sagen, jedoch habe er gehört, daß der Jüngere gesprochen: „Mein Bruder ist schuld an Bürgermeister Tater seinen Tod, indem er mich dazu beredet, zu ihm ins Haus zu gehen und Gewalt anzutun. Ich habe sonst mit meiner Obrigkeit niemals Lärm gehabt. Mein Bruder ist schuld daran, daß ich Oldesloe habe meiden müssen." Der Scharfrichter habe gesagt: „Gehe mir vor der Tür weg, oder ich schieße dich," worauf der andere geantwortet: „Schieß, Kanaille!" Zeuge habe sich dann nebst den anderen Umstehenden um die Ecke gemacht, weil sie nicht hätten wissen können, ob es sein Ernst sei oder nicht. Da sei auch gleich der Schuß geschehen, und wie sie sich darauf umgekehrt, wäre der Geschossene schon über den Markt gelaufen gekommen und hätte geschrieen: „O Jesus!" Der Bruder sei ihm nachgelaufen. Was aber unter ihnen gesprochen, habe Zeuge nicht hören können. Weiter sei ihm nichts bewußt.

Das Oldesloer Stadtgericht erließ dann am 30. Dezember 1726 folgendes Urteil: „In Sachen *Fiscalis ex officio* constituierten peinlichen Anklägers an einem, entgegen und wider Johann Jacob Stoff, peinlich Angeklagten, an andern Teil *in puncto commissi homicidii* erkennen die zu dieser Stadt Nieder=Gericht verordneten Bürger auf eingeholten Rat auswärtiger unparteiischer Rechtsgelehrten und denen verhandelten *Actis* gemäß hiermit vor Recht, daß der peinlich Angeklagte Johann Jacob Stoff von der wider ihn angestellten peinlichen Klage und aller Strafe gänzlich zu absolvieren, jedoch die auf diesen Criminal=Prozeß verwandten Kosten zu bezahlen schuldig sei." Es war also offenbar Notwehr angenommen worden.

Von einem gewaltsamen Tode des Bürgermeisters Tater und von einer Verweisung des jüngeren Stoff aus der Stadt geben die Akten weiter keine Nachricht, doch heißt es in einer dem Johann Jakob Stoff im Jahre 1741 vom Magistrat erteilten Verwarnung, daß er „nachdrücklich zu verwarnen sei, bei Vermeidung hinlänglicher Ahndung künftighin seinem Dünkel nicht so frei den Zügel zu lassen; denn er wird es gewiß für eine Wohltat anzusehen haben, wenn er solchergestalt einmal zum Nachsinnen gebracht würde, indem er sich sonst ohnfehlbar noch einst hauptunglücklich machen muß, inmaßen er nicht erst itzo anfängt, sich mit verbotenen Sachen abzugeben, sondern sogar bereits in *anno* 1724 durch seinen Bruder, den er nachher selber erschossen, einen gar ausnehmenden Auflauf angestiftet hat, der so weit ging, daß derzeitiger Magistrat zur Stillung des Tumults und Herbeirufung benachbarter Hülfe die Sturmglocken anziehen lassen mußte," und bei einer Wiederholung dieser Stelle in einem Bericht von 1746 fügt Bürgermeister Kirchhoff noch hinzu: „auch der Bürgermeister Tatter größtenteils seinen Tod daher genommen hat." Als Unruhestifter werden wir den Verwarnten noch weiter kennenlernen. Über den Auflauf, infolge dessen Bürgermeister Tatter ums Leben gekommen sein soll, findet sich aber weiter nichts in den Akten. Da der Auflauf schon 1724 stattfand, während Tatter erst am 2. Januar 1726 starb, können die bei dem Aufruhr erlittenen Gewalttätigkeiten nicht die unmittelbare Ursache seines Todes gewesen sein.

IV. Die Niederlassung der Mährischen Brüder.

Pläne zur Heranziehung von Ansiedlern nach Oldesloe. Einladung der Mährischen Brüder zur Ansiedlung. Orientierungsbesuch Waiblingers. Erlangung von Freiheiten. Übersiedelung. Das Baugelände. Beginn des Baus. Gedeihliche Entwickelung. Unzulänglichkeit Waiblingers als Vorsteher. Vorsteher Bezold. Martin Rohleder. Bau einer Erziehungsanstalt. Der Name Pilgerruh. Mißklänge. Personenzahl. Bau eines Versammlungshauses. Allerlei Mißhelligkeiten. Untersuchung durch die Regierung. Visitation durch Propst Ottens. Introduktion Waibingers durch Conradi. Sträuben gegen den vorgeschriebenen Homagialeid. Homagialeid oder Auswanderung. Befragung Zinzendorfs. Vorbereitung der Auswanderung. Eintreten Conradis. Innere Konflikte. Auflösung der Gemeinde. Rohleder bleibt in Pilgerruh. Verkauf von Pilgerruh.

Um der verarmten und entvölkerten Stadt aufzuhelfen, hatte, wie bereits erwähnt, schon Marx Leeke vorgeschlagen, Sektierer und Juden zur Niederlassung in Oldesloe herbeizuziehen und die königliche Kommission von 1706 die Einrichtung einer Kolonie von französischen Flüchtlingen empfohlen. Auch befindet sich bei den Akten ein Brief des Statthalters Grafen Charles von Ahlefeld in französischer Sprache, in dem erörtert wird, unter welchen Bedingungen französische Réfugiés zur Ansiedlung in Oldesloe veranlaßt werden könnten. Diese Vorschläge scheinen jedoch aus dem Stadium der Erwägung nicht herausgekommen zu sein. Im vierten Jahrzehnt des 18. Jahrhunderts aber wurde eine solche Niederlassung wirklich ausgeführt.

Gegen Ende des Jahres 1735 hatte eine Gruppe von Mährischen Brüdern, nachdem sie aus dem herzoglichen Holstein verwiesen worden war, ein vorläufiges „Pilgerquartier" in Horst bei Elmshorn gefunden und sah sich von dort nach einem Orte zur festen Ansiedelung um. Als das in Oldesloe bekannt geworden war, stellte ihnen im August 1736 Pastor Hammerich ein ausführlich ausgearbeitetes Projekt zu für einen Anbau in Oldesloe, und als sie zwischen verschiedenen Projekten schwankten und der Plan, sich in Bramstedt niederzulassen, an dem Widerspruch der Einwohner, namentlich der Handwerker, die für ihr Brot fürchteten, gescheitert war, ließ ihnen der Kammerherr von Schulin im Namen der Regierung durch den Generalsuperintendenten Conradi vorschlagen, sich doch lieber bei Oldesloe anzusiedeln, wo die Stadt ihre Aufnahme nicht ungern sähe. Da machte sich ihr Prediger Waiblinger mit dem Bruder Schwartz ungesäumt auf, um die Verhältnisse kennenzulernen. Sie wurden vom Bürgermeister Kirchhoff und den beiden Predigern freundlich aufgenommen und fanden Oldesloe wegen seiner günstigen Lage zwischen Lübeck und Hamburg und wegen der vorbeifließenden, zum Teil schiffbaren Flüsse zum Anbau sehr geeignet, auch den zur Niederlassung bestimmten Platz recht vorteilhaft. Nachdem Waiblinger in der Oldesloer Kirche am Himmelfahrtsfest zum erstenmal gepredigt hatte, kehrten die Brüder nach Horst zurück. Noch im Mai erhielten sie die Anweisung der Stelle für die Niederlassung und auf erneutes Ansuchen auch Loslösung vom bürgerlichen und kirchlichen Verband, Freiheit von der Zunftordnung, eigenen Gottesdienst und eigenen Geistlichen. Am 19. Juli 1737 erfolgte die königliche Konzession, und am folgenden Tage erging zugleich eine königliche Ordre an den Statthalter, in der befohlen wurde, „den Brüdern in vorkommenden Dingen alle mögliche *assistence* zu leisten." Im August fand die Übersiedelung von Horst statt.

Das den Brüdern zur Niederlassung überwiesene Gelände, das sie für den Kaufpreis von 800 Talern erwarben, war das Gebiet des St.-Jürgensstiftes auf dem Hügel vor dem Hamburger Tore, der noch jetzt nach ihnen Mährischer Berg heißt. Das kleine, halb zerfallene Armenhaus, das an die Stelle des früheren größeren Siechenhauses getreten war und damals leer stand, bot den ersten Ankömmlingen eine kümmerliche Unterkunft. Dieses nur eine Stube und eine Kammer enthaltende Häuschen und die St.-Jürgenskapelle mit dem sie umgebenden Friedhofe waren nicht mitverkauft worden, wurden aber den Brüdern zur Benutzung überlassen. Die Hamburger Landstraße durchschnitt dieses Gelände damals noch nicht, sondern führte an seiner Westgrenze vorbei durch einen Hohlweg, dessen Verlauf vor der Erbauung des Oberrealschulgebäudes noch zu erkennen war.

Es galt nun, vor dem nahen Winter den Bau eines soliden Hauses möglichst fertigzustellen. Ein befreundeter Goldschmied in Altona namens Bluhm, der ihnen schon die 800 Taler, und zwar auf sechs

Jahre, zinsfrei vorgestreckt hatte, gab ihnen jetzt weitere 900 Taler und hernach noch wiederholt große Summen zum Anbau. Zugleich wurden ihnen aus der königlichen Kasse, wie für alle späteren Neubauten, 25 Prozent der Baukosten erstattet. So ging es denn rasch an die Ausarbeitung des Risses sowie an die Herbeischaffung des Baumaterials; am 7. September wurde der Grund zu dem ersten Hause der Kolonie gelegt, und schon am 7. November waren in dem Hause zwei Stuben fertig zum Gebrauch. Langsam begann nun die Gemeinde zu wachsen. Zwei Familien mit Kindern und mehrere ledige Brüder kamen herzu. Doch mußte leider noch vor Ende des Jahres das Ehepaar Schwartz „wegen Unlauterkeit und lieblosen Geizes" ausgeschlossen werden. Am 25. Januar 1738 feierte man in der Gemeinde zum ersten Male das heilige Abendmahl nach dem Ritus der Brüder. Es wuchsen nun mehrere Häuser empor, und allmählich begann alles in der Gemeinde festere Formen anzunehmen. Doch zeigte sich Waiblinger als Leiter den entstehenden Schwierigkeiten nicht gewachsen, da er wohl ein gelehrter Theologe, doch in den praktischen Dingen des Lebens unbeholfen, ein trefflicher Seelsorger, aber kein energischer Leiter der Gemeinde war. Eigentlich sollte er das auch nicht sein. Doch fehlte den Brüdern seit November 1736 der Vorsteher. Sie beauftragten deshalb Waiblinger, zum Grafen von Zinzendorf zu reisen, um mit ihm und den andern Brüdern die Sachlage zu besprechen und um einen tüchtigen Vorsteher und taugliche Brüder zum Anbau zu bitten. Zinzendorf gab denn auch nicht nur guten Rat, sondern verhieß auch die Sendung von tüchtigen Leuten und die Einsetzung eines neuen Vorstehers. Als solcher kam dann am 17. April Bruder Bezold mit Frau in der Kolonie an, und ihnen folgten schon in den nächsten Tagen mehrere nach Herrnhut eingewanderte Mähren. Schwartz und Frau wurden wieder aufgenommen, blieben aber Schmerzenskinder. Als Bezold sein Amt am 20. April antrat, zählte die Gemeinde 22 Personen. Sie wuchs dann in allmählicher Steigerung. Unter den im Sommer 1738 ankommenden Brüdern ist Martin Rohleder hervorzuheben, der als „Ältester" der Gemeinde mit seiner Frau am 10. August eintraf und von der Gemeinde „mit großer Freude und *respectu*" aufgenommen wurde. Von Juli bis August wurden drei neue Häuser gebaut, auch eine Erziehungsanstalt wurde im Bau begonnen. Bezold und Waiblinger gaben nun der Kolonie einen Namen und nannten sie „Pilgerruh," weil sie hofften, nach der mehrjährigen Pilgerschaft durch dies Land hier endlich Ruhe zu finden, und weil ja auch der Grund und Boden, auf dem ihre neue Gemeinde lag, einst den Pilgern und Fremdlingen zugute legiert worden war.

Es kam jetzt eine gesegnete Zeit brüderlichen Liebeslebens, das nur selten durch Mißklänge gestört wurde. Auch nach außen war die Entwicklung in dieser ersten Zeit eine vorwiegend friedliche. Freilich wurden die Brüder verschiedene Male von Oldesloer Handwerkern, die ihnen wegen ihrer Befreiung vom Zunftzwange gram waren, belästigt und ebenso von Bauern aus Rümpel, die darüber ärgerlich waren, daß ihnen ihr gewohnter Kirchweg durch die bis zur Beste reichenden

Ländereien der Brüder versperrt war; durch energisches Einschreiten der Regierung wurde aber bald Ruhe geschafft. Hiervon abgesehen, scheint die Gemeinde in der ganzen Umgegend damals durchweg große Achtung genossen zu haben, jedenfalls wurden ihre Gottesdienste, welche ganz nach dem Muster Herrnhuts eingerichtet waren, von zahlreichen Leuten aus der Umgegend aufgesucht.

Im Mai 1739 zählte die Gemeinde bereits 87 Personen und gegen Ende des Jahres 1739 etwa 150, Ende 1740 166 Seelen. Eine Anzahl neuer Häuser war gebaut worden, darunter ein Versammlungshaus mit großem Saal. Die Erziehungsanstalt war voll besetzt. Man brachte zum Teil aus weiter Ferne Kinder hierher, da die Anstalt bald einen guten Ruf bekam. Auch die innere Organisation der Gemeinde war gefördert worden, indem man die einzelnen „Chöre" ordnete und mit Aufsehern bestellte.

Wenn auch die Gemeinde in Pilgerruh sich bis etwa Mitte 1739 vorwiegend friedlich und gedeihlich entwickelte, so konnten die Brüder während dieser Zeit doch nicht ohne Befürchtungen in die Zukunft sehen. Um die Erlaubnis zur Niederlassung in dem königlichen Holstein zu erlangen, hatten die Brüder im Jahre 1736 einen Revers unterschreiben müssen, durch den sie sich u. a. verpflichteten, in ihrem Religions- und Kirchenwesen weder Verbindung mit Zinzendorf noch mit der Gemeinde zu Herrnhut zu unterhalten und ihre Kirchendisziplin nicht andern anzupreisen, sondern sie unter sich allein auszuüben und sich der Mission in den königlichen Ländern, mit Ausnahme der außereuropäischen, gänzlich zu enthalten. Diese eingegangenen Verpflichtungen hatten die Brüder nun schon öfter übertreten und konnten sie eigentlich gar nicht halten, wenn sie ihrer Natur und ihren Zielen nicht untreu werden wollten. Das machte ihnen nicht nur schwere Gewissensbedenken, sondern mußte sie auch Konflikte mit der Regierung befürchten lassen, wenn auch der König ihnen wohlgesinnt war und sie mit größter Milde und Nachsicht behandeln ließ. Die Brüder hatten aber auch viele prinzipielle Gegner im Lande, welche die separatistischen Bestrebungen, wie sie in der Brüdergemeinde gerade in diesen Jahren immer mehr hervortraten, nicht mit günstigem Auge ansahen. Auch in Pilgerruh verkehrten viele Separatisten. Als nun im April 1739 während einer Reise Waiblingers zu den Brüdern in der Wetterau zwischen Bezold und dem Diakonus Riese in Oldesloe über das Wesen der Kindertaufe Zwistigkeiten entstanden, infolge deren ein Kind Bezolds längere Zeit ungetauft blieb, und als Waiblinger, der mit seiner Braut heimgekehrt war, sich nicht von einem Pastor der Landeskirche, sondern von einem Mährischen Bruder, allerdings in Pastor Hammerichs Gegenwart, trauen ließ, sah Propst Ottens in Segeberg, dem beides zu Ohren gekommen war und der auch sonst gegen die Brüder allerlei Bedenken hatte, namentlich auf sie ärgerlich war wegen ihrer Bestrebungen, sich von seiner Aufsicht freizumachen, darin eine „Verachtung des geistlichen *ministerii*" und fühlte sich als Propst gemäß der schon am 19. Februar 1737 an das Segeberger Konsistorium ergangenen Weisung, daß die Prediger auf die Mähren ein wachsames Auge haben sollten, insbesondere veranlaßt, an die Regierung zu berichten. Dazu kam noch eine dritte Sache. Im Juli 1739 besuchte der königliche Landvogt auf Helgoland Stemann mit dem Pastor Anders die Gemeinde in Pilgerruh und soll mit ihm nach herrnhutischen Berichten „von Ehrfurcht überwältigt — wie einst Moses am Horeb — die Schuhe von seinen Füßen gezogen und so barfuß den Ort betreten haben." Stemann nahm dann am 8. August als Gast am Abendmahl der Brüder teil und wurde von dieser Feier so hingerissen, daß er beschloß zu bleiben, sich ein Haus kaufte und seine ganze Familie herbrachte. Darüber waren seine vornehmen Verwandten und Freunde empört. Ein Bruder Stemanns, Kammerrat in Segeberg, klagte die Brüder als Übertreter der unterschriebenen Punkte an. Der ganze Vorgang erregte Aufsehen, da es sich um einen angesehenen königlichen Beamten handelte, und war der Regierung höchst unangenehm. Sie ließ durch den Bürgermeister Kriegsrat Kirchhoff, der übrigens reformierter Konfession war, die Brüder mehrfach vernehmen, und nach längeren Verhandlungen erhielt Waiblinger am 15. Februar 1740 einen nachdrücklichen Verweis wegen des begangenen „Unfugs", und es wurde ihm anbefohlen, keinen fremden Parochianum, auch auf sein eigenes Ansuchen, ohne Vorzeigung einer speziellen Konzession der Regierung in seiner Gemeinde *ad sacra* zuzulassen.

Dieser Fall machte die Behörden stutzig und beeinflußte die Untersuchung, welche auf die Eingabe des Propst Ottens von der königlichen Regierung am 22. September angeordnet war. Am 25. November 1739 kamen der Amtmann von Rantzau und der Propst Ottens aus Segeberg nach Oldesloe zur Kirchenvisitation und hielten zugleich als königliche Kommissare mit den Brüdern ein Examen, wobei Waiblinger, Bezold und Rohleder einen ganzen Tag lang scharf von Ottens befragt wurden. In seinem amtlichen Bericht über diese Visitation spricht sich Propst Ottens über die Brüder durchaus ruhig und besonnen aus; zwar führt er an, daß etliche von ihnen sagten, bei ihnen allein sei die apostolische Kirche, und solche Anmaßung sei nicht zu dulden, zugleich berichtet er aber, daß die Brüder nach allem, was er von glaubhaften Personen in Oldesloe erfahren habe, einen stillen, ehrbaren Wandel führten und durch fleißigen Gottesdienst und treuliche Arbeit viele evangelisch-lutherische Christen beschämten.

Zu diesen Reibungen kamen nun auch noch weitere Konflikte hinzu. Die Regierung war bemüht, ein gutes Einvernehmen mit der Gemeinde aufrecht zu erhalten und hatte den Brüdern stets weitgehendes Entgegenkommen gezeigt, so z. B. in bezug auf die amtliche Konfirmation Waiblingers, der ursprünglich von Propst Ottens hatte introduziert werden sollen, auf eine Eingabe an den König aber, in der die Brüder baten, die Introduktion nicht durch den Propst, sondern durch den Generalsuperintendenten geschehen zu lassen, am 19. August 1739 bei Gelegenheit einer Oldesloer Kirchenvisitation von dem ihnen stets wohlgesinnten Generalsuperintendenten Conradi aus Rendsburg feierlich in sein Amt eingeführt wurde. In allen Punkten aber konnte die Regierung den Brüdern nicht zu willen sein. Im Frühjahr 1738 hatte der

Oldesloer Magistrat den Brüdern eine Anordnung zugehen lassen, daß sie nunmehr den von allen königlichen Untertanen zu leistenden Homagialeid ablegen sollten. Hierzu hatten sich damals die Brüder nur unter der Bedingung bereit erklärt, daß die Schlußklausel, „so war mir Gott hier zeitlich und dort ewiglich helfen soll," in eine etwas gelindere möchte verwandelt werden, etwa auf diese Weise: „so viel mir Gott Gnade geben wird." Als die Behörde dann auf ihrer Forderung bestand und den Brüdern im November 1738 aufgab, sich innerhalb zweier Monate zu erklären, beschlossen sie am 30. November alle einmütig, sich lieber wegjagen zu lassen, als den Eid zu tun. Waiblinger wandte sich, wie es merkwürdigerweise schon Zinzendorf vor ihm getan hatte, mit der Bitte um Vermittelung an den am Hofe einflußreichen Grafen Christian Ernst von Stolberg-Wernigerode, der als ein Gegner Zinzendorfs und der Herrnhuter galt, aber offenbar nur das Beste der Brüder und des Landes wollte. Der Graf antwortete ihm, für sein Vertrauen dankend, er habe beim König Vorstellungen wegen des Eides gemacht, der König wolle ihn ihnen aber nicht erlassen, da sie sich schriftlich zu den Landesgesetzen verpflichtet hätten; sie möchten doch nachgeben, da sie sonst nur Anstoß erregen und Gutes verhindern würden. Monatelang ruhte dann diese Angelegenheit, bis kurz nach der Introduktion Waiblingers der königliche Befehl zur endgültigen Ablegung des Homagialeides erging.

Die Gemeinde sandte nun im September 1739 die Brüder Bezold und Hickel nach Kopenhagen mit einem Memorial und einem Schreiben des Generalsuperintendenten Conradi an den König, in welchem er eindringlich Fürsprache einlegte: des Gewissens der Brüder sei beschwert, der König möge Gnade üben; der *status rei publicae* werde ja durch Nachlassung des Eides nicht gefährdet. Schon etwas vorher hatte Conradi auch direkt ein ausgezeichnetes Zeugnis über die Brüder an den König eingereicht. Aber die Regierung wollte nun nicht mehr nachgeben, zumal die Brüder in dieser Zeit in Lübeck wie später auch in Wilster durch offenbare Propaganda-Versammlungen Unruhen erregten. So erging am 2. Oktober 1739 ein königliches Reskript an Conradi und gleichzeitig ein gleichlautendes an den Bürgermeister Kirchhoff, „daß den Mährischen Brüdern die Eidesleistung nicht nachgelassen, ihnen aber eine dreijährige Frist gestattet werden solle, binnen welcher sie zur Leistung des Eides sich zu erklären oder wieder zu emigrieren hätten, inzwischen solle es nicht gestattet sein, daß sich noch mehr dieser Leute bei Oldesloe niederließen, es wäre denn, daß sie sich zum Eide erklärten." Den bereits auf dem Wege befindlichen zuwandernden Brüdern ward jedoch nachträglich ebenfalls die dreijährige Frist bewilligt.

Damit war zwar die Entscheidung hinausgeschoben, aber die Brüder wurden doch nun immer unruhiger über ihre zwiespältige Lage und sandten deshalb im November 1739 ihren Vorsteher Bezold zu Zinzendorf, um sich bei ihm Rat zu holen und ihn womöglich zu bewegen, selber für sie mit der Regierung zu verhandeln. Doch jetzt stellte sich Zinzendorf mit einem Male ganz formell auf den Boden des Reskripts von 1736 und lehnte jede Einmischung ab.

Nun sahen die Brüder keinen anderen Ausweg als die Auswanderung und sahen sich nach neuen Stätten um, beschlossen dann aber, wahrscheinlich auf den Rat ihres Bischofs David Nitschmann, der sie im Frühjahr 1740 in Pilgerruh besuchte, ihre ganze Sache offen und ehrlich vor die Synode der Brüder zu tragen, die im Juni 1740 in Gotha tagen sollte. Es war das ja entschieden eine o f f e n e Übertretung des Reverses, nachdem die Brüder ihn bisher immer nur heimlich umgangen hatten; aber es war nach langem unsicheren Schwanken doch endlich wenigstens eine ehrliche Entscheidung, ein freies Bekenntnis, daß man von Herrnhut nicht lassen wolle und könne. Auf die Vorstellungen Bezolds hin sandte die Synode ihren Syndikus Böhmer nach Kopenhagen, damit er sich nach Kräften für die Gemeinde in Pilgerruh verwende. Auf Grund seiner Instruktionen übergab Böhmer am 20. August 1740 ein Memorial an den König, in dem nicht nur der Eid wiederum verweigert wurde, sondern noch außerdem so weitgehende Forderungen aufgestellt wurden, daß an ein Nachgeben der Regierung unter solchen Umständen unmöglich zu denken war. Am 24. November 1740 erhielt denn auch Böhmer den königlichen Bescheid: da die Brüder zur Leistung des Eides sich nicht verstehen, sondern lieber emigrieren wollten, sollten sie sich zur Emigration für das kommende Frühjahr anschicken. Nun waren die Brüder also schlimmer daran als im vergangenen Jahre, in dem ihnen zur Leistung des Eides eine dreijährige Frist gegeben worden war.

Da traten die Freunde der Brüder noch einmal warm für sie ein, um die drohende Emigration von ihnen abzuwenden, insbesondere wieder „der liebe alte Conradi," der es schließlich im März 1741 durchsetzte, daß der König sich zur Annahme einer „Homagial=Versicherung" an Stelle eines Huldigungseides bereit erklärte, wenn er auch im übrigen fernerhin genaue Beachtung der Rezeptionsartikel forderte. Dieser überaus günstige Bescheid, den Conradi den Brüdern sofort mitteilte, traf die Gemeinde Pilgerruh schon in voller Auflösung.

Zu den äußeren Schwierigkeiten waren nämlich Konflikte innerhalb der Gemeinde hinzugekommen. In ihr hatten schon längere Zeit zwei Strömungen geherrscht: die eine Partei, vorwiegend geborene Mähren, drang auf Festhalten an der altmährischen Lehre und Verfassung und auf freie Entwickelung ohne Abhängigkeit von Herrnhut, wollte demgemäß gern im Lande bleiben und war zu Zugeständnissen bereit; die andere Partei, die große Mehrheit, verlangte enge Anlehnung an Herrnhut und glaubte unter den obwaltenden Umständen ihr Ziel nur durch Emigration erreichen zu können. Der Führer der ersten Partei war der „Älteste" Martin Rohleder, der Leiter der Erziehungsanstalt, ein rechter Mähre in seinen Vorzügen und in seinen Schwächen: schlicht und pflichttreu, von tiefer Frömmigkeit, aber auch voll unbeugsamen Trotzes. Als am 4. Februar 1741 der Generalälteste Leonhard Dober nach Pilgerruh kam, um die Emigration zu leiten, stieg

Rohleders Zorn auf die Höhe. Er sammelte offen einen Anhang aus den Mähren um sich, isolierte sich mit ihm immer mehr von der Gemeinde, hielt mit ihm besondere Versammlungen und Liebesmahle ab und trieb die Spaltung in der Gemeinde so weit, daß er im Frühjahr 1741 „auf Verordnung der ganzen Mährischen Synode" von seinem Ältestenamt dimittiert wurde und daß Zinzendorf ihm am 4. April 1741 mitteilte, er berufe kraft seines Amtes die Brüder Waiblinger, Bezold und alle anderen Getreuen ab, ihm aber und seinem Anhange sei es überlassen zu bleiben, wo sie könnten, nur nicht in Pilgerruh.

Damit war die Auswanderung schon um der inneren Konflikte willen, die keine Hoffnung auf friedliche und gedeihliche Entwicklung der Gemeinde ließen, als notwendig anerkannt, und daher fand der oben erwähnte Bescheid des Königs nun doch eine ablehnende Aufnahme. Die Brüder erlangten auf ihre Bitte noch eine Verlängerung der Auswanderungsfrist bis Johannis; Versuche aber, die inzwischen gemacht wurden, um alles wieder ins richtige Geleise zu bringen, scheiterten, und so mußten denn die Brüder von Pilgerruh weichen. Am 24. Juni, dem Johannistage, war noch ein gemeinsamer Bettag, an dem Bezold Abschied nahm. Am 25. Juni 1741 endlich machte Christian David, der gefeierte erste mährische Exulant, den die Gesamtgemeinde als Vertrauensmann nach Pilgerruh gesandt hatte, im Betsaal Schluß, „und ist keine Glocke mehr gerührt worden!"

Eine Anzahl Brüder ging nach Herrnhaag in der Wetterau, die meisten aber, unter ihnen auch Bezold, zogen nach Pennsylvanien. Waiblinger blieb noch eine Zeitlang bei guten Freunden in Holstein, 1744 wurde er Prediger zu Gnadenfrei und 1750 Bischof der Brüder in Schlesien. Rohleder blieb mit dem Rest seines Anhangs (seiner Frau, Hickel und Frau und Matthes Schwartz) in Pilgerruh zurück. Als man sie wiederholt aufgefordert hatte, Pilgerruh zu verlassen, hatten sie sich geweigert, und als man sie hatte zwingen wollen, war Schwartz zum Bürgermeister gegangen und hatte die Brüder verklagt, daß sie ihn aus dem Hause jagen wollten. Der Bürgermeister Kirchhoff war darauf schützend für ihn eingetreten und hatte über den Vorfall an die Regierung berichtet, worauf er angewiesen worden war, sich in die Privatirrungen der Brüder gar nicht einzumischen, nur wenn einige wider ihren Willen zur Emigration gezwungen werden sollten, solle er die Autorität der Obrigkeit wahren und die äußerliche Ruhe herstellen. Noch 1759 wohnte Rohleder in Pilgerruh. Im Jahre 1761 soll er in Altona in Dürftigkeit gestorben sein.

Bis zum Jahre 1748 wurden verschiedene Versuche gemacht, eine neue Rezeption von Mährischen Brüdern in Pilgerruh zu ermöglichen. Dahingehende Vorschläge wurden nun aber von der Regierung stets abgelehnt, und ein königliches Reskript vom 11. November 1748 schärfte dem Magistrat zu Oldesloe noch einmal ein, keinen ankommenden Brüdern den Aufenthalt zu gestatten. Im Dezember 1748 beschloß daher das Generaldiakonat der Mährischen Brüder, Pilgerruh endgültig aufzugeben. Nachdem die Häuser eine Zeitlang leer gestanden und die Ländereien im Auftrage der Brüdergemeinde verwaltet worden waren, wurde schließlich im Jahre 1751 alles an den damaligen Salinenbesitzer von Vieregg verkauft[1]).

V. Neue Streitigkeiten zwischen Bürgerschaft und Magistrat.

Vogtdingsbeschluß von 1743. Ankauf von Bauholz. Aufregung der Bürgerschaft darüber. Aufregung über die Holzwärterwohnung und den Holzwärterdienst. Ostervogtding von 1743. Wühlerei. Eingabe an den Magistrat. Schritte des Magistrats gegen das Komplottieren. Neue Eingabe an den Magistrat. Eingabe der Bürgerschaft an den König. Entsendung des Scharfrichters Stoff. Ergänzungseingabe. Abfall von der Opposition. Ruhepause. Neue Aufregung in den Zünften. Wiederanregung der Sache von 1743. Die Abordnung in Kopenhagen. Bericht des Bürgermeisters. Gegenschrift der Deputierten. Erklärung des Magistrats. Der Rädelsführer Stoff. Haltung der Zunftmeister. Vergleichung mit den Bürgerkämpfen des 17. Jahrhunderts. Konflikte im Magistrat.

H. A. Krüger behauptet gegen Ende seines Berichts über die Niederlassung der Mährischen Brüder in Oldesloe, Pilgerruh habe einen durchaus heilsamen Einfluß auf die Umgegend ausgeübt und nach seinem Untergange sei die Bevölkerung entschieden in ihrem geistigen Niveau herabgesunken, führt zur Stütze der Behauptung aber keine Tatsachen an. Vielleicht haben die Streitigkeiten zwischen Bürgerschaft und Magistrat, die in Oldesloe bald nach dem Weggange der Mährischen Brüder ausbrachen und recht häßliche Formen annahmen, zu diesem Urteil Veranlassung gegeben.

Auf dem ersten Vogtding des Jahres 1743 wurde beschlossen, die Brücke vor dem Lübecker Tore und das Torhaus daselbst neu zu bauen und ein vor kurzem zum Quartier für einen Offizier angekauftes Haus zum Gebrauch herzurichten, und es wurde bei der Gelegenheit von der Bürgerschaft der Wunsch ausgesprochen, das Holz zu den Bauten aus dem Kneden zu nehmen. Nun kaufte aber der Magistrat in Übereinstimmung mit den damaligen deputierten Achtmännern das Bauholz von einem Holzhändler für 120 Mark und mag triftige Gründe dafür gehabt haben. Der Knedenwald war nämlich durch die Mißwirtschaft des vorhergehenden Jahrhunderts so heruntergewirtschaftet worden,

---

[1]) Vorstehende Darstellung der Geschichte von Pilgerruh verdanke ich zum größten Teile der sich hauptsächlich auf Akten des Unitätsarchivs in Herrnhut und des Archivs der holsteinischen General-Superintendentur gründenden Geschichte der Brüdergemeinde in Schleswig-Holstein von Dr. Max Wittern, Pastor in Segeberg, (Schriften des Vereins für schleswig-holsteinische Kirchengeschichte, II. Reihe, IV. Band, 4. Heft, Kiel 1908). Daneben wurden benutzt „Zur Geschichte des Pietismus in Schleswig-Holstein von Archivrat Dr. E. Jacobs in Wernigerode" Schriften des Vereins für schleswig-holsteinische Kirchengeschichte, II. Reihe, II. Band, 2. Heft. Kiel 1901) und H. A. Krüger, „Die Herrnhuterkolonie Pilgerruh" im Bruderboten, 35. Jahrg. Heft 10 und 11. Herrnhut Oktober und November 1896. Im Oldesloer Stadtarchiv sind keine Pilgerruh betreffenden Akten mehr vorhanden. Nur an wenigen Stellen werden die Brüder einmal erwähnt.

daß die königliche Kommission vom Jahre 1706 nur einen Buschwald vorfand, in dem kein ordentlicher Stamm gehauen werden konnte. Sie hatte deshalb angeordnet, daß die nächsten 10 Jahre im Kneden keine Bäume gefällt werden dürften und danach nur im äußersten Notfalle und nicht ohne Genehmigung der Regierung. Die Bürgerschaft aber geriet in große Erregung, daß der Magistrat ihren Wunsch unbeachtet gelassen hatte, und verlangte, er solle im Kneden so viele Bäume fällen lassen und verkaufen, daß aus dem Erlös die Kosten des angekauften Bauholzes gedeckt werden könnten.

Von eigennützigen und neidischen Leuten, die an der Knedenverwaltung auch noch andere Dinge auszusetzen hatten, wurde die Erregung dann noch weiter geschürt. Im Jahre 1737 war die Hütte, die dem Holzwärter Scherer bei schlechtem Wetter als Unterschlupf diente, von bösen Buben angezündet worden und mußte erneuert werden. Da hatte der Ratsverwandte Carius vorgeschlagen, statt der Hütte gleich ein Wohnhaus für die Familie des Holzvogts zu bauen, damit derselbe nicht täglich die weiten Wege zu machen brauche und sich seinem Dienst besser widmen könne. Der Vorschlag war ausgeführt und das Haus dem Holzwärter Scherer als Dienstwohnung angewiesen worden mit der Freiheit, in demselben Bier- und Branntwein zu schenken, Bier zu brauen und sonstige „bürgerliche Nahrung" zu treiben. Außerdem erhielt er jährlich 50 Mark Gehalt und ein Paar Stiefel. Nun soll sich damals jemand gefunden haben, der sich erbot, den Holzwärterdienst umsonst zu tun und der Stadt noch 60 Mark jährlich — andere behaupteten sogar 75 Mark — dazu zu zahlen, wenn ihm das Haus mit denselben Freiheiten überlassen würde, und noch jetzt erklärte sich der Bürger Jochim Friedrich Gertz bereit, der Stadt als Heuer für das Haus mit denselben Freiheiten jährlich 50 Mark im voraus zu bezahlen und den Holzwärterdienst umsonst zu verrichten. Es wurde den Leuten nun vorgerechnet, daß der Magistrat die Stadt durch Nichtbeachtung dieser Angebote jährlich um mindestens 100 Mark, in den 6 Jahren seit 1737 also um 600 Mark, geschädigt habe. Als sich am 11. März 1743 die Bürgerschaft wieder zum Vogtding auf dem Rathause versammelt hatte, kam es wegen des Ankaufs des Bauholzes und der von der Bürgerschaft und den neuen Deputierten verlangten Abschaffung des Holzvogts Scherer und seiner Ersetzung durch Gertz zu sehr erregten Auftritten, denen der Magistrat durch Weggehen ein Ende machte. Nun aber wurden die Leidenschaften der Bürger erst recht aufgewühlt. Gertz und einige andere Deputierte gingen von Haus zu Haus und sammelten durch Überredung und Drohung Unterschriften für eine Eingabe an den Magistrat und für eine Vereinbarung, in der sich die Unterschreiber verpflichteten, die erbetenen Dinge stark und mit aller Macht zu begehren, sich nicht davon abbringen zu lassen und fest wie ein Mann beieinander zu stehen. Gegen den Bürgermeister Kirchhoff wurde gehetzt, indem auf den Oberstock des Knedenhauses aufmerksam gemacht wurde mit dem Bemerken, derselbe sei extra für ihn auf Stadtkosten hergerichtet, damit er seine Sommerlust dort haben könne, und gegen die Eheleute Scherer machte man den Neid rege durch die Behauptung, sie legten große Kapitalien auf Rente und ihre Kinder gingen in „Kantuschen und Commoden"[1]). So brachte man außer den Unterschriften der 8 Deputierten 94 Unterschriften von Bürgern zusammen.

Die dem Magistrat überreichte „untertänigste Bittschrift und unumgängliche Vorstellung" trägt das Datum des 18. März 1743. Außer über die Bauholz= und die Holzwärtersache wird in derselben Beschwerde geführt über die Anstellung eines dritten Stadtdieners, während man bisher immer mit zweien ausgekommen sei, und über die Belegung der „gräsigsten" Stellen der Schaf= und Schweineweide mit fremdem Faden= holz und Eichenbäumen, die der Oldesloer Viehzucht zum Schaden gereiche, ohne der Stadtkasse genügende Platzmiete einzubringen.

Das bisherige Vorgehen der Bürgerschaft unter Anführung ihrer Achtmänner hielt der Magistrat nun wieder für ganz ungehörige Auflehnung gegen die gesetzliche Obrigkeit und begann deshalb zur Steuer der Unordnungen und des unerlaubten Komplottierens am 29. März 1743 eine sich bis zum 30. April hinziehende Untersuchung, um die Rädelsführer zu entdecken und zur Bestrafung zu bringen. Nun aber verschrieb sich die oppositionelle Bürgerschaft einen Advokaten aus Lübeck und ließ sich von ihm eine neue, ausführlichere, mit juristischen Hinweisen gespickte Eingabe an den Magistrat aufsetzen, in der zu den vier bisherigen Beschwerden noch eine Klage über unordentliche Rechnungsablage durch den Magistrat hinzukam. Da der Magistrat auf diese vom 14. Mai 1743 datierte Vorstellung und Bitte am 7. Juni eine ablehnende Antwort gab, ließen Achtmänner und Bürgerschaft am 3. September 1743 eine noch viel längere Eingabe an den König abgehen, in der hauptsächlich über die Handhabung des Kassenwesens geklagt wurde, die vier anderen Beschwerden aber ganz in den Hintergrund traten. Als neue Gravamina kamen hinzu Beschwerden darüber, daß der Bürgermeister immer alles nach seinem Kopfe machen wolle und die Bürger willkürlich zur Steuer einschätze und in Ansatz bringe, daß er die vorigen Deputierten alle acht auf einmal habe abgehen und durch neue ersetzen lassen statt nur die Hälfte, wie es der Kommissions=Receß von 1706 vorschreibe, daß er keine genügende Aufsicht über die Wasserstauung bei der fürstlichen Mühle geführt, daß er geduldet habe, daß die Mährischen Brüder die ihnen zum Gottesdienst überlassene St. Jürgenskapelle als Materialienkammer, ja sogar als Pferdestall benutzt und dadurch ganz ruiniert hätten, daß er durch die von ihm beliebte Handhabung der Justiz die Parteien zu lange hinhalte, und schließlich darüber, daß der ganze Magistrat aus Mitgliedern bestehe, von denen kein einziges studiert habe, und daß der jetzige Bürgermeister mit Geschäften überhäuft sei, da er die Ämter eines Kriegsrats, zweier Bürgermeister, eines Zollverwalters und eines Sekretärs bekleide. Es wurde gebeten, ihm das letztere abzunehmen und einen besonderen Stadtsekretär zu berufen, welcher die Jura studiert habe und der Bürgerschaft als Rechtskundiger zur Seite stehen könne, und

---

[1]) Kleidungsstück und Kopfputz der damaligen Mode.

schließlich beantragt, zur Untersuchung der vorgebrachten Gravamina eine allerhöchste Kommission zu verordnen und den Generalleutnant Christian von Lerch mit der Kommission zu beauftragen.
   Zur Unterstützung dieser Eingabe sandten die Achtmänner und andere Bürger auf ihre Kosten den Scharfrichter Johann Jacob Stoff, der sich guter Verbindungen in Kopenhagen rühmte, nach der Residenz mit dem Auftrage, dort einen „Vollmächtigen" auszumachen und zu halten, der ihre Sache wider den Magistrat sowohl beim Könige wie bei der deutschen Kanzlei gebührend fördere und ihnen über den Stand derselben von Zeit zu Zeit brieflich Nachricht gebe, und die beiden Bürger Jochim Holtorff und und Hans Jürgen Johannsen (er schreibt sich auch Hansen) verpflichteten sich kontraktlich für die Wiedererstattung der von Stoff zu machenden Auslagen zu haften. Während die Bürger in ihrer Bittschrift so taten, als müsse die Stadt durch Zahlung der 120 Mark für das gekaufte Bauholz zugrunde gehen, zahlten oder versprachen sie bereitwillig das Vielfache dieses Betrages an Advokatenhonorar und Reisekosten, um ihren Willen durchzusetzen. Zur weiteren Förderung ihrer Sache machten die Deputierten dann noch, wahrscheinlich auf den Rat ihres Rechtsbeistandes, eine Eingabe an den König, in der sie nach Maßgabe der Kommissional-Verordnung um die Erlaubnis baten, zur Bestreitung der Baukosten aus dem Kneden 100 Bäume zu verkaufen, da sie kein Mittel wüßten, um dem gegenwärtigen Mangel der Stadtkasse auf andere Art abzuhelfen. Die beiden Eingaben an den König wurden dem Magistrat zur Berichterstattung zugesandt, von diesem aber zunächst auf die lange Bank geschoben.
   Als die Sache soweit gediehen war, wurden nämlich manche Bürger, die sich ihre Unterschrift hatten abpressen lassen, ängstlich und befürchteten, die Sache möchte für sie einen üblen Ausgang nehmen. Große Kosten, an deren Erstattung sie würden teilnehmen müssen, waren schon jetzt entstanden, und dann wurden sie vielleicht auch noch für die in ihren Eingaben enthaltenen Unwahrheiten, Übertreibungen und Beleidigungen zur Verantwortung gezogen und bestraft. Einige von ihnen gingen deshalb zum Bürgermeister, um sich nach dem etwaigen Ausgange der Sache zu erkundigen, und der sagte ihnen, der Advokat, durch den sie sich ihre Schriften hätten aufsetzen lassen, habe sich die Namen aller derer aufgeschrieben, die ihm Angaben gemacht hätten, und die würden nun die Folgen davon zu tragen haben. Das jagte ihnen einen heilsamen Schrecken ein, und sie baten den Bürgermeister wiederholt inständigst, „ihnen doch mit Ehren aus der verfluchten Sache zu helfen." Sogar der Mandatarius der aufrührerischen Bürgerschaft Meister Johann Jacob Stoff, der sich mit seinen Auftraggebern überworfen hatte, weil sie ihm unter dem Vorgeben, die Sache sei noch nicht zu Ende, die Wiedererstattung der von ihm gemachten Auslagen vorenthielten, brachte dem Bürgermeister den Kontrakt, den er mit Jochim Holtorff und Hans Jürgen Johannsen abgeschlossen hatte, und bat um Hilfe. Unter diesen Umständen entschloß sich der Bürgermeister, das ihm selbst zugefügte Unrecht mit Geduld zu

tragen und gegen die verleiteten Bürger nicht weiter vorzugehen. Er ließ deshalb den ihm von der Regierung erteilten Auftrag unerledigt, und da die Regierung, die wichtigeres zu tun haben mochte, als die dicken durch diesen Sturm im Wasserglase angehäuften Aktenstöße zu studieren, nicht mahnte und die Anstifter der Bewegung nicht drängten, da sie sich von der Entscheidung nichts Gutes versehen mochten, so blieb die Sache über drei Jahre liegen, bis sie durch eine neue Erregung in der Bürgerschaft wieder aufgerührt wurde.

Im Frühjahr 1747 entstand in den Handwerkerzünften eine große Aufregung über eine neue vom Könige erlassene Brandordnung, der sich die Zünfte, weil sie ihnen einige Unbequemlichkeiten auferlegte, nicht fügen wollten. Sie suchten deshalb und um sich für die ihnen vom Bürgermeister auferlegte Brüche zu rächen, die Bürgerschaft zu veranlassen, Deputierte an das königliche Hoflager zu senden, welche den Bürgermeister verklagen und die Aufhebung der Verordnung erbitten sollten. Die Bürgerschaft aber wollte sich dazu nicht verstehen, obgleich sie auch die Aufhebung der neuen Einrichtung wünschte, und erklärte in einer Versammlung, daß sie zu den durch Absendung einer Deputation entstehenden Kosten keinen Pfennig beitragen werde. Die Zünfte beharrten trotzdem auf der einmal gefaßten Resolution, wollten, wie sie sagten, die besten Pferde daran spannen und sandten als Deputierte die Bürger Johann Schröder und Johann Henrich Kreffting, von denen jedoch nur einer ein Zunftgenosse war, mit dem Scharfrichter Stoff nach Kopenhagen, obgleich durch königliche Verfügung verboten worden war, ohne königliche Erlaubnis Deputationen an den König zu senden, obgleich der Bürgermeister unter Hinweis darauf ihnen wiederholt davon abgeraten hatte und obgleich in den Zünften selbst viele dagegen waren. Der Grobschmied Hans Jürgen Hansen (Johannsen), der eifrigste Gegner des Bürgermeisters Kirchhoff, gab ihnen 200 Mark Reisegeld mit, wozu der Scharfrichter von den Eingesessenen der beiden Dörfer Barnitz noch 100 Mark empfing, weil er versprach, deren Anliegen gegen das Lübecker Domkapitel in Kopenhagen zu betreiben.

Meister Stoff hatte, um zu seinem Gelde zu kommen, natürlich ein Interesse daran, bei dieser Gelegenheit auch die im Jahre 1743 angerührte Sache zur Entscheidung zu bringen, und nahm noch vor der Abreise nach Kopenhagen die Agitation für dieselbe wieder auf. Mit dem Schmied Hansen reiste er zu einem ehemaligen Sekretär des Oberhofmarschalls von Pleß in Blumendorf, um ihn, angeblich im Auftrage der Stadt, zu fragen, ob er bereit sei, die Stelle eines Stadtsekretärs in Oldesloe anzunehmen. Man beabsichtige, eine Abordnung nach Kopenhagen zu senden, um daselbst den Bürgermeister zu verklagen, und hoffe, dadurch zu erreichen, daß diesem das Stadtsekretariat abgenommen würde. Man möchte nun gleich einen qualifizierten Mann als Stadtsekretär in Vorschlag bringen können und habe deshalb das Augenmerk auf ihn gerichtet. Man würde auf ein zureichliches Gehalt fürnehmlich bedacht sein, auch würde die dabei zu betreibende Advokatur ein Erkleckliches einbringen können. Der Widerspruch, der darin lag, daß man angeblich aus Geldknappheit die Abschaffung des dritten Stadtdieners forderte, aber die Anstellung eines studierten Juristen als Stadtsekretär beantragte, scheint den guten Leuten nicht zum Bewußtsein gekommen zu sein.

Als die beiden Bürger Schröder und Kreffting, nachdem sie sich wegen ihres Erscheinens ohne Erlaubnis entschuldigt hatten, bei den Behörden in Kopenhagen zugelassen worden waren, beschwerten sie sich nach Anbringung des ihnen von den Zünften gewordenen Auftrags auch darüber, daß auf die namens der Oldesloer Bürgerschaft wider den Magistrat Anno 1743 eingesandte Klage noch keine Resolution erfolgt sei. Infolge dessen wurde der Magistrat von dem in Friedrichsruh (Drage bei Itzehoe) wohnenden Statthalter Friedrich Ernst, Markgrafen zu Brandenburg, aufgefordert, sich nun endlich zu der Eingabe der Bürgerschaft zu erklären und zugleich die Gründe anzugeben, warum die Sache solange verzögert worden sei. Der Bürgermeister berichtete im Namen des Magistrats, daß er aus Mitleid mit den verführten Bürgern die Erledigung der Sache hingezögert habe, er sähe aber wohl ein, daß es besser gewesen wäre, gleich zu berichten oder die Zurücknahme der Klage zu veranlassen, und reichte eine ausführliche Erklärung ein, in der die Angaben der Klageschrift fast durchweg als unwahr und durch Bosheit, Rachsucht und Eigennutz eingegeben hingestellt wurden. Hiergegen wehrten sich die deputierten Achtmänner Kröger, Meiners, Jacobsen, Mall und Hormann in einer 78 Folioseiten umfassenden Gegenschrift, an deren Schluß sie beantragten, den Oberpräsidenten von Altona Grafen Rantzau und den Amtmann zu Segeberg Grafen Stollberg zu Kommissaren in *hac causa* zu ernennen und mit der Untersuchung und Abstellung der Gravamina zu beauftragen, und diese Schrift wurde dann wieder vom Magistrat mit einer 98 Folioseiten starken Erklärung beantwortet. Es würde zu weit führen, auf die Einzelheiten dieses von beiden Seiten mit großer Leidenschaft geführten Streites noch weiter einzugehen. Die Entscheidung der Regierung befindet sich nicht bei den Akten. Es ist aber leicht zu erkennen, daß sie gegen die Bürgerschaft ausfiel, die sich in der Hitze ihrer Leidenschaft in die größten Ausgaben stürzte, um eine kleine Ausgabe zu sparen, und die Regierung mit Lappalien behelligte, die ruhige und verständige Leute mit einigem Sinn für das Gemeinwohl unschwer unter sich zu erledigen pflegen.

Bürgermeister Kirchhoff behielt das Stadtsekretariat und beantragte Bestrafung der Rädelsführer. Der sich als Winkeladvokat betätigende Scharfrichter Stoff — ein Lübecker Rechtsanwalt nennt ihn in einem Briefe an Bürgermeister Kirchhoff ironisch „mein Advocaturcollege Meister Stoff in seinem grünen Rock" — den der Magistrat für den Haupturheber der Wirren hielt, verwahrte sich, um nicht zur Verantwortung gezogen zu werden, gegen den Vorwurf, die Wirren aus Gewinnsucht angestiftet zu haben, und behauptete, er sei kein Anstifter, sondern habe den Führern der Bürgerschaft nur seine Dienste zur Verfügung gestellt, und solches habe er aus Nahrungsnot tun müssen, weil ihm von dem Herrn Bürgermeister und Kriegsrat Kirchhoff seine Diensteinkünfte geschmälert worden seien. Es muß auffallen, daß einige Bürger in so enge Beziehungen zu dem Scharfrichter traten, der doch sonst möglichst gemieden zu werden pflegte. Bürgermeister Kirchhoff erklärte diese auffallende Erscheinung beißend mit dem Sprichwort: „Gleich und gleich gesellet sich gerne." Auch andere suchten sich vor der Entscheidung zu salvieren. Die Zunftmeister weigerten sich, zu den gemachten Kosten beizutragen und sagten, ihr Abgeordneter hätte lediglich den Auftrag gehabt, wegen der Handwerker auf dem Lande, der Brandverordnung und der Beerdigung der Stadtdiener zu supplizieren, das übrige ginge sie nicht an; wenn die Ältermann sich von jemand hätten verleiten lassen, so möchten sie sich an den halten, falls die Sache widrig ausfiele.

Die Oldesloer Bürger scheinen damals an einer gewissen Streitsucht gekrankt zu haben. Doch hat sie diese Sucht nicht erst in den vierziger Jahren befallen; denn Bürgermeister Kirchhoff schreibt in einem seiner Berichte an einer Stelle, wo er von den damaligen Verhetzungen spricht, daß „die Einwohner dieses Ortes ohnedem von jeher zu Streit und Widersetzlichkeit geneigt gewesen," und ähnlich drückte sich Bürgermeister Tatter schon in den zwanziger Jahren des Jahrhunderts aus. Eine Vergleichung dieses Streites mit den Bürgerkämpfen vom Ausgange des 17. Jahrhunderts fällt sehr zu ungunsten derselben aus. Bei jenem handelte es sich um Kämpfe, die gekämpft werden mußten, um Ordnung zu schaffen und der Bürgerschaft eine fest umschriebene Teilnahme am Stadtregiment zu sichern, während für die Streitigkeiten der vierziger Jahre des 18. Jahrhunderts eine solche moralische Notwendigkeit nicht zu erkennen ist.

Die innerhalb des Magistrats stattfindenden Streitigkeiten sind davon auszunehmen. Bürgermeister Kirchhoff führte seine Amtsgeschäfte durchaus nicht immer einwandfrei. Bei der Verwaltung der milden Stiftungen, bei den Vormundschaften und im Gerichtswesen ließ er sich manche Nachlässigkeiten und Übergriffe zuschulden kommen und verletzte durch selbstherrliches Auftreten oft die Empfindlichkeit seiner Ratskollegen, so daß sich einer derselben, der Ratsverwandte Joachim Carius, schließlich bewogen fühlte, die Delikte des Bürgermeisters der Regierung anzuzeigen. Hierauf erfolgte unterm 2. September 1758 eine Verfügung der Glückstädter Regierung an den Magistrat, in welcher der Bürgermeister Kirchhoff wegen verschiedener Amtsvergehen ernstlich getadelt und zum Ersatz der dadurch entstandenen Schädigungen angehalten wurde, aber auch der Ratsverwandte Carius wegen unzulässigen Affekts vor Gericht einen Verweis erhielt.

VI. Der städtische Etat.

Um zu zeigen, mit welchen Summen damals die Stadt zu rechnen hatte, sei hier eine Bilanz aus der Zeit der Streitigkeiten zwischen Bürgerschaft und Magistrat eingeschoben.

1747.
Balance.

Einnahme.

	ℳ	β	₰
Überschuß von voriger Jahresrechnung	103	12	
Landgeld	1436		
Viehgeld	336	4	
An Contribution ist bar erhoben ohne Restanten	1370	7	
Von Insten gleichfalls	21		
An Brückengeld	21		6
Vom Lübschen Hause	40	8	
Baugelder	113	3	
Service	9		
Dorn und Paten	1	8	
Torf	1		
Vom Brauhause	208	5	6
Brüchgelder	143		
	3805		

Ausgabe.

	ℳ	β	₰
Contribution	1260		
Salariengelder	482		
Quartiergelder	168		
Criminalkosten	33	4	
Baukosten	292	14	
Zinsenquittungen	1292	15	
Allerhand Ausgabe	285		
	3814	1	

VII. Oldesloe als Garnison.

Vorteil der Einquartierungen. Einquartierung während des österreichischen Erbfolgekrieges. Während des 7 jährigen Krieges. Unfug von Soldaten. Das Lazarett. Die Brotversorgung. Der Exerzierplatz. Der Kniegalgen.

Vom Jahre 1714 an ist Oldesloe das ganze 18. Jahrhundert hindurch von Kriegsgreueln verschont geblieben, hat aber während der Kriege dieses Jahrhunderts starke Besatzungen beherbergen müssen, da dann immer an der Südgrenze des Reiches Truppenmassen zusammengezogen wurden. Doch wurden diese Einquartierungen, wenigstens die von Reiterei, nicht als Last empfunden, sondern im Gegenteil als eine Wohltat. Bürgermeister Noodt schrieb darüber in den Schleswig-Holsteinischen Provinzial-Berichten 4. Jahrgang 1790 S. 730: „Ein größerer und dreifacher Vorteil ist es für diese Stadt, wenn sie Einquartierung von der Kavallerie hat. Denn außer dem Gelde, welches dadurch unter den Einwohnern in Umlauf gebracht wird, haben diese alsdann noch Gelegenheit, nicht nur ihr überrätiges Futter zu den Fouragelieferungen für die Pferde gewisser und besser zu verkaufen, sondern auch von selbigen den Dünger zu ihren Ländereien zu vermehren."

Daß Oldesloe während des österreichischen Erbfolgekrieges eine Besatzung hatte, haben wir schon daran erkennen können, daß die Stadt im Jahre 1743 ein besonderes Offiziershaus einrichtete. Im Jahre 1740 war die Stadt mit 150 Reutern belegt, die zu je 3 Mann bei 50 Bürgern einquartiert waren, und mit einem Leutnant, einem Wachtmeister, 3 Korporalen und einem Trompeter. Höhere Offiziere waren wohl auf den Gütern der Umgegend untergebracht. Die Pferde waren zum großen Teil in der Hamburger Herberge eingestellt. Besondere Schwierigkeiten machte die Unterbringung der zahlreichen Reuterweiber und Reuterkinder, da viele Soldaten verheiratet waren und zum Teil eine starke Familie hatten.

In den Jahren 1759 bis 1762 lag in Oldesloe ein Bataillon des zweiten Opländischen National-Regiments. Als 1762 Peter III. von Rußland Dänemark mit Krieg zu überziehen plante, waren die Bürgerhäuser so stark mit Einquartierung belegt, daß Mangel und Unordnung unvermeidlich waren und Bürgermeister und Rat sich deshalb im April 1762 an den kommandierenden General General-Feldmarschall Grafen von Saint Germain mit der Bitte um Erleichterung wandten. Das Verhältnis der Soldaten zu den Bürgern scheint damals nicht besonders gut gewesen zu sein; denn bei der Nacht vom 21. auf den 22. Juni 1762 stattfindenden Ausmarsch des Regiments des Erbprinzen Friedrich von Anhalt-Bernburg (nach Mecklenburg gegen die Russen) warfen die Soldaten vielen Bürgern mit Pflastersteinen, die sie ausbrachen, die Fenster ein. Insbesondere richtete sich der Unfug gegen das Haus des Postmeisters Burmeister, dem sie auch eine der beiden Linden vor seinem Hause durch Abreißen der Borke zerstörten, und gegen die Hamburger Herberge, die sie mit einem üblen Namen belegten. Vielleicht hatte Bürgermeister Kirchhoff selbst durch polizeilichen Übereifer zu dem Vorgehen der Soldaten gegen die Fenster Veranlassung gegeben. Eine alte königliche Verordnung[1]) schrieb vor, daß während des Gottesdienstes die Fensterläden und Fenster geschlossen gehalten werden sollten. Da dieselbe von den Soldaten nicht beachtet wurde, ließ Bürgermeister Kirchhoff die Bürger, bei denen nur Soldaten einquartiert waren, daran erinnern, wegen der Offiziersquartiere aber wandte er sich mit einer Vorstellung an den Regimentschef, den Erbprinzen von Anhalt-Bernburg. Dieser gab den Bescheid, er nähme es auf sich zu verantworten, „daß der Soldatenstand hieran nicht gebunden wäre", und einige andere Offiziere sollen sogar den Soldaten expreß befohlen haben, die Fenster zu öffnen „mit dem Beifügen, daß, wenn die Stadtobrigkeit weiter schicken sollte, sie den Abgeordneten hinter die Ohren schlagen möchten." Bürgermeister Kirchhoff sah in solchem Verhalten der Offiziere eine Anreizung zur

---

[1]) *Corp. Const. I* S. 314.

Widersetzlichkeit und beschwerte sich darüber durch Schreiben vom 9. Mai 1762 bei dem General-Feldmarschall von Saint Germain mit dem Bemerken, daß es „denen Herren *Officiers* nebst Soldaten jederzeit so unerlaubt bleiben wird, sich in denen *Civil*-Verfügungen zu *meliren*, als es tadelhaft und strafbahr seyn würde, wenn wir uns in denen *Militair-Ordres* mischen und selbige *contrecarriren* wollten." Diese kleine Häkelei hat dann wohl zur Verlegung des Regiments Veranlassung gegeben oder sie beschleunigt.

Im März 1763 muß sich Bürgermeister Kirchhoff wieder bei dem Grafen von Moltke über einen Dragoner von dessen Regiment beschweren und im Mai bei dem Obristleutnant von Schlotheim über einen Korporal von dessen Eskadron, kann aber dem Stabe des Königlichen Husarenregiments, das hier eine Zeitlang gelegen, und der Mannschaft des Nordenfeldschen Infanterie-Regiments, welche die Wache bei dem hiesigen Magazin versehen hatte, bei deren Abzug am 16. und am 23. Mai 1763 das Zeugnis guter Manneszucht und sonstigen angemessenen Verhaltens ausstellen. Noch in demselben Monat bezog eine Kompanie des Oldenburgischen Kürassierregiments die Standquartiere in der Stadt.

Oldesloe hatte als Garnison ein Heu- und Hafer-Magazin, eine Feldbäckerei, ein Lazarett und einen Exerzierplatz. Lazarett und Exerzierplatz wurden im Jahre 1759 eingerichtet, das Lazarett in einem dem Bürger Schröder für 10 Reichstaler jährlich abgemieteten Hause, der Exerzierplatz auf einer 28 Scheffel Hafersaat großen Koppel der Witwe Witt, für die jährlich 70 Mark Pacht gezahlt wurde. Das Lazarett war anfänglich dem Stabschirurgen Flohr, später dem Bataillonschirurgen Westphal unterstellt. Die Verpflegung im Lazarett übernahm zuerst der Bürger Emanuel Felix Willius für 5 Schillinge pro Mann und Tag, dann 1761 der Bürger Friedrich Thiessen. Um bei der damaligen großen Teuerung eine Erhöhung der Tagegelder um 1 Schilling zu erwirken, stellte dieser folgende Kostenberechnung auf:

„Es befinden sich anitzo 8 Kranke, wofür ich täglich in Summa erhalte	2 ℳ 8	ß
Ein jeglicher Krancke empfängt des Tages für 1 ß Brot, sein	8	ß
Zur Mittags Mahlzeit muß ich haben 6 Pfd. Fleisch (denn ein jeglicher Krancke empfängt 10 Loth gahr Fleisch ohne Knochen à Pfd. 2 ß, machen	12	ß
Was nun der Herr Regiments-Feldscher befiehlt, was ans Fleisch gekocht werden soll, als Graupen, Grütz, Pflaumen, Wurtzeln oder Reiß pp. hiernach muß die Vorschrift beobachten, und solches rechne nur des Tages zu	2	ß
Zur Abend Mahlzeit muß ich haben ein groß Maaß Grütze, kostet	5	ß
Für einen jeglichen 2 Loth frische Butter, macht 16 Loth, und hieselbst gilt à Pfd. 5 ß, machen	2½	ß
	Übertrag 1 ℳ 13½	ß

                                                        Übertrag 1 ℳ 13½ ß
Nun empfänget ein jeder Krancke täglich 5 Maaß Bier,
daß Maß gilt hier ½ ß, weiln ich dasselbe aber selbst
braue, so rechne das 5te Maaß in Kauff und setze nur
à Mann 2 ß   1 ℳ
                                                        Summa 2 ℳ 13½ ß
Mithin ist die Ausgabe höher als die Einnahme   5½ ß
   Nun ist noch so wenig Feurung als Salz gerechnet. Gott ist mein
Zeuge, daß ich zur Zeit, wenn die Ochsen alt sein, so viele Feurung ha=
ben muß, welches fast mehr am Würden ist als dasjenige, welches im
Kessel habe.
   Oldeslohe, den 26ten 8 bris Ao. 1761.   Friedrich Thießen."
   Anfänglich schlug das Feld=General=Kommissariat die Bitte des
Speisemeisters Thiessen ab, da weder in den Feldspitälern noch in dem
Friedrichs=Hospital zu Kopenhagen mehr als 5 Schilling täglich auf
jeden Kranken gutgetan würden, bewilligte aber auf erneute von Bür=
germeister und Rat unterstützte Vorstellung 38 Schilling à Mann in
sieben Tagen, was dem Ökonom beim Fockbecker Hospital gutgetan
werde.
   In der in mehr als einer Hinsicht bemerkenswerten Kostenberech=
nung muß besonders das große Quantum Bier auffallen, das jedem
Kranken täglich bewilligt wurde. Wenn wir daraus auf das von jedem
gesunden Oldesloer täglich vertilgte Quantum schließen dürfen, gehen
wir vielleicht nicht irre mit der Annahme, daß die von den Bürger=
meistern jener Zeit beklagte Streitsucht ihrer Bürgerschaft mit dem
starken Biergenuß in ursächlichem Zusammenhange gestanden hat.
   Nach dem Abmarsch des zweiten Opländischen National=Regi=
ments im Mai 1762 wurde das Oldesloer Lazarett aufgelöst.
   Die Oldesloer Feldbäckerei konnte zeitweilig nur einen Teil des
in Oldesloe und Umgegend benötigten Kommißbrotes liefern. Die
neun Oldesloer Bäcker Wolherr, Heuermann, Jürgen von Ohlen, Da=
niel von Ohlen, Hinrich Prahl, Witwe Prahl, Helms, Ketelhack und
Dammann mußten dann mithelfen, die Truppen zu versorgen. Beson=
ders groß wurde das Bedürfnis im Juli 1762. Der Bürgermeister
Kriegsrat Kirchhoff erhielt deshalb vom Feld=General=Kommissariat
den Auftrag, alle Oldesloer Bäcker Tag und Nacht backen und täglich
so viel Brot fertigstellen zu lassen, als ihnen nur möglich wäre, auch
die Backöfen auf dem königlichen Gebiet der Umgegend in den Dienst
des königlichen Heeres zu stellen, alle Mühlen der Umgegend für das
Heer mahlen zu lassen und das in Oldesloe selbst nicht benötigte Brot
und Mehl nach Schlutup und Travemünde zu liefern. Kirchhoff ging
nun mit Feuereifer ans Werk. Die Rethwischer und Reinfelder Be=
amten zwar machten für die dortigen Mühlen Schwierigkeiten, die
gottorpische Mühle in Oldesloe allein lieferte aber so viel Mehl, daß in
der zweiten Woche des Juli täglich 2000 bis 3000 Brote in Oldesloe
fertiggestellt werden konnten. Nun stockte aber die Abfuhr. Zwar

wurden einmal 4800 Brote und ein anderesmal 7297 Brote mit einem lübschen Prahm nach Schlutup geschickt. Die Oldesloer Böter aber wurden in Lübeck festgehalten, und Fuhrwerke waren wegen der Heuernte nicht zu haben. So kam es, daß es in Oldesloe bald an Platz fehlte, die große Masse der Brote genügend zu verwahren und vor dem Verderben zu schützen. Als Bürgermeister Kirchhoff dies berichtete, erhielt er zuerst den Auftrag, das Backen gelinder zu betreiben, und dann, es ganz einzustellen und bloß noch für Mehl zu sorgen. Als dann aber eine Lieferung Brot in Schlutup als für den Gebrauch nicht mehr geeignet zurückgewiesen wurde und wieder nach Gldesloe hinaufgeschafft werden mußte, erteilte das Feld=General=Kommissariat dem Bürgermeister den Auftrag, das in Oldesloe noch vorhandene Brot zu verkaufen. 7988 Brote wurden dann am 4. und 5. August 1762 im Offiziershause in Losen von je 50 Stück öffentlich verauktioniert und erzielten einen Erlös von 85 Reichstaler und 40 Schilling.

Oldesloe hatte dann bis zum Schlusse des Jahrhunderts noch öfter Einquartierung, und zwar immer für längere Zeit, so daß die Stadt jedesmal für einen Exerzierplatz zu sorgen hatte. Am 8. Oktober 1775 mußte Pastor Helmich von der Kanzel bekannt machen, daß bei der Kirche ein Exerzierplatz für 27 Mann Landausschußleute in Aussicht genommen sei und daß zur Aufbewahrung der Gewehre und des Lederzeuges ein oder mehrere Gewehrschränke nach Beschaffenheit des Platzes in der Kirche zu verfertigen seien und daß diese Arbeit dem Mindestfordernden übergeben werden solle. Da die Stadt wegen Beschaffung eines Exerzierplatzes schon öfter in Verlegenheit gewesen war, wurde bei der Aufteilung des Stadtfeldes im Jahre 1780 der 2200 Ruten große Bayerskamp dazu bestimmt. Als dann aber die Stadt mit zwei Eskadrons Husaren belegt wurde, fand man diesen Platz, einen ehedem abgetragenen Berg, nicht nur zu klein, sondern, weil er rundum abhängig ist, auch gefährlich, und mußte, da in der Oldesloer Gemarkung kein anderer Platz zu erlangen war, einen geräumigeren Platz auf dem Blumendorfer Felde pachten. Um nicht wieder in gleiche Verlegenheit zu geraten, beschlossen deshalb Magistrat und Deputierte vor der Neuverpachtung der St.=Jürgens=Ländereien im Jahre 1793, obgleich damals die Stadt gerade keine Einquartierung hatte, den großen Sandkamp, der 52 Scheffel Hafersaat zu je 54 Tonnen maß, die größte Koppel der ganzen Feldmark, für die Stadt zu pachten und bis zu seiner Inanspruchnahme als Exerzierplatz in Afterpacht zu geben.

Eine unangenehme Beigabe der Einquartierungen war für Oldesloe ein Kniegalgen, der auf dem Marktplatz errichtet wurde, um etwaige Deserteure, wenn man ihrer habhaft wurde, daran aufzuknüpfen. Da sich aber die Deserteure in der Regel nicht erwischen ließen, schrieb man ihre Namen auf ein an den Galgen genageltes Brett. Dieser Galgen war natürlich den Einwohnern von Oldesloe, besonders denen, vor deren Tür er stand, ein Dorn im Auge, und sie würden sich gefreut haben, wenn der große Brand von 1798, der ihnen soviel Liebes nahm, auch das Schandgerüst gefressen hätte. Aber das blieb inmitten der rauchenden Trümmer unversehrt stehen. Böse Buben entfernten dann aber das Brett und sägten den Querbalken ab, so daß der Bürgermeister berichten konnte, es sei nur der Galgenstumpf stehen geblieben, worauf die Behörde dessen Entfernung gnädigst gestattete.

VIII. Neubau der Kirche.

Baufälligkeit der Kirche. Kollekte. Lotterie. Verwendung von Baukapital zu anderen Zwecken. Der König für den Neubau. Wahl von Bauinspektoren. Generalkollekte. Beschluß des Neubaus. Einrichtung des Lübschen Hauses zum Gottesdienst. Grundsteinlegung. Grundsteinurkunde. Festgedicht des Pastors Helmich. Vollendung der Kirche ohne Turm. Unzulänglichkeit der neuen Kirche.

Die im Reformationsjahrhundert erbaute Kirche war schon lange baufällig und erforderte beständig Reparaturkosten, ohne daß damit die Schäden gründlich gebessert wurden. Einen Beschluß zum Neubau herbeizuführen aber war sehr schwierig, da sich zehn Kirchspielsherrschaften darüber einigen mußten. Da man glaubte, durch Umlagen auf die Eingepfarrten weder die Kirchenreparatur noch einen Kirchenneubau bestreiten zu können, wurde wieder fleißig in den königlichen Landesteilen für die Kirche kollektiert. Im Jahre 1751 wurde z. B. an Kollektengeldern gebucht aus der Grafschaft Oldenburg 81 Rtlr. 39 Schilling 6 Pfennig, aus dem Amte Segeberg 13 Rtlr. 22 Schilling, aus der Herrschaft Pinneberg 21 Rtlr. 40 Schilling, von der Glückstädtischen Schloßgemeinde 2 Rtlr. 13 Schilling 9 Pfennig, aus der Grafschaft Rantzau 6 Rtlr. 14 Schilling 6 Pfennig, von dem Herrn General-Superintendenten 251 Rtlr. 43 Schilling 4 Pfennig, zusammen 377 Rtlr. 29 Schilling 1 Pfennig. Die Kollekte verstärkte man auf Beschluß der Kirchenvertreter bei Gelegenheit der Kirchenvisitation von 1748 durch eine Bücher- und Geldlotterie, wozu der König die Genehmigung erteilte. Die Verlosungsliste, ein gewaltiger Pergamentband, ist noch vorhanden und kulturgeschichtlich bemerkenswert. Sie enthält 50 000 numerierte Zeilen. In 6450 derselben sind neben den Devisen, mit denen die Losbesitzer ihre Lose gekennzeichnet hatten, Gewinne eingetragen, und zwar 38 Geldgewinne und 6412 Bezeichnungen von gewonnenen Büchern. Unter den Geldgewinnen betrugen je einer 450 Mark, 200 Mark, 100 Mark, 60 Mark und 40 Mark, 4 je 14 Mark, 9 je 5 Mark und 20 je 1 Mark 8 Schilling. Es wurden im ganzen also Geldgewinne im Betrage von 981 Mark ausgeschüttet. Die gewonnenen Bücher, die fast nur mit den Namen der Verfasser bezeichnet sind, waren wohl durchweg religiösen Inhalts, Erbauungsbücher der damaligen Zeit, meistens zum Preise von je 1 Mark. Zu diesem Preise sind angesetzt das neue Testament, Hübners biblische Geschichten, Thomas a Kempis Nachfolge Christi, Arnds Paradiesgärtlein oder seine Bücher vom wahren Christentum, Lassenius, Marperger, Hinckelmann, Ahrens und Volckmer, zu 1 Mark 8 Schilling Hayward und Juncker, zu 2 Mark Reusmann, zu 3 Mark Reimbeck, zu 6 Mark die Bibel, zu 8 Mark Rambach und zu 9 Mark Herberger und Voß. Bei weitem die meisten Gewinne bestanden aus den genannten Büchern zu 1 Mark. Die teureren Bücher sind entsprechend seltener vertreten. Von den Gewinnen kamen 1166 nach Oldesloe ohne 400, die an die Kirche fielen, 12 nach Klinken, 62 nach Reinfeld, 100 nach Lübeck, 1300 nach Hamburg, 8 nach Altona, 70 nach Segeberg, 85 nach Bramstedt, 100 nach Elmshorn, 38 nach Glückstadt, 90 nach Krempe, 81 nach Itzehoe, 34 nach Wilster, 100 nach Rendsburg, 50 nach Plön, 5 nach Lütjenburg, 54 nach Heiligenhafen, 26 nach Fehmarn, 90 nach Eckernförde, 90 nach Schleswig, 100 nach Friedrichstadt, 50 nach Tönning, 66 nach Garding, 366 nach Flensburg, 255 nach Sonderburg, 320 nach Apenrade, 207 nach Tondern und 1200 nach Kopenhagen ohne 200, welche der König, 100, welche die Königin, 50, welche die Königin Witwe, und 60, welche die Prinzessin Charlotte Amalia erhielt. Die Gewinne wurden in Serien von fortlaufenden Nummern gezogen. Da dabei oft ein und dieselbe Person viele Gewinne erhielt, aber nur 18 verschiedene Werke zur Verteilung kamen, könnte es nicht ausbleiben, daß ein Gewinner mehrere Exemplare desselben Werkes davontrug, wovon er nicht gerade erbaut sein mochte. Der Hamburger Kollekteur Martini sandte denn auch mehrere Stapel Bücher zurück, für die er keine Abnehmer gefunden hatte und die nun der Kirche zugute kamen. Im allgemeinen waren die Bücher nicht so beliebt als Geldgewinne, was sich in vielen der Devisen aussprach. Es würde zu weit führen hier auf die vielfach interessanten Devisen einzugehen. Sie bilden aber eine Fundgrube für das Studium der Volksseele. — Da ein Los eine Mark kostete, könnte man berechnen, wie viel für den Kirchbau bei der Lotterie erübrigt worden ist, wenn alle Lose verkauft worden wären. Dies aber war höchst wahrscheinlich nicht der Fall, da von Nr. 23 600 an keine Gewinne mehr eingetragen sind. Es war nach der Einrichtung des Registers zu schließen auch eine zweite Klasse vorgesehen, deren Lose je 2 Mark kosten sollten. Diese ist aber höchstwahrscheinlich gar nicht zustande gekommen, da in die Rubriken der 2. Klasse keine Eintragungen stattgefunden haben.

In allen Versammlungen der Kirchspielsvertreter, in denen der Kirchbau erörtert wurde, klagte man darüber, daß die Zinsen von Kapitalien, die der Kirche für Bauzwecke zur Verfügung stehen sollten, zur Besoldung des Katecheten Reimers verbraucht wurden, ja, man stellte diesen Umstand geradezu als Ursache des großen Verfalles der Kirche hin und empfand es schließlich als eine Erleichterung, daß im Jahre 1757 Reimers in ein Pfarramt nach auswärts befördert wurde.

Bei der Kirchenvisitation von 1751 teilten die Visitatoren mit, daß der König den Neubau der Kirche verlange. Die Vertreter der Eingepfarrten aber sträubten sich dagegen und waren nur für eine gründliche Reparatur zu haben. Aber auch bei einer solchen hätte der Gottesdienst eine Zeitlang in einem andern Hause abgehalten werden müssen, und man nahm dazu das Lübsche Haus in Aussicht. Bei der Kirchenvisitation von 1754 wurde mitgeteilt, daß der König durch Verfügung vom 28. Januar 1754 aufs neue entschieden habe, daß ein Neubau vorzunehmen sei, daß aus der Mitte der Kirchspielsvertreter zwei Bauinspektoren auszumachen seien, die die Pläne des Bauunternehmers Scherr prüfen sollten, und daß die Baukosten nach der Pflugzahl verteilt werden sollten. Nunmehr erfolgte in der Kirchenvertretung kein Widerspruch mehr. Es wurden Konferenzrat von Buchwald auf Fresenburg und Herr von Brömbsen auf Nütschau zu Bauinspektoren gewählt, und beide Herren erklärten sich zur Übernahme des Amtes bereit unter der Bedingung, daß ihnen Bürgermeister Kirchhoff beigesellt würde. Derselbe wurde dementsprechend als dritter Bauinspektor konstituiert. Schließlich wurde beschlossen, die königliche Genehmigung zu einer Generalkollekte für den Kirchbau nicht nur in ganz Holstein und in Oldenburg und Delmenhorst, sondern auch in Schleswig zu erbitten.

Bürgermeister Kirchhoff, der kein Lutheraner, sondern ein Reformierter war, ging nun mit den beiden anderen Kirchenbauinspektoren eifrig ans Werk. Es gelang ihnen schließlich, alle Widerstände zu überwinden und im Jahre 1756 den endgültigen Beschluß zum Neubau durchzubringen.

Die Bautätigkeit begann damit, daß man das Lübsche Haus, das die Lübecker Herren „aus nachbarlicher Liebe" der Oldesloer Gemeinde so lange eingeräumt hatten, bis das neue Gotteshaus bezogen werden könnte, für den Gottesdienst einrichtete. Am Sonntage *Sexagesimae* im Jahre 1757 wurde in der alten Kirche von Pastor Helmich die letzte Predigt gehalten und am folgenden Sonntage zum ersten Male Gottesdienst in dem Lübschen Hause.

Nachdem am 26. April 1757 der Baukontrakt unterschrieben worden war, wurde am 27. April mit der Niederreißung der alten Kirche begonnen. Am 19. Juli fand die Grundsteinlegung der neuen Kirche statt, bei der Pastor Helmich die Festpredigt hielt über die Worte Haggai 2, 8—10. Herr von Brömbsen warf einige Münzen in die Höhlung des Grundsteins, darauf legte man eine als Urkunde dienende kupferne Platte und schloß dann die Höhlung mit dem Deckel, der sofort vermauert wurde. Auf beide Seiten der Kupferplatte war Folgendes eingegraben worden:

„I. J. N.

Gott gebe, daß unsere Oldesloher Gemeine, welche diesen Grundstein zur neuen St. Petri Pauli-Kirche unter der allermildesten Regierung Friedrich des 5ten, Erbkönig zu Dänemark und Norwegen, als obersten Bischofs derselben im Jahre 1757 am 19. Julius leget, solange das Weltgebäude stehet, mittelst der reinen Lehre des Evangelii eine Behausung Gottes im Geist auf Jesum Christum den einigen Grund des Heils erbauet sei. Er lasse alle und jede Lehrer und Zuhörer, welche in die Länge der Zeiten das zu erbauende neue Gotteshaus besuchen, lebendige Steine des geistlichen Zions sein, durch welche der Himmel erbauet und vermehret werden möge. In Jesu Namen. Amen.

Dieser Zeit waren Baudirektoren: Herr Christian von Brömbsen, Erbherr auf Nütschau, Herr Christian Karl Kirchhoff, Königl. Kriegsrath und Bürgermeister allhier, Herr Johann Friedrich Piper, fürstl. Plönischer Justizrat, — Prediger: Herr Pastor Samuel Helmich, Pastor, Herr Georg Quapner, Diakonus. Kirchgeschworne: Jürgen

Heiermann, Johann Hartwig Hohrmann, Johann Heinrich Kräfting, Bürger in Oldesloe.
Diesen Kirchbau in 3 Jahren zu vollführen hat übernommen Herr Adam Scherr[1]), Baumeister in der kaiserl. freien Reichstadt Lübeck.
A. Amthor, Maurerpolier.
C. Busch, Zimmermeister."
Des Nachmittags sandte Pastor Helmich den versammelten Herren folgendes Gedicht zu, das er selber aufgesetzt hatte:

„Zufällige Gedanken bei Legung des Grundsteines zur neuen St.=Petri=Pauli=Kirche in Oldesloe am 19. Juli 1757.

Neun[2]) Kirchspielsherren konnten zu Oldesloh in vielen Jahren
Ob sie gleich in der reinen Lehr' des theuren Luthers einig waren,
Nach ihres höchsten Bischofs Sinn bei dem Verfall der Kirche sich
In der erwünschten Einigkeit doch nicht zum Bauen sich bequemen;
Zuletzt ging es mit diesem Bau so gut, doch auch so wunderlich,
Daß Alles, was im Wege stund, recht seltsam mußte Abschied nehmen.
Zwei Evangelisch=Luthersche verknüpften endlich ihre Kräfte
Mit eines Reformierten Wunsch in diesem kirchlichen Geschäfte.
Es nahm zugleich ein Päpstlicher den Bau der neuen Kirche an.
Seht doch! wie die Uneinigkeit uns nichts als Hindernisse lehret,
Und wie bei der Mißhelligkeit die Einigkeit doch bauen kann,
Wie also wahre Einigkeit der Menschen stetes Wohlsein mehret."

Dieses Gedicht hat der Baumeister ein paar Ellen über der Erde in das Gebäude mauern lassen[3]).

Im Jahre 1759 wurde der Bau fertig gestellt, doch ohne Turm. Ein solcher wurde erst im Jahre 1802 hinzugefügt, aber so unsolide gebaut, daß er schon nach einigen Jahrzehnten infolge eines Blitzschlags wieder niedergelegt werden mußte.

Es liegt die Vermutung nahe, daß die von Pastor Helmich gepriesene Vereinigung der drei Konfessionen zu einem die Zweckmäßigkeit und Schönheit des Gebäudes beeinträchtigenden Kompromisse geführt hat. Oder war die Nüchternheit jener Zeit, der sogenannten Aufklärungszeit, die zu keinen großen Opfern für kirchliche Zwecke begeistern konnte, allein schuld daran, daß der Bau so geworden ist, wie er ist? Man sollte denken, daß die Petrikirche Vicelins, die Peter=Pauls=Kirche des späteren Mittelalters und die sie ersetzende Kirche des Reformationsjahrhunderts mehr Erhebendes, mehr zu Gott emporziehende Kunst und Größe gezeigt haben als dieses schmucklose, in bezug auf Raum und Ausstattung so spärliche Gotteshaus des doch so großen Kirchspiels.

---
[1]) Er war Katholik.
[2]) Mit dem Oldesloer Magistrat waren es zehn.
[3]) Nach Aufzeichnungen eines Sohnes des damaligen Rektors Petzold, die von Johannes Suck im Landboten veröffentlicht wurden, seitdem aber leider verlorengegangen sind.

Der Beschluß zum Neubau war im Jahre 1756 an die Bedingung geknüpft worden, daß allen Besitzern von erkauften Kirchenständen in der neuen Kirche wieder gleich große und gleich gut gelegene Stände angewiesen werden sollten. Vor dem Abbruch der alten Kirche waren deshalb alle Privatplätze in derselben vermessen und das Eigentum an ihnen festgestellt worden. Als die neue Kirche aber fertig war, ergab sich, daß man das gegebene Versprechen gar nicht halten konnte, da die Kirche dazu viel zu klein ausgefallen war. Nun regnete es Beschwerden über Beschwerden, und die Behörden sahen sich in der unangenehmen Lage, den Beschwerdeführern ihr Recht nicht verschaffen zu können. Schließlich beschloß man, eine ganz neue Verteilung der Kirchenplätze nach der Pflugzahl vorzunehmen. Da die Kirche nach dem Plane des Baumeisters Scherr nur 766 Plätze enthielt und das Kirchspiel auf 190½ Pflug angesetzt war, auf Oldesloe 50 kamen, würden auf jeden Pflug 4 Plätze gefallen sein, auf Oldesloe im ganzen also nur 200, während die Stadt etwa 300 Familien mit 1400 Seelen zählte, wovon 1000 als Kirchgänger gerechnet werden konnten. In der alten Kirche hatten Oldesloer 366 Plätze als erbliches Eigentum besessen, Landleute aber nur 264. Dagegen wandten sich im Jahre 1777 sowohl Bürgermeister und Rat wie die Deputierten beschwerdeführend an den König. In dem Schreiben des Magistrats heißt es u. a.: „Es kann überhaupt nicht genug bedauert werden, daß man ehedem bei Erbauung dieser neuen Kirche auf die Größe der Gemeine so gar wenig Rücksicht genommen und, nachdem man ein Gebäude mit unglaublichen Kosten und Beschwerden aufgeführt hatte, welches ohne Thurm und äußerliches Ansehen, auch überhaupt von schlechter Beschaffenheit und gleicher inneren Einrichtung, vornehmlich aber für die Gemeine viel zu klein ist, dieselbe dadurch am Ende in Verlegenheiten und Schwierigkeiten gesetzet hat." Aber auch der König konnte keine allerseits befriedigende Entscheidung treffen. Es blieb nichts anderes übrig, als daß sich die Oldesloer Gemeinde den fleißigen Kirchenbesuch abgewöhnte, und das ist dann leider über Bedürfnis geschehen.

IX. Schusterkrawalle.

Die ersten zwei Krawalle. Ursache des dritten Krawalls. Verhandlungen zur Beilegung des Streiks. Homanns Eingabe an den König. Schriftwechsel zwischen den Oldesloer und den Lübecker Schustergesellen. Petition der Meister Hinsch und Genossen. Entscheidung des Königs. Ausführung der königlichen Anordnungen. Begnadigung der Sträflinge. Prozeß wegen der Zechschuld.

Die Schustergesellen, die sich einst durch ihre Kirchlichkeit hervortaten und bei allen Baunöten der Kirche ihr Scherflein opferten, auch noch im Jahre 1714 für das Weißen der Kirche 4 Mark hergaben, waren jetzt von einem anderen Geiste beseelt. Die in der Bürgerschaft vorhandene Neigung zur Widersetzlichkeit, über welche die Bürgermeister Tatter und Kirchhoff so bitter klagten, hatte auch die Schustergesellen ergriffen und führte sie dreimal in kurzer Zeit zur Auflehnung gegen die

Obrigkeit. Einmal waren sie, weil sie sich einer Anordnung des Magi=
strats nicht fügen wollten, aus der Stadt ausgerückt, hatten in einem
lübischen Dorfe, jedenfalls in Pölitz, zwei Tage lang gezecht und waren
erst nach strengen Strafandrohungen des Bürgermeisters zurückgekehrt.
In einem zweiten Falle ließen sie sich erst nach Anrufung militärischer
Hilfe zur Wiederaufnahme der Arbeit bewegen. Beide Male aber
stellte sich nachträglich heraus, daß sie sich nur scheinbar der Obrig=
keit gefügt hatten. Heimlich nämlich hatten die Amtsmeister mit
ihnen unterhandelt und sie durch Zahlung ihrer Zeche zur Heimkehr
bestimmt. Das mußte sie natürlich zur Wiederholung solcher Streiche
ermuntern, und das geschah denn auch bald. Nur von dem dritten
Streik sind die Akten erhalten.

Etwa drei Wochen vor Pfingsten 1764 wurde der bei dem Schuh=
machermeister Paul Homann in Arbeit stehende Geselle Joachim Voß
aus Zarpen von der Gesellenschaft zum Altgesellen erwählt und ihm
der Schlüssel zu der Lade überliefert. Am ersten Pfingsttage bekam
er die Nachricht, daß er eilends zu seiner erkrankten Mutter kommen
möchte, und er reiste hin zu ihr, nachdem er vorher in der Herberge
den Schlüssel an seinen Mit=Altgesellen, der ein Oldesloer war, ab=
geliefert hatte. In seiner Abwesenheit hielten nun die Schustergesellen
— ganz gegen den Amtsgebrauch, wie Meister Homann in einer späte=
ren Eingabe an den König behauptete — ihren „Krugtag" ab. Die
Gesellenschaft erklärte Voß für straffällig und legte Beschlag auf sein
Zeug. Meister Homann setzte seinen Gesellen bei dessen Nachhause=
kunft von der über ihn verhängten Maßregel in Kenntnis, worauf Voß
zur Erforschung des Sachverhalts am nächsten Tage die Brüderschaft
zusammenfordern ließ. Von dieser wurde ihm mitgeteilt, daß er in
Strafe genommen worden sei, weil er als Auswärtiger den Schlüssel zur
Lade nicht an einen auswärtigen, sondern an einen einheimischen Ge=
sellen abgegeben habe. Voß entschuldigte sich damit, daß er von einer
solchen Verpflichtung nichts wisse, doch wurde ihm unter Hinweis auf
die Rolle von 1523 bedeutet, daß er, da er sich als Meisterknabe unge=
bührlich aufgeführt habe, eine Strafe von einem Reichstaler entrichten
müsse. Hiergegen erhob Voß Protest, und der wortführende Älter=
mann des Schusteramts berief nun das Schusteramt zusammen, aber,
wie Homann in seiner Eingabe an den König behauptete, auf eine un=
ordentliche Art, indem der Ältermann mit Vorbeigehung der Ordnung
nur diejenigen Meister fordern ließ, welche ihm gefällig waren. In
dieser Versammlung, in der vom Magistrat Senator Nickelsen den Vor=
sitz führte, bestätigte das Schusteramt den Spruch der Gesellen, die
nun vollkommen berechtigt zu sein glaubten, den Altgesellen Voß nach
ihrer Willkür zu behandeln. Dieser appellierte vom Schusteramt an
das Stadtgericht, und als das den Gesellen bekannt wurde, verprügel=
ten sie ihn auf ihrer Herberge derart, daß er blutrünstig geschlagen nur
eben nach Hause gehen konnte. Auch dagegen suchte Voß Schutz beim
Stadtgericht und hatte denn auch die Genugtuung, daß die Haupt=
missetäter, welche ihn so übel zugerichtet hatten, die Gesellen Grimm
und Berott, zu einem Reichstaler Brüche verurteilt wurden. Dieser

Richterspruch fand aber nicht den Beifall der Schustergesellen; denn das Murren der Gesellen über diesen gerechten Bescheid nahm sofort seinen Anfang, sobald er gesprochen war, und am 19. August 1764 beschlossen sie, nicht eher zu arbeiten und auf des Altgesellen Voß Kosten so lange zu zechen, bis er sich ihrem Willen unterworfen, nämlich die Strafgelder von 1½ Reichstaler erlegt und ihre Zehrkosten vergütet hatte, und traten sofort in den Streik ein.

Das Amt der Schuster sah sich nun im Gedränge und erfuhr, daß es leichter ist, ein Feuer anzuzünden als auszulöschen. Unter dem Vorsitz des Bürgermeisters Kirchhoff trat das Schusteramt am 21. August abermals zusammen. Um die Sache beizulegen, verpflichtete sich Meister Homann, für seinen Gesellen Voß die diesem auferlegte Strafe von 1½ Reichstaler zu zahlen und entrichtete sie auch wirklich. Die Gesellenschaft aber bestand darauf, daß Voß auch die 56 Mark 7 Schilling bezahle, welche sie an den beiden Streiktagen verzehrt hatten. Da nun Homann von den im Sause befindlichen Gesellen üble Folgen befürchtete, so erbot er sich, für seinen Gesellen Voß zu bürgen, und verpflichtete sich, wenn Voß vom Könige für schuldig erklärt werden sollte, die verlangten 56 Mark 7 Schilling zu zahlen, diese Summe für ihn zu erlegen. Dieser Vorschlag wurde angenommen und die Gesellen gingen wieder an ihre Arbeit.

Nun wandte sich Homann durch Schreiben vom 27. August 1764 an den König Friedrich V. und bat nach Darlegung des Tatbestandes, die Sache gehörigermaßen zu untersuchen, die Aufwiegler ausfindig zu machen und andern zum Exempel nachdrücklich zu bestrafen, ihm sein aus Not bezahltes Geld entweder von den Schustergesellen oder dem wortführenden Meister und dessen Anhängern mit den jetzt verursachten Kosten zu restituieren, den Altgesellen Joachim Voß für unschuldig zu erklären und ihn selbst von der für Voß zur Aufrechterhaltung der öffentlichen Ruhe übernommenen Bürgschaft freizusprechen. Diese Bittschrift wurde unter dem 25. September 1764 dem Magistrat zur Berichterstattung übermittelt, und dieser gab dem Schusteramte auf, binnen 8 Tagen, welche Frist indessen auf Wunsch der Schuster um 14 Tage verlängert wurde, die erforderlichen Erklärungen dazu einzubringen.

Darauf richteten am 1. Oktober 1764 die Oldesloer Schustergesellen an die Schustergesellen in Lübeck ein Schreiben, in welchem sie um Mitteilung der dortigen Amtsgebräuche inbetreff der Aufbewahrung des Schlüssels zur Amtslade baten. Ein derartiger Briefwechsel war aber strengstens verboten. Kaum hatte daher das hiesige Stadtgericht in Erfahrung gebracht, daß ein an das Schusteramt in Lübeck adressierter Brief hier auf die Post eingeliefert sei, so forderte es die Herausgabe jenes Schreibens. Der Postmeister weigerte sich anfänglich, diesem Ansinnen Folge zu leisten, und erst als der Vertreter des Stadtgerichts einen Revers ausstellte, in welchem er erklärte, für alle etwaigen Folgen, welche die Aushändigung dieses Briefes an ihn nach sich ziehen könnte, haften zu wollen, gab der Postmeister zu, daß der fragliche Brief in seiner Gegenwart geöffnet, kopiert und sodann wieder versiegelt und an seine

Adresse befördert wurde. Das Antwortschreiben der Lübecker Brüderschaft traf schon nach wenigen Tagen ein und wurde unvorsichtigerweise einer Petition beigelegt, welche die Schuhmachermeister Peter Hinsch, Hinrich Burmester, Hinrich Kähler und Jochim Godejohann am 7. November 1764 an den König richteten und in welcher sie die Ausführungen Homanns zu widerlegen und sich von dem Verdachte zu reinigen suchten, dem von den Gesellen verübten Unfuge Vorschub geleistet zu haben, und schließlich baten, „den zudringlichen Supplicanten" Paul Homann zu verurteilen, die Kosten zu erstatten und die freiwillig übernommenen 56 Mark 7 Schilling binnen 14 Tagen dem Amte zu erlegen.

Diese Petition sandte der Magistrat mit einem die Homannsche Supplik befürwortenden Schreiben am 29. November an die königliche Statthalterschaft ab, worauf am 14. Januar 1765 eine vom Könige eigenhändig unterschriebene Resolution erfolgte, in der es u. a. heißt: „Wir können diesen von den Schustergesellen nun schon in kurzen Jahren zum dritten Male verübten Frevel nicht ungeahndet lassen, indem den Handwerksgesellen in dem 2. § der durch die Verordnung vom 17. März 1756 aufs neue eingeschärften Reichskonstitution von 1751 alle eigenmächtige Bestrafung ihrer Mitgesellen gänzlich untersagt worden, die Oldesloher Gesellen aber ihren Muthwillen hingegen um so deutlicher gezeiget, als sie sich wegen der an dem Altgesellen Voß geschehenen Provocation thätlich an ihm vergriffen und sich nochmals an der von euch abgegebenen Verfügung nicht begnügen lassen, sondern dagegen einen förmlichen Aufstand erreget haben. Wir wollen daher, daß die eigentlichen Rädelsführer oder auch die beiden Gesellen Grimm und Berott, welche den Altgesellen Voß in ihrer Herberge blutrünstig geschlagen haben, oder falls diese sich dorten etwa nicht mehr aufhalten sollten, ein paar andere meist schuldige Gesellen in Verhaft genommen und nach Glückstadt in das Zuchthaus abgeführt werden sollen. Weil aber ihr mit euren wenigen Gerichtsbediensteten die vermutlich noch ferner in Wuth kommenden Frevler nicht werdet in Ordnung halten können, so wollen wir ein Kommando Kürassiere unvermuthet auf die von dir, dem Justizrath Kirchhoff, näher abzulassende Requisition einrücken lassen, deren ihr euch zur Ausführung Unseres Befehles bedienen könnt. Du aber, Unser Justizrath und Bürgermeister Kirchhoff, hast diese Unsere Resolution den übrigen Ratsmitgliedern so lange, bis das Kommando wirklich eingerückt ist und die Rädelsführer oder Meistschuldigen von dir wirklich arretiert worden, geheim zu halten, sodann aber den Magistrat fördersamst zusammenrufen zu lassen, worauf ihr dann sämtlich die Arretierten vor euch fordern, selbigen ihren groben Unfug nachdrücklich vorhalten und sie darauf nach Glückstadt absenden, das Kommando aber so lange, als ihr es zur Aufrechterhaltung des euch anbetrauten obrigkeitlichen Ansehens nöthig erachten werdet, bei euch behalten sollet. Die Altmeister sollen, weil sie den eigenmächtigen Spruch der Gesellen gut geheißen und weil sie das Antwortschreiben der Lübeckischen Gesellen ihrer allerunterthänigsten Vorstellung vermessentlich beigefüget haben, mit der verordnungsmäßigen Strafe von 20 Thalern beleget werden. — — Es sollen auch die schul= digen Mitmeister des Amtes die Kosten, welche der Aufenthalt des Kommando zu Oldeslohe veranlassen wird, *ex proprio* erlegen. Dem Schuster Homann sollen die für den Gesellen Voß bezahlten 1½ Thaler wieder erstattet, auch soll derselbe von der für die von den Gesellen auf ihrer Herberge verzehrten 56 Mark 7 Schilling übernommenen Kaution entbunden und dem Amte soll bei schwerer Ahndung unter= saget werden, diese Summe weder *directe* noch *indirecte* für die Ge= sellen zu bezahlen oder zu vergüten."

Die Anordnungen dieser Resolution wurden pünktlich ausgeführt. Bürgermeister Kirchhoff setzte sich mit dem Obristen von Lersner in Plön in Verbindung, und das aus einem Offizier, zwei Unteroffizieren und 12 Kürassieren bestehende Kommando rückte genau der Verab= redung gemäß am 31. Januar um 3 Uhr nachmittags zu allgemeiner Bestürzung in Oldesloe ein und stellte sich vor dem Hause des Bür= germeisters auf. Dieser hatte, weil die Hauptträdelsführer des Tu= mults sich nicht mehr in Oldesloe befanden, die beiden Schuster= gesellen Grimm und Berott unter einem fingierten Vorwande zu sich bestellt. Sie wurden nun festgenommen und unter militärischer Es= korte und in Begleitung von zwei Stadtdienern nach Glückstadt abge= führt. Die Überführung der beiden Arrestanten und die Verpflegung des Kommandos hat dem Schusteramte 211 Mark 15 Schilling Kosten verursacht.

Ein Gnadengesuch der beiden Delinquenten und ein solches der Oldesloer Schustergesellen, die Bürgermeister Kirchhoff befürwortend dem Minister von Bernstorff übermittelte, hatte den Erfolg, daß Grimm und Berott bereits Anfang Mai 1765 aus dem Zuchthause entlassen wurden. Der Herbergsvater Rassau aber mußte wegen Bezahlung der von der Gesellenschaft bei ihm gemachten Zeche noch lange pro= zessieren.

X. *Die Verlegung des St. Jürgens-Hospitals.*

Weitere Entfremdung von Stiftsländereien. Eingreifen der Behörden. Die Kommission von 1741. Die Kommission von 1745. Kommissions- verhandlung von 1746. Weitere vergebliche Nachforschungen. Ein- sturz des Armenhauses und Abbruch der Kapelle. Beschreibung der St. Jürgens-Kapelle. Wiederherstellung der statutenmäßigen Verwaltung. Erste Verheuerung an den Meistbietenden. Erwerb eines Hospitalgebäudes. Austausch von Ländereien.

Das St. Jürgens=Stift, das schon im 17. Jahrhundert durch unfähige oder gewissenlose Verwaltung viele seiner Ländereien verloren hatte, büßte aus demselben Grunde auch noch im 18. Jahrhundert weitere Teile seines Grundbesitzes ein. Die Kommission von 1706 hatte zwar wiederum ausdrücklich verlangt, daß die Ländereien der Stiftung an den Meistbietenden verpachtet werden sollten, was schon die Verord= nung König Christians III. vom Jahre 1545 eingeschärft hatte. Aber man kehrte sich immer noch nicht daran. Nach den alten Listen wurden die

Pachtgelder zu den schon Jahrhunderte alten Sätzen von wenigen Schillingen zugleich mit den Kapitalrenten erhoben, und die Zahlenden wußten oft nicht oder wollten es nicht wissen, ob sie die Renten für gepachtete Äcker, Wiesen oder Gärten oder für entliehene Kapitalien zahlten. Schließlich wurden die Behörden aber doch auf das Fortdauern der Unordnungen aufmerksam. Noch während der Nutznießung des Hofes durch den Postmeister und Ratsverwandten Tobias Fischer, einen Sohn des Ratsverwandten gleichen Namens, der im Jahre 1668 damit belehnt worden war, wurde bei einer Untersuchung der Stadtangelegenheiten diese auch auf das St. Jürgens-Hospital und das Verfahren des Hofmeisters erstreckt, was zur Folge hatte, daß eine neue Kommissional-Verordnung vom 2. März 1728 Bürgermeister und Rat die Bestimmungen der Verordnungen von 1706 und 1707 einschärfte.

Damit hörten aber die Unordnungen noch immer nicht auf; denn im Jahre 1741 wurde abermals eine königliche Kommission ernannt, um den Vermögensstand des Hospitals zu ermitteln und die Verfassung desselben nach Abgang des bisherigen Hofmeisters zu regulieren. Das in der Familie Fischer erblich gewordene Hofmeisteramt war auf die Tochter des Postmeisters Fischer Anna Burmeister, die Frau des Postmeisters Johann Ewald Burmeister, übergegangen. Von der Frau Hofmeisterin wurde nun durch die Kommission ein eidlich erhärtetes Verzeichnis der sämtlichen zu dem St. Jürgens-Stift gehörigen Ländereien eingefordert und von ihrem Manne als ehelichem Kurator seiner Frau unter dem 1. August 1741 eingereicht. In dieser Designation finden sich fast nur Ländereien des ursprünglichen St. Jürgens-Hofes vor dem Hamburger Tore verzeichnet, von denen des ehemaligen Hofes auf dem Pipenbrink vor dem Lübecker Tore nur eine Wiese im Kneden beim St. Jürgens-Holz und ein Acker auf dem Schmökpfahl. Die zahlreichen Äcker, Wiesen und Gärten, die bei der Okular-Inspektion von 1610 als St. Jürgens-Grundstücke bekannt waren, sind aus dem Besitz des Stiftes verschwunden.

Der König beauftragte dann unterm 22. Februar 1745 die Segeberger Kirchenvisitatoren, nämlich den Amtmann Grafen zu Stolberg und den Propst H. A. Burchardi, in Gemeinschaft mit dem Bürgermeister Kirchhoff eine genaue Untersuchung der zum St. Jürgens-Hospital gehörigen Ländereien anzustellen, und befahl zu dem Zweck dem Magistrat, den beiden Kommissaren alle das Hospital angehende Dokumente des Stadtarchivs auf Amtseid auszuliefern. Aus den Dokumenten, die der Magistrat nach einigen Winkelzügen hergab, ersahen die Kommissare, wie groß ehemals der Besitz des Stiftes vor dem Lübecker Tore gewesen ist, und setzten zur Eruierung desselben, nachdem der König unterm 1. Juli 1746 den Bürgermeister Kirchhoff von seinem Amte als Kommissar entbunden hatte, einen Termin zu mündlicher Verhandlung auf den 26. September 1746 an.

Bei dieser Verhandlung, die im Hause des Apothekers und Ratsherrn Bartscherer stattfand, erschien zuerst Postmeister Burmeister und überreichte ein Verzeichnis von alten Bürgern, die zur Beleuchtung der St.-Jürgens-Sachen abgehört werden möchten. Zunächst jedoch wurde Bürgermeister Kirchhoff vernommen, konnte aber über die Ländereien des St.=Jürgens=Stiftes vor dem Lübecker Tore keine Auskunft geben. Auch aus dem Ackerbuche, das er vorlegen mußte, ergab sich kein Aufschluß, weil es erst im Jahre 1695 angelegt worden war. Dann besichtigten die Kommissare in Begleitung des Bürgermeisters, des Postmeisters Burmeister und des Bürgers Andreas Martens das St.=Jürgens=Holz am Kneden. Es wurde festgestellt, daß der Abhang des Knedenberges an der St.=Jürgens=Wiese diesen Namen führte, doch war keinem der Begleiter etwas von Grenzen zwischen diesem Holze und dem übrigen Stadtwalde bekannt. Dann erst wurde zur Abhörung der alten Leute geschritten. Auf die Frage, ob ihnen gewisse St. Jürgensländereien vor dem Lübischen Tore bekannt seien und ob sie solche anweisen könnten, antworteten aber 7 Zeugen: Nein. Nur der achte, Daniel von Ohlen, antwortete auf die erste Frage: „Nichts als die St. Jürgens=Wiese, die der Postmeister verheuert", und fügte seiner Aussage hinzu, daß er selbst alle Jahre 5½ Schilling St. Jürgens=Geld geben müsse, ohne zu wissen, wofür, und daß er oft vergeblich danach gefragt. Da ihm dann gesagt wurde, daß er dafür laut der Register vom St Jürgens=Lande einen Acker auf Poggenbrede haben müsse, hat er gestanden, daß er daselbst freilich ein Stück von 16 Scheffel Hafersaat besäße. Der Vorsteher von St. Jürgens, der Ratsherr Meinert, antwortete auf die Frage, ob er wisse, wo die Ländereien, von denen er die Renten erhebe, gelegen seien, er wisse nichts davon, er verrichte die Einhebung des Geldes lediglich nach seinem Register.

Mit diesem negativen Ergebnis der Verhandlung aber hat sich die Kommission nicht begnügt. Sie hatte nach den alten Akten ein Verzeichnis der St.=Jürgens=Hospitals=Pertinentien, Kapitalien, Zinsen und Heuergelder, welche fehlen und ohne angezeigte Ursache aus den Rechnungen fortgelassen worden sind, anfertigen lassen und forschte dem Verbleib derselben noch jahrelang nach, aber leider ohne Erfolg. Im Jahre 1752 beteuern Bürgermeister Kirchhoff und die Ratsherren Carius und Meinert in einem Schreiben an den Grafen von Stolberg und den Propst Uhlitz in Segeberg, völlig außerstande zu sein, der Kommission von dieser Sache weiter das geringste Licht zu geben, und stellen es allerhöchster Dijudicatur anheim, ob von ihnen über Sachen, von denen ihnen nichts bewußt sei und die lange vor ihrer Geburt und Amtsführung passiert seien, etwas weiter gefordert werden könne. Noch im Jahre 1754 berichtet Pastor Helmich der Kommission, daß er zwar bei einigen Bürgern, welche 50 bis 60 Jahre in Oldesloe gelebt hätten, Nachfrage getan, aber durchgehends ein *altum silentium* gefunden habe, es wisse ihm auch keiner die geringsten Spuren an die Hand zu geben, durch deren Beihülfe man zu einiger Nachricht und Erkenntnis von den abgekommenen Parzellen der Stiftung gelangen möchte, und drei Vertreter der Familie von Buchwald, Adolf Jasper von Alefeld auf Jersbeck und ein Herr von Suckow zu Breitenburg antworten der Kommission alle fünf in demselben Jahre, daß in ihren Archiven keine das Oldesloer St.=Jürgens=Stift betreffenden Akten vorhanden seien. Eine Schlußresolution der Kommission liegt nicht bei den Akten.

Nach dem Abzuge der Mährischen Brüder waren das Armenhäuschen und die Kapelle, die ihnen nur überlassen, nicht verkauft worden waren, wieder an das Stift zurückgefallen. Den ehemaligen St. Jürgenshof, den einst die Buchwalds im Stile eines Edelhofes aufgebaut hatten, hatte nach seiner Einäscherung Tobias Fischer der Ältere durch ein einfaches, billiges Haus ersetzt, und seine Nachkommen hatten dann auch dieses eingehen lassen. Der Hof war verschwunden. Der Platz, wo er einst gestanden, steht in dem oben erwähnten Verzeichnisse der von der Stiftung abgekommenen Pertinentien an erster Stelle. Da sowohl das Armenhäuschen wie die Kapelle sehr baufällig waren, wurde ihr Abbruch beschlossen. Das Armenhaus stürzte vor der Ausführung des Beschlusses von selbst ein. Die Kapelle aber wurde, nachdem der König die Erlaubnis zum Abbruch erteilt hatte, mit dem alten Bauholz und den übrigen Materialien des eingefallenen Armenhauses am 28. Februar 1764 meistbietend auf Abbruch verkauft. Die Kapelle wurde dem Hinrich Prahl für 200 Mark zugeschlagen und die alten Baumaterialien dem Schuster Wiese für 44 Mark. Der St.-Jürgens-Kirchhof wurde im Jahre 1770 der Saline zur Erbauung einer Windmühle gegen eine jährliche Rekognition von einem Taler überlassen. Mit dem Abbruch der Kapelle war der letzte Rest des alten St.-Jürgens-Stiftes vor dem Hamburger Tore beseitigt. Nur die im Garten der Villa Victoria ruhenden Toten geben noch Zeugnis von der ehemaligen frommen Stiftung auf dem St.-Jürgensberge, der jetzt Mährischer Berg genannt wird.

Adam Friedrich Petzold gab nach Johannes Suck im Jahre 1755 von der Kapelle in ihrem damaligen Zustande folgende Beschreibung: „Noch sieht man in der miserablen und zerfallenen Kapelle: 1. den Altar, welcher unten hohl und gewölbt ist (das an demselben aufgerichtete Gemälde von der Kreuzigung Christi scheint vor diesem am anderen Ort gewesen zu sein; denn es sind nahe den Ecken eiserne Türangeln); 2. die Kanzel, wohinauf etliche Stufen gehen; 3. ein Crucifix; oben an demselben ist die Überschrift mit goldenen Buchstaben: I. N. R. I., unten an demselben ist ein zierlich geschnitzter Totenkopf; 4. das Gemälde des Ritters St. Jürgen, so jetzt meist vergangen; es ist darauf zu sehen a) Ritter St. Jürgen, sitzend auf einem weißen Pferd; in den Händen eine Lanze haltend, welche er dem Lindwurm in seinen Rachen stößt; b) der Drachen, welcher vor ihm liegt, sein Schwanz ist ungemein dick, krumm und gewunden, dessen Ende einen Wiederhaken vorstellt, wie seine angescheinende Zunge; c) die lybische Prinzessin sieht man ewas davon auf den Knieen liegend, mit gefalteten Händen, gen Himmel sehend, ihr Haupt ist geschmückt mit einer Krone. An der Wand, wo dieses Bild gehangen hat, liest man die Worte:

Im Papstthum ist dies Haus genennet nach St. Jürgen,
Durch dessen tapfre Faust der Lindwurm ist erlegt,
Der eine lybische Prinzessin wollt erwürgen;
Doch wenn man dieses Bild genau bei sich erwägt,
So sieht man, daß der Drach' den Teufel in der Höllen,
Der Ritter Jesum soll, die Jungfrau uns vorstellen.
Anno 1717."

Ein anderes Frescogemälde, das sich ehemals auf einer Wand der Kapelle befunden haben soll, einen Totentanz, beschreibt Petzold nach einem Bericht des damaligen Küsters Johann Magnus Hitzfeld.

Als im Jahre 1765 die letzte Nutznießerin des St. Jürgens-Hofes aus der Nachkommenschaft des Ratsherrn Tobias Fischer, die Frau des Postmeisters Burmeister, gestorben war, forderte die Regierung den Magistrat auf, nunmehr wieder den alten Statuten entsprechend zur Verwaltung der St. Jürgens-Güter zwei St. Jürgens-Vorsteher zu ernennen, denen Postmeister Burmeister sofort die Ländereien und Kapitalien der Stiftung auszuliefern habe. Die von ihm selbst bebauten Grundstücke habe er mit der Ernte abzuliefern, doch solle ihm Einsaat, Düngung und Arbeit vergütet werden. Von den verpachteten Ländereien solle er die Pachtgelder behalten, soweit sie eingegangen seien, die noch ausstehenden Pachtgelder aber sollten der St. Jürgens-kasse zufließen. Sämtliche Grundstücke seien dann nach öffentlicher Licitation an die Meistbietenden zu verpachten. Auch sei für die Beschaffung eines neuen St. Jürgens-Hauses Sorge zu tragen. Der Magistrat gesellte nun dem bisherigen St. Jürgens-Vorsteher Christoph Lubeseder Joachim Hermann Hormann als Kollegen bei. Die beiden Vorsteher hatten aber ihre liebe Not mit dem Postmeister, der nur widerwillig herausgab, was die Familie seiner Frau fast 100 Jahre lang besessen hatte. Zunächst war kein Verzeichnis der St. Jürgens-Besitztümer mit Angabe der derzeitigen Pächter und Schuldner von ihm zu erlangen, und als er es nach Androhung von Strafe durch die Regierung schließlich geliefert hatte, stimmte es in vielen Punkten mit dem von 1741 nicht überein. Nachdem dann der Landmesser Johann Eusebius Petzold das Burmeister'sche Verzeichnis von 1765 mit Hilfe des Aufmessungsregisters, das im Jahre 1753 von dem Landmesser Barner angefertigt worden war, in Ordnung gebracht hatte, fand endlich am 11. April 1766 die erste Verheuerung von St. Jürgens-Ländereien an den Meistbietenden auf dem Rathause statt. Mit dieser Erfüllung einer Forderung, die in den Statuten schon seit Jahrhunderten gestellt worden war, begann für das St. Jürgens-Hospital endlich eine Zeit vernünftiger Wirtschaft, durch welche die Reste seines einst so großen Vermögens zusammengehalten und ihrer stiftungsmäßigen Bestimmung nicht mehr entzogen wurden.

Nun ging man auch an die Schaffung eines neuen Hospital-Gebäudes. Bauriß und Kostenanschlag wurden aufgestellt; aber ehe man zur Ausführung schritt, bot sich Gelegenheit, ein Bürgerhaus zu erwerben, das als Hospital eingerichtet werden konnte. Es war dies das bei der großfürstlichen Graupenmühle an der Ecke des Mühlenganges und der Kirchstraße gelegene neu erbaute Kreckersche Haus, das im Auftrage der beiden Oberarmenvorsteher Pastor Helmich und Bürgermeister Kirchhoff von den beiden St.-Jürgens-Vorstehern Lubeseder und Hormann bei der öffentlichen Licitation am 1. April 1769 für 404 Reichstaler ersteigert wurde. Nachdem das Haus in guten Stand gesetzt und als Armen- und Krankenhaus eingerichtet worden war, wurde es mit armen und gebrechlichen Leuten besetzt, für deren Unterhalt und Pflege nunmehr die Einkünfte des Stifts wirklich verwandt wurden.

Bei der im Jahre 1772 begonnenen Aufteilung des Oldesloer Gemeindelandes und der damit verbundenen Zusammenlegung und Einkoppelung der Grundstücke des Stadtfeldes wurde wegen der untermischten Lage der Hospitalsländereien der Austausch mehrerer derselben gegen Stadtland verfügt. Eine Parzelle vom Gemeindeland erhielt die St. Jürgensstiftung nicht, obgleich sie ein Vollhaus besaß, das in einigen Akten sogar als doppeltes Bürgerhaus bezeichnet wird. Dagegen wurde die Stiftung für immer von allen den Häusern und Buden zur Last fallenden Abgaben befreit[1]). Die Permutationsakte vom 14. Juli 1782 erhielt am 22. September desselben Jahres die Bestätigung des holsteinischen Oberkonsistoriums. Damit hatte man auf die Wiedererlangung der dem St.-Jürgens-Stifte im Laufe der Jahrhunderte abhanden gekommenen Grundstücke endgültig verzichtet.

XI. Neue milde Stiftungen.

1. Die Lentesche Stiftung.

Johann Hugo von Lente, Geheimer Staats- und Landrat, Amtmann zu Segeberg und Kanzler in den Fürstentümern Schleswig und Holstein, Besitzer von Fresenburg seit 1696, bestimmte auf Vorstellung des Bürgermeisters Lindeloff ein Kapital von 2000 Reichstaler zur Unterhaltung des Kirchengebäudes, und soweit sie dazu nicht erforderlich, zur Vergrößerung des Kapitals. Diese 2000 Reichstaler, halb Kronen und halb Courant, wurden im Jahre 1721 von den damaligen Kirchenvorstehern bei den Buchwalds in Fresenburg, 1756 bei der Oldesloer Stadtkasse zinsbar angelegt. Von 1741 bis 1757 wurden die Zinsen zur Besoldung des Katecheten Reimers verwandt. Das Kapital wurde zur Deckung von Schulden, die nach dem großen Brande hatten gemacht werden müssen, um das Diakonat wieder aufzubauen, größtenteils aufgebraucht. Ein Bericht über das 19. Jahrhundert kennt als Lentesches Kirchenlegat nur noch ein Kapital von 618 Mark 8 Schilling.

2. Das Kirchenlegat der Anna Blöcker.

Die in Lübeck wohnende und aus Oldesloe gebürtige Anna Blöcker vermachte der Kirche ein Kapital von 1000 Mark, das im Jahre 1737 nach 5% Abzug von dem Lübecker Malvo den Oldesloer Kirchenjuraten im Betrage von 950 Mark ausbezahlt wurde. 600 Mark davon wurden zur Einlösung einer Obligation der Frau Kommissar Wilhelmine Maria Kirchhoff verwandt, die übrig bleibenden 350 Mark dem Propst zu Segeberg auf dessen Begehr zugesandt. Bei der Kirchenvisitation von 1739 wurde dann beschlossen, die zur Abtragung der Obligation verwandten 200 Taler von sämtlichen Eingepfarrten wieder zu erheben und dann das gesamte Legat von 950 Mark für die Kirche zinsbar anzulegen. Die Zinsen von den 350 Mark hat von 1741 bis 1757 der Kate-

---

[1]) Revers der städtischen Kollegien vom 8. Dezember 1779.

chet Reimers als Teil seines Gehalts bezogen. Das Kapital ist seitdem größtenteils verschwunden und wohl zum Kirchenbau verbraucht. Um das Jahr 1880 waren nur noch 50 Mark davon übrig. Den Oldesloer Erben der Anna Blöcker wurden auf ihr Ansuchen in Anbetracht der ihnen entgehenden Erbschaft zwei Kirchenstände „als kleine Ergötz= lichkeit" erbeigentümlich angewiesen.

3. Über ein Legat des Bürgermeisters Tatter war schon im Jahre 1758 keine Klarheit mehr zu erlangen. Im Jahre 1740 hatte Pastor Hammerich im Namen der Witwe Tatter der Oldesloer Stadt= kasse durch den späteren Ratsverwandten Johann Friedrich Bauert angeblich zum Brückenbau den Betrag von 100 Reichstaler eingehän= digt, der Magistrat aber hatte es versäumt, über die Beschaffenheit des Tatterschen Legats die nötigen Nachrichten einzuziehen, und hatte das Geld verwandt, ohne sich zu vergewissern, ob es auch im Sinne des Tes= tators geschähe. Die Regierung forderte auf die Anzeige des Ratsver= wandten Carius den Magistrat auf, die Nachrichten noch nachträglich einzuziehen, und machte ihn für den durch solche Nachlässigkeit etwa entstandenen Schaden verantwortlich. Es hat aber mit dem Verschwin= den des Tatterschen Legats sein Bewenden gehabt.

4. Die Rantzau=Burchardische Bücherstiftung.

Diese Stiftung kam auf eigentümliche Weise zustande. Bei der Kirchenvisitation von 1744 zeigte Pastor Hammerich an, daß in ver= schiedenen Schulen die nötigen Bibeln und Testamente nicht vorhan= den wären. Die beiden Visitatoren Geheimrat und Amtmann Graf von Rantzau und Propst Burchardi versuchten darauf, die anwesenden Ver= treter der Kirchspielsherrschaften zur Anschaffung zu überreden. Da die aber nicht dahin zu bringen waren, erklärte Propst Burchardi, es sei wohl am besten, daß jeder der beiden Visitatoren zur Erleichterung dieses Werks 10 bis 20 Reichstaler erlegte, und er biete hiermit 10 Reichstaler zu diesem Zwecke an. Darauf erklärte Graf von Rantzau, daß die Visitatoren zu dergleichen nicht verpflichtet wären. Wenn aber der Herr Propst die Generosität erweisen wolle, hätte es ein besse= res Ansehen, daß jeder von ihnen sich zur Erlegung von 50 Reichs= talern bereit erklärte. Der Propst stimmte zu und so verpflichteten sich beide zur Zahlung von je 50 Reichstaler zur Anschaffung von Bi= beln und Testamenten, und Pastor Hammerich übernahm es, darüber Rechnung zu führen. Die Erklärungen wurden in das Visitationspro= tokoll eingetragen. Bei der Kirchenvisitation von 1748 erklärte der Kammerherr und Amtmann Graf von Stolberg, daß die Erben des verstorbenen Geheimrats Grafen von Rantzau die 50 Reichstaler auf den Umschlag von 1747 bei ihm deponiert hätten unter der Bedingung, sie an die Oldesloer Kirchenjuraten auszuliefern, wenn Propst Burchardi den gleichen Betrag bezahle. Derselbe erklärte, daß das demnächst ge= schehen solle. Auf der Kirchenvisitation von 1751 wurde festgestellt, daß er noch nicht eingegangen war. Da auch 1754 die Bezahlung noch nicht erfolgt war, wurden auf der Kirchenvisitation dieses Jahres die Juraten angewiesen, für die Auszahlung der Beträge zu sorgen. Auf der Kirchenvisitation von 1757 wurde diese Anweisung wiederholt und dahin ergänzt, daß nach Abzug von 20 Taler für Bücher, die an arme Kinder verteilt werden sollten, die restierenden 80 Taler sicher angelegt und die Zinsen nur 5 Jahre lang zu Bibeln für arme Kinder verausgabt, dann aber so lange zum Kapital geschlagen werden sollten, bis die 100 Taler wieder voll wären. Nunmehr müssen die Gelder endlich eingegangen und nach Vorschrift verwandt worden sein. Das Stiftungskapital von 300 Mark brachte bis in die neueste Zeit 12 Mark Zinsen, die im Sinne der Stifter verwandt wurden.

5. Die Lensch'sche Stiftung.

Der Rektor Johann Wilhelm Lensch vermachte in seinem am 4. Juni 1795 errichteten und am 10. Juni 1796 von dem holsteinischen Oberkonsistorium genehmigten Testamente sein gesamtes Vermögen zu frommen Zwecken, indem er den jedesmaligen Bürgermeister zum Administrator seiner Stiftung ernannte. Die Verwendung regelte er folgendermaßen:

1. Den Zinsertrag von 4000 Mark bestimmte er zur Unterstützung armer Handwerkslehrlinge dergestalt, daß etlichen Kindern armer Eltern in Oldesloe, welche sich während der Schuljahre gut geführt und die Schule fleißig besucht, zur Erlernung eines Handwerks durch Zahlung des Lehrgeldes und der Kosten des Ein- und Ausschreibens und des Lehrbriefes und durch Versorgung mit den nötigen Kleidungsstücken und, wenn der Kassenbestand es erlaubt, durch Anschaffung von Gesellenkleidern verholfen werde.

2. Die Zinsen von 600 Mark sind zur Hälfte zum Ankauf von Schulbüchern für arme Kinder zu verwenden und zur andern Hälfte armen und fleißigen Eltern zu geben, denen es für ihre Kinder an Brot und Kleidung fehlt.

3. Die eine Hälfte der Zinsen von 600 Mark bestimmte der Stifter zur Auszahlung an die Oldesloer Kirche behufs der Unterhaltung seines Begräbnisses, die andere Hälfte aber für den ernannten Administrator der Stiftung als Honorar und Ersatz für bare Auslagen.

4. Von den Zinsen von 1200 Mark gebühren dem jeweiligen Rektor zu Oldesloe jährlich 10 Reichstaler und dem Schreibmeister 6 Reichstaler.

5. Die Zinsen des übrigen sich nach Verkauf der Mobilien ergebenden Vermögens von 2550 Mark sollen zur Unterstützung der Bedürftigen, insonderheit zur Errichtung einer Arbeitsschule für arme Kinder angewandt werden.

6. Das Wendtsche Legat.

Der Kommerzrat, Kaufmann und Bürger Hinrich Wendt in Oldesloe vermachte in einem am 2. April 1796 errichteten und am 17. Mai 1796 durch den König bestätigten Testament den Oldesloer Stadtarmen ein Kapital von 600 Reichstalern, deren Zinsen jährlich am 15. März als dem Geburtstage des Stifters in der Kirche vor dem Altar an Notleidende verteilt werden sollen. Nach dem Tode des Stifters entstand ein *concursus legatorum*, da das Vermögen des Erblassers nach Abzug der Pflichtteile zur Bestreitung der vollen Legate nicht ausreichte, und es wurde infolgedessen das Armenlegat von 600 Reichstalern auf 1039 Mark 2¾ Schilling reduziert, welche Summe bei der St.=Jürgens=Hospi= tals=Kasse zu 4 Prozent belegt ist.

XII. Die Aufteilung der Gemeinländereien.

Anregung durch die Bestentorer Bürger. Erfahrungen bei Vieh= seuchen. Rücksicht auf Bodenverbesserung. Schädigung des offenen Landes. Auspowerung der Pachtländereien. Eingabe an den König. Untunlichkeit der Aufteilung für ein Viertel allein. Beschluß der Aufteilung für die ganze Stadt. Ausführung durch den Landmesser Pezold. Einteilung in Lose. Verlosung. Grenzbesichtigung. Weitere Vorteile der Aufteilung und Verkoppelung.

Schon im Jahre 1748 baten die Bürger des Bestentorer Quartiers den König um die Erlaubnis, ihre Commüne=Ländereien zu teilen und zu ewigen Tagen bei ihren Häusern in Erbpacht zu legen, und zwar waren sie auf diesen Gedanken hauptsächlich durch die Erfahrungen gekommen, die bei den Viehseuchen gemacht worden waren, die drei= mal in kurzer Zeit Oldesloe heimgesucht hatten. Das Oldesloer Vieh wurde damals in Herden von je 300 bis 400 Stück von städtischen Kuh= hirten auf den Gemeinweiden vor den drei Toren der Stadt gehütet. Wenn sich nun in einer Herde ein angestecktes Stück Vieh gezeigt hatte, war gleich die ganze Herde infiziert worden und zum größten Teile eingegangen, während das in Koppeln separiert weidende Vieh frisch und gesund geblieben war. Die Bestentorer Bürger dachten da= her mit Recht, daß ihr Vieh der Ansteckungsgefahr weniger ausgesetzt sein würde, wenn das Gemeindeland geteilt und die einzelnen Teile mit Gräben und Knicks eingefriedigt würden, so daß jeder sein Vieh auf geschlossener Koppel haben könnte. Aber auch noch andere Gründe machten ihnen die Aufteilung empfehlenswert. Ein großer Teil der Gemeinheitsländereien bestand aus unkultivierten Mooren, die, um in brauchbaren Zustand versetzt zu werden, durch Ziehen von Gräben und Einebnen der löcherigen und höckerigen Stellen entwässert und durch Umgraben und Mischung der Erde weiter verbessert werden mußten. Die Stadt scheute sich wegen der großen Kosten, diese Me= liorationen vorzunehmen, und Private taten es nicht, weil sie nicht sicher sein konnten, auch selbst Nutzen davon zu haben, würden die Kosten aber gern daran wenden, wenn ihnen die zu verbessernden Stellen zugeteilt würden. Auch den übrigen in Weide liegenden Län= dereien fehlte es an der nötigen Kultur. Sie lagen frei und offen, ohne Schutz und Befriedigung. Durch Überfahren wurden sie besonders durch Pölitzer und Rümpeler Bauern verdorben, die zu ihrer Bequem= lichkeit nach eigenem Gutbefinden zwanzig Landstraßen darüber machten statt einer. Zur Stoppelzeit, wenn das Oldesloer Hornvieh auf den privatbürgerlichen Ländereien die freie Ausweide hatte, fanden sich die Pölitzer und Rümpeler Bauern ein und hüteten mit ihren Pfer= den alles Gras ab. Wenn dann das Oldesloer Vieh wieder auf die ge=

meine Weide getrieben wurde, war alles Futter weggefressen, und die Oldesloer hatten den Schaden im Abgang der Milch und Butter zu empfinden. Ihr Pfänder vermochte diesem Unwesen allein durch Pfändung nicht Einhalt zu tun, und mehrere Leute dazu anzunehmen war zu kostspielig und auch zwecklos, wenn diese Pfänder nicht wieder durch neue Aufseher überwacht würden. Diejenigen Ländereien, welche auf gewisse Jahre verpachtet zu werden pflegten, wurden ausgepowert, da sie alle paar Jahre den Nutznießer wechselten und nicht so gepflegt wurden, als wenn sie in dauerndem Besitz ein und desselben Bürgers geblieben wären. Sie brachten infolgedessen nicht die Hälfte von dem ein, was sie hätten einbringen können, wenn sie wie Privatländereien bearbeitet und gepflegt worden wären.

Alle diese Gründe trugen die Bestentorer Bürger dem Könige in einer Eingabe vom 3. Oktober 1748 vor. Nach Einforderung eines Gutachtens des Bürgermeisters Kirchhoff wurde dann durch königliche Verfügung vom 10. März 1749 der Magistrat beauftragt, mit Zuziehung der Deputierten, einiger im Landwesen am meisten erfahrenen Bürger und zweier sachverständiger Landleute aus dem Amte Segeberg ein förmliches Projekt zu entwerfen, wie die Ländereien, welche die Bürger in dem Quartier des Bestentores gemeinschaftlich nützen, unter dieselben gegen eine jährlich zu erlegende Grundsteuer zu verteilen seien.

Zur Ausführung ist der Plan nicht gekommen. Wahrscheinlich scheiterte er am Widerspruch der anderen Bürger, besonders der des Lübschentorer Quartiers, die früher ihr Vieh gemeinschaftlich mit dem des Bestentorer Quartiers hatten weiden lassen und daher ein Mitanrecht an die Gemeinländereien vor dem Bestentore zu haben glaubten. Und wohl mit Recht. Die Gemeinländereien vor den drei Toren gehörten nicht nur den drei Torquartieren, sondern der ganzen Stadt. Wenn die Bürger der einzelnen Torquartiere die Gemeinländereien vor ihren Toren unter sich geteilt hätten, wäre für die Bürger der inneren Stadt, des sogenannten Langenstraßenquartiers, nichts übrig geblieben. Die Aufteilung konnte daher nicht nur für ein Viertel, sondern mußte zu gleicher Zeit für die ganze Stadt ausgeführt werden.

Die Aufteilung sämtlicher Gemeinländereien wurde dann auch, nachdem sich mittlerweile durch die in der Nachbarschaft vorgenommenen Aufteilungen und Verkoppelungen der Nutzen dieser Meliorationen immer deutlicher herausgestellt hatte, im Jahre 1768 beschlossen. Im Jahre 1769 wurde der in Oldesloe wohnende Landmesser Johann Eusebius Pezold vom Magistrat mit der Vermessung und Einteilung der Oldesloer Gemeinländereien beauftragt. Leider erlitten seine Arbeiten dadurch unliebsame Unterbrechungen und Verzögerungen, daß ihm von der königlichen Regierung, die sich damals die Aufhebung der Feldgemeinschaften und die Beförderung der Einkoppelungen sehr angelegen sein ließ, auch die Aufteilungsvermessungen in den 1773 königlich gewordenen bisherigen großfürstlichen Ämtern Trittau, Reinbek und Tremsbüttel übertragen wurden. Andere Verzögerungen wurden durch die zeitweilige Unabkömmlichkeit der von benachbarten Gütern herangezogenen Bonitierungssachverstän=

gen hervorgerufen und schließlich noch dadurch, daß das Pastorat Anspruch auf die Lockwiese erhob. Als dessen Ansprüche aber im Sommer 1776 durch eine Entscheidung der königlichen Regierung in Glückstadt abgewiesen worden waren, konnte die Landaufteilung wieder ihren Fortgang nehmen. Ehe sie zum Abschluß gelangte, erlitt die Stadt im Sommer 1777 noch einmal durch eine Viehseuche den ansehnlichen und drückenden Verlust von mehr als 400 Stück Hornvieh. Infolgedessen bat der Magistrat das königliche Landes- und Ökonomie-Verbesserungs-Direktorium in Kiel aufs inständigste, den Landmesser Pezold doch von den Arbeiten in den Ämtern Trittau, Reinbek und Tremsbüttel bis zur Vollendung der Aufteilung in Oldesloe gänzlich zu entbinden, damit die Stadt nicht noch einmal einen so empfindlichen Schaden erleide, erhielt aber zur Antwort, daß die zur Beschleunigung der Oldesloer Aufteilung von dem Anstecken der Viehseuche und dessen Einschränkung durch die Einkoppelung hergenommenen Gründe auch ihre Anwendung auf die königlichen Ämter fänden und daß es deshalb der königliche Dienst gegenwärtig nicht gestatte, den Landmesser Pezold von seiner jetzigen Beschäftigung zu entlassen. So konnten die Arbeiten denn erst im Sommer 1779 vollendet werden.

Auf dem Sommervogtding vom 23. Juli 1779 wurde der Bürgerschaft bekannt gemacht, daß das Gemeindeland nunmehr nach der Güte des Bodens in fünf Klassen eingeteilt worden sei und daß es nach der Anzahl der Häuser und Buden in Lose geteilt werde, von denen jedes Haus ein ganzes von je 10 Scheffel Hafersaat und jede Bude ein halbes von je fünf Scheffel Hafersaat bekommen solle. Für den Bürgermeister seien wegen der bisher gehabten freien Weide für alles gehaltene Vieh zwei Landteile bestimmt und für den Sekretär einer. Die Herren Ratsverwandten könnten für das ihnen zugedachte Los das Tor wählen. Das Pastorat erhalte ein Stück als Entschädigung für die nun aufhörende freie Weide von sechs sogenannten eisernen, d. h. unablösbaren Kühen, und zur Verbesserung ihrer Diensteinkünfte erhielten je einen Landteil ohne Abgabe der Diakonus, der Rektor und der Präceptor. Da der Bürgermeister damals zugleich Stadtsekretär war, erhielt er also drei Anteile, zwei auf dem Timmerberg, der früher Bramberg hieß, und als dritten das Hirtenland auf dem Kamp, dem heutigen Bürgerpark, nebst den dazu gelegten Gärten. In diesen Anteil des Bürgermeisters war ohne Zweifel auch die Insel hineingezogen worden, auf der vor 1000 Jahren eine primitive Burg, ein Wartturm, stand und die in der Folgezeit Bürgermeisterinsel genannt wurde. Wegen des Verkaufs der Hirtenkaten auf dem Kamp wurde mit den deputierten Bürgern verhandelt. Pastor und Diakonus erhielten ihre Anteile auf dem Papierberge vor dem Bestentore und die beiden Schulkollegen vor dem Hamburger Tore hinter dem Gericht und dem dabeiliegenden Rodelande am alten Rümpeler Wege.

Nachdem dann die Parzellierung vollendet und der für die einzelnen Lose jährlich zu bezahlende Kanon nach der Bonität und den übrigen Umständen, insonderheit auch deren größerer oder geringerer Entfernung von der Stadt festgesetzt worden war, konnte auf dem Herbstvogtding am 27. September 1779 der Bürgerschaft endlich mitgeteilt werden, daß die Verlosung Mittwoch, den 29. September, von 9 Uhr morgens an öffentlich auf dem Rathause vorgenommen werden solle. Für jedes Tor seien zwei nicht zu kleine Knaben zu bestimmen zum Ziehen der Lose. Die Einwohner in der Langen Straße und im Hamburgertorquartier sowie im untersten Teile des Hagens an der Süderseite bis an Thomas Pöhls, an der Norderseite bis an Daniel Martin Bielfeld erhalten ihre Landteile vor dem Hamburger Tor. Die übrigen Einwohner im Hagen mit denen vor dem Lübschen Tore und denen an der Osterseite der Mühlenstraße und in der Heiligengeiststraße bis an das Gasthaus erhalten ihre Landteile vor dem Lübschen Tore, die übrigen, welche bisher zum Lübschentorquartier gerechnet worden waren, mit denen des Besttorquartiers vor dem Besttore. Bis sechs Wochen *a dato* der Verlosung können die Lose vertauscht werden, aber nicht von einem Quartier ins andere und nicht ohne jedesmalige Genehmigung des Magistrats. Nach Verlauf der sechs Wochen sollen weitere Vertauschungen nicht stattfinden, sondern jeder hat sich alsdann sein Los im Stadthauptbuche für die gewöhnliche Gebühr von 4 Schilling zuschreiben zu lassen. Binnen dieser Zeit muß alles verteilte Land eingekoppelt und für die landwirtschaftliche Instandsetzung der Lose gesorgt werden. Bis drei Lose können in einer Koppelbefriedigung bleiben, auch können gemeinschaftliche Tränkstellen hergerichtet werden. Es wurde ferner bekannt gemacht, wie die Befriedigungen beschaffen sein sollen und was jeder dazu herzugeben habe. Alle auf den Losen befindlichen Bäume, insonderheit am Kneden, verbleiben der Stadt, sowie auch alle großen Felsen und Feldsteine, für deren Wegbringung baldtunlichst gesorgt werden solle. Die Weide für das Hornvieh dauert noch vier Wochen bis gegen Martini. Die gemeine Schafweide hört künftig gänzlich auf sowie die Viehweide. Sobald mit der Begrabung und Bepatung der Lose angefangen wird, müssen die Schafe zurückbleiben. Alles unerlaubte eigene Hüten auf dem Felde und in den Reddern muß künftig unterbleiben. Die Contravenierenden sollen, bis desfalls etwas Näheres verfügt wird, für jedes Pferd und jede Kuh, die festgestellt werden, 1 Mark, und für jedes Schwein und jedes Schaf 4 Schilling Strafe erlegen. Damit diejenigen, welche auf ihre Kosten etliche Stück Schafe halten wollen, dazu Gelegenheit haben mögen, sollen ihnen vor dem Hamburger und vor dem Lübschen Tore etliche nicht zur Verteilung gebrachte Landstücke dazu in Heuer ausgetan werden.

Für die beiden Tage nach der Verlosung wird eine Grenzbesichtigung angesetzt. Vor dem Lübschen Tore soll sie Donnerstag, den 30. September, und vor dem Hamburger und Besttore Freitag, den 1. Oktober, stattfinden. Jeder, der an den Grenzen Land hat, hat sich unausbleiblich dazu einzustellen. Die Achtmänner berichten über die bei der Grenzbesichtigung einzunehmende *„Collation"*. Zum Abschluß der wichtigen Landaufteilung fand also ein fröhlicher Grenzumzug statt, der denen ähnlich gewesen sein wird, die noch heute in manchen Gegenden Deutschlands mit Schmaus, Musik und Tanz sowie sonstiger Kurzweil als allgemeines Volksfest gefeiert werden.

Zu den durch die Verkoppelung erlangten Vorteilen rechnet Bürgermeister Noodt in seiner Beschreibung von Oldesloe in den Schleswig=Holsteinischen Provinzial=Berichten, 4. Jahrgang 1790, auch das Aufhören der bisherigen Zerstückelung des Bürgerlandes und rühmt dann noch besonders: „Zu manchen durch diese Aufteilung erlangten Vorteilen gehörte auch besonders, daß eine Strecke Landes an der Rümpeler Scheide 27688 Quadratruten[1]), welches auf den Anhöhen vielleicht nie unter dem Pfluge gewesen, sondern überall mit Dorngesträuch und großen mit Moos überwachsenen Maulwurfshaufen bedeckt war, an den niedrigen Stellen aber aus einem mit sauren Grasbulden bewachsenen Morast bestand, in wenigen Jahren und ohne Kosten der Kommüne zu dem besten sadigen Lande und zu guten Wiesen und Torfgründen umgeschaffen ist, daß unter anderen großen Sümpfen ein tiefes Moor an der Obertrave von 7714 Quadratruten[2]), auf welchem vordem nur in trockenen Jahren Menschen gehen konnten und das also bis dahin wenig Nutzen gebracht hatte, durch Begraben zu brauchbarem Lande ausgetrocknet ist, daß eine der Stadt zugehörige kleine Holzung an der Fresenburger und Reinfelder Grenze[3]), die vornehmlich aus Eichen bestehet, vorhin aber zur gemeinen Weide mit diente, nachdem sie eingeheget worden, überall den besten Anwachs erhalten hat, daß die allgemeine Einkoppelung, die bessere Kultur des Landes und die völlige Benutzung der Bürgerländereien, die vordem bei der Feldgemeinschaft im Nachsommer zur gemeinen Ausweide liegen bleiben mußten, durch die Aufteilung des Stadtlandes sehr befördert worden, und daß man eben dadurch auch die Hebungen von den Stadtländereien bei der Stadtkasse mehr festgesetzt und vermehrt hat."

XIII. Die Schule.

Zahl der Lehrer. Schülerzahl. Schulversäumnis. Nebenschulen. Schulhalter und Schulhalterinnen. Unzulänglichkeit des Einkommens der Lehrer. Neuorganisation der Stadtschule. Der Organist als Konkurrent des Stadtmusikanten. Die neue Klasse des Organisten. Beurteilung der neuen Schulordnung durch die vorgesetzte Behörde. Mitteilung der beschlossenen Einrichtung. Bericht des Pastors D. Wolf.

Bis gegen Ende des 18. Jahrhunderts bestand das Lehrerkollegium der Oldesloer Stadtschule immer noch aus nur zwei Lehrern, dem Rektor, der zugleich Kantor war, und dem Schreib= und Rechenmeister, der zuweilen Präceptor genannt wurde. Weil der Rektor als Rektor im Dienste der Stadt, als Kantor aber im Dienste der Kirche stand, wurde die vordere Hälfte seines Hauses von der Stadt, die hintere von dem Kirchspiel unterhalten. Es gab auch einen Organisten; aber der hatte mit der Stadtschule nichts zu tun. Er erteilte zwar auch

---

[1]) Rißen und Schipphorst.
[2]) Das Brennermoor.
[3]) Offenbar das frühere St. Jürgensholz am Kneden.

Unterricht, aber auf eigene Faust. Seine Schule war eine der Nebenschulen oder Klippschulen, die in Oldesloe neben der Stadtschule vorhanden waren. Rektor und Schreibmeister unterrichteten die ganze Schülerzahl der Stadtschule abwechselnd in e i n e m Zimmer der Rektorwohnung. Diese Schülerzahl belief sich auf etwa 100. Zu Ostern 1788 z. B. waren es 117, und zwar 64 Knaben und 53 Mädchen, zu Johannis desselben Jahres bloß 96 (52 Knaben und 44 Mädchen), zu Michaelis 97 (54 Knaben und 43 Mädchen) und zu Weihnachten wieder 104 (58 Knaben und 46 Mädchen). Im Sommerhalbjahr wurden viele Kinder von ihren Eltern der Schule entzogen, um zur Feldarbeit, besonders zum Viehhüten, verwandt zu werden. Um die sommerliche Schulversäumnis, die auf dem Lande die Regel war, in der Stadt einzudämmen, wurden den Eltern der Stadtschüler schon auf der Kirchenvisitation von 1717 strenge Strafen angedroht. In dem Protokoll derselben heißt es: „Sechstens sollen die Eltern sowohl in der Stadt alß auff dem Lande gehalten seyn, Ihre Kinder vom 6ten Jahre des Alters und darüber in die Schuelen und zwar in der Stadt das gantze Jahr durch, auff den Dörffern aber wenigstens von Michaelis biß Ostern zu schicken mit dem Bedeuten, daß, wenn sie solcher Verordnung nicht gebührlich nachkommen werden, Sie nichtdestoweniger das volle Schuel-Geld von solchen Zeiten bezahlen und noch dazu in herrschaftliche Brüche verfallen seyn sollen."

Manche Oldesloer Kinder, besonders Mädchen, besuchten gar keine Schule oder höchstens eine Nebenschule, in der sie von „Schulhalterinnen" im Buchstabieren, die Mädchen aber auch in Handarbeiten unterrichtet wurden. Manche Eltern begnügten sich für ihre Kinder mit solchem Unterricht bis kurz vor der Konfirmation. Im Gegensatz zu den Nebenschulen wurde die Stadtschule „Hauptschule" oder „Große Schule" genannt.

Wie die Lehrer der Stadtschule, bezogen auch der Organist und die übrigen Schulhalter und Schulhalterinnen Zuschüsse aus den Armenkassen. Sie erhielten pro Quartal für jedes Kind 12 Schilling Schulgeld und 8 Schilling Holzgeld. Der Schulhalter Hans Friedrich Hansen quittierte von Dezember 1770 bis Dezember 1777 quartaliter dem Armenvorsteher über das Schulgeld für 14 bis 20 von ihm unterrichtete Knaben und Mädchen, die Schulhalterin Anna Margaretha Ketelhaken von April 1774 bis Juni 1796 für 29 bis herab zu 3 Knaben und Mädchen, die Witwe Cathrina Elisabeth Meinersen von April 1781 bis April 1783 für 9 bis 12 Kinder, die Witwe Christina Henninger von 1788 bis 1796, die Witwe Schlegel von 1801 bis 1810, Christian Gottlieb Nießner von 1805 bis 1809 und die Witwe Sophia Dorothea Eiben geb. Eilcken 1808 und 1809.

Das Einkommen der beiden Schulkollegen war noch immer sehr kümmerlich, so daß die Klagen über seine Unzulänglichkeit und die Bitten um Zulage nicht aufhörten. Der Magistrat mußte die Berechtigung dieser Vorstellungen anerkennen und bemühte sich, eine Erhöhung der Einkünfte der beiden Schullehrer herbeizuführen. Da sich aber die Bürgerschaft nicht geneigt zeigte, zur Aufbesserung der

Lehrergehälter in die eigene Tasche zu greifen, verfiel man auf den Gedanken, wieder die Armenkassen, insbesondere die St.=Jürgenskasse und die Emerentienkasse zu diesem Zwecke heranzuziehen. Die weitere Verwendung von Armengeldern für die Bedürfnisse der Schule wurde aber von der Regierung nicht genehmigt, dafür jedoch angeordnet, daß Schulgeld auch von denjenigen Eltern zu zahlen sei, die ihre schulfähigen Kinder der Schule entzögen. Das war eine kleine Verbesserung, und eine andere wurde dadurch berwerkstelligt, daß man bei der Landaufteilung sowohl dem Rektor wie dem Schreib= und Rechenmeister je ein Stück Land zum Nießbrauch zuteilte. Doch waren diese Verbesserungen nur Tropfen auf einen heißen Stein. Als nach der französischen Revolution eine neue Kriegsperiode einsetzte und damit eine empfindliche Entwertung des Geldes eintrat, war eine gründliche Aufbesserung der Lehrergehälter nicht mehr zu vermeiden, und sie wurde dann im Jahre 1796 in Verbindung mit einer Neuorganisation der Hauptschule herbeigeführt.

Als nach dem Tode des Organisten Pezold im Jahre 1795 und des Rektors Lensch am 4. März 1796 sowohl das Rektorat wie die Organistenstelle neu zu besetzen waren, kam man auf den Gedanken, die Stadtschule dadurch zu verbessern, daß man den zu berufenden Organisten als dritten Lehrer an ihr anstellte, und die Gehälter so zu erhöhen, daß man der Gewinnung tüchtiger Schulmänner sicher sein könnte. Die Vorschläge des Magistrats für die pekuniäre Sicherstellung des Planes zeigt folgendes

„Verzeichniß
der Emolumente und jährlichen Einkünfte der beiden Schullehrer und des Organisten zu Oldesloe.

1. Des Rektors:
A. vorhin nach dessen Angabe in *anno* 1777 und dem Entwurf zum Kirchen=Inventarium von 1768. Außer freyer Wohnung und dem Nieß= brauch von zween Gärten und von einem Landstücke zu 500 Quadrat= ruthen, letzteres seit 1780,

Fixum aus der Stadtkasse	40 Mark
„ aus der St.=Jürgens=Hospitals=Kasse	20 „
Von einer Sammlung auf Gregorius[1]) in der Stadt, vormals durch Schüler, zeither aber durch einen Sammler, ungefähr	14 „
Übertrag	74 Mark

---

[1]) Am Gregoriustage, dem 12. März, war zu katholischen Zeiten ein Kinderfest gefeiert worden. Davon war in manchen protestantischen Ländern das sogenannte Gregoriussingen übriggeblieben, ein Umzug von Schülern mit Gesang, bei dem von Haus zu Haus für die Lehrer gesammelt wurde. Das Gregoriussingen wurde von dem Könige verboten. Da aber die Lehrer auf das ihnen daraus zufließende Einkommen nicht verzichten konnten, schickten sie einen Sammler herum. Doch mußte auch das Sammeln auf Gregorius schließlich eingestellt werden, weil es als Bettelei empfunden wurde.

	Übertrag	74 Mark
Schulgeld für den öffentlichen Unterricht von jedem Kinde wöchentlich 6 Pfennig, auf das höchste[1]		100 „
Als Kantor bey der Kirche mit Inbegriff der Leichengebühren		174 „
		348 Mark
Dazu kommen aber noch Holzgeld von jedem Kinde, davon gemeiniglich über 100 gewesen sind, auf Martini 9 Schilling		56 Mark 4 Schilling
Privat-Unterricht soll wenig verlangt worden sein, doch werden dafür füglich angesetzt		100 „
Das Landstück ist jährlich für 9 Rtlr. verheuret worden		27 „
	Vorige Einnahme	531 Mark 4 Schilling

B. Künftig wird, außer der freyen Wohnung in dem Schulgebäude und dem Nießbrauch von einem dahinter belegenen kleinen Garten, dessen Einnahme seyn:

Aus der Stadtkasse jährliches Fixum	200 Mark
Heuer für das dem Rectorat bei der hiesigen Landaufteilung in *anno* 1779 beygelegte Landstück	27 „
Fixum aus der St.-Jürgens-Hospitalskasse	20 „
„ aus der Stadt-Armenkasse	60 „
Von 50 Mark Landheuer für das Bauertsche Armenland, dafür Kinder dürftiger Aeltern freyen Unterricht haben sollen	20 „
[Für die drey letzten Pöste muß der Rector künftig bis 10 Kinder dürftiger Aeltern in den öffentlichen Stunden oder bis 5 von solchen Kindern von besondern Fähigkeiten in seinen privat Stunden frey unterrichten.]	
Schulgeld vors erste nur für 21 Kinder gerechnet à 8 Mark [mit Inbegriff des Holzgeldes]	168 „
Schulgeld für privat Unterricht nur für 10 Kinder gerechnet auch à 8 Mark	80 „
Von einem Vermächtnisse des seligen Rector Lensch	30 „
Übertrag	605 Mark

---

[1] Das Schulgeld wurde wöchentlich von den Lehrern selbst eingesammelt. Gegen den Wunsch der Schulbehörde, das Sammeln vierteljährlich oder wenigstens nur monatlich durch einen Sammler vornehmen zu lassen, hatte sich der Magistrat gesträubt, weil er es für unbillig hielt, daß auch für die Kinder bezahlt wurde, wenn sie die Schule nicht besuchten, und weil er vielleicht nicht ohne Grund meinte, die Restanten würden sich vermehren, wenn man das Schulgeld auf die Mark anwachsen ließe. Unter dem Restantenunwesen hatten die Lehrer auch so schon genug zu leiden.

	Übertrag	605 Mark		
Als Cantor für Reinhaltung der weißen Altardecken		19 „	12 Schilling	
Gesammeltes Opfergeld in der Stadt		26 „	6 „	
„ und auf dem Lande		40 „		

(Die Sammlung auf Gregorius wird künftig wegfallen[1]).

Für 12 Kopulationen aus der Stadt à 1 Mark 13 Schillinge	21 „	10 „
und für 38 vom Lande à 1 Mark	38 „	
Für 232 Taufhandlungen à 6 ß	7 „	4 „
Für Leichen aus der Stadt und zwar 27 große über 12 Jahre mit Gesang vor der Thür à 2 Mark	54 „	
Für 20 kleine Leichen à 1 Mark	20 „	
Für Landleichen und zwar von 88 erwachsenen Personen à 6 Schill.	33 „	
Für 80 Kinder à 4 Schilling	20 „	
Wenn Leichen in der Kirche eingesenkt werden sind die Gebühren doppelt zu entrichten und von adelichen und charakterisirten Personen wird, sowie auch für Landleichen, die auf Stadtweise beerdigt werden, oder wobei eine Rede gehalten wird, mehr bezahlt, dafür überhaupt, ein Jahr ins andere gerechnet	15 „	
	Künftige Einnahme 900 Mark	

(Der verstorbene Rector hat gemeiniglich und bisweilen bis 4 Knaben in Pension gehabt und für jeden über 100 Rthl. erhalten.)

2. Der Schreib- und Rechenmeister

A. hat außer der freyen Wohnung in einem Stadtgebäude und dem Nießbrauch von zween Gärten und einem Landstücke zu 10 Scheffel Habersaat seit der Landauftheilung, laut seiner Angabe *anno* 1777 und nach dem Entwurf zum Kirchen-Inventarium, jährlich erhalten als Fixum:

aus der hiesigen Stadtkasse	39 Mark
aus der St. Jürgen-Hospitalskasse	30 „
aus der Stadt-Armenkasse	30 „
Das Buch zur wöchentlichen Armensammlung quartaliter in Ordnung zu bringen und die drey verschiedenen Armenrechnungen jährlich in die Hauptbücher und deren Duplicate	
Übertrag	99 Mark

---

[1]) Bereits im Jahre 1792 hatte Rektor Lensch beantragt, die Gregoriensammlung abzuschaffen und durch eine entsprechende Vergütung aus der Stadtkasse zu ersetzen, doch war das Ansinnen damals von den städtischen Kollegien abgelehnt worden.

	Übertrag	99 Mark	

einzutragen aus der Stadt-Armenkasse 10 Mark
aus der Hospitalskasse 9 „
und von der Rantzauischen
Armenstiftung auch 9 „

zusammen 28 Mark	28	„	
Für Leichen	24	„	
Für den Unterricht in den öffentlichen Schul-stunden im Buchstabieren und Lesen für jedes Kind wöchentlich 6 ₰, höchstens	100	„	
Für den Unterricht im Schreiben, wenn es ver-langt worden, auch für jedes Kind wöchent-lich 6 ₰ bis	36	„	
Für privat Unterricht im Schreiben und Rech-nen wöchentlich 1 Schilling für jedes Kind, bis	50	„	
Holzgeld nur 6 ₰ von jedem Kinde	3	„	2 Schilling
Von der Gregoriensammlung	2	„	8 „
Von etlichen kleinen Hebungen	8	„	6 „

Die ganze angegebene Einnahme 351 Mark

B. Künftige Einnahme, außer der Wohnung und dem Nießbrauch von einem kleinen und einem größeren Garten, an Landheuer

für sein Landstück wenigstens	25	Mark
Aus der Stadtkasse jährlich	100	„
Aus der Hospitalskasse	30	„
Aus der Stadt-Armenkasse	70	„
Aus der Heuer für das Bauertsche Armenland	30	„

(Für die drey letzten Pöste muß er in den öffent-lichen Schulstunden 20 Kindern oder davon in den privat Stunden 5 Kindern dürftiger Ael-tern freyen Unterricht geben, auch jährlich die drey Armenrechnungen in die Haupt-bücher und deren Duplicate eintragen, anbey das Sammlungsbuch bei der Armenkasse quartaliter in Ordnung bringen.)

Schulgeld für 60 Kinder à 6 Mark jährlich mit Inbegriff des Holzgeldes	360	„
Für privat Unterricht nur für 15 Kinder à 6 Mark gerechnet	90	„
Für 27 Leichen aus der Stadt jährlich à 1 Mark	27	„
und für 20 junge Leichen à 12 Schillinge	15	„
Für die Leichen, welche in der Kirche beyge-setzt, vom Lande auf Stadtweise beerdigt, oder wobey Parentationen gehalten werden, wie auch von adelichen und characterisirten Per-sonen, ein Jahr ins andere gerechnet nur	5	„

Übertrag 752 Mark

Übertrag 752 Mark

(Die bey der bisherigen des Schreibmeisters zu=
letzt angeführten 3 kleinen Pöste von der Gre=
goriensammlung, dem Holzgelde etc. fallen
künftig hinweg und bleiben resp. bey der
Stadt= und Armenkasse.)

Von einem Vermächtnis des sel. Rector Lensch 18 „

Künftige Einnahme des Schreibmeisters 770 Mark

Die vorstehenden Gebühren des Rectors und des Schreibmeisters
tür Trauungen, Taufhandlungen und Leichen sind nach Maaßgabe der
aus den Kopulations=, Tauf= und Todtenregistern zu Oldesloe in den
zehn Jahren 1780 bis 1789 ehedem gemachten Extracten und des Ent=
wurfs zum Kirchen=Inventarium nach einer angenommenen Mittel=
zahl formiert worden.

3. Der Organist

A. hat, besage des Entwurfs zum Kirchen=Inventarium von 1768 und
seiner damaligen Angabe bisher gehoben:

aus der Stadtkasse als Fixum jährlich	108 Mark	
aus der Stadt=Armenkasse	9 „	
von der Kirche	31 „	4 Schilling
Landheuer für eine Wiese auf dem Stadtfelde	25 „	
Opfer durch eine Sammlung am Buß= und Bet= tage in der Kirche¹)	10 „	
Opfer von den Höfen, die hier eingepfarrt sind	21 „	
„ von der Landgemeine	10 „	
Accidentien bei den Kopulationen aus der Stadt und bey Leichen, wenn die Orgel gerührt wird, höchstens	10 „	

Bisherige Einnahme 224 Mark 4 Schilling

B. Künftig wird dessen Einnahme, und zwar bey einer ihm bisher ge=
fehlten freyen Wohnung, seyn

aus der Stadtkasse	100 Mark
von der Kirche, nachdem man Gelegenheit ge= nommen hat, bei den Herren Eingepfarrten auf eine Zulage anzutragen, wenigstens	50 „
Heuer für die Organisten=Wiese	25 „
Opfer überhaupt nach der obigen Angabe	51 „
aus der Stadt=Armenkasse	80 „
von der Rantzauischen Armenstiftung	20 „

(Für die beiden letzten Pöste und die Verbesse=
rung seines Dienstes überhaupt, insonderheit

Übertrag 326 Mark

---

¹) Sie wurde mit dem aus dem Mittelalter stammenden noch vorhandenen „Bede=
brett", einem kleinen Brett mit einem aufstehenden Marienbilde, einem Geldbehältnisse
und einer Handhabe, vorgenommen.

                                           Übertrag 326 Mark
     durch freie Wohnung, muß er bis 25 Kinder
     dürftiger Aeltern in den öffentlichen Schul=
     stunden frey unterrichten, welche dazu von
     den Schul= und Armen=Inspektoren auf diese,
     sowie auch auf die beiden anderen Klassen,
     einen Freyzettel erhalten werden.)
Schulgeld für 50 Kinder à 4 Mark   200   „
Schulgeld noch für 20 Mädchen über 8 Jahre
     à 2 Mark   40   „
Für privat Unterricht an 10 Kinder à 6 Mark   60   „
Für Unterricht auf dem Klavier und an Acciden=
     tien nur   30   „
          Künftige Einnahmen des Organisten 656[1])Mark
     Von den hiesigen Armen=Anstalten haben bisher jährlich erhalten
und zwar:
1. aus der Stadt=Armenkasse:
die beiden Schullehrer und die Schulhalterinnen Schul= und Holzgeld
für arme und andere Kinder dürftiger Aeltern
     bis   160 Mark
der Schreibmeister Fixum   40 „
der Organist gleichergestalt   9 „
                                                209 Mark
2. aus der St. Jürgens=Hospitalkasse
     der Rector   20 Mark
     der Schreibmeister   39 „
                                                 59 „
3. von der Ranzauischen Armenstiftung
     der Schreibmeister   9 „
                                                277 Mark
Künftig werden empfangen
1. aus der Stadt=Armenkasse
     der Rector   60 Mark
     der Schreibmeister   70 „
     der Organist   80 „
                                                210 Mark
2. aus der Hospitalskasse
     der Rector   20 Mark
     der Schreibmeister   30 „
                                                 50 Mark
3. von der Ranzauischen Armenstiftung
     der Organist   20 Mark
                            Überhaupt 280 Mark
und also künftig nur mehr   3 Mark
     Extrahirt Oldesloe, den 31. März 1796.   C. A. Noodt."

---
[1]) Im Verzeichnis steht irrtümlich 653.

Das amtliche Einkommen des Organisten wurde also mit seiner Aufnahme in das Schulkollegium beinahe verdreifacht, dafür aber wurde sein außeramtliches vermindert; denn er erwarb sich vorher Nebeneinnahmen nicht nur durch Schulehalten, sondern auch dadurch, daß er bei Hochzeiten und anderen festlichen Gelegenheiten zum Tanze aufspielte. In dem Protokoll der Kirchenvisitation von 1717 heißt es nämlich: „So ist auch vorgekommen und hat der Organist Struve geklaget, daß ihm zwar laut seiner Bestallung zugesaget worden, als Musikant bei Hochzeiten und anderen Conviviis in der Stadt die Aufwartung mit zu verrichten, solches ihm aber durch den neubestellten Stadtmusikanten Johann Wachsmuth gehindert und das desfalls habende Accidens gestritten werden wollen. Wenn nun aus des Organisten Bestallungsbrief zu ersehen, daß demselben gleich seinen Antecessoren vergönnt sei, bei Hochzeiten und Conviviis in der Stadt mit aufzuwarten, so bleibet es desfalls bei dem Herkommen, jedoch dergestalt, daß er entweder selbst mit der Violin oder Baßgeige aufwarte oder dazu einen guten, tüchtigen Musikantgesellen sende, welchenfalls und nicht anders er zugleich mit dem Stadtmusikanten die Gebühren davor zu genießen haben soll."

Man dachte sich nun, daß der Organist alle Kinder unter acht Jahren und Mädchen über acht Jahre in seiner Klasse vereinigen sollte und daß mit dieser Klasse eine Arbeitsschule für die Mädchen zu verbinden sei.

Die neue Schulordnung, welche die Oldesloer Schulinspektoren, nämlich Bürgermeister und Hauptpastor, zugleich mit dem obigen Finanzplan dem Departement der königlichen Statthalterschaft einsandten, wurde von der zunächst vorgesetzten Behörde, den Kirchenvisitatoren in Segeberg, als eine der Stadt Oldesloe sehr angemessene und der Allerhöchsten Approbation sehr würdige Schulordnung bezeichnet, und besonders wurde lobend hervorgehoben, daß die Schule zur Absonderung der kleinen Kinder von den größeren aus drei verschiedenen Klassen bestehen solle, daß man darauf bedacht sei, die Geschlechter von einander zu trennen, und daß, um desto geschicktere Subjekte zu bekommen, die Einkünfte der Schulmänner erhöht werden sollten. Aber man nahm Anstoß daran, daß die drei Klassen gewissermaßen drei gesonderte Schulen bildeten, und verlangte, daß der Rektor als Rektor Einfluß auf die beiden andern Klassen haben und auch wohl in öffentlichen Stunden selbst mit darin arbeiten, wenigstens sie mit besuchen sollte, um zu sehen, ob und wie seinem höheren Unterrichte darin vorgearbeitet würde, und damit selbst die Kinder, welche seinen Privatunterricht nicht genießen, doch von seinem öffentlichen Unterricht profitieren könnten. Am allerwenigsten gefiel, daß der Rektor auch fernerhin zugleich Kantor sein sollte, da man schwerlich einen tüchtigen Literaten gewinnen könne, wenn das Singen eine *conditio sine qua non* bei der Rektorstelle sein sollte, und da der Rektor als Kantor bei Beerdigungen und anderen Gelegenheiten zu viele Unterrichtsstunden, in denen er nützlicher wirken könne, versäumen müsse, und riet, das Kantorat dem Schreibmeister zu übertragen.

Nach wiederholtem Hin- und Herschreiben kam dann im Laufe des Sommers eine im Sinne der Behörden abgeänderte Schulordnung und Besoldungsordnung zustande, so daß, nachdem auch die neuen Lehrkräfte gewonnen waren, zu Michaelis der Unterricht nach der neuen Ordnung beginnen konnte. Den Eltern wurde die neue Einrichtung durch folgende von der Kanzel erfolgte Mitteilung bekannt gemacht:

„Nach der von Sr. Königl. Mayt. Allerhöchst approbirten neuen Einrichtung bey der Stadtschule hier in Oldesloe ist unter andern auch, damit die kleineren Kinder von den größeren mehr abgesondert und jede von denselben besser vorgenommen werden können, der Organist hieselbst als dritter Lehrer angestellt worden. Bis zum sechsten Jahre können die Aeltern ihre Kinder in die Nebenschule gehen und sie daselbst die Buchstaben kennen und Buchstabiren lernen lassen. Von dem sechsten Jahre an sind aber alle Kinder, Knaben und Mädchen, nach der Königl. Allerhöchst. Schulordnung, Schulpflichtig und müssen von dem sechsten bis zum neunten Jahre die dritte Klasse des Organisten als dritten Schullehrers besuchen. Von demselben werden sie in den öffentlichen 6 Stunden am Montage, Dienstage, Donnerstage und Freitage Vormittags von 8 bis 11 und Nachmittags von 1 bis 4 Uhr und in den 3 Stunden am Mittwochen und Sonnabend von 8 bis 11 Uhr, ferner im Buchstabiren, im Lesen und der Religion unterwiesen und auch den Anfang mit Schreiben und Rechnen machen. Diese 3te Klasse ist auch besonders zu einer Mädchenschule bestimmt, daß also den Aeltern und denen, welche deren Stelle vertreten, freistehen soll, die größeren Mädchen in die dritte Klasse zu senden. Man wird ohnehin mit dieser Klasse eine Arbeitschule verbinden, in welcher zumal Mädchen in allerhand Arbeiten unterwiesen und geübt werden sollen.

Nach dem neunten Jahre der Kinder werden sie und zumal die Knaben aus der dritten in die zweite Klasse des Schreib- und Rechenmeisters versetzt und daselbst ferner in der Religion und Sittenlehre, im Lesen, im Schreiben und Rechnen und in andern nötigen und nützlichen Kenntnissen von dem Rector und dem Schreib- und Rechenmeister bis weiter abwechselnd unterwiesen werden. Wenn Aeltern ihre Kinder noch weiter und besonders auch in der Geschichte, in der Erdbeschreibung und andern nützlichen Wissenschaften unterrichten lassen wollen, so werden die Kinder, ohne auf ihr Alter zu sehen, von dem Rector in der ersten Klasse dazu angeführt werden. Es soll zwar niemand dazu gezwungen seyn; Aeltern, welche dafür sorgen wollen, daß ihre Kinder alle Kenntnisse erlangen, die ihnen dereinst nützlich seyn können, werden sich aber der Gelegenheit, welche ihnen in der ersten Klasse dazu angeboten wird, gewiß gerne und mit Freuden bedienen. Übrigens ist das Schulgeld für den sehr vermehrten Unterricht in den öffentlichen Schulstunden dergestalt festgesetzt worden, daß dafür in der ersten Klasse an den Rector vierteljährig 2 Mark, in der 2ten Klasse vierteljährig 1 Mark 8 Schillinge und in der 3ten Klasse für die Kinder unter 9 Jahren 1 Mark, für größere Mädchen aber auch 1 Mark 8 Schillinge vierteljährig bezahlt werden sollen, wobey jedoch das vorhin entrichtete Holzgeld bis weiter nicht gegeben wird.

Mit dieser neuen Schuleinrichtung wird nun zu Michaelis der Anfang gemacht werden. Die *p. t.* Allerhöchst verordneten Schulinspectores haben nicht unterlassen wollen, solches alles den hiesigen Bürgern und Einwohnern zur Nachricht hiedurch öffentlich bekannt zu machen.
Oldesloe, den 1ten Oct. 1796.
Schul=Inspektores hieselbst.
Publicandum.
Publicatum
Dom. XIX post Trinit: d: 2 Oct. 1796.
Heinr. Wolf, D."

In einer von Pastor D. Wolf in den Schleswig=Holsteinischen Provinzial=Berichten von 1797, Heft 6, S. 233—237 veröffentlichten „Nachricht von der Verbesserung der Stadtschule in Oldesloe" nennt Pastor Wolf die Schule stolz eine „Realschule" und rühmt, daß anstelle von 6 Stunden täglich, die bisher von Rektor und Schreibmeister in e i n e m Zimmer abwechselnd erteilt worden seien, nunmehr von drei Lehrern in drei Räumen außer den Privatstunden täglich 18 Stunden zum Lehren angewandt würden. Das bisherige Schulzimmer im Erdgeschosse des Rektorhauses nehme nun allein die Klasse des Schreibmeisters auf, in der auch der Rektor täglich 2 Stunden unterrichte, während er oben in seiner Wohnung eine auserlesene Zahl von Schülern habe, mit denen in Privatstunden Latein getrieben werde. Für den Organisten habe die Stadt mitten in der Stadt ein gutes Haus mit einem geräumigen Schulzimmer zur Miete zu verschaffen gewußt und hoffe, er diese Haus auch als Organist bewohne, daß auch die Kirchengemeinde etwas dazu hergeben werde. In der Klasse des Organisten gebe die Frau desselben den größeren Mädchen in einigen Stunden Anleitung zur Handarbeit.

XIV. Das Sanitätswesen.

Die Barbiere. Quacksalber. Gesundheitszustand. Die Hebammen. Zwei Briefe Struensees. Die Apotheke. Freygang. Löffler. Bartscherer. Christian August Lorentzen. Friedrich August Lorentzen.

Einen Arzt gab es in Oldesloe auch im 18. Jahrhundert noch nicht. Die Barbiere übten nach wie vor die Heilkunst aus und nannten sich, nachdem sie 1744 eine Zunft gebildet hatten, Amtschirurgen. Sie scheinen eine angesehene Stellung eingenommen zu haben. Mehrere von ihnen waren Senatoren. Von 1786 bis 1797 gehörte sogar die ganze Zunft, die damals allerdings nur aus zwei Personen, Arps und Hormann bestand, dem Magistrate an.

Wegen des Mangels an Ärzten blühte das Geschäft der Quacksalber, die als sogenannte Landärzte das Land durchzogen. Einer von ihnen, der sich Benedix von Sosten nannte, ein Böttcher seines Zeichens, gab im Jahre 1781 einem Arbeiter auf der Oldesloer Saline als Heilmittel gegen eine Unpäßlichkeit zwar nicht ein ganzes Pfund Opium wie Dr. Eisenbart, aber doch eine Opiumpille von etwa 16 Gran, die dann den armen Mann allerdings für immer von seinen Schmerzen erlöste. Als Lohn für diese Kur bekam Benedix zwei Jahre Zuchthaus, und es wurde ihm für die Zukunft alles Kurieren bei lebenslänglicher Zuchthausstrafe untersagt. Trotzdem aber wurde er doch wieder als Arzt zu Rate gezogen, so noch, wie Noodt berichtet, 1789 bei einem kranken Kinde in der Nähe von Oldesloe.

Obgleich approbierte Ärzte noch fehlten und solche Quacksalber die Gegend unsicher machten, war der Gesundheitszustand in Oldesloe und Umgegend nicht schlecht. Im Jahre 1789, allerdings einem gesundheitlich besonders günstigen Jahre, betrug nach Noodts Bericht im ganzen Kirchspiel die Zahl der Geborenen 238, die der Gestorbenen aber nur 110, so daß die Zahl der Geborenen die der Gestorbenen um 128 überragte. (Aber 1794: geboren 194, gestorben 231; Blattern!) In Oldesloe allein belief sich nach dem Durchschnitt der letzten zehn Jahre seit 1780 die Zahl der Geborenen auf $53^4/_5$, die der Gestorbenen hingegen auf 47%, so daß auf jedes Jahr $6^3/_5$ Mehrgeborene gekommen sind. Unter den Krankheiten rafften die Blattern noch viele dahin; aber man konnte sich um 1789 noch nicht entschließen, ihre Verwüstungen durch Impfung abzuwenden, obgleich es in und außerhalb der Stadt schon damals an Beispielen von der Wohltat der Impfung nicht gefehlt hat. Besonders groß war die Kindersterblichkeit. In Oldesloe betrug unter den 474 Toten der letzten 10 Jahre die Zahl der Kinder unter 10 Jahren 220 und der im ersten und zweiten Lebensjahr gestorbenen 143.

Hebammen gab es im Jahre 1789 zwei, und es war nicht immer leicht gewesen, geschickte Frauen für das Amt zu gewinnen. Im Jahre 1764 wandte sich Bürgermeister Kirchhoff wegen Erlangung einer Hebamme für die Stadt an Johann Friedrich Struensee, den späteren dänischen Staatsminister, der ein so tragisches Ende nahm, damals aber noch Arzt in Altona war. In einem Briefe vom 6. Juli 1764 bedauert Struensee, nicht imstande zu sein, eine Hebamme nach Oldesloe zu recommandieren, da die einzige in Altona befindliche, die dazu geschickt wäre, sich nicht entschließen könne, ihren Aufenthalt zu verändern. In einem Schreiben vom 9. Oktober 1764 aber teilt er dem Bürgermeister mit, daß sich eine Hebamme aus Berlin bei ihm gemeldet habe, die mit sehr guten Zeugnissen versehen sei, und bittet um Bekanntgabe der Oldesloer Bedingungen. Die Hebamme verlange, etwas Gewisses jährlich zu genießen und allein die Freiheit zu haben, die Hebammenkunst auszuüben[1].

Da in Oldesloe kein Arzt wohnte, der berechtigt war, Rezepte zu verschreiben, so konnte die gegen Ende des vorhergehenden Jahrhunderts von Johann Samuel Freygang gegründete Apotheke als *Officina pharmaceutica* allein nicht recht in Flor kommen. Es wurde den Apothekern deshalb auf Antrag das Privilegium erteilt, Weine und Liköre zu verkaufen und auszuschenken, Bier zu brauen und zu schenken sowie Fremde zu beherbergen und zu beköstigen. Dabei wurde

---

[1] Die beiden Originalbriefe Struensees bilden im Stadtarchiv Nr. 119 der Einzelakten. Den Schriftzügen seines Vaters, der Generalsuperintendent war, begegnen wir im städtischen sowie im Kirchenarchiv öfter.

den Apothekern Befreiung von Stadtdienst, Einquartierung, Kontribution und sonstigen öffentlichen Lasten zugestanden. Diese Vergünstigungen und Freiheiten wurden eine Quelle zahlreicher Streitigkeiten zwischen dem Apotheker und den Bürgern, die sich in ihrer „bürgerlichen Nahrung" von dem Apotheker geschädigt fühlten und seine Befreiung von den bürgerlichen Lasten als ungerecht empfanden.

Als sich Johann Samuel Freygang auf Reisen begab, um sich der im Jahre 1711 von dem Segeberger Konsistorium über ihn verhängten Kirchenstrafe zu entziehen, und dann im Jahre 1714 gefänglich eingezogen wurde, geriet seine Apotheke in Verfall. Der in Oldesloe ansässige „Materialist" Johann Georg Löffler, der seiner Angabe nach sechs Jahre lang bei seinem Vater die Apothekerkunst erlernt hatte, begann deshalb angeblich auf inständiges Bitten des Magistrats und des Landphysikus Dr. Hermanni in Altona in dem Pestjahre 1712 eine eigene *Officina pharmaceutica* einzurichten, und kam dann beim Könige darum ein, ihm darauf das Apothekerprivilegium zu erteilen, was denn auch auf das Zeugnis des Dr. Hermanni hin durch Erlaß vom 5. November 1718 geschah. Dieser Erfolg aber war der Bürgerschaft gar nicht recht. In Gemeinschaft mit den Achtbürgern stellten deshalb Bürgermeister und Rat dem Könige vor, 1. daß Löffler mit keinem Buchstaben bis dato erwiesen habe noch jemalen erweisen könne, daß die Apothekerkunst erlernt habe, auch 2. nie erweisen könne, daß er jemals in Apotheken als Geselle serviret und die Apothekerkunst excoliret habe, daß dagegen 3. bekannt sei, daß dieser Löffler verschiedene Jahre in Hamburg Wagenmeister bei der zwischen Lübeck und Hamburg fahrenden Post gewesen und den Oldesloer Bürgern der Zeit durch Ausspannung der Pferde oder Anhaltung ihrer Wagen viel Verdruß, Schaden und Unkosten verursacht[1]) und nun denselben auch hier die Nahrung kürzen und schmälern wolle, daß 4. die von Dr. Hermanni mit ihm gepflogenen Discurse kein richtiges Examen vorstellten, und daß Löffler 5. schon vor einigen Jahren verschiedenen Bürgern den Salzhandel entzogen und allein an sich gebracht und außerdem viele Sachen, die nicht zur Apotheke gehören wie Tabak, Tabakspfeifen, Reis, Rosinen, Pflaumen und andere dergleichen Waren ver-

---

[1]) Infolge einer Beschwerde des Oldesloer Magistrats berichtet der Wagenmeister Johann Georg Löffler dem Hamburger Senat unter dem 11. Mai 1703 zugleich im Namen von 10 mitunterschriebenen Hamburger Fuhrleuten, daß der Oldesloer Fuhrmann Tobias Fischer, der sich Postmeister nenne, von ihm dabei ertappt worden sei, wie er bei der Rückkehr von Hamburg drei Männer und mehrere vornehme Frauen auf seinem Wagen gehabt habe, und da das den Mandaten von Anno 1651 und 1699 zuwider sei, habe er, der Wagenmeister Löffler, von jedem Passagier die ihm zustehende Gebühr von drei Schilling erhoben. Einer der Passagiere, der Apotheker aus Oldesloe, der sich vollgesoffen, habe sich geweigert und mit derartig ehrenrührigen Worten um sich gegriffen, daß die Wache im Tor genötigt gewesen sei, ihn festzunehmen. Er habe sich aber durch ein Trinkgeld von 16 Schilling gelöst. Da der Fuhrmann die 2 Reichstaler Strafe für die gegen die Ordnung aufgenommenen Personen nicht habe bezahlen wollen oder können, sei ihm ein Pferd gepfändet, auf Befehl des derzeitigen Patrons Twestreng aber unter Vorbehalt der verwirkten Strafe wieder freigegeben worden. Aus einer weiteren Beschwerde des Magistrats vom Jahre 1704 geht hervor, daß Löffler ein anderes Mal dem Oldesloer Fuhrmann Hans Haldenschläger 4 Rchstlr. Strafe für das Mitnehmen von Reisenden auf der Rückfahrt von Hamburg abgenötigt hat.

kaufe und trotzdem keine Kontribution bezahlen solle, während doch aus der Apothekerordnung hervorgehe, daß approbierte und examinierte Apotheker nur, solange sie keine andere bürgerliche Nahrung brauchen, von bürgerlichen Lasten frei sein sollen, und beantragten aus allen diesen und noch anderen Gründen, das dem Löffler erteilte Privilegium zu cassieren. Löffler wehrte sich und beklagte sich nun seinerseits u. a. darüber, daß Oldesloer Krämer und Höker Apothekerwaren, wie Olitäten, Theriak, Syruppe und Pulver feilhielten, daß durchreisenden Olitätenhändlern gestattet würde, in der Stadt mit solchen Apothekerwaren zu hausieren und daß man ihm trotz seiner ausdrücklichen Befreiung von allen bürgerlichen Abgaben sechs Reichstaler für den Weinzapf als Ratsbörung abgenommen habe. Es entspann sich ein unerquicklicher Streit, in dem von beiden Seiten viel Papier verschrieben und mit heftigen Worten nicht gespart wurde und der Löfflers Kräfte und Mittel so in Anspruch nahm, daß er seine Apotheke vernachlässigte und schließlich seinen Gläubigern nicht mehr gerecht werden konnte. Es kam zum Konkurs, und bei der Licitation erwarb das Haus und die Officin als Meistbietender der „Apothekergeselle" Robert Bartscherer, auf den dann auf den Bericht des Etatsrats und Amtmanns Hannecken zu Segeberg und des Magistrats zu Oldesloe sowie die guten Atteste des Land- und Stadtphysikus Oswald zu Altona das dem privilegiert gewesenen Apotheker Löffler erteilte Privilegium durch königlichen Erlaß vom 2. Juli 1726 übertragen wurde. Zur Vermeidung von weiteren Streitigkeiten wurden jedoch die erteilten Vorrechte und Freiheiten näher präcisiert beziehungsweise beschränkt. So wurde dem neuen Apotheker auferlegt, für die Weinschänke dem Ratsstuhl jährlich eine gewisse Recognition zu zahlen, da dem Ratsweinkeller der Alleinverkauf von Wein in der Stadt zustand, und beim Bierbrauen und Bierverzapfen sich der in Oldesloe eingeführten Brauordnung gemäß zu verhalten. Auch wurde ihm der Gasthofbetrieb nicht als Monopol übertragen, sondern nur so weit erlaubt, „daß dergleichen Wirtschaft anderen oldesloischen Einwohnern, so solche bishero dort getrieben, nach wie vor frei und unverboten bleibe." Dagegen wurde allen Krämern und Hökern in Oldesloe und auf dem Lande das Feilhalten von Apothekerwaren wie Olitäten, Wurm- und Ratzenkraut oder Pulver ernstlich untersagt, weil dadurch öfter unglückliche Zufälle entstanden wären[1]).

---

[1]) Über einen solchen Fall berichtet folgendes bereits von Löffler beigebrachte Attest: „Daß ohnlängst, als am 6ten des verwichenen Monaths Martij, in dieser Gemein und zwahr in dem Königl. zum Ambte Segeberg gehörigen Dorffe Cremds sich dieser betrübte Casus zugetragen, das, als Maria Rickers, eines Huffeners Ehe Frau daselbst von einer Höckerschen alhier in Leeßen Nahmens Sophia Schweims Ihrer Aussage nach für 1 Schilling Wurm Kraut gefordert, an dessen Statt aber von selbiger so viell arsenicum oder sogenanntes Raßen Kraut bekommen, von welchem, nachdem sie 4 Ihrer Kinder des abends eingegeben, 2 von selbigen als ein Knab von 13 und ein Mädgen von 7 Jahren noch in selbiger nacht gestorben, die beyden übrigen aber mit großer Mühe annoch am Leben gerettet worden; Solches habe vermittelst diesen auf Verlangen attestieren wollen.
Leeßen, den 10ten Apprill Ao. 1718.
Johann Henr. Hartung p. t. Pastor daselbst.

Als Bartscherer im Jahre 1752 starb, ohne männliche Erben zu hinterlassen, und seine Tochter auf Fortsetzung des Apothekenbetriebs unter Annahme eines Provisors verzichtete, verkaufte die Witwe das aus Wohnhaus, Scheune und Garten bestehende Apothekengrundstück nebst Officin für 3200 Mark lübsch an den in der Ratsapotheke zu Lübeck „servierenden" Provisor Christian August Lorentzen, auf den dann, nachdem er in Glückstadt die Apothekerprüfung abgelegt hatte, das dem verstorbenen Bartscherer im Jahre 1726 erteilte Privilegium durch königlichen Erlaß vom 26. März 1753 extendiert wurde. Die ersten 10 Jahre blieb Lorentzen frei von Kontribution. Im Jahre 1763 aber setzten ihn die Deputierten auf die Kontributionsliste, weil er neben seiner Apotheke auch bürgerliche Nahrung betrieb. Lorentzen protestierte dagegen und behauptete, daß er seiner Zeit das Apothekengrundstück mit dem Dreifachen seines wirklichen Wertes bezahlt habe, weil ihm versichert worden sei, daß er mit der Apotheke zugleich Freiheit von allen öffentlichen Lasten erwürbe. Er konnte aber seinen Anspruch bei den Behörden nicht durchsetzen, erlangte jedoch die erwünschte Befreiung von Amts wegen durch seine Ernennung zum Ratsverwandten im Jahre 1770.

Im Jahre 1788 übertrug er die Apotheke seinem zweiten Sohne Friedrich August Lorentzen, der sich in Kopenhagen nicht nur der Erlernung der Apothekerkunst befleißigt, sondern an der dortigen Universität auch Medizin und Chirurgie studiert hatte. Der neue Apotheker wurde nun wieder zur Kontribution herangezogen, und alle seine Bemühungen, sich davon zu befreien, blieben vergeblich. Auch gelang es ihm nicht, zum medizinischen Examen zugelassen zu werden und durch Erlangung der *licentia practicandi* approbierter Arzt zu werden. Nach den bestehenden Gesetzen durfte ein Apotheker nicht zugleich praktizierender Arzt sein. Wohl durfte der Apotheker in Orten, in denen es keinen approbierten Arzt gab, als Notknecht den Kranken mit seinen medizinischen Kenntnissen beistehen und ohne förmliche Approbation den Arzt spielen, wie sich denn der Vater Christian August Lorentzen in einem Briefe an den Kanzleirat und Bürgermeister Noodt „Ihren alten Arzt und Ratgeber" nennt. Wer aber einen wirklichen Arzt zu Rate ziehen wollte, mußte einen solchen aus den Nachbarstädten kommen lassen, z. B. den Dr. Suadicani aus Segeberg. Daß Friedrich August Lorentzens Bewerbung um Eintritt in den Rat im Jahre 1798 zunächst scheiterte, haben wir bereits gesehen, der folgende Abschnitt aber wird zeigen, daß er sich schließlich doch durchsetzte und durch seine Tüchtigkeit und Betriebsamkeit großen Einfluß und großes Ansehen in der Stadt erlangte.

XV. Das Verkehrswesen.

Fortdauer der alten Schwierigkeiten. Kirchhoffs Projekt. Postmeister Fischer. Postmeister Burmeister. Postmeister Nostiz. Der Postplan von 1777. Vergebung der Postfuhren und -ritte an den Mindestfordernden. Vertrag mit den Rollfuhrleuten. Verdrießlichkeiten für den Postmeister. Zustand der Postwege. Der Postweg im Travebette.

Beschwerde über seine Gefährlichkeit. Ein Notweg. Verbesserungspläne. Zurückweisung der Beschwerde durch den Magistrat. Verbesserung durch Brandschuttaufschüttung. Klagen über die Wegebaukosten. Warnung der Reisenden vor Oldesloe.

Welche Schwierigkeiten den Oldesloer Fuhrleuten in Hamburg und den Oldesloer Bötern in Lübeck aus Konkurrenzneid bereitet wurden, und wie die gottorpischen Behörden Oldesloe schädigten, indem sie zu verhindern suchten, daß die zwischen Hamburg und Lübeck fahrenden Fracht= und Postwagen, die seit der Mitte des 17. Jahrhunderts ihren Weg durch das Amt Trittau nahmen, wieder die alte Handelsstraße über Oldesloe benutzten, ist S. 248 und 250 f. erörtert worden. Im großen und ganzen blieben die Verhältnisse so noch den größten Teil des 18. Jahrhunderts hindurch. Erst als im Jahre 1773 der russische Großfürst Paul den ihm zugefallenen gottorpischen Anteil von Holstein im Tausch für Oldenburg und Delmenhorst an den dänischen König abgetreten hatte, nachdem bereits 1761 das Herzogtum Holstein=Plön mit dem königlichen Gebiet vereinigt worden war, konnte der Verkehr in bessere Bahnen gelenkt werden.

Schon gleich nach Beendigung des nordischen Krieges in Holstein wurde der Versuch gemacht, eine Fahrpost zwischen Hamburg und Lübeck über Oldesloe einzurichten. Der Proviant=Kommissar Kirchhoff erbot sich im Juni 1714, auf eigenes Risiko eine Postfuhr von Oldesloe auf Hamburg und Lübeck einzurichten, im Fall er dazu die königliche Genehmigung erlangen könnte. Die Regierung war dem Plane nicht abgeneigt. Derselbe ist dann aber doch nicht verwirklicht worden, wahrscheinlich, weil der Widerstand der gottorpischen Behörden nicht zu besiegen war.

Bis 1777 stand Oldesloe nur durch eine reitende Post mit der Umwelt in regelmäßiger Verbindung. Die Verrichtungen des königlichen Postmeisters zu Oldesloe bestanden in weiter nichts, als daß er die Briefe annahm, welche die durchreitenden Hamburger und Lübecker Postillione hier abgaben, und denselben sodann die zu versendenden aus dem Fenster zulangte, wofür er eine Abgabe von denen, welche Briefe abgaben oder empfingen, genoß. Zur Zeit des Postmeisters Tobias Fischer, des ersten Oldesloer Postmeisters, dessen Name uns überliefert ist, betrug die Gebühr von jedem Briefe 4 dänische oder 2 lübische Schillinge. Das war sein ganzes amtliches Einkommen. Doch genoß er auch wie andere königliche Beamte Befreiung von Einquartierung und anderen bürgerlichen Lasten. Später wurde bei zunehmendem Verkehr die Gebühr des Postmeisters für jeden Brief auf 1 Schilling lübsch beschränkt. Der königliche Postmeister Tobias Fischer, geboren 1655, war ein Sohn des Senators gleichen Namens, dem im Jahre 1668 vom Könige der St.=Jürgenshof als Lehen übertragen worden war und der 1679 starb. Nach dem Tode seines Vaters trat er den Besitz des St.=Jürgenshofes an. 1682 und 1697 finden wir ihn als Pensionarius von St. Jürgen bezeichnet, 1695 als *possessor* des St.=Jürgenlandes. Bereits 1688 wurde er Postmeister genannt. Seine Bestallung als königlicher Postmeister erhielt er aber erst unter dem

18. April 1699, und erst durch Erlaß vom 17. Dezember 1701 wurde ihm der von seinem Vater innegehabte St.=Jürgenshof gegen die gewöhn= liche Abgabe übertragen mit dem Rechte, ihn an eins seiner Kinder zu vererben[1]). Er vererbte das Lehn an seine Tochter Anna, und deren Ehemann Johann Ewald Burmeister, ein Mecklenburger von Geburt, wurde sein Nachfolger als Postmeister. Mit dem Tode der kinderlosen Frau Burmeister erlosch, wie wir gesehen haben, das dem Ratsherrn Tobias Fischer übertragene erbliche Lehn. Seine Postbedienung trat Burmeister an seinen Schwestersohn, den damaligen „Hökergesellen" Johann Karl Nostiz ab. Die Bestallung für Nostiz als adjungierten und demnächst succedierenden Postmeister in der Stadt Oldesloe da= tiert vom 7. Juli 1770. Nostiz erlangte auch die Konzession zum Ta= bakhandel und soll deshalb das Bürgerrecht erwerben und unter dem Forum des Magistrats stehen, sträubt sich dagegen aber mit allen Kräften.

Im Jahre 1748 wandte sich der Magistrat aufs neue an die Kopen= hagener Regierung wegen Verlegung der von Hamburg nach Lübeck gehenden fahrenden Post über Oldesloe. Die Regierung gab die Ein= gabe an das General=Postamt weiter, leider aber mit Bedenken des in Friedrichsruh (Drage bei Itzehoe) wohnenden Statthalters Markgrafen Friedrich Ernst von Brandenburg=Culmbach, und so blieb der Wunsch, die alte Heerstraße über Oldesloe wieder wie in alten Zeiten benutzt zu sehen, einstweilen noch unerfüllt. Erst im Jahre 1777 wurde er ver= wirklicht. Doch sollte die nun eingerichtete Post nicht die alte Straße über Hoisbüttel benutzen, sondern eine neuen Weg über Ahrensburg. Der dänischen Regierung kam es in erster Linie nicht darauf an, eine regelmäßige Postverbindung zwischen Hamburg und Lübeck herzu= stellen, sondern zwischen Altona und Kiel, und zwar sollte dieser Post= weg von Altona über Hamburg, Ahrensburg, Oldesloe, Segeberg, Plön und Preetz nach Kiel gehen. In Oldesloe sollten sich Posten nach Lübeck, Ahrensbök=Eutin und Bramstedt=Kellinghusen=Itzehoe anschließen. Ol= desloe sollte also mit einem Schlage ein Knotenpunkt von fünf von hier ausstrahlenden Postwegen werden. Auf den Strecken Oldesloe= Ahrensburg, Oldesloe=Lübeck und Oldesloe=Segeberg sollten sowohl fahrende wie reitende Posten verkehren, während für die Strecken Oldesloe=Ahrensbök und Oldesloe=Bramstedt nur reitende Posten in Aussicht genommen waren. Die Einrichtung dieser beiden reitenden Posten unterblieb zunächst. Über den kürzesten Weg nach Ahrens= bök konnte sich das Generalpostamt in Kopenhagen nicht mit dem Oldesloer Postmeister einigen. Während dieser die Route über Rein= feld, Heckkaten, Zarpen, Heilshoop, Reinsbek, Wulfsfelde und Tan= kenrade für die empfehlenswerteste hielt, schlug das Generalpostamt

---

[1]) Die Annahme, daß es zwei verschiedene Postmeister Tobias Fischer gegeben habe, Vater und Sohn, wird durch die Kirchenbücher nicht bestätigt. Zwar wurde dem Pensionarius Tobias Fischer 1682 ein Sohn geboren, der auch Tobias genannt wurde. Derselbe konnte aber 1699 wohl noch nicht Postmeister werden; auch war er nicht der Vater, sondern der Bruder der Anna Fischer, die erst einen Bauert und nach dessen Tode den Johann Ewald Burmeister heiratete.

wahrscheinlich nach ungenauen oder undeutlichen Karten den Weg Poggensee, Wüstenfelde, Havighorst, Bühnsdorf (!), Goldebek, Rösing und Lebatz vor. Für die Bramstedter Post wurde schließlich der Anschluß an Segeberg vorgezogen.

Nach einer auf Anweisung des Generalpostamts vorgenommenen Licitation der neuen Postfuhren und Ritte wurden dieselben den Mindestfordernden zugeschlagen, und zwar die Fuhren von Lübeck nach Oldesloe Dienstags und Freitags um 3 Uhr morgens dem hiesigen Bürger Hinrich Harms zu 22 Schilling die Meile und die Fuhren von Oldesloe nach Segeberg Mittwochs und Sonnabends um 3 Uhr morgens demselben für 32 Schilling die Meile, die Fuhren von Oldesloe nach Ahrensburg Dienstags und Freitags um 3 Uhr morgens und um 11 Uhr abends dem Stadtkassierer und Wagenmeister Hans Spiering zu 32 Schilling die Meile, die Ritte von Lübeck nach Oldesloe Montags und Donnerstags um 10 Uhr abends und von Oldesloe nach Lübeck Dienstags und Freitags um 5¾ Uhr morgens dem Postmeister Nostiz zu 16 Schilling die Meile, die Ritte von Oldesloe nach Ahrensburg Dienstags und Freitags um 2 Uhr morgens dem Bürger Hinrich Helms zu 20 Schilling die Meile, der Ritt von Oldesloe nach Segeberg Freitags um 5¾ Uhr morgens, der Ritt von Segeberg nach Oldesloe Montags um 11¾ Uhr abends und der Ritt von Oldesloe nach Segeberg Dienstags um 1¾ Uhr morgens demselben für 24 Schilling die Meile. Die Preise schienen dem Generalpostamt zu hoch, doch wurden sie für ein Jahr genehmigt, und so konnte nun der Betrieb beginnen. Die reitende Post der Linie Altona-Kiel traf zum ersten Male am 3. Oktober 1777 in Oldesloe ein und die fahrende Post dieser Linie am 4. Oktober.

Dem Postmeister Nostiz, der nun ein vielgeplagter Mann wurde und seine gewohnte Nachtruhe entbehren mußte, da die meisten Posten während der Nacht abgefertigt werden mußten, wurde für die Erweiterung seiner amtlichen Tätigkeit ein festes Gehalt von 80 Rtlr. jährlich bewilligt. Vor Ablauf des ersten Betriebsjahres schloß Postmeister Nostiz mit Genehmigung des Generalpostamts einen Vertrag mit den sechs in die Rollen der Fuhrleute eingetragenen sogenannten Rollfuhrleuten, die sich bisher nach einer im Jahre 1762 aufgestellten Fuhrordnung nach Anweisung des Wagenmeisters in alle in Oldesloe vorkommenden Fuhren geteilt hatten. Diese privilegierte Gesellschaft bestand damals aus dem Wagenmeister Hans Spiering und den Rollfuhrleuten Daniel von Ohlen, Marx Leeke, Peter Prahl, Claus Hinrich Burmester und Claus Hartz. Diese sechs übernahmen nun mit Ausschluß aller anderen Fuhrleute sämtliche Postfuhren und Postritte mit Einschluß der Extraposten, Couriere und Stafetten. Nur dem Postmeister sollte es, wenn er sich Fuhrwerk anschaffen wollte, gestattet sein, sich als siebenter daran zu beteiligen. Doch bedangen sie sich aus, die Extraposten auch auf andern Wegen als den von der regelmäßigen Post benutzten zu fahren. Sie hoben hervor, daß ihre Haupteinnahme bis jetzt darin bestanden habe, Hamburger und Lübecker Familien, die eine Besuchs- oder eine Vergnügungsreise machen wollten, von Lübeck nach Hamburg und von Hamburg nach Lübeck zu fahren und zwar über Jersbek, wo in dem dortigen großen Gasthofe zu Mittag gespeist sei[1]). Diese Fahrten wünschten sie beizubehalten. Auch wollten sie nicht gezwungen sein, Extrapostreisende von Lübeck, die nicht über Jersbek wollten, nach Ahrensburg zu fahren und an die dortige Post abzuliefern, sondern die Erlaubnis behalten, sie auf der alten Straße über Hoisbüttel bis nach Hamburg zu fahren, auch solche Reisende, die Oldesloe nicht zu berühren wünschten, über Nütschau und Poggensee oder über Moisling, Westerau und Schulenburg zu befördern auf den alten Schleichwegen, die in früheren Zeiten von den Frachtwagen häufig zur Umgehung des Oldesloer Zolles benutzt worden seien. Wenn ihnen diese Wege verboten blieben, würden sich die Reisenden der Fuhrwerke von Bauern bedienen und ihnen der Verdienst verloren gehen. So wurden ihnen denn diese Bedingungen zugestanden. Als Bezahlung erhielten die Fuhrleute für die Beförderung der regelmäßigen Fahrpost bei einem Gewicht bis zu 1200 Pfund 24 Schilling für die Meile. Die Extrapostreisenden bezahlten für die Meile und jedes Paar Pferde 32 Schilling, wovon aber je 4 Schilling in die Postkasse flossen. Dazu kamen die genau festgesetzten Trinkgelder für die Postillione. Die Postillionsmontierungen nebst Hut, Schild und großem Horn hatten die Fuhrunternehmer selbst anzuschaffen, auch hatten sie Stuhlkissen zu liefern und dafür zu sorgen, daß die Postillione blasen konnten, damit sie in engen Reddern entgegenkommende Wagen warnen konnten. Zur Vermeidung aller Streitigkeiten wurde bestimmt, daß die zweisitzigen Reisekutschen mit 4, die viersitzigen aber mit 6 Pferden zu befördern seien. Schließlich erwirkten die Fuhrleute noch die Erlaubnis, Oldesloer Reisende ohne Postmontierung und zu anderen Fahrpreisen zu fahren, da die Oldesloer häufig nicht mit Geld, sondern mit Naturalien bezahlten.

Der Oldesloer Postmeister konnte die ihm nun obliegende Arbeit mit einem Expeditionsgehilfen allein nicht leisten, um so weniger, da die Postillione sich weigerten, beim Auf- und Abpacken mit Hand anzulegen unter dem Vorgeben, sie seien zum Fahren und nicht zum Packen angenommen, und er bat deshalb, ihm einige Packer, sogenannte Litzenbrüder, als Gehilfen zu bewilligen. Ob es geschehen ist, geht nicht aus den Akten hervor. Verdrießlich war es ihm auch, daß trotz der Einrichtung der königlichen Post die reitende Post der beiden Hansastädte bestehen blieb und durch ihre Konkurrenz die Einnahmen der königlichen Post beeinträchtigte. Alles das machte den Postmeister Nostiz bald amtsmüde, und er ging mit der Absicht um, sein Amt niederzulegen. Sein Segeberger Kollege Koch jedoch, dem er sein Leid klagte, riet ihm auszuharren, da man eher ein Amt loswerden als wiederbekommen könne, und so hat er sich denn allmählich eingewöhnt und ist noch bis zum Jahre 1805 im Amte geblieben.

Es muß auffallen, daß ein zweisitziger Reisewagen mit 4, ein vier-

---

[1]) In den Jahren 1740 bis 50 hatte der damalige Besitzer von Jersbek Bendix von Ahlefeld dort überaus prächtige Garten- und Parkanlagen herstellen lassen, die von weither Besucher anzogen. Es war die Zeit der erwachenden Freude an der Natur. Auch den Oldesloer Bürgermeister sehen wir ja seine Sommerlust im Kneden nehmen.

sitziger aber mit 6 Pferden zu bespannen war. Wenn man jedoch den Zustand der damaligen Poststraßen betrachtet, wird man diese Forderung begreiflich finden. Brücken und Siele waren damals für kleine Gewässer noch wenig vorhanden. Die Wagen mußten meistens durch die Bäche hindurchfahren. Sumpfige Stellen wurden mit Faschinen und, wenn es hoch kam, mit Holzknüppeln und Heidekraut verbessert. Kostspielige Steindämme gab es nur in sehr geringer Zahl. Während des Kriegsjahrhunderts waren alle Wege in schauderhaften Zustand geraten, und wegen des Widerstreits der Interessen der durcheinander liegenden Territorien verschiedener Landesherrschaften war es auch nach Beendigung der Kriege zu keinen durchgreifenden Verbesserungen gekommen. Auf Oldesloer Gebiet hatte man den stets nassen, an St. Jürgen vorbei zum Lehsahl hinaufführenden engen Hohlweg durch eine Straße über den Mährischen Berg umgangen, und an Stelle des alten Heerweges nach Lübeck über den Butterberg am Vogelsang vorbei und durch den steil abfallenden Poggenseer Kneden zur Steinfelder Hude hatte man einen kürzeren, etwas weniger steilen Weg über den Lockwischenberg und an der Wohnung des Knedenwärters vorbei angelegt. Aber es gab der zu verbessernden Stellen im Stadt- und Kirchspielsgebiete noch genug. Sehr übel waren die stets morastige, enge Krahntwiete und der nicht minder morastige Weg vom Hamburger Tor bis zum Fuße des Mährischen Berges. Die Krahntwiete ersetzte man bald durch einen Steindamm, und den morastigen Weg vor dem Hamburger Tore suchte man durch Auffahren von Kies zu verbessern. Schlimm waren besonders die Bachübergänge auf der Hamburger Seite zwischen Gericht und Sandkamp, vor der Blumendorfer Schmiede und hinter Blumendorf, und nach Lübeck hin im Koggenkeller, im Lokwischental und der über den Knedenbach. Nach dessen Überschreitung aber führte auf ehemals plönischem Gebiete ein guter Steindamm, der sogenannte Reuterdamm, zur Steinfelder Hude[1]). Am schlimmsten war ehemals die Passage durch den Bestegrund im Dorfe Neritz, wo vor Zeiten eine von Lübeck und Hamburg gemeinschaftlich unterhaltene Brücke gewesen war, dann aber, wie wir S. 250 gesehen haben, von den gottorpischen Beamten geflissentlich ein Passagehindernis unterhalten wurde. Dort wurde nun ein Steindamm aufgeführt.

Sehr beschwerlich und zugleich gefährlich war der dicht am Ufer der Trave unter der steilen Böschung zur Linken entlang führende Weg durch den Engpaß zwischen Krahn und Koggenkeller (durch die heutige Pfeiffersche Gärtnerei), offenbar ein alter Treidelweg, der als

---

[1]) Bürgermeister Noodt nennt in den Schleswig-Holsteinischen Provinzialberichten vom Jahre 1790 irrtümlich den Knedenbach Reuterdamm und die untere Barnitz Schwarzer Damm, während diese Namen doch nur die an jenen Bächen entlang ziehenden aufgefüllten Wege bezeichnen. Nach ihm wird auch in der Topographie von Schröder und Biernatzki irrtümlich der Reuterdamm für eine Bezeichnung des Knedenbaches ausgegeben. Der Reuterdamm war offenbar die alte Straße vom Poggenseer Kneden zur Steinfelder Hude. Auf der jetzt unbenutzten Strecke vom Poggenseer Kneden bis zur Steinfelder Straße sind noch vor einigen Jahrzehnten große Steine aus dem Boden gebrochen worden.

Poststraße benutzt wurde. Er lag eine Strecke lang so tief, daß er nur selten trockenen Fußes zu passieren war, sondern meistens einen Fuß hoch unter Wasser stand, also nicht eigentlich neben der Trave, sondern im Bette der Trave selbst verlief. Noch am 22. Juli 1793 beschwerte sich der damalige Besitzer von Nütschau Hofagent G. Amsinck beim Könige darüber, daß der Weg durch die Trave bei Oldesloe nur mit Lebensgefahr zu passieren sei und daß er mit drei Kindern und Kutscher mit vier Pferden vor einigen Tagen dort beinahe ertrunken sei wie vor einem Jahre ein Kurländer mit einer Dame. In seinem sehr ausführlichen Bericht zu dieser Beschwerde schrieb der Magistrat: „Die Trave, deren Bett vor dem Lübschen Tore bis an den Krahn höchstens 80 Fuß breit ist, tritt gleich jenseits des Krahnes, wo der Weg seitwärts unter einem hohen Ufer nach Lübeck geht, bei etwas hohem Wasser in einer Strecke von 26 Ruten über diesen niedrig liegenden Weg, so daß sie alsdann daselbst eine Breite von 192 Fuß hat. In den Monaten Februar bis Juni und auch in den Monaten Oktober und November, wenn weniger Wasser und kein Kraut, wodurch dessen Ablauf aufgehalten wird, in der Trave befindlich ist, kann man bisweilen trockenes Fußes über den besagten Weg gehen, oder das Wasser stehet auf dem Wege an den niedrigsten Stellen selten höher als 1 oder 1½ Fuß. Das Steigen des Wassers ereignet sich insonderheit und am meisten, jedoch nur während etlicher Stunden, wenn in den vorgedachten Monaten das Wasser in der Obertrave durch die in der Stadt und vor dem hiesigen Lübschen Tore vorhandenen Schleusen zum Behuf der Bootfahrt nach Lübeck aufgehalten wird und man selbiges hernach auf einmal laufen läßt, damit die beladenen Böte Wasser genug erhalten, um die Fahrt auch über die seichten Stellen ungehindert fortsetzen zu können. Nur bei lange anhaltendem Regen oder bei heftigen Regengüssen steigt das Wasser auf dem Wege beim Krahn so hoch, daß es bis an die Wagenachsen und noch höher gehet und dann die Fahrt daselbst hemmt. Ja, es sind etlichemal und sogar im Frühjahre Fälle gewesen, daß der ganze Weg von der Stadt bis nach dem Krahn, die seitwärts belegenen Gärten und selbst das Krahnhaus bei ungewöhnlichen Regengüssen unter Wasser gestanden haben. Doch am höchsten steigt das Wasser in den Monaten Juli, August und September, wenn das Kraut in der Trave sich angehäuft hat, und bleibt, weil es nicht abfließen kann, stehen, so daß die Fahrt auf dem mehrgedachten Wege jenseits des Krahns etwas beschwerlich oder gar unmöglich wird. Es hat dieses in den letzten Jahren, seitdem die Trave von den Lübeckern bis an die hiesige Grenze nicht, wie sonst geschehen ist, gereinigt worden, noch mehr und anhaltender zugenommen. Man hat sich dann aber von jeher eines Not- und Umweges bedient, welcher von der Stadt dazu in Stand gesetzt und bisher unterhalten worden. Auch ist schon vor verschiedenen Jahren da, wo von Lübeck her der Notweg abgeht[1]),

---

[1]) Das muß beim „witten Pahl" am Koggenkeller gewesen sein. Durch den Bau der Segeberger Eisenbahn ist die Wegeverbindung von hier nach dem Wentorf unterbrochen worden.

ein Schlagbaum gesetzt worden, der bei hohem Wasser in der Trave verschlossen wird, und vor der Stadt wird alsdann den Fuhrleuten und Reisenden gesagt, daß sie den besagten Umweg nehmen müssen. Weil der Baum eine ziemliche Strecke von der Stadt entfernt ist, hat man Mühe gehabt, einen Wärter dazu zu finden. Vordem hatte der Krahnknecht für eine Vergütung aus der Stadtkasse den Auftrag, den Baum bei hohem Wasser zu verschließen. Da der jetzige Krahnbesitzer aber keinen solchen Knecht hält und man deswegen nun einen vor dem Lübschen Tore wohnhaften Bürger zu solchem Geschäfte hat brauchen müssen, so ist seither wie auch vorhin bisweilen geschehen und darüber geklagt worden, daß der Baum nicht allemal, wenn es nötig gewesen, verschlossen worden. Dieser Umstand und weil man auf dem gedachten Umwege wohl 10 Minuten und, wenn langsam gefahren wird, noch längere Zeit als auf dem Wege an der Trave braucht, welches auch insonderheit die Besitzer mancher vor dem Lübschen Tore befindlichen Ländereien in der Erntezeit und wenn der Dünger zu Felde gebracht wird, sehr aufhält, so ist schon lange in Vorschlag gewesen, auf einen kürzeren, sicheren Weg an der Trave bedacht zu sein. Die vielen und großen Kosten, welche diese Stadt nun schon über 20 Jahre zur Instandsetzung und Unterhaltung ihrer vielen Landstraßen und Wege gehabt, hat dessen Ausführung aber noch immer verzögert." Der Magistrat macht dann eine Reihe von Vorschlägen und Kostenberechnungen für einen neuen Weg und wendet sich schließlich zu der Beschwerde mit den Worten: „Was übrigens die von dem Hofagenten Amsinck höchsten Orts eingebrachte und aus Hochgedachter Kanzlei uns Gnädig und Hochgeneigt mitgeteilte auch hierbei wieder angeschlossene Anzeige wegen der gefährlichen Passage des oft besagten Weges an der Trave anlanget, müssen wir gestehen, daß sie uns nicht wenig befremdet hat. Aus des Herrn Hofagenten Amsinck eigenem Munde hat einer unseres Mittels gehört, daß damals, als er die gefährliche Fahrt gemacht hat, eben nicht viel Wasser in der Trave beim hiesigen Krahne gewesen sei. Er hat sie aber nachts um 10 Uhr im Dunkeln und bei einem heftigen Gewitter, welches hier jedoch in einiger Entfernung vorüberzog, gewagt, und seine Pferde, welchen der Weg sonst nicht unbekannt sein kann, sind vermutlich von den bald aufeinander gefolgten Blitzen scheu geworden, deswegen sie nicht den geraden und sicheren Weg unter dem Ufer verfolgt haben, sondern seitwärts links gegen den Strom ausgewichen sind und nur mit Mühe wieder haben eingelenkt werden können. Da der Herr Hofagent durch seine öfteren Reisen zwischen Nütschau und Lübeck alle hiesigen Wege so gut als sonst jemand kennen muß, so hat er sehr unvorsichtig gehandelt, daß, wenn er auch damals den Baum jenseits der Trave offen gefunden, mit seinen Kindern unter den vorerwähnten bedenklichen Umständen nicht den sattsam bekannten ganz sicheren Umweg an dem sogenannten Ehmschenberge und über den Wendorf gewählet hat." Es folgen dann noch einige nicht zur Sache gehörige Ausfälle gegen Herrn Amsinck. Dieser Magistratsbericht zeigt so recht, wie die Gemeinden noch gegen Ende des 18. Jahrhunderts ihre Wegebaupflichten auffaßten.

Wozu sich die Stadt in Jahrzehnten nicht hatte entschließen können, das führte schließlich ein großes Unglück, der Brand von Oldesloe, in wenigen Tagen herbei. „Seit vielen Jahren," so berichtet Pastor Wolf in den Provinzialberichten von 1799 II. S. 48 f., „hatte man auf Mittel gedacht, einen sicheren Fahrweg bei Oldesloe zu Stande zu bringen. Eine Strecke Weges am Ufer der Trave, mehr als 26 Ruten lang und zwei Ruten breit, so tief ausgefahren, daß das Wasser oft in den Wagen trat, Güter beschädigt, Reisende in Furcht und Gefahr gesetzt wurden, bei hohem Wasser, besonders im Winter gar nicht zu passieren, war die am meisten gebrauchte Straße. Sie mußte von Frachtwagen, von den Lübecker Posten, von allen Vorüberreisenden, von Landleuten, die zur Stadt kommen, von den Bürgern, wenn sie ihr Korn einfuhren, befahren werden. Bald war der Vorschlag gewesen, einen benachbarten Berg, der für vieles Geld kaum käuflich war, zum Wege zu erniedrigen, bald den niedrigen Weg mit Sande zu erhöhen. Aber immer blieb es beim alten. Was der Stadt in ihrem Wohlstande zu schwer schien, kam nach ihrer Einäscherung in wenigen Tagen zustande. Denn um die Brandstätte reinigen zu können, ward aller Schutt bis zu einer Höhe von 4 bis 6 Fuß über dem Wasser dahin gefahren, nachdem vorher die Wasserseite mit großen Feldsteinen befestigt worden. So ward der Weg dauerhaft, und zugleich erhielten die Traveschiffer einen bequemen Platz zum Ausladen am steilen Ufer. Nun erfordert aber dieser Weg eine gute Unterhaltung. Bei dem schleunig geschehenen Hinwerfen der Steine sind Lücken geblieben; die schweren Frachtwagen zermalmen den Schutt mehr und mehr; der Weg wird bald merklich niedriger werden. Nun würde es ratsam sein, diese Grundlage mit Sand zu bedecken und mit Steinen zu pflastern."

Aber die Kosten, die Kosten! Ein entschiedener Fortschritt war nur durch die Anlage von Staatsstraßen zu erreichen. Das geht auch aus den Mitteilungen des Bürgermeisters Noodt über den Frachtverkehr zwischen Hamburg und Lübeck und den Zustand der Wege hervor, die sich in seiner Beschreibung von Oldesloe im Jahrgang 1790 der Schleswig-Holsteinischen Provinzial-Berichte finden, wo er schreibt: „Außer den Bötern und Frachtführern haben hier auch andere Einwohner davon Verdienst und Nahrung. Am merklichsten war solches im Jahre 1784, als die Anzahl der Frachtwagen sich über 3600 belief. Seitdem aber hat der Transit sehr abgenommen, welches einigermaßen der neue schleswig-holsteinische Kanal[1]) und in den letzten Jahren wohl insonderheit der durch den nordischen Krieg[2]) eingeschränkte Handel aus der Ostsee dahin verursacht haben. Indessen hat dieses Erwerbmittel das Unangenehme für diese Stadt, daß die Kosten zu der Verbesserung und Unterhaltung ihrer vielen Land-

---
[1]) Der Eiderkanal.
[2]) Hier ist der von König Gustav III. von Schweden im Jahre 1788 gegen Rußland begonnene Krieg gemeint, der mit dem Frieden von Werelä im Jahre 1790 beendigt wurde.

straßen und Wege dadurch sehr vermehrt werden. Vor dreißig Jahren waren die Wege in der Oldesloer Feldmark so beschaffen, daß man im Herbste und im Frühjahr einen halben Tag brauchte, um nur eine Viertelmeile mit einer Frachtfuhre zurückzulegen. Nachdem aber die Stadt nun schon lange auf deren Instandsetzung und Unterhaltung jährlich über tausend Mark verwendet hat, haben sie auch hier ein anderes Ansehen gewonnen. Was die Stadt dafür einzunehmen hat, ist sehr geringe; denn für jeden Frachtwagen, er sei groß oder klein, schwer oder weniger beladen, wird nur e i n Schilling Brückengeld bezahlt, obgleich man zum Teil bloß in der Stadt über drei Brücken fährt."

Zum Schluß dieses Abschnitts noch eine Mitteilung, welche zeigt, auf welche Weise das Fuhrwesen in Oldesloe gegen Ende des Jahrhunderts gehandhabt wurde. Im Jahrgang 1795 der Provinzial-Berichte, 2. Bd. S. 231 warnt Pastor Balemann in Reinfeld die Reisenden vor Oldesloe, indem er berichtet, er habe, als er im vorigen Monat einige Tage in Oldesloe bei den Seinigen gewesen wäre, bei dem dortigen Wagenmeister Vorspann bestellen lassen, um nach Hause zu fahren. Der habe es aber abgeschlagen, ihm Pferde zu geben, weil die Bürger jetzt im Felde bei der Saat zu tun hätten und er ja sonst gewöhnt wäre, mit seinen eigenen Pferden zu fahren. Da ihm diese Gründe nicht hätten einleuchten wollen, habe er sich an Herrn Kanzleirat Noodt gewandt mit der Bitte um einen Befehl, ihn für sein Geld zu fahren. Der Herr Bürgermeister habe sich aber aus eben den Ursachen geweigert mit dem Bedeuten, er könne es den Bürgern nicht befehlen, weil er, der Pastor, ja selbst Pferde hielte. Da man nun voraussetzen könne, daß ein vieljähriger einsichtsvoller Bürgermeister mit den Rechten und Gewohnheiten seines Ortes bekannt sei, so liege also mitten im Lande an der Straße von Lübeck nach Hamburg ein Städtchen, dessen Einwohner strenge über ihre Rechte halten, keinen Reisenden mit bezahlten Pferden durchpassieren zu lassen, und ihn zwingen, Vorspann aus ihrer Rolle zu nehmen, die aber doch nicht fahren wollen, wenn sie sonst zu tun haben, und befugt sind, einen Fremden sitzen zu lassen, wenn sie es wissen, daß er selbst zu Hause Pferde hält, ob man gleich mit Pferden, die auch nur ein oder ein paar Meilen weit weg sind, eigentlich nicht aus der Stelle kommt.

XVI. Industrie und Handel.

Die Schuhmacher. Die Bäcker. Die Schneider. Die Schmiede. Die Zimmerleute. Die Barbiere. Die Schlachter. Die Leineweber. Die Bierbrauer. Die Händler. Die Fischerei. Die Kornmühle. Die Saline. Bergenhusen und Lohenschiold. Weitere Mißerfolge. von Vieregg. Schrader. Graf von Dernath. Graf von Munster. Angriff des Apothekers Lorenzen. Abfertigung durch Salineninspektor Knutsen.

a) Die Kleinbetriebe.

Oldesloe hat sich von den schweren Schädigungen des Kriegsjahrhunderts in der langen Friedenszeit, die ihm im 18. Jahrhundert beschieden war, nur langsam erholt. Das ganze Jahrhundert hindurch blieb es ein Ackerstädtchen mit zwar zahlreichen, aber meistens winzig kleinen gewerblichen Betrieben.

Im Jahre 1790 hatte die Stadt mit Inbegriff der Mühle, der Saline und des Kupferwerks nur 300 Feuerstellen. Ihre Bevölkerung belief sich nach einer Zählung von 1769 auf 1434. Am Ende des Jahres 1789 aber bestand sie nach Noodts Berechnung aus 1581 bis 1590 Köpfen ohne die Einquartierung. Unter dieser Zahl waren 266 Paar Eheleute, Die aus dem vorhergehenden Jahrhundert bekannten Klagen darüber, daß den Oldesloern die „bürgerliche Nahrung" durch die Handwerker, die Brauereien, die Brennereien und den Fettwaren- und Kornhandel auf dem Lande gemindert würde, dauern auch im 18. Jahrhundert fort. Es treten aber auch keine Versuche zutage, durch größere Betriebsamkeit die Konkurrenz des flachen Landes zu besiegen. Oldesloe blieb noch in dörflichen Verhältnissen stecken. Doch war gegen Ende des Jahrhunderts ein Fortschritt deutlich zu erkennen. Die meisten Handwerksmeister betrieben ihr Geschäft allein, ohne Gesellen und Lehrlinge, und widmeten zudem ihre Kräfte oft mehr ihrer Landwirtschaft als ihrem Handwerk. In den Schleswig-Holsteinischen Provinzialberichten, 4. Jahrgang 1790, S. 564—567 veröffentlicht Bürgermeister Noodt folgendes

„Verzeichnis
der Gewerbe und Nahrung treibenden Einwohner in Oldesloe
am Ende des 1789sten Jahres.

Die Handwerker auf dem Salzwerk sind nicht mit darin enthalten. Manche von den angeführten treiben verschiedene Gewerbe und sind deswegen mehrmal angesetzt worden.

Apotheker	1
Bäcker: Meister	8
Gesellen	4
Barbiere und Wundärzte	2
Blechschläger	1
Brauer[1]	14
Branntweinbrenner	11
Buchbinder	1
Drechsler in Knochen	1
„ in Holz	2
Färber	1
Fellbereiter oder Lederthauer	2
Fuhrleute	17
Glaser	4
Goldschmiede	1
Grapengießer	1
Grützmacher	6

---
[1] „Die Brauergesellschaft hat ein ausschließendes Recht zum Bierbrauen, soweit solches zum Verkauf gebraucht wird, dafür sie eine jährliche Abgabe an die Stadtkasse entrichtet. Fast alle Brauer sind aber auch zugleich Krughalter und brauen nur soviel Bier, als sie selbst verzapfen."

Grütz- und Mehlhändler	4
Handschuhmacher	3
Hebammen	2
Herbergierer	8
Holzhändler	1
Holz- und Brettschneider	2
Hutmacher	1
Knopfmacher in Chorde	1
„ in Metall	1
Kornhändler	5
Kornmüller	5
Krämer mit Ellenwaren[1]), die mit Concession handeln	2
„ mit Material-, Fett- und kurzen Waren	11
„ mit Bändern, Spitzen und kurzen Waren	5
Krug- und Schankwirte	20
Kupferschmiede: Meister	4
Gesellen	3
Leinweber: Meister	4
Gesellen	2
Lichtzieher	1
Lohgerber[2])	1
Lohmüller	1
Lumpensammler	2
Maler	1
Malzer	3
Maurer: Meister	2
Gesellen	3
Nagelschmiede: Meister	3
Gesellen	2
Musikanten	4
Pantoffelmacher	2
Perückenmacher	1
Rademacher	4
Repschläger	2
Riemer und Sattler	2
Schlachter	5
Schmiede: Huf- und Grobschmiede: Meister	4
Gesellen	2
Schlosser oder Kleinschmiede: Meister	2
Gesellen	1
Schneider: Meister	8
Gesellen	2
Schornsteinfeger	1

---

[1]) „Die Krämer nehmen ihre Waren größtenteils aus Hamburg, etliche aber von inländischen Fabriken, insonderheit seidene Tücher aus Altona und Friese aus Neumünster."
[2]) „Viele Schuster gerben selbst auch das Leder, welches sie verarbeiten."

Schuster[1]: Meister	40
Gesellen	26
Lehrburschen	21
Schutzjuden, die mit verschiedenen Waren und mit alten Kleidern handeln	3
Siebmacher	2
Spangenmacher	1
Steinbrücker	1
Steinstreicher	1
Tagelöhner	40
Tischler	4
Tabaksfabrikanten	1
Töpfer	1
Travefahrer	8
Travefahrerarbeitsleute	6
Uhrmacher	1
Weinschenker	2
Weißgerber	1
Zimmerleute: Meister	2
Gesellen	5
Lehrburschen	3
In allen	385"

Der Abdecker oder Scharfrichter ist im obigen Verzeichnis nicht erwähnt, wohl weil er als Beamter galt.

Neue Zünfte hatten im Laufe des Jahrhunderts die Barbiere und die Tischler gebildet. Die Schlachter hatten ihre Zunft wieder aufgegeben.

Die Oldesloer Schuhmacher hatten von jeher wegen ihrer großen Zahl ein gewaltiges Selbstbewußtsein. Als ihnen aber die Konkurrenz immer empfindlicher wurde, hätten sie doch gern gesehen, wenn ihrer weniger gewesen wären. Im Jahre 1749 wandten sie sich deshalb durch ihre Älterleute an den König mit der Bitte, ihnen zu gestatten, ein geschlossenes Amt zu bilden und die Zahl der Meister auf 24 zu beschränken. Bis diese Zahl durch Absterben von Meistern erreicht sei, solle kein neuer Meister aufgenommen werden, es sei denn ein Meisterssohn, der das Geschäft seines verstorbenen Vaters fortführen wolle, oder ein Geselle, der eine Meisterswitwe oder die Tochter eines gestorbenen Meisters heirate. Unter den Gründen gaben sie an, daß bei der großen Zahl von über 50 Meistern, die sie damals waren, keiner recht sein Brot finden könne, daß manche, die weder Geld noch Kredit hätten, um gutes Leder zu kaufen, Bauernschuhe mit Holzsohlen an-

---

[1] „Die vielen Schustermeister haben ihren meisten Verdienst sonst durch den Verkauf ihrer verfertigten Ware auf den Landmärkten gehabt, der aber durch die vielen Landschuster gleichfalls sehr abgenommen hat. Außer der angesetzten Anzahl Schuster sind in dieser auch hier so wie in andern kleinen holsteinischen Städten und Flecken sehr ansehnlichen Zunft noch über 20 Meister mehr begriffen, die aber teils das Handwerk wenig oder gar nicht treiben und größtenteils aus Mangel an Verdienst und Verlag für andere Meister oder auch als Tagelöhner arbeiten."

fertigten und auf den Märkten verkauften, wodurch der gute Ruf, den die Oldesloer Schuhwaren bisher immer auf allen Märkten gehabt hätten, zu ihrem Schaden verloren ginge, und daß solche, die sich keine Gesellen halten könnten, einen Bauernjungen als Lehrling annähmen hauptsächlich, um sich von ihm die Haus- und Gartenarbeit machen zu lassen, und daß diese Burschen dann, sowie sie aus der Lehre wären, sich in den benachbarten Dörfern niederließen und die Konkurrenz vermehrten. Dem Schusternachwuchs mußte aber doch Gelegenheit gegeben werden, sich irgendwo niederzulassen, wenn nicht auf dem Lande, dann doch in der Stadt. Deshalb lehnte die Regierung das Gesuch der Oldesloer Schuhmacher ab, versprach aber, daß dahin gesehen werden solle, den Anwuchs der Landhandwerker einzuschränken.

Die Behörden hatten erkannt, daß der bei den häufigen Zunftschmausen getriebene Aufwand eine Hauptursache der mißlichen Lage vieler Handwerker war (vgl. S. 255), und deshalb angeordnet, daß Zunftzusammenkünfte nur mit Genehmigung der Obrigkeit stattfinden dürften und daß die sogenannten Amtshochzeiten, die neu aufgenommene Meister den übrigen Meistern und ihren Frauen zu geben pflegten, zu unterbleiben hätten. Diese Beschränkung war den die Geselligkeit liebenden Schuhmachern sehr unbequem und sie petitionierten deshalb im Jahre 1757 um Befreiung davon. Sie müßten häufiger zusammenkommen als andere Zünfte, gaben sie an, nicht nur wegen ihrer großen Zahl, die beinahe die Hälfte der Bürgerschaft ausmache, sondern besonders wegen Lohmühlenangelegenheiten, die keinen Aufschub duldeten, die Wiedereinführung der Amtshochzeiten aber wünschten sie nicht als Zwang, sondern nur als freiwillige Spende vermögender Jungmeister. Im Magistrat aber fanden sie keinen Fürsprecher. Derselbe berichtete u. a.: „Die alten Gewohnheiten, sonderlich wenn selbige mit Schmausereyen verknüpfet, sind denen Zünften so angenehm als die Mutter Milch denen Kindern, und sie werden gewis an der Stelle angegriffen, wo es ihnen am wehesten thut, wenn ihnen in den Lauf derselben einige Hinderung in dem Wege gelegt wird. Dieses ist wohl der Haubt Grund zu der Älterleuthe *originaliter* wieder hiebey befindl. Gesuche, beliebige Zusammenkünfte und Ambts Hochzeiten halten zu dürfen. Das Schusterambt ist freylich an Gliedern stärker als alle übrigen Zünfte dieser Stadt zusammen genommen, aber eben deswegen gehet auch bey ihnen der gröste Misbrauch vor, und es wird bei denen Schustern das Saufen und Schwelgen gantz vorzüglich *exerciret*. Es haben dieselbe von der Lohe-Mühle eine ansehnliche *revenüe*, gleichwohl wird sich kein Meister rühmen können, daß ihm davon bisher ein Pfennig zu Nutzen gekommen ist, vielmehr haben dieselbe zu der erforderlichen *reparation* noch Beytrag aus ihrem sonstigen Verdienst thun müssen, weiln die *revenues* der Mühle, nach dem Guthfinden einiger ihrer Glieder, die Gesellschaft lieben und sehr öfters vom Durst Anforderung empfinden, vielfältig recht muthwillig verprasset werden." Das Gesuch wurde denn auch von der Regierung abschlägig beschieden.

Da der Schuster so viele waren, beschlossen sie, eine eigene Totengilde zu gründen und sich von den Ämtern der Bäcker, Schmiede und Schneider, mit denen sie bis dahin verbunden waren, zu trennen. Sie baten deshalb den König im Jahre 1766, der Separation zuzustimmen und ihnen gesonderte Privilegia zu erteilen. Dieser Bitte wurde willfahrt. Sie erhielten unterm 27. April 1767 separate Zunftprivilegien, und zugleich wurden den vereinigt bleibenden Bäckern, Schmieden und Schneidern die ihrigen erneuert.

Die meisten Oldesloer Schuster waren zugleich Gerber und bereiteten sich ihr Leder selbst. Auch hatten sie eine eigene Lohmühle, so daß ihnen auch die Lohe billig zu stehen kam und sie der Konkurrenz um so leichter hätten begegnen können. Für ihre Mitbürger aber waren die zahlreichen durch die ganze Stadt zerstreuten Gerbereien keine Annehmlichkeit. Als im Jahre 1748 auf dem großfürstlichen Gute Rohlfshagen eine Viehseuche ausgebrochen war und der Scharfrichter Stoff die Häute des gefallenen Viehs den Oldesloer Schustern verkauft und abgeliefert hatte und dann bald auch das Oldesloer Vieh von der Seuche befallen wurde und etwa 2000 Stück davon eingingen, vermutete man in Oldesloe und wohl nicht mit Unrecht, daß die Ansteckungskeime dadurch, daß die Schuster die Häute in die Trave legten, in der das Vieh getränkt wurde, in Oldesloe verbreitet worden waren. Der Magistrat verbot deshalb den Schustern, Häute in die Trave zu legen, und als sie gegen das Verbot protestierten und um Aufhebung desselben ersuchten, wurde es vom Magistrat noch verschärft, den Schustern jedoch anheimgestellt, sich mit ihrem Gesuch höheren Orts zu melden. Sie wandten sich nun mit der Bitte um Aufhebung des Verbots an den König und legten dar, daß den Häuten, nachdem sie 4 bis 6 Wochen in Kalk gelegen, unmöglich noch böse Materie anhaften könne, und es sei um so unwahrscheinlicher, daß die Trave dadurch vergiftet werden könne, als diese einen sehr schnellen Lauf habe und daher alles hineinkommende Unreine in wenigen Minuten von den Ufern der Stadt völlig wegnehme. Zum Bericht aufgefordert äußerte der Magistrat, daß er das Verbot erlassen habe nicht nur wegen des Viehsterbens, sondern auch, weil viele Einwohner das Wasser der Trave zum Kochen und anderen häuslichen Verrichtungen gebrauchen müßten. Neulich habe eine Frau, die Salat in der Trave gewaschen habe, ihn voller Kuhhaare gefunden und wegwerfen müssen, und dem Färber sei ein Stück gefärbtes Zeug, das er in der Trave habe spülen lassen, durch Unflat von Haaren und Kalk ganz verdorben worden, so daß er es habe aufs neue färben müssen. Der Magistrat habe deshalb in Erwägung gezogen, den Schustern einen geeigneten Platz für ihre Gerbereien außerhalb der Stadt anzuweisen, einen solchen aber nicht finden können. Da nun mittlerweile auch andere Orte von der Viehseuche befallen seien, sei er in der Annahme, daß dieselbe durch die Gerbereien verbreitet sei, wankend geworden und glaube nun, daß den Schustern sowie den Sattlern und Riemern das Hineinlegen von Häuten in die Trave wohl wieder erlaubt werden könne, doch dürfe es nicht unmittelbar hinter den Häusern geschehen, sondern auf der andern Seite des Flusses, abgeschabte Haare und Kalkwasser aber sollten nicht bei Tage in den Fluß geschüttet werden dürfen, sondern nur des Nachts, damit sie bei anbrechendem Tage von der Strömung hinweggespült seien.

Die Viehseuchen wiederholten sich aber immer wieder, und deshalb tauchte der Gedanke wieder auf, die vielen kleinen Gerbereien aus der Stadt zu entfernen und in einem besonderen Gerberhofe außerhalb der Stadt zu vereinigen. Die Verunreinigung der Trave durch die zahlreichen Loh- und Kalkgruben hinter den Häusern war nicht abzuleugnen, und deshalb wurde im Jahre 1777 zunächst die Anlage neuer Gerbergruben hinter den Häusern verboten. Damals gab es hinter 35 Schusterhäusern im ganzen 87 Loh- und Kalkgruben. Die Schuster sträubten sich gewaltig gegen das Verbot, das sie für einen unberechtigten Eingriff in ihre alten Gerechtsamen hielten, und taten so, als ob sie alle zugrunde gehen müßten, wenn sie gezwungen würden, ihre Gerbereien außerhalb der Stadt zu betreiben. Das Departement der Statthalterschaft entschied aber im Juli 1778, daß es bei dem Verbot bleiben müsse.

Bei den Bäckern ziehen sich die Streitigkeiten zwischen den zünftigen Bäckern, den sogenannten Fastbäckern, und dem privilegierten Los- und Freibäcker auch durch das 18. Jahrhundert hindurch. Der Freibäcker Carsten Ketelhake, der im Jahre 1729 privilegiert worden war, führte seit 1734 wiederholt Klage gegen ·die Fastbäcker wegen Backens von Klöben und Korinthenkuchen. Nach Anhäufung dicker Aktenbündel über die Sache entschied aber schließlich die Regierung im Jahre 1779, daß er ein ausschließliches Recht auf das Backen dieses Gebäckes nicht beanspruchen könne. Gegen die Segeberger Bäckerzunft klagte er im Jahre 1738 wegen Wegnahme seines Gebäcks auf dem Segeberger Markte, und die Regierung entschied, daß ihm das Recht, auf dem Segeberger Markte seine Waren feilzubieten, nicht bestritten werden könne und daß ihn deshalb die Segeberger Bäcker nicht weiter turbieren möchten, andrerseits aber beantragte Ketelhake im Jahre 1750, daß den Lübecker Bäckern das Beziehen der Oldesloer Märkte mit Kuchen und Losbrot untersagt werden möge, wurde mit diesem Antrage aber abgewiesen. Das Zunftwesen brachte es mit sich, daß die damaligen Handwerker mehr darauf bedacht waren, durch Privilegien und Zwangsmaßregeln die Konkurrenz fernzuhalten, als sie durch Lieferung besserer Ware zu besiegen.

Auch die Bönhasenjagden der Schneider wurden im 18. Jahrhundert fortgesetzt. Der Schulmeister in Wolkenwehe, der zugleich das Schneiderhandwerk ausübte, hatte den Oldesloer Schneidern schon lange Anlaß zur Klage gegeben dadurch, daß er sich auch Arbeit von Oldesloer Bürgern holte und die Stadtschneider dadurch in ihrer Nahrung schädigte. Als er eines Tages wieder mit einem Päckchen aus der Stadt gesehen worden war, wurde Jagd auf ihn gemacht und ihm das Paket abgenommen. Nun enthielt dasselbe aber Zeug für den jüngsten Sohn des Generalleutnants von Luckner in Blumendorf. Luckner bat in einem Schreiben vom 3. Oktober 1777 den Kanzleirat Noodt um Rückgabe des Pakets, indem er das Unrecht des Schulmeisters zugab und versprach, ihn noch einmal ernstlich zu ermahnen, die Meister in der Stadt ungeschoren zu lassen, widrigenfalls er ihn entlassen würde. „Ich jage ihme zum Deiffel, er verläst sich auf seine Christlichkeit, alleinig ich jage ihme weg als Schneider und nicht als Schullmeister denn ich will des Königs Befelch *soutinieren*," schrieb er. Der Bürgermeister sandte Sr. Exzellenz darauf das Paket mit großem Dank für die „sehr gnädige nachbarliche Rechtswillfährigkeit" zurück.

Das Amt der Schmiede verbot im Jahre 1726 dem Zunftgenossen Jürgen Steenberger den Amts= und Kirchenstuhl, weil er für H. Borch=horst zu Wohldorf einen sogenannten spanischen Mantel mit Eisen beschlagen hatte, ein Folterwerkzeug, das zur Bestrafung der Unter=tanen und Bedienten gebraucht wurde.

Wir haben Seite 291 gesehen, wie sehr die Zünfte darauf bedacht waren, sich durch Beteiligung an Henkerarbeit nicht in Unehre zu brin=gen. Zu welchen Übertreibungen und Mißbräuchen aber dieses Stre=ben führte, zeigen u. a. die Akten über die Errichtung zweier Galgen in Pölitz durch die Oldesloer Zimmerzunft in den Jahren 1739 und 1775, nach denen aus der für schimpflich angesehenen Arbeit ein fröhliches Fest mit Musik und Trunk gemacht wurde. Folgende beiden Kosten=rechnungen geben über die Einzelheiten Auskunft:

„1739. Nachricht, was die Erbauung des Neuen Gerichts zu Pölitz für Unkosten erfordert hat.

Dem Oldenschloer Zimmer Ambt	Mark 36
Demselben pr. 1 Ton Bier	„ 5
Denen beyden Dörfern annoch 2 Ton Bier	„ 10
Denen Insten annoch *aparte* zu Bier	„ 1
Vor eine Neue Zimmer Exe	„ 3
Vor 2 paar Neue Handschuhe	„ 1
Vor Weiß Brodt denen Unterthanen von Pölitz und Barkhorst ausgetheilt jeder 6 ₰	„ 2
Dem Oldesloer Musikanten Wachsmuth, das Ambt nach Pölitz zu bringen	„ 2
Noch an *dito* und 2 Musicanten in Pölitz geben müssen	„ 4
	Mark 64."

„Auf *ordre* Eines Hochweisen Rath aus der Kaiserlichen freyen Reichs=Stadt Lübeck haben Wir aus Oldesloe das Zimmer=Ampt ver=fertiget ein Justiz zu Pölitz und daran verdient, wie folgt:

9 Zimmer=Meister a jeder M. 3 Mark	Mark 27
32 Zimmergesellen a jeder 1 Mark 8 Schillinge	„ 48
5 Lehrburschen a jeder 1 Mark	„ 5
Vor den Musicanten	„ 12
Bey dem Bauer=Voigt verzehrt	„ 21
Zu Oldesloe auf unserer Herberg Kosten	„ 18
	Summa Mark 131.

Oldeslohe, den 22. May *Anno* 1775.   Aelter=Mann Joh. And. Gäde vor gantz sein Ampt."

Die Rechnung von 1775 fand man in Lübeck zu hoch und wollte nur den früher bezahlten Betrag von 64 Mark entrichten. Das Oldesloer Zimmeramt aber war damit nicht zufrieden und erklärte, daß das Amt jetzt weit stärker sei als sonst, weil sich viele Auswärtige darin befänden. Deshalb wandte sich der Stiftsvogt des Heiligengeiststifts, dem Pölitz gehörte, an den Oldesloer Bürgermeister mit der Bitte um Vermittelung und bemerkte in seinem Schreiben vom 26. Mai 1775, daß sie nur Oldesloer Zimmerleute zu nehmen gewohnt seien und daß es sie nichts angehe, wenn diese auch noch andere dazu eingeladen hätten. Hierauf antwortete nun Bürgermeister Noodt dem Stiftsvogt Bueck unterm 2. Juni 1775, daß die über die eingereichte Rechnung vernommenen Meister des Zimmeramts sich dahin erklärt hätten, daß sie sich, ohne Schaden zu leiden, an dieser nichts kürzen lassen könnten, und fährt dann fort: „Da auch das hiesige Zimmeramt gegen die vorigen Zeiten insonderheit an auswärtigen Gesellen und Meistern mehr als zweimal stärker geworden ist und die höchsten Orts confirmierten Zunftartikel ausdrücklich enthalten, daß zur Erbauung einer Justiz alle und jede, die zum Amt gehören, sie mögen sich in oder außerhalb der Stadt aufhalten, adhibiert und zu dem Ende auf den Krug versammelt werden sollen, welches denen, weil solche Versammlung wegen der auswärtigen und etliche Meilen von der Stadt entfernten Meister und Gesellen den Tag zuvor geschehen muß und zum Teil den dritten Tag währet, dem Amte viele Kosten verursacht." Der Bürgermeister ersucht deshalb, die Ansätze zu bewilligen. Eine Nachricht über den Erfolg dieser Korrespondenz ist in den hiesigen Akten nicht vorhanden.[1])

Ein drittes Anzeichen davon, daß die mittelalterliche Auffassung von Ehrbarkeit bei den Oldesloer Zünften im 18. Jahrhundert noch nicht geschwunden war, bot die Barbierzunft, die sich im Jahre 1738 weigerte, einen Sohn des Scharfrichters Stoff als Lehrling anzunehmen. Durch Beschwerde beim Könige erreichte Stoff aber, daß dem Barbieramt bei namhafter Pön anbefohlen wurde, die Einschreibung des Sohnes des Supplikanten nicht zu verweigern, sondern solche gewöhnlichermaßen zu bewerkstelligen, und als es sich im Jahre 1741 um die Lossprechung des Lehrlings handelte, setzte er mit Petitionieren durch, „daß in dem Lehrbriefe sowohl als in der Kundschaft die Meldung der Profession des Supplikanten ausgelassen wurde, sintemalen nicht zu entkennen stehe, daß nach dem bei denen Handwerkszünften eingewurzelten Präjudicio, als ob denen Schafrichtersöhnen eine gewisse Macula anklebte, die Ausdrückung sotaner Profession des Supplikanten Sohnes vornehmlich außerhalb Landes allerhand Chicane und Verdrießlichkeiten zuziehen dürfte." (Dieser Barbier Hans Friedrich Stoff wurde später Amtschirurg in Husum.)

Wir haben S. 292 f. gesehen, daß die Schlachter die Zungen sämtlicher ausgeschlachteten Ochsen, Kühe und Starken an den Bürgermeister abliefern mußten. Gegen diese Abgabe lehnte sich im Jahre

---

[1]) Die Akten sind bereits benutzt worden von dem Advokaten H. Reiche zu dem Artikel „Die Erbauung eines Hochgerichtes (Justiz) zu Pöliß im Jahre 1775" im Jahrbuch für Landeskunde III. S. 78 ff.

1776 der Schlachter Johann Christian Schleger auf und ließ sich weder durch Überredung noch durch Execution zur Ablieferung bestimmen. Vor Gericht gab er an, er wisse nicht, warum er die Zungen abliefern solle, auch seine Kollegen nicht. Er sei deshalb mit ihnen übereingekommen, die Zungen nur dann noch weiter an den Magistrat abzugeben, wenn ihnen gesagt würde, wofür sie das müßten. Als dann im Jahre 1779 mit der Aufteilung des Gemeinlandes die Gemeinweide aufhörte, baten die drei übrigen Schlachter Burmann, Zieger und Grimm den Magistrat, ihnen nunmehr die Ratsbörung von 10 Taler, die Lieferung der Zungen und den Dienst bei der Einbringung von Delinquenten zu erlassen, wofür sie bis jetzt freie Weide für 6 Pferde und so viele Schafe, wie sie halten könnten, gehabt hätten, erklärten sich aber bereit, die 10 Taler weiter zu zahlen und die Zungen weiter zu liefern, wenn es ihnen erlassen würde, die Delinquenten zu Pferde zu begleiten, und ihnen andere Erleichterungen in ihrem Geschäfte gewährt würden. Die Regierung empfahl dem Magistrat, auf dieser Grundlage einen neuen Vertrag mit den Schlachtern zu schließen. Der Magistrat erklärte sich denn auch bereit, ihnen die 10 Taler Ratsbörung zu erlassen und künftig aus der Stadtkasse zu bezahlen, beschloß aber, die Schlachter dann entsprechend in der Steuer hinaufzusetzen. Die Zungenlieferungen und die Hilfeleistung in Kriminalfällen sollte bestehen bleiben. Erst nach längerer Zeit bemerkten die Schlachter, daß sie die Hineingefallenen waren, und petitionierten deshalb im Jahre 1798 — es waren nunmehr die Schlachter Zieger, Georg Starck, Dencker und Rinsch —, den Vertrag von 1780 zu ihren Gunsten abzuändern, wurden aber mit ihrer Bitte abgewiesen.

Die Zunft der Leineweber war darauf bedacht, die Konkurrenz von Frauen fernzuhalten, die durch Weben ihren Unterhalt zu verdienen suchten. So war z. B. eine Witwe Wulfen, die Witwe eines Schulmeisters im Amte Segeberg, der zugleich die Weberprofession betrieben hatte, mit ihren zahlreichen Kindern von Leezen nach Oldesloe gezogen und suchte sich und ihre Kinder hier mit Weben durchzubringen. Da die Weber sie nicht verdrängen konnten, zwangen sie sie, ihrer Zunft jährlich 4 Taler abzugeben, die dann zu 2 Taler ermäßigt wurden. Als die Witwe aber in ihrer bedrängten Lage dann darum petitionierte, ihr auch diese zu erlassen, wurde sie von dem königlichen General-Landes-Ökonomie- und Kommerz-Kollegium in Kopenhagen unterm 20. März 1773 abschläglich beschieden.

Im Brauwesen war auch nach dem Erlaß der neuen Brauordnung durch die Königliche Kommission von 1706 keine Ordnung eingekehrt. Es mußte nun klar werden, daß es bei der großen Zahl von Braubürgern, die in ihren eigenen Häusern brauten — im Jahre 1706 waren es 83 — unmöglich war, eine wirksame Kontrolle für die Dauer herzustellen. Deshalb kam der rührige Bürgermeister Kirchhoff bald nach seinem Amtsantritt auf den Gedanken, das ganze Brauwesen der Stadt in einem städtischen Brauhause zu vereinigen. Er versprach sich davon folgende Vorteile:

1. Wenn die Stadt alle Braugeräte, insbesondere auch die Tonnen, für das Brauhaus anschaffe, könne der Bürgermeister dahin sehen, daß sie nicht nur stets sauber und rein gehalten, sondern auch zu nichts anderem als zum Bier gebraucht würden und daß alle Tonnen von gleicher Größe und mit richtigen Brandzeichen versehen wären, was bisher nicht der Fall wäre.

2. Bisher müßten die Bürger für jeden Brau die Geräte von Privatleuten heuren. Wenn sie der Stadt für saubere Geräte dieselbe Heuer gäben, die sie bisher für faulige und stinkende bezahlt hätten, wäre der Bürgermeister imstande, alle angeschafften Geräte in einem Jahre zu lösen, und die Stadt hätte die folgenden Jahre davon eine beständige ansehnliche Revenüe.

3. Im städtischen Brauhause könnten die Braupfannen, die jetzt von Haus zu Haus geschleppt würden, unter dem Schornstein eingemauert werden, wodurch die Stadt vor der bisher bei jedem Brau zu besorgenden Feuersgefahr gesichert und die Pfannen conserviert und nicht zerstoßen würden. Auch könnte das Brauen mit der Hälfte des Brennholzes verrichtet werden, welches jetzt dabei verbrannt würde, da die Hitze wegen Einmauerung der Pfannen nirgends ausweichen könne, sondern innerhalb der Mauern alle ihre Kräfte anwenden müsse.

4. Bisher hätte der Bürger während der Brauzeit die Brauer mit Frau und Kindern stets im Hause und wäre nicht capable, selbige an Speise allein solche Zeit über mit 2 bis 3 Taler zu halten, ohne was solche Leute von dem besten Biere consumierten, anderer bisherigen Unordnungen zu geschweigen. Wann aber ein allgemeines Stadtbrauhaus wäre, so kämen die Brauer dem Bürger gar nicht ins Haus, folglich profitierte derselbe die auf deren Speisung verwandten Kosten, bliebe selber bei seiner Arbeit, und die Verfälschung des Bieres würde gänzlich verhütet.

5. Jetzt dürfe das Bier niemals übergären, so daß die Hefe im Biere bliebe und es unschmackhaft und ungesund mache. Wenn aber ein Brauhaus wäre, könnte das Bier ordentlich übergären, wodurch es einen reinen Geschmack bekäme, gesund zu trinken wäre und der Konsum desselben sowohl im Interesse der Stadt wie der Bürgerschaft vermutlich befördert werden dürfte.

6. Jetzt müßten die Bäcker und Branntweinbrenner den benötigten Gest von auswärts holen. Wenn man aber das Bier übergären lasse, könnten die Einheimischen den Gest vor der Tür bekommen und man könnte noch anderen verkaufen. Das Geld, das jetzo hinausgeschleppt würde, bliebe also in der Stadt, die dadurch eine regelmäßige Einnahme hätte, die zur Bezahlung der Kosten des Brauhauses verwandt werden könnte.

7. Jetzt müßten die Bürger das Malz entweder auf der gottorpischen Kornmühle in der Stadt oder auf den Mühlen der adeligen Güter der Umgegend mahlen lassen. Wenn man aber ein Brauhaus hätte, könnte man darin auf Quernen (Handmühlen) das Malz selbst mahlen und auch dadurch der Stadt eine Einnahme verschaffen.

Kirchhoff verstand es, durch Anführung dieser Gründe sowohl die Bürgerschaft wie die Regierung für seinen Plan zu gewinnen. Auch gelang es ihm bald, ein geeignetes Haus zu finden. Eine Witwe Ketelhake erbot sich, ihr als Brauhaus gut passendes Haus unter günstigen Bedingungen herzugeben, wenn man ihrem Sohne das durch den Tod des Ludolf Wolherr erledigte Freibäcker-Privilegium verschaffe. Die Regierung sagte die Verleihung zu, und so stand der Einrichtung des Brauhauses nichts mehr im Wege. Sie fand im Jahre 1731 statt. Kirchhoffs Erwartungen wurden nicht getäuscht. Die früheren Unordnungen waren abgestellt, und die Stadt erzielte aus dem Betrieb des Brauhauses einen für ihre damaligen Verhältnisse nicht unerheblichen Überschuß. Ein Erfolg aber, den Kirchhoff vielleicht nicht beabsichtigt oder erwartet hatte, war, daß nun alle die kleinen Brauer, die bestrebt gewesen waren, sich durch Umgehung der Ordnungen Vorteile zu verschaffen, das Brauen unterließen, so daß im Jahre 1790 nur noch 14 Brauer vorhanden waren.

Zu den schon bekannten Klagen über die Schädigung der Oldesloer Händler fügt Noodt in seinem oben erwähnten Berichte noch solche über die Nähe der beiden großen Städte und die Konkurrenz von Hausierern hinzu. Hören wir ihn selbst: „Die Nähe der eben gedachten beiden großen Städte und der starke Verkehr aus der ganzen hiesigen Gegend dahin hat für Oldesloe noch außerdem das Nachteilige, daß viele Landleute ihre Bedürfnisse an Ellen- und Materialwaren nicht nur selbst dort aus der ersten Hand einkaufen, sondern auch für andere mitbringen, wodurch der Handel mit diesen Waren hier gleichfalls leiden muß. Was aber für diese Stadt von den Landleuten noch übrig bleiben würde, wird den Krämern teils durch die außerhalb dieser Grenzzollstätte stets hausierenden Juden und Christen, teils durch die Schar der Landkrämer und Landhöker, davon in dem verbotenen Distrikte um diese Stadt fast jedes Dorf einen, wo nicht mehrere aufweisen kann, entzogen. Denn weil diese, sie mögen landesherrliche Erlaubnis zum Handeln haben oder nicht, ihre Waren nicht verordnungsgemäß von Krämern aus den nächsten inländischen Städten nehmen, sondern außerhalb und innerhalb dieser Grenzzollstätte sie von auswärtigen Orten unverzollt einführen und bringen lassen, für die Hökerei auf dem Lande auch wenig oder nichts bezahlen und ihre Waren deshalb wohlfeiler verkaufen können, so finden sie mehr Zulauf und Absatz als die Stadtkrämer. Noch eine Art Leute, die man Hühnerkäufer nennt, die aber eigentlich Aufkäufer und Schleichhändler sind, auf dem Lande umherschwärmen und außer Federvieh auch verschiedene Viktualien und Waren, insonderheit Butter und Felle aufkaufen und ausführen, verderben den kleinen Hökerhandel in der Stadt und verteuern den Stadtleuten, zumal dem geringen Manne, verschiedene Bedürfnisse vom Lande. Zwar wird den Landleuten der Absatz ihrer Produkte durch sie sehr bequem und leicht gemacht; allein diese Aufkäufer bezahlen die Waren nicht allemal bar, sondern oft mit Tabak, Kaffee, Zucker und anderen Waren, die sie auswärtig wohlfeil eingekauft und auf Schleichwegen eingeführt haben, den Landleuten aber auf das höchste anrechnen, vermehren solchergestalt den Luxus unter denselben und richten sowohl dadurch als durch die Schmälerung des städtischen Handels, der nun mit den Zollabgaben allein beschwert ist, weit mehr Schaden und Unheil an."

Ein Oldesloer Nahrungszweig, den Noodt nicht mit angeführt hat, war der Fischfang in der Trave und der Beste, besonders der Fang von Neunaugen, den Pastor Dr. Wolf in den Provinzialberichten von 1798 Heft 2. S. 94 ff. eingehend beschrieben hat. Er wurde von den Oldesloer Bötern mit Reusen betrieben und war vom Ausgange des Monats Oktober bis in den Winter in der Regel so ergiebig, daß viele Säcke von je 10 Schock Neunaugen versandt werden konnten. Allein nach Lüneburg, wohin der Handel mit Neunaugen hauptsächlich ging, sollen jährlich über 300 Schock geliefert worden sein. Die Böter brachten sie auf der Trave nach Lübeck und versandten sie von dort mit der Post. Bisweilen wurden die Neunaugen wohl auch in einem eigenen Wagen nach Lüneburg gebracht. Das Schock kostete hier bei den Bötern mit Salz und Essig zubereitet nebst dem kleinen Tönnchen, in dem sie verkauft wurden, 3 Mark, unbereitet 2 Mark. Als Pacht für die Befischung der Trave von der Fresenburger Scheide bis nach Benstaven bezahlten die Böter 60 Mark jährlich.

Von der ehemals gottorpischen und großfürstlichen, dann königlichen Kornmühle, die Noodt in seinem Verzeichnis mit berücksichtigt hat, berichtet er S. 379: „Mitten in der Stadt liegt eine große Kornwassermühle mit drei Gängen an dem um die Stadt fließenden Arm der Obertrave und gegenüber eine vormalige Graupenmühle[1]), die aber vor einigen Jahren zum Salzwerke angekauft und zu einem Treibwerk mit einem großen Wasserrade eingerichtet worden ist. Beide stehen unter dem Amte Trittau, aus welchem die Eingesessenen der zunächst gelegenen Dörfer Zwangsgäste bei der Kornmühle sind. Zu dieser Mühle gehört noch eine vor dem Lübschen Tore an der Obertrave befindliche große Schleuse, neben welcher eine dem Oldesloer Schusteramt zugehörige Lohmühle belegen ist." Der Ausschluß der beiden mitten in der Stadt gelegenen Mühlen von der Jurisdiktion des Magistrats führte auch noch im 18. Jahrhundert zu kaum vermeidlichen Konflikten, so daß sich noch im Jahre 1772 wegen eines in der großfürstlichen Graupenmühle geschehenen Vorfalls Bürgermeister und Rat auf Requisition des großfürstlichen Amtes Trittau genötigt sahen, durch Bekanntmachung von der Kanzel den Einwohnern bei namhafter Strafe zu verbieten, in den großfürstlichen Mühlenbezirken bei sich ereignenden Jurisdiktionsfällen irgend etwas *de facto* und ohne Vorwissen des großfürstlichen Amtes vorzunehmen.

Von jeher führten die Oldesloer Kornhändler Klage über die ihnen von dem fürstlichen Kornmüller gemachte Konkurrenz und suchten dessen Kornhandel mit allen Mitteln zu verhindern. Im Jahre 1722 wurde z. B. dem Müller Otto Paustian auf Betreiben des späteren Ratsverwandten Siade Meinerts und der anderen Kornhandel treibenden

---

[1]) Diese ehemalige Graupenmühle war früher eine fürstliche Loh- und Walkmühle.

Bürger auf dem Krahn eine halbe Last Roggen, die er in Lübeck gekauft und durch die Böter nach Oldesloe hatte schaffen lassen, beschlagnahmt. Paustian führte in seinem Protest an, daß er, da er wegen seines Gartens und seiner Wiese Oldesloer Grundbesitzer sei, ebenso wie die andern Bürger ein Recht habe, Kornhandel zu treiben. Die Sache wurde bei der Glückstädter Regierung anhängig gemacht; eine Entscheidung aber befindet sich nicht bei den Akten. Es ist kein Wunder, daß sich unter solchen Umständen die Bürger wieder über schlechte Behandlung durch den Müller zu beklagen hatten und u. a. darüber Beschwerde führten, daß er sie oft drei oder mehr Tage warten lasse, wenn er gerade Bäckerkorn aus Lübeck zu mahlen habe. Auch wurde von den Bürgern darüber Klage geführt, daß der Müller eine förmliche Schenke in der Mühle eingerichtet habe.

b) Die Saline.

Man hätte meinen sollen, die Erfahrungen Jüdichers, der seinen verunglückten Brunnen mit einem gestrandeten Schiffe verglich, das für künftige Zeiten als Wahrzeichen dienen müßte, hätten von weiteren Versuchen, den Betrieb der Oldesloer Saline zu einem rentablen Geschäft zu machen, abschrecken müssen. Aber bereits im Jahre 1729 befand sich die Saline wieder in den Händen einer Gesellschaft, unter deren Mitgliedern Hinrich Frahm Bergenhusen und Justizrat Lohenschiold genannt werden. Sie versuchten durch einen Zusatz von Baisalz einige Vorteile bei der Betreibung des Werkes zu erringen, konnten aber nicht dabei bestehen. Im Jahre 1732 ließ Justizrat Lohenschiold durch einen gewissen Markard, der ihm versprochen hatte, es dahin zu bringen, daß ohne Zusatz von Kochsalz· gesotten werden könnte, die letzten Versuche zur Auffindung ergiebigerer Quellen vermittelst gewisser Bohrer machen. Als sie aber nicht glückten, mußte er das Werk seinen Gläubigern abtreten. Die Mitglieder der Gesellschaft verloren ihr Vermögen, ebenso mehrere spätere Unternehmer. Die großen Geldverluste wurden hauptsächlich hervorgerufen durch immer wieder von neuem aufgenommene Ausschachtungen von Brunnen in der Erwartung, stärkere Salzquellen zu finden, und durch die große Vergeudung des schönsten Buchenholzes zum Eindampfen der geringwertigen Sole.

Mit Errichtung eines Gradierwerkes im Jahre 1750 beginnt nun eine ganz neue Epoche für die Saline. Der neue Besitzer, der königliche Hofmeister von Vieregg, erbaute das erste Gradierhaus in einer Länge von 465 Fuß und kaufte den größten Teil des späteren Salinengrundes zusammen, darunter die Besitzungen der mährischen Brüder. Zur Bewegung der Pumpen legte er an der Beste nicht weit unterhalb der Bestebrücke ein Kunstrad von 32 Fuß Durchmesser an. Aber dieses Rad lieferte noch nicht genug bewegende Kraft. Das Wasser der Beste hatte zu wenig Fall, und sein Lauf wurde zu oft durch die oberhalb gelegene Kupfermühle unterbrochen. Das Göpelwerk, eine sogenannte Roßkunst, das er dann zur Ergänzung anlegte, vermochte diesem Übel auch nicht hinlänglich abzuhelfen, und so konnte er trotz aller noch so zweckmäßigen Bemühungen den Ertrag nicht höher als auf 2000 Tonnen Salz bringen. Das aber genügte bei weitem nicht, um die großen Kosten zu decken. Als von Vieregg im Jahre 1768 starb, war sein gesamtes Kapital von 50 000 Talern verbraucht, und die Saline geriet in Konkurs. Die Verdienste, die sich von Vieregg um die Saline erworben hatte, wurden von dem späteren Besitzer Grafen von Dernath durch ein Denkmal in den Gradierhäusern anerkannt.

In dem Konkurse wurde die Saline öffentlich feilgeboten, da sich aber niemand zu ihrer Fortsetzung einfand, ließ man die Gebäude auf Abbruch und den Grund und Boden zu anderweitiger Benutzung versteigern. Schon hatte daraufhin jemand die Saline erstanden, und der Augenblick ihrer Vernichtung war vor der Tür, als Kammerrat Schrader aus Braunschweig darauf aufmerksam wurde, feste Anerbietungen zur Fortsetzung des Werkes machte, eine neue Licitation veranlaßte und die Saline als Meistbietender für 3200 Reichstaler erstand. Auch Schraders Geldmittel waren zu klein, und das Werk wäre nach wenigen Jahren zugrunde gegangen, wenn nicht im Jahre 1771 der Graf von Dernath Schrader unterstützt und in Verbindung mit ihm dem Werke eine größere Betriebsamkeit erteilt hätte. Im Jahre 1773 wurde Schrader gänzlich abgefunden und Graf von Dernath, ein Mann von seltener Tatkraft und warmer Vaterlandsliebe, übernahm nun die ganze Saline und brachte den Betrieb zu einer Vollkommenheit und einer räumlichen Ausdehnung, wie sie die Saline weder vorher noch nachher gehabt hat. Er schuf statt der zwei vorhandenen kleinen fünf große Salzpfannen, er erbaute ein zweites Kunstrad an der Trave dicht oberhalb der Mühlengangbrücke, wozu er die Graupenmühle erwarb, und zwei Windmühlen, die zusammen 50 Pumpen trieben. Die 465 Fuß langen Gradierwerke wurden bis 2300 und zuletzt bis 3500 Fuß erweitert. Die Beste teilte das Werk in einen Süder- und einen Norderbau[1]). Zu den drei vorhandenen Salzbrunnen legte er noch vier an, darunter den 110 Fuß tiefen „neuen Segen" am Fuße des Kirchberges. Damit erzielte er schließlich eine Salzausbeute von 14 bis 18 Tausend Tonnen, die größte, die jemals von der Saline geliefert worden ist.

Über den Gesamteindruck des Werkes schreibt Schrader in den Provinzialberichten von 1791, Heft 1, S. 3: „Um das Wasser aus den verschiedenen Brunnen in die Bassins der Gradierhäuser zu bringen, sodann zu der Höhe der Wände zu erheben und diesen Mechanismus in mittlerer Zeit, da das Wasser von oben herunter tröpfelt, unaufhörlich Tag und Nacht zu wiederholen, sind 60 bis 70 achtzöllige Pumpen nötig, deren jede 4 Fuß Hub hat. Diese Vorrichtung erfordert eine ansehnliche Summe bewegender Kräfte. Zwei große Kunsträder von 34 Fuß im Durchmesser und drei holländische Windmühlen[2]), welche zu

---

[1]) Der Süderbau zerfiel in zwei Teile. Die Stelle des größeren ist die Schießbahn im Kurgarten mit ihrer Verlängerung nach dem Spielplatz einerseits und der Höhe über der Beste andererseits. Der kleinere verlief im rechten Winkel dazu auf der Höhe des jetzigen Borkenhäuschens. Der Vorderbau zog sich auf der Südseite der jetzigen Großen Salinenstraße entlang.

[2]) Eine auf dem Grundstück der heutigen Villa Viktoria an der Stelle der ehemaligen St.-Jürgenskapelle und zwei auf den Höhen des jetzigen Kurgartens.

diesem Zwecke im Gange sind, vermögen kaum die verlangte beständige Bewegung zu bewirken und werden von drei Roßkünsten unterstützt. Diese Einrichtung bewirkt es, daß kein Tropfen Quellsole eher zu den Siedepfannen kommt, bis er die ganze Kette dieser 3500 Fuß Gradierwerke durch beständiges Auf= und Niedersteigen durch= durchlaufen hat und von seinem ersten Volumen mehr als neunzig Pro= zent verdunstet ist. Denn die Sole wird von zweiundeinviertel Prozent auf zwanzig, zweiundzwanzig und mehrere Prozent erhöht. Es läßt sich berechnen, daß auf diese Weise im Durchschnitt täglich 3000 Ox= hoft Sole aus den Oldesloer Brunnen gehoben und meistenteils von der Luft in Dünsten aufgelöst werden, um an anderen Orten als Regen oder Nebel wieder niederzufallen.

Der Zusammenhang dieser Werke, die Circulation des Wassers über der Erde und die Leitung, Pressung und Hebung der Sole unter derselben von einem Gebäude zum andern stellt ein kunstvolles Gan= zes dar, welches dem Mechanismus der Bergwerke gleicht und der Aufmerksamkeit des Mechanikers sowie jedes Forschenden um so mehr wert ist, da die bergigte Lage des Ortes mehrere Triebwerke und eine größere Anstrengung der Erfindungskraft erfordert, als in der Ebene nötig gewesen sein würde."

Um dem Grafen den Betrieb einer so großartigen Anlage zu er= leichtern, hatte der König ihm sehr weitgehende Gerechtsame ver= liehen: „Der Inhaber der Saline konnte Wasserwerke in den Flüssen bauen, soweit die Staatsverträge mit Lübeck es nicht hinderten; er konnte jeden Platz, dessen er bedurfte, von der Regierung unentgeltlich fordern, von den Bürgern exproprieren. Die Saline hatte das Recht zu malzen, zu brauen und zu brennen. Unentgeltlich durfte sie Steine, Lehm, Sand und Moor auf jedem Regierungsgrund graben, auf Privat= gründen gegen Wertentschädigung. Ferner hatte die Saline Stempel= freiheit, ein politisches Schutzversprechen gegen Behinderung des Salz= handels durch Hamburg oder Lübeck, Versprechen der Freiheit des Salzes von allen Zöllen und Abgaben auch bei der Ausfuhr. Alle Ma= terialien, welche die Saline bedurfte, konnten zollfrei und abgabenfrei dem Werke zugeführt werden. Das Kapital, das in der Saline steckte, war frei von Vermögenssteuer. Die einzige Abgabe bestand in 200 Mark Rekognition für jede Pfanne, und auch für diese wurde Nachlaß zugesichert in Kriegszeiten und sonstigen Kalamitäten"[1]).

Aber trotz dieses glänzenden Freibriefes teilte Graf von Dernath das Los seiner Vorgänger. Auch er setzte sein ganzes Vermögen zu und starb in Dürftigkeit[2]). Von ihm kaufte die Saline 1793 der Geheimrat Graf Münster=Meinhövel, der ihr im Jahre 1794 den Namen Traven= salze gab. Im Jahre 1797 wurde sie Staatseigentum.

Das Salzwerk hat, nachdem es von dem Grafen von Dernath so erweitert worden war, vielen Einwohnern von Oldesloe Verdienst und

---

[1]) Ludwig Meyn, Anfang und Ende der Salzgewinnung in den Herzogtümern.
[2]) Im Jahre 1816 geriet auch das Dernathsche Gut Hasselburg in Konkurs.

Nahrung verschafft. Am meisten geschah dies dadurch, daß viel Torf in der Oldesloer Gemarkung zur Feuerung auf der Saline gestochen wurde, wodurch manche Leute den Sommer über Arbeit und Verdienst fanden. Es war daher für Oldesloe zu wünschen, daß der Betrieb und Absatz der Saline auch künftig möglichst vergrößert wurde.

In den Provinzialberichten von 1798, Heft 1, S. 1 ff. veröffentlichte der junge Apotheker Friedrich August Lorentzen „einige Bemerkungen über die Saline zu Oldesloe," in denen er behauptet, daß das Werk während der Administration auf Rechnung des Grafen von Münster in einen sehr mangelhaften Zustand zurückgesetzt worden sei und daß das Ganze mit schnellen Schritten seinem Einsturz entgegeneile, und in denen er dann Vorschläge macht zu seiner Verbesserung und zur Herbeiführung einer größeren Rentabilität und insbesondere empfiehlt, die Chemie in den Dienst der Saline zu stellen. Auf diesen Angriff antwortete in demselben Jahrgange der Provinzialberichte 3. Heft S. 241 ff. der damalige Inspektor der nunmehrigen königlichen Saline Knutsen, der das Werk für den Grafen von Münster verwaltet hatte und auch viele Jahre für den Grafen von Dernath an ihm tätig gewesen war, mit einem Artikel, den er „Auch etwas über die Travensalzer Saline bei Oldesloe" überschrieb. In demselben weist er an der Hand unwiderleglicher Tatsachen die Behauptung des Apothekers als leichtfertige Verleumdung und dessen Vorschläge als dilettantenhafte Einmischung zurück und faßt schließlich die Ergebnisse seiner Darlegungen zusammen mit den Worten: „So ist es also erwiesen, daß

1. in den drei Jahren während der Administration des Herrn Grafen zu Münster als vorigen Besitzers dieses zum Teil vor 25 Jahren von dem Herrn Grafen von Dernath ganz neuerbaute Salzwerk nicht zu Grunde gerichtet, sondern in vielen wichtigen Stücken befestigt worden ist,

2. daß, wenn gleich kein Chemiker jemals beim Werke angestellt war, bei ungünstigen Umständen dennoch mehr Salz geliefert ward als nachher, wo solche völlig haben gehoben sein können,

3. Daß alle vorgeschlagenen Projekte des Herrn Apothekers Lorentzen schon längst bekannt waren, aber auch ebenfalls längst erwogen und verworfen sind."

c) Die Kupfermühle.

Nach Regelung der Verhältnisse zwischen der Stadt Oldesloe und der dem Lübecker Heiligengeiststift gehörigen Kupfermühle auf dem Werder in der Beste durch die Königliche Kommission von 1706 scheint die Stadt in Frieden mit der Kupfermühle gelebt zu haben. Das Kupferwerk umfaßte im Jahre 1790 nach Angabe des Bürgermeisters Noodt (a. a. O. S. 379) eine Hütte mit einem großen Hammer, zwei Hütten mit je vier kleinen Hämmern und mehrere Wohnungen und wurde damals von einem lübeckischen Kaufmann namens Hartmann in Erbpacht besessen.

XVII. Die Bürgerwache.

Wir haben gesehen, daß im Jahre 1627 bei der Flucht der Bürgerschaft vor den heranrückenden Kroaten ein Teil der Bürger als Wache in der Stadt zurückblieb. Man glaubt, daß die Einrichtung dieser Wache der Ursprung der Bürgerschützengilde sei, welche noch jährlich das sogenannte Bürgerscheibenschießen feiert. Aber die Bürgerwache datiert nicht erst von jenem Jahre. Zu der Selbstverwaltung der Städte gehörte auch der Selbstschutz, und es ist anzunehmen, daß er von der Bürgerschaft von jeher ausgeübt wurde, wenn auch die erste Nachricht darüber erst aus dem Jahre 1489 stammt (vgl. S. 51 und 92).

In der Kollegiensitzung vom 4. März 1794 trug Bürgermeister Noodt vor, daß bei den Bürgerwachen an den Markttagen und bei Feuersbrünsten öfter Unordnungen bemerkt worden seien und daß deshalb vom Magistrat mit den deputierten Bürgern bereits etliche Male überlegt worden sei, wie dem am besten abzuhelfen und welchergestalt mehr Ordnung einzuführen sein möchte. Der Magistrat habe nun am 10. Oktober 1793 eine Vorstellung und Anfrage an die Statthalterschaft gerichtet und darauf am 9. Januar 1794 den Bescheid erhalten, daß laut königlicher Verfügung vom 4. Januar zur Aufrechterhaltung guter Ordnung bei anzustellenden Bürgerwachen während der Jahrmärkte, bei Feuersbrünsten, Schlägereien, Auflauf pp. ein Ober- und etliche Unterquartiermeister aus jedem der vier Quartiere der Stadt zu Vorgesetzten der übrigen Bürger, wenn sie sich auf obrigkeitliche Verfügung zu obgedachtem Zweck und zur Leistung der in Polizeifällen notwendigen Hilfen mit Gewehr versammeln müssen, erwählet und in Ansehung der alsdann zu beobachtenden Ordnung von dem Magistrat mit Zuziehung der deputierten Bürger eine den Umständen und dem Lokal der Stadt angemessene Einrichtung getroffen werden solle. Der Entwurf zu einem solchen Regulativ sei dann auf dem Stadtsekretariat entworfen worden und solle nun mit den Deputierten beraten werden. Nachdem das geschehen war und am 27. März von versammelter Bürgerschaft die Wahl der Ober- und Unterquartiermeister in jedem Quartier vorgenommen werden sollte und die Stimmzettel verteilt worden waren, erschienen vier Bürger als abgesandte Achtsleute der Bürgerschaft in der Gerichtsstube und erklärten dem Magistrat im Namen ihrer Mitbürger, daß ihnen die Wahl von Ober- und Unterquartiermeistern als Vorgesetzten der Bürger bedenklich scheine und nur zu neuen Unordnungen und Streitigkeiten Anlaß geben würde, da sich ein Bürger von dem andern nicht gern befehlen lasse, und baten, es bei der bisherigen Einrichtung zu belassen. Der Bürgermeister machte sie darauf aufmerksam, daß die Wahl von Ober- und Unterquartiermeistern vom Könige angeordnet sei und daher unter allen Umständen erfolgen müsse, und suchte sie von der Zweckmäßigkeit der Einrichtung zu überzeugen. Eine neue Acht aber konnte an diesem Tage nicht mehr eingebracht werden, da sich die Bürgerschaft mittlerweile zerstreut hatte.

Als auf dem Ostervogtding am 8. Mai die Sache wieder zur Be-

ratung stand, waren so wenige Bürger erschienen, daß die Beschluß=
fassung ausgesetzt werden mußte. Die Bürgerschaft wurde dann an=
derweitig bei Strafe auf den 22. Mai zu Rathause angesagt und fand
sich denn auch in großer Anzahl ein. Der Bürgermeister aber ver=
mochte durch seinen eingehenden Vortrag ihren Widerstand gegen die
getroffene Anordnung nicht zu brechen. Die Bürgerschaft ließ viel=
mehr, um zu verhindern, daß wie bisher abgelebte Greise, Taube und
Betrunkene zur Wache geschickt würden, durch vier Achtsmänner
vorschlagen, in jedem Quartier etwa zehn zuverlässige Männer zu ge=
winnen, welche die Wache für die anderen übernehmen und von den
an die Reihe kommenden Bürgern bezahlt werden sollten. Einer der
Herren Ratsverwandten würde sich gewiß bereit finden, die Liste zu
führen. Da der Magistrat auf diesen Vorschlag nicht eingehen konnte,
wurde die Sache abermals vertagt. Über die weiteren Verhandlungen
fehlen die Akten.

XVIII. Die große Feuersbrunst von 1798.

Bauart der Oldesloer Häuser. Bericht des Bürgermeisters Noodt über den Brand. Unterstützungen.

Das Oldesloer Bürgerhaus war noch gegen Ende des 18. Jahr=
hunderts fast durchweg das den städtischen Verhältnissen angepaßte
niedersächsische Bauernhaus mit Dreschdiele und großem Einfahrtstor
an der Straßenseite. Von dem Bauernhause der Dörfer unterschied
es sich hauptsächlich dadurch, daß das Wohnzimmer, die sogenannte
Dörnse, nicht an der der Einfahrt abgekehrten Gartenseite lag, sondern
neben der Einfahrt an der Straße. Die Dörnsen der Wohlhabenden
waren meistens mit einem Erker versehen, einer sogenannten Utlucht,
von wo die Hausfrauen bei ihrer Näharbeit die Straßen entlang sehen
konnten. Die Häuser waren einstöckige Fachwerkbauten mit hohem
Dach als Bodenraum zum Aufspeichern der Ernte und des ausge=
droschenen Strohes. Das Fachwerk der Straßenseite war mit Ziegel=
steinen gefüllt, das der Seitenwände aber vielfach nur mit Lehm. Die
Giebelfächer hatten an vielen Häusern gar keine Füllung, sondern
waren mit aufgenagelten Brettern verschlossen. Wegen der Feuerge=
fährlichkeit aber wurden bei Neubauten solche ganz aus Holz be=
stehende Giebel nicht mehr gestattet. Die Dächer waren zwar mei=
stens mit Ziegeln gedeckt, doch lagen diese auf Strohdocken, soge=
nannten Wiepen. Daß eine solche Bauart sehr feuergefährlich war,
liegt auf der Hand. Nach längerer Trockenheit konnte bei heftigem
Winde ein ausbrechendes Feuer daher leicht zu einer Katastrophe wer=
den, und das geschah denn auch am 22. Mai 1798. Bürgermeister Noodt
erstattete darüber am 26. Mai folgenden Bericht an den Altonaischen
Merkur:

„Eine höchst unglückliche Feuersbrunst hat den größten Teil die=
ser Stadt, der am besten bebaut war und in welchem die meisten be=
mittelten Einwohner ihre Häuser hatten, am 22. d. M. in einen Schutt=
haufen verwandelt. Einhundertfünfundsiebzig Häuser und Woh=

nungen an den Straßen, unter welchen das Rathaus, das Posthaus, die Apotheke, das Diakonathaus, 3 Schulhäuser, das St.=Jürgens=Hospital, eine große Wassermühle, ein Torgebäude und nur 23 halbe Häuser oder Wohnbuden befindlich waren¹), sind mit allen dazu gehörigen Hinter= gebäuden, Scheunen und Ställen binnen sechs Stunden abgebrannt.

Das Feuer entstand nachmittags gegen 2 Uhr in der Mühlenstraße in einem zu dem Wirtshause „Die Stadt Kopenhagen" gehörigen Brenn= hause²) durch das Abspringen des Helms von einem Destillierkessel, wodurch das Gebäude in Brand geraten war. Ein heftiger Ostwind hatte das Feuer bald in eine aufwärts und eine andere seitwärts be= legene große Scheune und weiter in das Wohnhaus getrieben, welches an der Gasse fast gerade vor der Langestraße lag und durch welches nicht nur die Seitengebäude, sondern auch etliche in der gedachten Straße an beiden Seiten belegene Häuser angezündet wurden. Durch den Sturmwind verbreitete das Feuer sich dermaßen geschwind, daß binnen einer Stunde schon die halbe Langestraße bis an den Markt= platz und zum Teil auch eine andere Straße, der Hagen, in Flammen standen, die sich von einem Hause zum andern so schnell fortwälzten, daß abends um 8 Uhr die besagten beiden Straßen, die ganze Mühlen= straße, der größte Teil der Heiligengeiststraße und verschiedene Häu= ser jenseits der Trave aufwärts am Kirchhofe, sowie auch die außerhalb des Hamburger Tores etwas entlegenen Häuser bis auf den Grund nie= dergebrannt waren.

Man war gleich anfangs mit den für diese kleine Stadt nicht un= bedeutenden und gut unterhaltenen Löschanstalten zur Stelle, die in zwei großen und zwei kleinen Schlangenspritzen nebst einer hinläng= lichen Anzahl von Brandleitern und Haken bestanden, womit man bis= her vielmal ausgebrochenes Feuer glücklich und bald gelöscht hatte. Weil aber die Feuersbrunst diesmal so unbegreiflich schnell überhand nahm, der starke Wind die Glut mit unausstehlicher Hitze und Dampf vor sich hintrieb, die Giebel und Dächer der Häuser in den Straßen überall niederstürzten, der übrige Teil der Stadt mit den Spritzen von dem, welcher in Feuer stand, ganz abgeschnitten war und ein jeder Ein= wohner nur sich, die Seinigen und seine Güter zu retten suchte, so war an keine Ordnung weiter zu denken und in dem brennenden Teile der Stadt alles Löschen unmöglich. Indessen war man durch das Abdecken und Niederreißen etlicher Häuser an der Heiligengeiststraße und am Ende der Mühlenstraße so glücklich gewesen, daß besonders das Best= torquartier der Stadt stehen blieb. Von Erwachsenen und Kindern

---

¹) In einem umständlicheren Berichte an das Departement der Statthalterschaft vom 24. Mai nennt Noodt noch ein zur Saline gehöriges Mühlengebäude, eine zum Torgebäude gehörige Wohnbude, ein Sprißenhaus und 4 Scheunen an den Straßen. Das Torgebäude war das des Hamburger Tores. Als man einige Zeit nach dem Brande genauer zählen konnte, ergab sich, daß 21 Buden, 33 kleinere, 69 größere und 33 der größten Wohngebäude, im ganzen also 156 Wohnhäuser ein Raub der Flammen geworden waren.

²) „Die Stadt Kopenhagen" stand an der Stelle des heutigen Hugo Wittmakschen Hauses, die dazugehörige Brennerei an der Heiligengeiststraßenecke und reichte bis an die Trave. Von dem Wohnhause war sie noch durch eine große Scheune getrennt. Der Krugwirt hieß Klaus Hinrich Pries.

ist kein Mensch ums Leben gekommen und nicht einmal jemand gefährlich beschädigt worden. Vieh von allerlei Art hat aber in den Häusern und Ställen ohne mögliche Rettung elendig umkommen müssen. Die unglücklichen Abgebrannten haben auch von ihren Habseligkeiten und zum Teil von ihren Werkzeugen unter den vorgedachten Umständen und da es überall an Hülfe fehlte, indem jede Familie nur sich selbst überlassen blieb, größtenteils wenig und zum Teil nichts gerettet. Die Dürftigkeit unter den Einwohnern in dieser kleinen nahrlosen Landstadt, welche vorhin schon groß war, ist dadurch aufs höchste gestiegen. Die meisten abgebrannten Häuser stehen außerdem nach ihrer vorigen Beschaffenheit in der Brandversicherungskasse der Städte so niedrig taxiert, daß sie für das Taxatum bei weitem nicht wieder aufgebaut werden können.

Von den Abgebrannten sind manche, welche in dem übrigen Teile der Stadt nicht haben unterkommen können, in den benachbarten Dörfern aufgenommen worden, und die übrigen fanden Obdach in dem Kirchengebäude. Viele Wohltätiggesinnte von den Besitzern der benachbarten adeligen Güter und in den Ämtern wie auch in der Stadt Lübeck haben für die bedauernswürdigen Abgebrannten und Armen, denen es hier an allem fehlt, ansehnliche milde Gaben an Brot und anderen Victualien und an barem Gelde gleich hierher geliefert und zusammengebracht. Zu deren zweckmäßiger Verteilung und Anwendung ist eine besondere Kommission, sowie auch in Absehen der neuen Bauten eine andere Kommission niedergesetzt worden. Sollten Communen und andere Wohltäter hier im Lande und auswärtig, wie manche hier sehnlich wünschen, hoffen und bitten, zu der höchst nötigen Unterstützung der unglücklichen Oldesloer auf eine oder andere Art, insonderheit auch an Baumaterialien, etwas gütigst beitragen wollen, so wird solches ihrem Verlangen gemäß angewendet werden, wenn es ihnen gefällig sein wird, die eine oder andere von den gedachten beiden Kommissionen davon zu benachrichtigen, welche desfalls verantwortlich sein werden.

Bürgermeister und Rat
dieser unglücklichen Stadt."

Auf Bitten des Magistrats wurde für ganz Schleswig-Holstein zum Besten der Abgebrannten eine Haus- und eine Kirchenkollekte angeordnet.

König Christian machte der Stadt ein Geldgeschenk von	20 000 Rtlr.		ß
Beim Herrn Bürgermeister Noodt gingen ein	4 689 „	33½	ß
Beim Herrn Hauptpastor D. Wolf	1 801 „	17½	ß
Die Hauskollekte in Schleswig-Holstein ergab	10 368 „	1	ß
Die Kirchenkollekte	3 575 „	36	ß
Von den Lübeckern wurden Baumaterialien geliefert im Werte von	1 529 „	35	ß
Außerdem wurden von einzelnen Oldesloer Bürgern und von anderen eingesandt	57 „	45	ß
Im ganzen gingen also ein	42 022 Rtlr.	24	ß.

Die Brandversicherungssumme der abgebrannten Gebäude betrug 80 717 Rtlr. Das eingebüßte Mobiliar war versichert zu 73 467 Rtlr. 2 Schilling.

XIX. Das Landgebiet.

Allgemeine Veränderungen. Veranlagung zur Umlage. Kirchengeld in Fresenburg. Der Papenkamp. Schulreglement für Seefeld und Poggensee. Musterwirtschaft des Kammerherrn von Buchwald. Andauer der Leibeigenschaft. Zustand des Gutes um 1777. Aufhebung der Leibeigenschaft in Sühlen 1781. Aufhebung der Leibeigenschaft im übrigen Gute Nütschau 1785. Die neuen Verhältnisse in Sühlen, in Vinzier, auf dem Nütschauer Hoffeld. Wechselnde Besitzer.

Im 18. Jahrhundert wurde durch das Eingehen des Herzogtums Holstein-Rethwisch und durch die Einverleibung der plönischen und gottorpischen Lande in das königliche Gebiet die Vielheit der Landeshoheiten im Kirchspiel auf zwei zurückgeführt, den König und die Stadt Lübeck, doch blieb die Vielheit der Jurisdiktionen noch bestehen. Die adeligen Güter gerieten mehr und mehr in den Besitz von Nichtadeligen, meistens von Kaufleuten, die zum Teil als Heereslieferanten und Hofagenten große Reichtümer erworben hatten, während die Adeligen, die in den Kriegen große Opfer hatten bringen müssen und durch Kriegs-, Hof- und Staatsdienst ihren Gütern vielfach entzogen wurden, zum Teil in Vermögensverfall geraten waren. Auch verfehlte Unternehmungen auf industriellem Gebiete trugen zum Vermögensverfall des Adels bei. Das Legen von Bauern wird einerseits noch fortgesetzt, andererseits aber durch das Parzellieren großer Komplexe rückgängig gemacht. Die wichtigste Veränderung aber, die in den letzten Jahrzehnten des Jahrhunderts einsetzte, war die Aufhebung der Leibeigenschaft. Soweit dieselbe noch nicht vorher beseitigt worden war, wurde ihr durch die königliche Verordnung zum 1. Januar 1805 ein Ende gemacht.

Das Schulwesen auf dem Lande, über das aus früheren Jahrhunderten nur vereinzelte Nachrichten auf uns gekommen sind und das noch sehr im argen lag, fand in diesem Jahrhundert eine bessere Pflege und geordnete Aufsicht. Auf der Oldesloer Kirchenvisitation von 1717 wurde bestimmt: „Weil man auch bemerket, daß die Dörffer sich die Freiheit anmaßen, vor sich selbst Schuel-Meister zu setzen, so soll solches gäntzlich hiermit abgeschaffet sein und hinführo kein Schuel-Meister in den Dörffern *admittiret* werden, Er sei denn zuvor H. *Pastori* zum *Examine praesentiret* und zu solcher *Function* tüchtig befunden worden"[1]. Hier griff also der fürstliche Absolutismus wohltätig ein.

Die Größe und Bedeutung der Güter und Dörfer des Kirchspiels erhellt aus ihrer Veranlagung zur Kirchensteuer. Während Oldesloe die Umlage von 50 Pflügen entrichtete, steuerten Rethwisch von 30,

---

[1] Daß in allen Dörfern Schulmeister zu bestellen seien, war durch Verfügung vom 2. Juni 1697 von den Segeberger Kirchenvisitatoren Andreas Paulus von Liliencron und Petrus Antonius Burchardus angeordnet worden.

Fresenburg von 18, Nütschau und Tralau von je 8, Blumendorf, Klinken und Schulenburg von je 6, Havighorst von 7, Schlamersdorf und Wakendorf zusammen von 19½, Rümpel und Neritz von 19 und Pölitz und Barkhorst von 13 Pflügen. Rohlfshagen und Frauenholz wurden in den Kirchenrechnungen zwar als zum Kirchspiel gehörig angeführt, aber nie zur Umlage herangezogen.

a) Rethwisch.

Der letzte Herzog von Holstein-Rethwisch Johann Adolf Ernst Ferdinand Karl starb 1729 kinderlos in Hamburg. Er hatte das Gut an eine Beamtenfamilie verschenkt. Da er in Konkurs geriet, beanspruchten es die Gläubiger. Die aber erhielten es auch nicht, sondern der Herzog von Holstein-Plön zog es als Familienkommiß ein und verwandelte es in ein Amt. Der Amtsitz war auf dem Schlosse. Der Herzog fing dann an, das große Gut zu parzellieren. 1746 wurde das Vorwerk Tralauerholz vererbpachtet, bald darauf auf einer Freiweide des Dorfes Rethwisch die kleine Gemeinde Altenweide angesetzt. Als im Jahre 1761 auch die plönische Herzogslinie ausstarb, fiel das Amt mit den übrigen plönischen Besitzungen an den König. Die Parzellierungen wurden fortgesetzt. 1770 wurde der Meierhof Treuholz in 7 Parzellen geteilt und in Erbpacht gegeben. 1773 wurde die im Amte allgemein herrschende Leibeigenschaft aufgehoben und die noch übrigen Hofländereien parzelliert und in Erbpacht ausgetan, und zwar wurden die zu dem königlichen Vorwerke Rethwisch gehörigen Ländereien stückweise mit dem völligen Eigentumsrecht gegen Erlegung eines festen Kanons von 2 Reichstaler bis 2 Rtlr. und 32 Schilling für die Tonne an die Meistbietenden verkauft. Nach Ausscheidung der Waldungen und der 11 Fischteiche und nach Abzug der Ländereien, welche der Kornmühle, einer beim Hofe gelegenen Brauerei, den beiden Messingmühlen, einigen im Dorfe Rethwisch wohnenden Insten, den schon vorhandenen Erbpächtern Johann und Hinrich Jürgensen, dem Amtsverwalter und dem Hufner Hinrich Feddern in Rethwischdorf zugelegt worden waren, wurden die übrigen Äcker und Wiesen zunächst in 19 Parzellen versteigert, dann noch einmal in 5 Teile von je 3 bis 5 der kleineren Parzellen und schließlich die Fischteiche einmal allein und dann noch einmal mit 3 der ersteren Parzellen zur Pacht auf 18 Jahre ausgeboten. Das zuletzt genannte Los wurde später dann doch verkauft und bildet den heutigen Rethwischhof. Einige Teiche gingen später durch Kauf an andere Parzellisten über. Alle auf den Feldern stehenden Bäume wurden ebenfalls verkauft. Die Parzellisten hatten die Freiheit, Teile von ihren Parzellen wieder zu veräußern oder Teile von anderen dazu zu kaufen. So entstand die heutige Parzellistengemeinde Rethwischfeld.

Die beiden Messingmühlen, auch Messingschlägermühlen genannt, dienten damals zugleich oder vielleicht ausschließlich[1]) zum Walken von Tuch. Die eine wird einmal Messing- und Walkmühle

---

[1]) In einer aus dem Jahre 1780 stammenden Aufzählung der holsteinischen Messingwerke (Prov. Ber. 1790, Heft 6, S. 317 ff.) werden sie nicht mehr aufgeführt.

Schloß Tralau.

Schloß Fresenburg (hintere Ansicht).

genannt. Die Besitzer aber werden nur als Walkmüller bezeichnet und hießen 1773 Johann und Marx Wiese. Das Schloß wurde, nachdem es für 1700 Rtlr. verkauft worden war, im Jahre 1785 abgebrochen.

b) Die adeligen Güter.

1. Fresenburg.

Das Gut Fresenburg mit dem Meierhofe Schadehorn und den Dörfern Poggensee und Seefeld kam von den Erben des Geheimrats Johann Hugo von Lente, der es noch 1707 besaß, wieder in Besitz von Buchwalds. Im Jahre 1721 urkunden Christan August von Berkentin, hochfürstlich schleswig-holsteinischer Geheimrat und Amtmann zu Lütjenburg, und Schack von Buchwald, Ihro Königlicher Majestät zu Dänemark und Norwegen bestallter Kapitän, als Vormünder der beiden Gebrüder Johann Hugo und Schack von Buchwald, Erbherren der adeligen Güter Fresenburg und Johannisdorf, daß die derzeitigen Kirchenvorsteher zu Oldesloe namens Jakob Pistolski und Jochim Godejohann von den Kirchengeldern ihren Pflegebefohlenen 2000 Reichstaler, halb Kronen und halb Courant dargeliehen und vorgestrecket haben[1]).

Im Gute Fresenburg lag an der Grenze des fürstlich plönischen Dorfes Schlamersdorf ein der Kirche gehöriges Stück Land, das einst von der Fresenburger Gutsherrschaft dem Pastorate zugelegt worden war und deshalb Papenkamp genannt wurde. Diesen Acker hatte 100 Jahre lang die Familie Voß in Schlamersdorf gegen eine jährliche Heuer von 1 Mark 8 Schilling in Pacht gehabt. Dann hatten ihn sich die Einwohner von Schlamersdorf als ihr Eigentum angeeignet und ein Jahr hindurch besessen. Auf der Kirchenvisitation von 1732 aber erklärte der plönische Kammerrat Piper von Travental, daß die plönischen Untertanen keine Ansprüche mehr auf diesen Acker erhöben und daß ihn deshalb der Pastor frei benutzen könne. Im Jahre 1734 verpachtete ihn dann Pastor Hammerich dem Schlamersdorfer Einwohner Hans Voß, dessen Vorfahren ihn solange innegehabt hatten, gegen jährliches Pachtgeld von nunmehr 15 Mark[2]).

Im Jahre 1744 erließ Johann Hugo von Buchwald, Erbherr auf Fresenburg und Schadehorn und Seiner Kaiserlichen Hoheit des Großfürsten aller Reußen als Herzog zu Schleswig-Holstein betrauter Konferenz- und Landrat, auch Amtmann zu Trittau und Reinbeck, ein Schulreglement für die ihm unterstellten Dörfer Seefeld und Poggensee. Bisher hatte jedes der beiden Dörfer eine Schule gehabt. Der Gutsherr aber hatte erkannt, daß in Ermangelung zureichenden Unterhalts für die Schulmeister das Schulwesen nicht allemal in einer steten guten Verfassung sein konnte. Damit nun die Jugend die heilsame Unterrichtung im Christentum also auch im Lesen und soviel möglich im Schreiben und Rechnen auf einem beständigen Fuß hinfüro genießen und der jedesmalige Schulmeister ein hinlängliches gewisses Auskom-

---

[1]) Kirchenarchiv, Urk. Nr. 41.
[2]) Kirchenarchiv, Urk. Nr. 42.

men haben könne, baute er eine neue Schulkate zwischen den beiden Dörfern in der sogenannten Bauerwiese am Redder und legte die beiden Schulen zusammen, so daß die Kinder aus den beiden Dörfern und von den anderen Heuerstellen und Katen künftig nur von einem Schulmeister unterrichtet würden. Derselbe hatte seine freie Wohnung in der Kate und genoß eine vom Hoffelde dabei gelegte eingefriedigte kleine Koppel von ungefähr 3 Scheffel Einhalt. Die gesamten Untertanen sollen verpflichtet sein, die Schulkate stets in gutem baulichen Zustande zu halten. Zur Feuerung solle dem Schulmeister das Nötige jährlich vom Hofe angewiesen und von den Untertanen angefahren werden. An Vieh wird ihm erlaubt zwei Kühe, ein paar Schweine und einige Schafe des Sommers auf der gemeinen Weide der beiden Dorfschaften zu halten dergestalt, daß er eine Kuh und einiges andere Vieh auf dem Seefelder, die andere Kuh und das übrige Vieh aber auf dem Poggenseer Felde frei hat, und daneben sollen ihm zur Winterfütterung für seine Kühe vom Hofe jährlich zwei Fuder Heu verabfolgt werden. An Gehalt bekommt er vom Hofe zwölf Reichstaler, wofür er verpflichtet sein soll, 6 bis 8 unvermögender Leute Kinder auf Anweisung der Gutsherrschaft umsonst zu unterrichten. Außerdem soll er statt des bisherigen wöchentlich zu erlegenden Schulgeldes zu genießen haben: Aus dem Dorfe Seefeld von 10 Hufen jährlich auf Martini je einen Scheffel Roggen und an barem Geld zu Ostern 32 Schilling, aus Poggensee von 9 etwas kleineren Hufen zu Martini 3 Spint Roggen und zu Ostern an barem Gelde 24 Schilling, sodann sollen die etwas Land bei ihren Häusern besitzenden Insten und Kätner der beiden Dörfer, 12 an der Zahl, ihm jährlich auf Martini einen Scheffel Roggen oder statt dessen 24 Schilling an Geld erlegen, und zwar haben die Hufner, Kätner und Insten diese Abgabe zu leisten einerlei, ob sie Kinder haben oder nicht. Die Hofbedienten, die zur Heuer sitzenden Insten, Einlieger und geringe Untertanen im Gute, so weder eigene Katen noch Land haben, geben wöchentlich für jedes Kind 6 Pfennig Schulgeld, und wenn es Schreiben und Rechnen lernt, 1 Schilling ohne das sonst üblich gewesene Schulbrot. Was andere Heuersleute als Holländer, den Müller zu Seefeld, den Krüger daselbst, den Schmied, ingleichen fremde und auswärtige Untertanen anlanget, so haben selbige für jedes Kind wöchentlich 1 Schilling Schulgeld, und wenn es Schreiben und Rechnen lernt, noch wöchentlich 6 Pfennig mehr zu erlegen. Wegen Unterrichts und Vorbereitung der erwachsenen Kinder zur Konfirmation wird dem Schulmeister in Ansehung des ihm beigelegten beständigen Gehalts zwar nichts Eigentliches und Gewisses an Gebühr ausgesetzt, doch da hiebei mehr Bemühung erfordert wird, so haben deren Eltern aus freiem Willen ihm nach ihrem Vermögen desfalls eine Erkenntlichkeit billig zu bezeugen. Die Eltern werden angehalten, ihre Kinder, sobald sie das siebente Jahr erreicht haben, zum Schulbesuch anzuhalten, sie wenigstens aber den Winter über auf 22 Wochen fleißig zur Schule zu senden. Der Schulmeister hat jeden Sonntag und hohen Festtag des Nachmittags eine Betstunde zu halten. Die dazu erforderlichen Bücher sollen ihm vom Hofe gereicht werden, und sämtliche Untertanen haben sich zu solchen Betstunden mit ihren Kindern fleißig einzustellen[1]).

In den letzten Jahrzehnten des 18. Jahrhunderts war der Besitzer von Fresenburg ein Kammerherr von Buchwald, der als überaus tüchtiger Landwirt galt und in weiten Kreisen durch seine glücklichen Versuche mit der Einimpfung der Viehseuche bekannt war. Sein Gut wurde als Mustergut gepriesen. Zu seiner Belehrung bereiste er andere Güter. Das in dänischer Sprache verfaßte Tagebuch seiner „ökonomischen und statistischen Reise" wurde von Professor Heinze aus dem Dänischen übersetzt und in Kopenhagen 1786 herausgegeben. Einige Bruchstücke daraus sind abgedruckt in den Provinzialberichten von 1787 S. 307 ff. Nach den darin enthaltenen Angaben über Fresenburg ist das Feld in 13 Koppeln von je 70 Tonnen eingeteilt. Sieben Koppeln liegen zur Viehweide, und sechs werden in folgender Ordnung besät. Das erste Jahr, nachdem das Land zur Viehweide gelegen hat, wird Buchweizen gesät, alsdann gedüngt. Im andern Jahre trägt das Land, je nachdem es beschaffen ist, Weizen oder Roggen, im dritten Jahre Gerste. Darauf wird es zum zweitenmal gedüngt und trägt im vierten Jahre wieder Roggen. Zum Schluß wird im fünften und sechsten Jahre Hafer gesät. Der Roggen trägt im allgemeinen siebenfältig, Weizen und Gerste nach Beschaffenheit des Jahres sechs- bis zehnfältig, Hafer aber nur drei bis vierfältig. Der Buchweizen schlägt hier selten fehl, sondern trägt oft zwölf- bis sechzehnfältig, ja noch reichlicher. Die Felder von Schadehorn sind ebenfalls in 13 Koppeln geteilt, wovon fünf Korn tragen und eine gedüngt wird. Die Wiesen sind in außerordentlich gutem Stande. Sie werden teils mit Straßenkot gedüngt, teils unter Wasser gesetzt und geben 1200 Fuder Heu und Nachmahd. Auf Fresenburg werden 270 und auf Schadehorn 230 Kühe gehalten, welche alle jährlich zu 10 Reichstaler das Stück verpachtet sind. Die Karpfenfischerei in neun Fischteichen ist beträchtlich. Um die Fische zu erhalten, werden die Teiche abgelassen. Wenn die Fische herausgenommen sind, wird der Schlamm aus dem Teiche aufs Feld gefahren. Der Teich aber wird gepflügt, mit Hafer besät, dessen Stoppeln und Wurzeln den Karpfen angenehm sind, und darauf wieder mit Wasser und Karpfen angefüllt.

Die Arbeiten auf Fresenburg und Schadehorn bestreiten 3 Knechte und 24 Pferde vom Hofe. Daneben sind zur Arbeit verpflichtet 18 Vollhufner, 12 Viertelhufner und 48 Kätner. Ein Vollhufner bezahlt dem Gutsherrn jährlich 12 Reichstaler und schickt jeden Tag vier Pferde, einen „Kerl," einen Jungen und ein Mädchen, im Herbste noch einen Kerl mehr, zu Hofe, ein Viertelhufner täglich einen Kerl und im Herbst noch ein Mädchen. Jeder Kätner front einen Tag in der Woche, so daß also täglich 8 zu Hofe sind. Das Korn wird größtenteils für Bezahlung von den Kätnern gedroschen. Ein Vollhufner hat ungefähr 40 Tonnen Ackerland und 10 Tonnen Wiesenland, ein Viertelhufner den vierten Teil.

---

[1]) Kirchenarchiv, Urk. Nr. 43.

Dicht bei dem Hofe liegt ein Ziegelofen. Der Ziegelbrenner hält sich alles selbst, bekommt für 1000 Mauersteine einen Faden Holz und 2 Reichstaler als Arbeitslohn, und der Eigentümer verkauft sie wieder zu 8 Reichstalern. Das Gut Fresenburg enthält mit Wiesen und Wäldern ungefähr 3000 Tonnen Land, welche für 12 000 Reichstaler Produkte liefern. Die königlichen Schatzungen und die Kosten der Bearbeitung berechnet der Besitzer auf ungefähr 2000 Reichstaler. Es bleibt also ein reines Einkommen von 10 000 Reichstaler. Nach einem Bericht in den Provinzial-Berichten von 1799 S. 47 sollen die Einkünfte des Guts vor dem Antritt des Besitzes durch den Kammerherrn etwa halb so hoch gewesen sein. Durch seine Kenntnisse und Tätigkeit hat er demnach den Ertrag des Gutes verdoppelt.

Desto befremdender und rätselhafter scheint es dem Berichterstatter von 1799, daß die Bauern noch leibeigen und dienstpflichtig sind. Unmöglich, meint er, daß ein solcher Kenner der Güterwirtschaft nicht von dem Nachteiligen dieses Verhältnisses überzeugt wäre, nicht mannigfaltige Mittel und Wege zu neuer Verbesserung und Vervollkommnung durch eine solche Reform, besonders bei seinen Kenntnissen und seinem Eifer, voraussähe, nicht in diesen glücklich zusammentreffenden Umständen neue Aufforderung fände, sein Werk zu vollenden. Man glaube aber, er säume nur, um auch in dieser Hinsicht eine desto musterhaftere Einrichtung aufzustellen.

2. Nütschau.

Das Gut Nütschau mit den Dörfern Vinzier und Sühlen kam von H. F. Korf an den Rittmeister Christian von Brömbsen, in dessen Familie es bis in die dritte Generation blieb. Der Käufer starb 1723, sein Sohn 1760, und dessen Sohn Christian verkaufte es im Jahre 1777 an den Kaufmann Johann Matthias Schalburg, der am 1. Mai 1777 den Besitz antrat. Nach seinen eigenen Mitteilungen in den Provinzial-Berichten von 1787 S. 573 ff. bestand das eigentliche Gut außer den beiden Dörfern aus 12 Hauptschlägen von je 40 Tonnen im Durchschnitt und hatte etwa 400 Fuder Heu Wiesenwachs. In Sühlen wohnten 8 Vollhufner, in Vinzier 9 Drittelhufner und etwa 10 Insten. In beiden Dörfern waren also 27 leibeigene Familien vorhanden, welche für ihre Hufe und Besitzungen täglich auf dem Hofe Nütschau Hand- und Spanndienste zu leisten hatten. Das ganze Gut war mit all seinen Revenüen und seiner Dienstleistung an einen Pächter namens Becker für 2900 Reichstaler verpachtet. Der vorige Besitzer hatte von dieser Pachtsumme jährlich 288 Reichstaler landesherrschaftliche Kontribution abzutragen, außerdem aber die ansehnlichen Hofgebäude, Mühlen, Feuerstellen und zwei Dörfer in baulichem Stande zu erhalten und die 27 leibeigenen Familien sehr oft mit Saat und Brotkorn zu unterstützen, auch deren Pferde und Vieh zu erhalten, lauter Umstände, die ihn, obgleich er das Gut schuldenfrei von seinem Vater ererbt hatte, dennoch zwangen, dasselbe an Schalburg zu verkaufen. Das Schicksal des Pächters endigte damit, daß er, obgleich er das Gut 15 Jahre in Pacht gehabt

Schloß Nütschau.

Schloß Nütschau (Parkansicht).

hatte, zuletzt doch seine Güter seinen Gläubigern überlassen mußte, indem er förmlich zum Konkurs kam. Bei fünfzehnjähriger Arbeit hatte er also nichts erworben und der Gutsherr die wenige Pacht für Landeskontribution, für Baureparatur und Erhaltung der leibeigenen Untertanen hergeben, ja oft noch große Summen zuschießen müssen.

Unter diesen Umständen war Schalburg auf Mittel bedacht, dem Gute eine andere Verfassung zu geben. Er hob daher im Jahre 1781 zunächst die Leibeigenschaft des Dorfes Sühlen unentgeltlich auf und übertrug den dortigen Hufnern ihre Stellen erb- und eigentümlich für eine bestimmte Kaufsumme und gegen einen festgesetzten jährlichen Kanon. Zugleich ließ er auch verschiedene Gebäude aufführen, um den kleinen Familien zu einem Besitz zu verhelfen. Dieses, die Aufhebung der Frondienste und die belebende Empfindung der erhaltenen Freiheit bewirkten einen außerordentlichen Fleiß in Sühlen und brachten die Wirkung hervor, daß die Einwohner dieses Dorfes nach Schalburgs Meinung unter die glücklichsten der Provinz gezählt werden konnten. Durch diesen guten Erfolg ermuntert, entschloß er sich dann im Jahre 1785, auch alle übrigen Gutsuntertanen von der Leibeigenschaft zu entbinden und den Eingesessenen von Vinzier ebenfalls ihre Hufen und Ländereien in Erbpacht zu übertragen. Nachdem er dann noch die vom Hofe am weitesten abliegenden Ländereien auf seine Kosten mit neuen Gebäuden versehen und gleichfalls in Erbpacht getan hatte, zählte Nütschau nunmehr über 80 Familien, die Freiheit und Eigentum zu schätzen und ihre Pflichten zu erfüllen wußten, und das Gut brachte nun mehr denn doppelt soviel ein, als vormals die Pacht ausmachte, und eine weit gesichertere Einnahme, da die Ausgaben für die Reparatur der Gebäude und die Konservierung von Vieh und Fahrnis der Dorfinsassen für den Besitzer nun auf immer ein Ende hatten. Selbst die Bearbeitung der Felder war leichter geworden, obgleich oder wohl gerade weil der „faule Frondienst" ein Ende hatte. Alle Erbpächter waren zwar kontraktlich verbunden, gewisse Tage zu helfen, konnten diese Hilfe aber mit barem Gelde vergüten.

Die 8 Erbpächter der Sühlener Vollhufen waren im Jahre 1787 der Bauervogt Tim Rieken mit 52 Tonnen Acker und Wiesen, zwei Johann Rieken mit 56 und 54 Tonnen, ein Hinrich Rieken mit 56 Tonnen, drei Hinrich Drews mit 50, 52 und 57 Tonnen und ein Johann Drews mit 54 Tonnen. Dazu kamen einige kleinere Erbpachtstellen (Katenstellen), als deren Besitzer im Jahre 1787 Klaus Rieken, Hans Hinrich Rieken, Hans Drews, Johann Hinrich Drews, Johann Korn und Klaus Ramm genannt werden, und einige von der Herrschaft nur vermietete Katen, ferner ein Krug, dessen Inhaber der Erbpächter Christian Rieken war, die später eingegangene Mühle zwischen Sühlen und Schlamersdorf im Besitz des Erbpachtmüllers Detlev Cornilsen und die Kupfermühle im Travetal. Die Erbpächter bezahlten für die Tonne einen festen jährlichen Kanon von 5 Mark lübsch, die Kupfermühle eine jährliche Miete von 500 Reichstalern[1]). Danach beliefen sich die sämtlichen Einkünfte des Gutsherrn auf dem Dorfe Sühlen auf 1428 Reichstaler.

In Vinzier gab es im Jahre 1787 neunzehn größere und kleinere Erbpächter, darunter zwei mit je 42 und zwei mit je 41 Tonnen Acker und Wiesen. Die übrigen waren alle erheblich kleiner. Die Besitzer der vier größeren Stellen waren der Bauervogt Hans Hinrich Kröger und die Erbpächter Tim Rieken, Johann Rieken und Peter Hinrich Sorgenfrey. Den Krug besaß der Erbpächter Peter Reimer. Die 14 übrigen Erbpächter waren zwei Johann Drews, Hinrich Drews, Johann Christian Drews, Johann Rieken, Ralf, Peter Reimer, Johann Schwaim, Hans Schacht, Jürgen Hinrich Steinberg, Hinrich Schmahl, Johann Wilken, Hans Daniel Wilken und Hans Hinrich Kröger. Die Summe der Einnahme aus dem Dorfe Vinzier belief sich auf 576 Reichstaler und 26 Schilling.

Auf den Nütschauer Hoffeldern waren drei Erbpachtstellen von je 50 Tonnen im Besitz der Erbpächter Hans Drews, Danker und Schöller und kleinere Stellen vergeben an die Erbpächter Detlev Rieken, Hinrich Schröder, Jochen Fürstenberg, Detlev Möller, Voß, Johann Peter Krüger und Detlev Bargmann, sowie den Erbpächter und Hofkrüger Pöhlsen und den Erbpächter und Hofschmied Jürgen Albrecht Saß. Ölmüller Peter und Bäcker Bulhorn bezahlten Miete. Auch die neue Kornwassermühle war vermietet und brachte eine jährliche Miete von 366 Taler 32 Schilling. Die Einnahme aus Erbpacht und Miete von den Hoffeldern belief sich auf 709 Taler 4 Schilling, die Gesamteinnahme von Erbpacht und Miete auf 3080 Taler 14 Schilling. Dazu kamen die Revenüen des Haupthofes, welche sich einschließlich des Reinertrags von der Brauerei, Mälzerei und Brennerei auf 3300 Taler beliefen. Der Gesamtertrag des Gutes belief sich also auf 6830 Taler und 14 Schilling[2]).

Trotz der glänzenden Verbesserungen von Nütschau geriet der Kaufmann Schalburg in Konkurs. Aus dem Konkurse kaufte das Gut 1791 der Hofagent G. Amsinck für 92 000 Taler, während Schalburg seiner Zeit 72 000 Taler dafür gegeben hatte. Von Amsinck kaufte es 1795 der Reichsgraf von Münster=Meinhövel, der damalige Besitzer der Oldesloer Saline, und verkaufte es 1797 an J. F. Richter für 121 000 Taler, der es 1799 für 145 000 Taler wieder an den Hamburger Kaufmann C. H. Pohlmann verkaufte. Dieser öftere Wechsel — 5 verschiedene Besitzer innerhalb 10 Jahre — tat dem Gute nicht gut. Es wurde zu sehr als Handelsobjekt behandelt. Jeder der vorübergehenden Besitzer ließ viel Holz schlagen und verkaufte das Gut doch jedes=

---

[1]) Nach einem aus dem Jahre 1779 stammenden Berichte in den Prov.-Ber. von 1789, VI., S. 319 bezahlte die Kupfermühle dem Gutsbesitzer nur 400 Reichstaler Pacht und unterhielt 38 Arbeiter. Ihr Absatz soll früher sehr stark gewesen sein, insonderheit nach Rußland. Nachdem aber neuerlich in Schweden, in Rußland selbst und auf dem Harze dergleichen Fabriken angelegt worden sind, habe der Absatz sehr abgenommen.

[2]) Obige Angaben sind einem Berichte des Administrators Schmidt vom 21. September 1787 entnommen, veröffentlicht in den Prov.-Ber. von 1787 S. 580 ff.

Altes Schulenburger Schloß (brannte ab am 24. IV. 1911).

Neues Schulenburger Schloß (erbaut im Jahre 1912).

Schloß Blumendorf (Parkansicht).

mal teuerer. Durch die starken Rodungen büßte das Gut viel von seinen vormaligen Reizen ein. Besonders empfindlich aber traf der häufige Wechsel die kleinen Erbpächter, weil alle Erbpächter nach ihren Verbriefungen ihre Kontrakte von jedem neuen Besitzer gegen eine Entrichtung von 5 Reichstaler bestätigen lassen mußten.

3. Tralau.

Als Etatsrat von Grote gestorben war, blieb Tralau in Besitz seiner Witwe Sophia Dorothea geborenen von Hardenberg, bis es 1736 einer seiner Söhne übernahm. Um das Jahr 1720 schloß Herr von Kosboht wahrscheinlich, weil die Mittel erschöpft waren, den Betrieb der Saline und begab sich auf Reisen. Als im nächsten Jahre Zeitungen meldeten, er sei gestorben, ließ die Witwe Sophia Dorothea von Grote als Gerichtsherrin des Gutes, unter deren Jurisdiktion nach dem Kaufkontrakt auch die Saline stand, pflichtmäßig die Vorräte von Salz, Holz, Torf und Mauersteinen, die sich noch auf der Saline vorfanden, inventarisieren und unter Verschluß nehmen und die vorhandenen Papiere versiegeln. Letztere übergab sie bei ihrer Abreise nach ihren lüneburgischen Gütern dem Küster Markwart zur Aufbewahrung für den Fall, daß sie in ihrer Abwesenheit gebraucht würden. Herr von Kosboht war aber nicht tot. Er gab einem gewissen Barner (Berner) von der Kupfermühle bei Oldesloe den Auftrag, das Salzsieden in Tralau wieder aufzunehmen. Es mußte ihm wohl gelungen sein, neue Mittel aufzutreiben. Barner sah in dem Einschreiten der Frau von Grote eine unberechtigte Einmischung in die Salinenangelegenheiten und veranlaßte seinen Auftraggeber im Jahre 1722, einen Prozeß gegen die Gutsherrin anzustrengen, der dann weitere Mittel verschlang. Die Saline scheint nicht wieder emporgekommen zu sein. Im Jahre 1748 wurde ihr Betrieb für immer eingestellt. Sie lag in der Nordostecke des Gutes an der Trave und der Neversdorfer Scheide.

Im Jahre 1754 war der Herzog von Holstein-Plön Besitzer von Tralau, 1781 eine Frau von Jargow und 1791 der hannöversche Leutnant von Jargow. 1798 kaufte es M. C. Rehbenitz für 120 000 Taler. Rehbenitz war vorher Inspektor des Gutes Borstel und als tüchtiger Landwirt allgemein geschätzt, hatte ihn doch auch deshalb die Stadt Oldesloe seiner Zeit als Sachverständigen bei der Bonitierung ihrer Feldmark zu Rate gezogen. Von ihm wurden deshalb vorteilhafte Verbesserungen für das Gut erwartet. Die Bauern von Tralau waren damals noch leibeigen, doch im Jahre 1795 auf Dienstgeld gesetzt worden.

4. Blumendorf.

Im Jahre 1715 wurde Baron Christian Friedrich von Liliencron Besitzer von Blumendorf, 1735 ein Herr von Plessen, Oberhofmarschall des Bischofs Adolf Friedrich von Lübeck, der 1751 König von Schweden wurde[1]). Im Jahre 1755 baute derselbe ein neues herrschaftliches Wohnhaus daselbst. 1761 erwarb das Gut der preußische General Nicolaus Graf von Luckner, der sich unter Friedrich dem Großen im sieben-

---

[1]) Ein Geheimrat von Plessen starb hier 1723, ein Kapitän von Plessen 1725.

jährigen Kriege, besonders in der Schlacht bei Roßbach ausgezeichnet hatte. Nach Beendigung des Krieges trat er in französische Dienste und fiel als Marschall von Frankreich im Jahre 1794 der Guillotine zum Opfer. Das Gut erbte sein Sohn, der Kammerherr Nicolaus Graf von Luckner, der seit 1781 als königlicher Amtmann den vereinigten Ämtern Reinfeld, Rethwisch und Travental vorstand. Er machte Blumendorf zum Fideicommiß, hob die Leibeigenschaft im Jahre 1795 gänzlich auf und verpachtete die Bauernstellen zunächst in Zeitpacht auf 15 Jahre mit der Aussicht, die Zeitpacht später in Erbpacht zu verwandeln. Die Abgabe sollte auf Grund der Urteile von Sachverständigen 4 Taler für jede bonitierte Tonne betragen, doch sollte den Pächtern zur Unterstützung beim Anfange ihrer neuen Einrichtung in den ersten zwei Pachtjahren ein Erlaß von 2 Mark und in den folgenden 5 Jahren von 1 Mark für die bonitierte Tonne zuteil werden. Die Hoftage wurden gänzlich abgeschafft; jeder Hufner sollte aber verpflichtet sein, gegen Vergütung von 1 Taler täglich im Frühling 4 Pflugtage, während der Heuernte zwei und zum Ausfahren des Düngers gleichfalls zwei Tage mit Gespann zu leisten. Auch die Katenpächter, die für Wohnung und Torfanteil 6 Taler Miete zu bezahlen hatten, die sie durch Arbeit abverdienen konnten, sollten künftig auf dem Hofe nur noch gegen Bezahlung arbeiten. Im Dorfe Wolkenwehe waren damals fünf ganze und zwei halbe Hufen, im Dorfe Glinde nur noch 2½ Hufen. Die Zahl der Insten oder Kätner belief sich im ganzen Gute auf 21.

5. Höltenklinken.

Höltenklinken wurde 1722 von C. Pätau erworben, der es noch 1753 besaß. Im Jahre 1754 kam das Gut in den Besitz der Stadtkommüne Kiel; 1770 aber besaß es wieder ein Fr. August Pätau in Gemeinschaft mit Fr. Erich Herzberg, 1778 Senator Joh. Thomas Otte in Lübeck, 1791 Dr. Fr. Lange, 1796 dessen minderjähriger Sohn Friedrich. Es hatte zur Zeit des Dr. Lange ein bequemes Wohnhaus, gute neue Wirtschaftsgebäude und 117 Kühe. Schon seit mehreren Jahren waren alle Bauernländereien zum Hofe gezogen, so daß alle Untergehörigen Insten waren. Man erwartete aber nach dem Charakter des Dr. Lange, daß er einen Teil der Ländereien wieder den Bauern übertragen werde. Die beiden an der Beste gelegenen Kupfermühlen sollen damals wegen der beträchtlichen Kosten, welche ihre Unterhaltung forderte, wenig Gewinn abgeworfen haben.

6. Schulenburg.

Das Gut Schulenburg mit dem Meierhofe Hohenholz, dem früheren Dorfe und jetzigen Meierhofe Krummbek und dem Dorfe Schmachthagen mit Schwienköben gehörte im Jahre 1738 einem Herrn von Pechlin, 1743 dem Konferenzrat von Pehl (1757 von Pöhl geschrieben), dann einem Christian von Bergfeld, der es im Jahre 1763 an den General Nicolaus Grafen von Luckner, welcher zwei Jahre vorher bereits Blumendorf erworben hatte, verkaufte. Dessen Sohn, der Kammerherr und Amtmann Nicolaus Graf von Luckner, machte auch aus Schulenburg ein Fideicommiß der Familie Luckner, konnte aber in Schulenburg

Altes Herrenhaus Klinken (abgebrochen 1906).

Schloß Klinken (fertiggestellt 1908).

nicht gleich dieselben wohltätigen Einrichtungen treffen wie in Blumendorf. Einer seiner Bewunderer schreibt darüber in den Provinzial=Berichten von 1799 S. 45:

„Viel ist hier (in Schulenburg) noch zur Verbesserung der Kultur und des Zustandes seiner Bewohner zu tun übrig. Noch bestehen hier Leibeigenschaft und Hoftag, ohne Zweifel, weil das Gut seit mehreren Jahren in Pacht ist, nach deren Ablauf der Befreier und Wohltäter der Blumendorfer auch der Ansprüche und Erwartungen der Schulenburger nicht vergessen wird."

7. Das Jagdrecht der Besitzer der adeligen Güter auf der Oldesloer Feldmark.

Die Besitzer der um Oldesloe herumliegenden adeligen Güter beanspruchten auch noch gegen Ende des 18. Jahrhunderts für sich die Jagdfreiheit auf dem Oldesloer Stadtfelde, und zwar nicht nur die Besitzer der angrenzenden Güter, sondern auch die von Nütschau, Höltenklinken und Schulenburg, welche Güter sich mit der Oldesloer Gemarkung gar nicht berühren. Als ein von seinen Gütern Blumendorf und Schulenburg unzertrennliches Recht wird es von dem jüngeren Nicolaus Grafen von Luckner in einer Eingabe an den König vom 8. Oktober 1795 in Anspruch genommen, und ähnliche Erklärungen geben ab für Höltenklinken Dr. Lembke und Dr. Lindenberg als Vormünder des minderjährigen Besitzers Friedrich Lange unterm 3. Februar 1796 und für Nütschau der Justiziarius Lorenzen im Namen des Besitzers J. F. Richter unterm 9. Mai 1798. Durch eine königliche Verordnung vom 27. Dezember 1799 wurde dann dieses Recht erheblich eingeschränkt und allgemein bestimmt, daß die Mitjagd eines Gutsbesitzers auf einem Stadtfelde nur von ihm und seinem Jäger, wie auch bloß zu Fuß und mit einem Vorsteher= oder Schweißhunde, in dem Maße ausgeübt werden darf, daß sie sich deren vom 1. März bis zur vollendeten Ernte, desgleichen in den übrigen Jahreszeiten auf den besäeten Feldern, gänzlich enthalten, auch den Besitzern der Felder an ihren Befriedigungen oder sonst keinen Schaden zufügen, weil bei wiederholten begründeten Beschwerden von dieser Seite nicht nur der ohnehin rechtliche Schadenersatz, sondern auch der Verlust j e n e r s c h o n a n s i c h k e i n e B e g ü n s t i g u n g v e r d i e n e n d e n B e = f u g n i s eintreten müßte. Gänzlich aufgehoben wurde diese Befugnis erst unter Zustimmung der Ständeversammlung von der provisorischen Regierung durch Verordnung vom 17. April 1848.

c) Die Amtsdörfer.

1. Im Amt Travental.

Der Anteil des Kirchspiels Oldesloe an dem früher plönischen, seit 1761 königlichen Amte Travental bestand aus den beiden Dörfern Schlamersdorf und Wakendorf. Beide Dörfer mußten als Zwangsgäste ihr Korn in der Herrenmühle bei Segeberg mahlen lassen, waren aber den Hebammendistrikten des Amtes nicht angeschlossen, sondern durften sich der Hebammen aus der Stadt Oldesloe bedienen. Die Feldgemeinschaft wurde im ganzen Amte Travental schon früh aufgehoben, in Schlamersdorf geschah es bereits im Jahre 1760. Schlamersdorf zählte 8 Voll-, 2 Halb- und 3 Drittelhufner. Seine Einwohnerzahl betrug im Jahre 1794 317. Wakendorf hatte 6 Vollhufner, einen Dreiviertelhufner, 3 Halbhufner und 4 Drittelhufner. Sämtliche Einwohner hatten den ehemaligen Teich nördlich vom Dorfe in Erbpacht für jährlich 78 Taler 33½ Schilling.

Die Schlamersdorfer gerieten wegen der Fischerei in der Trave, die eine Strecke lang die Grenze zwischen den Gemarkungen von Schlamersdorf und Nütschau bildet, im Jahre 1792 in einen heftigen Streit mit dem damaligen Besitzer von Nütschau G. Amsinck, der die Fischerei dort für Nütschau allein beanspruchte. Am 24. Februar 1792 wurde der Schlamersdorfer Bauervogt Marx Barckmann, als er mit Hilfe seines Sohnes und des Oldesloer Böters Bartold Jacobsen und seiner beiden Söhne bei der Nütschauer Brücke in der Trave zu fischen im Begriff war, von dem Verwalter des Gutes Nütschau namens Hansen und einer mitgebrachten Mannschaft von angeblich 35 Mann auf dem Schlamersdorfer Gebiet gewalttätig angegriffen und nach heftiger Balgerei und Prügelei und nach Wegnahme des Fischernetzes verjagt. Der Gutsherr Amsinck verlangte dann noch vom Oldesloer Magistrat die Bestrafung des Böters Jacobsen und seiner beiden Söhne, da die gekränkte Gerechtsame des Gutes Nütschau und die beleidigte Ehre des Verwalters Hansen Genugtuung fordere. Der Amtmann Graf Luckner aber nahm sich der Schlamersdorfer an und bat den Magistrat von Oldesloe unter Einreichung eines Fragebogens, durch Vernehmung der drei Jacobsen zunächst den Tatbestand festzustellen. Leider sind Akten über den weiteren Verlauf und den Ausgang dieses Rechts- und Injurienstreites im Archiv nicht vorhanden.

2. Im Amte Reinfeld.

Mit der Aufhebung der Leibeigenschaft im ganzen Amte Reinfeld wurde im Jahre 1771 auch in Havighorst die Leibeigenschaft aufgehoben. Die Einwohner erhielten ihre Hufen gegen mäßige Geldabgaben zum Eigentum. Die Häuser und das Wirtschaftsinventar, der sogenannte Beschlag, wurde dem Hufner für 300 Taler überlassen. Über den Kampf der Havighorster für die Erlangung einer genügenden Zahl von Kirchenstühlen in der Oldesloer Kirche im Jahre 1732 ist Seite 324 berichtet worden.

3. Im Amte Trittau.

Zum ehemals gottorpischen, seit 1773 königlichen Amte Trittau gehörten vom Kirchspiel Oldesloe die Dörfer Rümpel und Neritz, der Hof Rohlfshagen und die Oldesloer Kornmühle. Rohlfshagen war schon lange kein Dorf mehr, sondern ein herzogliches Gut. Am 18. Juni 1739 starb hier der Herzog Karl Friedrich, der Vater des späteren Zaren Peters III. Sein Vetter, der Bischof Adolf Friedrich von Lübeck, fuhr auf die Nachricht von dem gegen drei Uhr morgens eingetretenen Tode um halb 4 Uhr von Blumendorf, wo er sich bei seinem Oberhofmarschall von Plessen aufgehalten hatte, mit diesem und einigen anderen Herren nach Rohlfshagen, ließ dort die sich vorfindenden Papiere versiegeln und in den Wagen nehmen und nahm dann die dortigen Beamten in Eid und Pflicht. Darauf begab er sich eiligst nach Kiel, um dort die Vormundschaft über den erst elfjährigen neuen Herzog Karl Peter Ulrich anzutreten. In dem gottorpischen Anteile von Holstein stand unter der Regierung des Herzogs Karl Friedrich die übelste Günstlingswirtschaft in Blüte, und da wurde nun ausgefegt. „Im Forstwesen war bisher eine solche Unordnung eingerissen, daß weder die Kammer von dem häufig geschlagenen Holze, noch von den damals gelösten fast auf 100 000 Taler sich belaufenden Geldern etwas wußte, wohin sie verwandt waren. Von diesem großen Kleinode hatte allein der Favorite des gottseligen Herrn, Pehl, als Oberforstmeister zu disponieren und zu profitieren gewußt. Dieser Mann, der anfänglich Lakaiendienste getan, hatte sich in des Herrn Gunst so feste zu setzen gewußt, daß er es vom Kammerdiener bis zum Oberkammerherrn zu bringen gewußt und dabei Amtmann von Tremsbüttel und Herr des Tafelgutes Rohlfshagen geworden. Seinem unter ihm stehenden Forstmeister Ipsen ward der Holzhammer sofort genommen, der letztere Verkauf der Hölzung null erklärt und den Leuten das Geld wiedergegeben. Diejenigen Gelder, so aus dem letzt=verkauften Holze übrig waren und welche Ihro Hoheiten dem Pehl assigniret hatten, wurden sofort in Kiel in Beschlag genommen und *ad alios usus* verwandt, der Amtmann Pehl nach Kiel zu kommen citiert, um Rede und Antwort zu geben."[1])

Der gottorpische Anteil von Holstein wurde, nachdem 1741 der junge Herzog Karl P e t e r Ulrich zum russischen Großfürsten und Thronerben ernannt worden war, der großfürstliche Anteil genannt und behielt diesen Namen nach Peters Ermordung 1762 unter dem unmündigen Paul, bis er im Jahre 1773 dem Könige anheimfiel.

Um das Jahr 1763 wurde der Hof Rohlfshagen in 13 Erbpachtstellen parzelliert und die Erbpächter wurden dem Kirchspiel Eichede zugewiesen. Dagegen legte der Oldesloer Hauptpastor Konsistorialrat Helmich Verwahrung ein, aber ohne Erfolg. Die Glückstädter Regierung entschied am 4. Dezember 1781 im Namen des Königs: „Obschon aus der angestellten Untersuchung mit Gewißheit erhellet, daß das Gut Rolfshagen, welches zu Großfürstlichen Zeiten der Kirche zu Eichede, Amts Trittau, beigelegt worden, von jeher zur Oldesloer Parochie gehört hat, so halten Wir es jedoch bei den sich hervorgetanen Umständen und, da Uns nunmehr die Episcopal=Hoheit über sämtliche vormals Großfürstliche Kirchen zustehet, mithin der Grund, warum das Gut Rolfshagen wiederum zur Oldesloer Parochie geleget werden müsse, cessieret, am Besten, daß die Erbpächter dieses niedergelegten Guts stillschweigend bei der Kirche zu Eichede gelassen werden."

---

[1] Nach einem gleichzeitigen Bericht des bischöflich-lübeckischen Justizrats Joh. Heinrich Martens. Nordalbingische Studien II 265 ff.

In anderen Fällen hielt man trotz der Vereinigung der großfürst=
lichen mit den königlichen Gebieten auch nach 1773 an der alten Ge=
pflogenheit fest. So erhielt z. B. der Rümpeler Lehrer Johann Schäfer
noch 1778 seine Bestallung von dem Konsistorium in Neumünster und
nicht von dem segebergischen Konsistorium, dessen Aufsicht sämtliche
Schulen des Kirchspiels unterstellt waren.

d) Die Dörfer des Lübecker Heiligengeiststiftes.

Die beiden Dörfer Pölitz und Barkhorst, die dem Heiligengeist=
hospital zu Lübeck gehörten, standen zu dieser Stiftung in demselben
Verhältnis wie die Dörfer der adeligen Güter zu der Gutsherrschaft.
Der Grund und Boden mit den darauf stehenden Gebäuden wurde als
das Eigentum des Stiftes betrachtet. Die Bauern galten nur als Nutz=
nießer desselben und mußten bei jeder Übertragung oder Verpfändung
die Einwilligung der Stiftsvorsteher nachsuchen, und diese sorgten da=
für, daß diese Übung nicht bloß eine leere Form blieb. So wurde zu
Pölitz im Jahre 1733 dem ältesten Sohne eines Hufners eine Stelle zu=
gesprochen, weil der jüngere zu jung und überdies schwächlich sei, im
Jahre 1761 dagegen dem jüngsten Sohne, weil der ältere zur Landwirt=
schaft unfähig sei. Zu Barkhorst erhielt im Jahre 1720 der älteste Sohn
das väterliche Erbe, weil der jüngere zum Schneiderhandwerk überge=
treten, dabei auch Musikant, aber der Landwirtschaft unkundig war.
Die Patrimonialgerichtsbarkeit des Stifts erstreckte sich wie die der
adeligen Güter auch auf Leben und Tod, und daß sie von der Todes=
strafe recht häufig Gebrauch machte, können wir schon daraus ent=
nehmen, daß die Oldesloer Zimmerzunft im Laufe des 18. Jahrhunderts
zweimal einen neuen Galgen in Pölitz errichten mußte. Da der Druck
der Stiftsherrschaft so schwer auf ihnen lastete, ist es nicht zu ver=
wundern, daß die Bauern sich einmal dagegen auflehnten. Die Pölitzer
hatten einen Untertaneneid zu leisten, der die Formel umfaßte: „Ich
NN. schwöre zu Gott dem Allmächtigen, daß ich den Vorstehern des
Hospitals treu, hold und gehorsam sein, nach meinem besten Vermögen
des zum Hospital gehörigen Dorfes Pölitz Nutz und Frommen beför=
dern und allen Schaden abwenden, insonderheit Hölzung in keiner
Gestalt verschwächen, auch dem Vogt und Schreiber Gehorsam lei=
sten will." Als nun dieser Eid im Jahre 1767 von den Pölitzern begehrt
wurde, baten sie in einer Eingabe die Vorsteher um Befreiung davon,
und als dieses Gesuch abgelehnt wurde, kamen sie darum beim Senate
ein. Der aber dekretierte unter Erteilung eines nachdrücklichen Ver=
weises und unter Vorbehalt der den Vorstehern zustehenden beson=
deren Ahndung am 12. März 1768, daß es bei der von diesen getrof=
fenen Verfügung sein unabänderliches Verbleiben behalte. Dem un=
geachtet setzten die Pölitzer ihren Ungehorsam fort, weshalb ihnen ein
Militär=Kommando auf Exekution eingelegt wurde. Zwar brachten
sie hierauf ihre Beschwerden bei der schleswig=holsteinischen Kanzlei
in Kiel an, welche auch von dem Senat eine Erklärung über den ganzen
Vorgang forderte; allein mit dessen Erwiderung, daß es hier nicht so=
wohl auf einen Homagial=Eid, als nur auf einen Untertanen=Eid an=

komme, welcher nach den bekanntesten deutschen Rechten aus der Patrimonial-Jurisdiktion und dem Obereigentum fließe, von jedem Anerben in Holstein gefordert und jedem Gutsbesitzer entweder durch Handgelübde oder körperlich abgeleistet werde, erhielt dieser Gegenstand seine Erledigung.

Die Eingesessenen von Barkhorst waren vor Zeiten mit Pölitz zu einem Schuldistrikte verbunden. Es wurde ihnen aber im Jahre 1773 auf ihre Bitte die Anlegung einer abgesonderten Schule und die Haltung eines eigenen Schulmeisters auf ihre Kosten bewilligt[1]).

Daß die Einwohner von Pölitz und Barkhorst ihre staatliche Zugehörigkeit ganz richtig auffaßten, wird u. a. auch dadurch bezeugt, daß sich im Jahre 1785 ein Henning Nupnau, der in Pölitz eine Metbrauerei und Metschenke betrieb, an den König wandte mit der Bitte, ihn mit der Freiheit zu begnadigen, neben Met auch Bier und Branntwein zu schenken. Der König war der Souverän von Pölitz, nicht der Lübecker Senat. Die Gutsherrin Tale Staken hatte einst Pölitz verkauft. Sie konnte aber nur verkaufen, was sie selbst besaß. Die Territorialhoheit über Pölitz hat sie nie besessen, und darum durfte sie sich auch der Lübecker Senat nicht anmaßen. Von der holsteinischen Landesherrschaft scheint den Pölitzern nur zu wenig Rückendeckung geworden zu sein. Auch in diesem Falle wußte die Königliche Rentekammer in Kopenhagen nicht, wie sie sich verhalten sollte, und wandte sich an den Oldesloer Magistrat um Auskunft darüber, wodurch das Gesuch veranlaßt sein könnte und ob auf dasselbe überhaupt einzutreten sei. Dieser berichtete u. a.: „Der lübecksche Magistrat, welcher in der Meynung stehet, daß die Stadt über diese und viele andere in dem Herzogtume Holstein belegene, ihr und ihren Stiftungen zugehörige Dörfer die Territorialhoheit zu exerciren habe, welches aber seit verschiedenen Jahren höchsten Ortes Widerspruch gefunden, hat eben deshalb besonders auch mit einigen Eingesessenen zu Pölitz, die, wenn ihnen aus Lübeck widrige Befehle insinuirt werden, bey der Königlichen Landes-Regierung dagegen Schutz und Hülfe gesucht haben, in Zwietracht gelebt, und unter diesen soll der dasige Eingesessene Henning Nupnau einer der vornehmsten seyn ... Die bei eingezogener Erkundigung erhaltenen Nachrichten von ihm und seinen Umständen lauten überhaupt nicht zum besten. Vermutlich will er durch die höchsten Ortes gesuchte Erlaubniß zum Krughalten in Pölitz seine Umstände verbessern und glaubt vielleicht, durch eine solche höchste Erlaubniß am Ende daselbst mehr Recht als andere dazu zu erlangen." Wahrscheinlich ist die Rentekammer nach diesem Berichte auf das Gesuch gar nicht eingegangen.

e) Zustand des Landschulwesens.

Wir haben gesehen, daß im 18. Jahrhundert allerlei zur Hebung des Schulwesens auf dem Lande geschah. Es sei nur erinnert an die

---
[1]) Georg Wilhelm Dittmer, b. R. Dr., Das heilige Geist-Hospital zu Lübeck, Archiv für Staats- und Kirchengeschichte der Herzogthümer Schleswig-Holstein, Lauenburg und der angrenzenden Länder und Städte I. 87 ff.

Anordnung der Landschullehrerprüfung, an die Berufung eines Katecheten, der die Landschulen zu besuchen hatte, und an das Schulreglement des Herrn von Buchwald für Seefeld und Poggensee. Aber die Landschullehrer waren doch immer noch größtenteils Handwerker, die für den Lehrerberuf nicht vorbereitet waren, und es blieb deshalb noch sehr viel zur Schaffung würdiger Schulverhältnisse auf dem Lande zu tun. Der Zustand des Landschulwesens im Kirchspiel Oldesloe im letzten Viertel des 18. Jahrhunderts erhellt aus folgender „pflichtmäßigen Anzeige", die Hauptpastor Helmich bei der am 16. August 1779 in Oldesloe abgehaltenen Generalkirchenvisitation Seiner Magnificenz dem Königlichen Oberkonsistorialrat und Generalsuperintendenten Struensee übergab: „Die Kinder werden sehr spät und sehr unordentlich zur Schule gehalten. Die erwachsenen Knaben werden zu sehr zur Arbeit mit Versäumung des Unterrichts angestrengt. Sobald sie nur aufs Pferd steigen können, werden sie zum Pflugtreiben angestellt. Sie müssen nicht bloß außer der Schulzeit, sondern ganze Tage und Wochen zu Hofe dienen. Sie kommen vor Adventzeit nicht zur Schule, und an St. Petri Stuhlfeier müssen sie schon wieder aus der Schule weg. Auf alles Klagen und Flehen bei der beikommenden Obrigkeit folgt keine Abänderung. Die Schulmeister leben größtenteils in der größten Not, weil die Eltern ihnen kein Schulgeld bezahlen wollen, wenn sie ihre Kinder nicht zum Unterricht senden. So werden sie genötigt, aus ihrem Handwerk die Hauptsache und aus dem Schulhalten eine Nebensache zu machen. In vielen Schulhäusern ist nicht mehr als eine Stube, die noch dazu gar zu klein. Zum Exempel in Klinken ist nur eine Stube 10 Fuß lang und 6 Fuß breit, in welcher der Schulmeister mit seiner Frau wohnen und auch an die 40 Kinder unterrichten soll. Die Feuerung wird den Schulmeistern nicht ordentlich und hinlänglich geliefert. Die Klagen über diese Mängel bleiben unerhört."

Stadt und Kirchspiel Oldesloe
im 19. Jahrhundert
bis zur Einverleibung in Preußen.

Kirche Bürgerpark Die beiden Salinenmühlen Alle Schule
                                Saline

Oldesloe von der Nordseite im Jahre 1779.

I. Personalien.

1. Die Bürgermeister.

Auch in dieser Periode waren die Bürgermeister zugleich Stadtsekretäre und wurden wie in der vorhergehenden vom Könige ernannt. „1802, den 8. Januar: bin ich, der Canzleyrath *Anton Decker* zu den mir allergnädigst übertragenen Bedienungen eines Bürgermeisters und Stadtsekretairs dieser Stadt im Auftrag Hochfürstl. Durchlaucht des Statthalters Prinzen Carl zu Hessen-Cassel durch den Amtmann Herrn Grafen *von Luckner* feyerlich introducirt."

Das ist die letzte Eintragung über Bürgermeister, welche „E. E. Magistrats- und Bürgerbuch der Stadt Oldesloe", das 1659 begonnen wurde, enthält. Decker erhielt als Bürgermeister den Titel Justizrat sowie den Danebrogsorden und wurde später auch noch zum Etatsrat ernannt. Er starb am 2. Januar 1824.

Auf ihn folgte als Bürgermeister und Stadtsekretär **Hans Friedrich Karl von Colditz**, der ebenfalls durch den Titel Justizrat und 1839 den Titel „Wirklicher Etatsrat" ausgezeichnet wurde. In der Kollegiensitzung vom 29. Mai 1863 machte er bekannt, daß der König ihn auf sein Ansuchen von seinen Ämtern als Bürgermeister und Stadtsekretär zu entlassen geruht habe und daß der Amtsverwalter und Hausvogt E. von Colditz mit der interimistischen Verwaltung der Geschäfte während der Vacanz beauftragt sei. Er starb am 2. Februar 1872. Der mit der interimistischen Verwaltung der Geschäfte betraute **Ernst Leberecht von Colditz**, sein ältester Sohn, war erst Amtsverwalter in Rethwisch, dann Amtsrichter in Bargteheide. Er starb im Jahre 1900.

Karl Peter Wolfhagen, Advokat in Oldesloe, wurde 1863 zum Bürgermeister und Stadtsekretär ernannt, aber schon am 1. September 1867 von diesen Ämtern entbunden und zum Amtsrichter in Reinfeld befördert.

2. Die Ratsverwandten.

Wie die Bürgermeister so wurden auch die Ratsverwandten bis zur Erhebung vom Könige auf Lebenszeit ernannt, dann aber nach § 35 der allgemeinen Städteordnung vom 11. Februar 1854 von der Bürgerschaft gewählt und vom Könige nur bestätigt.

Dr. August Friedrich Lorentzen, Apotheker, introduziert am 29. Juli 1802 als Ordinarius. Er erhielt den Titel Justizrat und den Danebrogsorden. 1806 wurde er zum Administrator der Königlichen Saline ernannt und 1812 zum Oberinspektor derselben. † 7. September 1842.

Otto Schüder, Kaufmann und bisher Kirchenjurat, introduziert am 29. Juli 1802 als Extraordinarius. † 1819.

Heinrich Christian Castrop, introduziert am 19. September 1806 als supernumerärer Ratsverwandter. † 2. Mai 1810.

Claus Friedrich Godejohann, Krahnbesitzer, introduziert am 15. Dezember 1809 als Supernumerarius. † 25. Juli 1819.

Ernst Christoph Langtim, Einquartierungsbürger, introduziert am 4. Januar 1811 als Supernumerarius. † 1853.

August Gottlieb Axt, Gerber und Lohhändler und bisher Kirchenjurat und Schulvorsteher, introduziert am 25. Mai 1820 als dritter Ratsverwandter. † 8. Januar 1845.

Peter Schythe, geboren 1769 in Kopenhagen, trat 1789 ins dänische Heer, wurde 1804 zum Wachtmeister befördert, kam 1806 mit dem Kopenhagener Husarenregiment nach Holstein und erhielt 1808 eine Zivilversorgung als Postmeister in Oldesloe. Er wurde als supernumerärer Ratsverwandter introduziert am 25. Mai 1820 und durch königliches Dekret vom 29. August 1820 mit dem Titel Canzleirat ausgezeichnet. † 29. Oktober 1838.

Johann Heinrich Schüder, Kaufmann, introduziert 1833. † 12. Oktober 1864.

Hartwig Christian Friedrich Pöhls, Kaufmann, am 20. Februar 1843 vom Könige zum supernumerären Ratsverwandten ernannt. † 23/24. März 1860.

Christoph Hinrich Sonder, deputierter Bürger, Gastwirt und Branntweinbrenner, introduziert am 12. Dezember 1845 als supernumerärer Ratsverwandter.

Peter Philipp Schmidt, vorher Bürgerworthalter, zum Ratsverwandten gewählt und bestätigt 1856, introduziert am 23. Januar 1857. † 18. Juli 1868.

August Friedrich Axt, Kirchenjurat und Lederfabrikant, von der Bürgerschaft zum vierten Ratsverwandten gewählt am 15. Juni 1860 in Gemäßheit der §§ 35—39 des Lokalstatuts vom 23. Mai 1856, vom Könige bestätigt am 29. Juli 1860, leistete am 1. August 1860 schriftlich den Homagialeid und den Richtereid und wurde am 28. September 1860 feierlich eingeführt.

Friedrich Ludwig Gaden, gewählt am 21. November 1864, nach Einlegung eines Protestes zum zweiten Male gewählt am 14. September 1865, eingeführt am 30. September 1865.

3. Die Hauptpastoren.

Hans Christoph Hansen, introduziert am 5. Juni 1803, seit 1838 taub, emeritiert 1842, starb am 15. Februar 1847 in Wandsbek. Die Frau und ein zum Theologen ausgebildeter Sohn Hansens reichten 1842 ein Gesuch ein, dem Vater den Sohn zu adjungieren, doch wurde die Bitte nicht erfüllt. In den Jahren 1841 und 1842 war Adolf Erich „konstituierter Hauptpastor" in Oldesloe. Die Gemeinde pe-

Prof. Dr. Theodor Mommsen.

titionierte im Jahre 1842 um dessen Beibehaltung als Pastor der Gemeinde, aber auch ohne den gewünschten Erfolg.

Erasmus Carsten Bahnson, vorher Pastor in Sülfeld, wurde am 23. August 1842 zum Hauptpastor in Oldesloe ernannt, † den 24. September 1878.

4. Die Diakonen.

Johann Hinrich Hammer, geboren am 1. September 1771 zu Ploen, wurde 1799 zum Diakonus in Oldesloe ernannt und am 24. Juli 1812 zum Hauptpastor in Burg auf Fehmarn und zum Propst von Fehmarn. Er versah den Rektordienst an der Oldesloer Stadtschule nach dem Abgange Wilders bis zur Berufung Rodes vom 15. August 1801 bis zum 15. November 1802.

Johann Hinrich Friedrich Passow, Katechet an der Friedenskirche in Kopenhagen, wurde am 13. Januar 1813 zum Diakonus in Oldesloe ernannt und am 23. Mai 1820 zum Pastor nach Kosel berufen (1828 nach Bargteheide).

Jens Mommsen, Diakonus in Garding von 1817 bis 1821, wurde am 19. Dezember 1821 zum Diakonus in Oldesloe ernannt. † 18. Februar 1851. Von seinen Söhnen sind Christian Matthias Theodor, der berühmte Geschichtsschreiber, und Karl Johannes Tycho, der spätere Gymnasialdirektor in Frankfurt am Main, in Garding geboren, zwei andere Söhne und zwei Töchter in Oldesloe. Tycho vermählte sich am 26. März 1849 mit Franzisca Emilie Caroline de Boer in Oldesloe.

Adolf Gottfried Heinrich Nielsen, zweiter Compastor in Plön, wurde am 7. April 1853 Diakonus in Oldesloe. † 21. Oktober 1855.

Karl Justus Waldemar Müller, Rektor in Segeberg, wurde am 10. April 1856 Diakonus in Oldesloe, am 31. Mai 1864 Pastor in Satrup.

Johann Heinrich Friedrich Köster, Hauptpastor auf Helgoland, wurde Diakonus in Oldesloe am 22. November 1864 und 1868 Hospitalprediger in Elmshorn.

5. Die Rektoren.

Daniel G. Rode aus Barmstedt, cand. theol., eingeführt am 15. November 1802, wurde 1847 gezwungen, einen Adjunkten anzunehmen, gewann im Juli 1848 den Kandidaten Sörensen aus Hadersleben, später den Kandidaten Piening, der dann Prediger in Colmar wurde. Rode wurde 1850 in den Ruhestand versetzt und starb 1858.

Karl Heinrich Jacobsen, geboren am 18. April 1805 zu Glückstadt, Sohn des Proviantverwalters Johannes Jacobsen, studierte in Kiel, Halle und Berlin, war dann Hauslehrer, versah das Rektorat in Tönning 1836, war 1837 Lehrer an der Carstennschen Lehr- und Erziehungsanstalt in Altona, dann an der des Pastors Hunnius in Narwa, legte in Dorpat eine Prüfung für den russischen Schuldienst ab und war dann 10 Jahre lang Vorsteher eines Instituts in Werro bei Riga. Er wurde eingeführt als Rektor in Oldesloe am 6. Juni 1850. † 1864.

Claus Johann Wriedt aus Kamp, cand. min., eingeführt am 13. Juli 1864, wurde im November 1865 zum Pastor in Itzehoe gewählt.

Dr. Ferdinand Spanuth, zum Rektor gewählt am 31. Januar 1866, eingeführt am 19. Februar 1866.

6. Die Kantoren.

E. J. Deutscher versah den Kantordienst von 1807 bis 1809 als *Adjunctus pro persona* des Kantors Mehring.

Christian Detlef Marxsen aus Nienstedten bei Altona, Sohn des dortigen Organisten und Lehrers Marxsen, war Hauslehrer in Tralau und dann Gehilfe des Rektors Rode in dessen Privatschule. Er versah den Kantordienst als *Adjunctus pro persona* des Kantors Mehring von 1809 bis 1814 und wurde dann als Organist und dritter Lehrer an der Stadtschule angestellt.

Claus Reimers, Organist und dritter Lehrer seit 1802, wurde 1814 zum Kantor befördert. † 27. 7. 1842.

Jacob Friedrich Jensen, 1842—1877, war vorher Kantor in Bannesdorf auf Fehmarn.

7. Die Organisten.

Claus Reimers 1802—1814.

Christian Detlef Marxsen 1814—1819.

G. W. Röper 1820—1866. Er war bis 1844 verpflichtet, einen Gehilfen für die zweite Elementarklasse zu halten.

8. Die Elementarlehrer.

Johann Christian Horstmann, Gehilfe des Organisten Röper, wurde im Jahre 1844 als Lehrer der neu eingerichteten Elementar-Knabenklasse angestellt. Er war der erste festangestellte vierte Lehrer der Stadtschule. Er wurde 1847 Lehrer in Stubben.

Theodor Detlef Gerhard Marxsen, geboren in Oldesloe, war vier Jahre Gehilfe des Rektors Rode und dann vier Jahre Inhaber einer eigenen Privatmädchenschule, an der außer Marxsen selbst ein Lehrer, eine Gouvernante und Marxsens Frau unterrichteten. Er wurde im Jahre 1844 als Lehrer der neu eingerichteten Elementar-Mädchenklasse angestellt und war der erste fünfte Lehrer der Stadtschule. Er kündigte für Ostern 1852, weil er nicht befördert wurde.

Claus Peters aus Helse bei Marne, gewählt am 3. September 1847 zum Lehrer an der Elementar-Knabenklasse unter der Bedingung, daß er mit dem Lehrer an der Elementar-Mädchenklasse abwechselnd mit dem Kantor und unter dessen Leitung den Unterricht in der Sonntagsschule erteile. Peters protestierte gegen diese Bedingung seiner Bestallung. Er wurde 1852 zum Lehrer an der neu eingerichteten Knaben-Mittelklasse gewählt und war der erste festangestellte sechste Lehrer der Stadtschule. † 1886.

Johann Friedrich Ferdinand von Rohden aus Rethwischfeld, gewählt im April 1852 zum Lehrer der Knaben-Elementarklasse, wurde 1856 Lehrer in Seefeld.

Ein holsteinisches Postkontor aus der Zeit Friedrichs VI.
(Original im Postmuseum in Kopenhagen.)

Der Postmeister sitzt, dampfend aus seiner halblangen Pfeife, auf dem Sofa und studiert die Briefe. An der Wand das Bild des Landesvaters, darunter ein Briefkasten, wie er von den Briefträgern auf ihren Einsammlungsgängen benutzt wurde. Im Vordergrund der gußeiserne mit Verzierungen geschmückte Ofen. — Im Vorraum sitzt vor der Schranke der Gevollmächtigte (nicht pensionsberechtigte Gehilfe) schreibend an seinem Arbeitstisch. Zu den unentbehrlichen Gegenständen gehören Gänsekiel, Tintenfaß, Streusandbüchse und Schnupftabaksdose, ein Licht zum Siegeln der Briefe und unter dem Stubenbalken die Paketwage; außerdem steht auf jedem Tische eine Briefwage alten Systems.

Postmeister Peter Schythe
war der erste Postmeister der Stadt Oldesloe.

Christian Alexander Stoyer aus Stockelsdorf, gewählt am 16. März 1852 zum Lehrer der Mädchen=Elementarklasse, wurde Lehrer in Bünningstedt Neujahr 1853.

C. A. Gleiß, Mädchen=Elementarlehrer 1853—1856.

Heinrich Knipping, Mädchen=Elementarlehrer 1856—1859.

Johann Hinrich Scheel aus Rümpel, Lehrer in Lohe, Elementar=Mädchenlehrer in Oldesloe 1859—1862. Nach Scheels Wahl beschwerte sich der Seminarist Sievers über Zurücksetzung bei der Wahl, die mit Unrecht auf Scheel gefallen sei. Propst Springer wollte Scheel nicht prüfen, weil er die Berufung eines Seminaristen für notwendig hielt. Das Schulkollegium aber beschloß, an der Wahl fest= zuhalten. Doch wurde Scheel 1862 aufgegeben, seine Entlassung zu be= antragen, was geschah.

Joachim Friedrich Schacht aus Sühlen, gewählt am 31. Oktober 1861 zum Lehrer an der neu errichteten gemischten Unterele= mentarklasse 1861—1865.

Peter Hinrich Friedrichs aus Epenwörden, Elementar= Mädchenlehrer 1862—1864, wurde dann Lehrer in Groß=Rönnau.

Jürgen Sievers, (J. Sievers I.) Lehrer in Curau, wurde am 11. Februar 1864 zum Lehrer an der Elementar=Mädchenklasse berufen.

Johannes Sievers (J. Sievers II.) aus Großwesenberg, z. Z. Hilfslehrer in Wandsbek, berufen am November 1864 zum Elementar= lehrer.

Heinrich Wolff, Knaben=Elementarlehrer 1856—1867.

9. Die Postmeister.

Peter Schythe, den wir bereits unter den Ratsverwandten genannt haben, war Postmeister von 1808 bis 1838. Nach seinem Tode wurde der Kaufmann H. C. F. Pöhls, der ihm auch im Magistrat folgte, mit der interimistischen Verwaltung des Postamtes betraut. Aber noch im Jahre 1838 wurde Kapitän H. von Zülow, der 1839 den Majorstitel erhielt, zum Postmeister in Oldesloe ernannt. Zu seinem Nachfolger wurde der bisherige Postgevollmächtigte Konrad von Zülow ernannt, verzichtete aber, worauf der Post= führer Egge zum Postmeister in Oldesloe bestellt wurde. Bereits 1854 war Kapitän von Germer sein Nachfolger, dessen Nachfolger 1864 L. Becher.

10. Die Advokaten.

Gegen Ende des 18. Jahrhunderts erscheinen in Oldesloe auch Ver= treter von zwei akademischen Berufen, die bis dahin hier noch fehlten, nämlich Rechtsanwälte und Ärzte. Als Advokaten — die Bezeichnung Rechtsanwalt war damals noch nicht üblich — treten auf:

Christian Heinrich Lorentzen, als Advokat vereidigt am 10. Oktober 1788.

Untergerichtsadvokat Lange wird 1801 und 1812 genannt.

Ein Advokat Noodt, 1806 und 1808 auch als Gerichtshalter be= zeichnet, erscheint in hiesigen Akten von 1802 bis 1822.

Karl Friedrich Carstens, Untergerichtsprokurator, dann Obergerichtsadvokat und Notar, tritt auf seit 1807. † 1829.

Hans Hansen, Untergerichtsadvokat, ein Sohn des Hauptpastors Hansen, 1822—1866.

Nicolaus Siegfried Bahr, vereidigt am 7. April 1827, Untergerichtsadvokat, 1840 Obergerichtsadvokat, 1843 Notar. Ihm wurde 1852 die Advokatur entzogen, 1856 aber wieder verliehen.

Wilhelm Leonhard Christian Balemann, Untergerichtsadvokat und Kriegsrat, ließ sich 1829 in Oldesloe nieder und zog im Mai 1831 wieder ab.

Karl Georg Konrad Schmidt, vereidigt am 24. Juli 1829, Untergerichtsadvokat, seit 1832 Notar, dann Ober- und Landgerichtsadvokat, heißt später Schmidt von Leda, genannt von Hattenstein. Er wurde am 13. und 14. September 1849 zum Abgeordneten der Landesversammlung gewählt und 1852 Obersachwalter des Herzogtums Schleswig.

Christian Friedrich Theodor Heimreich, vereidigt am 1. Mai 1831, war 1834 nicht mehr in Oldesloe.

Christian Heinrich Brodersen, vereidigt am 10. Juni 1834, Untergerichtsadvokat, geriet 1851 in Konkurs, wurde 1852 in die Irrenanstalt zu Schleswig aufgenommen.

Hektor Gülich, vereidigt am 6. November 1835, Untergerichtsadvokat und Notar.

Karl Peter Wolfhagen, Untergerichtsadvokat, siedelte 1846 von Flensburg nach Oldesloe über, Notar, wurde 1863 Bürgermeister.

Friedrich Christian Lühring ließ sich 1851 in Oldesloe nieder als Advokat, Notar.

Ober- und Landgerichtsadvokat Müller übernahm 1852 die Praxis des nach Schleswig berufenen Schmidt von Leda.

Johann Karl Theodor Loeck, vereidigt am 14. Dezember 1855, Untergerichtsadvokat, 1861 Notar.

Eduard Andreas Lüders, vereidigt in Altona am 19. März 1856, ließ sich 1856 als Untergerichtsadvokat in Oldesloe nieder, zog 1864 nach Schleswig.

Heinrich Peter Hedde, vereidigt in Oldesloe am 31. Oktober 1862.

11. Die Ärzte.

Franz Daniel Hagelstein aus Lübeck entstammte einer lange in Oldesloe ansässigen Familie, der auch der Stadtvogt Kaspar Gabriel von Hohenstein angehörte. Der Name war von Hohenstein allmählich zu Hogenstein, Hagenstein und schließlich Hagelstein verändert und umgedeutet worden. Ein Hans Friedrich Hagelstein findet sich schon 1736, wahrscheinlich Franz Daniels Großvater, der Ältermann der Schneiderzunft in Oldesloe gewesen war. Seine Großmutter entstammte der sehr angesehenen Familie Bauert in Oldesloe. Franz Daniel Hagelstein erlernte bei dem Stadt-Chirurgen Schmettau in Lübeck die Chirurgie, hörte dann zwei Jahre in Berlin chirurgische Collegia, war 1792 bei dem königlich preußischen Feldlazarett angestellt und 1793 Chirurg des Hauptquartiers des Generalfeldmarschalls von Möllendorff. Um sich in Oldesloe als Chirurg niederzulassen und seines Vaters Schwestertochter heiraten zu können, kaufte er für 200 Mark das Barbieramt des Oldesloer Bürgers Hinrich Wendt, das dieser schon etliche Jahre nicht mehr ausgeübt hatte, und meldete sich bei dem Ältermann Hormann um Aufnahme in die Barbierzunft. Hormann und sein Kollege Arps, beide zugleich Amtschirurgen und Ratsverwandte, legten ihm Schwierigkeiten in den Weg, um sich die Konkurrenz vom Leibe zu halten. Hagelstein aber gelang es, sie zu überwinden. Er unterzog sich zunächst einer Prüfung durch den Physikus Niemann in Segeberg, legte dann die seit 1786 von den Chirurgen verlangte Staatsprüfung bei der chirurgischen Akademie in Kopenhagen ab, erwarb in Rostock den Doktorgrad und unterzog sich schließlich noch, da er in Kopenhagen nur den dritten Charakter erlangt hatte und damit nicht zur medizinischen Praxis zugelassen worden war, auch noch einem Colloquium vor der medizinischen Fakultät in Kiel, und zwar mit gutem Erfolg, worauf Bürgermeister Noodt den Auftrag erhielt, ihn nunmehr als praktischen Arzt zu vereidigen, was am 18. Januar 1799 geschah. Dr. Hagelstein wurde später Justizrat und Ritter vom Danebrog. 1816 veröffentlichte er die Schrift: „Bemerkungen über das Baden in Beziehung auf die Salz= und Schwefelbäder zu Oldesloe" und wurde 1823 zum Interimsphysikus in den Ämtern Reinbek, Trittau und Tremsbüttel ernannt. Er starb 1835.

Dr. Lewon veröffentlichte 1823 die Schrift: „Einige Worte über die Salz= und Schwefelhaltigen Bäder zu Oldesloe."

Dr. Thomsen 1838—1871 heiratete Elise von Colditz, eine Tochter des Bürgermeisters von Colditz, welche 1854 starb.

Dr. J. J. Nic. Matthiessen aus Tondern 1840. † 1873.

C. P. A. Dahl, Licent. med., † 1841.

Dr. Juel vor 1842.

Dr. With 1842, verzog 1855 nach Bremerhaven.

Dr. G. Asmuß, ließ sich 1845 in Oldesloe nieder, wohnte im Hause des Rektors Rode. † 1849.

Dr. med. et chir. Ferdinand Daniel Otto Happe aus Münchhof in Braunschweig ließ sich am 30. Oktober 1849 in Oldesloe nieder.

Dr. Garthe 1849.

Dr. H. Carstenn 1850.

Dr. med. et chir. Theodor Lorentzen, praktischer Arzt, Wundarzt und Geburtshelfer, wohnhaft in Hagen bei Tierarzt Wittmack seit dem 3. März 1851, verzog ins Ausland im Oktober 1851, kam wieder im November 1852 und zog in das Haus des Dr. With.

Physikus Dr. Ackermann 1855, † 1873.

Dr. med et chir. L. Koch siedelte 1859 von Reinfeld nach Oldesloe über.

Dr. E. Berg kam aus Bergenhusen 1861.

12. Die Tierärzte.

Tierarzt K r o h n, vom Leibregiment Dragoner verabschiedet, ließ sich 1812 in Oldesloe nieder.

H. P. B o j e J e n s e n, starb 1839.

Tierarzt H a n s S t o l t e n b e r g aus Stakendorf, geboren 1813, examiniert an der Veterinärschule in Kopenhagen 1838, ließ sich am 15. Januar 1840 in Oldesloe nieder und wohnte vor dem Hamburger Tore bei Witwe Hansen.

Tierarzt J o h a n n H e i n r i c h E r n s t W i t t m a c k, geboren 1823, examiniert 1844, vereidigt 1845.

Tierarzt K a r l D r e w s, Sohn des Schmiedemeisters Drews, geboren 1840, examiniert 1864.

Daneben fungierten als unexaminierte Tierärzte der Oldesloer Bürger und Schmiedeamtsmeister J o h a n n F r i e d r i c h B a r k o w s k y seit 1819 mit Erlaubnis vom Magistrat zur Behandlung sämtlicher Krankheiten aller Tiere und K a r l P a u l H e i n r i c h S p r i n g h o r n seit 1835 mit Erlaubnis vom Magistrat nur zum Verschneiden der Tiere.

II. Stadt und Kirchspiel während der napoleonischen Kriege.

Wiederaufbau. Neue Kriegstage. Generalquartier in Oldesloe. Schwierigkeit der Brotversorgung. Die königliche Kornmühle. Schlacht vor Kopenhagen. Abzug der Truppen. Wachtdienst der Bürgerschaft. Auflösung des Magazins. Erklärung der Bäcker. Antrag des Bürgermeisters Decker auf Beseitigung der Exterritorialität der Mühle abgelehnt. Die Bürgerwache. Volkszählung. Mühlenstreitigkeiten. Fischereivertrag. Neue Einquartierungen. Beschaffung von Exerzierplätzen. Blüchers Marsch nach Lübeck. Kapitulation von Ratekau. Blüchers Paß. Die Bürgerwache. Entschädigungsschwierigkeiten. Raub der dänischen Kriegsflotte durch die Engländer. Militärische Organisation der Bürgerschaft. Sammlung für die dänische Flotte. Erbauung eines neuen Armenhauses. Beseitigung des Heidrieder'schen Altars. Spanische Truppen in Oldesloe. Starke Einquartierung 1809. Die Saline unter Dr. Lorenzen. Untersuchung der Salzquellen durch Henrich Steffens. Entdeckung der Schwefelquelle. Empfehlung der Gründung eines Bades. Gründung der königlichen Badeanstalt 1813. Erste Saison. Einquartierung 1813. Heranrücken der Verbündeten. Gefecht bei Boden. Abzug der Dänen von Oldesloe. Gefecht bei Tonndorf. Gefecht bei Sehestedt. Die Russen in Oldesloe. Bericht des Dr. Lorenzen. Bericht des Thomas Schythe. Die Bürgerwache 1814. Die Belagerung von Hamburg. Vorbereitung der zweiten Badesaison. Oldesloe keine Grenzstadt mehr. Hoheitsvertrag mit Lübeck 1803. Gemeinsames Patrimonial-Gericht. Verzicht auf das Obereigentum in Pölitz und Barkhorst. Die Kupfermühle wird Papierfabrik. Zurückführung von Frauenholz in das Oldesloer Kirchspiel. Zerschlagung des großen Luckner'schen Fideikommisses.

Nach dem großen Brande wurde Oldesloe in verhältnismäßig kurzer Zeit wieder aufgebaut dank der Hilfe, die der unglücklichen Stadt durch die allgemeine Mildtätigkeit besonders aus Hamburg und Lübeck zuteil wurde. Aber kaum fingen die Abgebrannten an, sich wieder einer eigenen Wohnung zu erfreuen, so mußten sie infolge des ausgebrochenen Krieges wieder ihre neugewonnene Häuslichkeit mit starker militärischer Einquartierung teilen.

Der unerträgliche Seedespotismus Englands veranlaßte Dänemark, sich im Jahre 1801 dem Bündnis der nordischen Staaten gegen England anzuschließen, und nun war der Dänenstaat den Angriffen des mächtigen Albion in erster Linie ausgesetzt. Oldesloe lag nun wieder dicht an einer feindlichen Grenze; denn drüben im hannövrisch gewordenen Lauenburg gebot der König von England. Zur Bewachung und Verteidigung der Grenze wurden Stadt und Umgegend deshalb von einer starken Truppenansammlung besetzt, die unter dem Oberbefehl des Generalleutnants Prinzen Friedrich von Hessen-Cassel stand. Das Generalquartier war in Oldesloe. Nun machte aber die Versorgung der Truppen mit Brot große Schwierigkeit, weil die 1798 mit abgebrannte königliche Mühle noch nicht ganz fertig war und die Wassermühle in Rethwisch und die Windmühlen in Wolkenwehe und Fresenburg nicht genug Mehl liefern konnten, da es im Sommer der einen oft an Wasser, den andern an Wind fehlte. Der König hatte im Jahre 1800 die Oldesloer Kornmühlen in seinen Privatbesitz gebracht und den Wiederaufbau möglichst beschleunigen lassen, aber der Unternehmer Zimmermeister Lübkert aus Reinfeld hatte bis zum Eintreffen der Truppen die Arbeit doch nicht schaffen können. Als endlich ein Mahlgang fertig gestellt war, ließ Lübkert gleich durch einen seiner Gesellen, der ein gelernter Müller war, mit dem Vermahlen von Korn für die Oldesloer Bäckerzunft, welche das Backen des Kommißbrots für sämtliche hier kantonierenden Truppen übernommen hatte, beginnen. Aber da erschien der Landbaumeister Professor Christian Friedrich Hansen und untersagte dem Unternehmer diesen Gebrauch der Mühle. Als der Mühlenbetrieb daraufhin eingestellt wurde, machten die Bäcker dem Intendanten des Prinzen von Hessen sofort Mitteilung davon, worauf der Bürgermeister am 9. Juni 1801 vom Prinzen dienstlich ersucht wurde, „die Veranstaltung zu treffen, daß die hiesige königliche Wassermühle zum Behuf des Magazins der hiesigen königlichen Truppen in Gang gesetzt wird." Nun stand aber die Mühle gar nicht unter der Jurisdiktion des Oldesloer Bürgermeisters, sondern unter der der Trittauer Amtsstube in Reinbek. Bis aber eine Verhandlung auf dem vorschriftsmäßigen Instanzenwege über das weit entfernte Reinbek zum Ziele führen konnte, hätten die königlichen Truppen in Oldesloe verhungern können. Der stellvertretende Bürgermeister Petersen verhandelte deshalb mit dem Unternehmer Lübkert und suchte ihn zu bewegen, den Betrieb auf eigene Kappe wieder aufzunehmen. Der aber war nun ängstlich geworden, da die Mühle noch nicht abgenommen worden war, und erklärte sich nur unter den Bedingungen bereit, daß die Verantwortung ihm abgenommen würde, daß er nicht für den Schaden aufzukommen habe, der etwa durch den sofortigen Gebrauch der Mühle entstehen könnte, und daß der Geselle, den er mit dem Mahlen beauftrage, eine gehörige Vergütung erhielte. Petersen unterrichtete den Prinzen sofort von der Bedenklichkeit des Unternehmens und bat um eine dessen Bedingungen entsprechende Verfügung. Der Prinz aber ließ sich gar nicht auf Einzelheiten ein und ersuchte am 11. Juni den Bürgermeister aufs neue dienstlich, „die hiesige königliche Wassermühle in Gang setzen zu lassen, damit es den hiesigen Truppen nicht an dem benötigten Mehle zum Brotbacken fehle." Petersen nahm darauf am 12. Juni in Gegenwart des als Gerichtsherr fungierenden Ratsverwandten Hartung den Müllergesellen Jochim Hinrich Evers förmlich in Pflicht und ließ sich, damit der Gebrauch der Mühle nicht über die Absicht des Prinzen extendiert würde, durch Handschlag an Eides Statt von ihm versprechen, kein Korn zu vermahlen, dessen Einlieferer nicht eine Bescheinigung des Ratsverwandten Hartung vorzeige, „daß selbiges aus dem Magazin für die königlichen Truppen sei und daher auch für selbige verwandt werden solle." An demselben Tage um 6 Uhr nachmittags versammelte er dann noch das Bäckeramt im Hause des Ältermanns Prahl, machte, nachdem außer dem genannten Ältermann die Bäckermeister Bobsien, Helms, Dammann und Bülow erschienen waren, wieder in Gegenwart des Ratsverwandten Hartung Mitteilung von der Requisition des Prinzen und von der dem Müllergesellen Evers auferlegten Verpflichtung und ließ von den Anwesenden geloben, die verfügten Vorschriften gewissenhaft zu beobachten. Dann berichtete er über die getroffenen Maßregeln unterm 15. Juni an die königliche Rentekammer. Darauf erhielt der Magistrat am 24. Juni vom Reinbeker Amtshause eine vom 22. Juni datierte Bekanntmachung, daß auf der hiesigen Mühle von nun an jeder Mahlgast nach Beschaffenheit des Werks mahlen lassen könne, mit der Aufforderung, sie in der Kirche zu Oldesloe verlesen zu lassen und demnächst mit der Bescheinigung der geschehenen Bekanntmachung zurückzuschicken. Da die Bekanntmachung erst am 4. Juli in der Kirche zur Verlesung kommen konnte, die Sache aber keinen Aufschub duldete, lud der Bürgermeister sogleich wieder den Müllergesellen Evers vor und unterrichtete ihn von der nunmehr verfügten Freiheit des Mahlens, deutete ihm aber zugleich an, daß er eine genaue Rechnung über das vermahlene Korn zu führen habe. Von der Bekanntmachung ließ er drei Abschriften nehmen und sie in den Häusern des Herrn Ratsverwandten Röper und des Gastwirts Dranckmöller sowie auf dem Krahn anheften.

Nachdem die unglückliche Schlacht vor Kopenhagen, in der die englische Flotte unter Parker und Nelson den Dänen schwere Verluste verursachte, zu einer Waffenruhe geführt hatte, welche die Auflösung des Bundes der nordischen Staaten und die förmliche Anerkennung des englischen „Seerechts" zur Folge hatte, zogen die in und um Oldesloe angesammelten Truppen noch im Laufe des Sommers wieder ab.

Nach dem Abzuge der Truppen übernahm die Bürgerschaft den Wachtdienst in der Stadt. Auf dem in der Kirche abgehaltenen Vogtding vom 14. Januar 1802 wurde sie ermuntert, die Nachtwache fortzusetzen, was denn auch mit einigem Widerspruch bis Ende des Winters zugestanden wurde.

Am 1. und 4. September 1801 wurden die in dem Magazin zurückgebliebenen Brote, etwa 1000 an der Zahl, auf dem königlichen Traventaler Amtshause[1]) in Oldesloe verkauft. Der Müllergeselle Evers reichte seine Berechnung ein, aus der hervorging, daß für das hiesige Bäckeramt auf der Mühle überhaupt 1090 Tonnen königliches Magazinkorn vermahlen worden war, ohne daß davon Mahlgeld bezahlt oder die Matte entrichtet sei, und daß ihm auf seine Anfragen die Antwort erteilt worden, daß darüber am Ende werde Richtigkeit gemacht werden. Die Königliche Rentekammer fragte nun unterm 19. Dezember beim Magistrat an, welche Bewandtnis es damit habe, und dieser forderte dann das Bäckeramt auf, eine Erklärung darüber einzubringen. Im Namen des Amtes erschienen dann am 19. Januar 1802 die beiden Bäckermeister Prahl und Helms auf dem Rathause und gaben folgendes zu Protokoll:

Das Bäckeramt habe, als im abgewichenen Sommer die königlichen Truppen hier einrücken sollten, das Backen des Kommißbrots für selbige übernommen, doch so, daß das Mahlgeld besonders vergütet werde, wie solches aus dem ihnen von dem Herrn Intendantur-Sekretär Leeßen erteilten Scheine erhelle, auch sei ihnen nach der abschriftlichen Quittung vom 23. September 1801 nur das Backgeld à Tonne 21 ß von dem Herrn Sekretär von Hallen berichtigt worden mit dem Beifügen, daß das Mahlgeld dem Müller bezahlt werden solle. Behufs dieses Bezahlens habe der Herr Major von Colditz bereits sämtliche Originalberechnungen erhalten und dem Vernehmen nach die Bezahlung schon auf den umliegenden Mühlen besorgen lassen; woher es komme, daß die hiesige Mühle noch nichts erhalten, wüßten sie nicht, allein das hiesige Bäckeramt könne doch durchaus nicht diese Bezahlung schuldig sein.

Diese Erklärung übermittelte der Magistrat mit Schreiben vom 25. Januar 1802 der königlichen Rentekammer und stellte ihr anheim, sich nunmehr um weitere Auskunft an die zu diesem Behufe mit allen Originalpapieren bereits versehene Intendantschaft der königlichen Truppen zu wenden.

Der neue Bürgermeister Decker, der am 8. Januar 1802 sein Amt angetreten hatte, bekam durch diesen Schriftwechsel gleich einen Begriff von den Weitläufigkeiten und Unzuträglichkeiten, welche der Umstand, daß die mitten in der Stadt gelegene königliche Mühle unter der Jurisdiktion des Trittauer Amtshauses stand, zur Folge hatte. Da das Gerücht ging, daß der bisherige Amtmann um seine Entlassung nachgesucht habe, hielt er den Zeitpunkt für geeignet, den in der

---

[1]) Die Traventaler Amtsstube war wohl zur Bequemlichkeit des damaligen Amtmanns Grafen Luckner zeitweilig nach Oldesloe verlegt worden.

Stadt schon längst gehegten Wunsch, daß die gedachte Mühle der hiesigen Stadtgerichtsbarkeit unterworfen werden möge, dem Könige vorzutragen, und verfaßte noch an demselben 25. Januar 1802 im Namen des Magistrats eine Eingabe unmittelbar an den König, in der er unter Darlegung aller bisherigen Unzuträglichkeiten, die sich besonders empfindlich machten, wenn *periculum* in *mora* sei, die Unterstellung der Seiner Majestät *privative* gehörenden Mühle unter die Jurisdiktion der Stadt beantragte. Aber Ressorteifersucht siegte über vernünftige Erwägung. Durch Schreiben vom 8. November 1802 erhielt der Magistrat von der Glückstädter Regierung den Bescheid, daß der König es nicht für ratsam halte, in Ansehung des Gerichtsstandes der zum Amte Trittau gehörigen Mühle in Oldesloe eine Veränderung vorzunehmen, und so dauerten denn die durch die Exterritorialität der Mühle hervorgerufenen Mißstände noch lange fort.

Im Herbst 1802 richtete Bürgermeister Decker die Bürgerwache wieder ein gegen Diebere und Feuersgefahr. Von Ober- und Unterquartiermeistern war nun keine Rede mehr. Organisation und Leitung übernahmen Magistrat und Deputierte. Jeder Bürger war zu Nachtwachen verpflichtet. Falls er, wenn die Reihe an ihn kam, verhindert war, mußte er dies rechtzeitig melden und zugleich 10 ß zur Beschaffung eines Vertreters erlegen. Im September 1803 wurde beschlossen, die Bürgerwache an den Jahrmärkten abzuschaffen und zwei Leute gegen eine Vergütung von je 24 ß anzunehmen, welche den ganzen Markttag den Polizeidienern behülflich sein sollten.

Bei der Volkzählung von 1803 ergab sich für Oldesloe eine Volkszahl von 1783.

Während in den folgenden Jahren die Bürgerschaft noch immer damit beschäftigt war, die mannigfaltigen durch die Brandkatastrophe erzeugten Schäden zu heilen, ihr Schuldenwesen neu zu ordnen, verbrannte Dokumente neu zu beschaffen und Vorkehrungen gegen die Wiederholung eines solchen Unglücks zu treffen, hinderte die Mühle wie ein Fremdkörper im Fleisch häufig die ruhige Abwicklung der Geschäfte. So erzeugte die Heranziehung der Mühle zu der Brandkasse, zu den Pflasterungskosten und zu der Einquartierung ärgerliche Schreibereien, und daneben traten die schon Jahrhunderte alten Streitigkeiten über den Wasserstau, die Fischerei und den Kornhandel des Müllers immer wieder aufs neue hervor. Übergriffe des Mühlenpächters Niemann — nach ihrer Fertigstellung war die Mühle am 17. Oktober 1801 zu Trittau verpachtet worden — hatten die Einsetzung einer aus dem Etatsrat Randahl und dem Justizrat Bürgermeister Decker bestehende Kommission zur Folge zur Untersuchung und Beilegung der zwischen der Stadt und dem Mühlenpächter schwebenden Streitigkeiten wie auch zur Entwerfung eines Regulativs inbetreff der Benutzung der Fischerei in der Obertrave. Paragraph 1 des am 16. Januar 1804 zustande gebrachten Regulativs lautet:

„Die Ansprüche der Stadt Oldesloe und der Ratsmitglieder derselben für sich und ihre Nachkommen und Nachfolger auf ein Mitbefischungsrecht und die Setzung von Aalkörben und Aalreusen in der Obertrave von der Kornmühle an bis an die Brücke beim Hamburger Tor fallen gänzlich weg dergestalt und also, daß der Pächter der Kornmühle nur allein befugt ist und bleibet, in dieser Strecke der Obertrave mit der Wade zu fischen und daselbst Aalkörbe und Reusen zu setzen oder Netze zu legen, daß auch Niemandem gestattet werde, ohne Vergünstigung desselben in dieser Strecke mit der Angelrute zu fischen."

Des lieben Friedens halber und um einen mit der königlichen Rentekammer drohenden kostspieligen Prozeß zu vermeiden, verzichtete Justizrat Decker auf Rechte, welche die Stadt bisher ausgeübt hatte.

Auch in den folgenden Jahren hatte Oldesloe fast beständig militärische Einquartierung. Als die Franzosen nach der Besetzung Hannovers und der Auflösung der völlig intakten hannöverschen Armee infolge des schmählichen Vertrags von Suhlingen auch in Lauenburg einrückten, ließ die dänische Regierung den General von Ewald mit 3 bis 4000 Mann die lauenburgische Grenze wieder besetzen. General von Ewald blieb beinahe zwei Jahre in dieser Stellung mit dem Hauptquartier in Segeberg, seine Truppen fleißig übend. Durch die politischen Konjunkturen veranlaßt, wurde im Oktober 1805 ein Armeekorps von 20 000 Mann unter dem direkten Oberbefehl des Kronprinzen Friedrich zusammengezogen. Die Avantgarde von drei Divisionen wurde Ewald anvertraut, welcher in Segeberg blieb. Nun wurde auch die Einquartierung von Oldesloe erheblich verstärkt. Im Jahre 1806 lagen hier Teile des Schleswigschen Jägerkorps und des Leibregiments leichter Dragoner sowie eine dreipfündige Batterie der leichten Artillerie. Für alle diese Truppen mußten Exerzierplätze beschafft werden. Besonders schwierig war es, für die Artillerie einen geeigneten zu gewinnen. Alle dafür in Frage kommenden Koppeln waren entweder zu klein oder zu teuer. In einem Schreiben an den Magistrat vom 1. Mai 1806 aus Segeberg beklagt Generalmajor von Ewald, daß nach Mitteilung des Kapitäns von Laub der Eigentümer eines für passend gehaltenen Exerzierplatzes bei Oldesloe dafür von der Stadt 500 Mark Miete verlange. Er könne unmöglich glauben, daß es in Oldesloe einen so unpatriotisch denkenden Mann geben sollte, der für einen Platz, welcher zum Exercice des Militärs notwendig sei, von seinen Mitbürgern einen so ungeheuren Preis als Miete fordern und von der Gelegenheit zu profitieren suchen wollte.

In seiner Antwort vom folgenden Tage legt Justizrat Decker dar, daß die glückliche Lage der Stadt, welche nur mit kultivierten Ländereien umgeben sei, es an sich schon sehr schwierig und fast unmöglich mache, ohne ungeheuren Kostenaufwand ein Lokal zu finden, das zum Manöver der Artillerie irgend geeignet sein könne, diese Schwierigkeit und Unmöglichkeit werde aber noch dadurch vermehrt, daß alle Ländereien eingekoppelt und die meisten Koppeln, welche nach dem beschränkten Bedarf ihrer Eigentümer eingerichtet worden, nur klein seien. Der Platz, den die Stadt seiner Lage und Beschaffenheit nach als beständigen Exerzierplatz für das gewöhnliche Bedürfnis reserviered (der Baierskamp nämlich), und den auch die in den vorigen Jahren hier kantonierenden Truppen beständig benutzt hätten, sei der Artillerie zum Exerzieren angeboten, weil er aber dazu nicht geeignet sei, der Kavallerie eingeräumt worden. Die Koppel, die im vorigen Herbst bei der Ankunft der Artillerie auf Kosten der Stadt auf ein Jahr gemietet worden, aber zum Manövrieren zu klein befunden sei (eine kleine dem Bürger Schmalfeld gehörende Koppel vor dem Lübecker Tore), koste schon jährlich 180 Mark. Die Stadt sei gern bereit, zum Besten der Artillerie noch ein ähnliches Opfer zu bringen, aber alle ihr bisher angebotenen Plätze seien ja entweder für zu klein oder für unbrauchbar erklärt worden. Was nun den Platz anbeträfe, für den der Eigentümer 500 Mark Miete verlange (die sogenannte große Schmalfeldsche Koppel), so sei die Forderung in Anbetracht des Schadens, den der Besitzer durch die Überlassung erleiden würde, nicht zu hoch, da die Koppel mit Klee bestanden sei und nach dem Mähen als Weide dienen solle, wozu sie aber nach der Benutzung durch die Artillerie nicht mehr geeignet sei. Schließlich stellt der Bürgermeister dem General anheim, sich zur Auswahl eines passenden Platzes an Ort und Stelle selbst einmal herzubemühen.

Ehe es dazu kam, bestimmte aber der Höchstkommandierende, der Kronprinz Friedrich, daß die Schmalfeldsche Koppel für die Artillerie zu einem möglichst billigen Preise gemietet werden solle. Als dann der Magistrat und die beikommende bürgerliche Behörde samt den Herren Artillerieoffizieren Kapitän von Laub und Leutnant von Linde die mit Klee und etwas Hafer bewachsene Koppel in Augenschein nahmen, nachdem sie bereits von den städtischen Taxatoren besichtigt worden war, ergab sich jedoch, daß das Lokal nicht ganz seiner Bestimmung entsprach und daß der mit dessen Acquirierung unvermeidlich verbundene Kostenaufwand unverhältnismäßig sein werde. Es wurde dann mit den Herren Offizieren eine abermalige Besichtigung des gewöhnlichen Exerzierplatzes (des Baierskamps) verabredet und dabei gefunden, daß dieser in manchem Betracht zweckmäßiger sei als jener, und so wurde denn gemeinschaftlich beschlossen, die unebenen Stellen dieses Platzes sofort durch 40 bis 50 Arbeiter, soweit es möglich, ebnen zu lassen, so daß schon am nächsten Montage von der Artillerie mit dem Manövrieren auf dem Platze der Anfang gemacht werden könne. Dem Major von Thienen, der zur Zeit den Platz für die Kavallerie nicht gebrauchte, wurde Mitteilung davon gemacht mit dem Ersuchen, für den Fall, daß er den Platz mit seinen Leuten wieder benutzen müsse, mit dem Artilleriekapitän von Laub die erforderliche Vereinbarung zu treffen.

In den Krieg griffen die hier einquartierten Truppen nicht ein, da Dänemark 1806 noch neutral war. Sie hatten nur dafür zu sorgen, daß die Grenze von fremden Truppen nicht überschritten wurde. Als in den ersten Tagen des Novembers 1806 der von den französischen Marschällen Bernadotte, Soult und Murat gehetzte preußische General Blücher nach Lübeck marschierte, um den Rest der ihm nach der Unglücksschlacht bei Jena und Auerstedt gebliebenen preußischen Krieger über die Ostsee nach Ostpreußen zu retten, zog Ewald mit seiner Avantgarde an die lübeckische Grenze, besetzte die Übergänge bei Groß-Steinrade und Fackenburg und legte sein Hauptquartier nach Stockelsdorf. Hier entspann sich ein blutiges Gefecht, als die unter Murats Befehl stehenden Franzosen auf der Verfolgung Blüchers die Grenze überschreiten wollten. General von Ewald begab sich zu Murat, um ihn über den Irrtum der Franzosen aufzuklären, wurde von ihm aber sehr schlecht empfangen und sogar mit Erschießen bedroht, als er über den Verbleib der Preußen keine Auskunft geben wollte oder konnte. Der wackere Mann erklärte kurz, er sei dänischer General und kein französischer Spion. Von der Übermacht erdrückt und von jeglicher Zufuhr abgeschnitten, mußte Blücher am 7. November 1806 bei Ratekau die Waffen strecken. „Ich kapituliere," schrieb er unter das Dokument, „weil ich kein Brot und keine Munition habe." Auf Ehrenwort entlassen, begab er sich über Oldesloe und Ahrensburg nach Hamburg. In Oldesloe mußte er den ihm vom Feinde ausgestellten Paß vorzeigen. Eine damals davon genommene Abschrift befindet sich noch im Stadtarchiv. Sie lautet:

„*D' après la capitulation signée par Mr. le Lieutenant General de Blucher et M. M. Generaux de division Tilly et Rivand, au nom de S. A. J. le Grand Duc de Berg*[1]*) et de S. A. S. le Prince de Ponte Corvo*[2]*) et S. E. le Marechal Soult les postes militaires francais laisseront passer librement Mr. le Lieutenant General de Blucher, se rendant a Hambourg.*
Au Quartier General a Lubeck le 7 Novembre 1806.
Le General de Division Chef de l'Etat Major General du premier Corps
Berthier.

L. S.   prod. Oldesloe, den 8. November 1806.
Hedemann.
pro vera copia
A. Decker."

Während der Abwesenheit der königlichen Truppen trat in Oldesloe die Bürgerwacht unters Gewehr und versah den Wachtdienst in der Stadt bis zur Rückkehr der Soldaten. Zehn Mann aus jedem der vier Quartiere, im ganzen also 40 Mann, bezogen täglich die Wache unter dem Bürgerkapitän Helms und seinem Adjutanten Hoth.

Als im Frühjahr 1807 die Auslagen der Stadt für die von den Truppen bis Ausgang des Jahres 1806 benutzten Exerzierplätze erstattet werden sollten, sträubte sich der Generalquartiermeister Binzer, die vom Magistrat eingereichte Rechnung über die Benutzung des Baierskamps durch die dreipfündige Batterie der Avantgarde zu attestieren. Die Stadt hatte den ihr gehörigen Platz der Artillerie umsonst über-

---

[1] Murat, S. A. I. = Son Altesse Impériale.
[2] Bernadotte, S. A. S. = Son Altesse Sérénissime.

lassen, für die Planierung desselben aber den Betrag von 101 Taler 12 ß in Rechnung gestellt. Binzer fand diesen viel zu hoch, glaubte ihn um so mehr beanstanden zu müssen, als die Planierung ohne höchste Approbation vorgenommen sei und in Zukunft auch der Stadt zugute käme, und schlug vor, ihn auf die Hälfte herabzusetzen und wegen der fehlenden Approbation nicht als Planierungskosten, sondern als Miete in Rechnung zu stellen. Auf diesen Vorschlag mußte der Bürgermeister notgedrungen eingehen, doch legte er dar, daß wegen der Dringlichkeit der Sache die höchste Approbation gar nicht erst hatte eingeholt werden können, daß die Stadt von der Planierung keinen Vorteil habe, da der Platz nach wie vor zum Sandgraben werde benutzt werden und die wenigen urbaren Stellen desselben, die für 25 Mark 12 ß vermietet seien, in Zukunft auch keine höheren Mieten einbringen würden, und stellte schließlich anheim, ob es nicht billig sein dürfte, wegen des nicht unbedeutenden Schadens, den die Stadtkasse erleide, auch in diesem Jahre, da der Platz der hier kantonierenden 2. Kompagnie des schleswig-holsteinischen Bataillons leichter Infanterie zum Exerzierplatz unentgeltlich eingeräumt worden, eine desfallsige Miete von 25 Taler zu bewilligen. Der Betrag von 50 Taler 30 ß wurde darauf der Stadt angewiesen. Auf den Vorschlag des Bürgermeisters betreffend die Miete für das Jahr 1807 ging das Hauptquartier zunächst nicht ein, wahrscheinlich aber wurde ihm später zugestimmt, denn im Frühjahr 1808 attestierte Generalmajor von Ewald dem Bürgermeister Decker eine Rechnung in betreff des Exerzierplatzes für die Jäger-Kompagnie unter Herrn Major Lange.

Während noch um solche Dinge viel Tinte verspritzt wurde, nahmen plötzlich die politischen Verhältnisse für den dänischen Staat eine sehr ernste Miene an. Da die englische Regierung befürchtete, Napoleon möchte sich nach der Niederwerfung Preußens der dänischen Flotte zu einem Angriff auf England bedienen, erschien im August 1807 eine englische Flotte unter Gambier vor Kopenhagen und führte nach einem Bombardement der Stadt die dänischen Kriegsschiffe mit sich fort. Dieser Überfall rief eine große Aufregung in der ganzen dänischen und der schleswig-holsteinischen Bevölkerung hervor. Schon als Mitte August England an Dänemark die Zumutung stellte, ihm seine gesamte Flotte bis zum Abschluß eines allgemeinen Friedens zur Aufbewahrung auszuliefern, ging ein Schrei der Entrüstung durch das ganze Land und trieb auch das ruhige Bürgertum zu den Waffen. In Oldesloe forderten bereits am 19. August Magistrat und Deputierte die Bürgerschaft zum Wachtdienst auf, da das Militär an bedrohteren Punkten eingesetzt werden mußte, und schon am 20. August wurden die Wachen bezogen. Die ganze Bürgerschaft wurde in zwei Kompagnien eingeteilt, von denen die das Hamburgertor- und das Langenstraßenquartier umfassende erste Kompagnie außer den Offizieren und Unteroffizieren 156 Mann zählte, die aus den Bürgern des Lübeckertor- und des Besttorquartiers bestehende zweite 154 Mann ohne Chargierte. Stadtkapitän war der Ratsverwandte Castrop. Bei der ersten Kompagnie wirkten als

Kapitän Nicolaus Hermann Helms, als Leutnants Andreas Sonder und J. C. Wiedemann, als Adjutant Immanuel Hoth und als Unteroffiziere Peter Koch, Christian Thegen, Schmied Nordtmann, J. M. Rissau, Jochim Koch und Bäcker Schlottmann, bei der zweiten als Kapitän Christian Friedrich Jasper, als Leutnants Peter Bauert und J. J. Grimm, als Adjutant O. A. Streidt und als Unteroffiziere Sattler Gertz, Nicolaus Möller, Johann Jochim Comdühr, Bartholt Jacobsen, Langtim und Johann Daniel Sonder. Unter der Aufsicht eines Offiziers, eines Unteroffiziers und meistens auch noch eines Gefreiten zogen täglich 19 Mann auf Wache. Die im Protokollbuch eingetragenen Wachtzettel sind erhalten vom 20. August bis zum 11. Oktober 1807. Am 5. September wurde ein genaues „Regulativ für die Bürgerwache in der Stadt Oldesloe" aufgestellt und am 9. Oktober durch eine Verfügung abgeändert, die den Dienst für die Bürger etwas erleichterte. Nach den neuen Bestimmungen sollen täglich nur 10 Bürger in der bisherigen Ordnung auf die Wache ziehen, und es soll unter diesen von dem Offizier, der an jedem Tage der Ablösung beiwohnt, ein Gefreiter bestimmt werden, der die Aufsicht zu führen hat, wenn kein Ober- oder Unteroffizier an der Wache ist. Von dem Dienst nach den neuen Bestimmungen sind die Wachtzettel leider nicht mehr in das Wachtprotokoll eingetragen, und es läßt sich daher nicht feststellen, wie lange dieser Wachtdienst gedauert hat. Während man seiner Zeit die Einrichtung von Ober- und Unterquartiermeistern nicht hatte erreichen können, griff man nun also zu einer rein militärischen Organisation der Bürgerwache und fand dabei in der Bürgerschaft keinen Widerspruch. Mit militärischen Titeln gings. Es zeigte sich hier wieder die den Deutschen im Blute steckende Neigung zum Kriegswesen. Ein solches Volk können weder Feinde noch pazifistische Wirrköpfe auf die Dauer wehrlos machen!

Von dem Patriotismus der damaligen Bevölkerung zeugt u. a. das vom 2. März 1808 datierte im Archiv aufbewahrte „Verzeichnis der freiwilligen Beiträge zu den Kosten der Seeausrüstungen unseres Vaterlandes, welche auf Veranlassung einer Aufforderung des hiesigen Magistrats von unterzeichneten beiden Mitgliedern desselben eingesammelt sind." Der Bürgermeister Justizrat Decker geht mit einem Opfer von 200 Taler voran, und ihm folgen der Ratsverwandte Dr. Lorenzen und der Rektor Rode mit je 50 Taler. Im ganzen wurden in der kleinen Stadt 760 Reichstaler und 18 Schillinge für die neue Flotte aufgebracht, was in der damaligen Zeit eine sehr beträchtliche Summe war. Auch die Arbeiter und „Unterbedienten" der Saline sind mit 13 Taler 36 ß daran beteiligt.

Neben den ihr von den politischen Verhältnissen auferlegten Sorgen ließ die damals sehr rührige Stadtvertretung ihre sonstigen Pflichten nicht aus dem Auge. So wurde gerade um jene Zeit ein neues Armenhaus gebaut. Von den drei Armenhäusern, welche die Stadt neben dem St. Jürgens-Hospital besaß, waren zwei dem großen Brande zum Opfer gefallen. Das alte Gasthaus zum heiligen Geist war während des Brandes eingerissen worden, um das Besttorviertel zu retten, und die an der damaligen Schulstraße, der jetzigen Kirchstraße gelegene ehemalige Rethwischer Armenbude war mit abgebrannt. Nur die ihr gegenüber auf der Kirchhofsseite gelegenen Gottesbuden waren stehen geblieben, mußten im Jahre 1807 aber wegen Baufälligkeit und zur Erweiterung des Kirchhofs abgerissen werden. Sie wurden auf Abbruch öffentlich verkauft, und die dafür eingenommenen 700 Mark wurden mit dem Erlös aus dem abgebrochenen Gasthause zum heiligen Geist und wahrscheinlich auch der Brandkassenvergütung für die sogenannte Rethwischer Armenbude zur Errichtung eines neuen Armenhauses vor dem Lübecker Tore verwandt. Das St. Jürgens-Hospital war gleich nach dem Brande an seiner bisherigen Stelle bei der Mühle wieder aufgebaut worden.

Im Jahre 1808 wurde auch in der Kirche eine vermeintliche Verbesserung vorgenommen, die aber Sachverständige heute als eine bedauernswerte Verböserung bezeichnen müssen. Wie man schon im Jahre 1803 eine von der Clemenskirche in Lübeck abgelegte Turmuhr (wohl für das Rathaus) ankaufte, so erwarb man im Jahre 1808 einen von einer Lübecker Kirche abgelegten Altar, der in die hiesige Kirche nicht einmal räumlich paßt, und verdrängte dadurch leider den nicht seinem Werte nach erkannten und geschätzten Heidriederschen Altar, der durch schlechte Aufbewahrung während der Bauzeit beschädigt sein mochte. Es ist anzunehmen, daß die 12 kleinen Holzreliefs, welche in der Kirche früher an dem Gestühl auf dem Altarplatz angebracht waren und sich jetzt am Magistratsgestühl befinden, dem Heidriederschen Altar entstammen. Über den Verbleib der größeren Altarbilder fehlt jede Nachricht. Vgl. S. 294 f. Um den angekauften Altar in der Kirche aufzustellen und die Kanzel über demselben anbringen zu können, mußte man auch die Schustergesellen von ihrem wohlerworbenen Ehrenplatze hinter dem Altar verdrängen und anderweitig abfinden. Es stellte sich übrigens heraus, wie hier gleich bemerkt werden mag, daß die Kanzel im Altar doch nicht recht an ihrem Platze war. Auf dem Vogtding vom 4. März 1831 ließ deshalb die Bürgerschaft durch ihre Achtmänner Goldschmied Hahn und Schuster Rosendal den Wunsch vorbringen, daß die Kanzel nach der Mitte der Kirche verlegt werde, um den Prediger besser zu verstehen. Auf dem Vogtding vom 3. April 1835 ließ sie den Wunsch durch die Achtmänner Tischlermeister Denker und Buchbinder Willich wiederholen. Nunmehr sagte der Magistrat seine Unterstützung zu, und die Veränderung wurde vorgenommen.

Die dem Völkerrecht Hohn sprechende Gewalttat der Engländer veranlaßte Dänemark, bei Napoleon Schutz zu suchen und sich ihm gänzlich in die Arme zu werfen. Napoleon ließ darauf Franzosen und Spanier in Holstein einmarschieren und das ganze Land besetzen. Auch in Oldesloe wurden zeitweilig Spanier einquartiert, wovon noch folgende im Stadtarchiv aufbewahrte Quittung eines spanischen Offiziers in spanischer Sprache Zeugnis ablegt:

Regim.^to *de Guadalax.*ª 2ª *Comp.*ª 1ᵉʳ *Batt.*ᵒⁿ ¹)
Recivi dela Villa de esta Ciudad treinta y vn Marco y vn Chilin para Socorrer el Prest del dia dela fecha a vn Sarg.^to ²) *primero, dos 2*ᵒˢ, *trece Cav.*ᵒˢ ³), *dos Tambores, noventa y nveve Granad.,*⁴) *tres Mugeres y quatro hijos: y para g. Conste*⁵) *doy este en Oldeslue à 13. a Sep.*ʳᵉ *de 1808.*   *Mariano Ghezzy.*

[Regiment von Guadalaxara. Zweite Kompagnie. Erstes Bataillon. Ich empfing vom Magistrat dieser Stadt 31 Mark und 1 Schilling als Beisteuer zu der Löhnung des heutigen Tages für einen Feldwebel, zwei Unteroffiziere, 13 Reiter, 2 Trommler, 99 Grenadiere, 3 Frauen und 4 Kinder, und als Quittung gebe ich dies in Oldesloe am 13.⁶) September 1808. Mariano Ghezzy.]

Exerzierplätze scheinen die fremden Truppen nicht verlangt zu haben.

Im Jahre 1809 wurde Oldesloe wieder stark von einheimischen Soldaten besetzt. Hier und in der nächsten Umgebung lagen das zweite Bataillon des holsteinischen Scharfschützenkorps, eine Grenadier=Kompagnie des oldenburgischen Infanterie=Regiments und ein Artillerie=Detachement. Als Exerzierplatz für die erste, zweite und dritte Kompagnie seines Scharfschützenbataillons requirierte Major von Melling eine große dem St. Jürgens=Hospital gehörige Koppel auf dem Sandkamp, welche an den Bürger Hans Sonder vermietet war und als Weide benutzt wurde, und als Exerzierplatz für die Artillerie wurde der als Weide vermietete Baierskamp verlangt. Der Ratsverwandte Castrop und die beiden vereidigten Taxatoren Claus Gerken und Hinrich Lienau wurden kommittiert, um die Weidebenutzung der beiden Plätze zu taxieren, und schätzten die des Sandkamps auf 60 Taler, die des Baierskamps auf 12 Taler. Als dann aber am 15. Juli das Militär plötzlich abmarschiert war,⁷) wurden die Herren noch einmal hinausgesandt, um den übrig gebliebenen Weidegenuß abzuschätzen, und taxierten den des Sandkamps auf 40 Taler, den des Baierskamps auf 9 Taler. Die Differenz von 20 Taler für den Sandkamp und 3 Taler für den Baierskamp wurden von der Stadt dem Militärfiskus im folgenden Jahre in Rechnung gestellt.

Auch in den Jahren 1810, 1811 und 1812 war Oldesloe mit militärischer Einquartierung belegt. Aber es war doch nicht der Feind im Land, und so konnte die friedliche Entwicklung der Stadt ungehindert ihren Fortgang nehmen. Ganz besonders ließ sich dieselbe der Rats=

---

¹) Regimiento de Guadalaxara. Segunda Compañia. Primero Batallon.
²) Sargento.
³) Cavalleros.
⁴) Granaderos.
⁵) Es ist mir nicht möglich, diese Abbreviatur aufzulösen. Dem Zusammenhang nach muß sie Quittung bedeuten.
⁶) Die Ziffer kann auch 19 gelesen werden.
⁷) Um jene Zeit geschah der plötzliche Einfall der Engländer auf Walcheren.

verwandte Apotheker Dr. Lorenzen angelegen sein. Eine seiner Hauptleistungen ist die Gründung des hiesigen Solbades.

Wir haben gesehen, daß sich Apotheker Lorenzen schon im Jahre 1798 als Chemiker gedrungen fühlte, auf gewisse Mißstände im Betriebe der Saline hinzuweisen und Vorschläge zu seiner Verbesserung zu machen, und daß er dann von dem damaligen Salineninspektor Knutsen etwas unsanft abgewiesen wurde. Lorenzen ließ sich aber dadurch nicht abschrecken. Knutsens Nachfolger, der gelehrte Professor Dr. Eimcke, scheint Lorenzens Ratschläge besser gewürdigt zu haben; denn Lorenzen wurde, als Eimcke sein Amt im Jahre 1806 niederlegte, zum Administrator der Saline ernannt und im Jahre 1812 zum Oberinspektor. Nachdem er die Leitung der Saline übernommen hatte, machte er sich mit Feuereifer daran, seine Ideen zur Verbesserung derselben durchzusetzen, vor allem aber die Urquelle zu finden, die die Oldesloer Saline wieder zu einer Konkurrentin der lüneburgischen machen sollte.

Im Jahre 1803 war der Dozent der Philosophie Henrich Steffens in Kopenhagen, der später Professor an der Universität Breslau wurde, von der dänischen Regierung mit der Untersuchung der Oldesloer Salzquellen beauftragt worden und zu dem Schluß gekommen, daß diese Quellen „Abkömmlinge aus einer edleren Quelle in der Tiefe sind," man müsse diese salzreiche Ursprungsquelle aufsuchen und sich durch die Schwierigkeiten nicht abschrecken lassen. Dem Rate wollte Lorenzen nun folgen. Daß die edlere Quelle in der Tiefe nicht unter Oldesloe, sondern unter Segeberg zu suchen war, konnte weder Steffens noch er damals wissen.

Aber die Regierung, deren Finanzkraft durch die Bedürfnisse des Krieges außerordentlich in Anspruch genommen wurde, konnte für neue Bohrungen zunächst kein Geld bewilligen. So veranstaltete denn Lorenzen solche auf eigene Faust und entdeckte bei diesen Buddeleien im Jahre 1812 die Schwefelquelle. Das war ihm ein Fingerzeig, daß die Heilkraft der Quellen ausgenützt werden müßte, um sie zu neuen Einnahmequellen für die Stadt und die Saline zu machen. Bestärkt wurde er in dieser Idee durch einen Kollegen, den Apotheker Spalkhaver in Itzehoe, der, als ihm Lorenzen die Entdeckung der Schwefelquelle mitgeteilt hatte, in den Provinzialberichten von 1812 schrieb: „Hier wäre ja Nenndorf und Pyrmont, Schwefel- und Salzbad, vielleicht in etwas geringerer Stärke, vereinigt," und dann noch „folgende sehr beachtenswerte Umstände" zu erwägen gab:

„Oldesloe wurde durch eine Feuersbrunst vor mehreren Jahren fast ganz zerstört; aus der Asche stieg ein netter freundlicher Ort, der jedem beim ersten Anblick gefällt; die Gegend umher ist lieblich und kann durch einige Anlagen, Spaziergänge usw. um vieles verschönert werden; die Salzbrunnen sind ganz nahe an der Stadt, kosten also den Kranken wenig Mühe, zu ihnen zu gelangen, oder es erfordert nicht viel Aufwand, um im Hause zu baden; rund umher liegen in geringer Entfernung viele adelige Güter, welche Gelegenheit zu kleinen Erholungen geben; wenige Meilen entfernt liegen Segeberg, Plön, Eutin,

Altes Logierhaus.

Altes Logierhaus   Badeanstalt
Ansicht der Badeanstalt nebst Saline.

Lübeck, Hamburg usw. für größere Lustpartien; Oldesloes Einwohner sind freundlich und gesellig, und der Kranke sowohl als der Gesunde findet Gelegenheit zum Frohsinn und zur Zerstreuung und, obgleich an der Grenze, die größte Sicherheit. Aber Oldesloe hat Vorzüge, die anderen Brunnen= oder Badeorten abgehen. Es besitzt eine tätige, für alles öffentliche Wohl eifrigst bemühte Obrigkeit, an deren Spitze der Herr Justizrat Decker steht, einen rühmlichst bekannten Arzt an dem Herrn Dr. Hagelstein und meinen schon genannten Freund Lorenzen als Apotheker und Salineninspektor."

Dieses begeisterte Lob der Stadt wurde von dem Herausgeber der Provinzialberichte „mit freudiger Überzeugung" unterschrieben und noch durch folgende Auslassung ergänzt:

„Oldesloe ist ein freundliches allerliebstes Städtchen. Der glück= liche Zufall hat eine Anzahl der trefflichsten Männer da vereinigt, an deren Spitze der durch rege Wirksamkeit für die Zwecke des Men= schen und des Staates längst ausgezeichnete Justizrat und Ritter Decker steht, und die Badeanstalt würde an dem Herrn Doktor und Apotheker Lorenzen den erfahrensten Gründer und Berater haben. Unter diesen günstigen Verhältnissen müßte eine Anlage durch Aktien oder auf Kosten der Stadt gegen eine jährliche Recognition für die Sole und einen Bauplatz an der Salzquelle leicht zustande zu bringen sein."

Nach solchen Ermunterungen ging Lorenzen frisch ans Werk. Er versuchte wohl gar nicht erst, die Stadt zur Hergabe von Mitteln zu be= stimmen oder eine Aktiengesellschaft zu gründen, sondern rief mit den bescheidenen Mitteln, welche die Regierung dazu aus der Salinen= kasse bewilligte, das Bad ins Leben als königliche Badeanstalt und Anhängsel der königlichen Saline. Schon im Frühjahr 1813 stand ein strohgedeckter Badepavillon mit sieben Badestuben und ein säulenge= tragener Umgang sowie ein Haus für den Erwärmungsofen fertig da. Als Kurhaus wurde einstweilen das Inspektorat, das ehemalige Ver= sammlungshaus der mährischen Brüder und spätere Realschulgebäude, eingerichtet.

In einer Einladungsschrift stellte der Badearzt Dr. Hagelstein alle wirklichen oder vermeintlichen Vorzüge des neuen Bades ins hellste Licht. Und dann kamen die Kurgäste herbei, sogar der Herzog von Augustenburg war darunter und gab durch seine Anwesenheit dem Bade von vornherein einen vornehmen Anstrich.

Oberlehrer Dr. Theodor Lorentzen in Hamburg, ein Nachkomme des Gründers des Bades, schreibt in einem Gedenkblatt, das er 1911 seinem Ahnherrn widmete[1]), über die Eröffnungssaison: „Wie fern von der Welt in stiller Abgeschiedenheit schlummerte damals noch Holstein, wie gering noch die Berührungspunkte mit dem großen natio= nalen Leben! Während ganz Deutschland in fieberhafter Aufregung und begeisterter Stimmung der Erlösung von harter Fremdherrschaft einer neuen Zukunft entgegensah, hatte man in diesem Erdenwinkel

---

[1]) Aus dem Leben einer holsteinischen Kleinstadt. Von Theodor Lorenßen. Ham= burg 1911, Herold'sche Buchhandlung.

Mut und Zeit zu solchen Unternehmungen. Und während draußen die Völker in heißem Ringen um Sein und Nichtsein bluteten, während ganz nahe der furchtbare Davoust die Zuchtrute über Hamburg schwang, sammelten sich hier zu idyllischem Badeleben nahezu 350 Gäste; erst im August stoben sie jäh vor dem herannahenden Kriegsgott auseinander."

Im Jahre 1813 war Oldesloe dauernd von mehreren Batterien Artillerie besetzt. Für die dreipfündige Fußbatterie eines Kapitäns von Kinulff konnte auf der Oldesloer Feldmark kein genügend großer Platz gefunden werden, so daß dem Batteriechef anheim gegeben wurde, sich nach Blumendorf oder Fresenburg zu wenden. Ein Kapitän von Lundbye requirierte für seine Batterie einen Exerzierplatz vor dem Lübecker Tore.

Bis dahin hatten die Oldesloer nur Landsleute oder Verbündete als Einquartierung bei sich gehabt. Nun aber mußten sie die Gewalt von Feinden über sich ergehen lassen. Solange Napoleon siegreich gewesen war, hatte ja das Bündnis mit ihm den Holsteinern manche Vorteile gebracht. Als aber die Macht des Korsen in der Völkerschlacht bei Leipzig zertrümmert worden war, wurde den Holsteinern das bittere Geschick zu teil, für eine verlorene Sache im eigenen Lande auch gegen deutsche Brüder kämpfen zu müssen. Unter der Führung des zum schwedischen Kronprinzen gewählten und damit zu den Gegnern Napoleons übergetretenen Bernadotte rückten Schweden, Russen und Deutsche in das seit 1811 einen Teil des französischen Kaiserreichs bildende sogenannte *Département des Bouches d'Elbe* ein, das von Franzosen unter Davoust und der dänischen Armee unter dem Prinzen Friedrich von Hessen verteidigt wurde. Davoust warf sich bei der Annäherung der Feinde in das feste Hamburg, der französische General Lallemand besetzte Lübeck und der Prinz von Hessen zog sich auf Oldesloe und Segeberg zurück. Der russische General Woronzow drang über Lauenburg, Schwarzenbek und Bergedorf vor, Bernadotte über Mölln und Ratzeburg und General Tettenborn über Hamfelde, um die Verbindung zwischen Hamburg und Lübeck abzuschneiden. Am 4. Dezember stieß der russische General Wallmoden, der Führer der Deutschen Legion, über Klinkrade vor und traf bei Siebenbäumen mit der Brigade des dänischen Generalmajors von Lassen zusammen, die sich nach Boden zurückzog, wo sich am Nachmittag ein lebhaftes Gefecht entspann. Der russische General Dörnberg, der einstige Führer im hessischen Aufstand von 1809, griff hier mit drei Bataillonen drei aus Oldesloe ausgerückte dänische Infanterieregimenter an und trieb sie anfangs auf Boden zurück. Die Nacht machte dem Gefecht ein Ende[1]). 60 Fühnensche Dragoner machten noch einen glänzenden Vorstoß und das erste Bataillon des schleswigschen Infanterieregiments griff dort mit dem Bajonett erfolgreich an. Aber alle

---

[1]) In der Umgegend von Boden werden noch öfter Andenken an das dort stattgefundene Gefecht gefunden. Einige beim Steinhorster Vorwerk Mühlenbrok ausgepflügte Bajonette befinden sich in der geschichtlichen Sammlung unserer Oberrealschule.

noch so tapfere Gegenwehr ungeübter Truppen gegen kriegserprobte Soldaten nutzten nichts. Als General Lallemand am Abend des 5. Dezember infolge eines Vertrags mit den Schweden aus Lübeck abgezogen war und nun General Wallmoden mit Übermacht heranrückte, mußte das ganze dänische Heer den Rückzug antreten. Am 6. Dezember verließ Prinz Friedrich von Hessen nach einem lebhaften Vorpostengefecht seine Stellung bei Oldesloe und ging auf Bornhöved zurück, nachdem er sich in Segeberg mit General Lallemand vereinigt hatte, der ihm die aus Lübeck abgezogenen Franzosen und Polen zuführte. An demselben Tage nahm das jütische Dragonerregiment teil an einem Gefecht gegen Kosaken, die in Tonndorf standen. Die Kosaken wurden anfänglich über Altrahlstedt bis nach Siek zurückgeworfen, drangen dann aber mit Verstärkung unter General Pahlen vor und verfolgten das Davoustsche Korps bis Wandsbek.

Prinz Friedrich nahm seinen Marsch auf Kiel und erkämpfte sich am 10. Dezember bei Sehestedt den Weg nach dem befestigten Rendsburg. Bernadotte folgte seinen Truppen von Lübeck über Oldesloe und Segeberg und verlegte am 11. Dezember sein Hauptquartier nach Neumünster.

Für die in Oldesloe eingerückten Russen wurden von dem Obersten Schlevogt u. a. große Mengen Branntwein requiriert. Um den Anforderungen genügen zu können, lieferte der Magistrat jedem der 9 Oldesloer Brenner drei Tonnen Roggen und verlangte dafür von jedem unentgeltlich 1 Tonne verantwortlich guten Branntwein zu 60 Kannen. Da sich herausstellte, daß die Brenner, ohne großen Schaden zu erleiden, dieses Quantum nicht liefern konnten, wurde ihnen nachträglich vom Magistrat Ersatz ihrer Auslagen und eine Vergütung für ihre Bemühungen zugesichert.

In Oldesloe benahmen sich die Sieger nach einigen Gewährsmännern recht manierlich. Über ihr Hausen in der Badeanstalt schrieb Dr. Lorenzen in den Provinzialberichten von 1814: „Die Unarten einiger fremder Krieger haben zwar manche Unordnung in der Anstalt hervorgebracht, jedoch habe ich Ursache, mich über die Schonung, womit man in den Schreckenstagen die sich ganz allein überlassenen Gebäude behandelt hat, zu freuen." Besonders den Kosaken ging ja ein übler Ruf voraus. Holsteinische Berichterstatter sind aber später voll Lobes über ihre Gutmütigkeit.

Die späteren Verbündeten des Dänenstaates waren aber damals Feinde desselben, und als Feinde haben nicht nur Russen, sondern auch Preußen in Oldesloe gehaust. Der 1803 geborene Sohn Thomas des Postmeisters Peter Schythe berichtet in seiner Selbstbiographie[1]): Ein Glück noch, daß die Dänen, ohne sich hier auf ihrer Retirade festzusetzen, wie anfangs ihre Absicht gewesen sein soll, nur hindurcheilten, sonst wäre Oldesloe der Schauplatz arger Verwüstung gewesen. Wir sahen daher die nachrückenden Feinde in steter Verfolgung der

---

[1]) Aufzeichnungen aus der Vergangenheit des Geschlechts Schythe. Gesammelt von Albert Schythe. Wilhelmsburg bei Hamburg 1923.

Dänen begriffen, und die Flut verrann zum Teil weiter ins Land hinein. Es waren jedoch die ersten Tage des Eindringens eines Heerhaufens von 20 000 Mann aller Waffengattungen und der verschiedensten Völker für Oldesloe drückend genug. Es war im Dezember 1813 bei einer sibirischen Kälte (? es war Anfang Dezember Schmutzwetter!), die mit den Söhnen asiatischer Steppen in das Land gefolgt war, als der erste Kriegslärm ertönte und Russen, Baschkiren, Kirgisen und Kosaken als Avantgarde der Alliierten einrückten und nicht allein Unterkommen, sondern auch Lebensunterhalt für sich und das nachrückende Hauptkorps begehrten. Man denke sich die Lage einer kleinen Stadt von 2000 Einwohnern in 300 Häusern überflutet von einer solchen Schar verhungerter und abgerissener Krieger. Man wird es nicht für übertrieben halten, wenn ich versichere, daß, wenn mein Vater in seinem Hause 100 bis 120 Mann soeben gesättigt hatte, Hunderte andere auf den Abgang jener warteten, um deren Stelle einzunehmen. Unser Haus war freilich durch die von meinem Vater zeitig getroffenen Verproviantierungsmaßregeln gut versorgt, wielange sollten diese aber unter solchen Umständen ausreichen?

Unsere ganze Familie lag zusammengepreßt in einer kleinen Kammer; Vater und Mutter mit ein paar Dienstboten unaufhörlich mit der Bedienung der eindringenden Gäste beschäftigt. Erbsen und Speck und Speck und Erbsen waren freilich permanent, doch auch viel Butterbrot und Bier und Branntwein mußte verabreicht werden. Wurden auch gerade keine Gewalttätigkeiten begangen, und daß solche nicht begangen wurden, hatten wir der musterhaften Disziplin der schwedischen Truppen zu danken, welche dem Lande Holstein aus höheren Rücksichten wohlgesinnt waren, so war doch keiner sicher vor Brutalitäten roher Krieger, und mein armer Vater wäre beinahe das Opfer einer rohen Brutalität preußischer Husaren geworden.

Sechs derselben drängten sich nämlich ungestüm zu ihm in sein Zimmer und begehrten für jeden Fußbekleidung. Es war nichts Ungewöhnliches, daß die Feinde Leute auf der Straße aufgriffen, sie platt auf die Straße niedersetzten und ihnen die Fußbekleidung von den Füßen rissen, so daß sie mit bloßen Füßen ihre Wohnung zu erreichen suchen mußten. — Mein Vater, wohlversehen mit Stiefeln, verabreichte fünf Paar derselben und bat, daß man ihm das sechste Paar, sein einziges, das er auf den Füßen hatte, lassen möge, als solches ihm verweigert, die Stiefel mit Gewalt von den Füßen gerissen und als Lohn seiner Nachgiebigkeit von dem einen der Eindringlinge mit scharfer Waffe dermaßen über die bloßen Füße verwundet wurde, daß er wochenlang das Bett hüten mußte in so bedrängter Zeit.

Kaum war diese Drangsal vorüber und er von seinen Fußwunden genesen, als eine andere uns bald in das tiefste Elend gestürzt hätte. Ein russischer General war nämlich unter andern in meines Vaters Hause einquartiert. Daß solcher besser begrüßt werden mußte als der gemeine Soldat, war nicht zu vermeiden, und so erinnere ich noch, daß für denselben eigens Weinsuppe bereitet war. Im Drange der Verhältnisse hatte es sich nun ereignet, daß durch den häufigen Gebrauch des

Das alte Badehaus.

Das neue Kurhaus.

Kochgeschirrs ein kleines Stück Zinn beim Kochen der Suppe sich von dem Innern des Geschirrs abgelöst und in der Eile beim Anrichten der Suppe nicht bemerkt, dem General vorgeführt wurde. Dieser bei Entdeckung des kleinen Stückes Zinnes in der Suppe glaubte nun, den Versuch einer Vergiftung wahrnehmen zu müssen, und drohte in seiner Entrüstung über solche Schandtat meinem Vater mit dem Tode. Der gütige Gott lenkte jedoch die Schmach von dem Haupte des Unschuldigen, indem es meinem Vater gelang, den Bedienten des Generals, einen Deutschen und besonnenen Mann, von der wahren Sachlage zu überzeugen, und so endete diese Angelegenheit noch besser für unser Haus, als wir alle anfangs glaubten — es zeigte sich aber später, daß der Herr General sich über den lebhaften Schreck einer vermeintlichen Vergiftung dadurch revanchiert hatte, daß er meines Vaters Wagen und vier Pferde, welche als Postbeförderung für den General requiriert waren, mit über die Grenze gehen ließ, denn solche sind meinem Vater nicht wieder vor die Augen gekommen."

Die bösen Folgen, welche die plötzliche Auflösung der gewohnten staatlichen Ordnung nach sich zu ziehen pflegt, hatte damals natürlich auch Oldesloe zu tragen. Wie heute nach dem Krieg und der Revolution so nahmen auch damals in Oldesloe die Diebstähle überhand. Aber die Oldesloer scheuten damals auch die Mittel nicht, sich dagegen zu schützen. Am 28. Februar 1814 wurde vom Magistrat und den Deputierten beschlossen, daß bis auf weiteres zur Verhütung der Diebstähle, die seit einiger Zeit so sehr überhand genommen hätten, jeden Abend um 8 Uhr eine Bürgerwache von neun Mann aufziehen und bis des Morgens 6 Uhr nicht auseinandergehen solle, daß eine Stube auf dem Rathause zur Wachtstube einzuräumen sei, daß die Bürgerwache während der Nacht patrouillieren solle und daß die nähere Vollziehung den Bürgerkapitänen Helms und Jasper mit ihren Offizieren und Unteroffizieren übertragen werde. Zur Ergänzung der Abgänge wurden erwählt im 1. und 2. Quartier zum Adjutanten Nordtmann, zum Unteroffizier an seine Stelle Bornhöft, im 3. und 4. Quartier zum Adjutanten Johann Jochim Comduhr, zu Unteroffizieren Lubeseder, Suhr, Schmied Möller und Johann Hinrich Sonder.

Der Friedensvertrag war zwar bereits am 14. Januar 1814 mit Bernadotte in dessen Hauptquartier zu Kiel abgeschlossen worden; aber Friede zog darum doch nicht ins Land ein. Durch den Vertrag hatte sich Dänemark verpflichten müssen, sich den Alliierten zur Bekämpfung der Franzosen anzuschließen, und mußte daher nicht nur sein Heer zum Rheine senden, sondern auch das Heer der Alliierten, das Davoust in Hamburg belagerte, im Lande dulden und unterhalten. In Oldesloe, Trittau, Ahrensburg, Itzehoe und Kiel waren Magazine errichtet worden, zu deren Füllung die Böden und Scheunen der Landleute geleert wurden. Die Gegend um Hamburg herum wurde gänzlich ausgesogen. Erst als Davoust im Mai 1814 Hamburg verlassen hatte, konnte das Land etwas aufatmen.

In Oldesloe hatte indessen der rührige Dr. Lorenzen die zweite Badesaison vorbereitet. „Diesen Augenblick," schrieb er am 16. Juni

1814 in einem an den Apotheker Spalkhaver in Itzehoe gerichteten und in den Provinzialberichten veröffentlichten Briefe, „ist alles Zerstörte wieder in Ordnung gesetzt, und die freundlichen Badestuben, mit den gehörigen Bequemlichkeiten versehen, laden die Hülfesuchenden zum hoffnungsvollen Gebrauch ein." Rühmend hob er hervor: „Der Erfolg in der kurzen vorjährigen Badezeit hat zu den kühnsten Hoffnungen berechtiget .... In der kurzen Zeit von sechs Wochen, da die Anstalt vorigen Sommer geöffnet war, wurden über 800 Bäder genommen, welche ihre Wirkung bei der Gicht, dem Rheumatism, den Skropheln, Lähmungen etc. etc. völlig, meinen Erwartungen entsprechend, geleistet haben. Der Herr Doktor und Ritter Hagelstein, welcher genaue Bemerkungen gesammelt hat, würde die merkwürdigsten Erfahrungen, dem vorgesteckten Ziele gemäß, bereits dem Publiko vorgelegt haben, wenn nicht der Druck der Zeitbegebenheiten, der uns besonders traf, ihn genötigt hätte, diese Ausarbeitung bis zu einer ruhigeren Zeit zu verschieben. Der Krieg lähmte nicht nur den Mut, sondern führte in seinem Gefolge auch so mannigfaltige Geschäfte herbei, daß keine Muße, ausführliche Darstellungen zu entwerfen, übrig blieb."

Als der Wiener Kongreß die lange Kriegszeit abschloß und Dänemark durch die Erwerbung von Lauenburg etwas für den Verlust Norwegens entschädigt wurde, hörte Oldesloe auf Grenzstadt zu sein, was es seit seiner Gründung in grauer Vorzeit stets gewesen war. Bei den veränderten politischen Verhältnissen wurde es wohl kaum als Wohltat gewürdigt, daß nun die Stadt kriegerischen Einfällen nicht mehr in erster Linie ausgesetzt war.

Wie die Stadt, so hatte auch das Kirchspiel die Lasten des Krieges zu tragen. Besonders schwer soll Rümpel unter denselben gelitten haben. Doch brachte diese Zeit auch einige wohltätige Veränderungen in der Verfassung des Kirchspiels. Durch Hoheitsvergleich von 1803 kamen die dem Lübecker Heiligengeiststift gehörigen Dörfer Pölitz und Barkhorst, sowie die Kupfermühle bei Oldesloe und der der Lübecker Marienkirche gehörige Meierhof Frauenholz unter holsteinische Landeshoheit zurück, und es mußte nun die Justiz an diesen Orten nach holsteinischen Gesetzen und Herkommen verwaltet werden. Im Jahre 1805 richteten Fresenburg, Schadehorn, Nütschau, Tralau und Neverstaven ein gemeinschaftliches Patrimonialgericht ein und gewannen als Gerichtshalter für dasselbe den Justizrat Decker in Oldesloe. Diesem Gerichte schloß im Jahre 1807 die Verwaltung des Heiligengeistspitals in Lübeck die Dörfer Pölitz und Barkhorst an. Später traten auch noch Schulenburg, Hohenholz, Krummbek, Frauenholz und sogar zwei außerhalb des Kirchspiels liegende Dörfer, nämlich Westerau und Hoisbüttel, diesem Gerichte bei. (Gerichtshalter wurde nach Deckers Tode sein Nachfolger von Colditz und nach diesem einige Zeit vertretungsweise ein Herr Tadey. Im Jahre 1864 wurde die Stelle öffentlich ausgeschrieben und aus der Zahl der Bewerber Herr Axt aus Preetz zum Gerichtshalter gewählt.)

Durch einen Vergleich mit Pölitz und Barkhorst vom 1. August 1807 verzichtete das Heiligengeiststift auch gegen einen festen Kanon auf das Obereigentum in diesen beiden Dörfern, jedoch unter gewissen Einschränkungen des Rechts der freien Verfügung[1]).

Im Jahre 1815 verkauften die Vorsteher des Stifts die bisherige Kupfermühle bei Oldesloe an die Oldesloer Bürger J. D. Sonder und F. H. Helms, die eine Papierfabrik darin einrichteten.

Als Merkwürdigkeit ist zu verzeichnen, daß sich der Hof Frauenholz ganz aus dem Kirchspiel Oldesloe verloren hatte. Als sich behufs Aufstellung der Militärstammrolle im Jahre 1806 die holsteinische Regierung zu Glückstadt bei dem Obervorsteher und den Vorstehern der Marienkirche in Lübeck erkundigte, zu welchem Kirchspiel denn Frauenholz eigentlich gehöre, wo die amtlichen Kirchenregister über seine Einwohner geführt würden, gaben die Herren Obervorsteher und Vorsteher die Auskunft, daß ihres Wissens der Meierhof Frauenholz nie bestimmt bei einer oder der andern Landkirche eingepfarrt gewesen sei. Die Pächter hätten sich aber willkürlich nach Reinfeld zur Kirche zu gehen gewöhnt, und seit 40 Jahren hätten der vorige und jetzige Pächter, Schwiegersohn des vorigen, ihre Kinder zu Reinfeld taufen und ihre Leichen daselbst begraben lassen, ohne jemals dieserhalb etwas außer den gewöhnlichen Tauf- oder Beerdigungsgebühren weder an den Prediger noch an die Kirche zu bezahlen. Dieselbe Antwort gaben sie am 16. Mai 1809 den Segeberger Kirchenvisitatoren, als diese auf Anregung des Hauptpastors Hansen in Oldesloe der Sache nachforschten. Es ist kaum zu glauben, daß die dem Meierhofe Frauenholz vorgesetzte Lübecker Behörde nicht gewußt hat, daß dieser Hof von jeher zum Kirchspiel Oldesloe gehört hat, und noch verwunderlicher und unbegreiflicher ist es, daß, wie die Segeberger Kirchenvisitatoren dem Bürgermeister Decker am 25. Mai 1809 schreiben, „sowohl die Herren Prediger wegen des Abgangs der Gebühren als auch die Gemeinde wegen des Verlustes der Beiträge zu den Kirchenanlagen so lange geschwiegen haben." Zum Kirchspiel Reinfeld kann der Hof schon darum nicht gehört haben, weil er sich mit diesem Kirchspiel gar nicht berührt, sondern durch Gemeinden des Kirchspiels Klein-Wesenberg von ihm getrennt ist. Da sich aus den Oldesloer Kirchenbüchern unzweifelhaft ergab, daß Frauenholz zum Kirchspiel Oldesloe gehörte, so wurde es ihm im Jahre 1810 wieder zugewiesen. Die Aufschrift des diese Sache betreffenden Aktenfaszikels des Stadtarchivs „*Acta* wegen Aufnahme des Hofes Frauenholz zur Oldesloer Kirchengemeinde im Jahre 1810" ist irreführend. Es handelt sich doch nur um die Heimführung eines verirrten Schäfleins.

Das große Lucknersche Fideikommiß wurde im ersten Jahrzehnt des Jahrhunderts mit Genehmigung der Regierung wieder zerschlagen. Im Jahre 1803 wurden die beiden bisherigen Meierhöfe von Schulen-

---

[1]) Das Nähere findet sich angegeben in dem S. 429 erwähnten Bericht über das Heiligegeisthospital in Lübeck von Dr. G. W. Dittmer im ersten Bande des Archivs für Staats- und Kirchengeschichte usw. Altona 1833.

burg, Hohenholz und Krummbek verkauft und zu selbständigen adeligen Gütern gemacht, und im Jahre 1808 wurde auch Blumendorf mit Glinde und Wolkenwehe verkauft. Als Restfideikommiß behielt Nicolaus Graf von Luckner, Amtmann von Travental, Reinfeld und Rethwisch, nur Schulenburg. Hohenholz kaufte Hermann Bemse für 32 700 Reichstaler Spezies, verkaufte es aber bald wieder an den Baron A. von Liliencron, aus dessen Konkurs es F. R. Binge erstand, der es dann 1810 wieder an A. B. Schrader verkaufte. Das Gut Krummbek besaß 1806 L. C. Baron von Liliencron. Blumendorf kam 1808 in den Besitz des Grafen von Schimmelmann und 1809 an den Baron J. M. von Rodde in Lübeck. Um jene Zeit wurden die letzten Bauernstellen in Glinde niedergelegt und das ganze Bauernland zum Hoffelde gezogen.

Das Gut Nütschau kaufte im Jahre 1801 Adam Graf von Moltke, Tralau im Jahre 1803 Graf C. von Rantzau, der es 1806 wieder an J. G. Wibel verkaufte. Fresenburg blieb in dieser Zeit im Besitz der Buchwalds. Im Jahre 1811 war Oberst L. N. H. von Buchwald Besitzer.

III. Ein Erdfall bei Oldesloe.

In der Nacht vom 13. auf den 14. März 1817 brachen bei einer ungewöhnlich nassen Witterung an der Böschung des Travetales halbwegs zwischen Oldesloe und dem Kneden auf einer der Familie Schmidt gehörigen Koppel plötzlich große Wassermassen hervor und schleuderten das Erdreich, das ihnen den Austritt versperrt hatte, nebst den darin befindlichen Felsblöcken über die am Fuße der Böschung befindliche Wiese bis in die Trave, wo sich dadurch eine 100 Fuß breite und 33 Fuß vortretende Erdzunge bildete. Einzelne große Erdblöcke und mehrere viele Zentner schwere Steine wurden noch weiter in die Trave hineingestürzt. Das dadurch entstandene Erdloch, aus dem das Wasser noch lange nachfloß, hatte von Osten nach Westen einen Durchmesser von 33 Fuß. Die Strecke, über welche die Erd- und Steinblöcke hinweggeschleudert wurden, maß 112 Fuß. Die mit Erdmasse bedeckte Fläche war 156 Fuß lang und 41 Fuß breit, und die Entfernung vom Anfang der Grube bis zum Ende der Erdzunge betrug 295 Fuß. Mehrere Erdblöcke hatten eine Länge von 7 bis 8 Fuß, eine Breite von 4 bis 6 Fuß und eine Dicke von 4 bis 5 Fuß. Ja, der größte Erdblock, der ungefähr 30 Fuß von der Trave liegen geblieben, war 22 Fuß lang, 6 Fuß breit und 4 Fuß dick.

L. Lindenberg, der dieses Naturereignis im 3. Hefte der Provinzialberichte von 1817 beschrieben hat, nennt es einen Erdfall. Eigentlich aber war es die Umkehrung eines solchen, da ja nicht die Erdmassen der Oberfläche durch ihre eigene Schwere in einen unter ihnen entstandenen Hohlraum hineinstürzten, sondern durch Wasserdruck von unten von ihrer Stelle bewegt wurden. Das Ereignis ist daher eher einem durch eindringendes Wasser hervorgebrachten Bergsturze zu vergleichen. Offenbar hatten sich in einer zwischen zwei Lehmschichten liegenden Sand- und Kiesschicht, die nach dem Flusse zu durch eine Lehmlage abgeschlossen war, wie in einem Sacke Wassermassen angesammelt, die durch den Druck der auf ihnen lastenden

Lehmschicht gezwungen wurden, sich mit Gewalt einen Ausweg zum Flusse zu öffnen. Bei dieser Lagerung der Erdschichten auf der Nord= seite des Travetales mag sich im Laufe der Jahrtausende eine solche Katastrophe in der Gegend schon öfter ereignet haben und auch in Zukunft noch vorkommen. Daß sie sich, seit Menschen hier wohnen, schon einmal ereignet hat, scheint der Name des Sehmsdorf gegen= überliegenden Klauenberges zu bezeugen. Der Berg hieß früher „de klowen Berg", d. h. der geklobene (gespaltene) Berg, und sein Name ist wie so manche unserer niederdeutschen Namen nur falsch ins Hoch= deutsche übersetzt. Die Vorfahren werden aber keinen Berg gekloben genannt haben, wenn er nicht wirklich einmal gekloben ist.

Wirkliche Erdfälle sind in der Gegend aber gewiß auch öfter vor= gekommen, nur mögen die durch sie entstandenen Trichter mit der Zeit wieder zugeschlemmt sein, so daß von einigen nur der Name Kuhle übriggeblieben ist. Am deutlichsten erkennbar ist noch die Antkuhle (Entenkuhle), ein kreisrunder Teich neben dem Travebett in der Pa= storenwiese hinter dem Gemeindehause. Auch die Schimmelkuhle an der Mündung des Knedenbachs ist noch als kreisrunde, allerdings nur flache Vertiefung in der Talsohle der Trave zu erkennen. Die Glocken= kuhle an der Mündung der Wöckenitz dagegen ist ganz eingeebnet und als Kuhle nicht mehr sichtbar. Auch an der einst Stots Kuhle ge= nannten Koppel, die auf der Gemeindekarte als Staatsschule bezeich= net, ist die Spur eines ehemaligen Erdtrichters nicht mehr zu finden. Sie mag bei Anlage der Ratzeburger Straße und dem dortigen Häuser= bau verschwunden sein.

IV. Das Bürgermilitär im Frieden.

Besuch des Königs. Uniform. Wachtdienst an den Jahrmärkten. Absperrung bei Choleragefahr.

Wir haben gesehen, daß die ganze Bürgerschaft nach den vier Stadtquartieren militärisch organisiert war und im Notfalle den Wacht= dienst in der Stadt verrichten mußte. Diese Organisation wurde auch in den folgenden Friedensjahren aufrechterhalten.

Am 24. Juli 1817 wurde den ins Rathaus geladenen Offizieren und Unteroffizieren der Bürgerschaft bekanntgemacht, daß zum Emp= fang des Königs die Bürgerschaft unter Gewehr zu treten habe. Wenn einer seines Alters wegen abgehen oder sich der reitenden Garde zu= gesellen wollte, so möge er sich darüber erklären. Sodann wurden die Offiziere und Unteroffiziere der beiden Kompagnien festgestellt oder, soweit es durch Abgänge nötig geworden war, neu gewählt. Die Kompagnie des 1. und 2. Quartiers hatte einen Kapitän, 2 Leutnants, einen Adjutanten, 5 Unteroffiziere und einen Fähndrich, die des 3. und 4. Quartiers 1 Kapitän, 2 Leutnants, 1 Adjutanten und 7 Unteroffiziere. Als Uniform für die Offiziere ist beliebt: Dunkelblaue Röcke mit gelben Knöpfen, weiße Westen, graue Beinkleider und dreieckige Hüte mit goldener Krempe, für die Unteroffiziere dasselbe, doch ohne gol= dene Krempe. Von der Pflicht, unter Gewehr zu treten, ist kein Bür=

ger frei, der nicht 60 Jahre alt oder erweislich krank ist oder zum reitenden Korps gehört.

Sitzungen der städtischen Kollegien, in denen Abschiedsgesuche von Offizieren bewilligt und Neuwahlen vorgenommen wurden, fanden dann nach dem im Jahre 1807 angelegten Protokollbuche des Bürgermilitärs noch statt 1823, 1826, 1828, 1831, 1840, 1843 und 1845. Damit hören die Nachrichten auf. Über den Dienst oder etwaige Übungen oder Feste des Bürgermilitärs ist im Protokollbuch nichts verzeichnet.

Es hatte aber ernsten Dienst zu verrichten, z. B. wie früher schon den Wachtdienst auf den Jahrmärkten. In seiner Ansprache an die Bürgerschaft auf dem Neujahrsvogtding am 6. Januar 1826 sagte Bürgermeister von Colditz bei der Rückschau auf das vorhergehende Jahr: „Mit schweren Verbrechen und kostspieligen Criminaluntersuchungen ist unsere Stadt in dem verflossenen Jahre gleichfalls verschont geblieben. Im Frühjahrsmarkte sind verschiedene Diebereien vorgefallen, die Sache ist sogleich von uns untersucht und die überführten Täter büßen ihr Vergehen; wodurch wir denn für die Zukunft Ruhe und Sicherheit bewirkt zu haben hoffen dürfen. Dazu muß aber vornehmlich auch die Bürgerschaft mitwirken, indem sie in den Jahrmärkten ihre Wache mit Pünktlichkeit, Eifer und Umsicht versieht. Zur Förderung der öffentlichen Sicherheit und um der Stadtkasse Untersuchungskosten zu ersparen, werden wir strenge darauf halten, daß die zum Wachtdienst angesagten Bürger entweder selbst kommen oder tüchtige und nüchterne Stellvertreter stellen."

Bei der Choleragefahr im Jahre 1831 übernahm die Bürgerwehr die Absperrung der Stadt, indem sie täglich mit 30 Mann alle Zugänge besetzte, wobei etwa alle 10 Tage die Reihe an einen kam. Als aber bekannt wurde, daß nach einer Regierungsverfügung die Teilnahme an den Wachen freiwillig sein müsse, hielten sich die meisten Bürger von den Wachen zurück, so daß die Dienstwilligen etwa alle drei Tage die Wachtposten beziehen mußten. In dem Vogtding vom 10. November 1831, in dem über die Absperrung beraten wurde, kam es infolge von Reden der Advokaten Schütz und Bahr zu so wüsten Auftritten, daß der Bürgermeister die Sitzung schließen und das Rathaus räumen lassen mußte. Die Bürgerschaft wünschte wohl die Fortsetzung der Absperrung. Da sich die Mehrzahl der Bürger aber nicht mehr zur Übernahme des Wachtdienstes bereit fand und auch die Kosten für eine im Fall der Absperrung nötige Quarantäne-Anstalt nicht tragen wollte, mußte die weitere Absperrung unterbleiben.

V. Das Aufblühen des Bades.

Herstellung von Kurgebäuden und Anlagen. Das Badepublikum. Preise. Schilderung des Badelebens. Die Spielbank. Der Badedirektor. Besuche des Königs.

Nachdem wieder Friede eingekehrt war, trug Dr. Lorenzen Sorge, die Badeeinrichtungen weiter zu ergänzen und zu vervollkommnen. Im Jahre 1817 wurde eine Restauration eingerichtet und außer einigen

Fr. Aug. Lorentzen,
Dr. med., Apotheker, hatte die Oldesloer Apotheke von 1788—1833, Justizrat, Oberinspektor der Saline und Direktor der Badeanstalt,
Gründer des Bades 1813,
geb. 1765 in Bad Oldesloe, gest. 1842 in Itzehoe.

Nebengebäuden ein zweiter Badepavillon hergestellt, der mit dem ersten durch einen Säulengang verbunden wurde. 1823 wurde das Badelogierhaus erbaut. Es enthielt anfänglich 32 Zimmer, doch kamen später durch Anbau noch weitere hinzu. Endlich wurde im Jahre 1828 der große Saal an das die Restauration enthaltende Gesellschaftshaus angebaut, damals der größte des ganzen Landes. Die innere Einrichtung war man bestrebt, so geschmackvoll wie möglich herzustellen. In den Badezellen hatten die Gäste die Wahl zwischen Wannen von Holz, Kupfer, Zinn, Marmor und Sandstein; die Herstellung der Kuranlagen wurde einem Gartenkünstler aus Bremen übertragen. Um der Konkurrenz der Seebäder zu begegnen, hatte Dr. Hagelstein schon in seiner ersten Einladungsschrift darauf hingewiesen, daß die Gadierwerke einen Ersatz für die Seeluft böten; sie seien gewissermaßen eine künstliche Meeresfläche, auf der in fünf Monaten 60 Millionen Pfund Wasser verdunsten. Nun wurden durch Anschaffung von Badefloß und Badekarren auch Freiluftbäder im Salzteich eingerichtet, die denen in der Ostsee in nichts nachstehen sollten. Besonders ließ sich Dr. Lorenzen aber angelegen sein, ein hocharistokratisches Publikum hierherzuziehen, und es gelang ihm. Mitglieder des königlichen Hauses und der schleswig-holsteinischen Herzogsfamilien benutzten hier wiederholt die Heilkraft der Bäder. Oft zählte man 10 bis 12 Prozent von Adel in den Badelisten, so daß Oldesloe bald in den Ruf eines teuren Modebades kam. Die Masse der Besucher stellten natürlich die benachbarten Handelsstädte Lübeck und besonders Hamburg. In den zwanziger Jahren, die den Höhepunkt des Oldesloer Badelebens darstellen, waren Sonntags in der Kurzeit die Ställe und Remisen zu klein, um die Menge der Equipagen und Pferde unterzubringen, und auch an der Wirtstafel des Restaurationshauses mußten viele wegen Platzmangels abgewiesen werden.

Es konnte nun dem Leiter des Bades nicht daran gelegen sein, daß Oldesloe gerade in den Ruf eines **teuren** Modebades kam. Deshalb veröffentlichte Dr. Lorenzen in den Provinzialberichten von 1825 folgende **ungefähre Berechnung der Kosten** des Nötigen während eines Aufenthalts von **vier Wochen**, um zu zeigen, daß sie selbst für den Minderbegüterten sehr unbedeutend seien:

„Logis für eine Stube mit den nötigen Mobilien   18 bis 42 Mark
Mittagessen an *table d'hôte* à Person   37 Mark 8 Schill.
Kaffee und Tee, zusammen 60 Portionen   30 Mark
(Wer ihn sich selbst hält, zahlt für kochendes
    Wasser   3 Mark 12 Schill.)
Butter und Brot morgens und abends   15 Mark
Für Musik à Person   3 Mark 12 Schill.
Fuhrgeld für Lust- und Landtouren   6 Mark

Im Ganzen also mit Logis geringerer Art ohne Kaffee und Tee 84 Mark, mit vorzüglicherem Logis nebst Kaffee und Tee 134 Mark 4 Schilling. Kommt hinzu noch einiges für Abendgesellschaften etc., (Wein und Spiel kann nicht mit in Anschlag gebracht werden) so betragen sämtliche Kosten im Durchschnitt 100 bis 130 Mark pr. Monat, wovon, wie billig, zu kürzen ist, was einer im eigenen Hause verzehren würde.

Bedientenkammern mit Bett kosten im Logierhause monatlich 8 bis 18 Mark nach Verhältnis. Mittagessen für Kutscher und Bediente à Person 6 Schilling.

Stallraum, Remisen, Pferdefutter und Streu sind hier billig im Preise, wie alles, was sonst zur Bequemlichkeit der Badegäste erforderlich ist.

Jede Stube im Logierhause enthält ein Bett; ein zweites wird besonders bezahlt.

Damit auch Fremde und Reisende nicht übernommen werden können, sind an mehreren Stellen Preislisten angeschlagen.

Die Bäder selbst sind ebenfalls so billig als möglich und kostet

    Ein warmes Schwefelbad 24 Schill.
    Ein dito Salzbad   20 „
    Ein kaltes Salzbad   12 „

mithin die ganze Badekur h ö c h s t e n s 45 Mark, wonach freilich derjenige am wenigsten fragen dürfte, welcher durch selbige gesund zu werden hofft."

Folgende begeisterte Schilderung des Oldesloer Badelebens jener Zeit gibt Dr. Theodor Lorentzen in dem schon erwähnten Schriftchen zum Gedächtnis seines Ahnherrn: „Daß das Bad als solches nicht allein die Fremden anlocken konnte, ist klar, es mußte den verwöhnten Gästen auch Unterhaltung geboten werden. Auch hier folgte Lorenzen durchaus praktischen Grundsätzen. „Man will sich auch amüsieren," schreibt er in einem Bericht, „fehlt es daran, so wird man vor Langeweile krank. Man muß auch Gesunde durch Spiel und Tanz heranziehen, vor allem Fremde und Gebildete, dann bekommt man Zulauf — der Glaube macht selig. Ist der Glaube erst entstanden, dann wird alle Genesung dem Brunnen zugeschoben." So wurden denn Lustfahrten mit Picknicken zu Lande und zu Wasser in die hübsche Umgebung, besonders nach Nütschau und dem Kneden veranstaltet. Wöchentlich zweimal vereinigte sich nachmittags oder abends die Gesellschaft zwanglos im Badehause, wobei nicht selten die schöne Herzogin von Augustenburg selbst erschien, überall verehrt wegen ihrer Leutseligkeit und Güte. Während man sich anfangs mit dem behalf, was die Gäste selbst zu den musikalischen und theatralischen Aufführungen beitrugen, ließ man später eine eigene Kapelle und die besten Schauspielertruppe für die Kurzeit kommen, und nicht die schlechtesten Kräfte wählte man aus. Jahr für Jahr spielten Musiker aus dem fernen Böhmen den Gästen ihre Weisen auf, auch gastierte wiederholt die berühmte Truppe des Grafen Hahn, des wegen seiner kostspieligen Liebhaberei sogenannten „Theatergrafen". Der Sonntagabend aber war der Terpsichore geweiht, und an allen diesen Veranstaltungen nahmen natürlich auch die Oldesloer Honoratioren teil, die Sonntags oft mit ihren Familien an der Gasttafel der Baderestauration speisten und dann gleich bis zum späten Abend dort blieben. Den jungen Mädchen von Oldesloe hat es in jener Zeit an Abwechslung und Unterhaltung wahrlich nicht gefehlt.

Für die Herren aber hatte das Bad noch einen besonderen Reiz: die S p i e l b a n k. Das Hasardspiel war nun freilich in Dänemark schon seit 1753 bei schweren Strafen verboten, ein Verbot, das 1816 auch in Holstein eingeschärft wurde. Allein hier machte man schon eine Ausnahme. Alljährlich bewilligte die Regierung Lorentzens Antrag von neuem, doch nur für Pharao, *Rouge et noir* und Roulette. Als niedrigster Point wurde ein Reichsbanktaler festgesetzt, ein Teil des Überschusses sollte der Armenkasse von Oldesloe zukommen und zur unentgeltlichen Verabreichung von Bädern an unbemittelte Kranke verwandt werden. Erst 1846 ist die Spielbank auch in Oldesloe nicht mehr erlaubt worden.

Auch bei diesen Unterhaltungen war der Badedirektor die Seele des Ganzen. Unermüdlich und in stets gleich bleibender Munterkeit übte der noch im Alter schöne und stattliche Mann mit seiner klugen und gewandten Frau die Pflichten der Repräsentation und regte die Geselligkeit an. Mindestens allsonntäglich, meist aber auch an den anderen Tagen der Kurzeit präsidierte er selbst der *table d'hôte*[1]), und manchmal ward ihm dabei die hohe Ehre zuteil, die Herzogin von Augustenburg zu Tisch führen zu dürfen, die ihm sehr gewogen war und ihm fast freundschaftlich begegnete. Peinlich sah er bei den Gästen darauf, daß sie auch in ihrem äußeren Auftreten der Eleganz des Bades entsprachen, — er selbst blieb schlicht und war stolz darauf, auch ohne viel Komplimente mit den hohen Herrschaften fertig zu werden.

Welch Ereignis aber, wenn das fröhliche Badeleben auf wenige Tage erstrahlte von dem Glanz der königlichen Majestät selbst, wie dies 1817, 1823, 1827 und 1833 geschah, als der König seine Besichtigungsreisen durch die Herzogtümer machte. Von allen Seiten strömte dann das Volk in die festlich geschmückte Stadt, deren Marktplatz mit rotem Tuch ausgelegt war, um den König Friedrich den Sechsten, der wegen seines persönlichen Wohlwollens mit Recht geliebt wurde, zu sehen, wie er, eingeholt von berittenen Oldesloer Bürgern, mit seinem Gefolge einzog. Wenn dann die feierliche Begrüßung geschehen, die Bücher durchgesehen, Audienzen erteilt, alle öffentlichen Anstalten besichtigt waren, dann wurde der hohe Gast zum Schluß in den schönen Räumen der Badeanstalt festlich empfangen und bewirtet. Welch hohe Ehre für sie, wenn er Höchstselbst daselbst ein Bad zu nehmen geruhte, oder wenn er beim Festmahl einen Trinkspruch auf das Gedeihen der Anstalt ausbrachte, oder wenn er auf dem großen Ball selbst die Polonaise eröffnete; zog er sich auch bald wieder zurück, so verweilte doch der Prinz Friedrich beim Tanz den ganzen Abend, das Bild des liebenswürdigsten Prinzen darstellend."

---

[1]) Lorenßen hatte 1825 die Restauration für eigene Rechnung übernommen und die Verwaltung derselben dem bisherigen Wirte Meyer wiederum übertragen.

VI. Die Einrichtung eines neuen Kriminalgefängnisses.

Im 18. Jahrhundert hatte die Stadt zwei Gefängnisse, den sogenannten Bürgergehorsam über dem Hamburger Tor und das Kriminalgefängnis über dem Lübschen Tor. Als nun bei dem großen Brande von 1798 das Torgebäude am Hamburger Tor ausgebrannt war und infolgedessen abgebrochen wurde, erwiesen sich die noch zur Verfügung stehenden Gefängnisräumlichkeiten auf dem Lübschen Tore bald als zu eng, und es stellte sich die Notwendigkeit heraus, ein neues Kriminalgefängnis einzurichten. Im Jahre 1821 bot sich nun die Gelegenheit, das sogenannte Lübsche Haus an der Hude, das bis dahin dem Bürger Geertz zuständig gewesen war und sowohl für die Einrichtung eines Kriminalgefängnisses wie einer neuen Wohnung für die Stadtdiener statt der gänzlich verfallenen geeignet schien, für die Stadt zu erwerben. Mit Zustimmung des gesamten Magistrats erstand es Dr. Lorentzen bei der öffentlichen Versteigerung meistbietend, und der Ratsverwandte Langtim erklärte sich bereit, für seine Person in den Kauf einzutreten, falls der Plan, das Kriminalgefängnis nebst Stadtdienerwohnungen in dem Hause einzurichten, nicht die Zustimmung der Deputierten und die Allerhöchste Genehmigung finden sollte. Aber der Plan fand, angeblich wegen zu großer Kosten, nicht die Zustimmung der Deputierten, und alle Abänderungsvorschläge, mit denen man glaubte ihren Wünschen entgegenzukommen, vermochten nicht, ihren Widerstand zu brechen. Die Sache wurde deshalb der Entscheidung der Regierung anheimgegeben, worauf die Statthalterschaft durch Resolution vom 18. Mai 1822 den Ankauf genehmigte und zugleich verfügte, „daß auf die Einwendungen der Deputierten gegen den vom Magistrat vorgeschlagenen Ankauf des Lübschen Hauses und dessen Einrichtung zu Kriminalgefängnissen und Stadtdienerwohnungen nicht Rücksicht zu nehmen sei." Die Licitation des Umbaues wurde durch Allerhöchstes Reskript vom 29. Juli 1822 genehmigt, und bald konnte mit den Arbeiten begonnen werden. Am 29. Juli 1823 beschlossen die Kollegien, der größeren Haltbarkeit halber und teils auch wegen des besseren Aussehens die Vorderseite und die beiden Nebenseiten des Daches des Lübschen Hauses mit blauen Dachpfannen zu decken. Von der anfänglich glänzenden Bläue des Daches bekam dann das Haus den Namen, den es noch führt.

Die Herrichtung des blauen Hauses hatte nun leider den Abbruch des letzten Torgebäudes der Stadt zur Folge. Mit dem Lübschen Tore verschwand der letzte Rest von dem mittelalterlichen Oldesloe. An Denkmalspflege wurde damals noch nicht gedacht.

Den Bürgern, die früher ihren besonderen „Bürgergehorsam" gehabt hatten, war nun der Gedanke, unter Umständen auch ins blaue Haus gesperrt zu werden, doch etwas peinlich. Auf dem Vogtding vom 4. März 1831 ließen sie deshalb durch die Achtmänner Arnold und Schmalfeld den Wunsch anbringen, „daß künftig, wenn ein Bürger durch ein Versehen mit Arrest im Bürgergehorsam zu bestrafen, diese Strafe nicht in den dazu eingerichteten Gemächern im Gefangenhause, sondern in der oben auf dem Rathhause befindlichen Kammer abgehalten und dem darin Detinierten von dem Gerichtsdiener aufgewartet werden möge." Darauf wurde der Bürgerschaft eröffnet, „wie die Bürger zu gewärtigen haben, daß, wenn nicht von eigentlichen Verbrechen und Vergehen die Rede, sondern nur Widersetzlichkeit und Ungehorsam der Bürger zu ahnden sei, die zu verhängende Strafe in der oben auf dem Rathause befindlichen heizbaren Kammer abgehalten werde.

VII. Anlage eines neuen Friedhofes.

Jahrhundertelang haben die Kirche selbst und der Platz um die Kirche für die Begräbnisse der Kirchspielseingesessenen genügen müssen, auch dann, als die in einigen Dörfern angelegten Sonderfriedhöfe wieder eingegangen waren. Durch Beseitigung der Häuser an der Kirchhofsseite der Schulstraße und Erwerbung ihrer Plätze wurde der Kirchhof zwar mehreremal vergrößert, zuletzt noch im Jahre 1807 durch Niederlegung der Gottesbuden. Aber schließlich war eine Vergrößerung nicht mehr möglich, und es mußte zur Anlegung eines neuen Friedhofes geschritten werden. Sie geschah im Jahre 1823. Das Grundstück in landschaftlich schöner Lage unmittelbar an der Stadt vor dem Besttore wurde von den Bürgern Wollherr und Fehland angekauft, mit Hecke und Zaun und einer an allen vier Seiten entlang laufenden Lindenallee umgeben und durch zwei sich kreuzende Alleen in vier Quadrate eingeteilt. Das erste Quadrat wurde für die als Eigentum erworbenen Familiengräber bestimmt. Diejenigen, welche Familienbegräbnisse in der Kirche oder auf dem alten Friedhofe besaßen, erhielten, wenn sie ihre Ansprüche an solche Gräber gehörig dartun konnten, gegen Erlegung einer Gebühr von 2 Reichstalern wieder Plätze auf dem neuen Friedhofe angewiesen und konnten, wenn sie Gewölbe erbauten, die Särge aus den bisherigen Grabgewölben dorthin überführen lassen, was jedoch nur unter Aufsicht der Medizinalbehörde geschehen durfte. Das zweite Quadrat wurde für die Gräber der Dorfschaften bestimmt, das dritte für die Einwohner von Oldesloe, die adeligen Güter und ihre Erbpächter, sowie für Fremde. Das vierte Quadrat sollte vorläufig unbenutzt in Reserve bleiben. Der Friedhof wurde eingeweiht am 29. September 1824. Es ist gewiß ein Anzeichen von der Gesundung und der dadurch hervorgerufenen Bevölkerungszunahme im Kirchspiel, daß sich bereits nach einem halben Jahrhundert wieder die Anlage eines neuen Friedhofes nötig machte, so daß nun der damalige neue Friedhof wieder der alte geworden ist.

VIII. Die Gründung der Sparkasse.

Die Gründer. Die Verfassung. Guter Erfolg. Die Leihkasse.

Um der Not abzuhelfen, die in den Jahren nach den Napoleonischen Kriegen nicht nur die Armen, sondern auch den Mittelstand drückte, kam man auf den Gedanken, nach englischem Muster Sparkassen zu gründen, durch die man die Unbemittelten zum Sparen und zur Ansammlung kleiner Kapitalien anregen wollte, und Leihkassen, bei denen der Gewerbetreibende in Geldverlegenheiten Hilfe finden konnte.

Besonders war es die im Jahre 1812 gegründete schleswig-holsteinische patriotische Gesellschaft, welche die Einrichtung solcher Kassen zu befördern suchte. Sehr bezeichnend ist es, daß die auf ihre Anregung am 4. Dezember 1815 erfolgte Gründung der ersten derartiger Kassen in Schleswig-Holstein, der Spar- und Leihkasse zu Friedrichsberg bei Schleswig, vom Armenkollegium des Ortes in die Hand genommen wurde. Die guten Erfolge dieser Kasse ermunterten die Bürgerschaften anderer Städte zur Nachahmung, und 1824 taten sich dann auch Oldesloer Bürger zusammen, um eine solche Kasse zu gründen. Auch in Oldesloe gab es einen Distriktsverein der patriotischen Gesellschaft, dessen Vorsitzender Dr. Lorentzen war, und in ihm wird die Gründung mit Eifer betrieben worden sein. Der Hauptförderer der Sache aber war in Oldesloe der Obergerichtsadvokat Carstens. Er wußte eine Anzahl Bürger zu gewinnen, mit denen er am 25. März 1824 einen „Verein zur Errichtung und Verwaltung einer Sparkasse" gründete. Aus der aus 14 Paragraphen bestehenden Verfassung desselben möge hier nur Folgendes mitgeteilt werden:

„1. Unterzeichnete Einwohner von Oldesloe vereinigen sich zur Errichtung und Verwaltung einer Sparkasse und zahlen ein jeder zur Constituierung eines Fonds ein für allemal 5 Mark vormalig Courant.

7. In der Sparkasse können wöchentlich zu der hiezu bestimmten Zeit Geldsummen von 4 Schilling bis zu 100 Mark Courant eingelegt werden . . .

10. Pöste von 50—100 Mark müssen an einem Regulierungstermin, dem ersten Sonnabend im April, August und Dezember, gekündigt werden, worauf die Zahlung in dem nächsten Regulierungstermine erfolgt. Summen von 10 bis 50 Mark werden nach vierwöchentlicher Kündigung, kleinere Summen aber sogleich zurückgegeben . . .

14. Da nach der Einrichtung eines solchen Instituts und nach der Erfahrung die Sparkassen einen Überschuß geben, der ohne bestimmten Zweck sich zwecklos zu einem Kapitale häufen würde, die Unternehmer aber nicht auf eigenen Vorteil sehen können, so muß es ihnen jedoch verstattet sein, diesen Überschuß von Zeit zu Zeit zu gemeinnützigen und wohltätigen Zwecken nach Bestimmung der Generalversammlung zu verwenden."

Die Kasse war also zunächst nur als eine Sparkasse für kleine Sparer wie Dienstboten, Gesellen, Tagelöhner und Lehrlinge in Aussicht genommen. Die Gründer ahnten wohl nicht oder wagten kaum zu hoffen, daß daraus einmal eine Anstalt mit Millionenumsatz werden könnte, die nicht nur Tausende jährlich zu gemeinnützigen und wohltätigen Zwecken verschenken, sondern auch dem Stadtsäckel jährlich viele Tausende einbringen sollte. Aber selbst in diesem kleinen Umfange wurde die Einrichtung schon in den ersten Jahren als große Wohltat empfunden. Im Vogtding vom 6. Januar 1826 gedenkt ihrer Bürgermeister von Colditz mit folgenden Worten:

„Besonders erfreulich ist es uns gewesen, aus den vorgelegten Rechnungen des hiesigen Sparkassenvereins zu ersehen, welchen guten Erfolg diese nützliche Einrichtung in so kurzer Zeit schon gehabt hat.

Es ist uns eine angenehme Pflicht, den Männern, welche dieses Institut gestiftet und mit rühmlichem Eifer seither gefördert haben, hierdurch öffentlich im Namen der ganzen Stadt zu danken. Die Bürger und Einwohner haben durch die Tat schon zu erkennen gegeben, wie sehr sie solches schätzen. Wir fordern sie daher nur auf, die ihnen dargebotene Gelegenheit immer fleißiger zu benutzen. Vor allem machen wir die Brotherren aufmerksam, daß es ihre Pflicht ist, ihre Dienstboten zu vermögen, daß sie von ihrem Verdienst in Zeiten zurücklegen und der Sparkasse übergeben, wo es sicher ist und sich selbst vermehrt."

Die Sorge für die Unterbringung der gesammelten Kapitalien führte von selbst dazu, daß die Sparkasse auch eine Leihkasse wurde, wenn die Absicht in den ersten Satzungen auch noch nicht bestimmt zum Ausdruck gebracht worden war.

In der am 1. Oktober 1827 in Altona abgehaltenen 16. Generalversammlung der Schleswig-Holsteinischen patriotischen Gesellschaft sagte der Wortführer der Central-Administration Kammerherr Th. F. von Levetzau in seinem Vortrag: „In dem Bericht über die Oldesloer Sparkasse bemerkt die Central-Administration mit Vergnügen, daß ihre früher gehegte Vermutung, daß mit der Sparkasse keine Leihkasse verbunden sei, unrichtig war. Es wird nämlich angeführt, daß die an die Sparbank im letzten Jahre zurückgezahlten Darlehen 2340 Mark betragen haben. Das Vermögen der Anstalt ist schon im zweiten Jahre ihres Bestehens von 54 Mark 12 Schilling bis auf 243 Mark 8½ Schilling angewachsen, weil man sich entschlossen hat, außer den eigentlichen Sparpfennigen auch kleine Kapitalien anzunehmen und sicher unterzubringen. Der Gewinn davon ist nicht unbedeutend gewesen, da die Sparkasse nur 3 Prozent Zinsen gibt. Beachtenswert ist vielleicht auch für andere Gegenden der Vorschlag der Administration, die Sparkasse statt der Totengilde[1]) für eintretende Sterbefälle zu benutzen. Der Vorzug der Sparkasse wird besonders darin gesetzt, daß die Totengilden nur unter der Voraussetzung eines baldigen Todesfalles Vorteile gewähren, die Einschüsse in die Spar-

---

[1]) Solche Gilden gab es fast auf allen Dörfern. In Oldesloe waren neben der Hökertotengilde auch noch andere vorhanden. Auch Feuerversicherungsgilden fanden sich auf dem Lande. Die Versammlungen der Gilden wurden bis 1824 in der Kirche von der Kanzel bekannt gemacht (früher bis 1746 auch Auktionen, Holzverkäufe, Verpachtungen, Verkaufsangebote, verlorene Sachen und dergleichen.) Die Gildeversammlungen fanden meistens in der schönen Jahreszeit, im Mai und Juni statt, woraus vielleicht geschlossen werden darf, daß mit der Versammlung meistens ein Vergnügen im Freien verbunden war. In dem Verzeichnis der sonntäglichen Bekanntmachungen der hiesigen Kirche vom Jahre 1801 finden sich z. B. folgende Ankündigungen:
Die Weidergilde wird den 18. Mai gehalten.
Am 26. Mai ist die Wakendorfer Gilde.
Die Hudener Totengilde soll den 28. Mai nachmittags um 2 Uhr in des Herrn Ratsverwandten Röpers Hause gehalten werden.
Am 26. Mai soll die Traventaler Totengilde in Bartold Jacobs Hause um 9 Uhr in der Heiligen-Geist-Straße gehalten werden.
Die Zarper Gilde soll am 17. Juni gehalten werden. Man kann sich zu 2 Rthlr. einbegeben.
Die Totengilde zu Rethwisch soll am 22. Juni vor Johannis gehalten werden.
Die Rethwischer Brand- und Mobiliengilde soll am 17. gehalten werden.
Die Havikhorster Gilde soll am 22. Juni gehalten werden.

kasse aber dem Einschießenden selbst oder seinen Erben in ihrem ganzen Umfange verbleiben. Belegt sind im zweiten Verwaltungsjahre 9540 Mark 10¼ Schilling; die Totalsumme sämtlicher Einschüsse mit den dazu gerechneten Zinsen beträgt 14028 Mark 5¾ Schilling, die Summe der ausgeliehenen Kapitalien 13 658 Mark."

IX. Die Verbesserung des Verkehrswesens.

Zustand der Landstraßen. Lorenzens Bemühungen um eine Wasserstraße. Lorenzens Eintreten für Steinschlagstraßen. Erster Versuch. Der Kampf um die neue Kunststraße durch Holstein. Die erste Kunststraße über Oldesloe. Bemühungen um eine Eisenbahn.

Die Besorgung der Post durch die hiesigen Rollfuhrleute, die sich vielfach dem Einflusse des Postmeisters entzog, hatte manche Unregelmäßigkeiten im Gefolge. Postmeister Schythe beantragte deshalb nach seinem Amtsantritte im Jahre 1808, daß in Oldesloe eine Extrapoststation eingerichtet würde, deren Leitung und Betrieb unter vollständiger Ausschaltung der Rollfuhrleute ganz in seine Hand gelegt würde, und diesem Antrage wurde im Jahre 1810 entsprochen. Aber was nützte die beste Organisation des Verkehrs zur Hebung desselben bei den damaligen schlechten Wegen? Der üble Zustand der Landstraßen, der am Ende des 18. Jahrhunderts bestand, dauerte fast noch das ganze erste Drittel des 19. Jahrhunderts an. Zwar war die Stadtvertretung bestrebt, die das Stadtgebiet durchziehenden Landstraßen in möglichst guten Zustand zu versetzen. Die durch Bäche führenden Stellen, die sonst mit Faschinen und Grandaufschüttungen einigermaßen fahrbar gemacht worden waren, wurden mit Sielen und Steindämmen versehen. Aber bei durchweichtem Boden konnte ein schwerer Frachtwagen das Pflaster verderben, indem er Steine in die Tiefe drückte, und bei Frost wurde es uneben durch das Emportreiben von Steinen. So erforderten die Steindämme fortwährend kostspielige Reparaturen, ohne daß auf die Dauer eine gute Fahrbahn hergestellt wurde. Da die Männer, die sich die Hebung von Oldesloe ganz besonders angelegen sein ließen, mit den damals bekannten Mitteln diesem Übel nicht abhelfen konnten, so kamen sie auf den Gedanken, eine Wasserstraße zwischen Oldesloe und Hamburg herzustellen.

Es war eine alte Lieblingsidee von Dr. Lorenzen, den einstigen Alster-Travekanal mit etwas veränderter Linienführung wieder ins Leben zu rufen, weil er sich dadurch nicht nur große Vorteile für die Stadt und die anliegenden Ortschaften versprach, sondern besonders auch für die Saline, welche auf ihm den ihr nötigen Torf mit billigerer Fracht von dem großen Borsteler Moore beziehen könnte. Schon im Jahre 1802 hatte er sich von der Stadt mit der Besichtigung des in Frage kommenden Geländes beauftragen lassen und die Reise in Begleitung eines Offiziers, der die Nivellements aufnahm, ausgeführt. Im Jahre 1807 hatte er die Sache aufs neue angeregt, aber wegen der Ungunst der Zeiten ohne Erfolg. Als dann aber im Jahre 1818 die Hamburgische Gesellschaft zur Beförderung der Künste und nützlichen Gewerbe die Sache aufgriff und eine Preisfrage über die Verwirklichung des Kanals stellte, ergriff er begierig die Gelegenheit, die gewonnenen Erfahrungen zu verwerten, und reichte in Gemeinschaft mit dem Artilleriekapitän H. Justi, der die Nivellements aufgenommen hatte, eine Beantwortung ein, die den Preis erhielt und den beiden Verfassern die Ehrenmitgliedschaft der Gesellschaft eintrug. Die Schrift erschien dann unter dem Titel: „Über eine Kanal-Verbindung zwischen Elbe und Ostsee vermittelst der Alster und Trave. Mit zwei Charten. Eine von der Hamburgischen Gesellschaft für Beförderung der Künste und nützlichen Gewerbe gekrönte Preisschrift, von F. A. Lorenzen, der Arzenei-Gelahrtheit Doktor usw., und H. Justi, Königl. Dänischem Artillerie-Capitain, zu Ahrensburg. Nebst einer Vorrede und einem Anhange. Hamburg, 1820. Bei Perthes und Besser." (48 S. 4.) Im Staatsbürgerlichen Magazin von 1821 und 1823 veröffentlichten sie dann noch zwei Fortsetzungen, in denen sie vorschlugen, auch die Obertrave zu kanalisieren und eine Verbindung durch den Plöner See und die Schwentine mit der Ostsee herzustellen. Dann bekäme Hamburg zwei Verbindungen mit der Ostsee, Oldesloe aber läge dann im Schnittpunkt dreier Linien, womit sich ihnen für die Stadt eine weite Perspektive zum Wohlstand eröffnete.

Nun hatte aber auch der Landesbauinspektor Gudme zwei Schriften über die Kanalfrage erscheinen lassen, in denen er dem Alster-Travekanal eine Linie durch die Stör über Bordesholm nach Kiel vorzog. Sie waren betitelt: „Bemerkungen über die projektierte Verbindung zwischen der Ostsee und der Niederelbe mittelst eines Barkenkanals. Von A. C. Gudme, geogr. u. ökonom. Landinspektor. Gedruckt und verlegt im Königl. Taubst. Institut zu Schleswig 1820." (70 S. 8.) und „Ist der Oldesloer Kanal zu berücksichtigen? Nebst einer Geschichte des Stader Zolles und authentischen Nachrichten über die frühere Wasserfahrt zwischen der Alster und der Trave. Von A. C. Gudme usw. Schleswig 1821. Gedruckt und verlegt im Königl. Taubst. Institut." (86 S. 8.)

Gegen diese Veröffentlichungen trat sofort Lorenzen in die Schranken mit einer neuen Schrift, die den Titel trug: „Ist die Schrift des geogr. und ökonomischen Landesinspektors Herrn Gudme über den Oldeslöer Kanal zu berücksichtigen? Beantwortet von Fr. A. Lorenzen, Dr., Ritter usw. Hamburg, bei Perthes und Besser 1821." (40 S. 8.) Das Für und Wider wurde in den Provinzialberichten, dem Altonaer Mercur und im Staatsbürgerlichen Magazin erörtert, und die Gemüter erhitzten sich in literarischer Fehde immer mehr. Als Obergerichtsadvokat Jacobsen in Altona in drei Artikeln des Mercur für Gudmes Vorschlag eingetreten war, erschien auch der Oldesloer Obergerichtsadvokat Carstens auf dem Kampfplatz mit der Schrift: „Erwiederung auf einen Artikel des Altonaischen Mercurius d. J. in Nr. 26, 28 und 30: zwei Schriften des Herrn Landinspektors Gudme betreffend. Ein Sendschreiben an die Centralkommission der Schleswig.-Holst. Patriot. Gesellschaft in Altona, *cum voto speciali*, vom Obergerichtsadvokaten C. F. Carstens zu Oldesloe. Schleswig 1821. Gedruckt und verlegt im Königl. Taubst.-Institut." (8 20 S.) Ein Berichterstatter in den Provinzialberichten von 1821 nennt diese Schrift: „Auch ein Stück Bauholz für den Oldesloer Kanal, von dem Herrn Obergerichtsadvokaten Carstens angeliefert, freilich etwas ungehobelt, doch im Übrigen brauchbar." Gegen die Beurteilung durch diesen Berichterstatter wandte sich Carstens dann durch einen Artikel im Staatsbürgerlichen Magazin, was wieder in den Provinzialberichten eine „Berichtigung der Antikritik des Herrn Obergerichtsadvokaten Carstens im Intelligenzblatt des zweiten Heftes des staatsbürgerlichen Magazins" hervorrief. Es war die höchste Zeit, daß der in gegenseitige Injurien ausartende Streit abgebrochen wurde. Auf den Inhalt der Schriften braucht hier nicht näher eingegangen zu werden. Es mußte nur gezeigt werden, mit welchem Eifer sich die Oldesloer Herren der Interessen ihrer Stadt annahmen. Einen praktischen Erfolg haben die damaligen Bemühungen nicht gehabt. Die Frage des Oldesloer Kanals harrt noch immer der Lösung.

Vielleicht würde der Streit um den Kanal noch weiter gegangen sein, wenn nicht mittlerweile die Aufmerksamkeit Lorenzens wieder auf die Verbesserung der Landstraßen gelenkt worden wäre. Der englische Wegebauinspektor John Loudon Macadam hatte in England bei der Anlage von Kunststraßen den Steinschlag ohne Felsenunterlage erprobt und ihn allen anderen Arten des Wegebaus überlegen gefunden. Seine Erfahrungen legte er nieder in den beiden 1819 und 1820 in London erschienenen Schriften: *A practical essay on the scientific repair and preservation of public roads* und *Remarks on the present state of roadmaking*. Im Jahre 1824 erließ daraufhin die Hannöversche General-Wegebau-Commission eine Vorschrift über die Anlage von Chausseen mit Steinschlag und verfaßte der schleswig-holsteinische Oberwegeinspektor von Warnstedt eine kleine Schrift über denselben Gegenstand. Dadurch wurde Dr. Lorenzen auf die Sache aufmerksam, griff die Idee mit seinem gewohnten Eifer auf und veröffentlichte noch im Jahre 1824 in den Provinzialberichten zwei Artikel, „Über die von Mac Adam vorgeschlagene Methode, Kunststraßen zu bauen", denen er im ersten Hefte des Jahrgangs 1825 einen längeren Aufsatz „Über Wegebau nach Mac-Adamscher Methode" folgen ließ. Diesmal blieb es aber nicht bei Worten, sondern er setzte es durch, daß bereits im Jahre 1825 der Oldesloer Magistrat einen Versuch mit dieser Art des Straßenbaus auf 50 Quadratruten Landstraße machen ließ. Bürgermeister von Colditz berichtete darüber auf dem Januar-Vogtding von 1826:

„Der Versuch, welchen wir mit Anlegung einer Steinschlagstraße gemacht haben, ist vollkommen gelungen, wovon jeder der Anwesenden sich selbst längst überzeugt hat. Wir benutzen diese Zusammenkunft der Bürger, um ihnen anzuzeigen, daß auch die Kosten dieser Steinschlagstraße nur um ein Unbedeutendes größer sind als ein Steindamm, wohingegen jene Wegebaumethode nach vielfältiger Erfahrung weit dauerhafter und wohlfeiler zu unterhalten ist als ein Steinpflaster. Kostbar ist nur die ganz notwendige Breitermachung des Weges durch Ankauf einer Strecke Landes von den Landbürgern geworden, und die

Ausgabe steht uns freilich noch mehrmals bevor, da keine Wegebesserung von Dauer sein kann, wenn der Weg nicht die nötige und vorschriftsmäßige Breite hat. Dazu ist es denn aber auch erforderlich, daß die Landbürger ihre Knicke und Abzugsgräben an der Landstraße in Ordnung halten und die Überfahrten nach den Koppeln mit Sielen versehen, damit das Wasser in den Seitengräben stets Abfluß habe. Die Landbürger haben Befehl dazu erhalten, und wir werden strenge darauf sehen, daß sie diese ihre Obliegenheiten erfüllen, um der Stadtkasse eine Menge unnötiger und zwecklos verwandter Kosten der Ausbesserung der Wege zu ersparen. Die Stadtrechnungen ergeben, daß in einem Zeitraume von 26 Jahren über 30 000 Mark lübsch auf die Unterhaltung der Stadtwege verwandt sind, wovon nach einer möglichst genauen Schätzung 9000 Mark lübsch auf die nicht gepflasterten Strecken der Landstraßen nach Blumendorf und nach der Reinfelder Grenze fallen. Da diese Strecken sich gleichwohl in einem beinahe unfahrbaren Zustande befinden, so ist jene Summe als weggeworfen zu betrachten. Wir müssen daher bedacht sein, die Landstraßen, welche von schweren Frachtwagen befahren werden, so einzurichten, daß sie dieser Aufgabe entsprechen und nicht immer neue Kosten verursachen. Zu dem Ende ist von Magistrat und deputierten Bürgern der Beschluß gefaßt worden, die nicht gepflasterten Strecken der gedachten Landstraße nach und nach mit Steinschlag zu versehen, und weil es uns dazu an den nötigen Geldmitteln fehlt, so sind wir bei der Regierung bereits um Unterstützung dazu eingekommen."

Im folgenden Jahre konnte der Bürgermeister berichten, daß zu dem angedeuteten Zwecke der Stadt vom Könige 2500 Rtlr. überwiesen seien und daß noch weitere Unterstützung in Aussicht stehe.

Mit der Ausführung des Versuchs der neuen Straßenbaumethode waren vom Magistrat neben Lorenzen die Bürger Axt, Richter und Sonder beauftragt worden, von denen der letztere auch schriftstellerisch für das Interesse Oldesloes eintrat. Die dänische Regierung hatte sich entschlossen, dem Drängen der Holsteiner nach einer Kunststraße durch ihr Land nachzugeben, wollte dieselbe aber im dänischen Staatsinteresse als kürzeste Verbindung zwischen Kiel und Altona über den schwach bewohnten, unfruchtbaren Heiderücken legen, während die Bewohner des fruchtbaren östlichen Holsteins sich für den Absatz ihrer landwirtschaftlichen Produkte nach einer möglichst guten Verbindung mit Hamburg sehnten. In die Erörterung des Für und Wider griff ein sich S..... unterzeichnender Oldesloer ein, in dem wir wohl Sonder erkennen dürfen, mit einem in den Provinzialberichten von 1826 erschienenen, aber schon im Frühjahr 1825 geschriebenen Artikel mit der Überschrift: „Noch ein Wort über eine Kunststraße durch Holstein." Mit guten Gründen empfiehlt der Verfasser darin eine Kunststraße von Kiel über Preetz, Plön, Segeberg und Oldesloe nach Hamburg statt der projektierten von Kiel über Neumünster und Ulzburg nach Altona. Aber die Befürworter dieser Linie vermochten nicht, die Regierung von ihrer Absicht abzubringen.

Da kam der Gedanke auf, die Straße Kiel=Oldesloe=Hamburg als

Privatunternehmen durch eine Aktiengesellschaft zu bauen. In kürzester Frist wurden dazu in Oldesloe erhebliche Beträge gezeichnet, und das gute Beispiel von Oldesloe fand Nachahmung in Segeberg, Plön und bei den der projektierten Straße anliegenden Gutsbesitzern. Da aber der Holsteinische Wegebauverein, in dessen Auftrage die Bürgerschaft zur Zeichnung von Aktienbeiträgen aufgefordert worden war, erklärte, daß die Straße von den gezeichneten Beiträgen nicht gebaut werden könne, wurde in Aussicht genommen, zunächst den Weg von Oldesloe bis zur hamburgischen Grenze bei Hellbrook zu chaussieren, wozu die Mittel reichen würden. Aber der Bau dieser Strecke durch Private wurde in Kopenhagen abgelehnt.

Im Jahre 1830 trat noch einmal Lorenzen auf den Plan mit einer besonderen in Hamburg erschienenen Schrift: „Erfahrungen bei dem Steinstraßenbau nebst Bemerkungen über den Einfluß und die Wichtigkeit der verschiedenen vorgeschlagenen Chausseen in Holstein", in der er ebenfalls für die östliche Linie eintrat. Aber es half nichts, die Straße wurde über den Heiderücken gebaut und erst 10 Jahre später erhielt Oldesloe in der im Jahre 1836 begonnenen und 1842 in allen Teilen vollendeten Chaussee Altona=Lübeck seine erste Kunststraße. Sie lief nicht von hier nach Hamburg, was den Oldesloer Interessen am meisten entsprochen hätte, sondern über Elmenhorst, Heidkrug und Ochsenzoll nach Altona. Doch wurde sie bald durch die Strecke Elmenhorst=Ahrensburg=Hamburg ergänzt. Schnellpostfahrten auf der Linie Lübeck=Oldesloe=Heidkrug=Ochsenzoll=Hamburg wurden bereits am 1. Juli 1841 eingerichtet. Die ganze 9 Meilen lange Strecke wurde in 6 Stunden und 45 Minuten durchfahren. Die Strecke Elmenhorst=Ahrensburg=Hamburg wurde im Jahre 1843 dem allgemeinen Verkehr übergeben. Für Oldesloe bildet die Vollendung dieser Straße den Anbruch einer neuen Zeit. Bürgermeister von Colditz konnte, als der Bau der Linie Lübeck=Oldesloe=Altona endlich gesichert war, im Vogtding vom 12. Februar 1836 mit Recht sagen: „Für das Leben und die Nahrung unserer Stadt sehen wir nach Jahren des Kummers und großer Sorgen die Morgenröte einer besseren Zeit aufgehen."

Als dieser langgehegte Wunsch endlich in Erfüllung ging, zeigte sich bereits am Horizont eine noch weit größere Verbesserung des Verkehrswesens, die Eisenbahn. Nachdem man erfahren hatte, daß die Regierung damit umgehe, eine Eisenbahn von Neustadt nach Altona=Hamburg zu bauen, wurde auf dem Vogtding vom 11. Februar 1840 ein aus den Bürgern Advokat Schmidt von Leda, Dr. Thomsen, Gastwirt Christoph Sonder, Kaufmann Suhr und Bäckermeister Helms bestehender Ausschuß gewählt, der dafür wirken sollte, daß die Bahn über Oldesloe gelegt würde. Eine Bittschrift war schon vorher an den König abgesandt worden. Aber fast ein Vierteljahrhundert hat Oldesloe noch warten müssen, bis es die erste Eisenbahn erhielt. Nach Eröffnung der Altona=Kieler Bahn wurde 1844 ein Projekt, von Neumünster nach Schwarzenbek eine Bahn zu bauen, ausgearbeitet mit dem Bahnhof an der Hamburger Chaussee; es blieb aber bei den Vorarbeiten.

X. Die Wettrennen 1830—1836.

Herzog Christian August. Schilderung des ersten Rennens. Die Christian-August-Bahn. Rückgang der Rennen. Verkauf der Rennbahn. Verstimmung der Oldesloer.

Es war die höchste Zeit, daß die Stadt endlich die lange ersehnte Kunststraße nach Hamburg und Lübeck erhielt; denn die Hoffnungen für das Aufblühen der Stadt, die auf zwei andere Einrichtungen gesetzt worden waren, hatten sich als trügerisch erwiesen. Die eine davon war die Einrichtung von Wettrennen bei Oldesloe.

Der junge Herzog Christian August von Holstein-Augustenburg, ein eifriger Förderer der Pferdezucht und des Pferdesports und Besitzer eines Gestüts mit Vollbluthengsten, wollte die Wettrennen auch in Schleswig-Holstein einbürgern und sah sich nach einem dazu geeigneten Orte um. Seine Wahl fiel auf Oldesloe, und zwar nicht ohne Zutun des auf die Hebung der Stadt und des Bades bedachten Ratsverwandten und Kurdirektors Dr. Lorenzen, dessen Neffe Kammerdirektor des Herzogs war. Doch mußte sich die Stadt zur Stiftung eines Rennpreises von mindestens 500 Talern verstehen.

Das erste Rennen fand im Jahre 1830 statt. Dr. Theodor Lorentzen schreibt darüber: „So sahen die Herzogtümer zum ersten Male in Oldesloe das neue Schauspiel, mehrere Jahre noch bevor selbst das große Hamburg es in seinen Mauern einführte. Die Züchter aus ganz Norddeutschland waren eingeladen, und viele kamen. 10—12 000 Personen waren von allen Seiten herbeigeströmt, darunter mehrere Fürstlichkeiten mit dem Protektor an der Spitze und Ungezählte vom Adel. Feuerwerk und Tanz, Reiter- und Seiltänzerkunststücke sorgten für die Volksunterhaltung; selbst der berühmte „Zauberer" Bosco produzierte seine Kunstfertigkeit der erstaunten Menge, und der Direktor der Pharaobank rieb sich vergnügt die Hände."

Die Ausgaben, welche die Stadt für das Wettrennen gehabt hatte, machten doch wohl manche bedenklich, wenigstens sah sich Bürgermeister von Colditz veranlaßt, sie auf dem nächsten Vogtding mit folgenden Worten zu rechtfertigen: „Nach der heute von Magistrat und Deputierten abgelegten Rechnung betragen sämtliche Ausgaben für das Wettrennen reichlich 2100 Reichstaler Cour. Alles ist jetzt bezahlt, ohne daß wir die Schulden der Stadt vermehrt haben. Die Bürgerschaft hat dazu aber nicht mehr beigetragen als reichlich 550 Reichstaler, also ungefähr den 4. Teil. Die übrigen drei Viertel sind teils von den Einwohnern, welche nicht zur Stadtkasse kontribuieren, teils von Fremden und aus dem Verkauf der an den Landstraßen zu deren Nachteil stehenden Pappeln[1]) zusammengekommen. Da nun c. 450 Reichstaler

---

[1]) Auf der Lithographie von Oldesloe von O. Nay aus der ersten Hälfte des 19. Jahrhunderts sind noch links im Hintergrunde die Pappelreihen der Lübecker Chaussee und rechts beim Salineninspektorat, dem späteren Realschulgebäude, die ersten Pappeln der Hamburger Chaussee zu sehen. Das vom Papagoyenberge aufgenommene Bild zeigt die Kirche ohne Glockenturm mit kleinem Dachreiter, den Norderbau des Gradierwerks und alle drei Salinenwindmühlen, aber noch nicht die im Jahre 1841 erbaute Burmeistersche Kornwindmühle.

von den Ausgaben hier in der Stadt verwendet worden, so haben die Einnahmen von Fremden beinahe völlig hingereicht, um den Stadtpreis und die übrigen Ausgaben außerhalb der Stadt zu bestreiten, und kann man daher sagen, daß die Beiträge der Bürgerschaft zur Rennbahnkasse bis auf ein Geringes in der Stadt geblieben und von den Bürgern selbst verdient sind. Dann aber ist die ganze Summe desjenigen, was für Logis, Bewirtung und sonstige Bedürfnisse aller Fremden bezahlt und aufgewandt ist, in die Stadt gewandert und von den Bürgern verdient, und gewiß ist dieses ein bedeutender Vorteil. So ist also, auf das Ganze gesehen, die Erwartung, daß das Wettrennen eine neue Nahrungsquelle für die Stadt werde, vollkommen gerechtfertigt."

Die beiden ersten Jahre fanden die Rennen auf der dazu gemieteten Fresenburger Kuhkoppel statt. Dann aber genehmigte der König der Stadt die Einrichtung einer Rennbahn auf dem Stadtgebiet und die Aussetzung eines Preises von 400 Species, und Herzog Christian August gewährte ihr eine Anleihe von 5000 Reichstalern zum Ankauf der nötigen Ländereien, und so fanden von 1832 an die Rennen auf der Christian-August-Bahn im Rögen statt.

Als im Jahre 1835 auch Pferderennen in Wandsbek eingerichtet werden sollten, wurde man in Oldesloe besorgt, daß das die Oldesloer Rennen beeinträchtigen möchte. Herzog Christian August gab auf eine Anfrage dem Bürgermeister von Colditz als seine Überzeugung zu erkennen, daß es im Gegenteil den Oldesloer Rennen nur nützen würde, da, je mehr Rennbahnen errichtet würden, desto mehr Leute an den Rennen teilnehmen, desto mehr Rennpferde gehalten und desto mehr die Oldesloer Rennen sowohl von Liebhabern als von Pferden besucht würden. Aber es kam anders. Die Rennen bei der Großstadt mußten doch wohl mehr Anziehungskraft ausüben als die Oldesloer. Der Fremdenzuspruch nahm bei den hiesigen Wettrennen von 1835 und 1836 so erheblich ab, daß ein großes Mißverhältnis zwischen den Einnahmen und den Ausgaben der Rennbahn entstand, was der Regierung Veranlassung gab, eine Erklärung zu fordern, ob nicht der von der Stadt ausgesetzte Rennpreis einzuziehen und dem Magistrat und den Deputierten die Pflicht aufzuerlegen sei, die Rennbahn nur unter der Bedingung anzubieten, daß von der Stadt künftig ein Rennpreis von 800 Reichsbanktalern nicht erteilt werde. Darauf erklärte Herzog Christian August, daß ohne diesen Preis die Oldesloer Rennen nicht stattfinden könnten, und verfügte über die übrigen Preise zugunsten der Wandsbeker Bahn. Da der Versuch, den Stadtpreis durch Subskription in der Stadt und der Umgegend aufzubringen, scheiterte, mußten die Rennen nach dem Jahre 1836 aufhören. Im Jahre 1838 wurde von den Kollegien beschlossen, die Rennbahnländereien in einzelnen Koppeln öffentlich zu verkaufen, zugleich aber auch die Verpachtung zu versuchen, um zu sehen, ob Verkauf oder Verpachtung für die Stadt vorteilhafter wäre. Im Jahre 1848 wurden sie dann endgültig verkauft.

Die Verstimmung über den Herzog Christian August war nicht gering, gab ihr die Bürgerschaft durch ihre Deputierten doch sogar

Ausdruck in einer im nächsten Kapitel erörterten Bittschrift an den König mit den Worten: „Unsere Nahrungs- und Erwerbsquellen, Allergnädigster Herr! versiegen immer mehr. So sind namentlich unsere Pferdewettrennen, welchen das fürstliche Wort ihres durchlauchtigten Protectors, des Herrn Herzogs zu Augustenburg, eine lange und glänzende Existenz zu verbürgen schien, schon seit Jahresfrist und darüber eingegangen, nachdem des Herrn Herzogs Auge sich von uns ab und der Hamburg-Wandsbeker Bahn zugewandt hatte. Die Vorteile, welche einzelne Einwohner dieser Stadt von dieser ephemeren Einrichtung gezogen haben, wiegen die Opfer nicht auf, welche die städtische Commüne derselben gebracht hat und zu denen diese sich niemals verstanden haben würde, wenn sie in die Erfüllung der Verheißungen Seiner herzoglichen Durchlaucht den leisesten Zweifel gesetzt hätte."

XI. Der Niedergang des Bades und Lorenzens Ausgang.
Abnahme des Besuches. Empfehlung des Badelogierhauses für ein Schullehrerseminar. Übernahme durch eine Aktiengesellschaft. Bilder des Bades. Lorenzens Sorge für Reinlichkeit. Streit mit dem Deputierten Hahn. Schicksalsschläge. Tod. Nachruf. Posthume Ehrungen.

Die zweite Einrichtung, welche nach einem vielversprechenden Anfange sehr enttäuschte, war das Bad. Die Konkurrenz anderer Bäder, die in jener Zeit wie Pilze aus der Erde schossen, sowohl an der See wie im Binnenlande, bewirkte, daß der Besuch von Oldesloe von Jahr zu Jahr abnahm. Oldesloe kam aus der Mode, und schon im Jahre 1828 fing es an, finanziell zu kränkeln. Als dann auch die Pferderennen, die eine Zeitlang dazu beigetragen hatten, seinen Glanz aufrechtzuerhalten, wieder aufhörten, ging es immer mehr zurück, so daß sich die Bürgerschaft im Interesse der Zimmervermieter und der Gewerbetreibenden, welche Nutzen von dem Bade gehabt hatten, nach Ersatz für die ausgefallenen Einnahmen umsahen. Als verlautete, daß die Regierung die Absicht hege, an Stelle des eingegangenen Schullehrerseminars in Kiel ein solches in einer holsteinischen Kleinstadt anzulegen, und daß Segeberg, welches der Regierung sehr entgegen käme, Aussicht habe, die Anstalt zu bekommen, beschloß die Oldesloer Bürgerschaft auf dem Vogtding vom 22. März 1839, Anstrengungen zu machen, um Segeberg den Rang abzulaufen und die Anstalt für Oldesloe zu gewinnen. In einer Bittschrift des Deputiertenkollegiums an den König vom 25. März 1839 wurde zunächst dargelegt, daß die Bürgerschaft durch das Aufhören der Pferderennen, den Rückgang des Bades und die Boykottierung von Oldesloe durch das Hamburger und Lübecker Commercium infolge einer Zollmaßregel der Regierung große Ausfälle in ihren Einnahmen erleide, und dann beantragt, zum teilweisen Ersatz der Ausfälle das Seminar nach Oldesloe zu legen und das bisherige Logierhaus der königlichen Badeanstalt, dessen Zimmer in den beiden letzten Jahren nicht besetzt gewesen wären, zum Lehrgebäude für die Seminaristen und zum Wohnhause für die am Seminar angestellten Lehrer einzurichten. Um der Regierung die Einrichtung zu erleichtern, erbot man sich zu einer Beihilfe von 6400 Reichsbanktaler Silber. Ursprünglich ging, wie aus der Rede des Bürgermeisters von Colditz auf dem Vogtding vom 22. März 1839 hervorgeht, der Beschluß von Magistrat und Deputierten dahin, die erforderlichen Einrichtungen und die Aufführung von Nebengebäuden, um der Konkurrenz von Segeberg zu begegnen, auf Kosten der Stadt zu beschaffen und auch einen billigen Kaufpreis für das Logierhaus zu bewilligen, falls ein solcher von der Regierung verlangt würde. Vielleicht hätten die Deputierten gut getan, an diesem Beschlusse festzuhalten und die Ausfälle gegen den Herzog Christian August zu unterdrücken, denn Segeberg trug den Sieg davon. Bereits im November 1839 wurde dort das Seminar eröffnet. Das Badelogierhaus sollte im Januar 1840 verkauft werden, doch wurde auf Ansuchen der Herren Dr. Thomsen und Schmidt von Leda im Interesse einer sich bildenden Aktiengesellschaft der Verkauf wieder aufgegeben und die Überlassung des Logierhauses an die Aktiengesellschaft vom Könige bei seinem Besuche in Oldesloe am 1. September 1840 genehmigt.

Ein großer Verlust für das Bad war schon der im Jahre 1829 erfolgte Tod des Dr. Hagelstein gewesen. Als aber nach dem Aufhören der Rennen auch sein Gründer und langjähriger Direktor als Siebzigjähriger amtsmüde von der Leitung zurücktrat, ging das Bad noch weiter zurück. Im Jahre 1841 sagte sich die Regierung von ihm los. Von der Aktiengesellschaft einigermaßen wiederhergestellt, hat es dann jahrzehntelang ein recht bescheidenes Dasein geführt.

Ein anschauliches Bild von dem Bad und seinem Publikum aus jener Zeit gewährt eine Lithographie von dem Bade und der Saline von W. Heuer in Hamburg. Im Vordergrunde sehen wir auf dem Platze zwischen der Kirche, die unsichtbar bleibt, und dem Denkmal des Rektors Lensch, das am 5. Oktober 1842 errichtet wurde, ein elegantes Badepublikum spazieren. Rechts davon ist noch das Notgerüst sichtbar, in dem die Glocken untergebracht waren, seit der Kirchturm infolge eines Blitzschlages hatte abgetragen werden müssen. Aus der Tiefe des Bestetales ragen zwei Balkengerüste auf, in denen wir wohl Bohrtürme erkennen dürfen. Dahinter sehen wir die „Kunst" des Bestetales, das große Rad mit dem Hause für die Transmissionen, aus denen das Gestänge hervorkommt. Auf der Bleiche mit dem im Jahre 1802 errichteten Bleicherhause sind lange Leinwandstücke ausgebreitet und zeigen, daß die Oldesloer Hausindustrie damals noch Leinen erzeugte. Der Bleichplatz wird abgeschlossen durch die damals noch junge „Badeallee", an der wir das zum Königsbrunnen führende Gestänge entlangziehen sehen. Links davon sind einige Häuser des Bleichergange und des Sappenkruges zu sehen und dahinter auf der Höhe sie überragend das Badelogierhaus. Hinter der Badeallee sehen wir zunächst die beiden runden strohgedeckten Badepavillons und in Baumgruppen eingehüllt die übrigen Kurgebäude überragt von dem Dache des großen Saales, das wieder von der Salinenwindmühle auf dem Sulzberge überragt wird. Eine Windmühle, die wir auf der Höhe der jetzigen Bergstraße sehen, gehörte nicht zur Saline, sondern war die im Jahre 1841 erbaute Burmeistersche Windkornmühle. Rechts im Hintergrunde zeigt sich das Gradierwerk des Süderbaues im heutigen Kurgarten und dahinter die zweite Salinenwindmühle. Links an ihr vorbei erblicken wir über damals noch freies Feld den rauchenden Schornstein der Papierfabrik. Das Gradierwerk Norderbau längs der heutigen Salinenstraße und die Windmühle auf dem ehemaligen Sankt=Jürgenskirchhof sind auf dem Bilde nicht zu sehen. Wir erblicken nur noch das dorthin führende Gestänge. Unter den Bäumen fällt zwischen Restauration und Badelogierhaus eine Reihe von Pyramiden=pappeln auf, welche Baumart von Napoleon in Deutschland eingeführt, seit etwa 50 Jahren aber wegen ihrer Schädlichkeit für die anliegen=den Gärten und Äcker fast ganz verschwunden ist.

Aus etwas früherer Zeit stammt die ebenfalls vom Kirchberg aus aufgenommene Ansicht des Bades und der Saline, die von einem Han=sen gemalt und im Verlage von J. A. Cetti in Kiel erschienen ist. Auf ihr ist die Burmeistersche Mühle noch nicht zu sehen. Die Bäume sind durchweg kleiner, so daß sich die Kurgebäude, die auf dem Heuer=schen Bilde fast ganz in Baumkronen versteckt sind, dem Blicke noch frei darbieten. Da das Bild vom Rande des Kirchbergplateaus aufge=nommen ist, können wir auf die Talsohle hinabsehen und erblicken da zwei kreisrund eingefaßte Salzbrunnen. Statt des Badepublikums dienen als Staffage zwei Frauen, die auf einem vom Bleichplatze in die Beste gebauten Waschstege Leinen spülen.

Es muß für Lorenzen ein großer Kummer gewesen sein, das Bad, auf das er als sein Werk jahrelang sehr stolz sein konnte, noch vor seinem Ende so abnehmen zu sehen. Aber er hatte auch noch manche andere Gründe zu Verstimmung. Um der Stadt auch äußerlich das Gepräge eines feinen und gesunden Kurortes zu geben, ließ sich Lo=renzen die Reinigung und Reinhaltung der Straßen besonders ange=legen sein und wußte es durchzusetzn, daß überall da Rinnsteine an=gelegt wurden, wo sich noch das Wasser aus Wohnhäusern und Ställen ohne ordentlichen Abfluß auf die Straße ergoß. Nun wurde im Jahre 1834 auch vor dem Hamburger Tore, wo auf der linken Seite der Straße mehrere Neubauten entstanden waren, in Ausführung eines schon vor längerer Zeit gefaßten Kollegienbeschlusses ein Rinnstein hergestellt, und Lorenzen, der in Abwesenheit des Bürgermeisters denselben zu vertreten hatte, traf die nötigen Anordnungen und beaufsichtigte die Ausführung derselben. Der deputierte Bürger und Goldarbeiter Hahn, welcher der Meinung war, daß der Rinnstein von den Deputierten nicht beschlossen worden sei und daß durch seine Ausführung städ=tische Gelder unnütz verschwendet würden, stellte Lorenzen zur Rede, als dieser gerade die Pflicht der Aufsicht ausübte, und machte ihm Vorwürfe wegen eigenmächtigen Vorgehens. Der Justizrat, der sich im Rechte fühlte, wurde dadurch gereizt und antwortete dementsprechend. Ein Wort gab das andere, und schließlich soll Lorenzen sogar den Stock erhoben und dem Deputierten mit Schlägen gedroht haben. Daraus entspann sich ein widerlicher Prozeß. Hahn verklagte den

Justizrat wegen unbefugten Eingriffes in die den Stadtdeputierten Oldesloes gesetzlich zustehende Gerechtsame, wegen widerrechtlicher Drohungen und wegen öffentlicher Injurien. Hahns Vertreter Advokat Bahr und der Vertreter des Justizrats Advokat Schmidt von Leda kämpften mit dicken von juristischer Gelehrsamkeit strotzenden Aktenheften gegeneinander, und schließlich wurde der Prozeß durch einen Vergleich abgeschlossen. Aber noch heute muß man bedauern, daß selbst ein Mann wie Lorenzen, der von den reinsten Absichten erfüllt war und seine ganze Kraft dem öffentlichen Wohle widmete, von solchen Angriffen nicht verschont bleiben konnte.

Nun ließ sich Lorenzen zwar durch solche Erfahrungen nicht niederdrücken. Aber der Schmerz, der ihm durch Familienunglück bereitet wurde, konnte nicht spurlos an ihm vorübergehen. Noch im Jahre 1827 gründete der rastlos tätige Mann eine Filialapotheke in Ahrensburg und übertrug dann im Jahre 1832 seine beiden Apotheken auf seinen dritten Sohn Julius Theodor, um sich desto besser seinen öffentlichen Ämtern widmen zu können. Julius Theodor aber starb im Jahre 1837, und nun mußte der alte Justizrat vor seinem Ende den Kummer erleben, daß die Apotheke, die er selbst nach dem großen Brande wieder aufgebaut und zu einer Musterapotheke gemacht hatte, in fremde Hände kam. Julius Theodor Lorenzens Witwe ließ die Apotheke nach dem Tode ihres Mannes zunächst durch einen Provisor verwalten, erst durch Peter Friedrich Jacobsen aus Hamburg und dann durch Gustav Adolf Paulsen aus Heide. Doch im Jahre 1841 übernahm Paulsen die Apotheke auf eigene Rechnung. Es hat wohl selten ein Mann in seiner Familie soviel Herzeleid erfahren wie Lorenzen. Von seinen 14 Kindern kamen nur sechs über das früheste Kindesalter hinaus, und von diesen sah er fünf in einem Alter von 20—40 Jahren vor sich ins Grab steigen. Nur eine Tochter im fernen Warschau überlebte ihn, und unter seinen Enkelkindern war nur ein Knabe, der später das Geschlecht fortsetzte. Lorenzen starb 77jährig am 7. September 1842 in Itzehoe, wo er als Abgeordneter den Wahldistrikt Oldesloe-Segeberg in der vierten holsteinischen Ständeversammlung vertrat, die er als Alterspräsident eröffnete. Auf dem Vogtding vom 28. März 1843 widmete ihm Bürgermeister von Colditz folgenden Nachruf: „Eine lange Reihe von Jahren haben wir hier in der Mitte des Magistrats einen Menschen stehen gesehen, der in Oldesloe geboren, seine besten Kräfte und was er vermochte, dem Wohl seiner Vaterstadt widmete. Heute sucht unser Auge ihn hier vergeblich. Der Senator Justizrat Lorenzen wandelt nicht mehr unter uns. Was er hier gewirkt hat, wissen wir alle, seine Werke reden laut, und sie werden fortleben. Wir erkennen es als Pflicht, unsere dankbare Erinnerung an seine Verdienste um unsere Stadt und Mitbürger hier auszusprechen und dadurch sein Andenken zu ehren." Die Stadtvertretung einer späteren Generation hat ihn dadurch geehrt, daß sie bei Gelegenheit der Hundertjahrfeier des Bades im Jahre 1913 eine der neuen Straßen Lorentzenstraße nannte und indem sie auf das Notgeld von 1922 seinen Schattenriß setzte, der ihn uns in hohem Zylinder

Hansen Suck Bangert Balcke
Die alte Schule, diente bis 1908 als Unterrichtsstätte.

Die neue Schule, erbaut 1907/08. Photogr. Herm. Ketelhohn

Flur im Erdgeschoß der neuen Schule. Photogr. Herm. Ketelhohn.

und mit Krückstock zeigt, wie er die Straßen von Oldesloe durchwandernd und mit strengem Blick das Treiben der Straßenjugend beobachtend und oft rügend als Kinderschreck gewirkt haben mag.

XII. Die Kochanstalt.

Das Jahr 1830 hatte eine Mißernte gebracht, und es war zu befürchten, daß wegen Knappheit und Teuerung der Nahrungsmittel Minderbemittelte und Arme im Winter große Not leiden würden. Deshalb kam man auf den Gedanken, eine Kochanstalt zu gründen, in der jedermann eine wohlschmeckende und nahrhafte Kost für wenige Schillinge, die ganz Armen aber umsonst bekommen sollten. Der damalige Vorsteher des Sankt-Jürgens-Hospitals Sattlermeister Heinrich Konrad Fischbeck nahm sich der Sache mit Eifer an, freiwillige Beiträge aus der Bürgerschaft flossen reichlich, und die Einrichtung wirkte so wohltätig, daß trotz der Mißernte niemand in der Stadt Mangel gelitten hat. Viele wurden dadurch genährt und gestärkt, welche sonst selbst mit Unterstützung an barem Gelde Not gelitten hätten, andere hatten es für ein Geringes besser, als sie es sich mit großen Mitteln im eigenen Hause hätten verschaffen können, und die Stadt hatte den Vorteil, daß sich trotz des Notstandes ihre Armenlasten nicht vermehrten. Die Erfahrungen des ersten Jahres ermunterten dazu, die Anstalt auch in den folgenden Jahren mit Beginn des Winters immer wieder zu eröffnen und zu einer dauernden Einrichtung werden zu lassen. Durch freiwillige Beiträge wurde damals erzielt, daß jährlich etwa 3000 Mahlzeiten an Bedürftige ohne Bezahlung gegeben werden konnten. Im Jahre 1840 wurde Fischbeck, der verdienstvolle Gründer und Vorsteher der Anstalt, dadurch geehrt, daß ihn der König bei seiner Anwesenheit hier eigenhändig mit dem silbernen Ehrenzeichen der Danebrogsmänner dekorierte.

XIII. Der Schulhausneubau.

Unter der guten Verwaltung, deren sich Oldesloe seit dem großen Brande erfreute, war die Einwohnerzahl so gestiegen, daß schon im Jahre 1834 die Schulkinder in den Klassenzimmern der bisherigen Schulhäuser nicht mehr unterzubringen waren. Die Klassen waren alle überfüllt, die der ABC-Schützen, die zweite Elementarklasse aber so, daß ihre Schüler in zwei Abteilungen geteilt und abwechselnd unterrichtet werden mußten. Man sah ein, daß mehr Raum geschaffen werden mußte. Als nun ein Kapital von 4000 Speciestaler, das der König der Stadt nach dem großen Brande geschenkt und zu späterer Auszahlung bestimmt hatte und das mittlerweile durch Zins und Zinseszins auf 16 000 Taler Cour. gleich 25 600 Reichsbanktaler angewachsen war, im Jahre 1835 zur Auszahlung kommen sollte, hielt man die Zeit für gekommen, die Erweiterung der Schulräume in Angriff zu nehmen. Von Magistrat und Deputierten war in Aussicht genommen worden, das große Schulhaus umzubauen und für die unteren Klassen ein besonderes Elementarschulgebäude zu errichten. Am 21. Dezember 1835 wurde wegen des Schulbaues ein besonderes Vogtding abgehalten und auf demselben ein Ausschuß von 35 Bürgern gewählt mit dem Auftrage, über 5 Bauplätze zu einem neuen Elementarschulhause eine Untersuchung anzustellen und den geeignetsten zu wählen. Der Ausschuß entschied sich dann für einen Platz in den Gärten des Rektors Rode, des Gastwirts Wiedemann und des Kerzengießers Harmsen. Nach Einreichung des Ausschußberichtes gaben die Bürger Bornhöft, Denker, Harms und Helms die Erklärung ab, es sei die Meinung eines großen Teiles der Bürgerschaft und auch ihre Meinung, daß es besser wäre, auf diesem Bauplatz ein Gebäude aufzuführen, welches zugleich die Hauptschule mit den Wohnungen des Rektors und des Kantors befasse. Magistrat und Deputierte beschlossen, über beide Vorschläge Kostenanschläge aufzustellen. Diese Anschläge wurden nebst den Baurissen zu jedermanns Einsicht aufgelegt, und in dem Vogtding von 1836 teilte der Bürgermeister dann der versammelten Bürgerschaft mit, daß der Bau der Elementarschule auf dem gewählten Platz und der Umbau des großen Schulhauses eben so hoch käme wie der Bau eines neuen Schulhauses für die ganze Schule. Die endgültige Entscheidung über den Schulbau aber stehe weder dem Magistrat noch der Bürgerschaft zu, sondern der königlichen Schleswig-Holsteinischen Regierung auf Gottorf.

Die Regierung entschied sich für den Bau eines alle Klassen und Lehrerwohnungen umfassenden Hauses auf dem von der Bürgerschaft für das Elementarschulhaus gewählten Platze, und nachdem auch der Bauriß von der Regierung genehmigt worden war, konnte im Sommer 1837 mit dem Bau begonnen werden. Die feierliche Einweihung des fertigen Gebäudes fand am 7. Oktober 1839 statt. Einen Bericht darüber nebst dem Abdruck des bei der Feier gesungenen Weihgesanges brachte das im April desselben Jahres gegründete Oldesloer Wochenblatt.

Nach der Vollendung des Schulhauses wurde die Verbindung desselben mit der Stadt über den alten Kirchhof und nach dem Besttore durch die Badeallee gehörig instand gesetzt und im Jahre 1839 auch eine neue Straße nach dem Hamburger Tore angelegt. Als im Jahre 1840 König Christian VIII. nach seiner Thronbesteigung die Stadt besuchte, wurde die neue Straße ihm zu Ehren, „Königstraße" genannt.

Da mit der steigenden Schülerzahl immer mehr Klassen eingerichtet und Lehrer angestellt werden mußten, wurde bald die Erbauung eines zweiten Schulhauses nötig. Es wurde im Jahre 1861 neben dem ersten erbaut und für zwei Schulklassen und zwei Lehrerwohnungen eingerichtet.

XIV. Das Privatschulwesen.

Lensch. Rode. Reimers. Marxsen. Jensen. Andresen. Lösch. Jacobsen. Michelsen. Kramer. Das Zuvielerlei der Lehrpläne. Spanuth. Winter.

Den Bildungsbedürfnissen der aufblühenden Stadt konnte eine wenn auch noch so gute Volksschule auf die Dauer nicht genügen. Einiges Bedürfnis nach etwas weitergehender Bildung war in Oldesloe schon immer vorhanden gewesen, und man hatte es, wie wir gesehen haben, durch Berufung eines lateinischen Schulmeisters, des späteren Rektors, dem die Erteilung von höherem Privatunterricht zur Pflicht gemacht wurde, zu befriedigen gesucht. Dann hatte auch der Schreib- und Rechenmeister den vorgeschrittenen Mädchen seiner Klasse Privatunterricht erteilt, und als im Jahre 1796 der Organist als dritter Lehrer dem Lehrerkollegium eingereiht wurde, erwartete man auch von ihm die Erteilung von Privatunterricht und brachte wie bei den beiden andern die Einnahme dafür bei Bemessung des Gehalts in Anrechnung.

Schon Rektor Lensch hatte auch auswärtige Schüler als Pensionäre bei sich aufgenommen und mit seinen einheimischen Privatschülern zusammen unterrichtet. Rektor Rode tat dies in so weitem Maße, daß seine Dienstwohnung zur Unterbringung nicht genügte. So entstand ein von der öffentlichen Schule räumlich getrenntes Privatinstitut, das Rektor Rode in dem jetzigen Schlottmannschen Hause in der Langenstraße, wo er auch selbst Wohnung nahm, unterbrachte. Unter den Lehrern dieser Privatanstalt, die bald großen Ruf erlangte, sei M. N. Sothmann erwähnt, dem wir den ersten Versuch einer Geschichte von Oldesloe verdanken[1]). Er wirkte an der Anstalt als Lehrer der lateinischen Sprache von Ostern 1818 bis Ostern 1819 und wurde dann Collaborator an der Gelehrtenschule in Glückstadt. Unter den Schülern des Instituts ist erwähnenswert Heinrich Heines Bruder Maximilian, der in seinen von Gustav Karpeles herausgegebenen hinterlassenen Memoiren dem Rektor Rode und seiner Anstalt ein ehrendes Denkmal gesetzt hat[2]).

Auch Kantor Reimers hatte seinen Privatunterricht zu einem förmlichen Privatinstitut für junge Mädchen entwickelt, an dem u. a. seine Tochter als Lehrerin wirkte. Trotzdem unternahm es ein Lehrer von Rektor Rodes Institut Theodor Marxsen im Jahre 1840, eine neue höhere Privatmädchenschule zu gründen, die unter seiner Leitung bis 1844 bestanden hat. In diesem Jahre wurde Marxsen als fünfter Lehrer an der Stadtschule angestellt. Aber auch Kantor Jensen, der Nachfolger von Reimers, unterhielt eine Privatmädchschule, die zu Ostern 1848 zwei Fräulein Siewert übernahmen.

Zu Michaelis 1843 eröffnete der Kandidat der Theologie Johannes Harbou Andresen eine neue höhere Knabenschule, mit der er zu Ostern 1844 auch eine höhere Mädchenschule verbinden wollte. Doch wurde ihm dies von der Schulinspektion nicht gestattet. Während der Jahre 1848 und 1849 unterhielt ein Herr Lösch ein Knabeninstitut in einigen dazu gemieteten Räumen des Salinenbeamtenhauses. Ob es eine neue Gründung oder die Fortsetzung der Andresenschen Privatschule war, habe ich leider nicht feststellen können.

---

[1]) Oldeslo oder älteste Geschichte der Stadt Oldesloe in Holstein. Von M. N. Sothmann, Collaborator an der Gelehrtenschule in Glückstadt. Erschienen in den Provinzialberichten von 1820 und 1821.
[2]) Ausführliches darüber im Osterprogramm des Oldesloer Realprogymnasiums von 1900.

Rektor Jacobsen, der Nachfolger des Rektors Rode, trat in die Fuß=
stapfen seines Vorgängers und unterhielt ebenfalls eine private höhere
Knabenschule. An ihr wirkte der von den Dänen aus Hadersleben
vertriebene Oberknabenlehrer H. B. Michelsen, bis er zu Ostern 1852
eine eigene Privatschule für Knaben im alten Badelogierhause eröff=
nete. Zu Ostern 1862 übernahm diese der emeritierte Pastor D. Leue
und verkaufte sie zu Ostern 1865 an Johann Christian Amandus
Kramer.

Alle diese Privatschulen mußten sich der Schulinspektion unter=
stellen und jährlich in Anwesenheit und unter Anleitung der Schul=
inspektion eine öffentliche Schulprüfung abhalten. Sie litten alle, am
meisten allerdings die privaten Knabenschulen, an einem Zuvielerlei,
da man möglichst allen Wünschen der Eltern entgegenkommen und
in den Knabeninstituten sowohl für die höheren Klassen der Gelehr=
tenschulen wie für den kaufmännischen Beruf vorbereiten wollte.
Auch Maximilian Heine empfand in dem Rodeschen Institute den
Mangel an Konzentration und muß bei allem Lob, das er der Anstalt
zollt, gestehen: „Wenn meine Fortschritte dem guten Fleiße und den
nicht zu verkennenden Anlagen im ganzen dennoch nicht völlig ent=
sprochen haben, so war die lebhafte Beschäftigung mit zu vielen
Gegenständen ein Hauptgrund, der späterhin gänzlich wegfiel. Auf
dem Gymnasium später, wo hingegen die Fortschritte den nötigen
Fleiß weit übertrafen, fand mehr geistige Konzentrierung statt."

Daß nicht nur die Rodesche Privatschule an solcher Überbürdung
mit Lehrfächern litt, zeigt folgende Stundenübersicht der Andresen=
schen Anstalt:

Religion wöchentlich	2	Stunden
Bibl. Geschichte	2	,,
Religionsgeschichte	2	,,
Bibelkunde	1	,,
Weltgeschichte	2	,,
Geographie	2	,,
Naturlehre	1	,,
Naturgeschichte	1	,,
Seelenkunde	1	,,
Verstandesübungen	2	,,
Mathematik	2	,,
Grammatik	2	,,
Orthographie	2	,,
Rechnen	2	,,
Schönschreiben und Zeichnen	2	,,
Deklamieren	1	,,
Latein	4	,,
Griechisch	2	,,
Französisch	2	,,
Dänisch	2	,,
Sa.	37	Stunden

Die Fortschritte der Schüler mußten noch dadurch beeinträchtigt werden, daß Anfänger und Vorgeschrittene in einer Klasse vereinigt waren. Nur für Latein waren zwei Abteilungen vorgesehen.

Nicht so große Vielseitigkeit zeigt die folgende Stundenübersicht der Privatmädchenschule des Herrn Theodor Marxsen, bietet mit 42 Stunden Stillsitzens aber doch auch zu viel:

> Religion wöchentlich 4 Stunden
> Schreiben 2 „
> Rechnen 4 „
> Singen 2 „
> Realien 3 „
> Deutsche Sprache 4 „
> Französische Sprache 4 „
> Englische Sprache 2 „
> Zeichnen 2 „
> Lesen u. Deklamieren 3 „
> Handarbeiten
>   täglich 2 Std. = 12 „
> Summa 42 Stunden

Zu den Realien bemerkt Marxsen: „Da ich Zacharias vortreffliches Lehrbuch der Geographie in Verbindung mit Geschichte, Naturgeschichte und Technologie zum Vortrage wählen werde, werden 3 Stunden hinreichend sein."

Es zeigte sich allmählich, daß das vorhandene Bedürfnis nach höherer Schulbildung in vollem Maße nur durch öffentliche höhere Schulen befriedigt werden könne. Die Stadtvertretung wenigstens verschloß sich dieser Einsicht nicht und tat den ersten Schritt nach diesem Ziele dadurch, daß sie dem Rektor der Stadtschule Dr. Ferdinand Spanuth bei seiner Berufung im Februar 1866 den Auftrag erteilte, einen Plan zur Errichtung einer Realschule vorzulegen. Viele Bürger aber hegten noch die Überzeugung, daß für die hiesigen Verhältnisse die Verbindung einer höheren Privatschule mit der Stadtschule, wie sie zu Rodes Zeit zu allseitiger Zufriedenheit bestanden hatte, am zweckmäßigsten sei, und auf ihr Drängen entschloß sich Dr. Spanuth, von der Vorlage des Planes zur Errichtung einer Realschule zunächst abzusehen und das Schulkollegium um Erlaubnis zur Errichtung einer Privatknabenschule zu bitten. Die Erlaubnis wurde erteilt und die „Höhere Knabenschule" mit 26 Schülern in zwei Klassen im Gebäude der Stadtschule eröffnet, worauf im Jahre 1867 die schon lange kränkelnde Kramersche Privatschule einging und von A. Winter, einem bisherigen Lehrer der Anstalt, in eine reine „Höhere Töchterschule" verwandelt wurde. Diese beiden Privatschulen wurden später von der Stadt übernommen, und aus ihnen sind die jetzige Oberrealschule und die jetzige Königin=Luise=Schule hervorgegangen.

XV. Die Gründung einer Buchdruckerei und einer Zeitung in Oldesloe.

Julius Schythe. Gründung einer Druckerei. Erscheinen des Wochenblattes. Die Zensur.

Ein so aufblühendes Gemeinwesen wie das damalige Oldesloe konnte eine Druckerei und eine Zeitung auf die Dauer nicht entbehren. Das hatte der Pos'meister, Senator und Kanzleirat Peter Schythe mit sicherem Blick erkannt und deshalb seinen 1814 geborenen Sohn Julius das Buchdruckergewerbe erlernen lassen in der bestimmten Absicht, daß er hier einmal eine Druckerei und eine Zeitung gründe und dadurch eine sicher fließende Nahrungsquelle für seine Familie erschließe. Nachdem Julius 4 Jahre, von Ostern 1830 bis Ostern 1834, bei Wendell in Rendsburg die Buchdruckerkunst erlernt hatte, begab er sich als Buchdruckergeselle auf die Wanderschaft, sah sich in verschiedenen deutschen Vaterlanden, in Österreich, Italien und der Schweiz um, war als Buchdrucker tätig in Altona, Hamburg, Heiligenstadt, Bonn, Staalhäusel, Konstanz, Preßburg, Triest und Vaihingen und kehrte im Sommer 1838 ins Vaterhaus zurück. Nun wurden gleich Anstalten gemacht, um die Erlaubnis zur Gründung einer Druckerei und eines Wochenblattes zu erhalten. Für die Gründung einer Druckerei wurde die Erlaubnis ohne Schwierigkeiten erteilt, für die eines Wochenblattes aber nur mit vielen Bedenken und unter der Bedingung, daß keinerlei poli'ische Nachrichten in demselben veröffentlicht werden dürften, daß die ihm zugehenden Regierungsbekanntmachungen kostenlos und die Magistratsveröffentlichungen gegen eine Vergütung von 1 Schilling Courant für die Zeile aufgenommen werden müßten. Dieses königliche Privilegium, das in den Weihnachtstagen 1838 hier eintraf, war für Schythe doch gar zu ungünstig, so daß er Bedenken trug, unter solchen Bedingungen ein Wochenblatt herauszugeben. Er richtete deshalb zunächst nur die Buchdruckerei ein, setzte sie Anfang Januar 1839 in Betrieb und versuchte dann wenigstens die Erlaubnis zu erlangen, kleine Auszüge aus den politischen Artikeln im Altonaer Mercur in das von ihm herauszugebende Wochenblatt aufnehmen zu dürfen. Aber die Regierung blieb hart, weil sie die Verbreitung von Nachrichten über die innere und äußere Politik durch die Presse nicht dulden wollte. So mußte denn das Oldesloer Wochenblatt ohne einen politischen Teil erscheinen. Die erste Nummer mit dem Titel „Oldesloer königlich privilegirtes Wochen=Blatt für Stadt und Land" wurde am 6. April 1839 herausgegeben. Daß aber die Politik trotz des Verbotes bald im Wochenblatt auftauchte, zeigen die vielfachen Verweise der Regierung an den Zensor und an den Verleger, die bereits im Jahre 1840 begannen und erst im März 1848 durch Verkündigung der Preßfreiheit ihren vorläufigen Abschluß fanden. Zum Zensor in Oldesloe wurde Bürgermeister Etatsrat von Colditz ernannt. Nachdem er wegen angeblich zu großer Nachsicht gegen das Blatt verschiedene Verweise erhalten hatte, u. a. einen sehr kräftigen, als in Nr. 46 des Jahrgangs 1842 die Aufnahme Schleswigs in den Deutschen Bund verlangt

Julius Schüthe
gründete im April 1839 das „Oldesloer Wochenblatt",
jetzigen „Oldesloer Landboten".
Geb. 28. November 1814, gest. 24. Februar 1890.

Oldesloer königlich-privilegirtes Wochen-Blatt, für Stadt und Land.

Erster Jahrgang.

№ 1.   Sonnabend, den 6. April.   1839.

Redigirt, gedruckt und verlegt von J. Schythe.

☞ Von diesem Blatte erscheint wöchentlich ein Bogen. Der Preis im Orte ist 15 ß Crt., in den Herzogthümern jedoch 1 mk Crt. pr. Quartal, wofür es franco pr. Post geliefert wird. Bestellungen werden durch die Königl. Postämter erbeten. Gemeinnützige Aufsätze finden jederzeit eine willige Aufnahme, anonym eingesandt werdende bleiben jedoch unberücksichtigt. Inserate, welche spätestens bis Donnerstag Mittag 12 Uhr angenommen werden, werden das 1ste Mal mit 1½ ß Crt., das 2te und 3te Mal nur jedes Mal mit 1 ß, pr. Petitzeile bezahlt.

Nichts Steiferes als die Bücklinge, womit sich ein neues Blatt, zumal ein Provinzial-Blättchen, dem Publikum zu empfehlen pflegt. Fröstelnde und hüstelnde Anreden, Versprechungen in schwarzen Strümpfen und eingebogenen Knieen, auch wohl gewaltsame Anstrengungen zu Scherz und Laune, kirschbraune erstickte Witze, Kindlichkeiten mit Abführungsrecepten im Munde, poetische Rosen umwunden mit der schwarzen Schleife eines Armensünderhembdes u. s. w. Es gibt freilich Ausnahmen; doch nicht immer erfreuliche. Namentlich ist mir widerwärtig der biedermännische Dutz-Comment mit dem Fuchsschwanz im Nacken, die einfältig verschmitzte Frechheit, die Bürger und Bauer als klugst Bekannte bei der Hand nimmt und zuversichtlich zu ihnen spricht: du und ich, wir müssen uns näher kennen lernen, wir sind für einander geschaffen! Auch wohl Bessere, als dies Beispiel ahnen läßt, glauben sich zu einer gewissen händedrückenden, volksgemüthlichen, zuthulichen Art und zu einer gewissen knolligen Verständlichkeit ihrer Reden herablassen zu müssen. In der Herablassung nichts Gelinderes zu sagen, als daß sie ein großes Uebel ist, das ein noch größeres Uebel, die Uebersteigerung, wieder gut machen soll. Die größten englischen, französischen, nordamerikanischen Schriftsteller haben in ihren Reden und Schriften an das Volk gar nicht nöthig, sich herabzulassen, weil der gemeine Verstand, das gemeine Wohl, die gemeine Freiheit und Rechtsebenbürtigkeit eine breite Grundlage geschaffen haben, auf dem sich das erste Genie der Nation mit dem letzten Pflüger und Handarbeiter begegnen und unterhalten kann. Daß es bei uns anders ist, weiß Jedermann. Unsere Schriftstellerei

ist bald auf Du, bald auf Er, bald auf Sie berechnet, während Franzosen und Engländer zu allen Menschen, die sie anreden, Ihr sagen und dadurch schon bekunden, daß sie in dem, was die Menschenwürde anbetrifft, mehr auf dem Fuße der Gleichheit mit einander stehen. Auch sind wir Deutsche nicht immer solche hochmüthige und demüthige Narren gewesen, wie wir es geworden sind, nachdem wir den gemeinen Verstand, das gemeine Recht, die gemeine Würde in lauter Besonderheiten und Privilegien aufgelöst haben. Unsere Nation hätte niemals so große Dinge gewirkt und ihr geistiges Reis auf so viele Nationen Europa's gepfropft und sie veredelt, wenn nicht dasjenige, was sie gegenwärtig äußerlich vermißt, im hohen Grade ehemals als ihr eigenster Charakterzug sich hervorgethan hätte, ich meine ihr geistiger Zusammenhang als besondere Menschen- und Volksnatur, das tiefe Verständniß Aller untereinander, das sympathetische Leben der Religion, des Rechts und der Poesie, wodurch allein sich ihre alten Volkslieder, Volkszüge und Volksthaten erklären lassen. Nun leben wir freilich in einer zerrissenen Zeit, wo selbst unter den sogenannten Gebildeten kaum Einer den Andern verstehen soll, und wo es daher noch schwieriger scheint, sich der großen Masse von Bürgern und Landleuten verständlich zu machen, die in so viele Begriffe und Kenntnisse des gelehrten Standes uneingeweihet ist, und, fügen wir hinzu, in so manchem Gefühle todt zu sein oder wenigstens zu schlummern scheint. Das Verlangen verständlich zu sein, und wo es gilt, das Herz zu bewegen, hat unsere meisten sogenannten Volksschriftsteller auf Abwege geführt, welche sich weder vor dem Verstande, noch vor dem Gefühl rechtfertigen lassen. Ich

Reproduktion nach dem Original der ersten, im Jahre 1839 erschienenen Zeitung, die im Format 21 : 24 cm herausgegeben wurde.

habe jene theils kindische, theils brutale Weisen der Volksrednerei schon berührt; nur vergessen zu sagen, daß ihr bereits der Stab gebrochen ist und daß man anfängt, sie allgemeiner zu verspotten und selbst in den Kreisen, worauf sie berechnet ist, so lächerlich als schnöde zu finden. Allein der breiteste Irrweg und daher der am meisten streitig zu machende, ist derjenige, der über eine blumen- und quellose Philisterhaide führt, derjenige, der in einer gewissen Trockenheit und Dürre der Darstellung, in einem gewissen hausbackenen Provincialismus der Ansicht das Ideal einer provinziellen Publizistik findet. Ich glaube freilich, daß es den meisten Leuten mit dieser Aufgabe nicht schwer fällt, und diese werden kaum begreifen, was ich meine. Ich meine aber, daß jedes Dorf ein Punkt ist, der sich, so gut wie die größte Stadt, in vierundzwanzig Stunden einmal auf dem Erdball im großen Weltenraum um sich selbst bewegt und in dreihundertfünfundsechzig Tagen um die allernährende Sonne schwingt; ich meine, daß man keinen Menschen mit der Nase in den umgebenden Staub drücken soll, den er ohnehin nur zu sehr anklebt; ich meine, daß man seinem Auge die weitesten Aussichten eröffnen muß, um ihm im Geistigen dasselbe scharfe Gesicht zu geben, das sich der Jäger und der Schäfer im Leiblichen erwirbt; ich meine, daß man seine Natur auf alle mögliche Weise ahnungsreich erweitern, die verborgenen Bronnen seiner Gefühle und Denkkräfte, so viel deren sind, eröffnen muß; und vor allen Dingen meine ich, daß man sich nicht zum Volk herablassen, sondern das Volk in sich finden soll, mit aller Schärfe des gesunden Verstandes, mit allem Rechts- und Menschengefühl, mit aller Laune und Heiterkeit, mit allem Mutterwitz, das in unseren deutschen Gauen heimisch ist und uns in seiner Gesammtheit zum ersten Volke der Welt erheben würde, wenn wir die tausendjährige Asche von uns allen abblasen und die geläuterten Flammen zu einer großen, vaterländischen Säule emporsteigen lassen. Sollte dagegen die publizistische Schriftstellerei und namentlich die Wochenblattsschriftstellerei, die jetzt unter uns wuchert, nur dazu beitragen, unsere Holsteiner immer holziger und steiniger zu machen, so wäre es besser, daß die Drucker-Pressen vom Abgrunde verschlungen würden. Ließe sich das Volk nicht anders aufklären, über seine Rechte und Pflichten und über die Angelegenheiten, deren Besprechung seinen Verstand nähren, seine Kraft reizen, sein Selbstgefühl heben soll, als durch Verdichtung der provinciellen oder gar städtischen Atmosphäre, durch Vertrocknung seines Humors und jene gemüth- und phantaselose Richtung eines oberflächlichen Liberalismus in allen Dingen, welche um sich zu greifen droht, so möchte man die früheren Zustände vorziehen, wo es in der Gedankenlosigkeit oder in der Wildniß der Gedanken hinlebte, wo die Hirsche und die Rehe sprangen und die wilden Eber — — — — ihre Hauer metzten!

Wer nach diesen Aeußerungen einen entsprechenden Geist in den freien Artikeln dieses Blattes erwartet, wird sich nicht täuschen; doch möge er bedenken, daß, wie eine Schwalbe keinen Sommer macht, so auch eine Feder keinen Fittig.

In Angelegenheit des holsteinischen Seminars.

Der Altonaer Mercur, № 76, enthält folgende Zuschrift aus Segeberg: „Es verbreitet sich hier die freudige Nachricht, daß es jetzt allerhöchsten Orts fest beschlossen sei, zu dem für das Herzogthum Holstein wieder einzurichtenden Seminar unseren Ort zu bestimmen; dabei heißt es zugleich — und dies wird hier nicht weniger angenehm bemerkt — daß über den Platz, wo die erforderlichen Gebäude aufgeführt werden sollen, noch kein fester Beschluß gefaßt ist. Man meint daher, daß es den Vertretern der Bürgerschaft noch gelingen wird, die vielen hier einleuchtenden Vorzüge, welche ein der Commune gehörender Platz, außerhalb der Stadt, an der Kieler Landstraße vor der ferne von der Stadt am sogenannten großen See gelegenen Bürgermeister-Koppel hat, beikommenden Orts in einer besonderen Vorstellung auseinander zu setzen und so die Nebenrücksichten zu besiegen, welche man hier in der Designirung der sogenannten Bürgermeister-Koppel für prävalirend hält."

Dieser Nachricht zu Folge, haben wir also Segeberg als den erwähnten Sitz der wiederherzustellenden Pflanzschule unserer Volksschullehrer zu begrüßen. Wir thun dies auf's freudigste. Denn wir sind vollkommen der Ansicht, daß von den beiden Candidatinnen, Kiel und Segeberg, letztere den Vorzug verdient.

Es konnte diese, vor längerer Zeit aufgeregte Streitfrage wohl nicht vielseitiger und gründlicher behandelt werden, als dies in einer jüngst bei Carl Aue in Altona erschienenen Flugschrift aus der Feder des Herrn A. Decker, Subrector in Meldorf geschehen ist. Der Verfasser hat sehr Recht, wenn er selbst in der Voraussetzung, daß die Wahl bereits auf Segeberg gefallen, mit seiner Beleuchtung nicht zu spät gekommen zu sein glaubt. Dem Lande kann nichts Lieberes widerfahren, als wenn man ihm den Verstand und Nutzen einer das Gemeinwohl betreffenden öffentlichen Entscheidung auf's bündigste klar machen kann. Der liebe Gott schenke uns eine ganze Bibliothek solcher verspäteten Schriften, des mannigfaltigsten Inhalts.

Wir sind nicht gesonnen, die Schrift des Hrn. Decker auszuziehen: man muß sie lesen. Einige Bemerkungen möge man uns über den Gegenstand selbst gestatten.

Kiel beruft sich auf den früheren Bestand des Seminars am kleinen Kiel. Kiel will, daß das todte Seminar wieder aus ihm aufersteht, weil es auf diesem Schauplatze, unter dem energischen Müller, einst lebendig war und unter den späteren Directoren der Anstalt, mindestens vegetirte, bis es im sanften Schlummer in Nichts hinüberging. Aber wo steht geschrieben, daß das Grab die Wohnstätte der Auferstehenden wird?

Kiel behauptet: die Universität bedürfe, die Kirche fordere die Anwesenheit des Seminars (letzteres Harms im Kiel. Corresp. Bl.) — Die Kieler Universität bedarf allerdings sehr viel, zuförderst aber etwas Anderes als Seminarlehrer und Seminaristen. — Die Kirche (Dr. Harms?) fordert Einfluß auf die künftigen Schullehrer. Die Frage ist richtig. Es ist die Frage von der Freiheit des Unterrichts. Die Forderungen im Sinn eines Einzelnen sind bedenklich. Der Geist ist allenthalben. Lasset ihn walten.

Kiel lockt mit seiner geistigen Regsamkeit, anregend für Lehrer und Schüler des Seminars. Die Thatsache zugegeben, so ist sie eine zu gemischte, aus den mannigfaltigsten und zum Theil widersprechendsten geistig-sinnlichen Eindrücken zusammengesetzte, als daß sie, nicht auf die höchsten und herrschenden Standpunkte des Lebens und der Wissenschaft berechneter Bildungskreis daraus ersprießliche Folgen zu gewärtigen hätte. Im Gegentheil ist es aus allgemeinen und besonderen Gründen heilsam, daß unser Studententhum und unser Seminaristenthum, entfernt von einander, seinen besonderen Weg gehe.

Für Segeberg sprechen jene überwiegenden Gründe, die aus der inneren Idee einer Volksschullehrerschule zu entnehmen sind. Dieses halb ländliche, halb städtische Stilleben in freundlicher Natur, entsprechend der doppelten Zukunft der Zöglinge und ihrem Mittlergeschäfte zwischen der Bildung der Städte und des Landes, bildet einen schönen Rahmen für die innere Thätigkeit der Anstalt.

Hier ist nichts Störendes. Der Lehrer kann wirken, wenn er Talent und Seele hat und die Aufgaben der Zeit und seines Berufes kennt, kann ungehinderter wirken, als in Kiel.

Für Segeberg spricht auch ein Grund, der freilich außerhalb des Zweckes der Anstalt liegt; aber nichtsdestoweniger den Patrioten anlacht. Wir meinen, die geistige Belebung der Ostseite Holsteins. Wer diesen Gedanken weiter zu entwickeln gedenkt, dem steht ein Buch mit 320 weißen Blättern in der Redaktion dieser Blätter umsonst zu Diensten.

Örtliches.

Am 22. März ward hieselbst das s. g. Neujahrsvogtthing gehalten. Der Oldesloer Bürgerschaft, welche sich auf dem Rathhause eingefunden hatte, theilte im Namen des Magistrats der Bürgermeister, nach den üblichen Eröffnungsworten, mit, was in dem vergangenen Jahre in Beziehung auf die Verwaltung des städtischen Gemeinwesens vorgekommen und deßfalls und für das öffentliche Beste beschlossen und eingerichtet ist; unter Andern den bei Entwerfung des Budgets der Einnahmen und Ausgaben der Stadtcasse pro 1839 von Magistrat und Deputirten gefaßten Beschluß: für das laufende Jahr drei Monate Schoß (von Häusern und Nahrung) zu erlassen, so daß in den 3 letzten Quartalen d. J. jedesmal, statt für 3 Monate, nur für 2 Monate contribuirt wird. Dieses wird den Contribuenten sehr zu Statten kommen, wenn wegen des Schul-Neubaus eine Vermehrung der Schulbeiträge eintreten muß.

Auch ward die Bürgerschaft aufgefordert, statt der nach sechsjähriger Funktion abgehenden Deputirten, Schustermeister Wulff und Bäckermeister Möllhausen, so wie statt des von Sr. Königl. Majestät zum Rathsherren allergnädigst ernannten Deputirten Schüder, Andere zu erwählen, worauf die Bürgerschaft unter den von den Deputirten vorgeschlagenen Bürgern den Schneidermeister Demuth, Sattler Thegen und Schmiedemeister Barlofsky erwählte.

Schließlich ward noch die Bürgerschaft, wie gewöhnlich, befragt, ob sie dem Magistrate noch etwas vorzutragen habe, worauf sie durch 2 Achtsmänner mehrere Anträge machten, wovon wir erwähnen den Beschluß: daß zur Vertilgung der zu sehr überhandnehmenden Sperlinge à 2 Scheffel Haferfaat von Stadtländereien ein Sperlingskopf im Laufe des Sommers bei den Deputirten eines jeden Quartiers einzuliefern.

Vom hiesigen Pferdemarkt, welches am 25. März d. J. Statt fand, sind an Pferden in die Fremde ausgeführt: nach Preußen 119, Mecklenburg 163, Hannover 7, Hamburg 73, Lübeck 3, nach dem Lauenburgischen 11 und nach Altona 9, zusammen 385 Stück.

Eisenbahn-Gedichtchen.

Eisenbahn-Törtchen und Eisenbahn-Knaster,
Eisenbahn-Würste und Eisenbahn-Bier,
Eisenbahn-Zucker weiß wie Alabaster!
Eisenbahn-Lumpen und dito Papier,
Eisenbahn-Mäntel und Eisenbahn-Röcke,
Eisenbahn-Krägen und dito Jabot,
Eisenbahn-Regenschirm, Eisenbahn-Stöcke,
Eisenbahn-Parasols ganz comme-il-faut,
Eisenbahn-Pfeifen und dito Cigarren,
Eisenbahn-Beutel und Eisenbahn-Geld,
Eisenbahn-Weise und Eisenbahn-Narren,
Alles schon fertig, — nur b' Eisenbahn fehlt.

Vermischtes.

Aus Wien wird vom 22. März berichtet, daß Ole Bull sein dortiges erstes Concert im großen Redoutensaale mit gewohntem Beifall und, ungeachtet der hohen Eintrittspreise, vor einem zahlreichen Auditorium gegeben habe. — Auch die gefeierte Tänzerin Taglioni ist hier eingetroffen. Sie wird aber erst nach Ostern auftreten.

Immer vorwärts. Nächstens fahren wir in drei Tagen nach London und essen Beefsteak. Für die neue deutsch-englische Dampfschifffahrt, die täglich von London nach Köln und Mannheim gehen soll, sind in Einer Stunde in London über 7 Millionen Gulden unterzeichnet worden.

Die Schneider in Hannover haben eine Audienz bei dem König gehabt. Ein berliner Schneider ist nämlich zum Leib- und Hoffschneider ernannt worden, ohne Meisterstück und ohne in die dortige Zunft aufgenommen zu seyn. Dagegen hat die Schneidergilde Vorstellung gethan, aber vergeblich.

Die Stadt Bremen sucht für ihr Bundescontingent unverheirathete, nicht über 32 Jahr alte Fremde; sie erhalten 10 Thaler Handgeld und nach Ablauf der fünfjährigen Capitulationszeit 25 Thaler Geschenk. Thuts nicht gut, so ist Bremen nahe an's Wasser gebaut.

Aus Frankfurt wird berichtet: Nach dem, was man sich hier über die Mitgabe der kürzlich an den Grafen von Zichy vermählten jungen Gräfin Reichenbach Lessonitz mittheilt, wäre dieselbe wahrhaft fürstlich zu nennen. Außer einer Baarsumme von 200,000 Gulden, erhält die junge Dame noch ein jährliches Deputat von 24,000 Gulden. Unter den Hochzeitsgeschenken, welche die Braut von nähern und entfernten Angehörigen erhalten hat, macht man eine Reise- und Stats-Equipage, nebst prächtiger Bespannung, namhaft, die ihr vom Kurfürsten von Hessen, und einen Blumenstrauß von Brillanten, die ihr von dem Fürsten von Metternich, Schwager ihres Gemahls, verehrt wurde. Das junge Paar ist von Baden-Baden zunächst nach Rom gereist, von wo dasselbe sich später auf die Familiengüter des Grafen begeben wird.

Am 25. März war der Großfürst Thronfolger von Rußland in Heidelberg. Nachdem der Prinz die Ruinen des Schlosses ꝛc. besichtigt hatte und nach eingenommenem Diner, setzte er die Reise nach Darmstadt fort, kam am selbigen Tage daselbst an, und reisete sofort von da weiter nach Main, wo er, von dem Vice-Gouverneur und Festungs-Commandanten empfangen, die Festungswerke besichtigte und dann am 27sten eine große Parade über die Garnison abhielt. Er reisete darauf mit dem Dampfschiffe den Rhein hinunter.

Unter dem französischen Heer in Afrika ist's Sterbe-Mode geworden. Was die Seuche nicht nimmt, das rafft die Hungersnoth hin, die so arg in Constantine und Bona ist, daß alles, was nur Leben hat, geschlachtet wird, um nicht vor Hunger umzukommen. An Getreide fehlt's gänzlich.

Das Land, wo nicht nur Milch und Honig fließt, sondern noch mehr, Geld und Wein im Ueberfluß zu finden ist, ist das Herzogthum Nassau. Der Herzog selbst preßt sich und seine Unterthanen in der Thronrede, die er bei Eröffnung der Stände hielt, deßhalb glücklich und freut sich über den vollkommen geordneten Zustand der Finanzen. Die geringen Abgaben, der bedeutend gestiegene Werth von Grund und Boden, die hohen Fruchtpreise, der blühende Stand der Fabriken und Gewerbe, das wären lauter gute Dinge, die zum Dank gegen die allgütige Vorsehung verpflichteten.

Es hat lange gedauert, ehe eine der 7 erledigten Professuren in Göttingen wieder besetzt wurde. Dr. Listing aus Frankfurt am Main, gegenwärtig Lehrer der Mathematik an der polytechnischen Schule zu Hannover, hat eine erhalten.

In Dresden beklagen sich die Eisenbahnpassagiere sehr häufig über die vom Dampfwagen abfliegenden glühenden Kohlenbröckchen. Ganz neue Kleider, namentlich die der mitfahrenden Damen, sind dadurch schon ruinirt worden. Ein Kleiderkünstler in Dresden kündigt nun „unverbrennbare, feuerdichte Eisenbahn-Assecuranz-Kleider-Ueberwürfe" an.

Vaterländisches.

Am 27. März ist der erste Westindienfahrer in Kopenhagen angekommen. — An demselben Tage ist das Wrack des Barkschiffes „Bachus" genannt, für 2000 Rbthl. verkauft worden.

Kiel, den 29. März. Am vorigen Freitage wurde dem Abgeordneten für Preetz und Neumünster, Oberappellationsgerichtsrath, Etatsrath Wiese von hier in Preetz ein Ehrenmahl gegeben. (Kiel. C. Bl.)

Es wird gewiß nicht ohne Interesse seyn, zu erfahren, daß das Dampfschiff „Löwen", welches im vorigen Jahre so viel zu der Verbindung zwischen dem Festlande und den Inseln beigetragen hat, wieder in diesem Jahre seine Fahrten zwischen Wordingburg und Kiel an denselben Tagen, als im vorigen Jahre, anfangen will. Da dieses Dampfschiff, welches auf das bequemste eingerichtet ist, im Laufe des Winters in Beziehung auf die Maschinerie bedeutende Verbesserungen erhalten hat, wodurch es geschwinder seine Fahrt bewerkstelligen wird, so wird die Tour zwischen Wordingburg und Kiel gewöhnlich in der kurzen Zeit von 9 bis 10 Stunden zurückgelegt werden. In Verbindung mit diesem Dampfschiffe wird auch, wie im vorigen Jahre, eine bequeme Landbeförderung zwischen Wordingburg und Kopenhagen, so wie zwischen Kiel und Hamburg zu einem modicirten Preis eingerichtet werden, und die Reisenden werden so die Annehmlichkeit haben können, auf eine bequeme, billige und zugleich schnelle Art zweimal wöchentlich von Kopenhagen nach Hamburg und umgekehrt reisen zu können. Daß die Seetour, welche am Tage und zwischen den Inseln vorgenommen wird, sehr kurz ist, und daß der Meerbusen von Kioge vermieden wird, darf gewiß auch zu den Annehmlichkeiten gerechnet werden. Der Preis für das Dampfschiff ist zwischen Kiel und Wordingburg für die erste Kajüte auf 6 Rbthlr. und für die zweite Kajüte auf 3½ Rbthlr. herabgesetzt. Für Familien und Dienstboten ist die Bezahlung bedeutend moderirt. Die Reisenden werden wie im vorigen Jahre, an dem Abgangsorte sämmtliche, sowol mit der Land- als Wasserbeförderung verbundene Ausgaben, erlegen, und so diese voraus genau berechnen können, welche im Verhältnisse der Bequemlichkeiten zwischen Kopenhagen und Hamburg folgende werden:

1ste Kajüte und Diligence . . 17 Rbthl. 90 bß.
dito und offener Wagen . . 14 „ 10 „
2te Kajüte und offener Wagen 10 „ 64 „

Für die Passagiere der ersten Kajüte ist im obengenannten Preise das Mittagsessen auf dem Dampfschiffe mit einbegriffen.

Schul-Vacanzen.

Durch Dienstabgang des bisherigen Lehrers, ist die Districtsschule zu Gothendorff im Amte Ahrensboeck erledigt.

Die Stelle des Mädchen-Schullehrers in Apenrade ist erledigt, unter der Bedingung jedoch, daß von dem Einkommen derselben jährlich 300 m/ß v. S. H. C. an den abgegangenen Lehrer, vom Nachfolger ausbezahlt werden sollen.

Gemeinnütziges.

Das Verfahren, blind und schmutzig gewordene Spiegel und Fensterscheiben wieder zu reinigen, ist folgendes: Man nimmt eine Hand voll Brennesseln, taucht sie in kaltes Wasser und reibt die Scheiben einigemal damit. Werden sie das erstemal nicht ganz rein, so wiederholt man es mit frischen Nesseln, spült sie dann mit reinem Wasser ab, und es wird nicht die geringste Spur von Flecken zurückbleiben, die Fensterscheiben mögen grün, roth oder blau angelaufen sein. Auch bei Spiegeln kann man dieses Verfahren anwenden, nur muß man sich in Acht nehmen, daß das Wasser nicht hinter den Spiegel bringe und dort das Quecksilber auflöse, daher man den Rahmen gut mit Wachs verkleben muß.

Will man gefrorne Kartoffeln zur Viehfütterung anwenden, so müssen sie stark gekocht werden und von Fäulniß frei sein. Im entgegengesetzten Falle äußern sie sehr schädliche und gefährliche Einwirkungen. Soll die erfrorne Kartoffel zur Nahrung für Menschen verwendet werden, so muß sie gleichfalls ohne Fäulniß sein und lange gekocht werden, außerdem aber auch mit starken Zusatz von Salz erhalten und mit Pfeffer und Senf genossen werden. Da aber die erfrorne Kartoffel zum Brantweinbrennen gebraucht werden kann, so bleibt es immer am zweckmäßigsten, wenn man an Viehfutter keinen Mangel leidet, sie zum Brantweinbrennen zu nehmen.

Edelmuth des Kaisers Alexander.

(Eine wahre Begebenheit. Erzählt von einem alten Krieger aus jener Zeit.)

In dem verhängnißvollem Jahre 1812 verließ der Kaiser von Rußland seine große und schöne Residenz und begab sich zu seiner Armee. Geweiht durch die Hand der höchsten Geistlichkeit, bereitete er sich zum Riesenkampfe vor. Schon hatte er die Gränzen des alten Rußlands hinter sich und befand sich mit seinem Gefolge in Polen, unweit des Kriegsschauplatzes, als an einem schönen, aber schwülen Frühlingstage in der Nähe des, an der Heerstraße belegenen Gutes eines polnischen Großen, die Achse des Kaiserlichen Wagens brach und ihn nöthigte, die Herstellung desselben abzuwarten.

Der Kaiser in einem leichten, schmucklosen Ueberrock, gleich einem gewöhnlichen Offizier gekleidet, verließ den Wagen und wandelte sinnend, ohne Begleitung, in einer stattlichen Lindenallee, die zu dem nahegelegenen Gute führte, und ihn mit ihrem Schatten wohlthätig umfing. In Gedanken versunken, war er bereits in die Nähe des Schlosses gekommen, als ihm aus einem geöffneten Fenster desselben die Töne einer himmlischen Musik, mit weiblicher, ausdrucksvoller Gesangbegleitung entgegen schallten. Er war ganz Ohr — und eilte, die liebliche Sängerin näher kennen zu lernen. Niemand hielt ihn auf, denn der schöne Abend hatte dem Besitzer, wie den größten Theil der Bewohner, in's Freie geführt. Leise schlich er die Marmorstufen hinan. Die Töne her immer zu ihm herüberschallenden Musik waren seine Führer — er stand bereits hinter dem Stuhle der Sängerin und zwang sich kaum zu athmen. Die Musik ging von einem schmelzenden Adagio zu einem Allegro, dann zu einer Bataille über. Wilde Phantasie entströmte den Saiten. Ausdruck und Gefühl begleiteten ihr Spiel — Enthusiasmus für Etwas schien sie zu beleben, sie endete und lehnte sich erschöpft auf ihren Sessel zurück.

Ein Beifallklatschen des Kaisers lohnte der Spielerin, die im Umblicken zwar Ueberraschung aber keineswegs Blödigkeit verrieth. Eine seltene, den feinen gebildeten Polinnen eigene Grazie, war in ihrem ganzen Wesen sichtbar — eine Schönheit, Anmuth und Ungezwungenheit, die unwiderstehlich einnehmen mußten, mit denen sie den unberufenen Gast empfing und mit ihm in französischer Sprache unterhielt. Gewohnt, täglich, ja fast stündlich, von durchreisenden Offizieren, die zur Armee gingen, Besuche zu erhalten, hielt sie den Kaiser in seinem schlichten Oberrocke für einen derselben, und ließ ihre Unterhaltung, die Geist und Gewandtheit verrieth, über allerlei Gegenstände hingleiten. Bald erfuhr er, daß sie des Tochter des Hauses und ihr Vater, der Starost D...ky auf der Jagd sey.

Sie klingelte. Es wurden Erfrischungen gebracht, und der Kaiser mußte auf einem nahestehenden Sopha Platz nehmen. Gern willigte er ein, da er selbst auch ein wenig ermattet und von dem Anblicke der reizenden jungen Dame, besonders von der Ungezwungenheit ihrer Unterhaltung eingenommen war. Sie ging zuletzt auf Politik und den damaligen Krieg über. Der Kaiser verrieth sie aber nun ja deutlich ihre Anhänglichkeit an Napoleon und legte Gesinnungen mit einer Freiheit an den Tag, die sich für eine russische Unterthanin und besonders gegen einen, ihr völlig fremden Offizier, nicht geziemten. Sie tadelte bitter die Unternehmungen des russischen Kabinets, seine Maßregeln und ganze Handlungsweise, erhob dagegen Napoleons Scharfsinn, sein Genie, seinen Untersuchungsgeist — und vergaß sich endlich sogar zu Persönlichkeiten gegen den Kaiser, indem sie sagte: „Während Alexander in Petersburg den Damen den Hof macht, haben die Feinde unsere Gränzen überschritten, wurden unsere Heere geschlagen, unsere Besitzungen verheert — kann dies etwas anders als den Untergang des Reichs zur Folge haben?" — Vergebens suchte der Kaiser, dem bei seiner anerkannten Herzensgüte, dennoch diese Unterhaltung lästig zu werden anfing — das Gespräch auf andere Gegenstände zu lenken, aber die junge Dame schien absichtlich wieder darauf zurückzukommen. Dem ungeachtet bemühte sich der wohlwollende Monarch, sie vom Gegentheil und der Nothwendigkeit der Handlungsweise des russischen Kabinets zu überzeugen. Vergebens! Sie blieb dem Charakter ihrer Nation und der Monarch — seinem edlen Herzen getreu.

In diesem Augenblicke rollte die Jagdequipage des Starosten vor. Er trat in's Zimmer und wollte kaum seinen Augen trauen, als er den Kaiser erblickte. Da er früher am Hofe zu Petersburg gewesen, hatten die Gesichtszüge dieses liebenswürdigen Monarchen, nicht aber Ergebenheit und Treue gegen ihn, sich tief in seine Seele eingeprägt. Alles beseitigend bog er vor ihm das Knie und sagte: „Welcher wohlthätigen Gottheit verdanke ich das unaussprechliche Glück, meinen Kaiser bei mir zu sehen?" — Der erkannte Monarch lächelte und erschrack zugleich, denn die junge Dame war ohnmächtig auf den Boden zurückgesunken. Er bot ihr hülfreich sein Riechfläschchen an und war theilnehmend bemüht, sie in's Leben zurückzurufen. Kammermädchen eilten herbei. Leblos war sie davongetragen. Dies machte den Vater bestürzt und schien ihm unerklärbar, da er noch bei seinem Eintritte beide in einem zutraulichen Gespräch begriffen fand. Wohlwollend erklärte ihm der Kaiser die wahrscheinliche Ursache. — Der Vater erbleichte sichtlich, stürzte zu den Füßen des Monarchen, bat um Gnade, bat um Schonung für seine Tochter, indem er sich gern und willig jeder Bestrafung aussetzte. Gerührt, hieß der Monarch ihn aufstehen, sich an seine Seite setzen und vergab gern und willig. In seinem ganzen Benehmen, in jedem seiner Blicke malte sich seine schöne Seele.

Während dessen war die hergestellte Equipage des Kaisers vorgefahren. Ein Adjudant trat ein und meldete, daß sie bereits seiner vor dem Schloßhofe harre. Vergebens bot der Starost seine ganze Ueberredungskunst auf, ihn, während der Nacht, in seinem Schlosse aufnehmen zu dürfen. „Ich muß eilen," sagte der Kaiser scherzhaft, „meine versäumten Verpflichtungen nachzuholen. Er erkundigte sich nach dem Wohlbefinden der Tochter, und bat, da er hörte, daß sie sich von ihren Schrecken erholt habe, ihr ein Lebewohl sagen zu dürfen.

Bleich und zitternd näherte sich, auf die verheißene Vergebung, die schöne Freimüthige und stürzte zu den Füßen des edelsten der Fürsten. Liebevoll hob er sie auf, und küßte sie auf die Stirn. Dann zog er einen kostbaren Ring vom Finger und überreichte ihr denselben mit den Worten: „Dieser Ring sei Ihnen ein Unterpfand meiner Verzeihung und meiner fernern Wohlgewogenheit — zugleich aber eine Erinnerung, daß Sie ferner nicht von Ungelegenheiten sprechen, die Sie nicht zu beurtheilen vermögen!"

Er verbeugte sich und ging — und ließ alle Umstehenden in Staunen und Bewunderung über seinen Edelmuth zurück.

※

Der verschmitzte Bauer.

Die Accise-Beamten Irlands betrachten häufig ihr Amt als die Quelle künftigen Reichthums, denn ihnen kommt ein bedeutender Antheil an den Strafgeldern der Denuncirten zu. Hauptsächlich richten sie ihr Augenmerk auf Wohlhabende und solche, welche zahlen könnten; bei den Andern nehmen sie es weniger genau, namentlich, wenn ihnen hin und wieder kleine Opfer dargebracht werden.

Ein solcher Beamter, dort Guager genannt, dessen Diensteifer ihn allmälig in den Stand gesetzt, sich ein hübsches Landgut zu kaufen, ritt einst eilig über Feld, als ihn ein Bauer bemerkte, der mit einem tüchtigen Fasse unversteuerten Branntweins ihm gerade entgegen kam. Mit seinem Karren umzubiegen hatte er nicht Zeit, verfolgte also ruhig seinen Weg, bis er nahe genug an den Guager herangekommen war.

„Guten Morgen, Ew Ehren," redete er ihn an; „Sie reiten doch nach Hause, eben wollte ich zu Ihnen." — „So?" fragte Lucas ungewiß, ob es der Bauer ehrlich meine. „Und was hast Du denn im Fasse?" — „Hm, Ew. Ehren wissen's ja wohl; ein Wenig Naß für Ihren Keller," entgegnete Jener verschmitzt. „Ah, Du Schelm, das war nicht für mich bestimmt; sage nur, wo Du damit hin wolltest?" examinirte der Guager noch ungläubig. — „O! Ew. Ehren, wo anders hin, als zu Ihnen? es ist nur eine Kleinigkeit!" entgegnete der Bauer mit dem ehrlichsten Gesichte.

Der Zöllner schmunzelte wohlgefällig. „Aber, Mann, ich habe keine Zeit und kann unmöglich umkehren." — „Nun, wenn Ew. Ehren mir nur sagen, wo ich's abladen soll." — Meister Lucas bedachte sich einen Augenblick und rief dann schnell: „fahr nur allein nach meinem Hause, aber laß Dich unterwegs von Niemanden erwischen. Meiner Köchin aber sage dann, sie soll Dir den kleinen Keller aufschließen, und lege Dein Faß neben das andre, was dort ist. Hast Du verstanden?" — „Sehr wohl, Ew. Ehren!" rief Paddy, ein Auge zukneifend; „ich werde mich schon vorsehn!"

Erfreut über den guten Fang, trabte der Guager von bannen, der Bauer aber fuhr nach dessen Wohnung und klopfte hastig an die Thür. „Geschwind, geschwind," rief er der öffnenden Köchin zu; „macht mir schnell den kleinen Keller auf. Euer Herr, dem ich begegnet bin, hat mich eiligst hergeschickt; es ist verrathen, daß er ein Faß vom Unveraccisten im Keller hat. Ich soll es schnell abholen, ehe die andern Zollofficianten kommen, die Raudiebe!" — Die bestürzte Magd eilte sogleich mit dem Schmuggler nach dem bezeichneten Keller und half ihm das Faß herausbringen und aufladen. Der Bauer machte sich nun, mehr froh, als eilfertig auf den Weg und überließ es dem Guager, worüber er sich mehr ärgern wollte: über die Leichtgläubigkeit der Köchin oder über den leeren Raum im Keller.

Anecdoten.

In einem Dorfe wurde ein berüchtigter Dieb ergriffen, der mit einem Leinwandskittel bekleidet war. Der Dorfrichter schickte ihn mittelst Schubes und Bericht an das nächste Stadtinquisitoriat und adressirte sein Schreiben:

An
Ein Königliches Stadtinquisitoriat
in . . . .
Beifolgend:
Ein Bösewicht in grauer Leinewand.

Ein Bauersmann richtete kürzlich bescheiden die Frage an einen Stadtmann:

„ob es denn in der Stadt bei dem großen vorherrschenden Aufwand, welcher bei dem untern Stande nach Oben beinahe gleichen Schritt hält, wo nicht selten Dienstmädchen Hüte und Schleier tragen, um von der brennenden Sonnenhitze nicht schwarz zu werden, auch so viele Schulden gäbe, wie auf dem Lande!?"

Ja, noch weit mehr, entgegnete der Stadtmann, denn was haben die armen Stadtleute sonst auf dieser Welt, wenn sie das Bischen Schulden nicht hätten??!!

Miscelle.

In London hat sich ein seltsamer Clubb the unsuccessful club, gebildet, dessen Mitglieder sämmtlich verunglückte Bühnendichter sind. Wer mit einer Posse durchfiel, wird augenblicklich angenommen, über den Dichter eines Lustspieles, das die zweite Darstellung erlebte, muß erst abgestimmt werden; doch wessen Trauerspiel schon im ersten Acte ausgepfiffen worden, der wird durch Stimmeneinheit aufgenommen, und erhält eine Mahlzeit, wie sie sein Herz, oder vielmehr sein Magen nur begehrt. Der lebenslängliche Präsident trägt als Ehrenzeichen ein silbernes Pfeifchen im Knopfloche; er rühmt sich stolz, daß in einer siebenjährigen Laufbahn sein dauerhaftestes Werk ein Melodram war, in welchem alle Leute bis zum vierten Acte blieben, weil sie im ersten schon eingeschlafen waren. Dieses hohe Gemüth zählt das Auspfeifen, wie der Krieger seine Wunden, und hofft mit der Zeit ein Werk zu Tage zu fördern, daß das Parterre (oder letzte Platz in England) die Bänke zerbricht und auf die Bühne wirft. — Sollte ein solcher Clubb in Deutschland keine Nachahmung finden, so läge es wenigstens sicher nicht an dem Mangel tauglicher Mitglieder.

Nüsse zum Aufknacken auf den Tisch eines Denkers.

Charade.

Willst Du vorwärts, wag' das Zweite,
Scheue nicht des Grabens Breite;
Kehr' nie um, dann findest Du
Auch das Erste noch dazu,
Und durch's Ganze werden Tonnen
Goldes manchesmal gewonnen.

Intelligenz-Anzeigen.

Kirchliche Anzeige.

Am Sonntage, den 7. April predigen in hiesiger Kirche:
In der Frühpredigt: Herr Hauptpastor Hansen.
Vormittags: Herr Hauptpastor Hansen.

Amtliche Bekanntmachung.

Die Bedienung des ersten Stadtdieners in Oldesloe, womit ein festes Gehalt aus der Stadtcasse von 104 mk Cour., freie Wohnung nebst Garten, ein Deputat von 8000 Soden Torf und unbestimmte Einnahmen, mit dem Gehalt auf circa 180 mk Cour. jährlich anzuschlagen, verbunden, ist erledigt.

Bewerber um diesen Posten haben sich binnen 3 Wochen bei dem Magistrate hieselbst zu melden und so fern sie hier nicht bekannt sind, Zeugnisse ihres Wohlverhaltens einzuliefern.

Oldesloe in curia, den 3. April 1839.

(L. S.)
(C.)   Bürgermeister und Rath hieselbst.

☞ In diesem ersten Quartal werden Nachbestellungen auf dieses Blatt angenommen.

Die Redaktion.

(Anzeige.) Die Königl. Sächsische conf. Lebensversicherungsgesellschaft in Leipzig zahlt auch im Jahre 1839 eine Dividende von 25 pCt., als den vierten Theil des jährlichen Beitrages, an ihre lebenslänglich versicherten Mitglieder statutenmäßig zurück.

Indem ich statt weiterer Empfehlung dieses günstige Resultat zur Kunde des hiesigen Publicums bringe, zeige ich an, daß ich bereit bin, jede Auskunft über das gedachte Institut zu geben, und Anmeldungen zum Zutritt, welcher jederzeit offen steht, entgegen zu nehmen. Der Bericht des Directorii, so wie der Rechnungsabschluß pro 1838 sind bei mir eingegangen und werden zur Ansicht gerne vorgelegt.

Oldesloe, im März 1839.

R. Bahr,
Agent der Königl. Sächsischen conf.
Lebensversicherungsgesellschaft in Leipzig.

(**Verkauf.**) Am Mittwoch, den 10. d. M. Vormittags 10 Uhr sollen nachbenannte Waaren beim hiesigen Zoll, gegen baare Bezahlung und zollfrei meistbietend verkauft werden:

ein Faß Rum, 56 Viertel haltend,
ein Faß Eisenwaaren, an Gewicht 190 ℔.,
100 ℔ Rauchtaback,
70 ℔ weißer Puderzucker,
242 ℔ Kaffeebohnen,
47 ℔ Candies,
12½ Ellen Bergenopzoom,
4¾ Ellen Freese und

mehrere kleine Quantitäten anderer Waaren, sodann:

ein großer, rothgemalter Bretterwagen.

Oldesloer-Zollamt, den 2. April 1839.
Claussen.

(**Oldesloer Salzpreise.**) Das Oldesloer Salz wird sackenober halbsackenweise zu 2 Species pr. Sack à 250 ℔. oder circa ⅝ Tonne auf der Königlichen Saline Travensalze bei Oldesloe, bei den Herrn Kaufleuten Krüger und Vogt in Segeberg, bei dem Herrn Holst und Piesbed in Neumünster und bei Fuhrmann Rönne in Elmshorn verkauft. Wenn 10 Säcke auf einmal genommen werden, kostet der Sack auf der Saline nur 7 ℳ.

Das Königl. Oberinspectorat,
F. C. Kabell.

(**Empfehlung.**) Hierdurch beehre ich mich zur öffentlichen Kunde zu bringen, daß ich mit Allerhöchstem Privilegio eine Tobacks- und Cigarren-Fabrik in Oldesloe errichtet habe. In der Zusicherung, daß ich fabricirte Tobake aller Art, in eben derselben Güte als andere und ausländische Fabrikanten liefere, und die Preise so billig als möglich gestellt habe, hoffe ich bedeutenden Absatz und Anerkennung zu finden.

Aus der Fabrike wird nicht en detail verkauft. Sollte aber Jemand im Kleinen von meinen Tobak und Cigarren zu haben wünschen und nicht wissen, bei wem er solche erhalten kann, so werde ich demselben mit Vergnügen alle diejenigen Kaufleute und Krämer nennen, welche meine Tobacke und Cigarren führen.

Oldesloe. Logier-Haus im März 1839.
Peter Janzen.

(**Gesuchter Lehrling.**) Ein Sohn rechtlicher Eltern, der Lust zur Erlernung der Gold- und Silberarbeit hat, kann gleich oder zu Michaelis in die Lehre treten. Das Nähere erfährt man auf portofreie Briefe in der Expedition dieses Blattes.

(**Gesuchter Lehrling.**) Ein munterer, bereits confirmirter Knabe von rechtlichen Eltern, der Neigung hat die Conditorey zu erlernen, kann eine Stelle erhalten. Die näheren Bedingungen sind unter portofreien Anfragen zu erfahren bei
J. D. J. Möllenhagen,
Conditor in Oldesloe.

(**Logis-Vermiethung.**) Das bisher von dem Herrn Kammerrath und Oberzollinspector Schröder bewohnte Logis in meinem Hause ist jetzt wieder zu vermiethen.

Oldesloe, im April 1839.
Theodor Krüger,
Maler.

(**Empfehlung.**) Neuer russischer Leinsaamen, Thimote und Grassaamen, ist zu haben bei
C. Pöhls.
Oldesloe, den 2. April 1839.

(**Fahrgelegenheit.**) Jeden Mittwoch 8 Uhr Morgens, fahre ich von hier nach Hamburg und am Donnerstag retour. Passagiere, welche mitfahren wollen, werden ersucht, sich spätestens bis Dienstagabend bei mir zu melden.

Oldesloe, den 2. April 1839.
J. Martens,
wohnhaft vor dem Lübschenthor.

(**Verkauf.**) Circa 75 gute Tannenbäume stehen wegen Räumung des Platzes billig zum Verkauf. Wo? erfährt man in der Expedition d. Bl.

(**Empfehlung.**) Unterzeichneter empfiehlt sich zur Anfertigung von Visitten-, Verlobungs- und Einladungskarten, Adreß- und Empfehlungskarten, Gratulations- und Condolenzkarten, Speisekarten, Rechnungen mit und ohne Firma, Anweisungen, Wechsel, Quitungen, Frachtbriefe, Circulaire, Cassa- und Handlungsbücher rc.; auch bemerke ich noch, daß stets vorräthig bei mir zu haben sind: Vaccinations-Atteste und Vaccinations-Protocolle, Ergänzungs-Rollen, Vormundschaftliche Rechnungen und von allen Sorten Weinetiquets, das Hundert 8 β, das Tausend 4 ℳ.

Gleichfalls ist bei mir zu haben:

Dinter und Harms.
Eine Sammlung von Schriften und Gegenschriften.
Preis brochirt 12 β.
J. Schythe.

Hamburger Marktbericht vom 4. April.

Diese Woche ist wenig Umsatz in Getraide. Waizen ist nach dem letzten Englischen Bericht etwas niedrig zu kaufen; nur nach feiner Waare ist etwas Frage. Holst. Waizen kostet pr. Tonne 16 ℳ — 17 ℳ 12 β. Roggen 10 ℳ — 10 ℳ 8 β. Gerste 9 ℳ — 9 ℳ 12 β. Hafer 7 ℳ 8 β — 7 ℳ 10 β. Buchwaizen 9 ℳ 8 β — 9 ℳ 12 β, wird aber Letzteres sehr wenig beachtet. Wicken 90 — 102 ₰ die Last.

Oldesloer Marktpreise vom 5. April.

Waizen, alter, 17 ℳ; neuer 16 ℳ. — Roggen, alter, 11 ℳ; neuer, 9 ℳ 8 β. — Gerste 9 ℳ 4 β. — Hafer 6 ℳ 8 β. — Buchwaizen 9 ℳ. — Rappsaat 18 ℳ. — Erbsen 10 ℳ. — Bohnen 9 ℳ. — Butter à ℔. 7 β.

Wandsbecker Ziehung vom 2. April:

80. 63. 68. 46. 85.

(**Correspondenz-Bericht.**) Zwei Gedichte aus P... von —r. werden gelegentlich benutzt werden.

worden war, beantragte der Bürgermeister, ihm das Zensoramt abzunehmen und dem Rektor Rode zu übertragen. Die Regierung aber ging nicht auf den Vorschlag ein mit der Begründung, daß das Zensoramt für Polizeibeamte vorbehalten sei. So mußte denn von Colditz notgedrungen dem Interesse der Stadt und des Verlegers zuwider schärfer vorgehen und alles, was einen politischen Anstrich zu haben schien, aus dem Wochenblatt zurückhalten. Eine Zeitlang ging alles gut. Aber im Jahre 1846 denunzierten einige fanatische Anhänger der Dänenpartei in Oldesloe das Blatt wegen einiger Artikel, die nicht nur die Zensur des Bürgermeisters passiert, sondern auch bei der Gottorfer Regierung keinen Anstoß erregt hatten, direkt in Kopenhagen, und der Erfolg war eine gewaltige Nase für den Zensor, die Androhung der Entziehung des Privilegiums für den Verleger und die Niederlegung der Redaktion durch den bisherigen Redakteur Edward Coch. Da dieser in seinen Abschiedsworten an das Publikum den Grund seines Scheidens aus Oldesloe mitteilte, erhielt der Bürgermeister prompt einen neuen kräftigen Verweis und Julius Schythe eine abermalige Androhung der Konzessionsentziehung, und doch kann man sich nichts Harmloseres und Devoteres denken als das Oldesloer Wochenblatt der vormärzlichen Zeit.

XVI. Gründung verschiedener gemeinnütziger Anstalten.
Zwangsarbeitsanstalt. Krankenstuben. Sonntagsschule für Lehrlinge. Warteschule. Turnanstalt.

Nach dem Einzug in das neue Schulhaus wurden die bisherigen Schulhäuser, das sogenannte große Schulhaus am Kirchhofe und das Organistenhaus in der Langenstraße öffentlich meistbietend verkauft. Das große Schulhaus erstand Advokat Schmidt von Leda, das Organistenhaus Barbier und Chirurg Mahncke. Die Stadt hätte vielleicht besser getan, die beiden Häuser zu behalten, da sich bald Bedürfnisse geltend machten, für welche sie Räumlichkeiten gewinnen mußte. Doch kam ihr der nunmehrige Besitzer des ehemaligen großen Schulhauses am Kirchhof in uneigennütziger Weise entgegen, indem er ihr das Gebäude auf fünf Jahre unentgeltlich zur Einrichtung einer Zwangsarbeitsanstalt überließ. Die Kosten der ersten Einrichtung dieser Anstalt bestritt die Sparkasse. Mit dem 1. März 1844 trat die Anstalt ins Leben.

Zugleich wurde diese Gelegenheit benutzt, um einem anderen längst gefühlten Bedürfnisse abzuhelfen. Die Bürgerschaft hatte schon lange Krankenstuben gewünscht, wo erkrankte Dienstboten und Lehrlinge aufgenommen werden könnten, deren Pflege in den Bürgerhäusern sich nicht immer in wünschenswerter Weise bewerkstelligen ließ. In einer Abteilung des alten Schulhauses wurden nun zwei Krankenzimmer, je eins für männliche und für weibliche Kranke eingerichtet. Für ihre erste Ausstattung bewilligte das Armenkollegium 150 Mark aus den Überschüssen des Sankt-Jürgens-Hospitals.

Ferner wurde im Jahre 1844 eine Sonntagsschule für Lehrlinge eingerichtet. Die Mittel dazu gab die Lensche Stiftung her. Der Unterricht war unentgeltlich.

Im Jahre 1845 bewilligte die Sparkasse die Mittel zur Einrichtung und Unterhaltung einer Warteschule, die eine Witwe Andresen übernahm. Im Jahre vorher hatte ein Johannes Schlappmann dem Bedürfnisse durch Einrichtung einer Kinderbewahranstalt abhelfen wollen. Doch war ihm nur die Erlaubnis zur Eröffnung einer Aufsichtsschule für Knaben erteilt worden.

Im folgenden Jahre wurde mit Hilfe der Sparkasse eine Turnanstalt ins Leben gerufen, noch keine Turnhalle, sondern ein mit Turngeräten ausgestatteter Turnplatz, und so konnte dank der Sparkasse das jetzt so blühend entwickelte Turnwesen im Jahre 1846 seinen Einzug in Oldesloe halten.

XVII. Mühlenstreitigkeiten.

Lorenzens Sorge für gute Strömung. Beschwerde des Mühlenpächters Hinselmann. Verhandlungen der königlichen Kommission von 1841. Permanente Kommission als Flußpolizei. Ausführung der Beschlüsse vom 10. 9. 1841. Protest des Schusteramts. Verkauf der Mühle. Andauernder Widerstand der Lohmühleninnung.

Die sich seit Jahrhunderten immer wiederholenden Streitigkeiten zwischen der Bürgerschaft und dem herrschaftlichen Müller wegen zu hoher Wasserstauung hörten auch im 19. Jahrhundert nicht auf. Heftiger aber noch wurde der Kampf um die Benutzung des Wassers als Triebkraft. Zu den beiden bisherigen Interessenten, dem Kornmüller und dem Schusteramt als Besitzer der Lohmühle, war noch ein dritter hinzugekommen, die königliche Saline, wegen des Kunstrades, das einst Graf von Dernath an der Stelle der ehemaligen herrschaftlichen Loh-, Walk- und Graupenmühle oberhalb der Kornmühle hatte anlegen lassen. Nachdem Lorenzen Oberinspektor der Saline geworden war, sorgte er dafür, daß die Obertrave stets kräftige Strömung behielt, und da der Fluß durch Einschüttungen und Einbauten zuweilen gehemmt wurde, veranlaßte er wiederholt eine gründliche Aufräumung desselben und Beseitigung der hineingebauten Hemmnisse. Insbesondere ließ er es sich auch angelegen sein, die in den Fluß hineingebauten Aborte und die Rinnen, durch welche der Trave die Jauche aus den Schweineställen und sonstiger Unrat zugeführt wurde, zu entfernen. Die damalige Mühlenpächterin Frau Lundt freilich wußte bei der Anordnung vom Jahre 1825 selbst nicht, wohin damit. An Kübelsystem oder gar an Kanalisation dachte damals noch niemand.

Nachdem Lorenzen von der Leitung der Saline zurückgetreten war, beschwerte sich im Jahre 1841 der Mühlenpächter Hinselmann über die Hemmung des Wasserlaufs durch die Lohmühle und durch verschiedene von Oldesloer Einwohnern getroffene Vorkehrungen in der Trave, worauf die königliche Rentekammer den Amtmann Konferenzrat Scholtz zu Reinbeck beauftragte, in Gemeinschaft mit dem Landkommissar für das östliche Holstein Etatsrat Prehn und dem Oberinspektor der Saline Kabell mit dem Oldesloer Magistrat die nötigen Unterhandlungen zur Erledigung der von Hinselmann vorgebrachten Beschwerden einzuleiten. Es fand deshalb am 10. September

1841 in der herrschaftlichen Kornmühle in Oldesloe eine Sitzung der drei Kommissare statt, der als Vertreter des Magistrats die Justizräte Bürgermeister von Colditz und Dr. Lorenzen und als Vertreter des Deputiertenkollegiums die Bürger Schneidermeister Demuth und Schmiedemeister Bahr und als Protokollführer der Trittauer Hausvogt Wittrup beiwohnten. Man begab sich zunächst in Begleitung des Mühlenpächters Hinselmann zu der Lohmühle, wo man fand, daß, obgleich das Wasser bis auf mehrere Fuß unter dem Passe abgelassen worden war, gleichwohl notdürftig Wasser zum Betrieb der Lohmühle vorhanden war, während der Grundbalken der Kornmühle trocken lag. Dies veranlaßte eine Verhandlung mit den Älterleuten der Lohmühleninnung und eine Durchsicht der alten Verbriefungen und Verhandlungen. Da sich nun aus letzteren, namentlich aus einem Protokolle vom 23. Juli 1779 und einem Schreiben des Oldesloer Magistrats vom 26. Juli 1779 an den damaligen Besitzer der Saline ergab, daß von den Älterleuten der Lohmühle anerkannt worden war, daß sie nur insofern einen Anspruch auf Benutzung des Travewassers für ihre Mühle haben, als die königliche Kornmühle zur Befriedigung der Mahlgäste dieses Wassers nicht bedürfe, so wurden diese Schreiben nebst dem Inhalt eines damit korrespondierenden allerhöchst genehmigten Vergleichs von 1699 den anwesenden Älterleuten Schuhmachermeistern Möller und Kähler mitgeteilt. Sie fanden hierauf nichts dagegen zu erinnern, daß die königliche Kornmühle vorzugsweise zur Benutzung des Travewassers berechtigt sei, mithin die Lohmühle sich der Benutzung des Wassers sofort enthalten müsse, und zwar selbst zu derjenigen Zeit, während welcher solche bisher ihnen eingeräumt worden, sobald die Kornmühle des Wassers zur Befriedigung der Mahlgäste bedürfe und den Älterleuten solches angezeigt würde. Der Mühlenpächter Hinselmann erklärte sich mit diesen Einräumungen der Älterleute zufrieden und wurde angewiesen, in vorkommenden Fällen hiernach seine Rechte wahrzunehmen, und auch die gegenwärtigen Älterleute erklärten, es hiernach ihrerseits halten zu wollen. Nachdem das Protokoll zur Bekräftigung der Abmachung von den beiden Älterleuten und Hinselmann unterschrieben worden war, wurde noch „vorläufig und unbeschadet des gedachten Rechtsstandes" vereinbart, daß die Lohmühle zu keiner Zeit das Wasser der Trave tiefer als 6 Zoll unter dem im Jahre 1817 regulierten Staumaße wegnehmen dürfe. Dieser Zusatz ist von den Älterleuten nicht unterschrieben, sondern nur von Wittrup beglaubigt worden.

Nach Beendigung dieses Geschäftes besichtigten die Herren die Hemmungen in der Obertrave von der Freischleuse bei der Lohmühle an bis zur Kornmühle und stellten fest, daß nicht nur eine Anzahl kleiner Ausbaue wie Brücken, Waschstege und Pfählungen im Flusse angebracht waren, sondern daß auch hinter einigen Grundstücken der Stad[1]) gegen den Befund vom Jahre 1825 zu weit in den Fluß vorge-

---

[1]) Dieses Wort, das in den Akten durchweg Staat geschrieben wird, bezeichnet das Ufer, insbesondere ein mit Steinen oder Holz befestigtes Uferstück, und entspricht dem oberdeutschen Staden. Der Stad verhält sich zum Gestade wie der Berg zum Gebirge.

rückt sei. Die Hemmungen müßten beseitigt werden; um aber erworbene Rechte möglichst zu schonen, wurde der Magistrat mit der Vermittelung beauftragt. Die Anlieger wehrten sich, unterstützt von dem Advokaten Schmidt von Leda, gegen das ihnen zugemutete Aufgeben wirklicher oder vermeintlicher Rechte und gegen die ihnen zugemuteten Kosten und Unbequemlichkeiten. Schließlich aber gelang es doch, die wirklichen Ungehörigkeiten zu beseitigen und im Herbst des Jahres 1842 die Ausräumung der Obertrave unter der Leitung des Salinenoberinspektors Kabell durchzuführen. Um die Wiederkehr des nun beseitigten üblen Zustandes möglichst zu verhindern, wurde von den Kommissaren die Einsetzung einer ständigen Kommission als permanente Flußpolizei beantragt, die jährlich einmal um Johannis den Fluß besichtigen und über den Zustand desselben und die Innehaltung der getroffenen Vereinbarungen berichten sollte. Durch königlichen Erlaß vom 7. Mai 1844 wurde eine solche Kommission eingesetzt, bestehend aus dem Bürgermeister und Stadtsekretär Etatsrat von Colditz, dem Salineninspektor Kammerrat Kabell und dem Hausvogt des Amtes Trittau Kriegsrat Wittrup in Trittau. Die Kosten der eigentlichen Reinigungsarbeiten übernahm der Staat.

Ehe noch die permanente Kommission gebildet war, kamen am 4. November 1842 die Herren Bürgermeister von Colditz, Ratsverwandter Langtim, Hausvogt Wittrup und Salineninspektor Kabell zur Ausführung der Beschlüsse vom 10. September 1841 in der Kornmühle zusammen und begaben sich nach einer Beratung zu der Hamburgertorbrücke und der Freischleuse, stellten das Staumaß nach dem Protokoll vom 7. Juni 1817 fest und bezeichneten es an einem Pfahle der Freischleuse durch Einschlagen eines kupfernen Nagels. Über dieses Maß hinaus sollte der Kornmüller nicht stauen dürfen. Dann schlugen sie 6 Zoll darunter einen zweiten kupfernen Nagel ein, um das Maß zu bezeichnen, unter welches die Lohmühle beim Mahlen das Wasser nicht sollte sinken lassen, gemäß der „vorläufigen" Zusatzvereinbarung vom 10. September des vorhergehenden Jahres. Hiergegen legten am 11. November 1842 die Älterleute des Schusteramtes Schuhmachermeister Kindt und Kähler durch den Advokaten Schmidt von Leda Protest ein und erklärten, daß sie dieser Akt, zu dem sie gar nicht eingeladen seien, nicht binden könne, weil er von Männern ausgegangen sei, welche nur als Repräsentanten anderer Mühlenberechtigten handelten, und weil diejenigen, denen gleich den Besitzern der Lohmühle ein Benutzungsrecht des Wassers der Obertrave zustehe, keineswegs dazu befugt und ermächtigt seien, ihren Mitberechtigten hinsichtlich des Umfanges ihrer Nutzungsrechte Vorschriften zu erteilen und einseitig die Grenzen desselben zu fixieren. Auch der Magistrat sei nicht befugt, durch obrigkeitliche Befehle den Umfang der Nutzungsrechte der verschiedenen Mühlenberechtigten an der Obertrave festzusetzen, sondern es müsse dieser vielmehr in Entstehung einer gütlichen Vereinbarung sämtlicher Beteiligten durch Urteil und Recht ermittelt werden. Sie würden daher das Wasser der Obertrave auch inskünftige in derselben Art und Weise benutzen, wie solches seit Jahrhunderten von ihrem Besitzvorwesern geschehen sei. Doch erklären sie sich bereit, mit den übrigen Mühlenberechtigten an der Obertrave behufs gütlicher Ermittelung von Wasserpässen für sämtliche Beikommende auf ordnungsmäßig gegebene Veranlassung dazu in Unterhandlungen einzutreten.

In seiner Antwort vom 18. November 1842 wies der Magistrat darauf hin, daß die am 6. November gesetzten Raummaße in Gemäßheit des Protokolls vom 10. September 1841 vorläufig und unbeschadet des ermittelten Rechtsstandes in Übereinstimmung mit der unter den Beteiligten getroffenen Vereinbarung gesetzt seien, und denselben Hinweis machte der Bürgermeister bei der Übermittelung von Abschriften des Protestes an den Hausvogt Wittrup und den Salinenoberinspektor Kabell.

Im folgenden Jahre wurde die Mühle verkauft oder vielmehr verpachtet an Johann Christian Friedrich Metelmann. In den Akten wird Metelmann bald Mühlenbesitzer, bald Erbpachtmüller genannt, der Kaufkontrakt bald Kaufbrief, bald Erbpachtkontrakt, doch wird die Mühle selbst nunmehr als ehemalige herrschaftliche Mühle bezeichnet, blieb aber unter der Jurisdiktion des Amtes Trittau. In dem Erbpachtkontrakt vom 17. November 1843 wurden nun die Rechte und Pflichten des Müllers genau bestimmt und zur Charakterisierung des gegenwärtigen Staurechts auf die Abmachungen vom 10. September 1841 und auf das den Protest der Älterleute der Lohmühleninnung beantwortende Dekret des Magistrats vom 18. November 1842 ausdrücklich verwiesen.

Als nun im folgenden Sommer bei niedrigem Wasserstande die Lohmühle das Mahlen nicht einstellte, obgleich das Wasser unter das ihr am 6. November des vorhergehenden Jahres gesetzte Markzeichen gesunken war, begaben sich zur Feststellung der Tatsache Salineninspektor Kabell und Müller Metelmann in Begleitung des Salzmeisters Gaden und des Gradiermeisters Hammer am 11. Juni morgens zwischen 5 und 6 Uhr zur Lohmühle und stellten fest, „wie bei einem Wasserstande von 7 bis 8 Zoll unter dem der Lohmühle gesetzten Raummaße oder 13 bis 14 Zoll unter dem gewöhnlichen Raumzeichen die Lohmühle nicht nur mahlte, sondern das Wasser förmlich verschleuderte," und reichten dann am 13. Juni 1844 eine Beschwerde darüber beim Magistrate ein. Hierauf befahl der Magistrat am 14. Juni der Interessentenschaft der Lohmühle bei angemessener Brüche, künftig nicht zu mahlen, wenn das Wasser unter die ihr gesetzten Raummaße gefallen sei. Gegen diesen Befehl legten die Älterleute der Lohmühleninnung durch den Advokaten Schmidt von Leda am 16. Juni 1844 beim Magistratsgericht Verwahrung ein, indem sie leugneten, daß die Setzung der Markzeichen am 7. November 1842 auf gehörige Weise erfolgt sei, und baten, den Befehl aufzuheben, die Imploranten aber abzuweisen, sie anzuhalten, ihre vermeintlichen Ansprüche auf dem ordentlichen Rechtswege geltend zu machen und zum Ersatz der Kosten dieser Eingabe zu verurteilen. Dem setzte der

Mühlenbesitzer Metelmann durch den Advokaten Brodersen am 21. Juni 1844 eine Vorstellung entgegen, in der er sich zur Verteidigung seines vermeintlichen Rechtes auf seinen Kaufbrief berief.

Die endgültige Entscheidung des Prozesses ist aus den weiteren Magistratsakten nicht zu erkennen, wohl aber ergibt sich aus ihnen, daß nunmehr auch von der Trittauer Behörde gegen den Mühlenbesitzer scharf eingeschritten wurde, wenn er die Obertrave über das ihm gesetzte Staumaß gestaut hatte.

XVIII. Entdeckung der wahren Natur der Oldesloer Salzquellen.

Neue Bohrungen. Erbohrung des süßen Grundwassers. Artesische Süßwasserbrunnen.

Im Jahre 1844 lieferte die Oldeloer Saline einen Ertrag von 7258 und im Jahre 1845 von 7360 Tonnen Salz, während es der intensive Betrieb des Grafen von Dernath auf 14 bis 18 000 Tonnen gebracht hatte. Im Jahre 1845 brachte die Saline, nachdem sie viele Jahre mit Unterbilanz gearbeitet hatte, zum ersten Male wieder einen Überschuß. Die Einnahmen betrugen 26 326 Reichstaler, die Ausgaben 23 600 Reichstaler, so daß sich ein Überschuß von 2726 Reichstaler ergab. Die Saline beschäftigte im Jahre 1844 32 Arbeiter, im Jahre 1845 40 Arbeiter. Eine Reihe von Jahren hatte man viele Tausende für Steinsalz zur Anreicherung der Sole ausgegeben. Die auf Verfügung der dänischen Rentekammer von dem Kalkbergkontrolleur J. Sunne aus Segeberg in den Jahren 1830 bis 1832 angestellten Bohrungen hatten nicht zur Erbohrung einer stärkeren Salzquelle geführt, ebensowenig die von Kammerrat Kabell wieder aufgenommenen Bohrungen von 1839 und 1840. Man war bei 429 Fuß Tiefe am 25. März 1840 sogar auf eine Sandschicht mit Süßwasser gestoßen, das mit starkem Druck hochkam und ausfloß und in einem aufgesetzten Rohre noch 25 Fuß über die Oberfläche stieg. Aber Kabell zog damals daraus noch nicht die richtige Folgerung, sondern meinte, die angebohrte süße Quelle und eine tiefer liegende starke Sole gäbe die vorhandenen Salzquellen. Durch Tieferbohren, meinte man, müsse doch diese salzreiche edlere Quelle, auf die Henrich Steffens nach seinen Untersuchungen von 1803 geschlossen hatte, die Quelle, welche der Tradition nach einst Heinrich der Löwe hatte verstopfen lassen, mit den vollkommeneren Werkzeugen, über die man jetzt verfügte, zu erreichen sein, und so ging er denn, nicht abgeschreckt durch die zahlreichen vergeblichen Versuche der früheren Jahrhunderte, die große Kapitalien verschlungen hatten, im Jahre 1846 aufs neue ans Werk. An 6 verschiedenen Stellen wurden Bohrungen angestellt, nämlich beim Salzteich, zwischen Königsstraße und Twiete, an der Badeallee, in der Talsohle der Beste, auf beiden Seiten des Kunstrades und an der Hude. Von diesen Bohrungen drang die unterhalb des Kirchberges am tiefsten ein. Bei ihr gelang es, die mächtige Geschiebemergelschicht, die unter den salzwasserhaltigen

Sanden und den interglacialen Schichten angetroffen wurde, ganz zu durchstechen. Als man bei 125 m Tiefe diese Schicht von 94 cm Mächtigkeit durchbohrt hatte, stieg wieder Wasser mit starkem Druck empor; aber es war nicht die erhoffte konzentrierte Sole, sondern reines Süßwasser. Es zeigte sich also, daß die Oldesloer Salzquellen ihren Ursprung nicht in der Tiefe unter Oldesloe haben konnten, sondern seitwärts zuflossen, und daß daher alle Versuche, durch Tiefbohrungen ein stärkeres Salzwasser zu erreichen, vergeblich bleiben mußten. Die Bohrungen wurden sofort eingestellt und sind dann auch, solange die Saline noch bestanden hat, nicht wieder aufgenommen worden.

Im Jahre 1865 ließ, wie hier gleich bemerkt werden mag, der österreichische Statthalter von Holstein Generalfeldzeugmeister von Gablenz die Saline eingehen, die Brunnen zuschütten und die Mühlen, Gradierhäuser und alle Gebäude mit Ausnahme des Inspektorats abbrechen. Das in der Tiefe unter dem Salzwasser erbohrte Süßwasser aber, das als artesischer Brunnen zutage trat, ist in den folgenden Jahrzehnten in Oldesloe und Umgegend noch öfter erbohrt worden, insbesondere als die Trave durch die versuchte Auspumpung des ersoffenen Segeberger Steinsalzbergwerks versalzen worden war, im Jahre 1877 durch den preußischen Staat auf dem hiesigen Marktplatz, bei der Nütschauer Mühle, der Sühlener Mühle und der Herrenmühle. Die damals aufgegebenen Bohrungen auf dem Pferdemarkt, an der Hamburger Straße, der Lübecker Straße und vor dem Bestetore würden ohne Zweifel auch artesische Süßwasserbrunnen erzielt haben, wenn man noch tiefer eingedrungen wäre, wie ja auch der 1901 erbohrte artesische Brunnen im Kinderpflegeheim an der Königsstraße zeigt. Das reichhaltige Grundwasserbecken ist der Stadt zum Segen geworden dadurch, daß es, beim Bau der Hagenower Eisenbahn im Ritzen angeschnitten, ihr die Versorgung mit gutem Wasser vermittelst einer Wasserleitung ermöglichte.

XIX. Das Teuerungsjahr 1847.

Gute Verwaltung. Nothilfe. Straßenbeleuchtung. St. Jürgens-Hospital. Das Gratulieren der Stadtdiener. Schützenverein.

Die Mißernte von 1846 verursachte in Deutschland eine so große Teuerung, daß das Jahr 1847 in vielen Gegenden von Deutschland ein wahres Hungerjahr wurde. Dank seiner guten Verwaltung und der seit Jahren hier bestehenden wohltätigen Einrichtungen wurde Oldesloe in diesem Jahre vor Hunger und bitterer Not bewahrt, wenn auch die große Teuerung aller Lebensmittel alle Einwohner mehr oder weniger drückte. Seit einer Reihe von Jahren hatte der Bürgerschaft infolge guter Wirtschaft für 3 Monate der Bürgerschoß und die Armensteuer erlassen werden können. Auch in dem Notjahr 1847 war der Erlaß des Bürgerschosses für ein Vierteljahr möglich. Nur die Armensteuer mußte voll erhoben werden und hätte sogar nicht gereicht, wenn nicht die Armenkasse durch die Überschüsse der Hospitalkasse und durch die Sparkasse bedeutende Unterstützungen erhalten hätten.

Eine große Hilfe gewährte dem Armenwesen die Kochanstalt. Viermal in der Woche wurde gekocht und jedesmal über 200 Portionen. Infolge der musterhaften Verwaltung dieser Anstalt wurde die Portion auch in diesem Jahre für einen Schilling geliefert, während sie an anderen Orten das Doppelte kostete, ohne, wie Bürgermeister von Colditz meinte, so gutes und so reichliches Essen zu bieten. Die Armenkasse gab dazu keinen Zuschuß, die Sparkasse hatte 300 Mark dazu hergegeben, und das Fehlende wurde aus der Hospitalkasse zugelegt. Außerdem setzte der Sparkassenverein zweimal eine bedeutende Summe aus, um Kartoffeln anzuschaffen, welche mit Verlust erst für 5 Schilling und dann für 6 Schilling das Spint an arme Leute abgelassen wurden. Neben diesen Hilfen, wozu noch die unentgeltliche Verteilung von Feuerung und die Unterstützugen der Lenschischen Stiftung kamen, gab die Stadt den Arbeitsleuten in der sonst arbeitslosen Zeit Arbeit im Kneden und an den Wegen, so daß das Mögliche geschah, um den Einwohnern den Druck der Zeit zu erleichtern.

In demselben Jahre gab die Sparkasse die Mittel her für eine verbesserte Straßenbeleuchtung, welche nach den Worten, die Bürgermeister von Colditz auf dem Märzvogtding von 1847 gebrauchte, „bei dem starken Verkehr in unserer nahrhaften Stadt" wahres Bedürfnis war.

Das waren andere Worte, als seit Jahrhunderten die Vertreter der Stadt vernehmen ließen. Das Winseln und Klagen über die Nahrlosigkeit der Stadt, über Ärmlichkeit und Erbärmlichkeit ihrer Einwohner hatte aufgehört, und zum ersten Male hören wir von dem Leiter der Stadt und zwar gerade in einem Notjahr eine offene Anerkennung ihres Wohlstandes.

Stolz konnte der Bürgermeister auch sein auf die nunmehrige ehrliche und verständige Verwaltung des St.-Jürgens-Hospitals, das, obgleich sein Besitz in früheren Jahrhunderten erheblich vermindert worden war, jährlich bedeutende Überschüsse abwarf, die verschiedenen Zweigen der Verwaltung zugute kamen und u. a. auch zur Schaffung neuer Lehrerstellen verwandt wurden. Trotz dieser Abstriche waren die Überschüsse so bedeutend geworden, daß der Magistrat daran denken konnte, sie zum Neubau des Präbendenhauses zu verwenden, wobei denn das Armenhaus vor dem Lübschen Tore eingehen sollte. Nur weil die Erwerbung eines passenden Bauplatzes Schwierigkeiten machte, mußte die Ausführung noch verschoben werden. Zugleich wurde im Interesse der Schulkinder aus der inneren Stadt die Ausführung des schon beim Verkauf des großen Schulhauses beantragten Verbindungsweges von der Langenstraße über das Axtsche Grundstück nach der Kirchstraße in Aussicht genommen. Merkwürdigerweise ist aber diese wünschenswerte Kommunikation auch heute noch nicht hergestellt.

Einer Stadt von solchem Wohlstande geziemte es, alle Bettelhaftigkeit, die ihr noch aus früheren Zeiten anklebte, von sich abzutun. Dazu gehörte auch, daß die Stadtdiener bisher einen Teil ihrer Einkünfte durch Gratulieren bei den Bürgern einsammeln mußten. Der Magistrat hatte deshalb beschlossen, die ebenso lästigen wie unzweckmäßigen Sammlungen und Gratulationen des Ratsdieners und des Stadtdieners abzuschaffen und diese aus der Stadtkasse zu entschädigen. Kaum aber hatte der Bürgermeister auf dem Vogtding vom 9. März 1847 der Bürgerschaft diesen Beschluß kundgetan, so regte sich der konservative Sinn — oder war es nur alteingefleischter Widerspruchsgeist? — mancher Bürger dagegen auf. Noch an demselben Tage erschienen die Bürger Schmiedemeister Teßmann und Schuhmachermeister Jürgens als Achtmänner vor den Kollegien und brachten an, „die Bürgerschaft habe aus dem Vogtdingsvortrag erfahren, daß das Gratulieren und Sammeln der Stadtbedienten aufhören solle und diese aus der Stadtkasse entschädigt werden. Die Bürgerschaft wünscht aber, daß dieses nicht geschehe, es vielmehr bei der alten Ordnung verbleibe." Den Petenten wurde darauf zu erkennen gegeben, daß der Magistrat um so weniger den Antrag der Bürgerschaft bewilligen könne, als sie keine Gründe dafür anführen könne, daß es der Bürgerschaft jedoch freistehe, sich deshalb an die Königliche Schleswig-Holsteinische Regierung zu wenden. Die Achtmänner Teßmann und Jürgens zeigten dann namens der Bürgerschaft an, daß die Bürger Advokat Bahr, Goldschmied Grimm und Buchbinder Willich zu einem Komitee ernannt seien, um sich wegen der abgeschafften Sammlungen der Stadtbedienten an die Königliche Regierung zu wenden, zu welchem Behuf sie um eine Abschrift des Protokolls bäten. Die erbetene Abschrift wurde bewilligt. Nachdem dann am 8. Mai die drei Beauftragten der Bürgerschaft noch einmal darum gebeten hatten, daß ihnen sämtliche durch die Verhandlung erwachsenen Akten zugänglich gemacht würden, konnte ihnen am 14. Mai der Magistrat mitteilen, daß die Regierung durch Reskript vom 13. März den Antrag von Magistrat und Deputierten wegen Abschaffung des Gratulierens und Sammelns der Stadtbedienten genehmigt habe, wodurch diese Angelegenheit erledigt sei. Eine Bürgerschaft, die sich für derartige Nichtigkeiten ereifern konnte, wird die Not der Zeit schwerlich empfunden haben.

In diesem Jahre bildete sich unter der Leitung von Hugo Gelhausen ein zweites Bürgerkorps, das zum Unterschiede von der alten Bürgerwehr schwarze Bekleidung mit silbernen Knöpfen und Gewehre mit Bajonetten trug, die sehr billig angekauft worden waren. Den Unterricht im Marschieren und in der Handhabung des Gewehrs erteilte der zweite Anführer Advokat Bahr, der Sergeant in preußischen Diensten gewesen war. Politische Reden und Gesänge waren statutenmäßig untersagt. Das Ganze sollte nur bürgerliches Vergnügen bezwecken. Später wurde die Vereinigung, die am 6. September ihren ersten Ball gab, denn auch richtiger Schützenverein genannt. Daß sich in dem Notjahr in Oldesloe ein so überflüssiger Verein auftun konnte, zeigt auch, daß die Not hier nicht gerade sehr groß gewesen sein kann.

XX. Oldesloe während der schleswig-holsteinischen Erhebung.

Die Oldesloer Kriegsfreiwilligen. Oldesloer bei Bau. Neuausstattung der Bürgerwehr. Allgemeine Stimmung. Durchmärsche. Garnison. Das Lazarett. Garnisonwechsel. Exerzierhaus und Exerzierplatz. Kriegsvorbereitungen. Verstimmung der Bürgerschaft. Kriegsfürsorge. Interesse für parlamentarische Beschlüsse. Der Kampf um das Lokalstatut. Schädigung der militärischen Disziplin durch die Volksstimmung. Aufregung über Zurückstellung von Rekruten. Anzeichen der Verhetzung zum Klassenkampf mit Schlagwörtern. Rückkehr der Truppen. Garnisonwechsel. Oldesloer Eingriffe in die Politik. Ablieferung der Waffen der Bürgerwehr. Rektor Rodes Versetzung in den Ruhestand. Kampf um Beteiligung der Bürgerschaft an der Rektorwahl. Rektorwahl. Ausfall des Bürgerscheibenschießens. Wiederausbruch des Krieges. Die Cholera. Stadtsekretär Suadicani. Wiederholte Bestrafung des Stadtverordneten Hahn wegen Beleidigung des Bürgermeisters. Rückkehr der Truppen. Verkauf der Pferde und Monturen. Abzug der Landestruppen. Einmarsch der Osterreicher. Ausschluß Hahns aus dem Stadtverordnetenkollegium. Wieder kein Scheibenschießen. Einverleibung der Saline in das Stadtgebiet. Ablösung des Ackerzehnten. Wirkung der Eisenbahn Lübeck—Büchen auf den Verkehr über Oldesloe. Abzug der Osterreicher.

An der Erhebung von 1848 nahm Oldesloe den lebhaftesten Anteil. Auf die mit Begeisterung aufgenommene Proklamation der provisorischen Regierung vom 24. März eilte die junge Mannschaft zu den Fahnen. Viele Jünglinge, die noch nicht militärpflichtig waren, und ältere Herren, die es nicht mehr waren, stellten sich freiwillig. Mit Namen können genannt werden als jüngere Freiwillige: Schreiber Mahncke, Uhrmachergehilfe Prahl, Tierarzt Wittmack, Tischlerlehrling Möller, Hutmachergeselle Grude, Buntfutter-(Kürschner-)geselle Bruß, Tischlergeselle Jasper, Handlungsgehilfe Wittmack, Arbeiter Möller, Handlungsgehilfe Gewe, Tischlergeselle Andresen, Maurergeselle Hansen, Schlossergeselle Stahmer, Dienstknecht Hackmack, Kaufmannslehrling Dwenger, Zimmergeselle Hoffmann und Schlossergeselle Lüth. Von älteren Mannschaften traten freiwillig ein in das Freikorps von Wasmer: Färbermeister Hermann Castrop, Uhrmachermeister Peter Gardthausen, Fischer Johann Jacobsen, Drechslermeister Johannes Redemann, Sattlermeister Karl Schulz, Johannes Kelting und Chr. Behrens, und in das Freikorps von Braklow Hermann Hormann sen. Im Jahre 1849 traten noch, wie hier gleich bemerkt werden mag, freiwillig ein: Schneidergeselle Thormann, Maurerlehrling Walter, Joh. Julius Möller, Commis Jensen und der 18jährige Hans Heinrich Friedrich Pries, der bei Fridericia fiel, und 1850: Tischlergeselle Westphal, der 19 jährige Handlungsgehilfe Hormann und der Dienstknecht Offen.

Schon am 9. April 1848 kämpften bei Bau Oldesloer Bürgersöhne mit. Eine Anzahl geriet dort in dänische Gefangenschaft und mußte die Zeit der Erhebung auf der Dronning Marie im Kopenhagener Hafen vertrauern. Es waren Goldschmiedelehrling Prahl, Kornhändler

Stern, Handlungsgehilfe Grude, G. A. H. Gaden, Student Bahnson und Sattlergeselle Schulz.

Auch die Alten wurden vom kriegerischen Geist beseelt und suchten die Bürgerwehr so auszustatten, daß sie den ihrer vielleicht harrenden Aufgaben gewachsen sein könnten. Ihre alten, wohl noch aus der napoleonischen Zeit stammenden Schießprügel wurden durch neue Flinten ersetzt und außerdem Patronentaschen und Militärmützen angeschafft. Die Stadt gab zu der Neuequipierung des Bürgermilitärs über 1000 Mark her.

Es war eine herrliche nationale Begeisterung, die damals die Angehörigen aller Stände und Berufe und jung wie alt beseelte. Aber der Teufel säte Unkraut unter den Weizen. Die von Paris ausgegangenen demokratischen und republikanischen Schlagwörter und Phrasen, die in der Pfalz und in Baden den Bürgerkrieg entzündeten, verbreiteten sich auch in Schleswig-Holstein und verwirrten vielen Oldesloern die Köpfe, und der beginnende Klassenkampf und Bruderzwist, der seitdem das deutsche Volk in zwei Nationen gerissen hat, die einander nicht mehr verstehen und nicht wieder zu einander finden können, vergiftete und dämpfte, wie wir sehen werden, auch in Oldesloe die nationale Begeisterung für den Kampf gegen die Fremdherrschaft für das gute Recht Schleswig-Holsteins.

Bald nach der Schlacht bei Bau rückte deutsche Bundeshülfe in Schleswig-Holstein ein. Mecklenburgische Truppen, Artillerie, Jäger, Musketiere und Gardegrenadiere langten am 16. und 17. April von Berkenthin her in Oldesloe an und marschierten nach zwei Tagen weiter nach Segeberg. Nach dem Abschluß des Waffenstillstandsvertrags von Malmö ritten am 14. September der Stab und eine Schwadron des 3. preußischen Husarenregiments in die Stadt ein, zogen aber nach einer Verpflegungspause noch an demselben Tage weiter. Als dann das ganze schleswig-holsteinische Bundeskontingent aus dem Norden zurückgezogen wurde, um den Winter über im eigenen Lande zu bleiben, wurden 3 Kompagnien des fünften schleswig-holsteinischen Infanterie-Bataillons nach Oldesloe gelegt. Die vierte mußte in Reinfeld kantonieren. Eine lange Einquartierung war jetzt keine Last mehr wie in früheren Jahren, im Gegenteil. Die Schneider und Schuster, die zur Anfertigung der Bekleidung herangezogen wurden, die Bäcker, die das Kommißbrot zu backen hatten, die Lieferanten von Stroh, Heu und Hafer und besonders die Wirte hatten gute Tage, und auch die Quartiergeber kamen bei der heute gering scheinenden Vergütung von 3½ Schilling täglich für Verpflegung auf ihre Rechnung. 1½ Pfund Brot bekam jeder Soldat täglich vom Bataillon *in natura*. Einige Schwierigkeit machte die Gewinnung eines geeigneten Lokals für das Militärlazarett, das 50 Betten umfassen sollte. Das Badelogierhaus, die Zwangsarbeitsanstalt und das Beamtenhaus der Saline kamen in Frage. Die Militärbehörde entschied sich für das letztere. Die Wohnung des Oberinspektors stand leer, da der Däne Kabell mit seiner Familie ausgerückt war. Er erschien erst nach Beendigung der Erhebung im Jahre 1852 wieder. Nur ein Teil der Wohnung wurde durch das Bureau und die Wohnung eines jungen Mannes, der als Inspektor amtierte, in Anspruch genommen. Als Oberinspektor fungierte der Berginspektor Dr. Meyn in Segeberg, der von Zeit zu Zeit nach Oldesloe herüberkam und dann in Meyers Gasthof logierte. Dem Siedemeister und dem Gradiermeister, die ebenfalls im Beamtenhause wohnten, wurden Wohnungen in der Stadt angewiesen. Den Privatlehrer Lösch, der in einigen von ihm gemieteten Räumen des großen Hauses ein Lehrinstitut betrieb, ließ man wohnen, da für ihn in der Stadt keine geeignete Wohnung zu erlangen war. Wegen „gewaltsamer Vertreibung" der Salinenbeamten führte Dr. Meyn mit dem Magistrat eine gereizte Korrespondenz. Bis zur Vollendung der Einrichtung des Lazaretts wurden Betten für die kranken Soldaten in der Zwangsarbeitsanstalt aufgestellt. Das ehemalige große Schulhaus, in dem sich die Zwangsarbeitsanstalt befand, wurde im nächsten Jahre ganz als Armenhaus eingerichtet und das Armenhaus vor dem Lübschen Tore öffentlich verkauft.

Anfang Januar 1849 wurden zwei von den in Oldesloe liegenden Kompagnien des 5. schleswig-holsteinischen Infanterie-Bataillons nach Segeberg versetzt und dafür die bisher in Reinfeld kantonierende Kompagnie nach Oldesloe verlegt. Infolgedessen wandten sich die städtischen Kollegien an das Generalkommando mit der Bitte, doch die 3. Kompagnie wieder nach Oldesloe zu verlegen, die vierte aber in den Gütern und Dörfern in nächster Nähe von Oldesloe unterzubringen. Doch blieb die Bitte ohne den gewünschten Erfolg.

Um auch im Winter bei schlechtem Wetter exerzieren zu können, wurde eine Scheune des Bürgers Peter Metelmann als Exerzierhaus gemietet. Als Exerzierplatz wurde wieder der Baierskamp benutzt.

Aber nicht nur das Militär, sondern auch die Zivilbevölkerung rüstete sich für den demnächst wieder beginnenden Krieg. Am 2. März erließ Advokat Bahr einen Aufruf an alle diejenigen, welche in Oldesloe und der Umgegend fähig und willig seien, sich unter Leitung eines Exerziermeisters der Schleswig-Holsteinischen Armee in den Waffen zu üben. Die Bürgerwehr war mißmutig, zur Untätigkeit verurteilt zu sein. Ihre Statuten waren nach ihrer Reorganisation bereits am 12. September 1848 der provisorischen Regierung eingesandt worden. Von der infolge des Waffenstillstands von Malmö eingesetzten „gemeinsamen Regierung" wurden sie aber trotz wiederholter Erinnerung weder genehmigt noch zurückgesandt. Dadurch entstand in der Bürgerschaft große Erbitterung und verschärfte die allgemeine Oppositionsstimmung, die u. a. bei der patriotischen Feier zum Ausdruck kam, welche der Bürgerverein[1] am 24. März, dem Jahrestage der Erhebung, veranstaltete. In solcher Stimmung war die Bürgerschaft ein günstiger Boden für die Aufnahme und das Wachstum der Zwietrachtskeime, die damals durch die demokratische Presse verbreitet wurden und in unseren Tagen Deutschland zum Verhängnis geworden sind.

---

[1] Über diesen wahrscheinlich im vorhergehenden Jahre gegründeten Verein hat nichts Näheres ermittelt werden können, weil leider gerade der Jahrgang 1848 des Oldesloer Wochenblattes abhanden gekommen ist.

Als auch nach Wiederbeginn des Krieges und nach Einsetzung einer Statthalterschaft an Stelle der „gemeinsamen Regierung" die Statuten der Bürgerwehr nicht zurückgesandt wurden, beantragte das Offizierkorps der Bürgerwehr beim Magistrat, die Bürgerschaft zu einem Vogtding einzuladen, das dann auch auf den 27. April anberaumt wurde. Auf diesem Vogtding wurde der Bürgerschaft mitgeteilt, daß der Chef der Bürgerwehr Dr. Thomsen sein Kommando niederlege, worauf das übrige Offizierskorps das gleiche tat. Die Bürgerschaft faßte dann nach vorhergängiger Beratung den einstimmigen Beschluß, dem Magistrat und dem Deputiertenkollegium die Erklärung zu überbringen, daß die Bürgerschaft die Abtretung des Offizierkorps nicht annehme, und stellte durch ihre Achtmänner die Bitte, bei der nunmehrigen Regierung dahin zu wirken, daß die zur Genehmigung eingesandten Statuten recht baldigst möchten zurückgelangen, was vom Magistrat zugesagt wurde.

Über solchen Verdrießlichkeiten aber wurde Sorge für die ins Feld ziehenden Krieger und ihre daheim bleibenden Frauen und Kinder nicht außer acht gelassen. Die Frauen und Jungfrauen sammelten allerlei Liebesgaben, besorgten Verbandzeug und zupften fleißig Charpie, und die städtischen Kollegien bewilligten Gelder zur Unterstützung der Soldatenfrauen und setzten einen Ausschuß ein, welcher die Bedürftigkeit untersuchen und die Unterstützungen verteilen sollte.

Sehr lebhaft interessierte man sich für die von der deutschen Nationalversammlung in Frankfurt am Main beschlossenen und von der Zentralgewalt als Reichsgesetz verkündigten Grundrechte des deutschen Volkes und für die von der schleswig-holsteinischen Landesversammlung beschlossene neue Städteordnung. Jeder fühlte sich jetzt zum Mittun in öffentlichen Angelegenheiten berufen und verpflichtet, und von dem Rechte der Kritik wurde ausgiebig Gebrauch gemacht.

Die neue Städteordnung verlangte für jede Stadt ein Lokalstatut, und ein solches sollte nun auch für Oldesloe entworfen werden. Bereits im Dezember 1848 hatten die städtischen Kollegien einen aus sechs Personen bestehenden Ausschuß eingesetzt, welcher sich dieser Arbeit unterziehen sollte. Ihm gehörten an vom Magistrat Etatsrat von Colditz und Senator Schüder, vom Deputiertenkollegium Schmidt und Helms und aus der übrigen Bürgerschaft Obergerichtsadvokat Schmidt von Leda und Stadtkassierer Lorenzen. Die Arbeit schritt aber nur langsam vorwärts. Auf dem Vogtding vom 27. April 1849 erschienen als Achtmänner der Bürgerschaft vor dem Magistrat und den Deputierten die Bürger Goldwarenfabrikant Hahn und Advokat Brodersen und brachten vor, die Bürgerschaft wünsche, wenn das Lokalstatut entworfen sei, daß dieses nicht bloß den Stadtkollegien, sondern auch einem von der Bürgerschaft ernannten Komitee bestehend aus dem Goldwarenfabrikanten Hahn, dem Gastwirt Wiedemann, dem Advokaten Gülich, dem Kaufmann Dähn, dem Buchbinder Willich, dem Goldschmied Grimm und dem Advokaten Brodersen zur Revision und eventueller Formierung von Monitis unter Bestimmung einer angemessenen, jedoch möglichst präzisen Frist mitgeteilt und demnächst zur Bestätigung eingesandt werde. Den Komparenten wurde darauf eröffnet, daß von seiten des Magistrats nichts dagegen einzuwenden sei, da jedoch die beantragte Mitteilung einen neuen Zeitaufwand erfordere, so werde der Magistrat diesen Antrag zur höheren Kenntnis bringen. Nachdem die Achtmänner abgetreten waren, stimmte das versammelte Deputiertenkollegium der Eröffnung des Magistrats bei, und es wurde beschlossen, das gegenwärtige Protokoll an die schleswigholsteinische Regierung zur Erteilung einer neuen Frist einzusenden, in Voraussetzung der Bewilligung derselben jedoch dem ernannten Komitee den Entwurf nach dessen Vollendung mitzuteilen.

Da auch die Soldaten von der allgemeinen Volksstimmung durchdrungen waren, wurden im Heere öfter Disziplinarstrafen nötig, die dem größeren Teile des Volkes als Unrecht erschienen. Öfter wurden Soldaten in das hiesige Gefängnis, das blaue Haus, eingesperrt, und einige der hier garnisonierenden Soldaten wurden sogar mit Zuchthaus bestraft. Wie sich das Volk dazu stellte, zeigt ein Spottgedicht des Spezialdichters des Oldesloer Wochenblattes, des Seifensieders Franz Bockel, in dem es heißt:

> „Das Zuchthaus ist emancipiert
> Und ist kein Schandhaus mehr,
> Wo man Soldaten einquartiert,
> Da wohnt die Landesehr.
> Man sperrt sogar ins blaue Haus
> Soldaten immerfort,
> Drum macht der Dieb sich gar nichts draus
> Auch mit zu sitzen dort.
> Man hört von Proletariern,
> Zum Hohne allem Zwang:
> Nun, nach dem Zuchthaus geht man gern,
> Es ist Soldatenrang."

Eines Soldaten der Oldesloer Garnison, in dessen Nähe am 4. September 1848 in Kiel ein dem voraufgegangenen Kommando des Kompagniehauptmanns entgegengesetztes Kommando erfolgt war, und der, weil er den Täter nicht nennen wollte, mit Zuchthaus bestraft wurde, angeblich, damit den preußischen Offizieren eine eklatante Genugtuung gegeben werde, nahm sich der Obergerichtsadvokat Schmidt von Leda eifrig an, weil er ihn für das Opfer eines Justizmordes hielt.

Große Aufregung entstand durch die angebliche Befreiung von sieben Militärpflichtigen durch den ersten Sessionsdeputierten Bürgermeister von Colditz bei der Aushebung der Unverheirateten der Altersklasse von 26 bis 30 Jahren. Der Bürgermeister hatte sie als Vorsitzender der Oldesloer Aushebungskommission gar nicht vom Militärdienst befreit, sondern, wie er in einem Bericht vom 19. Juli 1849 dem Land- und Seekriegskommissariat in Itzehoe mitteilte, als Familienversorger nur einstweilen zurückgestellt, damit, wenn die Not nicht so groß wäre oder in anderen Städten die Versorger einer Familie übergangen würden, auch diese nachträglich übergangen werden könnten, und er stellte die Entscheidung dem Kriegskommissariat anheim. Dieses aber antwortete unterm 21. Juli, daß die Entscheidung über Übergehungen ganz außerhalb der Kompetenz der Aushebungskommission in Rendsburg läge, sondern durch Rundschreiben vom 15. Februar 1849 lediglich dem ersten Sessionsdeputierten übergeben sei. Unter diesen Umständen rieten die Lagemänner[1]) dem Bürgermeister, um keine Unzufriedenheit zu erregen, lieber gar keine Übergehungen eintreten zu lassen. Der Bürgermeister aber glaubte das nicht verantworten zu können und erteilte am 28. Juli den betreffenden Lagemännern den Auftrag, den sieben jungen Männern mitzuteilen, daß sie als Familienversorger übergangen wurden und sich am 1. August nicht in Rendsburg zu stellen brauchten. Sowie das bekannt geworden war, kamen mehrere von der einberufenen Mannschaft zum Bürgermeister und erklärten trotzig, sie würden sich nicht stellen, wenn andere frei wären, und einige machten dann mündlich und schriftlich auch Anspruch auf Übergehung, die nach der Überzeugung des Bürgermeisters nicht als Familienversorger angesehen werden konnten. Endlich verstanden sich zwar alle dazu, abzureisen, veranlaßten aber am 30. Juli eine Sitzung der Sessionskommission und der Lagemänner, in der sie erschienen und durch den Advokaten Bahr einen Protest voll dröhnender Phrasen zu Protokoll gaben. Darin erklärten sie u. a. daß man „zum Teil Sonder- und pekuniäres Interesse, zum Teil weibische Furcht, zum Teil ähnliche verwerfliche Motiv-Gründe (!) für die Übergehung jener habe aufstellen und durch Verwandte geltend machen lassen," daß die sieben Dispensierten selbst aber keine Schritte getan hätten, um ihre Übergehung zu erwirken, und verlangten, daß man ihre Erklärung der obersten Militärbehörde einsende und von dem Erfolge zwei von dem Advokaten Bahr noch namhaft zu machende Bürger benachrichtige, „damit dieselben sich in den Stand gesetzt sähen, namens und im Auftrage der hier Erschienenen die zum Schutze des Vaterlandes und im Dienste des Rechts und der Gerechtigkeit weiter erforderlichen Handlungen wahrzunehmen."

Den Komparenten wurde darauf eröffnet, daß die Kommissionsmitglieder und die Lagemänner sich nicht für befugt erachten könnten, auf den vorgebrachten Antrag einzugehen, da einzig dem ersten Sessionsdeputierten anheim gegeben sei, über etwaige Reklamationen Militärpflichtiger zu entscheiden. Dieser eröffnete ihnen sodann, daß er ihren Protest der obersten Militärbehörde schleunigst einsenden und die Entscheidung darüber den noch namhaft zu machenden Bürgern mitteilen werde. Sodann zeigt der Advokat Bahr an, daß die Bürger Philipp Peter Schmidt und Friedrich Johann Demuth es übernommen hätten, die beantragten Resolutionen in Empfang zu nehmen und das weiter Erforderliche zu veranlassen, und stellt den Antrag, ihnen Abschrift des Protokolls und der beantragten Resolutionen zukommen zu lassen.

---

[1]) Die Stadt war zur besseren Kontrolle der Militärpflichtigen in 10 sogenannte Lagen eingeteilt, in jeder von welchen ein „Lagemann" als Vermittler zwischen der Sessionskommission und den Militärpflichtigen diente.

Dabei blieb es jedoch nicht. Die Aufregung war so groß, daß die ganze Nacht vom 30. auf den 31. Juli auf den Straßen gelärmt und gegen den Bürgermeister getobt wurde und daß er sich auch am folgenden Tage nur mit Mühe vor Insulten retten konnte. Der Kämmereibürger Ph. P. Schmidt zeigte dem Bürgermeister an, daß mehrere Bürger ein außerordentliches Vogtding wünschten, daß ihm aber die spezielle Veranlassung und die Anträge nicht mitgeteilt worden seien. Trotzdem wurde das Vogtding auf Schmidts Wunsch angesetzt und zwar auf den 2. August.

Gleich am 31. Juli sandte Bürgermeister von Colditz das Protokoll vom 30. mit Bericht an das Kriegsdepartement und fügte auch 4 schriftlich eingegangene Reklamationen hinzu, durch welche die Behauptung als unwahr erwiesen wurde, die sieben Übergangenen hätten die Dispensierung gar nicht gewünscht. Die drei andern hätten mündlich reklamiert. Er berichtete auch über die Unruhen in der Stadt und daß für den 2. August eine Bürgerversammlung angesagt sei, welcher er, schutzlos, wie er dastehe, und um größere Unordnungen und Unglück zu verhüten, sich genötigt sehe anzuzeigen, daß er bei dem hohen Departement des Kriegswesens darauf antrage, daß die sieben von ihm Übergangenen ebenfalls zum Dienen einkämen. In kleinen Städten ohne Garnison sei der Bürgermeister, welcher über die Unabkömmlichkeit entscheiden solle, in Zeiten wie der gegenwärtigen in einer sehr mißlichen Lage, zumal wenn er sich auf die Loyalität der angeseheneren Bürger nicht verlassen könne, wie er hier leider — wiewohl zum ersten Male — erfahren habe. Auch müsse man zugeben, daß man über die Entbehrlichkeit oder Unentbehrlichkeit eines Sohnes geteilter Ansicht sein könne. Am leichtesten käme man davon, wenn man gar keine Ausnahme mache, wie es ihm die Lagemänner geraten hätten. Er habe dieses aber in seinem Gewissen nicht verantworten können, und das habe ihm nun auch das Entgegenwirken der Lagemänner zugezogen. Er müsse nach Lage der Sache entschieden beantragen, daß ein hohes Departement des Kriegswesens ihm den Auftrag erteile, die sieben zunächst Übergangenen ebenfalls zum Einkommen nach Rendsburg zu beordern. Sollte die hohe Behörde aber Bedenken tragen und seine Verfügung aufrecht erhalten wollen, so müsse er ferner beantragen, daß diese Resolution von einem Militärkommando überbracht werde, welches ihm zur Erhaltung der öffentlichen Ruhe zur Verfügung gestellt werde.

Am 1. August reisten die ausgehobenen Rekruten nach Rendsburg ab, und am folgenden Tage fand dann das beantragte außerordentliche Vogtding statt. Nachdem sich Magistrat und Deputierte im Gerichtszimmer, *„in curia"*, versammelt hatten, erschienen die Bürger Hahn, Stoffers, Dähn und Wiedemann als Achtmänner und brachten vor, die Bürgerschaft ersuche den Magistrat, es veranlassen zu wollen, daß die Landwehrpflichtigen der Altersklasse von 26 bis 30 Jahren, welche bei der letzten Einberufung von dem ersten Sessionsdeputierten übergangen worden, sogleich angehalten würden, den bereits Abgegangenen zur Erfüllung ihrer Wehrpflicht zu folgen, ohne eine Resolution des

Kriegsdepartements, noch weniger der bevorstehenden Session abzuwarten. Ferner trugen sie vor, die Bürgerschaft erkläre sich nicht zufriedengestellt mit den von dem ersten Sessionsdeputierten für die Übergehung vorgebrachten Gründen. Da es aber schwer halte, daß e i n e Person in derartigen Fällen das richtige Urteil fasse, so werde die Bürgerschaft das Vorgefallene an das Kriegsdepartement berichten und damit die Bitte verbinden, daß für die Folge dem ersten Sessionsdeputierten ein aus 8 Mitgliedern bestehendes Komitee möge beigegeben werden, das bei etwaigen Reklamationen mit demselben über die Stichhaltigkeit sich zu besprechen, eventuell abzustimmen habe.

Der Magistrat erwiderte den Achtmännern sogleich, was das letzte Vorbringen betreffe, so werde der Magistrat davon Kenntnis nehmen. Auf den ersten Antrag habe das gestern an die Sessionsdeputierten eingegangene Reskript nebst Bescheid des Kriegsdepartements Einfluß[1]). Das Reskript wurde verlesen und den Achtmännern freigestellt, der Bürgerschaft davon Mitteilung zu machen. Auf die Bemerkung der Achtmänner, daß bei der sich zeigenden Aufregung ihrer Ansicht nach diese Mitteilung nichts bewirken werde, wurde ihnen vom Magistrat der Auftrag erteilt, der Bürgerschaft zu eröffnen, daß nicht allein von dem Bürgermeister bei dem Kriegsminister darauf angetragen sei, daß die 7 Übergangenen einberufen werden möchten, und daß derselbe zugleich den Versuch gemacht habe, die Übergangenen zum freiwilligen Eintritt zu bewegen, sondern daß der Magistrat selbst ebenfalls den Versuch machen werde, sie dazu zu bewegen.

Nachdem diese Achtmänner sich entfernt hatten, erschienen nach einer Weile Advokat Brodersen und Bäckermeister Georg Cords und brachten an, daß die den soeben erschienenen Achtmännern der Bürgerschaft erteilte und von diesen der versammelten Bürgerschaft wieder mitgeteilte Resolution über die Befreiung mehrerer hiesigen Militärpflichtigen vom aktiven Dienst und über die Gründe zu dieser Dispen-

---

[1]) Das am 1. August 1849 eingegangene Reskript an die Sessionsdeputation, selbstverständlich nicht die Antwort auf den letzten, sondern einen früheren Bericht des Bürgermeisters, lautet:
„Bei Mitteilung der angeschlossenen hieselbst eingereichten Vorstellung mehrerer der Altersklasse der 26—30jährigen unverheirateten Mannschaft ausgehobenen Militärpflichtigen aus Oldesloe, worin dieselben über die nicht geschehene Aushebung mehrerer anderer, welche ihrer Angabe nach ohne hinreichenden Grund kassiert oder übergangen worden, Beschwerde führen, werden die Herren Sessionsdeputierten der Stadt Oldesloe ersucht, das unterzeichnete Departement über diese Angelegenheit mit ihrer berichtlichen Erklärung baldtunlichst zu versehen und dabei die Anlage zu remittieren, auch den Supplikanten den angeschlossenen Bescheid zuzustellen und dafür Sorge zu tragen, daß wider diejenigen, welche etwa der Ordre zum Einkommen nicht Folge leisten sollten, nach Maßgabe der Bestimmungen des Patents vom 18. Oktober 1831 verfahren werde.
Gottorf, den 31. Juli 1849.   Das Departement des Kriegswesens.
Jacobsen."

Der den Beschwerdeführern erteilte Bescheid hat folgenden Wortlaut:
„In einer Vorstellung vom 29. d. Mts. haben die Landmilitärpflichtigen Fritz Unverhauen, Wilhelm Unverhauen, Diedrich Petersen und Consorten unter der Angabe, daß mehrere andere von ihnen namhaft gemachte Landmilitärpflichtige aus Oldesloe

sierung nicht genüge, sondern daß sie von der Sessionsdeputation sämtliche diese Dispensiierung veranlassenden Gründe sowie auch alle darüber an die vorgesetzte Militärbehörde, namentlich an das Kriegsdepartement abgesandten Berichte mitgeteilt haben wolle. Dasjenige, was den soeben erschienenen Deputierten der versammelten Bürgerschaft über die von der Sessionsdeputation an die rechtswidrig dispensierten Militärpflichtigen ergangene Ermahnung, sich, nachdem sie einmal dispensiert worden, dennoch zum Dienst zu stellen, eröffnet sei, genüge zur Aufklärung über das ganze Verhältnis keineswegs, und es könne darum die Bürgerschaft zur Sessionsdeputation noch kein Vertrauen wieder gewinnen. Sie beantrage daher eine vollständige Mitteilung derjenigen Gründe, aus welchen die der Sessionsdeputation bekannten hiesigen Militärpflichtigen vom Militärdienste dispensiert seien, sowie abschriftliche Mitteilung sämtlicher Berichte, welche von derselben in dieser Angelegenheit erstattet seien.

Der Magistrat erklärte den Achtmännern darauf, daß er bei dieser Sache nichts tun könne, und der Bürgermeister als erster Sessionsdeputierter, daß er sich nicht für befugt halte, den Wunsch der Bürgerschaft zu erfüllen, worauf die Achtmänner erklärten, daß sie allerdings auch nicht von dem Magistrate, sondern von der Sessionsdeputation diese Mitteilung verlangten und daß es daher die Pflicht des Magistrats sei, der Sessionsdeputation den Vorschlag mitzuteilen, worum hiermit gebeten werde. Den Achtmännern wurde erwidert, daß der Magistrat diesen Wunsch der Bürgerschaft erfüllen werde, worauf sich die Achtmänner entfernten.

Auf Verfügung des Kriegsdepartements vom 8. August 1849 erhielten dann die zunächst Übergangenen vom Bürgermeister den Befehl, sofort einzukommen. Die Beschwerdeführer triumphierten. In Nr. 66 des Oldesloer Wochenblatts vom 18. August 1849 erließen sie folgende Anzeige:

„Den wackeren Bürgern Oldesloes, und namentlich dem Herrn Advokaten Bahr, welche sich im Interesse der Gleichheit des Rechtes und der Pflichten unserer Sache so freundlich angenommen haben, sagen wir hiermit noch einmal unsern herzlichsten Dank, verbunden mit der Bitte, auch fernerhin darüber zu wachen, daß nicht durch Beamtenwill-

---

ohne hinreichenden Grund kassiert oder bei der Aushebung übergangen seien, in dieser Hinsicht eine nähere Untersuchung beantragt und zugleich die Absicht ausgesprochen, sich nicht eher zum Dienst zu sistieren, bis die erwähnten Landmilitärpflichtigen gleichfalls sich stellen. Indem das unterzeichnete Departement den Supplikanten mit Rücksicht auf Vorstehendes eröffnet, daß die von ihnen angeführten Kassations- und Übergehungsfälle einer genauen Untersuchung werden unterzogen werden, daß jedoch der Sachverhalt, wie er von den Supplikanten angegeben worden, selbst wenn ihre Beschwerde sich als begründet erweist, keinen Falles die Nichtbefolgung der ihnen beigelegten Einberufungsordre rechtfertigen, letztere vielmehr als strafbarer Ungehorsam gegen das Gesetz sich darstellen würde, spricht das Departement die Erwartung aus, daß es nicht der gesetzlichen Zwangsmittel bedürfen werde, um die Supplikanten zur Erfüllung der ihnen gesetzlich obliegenden Militärpflicht anzuhalten.
Gottorf, den 31. Juli 1849.

              Das Departement des Kriegswesens.
                    Jacobsen."

kür der besitzlose Teil des Volkes zum Packesel erniedrigt und die Aristokratie auf dessen Kosten privilegiert und der allgemeinen Wehrpflicht entzogen werde.
Rendsburg, den 11. August 1849.
Die am 1. August aus Oldesloe gerückten Rekruten."

So war also schon damals die reine vaterländische Begeisterung durch Verhetzung zum Klassenkampf mit den aus Frankreich importierten Schlagwörtern getrübt worden, und schon damals kapitulierten die Behörden vor der Straße. Die 7 angeblichen „Aristokraten" waren Drechslermeister Johannes Heinrich Christoph Redemann, Landmann Peter Chr. Nicolaus Schaefer, Maler Kaspar Nicolaus Heinrich Dieckvoß, Fuhrmann Christian Nicolaus Heinrich Witte, Töpfergeselle Johann Heinrich Hommerich, Zimmergeselle August Heinrich Gaden und Maurergeselle Johann Julius Diedrich Heinrich Schmidt. Der größte Unwille richtete sich, wie der Bürgermeister berichtete, gegen die Witwe Redemann, weil sie für ihren Sohn eine Frist erwirkt hätte, obgleich sie eine vermögende Frau wäre. Ohne erst das Reskript des Kriegsdepartements abzuwarten, erteilte der Bürgermeister deshalb dem Drechslermeister Redemann bereits am 5. August den Befehl, sich sofort in Rendsburg zu stellen. Er hatte ihn aber offenbar mit vollem Rechte als unabkömmlich zurückgestellt, da bereits 1848 ein Sohn der Witwe Redemann, der ebenfalls Drechslermeister war, als Freiwilliger in den Krieg gezogen war. (Von den beiden Brüdern ist einer im Kriege gefallen und der andere, der spätere Senator, mit Verlust eines Beines heimgekehrt.)

Bald wurde die „kochende Volksseele" in Oldesloe durch freundlichere Gedanken in Anspruch genommen und beruhigt. Infolge des Waffenstillstandes von Berlin, der das Zurückziehen der schleswig-holsteinischen Truppen aus Schleswig zur Folge hatte, rückten die Truppen 1849 schon früh in ihre Kantonnements. Oldesloe sollte zwei Kompagnien des 3. schleswig-holsteinischen Jägerkorps aufnehmen, und nun rüstete man eifrig für ihren Empfang. Am 31. August wurden sie feierlich eingeholt. Der Empfang wurde im Nr. 71 des Oldesloer Wochenblattes folgendermaßen beschrieben:

„Freudig wurden wir am Freitage von dem Einmarsche der zweiten und vierten Kompagnie des dritten schleswig-holsteinischen Jägerkorps ergriffen. Eingeholt wurden dieselben von unserer reitenden Garde und dem Schützenkorps. Auf dem Pferdemarkte empfingen unsere weißgekleideten, blumenstreuenden Kinder mit dem Musikkorps und der Liedertafel dieselben und zogen mit unsern braven Kriegern unter ungeheurem Jubel der wogenden Menge auf blumenbestreutem Pfade durch die geschmackvoll errichtete Ehrenpforte und bekränzten Straßen nach dem Marktplatze. Anreden hießen sie willkommen, und die heiteren Gesichter der Jäger schienen zu beweisen, daß sie mit der auf dem Markte stattfindenden Bewirtung zufrieden waren. Der frohe Tag schloß mit einer Illumination." Am folgenden Tage wurden die Jäger durch ein hübsches Gedicht im Oldesloer Wochenblatt begrüßt.

Das Bürgermilitär konnte an dem Empfang leider nicht teilnehmen, weil seine Organisation von der Regierung noch immer nicht anerkannt worden war. Das Gelhausensche Schützenkorps aber feierte einige Tage später, am 6. September, sein zweites Stiftungsfest mit einem Scheibenschießen.

Die so freundlich aufgenommenen Jäger mußten leider am 20. September Oldesloe schon wieder verlassen, da sie nach Segeberg verlegt wurden. Dafür erhielt Oldesloe drei Kompagnien des 7. Schleswig-Holsteinischen Linienbataillons, die am 24. September ebenfalls von der reitenden Garde und dem Schützenverein eingeholt wurden.

Aber nicht nur ihre eigensten innersten Angelegenheiten nahmen die Oldesloer in Anspruch, sondern sie suchten auch ihrerseits in die vaterländische Politik einzugreifen. Im Oldesloer Wochenblatt vom 14. März 1849 wurde die Absetzung Friedrichs VII. empfohlen, im Wochenblatt vom 24. Oktober 1849 forderte der Seifenfabrikant Franz Bockel durch ein schwungvolles Gedicht zur Erklärung der Republik auf, und am 3. November 1849 beschloß eine Bürgerversammlung, eine Deputation bestehend aus dem Bürgerworthalter Philipp Peter Schmidt und Dr. Thomsen an den Statthalter nach Kiel zu senden, um um Fortsetzung des Krieges zu bitten. Die Deputierten reisten bereits am 4. November ab.

Da nach dem Bürgerwehrgesetz vom 23. Juli 1849 der Magistrat nicht das Recht hatte, das Bestehen bewaffneter Bürgerkorps zu dulden, solange nicht durch einen Kommünebeschluß die Einrichtung einer Bürgerwehr nach Maßgabe dieses Gesetzes beliebt worden, zeigte der Magistrat am 26. Oktober 1849 der Bürgerschaft an, daß ein jeder seine Waffen abzuliefern habe. Darüber geriet die Bürgerschaft wieder in große Aufregung, und es wurde dem Magistrate das Recht bestritten, die Ablieferung der teilweise durch freiwillige Beiträge beschafften Waffen ohne Befragen der Bürgerschaft zu verlangen. Der Buchbindermeister Ernst Willich forderte die Mitglieder der Bürgerwehr auf, sich am 29. Oktober auf dem Rathause zu versammeln, um sich darüber auszusprechen, ob man dem Befehle des Magistrats folgen und die Waffen abliefern, sowie überhaupt von der Idee einer Bürgerwehr abstehen wolle oder nicht. Diese Versammlung war aber mangelhaft besucht und Herr Willich selber am Erscheinen verhindert. Die Sache kam daher zu keiner allgemeinen Besprechung, wiewohl sich allseitige Unzufriedenheit über das von Magistrat und Deputierten eingeschlagene Verfahren kundgab. Nachdem der Magistrat am 1. November die Aufforderung, Gewehr, Patronentaschen und Mützen abzuliefern, wiederholt hatte, richteten die Offiziere der Oldesloer Bürgerwehr am 10. November ein diese Angelegenheiten betreffendes Gesuch an das Departement des Innern, worauf sie unterm 26. Februar 1850 folgende Antwort erhielten:

„Auf das von den Offizieren der Oldesloer Bürgerwehr Prahl und Genossen am 10. November v. Js. bei dem Departement des Innern eingereichte Gesuch betreffend die dortigen Bürgerwehrangelegenheiten wird denselben hierdurch folgendes eröffnet: Zufolge des § 3 des Bürgerwehrgesetzes vom 23. Juli v. Js. ist den Ortschaften, welche wie Oldesloe nicht über 4000 Einwohner haben, aber eine Bürgerwehr von mindestens 100 Mann zu bilden vermögen, die Errichtung von Bürgerwehren nur gestattet. Ob eine Commüne von dieser Befugnis Gebrauch machen will oder nicht, darüber hat dieselbe auf verfassungsmäßigem Wege zu entscheiden. Bis aber durch einen Commünebeschluß die Errichtung einer Bürgerwehr nach Maßgabe des Gesetzes vom 23. Juli v. Js. beliebt worden, hat die Obrigkeit des Orts weder die Pflicht noch das Recht, das Bestehen bewaffneter Korps zu dulden, da nach dem § 4 des Gesetzes die Bestimmungen desselben auf alle Bürgerwehren zur Anwendung zu bringen sind. Aus diesen Gründen hat der Oldesloer Magistrat den Auftrag erhalten, sofort nicht nur die sogenannte allgemeine Bürgerwehr, sondern auch die reitende Bürgergarde und den Bürgerschützenverein aufzulösen, mit der Einforderung der aus öffentlichen Mitteln angeschafften Gewehre, Patronentaschen und Mützen der sogenannten allgemeinen Bürgerwehr fortzufahren und einen verfassungsmäßigen Beschluß der Commüne darüber zu erwirken, ob für Oldesloe eine Bürgerwehr in Gemäßheit des Gesetzes vom 23. Juli v. Js. zu errichten sei oder nicht.

Kiel, den 26. Februar 1850. Departement des Innern.
Boysen."

In Beziehung auf diesen Bescheid forderten Bürgermeister und Rat am 1. März 1850 die Bürgerwehrmänner nochmals auf und zwar nunmehr bei 3 Mark 12 Schilling Brüche, die aus der Stadtkasse angeschafften und ihnen gelieferten Gewehre, Patronentaschen und Mützen binnen drei Tagen auf dem Rathause abzuliefern. Zugleich machten sie bekannt, daß die Commüne nächstens werde zusammenberufen werden, um einen verfassungsmäßigen Beschluß darüber zu fassen, ob für Oldesloe eine Bürgerwehr in Gemäßheit des Gesetzes vom 23. Juli 1849 zu errichten sei. Zu einem solchen Beschlusse scheint es nicht gekommen zu sein, denn am 15. November 1850 wurde von den Kollegien beschlossen, die im Jahre 1848 für die Bürgerwehr angeschafften Gewehre zu verkaufen. Falls beim Verkaufe ein höherer Betrag erzielt werde als die von der Stadt für die Waffen verausgabte Summe, sollte der Überschuß unter die Bürger verteilt werden, welche für die Anschaffung der Waffen freiwillige Beiträge hergegeben hatten.

Sehr bezeichnend für die damaligen Zustände und Bestrebungen sind die Ereignisse, die sich an die Amtsniederlegung des Rektors Rode knüpften. Rode hatte seit dem Jahre 1802 das Rektoramt mit gutem Erfolge versehen und sich bis in sein hohes Alter eine seltene Frische des Körpers und des Geistes bewahrt. Noch als beinahe Achtzigjähriger machte er zu Pferde eine mehrtägige Reise durch Mecklenburg, legte u. a. an einem Tage elf Meilen zurück und langte nach einem so anstrengenden Ritte erfrischt und munter wieder zu Hause an. Aber die Oberknabenklasse, welche er unterrichtete, war nunmehr auf 90 Schüler angewachsen. Eine viel größere Schülerzahl hatte zu der Zeit, als Rode sein Amt antrat, die ganze Schule nicht. Es liegt auf der Hand, daß in einer so überfüllten Klasse nicht mehr dieselben Erfolge wie früher erzielt werden konnten. Der Schulinspektor Hauptpastor Bahnson erkannte denn auch, daß die Leistungen der Klasse abgenommen hatten; er bezeichnete sie nur noch als sehr mittelmäßig, glaubte aber, daß das hohe Alter des Rektors die Ursache sei, und beantragte in seinen Berichten vom Jahre 1847 an die Ersetzung des überalterten Rektors durch eine jüngere Kraft. Der Rektor, welcher sich noch rüstig genug fühlte, wollte aber noch nicht gern von seinem Amte scheiden, und so einigte man sich dahin, daß er sich einen Adjunkten halten sollte, zu dessen Unterhalt die Stadt 100 Mark beisteuern wollte. Es gelang Rode auch in den Jahren 1848 und 1849 zweimal, einen Kandidaten der Theologie als Adjunkten zu gewinnen, erst einen Herrn Sörensen aus Hadersleben und dann einen Herrn Piening. Nach dem Abgange des letzteren aber blieben, da ja alle rüstigen jungen Leute im Felde standen, Rodes Bemühungen um Ersatz erfolglos. Hauptpastor Bahnson mußte eingestehen, daß auch die Adjunkten keine besseren Erfolge hatten erzielen können. Die Hauptschwierigkeit lag in der Aufrechterhaltung der Disziplin in einer so überfüllten Klasse von Knaben, die sich den Flegeljahren näherten. Schon in normalen Zeiten war die Schwierigkeit groß gewesen. Um wieviel größer aber mußte sie sein zu einer Zeit, in der man nach französischem Vorbilde jede Autorität als unzeitgemäß zu beseitigen suchte und in der proklamierten Freiheit nur das Aufhören der Pflicht des Gehorsams erblickte. Die Eltern klagten, daß die Jungens keinen Respekt mehr vor dem Rektor hätten, und gaben pietätlos dem die Schuld, der einst auch ihr Lehrer gewesen war. Sie beschwerten sich darüber, daß er keinen Adjunkten mehr halte, wozu er doch verpflichtet sei, und ließen durch die Deputierten seine Dienstentlassung beantragen. Als der alte Mann davon erfuhr, fühlte er sich tief gekränkt, da er sich keiner Schuld bewußt war und von seinen ehemaligen Schülern eine rücksichtsvollere Behandlung erwarten mußte. „Womit habe ich denn wirklich," klagte er in einer Eingabe an den Magistrat vom 14. Dezember 1849, „in einem fast halben Jahrhundert meiner Amtsführung mir so großes Mißtrauen und einen so großen Haß zugezogen, daß man nicht dem strengen Antrage auf Dienstentlassung eine Besprechung, eine Warnung, eine Anhörung der Gegengründe vorangehen ließ? Ich bin mir doch bewußt, mich stets mit aller Liebe, Offenherzigkeit und Rechtlichkeit gegen meine Mitbürger, unter denen ich die längste Zeit meines Lebens zugebracht, betragen zu haben." Aber er wußte, daß gegen Massensuggestion nicht aufzukommen ist. „Ich sehe wohl ein", schrieb er, „daß, wenn es dahin gebracht ist, daß die Stimme des Volkes sich gegen mich erhebt, statt durch Besprechung, durch Ermahnung der Kinder und deren häusliche Erziehung mir zur Hilfe zu kommen, die Verurteilung folgen muß. Die große Menge läßt nicht mit sich reden, will keine Untersuchung und Verteidigung, hat sie einmal ihr Kreuzige! gerufen, so bleibt sie dabei." Unter diesen Umständen wählte er, da ihm die Wahl gelassen wurde zwischen Dienstentlassung und „freiwilliger" Abdankung, natürlich die letztere.

Man fragt sich heute, warum Rode nicht schon längst seine Versetzung in den Ruhestand beantragt hatte. Bei dem heutigen Stande der Gesetzgebung wäre der Vorwurf berechtigt. Aber damals gab es noch kein Recht auf Ruhegehalt. Wenn eine Pension bewilligt wurde, dann war das nicht Recht, sondern Gnade. Als im August 1847 die Dienstentlassung Rodes zuerst in Frage kam, berichtete Bürgermeister von Colditz an die königliche Regierung: „Würde der Rektor um seine Entlassung einkommen, so hätte er allerdings für sein langjähriges treues Wirken Anspruch auf eine Pension, falls er diese verlangt. Ihm aber eine solche aufzudrängen, dazu haben wir so wenig Veranlassung, als die Schulkommüne, welche noch die schwere Last des Schulbaus zu tragen hat, mit einer neuen Ausgabe zu bebürden." Und das war die Ansicht eines Mannes, der vor Rode die größte Hochachtung hatte und bei jeder Gelegenheit die Verdienste Rodes um Schule und Stadt gebührend hervorhob.

Rode petitionierte dann um ein Ruhegehalt und bat, ihm die wenigen Jahre, die er voraussichtlich noch zu leben hätte, seine bisherige Einnahme zu belassen. Man bot ihm ein Ruhegehalt von 800 Mark an, und damit gab er sich zufrieden.

Nachdem nun der Abgang des Rektors Rode durchgesetzt worden war, begann in der Stadt der Kampf um die Beteiligung der Bürgerschaft an der Wahl des Nachfolgers.

Im Oldesloer Wochenblatt vom 6. Februar 1850 erschien ein langer Artikel von F. Buckow, in welchem darauf hingewiesen wurde, daß nach der älteren Gesetzgebung zwar der Magistrat das ausschließliche Recht habe, sämtliche Lehrer an den Stadtschulen anzustellen, daß aber nach den Grundrechten des deutschen Volkes den Kommünen die Beteiligung bei der Wahl und Anstellung der Volkslehrer eingeräumt wäre. Es sei gegen alle Vernunft und natürlichen Rechte, daß nur der Magistrat sollte beurteilen können, welche Lehrer zur Erziehung und Ausbildung der Jugend die besten wären, weil durch den Magistrat doch nur der Geldaristokratenstand, durchaus aber nicht der Nährstand, die eigentliche Seele des Kommunalkörpers, vertreten werde. Das Volk müsse die Erziehung seiner Jugend selber in die Hand nehmen und seine Lehrer selber prüfen und anstellen, um auf diese Weise den Grund zu seiner Befreiung von der despotischen Fürstenherrschaft zu legen.

Von Buckow erfahren wir also, daß es damals in Oldesloe eine Geldaristokratie gab, während wir nach allen sonstigen Quellen der Geschichte von Oldesloe annehmen mußten, daß bis dahin alle Einwohner des Städtchens mehr oder weniger arme Teufel waren. Oder sollte Herr Buckow seine Phrasen wohl nur großstädtischen Demagogen entlehnt und hier angewandt haben ohne Rücksicht darauf, ob sie auf Oldesloe paßten oder nicht?

Im Oldesloer Wochenblatt vom 20. Februar 1850 macht dann C. E. Hahn die Anzeige, daß eine Supplik an die Statthalterschaft entworfen sei und in den nächsten Tagen zur Unterschrift zirkulieren werde, um zu veranlassen, daß bei Wiederbesetzung des vakanten Rektorats der hiesigen Einwohnerschaft das Wahlrecht eingeräumt werde.

In einem anonymen Artikel derselben Nummer des Oldesloer Wochenblatts heißt es: „An die Gewehre! Deputierte Bürger der Stadt Oldesloe! Der Rektor der Oldesloer Bürgerschulen geht ab, der Patron der Bürgerschulen fordert zur Bewerbung um den vakanten Platz auf, der Patron wird wählen für den Platz, wen er für geeignet hält — alles nach der Schulordnung für die Stadt Oldesloe vom 22. März 1813, daher insoweit von Rechts und Gesetzes wegen. Aber anders verfügen die deutschen Grundrechte, nach ihnen haben die Gemeinden eine näher zu ordnende Beteiligung bei der Anstellung der Lehrer der Volksschulen. In der Zeit lebend wissen wir, der Geist der Zeit will nicht Bevormundung der Gemeinde durch die Obrigkeit, welche ist die Dienerin der Gemeinde." usw. usw.

Da sich infolge der Ablehnung einer Vogtdingversammlung, die zum Zweck der Beratung über die Wahlfrage von C. E. Hahn beantragt worden war, die Gemüter immer mehr erhitzten, veröffentlichte Bürgermeister von Colditz im Oldesloer Wochenblatt vom 23. Februar einen Artikel, den er „Zur Verständigung" überschrieb und in dem er darlegte, daß der betreffende Paragraph der Deutschen Grundrechte noch gar nicht gelte, da er von den in Kraft tretenden Bestimmungen ausgeschlossen sei, daß es aber den Schulinteressenten freistehe, bei der Regierung um eine Teilnahme an der Wiederbesetzung des Rektorats einzukommen, wenn sie eine Verantwortlichkeit dafür übernehmen wollten; dazu bedürfe es so wenig einer Vogtdingsversammlung als einer Versammlung der Deputierten, sie könnten sich ohne Ansage frei versammeln und der Magistrat werde ihnen dabei nichts in den Weg legen, auch gebe derselbe die Verantwortung der Besetzung gerne auf, wenn er gesetzlich davon befreit werde.

Diese doch gewiß sachlichen und ruhigen Worte wurden in der nächsten Nummer des Oldesloer Wochenblatts sowohl von F. Buckow wie von C. E. Hahn mit langen Artikeln bekämpft. Buckow meinte, der Bürgermeister befände sich über einem Abgrunde von Irrtümern, und schrieb vom Patronatrecht: „Das Patronatrecht ist ein Erzeugnis des Feudalismus, es umschließt den streng logischen Begriff der Bevormundung, indem es Einzelnen Rechte überträgt, die ihrer Natur nach Eigentum der ganzen Gemeinde sind, das Patronatrecht ist also nur da an seinem Platz, wo keine freien Völker, sondern nur Herren und Knechte existieren." Hahns Artikel wird schon durch den ersten Satz genügend charakterisiert, welcher lautete: „Die Nr. 16. d. Bl. enthält einen Aufsatz des Herrn Bürgermeisters v. Colditz, „zur Verständigung" überschrieben, mir däucht, die Überschrift zur „Verdächtigung" würde passender gewesen sein."

Die durch solche Artikel in Wallung versetzte Volksseele fand endlich ihre Beruhigung durch die Entscheidung der Regierung, welche nach Anhörung des Magistrats unterm 2. April 1850 die Wahl des Rektors und der übrigen Lehrer bis auf weiteres einem aus den Schul=

inspektoren, nämlich dem Bürgermeister und beiden Geistlichen, und 22 Wahlmännern bestehenden Wahlkollegium übertrug. Die 22 Wahlmänner sollten von sämtlichen zur Schulsteuer kontribuierenden Interessenten aus deren Mitte durch schriftliche Stimmzettel gewählt werden. Die Stimmzettel sollten, mit der Namensunterschrift des Stimmgebers versehen, binnen einer festzusetzenden Frist eingereicht werden. Der Bürgermeister sollte den Tag bestimmen, an welchem von den Wahlkandidaten in Gegenwart des Wahlkollegiums eine öffentliche Probe im Unterrichten abzulegen sei. Nach Beendigung dieser Probe sollte jedes Mitglied des Wahlkollegiums seine Stimme mündlich und persönlich abgeben.

Den Herren Buckow und Hahn genügte zwar dieses Zugeständnis nicht. Sie hätten am liebsten gesehen, daß sich alle Schulinteressenten direkt an der Wahl beteiligt hätten. Aber sie beruhigten sich doch dabei.

Am 22. April fand die Wahlmännerwahl statt. Abgegeben waren 76 Stimmzettel, wovon einer nicht unterschrieben und zwei unleserlich, also ungültig waren. Von den übrigen 73 Wählern wurden gewählt alle vier Senatoren, 7 Deputierte und 11 sonstige Bürger. Die Rektorwahl fand nach den Lehrproben der drei auf die engere Wahl gesetzten Kandidaten am 16. Mai 1850 statt. Von den 25 Stimmen des Wahlkollegiums fielen 24 auf den Kandidaten Jacobsen. Nur Herr Hahn gab, wohl aus Prinzip, seine Stimme einem andern Kandidaten. Es zeigte sich also bei der Wahl eine erfreuliche Übereinstimmung von Schulinspektion, Magistrat, Deputierten und sonstiger Bürgerschaft. Anders wäre daher die Wahl schwerlich ausgefallen, wenn man sie wie bisher dem Patronate allein überlassen hätte. Und darum soviel Lärm!

Nun kam die Zeit heran, in der alljährlich das Bürgerscheibenschießen gefeiert zu werden pflegte. Durch die Verfügung vom 26. Februar 1850 waren die allgemeine Bürgerwehr, die früher Bürgerwache oder Bürgermilitär genannt worden war, die reitende Bürgergarde und der Bürgerschützenverein aufgelöst worden. Die Bürgerschützengilde aber, welche jährlich das Bürgerscheibenschießen veranstaltete, war mit der allgemeinen Bürgerwehr nicht identisch, wenn sie auch zum großen Teil aus denselben Personen bestehen mochte. Sie betrachtete sich nicht als aufgelöst, und als man in der Bürgerschaft die Veranstaltung des Bürgerscheibenschießens erörterte, erklärte ihr Vorstand am 24. Mai, daß er in anbetracht der gegenwärtigen Verhältnisse es nicht für ratsam erachte, heute schon den Tag des Festes zu bestimmen, daß er aber, sobald sich die Verhältnisse ruhiger gestalteten, mit Freuden den Aufruf zur Abhaltung desselben erlassen werde. Unverstand ulkte im Oldesloer Wochenblatt mit einem hämischen Artikel gegen diese Erklärung an. Aber sie war nur zu berechtigt. Die Verhältnisse gestalteten sich nicht ruhiger. Der Krieg brach wieder aus. Anfang Juni rückte das 7. Bataillon ins Feld und am 18. Juni auch das 3. Jägerkorps, von dem zwei Kompagnien vom 3. bis zum 18. Juni in Oldesloe kantoniert hatten. Und nun nistete sich ein böser Gast in der Stadt ein, die Cholera. Sie wurde bald so heftig, daß die Kollegien am 12. August die Einrichtung eines besonderen Cholerahospitals in einem Hause außerhalb der Stadt vor dem Bestetore beschlossen. Anfang September nahm sie glücklicherweise wieder ab; aber von einer Feier des Schützenfestes konnte doch unter solchen Umständen keine Rede sein. — An der Cholera starben in der Stadt 98 Personen, in der Gemeinde noch 22, davon in Sehmsdorf 10, in Schmachthagen 6[1]).

Bürgermeister von Colditz war von Mitte Juli an zu seiner Erholung auf einer Badereise und wurde während seiner Abwesenheit von dem früheren Stadtsekretär von Apenrade Suadicani vertreten. Derselbe war im Jahre 1849 von der schleswigschen Landesverwaltung seines Amtes entsetzt, von der schleswig-holsteinischen Statthalterschaft dann aber zum stellvertretenden Bürgermeister in Oldesloe gemacht worden. Suadicani versah nach der Rückkehr des Bürgermeisters von Colditz die Geschäfte des Stadtsekretärs von Oldesloe dann noch bis zum Juli 1853.

Das Amt eines Bürgermeisters war in jener Zeit recht aufreibend und dornenvoll. Kaum hatte Etatsrat von Colditz die Geschäfte wieder selbst übernommen, so griff ihn der Stadtverordnete Hahn wegen seines Verhaltens in Steuerangelegenheiten in einem Wochenblattartikel an, der so von Beleidigungen strotzte, daß der Bürgermeister nicht umhin konnte, den Verfasser zu gebührender Strafe zu bringen. Die Akten des Prozesses finden sich nicht mehr vor. Hahn war, wie aus einem Aktenstücke von 1864 hervorgeht, bereits im Jahre 1849 einmal „wegen eines von ihm ausgegangenen Pamphlets gegen den hiesigen Bürgermeister mit crimineller Gefängnisstrafe belegt worden".

Durch den Olmützer Vertrag vom 29. November 1850 wurde der schleswig-holsteinischen Erhebung ein Ende gemacht. Die Feindseligkeiten mußten eingestellt und die Truppen in die Quartiere geführt und zum großen Teil aufgelöst werden. Im Januar 1851 bezogen das 13. schleswig-holsteinische Bataillon unter Major von Lützow, 3 Kompagnien vom 5. Bataillon unter Oberstleutnant von Matzdorff und der Stab der Brigade unter Oberst Abercron Kantonnements in Oldesloe. Später kam noch das 7. Bataillon unter Hauptmann Rittersberg hinzu. Oldesloe war so stark mit Militär belegt, daß mit Genehmigung der Regierung auch die Mieter zur Einquartierung herangezogen wurden.

Hier wurde nun gleichmit. der Auflösungbegonnen. Am 30. Januar wurden 12 Trainpferde des 13. Bataillons, am 31. Januar 9 Trainpferde des Stabs der 2. Brigade, am 1. Februar 12 Trainpferde des Bataillons, am 22. Februar 8 Zug- und Reitpferde des 13. Bataillons, am 24. Februar 6 Reitpferde und 4 Trainpferde des 5. Bataillons und am 26. Februar 9 Reitpferde des 7. Bataillons auf dem Pferdemarkte öffentlich meistbietend verkauft. Im Februar bot Heimann Hirsch, der Sohn und Nachfolger des Schutzjuden Hirsch Moses, eine große Partie Militär-Hosen, -Röcke und -Jacken zu billigen Preisen an, sowie

---

[1]) Zum zweiten Male suchte die Cholera Oldesloe heim im September und Oktober 1857 mit 37 Opfern. 1850 raffte sie bei 2800 Einwohnern 3½ % hin, so viele als in Hamburg 1892 in der verseuchtesten Straße!

eine Partie Feldmützen, letztere zu 3 Schilling das Stück. Vom April an beteiligte sich auch Kaufmann Brügmann am Pferdemarkt, später im Hagen, am Verkauf der Militär=Mäntel, =Röcke, =Hosen, =Mützen und wollenen Jacken. Die Inventarien des Militärlazaretts wurden am 9. Mai verauktioniert. Am 17. Juli wurden Uniformstücke auf dem Rathause versteigert.

Bei der Annäherung der österreichischen Exekutionstruppen verließen am 6. März 1851 das 13. und am 7. März das 5. und das 7. schleswig=holsteinische Infanterie=Bataillon sowie der Stab der 2. Brigade die Stadt. Von den 3 Bataillonen blieben jedoch vorläufig 12 Offiziere und ca. 72 Mann beim Depot zurück. Das 13. Bataillon marschierte nach Oldenburg, das 5. und 7. mit dem Stab der 2. Brigade nach Neustadt.

Am 8. März begann der Einmarsch der österreichischen Truppen. Die meisten nahmen hier nur Marschquartier und zogen dann nach Segeberg weiter. Das 1. Bataillon des Regiments Erzherzog Ludwig aber blieb hier im Kantonnement. Für volle Verpflegung pro Mann und Offizier wurden 6⅔ Schilling täglich von der österreichischen Regierung vergütet. Ein von den städtischen Kollegien gestellter Antrag, die Vergütung für die österreichische Einquartierung von 6⅔ Schilling auf 10 Schilling zu erhöhen, wurde abgelehnt. Am 2. September um 6 Uhr morgens verließ das Bataillon des Regiments Ludwig die Stadt, um in Hamburg Quartier zu beziehen, und um 11½ Uhr rückten vier Kompagnien des Regiments Nugent von Hamburg her in Oldesloe ein.

Dem Kommandeur des abziehenden Bataillons Oberstleutnant *le Brassier de St. Simon* stellten die Kollegien eine Bescheinigung des Wohlverhaltens seiner Leute aus, da sich dieselben nicht nur musterhaft aufgeführt, sondern auch durch sehr wirksame Hilfeleistung bei einer Feuersbrunst die Oldesloer zu Dank verpflichtet hatten. Gegen diese Bescheinigung protestierte der Stadtverordnete Hahn, und zwar gab er seinen Protest nicht nur zu Protokoll, sondern verfaßte auch eine die Kollegien beleidigende Protestschrift und warb in der Bürgerschaft um Unterschriften für dieselbe. Dieses Verhalten hielten die Kollegien nicht nur für unkollegial, sondern auch für höchst schädlich für die Allgemeinheit und glaubten deshalb, mit dem Stadtverordneten Hahn nicht mehr ersprießlich zusammenarbeiten zu können, und schlossen ihn deshalb in der Sitzung vom 13. Oktober 1851, der Bürgermeister von Colditz wegen seines Verhältnisses zu Hahn nicht beiwohnte, in Gemäßheit des § 61 des Lokalstatuts vom Stadtverordnetenkollegium aus. Eine Beschwerde Hahns beim Departement des Innern wurde von diesem abgewiesen.

Auch im Sommer 1851 entwickelte sich eine lebhafte Agitation für die Abhaltung des Bürgerscheibenschießens. Die mit der Nichtabhaltung unzufriedenen Bürger wählten einen Ausschuß, der eine Eingabe an den Magistrat richtete „wider den Vorstand der hiesigen Schützengilde betr. Abhaltung des Bürgerscheibenschießens im Jahre 1851 zur Bewerbung um die vom Gesetze zugelassene Abgabenfreiheit." Der Magistrat antwortete darauf, daß es ihm unbedenklich scheine, die Entscheidung der Frage, ob das Bürgerscheibenschießen in diesem

Jahre abgehalten werden solle, dem Wunsche der Bürgerschaft anheimzustellen. Er werde daher, da die von den Supplikanten eingereichte Liste die Richtigkeit der auf derselben verzeichneten Unterschriften keineswegs verbürge, eine Aufforderung zu einer desfälligen Erklärung bei sämtlichen beikommenden Mitgliedern der Kommüne in Zirkulation setzen und nach eingegangener Äußerung des Vorstandes der Schützengilde darüber, ob die Anzahl der Unterzeichner zur Deckung der Kosten für ausreichend zu erachten, fernere Resolution erteilen.

Im Jahre 1851 wurden lange gehegten Wünschen der Bürgerschaft entsprechend zwei aus dem Mittelalter stammende Einrichtungen, die viel Unzuträglichkeit und Unzufriedenheit im Gefolge hatten, beseitigt, nämlich die Exterritorialität der Saline und der Ackerzehnte des Hauptpastorats. Die Saline wurde durch Regierungsverfügung vom 27. Mai 1851 in das Stadtgebiet einverleibt, so daß sie nun zu den Kommunalsteuern und den übrigen Lasten der Gemeinde herangezogen werden konnte. Jetzt blieb nur noch die Trittauer Kornmühle ein unbequemer Fremdkörper im Stadtgebiet. Der dem Hauptpastor zu entrichtende Ackerzehnte, „die zehnte Hocke", wurde durch Vereinbarung vom 11. Juni 1851 abgelöst gegen ein jährliches von der Stadt zu zahlendes Äquivalent von 1800 Mark. Die Stadt hielt sich schadlos durch Einziehung einer jährlichen Vergütung von 10 Schilling pro Scheffel Hafersaat von den zehntpflichtigen Besitzern. Die zum Hauptpastorat gehörige große Scheune war nun kein Bedürfnis mehr für dasselbe und wurde deshalb am 26. Juli meistbietend verkauft. So war denn eine Einrichtung beseitigt, welche jahrhundertelang jeden Kirchherrn oder Hauptpastor, der streng auf seinem Rechte bestand, unbeliebt gemacht und mit seinen zehntpflichtigen Pfarrkindern in Konflikt gebracht hatte. Aber daß durch Naturallieferungen der Lebensunterhalt eines Geistlichen oder sonstigen Beamten unter allen Umständen gesichert ist, während Geldlieferungen nur einen sehr unsicheren Ersatz dafür bieten, dürfte heute, wo wir durch Erfahrung gewitzigt und durch die Not gezwungen im Begriffe stehen, auf manchen Gebieten Geldzahlungen wieder durch Naturallieferungen zu ersetzen, jedem klar sein. Manche Einrichtungen des angeblich finstern Mittelalters waren doch nicht so verwerflich, wie lange geglaubt wurde.

Gegen Ende des Jahres 1851 wurde Oldesloe empfindlich geschädigt durch die Vollendung der Lübeck-Büchener Eisenbahn. Da die Eisenbahnfahrt über Büchen eine schnellere und billigere Verbindung zwischen Lübeck und Hamburg gewährte als die Eilpost über Oldesloe, so wurden die bisherigen Diligencefahrten über Oldesloe eingestellt bis auf eine, die Oldesloe nachts berührte. Die von einigen Oldesloer Fuhrleuten eingerichteten Wochenwagen konnten keinen genügenden Ersatz bilden. Auf Anhalten der städtischen Kollegien wurde vom Postamt zwar wieder eine Tagesdiligence eingerichtet; aber der frühere starke Verkehr, der so viele Gäste in die Stadt brachte, wurde nicht wieder erreicht.

Die Erhebung Schleswig-Holsteins war zu Ende. Die Exekutionstruppen hatten ihre Aufgabe erfüllt und konnten nun wieder abziehen. Am 23. Februar 1852 verließen die vier Kompanien des österreichischen Regiments Nugent Oldesloe. Die von ihnen innegehabten Räumlichkeiten wurden gesäubert und ihrer früheren Bestimmung wieder übergeben. Am 19. April 1852 ließ der Magistrat im Badelogierhause, das für die Österreicher zum Lazarett eingerichtet gewesen war, 50 Militärbettstellen öffentlich meistbietend verkaufen. Und nun konnten die „Sieger" ihren Einzug halten.

XXI. Die letzten 11 Jahre der Dänenherrschaft.

Verbot schleswig-holsteinischer Fahnen. Nichtanerkennung der schleswig-holsteinischen Staatsanleihen. Verbot des Singens patriotischer Lieder und des Feilhaltens patriotischer Bilder. Drohung des Kommandeurs. Feier des Geburtstags des Königs. Unwille der Stadtverordneten. Gründung eines Vorschußkassenvereins. Abzug des Militärs. Besuch des Königs. Gründung der Gasanstalt. Bau der Eisenbahn Hamburg—Lübeck. Bemühungen zur Erlangung eines Kreisgerichts. Bemühungen, Oldesloe zum Regierungssitz zu machen. Legat des Senators Jenisch. Stellung der Stadtvertretung zur Judenfrage. Das Ende der Dänenherrschaft in Oldesloe.

Vom Abzuge der Österreicher an zeichnen die Ämter wieder als „Königlich". Am 29. März 1852 machten Bürgermeister und Rat in Oldesloe im Oldesloer Wochenblatt, das seit Beginn des Jahres den Titel „Landbote" angenommen hatte, bekannt, daß auf Allerhöchste Anordnung infolge Ablebens Ihrer Majestät der verwitweten Königin Sophie Friederike alle öffentlichen Vergnügungen bis nach erfolgter Beisetzung der Hochseligen Königin zu unterbleiben haben, und schärften die Bestimmung eines Kanzleipatents von 1845 ein, nach dem dreifarbige Fahnen mit und ohne die vereinigten Wappenschilde der Herzogtümer Schleswig und Holstein verboten seien. Durch eine im Landboten vom 12. Juni 1852 veröffentlichte Bekanntmachung des Königlichen Finanzministeriums vom 7. Juni 1852 wurde mitgeteilt, daß Seine Majestät der König allergnädigst genehmigt habe, daß den während des „Aufruhrs" in den Herzogtümern Schleswig und Holstein von den verschiedenen „unrechtmäßigen" Regierungen unter dem Namen von Staatsanleihen gemachten Schulden die allerhöchste Anerkennung versagt und damit alle Verbindlichkeit für die Staatskasse abgesprochen werde. Das war ein harter Schlag für die Stadt, die eine erhebliche Summe in solchen Anleihen angelegt hatte. Am 14. Juli erschien im Landboten wieder eine Anzeige von Kabell, dem zurückgekehrten Oberinspektor der Königlichen Saline. Am 23. August 1852 rückte ein Detachement des früher lauenburgischen, nunmehr 14. leichten Infanterie-Bataillons, das von Kopenhagen wieder nach Ratzeburg verlegt worden war, in Oldesloe ein. Es bestand aus 40 Gemeinen, 3 Offizieren, 1 Arzt, 1 Sergeanten und 5 Unteroffizieren. Am 30. August bezogen 2 Kompagnien desselben Bataillons Kantonnements in Oldesloe, worauf am folgenden Tage das am 23. August einmarschierte Detachement wieder abrückte. Die beiden Kompagnien, die bis zum Jahre 1854 in Oldesloe blieben, bestanden damals aus 8 Offizieren, 1 Arzt und ca. 130 Mann.

Unterm 13. September 1852 drohte das Königliche Polizeiamt zu Oldesloe gez. v. Colditz für das Singen verbotener Lieder in Wirtshäusern und auf den Gassen namhafte Brüche oder Gefängnisstrafe an und verkündigte, daß diejenigen, welche auf den Straßen singen, durch die Polizeioffizianten nötigenfalls unter dem Beistand des hieselbst kantonierenden Königlichen Militärs ohne Ansehen der Person zu weiterer Untersuchung und Bestrafung sofort arretiert werden würden. Die Wirte der Stadt wurden aufgefordert, im eigenen Interesse und in dem ihrer Gäste solchem Singen und allen verbotenen Demonstrationen nach Kräften vorzubeugen. Auch wurde das Ausstellen und Feilbieten aller Bilder, welche auf die Kriegsereignisse in den letzten Jahren Bezug hatten, insbesondere auch von Pfeifenköpfen mit schleswig-holsteinischen Insignien bei Strafe verboten.

Solche Verordnungen mußten alle schleswig-holsteinischen Patrioten tief verletzen, und man kann sich denken, daß es den Oldesloer Bürgern, die mit Begeisterung für das Recht ihres nun mit Füßen getretenen Landes Opfer gebracht hatten, nicht leicht wurde, dabei ihre Ruhe zu bewahren. Trotzdem gab es auch in Oldesloe Leute, die es über sich gewinnen konnten, den König zu feiern, als wenn nichts vorgefallen wäre. Unterm 5. Oktober machte das Königliche Polizeiamt zu Oldesloe bekannt, daß zufolge einer Mitteilung des Kommandeurs des hier kantonierenden Detachements des 14. leichten Infanterie-Bataillons die Posten, Wachen oder Patrouillen sowie einzelne Militärpersonen angewiesen seien, keinerlei Gesetzwidrigkeiten oder Unordnungen zu dulden, und namentlich hätten Zivilpersonen, welche sich Beleidigungen gegen Militärpersonen zuschulden kommen ließen, zu gewärtigen, daß sie den höheren Militärbehörden zur weiteren Veranlassung überliefert würden, und am folgenden Tage, den 6. Oktober, wurde nach dem Landboten der Geburtstag Seiner Majestät des Königs auch in Oldesloe „in würdiger Weise mannigfach gefeiert. Bei dem großen Diner nachmittags in Meyers Hotel, an welchem das hiesige Offizierskorps, sämtliche Beamte und viele Private teilnahmen, wurde ein feierliches Hoch auf das Wohl Sr. Majestät ausgebracht". Kein Wort des Unwillens wagte sich hervor. Alle diejenigen, die in den vorhergehenden Jahren gegen Fürstentum und Aristokratie den Mund recht voll genommen hatten, blieben unter dem Druck der Gewalt mäuschenstill. Nur die Stadtverordneten wagten es, in der Kollegienversammlung vom 9. November 1852 die Drohung des Kommandeurs, Bürger nach Ratzeburg zu transportieren und vor die Militärbehörde zu stellen, zur Sprache zu bringen. Vom Magistrat wurde ihnen erklärt, daß von seiner Seite gegen die Einreichung einer Beschwerde nichts zu erinnern gefunden werden könne, da solche selbstverständlich jedermann freistehe. Ob eine solche Beschwerde erfolgt ist, geht aus den Akten nicht hervor.

Die Bürger mußten sich notgedrungen von der Politik abwenden. Vielleicht kam es ihren wirtschaftlichen Angelegenheiten zugute. In das Ende des Jahres 1852 fällt die Gründung eines Vorschußkassenvereins, der seine Wirksamkeit mit dem 1. Januar 1853 begann, nachdem er seine Satuten im Landboten vom 25. Dezember 1852 veröffentlicht hatte.

Auch nachdem die beiden Kompagnien des 14. leichten Infanteriebataillons Oldesloe am 27. April 1854 verlassen hatten, um in Büchen und Pötrau im Lauenburgischen Station zu nehmen, blieb Oldesloe ruhig unter dem auf der Bürgerschaft lastenden Drucke. Zwar ging das bürgerliche Leben wieder seinen alten gewohnten Gang. Die Liedertafel, die seit vier Jahren geruht hatte, nahm ihre Übungen wieder auf und fing wieder an, Konzerte zu geben. Bürgerscheibenschießen und Kindervogelschießen wurden wieder gefeiert wie früher. Aber ein Besuch des Königs, der am 5. November 1854 stattfand, konnte nur durch den Druck der Obrigkeit zu einem Volksfeste gestempelt werden. Am 27. Oktober 1854 erließen Bürgermeister und Rat im Landboten folgende Bekanntmachung: „Indem wir unsern Mitbürgern bekannt machen, daß unsere Stadt Sonntag, den 5. November d. Js. die Ehre des Besuchs Sr. Majestät des Königs auf der Durchreise von Ratzeburg nach Traventhal sich zu erfreuen, und daß die Bürgerschaft Allerhöchst denselben mit den ihrem Landesherrn gebührenden Ehrenbezeugungen zu empfangen haben wird, bringen wir zur allgemeinen Kunde, daß dieselbe unter Anführung der von uns ernannten Offiziere und Unteroffiziere zu paradieren und dazu sich auf gehörige Ansage o h n e A u s n a h m e einzufinden hat, es wäre denn, daß jemand sich durch Krankheit oder andere Hindernisse entschuldigen zu können glaubte und sich z e i t i g v o r h e r bei dem Stadthauptmann Senator Sonder meldete und daß s e i n e E n t s c h u l d i g u n g von diesem a n g e n o m m e n würde. Zugleich sprechen wir den Wunsch aus, daß die Zünfte wie früher sich an den ihnen anzuweisenden Plätzen mit ihren Fahnen zum Paradieren einfinden mögen." In dem ausführlichen Bericht über den Besuch im Landboten ist aber weder die Rede von einem Paradieren der Zünfte noch der übrigen Bürgerschaft. Nur die reitende Garde unter dem Deputierten Stoffers hatte man zu bestimmen vermocht, mit dem Magistrat den König einzuholen und nach aufgehobener Tafel wieder aus der Stadt zu begleiten. Zum Empfang der königlichen Gemahlin, der Gräfin Danner[1]), waren auch Damen erschienen. Ihro Gnaden war aber leider schon in Lübeck unwohl geworden und setzte die Reise nach Traventhal nach einiger Zögerung fort, ohne sich an dem Essen, woran Damen teilnahmen, zu beteiligen. Illumination, Kanonendonner und Ehrenpforten fehlten nicht. Wenn aber der etwas byzantinisch angehauchte Landbotenbericht schließt: „Lange wird uns dieser Tag, welcher uns das Wohlwollen und die Freundlichkeit unseres Königs lebhaft empfinden ließ und welcher ein wahrer Festtag für die Bevölkerung war, noch in unserer Erinnerung

---

[1]) Früher Pußmacherin Luise Rasmussen.

bleiben," so berechtigt das doch wohl nicht zu der Annahme, daß dieser Königsbesuch wirklich ein allgemeines Volksfest war wie ein solcher vor der Erhebung. Es war der letzte Besuch eines dänischen Königs in Oldesloe.

In die letzten Jahre der Dänenherrschaft fallen zwei für Oldesloe wichtige Unternehmungen: die Gründung der Gasanstalt und der Beginn des Baues der Lübeck=Hamburger Eisenbahn.

Am 3. September 1855 luden 11 Oldesloer Bürger auf den 8. September zu einer Versammlung im Wiedemannschen Gasthause ein, um die Gründung einer Gasanstalt in Oldesloe zu besprechen. Zur Vorbereitung der Angelegenheit wurde ein Ausschuß ernannt, der dem Magistrat am 11. Januar 1856 seine Vorschläge einreichte. Am 15. desselben Monats wurde daraufhin von den Kollegien beschlossen, bei der Regierung um Genehmigung zur Gründung einer „Gasbeleuchtungsanstalt auf Aktien" nachzusuchen, im Falle des Zustandekommens des Unternehmens den für die Straßenbeleuchtung erforderlichen Leuchtstoff von der Gasanstalt zu nehmen und den beantragten Platz vor dem Lübschen Tore an der Trave der Gasanstalt unter noch festzusetzenden Bedingungen zu überlassen. Am 1. April 1856 wurde beschlossen, für 40 Flammen eine Vergütung von 533 Reichsbanktlr. 32 Schilling aus der Stadtkasse anzubieten unter Vorbehalt des dazu von der Sparkasse zu liefernden Beitrags. Über die Brennzeit konnte ein Beschluß nicht gefaßt werden, da die einen volle Flammen bis 10 Uhr, die andern bis 11 Uhr verlangten und eine Einigung nicht zu erzielen war. Als in der Kollegiensitzung vom 19. April der Kontraktentwurf vorgelegt wurde, erklärte der Deputierte Stoffers, er müsse darauf bestehen, die Laternen bis 11 Uhr mit voller Flamme brennen zu lassen. Darauf machte das Gaskomitee den Vorschlag, es wolle auf 53 Reichsbanktlr. 32 Schilling der stipulierten Vergütung verzichten, wenn die Aktienzeichnung die zu erwartende Höhe erreichte und die Laternen nur bis 10 Uhr mit voller Flamme zu brennen brauchten. Dieser Vorschlag wurde bei der Abstimmung mit Stimmenmehrheit angenommen und als Nachtrag dem Kontraktentwurf hinzugefügt. Dieser wurde sodann der Regierung zur Genehmigung eingesandt. Als das Ministerium darauf an die Kollegien die Frage stellte, ob sie es nicht für vorteilhaft hielten, daß die Stadt das fragliche Unternehmen für eigene Rechnung zur Ausführung bringe, erklärten die Deputierten in der Sitzung vom 3. Juni, daß sie nicht imstande seien, die vorgelegte Frage sogleich zu beantworten, und beantragten die Ernennung eines Ausschusses zur genaueren Prüfung des Unternehmens. Es wurden sofort ein Senator und sechs Deputierte, die nicht zu den Unternehmern gehörten, erwählt und beauftragt, sich mit dem ganzen Unternehmen und namentlich dessen Rentabilität vertraut zu machen und binnen 14 Tagen ein Gutachten darüber abzustatten. Auf die Frage, ob die Stadt für den Fall, daß sie die Gasanstalt nicht übernehmen wolle, nicht wenigstens die Lieferung des Gases für einen geringeren Preis erlangen könnte, erklärte Senator Sonder sogleich namens der Unternehmer, daß sie das Gas nicht billiger liefern könnten. Als in der Sitzung vom 24. Juni 1856 der Bericht des Untersuchungsausschusses vorgelesen worden war, erklärten die Mitglieder der Gaskompagnie, daß sie auf die Vorschläge dieser Kommission nicht eingehen könnten, worauf beschlossen wurde, eine öffentliche Aufforderung zu erlassen, um eine Konkurrenz zur Übernahme des Unternehmens zu eröffnen. Man hatte also offenbar die Übernahme durch die Stadt nicht ernstlich ins Auge gefaßt und nur versucht, die Unternehmer zu drücken. Von einer auswärtigen Konkurrenz verlautet jedoch nichts. Am 9. Januar 1857 wurde endlich der Entwurf des Kontrakts genehmigt und darauf beschlossen, ihn demnächst ins Reine zu schreiben, zu unterschreiben und dem Ministerium zur Bestätigung einzusenden. Die Vollziehung durch die Unterschriften beider Kontrahenten geschah am 28. Januar 1857.

Die Gasgesellschaft, die nach Austritt der Herren Sonder und Dähn nur noch aus den Herren Senator Schmidt, Bürgerworthalter Wiedemann und Fabrikant Hahn bestand, verpflichtete sich am 12. Mai 1857, die Anlage bis zum 1. Januar 1858 fertigzzustellen bei einer Konventionalstrafe von 50 Reichsbanktlr. für den Monat. Sie ließ die Arbeiten von der englischen Firma Holmes & Co. in Huddersfield ausführen, da man deutschen Firmen damals die gute Ausführung solcher Arbeiten noch nicht zutraute. Unterm 14. August 1857 machten Bürgermeister und Rat bekannt, daß die Unternehmer der Gasbeleuchtungsanstalt in der Stadt Oldesloe nunmehr ein allerhöchstes Privilegium auf die ausschließliche Bereitung von Röhrengas zur käuflichen Überlassung an andere für die Dauer von 25 Jahren erhalten hätten und befugt seien, eine Vergütung von 3 Reichsbanktlr. für 1000 Kubikfuß Gas von Privaten zu nehmen. Mit der Legung der Röhren wurde im September 1857 begonnen. Zur Anschaffung von 40 Gaslaternen nahm die Stadt im Oktober 1857 bei der Sparkasse 1350 Reichsbanktlr. zu 3 Prozent auf und verpflichtete sich zu einem jährlichen Abtrag von 75 Taler. Am 11. Dezember 1857 brannten die Gaslaternen zum ersten Male, und bis zum ausbedungenen Termin war alles fertig.

Nachdem sich die Stadt jahrelang um Erlangung einer Eisenbahnlinie über Oldesloe bemüht hatte, wurde ihr im September 1857 die frohe Kunde, daß die Lübeck-Büchener Eisenbahngesellschaft die Konzession für die Nivellierung einer Eisenbahnlinie von Lübeck über Oldesloe und Wandsbek nach Hamburg erhalten habe. Die Arbeiten wurden bald begonnen. Am 8. Januar 1858 beschlossen die Kollegien, eine Deputation nach Lübeck zu senden, um den Stand der Eisenbahnangelegenheit näher zu erfahren und namentlich zu veranlassen, daß der Bahnhof nicht, wie befürchtet wurde, jenseits der Papiermühle zu liegen käme, und bald darauf wandte sich ein Bürgerausschuß an die Kollegien mit dem dringenden Ersuchen, bei dem königlichen Ministerium für Holstein und Lauenburg zu befürworten, daß der Oldesloer Bahnhof an der bezeichneten Stelle vor dem Hamburger Tore angelegt würde. In ihrer Sitzung vom 6. Februar 1858 beschlossen die Kollegien aber zu erwidern, daß sie sich nicht für berechtigt halten könnten, diesen Wunsch zu unterstützen und dem königlichen Ministerium vorzubringen. Als der Bau begann, hatte Oldeloe eine große Arbeiterschar zu beherbergen, für die sogar ein besonderes Lazarett im Gefangenenhause eingerichtet wurde. Die beim Knedendurchstich beschäftigten Arbeiter baten um Errichtung einer Baracke im Kneden, was von den Kollegien aber abgeschlagen wurde.

Auf Antrag des Senators Sonder, die Stadt möge sich bei der nunmehr eröffneten Zeichnung von Stammaktien zur Lübeck=Hamburger Eisenbahn beteiligen, beschlossen die städtischen Kollegien am 18. Dezember 1862 unter Vorbehalt höherer Genehmigung, eine solche Anzahl von Stammaktien zu zeichnen, als bedingungsgemäß zur Abgabe einer Stimme in den Generalversammlungen der Gesellschaft berechtigten, und kommittierten zugleich den Senator Sonder und den Bürgerworthalter Stoffers, in Lübeck die Bedingungen einzusehen und, sofern dieselben ihrem Ermessen nach zu Bedenken keinen Anlaß gäben, die Zeichnung unter dem erforderlichen Vorbehalt der höheren Genehmigung vorzunehmen. Der Bericht der Kommittierten war so günstig, daß die Kollegien am 6. Januar 1863 beschlossen, zur Erlangung von drei Stimmen in der Aktien=Gesellschaft sich mit 11 Stammaktien bei der Lübeck=Hamburger Eisenbahn zu beteiligen. Die Vollendung der Eisenbahn aber ist unter dem dänischen Regiment nicht mehr erfolgt.

Die Kollegien waren allezeit bemüht, Vorteile für die Stadt zu erlangen, wo sich Gelegenheit dazu zu bieten schien. Als die Ständeversammlung in Itzehoe eine neue Gerichtsordnung beriet, nach der die Einrichtung von Kreisgerichten in Aussicht stand, wurde von dem Deputiertenkollegium am 25. Januar 1856 vorgeschlagen, eine Deputation an das königliche Ministerium für Holstein und Lauenburg zu senden, um zu erreichen, daß ein Kreisgericht in der Stadt Oldesloe seinen Sitz erhielte, von den Kollegien aber zunächst nur beschlossen, eine geeignete Person nach Itzehoe zu senden, um über den Gang der Verhandlungen betreffend den Entwurf eines Gesetzes über die Gerichtsverfassung des Herzogtums Holstein und über die im Interesse der Stadt vorzunehmenden Schritte Erkundigungen einzuziehen. Am 29. desselben Monats wurden Senator Sonder und Bürgerworthalter Schmidt mit der Reise nach Itzehoe beauftragt.

Im Dezember 1862 regte das Deputiertenkollegium an, Schritte zu tun, daß die Stadt Oldesloe zum Sitz der neu errichteten oberen Regierungsbehörde für Holstein ausersehen werden möge, und da die Lokalitäten der hiesigen Badeanstalt zur Herrichtung der desfalls erforderlichen Baulichkeiten als besonders gut verwendbar erschienen, wurden zunächst Verhandlungen mit den Aktionären der Badeanstalt eingeleitet, welche dahin führten, daß die Majorität derselben ihre Bereitwilligkeit aussprach, das Logierhaus eventuell der Stadt käuflich abzustehen, das Restaurationsgebäude ihr aber nur vorläufig auf zwei Jahre zu überlassen, worauf in der Sitzung vom 16. Dezember 1862 von den Kollegien beschlossen wurde, ein alleruntertänigstes Gesuch an Seine Majestät den König zu richten und darin zu bitten, Allerhöchst derselbe wolle geruhen, die Stadt Oldesloe zum Sitze der Königlich=

Holsteinischen Regierung zu erwählen, dieses Gesuch aber durch das Anerbieten zu unterstützen, daß die Stadt Oldesloe bereit sei, die Lokalitäten der Badeanstalt zu acquirieren und der Regierung zur Disposition zu stellen, sowie zur zweckentsprechenden Errichtung der Baulichkeiten die Summe von 10 000 Reichsbanktlr. aus der Stadtkasse auszusetzen und herzugeben. Die neue Regierung kam nicht nach Oldesloe, sondern nach Plön. Aber in diesem Falle war der Mißerfolg für Oldesloe ein Glück, da die im Jahre 1863 eintretenden Ereignisse dieser Regierung bald wieder ein Ende machten. So hatte Oldesloe die großen Ausgaben, zu denen es sich erboten hatte, gespart.

Der Kochanstalt, die sich als eine große Wohltat für Oldesloe erwiesen hatte und auch nach der Mißernte von 1853 wieder sehr segensreich wirkte, wurde im Jahre 1857 eine große Anerkennung und Hilfe zuteil. Der Hamburger Senator Martin Johann Jenisch, Besitzer von Blumendorf und Fresenburg, der am 7. März 1857 zu Vevey starb, vermachte ihr in seinem Testamente ein Legat von 6000 Mark lübsch.

Welche Stellung damals die Stadtvertretung zu der heute so brennenden Judenfrage einnahm, zeigt sich bei der Aufnahme der beiden Brüder Heimann und Menni Hirsch. Sie waren die Söhne des Schutzjuden Hirsch Moses, der in Oldesloe ein kleines Handelsgeschäft betrieben hatte, das dann von den heranwachsenden Söhnen und ihrer Mutter Betty bedeutend erweitert worden war. Als nun im März 1854 der älteste Sohn Heimann Hirsch das königliche Ministerium für die Herzogtümer Holstein und Lauenburg um die Erlaubnis zum ferneren Aufenthalte und zur Etablierung eines selbständigen Handelsbetriebs in Oldesloe ersucht hatte und das Gesuch den städtischen Kollegien zum Bericht eingesandt worden war, erklärten die Deputierten am 15. Mai, daß die Etablierung neuer Handelsgeschäfte keine Begünstigung verdiene. Sie wollten zwar der Bitte des Supplikanten nicht entgegen sein, doch müsse ihm für die Befreiung von Stadtämtern eine jährliche Abgabe von 16 Reichsbanktlr. an die Stadtkasse auferlegt werden, die auch sein Vater und sein Mutterbruder Salomon Jakob Moses für ihr damals gemeinschaftliches Geschäft hätten bezahlen müssen. Zugleich dürfte das Deputiertenkollegium erwarten, daß dann auch die Witwe Betty Hirsch gänzlich aufhöre, durch Umhertragen von Waren in der Stadt an den Geschäften ihres Sohnes teilzunehmen. Auf die Rückfrage des Ministeriums, ob im Falle der Bewilligung des Gesuchs dem Heimann Hirsch die Verpflichtung zur Gewinnung des Bürgerrechts aufzuerlegen sei, erklärte das Deputiertenkollegium am 30. Juni 1854, daß eine Veranlassung nicht zu erblicken sei, dem Heimann Hirsch diese Verpflichtung aufzuerlegen, daß das Kollegium vielmehr der nicht vorauszusehenden Folgen wegen es für bedenklich halten müsse, von der früheren Ordnung, daß die hiesigen Juden nur als Schutzbürger aufzunehmen seien, abzuweichen.

Zu dem Gesuche des Menni Hirsch um allergnädigste Konzession, sich in Oldesloe niederzulassen und das Bürgerrecht gewinnen zu dürfen, erklärten die Deputierten am 29. Januar 1856, obgleich die Aufnahme der israelitischen Handelsleute Bedenklichkeiten habe und der

Stadt nicht zum Vorteil sei, so glaubten sie doch, daß sie in Anbetracht der Persönlichkeit des Supplikanten seinem Ansuchen nicht hinderlich sein dürften, falls derselbe sich veranlaßt sehe, die Verbindung mit seinem Bruder aufzugeben, wobei es sich von selbst verstehe, daß er sich denselben Bedingungen zu unterwerfen habe, die seinem Bruder gesetzt wären.

Als die beiden Brüder Heimann und Menni Hirsch im Sommer 1861 beim Ministerium um Erlaß der von ihnen an die Stadtkasse zu zahlenden jährlichen Rekognition eingekommen waren, gaben die Deputierten nach einer am 15. Juni stattgefundenen Beratung am 21. Juni die Erklärung ab, sie pflichteten dem Magistrate darin bei, daß die städtischen Behörden sich nicht für befugt erachten können, auf die von den Supplikanten zu zahlende Rekognition von 16 Reichsbankthlr. freiwillig zu verzichten, würde aber Seine Majestät der König die Rekognition erlassen, so würden die Deputierten nichts dagegen haben. Durch Allerhöchste Resolution 25. Juli wurde den beiden Brüdern dann für die Zukunft die Rekognition erlassen.

Die damalige Oldesloer Stadtvertretung war also noch von der Notwendigkeit der Schranken überzeugt, welche die Vorfahren auf Grund jahrhundertelanger Erfahrungen zwischen sich und jenen Fremdlingen errichtet hatten, wagten sie aber kaum noch zu verteidigen. Die Regierung riß sie vollends nieder.

Mit dem Ausgange des Jahres 1863 nahm die dänische Herrschaft in Holstein ein Ende. Am 15. November 1863 starb König Friedrich VII. Der Protokollprinz bestieg als Christian IX. den dänischen Thron und unterzeichnete am 18. November das die Rechte Schleswigs und Holsteins verletzende dänische Grundgesetz. Die dadurch entstehende Kriegsgefahr ließ die Dänen ihre Truppen nach Süden vorschieben, und plötzlich und unerwartet erhielt Oldesloe noch im November dänische Einquartierung. Es war das 2. Bataillon des 21. dänischen Infanterieregiments unter dem Bataillonskommandeur Saabye, das man in der Stadt unterbrachte. Aber am 7. Dezember 1863 beschloß der Bundestag in Frankfurt am Main Bundesexekution gegen Dänemark, bereits am 23. Dezember rückten Hannoveraner und Sachsen in Holstein ein, und am 24. Dezember erklärten die Bundeskommissare die Herrschaft des Dänenkönigs in Holstein und Lauenburg für suspendiert und übernahmen die Regierung der beiden Herzogtümer. Da war es den Dänen in Oldesloe nicht mehr geheuer. Am ersten Weihnachtstage zogen sie eilig nach Norden ab. Das war das Ende der Dänenherrschaft in Oldesloe. Die zeitweilige Aufhebung derselben wurde durch den Krieg endgültig.

XXII. Vom Ende der Dänenherrschaft bis zur Einverleibung in Preußen.

Einzug der sächsischen Truppen. Bürgermeister Wolfhagen zwischen zwei Stühlen. Antrag auf Beseitigung des Bürgermeisters. Gegenmaßregeln. Proklamierung des Herzogs Friedrich. Der Bürger-

meister will zeitweilig zurücktreten. Nachsendung dänischer Soldaten Austritt des Bürgerworthalters Stoffers aus dem Stadtverordneten-kollegium. Agitation gegen Bürgermeister Wolfhagen. Beklagenswerte Folgen der Lokalparteiung. Äußerungen patriotischer Begeisterung. Empfang der siegreichen preußischen Truppen. Kundgebungen gegen den Anschluß an Preußen. Wechselnde Einquartierung. Geplanter Kasernenbau. Bitte um Befreiung der Stadt von Einquartierung. Schnelle Gewährung der Bitte. Preußenfeindliche Demonstration 1866. Beglückwünschung König Wilhelms durch die städtischen Kollegien. Einzug der preußischen Garnison. Eröffnung der Eisenbahn Hamburg-Lübeck. Aufhören der Travebötzerzunft. Abbruch der letzten Strohkate. Abschaffung der Schafferwirtschaft beim Schützenfest. Neubau von Brücken und Straßen. Einengung der Schleusenkuhle. Einstellung des Salinenbetriebes. Bemühungen der Bürgerschaft für die Erhaltung der Saline. Abbruch der Gradierwerke. Trennung von Justiz und Verwaltung. Ende der Patrimonialgerichtsbarkeit der adeligen Güter. Eingehen der Ämter. Ablösung der Vorrechte der adeligen Güter. Nütschau. Tralau. Neversiaven. Fresenburg. Blumendorf. Höllenklinken. Krummbek. Hohenholz. Tralauerholz. Rethwischhof. Rethwischhöhe.

Noch hatte sich das dänische Militär am ersten Weihnachtstage 1863 nicht ganz aus Oldesloe entfernt — eine Kompagnie stand noch auf dem Marktplatze — da erschienen schon die königlich sächsischen Fouriere. Sie wurden von der Bevölkerung mit ungeheurem Jubel empfangen. Sofort wurden die schleswig-holsteinischen Fahnen, die man während der Dänenherrschaft hatte verborgen halten müssen, herausgehängt und alles strömte zum Marktplatz, um dem Abmarsch der letzten Dänen beizuwohnen. Unter Pfeifen, Johlen und Hohngelächter der Bevölkerung schoben sie ab. Eine Schar berittener Bürger, denen sich auch berittene Landleute zugesellten, zog den sächsischen Truppen zur Bewillkommnung entgegen, und als diese eingerückt waren, versammelte man sich wieder auf dem Marktplatze, wo mit Rede und Gesang dem Prinzen von Augustenburg als Herzog von Schleswig-Holstein Huldigungen dargebracht wurden. Auch fing man an, die königlichen Amtsschilder abzureißen.

Bürgermeister Wolfhagen, der nach einer langjährigen Praxis als Advokat und Notar in Oldesloe erst am 23. Oktober 1863 das Amt des Oldesloer Bürgermeisters und Stadtsekretärs angetreten hatte, dann sich aber nicht hatte entschließen können, dem neuen Könige Christian IX., den die Schleswig-Holsteiner nicht als ihren rechtmäßigen Oberherrn anerkannten, den Homagialeid zu verweigern, hatte für die nationale Begeisterung der Oldesloer kein Verständnis. Er sah in allen diesen Vorgängen nur Auflehnung gegen die rechtmäßige Obrigkeit und Störung der gesetzlichen Ordnung und war vor allen Dingen besorgt um seine durch die Aufregung der Bevölkerung bedrohte Autorität. Er bat deshalb den General von Schimpff, ihn beim Abzug der sächsischen Truppen ein kleines Detachement in der Stadt zurückzulassen, bis die Gemüter sich beruhigt hätten, was der General denn auch versprach. Als er am 27. Dezember mit seinen Truppen weiterzog, ließ er eine

Dragonerschwadron noch zwei Tage in der Stadt zurück. In Gemäß=
heit der Bekanntmachung der Bundeskommission vom 24. Dezember
berichtete der Bürgermeister im Namen des Magistrats am 28. De=
zember den Bundeskommissaren über die in der Stadt verübten „Ex=
zesse" und beteuerte dabei, daß die Behörden der Stadt sich an diesen
Demonstrationen durchaus nicht beteiligt hätten, überhaupt herrsche
in der Bürgerschaft ein anerkennenswerter Sinn für Gesetzlichkeit
und Ordnung und eine gewisse Abgeneigtheit gegen Überstürzung, er
hoffe deshalb, da die Gemüter sich mittlerweile beruhigt hätten, nach
dem Abmarsch des sächsischen Detachements etwaigem Unfug nö=
tigenfalls mit eigenen Kräften so weit steuern zu können, daß er künftig
über keine ferneren Exzesse mehr zu berichten haben werde.

Aber der Herr Bürgermeister irrte sich. Noch am Abend des
28. Dezember fand eine Versammlung statt, in welcher der Beschluß
gefaßt wurde, bei den Bundeskommissaren die Beseitigung des Bür=
germeisters zu beantragen, und am folgenden Tage reiste eine Depu=
tation dieser Versammlung nach Altona, um dem Bundeskommissar
die diesen Wunsch begründende Eingabe persönlich zu überreichen.

Als Bürgermeister Wolfhagen das erfuhr, hielt er es doch für an=
gebracht, nach dem Abmarsch des Militärs die Polizeigewalt zu ver=
stärken, und berief sofort am 29. Dezember eine Sitzung beider städti=
schen Kollegien, in der beschlossen wurde, eine Bürgerschutzwache ins
Leben zu rufen und sofort eine Aufforderung zum freiwilligen Bei=
tritt ergehen zu lassen. Die Kollegienmitglieder waren sämtlich er=
schienen bis auf den Bürgerworthalter J. Stoffers, der in Gemeinschaft
mit dem Fabrikanten Hahn die Abfassung und Beförderung der Ein=
gabe an die Bundeskommissare übernommen hatte. Nach der Sitzung
verfaßten Bürgermeister und Rat dann noch an demselben Tage einen
Bericht an die Bundeskommissare, in dem die vier Ratsherren be=
merkten, daß weder sie noch der weit überwiegende Teil der Bürger=
schaft mit der Tendenz und dem Streben jener Versammlung und
deren Abgesandten einverstanden seien und daß sie diese gegen alle
Ordnung und Besonnenheit verstoßenden Vorgänge tief beklagten.

Aber der Herr Bürgermeister mußte den Schmerz erleben, daß am
31. Dezember, nachdem in Oldesloe der Einzug des Erbprinzen Fried=
rich von Augustenburg in Kiel als Herzog von Schleswig=Holstein in
den Frühstunden durch Maueranschläge bekannt geworden war, sich
auch die städtischen Kollegien ohne seine Beteiligung und Zustimmung
einer großen Demonstration anschlossen, welche darin bestand, daß
der Ständetagsabgeordnete von Oldesloe und Segeberg vom Balkon des
Rathauses herab vor einer großen jubelnden Menschenmenge den Her=
zog von Schleswig=Holstein proklamierte, woran sich Gesang und ein
imposanter Umzug mit Fahnen und zwei Musikkapellen anschloß. Als
der Zug wieder am Abgangsorte angekommen war, wurde der Beschluß
gefaßt, den Herzog durch eine Deputation am Neujahrstage in Kiel
zu begrüßen. Am Abend war allgemeine Illumination und nochmali=
ger feierlicher Umzug, wobei die Turner mit Fackeln vorangingen.

Der Bürgermeister sagte sich, daß er, wenn er nicht dem übermächtig gewordenen politischen Drange nachgäbe, die amtliche Autorität eines Bürgermeisters der Stadt nicht würde behaupten können, weil er nun einmal den ihm s. Z. von dem königlich dänischen Ministerium für Holstein und Lauenburg abgeforderten Homagialeid geleistet habe. Er zog deshalb die Konsequenz und setzte sich sofort hin und schrieb den Bundeskommissaren, er sehe es als unumgänglich notwendig an, sich einstweilen seiner amtlichen Funktionen zu enthalten und dieselben zeitweilig dem ältesten Ratsherrn Schüder zu übertragen, ohne jedoch damit seine Rechtsansprüche aufzugeben, und stellte etwa weiter zu ergreifende Maßregeln dem Ermessen der Bundeskommissare anheim. Wolfhagen ließ sich dann aber von seinem Ratskollegen überreden, dieses Schriftstück nicht abzuschicken.

Der Bürgermeister befand sich in jener Übergangszeit als Bürokrat in einer peinlichen Lage und gehorchte lieber beiden auf die Regierung des Landes Anspruch machenden Parteien als daß er es mit einer verschüttete. Man konnte ja nicht wissen, ob es nicht wieder ebenso gehen würde wie nach der Erhebung von 1848—50. Der Kommandeur des dänischen Bataillons hatte beim Ausmarsch aus Oldesloe am 25. Dezember drei Soldaten krankheitshalber in Oldesloe zurücklassen müssen und den Magistrat ersucht, nach dem Abmarsch des Bataillons für die ärztliche Behandlung und übrige Verpflegung dieser Kranken zu sorgen, sie nach völliger Genesung über Rendsburg nordwärts zu dirigieren mit der Ordre, sich zu ihrem Bataillon zu begeben, und über die erwachsenden Kosten dem Bataillon die Rechnung einzusenden. Diesem Ersuchen wurde pünktlich Folge geleistet. Nachdem der Physikus am 31. Dezember die drei Soldaten für transportfähig erklärt hatte, sandte der Bürgermeister sie im Namen des Magistrats mit Extrapost an den Magistrat von Segeberg zur Weiterbeförderung, während man hätte denken sollen, daß es im Interesse der Bundesexekution, der Wolfhagen doch auch Gehorsam leistete, gelegen hätte, dem Gegner keine Verstärkungen zukommen zu lassen.

Auf die Eingabe von Stoffers, Hahn und Genossen vom 29. Dezember erteilten die Bundeskommissare am 8. Januar 1864 einen ablehnenden Bescheid, worauf der Bürgerworthalter Stoffers an die Kollegien eine Eingabe richtete, in der er den Antrag stellte, ihn von seiner Funktion als Stadtverordneter zu entbinden, da er es mit seiner politischen Überzeugung nicht vereinigen könne, mit einem Bürgermeister, der dem Könige Christian IX. den Homagialeid geleistet habe, länger in amtlicher Berührung zu bleiben. In der Kollegiensitzung vom 11. Januar wurde beschlossen, diesem Antrag stattzugeben, wenn auch die Gründe des Supplikanten nicht gebilligt wurden.

Nun hatten die Bundeskommissare bei Mitteilung einer Abschrift des ablehnenden Bescheides an den Bürgermeister diesen gemahnt, mit Umsicht alles zu vermeiden, was zu neuen Beschwerden wider ihn Veranlassung geben und der wider ihn bestehenden Aufregung neue Nahrung zuführen könnte, und hatten auch den Supplikanten hiervon Abschrift gegeben. Darauf tat der Bürgermeister den törichten Schritt, in einer Eingabe an die Bundeskommissare vom 14. Januar im Namen des Magistrats darüber Klage zu führen, daß die Supplikanten vom 29. Dezember nicht einfach durch Stillschweigen übergangen, sondern eines Bescheides gewürdigt seien und sogar der Mitteilung der dem Bürgermeister erteilten Zuschrift, die dann von ihnen gegen den Bürgermeister mißbraucht worden sei. Stoffers und Hahn hätten sofort eine Volksversammlung berufen, der sie das Resultat der Petition in dem Sinne mitgeteilt und interpretiert hätten, daß das Verhalten des Bürgermeisters von seiten der Bundeskommission starken Tadel gefunden und daß jede etwaige neue Beschwerde sofort dessen Beseitigung zur Folge haben werde. In diesem Sinne hätten sie dann auch an auswärtige Zeitungen berichtet und ein Pamphlet daraus geschmiedet, das in alle Häuser der Stadt und aufs Land getragen worden sei. Schließlich stellte er den Kommissaren dringend anheim, durch eine möglichst schleunig zu erlassende Mißbilligung oder in sonst geeigneter Weise Schritte zu tun, um die Petenten in maßvolle und gesetzliche Schranken zurückzuweisen und seine amtliche Autorität gegen solche schmähliche Angriffe und Beleidigungen zu schützen. Durch Reskript vom 16. Januar 1864 erklärten aber die Bundeskommissare, daß sie die Angelegenheit durch die Verfügungen vom 8. Januar für erledigt ansehen müßten und daß zur Fassung einer weiteren Entschließung keine Veranlassung vorliege, da die bloße Besorgnis des Mißbrauchs eines Bescheides auf den Gang der ordnungsmäßigen Erledigung einer Beschwerde keinen Einfluß haben dürfe.

Von nun an hörte das Hetzen gegen Bürgermeister Wolfhagen nicht mehr auf. An auswärtige Zeitungen sandte man Artikel mit den heftigsten Angriffen gegen ihn. In einem in der süddeutschen Zeitung veröffentlichten und von der Hamburger Reform abgedruckten Artikel aus Oldesloe vom 25. März 1864 hieß es z. B.: „Und so hat die Stadt also an ihrer Spitze einen geschworenen Landesfeind, der es nicht einmal verdeckt, daß er ein solcher ist." Als am 23. April 1864 von den städtischen Kollegien einstimmig beschlossen worden war, Bürgermeister Wolfhagen und Bürgerworthalter Gaden zu dem im Lande anwesenden König Wilhelm von Preußen zu senden, um ihn wegen des von den preußischen Truppen bei Düppel erfochtenen Sieges zu beglückwünschen und ihm die Huldigung der Stadt darzubringen, protestierten Dr. med. Thomsen und Fabrikant Hahn angeblich im Namen mehrerer Bürger gegen die Entsendung des Bürgermeisters. Dem Proteste wurde in einer neuen Sitzung von den Kollegien keine Bedeutung beigelegt, und es wurde beschlossen, den gefaßten Beschluß auszuführen. Um aber keinen Grund zur Aufregung in der Bürgerschaft zu geben, bat der Bürgermeister, ihn unter diesen Umständen zu dispensieren. Die Kollegien gewährten die Bitte, wenn auch ungern, beschlossen dann aber, auf Entsendung einer Deputation zu verzichten. Der Bürgermeister mochte nun tun, was er wollte, alles wurde von den Hetzern ausgebeutet, um Stimmung gegen ihn, den „Eidgenossen", zu machen. Als einmal bei einer Rauferei unter den zahlreichen damals in Oldesloe einquartierten Eisenbahnarbeitern ein Mann erstochen worden war, erschien in der Schleswig-Holsteinischen und in der Norddeutschen Zeitung ein Artikel aus Oldesloe vom 6. Juni 1864, in welchem diese Rauferei und die von dem Bürgermeister dagegen getroffenen Maßregeln geschildert wurden und der mit den Worten schloß: „Man gebe uns hier eine bessere Obrigkeit, dann wird es besser werden."

Diese bürgerlichen Streitigkeiten waren um so mehr zu beklagen, als sie den Oldesloern den Blick trübten für die großen Ereignisse, die sich damals vorbereiteten, und sie um das klare Verständnis derselben und die reine Freude daran brachten. Da Bürgermeister Wolfhagen mit den siegreichen Preußen sympathisierte, beeinflußte die Oldesloer Lokalparteiung Hie Hahn! Hie Wolfhagen! auch die Stellungnahme zu den Fragen Herzog Friedrich oder König Wilhelm? Ein neuer Kleinstaat Schleswig-Holstein oder ein starkes Preußen als Rückgrat eines geeinigten Deutschlands?

Es war ja nur zu natürlich, daß die Holsteiner nach ihrer Befreiung von dem dänischen Druck ihrem angestammten Herzoge zujubelten und sich auf ein schleswig-holsteinisches Sonderleben einstellten, und daß dann viele von ihnen, als die Weltgeschichte einen andern Gang nahm, als sie gedacht, obgleich derselbe zu der lange ersehnten Einigung Deutschlands unter einem Kaiser führte, ihre Stimmung nicht umstellen konnten, sondern von ihr entweder in den Schmollwinkel oder zur Opposition gegen die preußische Politik getrieben wurden. Sehen wir, wie sich diese zwiespältige Stimmung in jenen Übergangsjahren in Oldesloe äußerte.

Am 11. Januar 1864 bildete sich in einer zahlreich besuchten Versammlung bei Wiedemann in Stadt Hamburg eine Ortsgruppe des Schleswig-Holsteinischen Vereins, der als sein Ziel aufstellte: Anerkennung des Herzogs Friedrich VIII. und Durchführung des Staatsgrundgesetzes vom 15. September 1848. Es traten der Ortsgruppe gleich bei ihrer Gründung 80 Mitglieder bei. In den Vorstand wurden gewählt Pastor Bahnson, Dr. Thomsen, Hahn und Stoffers aus der Stadt und Dr. Lutteroth, Bokelmann und Steinmetz vom Lande. Die Ortsgruppe entfaltete eine eifrige Tätigkeit.

Auch die Frauen und Jungfrauen der Stadt und der Umgegend traten am 11. Januar 1864 zusammen, um zu dem Befreiungswerke beizutragen, und beschlossen eine Verlosung zu veranstalten, deren Ertrag zur Förderung des Landessache verwandt werden sollte.

Der Turnverein beschloß in einer außerordentlichen Hauptversammlung am 1. Januar „für die aktiven Turner regelmäßige Waffenübungen einzuführen."

Als in jenen Tagen in Oldesloe ein aus jungen Leuten bestehender „Freundschaftsverein" eine Maskerade ankündigte, während in anderen Städten Vergnügungsvereine ihre Veranstaltungen einstellten und das das dadurch ersparte Geld dem schleswig-holsteinischen Nationalfonds überwiesen, äußerte sich im Landboten von drei Seiten große Empörung, so daß sich der Verein veranlaßt sah, sein Vorhaben aufzugeben.

In der Sitzung vom 5. Februar 1864 lag den städtischen Kollegien eine Rechnung des Goldwarenfabrikanten Hahn über 78 Reichsbanktlr. 9 Schilling Reisekosten vor, die durch die Neujahrshuldigungsreise der Bürgerdeputation zum Herzog Friedrich entstanden waren. Es stellte sich eine Meinungsverschiedenheit darüber heraus, ob dieselben aus der Stadtkasse zu bezahlen seien oder nicht, da ja die Reise nicht von den Kollegien beschlossen war. Die Mitglieder derselben ohne den Bürgermeister waren nur zugegen gewesen, als am 31. Dezember in der Versammlung bei Wiedemann in Stadt Hamburg der Beschluß gefaßt worden war. Aber man wagte doch nicht, der Volksstimmung entgegen zu sein, und bewilligte die Zahlung aus der Stadtkasse durch Mehrheitsbeschluß.

Als die Nachricht von den ersten blutigen Gefechten der Preußen und Österreicher gegen die Dänen in Oldesloe eintraf — Missunde, Oberselk, Övesee —, bildete sich in der Stadt sofort ein Damenausschuß, der zur Lieferung von Lazarettbedürfnissen aufforderte, und an das Damenkomitee, welches durch eine Verlosung Mittel zur Förderung der Landessache beschaffen wollte, ergingen sowohl aus der Stadt wie vom Lande Bitten, den Ertrag auch zum Besten der verwundeten Krieger in Schleswig und der durch den Krieg ruinierten Schleswiger zu verwenden, da dort jetzt die schleswig-holsteinische Landessache ausgefochten werde. Auf die Nachricht von Strohmangel bei Düppel forderte Gutsbesitzer Bokelmann zu Rethwischhöhe die Landwirte auf, Stroh und Geld zu spenden, um dem Mangel an Stroh in der Landschaft Sundewitt abzuhelfen. Auch wurden bei Hahn in Oldesloe und Bokelmann in Rethwischhöhe Zeichnungsbögen für die Schleswig-Holsteinische Anleihe aufgelegt. An den Städtetagen zur Förderung der Landessache nahmen die Oldesloer Stadtkollegien eifrig teil. Zu dem am 11. April 1864 stattfindenden Städtetag in Neumünster entsandten sie Senator Sonder und Bürgerworthalter Gaden und gaben ihnen eine von allen Kollegienmitgliedern mit Ausnahme des Bürgermeisters unterzeichnete Erklärung mit, in der sie sich der Erklärung der Kieler Stadtkollegien anschlossen.

Zur Pflege der Erinnerungen an die schleswig-holsteinische Erhebung wurde am 25. April 1864 in Oldesloe ein Verein der Kampfgenossen gegründet, dem sich gleich in der ersten Versammlung 33 Mitglieder anschlossen. Der Verein beschloß, eine Gedenktafel für die Gefallenen von 1848—50 zu stiften. Dieselbe wurde am 4. Oktober 1864 in der Oldesloer Kirche enthüllt. Die Stadt prangte an dem Tage in Flaggenschmuck.

Die Herren Hahn und Stoffers warben eifrig für den Besuch einer auf den 8. Mai angesetzten Volksversammlung in Rendsburg und forderten Wagen- und Pferdebesitzer auf, Fuhrwerk für die Reise zur Verfügung zu stellen. Dieselben beiden Herren und F. Wittmack luden auf den 6. Juni 1864 zu einer Besprechung ein, um eine Einladung an Herzog Friedrich zum Besuche der Stadt vorzubereiten. In der Kollegiensitzung vom 11. Juni beantragten dann Bürgerworthalter Gaden und Stadtverordneter von Hartz, eine Deputation zur Einladung des

Herzogs nach Kiel zu entsenden. Dem Antrage wurde *per majora* zu= gestimmt, und es wurden die Herren Senator Sonder, Bürgerworthalter Gaden, Deputierter von Hartz, Drechslermeister Redemann, Kirchen= jurat Langtim und Advokat Loeck für die Entsendung ausersehen. Die Herren nahmen den Auftrag an, aber über den Erfolg der Reise verlautet nichts.

In der Kollegiensitzung vom 30. Juni 1864 wurde der Antrag ge= stellt, am 6. Juli, dem Geburtstage des Herzogs Friedrich, eine allge= meine Illumination der Stadt zu veranlassen und das Rathaus auf Kosten der Stadt zu illuminieren, und es wurde ein Ausschuß von fünf Mitgliedern beauftragt, die Sache in die Wege zu leiten. Der Geburts= tag wurde dann überaus prächtig gefeiert. Schon des Morgens um fünf Uhr hielt der Kampfgenossenverein mit Musik einen Umzug durch die Stadt und brachte dem Herzog ein Hoch auf dem Marktplatze. Die Häuser waren festlich mit Girlanden und Flaggen geschmückt. So= wohl auf der Badeanstalt als in Meyers Hotel hatte sich eine zahl= reiche Gesellschaft zum Festessen versammelt und an beiden Stellen wurde das Mahl mit entsprechenden Trinksprüchen gewürzt. Nach= mittags fand Konzert, abends Ball statt. Abends glänzende Illumi= nation mit vielen geschmackvollen Transparenten. Besonders trat das Rathaus durch Bekränzung und glänzende Illumination hervor. Um 10 Uhr abends abermals Umzug der Kampfgenossen und der Turner mit zwei Musikkorps.

Am 15. November beschlossen die städtischen Kollegien, die vom Kriegsschauplatz heimkehrenden preußischen Truppen, deren Durch= marsch durch Oldesloe am folgenden Tage beginnen sollte, bei ihrem Einrücken in die Stadt zu begrüßen. Der Landbote verschwieg aber die Begrüßung und machte aus seinem Bericht über den Tag in der Nummer vom 19. November eine Kränkung für die preußischen Trup= pen. Er schrieb: „Am Mittwoch, den 16. d. war in Erinnerung an den Jahrestag[1]) in der Stadt festlich geflaggt und abends illuminiert. Eine Deputation des Schleswig=Holsteinischen Vereins ging zur Beglück= wünschung des Herzogs nach Kiel ab. Infolge des Rückmarsches sämtlicher preußischen Truppen nach ihrer Heimat fängt auch in un= serem Orte ein bewegteres Leben an. — Nachdem am Mittwochmorgen d. W. das hier einige Zeit kantonierende hannöversche Garde=Jäger= Bataillon abgezogen war, rückten schon gegen Mittag drei Bataillone von der Brigade Röder wieder ein. Die Herren Generale Röder und v. Flies befanden sich bei dieser Abteilung. Da für diese Anzahl c. 2300 Mann nicht genügend gute Quartiere nachgewiesen werden konn= ten, wurde ein großer Teil der Truppen auf die nächste Umgegend ver= legt. — Nachdem gestern Rasttag gehalten, verließen uns dieselben heute in der Frühe und marschierten nach Lübeck. — Heute morgen rückten das 2. Bataillon vom 64. Infanterie=Regiment und das Füsilier=

---

[1]) Am 16. November 1863, dem Tage nach dem Hinscheiden König Friedrichs VII. von Dänemark, verkündete Prinz Friedrich von Augustenburg von Dolzig aus durch eine Proklamation an die Schleswig-Holsteiner seinen Regierungsantritt als Herzog von Schleswig-Holstein.

Bataillon vom 24. Infanterie-Regiment mit dem Musikkorps hier wieder ein, um morgen ihren Marsch weiter fortzusetzen." Die preußischen Krieger mußten doch selbstverständlich meinen, daß die Beflaggung ihnen gelte. Wie müssen sich die Tapferen, die ihr Blut für die Befreiung Schleswig-Holsteins vom Dänenjoche vergossen hatten, gekränkt gefühlt haben, wenn sie in ihren Quartieren über die Beflaggung im Sinne des Landboten aufgeklärt wurden oder den Landboten selbst zu Gesicht bekamen. Aber diejenigen, welche die preußischen Krieger hatten ehren wollen, rührten sich, und so sah sich der Landbote genötigt, seinen Bericht vom 19. November am 23. folgendermaßen zu ergänzen: „In unserer letzten Nr. des Landboten berichteten wir über die Ankunft der aus dem Norden unserer Herzogtümer retournierenden preußischen Truppen. Wir ergänzen diesen Bericht, wenn wir noch über den Empfang nachträglich hervorheben, daß auch unser Ort nicht zurückstand, die Truppen, die so heldenmütig für uns gestritten, mit freudigen und dankbaren Empfindungen zu empfangen. Als sie in der Mittagsstunde in unseren Ort marschierten, begrüßten Kanonensalute ihre Ankunft, und so wie ein jeder Einwohner sich bestrebt hat, den Rasttag jedem Einzelnen durch gute Verpflegung angenehm zu machen, so bekundeten am Abend die Einwohner ihre freudige Teilnahme durch eine allgemeine Illumination, („Sowohl zur Feier des Jahrestages [16. November] als zu Ehren der Sieger von Düppel und Alsen." Anmerkung der Redaktion des Landboten), und wir haben vielfach auch Gelegenheit gehabt, von den Truppen zu vernehmen, daß sie recht freudig dadurch überrascht worden." Auch die Berichte über den Einmarsch des Generals Vogel von Falkenstein am 4. Dezember und seinen Weitermarsch am 9. enthalten kein Wort des Dankes oder auch nur der Anerkennung für die Befreier Schleswig-Holsteins von der Fremdherrschaft. Dagegen wurde der 30. Dezember, der Tag, an dem im Jahre vorher Herzog Friedrich in Kiel einzog, wieder durch Beflaggung und Illumination gefeiert.

Die sogenannte Kieler Erklärung gegen den Freiherrn von Scheel-Plessen, den einstigen Präsidenten der holsteinischen Stände, der sich mit 17 Rittergutsbesitzern in einer Adresse an König Wilhelm für den engsten Anschluß Schleswig-Holsteins an Preußen ausgesprochen hatte, fand im Januar 1865 in Oldesloe und Umgegend 1290 Unterschriften.

In ihrer Generalversammlung vom 7. März 1865 nahm die Ortsgruppe des Schleswig-Holsteinischen Vereins entschieden Stellung gegen die Bismarcksche Politik und ihre Anhänger und erklärte, es ehrlich meine mit Schleswig-Holstein, mit Preußen und mit Deutschland, müsse für die staatliche Selbständigkeit eines unauflöslich verbundenen Schleswig-Holsteins unter Herzog Friedrich VIII. eintreten.

Der Geburtstag König Wilhelms wurde am 22. März 1865 von der hiesigen preußischen Garnison auf die übliche Weise gefeiert. Am Abend vorher war Zapfenstreich, am Geburtstagsmorgen Reveille und Gottesdienst, mittags Parade. Die Offiziere hielten ein Festmahl auf der Badeanstalt, woran die Spitzen der Stadt teilnahmen. Abends waren die Wohnungen der Offiziere illuminiert, und in drei verschiedenen Lokalen fand Soldatenball statt. Zwei Tage später, am 24. März, prangte zu Ehren der Erhebung Schleswig=Holsteins im Jahre 1848 die g a n z e Stadt in Flaggenschmuck. Abends um 6 Uhr fand Gottesdienst und später kameradschaftliche Zusammenkunft der Kampfgenossen statt. Zur Feier des Geburtstages des Herzogs Friedrich am 6. Juli 1865 war ein Festessen und ein festlicher Umzug durch die Stadt geplant. Das Polizeiamt verbot den Umzug, goß aber damit nur Öl ins Feuer, denn nun fand er erst recht statt. Der Landbote berichtete über die Feier: „Der gestrige Tag war ein Festtag für Stadt und Land. Vom frühen Morgen an prangte die ganze Stadt in schönstem Flaggenschmuck; viele Häuser waren mit Kränzen geziert und manche durch Girlanden verbunden. Zwischen 5 und 6 Uhr morgens war Reveille durch die Stadt vom städtischen Musikkorps in Begleitung einer großen Anzahl Bürger und Landleute. Ein in Meyers Hotel veranstaltetes Mittagessen versammelte eine große Zahl hiesiger Einwohner und Bewohner vom Lande nebst einigen Fremden. Der erste Toast galt natürlich Seiner Hoheit Herzog Friedrich VIII., unserm allverehrten und hochgeliebten Landesfürsten. Diesem Toast folgte noch eine ganze Reihe von Reden, die sämtlich von dem wärmsten Patriotismus und der festesten Überzeugung von unserm guten Rechte Zeugnis ablegten. Nach aufgehobener Tafel setzte sich ein Festzug bestehend aus 50 bis 60 Wagen, die zum großen Teil von unsern Landleuten mit großer Bereitwilligkeit gestellt waren, und vielen Reitern vom Besttor aus in Bewegung, ging durch die Stadt über Schlamersdorf nach Nütschau und kehrte über Wolkenwehe ins Hamburger Tor wieder nach Westphals Gasthof zurück. Mit Eintritt der Dämmerung wurde die ganze Stadt mit geringen Ausnahmen glänzend erleuchtet."

Etwas wurde die Stimmung der Bevölkerung auch wohl beeinflußt durch die wechselnde militärische Einquartierung. Da die dänische Besatzung vor den einrückenden Sachsen davongezogen war, wurden die Bundesexekutionstruppen anfänglich natürlich als Befreier empfunden. Diese Eigenschaft konnten die in den Tagen vom 22. bis zum 29. Januar und am 8. und 9. März 1864 hier durchziehenden preußischen Truppen für sich nicht in Anspruch nehmen, und sie genossen um so weniger Sympathie, als die Verträge von Malmö und Olmütz noch immer als Verrat Preußens an Schleswig=Holstein empfunden wurden. Kaum waren die ersten Preußen hier einmarschiert, so wurden Klagen laut über die große Einquartierungslast. Insbesondere sträubten sich die Mieter, Einquartierung bei sich aufzunehmen. Nun muß allerdings die Belegung der Stadt zeitweilig recht stark gewesen sein. Am 22. Januar rückte das 1. Bataillon des 24. Brandenburgischen Infanterie=Regiments in Oldesloe ein und marschierte am 25. weiter nach Plön. An diesem Tage nahmen das 2. Bataillon desselben Regiments, eine reitende Batterie, 2 Divisions= und 2 Brigadestäbe hier Quartier. Außerdem kamen am 25. Januar Ulanen und eine fahrende Batterie hier an und fanden Quartier in den umliegenden

Gütern und Dörfern. Alle diese Truppen zogen am 26. weiter. An demselben Tage zogen Ziethen-Husaren hier durch, eine große Masse Artillerie-Munitionswagen, eine Eskadron Ulanen und das 53. Infanterie-Regiment, am 27. drei Batterien und ein großer Artillerie-Train. Am 28. trafen dann noch 2 reitende Batterien hier ein und zogen am 29. weiter. Am 8. März nahm das erste Bataillon des 5. Brandenburgischen Infanterie-Regiments Nr. 48 (ca. 900 Mann) Quartier in der Stadt und setzte am folgenden Tage seinen Marsch fort.

Während diese Truppen nun für die Befreiung Schleswig-Holsteins kämpften, pflogen die Bundesexekutionstruppen in den holsteinischen Quartieren der Ruhe, von etwas Kommißdienst unterbrochen. Im August 1864 wurde auch Oldesloe eine ihrer Garnisonen. Am 10. August rückte das zweite Bataillon des 3. hannöverschen Infanterie-Regiments in Stärke von 22 Offizieren, 799 Mann und 60 Pferden von Cismar kommend hier ein und bezog Kantonnementsquartier in der Stadt, in Blumendorf, Wolkenwehe und Fresenburg. Ihre Schießübungen veranstalteten die Hannoveraner auf der Blumendorfer Fohlenkoppel. Am 9. September wurde das Bataillon vom hannoverschen General v. d. Knesebeck inspiziert. Ende Oktober verließ es die Stadt und wurde von dem von Itzehoe kommenden hannöverschen Gardejägerbataillon ersetzt. Dieses wiederum mußte am 26. November sein Quartier nach Leezen und Niendorf verlegen, um den vom Kriegsschauplatze heimkehrenden Preußen Platz zu machen, über deren Empfang in Oldesloe schon oben berichtet worden ist. Der Durchmarsch der heimkehrenden Preußen dauerte vom 16. November bis zum 9. Dezember 1864. Als am 4. Dezember Generalleutnant Vogel von Falkenstein mit seinem ganzen Stabe und der General von Plonski mit der kombinierten Garde-Infanterie-Division hier eingerückt waren und hier und in der nächsten Umgebung Quartier bezogen, wurde sofort von den Pionieren ein Feldtelegraph von hier nach Segeberg gelegt. Erst am 9. marschierten diese Truppen wieder weiter.

Durch den Friedensschluß am 30. Oktober, in welchem der König von Dänemark die Herzogtümer Schleswig-Holstein und Lauenburg an den Kaiser von Österreich und den König von Preußen abtrat, erreichte auch die Bundesexekution ihr Ende, und Oldesloe sah deshalb vom 11. Dezember 1864 an mehrere Tage lang die sächsischen Truppen auf der Heimreise aus Holstein hier durchmarschieren, bis dann am 19. Dezember das 3. Bataillon des Magdeburger Füsilier-Regiments Nr. 36 als Dauergarnison hier einrückte.

Da über die Einquartierungslast geklagt wurde, beschlossen die städtischen Kollegien am 24. Januar 1865 für die Garnison eine Kaserne zu bauen, und zwar wurde als Bauplatz die zu den Dienstländereien des Bürgermeisters gehörige an die Wolkenweher Landstraße grenzende Koppel auf dem Gänsekamp in Aussicht genommen. Am folgenden Tage traf der Generalmajor von Bentheim in Begleitung des Obersten von Mirbach zur Inspektion des Bataillons hier ein und konnte somit gleich an Ort und Stelle über den Plan unterrichtet werden.

Am 29. und 30. Januar legte J. Stoffers in seiner Wohnung zur Einsicht und Mitunterschrift ein Gesuch an die zuständige Behörde auf, worin die Bitte um Erleichterung der hiesigen Bequartierung ausgesprochen wurde. In einer separaten Versammlung des Deputiertenkollegiums wurde Protest erhoben gegen die Zulassung von Befreiungsansprüchen in Betreff der Einquartierung. Der Protest wurde beim Magistrat eingegeben. Dieser aber konnte sich nicht in allen Stücken mit den Konsequenzen des Protestes einverstanden erklären. Auch eine hierüber in der Kollegiensitzung vom 4. Februar 1865 stattgehabte Diskussion führte zu keinem gemeinschaftlichen Beschlusse. Da aber der allseitige Wunsch dahin ging, eine maßgebende Bestimmung über den Umfang des Befreiungsrechtes veranlaßt zu sehen, so wurde beschlossen, daß das Deputiertenkollegium in einer separaten Eingabe seinen Antrag näher begründen sollte, um alsdann eine Resolution der Landesregierung hierüber zu erwirken. Ein in derselben Sitzung gemachter Vorschlag, daß einstweilen mietweise die zu provisorischen Kasernen einzurichtenden Suhrschen Baulichkeiten übernommen werden möchten, wurde verworfen, und es wurde beschlossen, an dem Beschlusse der Erbauung einer Kaserne festzuhalten.

Nun wurde dem Magistrat aber bekannt, daß die Landesregierung damit umginge, den Salinenbetrieb einzustellen und die Saline zu verkaufen, und daß sich auch schon ein Käufer gefunden habe, der den ganzen Salinenkomplex parzellieren wolle. In der Kollegiensitzung vom 25. März 1865 wurde deshalb beschlossen, die Veräußerung der Saline an einen Privatmann, wenn möglich, zu verhindern und sich zu bemühen, sie für die Stadt anzukaufen. Da das Beamtenhaus, wenn es in das Eigentum der Stadt übergegangen sei, zu einer Kaserne eingerichtet werden könne, wurde ferner beschlossen, von dem beschlossenen Neubau einer Kaserne einstweilen abzusehen und den Verkauf der Saline abzuwarten, zugleich aber auch Projekte zur Einrichtung von kleinen Privatkasernen in Erwägung zu ziehen.

Den allgemeinen Wünschen der Quartierpflichtigen Rechnung tragend, wurde vom 1. April 1865 an statt der bisherigen Magazinverpflegung der Soldaten die volle Quartierverpflegung eingeführt gegen eine Vergütung von $6^1/_9$ Schilling Courant pro Tag und Kopf, doch wurde vorgeschrieben, daß den Soldaten eine tägliche ausreichende Fleischnahrung zuteil werden müsse. Falls es unbemittelten Quartiergebern wünschenswert sein sollte, zum Ankauf von Lebensmitteln einen monatlichen Vorschuß zu erhalten, so würde ihnen ein solcher bis zum Betrage von 10 Mark pro Mann gewährt werden.

In der Kollegiensitzung vom 9. Mai 1865 wurde beschlossen, daß sich Bürgermeister Wolfhagen nach Schleswig begeben möge, um mit der Regierung über den Ankauf der Saline und insbesondere des Beamtenhauses und seine Verwandlung in eine Kaserne zu verhandeln.

Mittlerweile steigerte sich noch das Raumbedürfnis der Garnison. Das Kommando beanspruchte nach einer Inspektion durch den General Herwarth von Bittenfeld ein anderes Pulvermagazin als das bisher benutzte, und die Kollegien beschlossen deshalb in ihrer Sitzung vom 22. Juni 1865, daß, falls es nicht gelingen sollte, von der Oberinspektion der Saline ein dazu geeignetes Haus eingeräumt zu erhalten, die Einquartierungskommission ermächtigt sein solle, unter Kommunikation mit dem seitens des Kommandos damit betrauten Hauptmann Lauchert die Errichtung eines Pulverhäuschens in möglichst einfacher und nicht zu viel Kosten erfordernder Weise auf dem Militärturnplatze zu veranlassen.

Es steigerte sich aber auch die Unzufriedenheit der Einwohner mit der Einquartierung, von preußenfeindlichen Personen durch Einsendungen in dem Landboten und in Versammlungen geflissentlich geschürt. Am 16. August wurde in Colemanns Biergarten eine von etwa 150 Bürgern besuchte Versammlung abgehalten, in welcher darüber geklagt wurde, daß die so schon drückende Einquartierungslast noch dadurch vergrößert sei, daß fortan jedem Soldaten ein eigenes Bett von den Quartiergebern zu gewähren sei. Nach einer lebhaften Debatte wurde beschlossen, sich mit einer Bitte um Erleichterung an die hohe Landesregierung zu wenden und die Bittschrift durch eine Deputation überbringen zu lassen. Das Gesuch schloß mit der Bitte: „Hohe Schleswig-Holsteinische Landesregierung wolle zu verfügen geruhen, daß die Stadt Oldesloe bis weiter mit jeder Einquartierung zu verschonen sei." Der Bitte wurde wider Erwarten schnell entsprochen. Nach dem am 14. August 1865 abgeschlossenen Gasteiner Vertrag kam Schleswig ausschließlich unter preußische, Holstein unter österreichische Verwaltung. Preußen zog deshalb seine Truppen aus Holstein zurück, und das in Oldesloe garnisonierende Bataillon wurde am 10. September nach Tönning verlegt. Man erwartete nun österreichische Einquartierung, und in der Tat waren einige Kompagnien des Infanterie-Regiments Graf Khevenhüller Nr. 35 für Oldesloe bestimmt, wurden dann aber, höchst wahrscheinlich nach Bekanntwerden der Oldesloer Petition, anderweitig untergebracht.

Es ist doch auffallend, daß die Oldesloer, welche schleswig-holsteinische, österreichische, dänische und hannöversche Einquartierung ohne Murren ertragen hatten und mit dem ihnen durch sie zuteil werdenden Geldzufluß recht zufrieden gewesen waren, sich durch die preußische Einquartierung so bedrückt fühlten. Die althergebrachte preußische Sparsamkeit kann nicht oder kann wenigstens nicht allein die Ursache gewesen sein. Auch die anderen warfen ihr Geld nicht fort. Zu dem künstlich wieder aufgefrischten Groll von 1848—50 trat, vielen unbewußt, auch in Oldesloe die Antipathie gegen die staatsmännische Überlegenheit eines Bismarck, welche die auseinanderstrebenden Deutschen gegen ihren Willen zu einem starken Reiche zusammenband. Das zeigte sich wieder sehr deutlich während des Krieges von 1866.

Als nach Ausbruch des Krieges Bürgermeister Wolfhagen in Gemeinschaft mit den Ärzten Dr. Ackermann und Dr. Happe und dem Berginspektor Bruhn am 5. Juli 1866 einen Aufruf zur Sammlung von Gaben für die Verwundeten und Kranken sowie die Hinterbliebenen der gefallenen Krieger der **preußischen Armee** hatte ergehen lassen, bildete sich sofort ein aus 16 Bürgern bestehender Gegenausschuß, der sich durch Aufruf vom 10. Juli 1866 zum Sammeln von Gaben für die verwundeten und erkrankten Krieger d e u t s c h e r N a t i o n erbot. Diesem Ausschuß gingen gleich so viele Gaben zu, daß bereits am 17. Juli bestimmt wurden

1. für Verwundete in österreichischen Lazaretten 200 Mark
2. für Verwundete in preußischen Lazaretten 150 „
3. nach Bayern zur Verteilung an verwundete Krieger 150 „
4. nach Hannover zur Verteilung an verwundete Hannoveraner 100 „

Den damaligen Feinden Preußens wurde also dreimal soviel gespendet als den Schleswig=Holstein besetzt haltenden Preußen selbst. Solche demonstrative Begünstigung seiner Feinde durfte natürlich Preußen nicht dulden, und es erschien deshalb unterm 21. Juli eine Verfügung des Oberpräsidenten in Kiel über die Unzulässigkeit von Sammlungen für feindliche Armeen. Die Sammlung von Bürgermeister Wolfhagen und Genossen für die Notleidenden der preußischen Armee ergab bis zum 31. Juli nur den Betrag von 400 Mark.

Der kindische Trotz, der sich in solchen Demonstrationen zeigte, muß doch schon damals politisch reifere Oldesloer abgestoßen haben. Wenigstens gelang es dem Bürgermeister Wolfhagen, die städtischen Kollegien nach den Siegen der preußischen Waffen zu einer etwas freundlicheren Haltung gegen Preußen zu bestimmen. Am 29. Juli 1866 beschlossen die Kollegien, an Seine Majestät den König von Preußen in Veranlassung des bevorstehenden Friedensschlusses eine Glückwunsch= und Loyalitätsadresse zu senden. Der Bürgermeister legte den Entwurf einer solchen vor. Sie wurde angenommen und von allen Anwesenden mit Ausnahme des Stadtverordneten Jürgens unterzeichnet. Im Auftrage Seiner Majestät des Königs dankte Graf von Bismarck dem Magistrat und den Stadtverordneten von Oldesloe in einem Schreiben vom 16. August 1866, das der Bürgermeister durch Veröffentlichung im Landboten zur öffentlichen Kenntnis brachte. Da die Bevölkerung nun auch gern den Inhalt der Adresse kennen lernen wollte, wurde auch diese einige Tage später veröffentlicht. Sie lautete:

„Allerdurchlauchtigster, Großmächtigster,
Allergnädigster König und Herr!

Angesichts des bevorstehenden Friedensschlusses nach einem Kriege, wie er sich in der Weltgeschichte nicht glorreicher verzeichnet findet, haben die Vertreter der holsteinischen Stadt Oldesloe nicht länger säumen können, Ew. Königlichen Majestät ihre alleruntertänigsten Glückwünsche zu den glänzenden Erfolgen der preußischen Waffen in Ehrfurcht darzubringen und ihren Hoffnungen und Wünschen Ausdruck zu verleihen, die sich an den großartigen Umschwung knüpfen, welcher durch die Siege Ew. Majestät in Deutschland hervorgerufen worden.

Mit dem lebhaftesten Interesse, unter Hoffen und Staunen, sind wir im Geiste dem Triumphzuge der preußischen Heere gefolgt, und mit Bewunderung haben uns nicht minder die glänzenden Siege derselben als die Ausdauer, die Schlagfertigkeit und die Hingebung der Truppen sowie die unvergleichliche Intelligenz und Kühnheit in der Führung der Armee erfüllt.

Dem Königlichen Helden legen wir in Ehrfurcht unsere alleruntertänigsten Glückwünsche zu Füßen.

Daß aus dem Frieden, den Ew. Königliche Majestät zu schließen im Begriffe stehen, die Elbherzogtümer als ein dem Königlichen Scepter der Hohenzollern unterwortenes Land hervorgehen werden, das ist das zuversichtliche Hoffen jedes Patrioten, der klar und unbefangen die tatsächlichen Verhältnisse erkennt und ermißt, der die Größe Deutschlands ersehnt und den geistigen und materiellen Aufschwung zu schätzen vermag, welcher unserem engeren Vaterlande unfehlbar zuteil werden muß, wenn es dem großen Staate angehören wird, dessen Lebenskraft und geistige Entwickelung die Bewunderung von ganz Europa erweckt und dem die göttliche Vorsehung einen Herrscherstamm geschenkt, der eben so groß im Kriege wie im Frieden dasteht.

Mit dem loyalsten Herzen wagen wir es, diese Gefühle alleruntertänigst auszusprechen, und erhoffen nichts sehnlicher, als baldigst der Ehre teilhaftig zu werden, Ew. Königlichen Majestät als unserem souveränen Herrn alleruntertänigst unsere ehrfurchtsvolle Huldigung darbringen zu dürfen.

     Ew. Königlichen Majestät
      alleruntertänigste
  der Magistrat und die Stadtverordneten
     der Stadt Oldesloe."

Die Siege Preußens begannen offenbar einen Umschwung in der Stimmung der Oldesloer Bürgerschaft hervorzurufen.

In der Kollegiensitzung vom 7. September 1866 wurde beschlossen, daß die demnächst in Oldesloe einrückenden und hier Garnison nehmenden preußischen Truppen von dem Magistrat und dem Stadtverordnetenkollegium festlich empfangen und mit einer Getränk-Kollation bewirtet werden sollen. Vor dem Einrücken machte Bürgermeister Wolfhagen durch eine polizeiliche Bekanntmachung diejenigen Einwohner, welche etwa ihre Häuser mit Fahnen zu schmücken beabsichtigen sollten, darauf aufmerksam, daß mit Rücksicht auf die gegenwärtigen politischen Verhältnisse die Fahnen mit blau-weiß-roten Farben nicht ausschließlich, sondern nur entweder in Verbindung mit einer schwarz-weißen Fahne oder mit einer daran befestigten schwarz-weißen Schleife verwandt werden dürften, während die schwarz-rot-gelben Fahnen überhaupt unzulässig seien. Über den Einzug berichtete der Landbote unterm 9. November zunächst kurz: „Das für unsern Ort bestimmte 2. Bataillon des Magdeburgischen Füsilier-Regiments Nr. 36 rückte heute Nachmittag 5 Uhr in einer Stärke von ca. 700 Mann hier ein." Einige Tage später aber brachte er dann folgenden ausführlichen Bericht: „Das Bataillon, welches von Wiesbaden ohne Unterbrechung pr. Eisenbahn war befördert worden, langte am 9. d. etwas nach 5 Uhr nachmittags auf dem hiesigen Bahnhofe an, der festlich erleuchtet und mit Fahnen und Guirlanden geschmückt war. Nachdem das Offizierkorps hier von den städtischen Kollegien und den hier wohnhaften Beamten war begrüßt worden, marschierte alsdann das Bataillon den mit Fackeln prächtig erleuchteten Bahnhofsweg entlang in die Stadt, deren Straßen bis zum Marktplatz gleichfalls illuminiert waren. Hier wurde das Bataillon, nachdem es sich aufgestellt, von dem Herrn Bürgermeister in einer kurzen Ansprache bewillkommnet, worauf der Kommandeur des Bataillons Herr Major Baron v. Kaiserlingk für den Empfang des Bataillons seinen Dank aussprach und ein Hoch auf die Stadt Oldesloe ausbrachte. Alsdann überreichte der Bürgermeister dem Kommandeur eine hier am Orte meistens durch freiwillige Beiträge gesammelte, für die Invaliden des Bataillons bestimmte Summe von 300 Taler Pr. Cour. mit der Bitte um Verwendung zu diesem Zwecke. Die herzlichen und anerkennenden Worte des Dankes, mit denen der Herr Major sich über diese Gabe aussprach und dem Bataillon sofort Kunde davon gab, machten allerseits den besten Eindruck, und die gewinnende und freundliche Art und Weise überhaupt, die sich in dem Benehmen des Offizierkorps und der Mannschaften ausdrückt, sowie das herzliche Entgegenkommen der Behörden und Bürger andererseits geben uns die Gewähr, daß fortan das beste Einvernehmen zwischen der Garnison und der Einwohnerschaft der Stadt herrschen wird." So zeigt sich uns denn beim Übergange der Stadt in die neuen Verhältnisse ein versöhnliches Bild. Die Agitation gegen die Belegung der Stadt mit preußischen Truppen scheint nunmehr eingestellt worden zu sein.

Um jene Zeit fand gar vieles, was seit Jahrhunderten für Stadt und Kirchspiel Oldesloe charakteristisch gewesen war, sein Ende. Zunächst die Abgeschlossenheit vom Weltverkehr durch Eröffnung der ersten Oldesloer Eisenbahn. Seit dem Aufhören des Hansaweltverkehrs über Oldesloe war die Stadt, wie wir gesehen haben, drei Jahrhunderte lang ein ärmliches Ackerstädtchen gewesen, dessen Einwohner nur im engsten Kreis ihrer Nahrung nachgingen. Seit Anfang des 19. Jahrhunderts war es durch eine Reihe tüchtiger, von Gemeinsinn beseelter Männer etwas aus der dumpfen Enge herausgehoben worden, und die Anlage der ersten chaussierten Landstraße hatte die durch die überaus schlechten bisherigen Wege verursachte Abgeschlossenheit schon erheblich gemildert. Dem neuen Weltverkehr wurde Oldesloe aber erst durch die Eisenbahn angeschlossen. Nachdem die „Grandmonarchen", wie die Erdarbeiter der Eisenbahn hier scherzweise genannt wurden, Jahre lang an der Herstellung des Bahnkörpers geschaufelt hatten und im Sommer 1865 die Inbetriebsetzung der Bahn wegen Nachsinkens des Dammes an zwei Moorstellen immer wieder hatte verschoben werden müssen, fand die Eröffnung endlich am 1. August 1865 statt.

Durch die Eisenbahn wurde der alten Zunft der Traveböter, die im Mittelalter in hoher Blüte gestanden und in letzter Zeit mit 7 Böten von je 8 Kommerzlast im Durchschnitt immer noch ein bescheidenes

Dasein geführt hatten, der Garaus gemacht. In den letzten Jahren hatten die Böter hauptsächlich Steinkohlen und schwedisches Holz nach Oldesloe heraufgebracht. Sie nahmen für die Tonne Steinkohlen 4 Schilling Fracht; die Eisenbahn aber setzte den Frachtpreis für die Tonne auf 2 Schilling an. Damit konnten die Böter nicht konkurrieren und mußten deshalb ihre Fahrten einstellen. So verschwand ein Stück vom alten Oldesloe in der Versenkung.

Um den zureisenden Fremden zu gefallen, suchte man nun geflissentlich alles abzuschaffen, was an das alte Oldesloe erinnerte. Die letzte Strohkate, ein aus der ersten Hälfte des 16. Jahrhunderts stammendes Gebäude, das die Aufmerksamkeit aller Reisenden erregte, wurde am 20. April 1866 niedergerissen, um einem „stattlichen" zweistöckigen Hause, der heutigen Bohnsackschen Bäckerei, Platz zu machen. Der Berichterstatter des Landboten bemerkt dazu: „Damit ist denn wohl die letzte Erinnerung an die gute alte Stadt Oldesloe verschwunden, und wird gewiß die Zeit nicht mehr fern sein, wo die Besttorstraße, die nach der Eisenbahn führt, ein neues Gewand angelegt haben wird." Die Besttorstraße, das einzige Stück des alten Oldesloe, das der Brand von 1798 verschont hatte, mußte also dem vermeintlichen Geschmack der Fremden zum Opfer fallen! Ja, ihm zu Gefallen gab man sogar altehrwürdige Gebräuche auf, bei denen man sich Jahrhunderte lang wohl gefühlt hatte.

Bei dem Bürgerscheibenschießen auf dem schattigen Scheibenhüttenplatze, um dessen uneingeschränktes Benutzungsrecht die Schützengilde erst noch im Jahre 1858 einen Prozeß mit der Witwe Pohlmann geführt hatte, und dann auf dem Festplatze vor dem Badelogierhause wurde die Bewirtung nicht von einem Berufswirte ausgeführt, sondern von einem Mitgliede der Schützengilde, dem sogenannten Schaffer, und zwar ging die Schafferei nach einem festen Turnus Reihe um, so daß alle Schützenbrüder, wenn sie es erlebten, einmal an die Reihe kamen. Im Jahre 1865 war P. Bockwold Schaffer, und im Landboten wurde rühmend hervorgehoben, daß seine sehr gute Bewirtung viel zu dem ungetrübten Frohsinn des Festes beigetragen habe. Der Landbotenberichterstatter fuhr dann aber fort: „Trotzdem, daß nicht nur die Bedienung, sondern auch das Dargereichte allgemeine Anerkennung fand, konnten wir uns nicht des Gedankens erwehren, daß es doch zweckmäßig sein dürfte, das veraltete Institut der Schafferei in diesem Jahre zu Grabe zu tragen und statt dessen freie Konkurrenz eintreten zu lassen. Es möchte nun allerdings für diejenigen Bürger, denen in den nächsten Jahren die Schafferei zufallen wird, eine Härte darin liegen, wenn plötzlich diese Einrichtung ohne jegliche Vergütung an die Betreffenden aufgehoben werden sollte. Deshalb möchten wir uns den unmaßgeblichen Vorschlag erlauben, die nächsten 10 Schaffer durch eine von Jahr zu Jahr abnehmende Vergütung zu entschädigen, alsdann aber die Entschädigung gänzlich fallen zu lassen. Die Entschädigungsgelder würden aus den Mieten, welche die Gesellschaft aus den Plätzen erzielen könnte, gewiß sehr leicht gewonnen werden. Daß eben dieses Jahr eine solche Umgestaltung wünschenswert erscheinen läßt, zeigt uns die eine gänzlich veränderte Seite der Stadt, die mit langen eisernen Fingern einerseits nach Hamburg und andererseits nach Lübeck zeigt. Erwarten wir von diesen Städten zu unserem nächsten Feste recht viele Gäste, da wir doch hoffen dürfen, daß zu der Zeit unsere Eisenbahn in vollem Betrieb sein wird, so müssen wir auch diesen Gästen ihren Ansprüchen Angemessenes bieten. Das kann aber nur geschehen, wenn freie Konkurrenz eintritt, wie es an anderen Orten eingeführt ist." Von den Schaffermahlzeiten, die gerade durch ihre Altertümlichkeit an anderen Orten Gäste anlocken, hatte der Berichterstatter wohl keine Kunde. Die Schützengilde aber machte sich seinen Gedankengang zu eigen, und beim Schützenfeste von 1866 wurde die Wirtschaft auf dem Schützenplatze und am Ballabend auf dem Wege der Licitation an den Meistbietenden vergeben. Herr P. Bockwold blieb der letzte Schaffer von Oldesloe.

In Erwartung der Eisenbahn hatte die Stadtvertretung schon eine Reihe nützlicher Verbesserungen in der Stadt ausführen lassen. Die wichtigsten davon waren der Neubau der Mühlenbrücke und der Besttorbrücke. Die nächste Aufgabe war die Herstellung guter Verbindungswege zum Bahnhofe, vor allem die Herrichtung der Bahnhofstraße selbst, die damals noch „die Linde" oder „Lindenstraße" genannt wurde nach der noch vorhandenen Linde an der Abzweigung des Sehmsdorfer Weges. Manchmal auch wurde unter dem Namen Besttorstraße die jetzige Bahnhofstraße mit einbegriffen. Von anderen Verbindungswegen kamen eine Fahrstraße vom Krahn zur Linde und Verbindungen von der Hamburger Chaussee und vom Glinder Wege zum Bahnhofe in Betracht. Die letztgenannten konnten nach dem Eingehen der Saline als Große und Kleine Salinenstraße leicht hergestellt werden. Erstere aber, für die sich besonders die Anwohner der Lübecker Straße interessierten, stieß wegen der Kosten einer Fahrbrücke über die Trave auf großen Widerstand und mußte unterbleiben. Ihre Interessenten mußten sich mit einer Fußgängerbrücke und einem Fußweg über die Weinhude begnügen. Bei dieser Gelegenheit kam auch der der lange gehegte Wunsch eines Weges von der inneren Stadt zur Schule in der Königstraße wieder zur Sprache. Als im Herbst 1864 das Harmssche Haus in der Langenstraße abgebrannt war, schlug man vor, eine Verbindung zwischen Langenstraße und Königstraße über den Platz des abgebrannten Hauses herzustellen. Aber auch dieser Plan scheiterte an der Kostenfrage.

Ein Stück des alten Oldesloe, das um jene Zeit ebenfalls seinen bisherigen Charakter verlor, war die Schleusenkuhle oder, wie man den Tümpel vornehmer zu benennen glaubte, das „Travebassin". Unterhalb des Schleusenfalles hatte sich das Wasser längs der Segeberger Straße bis in die Nähe des Pferdemarktes ausgebreitet. Da die weite Ausdehnung des Wassers niemandem zugute kam, beschloß der Magistrat, den an die Segeberger Straße stoßenden Teil der Schleusenkuhle durch Vergebung von drei Bauplätzen für die Stadt nutzbar zu machen. Dieser Beschluß aber wurde durch einen energischen Artikel im Landboten bekämpft, in dem es u. a. heißt: „Das Bassin gewährt außer der schönen Aussicht auf das frische grüne Feld den freien Zutritt des gesunden Nordwestwindes in die Stadt, wobei jeder bemerkt haben wird, daß, wenn er die Stadt passiert, wo zuzeiten eben nicht angenehme Lüfte existieren, ihm bei der Lübschtorbrücke längs dem Wasser eine frische Brise stets willkommen gewesen. Nicht nur aus Schönheitssinn, sondern hauptsächlich aus Gesundheitsrücksichten ist man überall in Städten bemüht, größere Bassins und möglichst große freie Plätze eher zu fördern, als vorhandene zu beseitigen" usw. Schließlich behauptet er, das Bassin sei die einzige Stelle in der Stadt, wo mit Wasserwagen und jedem Fuhrwerk ohne Gefahr ins Wasser gefahren werden könne. Das ist aber wohl ein Irrtum. Die Furt an der Hude, die während des Baues der Mühlenbrücke als Notpassage benutzt wurde und die Furt unterhalb des Krahns, die erst noch im Jahre 1861 auf Stadtkosten gehörig aufgefüllt und gepflastert worden war, waren dazu wohl nicht minder geeignet. Ein anderes Stück Altoldesloe, ein kleiner Teich mit stagnierendem Wasser am Fuße des Logierhaushügels, fand aber keinen Verteidiger. Ein Eingesandt des Landboten nennt ihn eine häßliche Pfütze und dringt energisch auf seine Beseitigung, natürlich nicht im Interesse der Oldesloer selbst, sondern wegen der mit der Eisenbahn ankommenden Fremden.

Deutlicher noch als durch die Eröffnung der Eisenbahn wurde das Ende des alten Oldesloe durch das Eingehen der Saline bezeichnet. Über 700 Jahre, seit dem Auftauchen Oldesloes in der Geschichte, hat das Salzwerk bestanden, und wer weiß, wie lange schon in vorgeschichtlicher Zeit aus dem Wasser der Salzquelle am Fuße des Kirchbergs durch Sieden Salz gewonnen worden ist? Wahrscheinlich hat es nie ein Oldesloe ohne Salzgewinnung gegeben. Und nun sollte diese altehrwürdige Industrie aufhören! Es mußte sein. Die Geschichte der Oldesloer Saline ist die Geschichte einer langen Reihe von Mißerfolgen, von unerfüllten Hoffnungen. Nach jedem Mißerfolge hatten sich immer wieder Optimisten gefunden, die im Vertrauen auf die alte Überlieferung von den einst verschütteten starken Salzquellen ihr Vermögen und ihre Arbeitskraft in das undankbare Unternehmen steckten, um dasselbe Schicksal wie ihre Vorgänger zu erfahren. Nun war durch die Tiefbohrungen Kabells das alte Märchen zerstört worden. Nach langem Widerstreben hatte man sich endlich davon überzeugen müssen, daß unter dem Boden von Oldesloe nie eine stärkere Salzader geflossen haben konnte als die bis dahin ausgebeutete, und damit war dem Oldesloer Salzwerk das Todesurteil gesprochen. Die Erhaltung des Werkes durch beständige Staatszuschüsse hätte Sinn gehabt in einem salzarmen Lande, das sich nur mit großen Kosten Salz von auswärts verschaffen konnte. Nachdem aber besseres und billigeres Salz von Lüneburg und Staßfurt billig mit der Eisenbahn herbeigeschafft werden konnte, ließ sich die Erhaltung des unwirtschaftlichen Oldesloer Betriebs nicht mehr verantworten.

Schon durch Schreiben vom 17. Januar 1854 teilte das damalige Königliche Ministerium für die Herzogtümer Holstein und Lauenburg dem Oldesloer Magistrat die Absicht der Betriebseinstellung und des Verkaufs der Saline mit. Es scheint sich zunächst um die anderweitige Unterbringung der Arbeiter gehandelt zu haben, denn in der Kollegiensitzung vom 7. Februar 1854 machte das Stadtverordnetenkollegium darauf aufmerksam, daß nicht bloß das Armenwesen, sondern auch die Aktionäre der Badeanstalt ein Interesse bei der Sache hätten, und überließ es dem Magistrat, auch von ihnen eine Erklärung einzuziehen. Damals wurde aus dem Verkauf noch nichts. Erst elf Jahre später unter der gemeinschaftlichen preußischen und österreichischen Verwaltung kam man auf den Plan zurück, und nun wurde die Ausführung Ernst. Man ernannte, um den Verkauf in die Wege zu leiten, eine aus dem Etatsrat Prehn, dem Aktuar Bong=Schmidt und dem Hegereiter Ohrt in Trittau bestehende Kommission. Letzterer war, nachdem sich Oberinspektor Kabell vor der Bundesexekution wieder aus dem Staube gemacht hatte, einige Zeit kommissarischer Inspektor der Saline gewesen, in welchem Amte ihm dann der Segeberger Berginspektor Bruhn gefolgt war.

Mittlerweile aber hatte sich in den städtischen Kollegien gegen den am 25. März 1865 gefaßten Beschluß, den ganzen Salinenkomplex anzukaufen, Bedenken geregt. In der Sitzung vom 28. August 1865 waren die Kollegien der Ansicht, daß der Erwerb des Salinengeländes durch einen Spekulanten, der das Areal zu Bauplätzen parzellierte, wie dies in Wandsbek geschehen sei, für die Kommüne doch als wünschenswert und ersprießlich erscheine und daß nur auf den Ankauf der Salinengebäude sowie sonstiger dem städtischen Interesse naheliegenden Stücke das Augenmerk zu richten sei, und es wurde dann eine aus dem Bürgermeister, dem Senator Sonder und dem Bürgerworthalter Gaden bestehende Kommission gewählt, welche mit der Regierungskommission über die Sache verhandeln sollte.

In der Sitzung vom 2. November 1865 wurde die von den dazu ermächtigten Vertretern der Stadt mit der Salinenveräußerungskommission vorbehaltlich der Genehmigung sowohl der Landesregierung als der städtischen Kollegien abgeschlossene Vereinbarung hinsichtlich der über das Salinengelände zu führenden Wege und deren Kosten vorgelegt und *pure* acceptiert. Die Vereinbarung über den Ankauf des großen Offiziantengebäudes nebst Zubehör, welche dahinging, daß der Kaufpreis auf 15 000 Taler Courant und für das Areal der beiden Gärten ein jährlicher Kanon von 10 Schilling für die Quadratrute fixiert worden, wurde gleichfalls genehmigt. Da das Konsortium der Herren Carstenn, Knauer und Eckmann in Hamburg, das auf den Ankauf des ganzen Salinengeländes reflektierte, einen besonderen Wert auf die Erwerbung des bis zum Glinder Wege reichenden unteren Salinengartens legte und die Abtretung desselben an sie zur Bedingung ihrer Konkurrenz für den Ankauf des Salinengrundes gemacht hatte, so wurde mit Rücksicht darauf, daß es als ein dringendes städtisches Interesse erkannt worden, wenn jene Spekulanten das Gelände zur Erweiterung der Stadt und zur Bebauung der Plätze acquirierten, be=

schlossen, den betreffenden Salinengarten, wenn das Konsortium den Ankauf im ganzen Komplex effektuieren sollte, demselben nach näher zu treffender Vereinbarung wieder zu verkaufen.

Während die Stadtvertretung so schwer wiegende Beschlüsse faßte, entstand in der Bürgerschaft eine große Aufregung über den Verkauf der Saline. Am 24. November wurde in einer stark besuchten Versammlung nach lebhafter Debatte mit großer Majorität beschlossen, für die Erhaltung des Werkes einzutreten. Es wurde ein aus drei Personen bestehender Ausschuß gewählt, welcher die Bittschrift entwerfen und der ganzen Bürgerschaft zur Unterschrift vorlegen solle, und zwei Männer, welche sie der Statthalterschaft für Holstein persönlich überbringen sollten. In der Versammlung war behauptet worden, daß das Salzwerk einen Umsatz von 30 000 Mark mit einem reinen Überschuß von 700 Mark jährlich mache. Ein Herr W. Henningsen aber, der in der Versammlung nicht genügend zu Worte gekommen war, wies im Landboten darauf hin, daß das Fortbestehen des Werkes überhaupt nur möglich sei, wenn der Staat einmal wieder einen Zuschuß von etwa 50 000 Mark zur Instandsetzung der zum Teil verfallenen Gebäude, Gradierwerke und Maschinen hergäbe. Die Behauptung, welche aufgestellt worden sei, um den Beweis zu führen, daß die Saline so außerordentlich vorteilhaft und also unentbehrlich für das Gedeihen der Stadt sei, widerlege sich selbst, die Behauptung nämlich, der Umsatz von 30 000 Mark gehe verloren, wenn die Saline verkauft werde. Ganz offenbar könnten auf derselben Fläche Landes von 40 Tonnen, welche jetzt 6—7000 Tonnen Salz zu 30—40 000 Mark Geldwert durch 40 Menschen hervorbringe, 30—40 Fabriken stehen, welche den 10, ja 100fachen Umsatz und zwar mit einem verhältnismäßig ganz anderen Reingewinn als jährlich 700 Mark machen würden. Solche Erwägungen aber wurden nicht beachtet. Die Bittschrift ging ab, und unterm 14. Dezember 1865 antwortete der K. K. Statthalter v. Gablenz, er habe die Bittschrift der Landesregierung zur Begutachtung mitgeteilt und sie beauftragt, das Gutachten des konstituierten Salineninspektors Bruhn über diese Angelegenheit einzuziehen. Etwaige sonstige Anträge und Wünsche möchten die Petenten bei der Landesregierung einbringen. Aber für weitere Schritte war es schon viel zu spät. Das Beamtenhaus war schon so gut wie verkauft, und mit dem Abbruch der Gradierwerke wurde um Neujahr begonnen. Am 15. Januar 1866 war bereits die erste Auktion von Abbruchsmaterial, und solche Auktionen fanden dann von Zeit zu Zeit das ganze Jahr hindurch statt. Aus dem Verkauf wurde aber zunächst noch nichts. Weder erhielt die Stadt noch das Spekulantenkonsortium das Offiziantenhaus. Der preußische Domänenfiskus behielt zunächst noch alles und vermietete nur das Land und die Gebäude. Nach langen Verhandlungen ging erst im Jahre 1877 das Beamtenhaus, nachdem es von 1867 bis 1870 als Kaserne gedient hatte, in den Besitz der Stadt über, das Gelände noch später.

Sehr einschneidend waren die mit Überbleibseln des Mittelalters aufräumenden staatlichen Veränderungen. Die Justiz wurde nun völlig von der Verwaltung getrennt. Bürgermeister Wolfhagen, der letzte

Oldesloer Bürgermeister, der zugleich Richter war, wurde zum 1. September 1867 zum Amtsrichter in Reinfeld ernannt. Die beiden letzten Mitglieder des Magistrats, die Gerichtsherren gewesen waren, die Senatoren Christoph Heinrich Sonder und Peter Philipp Schmidt, erhielten vom preußischen Staate vom 1. September 1867 an bis an ihr Lebensende eine jährliche Vergütung als Abfindung für die ihnen entgehenden Gerichtssporteln. Das kombinierte Patrimonialgericht der adeligen Güter hörte auf, und Axt, der letzte Gerichtshalter desselben, wurde der erste Amtsrichter von Oldesloe. Für das Amtsgericht wurde ein Stockwerk auf das Rathaus aufgebaut. Die Ämter, welche noch immer die Grenzen der ehemaligen Herzogtümer Holstein=Plön, Holstein=Rethwisch und Holstein=Gottorp festhielten, gingen ein, und die Amtsstuben von Travental, Reinfeld, Rethwisch und Trittau verloren ihre frühere Bedeutung. Die gerechte und schonende Lösung der bisherigen Verhältnisse erforderte viel Zeit und Mühe. Die ehemalige Trittauer Erbpachtmühle in der Stadt Oldesloe z. B. wurde erst im Jahre 1872 aus dem Trittauer Armenverbande gelöst und in den Oldesloer Armenverband aufgenommen. Nun kam endlich das ganze Kirchspiel wieder wie zur Zeit seiner Gründung unter einen Hut, von dem kleinen Schönheitsfehler abgesehen, daß Wakendorf als Gemeinde des ehemaligen Amtes Travental dem neuen Kreise Segeberg zugeteilt wurde. Die Oldesloer Stadtvertretung gab sich große Mühe, Oldesloe zur Kreisstadt von Stormarn gemacht zu sehen, doch sollte es ihr leider nicht gelingen.

Die adeligen Güter des Kirchspiels, von denen Nütschau und Tralau zum Preetzer, die übrigen aber zum Itzehoer Güterdistrikt gehörten und von denen Krummbek und Hohenholz erst im Anfange des 19. Jahrhunderts zu adeligen Gütern erhoben worden waren, mußten gegen Abfindung auf ihre Vorrechte verzichten und behielten nur den Namen adelige Güter. Die aus Rethwischer Parzellen und Vorwerken hervorgegangenen neuen Güter Rethwischhof, Rethwischhöhe, Treuholz und Tralauerholz, sowie das von der Lübecker Marienkirche im Jahre 1849 an J. E. Schröder verkaufte Frauenholz und das im Jahre 1855 von Tralau getrennte Neverstaven waren nun den sogenannten adeligen Gütern rechtlich gleich gestellt. Adelige Besitzer fanden sich am Ende dieses Abschnittes nur noch auf dem gräflich Lucknerschen Fideikommißgut Schulenburg und in Nütschau. Alle anderen Güter des Kirchspiels waren in den Besitz von Bürgerlichen, meistens von Hamburger Handelsherren oder Angehörigen von solchen übergegangen. Aber die Besitzer waren noch alle Deutsche. Es befand sich damals unter ihnen, soweit sich hat feststellen lassen, weder ein Ausländer noch ein Jude, wenigstens kein ungetaufter.

Im Besitz von Nütschau folgte auf Adam Graf von Moltke 1843 dessen Sohn Karl Graf von Moltke, welcher sich während der Erhebung und nach derselben durch seine dänischen Sympathien und sein Wirken als Beamter im dänischen Interesse in Schleswig=Holstein sehr unbeliebt machte. Er verkaufte das Gut 1853 für 165 000 Taler an den Baron v. Seidlitz und Kurtzbach.

Tralau verkaufte Wibel 1819 an einen Herrn Tiller für 185 000 Taler. Derselbe geriet in Konkurs, worauf 1824 der Geheime Konferenzrat Detlef von Buchwald zu Neudorf das Gut für 102 200 Taler erstand. Sein Sohn Kaspar von Buchwald, der den Besitz 1833 antrat, verkaufte das Gut 1855 an M. D. Krogmann für 233 000 Taler. Dieser verkaufte es dann, nachdem er Neverstaven davon abgetrennt und für 75 000 Taler an W. Carstenn verkauft hatte, 1857 für 336 000 Reichsbanktaler an Gustav Gumpel aus Hamburg. W. Carstenn verkaufte Neverstaven bereits 1856 wieder an einen Herrn Bergeest für 184 000 Reichsbanktaler.

Fresenburg gelangte, nachdem es über 100 Jahre im Besitz von Buchwalds gewesen war, 1824 an Adam Graf von Moltke zu Nütschau, 1827 an John Gabe und bald darauf an einen Herrn Limpricht, bis es 1834 Martin Johann Jenisch zu Hamburg erstand, der 1827 bereits Blumendorf erworben hatte. Er machte aus beiden Gütern ein Fideikommiß der Familie Jenisch.

Höltenklinken kam 1826 von der Familie Lange an Fr. A. Auff'm Ort, der 1838 das Wohnhaus neu erbaute, 1856 an W. A. Auff'm Ort und von ihm an Dr. Lutteroth aus Hamburg.

Krummbek geriet aus dem Konkurse des Barons L. C. von Liliencron 1825 an F. H. Bösch. 1838 kaufte es J. Sthamer und 1842 C. L. E. Pogge.

Hohenholz verkaufte A. B. Schrader 1824 an A. Bollmeyer. Dann erwarben es 1830 G. C. von Buchwald, 1840 M. Krumbhaar, 1842 G. H. de Drusina und 1847 Karl Hasse.

Tralauerholz wurde 1832 von Gustav Adolf Hirsch erkauft, nach dessen Tode es seine Kinder besaßen.

Rethwischhof gelangte nach mehrfachem Besitzwechsel 1854 an Heinrich Römer.

Rethwischhöhe verkaufte ein Herr Hansing im Jahre 1855 an den Geheimen Regierungsrat Bokelmann.

Während die Hufner auf dem Lande und die Ackerbürger der Stadt ihre Stellen in der Regel durch viele Generationen hindurch an ihre Nachkommen vererben, wechseln die Gutsbesitzerfamilien, von den beiden Majoraten abgesehen, ihren Besitz in verhältnismäßig kurzen Zwischenräumen. Das erschwert leider das genügende Zusammenwachsen der Besitzer mit dem Boden und das Zusammenwachsen des ganzen Kirchspiels zu einer Lebens- und Interessengemeinschaft, in der sich jeder der Notwendigkeit und des Wertes seiner Arbeit und der der anderen bewußt ist und in der darum Klassenhaß und Parteihader nicht müßte aufkommen können. Der Grund und Boden ist in den Händen von Kaufleuten zu sehr Handelsobjekt geworden, und die Großstadt bedrängt das Land in dieser Richtung weiter und droht es mehr und mehr in ihren Interessenkreis zu ziehen und aufzusaugen. Aber die zwischen den beiden Großstadtgebieten liegende Landschaft braucht sich nicht in die Abhängigkeit von den beiden Großstädten zu begeben, sondern kann sehr wohl ein selbständiges Leben behaupten. Wir haben gesehen, daß Oldesloe durch seine Lage dazu bestimmt war, der Umschlagsort für seine Ackerbau treibende Umgegend zu werden. Es hat bei der Erfüllung dieser Aufgabe manche Störungen erfahren. Neuerdings aber ist es durch den Ausbau seiner Landstraßen und seine Entwickelung zum Eisenbahnknotenpunkt, durch seine Speicher, Mühlen, Kontore, Banken und Kaufläden, durch seine Werkstätten und nicht am wenigsten durch seine Schulen besser dazu imstande als je. Möchte man die Interessengemeinschaft von Stadt und Land doch immer deutlicher erkennen, und möchte Oldesloe, das leider vor einigen Jahren in Verkennung seines wahren Wertes und Wesens seinen altehrwürdigen Namen zu Bad Oldesloe hat verunstalten lassen, sein Gedeihen hauptsächlich darin suchen, eine echte Landstadt zu sein und zu bleiben, der merkantile, industrielle und geistige Mittelpunkt der fruchtbaren Landschaft zwischen den Vorortsgebieten der beiden benachbarten Großstädte!

Inhalt.

Vorgeschichte.
   I. Die Eiszeit 5
  II. Die Steinzeit 6
 III. Die Bronzezeit 9
 IV. Die Eisenzeit bis zum Aufhören der Bestattung auf Urnenfriedhöfen . . 11
  V. Die Wendenzeit 13
 VI. Die Neubesiedelung durch Deutsche 19
 VII. Die Einführung des Christentums 26

Das christliche Mittelalter.
   I. Die Gründung der Kirche 31
  II. Der Streit um das Oldesloer Salzwerk 34
 III. Oldesloe wird eine Stadt 35
 IV. Die gräfliche Vogtei 37
  V. Die herrschaftlichen Höfe im Stadtfelde 43
 VI. Die gräfliche Burg 45
 VII. Die Stadtobrigkeit 47
 VIII. Die Bürgerschaft 51
 IX. Städtische Einrichtungen 54
  X. Gewerbliche Betriebe auf herrschaftlichem Boden innerhalb d. Stadtgebietes 58
    1. Das Salzwerk 58
    2. Die herrschaftliche Kornmühle 66
    3. Die Kupfermühle 66
    4. Die Ziegeleien 68
    5. Der herrschaftliche Krug 68
 XI. Die Geistlichkeit 69
    1. Kirchherren 70
    2. Vikare 70
 XII. Das Kirchenvermögen 72
 XIII. Kirchliche Wohltätigkeitsanstalten 79
    1. Das St.-Jürgens-Hospital 79
    2. Die Heilige-Geist-Stiftung 82
    3. Die Gottesbuden 83
 XIV. Kapellen, Heiligenhäuschen, Wegekreuze und Bildstöcke . . . 84
 XV. Die Friedhöfe 88
 XVI. Das Schulwesen 89
 XVII. Geistliche Brüderschaften 89
 XVIII. Mönche in Oldesloe 90
 XIX. Der Kirchspielsadel 92
    1. Die bodenständigen Familien 92
    2. Die zugezogenen Familien 95
 XX. Die Bauern 100
 XXI. Der Handelsweg über Oldesloe 102
 XXII. Straßenraub, Fehden und Friedenskongresse 104
 XXIII. Die herrschaftlichen Steuern 113
    1. Direkte Steuern 113
    2. Warensteuern 114
      a) Der Oldesloer Zoll 114
      b) Das Geleit zwischen Lübeck und Hamburg 119
      c) Kleinere landesherrliche Einnahmen von dem Warenverkehr über Oldesloe 122

Das Reformationsjahrhundert
   I. Die Kirche 125
    1. Die Reformation 125
    2. Die Geistlichkeit 127
    3. Verbleib des Vermögens der aufgelösten Vikariate und sonstigen Stiftungen 127

	Seite
4. Die frommen Schustergesellen	128
5. Die Baunöte der Kirche	129
6. Schenkungen	135
7. Vom Begräbniswesen	135
8. Das Kirchengestühl	137
9. Die Schule	137
II. Der Streit um die Sankt-Jürgens-Güter	139
III. Die staatlichen Verhältnisse des Kirchspiels	157
IV. Die Stadt	159
1. Bürgermeister und Rat	159
2. Das Gerichtswesen	161
3. Streitigkeiten über Besitz von Adeligen in Oldesloe	164
4. Streit mit dem Adel wegen des Jagdrechts auf der Oldesloer Feldmark	166
5. Das Zunftwesen	166
6. Handel und Industrie	169
V. Der Adel	171
VI. Die Landgemeinden	178
VII. Der Transithandel	180

Das Kriegsjahrhundert 1618—1714.

I. Die Kriegsleiden	185
II. Abnahme der bürgerlichen Nahrung	203
III. Das Brauunwesen	208
IV. Verzettelung der St. Jürgens-Güter	210
V. Bürgermeister und Rat	213
VI. Vogtding und Achtmänner	219
VII. Streitigkeiten zwischen Magistrat und Bürgerschaft	220
VIII. Ordnung des Stadtwesens durch die königliche Kommission von 1706	243
IX. Vom Gerichtswesen	260
Der Hexenprozeß der Gretje Dwenger	261
Der Hexenprozeß der Kathrine Faust	270
Der Hexenprozeß der Anna Heitmann	276
X. Der Scharfrichter	283
XI. Ein Streik der Stadtdiener	286
XII. Die Zünfte	288
XIII. Die Kirche	293
XIV. Milde Stiftungen	301
XV. Die Schule	302
XVI. Die Gesundheitspflege	308
XVII. Die Saline	308
XVIII. Das Landgebiet	310

Das Jahrhundert des landesfürstlichen und gutsherrlichen Absolutismus.

I. Personalien	317
1. Die Bürgermeister	317
2. Die Ratsverwandten	318
3. Die Hauptpastoren	319
4. Die Diakonen	320
5. Der Katechet	321
6. Die Rektoren	321
7. Die Schreibmeister	323
8. Die Organisten	323
II. Kompetenzkonflikt zwischen dem Magistrat und dem Segeberger Konsistorium	323
III. Ein Brudermord	329
IV. Die Niederlassung der Mährischen Brüder	331
V. Neue Streitigkeiten zwischen Bürgerschaft und Magistrat	339
VI. Der städtische Etat	345
VII. Oldesloe als Garnison	346
VIII. Neubau der Kirche	351
IX. Schusterkrawalle	355

	Seite
X. Die Verlegung des St.-Jürgens-Hospitals	359
XI. Neue milde Stiftungen	364
XII. Die Aufteilung der Gemeinländereien	367
XIII. Die Schule	371
XIV. Das Sanitätswesen	381
XV. Das Verkehrswesen	385
XVI. Industrie und Handel. a) Die Kleinbetriebe	394
b) Die Saline	407
c) Die Kupfermühle	410
XVII. Die Bürgerwache	411
XVIII. Die große Feuersbrunst von 1798	412
XIX. Das Landgebiet	415
a) Rethwisch	416
b) Die adeligen Güter: 1. Fresenburg	417
2. Nütschau	420
3. Tralau	423
4. Blumendorf	423
5. Höltenklinken	424
6. Schulenburg	424
7. Das Jagdrecht der Besitzer der adeligen Güter auf der Oldesloer Feldmark	425
c) Die Amtsdörfer: 1. Im Amte Traventhal	425
2. Im Amte Reinfeld	426
3. Im Amte Trittau	426
d) Die Dörfer des Lübecker Heiligengeiststiftes	428
e) Zustand des Landschulwesens	429

Stadt und Kirchspiel Oldesloe im 19. Jahrhundert.

I. Personalien. 1. Die Bürgermeister	433
2. Die Ratsverwandten	433
3. Die Hauptpastoren	434
4. Die Diakonen	435
5. Die Rektoren	435
6. Die Kantoren	436
7. Die Organisten	436
8. Die Elementarlehrer	436
9. Die Postmeister	437
10. Die Advokaten	437
11. Die Ärzte	438
12. Die Tierärzte	440
II. Stadt und Kirchspiel während der napoleonischen Kriege	440
III. Ein Erdfall bei Oldesloe	460
IV. Das Bürgermilitär im Frieden	461
V. Das Aufblühen des Bades	462
VI. Die Einrichtung eines neuen Kriminalgefängnisses	466
VII. Anlage eines neuen Friedhofes	467
VIII. Die Gründung der Sparkasse	467
IX. Die Verbesserung des Verkehrswesens	470
X. Die Wettrennen 1830—1836	475
XI. Der Niedergang des Bades und Lorenzens Ausgang	477
XII. Die Kochanstalt	481
XIII. Der Schulhausneubau	481
XIV. Das Privatschulwesen	482
XV. Die Gründung einer Buchdruckerei und einer Zeitung in Oldesloe	486
XVI. Gründung verschiedener gemeinnütziger Anstalten	495
XVII. Mühlenstreitigkeiten	496
XVIII. Entdeckung der wahren Natur der Oldesloer Salzquellen	500
XIX. Das Teuerungsjahr 1847	501
XX. Oldesloe während der schleswig-holsteinischen Erhebung	504
XXI. Die letzten elf Jahre der Dänenherrschaft	523
XXII. Vom Ende der Dänenherrschaft bis zur Einverleibung in Preußen	530

Münzen.

1 Mark lübsch (♕) oder 1 Mark Courant = 16 Schilling (β)
= 192 Pfenning (δ) = 1,20 ℳ.

1 Reichstaler oder Couranttaler seit 1621 = 3 Mark lübsch
= 3 Mark Courant = 48 Schillinge = 3,60 ℳ.

1 Speziestaler = 3 Mark Banco = 3 Mark 12 β = 4,50 ℳ.

1 Reichsbanktaler (dänisch) seit 1814 = $^1/_2$ Speziestaler =
6 Reichsbankmark (6 ♕ R. M., Reichsmünze) = 96 Reichsbankschilling = 2,25 ℳ.

1 preußischer Taler = 30 Silbergroschen (zu 12 Pfennig)
= 2 Mark 8 β = 3 ℳ.

Also:

100 Mark lübsch = $33^1/_3$ Reichstaler
 = $26^2/_3$ Speziestaler
 = $53^1/_3$ Reichsbanktaler
 = 40 preußische Taler
 = 120 ℳ.

Photogr. Herm. Ketelhohn

Dr. Friedrich Bangert,
Geh. Studienrat, Oberrealschuldirektor,
geb. 13. 5. 1850 in Korbach, gest. 9. 2. 1924.

www.ingramcontent.com/pod-product-compliance
Lightning Source LLC
Chambersburg PA
CBHW031934290426
44108CB00011B/555